Traité Théorique Et Pratique De Droit Civil, Volume 2

Gabriel Baudry-Lacantinerie, Maurice Houques-Fourcade, E Chauveau

TRAITÉ

THÉORIQUE ET PRATIQUE

DE DROIT CÍVIL

III

DES PERSONNES

III

Bordeaux, Y. Cadoret, impr., rue Poquelin-Molière, 17.

TRAITÉ

THÉORIQUE ET PRATIQUE

DE

DROIT CIVIL

DES PERSONNES

PAR

G. BAUDRY-LACANTINERIE

DOYEN ET PROFESSEUR DE DROIT CIVIL A LA FACULTÉ DE DROIT DE BORDEAUX

M. CHAUVEAU	**G. CHÉNEAUX**
PROFESSEUR A LA FACULTÉ DE DROIT DE RENNES	PROFESSEUR ADJOINT A LA FACULTÉ DE DROIT DE BORDEAUX
(Du Divorce)	*(De la Paternité et de la Filiation)*

DEUXIÈME ÉDITION

TOME TROISIÈME

PARIS

LIBRAIRIE DE LA SOCIÉTÉ DU RECUEIL G^{al} DES LOIS ET DES ARRÊTS

FONDÉ PAR J.-B. SIREY, ET DU JOURNAL DU PALAIS

ANCIENNE M^{on} L. LAROSE & FORCEL

22, RUE SOUFFLOT, 5me ARR^t

L. LAROSE, DIRECTEUR DE LA LIBRAIRIE

1902

For TX
R3423
e&2.

Rec. Feb. 24, 1905

DU DIVORCE

(Livre I, Titre VI du Code civil)

PROLÉGOMÈNES

1. Dans le titre dont nous abordons l'étude, le législateur ne s'occupe pas seulement du divorce, ainsi que semblerait l'annoncer la rubrique, mais en outre de la séparation de corps, qui, pour être un diminutif du divorce, n'en est pas moins une institution complètement distincte. Notre titre devrait donc avoir pour rubrique : *Du divorce et de la séparation de corps;* il devrait être divisé en deux chapitres consacrés, le premier au divorce, le deuxième à la séparation de corps. Le vice de méthode, qu'on peut reprocher ici au législateur, reçoit une explication historique, qui en atténue la gravité. Le projet du code civil n'admettait que le divorce. Lorsque la séparation de corps y fut introduite après coup, pour donner satisfaction aux consciences catholiques, on conserva le plan primitivement adopté, en se bornant à ajouter au titre *Du divorce* un chapitre consacré à la séparation de corps, le chapitre V et dernier.

§ I. *Définitions du divorce et de la séparation de corps.*
Différences qui les séparent.

A. *Définitions.*

2. Le *divorce* est la rupture d'un mariage prononcé par l'autorité judiciaire sur la demande de l'un des époux et pour les causes que la loi détermine.

La *séparation de corps* est l'état de deux époux dispensés

par la justice de l'obligation de vivre ensemble que le mariage leur imposait.

B. *Différences entre le divorce et la séparation de corps.*

3. Les définitions qui précèdent laissent voir que le divorce dissout le mariage, tandis que la séparation de corps le laisse subsister, et en relâche seulement le lien, en dispensant les époux de l'une des obligations qu'il impose, celle de la vie en commun.

Cette différence fondamentale en engendre plusieurs autres. Nous allons indiquer les principales.

1° Les époux divorcés peuvent, chacun de son côté, contracter un nouveau mariage. Il en est autrement des époux séparés de corps.

2° Les enfants que met au monde une femme séparée de corps naissent sous la protection de la règle *Pater is est quem nuptiæ demonstrant* (arg. art. 312 al. 1), sauf désaveu de la part du mari conformément à l'art. 312 al. 2. Au contraire, les enfants qui naissent d'une femme divorcée sont étrangers à son ancien mari, au moins lorsqu'ils ont été conçus à une époque postérieure à la dissolution du mariage.

3° Le devoir de fidélité cesse *ex utroque latere,* le mariage une fois dissous par le divorce. Il survit au contraire à la séparation de corps, et reçoit encore une sanction pénale, du moins quant à la femme (C. pén., art. 337).

4° La séparation de corps laisse subsister entre les époux le devoir de secours, qui se résoudra pratiquement dans le droit pour l'époux indigent de réclamer une pension alimentaire à l'autre. Au contraire, l'obligation alimentaire n'existe pas entre époux divorcés. Cependant l'art. 301 permet à l'époux qui obtient le divorce d'imposer à l'autre l'obligation de payer une pension alimentaire ; nous verrons plus tard le caractère et l'étendue de cette disposition.

5° Le droit de successibilité cesse d'exister entre époux divorcés. Au contraire il subsiste entre époux séparés de corps, du moins pour l'époux au profit duquel la séparation de corps a été prononcée (nouvel art. 767).

6° D'après l'opinion générale, le divorce met fin à l'obligation alimentaire que la loi établit entre chacun des époux et les père et mère de l'autre ; la séparation de corps laisse subsister cette obligation.

7° Le divorce fait subir aux époux certaines déchéances que n'entraîne pas la séparation de corps, notamment celle dont il est question dans l'art. 386.

Le code civil établissait une autre différence très importante entre le divorce et la séparation de corps. La femme séparée de corps demeurait soumise à la nécessité d'obtenir une autorisation de son mari ou de la justice pour accomplir les divers actes de la vie civile. Au contraire, la femme divorcée échappait à cette entrave. En restituant à la femme séparée de corps le plein exercice de sa capacité civile, la loi du 6 février 1893 a supprimé cette différence.

§ II. *Historique.*

A. *Droit romain.*

À Rome, le mariage pouvait se dissoudre librement, et l'on considérait comme nulles toutes conventions ayant pour objet d'interdire le divorce, soit directement, soit indirectement, en imposant à celui qui provoquerait le divorce l'obligation de payer une somme d'argent à titre de peine. Pendant très longtemps, en fait, le divorce resta sans application pratique ; il commence à faire son apparition vers la fin de la République, pour devenir sous l'Empire le mode ordinaire de dissolution du mariage (L. 40, *De verb. sign.*, D., L. 16). On distinguait deux sortes de divorce : le divorce proprement dit ou *bona gratia,* qui supposait le consentement des deux époux, et n'était assujetti à aucune formalité, et la répudiation ou dissolution par la volonté unilatérale de l'un des conjoints, soumise, au contraire, par la loi *Julia de adulteriis* à l'observation de certaines règles. L'influence du christianisme n'était pas parvenue à l'abolition du divorce ; toutefois elle se manifeste d'une façon sensible à l'époque de Justinien : le divorce *bona gratia* est d'abord réduit à l'hypothèse où il intervient *propter castitatem ;* puis il est définitivement proscrit ; l'ap-

plication du divorce par répudiation est peu à peu restreinte
à l'hypothèse où les époux ont une cause légitime de se séparer, une cause prévue par la loi.

B. *Ancien droit.*

4. Notre ancien droit n'admettait pas le divorce. Il était
proscrit par la religion catholique, et l'on sait qu'à cette époque les prescriptions de la loi religieuse s'imposaient au législateur civil. Mais aucune religion n'a la puissance d'empêcher les mauvais ménages, et comme il fallait bien, à tout
prix, offrir un remède aux époux pour lesquels la vie commune
était devenue insupportable, la religion catholique tolérait,
et notre ancien droit pratiquait la séparation d'habitation ou
séparation de corps, *divortium a toro et mensa,* qui détend
le lien du mariage sans le rompre.

C. *Droit intermédiaire.*

5. Œuvre de réaction violente contre l'ancien état de choses, la loi du 20 septembre 1792 admit le divorce et proscri-
vit la séparation de corps.

Partant de ce principe « qu'il fallait accorder la plus grande
latitude à la faculté du divorce, à cause de la nature du contrat de mariage qui a pour base principale le consentement
des époux, et parce que la liberté individuelle ne peut jamais
être aliénée d'une manière indissoluble par aucune convention », le législateur de cette époque multiplia à l'infini les
causes de divorce. Il ne se borna pas à admettre le divorce
pour causes déterminées (aliénation mentale de l'un des
époux ; condamnation de l'un d'eux à des peines afflictives
ou infamantes ; crimes, sévices ou injures graves de l'un des
époux envers l'autre ; dérèglement notoire des mœurs ; abandon du mari par la femme ou de la femme par le mari pendant deux ans au moins ; absence de l'un des époux sans nouvelles pendant cinq ans au moins ; émigration dans les cas
prévus par la loi), il admit en outre le divorce par le consentement mutuel des époux, et même le divorce sur la demande
de l'un d'eux pour incompatibilité d'humeur. Les facilités

déplorables que cette loi donnait pour le divorce furent encore augmentées par deux décrets des 8 nivôse et 4 floréal au II, que la Convention nationale dut abroger peu de temps après les avoir édictés (16 thermidor an III), sur un rapport de Mailhe, qui se terminait par ces mots : « Vous ne sauriez arrêter trop tôt le torrent d'immoralité que roulent ces lois désastreuses ». Sous l'empire de cet état de choses, on vit le nombre des mariages diminuer progressivement à mesure que celui des divorces augmentait. L'an VI eut à enregistrer, à Paris du moins, plus de divorces que de mariages ! L'unique bienfait de cette législation a été d'apprendre au législateur de l'avenir que de mauvaises lois portent nécessairement de mauvais fruits.

D. *Code civil.*

6. Survint le code civil. On y trouve, en cette matière comme en bien d'autres, l'empreinte de l'esprit de conciliation qui est l'un des traits caractéristiques de cette œuvre.

Voici en quelques mots le système du code civil :

Il admet le divorce restreint dans de sages limites, et, parallèlement à lui, la séparation de corps.

Le divorce peut avoir lieu pour causes déterminées, ou par le consentement mutuel des époux.

Les causes déterminées de divorce, qui peuvent servir aussi de fondement à une séparation de corps, sont : 1° l'adultère de l'un des époux, avec cette particularité que l'adultère du mari doit avoir été accompagné d'une circonstance aggravante, l'entretien de la concubine dans la maison conjugale (art. **229** et anc. art. **230**); 2° les excès, sévices ou injures graves de l'un des époux envers l'autre (art. **231**); 3° la condamnation devenue définitive de l'un des époux à une peine infamante (anc. art. **232**).

Quant au divorce par consentement mutuel, il n'est nullement ce que son nom donnerait à penser. Le législateur du code civil n'admettait pas, comme celui de 1792, que le consentement des parties doit pouvoir dissoudre le mariage, de même qu'il sert à le nouer, conformément à la règle *Quæ consensu contrahuntur contrario consensu pereunt*. Sur ce point il doit y avoir une différence entre le mariage et les autres contrats, parce que le mariage engendre un état, et que l'état des personnes nous apparaît en principe comme étant irrévocable. Dans la pensée du législateur de 1803, le divorce par consentement mutuel n'était qu'une forme particulière du divorce pour cause déterminée. Il avait été introduit pour certains cas exceptionnels, où l'époux demandeur en divorce semble se trouver dans l'impossibilité morale de révéler publiquement devant la justice la véritable cause du divorce, soit parce que cette révélation pourrait livrer son conjoint aux sévérités de la justice criminelle, comme s'il s'agit par exemple d'une tentative d'assassinat, soit parce qu'elle pourrait avoir pour conséquence de couvrir de ridicule, de honte ou d'opprobre, le demandeur ou sa famille, comme il peut arriver dans certains cas pour l'adultère. Cette pensée apparaît bien à la simple lecture de l'art. 233 : « Le » consentement mutuel et persévérant des époux, exprimé de » la manière prescrite par la loi, prouvera suffisamment que » la vie commune leur est insupportable, et qu'il existe, par » rapport à eux, une cause péremptoire de divorce ». D'ailleurs toutes les précautions avaient été prises par le législateur de 1803 pour que l'on ne pût pas abuser dans la pratique du divorce par consentement mutuel, et le détourner de sa destination véritable : procédure longue et compliquée ; épreuves multiples ; sacrifices divers imposés aux époux, notamment obligation pour chacun d'eux de faire aux enfants du mariage l'abandon de la moitié de sa fortune (art. 305), interdiction pour chaque époux de se remarier pendant trois ans à dater de la prononciation du divorce... Si bien que, lorsque les époux avaient enfin satisfait sans défaillir aux nombreuses exigences de la loi, le juge pouvait se dire en lui-même : « Je suis sûr qu'il existe une cause légitime de divorce, bien que je ne la connaisse pas ».

E. *Loi du 8 mai 1816.*

7. Nous avons vécu sous ce régime jusqu'au commencement de la Restauration. A cette époque survint une loi dont l'art. 1 porte : « Le divorce est aboli ». C'est la loi du 8 mai 1816, qui fut une œuvre de réaction cléricale. La charte de 1814 avait déclaré la religion catholique religion de l'Etat; or, la religion catholique n'admet pas le divorce ; donc la loi civile devait le proscrire.

Il est remarquable que les articles du code civil relatifs au divorce n'ont pas été abrogés expressément par le législateur de 1816. Celui-ci avait sans doute senti la nécessité de les laisser subsister comme complément de la séparation de corps, respectant ainsi les intentions probables du législateur de 1803, qui, en réglementant la séparation de corps avec une sobriété toute voisine de l'obscurité, avait entendu certainement que les nombreuses lacunes de son œuvre sur ce point seraient comblées par des emprunts faits à la législation du divorce. Effectivement la jurisprudence appliquait en matière de séparation de corps de nombreux articles du titre du divorce. De telle sorte que jusques à hier, « c'est une institution détruite qui a continué à fournir des règles pour l'application d'une disposition devenue non seulement principale, mais unique ». Ce sont les paroles de M. Léon Renault, le rapporteur de la nouvelle loi sur le divorce à la chambre des députés. Il ajoute un peu plus loin : « Le divorce est resté dans le monument de nos lois comme une statue momentanément voilée, mais debout à la place où elle avait été originairement élevée, et qu'il est toujours facile de découvrir et de mettre en lumière ».

La révolution de 1830 supprima la religion d'Etat. La conséquence logique aurait dû être le rétablissement du divorce, puisqu'il n'avait été supprimé que comme incompatible avec les dogmes de la religion d'Etat. Effectivement, de 1831 à 1834, la chambre des députés vota, à quatre reprises différentes, le rétablissement du divorce ; mais ses efforts furent paralysés par l'obstination de la chambre des pairs, qui refusa de laisser passer la loi.

En 1848, un projet de rétablissement du divorce fut déposé sur le bureau de l'Assemblée constituante; mais il fut retiré par son auteur et ne vint même pas en discussion.

F. *Lois du 27 juillet 1884, du 18 avril 1886 et du 6 février 1893.*

8. Enfin le divorce a été rétabli par la loi du **27** juillet
1884 ([1]), qui a été modifiée sur plusieurs points par la loi du
18 avril 1886.

Une dernière loi, celle du 6 février 1893, en même temps
qu'elle a rendu à la femme séparée de corps sa pleine capacité civile, s'est occupée du divorce en ce qui concerne le nom
de la femme divorcée, l'appel et la cassation des décisions
rendues en matière de divorce.

§ III. *Appréciation du divorce.*

9. Le divorce a des adversaires passionnés ; il a aussi des
partisans convaincus. Les premiers le considèrent comme
mettant en péril l'institution du mariage et par suite l'existence même de la société, dont le mariage est l'une des plus
fermes assises. Les autres, au contraire, voient en lui un élément de moralisation, et par suite de perfectionnement social.
Qui a raison dans ce débat ? C'est ce que nous allons rechercher.

Les adversaires du divorce sont dans le vrai, quand ils
disent que le mariage est contracté dans un esprit de perpétuité. Ils ont raison encore quand, se plaçant à un point de
vue diamétralement opposé à celui du législateur de 1792, ils
disent que le mariage n'est pas soumis à cette règle qui gouverne les contrats en général, que le consentement des parties peut dissoudre le lien que ce même consentement a servi
à former, suivant l'adage *quæ consensu contrahuntur, contrario consensu pereunt.*

Mais souvent les espérances des époux sont cruellement
trompées. Cette union, dans laquelle ils rêvaient le bonheur,
devient quelquefois pour eux la source d'affreux tourments.
L'épouse a trahi la foi promise ! ou bien le mari se livre sur
la personne de la femme à de continuels sévices, peut-être à
des excès qui mettent son existence en danger. La vie com-

([1]) Cette loi est due à l'initiative et aux efforts persistants de M. Alfred Naquet.

mune est devenue intolérable ; sa continuation ne pourrait être envisagée que comme une longue agonie. En pareil cas, le lien du mariage est rompu en fait. La question est de savoir si le législateur peut, dans l'intérêt social, le déclarer indissoluble en droit, offrant seulement aux époux l'expédient de la séparation de corps, ou s'il ne doit pas plutôt, mettant le droit d'accord avec le fait, autoriser la rupture légale du mariage par le divorce. Le législateur de 1884 a considéré ce dernier parti comme préférable.

10. De nombreuses objections ont été soulevées contre le principe même du divorce. Les principales sont tirées : 1° de considérations religieuses ; 2° de l'intérêt social ; 3° de l'intérêt des enfants. Nous allons les examiner successivement.

11. I. L'objection tirée des considérations religieuses est la plus puissante de toutes. La religion catholique, dit-on, est celle de la majorité des Français ; or cette religion proscrit le divorce ; l'admettre dans nos lois, c'est donc faire violence à la conscience des époux catholiques qui pourront être obligés de subir les conséquences d'une mesure que leur foi repousse.

Nous remarquerons d'abord que l'objection n'a plus aucune valeur au cas d'époux appartenant l'un et l'autre à un culte qui admet la légitimité du divorce. Et, même dans ce cas, l'objection se retourne en partie contre ceux qui la proposent. Car si, au nom de la liberté de conscience, on ne veut pas que le divorce puisse être imposé à des époux catholiques, au nom de cette même liberté, il faut admettre que la loi civile doit autoriser le divorce au profit de ceux dont les croyances religieuses ne répugnent pas à ce mode de dissolution du mariage. Le système qui prétendrait imposer à tous les citoyens le principe de l'indissolubilité du mariage, parce qu'il est consacré par la religion catholique, à laquelle appartiennent la majorité des Français, se résumerait en oppression de la minorité par la majorité.

Il n'y a pas plus de difficulté, si l'on envisage le cas d'époux catholiques l'un et l'autre. Ah ! sans doute, ils pourraient crier à la tyrannie, si le législateur civil leur offrait exclusivement le divorce comme remède aux unions malheureuses ; ils seraient en effet réduits à l'alternative, ou de subir une cohabitation devenue intolérable, ou d'y échapper par un moyen que leur foi repousse. Mais notre législateur admet la séparation de corps parallèlement au divorce. Libre aux catholiques d'y recourir. Le législateur n'impose le divorce à personne.

Reste le cas où un seul des époux a des convictions religieuses qui lui interdisent l'usage du divorce. Il pourra arriver, dit-on, que cet époux soit obligé de subir le divorce qui sera demandé et obtenu par son conjoint; le divorce lui sera donc imposé, et le principe de la liberté de conscience sera violé dans sa personne. — Le divorce sera prononcé, oui. Mais qui oblige l'époux catholique à user de la faculté de se remarier que ce divorce lui confère? Libre à lui de respecter le lien que sa foi lui représente comme subsistant toujours, et alors il se trouvera dans une situation équivalente, ou à peu près, à celle que lui créerait une séparation de corps, situation qui n'a rien d'incompatible avec les préceptes et les dogmes de la religion catholique.

En résumé, le principe de la liberté de conscience est parfaitement respecté du moment que le législateur, tout en autorisant le divorce, ne l'impose à personne, et le double d'une autre institution, la séparation de corps, qui est en harmonie avec les croyances des époux dont la religion n'admet pas le divorce.

D'ailleurs il faut remarquer que, dans le mariage, le contrat civil est complètement distinct du sacrement. Or ce que le divorce brise, c'est le contrat civil seulement, il laisse le sacrement intact. Donc le divorce ne porte aucune atteinte à l'indissolubilité du lien religieux. « Ce qui est indissoluble au point de vue catholique, dit M. Naquet, ce n'est pas le mariage civil. les catholiques ne le reconnaissent pas, ils ne le considèrent que comme une simple formalité qu'ils subissent mais contre laquelle ils protestent sans cesse. N'ai-je pas, dès lors, le droit de leur demander en quoi ils pourront être blessés le jour où, pour des cas graves et déterminés, nous briserons le nœud dont ils contestent la validité au point de vue de la conscience? » (Discours à la chambre des députés; *Journal officiel* du 8 février 1881).

12. II. Après l'objection tirée des considérations religieuses, la plus forte est celle qu'on puise dans les considérations d'intérêt social. Le divorce, dit-on, est de nature à jeter dans la société une perturbation grave, parce qu'il ébranle l'institution du mariage, qui est l'une des bases fondamentales de l'ordre social. On se jouera de la sainteté du mariage, du moment que le lien qu'il crée ne sera pas indissoluble ! Le législateur, organe des intérêts sociaux, doit donc proscrire le divorce. Il doit le proscrire, parce que l'intérêt des époux, qui demandent à rompre une union malheureuse dans laquelle ils se sont imprudemment engagés, est un intérêt particulier, et que l'intérêt particulier doit être sacrifié quand il est en lutte avec l'intérêt social, qui est un intérêt général.

Il resterait à démontrer que le divorce est un élément de dissolution sociale ; or les avis des philosophes sont très partagés sur ce point. Bon nombre considèrent le divorce, grâce auquel les époux peuvent contracter une nouvelle union légitime qui servira de base à une nouvelle famille, comme plus moral que la séparation de corps, qui ne laisse le plus souvent que le désespoir dans le cœur des époux, parce qu'elle les réduit à la dure alternative, ou de se sacrifier d'une manière complète, en fermant leur cœur à toute affection légitime, ou, se moquant des prescriptions d'une loi impitoyable et des sévérités de l'opinion publique, de se réfugier dans les amères douceurs des liaisons illégitimes. Il paraît que c'est à ce dernier parti que les époux séparés de corps se résolvent le plus souvent. Nous le demandons, la moralité publique y gagne-t-elle ? « Ce qu'est la séparation de corps pour les époux, dit le rapporteur de la loi, M. de Marcère, le voici : c'est le dérèglement de la vie ou le célibat forcé, c'est-à-dire un état contraire soit aux lois sociales, soit à la nature humaine ».

D'ailleurs, le divorce n'est pas une nouveauté législative. La plupart des peuples de l'Europe, sans porter nos regards au delà, l'ont inscrit dans leurs codes ([1]). L'expérience qu'ils en ont faite ne paraît pas confirmer les appréciations pessi-

---

([1]) Les pays dont la législation n'admet pas encore le divorce sont : l'Italie, l'Espagne, le Portugal, l'Autriche et la Hongrie (pour les catholiques seulement), la Pologne russe (V. *infra*, n. 360 et s.).

mistes de ceux qui voient dans cette institution un élément de dissolution sociale.

13. III. Nous arrivons à l'objection tirée de l'intérêt des enfants. Les adversaires du divorce insistent beaucoup sur la situation que le divorce crée aux enfants issus du mariage. On n'a pas beaucoup de peine à démontrer que cette situation est déplorable. Nous répondrons avec Treilhard : Et les enfants des époux séparés de corps ! ne sont-ils pas tout aussi à plaindre ? On ne prétend pas sans doute, en supprimant le divorce, supprimer aussi la séparation de corps. Eh bien ! si l'on refuse le divorce aux époux malheureux en ménage, ils auront recours à la séparation de corps, et la situation des enfants sera tout aussi fâcheuse. Il est vrai qu'après le divorce les enfants sont exposés à tomber, par suite du nouveau mariage de celui de leurs auteurs à qui la justice les a confiés, sous la dure autorité d'un parâtre ou d'une marâtre. Mais croit-on que ces enfants échappent à ce danger dans la séparation de corps ? Nous le disions tout à l'heure, une liaison illégitime pour chaque époux, tel est le fruit ordinaire de la séparation de corps. Eh bien! les conséquences d'une semblable liaison, contractée par celui de leurs auteurs avec qui ils vivent, ne seront-elles pas encore plus désastreuses pour les enfants que celles d'un mariage ? Sans parler des exemples que les enfants auront sous les yeux, auront-ils plus à espérer d'un parâtre ou d'une marâtre illégitime que d'un parâtre ou d'une marâtre légitime? Mal pour mal, nous préférons encore la situation des enfants dans le divorce : elle est plus franche et plus digne que dans la séparation de corps, où tout est faux et embarrassé. En tout cas, elle n'est ni plus ni moins fâcheuse que celle des enfants d'un veuf ou d'une veuve qui se remarie.

En somme, on ne voit pas que le divorce crée aux enfants des époux une situation pire que la séparation de corps ; la situation qui leur est faite par le divorce paraît même préférable. Alors quel argument le sort des enfants peut-il fournir aux adversaires du divorce, puisqu'il faut, de toute nécessité, accepter à tout le moins la séparation de corps ?

Quoi qu'il en soit, notre législateur a rétabli dans nos lois le divorce. Mais nous ne mériterons de le conserver qu'à la condition de n'en pas faire un usage abusif. Le divorce doit être une rare exception, sous peine de ruiner l'institution du mariage et d'ébranler l'ordre social.

En fait, depuis la promulgation de la loi de 1884, les demandes de divorce ont été assez fréquentes ; le *Journal officiel* du 9 mai 1898 présentait une statistique intéressante du divorce et de la séparation de corps pour l'année 1895. On y constatait une diminution du chiffre total des demandes. De **11,549** pour l'année précédente, le chiffre était descendu à **11,383**, comprenant : 8,497 demandes en divorce non précédées de séparation de corps (au lieu de 8,673 en 1894) ; 440 demandes en conversion de séparation de corps en divorce (au lieu de 471) et 2446 demandes en séparation de corps (au lieu de 2,405). La loi du 6 février 1893, qui a amélioré le sort de la femme séparée de corps, au point de vue de la gestion de ses intérêts, a eu pour effet de relever brusquement le nombre des demandes en séparation de corps, comme le montre le tableau suivant :

NOMBRE DES DEMANDES EN SÉPARATION DE CORPS					
EN 1890	EN 1891	EN 1892	EN 1893	EN 1894	EN 1895
2.041	2.059	2.094	2.171	2.405	2.446

14. Le législateur de 1884 aurait peut-être pu se borner à restaurer le code civil ; il aurait suffi pour cela d'abroger purement et simplement la loi du 8 mai 1816 abolitive du divorce. On a préféré, tout en conservant quant au fond la législation du code civil, y apporter certaines modifications qui ont été considérées comme des perfectionnements. On aura une idée de ces modifications dans leur ensemble, en lisant la première partie de l'art. 1 de la loi nouvelle : « *La loi du 8 mai* » *1816 est abrogée.* — *Les dispositions du code civil* (¹) *abro-*

(¹) Et aussi des autres lois qui n'avaient cessé d'être en vigueur que par suite de l'abrogation du divorce.

» *gées par cette loi sont rétablies, à l'exception de celles qui*
» *sont relatives au divorce par consentement mutuel, et avec*
» *les modifications suivantes, apportées aux articles 230, 232,*
» *234, 235, 261, 263, 295, 296, 298, 299, 306, 307 et 310* » ([1]).

La plus considérable, en apparence tout au moins, des modifications réalisées ou seulement annoncées par cet article, concerne l'abrogation du divorce par consentement mutuel. Nous avons donné (*supra*, n. 6) un aperçu de cette institution qui, dans la pensée du législateur de 1803, était uniquement destinée à permettre aux époux de dissimuler la véritable cause du divorce, la cause légitime, que des considérations d'humanité ou de pudeur ne leur permettaient pas de révéler publiquement. S'il est vrai, comme on le prétend, que le divorce par consentement mutuel est l'œuvre de Napoléon Ier, qui le fit insérer dans le code civil en vue du divorce qu'il se proposait d'imposer bientôt à l'impératrice Joséphine, s'il est vrai d'autre part qu'il est demeuré à peu près complètement ignoré dans la pratique pendant les treize années qu'ont vécu les textes qui l'organisaient, il ne faut pas beaucoup regretter sa suppression. En Belgique, où l'on a conservé sans modifications la législation du code civil sur le divorce, il paraît que les divorces par consentement mutuel ne dépassent pas la proportion de 1 sur 400.

CHAPITRE PREMIER

DES CAUSES DU DIVORCE

15. Nous aurons à rechercher successivement quelles sont les causes du divorce, et par qui elles peuvent être proposées.

SECTION PREMIÈRE

QUELLES SONT LES CAUSES DU DIVORCE

16. Les causes du divorce sont au nombre de trois : 1° adultère de l'un des époux ; 2° excès, sévices ou injures graves de

---

[1] Quelques-unes de ces modifications ont été elles mêmes modifiées par la loi du 18 avril 1886, dont nous parlerons plus loin. V. les nouv. art. 234, 235, 307 et 310.

l'un des époux envers l'autre ; 3° condamnation de l'un des époux à une peine afflictive et infamante. C'est ce qui résulte des art. 229 à 232 ainsi conçus :

ART. 229. *Le mari pourra demander le divorce pour cause d'adultère de sa femme.*

ART. 230. *La femme pourra demander le divorce pour cause d'adultère de son mari.*

ART. 231. *Les époux pourront réciproquement demander le divorce pour excès, sévices ou injures graves, de l'un d'eux envers l'autre.*

ART. 232. *La condamnation de l'un des époux à une peine afflictive et infamante sera pour l'autre époux une cause de divorce.*

Les trois causes énumérées par la loi présentent certains caractères communs qu'il n'est pas inutile de préciser : 1° Elles ne peuvent être invoquées que par l'époux qui en souffre et non par celui qui les a fait naître ; 2° elles sont exclusivement personnelles, en ce sens qu'elles ne peuvent être invoquées par les créanciers ; 3° elles produisent toutes le même résultat ; 4° elles sont communes aux deux époux sans distinction de sexe ; 5° elles supposent un auteur conscient et responsable ; par exemple, l'aliénation mentale de l'époux auquel sont imputés les excès, sévices ou injures graves enlève à ces faits ce qu'ils peuvent avoir de blessant, et s'oppose par suite à ce qu'ils puissent servir de base à la prononciation d'un divorce (¹) ; il en serait de même si l'adultère n'avait pas été commis sciemment et volontairement, si l'époux coupable était en état de démence au moment où l'adultère a eu lieu (²).

Par ailleurs des différences sensibles séparent les trois causes pour lesquelles le divorce peut être prononcé. C'est ainsi que le pouvoir d'appréciation des tribunaux est plus

---

(¹. Cass., 5 août 1890, D., 91. 1. 365 ; 14 janv. 1861, S., 61. 1. 719, D., 61. 1. 196. — Rennes, 12 nov. 1895, *Gaz. Pal.*, 96. 1. 256. — Trib. Seine, 20 déc. 1895, *Loi*, 15 janv. 1896.

(²) Caen, 31 déc. 1889, D., 91. 2. 280 (sol. impl.). — Cpr. en ce qui concerne l'influence de l'ivresse alcoolique ou morphinique sur l'imputabilité et la gravité des torts, Paris, 29 avril 1881, S., 82. 2. 21. — Orléans, 21 oct. 1897, *Loi*, 3 nov. 1897. — Alger, 11 juil. 1892, *Pand. fr.*, 95. 2. 43.

large en matière d'excès, de sévices et d'injures graves qu'en
matière d'adultère ou de condamnation à une peine afflictive
et infamante (¹). De même, et par voie de conséquence, s'il
y a réciprocité de torts, les tribunaux usent d'une sévérité
plus ou moins grande, suivant les cas, pour régler la situation respective des parties. Enfin les preuves à fournir peuvent être différentes suivant la cause invoquée : la remarque
est particulièrement exacte en ce qui concerne la condamnation à une peine afflictive et infamante.

§ I. *Adultère de l'un des époux.*

17. Ici le code civil consacrait une différence importante
entre le mari et la femme. L'adultère de la femme, en quelque lieu qu'il eût été commis, fût-ce en dehors de la maison
conjugale, et alors même qu'il constituait un fait isolé, pouvait servir de base à une demande en divorce formée par le
mari (art. 229). Au contraire, l'adultère du mari ne devenait
une cause de divorce pour la femme qu'autant qu'il était
accompagné de cette circonstance aggravante que le mari
avait « tenu sa concubine dans la maison commune » ou,
comme le dit l'art. 339 du code pénal, en des termes équiva-
lents « entretenu sa concubine dans la maison conjugale » :
ce qui constitue un spectacle particulièrement offensant pour
la femme, ainsi réduite à voir son titre et ses droits usurpés,
quod castas et pudicas maxime exasperat.

18. Le législateur de 1884 a fait disparaître cette différence,
en supprimant dans l'art. 230 les mots : « lorsqu'il aura tenu
» sa concubine dans la maison commune ». Pour justifier
cette innovation, M. Naquet disait en substance à la chambre
des députés, et on l'a répété après lui au Sénat : « Nous avons
pensé qu'après avoir proclamé le principe des devoirs égaux
des époux dans le titre du mariage (art. 212), il ne fallait pas
immédiatement proclamer le principe contraire dans le titre
du divorce. Il y a là une question de haute moralité. Il a été
dit que la civilisation d'un pays se reconnaissait aux droits

(¹) Cass., 7 fév. 1872, S., 72. 1. 336, D., 71. 1. 252 ; 17 déc. 1872, S., 72. 1. 412,
D., 73. 1. 156.

dont jouit la femme, à l'égalité plus ou moins grande qui existe entre elle et l'homme. Consacrons le principe de l'égalité morale entre les deux sexes... »

19. Il est très douteux, à notre avis, qu'en réformant notre loi sur ce point, le législateur de 1884 l'ait améliorée. Nous n'entendons pas contester qu'au point de vue moral l'adultère du mari soit aussi répréhensible que celui de la femme. Mais ce n'est pas là la question. Il s'agit de savoir si l'adultère du mari laisse au cœur de la femme une plaie aussi profonde que l'adultère de la femme au cœur du mari ; si, d'un côté comme de l'autre, l'adultère rend nécessairement la vie commune insupportable, et doit ouvrir à ce titre la porte au divorce. Or, si l'on se place à ce point de vue, il est difficile de ne pas admettre une différence entre les deux époux. Nos mœurs, à tort ou à raison, sont plus indulgentes pour les faiblesses de l'homme que pour celles de la femme. D'un autre côté, l'opinion publique établit un lien entre l'honneur du mari et la fidélité de sa femme, tandis qu'elle considère les infidélités du mari comme laissant l'honneur de la femme intact. En troisième lieu, l'adultère de la femme peut avoir pour résultat d'infliger au mari la paternité d'enfants qui appartiennent à un autre, et de faire naître dans son cœur des doutes relativement à la paternité des enfants dont il est l'auteur, tandis que l'adultère du mari ne peut pas avoir de semblables conséquences en ce qui concerne la femme. Enfin la femme qui oublie ses devoirs cesse d'appartenir à son mari, parce que, chez elle, c'est presque toujours le cœur qui sert de mobile à l'adultère ; le mari trompé n'a pas seulement un rival, comme on le dit, il est supplanté. La situation est-elle la même, en général tout au moins, pour le mari infidèle? N'arrive-t-il pas, le plus souvent, que ses infidélités sont le résultat d'un entraînement passager où les sens ont plus de part que le cœur? La femme avec laquelle le mari s'oublie est souvent vite oubliée, et il n'est pas rare qu'en rentrant au domicile conjugal l'infidèle y rapporte son cœur tout entier.

Dans les anciens art. 229 et 230, le législateur de 1803 avait sagement tenu compte des différences que nous venons de signaler; l'assimilation établie par le législateur de 1884 nous paraît regrettable.

Une réforme paraissait d'autant moins nécessaire sur ce point, que la jurisprudence, entrant à cet égard dans les vues probables du législateur de 1803, considérait dans certains cas l'adultère du mari, commis en dehors des conditions déterminées par l'art. 230, comme constituant pour la femme une injure grave, sur le fondement de laquelle elle pouvait demander le divorce ou la séparation de corps. On exigeait, il est vrai, que l'adultère du mari fût entouré de certaines circonstances en quelque sorte aggravantes, comme la publicité, la notoriété, ou le scandale qui pouvait en résulter ([1]). Là était la vérité, à notre avis. Assimiler complètement l'adultère du mari à celui de la femme, en tant qu'il peut servir de base à une demande en divorce, ce n'est pas tenir compte d'une différence qui résulte des mœurs, et, dans une certaine mesure, de la nature elle-même.

20. Quoi qu'il en soit, la loi nouvelle est formelle et il faut la respecter. L'adultère du mari est aujourd'hui, de même que l'adultère de la femme, une cause péremptoire du divorce, et il en résulte que la décision judiciaire qui, tout en constatant l'existence d'un adultère à la charge du mari, refuserait de faire droit à la demande en divorce de la femme, sur ce fondement que les conditions dans lesquelles l'adultère a été commis ne permettent pas de le considérer comme une injure grave, tomberait sous la censure de la cour suprême ([2]).

En tout cas, l'innovation sur laquelle nous venons de nous expliquer a eu pour résultat d'introduire dans nos lois une singulière disparate. La différence que le législateur vient de supprimer au point de vue civil continue de subsister au point de vue pénal. Aujourd'hui, comme autrefois, l'adultère du mari n'est punissable que lorsqu'il a tenu sa concubine

---

[1]) Cass., 11 avril 1865, S., 66. 1. 238, D., 66. 1. 167. — Dijon, 30 juill. 1868, D., 68. 2. 247.

[2]) Trib. Orthez, 11 juin 1890, *La Loi*, 21 nov. 1890. Cependant les tribunaux paraissent montrer parfois plus d'indulgence pour l'adultère du mari, tout au moins en ce qui concerne la preuve à fournir. — Cpr. Trib. Lyon, 8 nov. 1894, *Gaz. Trib.*, 6 déc. 1894. — Trib. Tarbes, 14 déc. 1892, *Gaz. Trib.*, 18 mai 1893.

dans la maison conjugale, tandis que l'adultère de la femme
est punissable en quelque lieu qu'il ait été commis. D'un
autre côté, la peine prononcée contre la femme adultère est
plus forte que celle prononcée contre le mari qui a entretenu
sa concubine dans la maison conjugale : emprisonnement
dans un cas, simple amende dans l'autre (C. pén., art. 337
et 339). Après l'innovation réalisée par le législateur de
1884, ces différences s'expliquent-elles? Rationnellement,
l'assimilation de l'adultère du mari à celui de la femme doit
être admise ou rejetée à tous égards, et, s'il fallait établir
une distinction, nous la préférerions en sens inverse, car
c'est surtout en matière pénale que l'assimilation semble
s'imposer (¹).

21. L'adultère constaté a pour effet nécessaire d'entraîner
le divorce ; c'est, comme il a été dit, une cause *péremptoire*
de divorce, qu'il soit commis par le mari ou par la femme.
Le juge n'a pas ici la même liberté d'appréciation qu'en
matière de sévices ou d'injures; il n'a pas, en principe, à se
préoccuper des circonstances de l'adultère pour en apprécier
le plus ou moins de gravité et pour accueillir ou repousser,
suivant les cas, la demande de divorce. Le juge, une fois
l'adultère établi, doit prononcer le divorce, de même qu'il
est contraint de le faire, lorsque l'on rapporte la preuve
d'une condamnation à une peine afflictive et infamante (²). Il
convient, dès lors, d'écarter l'opinion de certains auteurs (³)
qui reconnaissent au juge un certain pouvoir d'appréciation,

(¹) La différence entre la loi civile et la loi pénale pourrait, toutefois, trouver
sa justification dans les considérations suivantes : l'adultère commis par le mari
ou par la femme risque de provoquer le même ressentiment et de compromettre,
dans tous les cas, l'harmonie des relations conjugales; c'est toujours une violation
du contrat intervenu entre les époux ; au contraire, au point de vue social, dont se
préoccupe avant tout la loi pénale, si l'adultère de la femme est toujours grave par
les conséquences qu'il entraîne, l'adultère du mari n'offre d'inconvénients sérieux
que dans certaines circonstances; la loi répressive ne doit donc frapper la faute
du mari que dans les hypothèses exceptionnelles où cette faute constitue un danger social.

(²) Carpentier, *Divorce et séparation de corps*, I, n. 196. — Nancy, 12 nov. 1884,
S., 85. 2. 83, D., 86. 2. 31. — Trib. Seine, 23 juill. 1885, *Gaz. Pal.*, 85. 2. 223. —
Trib. Orthez, 11 juin 1890, précité.

(³) Frémont, *Traité pratique du divorce et de la séparation de corps*, n. 25 et s. ;
Vraye et Gode, *Le divorce et la séparation de corps*, n. 36.

notamment dans le cas où le fait d'adultère est accidentel. La cour de Paris a néanmoins décidé que l'un des conjoints ne peut pas se fonder sur l'adultère de l'autre pour demander le divorce, lorsqu'il a non seulement toléré mais encore encouragé cet adultère ([1]). Cette solution, équitable peut-être d'après les circonstances toutes spéciales de la cause, pourrait à la rigueur trouver sa justification théorique dans cette idée que l'auteur de l'adultère n'avait pas eu l'intention coupable de violer la foi promise.

22. L'adultère, en effet, en dehors de l'élément matériel, physique, suppose encore un élément moral, intentionnel : la volonté chez l'époux coupable de se soustraire à la fidélité conjugale. Lorsque cet élément fait défaut, les tribunaux répressifs n'appliquent aucune peine ([2]) et les tribunaux civils doivent s'abstenir de prononcer la dissolution du mariage; il en serait ainsi, par exemple, dans le cas où l'adultère serait la conséquence d'une violence imposée à la femme ou le résultat d'une suggestion, de l'hypnotisme. Un second mariage contracté de bonne foi, dans la pensée que l'autre époux était mort, ne serait pas suffisant pour entraîner le divorce. Au contraire, si la bigamie était volontaire, l'adultère se doublerait d'un crime, et le divorce en découlerait par *a fortiori* ([3]). De même, la demande en divorce pour adultère serait recevable et pourrait être prouvée par témoins, s'il était établi que le fait d'adultère constituait aussi un inceste ([4]). Les tribunaux ont donc, au point de vue de l'intention coupable, une certaine liberté d'appréciation.

23. Si les parties ont, d'une façon limitative, motivé leur demande sur l'existence d'injures graves, elles peuvent, à l'appui de ce grief, établir le fait d'adultère. En pareil cas, les tribunaux sont autorisés à retenir ce grief ([5]); même, ils

---

([1]) Paris, 18 juillet 1893, D., 93. 2. 471. — V. dans le même sens Trib. Seine, 16 juin 1897, *le Droit*, 11 nov. 1897, 12 juil. 1895; *Gaz. Trib.*, 10 nov. 1895, 14 mars 1899; *Pand. franç.*, 99. 2. 135.

([2]) Bordeaux, 18 déc. 1896, *Loi*, 16 fév. 1897.

([3]) Trib. Seine, 4 nov. 1897, *Gaz. Trib.*, 3 déc. 1897.

([4]) Cass., 26 juill. 1813, S. chr.

([5]) C'est à tort que, par un respect exagéré d'une règle de procédure, un arrêt très ancien a décidé le contraire. — Cpr. Colmar, 8 déc. 1807, S. chr.

ne sauraient y substituer une autre cause, et prononcer le divorce pour adultère, décision qui serait de nature à entraîner des effets spéciaux, tels que l'interdiction du mariage avec le complice, le désaveu d'enfant ([1]). Les règles applicables à la demande basée sur l'adultère et aux conséquences qui en résultent supposent que le divorce est poursuivi pour ce motif, en vertu de conclusions formelles. On devrait, par suite, reconnaître aux tribunaux une certaine latitude d'appréciation, lorsque les parties invoquent l'adultère, non comme une cause péremptoire, mais comme simplement constitutif d'une injure grave. Enfin, il convient de noter que le juge peut retenir comme injures graves des faits qui laissent soupçonner la violation de la foi conjugale, sans que l'adultère soit complètement établi ([2]).

24. Nous examinerons plus loin les questions que soulève la preuve des faits articulés à l'appui d'une demande en divorce ([3]); mais il convient d'indiquer ici certaines solutions spéciales à la preuve de l'adultère.

Assez souvent, le demandeur s'appuie sur un procès-verbal de constat dressé par la police. Remarquons à ce sujet que le commissaire de police doit déférer à toute réquisition du mari tendant à la constatation d'un adultère commis par sa femme, car l'adultère de la femme, en quelque lieu et dans quelques conditions qu'il soit commis, constitue toujours un délit, tandis qu'il ne doit déférer à la réquisition qui lui est adressée par la femme à l'effet de constater l'adultère du mari qu'autant que cet adultère est commis dans les conditions déterminées par l'art. 339 C. pén. Car autrement l'adultère du mari ne constitue pas un délit, et le commissaire de police ne doit prêter son ministère aux particuliers que pour la constatation de faits délictueux.

25. Cependant, lorsque le procès-verbal n'est pas régulier, les tribunaux sont autorisés à le prendre en considération; ils peuvent y trouver tout au moins la preuve par présomp-

[1] Bruxelles, 22 fév. 1893, D., 94. 2. 349. — Trib. Seine, 25 mai 1897, *Gaz. Trib.*, 23 sep. 1897.
[2] Lyon, 30 juill. 1891, *Gaz. Trib.*, 26 sept. 1891.
[3] V. *infra*, n. 215 et s.

tion de l'adultère et repousser comme inutile et frustratoire une enquête, du moment où leur conviction est certainement établie ([1]). A l'inverse, le juge peut considérer comme insuffisant un procès-verbal régulier, si le rapport du commissaire de police ne contient pas d'indications nettes et se contente, d'après l'ensemble des renseignements recueillis, de dire que l'époux défendeur a une conduite notoirement mauvaise ([2]). Le constat doit préciser, autant que possible, les conditions dans lesquelles les coupables ont été trouvés, déterminer leur tenue, révéler leur toilette, dire si la pièce contient un lit, si ce lit était occupé, s'il était au contraire vide et défait, et quelles étaient alors ses déformations, etc. ([3]).

26. La preuve peut aussi résulter d'une décision rendue par la juridiction correctionnelle sur une poursuite intentée pour cause d'adultère ; même, le juge civil est obligé de tenir pour constant le fait d'adultère souverainement constaté par la juridiction répressive ([4]). Toutefois, il est nécessaire que la décision correctionnelle soit devenue définitive ; si un jugement par défaut avait été rendu, le demandeur en divorce devrait rapporter l'original de la signification du jugement de condamnation ([5]).

27. L'aveu peut être admis comme preuve, s'il n'est pas collusoire ([6]), et s'il n'est pas puisé dans une pièce d'un caractère confidentiel ([7]).

28. Quant aux lettres missives, elles sont soumises aux mêmes règles, sans distinction entre le cas où on les utilise pour établir l'adultère, ou pour prouver l'existence de faits injurieux ([8]).

([1]) Cass., 13 nov. 1889, S., 90. 1. 388, D , 90. 1. 36. — Caen, 31 déc. 1889, D., 91. 2. 280.

([2]) Paris, 7 nov. 1890, *Loi*, 27 nov. 1890.

([3]) Aix, 21 mai 1885, *Gaz. Pal.*, 85. 1. 733.

([4]) V. Garraud, *Précis de droit criminel*, 6e édit., p. 850.

([5]) Trib. Alger, 9 mai 1895, *Droit*, 6 oct. 1895.

([6]) Nancy, 12 nov. 1884, S., 85. 2. 83, D., 85. 2. 63 ; 30 janv. 1886, *Le Droit*, 24 fév. 1886. — Toulouse, 18 mai 1884, *Gaz. Pal.*, 17 juil. 1886. — Trib. Tours, t. 17 juin 1885. — Trib. Seine, 23 juil. 1885, *Gaz. Pal.*, 85. 2. 223. 1 1891, D , 92. 2. 219. — V. *infra*, n. 116, sur ce mode de preuve.

r, 2 fév. 1885, *Gaz. Pal.*, 85. 1. 73.

1. 132 et s., sur l'emploi des lettres missives. — Cpr. cependant Pa-l, *Gaz. Trib.*, 4 août 1893.

29. Il est certain aussi que la preuve testimoniale est admissible pour établir l'adultère, qui constitue un fait pur et simple et non un fait juridique ([1]).

30. Enfin, pour la même raison, la preuve par simples présomptions est également recevable, pourvu que ces présomptions soient claires et précises ([2]), et de nature à ne laisser aucun doute dans l'esprit du juge ([3]).

31. Sur tous ces points, les tribunaux ont le plus large pouvoir d'appréciation ([4]); mais ils doivent se montrer parfois très circonspects; ainsi l'on a écarté avec raison un fait d'adultère qui semblait établi, alors qu'il résultait des documents de la cause que ce fait avait été préparé par un agent d'affaires chargé de faire aboutir le divorce ([5]).

32. Parmi les moyens indirects de prouver l'adultère de la femme, on peut signaler le désaveu de l'enfant né au cours du mariage; cela résulte d'un certain nombre de décisions qui ne s'expliquent pas d'ailleurs très nettement sur le point de savoir si la cause du divorce réside en pareil cas dans l'injure causée par le fait de la naissance de l'enfant ou dans l'adultère lui-même ([6]).

33. La loi nouvelle, qui autorise la femme à demander le divorce pour cause d'adultère simple de son mari, rétroagit-elle? En d'autres termes, une femme mariée peut-elle aujourd'hui obtenir le divorce (ou la séparation de corps) en se fondant sur un adultère commis par son mari antérieurement à l'époque où la loi nouvelle a pu être ramenée à exécution, et qui ne présente pas la circonstance aggravante requise autrefois par l'art. 230? Nous admettons l'affirmative. Le principe de non-rétroactivité, écrit en l'art. 2, ne nous paraît pas y faire obstacle. En effet, ce principe ne sauvegarde que les droits acquis au moment de la mise à exécution de la loi nouvelle, et non les simples espérances ou expectatives. Or

---

([1]) V. *infra*, n. 119 et s., sur l'administration de ce mode de preuve.
([2]) Cass., 13 nov. 1889, S., 90. 1. 388, D., 90. 1. 36.
([3]) Trib. Orthez, 11 juin 1890, *Loi*, 21 nov. 1890.
([4]) Limoges, 6 juil. 1898, *Gaz. Trib.*, 11 sept. 1898.
([5]) Paris, 8 nov. 1893, *Droit*, 29 déc. 1893.
([6]) Trib. Dijon, 28 juil. 1891, *Droit*, 17 sept. 1891. — Trib. Seine, 22 juil. 1892, *Gaz. Trib.*, 29 juil. 1892.

le mari peut-il dire que, lors de la mise à exécution de la loi nouvelle, il avait un droit acquis à ne pas voir prononcer contre lui le divorce ou la séparation de corps pour un adultère simple constituant alors un fait accompli? A ce compte, un mari serait en droit de soutenir également que le divorce ne peut pas être prononcé contre lui pour des faits, quels qu'ils soient, antérieurs à la promulgation de la loi nouvelle, parce que, d'après la loi en vigueur à l'époque où ils ont été accomplis, ces faits ne pouvaient pas entraîner le divorce, mais seulement la séparation de corps. Enfin nous voyons qu'aux termes de l'art. 4 de la loi nouvelle, les instances en séparation de corps, pendantes au moment de la promulgation de cette loi, peuvent être converties en instances de divorce, et que les jugements de séparation de corps, devenus définitifs avant cette même époque, peuvent être convertis en jugements de divorce conformément à l'art. 310. C'est bien la preuve que le législateur a voulu que la loi nouvelle rétroagît. En un certain sens, elle touche à l'ordre public, et les lois de cette catégorie échappent ordinairement à la règle que la loi ne rétroagit pas (¹).

34. L'art. 298, 2ᵉ partie, tel qu'il est sorti des mains du législateur de 1803, portait : « La femme adultère sera con- » damnée par le même jugement [celui qui admet le divorce], » et sur la réquisition du ministère public, à la réclusion dans » une maison de correction pendant un temps déterminé, qui » ne pourra être moindre de trois mois, ni excéder deux an- » nées ».

Les art. 308 et 309 contenaient des dispositions analogues en matière de séparation de corps : « La femme contre laquelle » la séparation de corps sera prononcée pour cause d'adul- » tère sera condamnée par le même jugement, et sur la réqui- » sition du ministère public, à la réclusion dans une maison » de correction pendant un temps déterminé, qui ne pourra » être moindre de trois mois, ni excéder deux années » (art. **308**). « Le mari restera le maître d'arrêter l'effet de cette

---

(¹) Nancy, 12 nov. 1884, S., 85. 2. 83, D., 86. 2. 31. — Cpr. Cass., 12 nov. 1806, S., chr. — Carpentier, *op. cit.*, n. 42; Vraye et Gode, *op. cit.*, p. 56. — *Contra* Faivre, Coulon et Jacob, *Manuel formulaire du divorce*, 3ᵉ édit., p. 37.

» condamnation, en consentant à reprendre sa femme » (art. 309).

Le législateur de 1884 a supprimé avec raison ces textes dont la place n'était pas dans le code civil. Ils étaient devenus inutiles depuis que leur disposition avait été reproduite avec certaines améliorations par le code pénal de 1810, art. 337.

§ II. *Excès, sévices ou injures graves.*

35. Les *excès* sont des actes de violence, exercés par l'un des époux contre l'autre, et qui peuvent mettre en danger la santé ou même la vie de celui qui en est victime ([1]).

Les *sévices* sont un diminutif des excès. Ils consistent dans de mauvais traitements, dans des voies de fait, qui, sans menacer la vie ni même la santé, rendent cependant l'existence en commun insupportable. C'est dire qu'ils doivent être graves pour pouvoir servir de fondement à une demande en divorce : le mot *graves* de l'art. 234 tombe sur les sévices aussi bien que sur les injures.

Il est difficile de donner une définition précise des *injures*, à cause de l'infinie variété des cas auxquels cette expression s'applique. Elle comprend les insultes, les outrages résultant soit de paroles ou d'écrits (injures *verbales*), soit de faits, d'actions (injures *réelles*). Verbales ou réelles, les injures doivent être *graves* pour pouvoir servir de fondement à une demande en divorce, mais un seul fait peut suffire. C'est au juge du fond qu'il appartient d'apprécier la gravité de l'injure, et il l'appréciera en tenant compte de la condition sociale des époux, du lieu où l'injure a été commise, de la fréquence des faits allégués, de leur publicité et des mille autres circonstances de la cause ([2]). Aussi bien toutes les questions

[1] Montpellier, 5 fév. 1895, D., 96. 2. 101.

[2] Cass., 2 juin 1890, S., 90. 1. 334. — Certains auteurs pensent que les excès constitueraient une cause péremptoire de divorce. Aubry et Rau, V, § 491, n. 177; Demolombe, IV, n. 3847. — Même des arrêts décident qu'il en est ainsi des sévices et injures graves. Dijon, 30 juill. 1868, D., 68. 2. 2477. — A la vérité, la question est mal posée ; le juge a toujours la liberté d'apprécier les faits qui lui sont soumis et de dire s'ils constituent des excès, des sévices ou des injures graves ; mais, lorsqu'il a affirmé qu'un fait avait le caractère d'un excès ou d'une injure

que les auteurs agitent sur ce sujet sont-elles des questions de fait plutôt que de droit. Cette considération explique les contradictions apparentes que présentent à cet égard les diverses décisions judiciaires. Elle explique aussi comment les jugements, statuant sur les demandes en divorce ou en séparation de corps pour cause d'injures graves, sont rarement l'objet d'une censure de la part de la cour de cassation, qui ne réprime pas les erreurs de fait ([1]).

36. Cependant, avant de parcourir les différentes hypothèses dans lesquelles on a pu voir des excès, sévices ou injures graves, il convient d'indiquer certaines règles générales communes à cette seconde cause de divorce.

Les excès, sévices ou injures graves ne sont pris en considération qu'autant qu'ils ont un caractère intentionnel; ils supposent la responsabilité morale en la personne de leur auteur ([2]).

37. Ils doivent avoir pour auteur l'un des époux et pour victime l'autre époux. Cependant si le fait injurieux émanant d'un tiers avait été suscité ou même toléré par l'un des époux, il pourrait être suffisant pour faire prononcer le divorce ([3]). De même l'injure adressée directement à un tiers servirait de base à une action en divorce, si, indirectement, elle visait et atteignait l'un des époux ([4]).

38. En principe, les excès, sévices et injures graves doivent atteindre la personne et non pas seulement les biens. Pour la garantie de leurs intérêts pécuniaires, la loi donne aux époux divers moyens tels que la séparation de biens ouverte au profit de la femme; mais elle ne leur permet pas, sur le simple fondement d'un intérêt pécuniaire, d'obtenir le

---

grave, il ne peut plus se refuser à prononcer le divorce, puisque l'on se trouve alors dans le cas prévu par l'art. 231.

([1]) Cass., 24 fév. 1892, S., 92. 1. 367 ; 3 janv. 1893, S., 93. 1. 251.

([2]) Cass., 5 août 1890, D., 91. 1. 365. — Trib. Seine, 26 mars 1859, sous Cass., 14 janv. 1861, S., 61. 1. 719, D., 61. 1. 196. — Demolombe, IV, n. 401; Laurent, III, n. 189 et 190.

([3]) Trib Seine, 22 mars 1894, *le Droit*, 28 oct. 1894. — Pau, 27 mars 1896, *le Droit*, 6 mai 1896. — Bordeaux, 23 juill. 1873, S., 73. 2. 291. — V. Fuzier-Herman, *C. civ. annoté*, art. 231, n. 88.

([4]) Paris, 27 mars 1896, D., 96. 2. 222.

divorce (¹). Pour que l'action en divorce puisse réussir, il faut à côté de l'atteinte portée à l'intérêt pécuniaire, la réalité d'un mal moral ou physique contenant excès, sévices ou injures (²).

39. L'exercice normal d'un droit légitime, quelles qu'en soient les conséquences pour l'un des époux, ne peut servir de base à une action en divorce. Il faut, bien entendu, que ce droit n'ait pas été mis en mouvement par pur esprit de malice et dans la seule intention de nuire. La jurisprudence a fait des applications nombreuses de ces idées, soit en ce qui concerne l'exercice d'un droit quelconque, soit en ce qui touche l'exercice même de l'action en divorce ou en séparation de corps. Ainsi on peut considérer comme l'exercice d'un droit légitime, exclusif de toute idée d'injure, le fait par le mari d'annoncer dans les journaux qu'il ne paiera pas les dettes de sa femme (³), le fait de publier par la voie de la presse le décès de la femme (⁴), une plainte en adultère déposée entre les mains du ministère public (⁵), une action en désaveu de paternité (⁶), une demande d'interdiction (⁷), une plainte déposée au parquet pour crime contre la personne (⁸), l'em-

---

(¹) Ainsi, le fait par un mari de s'être montré mauvais administrateur de la fortune de sa femme (Nancy, 10 mars 1888, *la Loi*, 16 juin 1888) ou l'oisiveté du mari (Bruxelles, 13 déc. 1887, *Journ. Trib.*, 15 janv. 1888) ne peuvent servir de base à une action en divorce, pas plus que le fait par la femme de se livrer à l'insu de son mari à des dépenses excessives de toilette (Trib. Bruxelles, 2 juin 1888, *Journ. Trib.*, 27 janv. 1889).

(²) Lyon, 11 nov. 1894, *Mon. jud. Lyon*, 6 mai 1895. — Trib. Seine, 5 mars 1891, *le Droit*, 23 mars 1891.

(³) Douai, 14 janv. 1857, D., 57. 2. 133; il en serait autrement si le mari n'avait aucun motif, même apparent, d'agir ainsi. — Lyon, 30 juill. 1891, *Mon. jud. Lyon*, 22 sept. 1891.

(⁴) Paris, 5 juill. 1890, D., 91. 2. 284. Il faut supposer que la publication n'a pas été faite de mauvaise foi.

(⁵) Paris, 13 juill. 1870, D., 71. 2. 129. Il en est ainsi lorsque la plainte n'a pas été dictée par un esprit de vengeance ou d'injure.

(⁶) Et cela, quand bien même l'action serait écartée par les juges, si la conduite de la femme était de nature à autoriser les soupçons du mari. — Paris, 7 mai 1855, S., 55. 2. 770, D., 56. 2. 45. Mais il en serait différemment si l'action ne reposait sur aucune base sérieuse. — Caen, 11 fév. 1880, S., 80. 2. 317, D., 81. 2. 183. — V. sur cette question Aubry et Rau, V, § 491, p. 175 et 176; Demolombe, IV, n. 387; Fuzier-Herman, *C. civ. annoté*, art. 231, n. 125.

(⁷) Cass., 16 avril 1894, S., 95. 1. 309, D., 95. 1. 85. — Rennes, 18 juill. 1893, D., 94. 2. 7.

(⁸) Anvers, 3 janv. 1882, *Belg. jud.*, p. 286.

ploi des sanctions que la loi accorde au mari pour déterminer sa femme à réintégrer le domicile conjugal : saisie des revenus, recours à la force publique, etc. (¹).

40. Le simple fait de demander le divorce ou la séparation de corps est un fait licite, et ne peut constituer par lui seul une injure (²). Les imputations injurieuses ou diffamatoires ne fournissent pas non plus, en principe, une cause de divorce : cela est évident si elles sont justifiées ; mais, dans le cas même où de pareilles imputations ne seraient pas établies, elles ne suffiraient pas à faire prononcer le divorce au profit de l'époux contre lequel elles étaient dirigées ; si les articulations n'ont pas été formulées dans un but uniquement injurieux et diffamatoire et si leur auteur a pu les croire exactes, elles ne sauraient avoir le caractère d'une injure grave (³). Pour qu'il en soit autrement, il faut qu'elles excèdent les immunités de la défense judiciaire, qu'elles aient été introduites de mauvaise foi aux débats, avec méchanceté (⁴). C'est à l'époux qui se plaint des articulations dirigées contre lui d'établir la mauvaise foi de son conjoint (⁵). Toutes ces règles sont applicables aussi bien aux allégations contenues dans les conclusions du demandeur qu'à celles émanées du défendeur (⁶).

41. Les excès, sévices ou injures graves n'ont pas nécessairement un caractère délictueux. Dès lors, l'acquittement de l'un des époux inculpé du délit de coups et blessures ou poursuivi pour tentative d'homicide sur la personne de son

---

(¹) Douai, 14 janv. 1857, D., 57. 2. 133. — Trib. Lyon, 19 mars 1870, D., 71. 5. 258.

(²) Angers, 13 avril 1896, D., 96. 2. 439.

(³) Paris, 13 avril 1897, *Gaz. Trib.*, 16-17 août 1897. — Trib. Seine, 4 juin 1897, *Gaz. Trib.*, 6 oct. 1897.

(⁴) V. en ce sens Cass., 21 déc. 1896, *Gaz. Pal.*, 97. 1. 75 ; 16 avril 1894, S., 95. 1. 309, D., 95. 1. 85 ; 24 fév. 1892, S., 92. 1. 367. — Paris, 13 avril 1897, précité. — Laurent, III, n. 191 ; Carpentier, n. 319. — Cpr. *Contra* Angers, 15 janv. 1896, *Gaz. Trib.*, 29 avril 1896. — Lyon, 14 nov. 1885, *Gaz. Pal.*, 86. 1. 611.

(⁵) Paris, 16 déc. 1889, *Gaz. Pal.*, 28 déc. 1889. La preuve de la mauvaise foi ou de la méchanceté peut être puisée dans toutes les circonstances de la cause, notamment dans le fait que l'on n'a pas même essayé d'établir les allégations (Trib. Seine, 14 avril 1891, *Droit*, 19 mai 1891) ou dans cette circonstance que les écrits diffamatoires ont été répandus dans le public. — Cass., 19 juil. 1894, S., 95. 1. 500, D., 95. 1. 117.

(⁶) Rennes, 18 juill. 1893, S., 95. 1. 309, D., 94. 2. 7.

conjoint ne ferait pas obstacle au prononcé du divorce (¹). A l'inverse, une condamnation à une peine non afflictive et infamante n'entraînerait pas contre lui *de plano* le divorce et n'empêcherait pas le juge de recourir, s'il le jugeait utile, à une enquête (²).

42. Après avoir déterminé les règles communes aux excès, sévices et injures graves, il importe d'indiquer celles qui sont spéciales à chacun de ces moyens. Les excès et sévices consistent, ainsi qu'il a été dit, en des voies de fait plus ou moins graves, dont les tribunaux apprécient le caractère et la nature (³). Les excès supposent toujours des faits actifs ; les injures peuvent résulter indifféremment de faits positifs ou négatifs ; les sévices, bien que consistant presque toujours en des faits positifs, peuvent résulter parfois de faits négatifs (⁴).

43. En pratique, c'est le plus souvent pour injures graves que le divorce est prononcé. Les divers cas d'injures sont trop nombreux pour qu'on puisse en fournir une énumération qui ait la prétention d'être complète ; d'ailleurs, par suite de l'appréciation souveraine des tribunaux sur toutes ces questions, il est impossible de formuler des règles impérieuses et précises. Il suffira de signaler les hypothèses qui se représentent le plus fréquemment dans la pratique.

44. A. *Abandon du domicile conjugal ; refus de le réintégrer ; refus par le mari de recevoir la femme au domicile conjugal.* — L'abandon du domicile conjugal, le refus de le réintégrer et le refus par le mari de recevoir sa femme, ne sont pas des causes péremptoires de divorce ; par eux seuls, ces faits n'assurent pas le succès de la demande ; il ne suffit pas d'en fournir la preuve pour que le divorce s'impose aux tribunaux (⁵). Il faut se préoccuper avant tout du caractère même

¹) Paris, 20 oct. 1886, D., 88 2. 101.
² Trib. Saint-Etienne, 7 avril 1889, *Droit*, 25 avril 1889.
³) Cass., 21 déc. 1896, D., 96. 1. 232; 13 déc. 1896, D., 93. 1. 420; 3 janv. 1893, S., 93. 1. 251. — Poitiers, 3 déc. 1894, *Gaz. Trib.*, 20 janv. 1895.
(⁴) Par exemple, le fait, par un mari, de priver sa femme de nourriture pendant plusieurs jours. Bruxelles, 14 avril 1834, *Pasicr.*, 34. 2. 38.
(⁵) Cass., 6 nov. 1888, *Gaz. Pal.*, 3 janv. 1889. — Paris, 11 fév. 1887, *Gaz. Trib.*, 24 fév. 1887. — Trib. Seine, 7 déc. 1897, *Gaz. Trib.*, 2 fév. 1898. — Trib. Langres, 13 août 1884, S., 85. 2. 22, D., 84. 5. 155.

de ces faits; il est nécessaire d'y trouver, pour un motif quelconque, une injure suffisamment grave. D'ailleurs, les règles sont les mêmes dans les trois cas, peu importe qu'il s'agisse de l'abandon du domicile conjugal, du refus de le réintégrer, ou du refus par le mari de recevoir sa femme (¹).

Dans quels cas et sous quelles conditions pourra-t-on considérer l'abandon ou le refus comme contenant une injure grave? C'est là une question de fait; le juge apprécie souverainement le caractère de l'abandon ou du refus, et sa décision échappe au contrôle de la cour de cassation, pourvu qu'elle prenne soin d'affirmer l'existence de l'injure (²).

45. Sans aucun doute, l'abandon n'aurait pas un caractère injurieux, s'il était le résultat d'un accord entre les époux (³), si, non volontaire, il était imposé par les circonstances (⁴), s'il s'expliquait par des motifs non injurieux (⁵), s'il était en quelque sorte licite et fondé sur des causes sérieuses (⁶), s'il avait été concerté pour créer une cause fictive de divorce (⁷).

46. Les faits auraient au contraire, à n'en pas douter, une gravité suffisante s'ils étaient entourés de circonstances extrinsèques de nature à dénoter l'intention injurieuse (⁸). Il en serait de même si l'abandon ou le refus se prolongeaient sans motifs; la persistance et la continuité, en pareil cas,

---

(¹) Cass., 20 nov. 1860, S., 61. 1. 966; 11 janv. 1897, S., 97. 1. 348; 20 nov. 1893, D., 94. 1. 286. — Paris, 24 mai 1897, *Le Droit*, 14 juill. 1897; 31 mars 1873, S., 74. 2. 1, D., 73. 2. 121. — Alger, 25 av. 1893, S., 93. 2. 184.

(²) Cass., 20 nov. 1893, S., 94. 1. 88, D., 94. 1. 286; 3 janv. 1893, D., 93. 1. 517; 6 nov. 1888, S., 89. 1. 64; 8 janv. 1872, S., 72. 1. 66, D., 72. 1. 77; 6 fév. 1860, S., 61. 1. 74.

(³) Cass., 11 déc. 1888, S., 91. 1. 466, D., 90, 1. 340; 6 fév. 1860, S., 61. 1. 74. — Alger, 13 avril 1891, *Rev. alg.*, 1891, p. 354. — Trib. Seine, 8 mai 1896, *La Loi*, 21-22 juin 1896.

(⁴) Paris, 11 fév. 1887, *La Loi*, 30 mars 1887. — Trib. Seine, 10 fév. 1890, *Le Droit*, 3-4 mars 1890; 18 juill. 1889, *La Loi*, 18 août 1889; 18 oct. 1886, *La Loi*, 29 oct. 1886. — Cpr. Poitiers, 18 fév. 1895, D., 95. 2. 296. — Paris, 18 avril 1888, D , 90. 5. 161.

(⁵) Trib. Forcalquier, 28 mai 1892, *Le Droit*, 4 août 1892.

(⁶) Paris, 24 mai 1897, *Le Droit*, 14 juill. 1897; 5 mars 1888, 27 juill. 1888; 31 mars 1873, S., 74. 2. 1, D., 73. 2. 121. — Lyon, 15 nov. 1888, *Mon. jud. Lyon*, 5 janv. 1889.

(⁷) Paris, 9 avril 1875, S., 75. 2. 133.

(⁸) Trib. Seine, 7 mai 1885, *Gaz. Trib.*, 4 juill. 1885. — V. les divers exemples indiqués dans l'ouvrage de M. Carpentier, n. 450 et s.

révèleraient suffisamment le caractère injurieux du fait ([1]).
Mais que décider lorsque, sans autres circonstances, l'abandon ou le refus existe, sans que son auteur puisse le motiver?
Le seul fait que l'abandon est inexplicable suffit-il pour
entraîner le divorce? La question est quelque peu douteuse
et l'on peut hésiter sur la véritable formule à donner. L'abandon. dans une première opinion, ne serait une cause de
divorce que si certaines circonstances en révélaient le caractère injurieux ([2]). Il vaut mieux, croyons-nous, adopter la
formule inverse : l'abandon est une cause de divorce, à
moins que certaines circonstances ne lui enlèvent tout caractère injurieux ([3]). Ce n'est pas à dire que l'abandon soit une
cause péremptoire de divorce; il faut toujours qu'il contienne
en soi une injure; mais, lorsqu'il est inexpliqué, lorsque l'un
des époux abandonne le domicile conjugal et se contente de
dire qu'il agi. ainsi parce que tel est son bon plaisir, le juge
ne peut se dispenser de trouver injurieuse une semblable
conduite.

47. Comment constater l'abandon ou le refus? Le moyen
le plus simple, le plus sûr et le plus pratique est de recourir
à des sommations réitérées pour demander la reprise de la
vie commune; si ces sommations ne sont pas obéies; si, *a
fortiori,* elles font l'objet de réponses négatives, la preuve
est suffisamment établie ([4]). On pourrait aussi recourir à
l'emploi de la force publique pour obtenir la réintégration
de la femme ou l'accès de celle-ci au domicile conjugal; si,
après l'emploi de cette mesure, l'abandon ou le refus se
renouvelaient, la procédure pourrait être suivie avec chance
de succès, la preuve étant désormais faite.

Le juge doit-il, en appréciant les faits d'abandon ou de
refus, se préoccuper de savoir si la reprise de la vie commune est ou non possible? Oui, en ce sens que si la reprise

---

([1]) Cass., 6 fév. 18(0, S , 61. 1. 72; 8 janv. 1872, S., 72. 1. 142. — Paris, 11 fév.
1887, S., 87. 2. 88; 9 avril 1875, S., 75. 2. 133. — Dijon, 30 juill. 1868, D., 68. 2.
217.

([2]) Trib. Seine, 7 mai 1885, précité.

([3]) Planiol, *Rev. crit* , 1887, p. 689; Carpentier, n. 4(0.

([4]) Trib. Langres, 13 août 1884, S., 85. 2. 22. — Cpr. Cass., 11 déc. 1888, *Le
Droit,* 14 déc. 1888.

de la vie commune est possible, l'injure ne lui paraîtra pas suffisamment grave pour motiver le divorce. Il y a donc là encore une question de fait relative au degré de gravité de l'injure contenue dans l'abandon ou le refus ([1]).

48. B. *Abstention du devoir conjugal.* — L'abstention du devoir conjugal n'est pas une cause péremptoire de divorce ; ce simple fait n'oblige pas nécessairement le juge à prononcer la rupture du mariage. Il faut encore que l'abstention de la part du mari ou le refus provenant de la femme se produisent dans des conditions injurieuses ; il faut que dans ces faits on découvre une injure suffisamment grave ([2]). Le juge apprécie souverainement les circonstances dans lesquelles ont eu lieu l'abstention du mari ou le refus de la femme ([3]).

Si, par exemple, l'abstention, la non-consommation du mariage, tiennent à une impuissance naturelle ([4]), à un vice de conformation chez la femme ou chez l'homme ([5]), à une entente intervenue entre les époux ([6]), on ne saurait y trouver l'injure nécessaire au prononcé du divorce.

Si, à l'inverse, les circonstances de la cause dénotent que l'abstention du mari ou le refus par la femme de se soumettre au devoir conjugal ont pour cause un mépris blessant pour l'autre époux, on trouvera dans ces faits une injure suffisante pour faire accueillir la demande ([7]). Le juge pourra s'appuyer sur la persistance volontaire de l'abstention ou du refus pour y trouver la preuve du caractère injurieux ([8]).

([1]) Cass., 6 nov. 1888, S , 89. 1. 64. — Trib. Saint-Claude, 13 mars 1889, sous Besançon, 26 juill. 1889, S., 89. 2. 156.

([2]) Paris, 21 mars 1875, S., 77. 2. 119. — Trib. Seine, 12 juill. 1895, *Gaz. Trib.*, 10 nov. 1895. — Aubry et Rau, V, § 491, p. 176.

([3]) Cass., 19 janv. 1892, S., 92. 1. 78.

([4]) Caen, 2 mai 1892, *Rev. arrêts Caen*, 92. 1. 177.

([5]) Angers, 15 janv. 1896, *Gaz. Trib. du Midi*, 15 mars 1896.

([6]) Trib. Seine, 5 mai 1887, *Le Droit*, 22-23 août 1887. — Trib. Tours, 3 janv. 1885, *La Loi*, 17 juin 1885.

([7]) Paris, 21 mars 1877, S., 77. 2. 119. — Bordeaux, 5 mai 1870, S., 71. 2. 35, D., 70. 2. 207; Paris, 19 mai 1879, S., 79. 2. 175.

([8]) Montpellier, 29 nov. 1897, *La Loi*, 11 juin 1894; Nancy, 10 mars 1894, S., 94. 1. 212, D., 95. 2. 14; Besançon, 26 juill. 1889, S., 89. 2. 156. — Trib. Dunkerque, 27 nov. 1884, S., 85. 2. 23. — L'arrêt précité de Montpellier décide que l'abstention du mari constitue non seulement une injure grave suffisante pour entraîner le divorce, mais encore un quasi-délit qui oblige le mari à réparer, sous forme de

Mais il ne suffirait pas à la femme d'établir qu'elle a conservé tous les signes extérieurs de la virginité pour obtenir le divorce; cette circonstance n'impliquerait pas nécessairement l'abstention volontaire et injurieuse du mari ([1]); elle peut, en effet, s'expliquer tout aussi bien par l'impuissance physique, par une particularité dans la conformation des organes sexuels ([2]), par le refus de la femme elle-même de se prêter au devoir conjugal, que par la négligence injurieuse du mari ([3]).

Et, à la différence de la formule indiquée dans l'hypothèse de l'abandon du domicile conjugal, ce n'est pas au mari qu'incombe le soin de préciser et de prouver les motifs de son abstention; c'est à la femme qu'il appartient d'établir, à l'appui de sa demande, non seulement la non-consommation du mariage par la production d'un certificat médical ou au moyen d'une expertise contradictoire révélant son état de virginité, mais encore l'abstention volontaire et injurieuse du mari ([4]).

49. C. *Excès injurieux dans les rapports entre époux.* — La fréquence des relations sexuelles ne pourrait, à elle seule, constituer une injure, si ces relations n'avaient rien d'anormal ([5]). Pour que la femme puisse se plaindre des actes du mari, il faut que ces actes témoignent d'instincts pervers ou d'une bestialité dégradante; il y aurait injure si le mari avait substitué à l'accomplissement du devoir conjugal des pratiques illicites, honteuses et contre nature ([6]); le divorce pour-

---

dommages-intérêts, le préjudice matériel et moral souffert par sa femme. La décision paraît quelque peu critiquable; le préjudice moral peut-il expliquer ici une condamnation à des dommages-intérêts? et le préjudice matériel est bien hypothétique!

([1]) Caen, 2 mai 1892, précité. — Trib. Compiègne, 10 mai 1893, *La Loi*, 20-21 sept. 1893.

([2]) Angers, 15 janv. 1896, précité.

([3]) Caen, 4 avril 1898, *Le Droit*, 14 avril 1898.

([4]) Cass., 20 déc. 1892, S., 93. 1. 306. De même dans le cas où la femme se refuse au devoir conjugal, c'est au mari qu'il appartient d'en établir le caractère injurieux.

([5]) Rennes, 13 déc. 1841, D., 42. 2. 85.

([6]) Nîmes, 5 juin 1894, S., 96. 2. 142. — Nancy, 10 mars 1894, S., 94. 2. 112.

rait aussi être prononcé si le mari avait imposé sans ménagement à sa femme des rapprochements de nature à déterminer chez elle une maladie sérieuse et si, malgré les recommandations du médecin, il avait continué à faire subir à sa femme des relations qui auraient aggravé la maladie (¹).

50. D. *Naissance d'enfant adultérin. Recel d'enfant.* — Constitue une injure grave le fait, par le mari, de déclarer devant l'officier de l'état-civil la naissance d'un enfant né de lui et d'une femme avec laquelle il vivait en concubinage, en indiquant cette dernière comme étant sa femme légitime (²). Il en est de même du fait, par la femme, de dissimuler à son mari la naissance d'un enfant auquel elle fait croire par la suite que son père est mort (³).

51. E. *Existence ou communication d'une maladie vénérienne.* — L'existence d'une maladie vénérienne chez l'un des conjoints sans qu'il y ait eu communication de la maladie à l'autre époux ne constitue pas une injure grave. Cette circonstance peut seulement être invoquée comme preuve d'un adultère; le juge, d'ailleurs, apprécie, suivant les circonstances, si la maladie peut avoir une autre cause que l'adultère, si la contamination de l'un des époux provient ou non d'une infidélité (⁴); si, surtout, son origine n'est pas antérieure au mariage (⁵).

La communication de la maladie vénérienne à l'autre époux par celui qui en était atteint constitue une injure grave, mais à la condition que la contamination ait été consciente; il est nécessaire que l'époux ait su qu'il était malade et qu'il risquait de communiquer le mal (⁶); il en serait autre-

---

(¹) Poitiers, 3 déc. 1894, S., 95. 2. 36, D., 95. 2. 14.
(²) Caen, 22 mai 1872, S., 73. 2. 291.
(³) Trib. Gray, 8 nov. 1889, *La Loi*, 4 janv. 1890.
(⁴) Paris, 13 avril 1897, *Gaz. Trib.*, 16-17 août 1897.
(⁵) Sur ce point le juge pourra ordonner un expertise.
(⁶) Paris, 2 avril 1896, *Le Droit*, 30 mai 1896. — Trib. Seine, 4 juin 1897, *Gaz. Trib.*, 6 oct. 1897. — Trib. Nancy, 27 fév. 1894, *Le Droit*, 24 mars 1894. — Cpr. Cass., 18 janv. 1892, S., 92. 1. 80. — Aubry et Rau, V, § 491, p. 176; Demolombe, IV, n. 389; Carpentier, n. 598 et s. L'époux contaminé sciemment par l'autre pourrait, sans aucun doute, réclamer des dommages-intérêts. Il importe peu, d'ailleurs, lorsqu'il y a eu communication consciente, que la maladie soit antérieure ou non au mariage. — Nancy, 30 janv. 1886, S., 86. 2. 181.

ment si, par exemple, au moment du mariage, le mari se croyait guéri, et si la communication du mal a été involontaire (¹).

52. F. *Inconduite*. — Il arrive parfois que l'un des époux, sans articuler contre l'autre le fait d'adultère ou sans pouvoir établir nettement l'infidélité, rapporte la preuve que son conjoint avait une conduite irrégulière, compromettante pour la dignité du ménage; le juge pourra trouver dans ces circonstances une injure grave (²), dont il apprécie souverainement le caractère et l'importance (³).

Les règles sont les mêmes à l'égard du mari (⁴) et à l'égard de la femme. Toutefois, étant données les habitudes et les mœurs de notre société, la rigidité plus sévère qu'elle montre vis-à-vis de la conduite des femmes, le juge sera plus facilement porté à trouver l'injure grave dans les écarts de conduite de la femme. D'une manière générale, la légèreté, le manque de réserve, l'indépendance de conduite, le mépris des convenances, lorsqu'ils vont jusqu'à mettre toutes les apparences contre la femme, doivent être considérés comme une injure (⁵).

53. G. *Refus d'assistance, de secours, de protection et d'obéissance*. — Les refus d'assistance, de secours, de protection et aussi d'obéissance sont considérés comme des causes suffisantes de divorce. La loi a fait de ces devoirs réciproques de véritables obligations civiles, et l'on conçoit que leur inob-

(¹) Paris, 5 févr. 1876, D., 76. 5. 405. — Trib. Seine, 4 juin 1897, *Gaz. Trib.*, 6 oct. 1897. — Cpr. cass., 18 janv. 1892, S., 92. 1. 80.

(²) Cass., 12 mai 1885, S., 86. 1. 16. — Alger, 25 avril 1893, S., 93. 2. 184. — Paris, 11 août 1892, *La Loi*, 13 août 1892. — Trib. Seine, 20 déc. 1889, *Gaz. Trib.*, 30 janv. 1890.

(³) Cass., 12 mai 1885, précité. Le juge tiendra compte du lieu où les actes reprochés se sont produits (Montpellier, 5 fév. 1895, D., 96. 2. 1017), de leur fréquence, de la qualité des personnes avec lesquelles ils s'accomplissent. — Nancy, 28 juin 1893, *Rec. Nancy*, 1893, p. 297.

(⁴) Cass., 3 janv. 1893, S., 93. 1. 251. — Lyon, 30 juill. 1891, *Mon. Jud. Lyon*, 22 sept. 1891. Par exemple le fait, par le mari, de fréquenter des tripots, pour se livrer pendant une partie des nuits à la passion du jeu. — Poitiers, 3 nov. 1896, S., 97. 2. 50. Des habitudes de pédérastie. — Trib. Anvers, 27 mai 1888, *Journ. des trib.*, 1888, p. 200.

(⁵) Alger, 25 avril 1893, précité. — Poitiers, 18 juin 1894, S., 94. 2. 235. — Paris, 2 nov. 1892, *Gaz. Pal.*, 93. 1. 42. — Trib. Auxerre, 3 mai 1881, S., 81. 2. 143.

servation volontaire puisse avoir pour sanction la rupture du mariage (¹).

54. H. *Propos blessants, dédain.* — Les paroles injurieuses ou diffamatoires, les accusations dirigées contre l'un des époux et contenant des imputations blessantes, les propos grossiers, les marques de dédain peuvent fournir des causes suffisantes de divorce, suivant les circonstances dans lesquel-les ces faits se sont produits. Le juge devra prendre en con-sidération la publicité de l'injure, sa répétition, sa continuité, la condition sociale des époux, les torts ou la provocation du conjoint injurié, la bonne ou la mauvaise foi des accusations diffamatoires, etc. (²).

55. I. *Jalousie.* — Une jalousie excessive de la part du mari ou de la femme peut être considérée comme une injure (³), surtout lorsqu'elle conduit à des actes blessants de surveillance (⁴) et lorsque les sentiments de jalousie ne sont en aucune façon justifiés par les apparences (⁵).

56. J. *Refus de procéder à la célébration du mariage reli-gieux; atteintes aux sentiments religieux.* — On a soutenu que le refus de procéder à la célébration du mariage reli-gieux ne pouvait jamais constituer une injure suffisante au divorce (⁶). L'opinion contraire paraît préférable (⁷); les tri-bunaux apprécieront, suivant les circonstances, les caractères du refus, et ils pourront y trouver une injure, si l'un des époux avait des raisons très sérieuses de tenir à la consécra-tion religieuse du mariage, et si on lui a laissé croire qu'il y serait procédé (⁸).

(¹) Dijon, 30 juill. 1868, D., 68, 2. 247. — Bordeaux, 17 fév. 1857, D., 57. 2. 98.

(²) Cass., 2 juin 1890, S., 90. 1. 344. — Paris, 13 avril 1897, *La Loi*, 11 mai 1897; 18 mai 1897, *Gaz. Trib.*, 24 déc. 1897; 24 nov. 1894, *La Loi*, 3 janv. 1895; 10 août 1892, S., 93. 2. 242. — Trib. Seine, 13 juin 1892, *Gaz. Trib.*, 29 juin 1892, 4 juill. 1892, *Le Droit*, 4 août 1892; 20 mars 1886, *Le Droit*, 1ᵉʳ avril 1886.

(³) Paris, 6 avril 1897, *Le Droit*, 30 mai 1897; 11 août 1876, *Le Droit*, 19 août 1876.

(⁴) Trib. Seine, 8 janv. 1896, *Gaz. Trib.*, 31 janv. 1896.

(⁵) Trib. Lyon, 5 fév. 1891, *La Loi*, 18 mars 1891.

(⁶) Laurent, III, n. 196; Demante et Colmet de Santerre, III, n. 324, 9.

(⁷) Demolombe, IV, n. 390; Bressolles, *Rev. de législ.*, 1861, II, p. 158; Duver-gier, *Rev. crit.*, 1866, p. 325.

(⁸) Bruxelles, 17 juill. 1889, S., 90. 4. 28. — Montpellier, 4 mai 1847, S., 47. 2. 418. — Trib. Seine, 23 mars 1872, *Le Droit*, 7 avril 1872. On ne pourrait pas, en

Le changement de religion de la part de l'un des époux ne peut jamais fournir une cause de divorce ([1]). Il en est de même du refus par le père de faire baptiser les enfants ([2]), à moins de circonstances très exceptionnelles ([3]). Le fait, par la femme, de donner clandestinement, malgré les injonctions formelles du mari, une éducation religieuse aux enfants, pourrait, considéré comme un refus d'obéissance, constituer une injure permettant le divorce ([4]). Enfin, le fait, par un prêtre, de dissimuler à sa future épouse son état ecclésiastique pour la faire consentir au mariage peut aussi constituer une injure grave ([5]).

57. K. *Ivresse*. — L'ivresse n'est pas par elle-même et par elle seule une cause de divorce ([6]); il en est autrement si l'ivrognerie devient habituelle et s'accompagne de manifestations dégradantes ([7]); le juge, toutefois, doit prendre en considération le milieu social et les habitudes des époux ([8]).

58. L. *Condamnations correctionnelles*. — Les condamnations correctionnelles ne sont pas une cause péremptoire de divorce; mais si les faits pour lesquels les condamnations sont prononcées sont de nature à atteindre directement le conjoint dans son honneur ou dans ses droits d'époux, à apporter le trouble et le déshonneur dans le ménage, les tribunaux peuvent incontestablement, ainsi que cela résulte des travaux préparatoires de la loi de 1884 ([9]), trouver dans

---

fait, considérer l'injure comme grave si, après une cohabitation effective, l'époux qui se prétend outragé était demeuré aussi longtemps sans se plaindre. — *Contra* Angers, 29 janv. 1859, S , 59. 2. 77, D., 60. 2. 97.

[1] Demolombe, III, n. 390; Duranton, n. 532.

[2] Nîmes, 12 mai 1886, *Gaz. Trib.*, 28 mai 1886.

[3] Lyon, 25 mars 1873, D., 74. 5. 465.

[4] Carpentier, n. 673.

[5] Trib. Seine, 19 mai 1888, *Gaz. Pal.*, 30 mai 1888.

[6] Paris, 22 fév. 1894, *Le Droit*, 11 mai 1894. — Dijon, 27 juill. 1887, S., 88. 2. 17. — Trib. Seine, 29 déc. 1896, *La Loi*, 30 déc. 1896.

[7] Poitiers, 18 juin 1894, S., 94. 2. 235. — Orléans, 18 déc. 1889, *La Loi*, 4 janv. 1890. — Trib. Lyon, 14 nov. 1895, *Gaz. Trib.*, 15 janv. 1896. Il en est surtout ainsi lorsque l'ivresse habituelle est reprochée à la femme. — Cass. Belge, 22 juin 1882, S., 83. 4. 3. — Trib. Seine, 31 mai 1897, *Gaz. Trib.*, 23 sept. 1897. — Trib. Meaux, 13 déc. 1882, S., 84. 2. 71.

[8] Orléans, 18 déc. 1889, précité. — Trib. Lyon, 14 novembre 1895, précité.

[9] V. S., *Lois annotées*, 1884, p. 1.

ces condamnations une cause suffisante de divorce pour injure grave ; c'est ainsi que le divorce a été prononcé à la suite de condamnations pour vol, escroquerie, abus de confiance, outrage public à la pudeur, proxénétisme ([1]).

59. Les injures, ainsi qu'il a été dit, peuvent se trouver contenues dans des actes de procédure ([2]) ou, comme on le verra, dans des lettres missives ([3]).

60. La preuve des excès, sévices ou injures graves, peut, comme celle de l'adultère, être administrée même par témoins ou par simples présomptions ([4]).

61. Les faits antérieurs au mariage ne peuvent, en aucun cas, servir de base à une demande en divorce. La loi dit : « Injures graves de l'un des *époux* envers l'autre » ; or, le titre d'époux n'existe qu'à dater de la célébration du mariage. Ainsi, un mari ne pourrait pas demander le divorce contre sa femme, sur le fondement d'une liaison que celle-ci aurait eue avant le mariage et qu'elle aurait dissimulée ([5]). Bien plus, l'inconduite, même notoire, de la femme antérieurement au mariage, eût-elle été suivie de grossesse, ne peut pas servir de base à une demande en divorce. Il importe, toutefois, de noter la tendance contraire de la jurisprudence ([6]).

§ III. *Condamnation de l'un des époux à une peine afflictive et infamante.*

62. Le nouvel art. **232** porte : « *La condamnation de l'un* » *des époux à une peine afflictive et infamante sera pour l'au-* » *tre une cause de divorce.* » C'est une cause péremptoire,

---

([1]) Angers, 13 avril 1896, D., 96. 2. 440; Rennes, 12 nov. 1895, *Gaz. Pal.*, 96. 1. 256; Lyon, 19 déc. 1895, *Le Droit*, 5 mai 1896; Toulouse, 7 juill. 1886, S., 86. 2. 209, D., 88. 2. 52; 31 déc. 1888, S., 89. 2. 61, D., 90. 2. 104. — Trib. Saumur, 2 août 1862, D., 62. 3. 72.

([2]) V. *supra*, n. 40.

([3]) V. *infra*, n. 132 et s.

([4]) Cass., 13 nov. 1889, S., 90. 1. 388. — Cpr. Cass., 3 janv. 1893, S., 93. 1. 251, D., 93. 1. 517.

([5]) Dijon, 19 fév. 1890, S., 90. 2. 111.

([6]) Alger, 13 déc. 1897, *Gaz. Pal.*, 31 mars 1898; Paris, 10 août 1892, S., 93. 2. 242; 19 mars 1887, *Gaz. Pal.*, 22 mars 1887. — Trib. Seine, 15 nov. 1897, *Gaz Trib.*, 12 déc. 1897. — Trib. Dijon, 28 juill. 1891, *La Loi*, 23 oct. 1891.

comme l'adultère. La prononciation du divorce ne peut être refusée, du moment que le fait de la condamnation est constant. On n'a pas voulu que le conjoint du condamné pût être forcé de rester enchaîné, par le lien du mariage, à un être que la société a moralement retranché de son sein, en le notant d'infamie.

Il faut que la condamnation ait été prononcée par une juridiction répressive française.

En effet, les jugements étrangers en matière répressive ne reçoivent pas d'application en France ([1]). Mais, du moment où la condamnation est prononcée par un tribunal français, il importe peu qu'elle émane d'une juridiction ordinaire, comme la cour d'assises, ou d'une juridiction d'exception, comme un conseil de guerre ([2]).

63. D'après le code civil, la condamnation à une peine simplement infamante était aussi une cause de divorce. Le législateur de 1884 en a décidé autrement, ainsi qu'on peut le voir en comparant le texte du nouvel art. 232 avec celui de l'ancien.

Quel est le motif de cette innovation? Les peines simplement infamantes sont le bannissement et la dégradation civique (C. pén., art. 2); elles occupent les degrés inférieurs de l'échelle pénale en matière criminelle. En outre, le bannissement est une peine politique; la dégradation civique a le plus souvent le même caractère, au moins quand elle est prononcée comme peine principale. Cela posé, le législateur de 1884 a considéré avec raison que la condamnation à une peine simplement infamante ne suppose pas chez celui qui en est frappé le même degré d'immoralité, de perversité, de turpitude, que la condamnation à une peine afflictive et infamante. Voilà pourquoi il n'a pas consacré l'assimilation établie par le code civil, au point de vue du divorce, entre ces deux natures de peines.

([1]) Carpentier, *op. cit.*, n. 225. — Les faits qui ont motivé la condamnation pourraient être retenus comme constitutifs d'une injure grave. — Trib. Gex, 3 fév. 1897; *Gaz. Trib.*, 6 mai 1897. — Trib. Pontarlier, 1er mars 1887, *Fr. jud.*, 1887, p. 207.

([2]) Carpentier, *op. cit.*, n. 224; Demante et Colmet de Santerre, I, n. 325 *bis*, III.

64. D'ailleurs, si la condamnation à une peine simplement infamante n'est pas une cause péremptoire de divorce, elle peut ouvrir l'action en divorce pour injure grave, car on comprend que le fait d'avoir mérité une semblable condamnation puisse, suivant les circonstances dont l'appréciation souveraine appartient au juge, constituer une injure grave à l'encontre du conjoint. Cette idée a été formellement exprimée dans la discussion à laquelle a donné lieu la loi du 27 juillet 1884.

Ce que nous venons de dire de la condamnation à une peine simplement infamante est vrai de tous points de la condamnation à une peine correctionnelle [1].

Quant à la condamnation à une peine de simple police, on ne concevrait guère qu'elle pût être invoquée avec succès à l'appui d'une demande en divorce, les faits qui motivent de semblables condamnations étant sans gravité.

Pour l'application de l'art. **232**, l'on doit se préoccuper uniquement de la peine prononcée. Il faut, tout d'abord, qu'elle appartienne à la catégorie des peines afflictives et infamantes limitativement déterminées par l'art. 7 du code pénal. Ainsi, la peine de la relégation qui, bien que perpétuelle, n'est pas comprise dans l'énumération de l'art. 7, ne constitue pas la cause péremptoire de divorce prévue par l'art. **232** [2].

Il faut, en second lieu, se désintéresser de la nature des faits incriminés, aussi bien que de la peine légalement applicable; on ne doit prendre en considération que la peine effectivement prononcée; si, par suite de l'admission d'une excuse ou des circonstances atténuantes, la juridiction répressive prononce, pour un fait qualifié crime, une simple peine correctionnelle, cette condamnation ne rentre pas dans les prévisions de l'art. **232** [3].

---

[1] Toulouse, 7 juill. 1886, S., 86. 2. 209, D., 88. 2. 52; 31 déc. 1888, S., 89. 2. 61, D., 90. 2. 104. — Angers, 13 avril 1896, D., 96. 2. 440. V. *supra*, n. 58.

[2] Paris, 5 et 10 avril 1895, *Gaz. Trib.*, 24-25 juin 1895.

[3] Trib. Amiens, 10 juill. 1889, *Le Droit*, 2 août 1889. — Grenoble, 24 janv. 1865, S., 65. 2. 204, D., 65. 2. 220; Paris, 16 juill. 1839, S., 40. 2. 107, D., 39. 2. 445.

65. La condamnation à une peine afflictive et infamante ne forme une cause de divorce que lorsqu'elle est devenue définitive.

En d'autres termes, il faut que la condamnation soit à l'abri des voies de recours *ordinaires* et, par ce mot employé dans l'ancien art. 261, il faut entendre les voies normalement ouvertes, comme l'opposition, l'appel, le pourvoi en cassation formé dans le délai de trois jours par les parties intéressées. Mais l'éventualité d'un pourvoi sur l'ordre du ministre de la justice n'empêcherait pas la condamnation d'être considérée comme définitive pour l'application de l'art. 232. Il en est de même de l'éventualité toujours possible d'un pourvoi en revision ; cependant, si la demande en revision était introduite, le juge civil ne pourrait plus, avant que l'instance en revision fût terminée, prononcer le divorce sur le fondement de la condamnation attaquée (¹).

Une condamnation par contumace ne pourra motiver contre l'époux qui l'a subie une demande en divorce qu'après l'expiration du délai de vingt ans, car jusque-là la condamnation n'est pas définitive, puisque le condamné peut la faire tomber en se représentant (C. I. cr., art. 476). Et avant l'expiration du délai de vingt ans, l'époux du condamné ne pourrait pas demander le divorce en se fondant sur ce que son conjoint a abandonné le domicile conjugal, du moins s'il ne l'a quitté que pour échapper aux poursuites dirigées contre lui, car alors son absence n'a rien d'injurieux pour son conjoint (²).

66. L'époux qui a subi une condamnation à une peine afflictive et infamante ne pourrait tirer aucune fin de non-recevoir de cette circonstance qu'il aurait subi ou prescrit sa peine, ou obtenu par la voie de la grâce une remise complète ou une commutation de peine ; car l'infamie attachée à la condamnation n'en subsiste pas moins. Il en serait autrement, si le condamné avait été réhabilité ou amnistié, parce que la

¹) Aubry et Rau, V, § 491, p. 178, texte et note 28 ; Demolombe, IV, n. 597 ; Carpentier, n. 220.

(²) Aubry et Rau, V, § 491, p. 178, note 27 ; Demante, III, n. 7 *bis*, V ; Carpentier, n. 222. — Cass., 18 juin 1813, S. chr. — Bordeaux, 3 fév. 1892, *Gaz. Trib.*, 3 juin 1892. — Paris, 11 fév. 1887, S., 87. 2. 88. — V. *Contra* Toullier, II, n. 261.

réhabilitation et l'amnistie effacent l'infamie attachée à la condamnation.

67. Le texte porte : « La condamnation de l'un des *époux* ». Donc, quoi qu'on en ait dit, une condamnation antérieure au mariage ne pourrait pas servir de base à une demande en divorce. Mais du moment que la condamnation est prononcée pendant le mariage, il importe peu que ce soit pour un crime commis antérieurement ou postérieurement ([1]).

68. Telles sont les seules causes de divorce. L'énumération que la loi en donne est essentiellement limitative. Le juge ne pourrait donc prononcer le divorce pour d'autres motifs, quand bien même les faits seraient de nature à compromettre très gravement la bonne harmonie des relations conjugales. Ainsi, l'absence ([2]), une maladie grave, comme la démence ([3]), des revers de fortune, ne sauraient par eux-mêmes et par eux seuls servir de base à une action en divorce. Il en est de même de l'incompatibilité d'humeur. Enfin, l'impuissance naturelle, qu'il ne faut pas confondre avec l'abstention du devoir conjugal, ne fournirait une cause de divorce que si elle pouvait être considérée comme une injure grave ([4]).

Il arrive parfois que des faits allégués comme constitutifs d'une cause de divorce sont retenus à l'appui d'une autre cause, si le demandeur a pris soin de viser dans ses conclusions les différentes causes de divorce. Ainsi qu'il a été dit, une condamnation correctionnelle, insuffisante pour l'application de l'art. 232, peut permettre de prononcer le divorce sur le fondement d'une injure grave ; de même, des actes d'inconduite qui ne présentent pas les caractères requis pour constituer l'adultère peuvent être considérés comme injures graves ([5]).

([1]) V. en ce sens Aubry et Rau, V, § 491, p. 178, texte et note 26 ; Demolombe, IV, n. 392 ; Laurent, III, n. 192. — *Contra* Delvincourt, I, p. 178, note 7 ; Carpentier, n. 117 ; Vraye et Gode, *op. cit.*, I, n. 262.

([2]) Trib. Seine, 18 oct. 1886, *La Loi*, 29 oct. 1886.

([3]) Poitiers, 25 mars 1890, D., 90. 2. 340.

([4]) Trib. Nîmes, 21 juill. 1893, sous Nîmes, 5 juin 1894, S., 96. 2. 142. — Trib. Seine. 22 juin 1892, *Gaz. Trib.*, 9 juill. 1892. — Cpr. Toulouse, 30 janv. 1896, *La Loi*, 21 mars 1896.

([5]) Cass., 25 juill. 1867, D., 68. 1. 101 ; 14 déc. 1896, *Gaz. Trib.*, 14-15 déc. 1896.

SECTION II

69. Le divorce ne peut être demandé que par l'un des époux contre l'autre ([1]).

70. Le droit de demander le divorce est exclusivement attaché à la personne des époux. Il ne peut pas être exercé de leur chef par leurs créanciers (arg. art. 1166 *in fine*) ([2]), ni après leur mort par leurs héritiers ([3]).

Bien plus, l'action qui aurait été intentée par l'un des époux contre l'autre ne pourrait plus être continuée après la mort de l'un des époux survenue *pendente lite,* même en cause d'appel ; car, désormais, il n'est plus possible d'atteindre le but en vue duquel l'action a été intentée, et qui est de dissoudre le mariage.

Il est vrai que l'époux demandeur, si c'est lui qui a survécu, ou ses héritiers, s'il est prédécédé, pourraient avoir intérêt à continuer l'instance, pour faire déclarer par la justice qu'il existait une cause légitime de divorce, et que, par suite, l'autre époux a subi la déchéance établie par l'art. 299. Mais cette déchéance ne peut être en tous cas qu'un effet du divorce prononcé ; or se figure-t-on bien un jugement qui prononcerait un divorce entre deux époux dont l'un serait décédé ?

L'instance en divorce est éteinte alors même que les parties auraient pris les conclusions au fond et dans le cas où un jugement rendu en premier ressort aurait été frappé d'appel ; dans cette dernière hypothèse, les héritiers de l'époux décédé ne peuvent devant la cour ni demander, comme conséquence nécessaire du divorce ou de la séparation de corps, la révocation des avantages matrimoniaux, ni prendre des conclusions distinctes en révocation des mêmes avantages pour cause d'ingratitude, ces conclusions constituant une demande nouvelle, irrecevable pour la première fois en cause d'ap-

---

([1]) Cpr. *infra* sur la capacité requise, n. 95 et s.
([2]) Aubry et Rau, V, § 492 ; Demolombe, IV, n. 427 ; Laurent, III, n. 216.
([3]) Aubry et Rau, V, § 492, p. 182.

pel ([1]). Il est vrai qu'il y a la question des dépens à régler.
Mais il n'est pas nécessaire, pour opérer ce règlement, de
pousser l'instance jusqu'à son terme ; le tribunal le fera
d'après les éléments qu'il a sous la main au moment où la
mort de l'un des époux met fin à l'instance.

Le tribunal pourrait toujours, par application de l'art. **131**
(Pr. civ.), compenser les dépens ([2]).

Les décisions judiciaires indiquées en notes statuent en vue
de la séparation de corps, mais la solution qu'elles donnent
est certainement applicable aussi en divorce. A vrai dire la
question n'est plus douteuse depuis la loi de 1886 ; l'art. **244**
fournit en effet un argument *a fortiori* irrésistible ; la solution qui résulte de ce texte doit nécessairement s'étendre à la
séparation de corps.

Nous verrons même que le décès de l'un des conjoints
anéantit le jugement qui prononce le divorce, si ce décès sur-
vient avant que le jugement ait été rendu irrévocable par la
transcription sur les registres de l'état civil ([3]).

CHAPITRE II

DE LA PROCÉDURE DU DIVORCE

GÉNÉRALITÉS

71. Rationnellement, la procédure du divorce a sa place
dans le code de procédure civile, et c'est là qu'il faudra la
faire figurer quand on procèdera à la refonte générale de nos
lois civiles. Comment il se fait que le législateur de 1803 l'ait
réglementée dans le code civil, cela s'explique historique-
ment. La législation révolutionnaire avait rendu le divorce
tellement facile que la pratique en avait fait un déplorable
abus. Les législateurs du code civil pensèrent qu'il y avait

([1]) Cass., 27 juil. 1871, S., 71. 1. 209, D., 71. 1. 81 ; 5 fév. 1851, S., 51. 1. 81, D.,
51. 1. 49. — Dijon, 7 fév. 1872, S., 72. 2. 6, D., 73. 2. 122. — Paris, 7 juil. 1870,
S., 71. 2. 46, D., 70. 2. 231. — Lyon, 4 avril 1851, S., 51. 2. 411, D., 52. 2. 141. —
Aubry et Rau, V, § 492, p. 182 ; Laurent, III, n. 217.

([2]) Paris, 10 fév. 1852, S., 53. 2. 77, D., 53. 2. 58. — Trib. Epernay, 5 déc. 1889,
Le Droit, 11 janv. 1890.

([3]) V. *infra*, n. 238 et s.

lieu d'user d'un double moyen pour arrêter ce torrent :
1° limiter le nombre des causes de divorce ; 2° rendre l'obtention du divorce difficile, en organisant une procédure
spéciale offrant de nombreuses garanties. Dans la pensée du
législateur, la procédure du divorce avait donc une importance capitale. Il la considérait comme un complément indispensable de son œuvre, comme un rouage nécessaire à son
fonctionnement, et on comprend à merveille qu'il n'ait pas
voulu en ajourner l'organisation jusqu'à l'époque, alors indé-
terminée, où le code de procédure civile ferait son apparition. Une fois insérée dans le code civil, la procédure du
divorce y a été laissée par les législateurs de 1884 et de 1886.
Autrement on aurait créé un vide dans le code civil et un
trop-plein dans le code de procédure.

72. En rétablissant le divorce, la loi du 27 juillet 1884
avait consacré, sauf quelques modifications de détail, la procédure établie par le code civil. Or cette procédure était
d'une extrême complication. « La procédure du divorce la
plus simple, dit l'exposé des motifs, la plus dénuée d'incidents, exige que les parties se présentent deux fois devant le
président : ce n'est qu'après cette double comparution que le
demandeur obtient du tribunal une première décision l'autorisant à citer. A partir de la citation, le tribunal n'a pas
moins de trois jugements à rendre : jugement admettant la
demande en divorce (si les fins de non-recevoir sont reje-
tées) ; jugement ordonnant une enquête ; jugement définitif.
L'enquête doit être faite à l'audience (par conséquent devant
le tribunal tout entier), et ce n'est pas là une des moindres
causes de difficulté dans la pratique ». — Cette complication
offrait un triple inconvénient. D'abord elle absorbait un temps
précieux que les magistrats auraient employé plus utilement
à l'expédition d'autres affaires, et contribuait ainsi dans les
tribunaux chargés à augmenter l'arriéré ; ensuite elle entraînait pour les parties l'obligation de supporter des frais énor-
mes ; enfin elle conduisait souvent à une véritable impossibilité d'aboutir, et, par suite, à une sorte de déni de justice. En
fait, les tribunaux ne prononçaient guère que des divorces
par conversion.

Ces résultats avaient bien été entrevus par le législateur de 1884. En vue de les prévenir, M. Denormandie avait présenté au sénat un projet d'ensemble sur la procédure du divorce. La crainte de retarder le vote de la loi sur le divorce, qui, dans la pensée du législateur d'alors, répondait à des besoins urgents, empêcha que ce projet vînt en discussion.

Moins de deux ans après la promulgation de la loi sur le divorce, les doléances des praticiens obligeaient le législateur à se remettre à l'œuvre. Le 18 avril 1886 fut promulguée une loi complète sur la matière. Le projet de cette loi, préparé, sur l'initiative du gouvernement, par la commission extra-parlementaire chargée d'étudier la révision du code de procédure civile, ne concernait que la procédure du divorce. La plupart de ses dispositions ayant été étendues à la séparation de corps, la loi, en définitive, a été intitulée : *Loi sur la procédure du divorce et de la séparation de corps.*

73. Avant d'entrer dans les détails, il n'est pas inutile de jeter un coup d'œil d'ensemble sur la loi.

La principale innovation qu'elle réalise consiste dans la substitution de la procédure ordinaire à la procédure spéciale établie par le code civil. Il en résulte notamment que l'enquête sera faite désormais par un juge commissaire, et non, comme autrefois, devant le tribunal tout entier. C'est une économie de temps, à laquelle correspond malheureusement une diminution de garanties.

Ensuite la loi nouvelle supprime la cérémonie de la prononciation du divorce par l'officier de l'état civil, qui, paraît-il, était souvent dans la pratique l'occasion de scènes burlesques ou scandaleuses, et la remplace par la transcription sur les registres de l'état civil du jugement *prononçant* le divorce. Ainsi, autrefois, le tribunal *admettait* le divorce (anc. art. 258) et l'officier de l'état civil le *prononçait.* Aujourd'hui c'est le tribunal qui *prononce* le divorce (arg. art. 247 al. 2, 249 et 250 al. 1), et l'officier de l'état civil se borne à enregistrer sa décision en transcrivant le jugement (art. 251).

Tout cela tient à la forme. Mais voici une innovation qui touche au fond du droit. Autrefois la prononciation du divorce par l'officier de l'état civil ne pouvait avoir lieu que sur la réquisition de l'époux qui avait obtenu le jugement de divorce, de sorte que cet époux pouvait, par son abstention, rendre non avenu le divorce admis par le tribunal, sans que l'autre époux eût aucun moyen de conjurer ce résultat. Aujourd'hui, l'une comme l'autre partie peut rendre efficace le jugement qui prononce le divorce, en requérant sa transcription sur les registres de l'état civil. Sur tous les autres points, le législateur de 1886 s'est systématiquement abstenu d'innovations touchant au fond du droit. Ainsi il a refusé de discuter une proposition de M. Naquet, tendant à rendre obligatoire pour le juge la conversion de la séparation de corps en divorce, demandée par l'une ou l'autre des parties après l'expiration du délai légal. M. Naquet a dû saisir le Sénat d'un projet de loi spécial sur ce point.

En quatrième lieu, la loi du 18 avril 1886 abroge un certain nombre de textes. Les uns sont remplacés par des dispositions nouvelles, d'autres sont supprimés purement et simplement comme inutiles, en tant qu'ils ne faisaient que consacrer des règles de droit commun. L'art. 4 de la loi dit à ce sujet : « *Sont abrogés les articles 253 à 274 du Code civil, l'article* » *881 du Code de procédure civile, les articles 2, 3 et 4 de la* » *loi du 27 juillet 1884, et toutes les dispositions contraires* » *à la présente loi* ».

74. Il y avait un écueil à éviter. En simplifiant la procédure du divorce, il ne fallait pas supprimer les garanties nécessaires et rendre l'obtention du divorce trop facile. Le rapporteur affirme que la loi nouvelle est pleinement satisfaisante sur ce point. La pratique se chargera de nous dire si cette assertion n'était pas téméraire.

SECTION PREMIÈRE

COMPÉTENCE ET PROCÉDURE

§ I. *Tribunal compétent.*

A. *Compétence ratione materiæ.*

75. La demande en divorce est une demande relative à l'état des personnes, puisqu'elle tend à faire prononcer la dissolution d'un mariage, et par suite à faire cesser l'état d'époux et avec lui les devoirs et les droits qui y sont attachés. Elle est donc de la compétence exclusive des tribunaux civils gardiens de l'état civil des hommes. Arg. art. **326**.

L'ancien art. **234** du code civil le disait en termes exprès, et sa disposition n'a pu être supprimée par le législateur de **1886** que comme inutile, en tant qu'elle se bornait à consacrer une application du droit commun (art. **326**). Un tribunal criminel ne pourrait donc pas statuer sur une action en divorce, formée incidemment à l'action publique dont il se trouverait saisi. En d'autres termes, si un même fait est de nature à motiver une action en divorce et une poursuite devant les tribunaux criminels, l'action en divorce ne pourra pas être intentée devant le tribunal criminel saisi de l'action publique et incidemment à cette action. L'art. **3**, al. 1 C. I. cr. ne contredit pas cette solution. L'action civile dont il parle et qu'il permet d'intenter incidemment à l'action publique, est l'action en dommages et intérêts.

76. Il paraît également sans difficulté qu'un tribunal civil, saisi d'une action en divorce basée sur un fait incriminé par la loi pénale, serait tenu de surseoir jusqu'à ce qu'il eût été statué définitivement sur l'action publique, intentée à raison de ce même fait avant ou pendant la poursuite de l'action en divorce. Ce n'est qu'une application de la règle *Le criminel tient le civil en état* (C. I. cr., art. 3 al. **2**), et le législateur de 1886 a sans doute jugé inutile de reproduire l'ancien art. **235** du code civil, qui se bornait à consacrer cette application. Il ne faut pas que la décision rendue par le juge de l'action en divorce puisse préjuger la décision du juge criminel, qui est la plus importante.

C'est donc l'action publique qui sera jugée la première. Quelle sera l'influence de la décision du juge criminel sur la sentence du juge civil?

La décision du juge criminel peut être, soit un acquittement ou une absolution, soit une sentence de condamnation.

a. — Si c'est un acquittement ou une absolution, il ne sera permis d'en inférer « aucune fin de non-recevoir ou exception préjudicielle contre l'époux demandeur » (ancien art. **235** *in* *fine*). Ainsi l'époux défendeur, acquitté par le tribunal criminel devant lequel il a été traduit, ne pourra pas dire : « Il a été jugé que je n'étais pas coupable du fait qui m'est imputé, et sur le fondement duquel le divorce est demandé contre moi, par conséquent la demande doit être rejetée. » En effet, les conditions requises pour le succès de l'action publique ne sont pas les mêmes que celles requises pour le succès de l'action en divorce. Etant donné un fait répréhensible, il se peut très bien que ce fait ait été accompli dans des conditions telles que son auteur ne soit pas passible des sévérités de la justice criminelle, et que néanmoins le divorce puisse être prononcé contre lui à raison de ce fait; de sorte qu'il peut n'exister aucune contradiction entre la décision de la justice criminelle, qui acquitte ou absout l'auteur du fait, et la décision de la justice civile, qui prononce le divorce contre lui à raison de ce même fait. Le verdict négatif de la justice criminelle, à raison du fait invoqué comme cause du divorce, ne fait donc nul obstacle à ce que la justice civile statue sur la demande en divorce dans un sens favorable au demandeur; d'autant plus que le fait à raison duquel la justice criminelle a été saisie n'était peut-être pas le seul invoqué à l'appui de la demande en divorce ([1]).

6. — Supposons maintenant que la justice criminelle ait rendu une sentence de condamnation. — Si la peine prononcée est une peine afflictive et infamante, l'époux demandeur en divorce aura la partie belle, car il existera à son profit une cause péremptoire de divorce (*supra*, n. 65). Si la peine prononcée est moins grave, l'époux demandeur pourra encore invoquer la sentence de condamnation, mais seulement comme moyen de preuve du fait qu'il allègue à l'appui de sa demande, et non, cette fois, comme une cause péremptoire de divorce. Ce fait doit être tenu pour constant par le tribunal civil, sous peine de contredire le jugement rendu par le tribunal répressif ([2]).

[1] Trib. Seine, 13 août 1885, *Loi*, 1885, p. 773.
[2] V. *supra*, n. 26.

B. *Compétence ratione personæ vel loci.*

77. Il ne suffit pas à celui qui veut intenter une action en divorce de savoir qu'elle est de la compétence d'un tribunal civil, il faut déterminer lequel. Ce sera celui du domicile du défendeur, conformément aux règles du droit commun (C. pr., art. 59 al. 1).

Il valait beaucoup mieux consacrer ces règles en gardant le silence, comme l'a fait le législateur de 1886, que de les formuler dans un texte défectueux, à l'imitation du législateur de 1884. L'art. 234, rédaction de 1884, portait : « La demande » en divorce ne pourra être formée qu'au tribunal de l'arron- » dissement dans lequel les époux auront leur domicile ». Ordinairement les époux ont le même domicile, et pour ce cas il est équivalent de dire que la demande est formée devant le tribunal du domicile commun ou devant celui du domicile de l'époux défendeur. Mais, au cas où la demande a lieu entre époux séparés de corps, le domicile des deux parties ne sera pas nécessairement le même, et alors les deux formules ne sont plus équivalentes. Le rédacteur de l'ancien art. 234 n'avait pas songé à cette hypothèse.

78. En cas d'interdiction de la femme, le domicile conju- gal est toujours celui du mari, bien que la tutelle de la femme interdite ait été confiée à un tiers et non au mari [1].

79. Les tribunaux doivent prendre en considération le domicile véritable et non la résidence ; mais il leur appartient de rechercher en fait, d'après les circonstances de la cause, conformément aux règles ordinaires, quel est le véritable domicile des époux [2].

80. Il suffit que le domicile soit légalement établi dans un lieu au jour de la demande, quelque récente qu'en soit la fixation, pour qu'il soit attributif de compétence [3].

[1] Carpentier, *op. cit.*, n. 720.
[2] Cass., 6 fév. 1884, *Gaz. Pal.*, 84. 2. 611. — Paris, 23 juill. 1896, *Gaz. Trib.*, 2 oct. 1896. — Lyon, 17 mars 1891, *Mon. jud.*, 14 mai 1891. — Alger, 28 juill. 1889, *Gaz. Trib.*. 31 oct. 1889. — Trib. Seine, 3 juill. 1886, *Gaz. Trib.*, 22 août 1886.
[3] Cass., 27 juill. 1825, S. chr.

81. Si le mari, en dissimulant son domicile, s'efforçait de rendre impuissante l'action de la femme, celle-ci ne serait pas désarmée : après avoir présenté sa requête soit au tribunal du dernier domicile conjugal, soit au tribunal de son domicile propre ou même de sa simple résidence, suivant les cas, elle serait autorisée à suivre sur sa demande et à assigner son mari dans les formes adoptées pour les non-présents ([1]).

82. L'instance une fois liée, le tribunal devant lequel la demande a été formée en demeure saisi, malgré le changement de domicile des époux. Par ailleurs, le tribunal qui a prononcé le divorce et prescrit les mesures relatives à la garde des enfants est seul compétent pour modifier ultérieurement ces mesures ([2]). Reste à savoir à partir de quel moment l'instance doit être considérée comme liée, et par suite le tribunal comme définitivement saisi. La question est assez complexe; elle est d'ailleurs délicate à résoudre; la difficulté tient aux règles spéciales qui régissent la procédure du divorce; elle présente des intérêts pratiques nombreux, qu'il convient de faire ressortir tout d'abord : 1° on vient de voir qu'un changement de domicile postérieur au moment où l'instance est liée ne peut modifier la compétence du tribunal saisi; il est donc intéressant, à ce premier point de vue, de savoir à partir de quel moment l'instance doit être considérée comme commencée; 2° certaines exceptions, comme celle d'incompétence relative, doivent être proposées *in limine litis;* il est donc utile, à cet égard, de savoir si l'instance est ou non commencée; 3° la péremption d'instance commence à courir à partir du premier acte véritable de procédure ; quel est ce premier acte en matière de divorce ou de séparation de corps? 4° le désistement d'instance doit être accepté lors-

([1]) Paris, 27 nov. 1895, *Gaz. Pal.*, 95. 2. 776. — Trib. Roanne, 26 déc. 1895, *Gaz. Pal.*, 96, *Suppl.*, 30. — Trib. Seine, 12 juill. 1886, *Gaz. Trib.*, 22 août 1886. — Trib. Lyon, 26 nov. 1885, *Gaz. Pal.*, 86. 1. 53.

([2]) Cass., 8 déc. 1880, S., 82. 1. 103; 17 déc. 1895, S., 96. 1. 340. — D'après ce dernier arrêt, si, par suite de récusations une affaire a été renvoyée devant une autre cour d'appel, la juridiction de renvoi est dessaisie après qu'elle a rendu son arrêt; dès lors, si l'on veut faire modifier les mesures prescrites pour la garde des enfants, il faut revenir devant le juge normalement compétent.

que le tribunal est saisi; à cet égard encore, il importe de
savoir à quel moment l'instance est liée; 5° le divorce produit
dans certains cas un effet rétroactif au jour de la demande ;
pour l'application de cette règle, il faut savoir quel est l'acte
constitutif de la demande; 6° lorsqu'une pension alimentaire
a été allouée sans que le tribunal en ait fixé le point de départ, il faut encore se préoccuper du point initial de la demande; 7° enfin, lorsqu'une loi nouvelle contient des dispositions transitoires relatives aux instances commencées avant
sa promulgation, on est bien forcé de se demander à quelle
condition l'instance est ou non commencée.

83. On a parfois cherché à résoudre la question d'une
manière générale, et à formuler une règle applicable à toutes
les hypothèses signalées. On a soutenu, dans une première
opinion, que dans tous les cas, quel que soit l'intérêt en
litige, il fallait prendre l'ajournement comme point de départ
de l'instance, conformément aux règles ordinaires de la procédure; suivant un autre système, on devrait, en toute hypothèse, s'attacher à la comparution des parties devant le président pour y voir le point initial du débat.

Il est préférable, croyons-nous, d'examiner la question aux
divers points de vue qu'elle présente et de se prononcer
séparément sur chacun des intérêts en litige.

84. 1° A partir de quel moment la compétence du tribunal
est-elle définitivement fixée, sans pouvoir être modifiée par
un changement ultérieur de domicile? La jurisprudence et la
grande majorité des auteurs paraissent fixés sur ce point;
ce n'est pas l'ajournement qu'il faut considérer; l'instance, à
ce point de vue, est liée lorsque le demandeur, après avoir
présenté sa requête au président et obtenu de celui-ci la permission de citer en conciliation, a notifié cette requête au
défendeur et a cité effectivement celui-ci en conciliation
devant le président. Le demandeur, en effet, n'a pas d'autre
moyen pour saisir la justice de ses griefs, et, une fois qu'il a
investi de sa réclamation la juridiction compétente, il a un
droit acquis à voir son action se dérouler devant elle (¹).

(¹) Cass., 8 déc. 1880, S., 82. 1. 103, D., 81. 1. 260. — Bioche, *Dict. de proc.*,

85. 2° La question de savoir à quel moment doivent être proposées les exceptions ou fins de non recevoir prévues par l'art. 168 (C. pr. civ.) a soulevé plus de difficultés. Suivant une première opinion, la tentative de conciliation confiée au président du tribunal n'aurait pas, à vrai dire, un caractère contradictoire; il faudrait l'assimiler aux préliminaires de conciliation exigés dans les autres instances; en conséquence, le défendeur pourrait attendre l'ajournement devant le tribunal pour proposer les exceptions de l'art. 168, telles que l'exception d'incompétence relative ou l'exception de litispendance ou celle tendant à un règlement de juges (¹).

La cour de cassation s'est fixée en sens contraire, et la solution qu'elle a consacrée semble devoir entraîner désormais l'opinion des cours d'appel (²). La tentative de conciliation, dans la procédure de divorce, a un caractère tout spécial : elle n'est pas confiée à un juge étranger au tribunal, mais au président même de la juridiction qui sera saisie ultérieurement du débat; en outre, le président n'a pas seulement mission de concilier les époux; il est investi de pouvoirs plus étendus; il doit statuer sur des mesures provisoires importantes, sur la résidence de la femme, sur la garde des enfants, sur la pension alimentaire; un véritable débat contentieux et contradictoire est susceptible de naître devant lui; le procès commence dans son cabinet et l'instance est liée dès que le défendeur, touché par la citation à comparaître devant le président, se présente pour y répondre. Dès lors, le défendeur doit soulever immédiatement, s'il y a lieu, la question de compétence relative, avant même de formuler ses observations sur les griefs de son conjoint; si le défendeur comparaît sans opposer l'exception d'incompétence *ratione per-*

v° *Séparation de corps*, n. 30; Rousseau et Laisney, *Dict. de proc.*, eod. v°, n. 73.

(¹) Trib. Seine, 16 mars 1893, *Gaz. Trib.*, 11 et 12 sept. 1893; 27 déc. 1890, *Le Droit*, 20 janv. 1891; 1er août 1888, *Le Droit*, 11 août 1888; 30 janv. 1886, *Gaz. Pal.*, 86. 1. 442. — Trib. Lyon, 7 mars 1889, *Loi*, 30 juill. 1889.

(²) Cass., 1er juin 1891, S., 92. 1. 129 et la note de M. Garsonnet, D., 93. 1. 428. — Paris, 15 mars 1892, S., 92. 2. 72, D., 93. 2. 367; 5 fév. 1889, S., 89. 2. 30, D., 90. 2. 358; 5 août 1886, S., 88. 2. 55, D., 87. 2. 117. — Grenoble, 2 mai 1891, S., 93. 2. 177. — Riom, 21 janv. 1890, *Gaz. Pal.*, 9 mars 1890.

sonæ, il est forclos et il ne peut plus la soulever ensuite devant le tribunal ([1]). Même, le défendeur ne doit pas se contenter de formuler des réserves tendant à conserver le droit de discuter la compétence devant le tribunal, il doit soutenir l'incompétence, dès qu'il comparaît devant le président ([2]).

Que décider si le défendeur ne comparaît pas? Le président constate le défaut et délivre au demandeur le permis de citer; le défendeur a le droit d'interjeter appel contre cette ordonnance; s'il use de cette faculté, il pourra, sans nul doute, discuter la compétence devant la cour ([3]), mais s'il laisse passer le délai de quinzaine sans interjeter appel, l'ordonnance acquiert l'autorité de la chose irrévocablement jugée : le défendeur ne pourra pas, devant le tribunal, opposer l'exception d'incompétence ([4]).

La règle applicable à l'exception d'incompétence relative doit logiquement être étendue aux autres exceptions qui, d'après l'art. 169 Pr. civ., doivent être proposées *in limine litis* ([5]).

86. Lorsque le défendeur a soulevé devant le président du tribunal l'exception d'incompétence, une difficulté subsidiaire se présente : le président doit-il statuer lui-même ou renvoyer le litige devant le tribunal tout entier? cette dernière solution, s'impose, si l'on admet que le défendeur est libre de soulever la question de compétence devant le président ou devant le tribunal; en réalité, dans cette opinion, lorsque le défendeur oppose l'incompétence devant le président, il manifeste seulement l'intention de la plaider devant le tribunal. Il n'en est plus de même si l'on pense, au con-

---

([1]) Mêmes arrêts *adde* Paris, 13 juin 1894, *Droit,* 21 juil. 1894.

([2]) Paris, 13 juin 1894, précité.

([3]) C'est une raison de plus pour admettre que la cour reste saisie en tout état de cause de l'appel formé contre l'ordonnance, ainsi qu'on le verra, *infra,* n. 214.

([4]) On pourrait être tenté de citer en sens contraire une décision du tribunal de la Seine du 10 mars 1888, S., 88. 2. 94, confirmée par arrêt de la cour de Paris, du 26 mars 1889, S., 89. 2. 116, mais dans l'espèce, il s'agissait d'un procès entre étrangers et d'une incompétence qui n'était pas relative. La solution indiquée au texte ne devrait être écartée que dans l'hypothèse très exceptionnelle où le défendeur parviendrait à démontrer qu'en fait il n'a pas été touché par la citation.

([5]) V. pour l'exception de litispendance Riom, 21 janv. 1890, *Gaz. Pal.,* 9 mars 1890, et pour le règlement de juges. — Cass., 1er juin 1891, précité.

traire, avec la jurisprudence, que le défendeur doit nécessairement proposer les exceptions d'incompétence relative devant
le président du tribunal ; la solution devient alors très délicate. On a soutenu, dans un premier système, que le président
ne pouvait statuer sur l'exception d'incompétence ; mais, tout
en renvoyant l'examen du litige devant le tribunal, il devrait
néanmoins constater la non conciliation et ordonner les mesures provisoires qu'autorise l'art. 246 (C. civ.) ([1]). Contre ce
premier système une objection décisive se dresse : si l'incompétence existe, le président n'a aucune qualité pour agir : il
ne devrait, dès lors, ni statuer sur la compétence, ni constater la non-conciliation, ni prendre les mesures de l'art. 246 ;
c'est pourquoi, dans un second système, on lui concède seulement la faculté de prendre, comme juge des référés, les
mesures indispensables que commande l'urgence ; on fait
remarquer qu'en matière de référés, le juge du lieu où les
mesures sont nécessitées par l'urgence est compétent pour les
ordonner, quel que soit le domicile des plaideurs ([2]). Cette
solution doit encore être écartée. En effet, le président du tribunal n'est pas saisi comme juge des référés, mais bien pour
procéder à la tentative de conciliation qui forme le préliminaire indispensable de l'instance en divorce ; pour lui permettre de statuer comme juge des référés, il faudrait le saisir en vertu d'une citation spéciale et appropriée à ce but.
Puisque l'exception d'incompétence doit être soulevée devant
le président, puisque le débat contradictoire commence, à
proprement parler, devant lui, il faut logiquement lui permettre de statuer d'abord sur sa compétence contestée ; s'il
se déclare incompétent, il ne peut prendre aucune autre décision ; le demandeur ou le défendeur auront d'ailleurs le
droit d'interjeter appel de l'ordonnance rendue ; l'appel sera
porté devant la cour et non devant le tribunal. Cette solution
logique ne sacrifie en aucune façon le droit des plaideurs ;
elle présente, en outre, un avantage pratique indéniable :

([1]) Lyon, 17 mars 1891, S., 92. 2. 1. — Trib. Seine, 27 déc. 1890, *Le Droit*,
20 janv. 1891,

([2]) Nîmes, 16 fév. 1892, S., 92. 2. 39. — Appleton, note sous Grenoble, 2 mai
1891, S., 93. 2. 177 ; de Belleyme, *Ordonn. sur req. et sur référés*, 3ᵉ éd., I, p. 316.

c'est le procédé le plus simple et le plus rapide pour trancher la question de compétence ([1]).

87. 3° En ce qui concerne la péremption d'instance, on doit considérer que le premier acte de procédure remonte à l'ordonnance rendue par le président après la tentative de conciliation; en conséquence, l'instance tombe en péremption, si les poursuites ont été discontinuées pendant plus de trois ans à partir de cette ordonnance ([2]).

88. 4° Il semble, au contraire, que le désistement d'instance n'a besoin d'être régularisé dans la forme légale et accepté par le défendeur qu'à partir de l'ajournement devant le tribunal ([3]).

89. 5° Nous indiquerons plus tard le moment précis à partir duquel se produisent rétroactivement certains effets du divorce ([4]).

90. 6° Nous dirons plus tard également quel est le point de départ de la pension alimentaire, lorsque le tribunal a omis de le préciser ([5]).

91. 7° Pour l'application des dispositions transitoires contenues dans les lois de 1884 et de 1886, il a été décidé qu'on devait considérer comme intentées toutes instances dans lesquelles la requête avait été adressée au président ([6]).

§ II. *Mesures préliminaires.*

92. Nous comprenons sous ce titre la formation de la demande et l'essai de conciliation.

([1]) Grenoble, 2 mai 1891, S., 93. 2. 177, D., 92. 2. 561. — Paris, 5 fév. 1889 (Motifs), S., 82. 2. 30, D., 90. 2. 358. — Montpellier, 11 juil. 1882, *Gaz. Pal.*, 83. 2. 83.

([2]) Cpr. Poitiers, 11 mars 1863, S., 63. 2. 130. — L'on ne peut remonter à l'ordonnance permettant de citer en conciliation; en effet, si cette ordonnance n'est pas suivie d'effet, il faut recommencer la procédure et présenter une nouvelle requête. V. *infra*. n. 104.

([3]) Cpr. Grenoble, 24 août 1833, P. chr.

([4]) V. *infra*.

([5]) V. *infra*.

([6]) Cass., 26 juill. 1887, *Gaz. des Trib.*, 26 juill. 1887. — Paris, 26 déc. 1891, *Le Droit*, 13 janv. 1892. — Toulouse, 7 juill. 1886, S., 86. 2. 209; Riom, 4 août 1885, *Gaz. Pal.*, 85. 2. 242. — Trib. Seine, 20 mars 1886, *Gaz. des Trib.*, 1er mai 1886.

A. *Formation de la demande.*

93. « *L'époux qui veut former une demande en divorce* » *présente, en personne, sa requête au président du tribunal* » *ou au juge qui en fait fonctions* » (nouvel art. **234** al. 1).

La demande en divorce s'introduit donc par une requête adressée au président du tribunal compétent.

Cette requête n'est assujettie à aucune formalité spéciale ; il n'est plus nécessaire, notamment, de produire les pièces à l'appui, comme l'exigeait l'ancien art. **236** ; il suffit d'observer les dispositions contenues dans l'art. **875** (Proc. civ.). La requête constitue le début nécessaire de toute demande en divorce, alors même que cette demande serait basée sur une peine afflictive et infamante. La loi de **1886**, ayant abrogé l'art. **261** (C. civ.), ne laisse plus aucun doute à cet égard. Seules les demandes reconventionnelles formées par l'époux défendeur sont dispensées des formalités de la requête (¹).

Cette requête doit nécessairement être rédigée par un avoué. Les travaux préparatoires dissipent le doute qui avait pu s'élever à ce sujet sous l'empire de la législation antérieure. La requête qui serait signée seulement du demandeur serait nulle ; mais il suffit que la requête soit signée par l'avoué, alors même que la rédaction serait l'œuvre de la partie demanderesse. La requête doit détailler les faits ou tout au moins les exposer sommairement. Cette prescription, qui était expressément formulée par l'ancien art. **236**, a certainement été sous-entendue par le législateur de **1886**. Son observation est en effet absolument nécessaire pour que le président puisse, comme le veut la loi, faire aux époux des observations en vue d'opérer un rapprochement. Cpr. art. **875** C. pr. D'ailleurs la requête peut être complétée plus tard au moyen d'actes signifiés pendant le cours de l'instance et contenant l'indication de nouveaux faits *connexes à ceux cotés dans la requête,* c'est-à-dire se référant à la cause primitivement invoquée à l'appui de la demande en divorce, par exemple de nouveaux faits d'adultère, si la cause de divorce invo-

(¹) V. *infra*, n. 137 et s., sur les demandes reconventionnelles.

quée dans la requête est l'adultère. Il est plus douteux que le demandeur puisse invoquer après coup des faits constituant une nouvelle cause de divorce, par exemple un fait d'adultère, si la requête ne parle que de sévices [1].

94. La requête doit être présentée par le demandeur en personne, et la loi attache une telle importance à l'accomplissement de cette formalité qu'elle ordonne au président du tribunal de se transporter près du demandeur, si celui-ci ne peut se déplacer : « *En cas d'empêchement dûment cons-* » *taté, le magistrat se transportera, assisté de son greffier, au* » *domicile de l'époux demandeur* » (nouvel art. **234** al. **2**). Le législateur espère que, par de sages observations, le président pourra déterminer l'époux demandeur à renoncer à son projet, et étouffer ainsi le procès dès le début [2].

Et toutefois, pour que le président du tribunal puisse se transporter auprès de l'époux demandeur à l'effet de recevoir sa requête, il faut que le lieu où celui-ci réside soit situé dans l'arrondissement du tribunal, car le président n'a plus aucune juridiction en dehors de son ressort. Et comme d'un autre côté le président ne peut pas donner commission rogatoire à un de ses collègues pour recevoir la requête (arg. de l'al. 1 du nouvel art. **238** et *infra*, n. **806**), il en résulte que l'époux demandeur, qui réside en dehors de l'arrondissement du tribunal compétent pour statuer sur la demande en divorce, peut se trouver dans l'impossibilité de déposer sa requête, et, par suite, de former son action en divorce [3].

Si le président est empêché, la requête doit être remise à son suppléant, c'est-à-dire à un juge pourvu d'une délégation spéciale et non générale. Dès lors, la requête qui serait adres-

---

[1] Douai, 9 mai 1885, D., 86 2. 99 sous l'empire de la loi de 1884. La solution est moins certaine depuis la loi de 1886 qui assimile la procédure de divorce à celle de séparation de corps. — Cpr. Carpentier, *op. cit.*, n. 888.

[2] Lorsque le demandeur se présente dans le cabinet du président, l'art. 234, § 1 n'exige pas d'une façon formelle la présence du greffier; le président n'a pas à rédiger, ni à faire rédiger par le greffier un procès-verbal, et l'ordonnance rendue n'a pas besoin d'être contresignée par le greffier. — Limoges, 14 mars 1894, D., 96. 2. 361. — *Contra* Carpentier. *op. cit.*, n. 876 et s.

[3] Alger, 2 fév. 1885, S., 86. 2. 181. — *Contra*, Vraye et Gode, I, n. 195; Planiol, *Rev. crit.*, 1887, p. 696.

sée et remise à un autre juge que le président en l'absence d'une délégation spéciale serait entachée de nullité ([1]).

95. Il se peut que le demandeur en divorce soit incapable. Comment sera-t-il pourvu à son incapacité ?

Il y a une incapacité avec laquelle il fallait nécessairement compter, parce qu'on la rencontrera dans toute action en divorce, c'est celle de la femme qui, d'après les règles du droit commun, ne peut pas ester en justice sans autorisation. On verra *infra* n. 110 comment le législateur a pourvu à cette incapacité : en fait, il l'a supprimée.

96. En dehors de cette hypothèse, le législateur ne s'est occupé que de celle où le demandeur en divorce est frappé d'interdiction légale. L'art. **234** al. 3 dit à ce sujet : « *En* » *cas d'interdiction légale résultant d'une condamnation, la* » *requête à fin de divorce ne peut être présentée par le tuteur* » *que sur la réquisition ou avec l'autorisation de l'interdit* ».

Lorsque le tuteur de l'interdit consent à agir au nom de l'incapable, sa mission se borne à contresigner la requête, mais il n'est pas tenu de la présenter en personne au président ; en effet, les observations de ce magistrat adressées au représentant de l'interdit n'offriraient aucune utilité. Lorsque le tuteur de l'interdit légal est le conjoint contre lequel la demande en divorce est dirigée, c'est le subrogé-tuteur qui le remplace. Que décider dans l'hypothèse où le tuteur se refuse à présenter la requête de l'interdit? Ce dernier ne saurait évidemment être privé du droit d'agir en justice ; on a soutenu que l'interdit devait alors provoquer la destitution et le remplacement de son tuteur ([2]) ; il est préférable d'admettre que le condamné pourra présenter requête au procureur de la République qui, en sa qualité de représentant légal des incapables, formera la demande en son nom ([3]).

L'art. **234** § 3 ne vise que le cas où l'interdit est demandeur

---

([1]) Cass. Belge, 6 janv. 1881, *Pasicr.*, 81. 1. 49. — La nullité ne serait même pas couverte par la comparution des époux devant le président, lors de la tentative de conciliation. — Caen, 10 janv. 1893, D., 93. 2. 113.

([2]) Vraye et Gode, I, n. 114.

([3]) Carpentier, *op. cit.*, n. 798. — L'action en séparation de corps introduite par l'interdit légal est soumise aux mêmes règles que l'action en divorce.

en divorce. Ni lui ni aucun autre ne s'occupe du cas où il est défendeur. Il y aurait donc lieu d'appliquer alors les règles du droit commun, c'est-à-dire que le tuteur de l'interdit le représenterait pleinement dans l'instance, à toutes les phases de la procédure, même pour l'essai de conciliation (¹).

97. Que décider pour l'interdit judiciairement? Le projet de l'art. 234 contenait un alinéa ainsi conçu : « Le tuteur de » la personne judiciairement interdite peut, avec l'autorisation » du conseil de famille, présenter la requête à fin de divorce ». Cet alinéa, qui n'a pas été soumis au vote du Sénat en première délibération, a été supprimé entre cette délibération et la suivante sur la proposition de M. Le Guen, qui, en même temps, a demandé et obtenu l'addition à l'art. 307 d'un alinéa destiné à permettre au tuteur de l'interdit judiciairement de demander au nom de celui-ci la séparation de corps. Cet alinéa qui forme la partie finale de l'article, est ainsi conçu : « *Le » tuteur de la personne judiciairement interdite peut, avec » l'autorisation du conseil de famille, présenter la requête et » suivre l'instance à fin de séparation* ». De tout cela il semble bien résulter que le tuteur de l'interdit judiciairement ne peut pas présenter requête à fin de divorce. On a sans doute considéré que la demande en divorce, à raison de sa gravité, suppose nécessairement une manifestation personnelle de volonté, et peut-être aussi que la séparation de corps suffit à la protection de l'aliéné. — Autre est la question de savoir si l'interdit judiciairement peut lui-même former une demande en divorce dans un intervalle lucide. Nous admettons l'affirmative. — Si l'action était dirigée contre l'interdit judiciaire, la citation devrait être délivrée au tuteur, aussi bien en matière de divorce qu'en matière de séparation de corps.

98. L'époux qui serait placé ou retenu dans un établissement d'aliénés sans être interdit, devrait certainement être représenté par le mandataire *ad litem* dont parle l'art. 33 de la loi du 30 juin 1838, dans le procès en divorce ou en séparation de corps où il jouerait le rôle de défendeur (²). Mais il

---

(¹) Paris, 7 avril 1887, S., 88. 2. 54, D., 88. 2. 245. — Besançon, 22 nov. 1896, *Gaz. des Trib.*, 14 déc. 1894. — *Contra* Tissier, *Rev. crit.*, 1896, p. 552.

(²) Cpr. Bordeaux, 18 juill. 1888, S., 89. 2. 64, D., 90. 2. 51.

paraît très douteux qu'une action en divorce ou même en séparation de corps puisse être intentée au nom de l'aliéné par un
mandataire *ad litem* que le tribunal désignerait à cet effet ([1]).

99. Si l'époux demandeur en divorce est soumis à l'autorité d'un conseil judiciaire, l'assistance de son conseil nous
paraît nécessaire pour lui permettre d'intenter l'action en
divorce comme toute autre action en justice. Arg. art. 499 et
513 ([2]). Si son conseil refuse de lui prêter son assistance, il
peut obtenir de la justice la nomination d'un conseil judiciaire
avec le concours duquel il pourra agir ([3]). Nous appliquerions
ad hoc, les mêmes règles, si l'individu pourvu d'un conseil
judiciaire était défendeur à une action en divorce. (Arg.
art. 499 et 513), le conseil devrait être assigné, en même
temps que l'incapable.

100. La question nous paraît plus délicate pour le mineur,
qui sera toujours ici nécessairement émancipé (arg. art. 476).
Le mineur émancipé a bien qualité pour figurer seul soit
comme demandeur, soit comme défendeur dans une action
mobilière ; mais il doit être assisté de son curateur dans les
actions immobilières intentées par lui ou contre lui ; on admet,
en général, qu'il en est de même pour les actions d'état : il
semble donc logique d'exiger l'assistance du curateur dans
l'action en divorce ou en séparation de corps ; en cas de refus
du curateur, on appliquerait les mêmes règles que dans
l'hypothèse d'un individu pourvu d'un conseil judiciaire ([4]).

101. L'absence met certainement obstacle à toute action
en divorce ; la personne absente ne peut l'introduire elle-
même et les envoyés en possession provisoire ou définitive,
qui n'ont que des droits pécuniaires, n'ont pas qualité pour
l'exercer en son nom. L'absence du défendeur constitue une

([1]) Si cependant l'action avait été introduite par l'aliéné lui-même avant son
internement, le mandataire *ad litem* pourrait continuer l'instance. — Caen, 20
mars 1878, S., 78. 1. 305, D., 78. 1. 180. — Paris, 24 avril 1872, S., 72. 2. 135, D.,
72. 2. 172.
([2]) Toulouse, 11 août 1884, *Gaz. Pal.,* 85. 1. 276. — Amiens, 9 juill. 1873, S., 76.
2. 225. — Aubry et Rau, I, § 140; Demolombe, VIII, n. 724 ; Laurent, V, n. 361.
([3]) Paris, 25 mars 1890, S., 90. 2. 107, D., 90. 2. 257. — Trib. Seine, 22 nov.
1889, *le Droit,* 28 nov. 1889.
([4]) Carpentier, *op. cit.,* n. 827.

fin de non-recevoir contre l'action en divorce ; en tous cas la procédure ne doit pas être poursuivie contre les envoyés en possession, lesquels ne peuvent ainsi figurer à aucun titre dans l'instance, ni comme demandeurs ni comme défendeurs.

En cas de faillite ou de liquidation judiciaire de l'un des époux, le liquidateur ou le syndic n'a pas qualité pour figurer dans l'instance (¹).

B. *Essai de conciliation.*

102. A raison de l'importance du débat, la loi prescrit un essai de conciliation devant le président du tribunal, et non devant le juge de paix comme dans les procès ordinaires. A cet effet, le président du tribunal, dont les exhortations n'ont pas suffi à détourner le demandeur de son projet, rend une première ordonnance enjoignant aux époux de comparattre devant lui aux jour et heure qu'il fixe. L'ordonnance doit constater, à peine de nullité, que le demandeur a comparu en personne ; mais il n'est pas nécessaire qu'elle porte mention d'observations faites par le président (²). L'ordonnance doit contenir à peine de nullité l'indication du jour et de l'heure ; mais la comparution volontaire et sans réserve du défendeur suffirait pour couvrir cette nullité (³). Les époux doivent se présenter en personne. L'essai de conciliation n'offrirait aucune chance de succès, s'il était tenté auprès d'intermédiaires qui auraient reçu des instructions à l'avance, et on devine bien quelles instructions ! En outre, comme il convient que les parties soient ici soustraites à toute influence étrangère, on doit décider : 1° que l'époux mineur ou pourvu d'un conseil judiciaire ne devra pas être assisté de son curateur ou de son conseil ; 2° que les parties n'ont pas le droit de se faire assister d'avoués ni d'avocats. (Arg. art. 877. C. pr.). Toutefois, le ministère des conseils n'étant pas ici prohibé par un

---

(¹) Paris, 28 août 1871, S., 72. 2. 67, D., 74. 5. 282. — Trib. Seine, 7 mars 1890, *Ann. dr. comm.*, 90. 1. 151.

(²) Limoges, 14 mars 1894, S., 97. 2. 49. — V. *supra*, n. 94, note sur la présence et le contre-seing du greffier.

(³) Limoges, 14 mars 1894, précité.

texte formel, il ne paraît pas possible d'attacher au mépris de cette prohibition la sanction de la nullité (Arg. art. 1030 C. pr.)

103. La séance consacrée à l'essai de conciliation doit être tenue au palais de justice, dans le cabinet du président du tribunal. Au cas où l'une des parties justifie de l'impossibilité de se rendre en ce lieu, le président doit en désigner un autre, au besoin le domicile même de la partie, où il procèdera à l'essai de conciliation après s'y être transporté. Le président a un pouvoir souverain pour apprécier la cause d'excuse, et déterminer le lieu où sera tentée la conciliation.

Et toutefois, il faut que le lieu désigné soit situé dans le ressort du tribunal, car le président, ainsi que nous l'avons dit tout à l'heure, n'a plus aucun pouvoir pour les actes de son ministère en dehors de son ressort. Qu'arrivera-t-il donc, si la partie qui est dans l'impossibilité de se transporter réside en dehors du ressort du tribunal? Si c'est le défendeur, la loi dit que le président pourra donner commission rogatoire pour l'entendre (nouvel art. 238, 1re partie). Cette commission rogatoire sera donnée au président du tribunal dans le ressort duquel le défendeur réside : c'est lui qui procèdera à l'essai de conciliation, après s'être transporté au besoin au domicile du défendeur. Mais la loi n'accorde pas la même faculté, au cas où c'est le demandeur qui se trouve empêché de se transporter, et il en résulte que le demandeur pourra alors être entravé dans son action. Le magistrat commis qui procède à la tentative de conciliation, n'a pas qualité pour délivrer le permis de citer ; il faut revenir devant le président du tribunal compétent par une requête nouvelle, en portant à sa connaissance le procès-verbal du magistrat commis.

104. Si le magistrat échoue dans sa mission de conciliateur, ou ne peut la remplir parce que le défendeur fait défaut, il rend une deuxième ordonnance par laquelle il permet au demandeur de saisir le tribunal. C'est le *permis de citer*. En cas d'absence du défendeur, le président serait autorisé, s'il le jugeait convenable, à renvoyer la tentative de conciliation à une autre date, pour permettre au défen-

deur de se présenter (¹). Au contraire, la non comparution
du demandeur devrait être considérée comme un désistement
de l'action intentée, et l'instance ne pourrait être reprise qu'en
introduisant une requête nouvelle (²).

La loi autorise le président à suspendre la délivrance du
permis de citer pendant un délai qui ne peut excéder vingt
jours, afin de donner au demandeur le temps de réfléchir et
de s'arrêter.

Le président peut suspendre la permission de citer dans
le cas même où la demande reposerait sur une cause péremptoire, telle que la condamnation de l'un des époux à une
peine afflictive et infamante.

A l'expiration du délai fixé, les parties comparaissent de
nouveau devant le président qui est obligé d'accorder la permission de citer si le demandeur persiste, et sans pouvoir
fixer un nouveau délai (³).

105. Bien que la loi n'attache aucune sanction aux irrégularités commises dans la tentative de conciliation, la nullité
de la procédure devrait être prononcée si une formalité substantielle avait été omise. Le président qui peut, ainsi qu'il a
été dit, statuer sur sa propre compétence, connaît des irrégularités qui sont du fait du demandeur ou de ses représentants
dans la citation à comparaître devant lui (⁴); mais le président ne pourrait connaître des irrégularités provenant de
son fait ou de celui de son greffier.

(¹) La question est toutefois controversée. — Cpr. Rouen, 21 nov. 1838, S., 39. 2.
266, D., 39. 2. 159. — Demolombe, IV, n. 441-442; Carpentier, *op. cit.*, n. 1027-1031.

(²) Carré et Chauveau, quest. 2970 et 2970 *bis*; Vraye et Gode, art. 239, n. 6. —
Contra Carpentier, *op. cit.*, n. 1032.

(³) Dans la séance du Sénat du 10 décembre 1885 (*Journ. offic.* du 11, Débats
parlem., n. 1279), M. Léon Renault entend la chose autrement. Selon lui, le président doit, s'il ne peut réussir à concilier les parties ou si le défendeur fait défaut,
rendre immédiatement l'ordonnance permettant de citer, sauf à spécifier que le
demandeur ne pourra pas user de cette permission pendant un délai qu'il détermine et qui ne peut excéder vingt jours. Maintenant, les vingt jours accordés au
demandeur pour saisir le tribunal courraient à partir de l'expiration du délai pendant lequel le président a interdit le droit de citer. Tel n'est pas, à notre avis, le
sens de l'art. 238, al. 6. L'interprétation que nous adoptons est beaucoup plus
conforme au texte. C'est d'ailleurs celle que donne M. Labiche dans son rapport
au Sénat.

(⁴) Paris, 22 fév. 1861, D., 62. 2. 90.

Le défaut de tentative de conciliation entratnerait nullité de la procédure; cette nullité, d'ordre public, peut être proposée en tout état de cause, même pour la première fois en appel (¹); cependant, comme le jugement n'a pas besoin de mentionner la tentative de conciliation, l'omission de cette formalité ne pourrait être invoquée pour la première fois devant la Cour de cassation (²).

106. Le demandeur qui a obtenu le permis de citer doit mettre cette autorisation à profit dans un délai de vingt jours, à peine de perdre le bénéfice des mesures conservatoires qui auraient été prescrites en sa faveur, et dont nous parlerons bientôt. On voit qu'il y a deux délais de vingt jours, un, pendant lequel la permission de citer peut se trouver suspendue en vertu de l'ordre du président du tribunal, et l'autre, que le demandenr doit mettre à profit pour user de l'autorisation de citer qu'il a obtenue.

107. Lorsque le demandeur n'a pas usé dans le délai de vingt jours du permis de citer, il est seulement déchu du bénéfice des mesures provisoires, mais l'assignation donnée après le délai de vingt jours n'est pas nulle; le tribunal régulièrement saisi pourra statuer à nouveau sur les mesures provisoires qui seraient sollicitées devant lui (³). Pour obéir à l'art. 238, il faut que l'assignation lancée dans le délai soit valable en la forme, mais une assignation portée devant un tribunal incompétent suffirait (arg. d'analogie tirés des art. 2246 et 2247).

108. Lorsque le défendeur veut se prévaloir de la déchéance encourue par le demandeur, à quelle juridiction doit-il s'adresser pour faire statuer sur le retrait des mesures provisoires? Cela dépend de l'état de la procédure au moment où le défendeur invoque les déchéances de l'art. 238; si le tribunal se trouvait saisi par une assignation tardive, il serait

---

(¹) Paris, 28 août 1879, S., 81. 2. 244; 10 mars 1864 et Orléans, 29 juill. 1864, S., 64. 2. 89, D., 64. 2. 60.

(²) Cass., 25 juin 1889, S., 90. 1. 71, D., 90. 1. 420; 30 janv. 1877, S., 77. 1. 159; 12 déc. 1871, S., 72. 1. 112.

(³) Paris, 16 fév. 1898, *Le Droit*, 31 mars 1898; 2 mars 1896, *Gaz. Pal.*, 96. 1. 540. — Trib. Seine, 7 août 1896, *La Loi*, 13-14 déc. 1896.

seul compétent pour faire l'application de notre texte ; le
défendeur ne pourrait donc s'adresser ni au président qui a
délivré le permis de citer ni même à la cour qui se trouverait saisie d'un appel interjeté contre l'ordonnance du président (arg. art. **238**, § 5) (¹). Si le tribunal n'était pas encore
investi, par une assignation émanant du demandeur, de la
connaissance de l'affaire, le défendeur qui voudrait faire prononcer la déchéance de l'art. **238** devrait s'adresser soit au
président, si l'ordonnance de ce dernier n'avait pas été frappée d'appel, soit à la Cour si, au contraire, un appel avait
été formé contre l'ordonnance du président (²).

109. L'appel interjeté par l'époux demandeur contre l'ordonnance du président ne suspend pas le délai de vingt jours
imparti pour lancer l'assignation (³). Il en serait autrement
si la Cour, sur l'appel interjeté par le défendeur contre l'ordonnance du président, annulait cette ordonnance pour cause
d'incompétence et maintenait (ce qui est possible, ainsi
qu'on l'a dit *supra*, n. 108) les mesures provisoires ; le demandeur, en pareil cas, n'a pas commis de faute en laissant
passer le délai de vingt jours sans citation (⁴).

110. Par le seul fait de l'ordonnance permettant de citer,
la femme se trouve autorisée, quel que soit son rôle dans
l'instance, à accomplir toutes mesures conservatoires et à
ester en justice. Cela revient à dire que la femme peut ici
ester en justice sans autorisation, puisque le président du
tribunal ne peut pas se dispenser de rendre l'ordonnance qui
emporte l'autorisation.

111. Tout ce que nous venons de dire résulte des textes
suivants qui règlent en même temps certains points de détail.

ART. 235. *Le juge, après avoir entendu le demandeur et*
lui avoir fait les observations qu'il croit convenables, ordonne
au bas de la requête que les parties comparaîtront devant lui
au jour et à l'heure qu'il indique, et commet un huissier pour
notifier la citation.

(¹) Pau, 10 août 1887, S., 89. 2. 29, D., 88. 2. 242.
(²) Cass., 22 janv. 1896, S., 97. 1. 167, D., 96. 1. 571.
(³) Paris, 10 août 1889, *La Loi*, 4-5 nov. 1889.
(⁴) Lyon, 22 mai 1891, S., 92. 2. 3.

ART. 237. *La requête et l'ordonnance sont signifiées en tête de la citation donnée à l'époux défendeur trois jours au moins avant le jour fixé pour la comparution, outre les délais de distance, le tout à peine de nullité* ('). *Cette citation est délivrée par huissier commis* (²) *et sous pli fermé.*

Cette dernière disposition a pour but de mettre un frein à la curiosité des concierges, gens de service ou voisins auxquels la citation pourra être délaissée en l'absence du défendeur. L'huissier ne fermera l'enveloppe qu'au moment de la remettre soit à la personne même, soit à son domestique ou concierge, soit au voisin, et après avoir rempli la formalité du *parlant à.*

L'inobservance de la fermeture du pli n'entraînerait pas nullité, mais des dommages-intérêts contre l'huissier (³). Cette formalité n'est plus applicable dans le cas de l'art. 69, n. 8 (Pr. civ.).

ART. 238. *Au jour indiqué le juge entend les parties en personne; si l'une d'elles se trouve dans l'impossibilité de se rendre auprès du juge, ce magistrat détermine le lieu où sera tentée la conciliation, ou donne commission pour entendre le défendeur: en cas de non-conciliation ou de défaut, il rend une ordonnance qui constate la non-conciliation ou le défaut, et autorise le demandeur à assigner devant le tribunal. — Par le fait de cette ordonnance, la femme est autorisée à faire toutes procédures pour la conservation de ses droits et à ester en justice jusqu'à la fin de l'instance et des opérations qui en sont les suites... — Le juge, suivant les circonstances, avant d'autoriser le demandeur à citer, peut ajourner les parties à un délai qui n'excède pas vingt jours, sauf à ordonner les mesures provisoires nécessaires. — L'époux demandeur en divorce devra user de la permission de citer qui lui a été accordée par l'ordonnance du président, dans un délai de*

(') La nullité tenant à l'insuffisance du délai serait couverte par la comparution volontaire du défendeur qui n'aurait fait aucune réserve et n'aurait pas réclamé une prolongation de délai.

(²) La citation qui ne serait pas remise par huissier commis serait entachée de nullité. — Cpr. Cass., 2 déc. 1845, D., 46. 1. 24.

(³) Tr. de Bayonne, 7 août 1894, *La Loi,* 16 nov. 1894.

vingt jours à partir de cette ordonnance. — Faute par l'époux demandeur d'avoir usé de cette permission dans ledit délai, les mesures provisoires ordonnées à son profit cesseront de plein droit.

§ III. *Procédure sur le fond et jugement définitif.*

A. *Application de la procédure ordinaire. Transformation d'une demande en divorce en demande de séparation de corps.*

112. Aux termes de l'art. **239** al. 1 : « *La cause est instruite* » *et jugée dans la forme ordinaire, le ministère public* » *entendu* ». Voilà la disposition capitale de la loi nouvelle. La procédure ordinaire est substituée, dans les instances en divorce, à la procédure exceptionnelle établie par le code civil et maintenue par la loi du 27 juillet 1884. Cette dernière procédure n'était plus en rapport avec les besoins de la pratique.

Il en résulte que, sauf les règles particulières édictées par la loi du 18 avril 1886 et celles qui en sont la conséquence directe et nécessaire, il n'y a d'autres principes à appliquer que ceux établis par le code de procédure civile pour les instances ordinaires, ni d'autres nullités que celles tirées de l'absence d'une formalité substantielle, ou expressément édictées par la loi.

D'ailleurs, la procédure à suivre est la même, quelle que soit la cause pour laquelle le divorce est demandé. L'art. **261**, qui établissait une procédure d'une simplicité extrême pour le cas où la demande en divorce était fondée sur la condamnation du conjoint à une peine afflictive et infamante, est du nombre de ceux qui ont été abrogés par l'art. 4 de la loi nouvelle [1]. La seule particularité que présente désormais cette cause de divorce, au point de vue de la procédure, c'est qu'il ne peut y avoir de sursis au prononcé du jugement (nouvel art. **246** al. 1).

113. *Le demandeur peut, en tout état de cause, transformer*

---

[1] Rennes, 15 juin 1885, *Gaz. Pal.*, 85. 1. 542. — Angers, 11 déc. 1884, *Gaz. Pal.*, 85. 1. 60. — Planiol, *Rev. crit.*, 1886, p. 227.

» *sa demande en divorce en demande en séparation de corps* »
(art. 239 al. 2). C'est une application du principe que le
demandeur est toujours admis à restreindre sa demande (¹).
Ce droit lui appartient même en cause d'appel (²).

Mais, en sens inverse, l'époux demandeur en séparation
de corps ne serait pas admis à transformer sa demande en
une demande de divorce. Ce serait un moyen de soustraire
la demande en divorce à l'essai de conciliation qui lui est
propre (³).

114. Le demandeur pourrait, toutefois, abandonner sa procédure en séparation de corps et introduire une demande en
divorce, en présentant une requête nouvelle. Cette solution,
bien qu'elle ait été contestée, ne présente pas de difficulté
sérieuse, lorsque le défendeur n'a pas conclu au fond en formant une demande reconventionnelle; en pareil cas le désistement n'a pas besoin d'être accepté par lui; on admet qu'il
peut être tacite et que la seconde demande en divorce comprend virtuellement le désistement de la demande en séparation de corps; la maxime *electa una via non datur regressus
ad alteram* ne fait point obstacle à ce qu'on puisse abandonner
la procédure de séparation de corps pour introduire une
demande en divorce; cette maxime s'applique uniquement
au choix des juridictions qui peuvent connaître d'une demande,
et n'empêche pas celui qui a formé une demande restreinte
de former devant les mêmes juges une demande plus ample
fondée sur ces mêmes causes (⁴).

(¹) On a soutenu qu'il y avait là une dérogation aux principes généraux du droit
qui prohibent les demandes nouvelles et défendent de substituer une demande à
une autre pour la même cause; cette dérogation serait fondée sur le désir de favoriser la séparation de corps au détriment du divorce. Carpentier, *op. cit.*, n. 2614
et 2615. — Cette explication doit être écartée; la possibilité de convertir la demande
en divorce en demande en séparation de corps est conforme aux règles habituelles
de la procédure : « Qui peut le plus, peut le moins » suivant les expressions de
M. Denormandie (Sénat, séance du 10 déc. 1885, *J. off.* du 11, *Déb. parlem.*,
p. 1261).

(²) Cass., 5 juill. 1892, S., 92. 1. 504, D., 93. 1. 412. — Bordeaux, 13 fév. 1889,
S., 89. 2. 240, D., 91. 2. 44. — Trib. Bordeaux, 2 mars 1896, *Gaz. des Trib.*, 12 mars
1896.

(³) Cass., 6 nov. 1893, *La Loi*, 10 mai 1894; 22 fév. 1888, S., 88. 1. 374; D., 88. 1.
223. — Paris, 4 mars 1891, D., 91. 2. 131.

(⁴) Riom, 13 juin 1893, S., 95. 2. 162, D., 94. 2. 481. — Pau, 20 janv. 1886, *Gaz.*

La question devient plus délicate lorsque le défendeur a
répondu à la demande en séparation de corps par une demande
reconventionnelle soit en divorce, soit en séparation de corps ;
le contrat judiciaire s'est alors formé entre les parties et le
désistement du demandeur doit être accepté par le défendeur,
de sorte que ce dernier, en refusant d'accepter le désistement,
peut paralyser la faculté pour l'adversaire d'abandonner sa
demande primitive pour former une demande nouvelle en
divorce (¹).

B. *Incidents relatifs à la preuve.*

115. La preuve des faits sur lesquels est basée la demande
en divorce reste soumise aux règles du droit commun. Il y a
cependant certaines particularités intéressantes à noter.

116. 1° *Aveu et serment.* L'aveu de l'adversaire qui, dans les
procès ordinaires, fournit la preuve la plus convaincante, perd
presque toute sa force dans les procès en divorce, comme dans
tous ceux où le consentement mutuel des parties ne peut pas
remplacer la sentence du juge. Cet aveu en effet est suspect,
parce qu'il a peut-être été concerté entre les parties. Notre
loi n'admet pas le divorce par consentement mutuel ; or rien
ne serait plus facile aux époux que d'y parvenir par un moyen
détourné, si l'aveu de l'adversaire, conservant ici sa puissance
ordinaire, devait forcer la conviction du juge. L'un des époux
demanderait le divorce contre l'autre, en alléguant l'existence
de l'une des causes admises par la loi; le défendeur reconnaîtrait par un aveu l'exactitude des faits allégués, et tout
serait dit : les faits qui servent de base à la demande étant
prouvés, le juge n'aurait plus qu'à prononcer le divorce, con-
tresignant ainsi l'indigne comédie qui a été jouée devant lui !

117. Est-ce à dire que l'aveu de l'époux défendeur doive
toujours être considéré comme non avenu ? Nous ne le croyons
pas. Cet aveu peut se produire dans des circonstances telles

Pal., 86. 1. 369. — Trib. Seine, 16 déc. 1886, *Gaz. des Trib.*, 18 déc. 1886 ; 20 janv.
1887, *Gaz. des Trib.*, 11 février 1887 ; 26 mars 1887, *Gaz. des Trib.*, 23 mai 1887. —
Contra Carpentier, *op. cit.*, n. 2651. — V. *infra*, n. 141 sur la possibilité de transformer la demande reconventionnelle en séparation de corps en demande en
divorce.

(¹) Paris, 19 juin 1890, *La Loi*, 4 oct. 1890.

qu'il paraisse mériter un certain crédit. Ainsi le défendeur avoue sur certains chefs de la demande et conteste énergiquement sur les autres ; il a d'ailleurs tout intérêt, on le suppose, à faire rejeter la demande en divorce : par exemple la demande est formée contre un mari sans fortune par une femme riche, et la prononciation du divorce aura pour résultat, en faisant perdre au mari la jouissance des biens de la femme, de le priver de toute ressource. Pourquoi le juge ne pourrait-il pas, en pareil cas, tenir quelque compte de l'aveu ? En définitive, pour être dépouillé en grande partie de la force probante qu'il possède ordinairement, l'aveu du défendeur n'est pas ici absolument sans valeur, et le juge pourra y avoir tel égard que de raison. Quant aux aveux du demandeur, ils tendront ordinairement à atténuer les torts du défendeur : ainsi, s'il s'agit de sévices, le défendeur alléguera qu'il a été provoqué par des paroles injurieuses du demandeur, et celui-ci reconnaîtra par un aveu l'exactitude de cette allégation. En pareil cas, l'aveu sera rarement suspect, parce qu'il fournit une arme contre son auteur, en ce sens qu'il diminue ses chances de succès, et rien ne paraît s'opposer à ce qu'il produise ses effets ordinaires. En somme, il n'y a pas lieu en général de se défier de l'aveu du demandeur, parce qu'il lui est préjudiciable. Au contraire, l'aveu du défendeur est suspect, parce qu'il peut être le résultat d'un concert intéressé de part et d'autre, mais le juge peut cependant en tenir compte dans une mesure que la loi laisse à sa prudence le soin de fixer ([1]). Aussi l'ancien art. 244 ordonnait-il qu'il fût dressé procès-verbal des aveux de l'une et de l'autre partie.

Dès lors l'interrogatoire sur faits et articles, qui est un des moyens de provoquer l'aveu, pourrait suivant les circonstances, être ordonné en matière de divorce ([2]).

118. Que dire du serment ? Le serment décisoire, qui a un caractère transactionnel et lie les mains au juge, doit certainement être écarté comme moyen de preuve dans les procès

---

([1]) Cass., 29 avril 1862, S., 62. 1. 645, D., 62. 1. 516 ; 6 juin 1853, S., 53. 1. 708, D., 53. 1. 244. — Trib. Saint-Etienne, 7 août 1889, *Loi*, 27 et 28 août 1889.

([2]) Rouen, 23 fév. 1892. Sous cass., 19 janv. 1892, S., 92. 1. 78.

en divorce (¹). Peut-être n'en est-il pas de même du serment
supplétoire, qui ne lie pas le juge et ne constitue qu'un moyen
d'instruction (²).

119. 2° *Preuve par témoins.* Souvent les faits qui servent
de fondement à la demande en divorce devront être prouvés
par témoins. Alors le tribunal ordonnera qu'il soit procédé à
une *enquête.* L'enquête ne devient nécessaire que si les juges
ne trouvent pas, dans les documents du procès, des éléments
suffisants de conviction (³). Les juges pourraient même puiser
leurs documents dans une autre enquête étrangère au procès (⁴) ; mais ils ne pourraient invoquer seulement la notoriété
publique (⁵), ni se baser sur des investigations par eux poursuivies en dehors de l'audience et en dehors des parties (⁶).
D'après les règles du droit commun, l'enquête est faite par
un juge commissaire. Ce juge reçoit les dépositions des
témoins et en dresse un procès-verbal qui, plus tard, est lu à
l'audience. Le tribunal n'entend donc pas les témoins, il entend seulement la lecture de leurs dépositions. Ce mode de
procéder a un inconvénient. Il ne permet pas au tribunal de
tenir compte d'un élément qui cependant a une grande importance pour déterminer la valeur des témoignages : l'attitude
de chaque témoin, le jeu de sa physionomie. Sans compter
que le procès-verbal d'enquête ne traduira pas toujours d'une
manière exacte la pensée que les témoins ont voulu exprimer. Aussi le législateur du code civil, et après lui le législateur de 1884, avaient-ils décidé que l'enquête en matière de
divorce se ferait devant le tribunal tout entier, comme cela a
lieu en matière sommaire (V. art. 253). Le législateur de 1886
en est revenu au droit commun. Le nouvel art. 245 al. 1 porte :
« *Lorsqu'il y a lieu à enquête, elle est faite conformément*
» *aux dispositions des articles 252 et suivants du Code de pro-*
» *cédure civile* ». Aujourd'hui l'enquête en matière de divorce

(¹) Grenoble, 19 juil. 1838, S., 39. 2. 415.
(²) *Contra* Demolombe, IV, n. 475.
(³) Cass., 23 fév. 1881, S., 81. 1. 309.
(⁴) Cass., 18 déc. 1893, D., 94. 1. 361.
(⁵) Paris, 9 mars 1838, S., 38. 2. 235.
(⁶) Cass., 13 avril 1892, S., 95. 1. 359.

est donc faite par un juge commissaire. Il paraît que l'ancien mode de procéder entraînait une perte de temps considérable.

120. Du reste, en principe, toutes les règles habituelles de la procédure sont aujourd'hui applicables aux enquêtes poursuivies en matière de divorce ou de séparation de corps; il n'y a d'autre exception que celle contenue dans l'art. **245**, § **2**, dont il sera question un peu plus loin.

Ainsi, conformément au droit commun, le demandeur doit fournir, pour que l'enquête soit ordonnée, des articulations précises et pertinentes ([1]). Les témoins cités ne sont appelés à déposer que sur les faits admis en preuve par le jugement ordonnant l'enquête, mais on ne saurait leur refuser le droit de s'expliquer sur les circonstances caractéristiques de ces faits, lesquelles sont susceptibles de mettre le juge à même d'en déduire les conséquences juridiques ([2]).

121. Un tribunal ne saurait faire état, à l'appui d'une demande en divorce, d'allégations tirées d'une enquête ou d'une contre-enquête, alors que ces allégations, n'ayant été l'objet d'aucune articulation, n'avaient pas été admises en preuve; en pareil cas, en effet, la preuve contraire n'a pu être administrée par l'autre partie ([3]); mais le juge pourrait, sur la demande de l'époux intéressé, ordonner la preuve régulière des faits ainsi révélés par les témoins. D'une manière générale, les époux sont recevables, même après le jugement ordonnant l'enquête, à solliciter un nouveau jugement pour être autorisés à prouver des faits qu'ils n'auraient pas articulés antérieurement, si ces faits n'étaient parvenus à leur connaissance qu'après le jugement qui a ordonné l'enquête ([4]). Si, au lieu de supposer l'instance pendante devant les premiers juges, on la suppose portée en appel,

([1]) Trib. Seine, 7 déc. 1896, *Gaz. Trib.*, 2 fév. 1898. — Ce point rentre dans l'appréciation des juges du fond. Cass., 17 juin 1851, S., 51.1.721; 4 mai 1863, S., 63.1.427, D., 64.1.28.

([2]) Cass., 5 août 1896, *Le Droit*, 12 fév. 1897.

([3]) Douai, 7 juill. 1897, *Le Droit*, 10 déc. 1897. — Cpr. Cass., 6 fév. 1889, *La Loi*, 11-12 fév. 1889. — Paris, 20 janv. 1886, *Gaz. Trib.*, 28 janv. 1886.

([4]) Trib. Seine, 18 mars 1890, *Gaz. Trib.*, 3 avril 1890. — Paris, 25 mai 1837, P. 37.1.536.

des articulations nouvelles pourraient être produites si elles étaient relatives à des griefs postérieurs à l'introduction de l'enquête en première instance et même à des griefs antérieurs mais inconnus du demandeur (¹).

122. Les prorogations d'enquête, en matière de divorce ou de séparation de corps, sont soumises aux règles habituelles (²).

123. En matière de divorce, les fins de non-recevoir contre l'exécution d'un jugement qui ordonne une enquête sont limitativement énumérées par la loi, et il n'appartient pas aux tribunaux d'en créer de nouvelles. Spécialement, un tribunal saisi par le mari d'une demande en divorce ne peut refuser de faire procéder à l'enquête qu'il a ordonnée, tant que le mari demandeur n'aura pas versé entre les mains de sa femme la provision *ad litem* et la pension alimentaire fixée par un premier jugement. Il en est ainsi surtout lorsque le demandeur est hors d'état de fournir la provision *ad litem* (³).

124. Il n'y a pas lieu de surseoir à statuer sur une demande en divorce, justifiée en dehors des témoignages recueillis au cours de l'enquête, à raison de ce que le défendeur aurait porté contre certains témoins une plainte dont le résultat, quel qu'il puisse être, ne doit avoir aucune influence sur la solution du procès (⁴).

125. En tout cas, et d'une manière générale, la règle que le criminel tient le civil en état ne s'applique pas, lorsque les juges saisis de l'action civile reconnaissent que la pièce

---

(¹) Dijon, 16 juin 1807, S., 98. 2. 172. — Si l'on admet que la cause de la demande en divorce ou en séparation de corps réside dans les griefs articulés (V. *infra*, autorité de chose jugée), tout grief nouveau constitue une cause nouvelle et non pas seulement un moyen nouveau ; dans la rigueur des principes, on devrait proscrire en appel toute articulation relative à des faits non côtés en première instance ; on admet une exception à la règle pour les faits postérieurs et pour ceux inconnus, parce qu'il y avait impossibilité pour le demandeur de les comprendre dans son articulation primitive et qu'il serait trop rigoureux de le déclarer forclos et de l'obliger à introduire une nouvelle demande fondée sur ces faits.

(²) Bordeaux, 23 août 1850, S., 50. 2. 651, D., 51. 2. 28. — Bastia, 2 avril 1855, S., 55. 2. 317, D., 55. 2. 323. — Trib. Seine, 12 mai 1887, *Le Droit*, 24 mai 1887.

(³) Nîmes, 17 juin 1889, S., 89. 2. 156, D., 91. 5. 183.

(⁴) Cass., 11 juill. 1888, S., 90. 1. 530.

arguée de faux n'est pas nécessaire au jugement de la cause ([1]).

126. Il appartient aux juges du fond d'apprécier souverainement la valeur des dépositions reçues au cours des enquête et contre-enquête ([2]), les renseignements fournis par l'enquête pouvant d'ailleurs être complétés par des présomptions et par les autres documents du procès ([3]). Dans leur appréciation souveraine, les juges peuvent même faire état de dépositions relatives à des faits que les témoins ne connaissent qu'indirectement et par des récits qui leur en auraient été faits ([4]).

127. La nullité d'une enquête dans une instance en divorce ou en séparation de corps doit être proposée avant toute défense au fond; mais, par dérogation à l'art. **293**, il convient d'admettre que l'enquête annulée peut être recommencée ([5]).

128. D'après les règles du droit commun, les parents en ligne directe de l'une ou de l'autre des parties sont *incapables* d'être témoins; ils ne peuvent être cités ni entendus (C. pr., art. **268**). Les parents en ligne collatérale, jusqu'au degré de cousin issu de germain inclusivement et les domestiques sont seulement *reprochables* : le témoin reproché est entendu et il est dressé procès-verbal de sa déposition, mais elle n'est pas lue à l'audience (C. pr., art. **284** et **291**). Ces règles devaient nécessairement recevoir exception en matière de divorce. Presque toujours, les faits servant de base aux demandes en divorce se sont accomplis dans la demeure des époux; ce sont des scènes d'intérieur, qui n'ont d'autres témoins que les personnes de la maison. Il fallait bien permettre au demandeur d'user de ces témoignages, sous peine

---

([1]) Cass., 11 juin 1845, S., 45. 1. 836.

([2]) Cass., 3 janv. 1893, S., 93. 1. 337; 11 déc. 1893, S., 96. 1. 86; 19 nov. 1890, *Le Droit*, 1er et 2 déc. 1890.

([3]) Orléans, 17 mai 1893, *Le Droit*, 26 oct. 1893.

([4]) Pau, 3 janv. 1893, *Gaz. Trib.*, 4 janv. 1893. — On ne pourrait toutefois faire état de la déposition de témoins qui se borneraient à rapporter les propos tenus en leur présence par les enfants des époux, Poitiers, 18 mai 1890, S., 91. 2. 60. — V. *infra*, n. 130.

([5]) Cass., 23 nov. 1891, *La Loi*, 1891, p. 1169. — Douai, 5 nov. 1860, S., 61. 2. 260. — Nancy, 30 déc. 1860, S., 61. 2. 191, D., 61. 5. 183.

de le mettre dans l'impossibilité d'effectuer la preuve qui est
à sa charge : *quoniam quæ domi geruntur non facile per
alienos testes possunt comprobari*. Les parents en ligne directe
des époux ne sont donc pas incapables d'être témoins, sauf
exception pour les enfants et descendants qu'on ne pouvait sans impiété mêler à un pareil débat; leurs parents collatéraux et leurs domestiques ne sont pas susceptibles d'être
reprochés. V. nouvel art. 245 al. 2.

129. Telle était certainement la pensée du législateur de
1886, conforme sur ce point à celle du législateur de 1884 et
du code civil. Et toutefois le code civil avait exprimé cette
pensée dans une formule peu satisfaisante, que le législateur
de 1884 s'était cependant appropriée. Le texte de l'ancien
art. 251 donnait à entendre que les enfants et descendants
étaient seulement *reprochables;* il aurait donc fallu recevoir
leur déposition, sauf à n'en pas donner lecture à l'audience,
tandis qu'on avait certainement voulu dire qu'ils étaient *incapables* et que, par conséquent, ils ne devaient pas être entendus. C'est probablement pour ce motif que le législateur de
1886 a modifié la formule. Le nouvel art. 245 al. 2 dit : « *Les
» parents, à l'exception des descendants, et les domestiques
» des époux peuvent être entendus comme témoins.* » Mais
cette rédaction n'est pas, elle non plus, à l'abri de la critique. Ne semble-t-elle pas impliquer tout d'abord, que,
d'après les règles du droit commun, les parents et les domestiques ne peuvent être entendus comme témoins? Or, cette
proposition ne contiendrait qu'une bien petite part de vérité. Elle ne serait exacte qu'en ce qui concerne les parents
en ligne directe, que l'art. 268 C. pr. déclare incapables
d'être témoins; quant aux autres parents et aux domestiques,
ils sont seulement reprochables et doivent par conséquent
être entendus. En second lieu, la formule légale ne laisse-
t-elle pas un doute sur le point de savoir si les parents collatéraux et les domestiques ne peuvent pas être reprochés dans
les procès en divorce conformément aux règles du droit
commun? Dire qu'ils pourront être entendus, ce n'est pas
dire qu'ils ne pourront pas être reprochés, et cependant
c'était certainement la pensée du rédacteur de l'article et la

volonté du législateur. Cela prouve qu'il est difficile de bien rédiger un texte de loi, et on a l'occasion de le constater plus souvent aujourd'hui que jamais.

130. L'art. 245, § 2, d'après lequel les parents des époux autres que leurs descendants peuvent être entendus comme témoins, s'applique en matière de séparation de corps aussi bien qu'en matière de divorce [1]. Dans l'un et l'autre cas, les descendants des conjoints ne peuvent servir de témoins. Que faut-il entendre par le mot *descendants* dont se sert l'art. 245? Il est évident que ce mot englobe tous les enfants et descendants légitimes issus de l'union des deux époux; il comprend aussi les enfants du premier lit qui ne peuvent déposer en faveur de celui des deux époux dont ils descendent ni contre lui [2]. L'art. 245, § 2, s'applique également à l'enfant naturel qui aurait été reconnu par l'un des deux époux [3]; enfin, bien que la solution soit plus douteuse, il semble que l'on devrait étendre la disposition de l'art. 245 aux enfants adoptifs [4] et même aux alliés, gendres et brus, des époux qui plaident en divorce. En effet, les motifs [5] qui justifient la disposition de l'art. 245 subsistent dans toutes ces hypothèses.

L'interdiction d'entendre comme témoins les descendants des époux est d'ordre public; la violation de la règle ne saurait être couverte par le silence des parties : dès lors, on ne peut faire état de la déposition des enfants, dans le cas même où ils n'auraient pas été reprochés [6]; et, d'autre part, on ne peut faire rapporter utilement par des tiers ce que les enfants auraient pu voir ou entendre; ce serait obtenir indirectement un résultat que la loi prohibe directement [7].

---

[1] Cass., 11 mai 1897, S., 97. 1. 336.

[2] Dijon, 27 mars 1879, S., 79. 2. 68. — Douai, 16 août 1853, S., 54. 2. 135. — Trib. Seine, 17 juil. 1893, *La Loi*, 23 oct. 1893. — Trib. Blois, 12 juil. 1893, *Le Droit*, 17 juil. 1893. — *Contra*, Besançon, 16 déc. 1872, S., 73. 2. 135. — Rennes, 22 janv. 1840, S., 40. 2. 149.

[3] Caen, 3 mars 1896, S., 97. 2. 236.

[4] *Contra* Massol, p. 123.

[5] Vraye et Gode, I, p. 261; Coulon, *Le divorce et la séparation de corps*, IV, p. 195.

[6] Riom, 1er juil. 1887, en note sous Poitiers, 18 mai 1890, S., 91. 2. 60.

[7] Poitiers, 18 mai 1890, S., 91. 2. 60.

131. Par cela même qu'elle déroge au droit commun, la disposition que **nous** venons d'analyser doit être interprétée restrictivement. *Exceptio est strictissimæ interpretationis.* On violerait ce principe en déclarant admissible le témoignage de personnes reprochées pour des **causes** du droit commun, autres que la parenté ou la domesticité. Ce **serait** étendre en dehors de ses termes une disposition dont la **nature** exceptionnelle n'est pas contestable. L'extension serait d'**autant** moins admissible que les motifs qui ont porté le législateur à supprimer la cause de reproche fondée sur la parenté ou la domesticité n'existe pas pour les autres causes de reproche ([1]).

132. *Lettres missives.* — Les lettres missives apparaissent très souvent dans les instances en divorce ou en séparation de corps ; leur production soulève parfois des difficultés ; tantôt elle a pour but de fournir une preuve à l'appui des griefs allégués, spécialement de l'adultère ; tantôt les lettres elles-mêmes renferment le grief, l'injure, par exemple, sur lequel on fonde la demande en divorce. Par ailleurs, les règles applicables peuvent varier à raison soit de l'expéditeur, soit du destinataire de la lettre ([2]).

133 α. *Lettre écrite par l'un des conjoints à l'autre.* — Le destinataire de la lettre a le droit incontestable de la produire en justice. Mais quelle peut être l'utilité de cette production ? Si elle est invoquée pour établir la preuve d'un grief articulé, elle ne saurait avoir d'autre valeur que celle d'un aveu ; le juge appréciera donc, suivant les circonstances, le degré de sincérité de l'aveu contenu dans une lettre missive, en se tenant en garde contre une connivence facile à concerter entre époux désirant le divorce ([3]).

Souvent la lettre émanée d'un conjoint sera produite comme

· La jurisprudence ne semble pas avoir sur ce point un système bien net ; elle admet certaines causes de reproche, par exemple, le fait d'avoir délivré un certificat. (Cpr. Alger, 18 févr. 1895, *Mon. jud. Lyon*, 25 juil. 1895. — Toulouse, 7 févr. 1888, *Gaz. des trib.*, 30 sept. 1888. — Chambéry, 15 déc. 1884, *Gaz. Pal.*, 85. 1, *Suppl.*, 76). Mais elle permet d'entendre comme témoins les parents des époux, lors même qu'ils auraient bu et mangé chez les parties depuis la prononciation du jugement ordonnant l'enquête (Caen, 28 janv. 1874, S., 74. 2. 169, D., 75. 2. 44).

([2] V. sur ce sujet Planiol, *Rev. crit.*, 1887, p. 689.

·[3]) Bordeaux, 27 févr. 1807, S. chr.

la manifestation et l'élément constitutif de l'injure. On ne doit poser aucune règle absolue; tout dépend des circonstances de fait, que le juge apprécie souverainement. Les lettres contenant des imputations outrageantes peuvent constituer une **injure grave**, suffisante pour motiver le divorce, quand bien même elles n'auraient eu aucune publicité [1]; à l'inverse, une **lettre**, même divulguée, ne sera pas toujours constitutive d'une injure suffisamment caractérisée [2]. La pluralité des lettres aggrave l'outrage ; mais une seule lettre injurieuse peut suffire; l'injure écrite avec sang-froid peut prendre aux yeux du juge plus d'importance qu'une injure verbale échappée parfois à un mouvement de colère [3].

En tout cas, il n'y a pas lieu de distinguer entre les lettres écrites par le mari à sa femme ou par la femme à son mari [4].

134 β. *Lettre écrite par un des conjoints à un tiers*. — Le plus souvent, les lettres écrites par l'un des conjoints à un tiers seront produites pour établir l'adultère; elles fourniront, d'ordinaire, une preuve excellente contre leur auteur; parfois cependant, on les invoquera comme contenant en elles-mêmes une injure; le juge, alors, appréciera les termes de la lettre, l'intention de celui qui l'a écrite; si, par exemple, la lettre paraît destinée à être communiquée à l'autre conjoint [5] ou si elle a été écrite à un enfant dans le but de faire naître en lui le mépris et la haine de l'un de ses parents, le juge trouvera dans une semblable lettre une injure bien caractérisée [6].

Les lettres écrites par l'un des conjoints à un tiers soulèvent une autre difficulté, relative au droit même que l'autre conjoint peut avoir de les produire en justice. Il est généralement admis aujourd'hui qu'une lettre est la propriété du destinataire; elle peut donc être produite si elle a été volontairement remise par le tiers à l'autre conjoint [7]; il en est ainsi,

---

[1] Cass., 9 nov. 1830, S., 31. 1. 135. — Poitiers, 29 juill. 1804, S. chr. — Trib. Seine, 4 juill. 1892, *Le Droit*, 4 août 1892.

[2] Bourges, 4 janv. 1825, S. chr.

[3] Poitiers, 2 févr. 1891, *La Loi*, 1er mars 1891.

[4] Toullier, II, n. 672.

[5] Nîmes, 30 avril 1834, S., 34. 2. 351.

[6] Trib. Seine, 6 janv. 1891, *Gaz. Trib.*, 12 févr. 1891.

[7] Paris, 27 mars 1896, *Le Droit*, 11-12 mai 1896. — Bordeaux, 13 janv. 1879, S., 79. 2. 108, D., 80. 2. 190.

en matière de divorce ou de séparation de corps, dans le cas
même où la lettre aurait un caractère confidentiel ([1]); le droit
pour le destinataire de remettre la lettre à l'autre conjoint
comporte toutefois une exception, dans l'hypothèse où la
remise de la lettre constituerait une violation du secret pro-
fessionnel auquel le destinataire était tenu ([2]).

A l'inverse, le destinataire, maître de la lettre, peut se refuser à la communiquer, à moins que la lettre n'ait été saisie
régulièrement au cours d'une instruction criminelle ([3]).

Mais que décider lorsque le conjoint qui produit la lettre
l'a obtenue sans l'assentiment du destinataire et à son insu?
Le principe de l'inviolabilité du secret des lettres conduirait
logiquement à décider que le document devrait être écarté
du débat, tout au moins dans le cas où le destinataire inter-
viendrait dans ce but. La jurisprudence, toutefois, admet que
le principe de l'inviolabilité des lettres peut exceptionnellement fléchir en matière de divorce et de séparation de corps,
surtout lorsqu'il s'agit d'établir l'adultère. Cette faculté laissée
à l'un des époux de produire les lettres écrites ([4]) par son conjoint à un tiers, sans l'assentiment de celui-ci, ne comporte
qu'une restriction; il faut que la possession des lettres par
l'époux qui en fait usage ne soit due ni à la violence, ni au
dol, ni à aucun moyen illicite ([5]); d'ailleurs, le vice de la
possession doit être personnel au conjoint qui invoque les
lettres et on ne saurait lui opposer le dol ou la violence d'un
tiers qui les lui aurait remises ([6]), s'il n'y a pas eu connivence
ou complicité de l'époux détenteur.

([1]) Carpentier, *op. cit.*, n. 235Â, *Rép. général alphabétique*, v° *Lettre missive*,
n. 183.

([2]) Douai, 28 janv. 1896, *Gaz. Trib.*, 2 sept. 1896. — Trib. Nice, 25 juin 1889,
Le Droit, 12 oct. 1889.

([3]) Bruxelles, 28 avril 1875, S., 77. 2. 161, D., 76. 2. 25. — Trib. Seine, 6 janv.
1891, *Gaz. Trib.*, 12 févr. 1891.

([4]) Cass., 13 juill. 1897, *Le Droit*, 6 août 1897; 15 juill. 1885, S., 86. 1. 101, D.,
86. 1. 145.

([5]) Cass., 13 juill. 1897; 15 juill. 1885, précité. — Pau, 31 juill. 1889, *Gaz. Trib.*
3 mai 1889. — Rouen, 13 nov. 1878, S., 79. 2. 80, D., 80. 2. 190. — Trib. Lyon,
5 févr. 1891, *La Loi*, 18 mars 1891.

([6]) Trib. Seine, 18 févr. 1890, *Le Droit*, 19 mars 1890. — Trib. Bruxelles, 2 juin
1888, *Gaz. Trib.*, 27 janv. 1889.

135 γ. *Lettre écrite par un tiers à l'un des conjoints.* — Une pareille lettre ne saurait renfermer en elle-même une injure, puisqu'elle n'émane pas de l'un des époux; mais elle peut fournir la preuve de relations coupables, de l'adultère ou de l'inconduite soit du mari, soit de la femme. A quelles conditions l'époux non destinataire de la lettre peut-il la produire? Sans distinguer entre le mari ou la femme, la jurisprudence admet les mêmes règles que dans la précédente hypothèse. Donc, en principe, il est permis de produire les lettres écrites à l'un des époux et d'en faire état, à moins que leur possession ne soit le résultat d'un artifice coupable, d'une fraude, d'un acte de déloyauté ou d'un abus quelconque ([1]). L'emploi de ces moyens dolosifs ne se présume pas et c'est à celui qui veut faire écarter les lettres produites d'établir le vice de leur possession ([2]).

L'apposition de scellés autorisée par l'art. **242** C. civ. n'est pas un moyen d'instruction permettant à l'un des époux de saisir chez l'autre des preuves de son inconduite; on ne pourrait donc pas exiger la remise des papiers placés ainsi sous scellés et leur production en justice ([3]).

Le fait, par la femme, de reconstituer des lettres reçues par son mari, lacérées par lui et jetées dans sa corbeille à papiers, n'a rien de délictueux ([4]), pas plus que le fait de trouver dans un vêtement non enfermé une lettre qui n'était pas placée dans une enveloppe cachetée ([5]), ou de découvrir des lettres dans un meuble ouvert aux deux époux pour l'exercice de leur commune industrie ([6]).

136. Nous avons toujours supposé que l'on produisait les originaux des lettres; si l'on se contentait de soumettre des

---

([1]) Cass., 16 mai 1892, S., 93. 1. 115; 25 mars 1890, S., 90. 1. 168, D., 91. 1. 311; 11 juin 1888, S., 88. 1. 921, D., 88. 1. 477. — Paris, 30 juin 1890, *Le Droit*, 20 août 1890. — Bordeaux, 7 déc. 1894, D., 95. 2. 147.

([2]) Cass., 14 juill. 1897, précité. — Paris, 30 juin 1890, précité. — Liège, 10 janv. 1889, *Gaz. Pal.*, 13 févr. 1889.

([3]) Trib. Seine, 20 mai 1896, *Le Droit*, 8 juill. 1896; 9 mai 1885, *Gaz. Trib.*, 16 mai 1885.

([4]) Trib. Seine, 19 mai 1896, *La Loi*, 12 nov. 1896.

([5]) Cass., 25 mars 1890, S., 90. 1. 168, D., 91. 1. 311.

([6]) Pau, 30 juin 1880, *La Loi*, 23 juil. 1880.

copies au tribunal, les juges devraient évidemment se montrer très circonspects (¹).

C. *Demandes reconventionnelles.*

137. A la demande en divorce qui est formée contre lui, le défendeur peut répondre par une demande reconventionnelle en divorce (²). A quelles règles de forme cette demande sera-t-elle soumise? L'art. **239** al. **3** tranche la controverse qui s'était élevée à ce sujet. Il décide qu'on appliquera le droit commun, d'après lequel les demandes reconventionnelles peuvent être formées par un simple acte d'avoué à avoué : « *Les demandes reconventionnelles en divorce peuvent être* » *introduites par un simple acte de conclusions* ». C'est la solution contraire qui triomphait dans la doctrine. On admettait généralement que la demande reconventionnelle en divorce était soumise quant à la forme aux mêmes règles que la demande principale, que par conséquent, elle devait être précédée de l'essai de conciliation prescrit pour la demande principale. Mais que pouvait-on espérer d'un nouvel essai de conciliation, le premier n'ayant pas réussi? C'était du temps et de l'argent dépensés en pure perte.

138. En sens inverse, l'époux défendeur à une demande en séparation de corps ne pourrait pas former par un simple acte une demande reconventionnelle en divorce. Ce serait un moyen d'échapper à l'essai de conciliation spécial à la demande en divorce (³).

139. Le défendeur à une demande en divorce peut-il former par un simple acte une demande reconventionnelle en séparation de corps? Après quelques hésitations, la jurisprudence paraît se former définitivement sur cette question dans le sens de l'affirmative (⁴).

(¹) Bruxelles, 28 avril 1875, *Pasicr.*, 75. 2. 217.

(²) Il est évident que l'époux défendeur pourrait introduire, s'il le préférait, une demande principale à côté de celle dirigée contre lui.

(³) Dijon, 27 juil. 1887, S., 88. 2. 17. — Trib. Seine, 28 févr. 1888. — *Gaz. Trib.*, 18 avril 1888. — Trib. Carpentras, 23 janv. 1894. — *Gaz. Trib.*, 9 févr. 1896. — Les travaux préparatoires à la loi sont en ce sens.

(⁴) Riom, 1ᵉʳ fév. 1888, S., 90. 2. 207, D., 90. 2. 158, et Paris, 27 juin 1888, S., 91. 2. 62. — Rouen, 7 août 1888, S., 90. 2. 51, D., 90. 274, D., 90. 2. 364.

140. Lorsque le tribunal est saisi de deux demandes en divorce, l'une principale, l'autre reconventionnelle, il peut, sans difficulté, statuer sur l'une et l'autre demande par un seul et même jugement, en prononçant le divorce aux torts des deux époux ou en écartant les deux demandes, ou en prononçant le divorce au profit d'un des demandeurs, l'autre action étant écartée. Si le tribunal avait été saisi de deux demandes en divorce, toutes les deux principales, il pourrait encore statuer, comme dans la précédente hypothèse, par un seul et même jugement; mais il pourrait aussi statuer immédiatement sur l'une des demandes, si elle était complètement instruite, et ne juger l'autre que plus tard. Bien que le divorce ait été prononcé sur la première demande, il n'en est pas moins intéressant de statuer sur la seconde : en effet, si le divorce est prononcé une seconde fois, il en résultera que les deux époux encourront les mêmes déchéances; d'autre part, il se peut que l'époux qui a obtenu la première sentence n'en poursuive pas l'exécution conformément aux articles 250 et s.; l'autre époux aura, dans ce cas, la faculté d'utiliser le jugement prononcé à son profit.

On comprend aussi que le tribunal saisi d'une demande en divorce et d'une demande en séparation de corps, puisse prononcer tout à la fois le divorce et la séparation. On avait voulu soutenir que le juge devait surseoir à statuer sur la demande en séparation de corps, jusqu'après la solution de la demande en divorce, et que la séparation n'aurait pu être prononcée que dans l'hypothèse où la demande en divorce aurait été écartée ([1]). Dans une autre opinion, l'on prétend que le tribunal peut et doit instruire parallèlement ces deux demandes, sans sursis, afin d'apprécier le mérite respectif des griefs allégués et la culpabilité des deux époux, mais le tribunal ne pourrait prononcer à la fois le divorce et la séparation de corps; si la demande en divorce était accueillie par le juge, elle mettrait obstacle à ce que la séparation pût être prononcée; autrement on aboutirait à deux solutions inconciliables et à cette situation inconcevable de deux époux à la

---

[1] Trib. Seine, 5 mars 1885, *Gaz. Trib.*, 3 avril 1885.

fois divorcés et séparés ([1]). La jurisprudence, avec beaucoup
de raison, admet la possibilité de prononcer à la fois le divorce
et la séparation de corps. Pourquoi le tribunal écarterait-il
une demande en séparation de corps qui est fondée? Il doit
statuer, puisqu'il est saisi, et il doit accueillir la demande si
elle est motivée. La séparation prononcée ne sera pas sans
résultat, elle fera encourir à l'époux qui la subit les déchéances des art. 299 et 380; d'autre part, la séparation peut
éventuellement produire tous ses effets dans l'hypothèse où
l'époux qui a obtenu le divorce n'aurait pas fait transcrire en
temps opportun le jugement rendu en sa faveur ([2]).

141. Le demandeur en divorce a succombé en première
instance; il interjette appel. L'intimé peut-il lui répondre par
une demande reconventionnelle en divorce? L'art. 248 al. 1
(rédaction nouvelle de la loi du 6 février 1893) répond : « *Les
» demandes reconventionnelles peuvent se produire en appel
» sans être considérées comme demandes nouvelles.* » Ce texte
ne fait qu'appliquer le droit commun consacré par l'art. 464
du code de procédure civile, qui défend de former en cause
d'appel une demande nouvelle, *à moins qu'elle ne soit la
défense à l'action principale.* Tel est précisément le cas du
défendeur qui, en appel, répond à la demande en divorce
dirigée contre lui par une autre demande en divorce dirigée
contre son adversaire, ajoutons : ou par une demande en
séparation de corps. L'époux qui, sur la demande en divorce
introduite contre lui par son conjoint, a formé en première
instance une demande reconventionnelle en séparation de
corps, peut, en appel, transformer cette demande reconventionnelle en demande en divorce; en effet, si le défendeur
n'avait, en première instance, formé aucune demande reconventionnelle, il aurait pu, pour la première fois en appel, solliciter le divorce; il est libre, en réalité, de renoncer en quelque sorte à la demande reconventionnelle en séparation de
corps, formée en première instance, pour se prévaloir uni-

([1]) Carpentier, *op. cit*, n. 2692 et s.
([2]) Bordeaux, 13 nov. 1893, S., 94. 2. 80. — Paris, 27 juin 1888, S., 91. 2. 62 ;
31 déc. 1887, S., 88. 2. 85. — Poitiers, 18 juin 1894, S., 94. 2. 235. — Cpr. *Contra*
Alger, 19 juin 1895, S., 96. 2. 35.

quement du droit que lui confère sans restriction l'art. 248
§ 4 (¹). Si la demande principale est une demande en séparation de corps, le défendeur, en vertu du même principe, peut,
en appel, y répondre par une demande reconventionnelle en
séparation de corps (²). Mais il ne pourrait pas riposter par
une demande reconventionnelle en divorce. Cette demande,
toute différente de l'action principale, constituerait une
demande nouvelle (³).

142. Le principe que les demandes reconventionnelles en
divorce peuvent se produire en appel sans être considérées
comme demandes nouvelles, s'applique même au divorce par
conversion. En d'autres termes, l'un des époux ayant succombé en première instance sur sa demande en conversion
et ayant interjeté appel de cette décision, l'autre époux peut
reconventionnellement demander, lui aussi, la conversion.
Quelle sera l'utilité de cette demande reconventionnelle, puisqu'elle ne pourra, comme la demande principale, aboutir qu'à
la transformation pure et simple du jugement de séparation
de corps en jugement de divorce? La cour prononcera peut-
être, sur la demande reconventionnelle, la conversion qu'elle
eût refusé de prononcer sur la demande principale, parce que
tous les torts étaient du côté de l'époux qui avait formé cette
demande (⁴).

D. *Huis clos.*

143. Le tribunal peut interdire la publicité des débats si
elle doit entraîner ou du scandale ou des inconvénients graves. « *Les tribunaux peuvent ordonner le huis clos* », dit l'art.
239 al. 4. D'après le code civil, dont le système avait été
accepté sur ce point par le législateur de 1884, le huis clos
était de droit, au moins au début de la procédure (anciens
art. 241 à 244). Sur ce point comme sur beaucoup d'autres,
le législateur de 1886 en revient au droit commun. Cpr. C.
pr., art. 87.

(¹) Amiens, 14 avril 1897, S., 98. 2. 65.
(²) Cass., 27 juill. 1897, S., 98. 1. 85. — Poitiers, 2 fév. 1891, S., 92. 2. 143, D.,
92. 2. 216.
(³) Pau, 24 janv. 1885, S., 86. 2. 210. — Lyon, 21 fév. 1893, *Rec. de Lyon*, 1893,
p. 215.
(⁴) Cpr. Montpellier, 4 déc. 1889, D., 91. 2. 53. — V. *infra*, n. 340.

E. *Interdiction de publier les débats par la voie de la presse.*

144. L'alinéa final du nouvel art. **239** consacre l'innovation introduite par l'art. **3** de la loi du **27** juillet **1884** en ce
qui concerne la publication des débats par la voie de la
presse : « *La reproduction des débats par la voie de la presse,*
» *dans les instances en divorce, est interdite, sous peine de*
» *l'amende de cent à deux mille francs, édictée par l'article*
» *39 de la loi du 30 juillet 1881* ». La curiosité publique et
les journaux judiciaires en souffriront peut-être ; mais les
familles, qui ont intérêt à ne pas étaler au grand jour le spectacle de leurs discordes intestines, et la moralité publique y
gagneront. Tel a été du moins l'espoir du législateur. D'ailleurs l'interdiction ne porte que sur la reproduction des
débats, et non par conséquent sur celle du jugement.

F. *Jugement, sursis.*

145. L'affaire est terminée quant aux plaideurs : ils ont
épuisé la série des incidents relatifs à la preuve, les plaidoiries sont faites, il ne reste plus que le jugement à rendre. Si
le tribunal estime qu'il n'y a pas lieu de faire droit à la
demande, rien ne l'autorise à suspendre sa décision ; il la
rendra sans autre délai que celui nécessaire pour délibérer.
Si, au contraire, la demande lui paraît justifiée, il n'est pas
obligé de prononcer le divorce immédiatement, du moins au
cas où la demande en divorce est fondée soit sur l'adultère,
soit sur des excès, sévices ou injures graves. La loi l'autorise
à surseoir pendant un certain temps qui ne peut excéder six
mois ([1]). Pourquoi donc? On espère que les époux mettront à
profit, pour se réconcilier, le délai fixé par le tribunal. C'est
bien peu probable ; mais, pour obtenir un résultat qu'elle
souhaite ardemment, la loi permet de tenter même l'impossible. A l'expiration du délai d'épreuve, si les époux ne se
sont pas réconciliés, le tribunal, sur la demande de l'un ou
de l'autre, est obligé de prononcer le divorce, sans pouvoir
ordonner un autre ajournement.

([1]) En matière de séparation de corps, le juge ne peut imposer de sursis. — V.
infra, n. 312.

146. C'est au moyen d'une véritable assignation que le même tribunal est à nouveau saisi par celui des deux époux qui veut obtenir un jugement, après l'expiration du délai fixé. L'assignation ne peut être lancée avant que le délai imparti ne soit écoulé ; mais pendant combien de temps après l'expiration de ce délai l'assignation est elle possible ? Il convient d'appliquer ici les règles relatives à la péremption d'instance ; l'assignation doit être envoyée dans les trois ans qui suivent l'expiration du délai d'épreuve déterminé par le tribunal (¹).

147. La faculté d'ajournement n'appartient qu'au juge de première instance.

La cour saisie de l'appel du jugement définitif, ne pourrait pas ordonner le sursis ; cette solution résulte très certainement des travaux préparatoires. Mais pourrait-on interjeter appel du jugement qui ordonne le sursis ? Il semblerait contradictoire de permettre à la juridiction du second degré de connaître de l'opportunité d'une mesure qu'elle ne saurait ordonner elle-même ; l'appel du jugement imposant un délai d'épreuve n'est donc pas recevable (²). S'il avait été prononcé par défaut, il serait, à n'en pas douter, susceptible d'opposition (³).

148. Tout cela résulte du nouvel art. 246 ainsi conçu :
« *Lorsque la demande en divorce a été formée pour toute* » *autre cause que celle qui est prévue par l'art. 232, le tri-* » *bunal, encore que cette demande soit bien établie, peut ne* » *pas prononcer immédiatement le divorce. — Dans ce cas,* » *il maintient ou prescrit l'habitation séparée et les mesures* » *provisoires pendant un délai qui ne peut excéder six mois.* » — *Après le délai fixé par le tribunal, si les époux ne sont pas* » *réconciliés, chacun d'eux peut faire citer l'autre à compa-* » *raître devant le tribunal dans le délai de la loi, pour enten-* » *dre prononcer le jugement de divorce.* »

(¹) Carpentier, *op. cit.*, n. 2601.

(²) Carpentier, *op. cit.*, n. 2604 ; Frémont, *Tr. prat. du divorce et de la sépara-tion de corps*, n. 598 ; Liège, 1ᵉʳ fév. 1855, *Pasicr.*, 55. 2. 598. — *Contra* Vraye et Gode, 2ᵉ édit., I, n. 302 ; Huc, *Comm. théor. et prat. du C. civ.*, II, n. 718 ; Coulon, IV, p. 382 ; Fuzier-Herman, *C. civ. ann.*, sur l'art. 259, appendice n. 7.

(³) Amiens, 30 nov. 1887, S., 88. 2. 87.

En comparant ce texte avec les anciens art. **259** et **260**, on voit : 1° que la faculté d'ajournement, qui n'était primitivement accordée au juge que dans les demandes en divorce pour cause d'excès, sévices ou injures graves, est étendue aux demandes en divorce pour cause d'adultère. Le seul cas excepté, sans doute parce qu'aucun espoir de réconciliation ne paraît possible, est donc celui où la demande en divorce est fondée sur une condamnation à une peine afflictive et infamante ; 2° que le délai de l'ajournement de la sentence, qui était autrefois d'un an invariablement, n'est plus que de six mois *au maximum,* ce qui implique la faculté pour le juge de rester au-dessous de cette limite ; 3° qu'à l'expiration du délai fixé, chacun des époux peut requérir la prononciation du divorce, tandis que, autrefois, le demandeur seul avait ce droit.

149. Aux termes du nouvel art. **249** : « *Le jugement ou* » *l'arrêt qui prononce le divorce n'est pas susceptible d'ac-* » *quiescement.* » Avant la loi du **18** avril **1886**, à laquelle nous devons le texte précité, la question était controversée. On dit, pour justifier la solution à laquelle le législateur s'est arrêté, que notre loi n'admet pas le divorce par consentement mutuel, et que ce principe serait violé si la partie perdante pouvait valablement rendre définitive par un acquiescement, c'est-à-dire par un acte émanant de sa libre volonté, la sentence judiciaire de divorce que la loi lui permet d'attaquer. À notre avis, c'est la solution contraire que le législateur aurait dû consacrer. Le défendeur peut acquiescer tacitement en négligeant d'interjeter appel ; pourquoi lui interdire d'acquiescer expressément ? Le principe que le divorce ne peut pas résulter de la volonté des parties est tout à fait hors de cause ; car, après l'acquiescement, le divorce n'en sera pas moins l'œuvre de la justice qui l'a prononcé. Le défendeur a tout simplement renoncé à l'exercice d'une voie de recours établie par la loi dans son intérêt et dont nul ne pouvait le forcer à se servir. Il s'est ainsi incliné respectueusement devant l'œuvre de la justice, plutôt qu'il ne l'a sanctionnée. La volonté n'est donc pour rien dans l'admission du divorce.

L'art. **249** ne distinguant pas, on doit en conclure qu'il proscrit non seulement l'acquiescement exprès, mais' aussi l'acquiescement tacite résultant de l'exécution du jugement ([1]).

150. Le désistement de l'appel interjeté, que l'on considère d'ordinaire comme un acquiescement à la décision des premiers juges ([2]), est-il possible en matière de divorce? Le désistement n'aurait la valeur d'un acquiescement que s'il intervenait après l'expiration des délais d'appel; c'est dans cette hypothèse seulement qu'il devrait, d'après certains auteurs être interdit ([3]); d'autres pensent que le désistement de l'appel, en matière de divorce, n'est jamais possible par application de l'art. 246, qui prohibe l'acquiescement ([4]); enfin il en est qui, d'accord avec la jurisprudence, admettent la possibilité du désistement de l'appel; la raison qu'ils invoquent ne manque pas de valeur; l'appelant aurait pu ne pas user de la voie de recours et laisser acquérir au jugement l'autorité de la chose irrévocablement jugée; pourquoi ne pourrait-il se désister d'un appel déjà formé et se replacer dans la même situation qu'il aurait eue s'il n'avait pas saisi la juridiction du second degré ([5])? Lorsqu'on admet la possibilité du désistement, il est sans difficulté que ce désistement doit être formel et ne saurait résulter de l'extraction du rôle. Bien que la question puisse soulever quelque doute, le désistement doit être constaté par l'arrêt, si la partie à laquelle il a été signifié le demande; il importe, en effet, d'établir d'une façon certaine devant l'officier de l'état-civil que le jugement prononçant le divorce a acquis force de chose irrévocablement jugée ([6]).

([1]) S'il en était autrement, l'efficacité de l'art. 249 serait illusoire et la prohibition qu'il contient serait facile à éluder; les travaux préparatoires sont d'ailleurs en ce sens. — La signification du jugement sans protestation ni réserve ne rend pas l'auteur de la signification irrecevable dans son appel. — Caen, 19 févr. 1889, S., 90. 2. 217. — Nancy, 24 avril 1896. — *Gaz. Trib.*, 2 oct. 1896. — Cpr. cependant Chambéry, 19 juil. 1887, S., 90. 2. 217.

([2]) Cass., 22 mars 1897, S., 97. 1. 309; 11 janv. 1894, S., 95. 1. 81.

([3]) Lacoste, note sous Cass., 10 janv. 1894, précité.

([4]) Curet, *Code du divorce*, n. 238 — Paris, 4 juin 1892, *Le Droit*, 4 août 1892; 18-27 nov. 1891, *Gaz. Trib.*, 14-15 déc. 1897.

([5]) Vraye et Gode, I, n. 350; Carpentier, *op. cit.*, n. 22-39; Coulon et Favre sur l'art. 249. — Rouen, 30 janv. 1897, S., 97. 2. 239; 5 janv. 1895, S , 97. 2. 207, D., 95. 2. 495. — *Contra* Paris, 30 nov. 1893, D., 94. 2. 98.

([6]) Paris, 2 avr. 1886, *Gaz. Trib.*, 3 avr. 1886; 9 juin 1885, *Gaz. Pal.*, 85. 2. 285.

Lorsque l'appelant laisse défaut, la cour de cassation admet, en règle générale, qu'il doit être débouté par un **arrêt de défaut**, les moyens d'appel ne pouvant être suppléés par le juge. Cette règle reçoit exception dans les matières qui touchent à l'ordre public ; la jurisprudence, considérant que l'ordre public s'oppose à l'acquiescement, en tire cette conséquence, qu'en matière de divorce, on doit examiner les conclusions du demandeur défaillant, lorsqu'il a interjeté appel d'une décision qui prononce le divorce ([1]).

151. Ce que l'art. 249 dit du jugement ou arrêt prononçant le divorce ne doit pas être étendu au jugement ou arrêt rejetant la demande en divorce. Ce jugement ou cet arrêt serait donc susceptible d'acquiescement, et, par voie de conséquence, l'époux demandeur qui aurait interjeté appel du jugement pourrait se désister de cet appel. Le législateur voit d'un œil favorable la renonciation à l'action en divorce ([2]).

152. L'art. 249 n'est pas applicable à la séparation de corps.

Cette solution, qui tendait à prévaloir avant la loi de 1886 ([3]), ne saurait plus soulever de doute sérieux, depuis que cette loi est venue modifier la procédure du divorce. L'art. 249 s'occupe uniquement des sentences qui prononcent le divorce ; d'autre part, ce texte ne figure pas dans la liste de ceux que l'art. 307 déclare communs à la matière du divorce et à celle de la séparation de corps ([4]).

§ IV. *Voies de recours contre les jugements ou arrêts en matière de divorce.*

153. Les voies de recours contre les jugements ou arrêts en matière de divorce sont au nombre de quatre : deux ordi-

---

([1]) Cass., 23 oct. 1889, S., 90. 1. 61, D., 90. 1. 397 et le rapport de M. le conseiller Féraud-Giraud. Il en serait autrement si le jugement frappé d'appel avait rejeté la demande en divorce, l'acquiescement en effet est alors possible. — V. *infra*, n. 151.

([2]) Cass., 29 janv. 1890, S., 93 1. 181 s. — Nancy, 17 janv. 1891, S., 91. 2. 112, D., 92. 2. 56.

([3]) Cass., 11 mai 1853, S., 53. 1. 574, D., 53. 1. 158. — Nancy, 22 juil. 1876, S., 78. 2. 103, D., 78. 2. 170.

([4]) Cass., 28 déc. 1891, S., 92. 1. 120. — Douai, 22 avr. 1891, S., 91. 2. 245. — V. *infra*, n. 306.

naires, l'opposition et l'appel; deux extraordinaires, le pourvoi en cassation et la requête civile.

A. *Opposition.*

154. On désigne sous le nom d'*opposition* une voie de recours spécialement ouverte par la loi contre les jugements *par défaut*, c'est-à-dire contre ceux qui ont été rendus sur les conclusions d'une seule des deux parties. Le code de procédure distingue deux sortes de jugement par défaut; le jugement par défaut *faute de comparaître* ou *contre partie*, lorsque le défendeur n'a pas constitué avoué dans les délais de l'ajournement, et le jugement par défaut *faute de conclure* ou *contre avoué*, lorsque l'avoué constitué par l'une ou l'autre des deux parties n'a pas déposé de conclusions au nom de son client. Les jugements *contradictoires* sont ceux qui sont rendus sur les conclusions des deux parties. Les jugements par défaut en matière de divorce sont soumis par la loi à des règles particulières : l'une est spéciale au jugement par défaut faute de comparaître, les autres sont communes aux deux sortes de défaut.

1° *Règle spéciale au jugement par défaut faute de comparaître.*

155. Aux termes de l'art. 247 al. 1 modifié par la loi du 10 avril 1886 : « *Lorsque l'assignation n'a pas été délivrée à* » *la partie défenderesse en personne et que cette partie fait* » *défaut* ([1]), *le tribunal peut, avant de prononcer le jugement* » *sur le fond, ordonner l'insertion dans les journaux d'un* » *avis destiné à faire connaître à cette partie la demande* » *dont elle a été l'objet* » ([2]).

Remarquez que le tribunal ne doit pas ordonner la publi-

([1]) Il est donc certain que cette première disposition de l'art. 247 est applicable aux seuls jugements par défaut faute de comparaître. — Trib. Seine, 28 mars 1889, *Le Droit*, 25 avril 1889. — La règle toutefois devrait être étendue à la procédure devant la cour d'appel, dans le cas où l'intéressé n'aurait pas constitué avoué.

([2]) C'est une faculté dont le tribunal est libre d'user ou de ne pas user. — Nancy, 21 mai 1887, *Le Droit*, 22-23 août 1887. — Le tribunal a d'ailleurs toute liberté pour la désignation des journaux, la détermination du nombre des insertions et du délai dans lequel il convient d'y procéder.

cation dans les journaux du texte de l'assignation : ce serait
peut-être contraire à la disposition qui interdit la publicité
des débats (art. 239 al. final), mais seulement l'insertion d'un
avis invitant le défendeur à se rendre au greffe pour y prendre connaissance d'une demande formée contre lui, sans
même qu'il soit nécessaire de spécifier qu'il s'agit d'une
demande en divorce. C'est précisément dans cette vue que
l'on a modifié la rédaction primitive portant que le tribunal
pouvait « ordonner toute publicité par la voie des journaux
qu'il désigne. »

2° Règles communes aux deux sortes de jugement par défaut (').

156. 1° La loi veut que le défendeur acquière une connaissance certaine du jugement rendu contre lui. Pour atteindre
ce but, le nouvel art. 247 al. 2 et 3 dispose : « *Le jugement*
» *ou l'arrêt qui prononce le divorce par défaut* (²) *est signi-*
» *fié par huissier commis* (³). — *Si cette signification n'a pas*
» *été faite à personne, le président ordonne sur une simple*
» *requête la publication du jugement par extrait dans les*
» *journaux qu'il désigne* » (⁴).

157. 2° D'après les règles du droit commun, l'opposition
est recevable pendant les huit jours qui suivent celui de la
signification à avoué, lorsque le défaut est *contre avoué*, et
jusqu'à l'exécution du jugement, au cas de défaut *contre
partie* (C. pr. art. 157 et 158). Ces règles sont profondément
modifiées en matière de divorce. Le nouvel art. 247 *in fine*
dispose : « *L'opposition est recevable dans le mois de la*
» *signification, si elle a été faite à personne, et dans le cas*
» *contraire, dans les huit mois qui suivent le dernier acte de*
» *publicité.* » Ce délai de huit mois n'a pas été fixé arbitrai-

---

(') On a soutenu que les règles suivantes n'étaient applicables qu'au défaut faute
de comparaître, comme celle de l'art. 247, § 1, Carpentier, *op. cit.*, n. 2910.

(²) Il est certain que les règles de l'art. 247, § 2 et s. ne sont pas applicables aux
jugement et arrêt qui repoussent la demande en divorce.

(³) Si la signification avait été faite à personne par un huissier non commis, elle
produirait cependant effet.

(⁴) La publicité est ici obligatoire, mais le tribunal conserve le libre choix des
journaux.

rement; c'est le plus long délai que le code de procédure accorde pour les ajournements (C. pr., art. 73) ([1]).

Le demandeur ne peut, pendant les délais d'opposition, faire transcrire le jugement. L'opposition faite après l'expiration des délais doit être rejetée par une fin de non-recevoir péremptoire qui peut être opposée en tout état de cause et que le juge pourrait suppléer même d'office ([2]).

On a fait observer que ce délai, qui se justifie tant bien que mal, lorsque, le domicile du défendeur étant inconnu, la signification a été adressée au procureur de la République, paraît démesurément long au cas où, le défendeur étant sur les lieux, la signification a été faite à son domicile, sans que l'huissier ait pu parler à sa personne. Le rapporteur de la loi a répondu qu'il se pouvait que la copie laissée à un concierge, à un domestique, fût détournée et ne parvînt pas au destinataire, et qu'on ne pouvait prendre trop de précautions pour éviter une surprise, que d'ailleurs le demandeur ne reste pas enchaîné par le délai de huit mois, attendu qu'il peut « poursuivre l'exécution du jugement obtenu par un commandement, par une saisie, par la liquidation de ses reprises, etc., et amener ainsi le défendeur à faire opposition. »

De pareils actes n'auraient pas pour résultat de rendre l'opposition irrecevable, mais ils pourraient, s'ils avaient été accomplis en présence du défendeur, être assimilés à la signification à personne, de façon à réduire à un mois, à partir de ces actes, le délai de l'opposition ([3]).

Les jugements par défaut faute de comparaître tombent-ils en péremption au bout de six mois, s'ils n'ont pas été exécutés? La solution négative paraîtrait préférable : du moment, en effet, où la loi a fixé un délai pour l'opposition, quelle que

---

([1]) Les délais impartis, pour courir utilement, supposent une signification régulière et valable; une signification nulle ne ferait pas courir lesdits délais. — Cass , 7 fév. 1893, S., 94. 1. 257, D., 94. 1. 227; la signification est nulle lorsqu'elle a été faite au parquet et qu'il était facile au demandeur de connaître le domicile du défendeur. — Cass., 7 fév. 1893, précité. — Trib. Seine, 1er fév. 1896, *Gaz. Trib.*, 6 mai 1896.

([2]) Douai, 8 mai 1893, S., 94. 2. 6.

([3]) Cass., 7 fév. 1893, précité et la note de M. Labbé.

soit la nature du défaut, la règle de l'art. 156 C. pr. civ. n'est plus applicable ([1]).

Les dispositions de l'art. 247 *in fine* doivent être étendues au défaut en cause d'appel.

158. D'après le code civil, maintenu sur ce point par la loi du 27 juillet 1884, la voie de l'opposition n'était admise en matière de divorce que contre les arrêts (art. 265), jamais contre les jugements (arg. art. 263). Cette singularité, que la loi nouvelle fait disparaître, recevait une explication historique. A l'époque de la confection du code civil, on était encore sous l'empire de l'ordonnance de 1667 qui n'admettait l'opposition qu'en cause d'appel.

B. *Appel.*

159. « *L'appel est recevable pour les jugements contradic-* » *toires dans les délais fixés par les articles 443 et suivants* » *du code de procédure civile. — S'il s'agit d'un jugement par* » *défaut, le délai ne commence à courir qu'à partir du jour* » *où l'opposition n'est plus recevable* » (nouvel art. 248 al. 1 et 2). C'est de tous points le droit commun ([2]).

Mais voici une dérogation : le délai de l'appel, et non pas seulement l'appel interjeté, est suspensif de l'exécution du jugement, au moins en ce qui concerne la transcription de ce jugement sur les registres de l'état civil (arg. du nouvel art. 252 al. 1). Autrement, il aurait pu arriver que le demandeur, qui a obtenu gain de cause en première instance, fît transcrire le jugement sur les registres de l'état civil et contractât un nouveau mariage, puis que, sur l'appel interjeté à la dernière heure par le défendeur, le jugement prononçant le divorce fût réformé, et alors on aurait eu le spectacle d'un même individu engagé dans les liens d'un double ma-

---

([1]) Carpentier, *op. cit.*, n. 2938. — V. cep. *contra* Trib. Seine, 1er fév. 1894, *Gaz. Trib.*, 9 fév. 1894.

([2]) Les demandes nouvelles sont interdites, mais non les moyens nouveaux. La femme ne peut, en formant appel du jugement définitif, demander un supplément de provision *ad litem* pour les frais de première instance; elle ne peut réclamer la provision *ad litem* que pour l'instance d'appel. Paris, 26 juill. 1886, *Gaz. Pal.*, 6 mars 1886. — Liège, 21 déc. 1888, *Gaz. Pal.*, 3 fév. 1889. — *Contra* Grenoble, 15 fév. 1885, *Gaz. Pal.*, 86. 1. 475.

riage, sans qu'il fût possible de le poursuivre comme bigame.

« *En cas d'appel, la cause s'instruit à l'audience ordinaire* » *et comme affaire urgente* » ([1]) (nouvel art. **248** al. **3**).

D'après le décret réglementaire du **30 mars 1808**, les instances en divorce paraissaient devoir être jugées sur l'appel en audience solennelle. Il fut modifié sur ce point par un décret du **30 avril 1885** qui décida que les causes de divorce seraient portées en appel à l'audience ordinaire. Le texte précité (art. **248** al. **3**) confirme cette disposition.

C. *Pourvoi en cassation.*

160. « *Le délai pour se pourvoir en cassation court du jour* » *de la signification à partie, pour les arrêts contradictoires;* » *et, pour les arrêts par défaut, du jour où l'opposition n'est* » *plus recevable. — Le pourvoi est suspensif en matière de* » *divorce et en matière de séparation de corps* » (nouvel art. **248** *in fine*, L. **6** février **1893**).

Le délai du pourvoi est de deux mois. C'est le droit commun et on doit l'appliquer par cela seul que la loi n'y déroge pas. Notre texte ne fait qu'une application de ce même droit commun, en tant qu'il détermine le point de départ du délai. Puisqu'on gardait le silence sur le premier point, on aurait aussi bien fait de le garder sur le second. L'article ajoute que le pourvoi est suspensif. Ici le législateur déroge au droit commun. Il le fallait bien. Autrement l'époux qui a obtenu l'arrêt prononçant le divorce aurait pu le faire transcrire immédiatement sur les registres de l'état civil, puis contracter un nouveau mariage, et ce mariage se serait trouvé nul si l'arrêt prononçant le divorce avait été cassé, car la cassation d'un arrêt entraîne l'annulation de tout ce qui a été fait en exécution de l'arrêt cassé ([2]).

161. Du principe que le pourvoi est suspensif, la cour de cassation a tiré cette conséquence que la transcription qui

---

[1]. Ces expressions ne doivent pas être prises dans le sens d' « affaires sommaires » ; à la vérité, l'épithète *urgente* n'a aucune portée pratique.

[2] Cass., 20 juin 1887, S., 87. 1. 403; 30 août 1882, S., 84. 1. 220, D., 88. 1. 298.

aurait été effectuée avant que le pourvoi eût été vidé serait nulle et de nul effet. *Adde* arg. art. 252 al. 1 ([1]).

Bien entendu, le pourvoi n'est suspensif qu'autant qu'il a été formé dans le délai légal ([2]).

162. La règle que le pourvoi est suspensif étant formulée par notre texte en termes généraux, il faut l'appliquer à tous les arrêts qui peuvent être frappés d'un pourvoi au cours d'une procédure de divorce et notamment à l'arrêt interlocutoire ordonnant une enquête. Les motifs qui ont guidé le législateur existent d'ailleurs ici ([3]).

Mais la règle ne s'appliquerait pas aux décisions qui, n'ayant qu'un caractère conservatoire et ne devant produire effet que pendant la durée de l'instance, sont sans influence sur la solution définitive ([4]).

163. Un arrêt de la cour de Besançon ([5]) décide que l'effet suspensif du pourvoi s'applique non seulement à l'exécution de la disposition principale de l'arrêt, celle qui prononce le divorce, mais aussi à l'exécution des mesures qu'il ordonne pour régler la situation nouvelle que le divorce va faire aux parties, telles que la liquidation des reprises de la femme, et la garde des enfants. En ce qui concerne la liquidation des reprises de la femme, la décision nous paraît bien rendue. Cette mesure a un caractère définitif, et son exécution est nécessairement liée à celle de la décision principale. Mais, en faisant l'application du même principe à la décision relative à la garde des enfants, la cour nous paraît avoir oublié que les décisions de ce genre ont un caractère essentiellement provisoire et que, par conséquent, leur exécution

---

([1]) Cass., 5 août 1896, S., 97. 1. 129, D., 97. 1. 402. Il n'y a pas à se préoccuper de la bonne foi de l'épouse qui a fait opérer la transcription. — Aix, 23 janv. 1895, S., 95. 2. 217.

([2]) Douai, 18 juill. et 9 août 1892, S., 93. 2. 41.

([3]) Cass., 23 nov. 1891, S., 92. 1. 18, D., 92. 1. 291. — Douai, 17 juin 1891, S., 93. 2. 14. — *Contra* Paris, 7 fév. 1889, S., 90. 2. 63, D., 90. 2. 313. — L'arrêt de cassation précité semble devoir mettre fin à la controverse très vive qui s'était élevée sur ce point.

([4]) Rennes, 30 juill. 1895, D., 97. 2. 145, D., 97. 2. 164. — Il s'agissait, dans l'espèce, d'un arrêt accordant à la femme une pension alimentaire pendant le cours de l'instance.

([5]) Besançon, 1er juin 1885, S., 86. 2. 131, D., 86. 2. 64.

est indépendante de l'exécution de la disposition principale, celle qui prononce le divorce : elle ne doit donc pas être suspendue par le pourvoi en cassation.

164. Le délai accordé par la loi pour se pourvoir en cassation a-t-il, comme le pourvoi lui-même, un effet suspensif? Il faut répondre affirmativement en ce qui concerne l'arrêt prononçant le divorce. Le premier acte d'exécution de cet arrêt est la transcription sur les registres de l'état civil, nécessaire pour rendre le divorce irrévocable: or cette transcription ne peut être requise qu'à dater du jour où la décision prononçant le divorce est *devenue définitive* (art. 252 al. 1), par conséquent à dater de l'expiration du délai accordé pour le pourvoi en cassation, car jusque-là tout peut être remis en question par l'exercice de cette voie de recours. — Mais il doit en être autrement en ce qui concerne les arrêts avant dire droit rendus au cours de l'instance ([1]). L'art. 248 n'attache l'effet suspensif qu'au pourvoi; sa disposition, qui déroge au droit commun et comporte par suite l'interprétation restrictive, ne doit pas être étendue au délai du pourvoi.

D. *Requête civile.*

165. Une disposition du projet de loi présenté par le gouvernement portait : « Le jugement ou l'arrêt ne peut être attaqué par la voie de la requête civile ». La commission a cru devoir supprimer cet alinéa. Il en résulte que les décisions judiciaires en matière de divorce peuvent être attaquées par la voie de la requête civile, conformément aux règles du droit commun. Nous le regrettons; car il pourra arriver ainsi qu'un divorce, qui paraissait être devenu irrévocable par la transcription, soit déclaré non avenu à la suite d'une requête civile sur laquelle le jugement prononçant le divorce aura été rétracté, ce qui sera particulièrement grave au cas où l'un des époux aurait contracté un nouveau mariage. Il est impossible ici d'obliger le demandeur à attendre, pour faire opérer la transcription prescrite par l'art. 251, l'expiration du délai

---

([1]) Cass., 25 juill. 1893, S., 94. 1. 89, D., 96. 1. 515. — Coulon, *op. cit.*, III, p. 382. — *Contra* Garsonnet, V, p. 663, § 1136.

accordé pour intenter la requête civile, car ce délai n'a pas
un point de départ fixe : au cas de dol, par exemple, il court
du jour où le dol a été découvert.

§ V. *Exécution du jugement qui prononce le divorce.*

166. L'exécution du jugement qui prononce le divorce doit
être précédée de mesures de publicité, que le nouvel art. 250
organise dans les termes suivants : « *Extrait du jugement*
» *ou de l'arrêt qui prononce le divorce est inséré aux tableaux*
» *exposés tant dans l'auditoire des tribunaux civils et de*
» *commerce que dans les chambres des avoués et des notaires.*
» — *Pareil extrait est inséré dans l'un des journaux qui se*
» *publient dans le lieu où siège le tribunal, ou, s'il n'y en a*
» *pas, dans l'un de ceux publiés dans le département* » (¹).

En brisant le mariage, le divorce brise le régime matrimonial adopté par les époux. Les tiers qui entreront désormais
en relations d'affaires avec eux, sont intéressés à connaître
ce changement, et c'est précisément pour les en informer
que la loi prescrit les mesures de publicité dont nous venons
de parler. Elles deviennent inutiles, si les époux négligent
de faire transcrire, dans le délai légal, le jugement prononçant le divorce, car alors le divorce est non avenu. Aussi
eût-il été préférable peut-être de n'ordonner la publicité
qu'après la transcription. La pensée du législateur semble
bien être qu'elle doit avoir lieu auparavant. Il a d'ailleurs
omis d'assurer l'observation de cette formalité par une sanction (²).

(¹) L'art. 250 (civ.) a été inspiré par les dispositions de l'art. 872 (Pr. civ.); aussi
convient-il d'emprunter, au besoin, à ce dernier texte quelques-unes de ses prescriptions, celles qui, notamment, concernent les mentions mêmes de l'extrait, la
désignation des tribunaux. — A défaut de tribunal de commerce, il n'y a pas lieu
d'opérer la publicité à la maison commune; la transcription y supplée.

(²) Les tiers de bonne foi ne pourraient se plaindre de la négligence des époux
au point de vue de la publicité; car il est toujours possible aux tiers de se rensei-
gner, grâce à la transcription du jugement sur les registres de l'état civil. — L'officier de l'état civil n'aurait pas qualité non plus pour refuser la transcription tant
que la publicité prescrite par l'art. 250 n'aurait pas eu lieu. — On a proposé d'accorder aux tiers lésés la faculté de réclamer des dommages-intérêts aux avoués
négligents, chargés d'assurer la publicité, par analogie de l'art. 1397 (civ.); cette

L'art. 66 C. co., qui sur plusieurs points fait double emploi avec celui-ci, exige en outre, au cas d'époux dont l'un est commerçant, que le jugement ou l'arrêt de divorce soit lu en audience publique.

167. Aux termes de l'art. 251 : « *Le dispositif du juge-* » *ment ou de l'arrêt est transcrit sur les registres de l'état* » *civil du lieu où le mariage a été célébré* (¹). — *Mention est* » *faite de ce jugement ou arrêt en marge de l'acte de ma-* » *riage, conformément à l'art. 49 du Code civil. Si le mariage* » *a été célébré à l'étranger, la transcription est faite sur les* » *registres de l'état civil du lieu où les époux avaient leur* » *dernier domicile, et mention est faite en marge de l'acte de* » *mariage s'il a été transcrit en France.* »

L'art. 252 ajoute : « *La transcription est faite à la dili-* » *gence de la partie qui a obtenu le divorce ; à cet effet la dé-* » *cision entière est signifiée* (²), *dans un délai de deux mois, à* » *partir du jour où elle est définitive, à l'officier de l'état* » *civil compétent, pour être transcrite sur les registres. A* » *cette signification doivent être joints les certificats énoncés* » *en l'art. 548 du Code de procédure civile, et, en outre, s'il* » *y a eu arrêt, un certificat de non pourvoi* (³). — *Cette trans-* » *cription est faite par les soins de l'officier de l'état civil, le* » *cinquième jour de la réquisition, non compris les jours fé-* » *riés, sous les peines édictées par l'art. 50 du Code civil* (⁴).

---

solution pourrait être accueillie, si les circonstances de fait étaient très favorables aux tiers.

(¹) Avant la loi de 1886, le divorce était prononcé par l'officier de l'état civil du domicile du mari; aujourd'hui la transcription s'opère sur les registres de l'état civil du lieu où le mariage a été célébré, ce qui écarte toutes difficultés pour l'hypothèse où le domicile était inconnu ou avait été modifié.

(²) C'est la décision tout entière qui doit être notifiée et non pas seulement le dispositif.

(³) On devrait établir également par un certificat émané du greffier de la cour de cassation qu'il y a eu désistement du pourvoi ou qu'un arrêt de rejet a été rendu; on pourrait encore dans ce dernier cas produire une expédition de l'arrêt. S'il y avait eu déchéance du pourvoi par suite du défaut de signification de l'arrêt d'ad-mission, le mieux serait, pour l'autre époux, de demander à la chambre civile un arrêt constatant la déchéance encourue.

(⁴) En principe, les frais de la transcription incombent à l'époux qui a succombé dans l'action en divorce; il en est toutefois autrement lorsque la transcription est tardive et que le retard est dû à une faute de l'autre époux, de l'officier ministé-

» — *A défaut par la partie qui a obtenu le divorce, de faire*
» *la signification dans le premier mois, l'autre partie a le*
» *droit, concurremment avec elle, de faire cette signification*
» *dans le mois suivant. — A défaut par les parties d'avoir*
» *requis la transcription dans le délai de deux mois, le di-*
» *vorce est considéré comme nul et non avenu.* »

168. Ces textes, œuvre du législateur de 1886, réalisent
une double innovation.

169. La première tient à la forme. D'après le code civil et
la loi du 27 juillet 1884, le divorce était prononcé par l'officier de l'état civil, en exécution de la décision judiciaire qui
l'autorisait. Aujourd'hui, c'est la justice qui prononce le divorce, et sa décision est transcrite sur les registres de l'état
civil et mentionnée en marge de l'acte de mariage. Nous
disons que cette innovation tient à la forme plutôt qu'au fond.
Et en effet, dans l'un comme dans l'autre système, le divorce
est en réalité l'œuvre du juge, mais cette œuvre a besoin
d'être complétée par celle de l'officier de l'état civil. Qu'importe que le rôle de celui-ci consiste, comme sous le code
civil et la loi de 1884, à prononcer le divorce, ou bien, comme
aujourd'hui, à enregistrer purement et simplement la décision du juge, du moment que, dans l'un et l'autre cas, il joue
un rôle purement passif, obligé qu'il est de déférer à la réquisition qui lui est adressée soit pour la prononciation du
divorce, soit pour la transcription et la mention ?

Maintenant, les avis sont extrêmement partagés sur le mérite de l'innovation dont nous venons de parler. Le rapporteur de la loi au sénat, M. Labiche, n'en était pas partisan. Il
vantait le système du code civil, qui est conforme à cette
règle de droit et de raison : *Nil tam naturale est quam eodem
genere quidque dissolvere quo colligatum est.* C'est l'officier
de l'état civil qui noue le lien du mariage, c'est lui qui doit
le dénouer. — Il a été répondu au rapporteur que l'intervention de l'officier de l'état civil dans la prononciation du
divorce se justifie parfaitement dans une législation qui,

riel ayant reçu mandat exprès de requérir la transcription ou de l'officier public
chargé de l'opérer. — Trib. Seine, 28 juin 1888, *La Loi*, 2 et 3 nov. 1888 ; 8 mars
1887, S., 88. 2. 197.

comme celle du code civil, admet le divorce par consentement mutuel : il est naturel en effet que le consentement
donné par les parties pour dissoudre le mariage soit exprimé
dans la même forme que celui destiné à créer le lien du mariage ; et comme il convient que la forme du divorce soit
toujours la même, le législateur du code civil avait été conduit à généraliser ce mode de procéder. Mais ce système ne
s'impose nullement dans une législation qui proscrit le
divorce par consentement mutuel, d'autant plus qu'il semble
porter atteinte à la dignité de la justice, dont le rôle, pré-
pondérant dans la réalité, ne doit pas être effacé en apparence. La justice ne prononce-t-elle pas les nullités de mariage? Alors pourquoi ne prononcerait-elle pas aussi les divorces? D'ailleurs, le système du code civil, accepté par la loi
de 1884, donnait lieu dans la pratique à des difficultés graves,
les officiers de l'état civil n'osant pas prendre sur eux de
résoudre certaines questions de domicile, de résidence, de
compte de mobilier..... pour lesquelles ils se croyaient obligés d'en référer au parquet. Enfin il paraît que la prononciation du divorce par l'officier de l'état civil était souvent l'occasion de scènes burlesques ou scandaleuses.

170. La seconde innovation est beaucoup plus grave,
parce qu'elle touche au fond du droit. Sous le code civil et
sous la loi du 27 juillet 1884, l'époux qui avait obtenu la
décision judiciaire autorisant le divorce pouvait rendre cette
décision inefficace en négligeant de faire prononcer le divorce
dans le délai légal, et forcer ainsi son conjoint au rétablissement de la vie commune. Aujourd'hui, chaque époux peut,
le jugement ou arrêt de divorce une fois prononcé, le rendre
efficace en requérant dans le délai légal la transcription ;
l'époux contre lequel le divorce a été prononcé ne peut donc
plus, par le fait de son conjoint, se voir imposer le rétablissement de la vie commune. Et toutefois, pendant le premier
mois, l'époux qui a obtenu le divorce peut seul requérir la
transcription.

Cette innovation n'a pas passé sans difficulté. Elle a été
vivement combattue par M. Paris, qui, d'abord, a opposé une
fin de non-recevoir résultant de ce que la loi nouvelle était

seulement une loi de procédure et ne devait pas par suite
résoudre une question de fond. Puis l'honorable sénateur a
fait remarquer que, même à l'époque où les plus grandes
facilités étaient accordées pour le divorce, l'époux qui l'avait
obtenu pouvait seul s'en prévaloir; que d'ailleurs le législateur doit favoriser toute combinaison tendant à rendre le
divorce plus rare; or il se peut que l'époux qui a obtenu le
divorce, satisfait de sa victoire, ou voulant déférer aux solli-
citations de sa famille, consente à ne pas user de son triomphe
et à faire grâce à son conjoint. Pourquoi permettre à celui-ci
de paralyser ce bon vouloir en rendant par son fait le divorce
irrévocable?

Il a été répondu que la disposition nouvelle n'était que la
conséquence de ce principe qu'un jugement appartient à toutes les parties en cause; chacune d'elles peut donc s'en prévaloir. Ce principe a toujours été appliqué en matière de
séparation de corps; l'époux qui a obtenu la séparation ne
peut pas imposer à l'autre le rétablissement de la vie commune. Pourquoi en serait-il autrement en matière de divorce?
Que l'époux demandeur puisse se rétracter tant que le jugement définitif de divorce n'a pas encore été prononcé, soit.
Mais doit-il avoir encore ce droit, quand il a infligé à son
conjoint l'humiliation suprême d'une défaite irrévocable?
S'il est allé jusqu'au bout, n'est-il pas juste qu'il en subisse
les conséquences et que son conjoint puisse venir lui dire :
« Votre pardon, je n'en veux pas, il arrive trop tard ». —
Désormais le consentement mutuel des époux sera donc
nécessaire, pour que le jugement de divorce demeure inefficace : il faudra qu'ils laissent l'un et l'autre passer le délai
légal sans requérir la transcription.

171. Le mandat *ad litem* donné à un avoué pour suivre
une instance en divorce ne comprend pas le pouvoir de faire
transcrire le jugement de divorce. La transcription serait
nulle, si elle avait été effectuée sur la réquisition de l'avoué
de l'une des parties, agissant sans mandat spécial, et par
suite le divorce serait non avenu, si le délai de la réquisition
de transcription était expiré (art. 252 al. 4). Autrement un
avoué pourrait, en transcrivant contre le gré de son client,

mettre les parties dans l'impossibilité de rendre le divorce non avenu conformément à l'art. **252** *in fine* (¹). D'ailleurs le mandat donné pour faire opérer la transcription peut être simplement verbal (²).

172. Concentrons maintenant notre attention sur l'époque à laquelle la transcription doit être effectuée par l'officier de l'état civil et sur la déchéance résultant du défaut de transcription.

Sur le premier point, la loi dit que l'officier de l'état civil doit effectuer la transcription le cinquième jour de la réquisition, non compris les jours fériés. On ne compte pas non plus le jour de la signification, d'après la règle *Dies a quo non computatur in termino*. Ainsi, la réquisition de transcription ayant été signifiée à l'officier de l'état civil un mardi, la transcription devra être effectuée le lundi suivant, ni plus tôt, ni plus tard. Comme on le verra bientôt, c'est la transcription qui marque le moment de la dissolution du mariage, et la loi n'a pas voulu que l'officier de l'état civil pût arbitrairement avancer ou retarder ce moment en transcrivant au commencement ou à la fin du délai.

173. En ce qui concerne la déchéance résultant du défaut de transcription, nous remettons d'abord le texte sous les yeux du lecteur : « A défaut par les parties d'avoir requis la » transcription dans le délai de deux mois, le divorce est » considéré comme nul et non avenu. »

Le délai de deux mois court *à compter du jour où la décision prononçant le divorce est devenue définitive* (art. 252 al. 1).

Lorsqu'il s'agit d'un jugement, le délai de deux mois court après l'expiration du délai d'appel, si le jugement est contradictoire, après l'expiration successive des délais d'opposition et d'appel, si le jugement est par défaut; lorsqu'il s'agit d'un

(¹) Nancy, 14 janv. 1888, S., 88. 2. 53.
(²) Cass., 15 mai 1895, S., 96. 1. 17, D., 95. 1. 281 ; aucun doute ne peut exister lorsque la signification a été faite par huissier à la requête de l'un des époux; en pareil cas, l'huissier ne se présente pas comme mandataire de la partie; c'est celle dernière qui requiert elle-même la transcription en divorce, ainsi que le porte le libellé de l'exploit. — Douai, 9 août 1892, S., 93. 2. 41, D , 94. 2. 81.

arrêt, le délai de deux mois court après l'expiration du délai
de cassation, si l'arrêt est contradictoire, après l'expiration
des délais d'opposition et de cassation, si l'arrêt est par
défaut; enfin, lorsqu'un pourvoi a été formé, le délai de deux
mois court soit à partir de l'arrêt de rejet (¹) ou du désistement, soit à partir du jour où le demandeur a encouru la
forclusion faute d'avoir signifié l'arrêt d'admission (L. 2 juin
1862), soit à compter du jour où l'arrêt de la cour de renvoi
est devenu définitif, s'il y a eu cassation d'un premier
arrêt (²).

174. Faute d'avoir requis la transcription dans le délai de
deux mois, les époux sont déchus du bénéfice du jugement
ou arrêt de divorce.

Cette déchéance était nécessaire. On ne pouvait pas autoriser les époux divorcés à rester indéfiniment dans la situation de deux personnes mariées avec faculté de répudiation
réciproque et arbitraire. Notre disposition fournit en outre aux
époux entre lesquels le divorce a été prononcé un moyen de
revenir en arrière. Par un accord tacite, ils peuvent rendre
le divorce non avenu.

175. Il est intéressant de rechercher sur quels motifs repose
la déchéance édictée par l'art. 252 : ce motif, en effet, permet
de dire si et dans quelles conditions il est possible de relever
les époux de la déchéance qu'ils ont encourue. On a soutenu
que la déchéance de l'art. 252 reposait sur une présomption
de renonciation au divorce obtenu : les époux qui laissent
passer le délai de deux mois sans requérir la transcription,
seraient d'accord pour ne pas se prévaloir du divorce obtenu;
il y aurait de leur part comme un oubli volontaire des griefs
antérieurs, un pardon des injures passées ; l'expiration du
délai de deux mois sans transcription ferait présumer la réconciliation des époux. Dès lors, ces derniers pourraient être
relevés de la déchéance encourue non seulement lorsque le

(¹) Cass., 5 août 1896, S., 97. 1. 129, D., 97. 1. 402. — Aix, 23 janv. 1895, S.,
95. 2. 217, D., sous Cass., précité. — Riom, 7 août 1889, sous Cass., 5 août 1890,
D., 91. 1. 277.

(²) V. *infra*, n. 175, *in fine*, note, dans une espèce toute particulière, quel est
le point de départ du délai. — Cass., 5 août 1896, précité.

défaut de transcription est dû à un cas de force majeure, mais encore toutes les fois qu'il leur serait possible de démontrer en fait l'inexactitude de la présomption de réconciliation ; lorsque l'on ne peut reprocher aux époux aucune négligence, lorsque leur intention de rendre le jugement définitif est évidente, les tribunaux seraient autorisés à les relever de la déchéance encourue (¹).

Dans cette opinion, on peut, sans grand inconvénient, refuser aux époux qui ont perdu le bénéfice du jugement de divorce le droit de renouveler leur action ; de deux choses l'une, en effet, ou bien la présomption qui motive la déchéance est vérifiée et alors l'action nouvelle devrait être écartée par la fin de non-recevoir tirée de la réconciliation des époux, ou bien cette présomption est démentie par les faits et alors les époux peuvent se faire relever de la déchéance encourue, sans avoir besoin de renouveler leur action. Ce résultat, avantageux au point de vue pratique, a dû, sans doute, exercer une influence sur les tribunaux et conduire la jurisprudence à ne pas se montrer trop rigoureuse sur les conditions requises pour écarter la déchéance de l'art. 252.

Cependant, malgré les inconvénients pratiques qu'elle peut offrir, il est une autre opinion qui semble préférable. La déchéance de l'art. 252 repose avant tout sur un intérêt supérieur d'ordre public ; elle a pour but de prévenir toute incertitude sur l'état civil des époux et d'enlever à ces derniers la faculté de prolonger ou de faire cesser, à leur gré, la vie commune, en retardant ou en activant la transcription du divorce. Il n'y aurait donc pas à se préoccuper de l'intention des époux, ni à rechercher s'ils ont été ou non négligents ; de même que l'expiration du délai d'appel ou du pourvoi en cassation ou encore du délai de l'art. 357 (civ.) en matière d'adoption, entraîne une déchéance fatale, sans qu'on ait à se demander si les parties ont pu ou non profiter du temps fixé par la loi, de même la déchéance de l'art. 252

(¹) Paris, 30 mai 1888, S., 88. 2. 197, D., 90. 2. 17. — Alger, 29 mars 1893, *La Loi*, 1ᵉʳ déc. 1893. — Trib. Seine, 7 mai 1889, *La Loi*, 26 mai 1889 ; 28 juin 1888, *La Loi*, 2-3 nov. 1888 ; 16 juill. 1892, *Gaz. Trib.*, 20 août 1892. — Trib. Langres, 2 avril 1890, *La Loi*, 27 avril 1890.

est nécessairement encourue, lorsque le délai de deux mois s'est écoulé sans que la transcription ait été requise ([1]). Seul, un véritable cas de force majeure permettrait en matière de divorce, comme en matière d'appel ou de cassation, de relever les parties des conséquences de leur négligence ([2]); l'erreur ou la négligence, soit des époux eux-mêmes, soit de leur mandataire, ne suffirait pas pour empêcher la déchéance de produire ses effets ([3]). Comment reconnaître l'existence d'un véritable cas de force majeure? C'est là, évidemment, une question de fait, que le juge appréciera souverainement, suivant les circonstances de la cause ([4]).

176. Les époux qui ont encouru la déchéance pourront-ils renouveler leur action en la fondant sur les mêmes motifs? Si l'expiration du délai sans transcription ne pouvait être considérée, en fait, comme équivalente à une réconciliation entre les époux, on devrait permettre à ces derniers de reprendre l'instance; pourquoi leur imposer la vie commune, alors qu'ils ont des raisons sérieuses (le jugement prononçant le divorce l'a prouvé) de rompre le lien conjugal et alors qu'ils n'ont pas l'intention d'oublier les griefs passés? Sans doute, on les expose ainsi à de nouveaux frais; mais on pourrait les considérer comme la sanction de leur négligence,

[1] Tissier, Notes sous Cass., 5 août 1896, S., 97. 1. 129 et sous Paris, 24 déc. 1895, S., 96. 2. 257.

[2] Par exception, en effet, en cas de force majeure, les parties peuvent être relevées de la déchéance des délais d'appel ou de cassation. — Cass., 3 juil. 1880, S., 82. 1. 288; 7 mars 1849, S., 49. 1, 343, D., 49. 1. 123.

[3] Caen, 29 juin 1896, S., 97. 2. 80, D., 97. 2. 326.

[4] Il est assez difficile de voir, comme l'a fait la cour de Paris (arrêt précité du 30 mai 1883), un cas de force majeure dans cette circonstance que pendant toute la durée du délai utile pour opérer la transcription, la grosse du jugement aurait été retenue par une tierce personne, laquelle aurait refusé de s'en dessaisir. — La cour de cassation, par un arrêt du 5 août 1896 (S., 97.1.192, D., 97. 1. 402), a statué dans une espèce curieuse où il s'agissait bien plutôt de fixer le point de départ du délai de deux mois, que de relever les époux de la déchéance encourue; la transcription avait été opérée indûment, malgré un pourvoi en cassation, sur la foi d'un certificat erroné de non pourvoi; cette transcription, bien que nulle, faisait obstacle à toute transcription nouvelle, d'après la cour de cassation, tant qu'elle n'avait pas été annulée par jugement rendu conformément aux art. 49 et 101 (civ.); dès lors, le délai de deux mois pour opérer une transcription valable ne devait commencer à courir qu'à partir du jugement définitif prononçant la nullité de la première transcription.

du moment où le législateur ne veut pas faire produire au jugement de divorce ses effets, sans qu'ils se révèlent par la transcription sur les registres de l'état civil. Toutefois, c'est la solution contraire, si fâcheuse qu'elle soit au point de vue pratique, qui doit prévaloir ; les époux déchus du bénéfice du jugement ne peuvent renouveler l'action ; l'ancien art. 266 le décidait en termes formels et la règle demeure la même bien qu'elle n'ait pas été reproduite par le législateur de 1886 (¹). Par analogie des dispositions contenues autrefois dans cet art. 266, si une cause nouvelle de divorce se produisait après l'expiration du délai de deux mois, les époux, en l'invoquant, pourraient faire valoir les causes anciennes, antérieures au jugement dont ils ont perdu le bénéfice (²).

177. La déchéance est attachée par la loi au défaut de réquisition de la transcription dans les deux mois. Voyez le texte. Il suffit donc que la transcription ait été requise dans le délai, pour que la déchéance ne soit pas encourue. Et il importerait peu que l'officier de l'état civil eût laissé passer le cinquième jour à dater de la réquisition sans opérer la transcription. La négligence de l'officier de l'état civil ou sa résistance injuste ne peut pas être la source d'une déchéance pour les époux ; elle ferait seulement encourir à cet officier la responsabilité pénale édictée par notre texte, celle de l'art. 50. C'est la seule sanction établie par la loi, et l'interprète ne peut pas en ajouter d'autre (³). Sans préjudice, bien entendu, des dommages et intérêts auxquels pourra être condamné l'officier de l'état civil négligent, par application de l'art. 1382.

178. Il reste à savoir comment devra être réparée la négligence de l'officier de l'état civil qui, régulièrement requis, aurait laissé passer le cinquième jour à dater de la réquisition sans effectuer la transcription. Il nous paraît que la transcription ne pourrait désormais être effectuée qu'en vertu d'un

(¹) Paris, 1er juil. 1886, *Le Droit*, 8 juil. 1886.

(²) Cass., 18 mars 1887, *La Loi*, 30 mars 1887. — *Contra* Carpentier, *op. cit.*, n. 3256.

(³) Angers, 23 juin 1893, S., 93. 2. 164, D., 94. 2. 76. — Riom, 7 août 1889, sous Cass., 5 août 1890, D., 91. 1. 277. — V. aussi les notes de M. Tissier, sous Cass., 15 mai 1895, précité et de M. Valabrègue sous Aix, 23 janv. 1895, S., 95. 2. 217.

jugement. C'est ce qui résulte, par argument d'analogie, de l'avis du conseil d'Etat du 12 brumaire de l'an XI (¹).

179. Pour éviter la déchéance de l'art. 252, il suffit d'une réquisition dans le délai de deux mois; les irrégularités commises dans cette réquisition n'auraient pour résultat ni d'entraîner la nullité de la transcription qui aurait été opérée, ni de rendre applicable la déchéance de l'art. 252, si, à raison de l'irrégularité même de la réquisition, l'officier de l'état civil s'était refusé à opérer la transcription; la loi, en effet, n'édicte aucune sanction contre une réquisition irrégulière et il est de règle que les nullités ne se suppléent pas (²). Pour le même motif, le défaut de mention du jugement en marge de l'acte de mariage ne saurait entraîner la nullité de la transcription, ni, par suite, la déchéance de l'art. 252 (³).

180. Dans le cas où l'officier de l'état civil aurait opéré la transcription sans réquisition ou malgré une réquisition tardive, il est évident que la transcription ne produirait aucun effet; l'un ou l'autre des époux, leurs héritiers et même les tiers, dans la mesure où ils auraient un intérêt né et actuel, pourraient faire déclarer que cette transcription est inopérante; les époux et leurs héritiers auraient même le droit de provoquer la radiation de l'acte sur le registre de l'état civil.

A proprement parler, il n'y a pas d'autre action dirigée contre l'existence ou la validité du divorce que celle dont il vient d'être question; on ne saurait, en effet, lorsque la décision est passée en force de chose jugée, demander la nullité du

(¹) Angers, 23 juin 1893, précité. — Amiens, 29 avril 1890, S., 92. 1. 153, D., 92. 2. 214. — Trib. Nantes, 8 déc. 1894, *Gaz. Pal.*, 95. 1. 340.

(²) Tissier, Notes sous Cass., 15 mai 1895, S., 96.1.17 et Rapport de M. le conseiller Denis. — On en peut logiquement déduire que la réquisition faite à un officier de l'état civil, même incompétent, suffit pour écarter la déchéance de l'art. 252. — Trib. Seine, 7 mai 1888, D., 90. 2. 17; 8 mars 1887, S., 88. 2. 197, D., 90. 2. 17.

(³) On peut se demander si, en pareil cas, l'amende de 50 francs serait applicable à l'officier de l'état civil négligent; la solution affirmative paraît préférable; l'art. 50 (civ.) contient une disposition applicable à l'art. 49, texte général, qui vise aussi bien la mention de l'art. 251 que toutes autres mentions à faire en marge des actes de l'état civil; en ce séns, Vraye et Gode, I, p. 413; Coulon, IV, p. 464. — *Contra* Carpentier, n. 3258. — L'officier de l'état civil pourrait, en outre, être déclaré responsable envers les tiers si sa négligence leur avait causé préjudice.

divorce, sous prétexte d'irrégularités commises dans la procédure suivie devant les diverses juridictions (¹).

181. Au lendemain de la loi, s'est élevée une question qu'il était facile de prévoir. La loi nouvelle devait-elle s'appliquer aux divorces qui, au moment de sa promulgation, se trouvaient autorisés par une décision judiciaire passée en force de chose jugée, mais n'avaient point encore été prononcés par l'officier de l'état civil ? En d'autres termes, supposons qu'une décision judiciaire irrévocable, autorisant le divorce, ait été rendue sous l'empire de la loi du 27 juillet 1884 ; au moment de la promulgation de la loi du 18 avril 1886, l'époux qui avait obtenu ce jugement ne l'avait point encore exécuté en faisant prononcer le divorce par l'officier de l'état civil, mais les délais n'étaient point expirés. Fallait-il, pour rendre ce jugement efficace, se référer aux prescriptions de la loi sous l'empire de laquelle il avait été rendu, ce qui conduisait à dire que le divorce devait être prononcé par l'officier de l'état civil, sur la réquisition de l'époux qui l'avait obtenu ? Ou bien, au contraire, y avait-il lieu de procéder conformément aux prescriptions de la loi nouvelle, d'après laquelle le jugement est rendu efficace par la transcription sur les registres de l'état civil, effectuée à la requête de l'un ou de l'autre des époux ?

A première vue, il semble que ce soit la loi nouvelle qui doit être appliquée. L'art. 7 de cette loi ne dit-il pas que : « *La présente loi s'appliquera aux instances de divorce commencées sous l'empire de la loi du 27 juillet 1884* » : ce qui n'est qu'une application du principe général en vertu duquel les lois de procédure rétroagissent.

Mais, avec la réflexion, on revient vite de cette impression. L'art. 7 parle d'une instance *commencée*. Ce n'est pas notre hypothèse. En effet l'instance en divorce est *terminée* : elle a été couronnée par un jugement définitif; il s'agit d'exécuter ce jugement, et naturellement, il doit être exécuté suivant sa teneur. Or que porte son dispositif? *Que le divorce est admis,*

(¹) « Voies de nullité n'ont lieu contre les jugements ». — Trib. Seine. 15 janv. 1899, *Gaz. Trib.*, 6 janv. 1899.

et qu'en conséquence les parties sont autorisées à se retirer
devant l'officier de l'état civil pour faire prononcer le divorce.
C'était la formule généralement adoptée. Donc il ne peut être
question de faire transcrire ce jugement sur les registres de
l'état civil : ce serait faire autre chose que ce qu'il ordonne.
En vain l'officier de l'état civil requis de prononcer le divorce
opposerait-il qu'il ne saurait procéder à une cérémonie que
la loi a abolie. Il ne peut refuser d'exécuter une décision judiciaire régulièrement rendue sous la loi alors en vigueur et passée en force de chose jugée. La cérémonie de la prononciation
du divorce est abolie, oui ; mais seulement pour les divorces
que les tribunaux prononceront à l'avenir, non pour ceux sur
lesquels ils avaient déjà statué. C'est d'ailleurs en ce sens que
la question a été résolue par une circulaire du garde des
sceaux en date du **22 avril 1886** (¹).

SECTION II

MESURES PROVISOIRES ET CONSERVATOIRES

§ I. *Mesures provisoires.*

A. *Diverses catégories de mesures provisoires.*

182. Les mesures provisoires peuvent être divisées en quatre catégories : **1°** celles que le président du tribunal peut
ordonner au moment où il reçoit la requête de l'époux demandeur en divorce ; **2°** celles ordonnées par ce magistrat à l'issue
de l'essai de conciliation, lorsque cet essai demeure infruc-
tueux ; **3°** les mesures provisoires qui sont de la compétence
du tribunal ; **4°** enfin celles qui rentrent dans l'office du président du tribunal statuant comme juge des référés.

1° *Mesures provisoires de la première catégorie.*

183. A partir du moment où la citation en conciliation est
lancée, il se peut que la cohabitation devienne intolérable
pour les époux ou même dangereuse. Aussi la loi permet-elle
de la faire cesser. A cet effet, l'époux demandeur, quel qu'il

(¹) Cpr. Trib. Fontainebleau, 17 nov. 1886, S., 87. 2. 221.

DE LA PROCÉDURE DU DIVORCE

soit, **peut solliciter du président du tribunal, au moment où
il comparaît** devant lui pour obtenir l'ordonnance permettant de citer, l'autorisation de résider séparément de son conjoint ([']). Si c'est la femme, le président du tribunal fixera le
lieu de sa résidence provisoire : il jouit, pour la détermination de ce lieu, d'un pouvoir discrétionnaire ([²]). Il en sera
autrement, si c'est le mari qui est demandeur, car le mari a
le droit de fixer sa résidence où il veut; il suffira donc de
l'autoriser à quitter sa femme.

Tout cela résulte du nouvel art. 236 ainsi conçu : « *Le juge
» peut, par l'ordonnance permettant de citer, autoriser l'époux
» demandeur à résider séparément, en indiquant, s'il s'agit
» de la femme, le lieu de la résidence provisoire* ».

La résidence assignée à la femme forme pour elle un domicile provisoire où doivent lui être signifiés les actes de la
procédure ([³]). Mais légalement, la femme conserve le domicile de son mari tant que le divorce ne constitue pas un fait
accompli ([⁴]).

Il se peut que l'époux demandeur, soit le mari, soit la
femme, ait un intérêt majeur à ne pas quitter le lieu du
domicile conjugal. Peut-il, dans ce cas, obtenir du président
du tribunal l'autorisation de rester à ce domicile, l'autre
époux devant le quitter? Par exemple la femme, demanderesse en divorce, exerce au lieu du domicile conjugal l'industrie de tailleuse de robes, à laquelle son mari ne participe
pas. Le président du tribunal peut-il ordonner, sur sa demande, qu'elle restera au domicile conjugal et que son mari
devra le quitter? Que ce droit appartienne au président du
tribunal comme juge des référés, on n'en peut guère douter

[¹] Le président ne pourrait d'office assigner une résidence distincte au demandeur, si ce dernier ne réclamait pas dans sa requête ou dans ses explications orales
le bénéfice de cette mesure.

[²] On s'est demandé si le président pouvait repousser la demande relative à la
résidence séparée ; en fait, le président ne repoussera jamais cette demande; mais
en droit, on doit lui reconnaître un pouvoir souverain pour l'accueillir ou la
repousser. — Cpr. Carpentier, *op. cit.*, n. 953.

[³] Chambéry, 19 juill. 1887, S., 90. 2. 211, D., 88. 2. 89. — Bastia, 12 juill.
1892, S., 94. 1. 114.

[⁴] Paris, 19 juin 1895, D., 96. 2. 378; 20 janv. 1896, *Gaz. Trib.*, 18 mars 1896.

(arg. art. 806 C. pr.). D'ailleurs le référé implique un débat contradictoire, et la décision du juge est susceptible d'appel. Autant de garanties pour l'époux défendeur. Mais il peut paraître douteux, vu le silence de la loi et malgré l'affirmation contraire du rapporteur de la commission du sénat, que le président puisse rendre une semblable décision en vertu des pouvoirs que lui confère l'art. 236. En effet l'époux défendeur pourrait ainsi se trouver contraint de quitter le domicile conjugal sans avoir été mis en mesure de se faire entendre, et il n'aurait, comme on le verra bientôt, aucune voie de recours contre cette décision. La jurisprudence ne s'est pas arrêtée devant ces raisons [1].

Tout ce qui concerne la résidence des époux pendant le cours de l'instance peut être réglé d'un commun accord entre eux [2].

Rien ne s'oppose d'ailleurs à ce que les époux continuent à vivre ensemble pendant la durée de l'instance, si tel est leur bon plaisir. Arg. art. 246 al. 2. Mais dans la pratique, ils n'useront guère de cette faculté; d'autant plus que le demandeur en divorce peut craindre que sa longanimité ne compromette le succès de son action. Le tribunal penserait peut-être que la vie commune n'est pas aussi intolérable qu'il le prétend, puisqu'il l'a continuée pendant la durée du procès, alors qu'il ne tenait qu'à lui de la faire cesser.

184. Bien que la loi ne le dise pas, le président du tribunal peut aussi, par cette première ordonnance, statuer provisoirement sur la garde des enfants et sur la remise des effets personnels. Arg. des mots *à nouveau* de l'art. 238 al. 2 [3]. Mais la loi lui refuse le droit d'accorder à ce moment une pension alimentaire et à plus forte raison une provision *ad litem*. Arg. art. 238 al. 2 *in fine* [4].

2° *Mesures provisoires de la deuxième catégorie.*

185. Au moment où les parties comparaissent devant lui pour l'essai de conciliation, le président du tribunal peut,

[1] Cass., 18 janv. 1892, S., 92. 1. 68, D., 92. 1. 124. — Cpr. Paris, 25 fév. 1885, S., 85. 2. 87.
[2] Cass , 6 fév. 1889, S., 91. 1. 379.
[3] *Contra* Carpentier, *op. cit.*, n. 963.
[4] Paris, 12 janv. 1889, S., 91. 2. 51.

par l'ordonnance même qui clôt la séance (c'est la seconde : celle-là est contradictoire), « *statuer à nouveau, s'il y a lieu,* » *sur la résidence de l'époux demandeur, sur la garde des* » *enfants, sur la remise des effets personnels, et il a la faculté* » *de statuer également, s'il y a lieu, sur la demande d'ali-* » *ments* » (nouvel art. 238 al. 2). La rédaction de la partie finale de cette disposition semble bien annoncer que le président est appelé pour la première fois à statuer sur la demande d'aliments, ainsi que nous l'avons noté tout-à-l'heure.

186. Le président appelé à statuer pour la première fois ou à nouveau sur la résidence de l'époux demandeur a un pouvoir souverain d'appréciation ; il n'est pas douteux, cette fois, qu'il puisse, à raison des circonstances particulières de la cause, autoriser la femme à rester au domicile conjugal, en imposant au mari l'obligation de le quitter ; le débat est devenu contradictoire et l'ordonnance rendue est susceptible d'appel. Rien n'empêcherait le président de fixer la résidence de la femme en dehors de l'arrondissement ([1]) ou même à l'étranger ([2]).

Ainsi qu'il a été dit, dans les rapports entre époux, les actes de procédure sur l'instance en divorce doivent être signifiés à la femme dans la résidence à elle assignée ([3]) ; désormais, cette résidence équivaut pour elle à un domicile légal, dans lequel le mari ne pourrait pénétrer avec violence sans commettre le délit de violation de domicile ([4]). Cependant, le domicile conjugal, où le mari est maintenu, conserve son caractère, au point de vue de la femme elle-même, vis-à-vis des tiers ([5]) et au point de vue du mari qui commettrait le

---

([1]) Cette décision serait toute naturelle si les parents de la femme n'habitaient pas dans le même arrondissement que le mari.

([2]) Cette décision ne se comprendrait en fait que dans des circonstances très exceptionnelles, dans le cas où les parents de la femme résideraient à l'étranger. — Cpr. Chambéry, 6 mai 1891, D., 92. 2. 503.

([3]) V. *supra*, n. 183.

([4]) Amiens, 11 janv. 1873, D., 73. 2. 256. — Trib. corr. de St-Etienne, 2 mai 1893, *Gaz. Trib.*, 25 mai 1893.

([5]) Cpr. *supra*, n. 183.

délit d'adultère, s'il entretenait une concubine dans ce domicile ([1]).

L'ordonnance du président qui fixe à la femme une résidence distincte conserve son effet tant que l'instance n'est pas périmée ([1]).

187. La remise des effets personnels à la femme est une conséquence de la fixation d'une résidence séparée. Elle doit comprendre tout ce qui est utile à la femme dans la résidence distincte qui lui est assignée; cette mesure peut être édictée au profit du mari, lorsque celui-ci est obligé de quitter le domicile conjugal. Le président jouit encore d'un pouvoir souverain d'appréciation pour déterminer, suivant les circonstances, ce qui doit être remis à la femme ou au mari, en tenant compte au besoin du régime matrimonial des époux. Ainsi, le président pourrait autoriser la femme à emporter dans la résidence assignée une partie de son mobilier personnel ([3]). Si le président n'avait pas statué sur ce point, on ne pourrait tenir la solution comme sous-entendue et il faudrait revenir devant le président par voie de référé ou s'expliquer devant le tribunal ([4]).

188. Si le mari refusait d'exécuter l'ordonnance, la femme pourrait recourir au besoin au ministère de l'huissier et à la force publique pour saisir les objets désignés dans l'ordonnance et pour s'en emparer; si elle ne parvenait pas à découvrir ces objets, elle pourrait assigner à bref délai son mari devant le tribunal, soit pour faire fixer une astreinte à tant par jour de retard, soit pour obtenir une somme fixe de dommages-intérêts, ce qui lui permettrait ensuite de saisir les biens du mari ([5]).

189. Le président peut aussi statuer sur la garde des

([1]) Bordeaux, 18 déc. 1896, *Loi*, 16 fév. 1897.

([2]) Dès lors, le refus par le mari de recevoir sa femme au domicile conjugal avant que l'instance ne soit périmée ne constitue pas une injure grave. — Cass., 7 avril 1862, S., 63. 1. 315, D., 63. 1. 199. — Cpr. Trib. Seine, 15 déc. 1888, *Gaz. Pal.*, 12 janv. 1890.

([3]) Cass., 15 fév. 1859, S., 59. 1. 201, D., 59. 1. 201.

([4]) Carpentier, *op. cit.*, n. 1203. — *Contra* Coulon et Faivre, p. 121; Vraye et Gode, p. 455.

([5]) Carpentier, *op. cit.*, n. 1205.

enfants ; à cet égard, il a le même pouvoir d'appréciation que le tribunal lui-même et son ordonnance produit des effets identiques à ceux d'un jugement rendu sur ce point ([1]). Il est à noter, toutefois, que ni le ministère public, ni les tiers, membres de la famille, ne peuvent intervenir pour demander au président de statuer sur la garde des enfants ([2]).

190. Le président a très certainement le pouvoir de statuer sur la pension alimentaire que l'un des époux peut réclamer à l'autre ; l'on doit appliquer à la pension allouée par le président les règles qui s'imposent au tribunal, lorsqu'il est appelé à examiner ce point ([3]).

191. Nous verrons plus loin si le président a droit d'accorder une provision *ad litem ;* ceux qui lui reconnaissent ce pouvoir appliquent des règles identiques à celles qui sont suivies devant le tribunal auquel on soumettrait la question de provision *ad litem* ([4]).

3° Mesures provisoires de la troisième catégorie.

192. « *Lorsque le tribunal est saisi, les mesures provisoires* » *prescrites par le juge peuvent être modifiées ou complétées* » *au cours de l'instance, par jugement du tribunal...* » (nouvel art. **238**, al. 5).

Le tribunal n'a pas qualité pour réformer les décisions qui auraient été rendues par le président. Il serait contraire à toutes les règles d'ériger le tribunal en juge d'appel des décisions de son président.

193. Le tribunal peut être appelé à statuer pour la première fois sur les mesures provisoires dans le cas où l'ordonnance du président ne contiendrait aucune décision à cet égard ; il peut compléter l'ordonnance incomplète, si le président ne s'est prononcé que sur certains points conformément aux conclusions des parties ([5]). Le tribunal pourrait enfin modifier

---

[1] V. *infra*, n. 197 s.

[2] Carpentier, *op. cit.*, n. 1245 ; Coulon, IV, p. 202.

[3] V. *infra*, n. 199 s.

[4] V. *infra*, n. 204 s.

[5] Si le président avait omis de répondre aux conclusions des parties, il faudrait recourir à la voie de l'appel pour obtenir la réformation de l'ordonnance.

l'ordonnance du président si des faits nouveaux étaient survenus, si, à raison de circonstances postérieures à l'ordonnance, la situation avait changé; même dans ce dernier cas,
le tribunal ne joue pas le rôle d'une juridiction du second
degré par rapport à l'ordonnance du président; il ne contrôle
pas la décision rendue par le président et il ne s'agit pas
d'infirmer ou de confirmer l'ordonnance; celle-ci n'est pas
mise à néant; c'est une décision nouvelle qui intervient et
qui se substitue à l'ordonnance antérieure; la possibilité de
ce résultat tient à ce que les décisions rendues sur les mesures
provisoires n'ont pas, au point de vue de l'autorité de la chose
jugée, la même force que les autres sentences judiciaires.

Il convient de s'arrêter un instant à cette question et de
préciser l'autorité qui s'attache aux décisions concernant les
mesures provisoires, qu'elles émanent du président, du tribunal ou même de la cour d'appel.

Ces décisions ont quelque analogie avec les ordonnances ou
arrêts de non-lieu en matière pénale, en ce sens que leur autorité de chose jugée est subordonnée au maintien de l'état de
fait existant au moment où elles ont été rendues.

194. Lorsque les circonstances demeurent les mêmes, lorsqu'aucun changement ne se produit dans la situation respective des parties, les décisions rendues conservent l'autorité
de la chose jugée; on ne peut les faire modifier qu'en exerçant utilement dans les formes et les délais impartis les voies
de recours dont elles sont susceptibles. Ainsi l'ordonnance
du président ne pourrait être corrigée par le tribunal; seule
la juridiction du second degré, saisie par un appel régulièrement interjeté, pourrait, par un arrêt, infirmer la sentence
rendue en premier ressort par le président. L'on voit tout de
suite qu'il est utile de laisser la cour saisie de l'appel interjeté contre l'ordonnance, alors même que l'instance serait
pendante devant le tribunal, puisque le tribunal n'aurait pas
qualité pour modifier l'ordonnance, toutes choses demeurant
en état, alors que la cour restera maîtresse d'infirmer la sentence rendue (¹).

(¹) V. *infra*, n. 214.

Si le tribunal avait statué par un jugement sur les mesures provisoires, on ne pourrait revenir devant lui pour demander une modification du jugement, dans l'hypothèse où les circonstances de fait n'auraient pas varié ; il faudrait encore recourir à la voie de l'appel pour obtenir la réformation du jugement.

Lorsqu'au contraire les circonstances de fait se trouvent modifiées, lorsque la situation respective des parties change, on peut toujours demander à la juridiction qui se trouve saisie de l'instance de statuer à nouveau sur les mesures provisoires. A ce point de vue et sous la condition indiquée, il est exact d'affirmer que les décisions prescrivant des mesures provisoires n'ont pas l'autorité de la chose irrévocablement jugée (¹).

Ainsi le tribunal peut, à raison des conditions nouvelles où se trouvent les parties, rendre un jugement différent de l'ordonnance du président, bien que cette ordonnance soit frappée d'appel (²) ou alors que le délai d'appel est expiré. Le tribunal pourrait aussi, dans la même hypothèse, modifier l'arrêt de la cour qui aurait confirmé ou infirmé l'ordonnance du président. Le tribunal peut aussi modifier le jugement qu'il a rendu, dans le cas où les circonstances de fait ne sont plus les mêmes. La cour enfin, saisie de l'instance en divorce, a qualité pour modifier les mesures provisoires, bien que l'appel du jugement rendu sur ce point ne soit plus recevable et sans qu'on puisse opposer l'exception de demande nouvelle (³).

195. On peut faire application de ces formules générales à toutes les mesures provisoires. Ainsi la décision qui assigne à la femme une ordonnance distincte est susceptible d'être modifiée, en tout état de cause, à raison des circonstances nou-

---

(¹) Cass., 6 fév. 1889, S., 91. 1. 379, D., 90. 1. 269 ; 28 fév. 1893, S., 93. 1. 357, D., 93. 1. 279. — Riom, 21 déc. 1891, S., 92. 2. 4. — Paris, 17 juill. 1884, S., 88. 2. 129.

(²) La cour saisie de l'appel formé contre l'ordonnance du président n'a pas, au contraire, dans cette hypothèse, à se préoccuper des faits nouveaux ; elle doit apprécier l'ordonnance en tenant compte des circonstances existantes au jour où cette ordonnance a été rendue.

(³) Paris, 31 janv. 1893, *Gaz. Pal.*, 93. 1. 117.

velles qui peuvent se produire (¹); il en est de même des décisions relatives à la garde des enfants (²); on peut aussi faire statuer pour la première fois ou à nouveau en tout état de cause sur la pension alimentaire, lorsque la situation de fortune des plaideurs s'est modifiée ou lorsque des besoins nouveaux apparaissent (³); la même solution enfin doit être étendue à la provision *ad litem* (⁴); spécialement, en ce qui concerne cette dernière mesure, la cour d'appel a toujours le droit de statuer pour la première fois, sur la provision destinée à faire face aux frais de l'appel (⁵). Lorsque l'instance est terminée, si l'on veut obtenir une modification relativement à la garde des enfants ou à la pension alimentaire, l'on doit s'adresser à la juridiction compétente pour statuer sur l'exécution de la sentence rendue (⁶).

196. Nous avons vu que le président pouvait, dans sa seconde ordonnance, statuer sur la garde des enfants sur la provision alimentaire et même, d'après une opinion, sur la provision *ad litem*. Le tribunal a qualité aussi pour examiner ces questions dans la mesure indiquée, c'est-à-dire soit pour la première fois, soit à nouveau, quand les circonstances ont changé, et nous avons dit que les règles à suivre, quant au fond, étaient les mêmes pour le président et pour le tribunal. Il convient maintenant de déterminer les règles imposées au juge pour la solution des mesures provisoires.

La disposition de l'art. **238** al. 5 est complétée par celle de l'art. **240**, qui fait sur plusieurs points double emploi avec elle : « *Le tribunal peut, soit sur la demande de l'une des* » *parties intéressées, soit sur celle de l'un des membres de la* » *famille, soit sur les réquisitions du ministère public, soit* » *même d'office, ordonner toutes les mesures provisoires qui* » *lui paraissent nécessaires dans l'intérêt des enfants. — Il* » *statue aussi sur les demandes relatives aux aliments pour la*

(¹) Riom, 21 déc. 1891, précité. — Douai, 6 avril 1853, S., 55. 2. 714, D., 56. 2. 145.
(²) Cass., 17 nov. 1847, D., 47. 4. 157.
(³) Orléans, 3 avril 1889, *Le Droit*, 12 oct. 1889. — Cass., 14 juill. 1806, S. chr.
(⁴) Paris, 27 avril 1888, S., 89. 2. 9; 25 fév. 1884, *Le Droit*, 27 fév. 1886. — Grenoble, 15 fév. 1887, *Gaz. Pal.*, 86. 1. 475.
(⁵) Rouen, 30 mars 1890, *Journ. des arrêts*, 1890, p. 376.
(⁶) V. *infra*, n. 274.

» *durée de l'instance, sur les provisions et sur toutes les autres*
» *mesures urgentes.* »

197. α. *Mesures concernant la garde des enfants.* — Le tribunal a toute latitude pour ordonner les mesures que réclame l'intérêt des enfants. Ainsi il peut en confier la garde soit au père, soit à la mère, soit même à une tierce personne. Mais, toutes choses égales d'ailleurs, il semble que la garde doive être confiée au père, qu'il soit demandeur ou défendeur à l'action en divorce, car c'est à lui qu'appartient l'exercice de la puissance paternelle pendant le mariage (art. 373), et le mariage continue à produire ses effets légaux pendant l'instance en divorce (¹). Si les époux ont fait entre eux une convention relative à la garde des enfants, confiant par exemple les garçons au père et les filles à la mère, le tribunal peut la sanctionner ou ne pas en tenir compte (²).

La sentence, qui confie à la mère la garde et la surveillance des enfants, n'enlève pas au père les autres attributs de la puissance paternelle, par exemple le droit d'autoriser le mariage (arg. *a contrario* art. 152 et suiv.), ses pouvoirs d'administrateur légal. Toutefois, en cas d'urgence et lorsque l'intérêt des enfants l'exige, la mère aurait le droit d'agir aux lieu et place du père qui s'y refuserait sans motif plausible (³).

L'époux auquel la garde des enfants n'a point été confiée, ou chaque époux, si les enfants ont été confiés aux soins d'une tierce personne, a le droit de surveiller l'entretien et l'éducation desdits enfants et de recourir aux tribunaux pour obtenir la répression des abus qui seraient commis. Chaque époux doit contribuer proportionnellement à ses facultés aux frais de l'entretien et de l'éducation des enfants. Arg. ancien art. 303.

Les diverses mesures commandées par l'intérêt des enfants peuvent être ordonnées par le tribunal soit d'office, soit sur la réquisition du ministère public ou de l'une des parties ou de l'un des membres de la famille. La loi n'établit aucune limitation quant au degré, et par conséquent un parent éloi-

---

(¹) Paris, 28 janv. 1896, *Gaz. Pal.*, 18 fév. 1896. S'il s'agissait d'enfants d'un premier lit, ils devraient être en principe remis à leur auteur.
(²) Paris, 22 nov. 1892, S., 94. 2. 70.
(³) Trib. Marseille, 14 déc. 1872, S., 73. 2. 121.

gné ou un allié peut mettre en mouvement l'action du tribunal. Il en était autrement d'après l'ancien art. 267 du code
civil, qui accordait l'initiative des mesures à prendre à *la
famille,* c'est-à-dire, suivant l'opinion générale, au conseil de
famille.

198. Quels sont les moyens de coercition qui peuvent être
employés pour assurer l'exécution de la décision du tribunal
en ce qui concerne les enfants? Le concours de la force
publique peut être requis, c'est incontestable. Plusieurs décisions judiciaires ont, en outre, soit autorisé la saisie des
revenus de l'époux récalcitrant, soit prononcé contre lui une
condamnation à des dommages et intérêts : tant par chaque
jour de retard apporté à l'exécution de la sentence [1]. Mais
la légalité de ces deux moyens semble assez douteuse [2].

199. *Pension alimentaire.* — Le droit, pour l'un des
époux, de réclamer une pension alimentaire existe dès que
l'instance en séparation de corps ou en divorce est engagée;
mais la provision alimentaire n'est accordée que dans le cas
où l'époux demandeur n'a pas de revenus personnels; si les
biens dont il a l'administration et la jouissance lui procurent
des ressources suffisantes ou s'il gagne sa vie par son tra-
vail, aucune pension ne lui sera en fait accordée [3]. Du
reste, pour la détermination du chiffre de la pension, il convient de suivre les règles tracées dans les art. 208 et s.
(C. civ.); la pension doit être proportionnée, d'une part, aux
besoins de celui qui la sollicite, en tenant compte de son
rang et de sa situation sociale, et, d'autre part, aux facultés
de celui qui aura la charge de la servir [4], question de fait

[1] Cass., 18 mars 1878, S., 78. 1. 497; 8 nov. 1864, S., 65. 1. 318, D., 65. 1. 389;
4 avril 1865, S., 65. 1. 257, D., 65. 1. 387. L'émancipation des enfants par leur père
dans le but de faire échec à la décision qui les confie à la mère ne peut empêcher
l'exécution de cette décision. — Cass., 4 avril 1865, précité. — Douai, 25 mai 1895,
S., 97. 2. 73.

[2] En tout cas l'époux qui voudrait soustraire ses enfants à la garde de l'autre
ne saurait être poursuivi comme coupable du délit d'internement de mineurs. —
Rennes, 14 oct. 1842, D., 43. 2. 266.

[3] Demolombe, n. 467; Aubry et Rau, V, n. 493, p. 195; Carpentier, *op. cit.*,
n. 1274 et 1278. — Trib. Seine, 15 mars 1887, *Fr. jud.*, 88, p. 386.

[4] Aix, 19 août 1868, sous Cass., 7 mars 1869, S., 70. 1. 264, D., 70. 1. 106. —
Dijon, 4 fév. 1880, D., 81. 2. 36.

qui rentre dans l'appréciation souveraine des juges du fond (¹); ainsi qu'il a été dit, et en vertu, d'ailleurs, d'une règle commune aux autres pensions alimentaires, la détermination du chiffre est susceptible d'être modifiée et de varier avec les besoins du créancier et les facultés du débiteur (²).

200. La décision qui statue sur la pension alimentaire indique, en tenant compte des circonstances de fait, comment elle devra être payée, si elle sera quérable ou portable ou remise à un tiers, payable d'avance ou par termes échus, par quartier ou en une seule échéance, à partir de quel moment le paiement devra être effectué. Si le juge n'a pas fixé le point de départ de la pension, on prendra, en principe, la date de la requête, si la pension est allouée au demandeur, la date de l'ordonnance du président, si elle est allouée au défendeur (³). La pension cessera d'être due soit à partir du rejet de la demande (⁴), soit à compter de la transcription du jugement ou même, suivant les cas, à compter de la liquidation des droits des époux (⁵).

201. La provision alimentaire accordée à l'un des époux ne constitue, en principe, qu'une avance dont il doit être tenu compte lors de la liquidation. Aux termes des art. 311 et 252 (Civ.), la séparation et le divorce produisent rétroactivement leurs effets, dans les rapports entre époux, au jour de la demande. Le régime matrimonial a donc pris fin à ce moment et, spécialement, c'est à cette date que la communauté est réputée dissoute; chaque époux a droit d'obtenir le remboursement des fruits et intérêts de ses propres à partir de la demande; ainsi le mari doit restituer à la femme les revenus de ses propres et les intérêts de ses reprises; en revanche, la communauté, dont l'usufruit prend fin, ne doit

---

(¹) Cass., 9 mars 1869, précité.

(²) Cass., 11 avril 1865, S., 66. 1. 238, D., 66. 1. 167. — Orléans, 3 avril 1889, D., 89. 2. 104. — Paris, 12 fév. 1864, S., 64. 2. 223, D., 66. 1. 425; 11 mai 1874, S., 74. 2. 169, D., 75. 2. 41.

(³) Cpr. Trib. Seine, 21 juill. 1892, *Le Droit*, 4 août 1892; 12 juill. 1892, *Gaz. Pal.*, 1892, n. 380. — Carpentier, *op. cit.*, n. 1316.

(⁴) Paris, 8 mars 1890, D., 91. 2. 131.

(⁵) Paris, 21 avril 1894, *Gaz. Pal.*, 30 mai 1894. — Orléans, 27 déc. 1883, *Gaz. Pal.*, 84. 2. 480.

plus supporter les charges du mariage; dès lors, la provision alimentaire que le mari aurait fournie à la femme ne doit pas rester à la charge de la communauté. Si, d'une part, la communauté doit compte à la femme des intérêts de ses reprises et des revenus de ses propres, la femme, d'autre part, doit compte à la communauté de la pension alimentaire qui lui a été servie pendant l'instance; il y a lieu d'établir dans la liquidation une compensation entre ces deux dettes. Si les revenus et intérêts remboursés à la femme sont supérieurs à la pension allouée, cette pension aura, pour le tout, un caractère provisionnel et n'aura été qu'une avance, si les revenus et intérêts sont inférieurs, la pension sera considérée comme une avance jusqu'à concurrence des revenus à restituer, et, pour le surplus seulement, elle aura le caractère d'une véritable pension alimentaire ([1]), qui reste due tant que subsistent les devoirs des époux, c'est-à-dire jusqu'à la dissolution du mariage, qui se place au jour où est opérée la transcription du divorce ([2]).

La provision accordée à la femme ne saurait donc constituer ni une reprise, ni une indemnité à son profit, dans le cas où la pension n'aurait pas été payée pendant l'instance, si la liquidation démontre que les revenus étaient suffisants ([3]).

202. L'époux qui a obtenu une pension peut seulement exiger l'exécution du jugement; mais, par quels moyens? Il a le droit incontestable de procéder à une saisie-arrêt ([4]); même la saisie peut porter sur la portion du traitement que la loi déclare insaisissable pour toute autre cause qu'une dette alimentaire ([5]); l'époux créancier pourrait aussi faire prononcer le séquestre des revenus du débiteur ([6]); mais il n'aurait le droit ni de recourir à une saisie-exécution ou à

([1]) Cass., 22 juill. 1889, S., 93. 1. 405, D., 91. 1. 421; 7 janv. 1890, S., 93. 1. 405. — Trib. Seine, 25 juin 1897, *Le Droit*, 15 oct. 1897.

([2]) Paris, 13 déc. 1895, S., 96. 2. 80, D., 96. 2. 418.

([3]) Paris, 28 août 1837, P., 38. 1. 666.

([4]) Paris, 30 nov. 1812, S. chr. — Trib. Seine, 8 mai 1896, *Gaz. Trib.*, 24 sept. 1896; 24 mars 1891, *Gaz. Trib.*, 21 avril 1891.

([5]) Trib. Amiens, 10 août 1893, *Le Droit*, 1er nov. 1893.

([6]) Paris, 4 août 1871, D., 73. 2. 21.

une saisie immobilière, ni même de prendre une hypothèque judiciaire ([1]).

203. Lorsque la femme a obtenu une provision alimentaire, les fournisseurs qu'elle aurait négligé de payer n'auraient aucune action contre le mari ([2]); ils ne pourraient, même pendant la durée de l'instance, saisir que la nue-propriété des biens propres de la femme. Si la femme, bien qu'ayant une résidence séparée, n'a pas obtenu de pension, quel sera le sort des dettes par elle contractées dans la limite de ses besoins? Les créanciers auraient action contre la femme et même contre le mari, si celui-ci avait autorisé la femme à vivre séparément; dans le cas où la résidence distincte de la femme aurait été fixée par justice, les créanciers n'auraient d'action que contre la femme, mais ils pourraient saisir la pleine propriété de ses biens propres ([3]).

204. *Provision* ad litem. — L'art. **238** permet au président de statuer sur la pension alimentaire; mais il ne lui donne pas expressément le droit d'accorder une provision *ad litem;* on a donc pu soutenir par argument *a contrario,* que le tribunal seul avait le droit de statuer sur cette provision. La jurisprudence s'est toutefois fixée en sens contraire par des motifs d'utilité pratique; la provision *ad litem* est, en effet, nécessaire, dès le début de l'instance, et, d'autre part, elle n'est accordée que pour les frais à faire et non pour ceux déjà exposés ([4]). Les époux ont donc intérêt à demander une provision *ad litem* aussi tôt que possible et dès leur comparution devant le président.

La provision *ad litem* ne pouvant être accordée pour les frais déjà exposés, il faut en conclure que devant la cour on ne pourra demander une augmentation de la pension allouée en première instance si l'on a poursuivi la procédure sans interjeter spécialement appel de la décision relative à la

---

([1]) **Paris**, 30 nov. 1812, précité. — Trib. Seine, 1er fév. 1894, *Le Droit*, 29 et 30 oct. 1894.

([2]) **Cass.**, 16 fév. 1898, *Gaz. Trib.*, 21 fév. 1898.

([3]) **Paris**, 4 janv. 1890, *La Loi,* 1er mars 1890; 22 nov. 1889, *Le Droit,* 18 déc. 1890.

([4]) **Rouen**, 30 janv. 1897, S., 97. 2. 239; Carpentier, *op. cit.*, n. 1357 s.

provision *ad litem*. La cour saisie de l'instance en divorce ne peut qu'accorder une provision pour les frais d'appel ([1]).

La provision *ad litem* ne doit être accordée que si l'époux demandeur n'a pas les ressources nécessaires pour subvenir aux frais de la demande, comme dans l'hypothèse de la provision alimentaire ([2]). La provision *ad litem* doit être proportionnée aux facultés de l'époux débiteur et mesurée, d'autre part, sur l'importance probable des frais de la procédure ([3]); c'est dire qu'il n'y a pas à tenir compte ici, comme pour la pension alimentaire, du rang et de la situation sociale de l'époux qui la réclame ([4]). La provision *ad litem* doit comprendre non seulement les frais de procédure proprement dits, mais encore les honoraires de l'avocat qui ne se borneront pas d'ailleurs, suivant l'avis général, à la somme fixée par le tarif de 1807 ([5]). Elle doit être payée en argent et l'époux qui la doit ne saurait échapper à l'obligation de la verser en offrant de payer les frais sur état ([6]).

L'époux créancier a le droit de saisir les biens de son conjoint pour assurer le paiement de la provision, mais on ne saurait subordonner le jugement sur le fond au paiement soit de la provision *ad litem*, soit de la pension alimentaire ([7]).

Si l'un des époux avait obtenu l'assistance judiciaire, il n'aurait plus le droit d'exiger une provision *ad litem*, l'assistance accordée constituant une sorte de *ressource* judiciaire ([8]).

205. La provision *ad litem* et la pension alimentaire ne

[1] Paris, 27 mai 1888; 23 fév. 1864, S., 64. 2. 223, D., 66. 5. 425. — Douai, 19 nov. 1846, S., 48. 2. 521.

[2] Paris, 23 fév. 1893, *Gaz. Pal.*, 93. 1. 64; 13 avril 1893, *Gaz. Trib.*, 19 août 1893; 9 mars 1887, *Gaz. Trib.*, 10 sept. 1887.

[3] Paris, 6 déc. 1892, *Gaz. Pal.*, 93. 1. 30. — Trib. Seine, 25 mai 1895, *Gaz. Trib.*, 23 sept. 1897.

[4] Bruxelles, 26 juin 1849, *Pasicr.*, 49. 2. 217.

[5] Poitiers, 21 juill. 1890, D., 91. 2. 56. — Carpentier, *op. cit.*, n. 1371.

[6] Douai, 13 juin 1887, *Jurispr. Douai*, p. 248.

[7] Paris, 16 fév. 1897, *Le Droit*, 31 mars 1897. — Nîmes, 17 juin 1889, S., 89. 2. 156, D., 91. 5. 183. — Trib. Seine, 3 juill. 1890, *Gaz. Trib.*, 1er oct. 1890; 18 nov. 1887, *Gaz. Pal.*, 18 mars 1888.

[8] Amiens, 23 nov. 1890, *J. aud. Amiens*, 1893, p. 22; il en serait autrement si le demandeur se trouvait exposé à des frais et débours exceptionnels non compris dans l'assistance judiciaire. — Trib. Seine, 13 fév. 1883. — Clunet, 1883, p. 295.

peuvent être saisies par les créanciers de celui qui les a obtenues ; la provision *ad litem* a, en effet, une affectation spéciale qui ne saurait être modifiée (¹) et les provisions alimentaires sont, en principe, insaisissables, aux termes de l'art. 581 (Pr. civ.).

206. Ordinairement, c'est le mari qui se voit condamné à payer à la femme une provision alimentaire et une provision *ad litem*. Exceptionnellement, le mari pourrait réclamer cette double provision à sa femme, si toutes les ressources se trouvaient du côté de celle-ci et qu'elle en eût la libre disposition en vertu de ses conventions matrimoniales (²).

4° *Mesures provisoires de la quatrième catégorie.*

207. Certaines mesures provisoires, dont le besoin se fait sentir pendant la durée de l'instance en divorce, sont de la compétence du président du tribunal statuant comme juge des référés. Ce sont celles qui présentent un caractère d'urgence. La loi en indique une dans l'art. **238** al. 5 *in fine* : « *sans préjudice du droit qu'a toujours le juge de statuer,* » *en tout état de cause, en référé, sur la résidence de la* » *femme* ».

On a induit à tort de ce texte, par un argument *a contrario*, que le président du tribunal n'a pas le droit de statuer comme juge des référés sur les autres mesures provisoires urgentes, par exemple sur la garde des enfants, quand elle présente un caractère d'urgence (³). Un texte bien formel serait nécessaire pour qu'on pût admettre une dérogation de cette importance, et si peu justifiée, aux règles du droit commun consacrées par l'art. 806 C. pr. La loi n'a parlé dans l'art. **238** al. 5 *in fine* que de la résidence de la femme, parce que ce sera ordinairement la seule mesure provisoire qui

---

(¹) Trib. Seine, 28 nov. 1889 et 9 janv. 1890, *Le Droit*, 10 janv. 1890.

(²) Rouen, 13 nov. 1878, S., 79. 2. 86, D., 81. 2. 190. — Paris, 4 août 1871, D., 73. 2. 21. — Orléans, 13 mars 1845, D., 45. 1. 481. — Lyon, 10 mars 1841, S., 41. 2. 355 s. — Trib. Nancy, 24 juin 1895, *Rec. arr. Nancy*, 1895, p. 246. — Trib. Lyon, 2 déc. 1887, *Mon. jud. Lyon*, 16 mars 1888.

(³) Pau, 10 août 1887, S., 89. 2. 29. — Cpr. Paris, 12 mars 1891, D., 92. 2. 567. — Bordeaux, 3 juin 1892, D., 92. 2. 524 et Montpellier, 31 janv. 1895, D., 95. 2. 355.

présentera un caractère d'urgence pendant la durée de l'instance (¹).

208. L'obligation **pour** la femme de conserver la résidence qui lui a été assignée reçoit **une double sanction** : « *La femme* » *est tenue de justifier de sa résidence dans la maison indi-* » *quée, toutes les fois qu'elle en est requise; à défaut de* » *cette justification, le mari peut refuser la provision alimen-* » *taire, et, si la femme est demanderesse en divorce, la faire* » *déclarer non recevable à continuer ses poursuites* » (nouvel art. **241**). C'est extrêmement rigoureux. Aussi va-t-il de soi qu'il ne faut pas enchérir encore sur la sévérité de la loi. Quand elle dit que la femme pourra être déclarée non recevable à continuer ses poursuites, cela signifie tout simplement que les poursuites de la femme pourront être suspendues pendant tout le temps qu'elle restera hors de la résidence qui lui a été assignée, mais non qu'elle pourra être déclarée non recevable dans toute poursuite ultérieure. C'est seulement un refus d'audience, qui peut lui être infligé à titre de peine pendant tout le temps que durera sa résistance à l'ordre du juge, mais non la perte de son action (²).

209. D'autre part, la disposition étant exceptionnelle ne doit pas être étendue au-delà de ses termes ; par suite, il ne faut pas étendre à la provision *ad litem* ce que le texte dit de la pension alimentaire (³). L'art. **241** n'est pas non plus applicable au mari, ni même à la femme dans le cas où elle aurait une résidence distincte, à la suite d'une séparation de fait volontaire (⁴).

210. D'ailleurs, la disposition de l'art. **241** n'est pas impé-

---

(¹) Cpr. dans le sens de l'opinion émise au texte, Lyon, 3 juin 1891, *La Loi*, 6 août 1891. — En tout cas, pour saisir le juge des référés, il faut observer les règles habituelles de procédure ; le demandeur doit assigner l'autre époux. — Riom, 10 juill. 1895, S., 96. 2. 13, D., 96. 2. 373.

(²) Cass., 16 janv. 1816, S. chr. — Poitiers, 29 nov. 1886, *Pand. fr.*, 87. 2. 22. — Paris, 24 déc. 1885, *Gaz. Trib.*, 15 janv. 1886. — Trib. Seine, 28 nov. 1897, *Le Droit*, 12 mai 1886 ; 28 janv. 1886, *Gaz. Trib.*, 6 fév. 1886. — La femme reprendra donc l'exercice de son action si elle se soumet à l'autorité de justice en réintégrant la résidence assignée.

(³) Carpentier, *op. cit.*, n. 1964. — *Contra* Paris, 2 juill. 1885, *Gaz. Pal.*, 85. 2. 566. — Coulon, IV, p. 311.

(⁴) Bruxelles, 29 nov. 1859, *Belg. jud.*, 60. 3. 163.

rative et il appartient aux juges d'en **faire ou non** l'application, suivant les **circonstances** de fait souverainement abandonnées à leur appréciation : ce que la loi sanctionne, c'est la rébellion de la femme, sa résistance volontaire à l'ordre de justice ; la double déchéance de l'art. 241 n'est donc pas encourue, lorsque la femme a des motifs légitimes de changer de résidence ou tout au moins lorsqu'elle invoque une excuse valable (¹).

211. Suivant les cas, c'est à la femme qu'incombera le soin d'établir qu'elle a conservé la résidence assignée, par exemple, lorsqu'elle réclame le paiement de sa pension alimentaire (²), ou ce sera au mari qu'il appartiendra de prouver le changement de résidence, s'il veut provoquer directement l'application de la déchéance prévue par l'art. 241. A cet effet, le mari pourrait, par des procès-verbaux réguliers de constat ou par tous autres moyens (³), établir le changement de résidence, pourvu que, dans ses investigations, il n'ait pas recours à des moyens vexatoires ou à des procédés inquisitoriaux.

B. *Voies de recours contre les décisions ordonnant des mesures provisoires.*

212. Nulle voie de recours n'est admise contre les mesures provisoires ordonnées par le président du tribunal au moment où il reçoit la requête de l'époux demandeur. En effet, la loi n'en organise aucune, et on ne peut songer à celle qu'elle établit contre les ordonnances de référé, le président ne sta-

_____

(¹) Cass., 25 juin 1889, S., 90. 1. 71, D., 90. 1. 420 ; 29 juin 1868, S., 68. 1. 402, D., 71. 5. 361 ; 23 nov. 1841, S., 42. 1. 73. — Paris, 7 déc. 1895, *Gaz. Trib.*, 29 déc. 1895 ; 25 avril 1894, *Gaz. Pal.*, 29 mai 1894 ; 26 juill. 1888, sous Cass., 25 juin 1889, précité ; 31 mars 1886, *Gaz. Trib.*, 26 août 1887 ; 2 juill. 1885, *Gaz. Pal.*, 85. 2. 166 ; 5 juill. 1885, *Gaz. Pal.*, 85. 2. 566 ; 30 juin 1884, *Gaz. Pal.*, 85 1, *Suppl.* 104 ; 13 juill. 1870, S., 70. 2. 268, D., 71. 2. 129. — Bourges, 8 mai 1872, S., 73. 2. 139, D., 73. 2. 139, D., 73. 2. 95. — Trib. Seine, 18 janv. 1898, *Gaz. Trib.*, 7 mai 1898 ; 26 nov. 1897, *Le Droit*, 12 mai 1898 ; 11 mai 1894, *Gaz. Trib.*, 6 juin 1894 ; 17 mars 1891, *Le Droit*, 8 avril 1891. — La fin de non-recevoir peut d'ailleurs être proposée pour la première fois en appel. — Cass., 25 juin 1889, précité. — Metz, 17 janv. 1855, S., 55. 2. 241, D., 55. 2. 146.

(²) Trib. Seine, 2 déc. 1897 ; 6 déc. 1895, *Gaz. Trib.*, 19 janv. 1896.

(³) Rennes, 6 août 1894, *La Loi*, 15 nov. 1894.

tuant pas ici comme juge des référés. D'ailleurs il n'y a pas à cela grand inconvénient, l'effet de ces mesures ne pouvant se prolonger au-delà d'un temps très court.

213. Il en est autrement des mesures provisoires prescrites par le président du tribunal dans l'ordonnance qui couronne l'essai de conciliation, et qui constate, comme on le sait, la non-conciliation ou le défaut et autorise le demandeur à assigner devant le tribunal.

Cette ordonnance peut produire ses effets jusqu'à ce que l'instance en séparation de corps ou en divorce soit terminée par une décision sur le fond devenue définitive (¹) ou tout au moins jusqu'à ce que ladite instance soit périmée (²) ; on comprend, dès lors, que cette ordonnance soit susceptible d'une voie de recours : elle est, en effet, aux termes de l'art. 238, § 3, susceptible d'appel dans les délais fixés par l'art. 809 (Pr. civ.), c'est-à-dire dans le délai de quinzaine.

214. Supposons que l'appel ait été interjeté. Avant que la cour ait statué, le demandeur a usé de l'autorisation que le président du tribunal lui a donnée de citer : il a saisi le tribunal de sa demande en divorce. Que va devenir l'appel pendant devant la cour? La difficulté vient de ce que le tribunal est désormais maître de la situation en ce qui concerne les mesures provisoires : garde des enfants, demande d'aliments (art. 238 al. 5). De sorte que la décision de la cour semble offrir bien peu d'intérêt, puisque, quelle qu'elle soit, elle pourra être modifiée, sinon réformée, par le tribunal, investi du pouvoir d'ordonner de nouvelles mesures provisoires aussi souvent que les circonstances lui paraîtront l'exiger. Faut-il en conclure que la cour est dessaisie? A l'appui de l'affirmative, on a invoqué les discussions qui se sont produites lors de la confection de la loi. M. Batbie ayant posé la question suivante : « Comment ferez-vous, si le tribunal est saisi et que la cour n'ait pas statué? », le rapporteur a répondu : « Dans ce cas la cour est dessaisie ». Et, comme on lui objectait que cela n'allait pas tout seul et qu'il serait bon de l'ex-

(¹) Douai, 17 mars 1897, S., 98. 2. 107.
(²) Cass., 7 avril 1862, S., 63. 1. 315, D., 63. 1. 199.

primer, l'alinéa 3 de l'art. **238** fut renvoyé à la commission qui proposa d'y ajouter ces mots : « tant que le tribunal n'a » pas été saisi de la demande principale. Dans ce cas la cour » se trouvera dessaisie ». Critiquée par M. Dauphin, la nouvelle rédaction fut de nouveau renvoyée à la commission, qui, dans la rédaction définitive, supprima comme inutile (¹) la phrase qu'elle n'avait consenti à ajouter que par esprit de conciliation. De tout cela, il résulte bien, dit-on, que la cour est dessaisie, lorsqu'elle n'a pas encore statué sur l'appel de l'ordonnance du président, au moment où le tribunal est saisi. Et si l'on admet cette solution, on est conduit logiquement à décider que l'appel ne peut plus être utilement interjeté une fois que le tribunal est saisi de la demande en divorce, ainsi que l'ont jugé plusieurs arrêts de cours d'appel, dont le dernier est de la cour de Bordeaux (²).

Nous avons toujours fait nos réserves au sujet de ces solutions. D'abord, disions-nous, la discussion, qui s'est élevée au sujet de la question proposée et que nous venons de retracer en partie, a été d'une obscurité compacte ; il est donc difficile d'en tirer un argument de quelque valeur. Ensuite un texte paraîtrait absolument nécessaire pour qu'une juridiction régulièrement saisie pût ainsi se trouver dessaisie de plein droit, ou pour qu'un plaideur fût privé du droit d'interjeter appel, que la loi lui accorde par une disposition formelle conçue en termes généraux et absolus (art. **238** al. 3). Enfin comment admettre que le demandeur en divorce puisse, en saisissant le tribunal au moment qu'il lui plaira de choisir, faire tomber l'appel pendant devant la cour ou mettre obsta-

_____

(¹) Il se peut très bien, comme le remarque avec raison M. de Loynes, dans la note que nous citerons tout à l'heure, que plusieurs des membres de la commission aient voté le rejet de la phrase additionnelle parce qu'ils la considéraient comme contraire aux principes, et que la même pensée ait inspiré ceux qui ont voté la loi ; ce qui enlève beaucoup de force à l'argument.

(²) Bordeaux, 3 juin 1892, D., 92. 2. 524. — Chambéry, 31 déc. 1890, _Pand. franç._, 92. 2. 124. — Paris, 24 déc. 1890, S., 91. 2. 55 ; 6 janv. 1890, _La Loi_, 31 mars 1890 ; 15 juin 1888 et 27 avril 1888, D., 88. 2. 241 ; 13 août 1886, S., 89. 2. 9. — Poitiers, 9 mai 1887, S., 89. 2. 9. — D'après un arrêt de la cour de Nîmes, l'appel de l'ordonnance ne serait irrecevable que dans l'hypothèse où le tribunal serait saisi non seulement de la question de fond, mais aussi de celle des mesures provisoires, Nîmes, 13 fév. 1889, _Gaz. Trib._, 2 mars 1889.

cle à ce que l'appel soit interjeté? De là nous tirions cette double conclusion : d'une part que la cour doit statuer sur l'appel, bien que le tribunal ait été saisi avant qu'elle ait pu rendre sa décision, à moins que l'époux défendeur ne se désiste de son appel; d'autre part que l'appel peut être utilement interjeté quand le tribunal est déjà saisi de la demande en divorce (¹). Sauf au tribunal, dans l'un et l'autre cas, à modifier, non à réformer, quand besoin sera, à raison de circonstances nouvelles, la décision de la cour.

Le tribunal, ainsi qu'il a été dit, ne peut modifier les mesures provisoires contenues dans l'ordonnance que dans l'hypothèse où la situation de fait a varié; la cour, au contraire, n'a pas à tenir compte des circonstances nouvelles de fait : elle doit, pour statuer sur l'appel, envisager la situation des époux au moment où l'ordonnance a été rendue.

Aujourd'hui cette opinion peut invoquer la haute autorité de la cour de cassation. On pouvait espérer que l'arrêt du 29 juin 1892 (²) fixerait la jurisprudence qui paraissait se former en sens contraire. Un arrêt de la cour de Bordeaux du 12 mai 1896 (³) est venu démentir cette prévision.

215. Restent les mesures provisoires ordonnées par le tribunal et celles ordonnées par le président du tribunal statuant comme juge des référés. La loi ne s'étant pas expliquée sur les voies de recours dont elles sont susceptibles, nous en concluons qu'il y aurait lieu d'appliquer de tous points les règles du droit commun.

(¹) On a soutenu, dans une opinion intermédiaire, que la cour restait saisie de l'appel de l'ordonnance interjeté avant que la demande ne soit portée devant le tribunal, mais que l'appel ne pouvait être formé après que le tribunal a été saisi de la demande principale. Carpentier, *op. cit.*, n. 1685; cette distinction qu'aucun motif rationnel ne justifie, ne trouve pas, quoi qu'on en ait dit, d'appui suffisant dans les expression de l'art. 145.

(²) Cass., 29 juin 1892, S., 93. 1. 242, D., 92. 1. 553 et la note de M. de Loynes. — V. dans le même sens Toulouse, 5 déc. 1892, *Gaz. Pal.*, 93. 1. 67. — Caen, 29 nov. 1892, *Le Droit*, 9 déc. 1892. — Paris, 15 mars et 12 avril 1892, *Le Droit*, 29 et 30 août 1892; 20 déc. 1890, S., 91. 2. 55, D., 91. 2. 343; 29 avril 1890, D , 91. 2. 343 et la note de M. Beauchet; 19 mars 1890, S., 90. 2. 160, D., 90. 2. 350; 11 mars 1890, S., 90. 2. 64, D , 90. 2. 233; 6 juin 1888, D., 90. 2. 233; 3 fév. 1887, S.. 89. 2. 9, D., 88. 2. 241.

(³) Bordeaux, 12 mai 1896, S., 97. 2. 192.

216. Les décisions relatives aux mesures provisoires sont-elles exécutoires par provision, nonobstant appel ou sans caution? Sans aucun doute, les ordonnances du président statuant comme juge conciliateur, sont exécutoires par provision, conformément aux termes formels de l'art. 238, § 3 (¹); il en est de même des ordonnance sur référés, par application de l'art. 809 (Pr. civ.). Il n'est pas douteux non plus, que dans les hypothèses de l'art. 135 (Pr. civ.), les décisions émanant, soit du tribunal, soit de la cour ne soient susceptibles d'exécution provisoire. La question devient au contraire douteuse à l'égard des jugements ou arrêts rendus en dehors des cas prévus par l'art. 135 (Pr. civ.). La difficulté, née à l'occasion de la garde des enfants, a été résolue jusqu'ici par la jurisprudence en ce sens que les tribunaux peuvent ordonner l'exécution provisoire des mesures édictées (²). La cour de Paris est même allée plus loin : d'après elle, en principe, les décisions relatives à la garde des enfants sont dictées par d'urgentes nécessités; les tribunaux devraient donc ordonner, même d'office, l'exécution provisoire de semblables décisions (³). Cette solution, très justement critiquée (⁴), est contraire aux règles générales de la procédure; l'exécution provisoire n'est possible qu'en vertu d'un texte formel, qui n'existe pas en la matière, du moment où l'on est en dehors des hypothèses prévues par l'art. 135 (Pr. civ.) (⁵).

Il n'est pas sans intérêt de noter, en terminant, que l'art. 134 (Pr. civ.) peut recevoir exception à l'occasion des mesures provisoires; il est permis, en effet, de statuer séparément sur les demandes relatives à ces mesures, quoique le fond soit en état, et le jugement qui joint au fond la question des mesures provisoires peut être attaqué par la voie de l'appel avant le jugement définitif (⁶).

.¹, Cpr. note 2 sous Douai, 1ᵉʳ juill. et 9 août 1892, S., 93. 2. 41.

(²) Trib. Poitiers, 9 juill. 1889, *La Loi*, 22 janv. 1890. — Trib. Nogent-le-Rotrou, 10 juill. 1891, *Gaz. Trib.*, 10-11 août 1891.

³, Paris, 21 janv. 1895, S., 97. 2. 137, D., 95. 2. 168.

,⁴, V. Tissier, note sous Paris, précité, S., 97. 2. 137.

(⁵) Cpr. Douai, 23 août 1883, sous Cass., 23 mars 1885, S., 85. 1. 491.

,⁶; Besançon, 20 déc. 1816, P. chr. — Poitiers, 15 janv. 1877, S. chr. — Paris, 23 août 1851, P. 52. 1. 157.

§ 11. *Mesures conservatoires.*

217. Aux termes du nouvel art. 242 : « *L'un ou l'autre des*
» *époux peut, dès la première ordonnance, et sur l'autorisa-*
» *tion du juge, donnée à la charge d'en référer, prendre pour*
» *la garantie de ses droits des mesures conservatoires, notam-*
» *ment requérir l'apposition des scellés sur les biens de la*
» *communauté. — Le même droit appartient à la femme*
» *même non commune, pour la conservation de ceux de ses*
» *biens dont le mari a l'administration ou la jouissance. —*
» *Les scellés sont levés à la requête de la partie la plus dili-*
» *gente, les objets et les valeurs sont inventoriés et prisés,*
» *l'époux qui est en possession en est constitué gardien judi-*
» *ciaire, à moins qu'il n'en soit décidé autrement.* »

Ce texte reproduit en l'améliorant l'ancien art. 270 : il
résout plusieurs difficultés auxquelles la disposition de ce
dernier article avait donné naissance.

D'abord il autorise les mesures conservatoires au profit de
l'un ou de l'autre époux : l'art. 270 ne parlait que de la
femme.

Ensuite il permet à la femme d'avoir recours aux mesures
conservatoires, sous quelque régime qu'elle soit mariée ;
l'ancien texte ne parlait que de la femme commune en biens,
et des doutes s'étaient élevés sur le point de savoir s'il pouvait être invoqué par la femme mariée sous un régime d'où
la communauté était exclue.

On discutait aussi sur le point de savoir si la femme avait
besoin d'une autorisation pour faire apposer les scellés ; le
nouveau texte consacre la solution affirmative admise par la
jurisprudence.

218. Aucune mesure conservatoire ne peut être prise sans
autorisation de justice ; cette autorisation peut être sollicitée
à partir de la première ordonnance, c'est-à-dire à partir de
l'ordonnance qui autorise l'époux demandeur à citer son
conjoint devant le magistrat conciliateur. Le tribunal ne peut
statuer sur les mesures conservatoires qu'à partir du moment où il est saisi de la demande ; d'autre part, le président, comme juge conciliateur, ne semble pas, d'après

l'art. **238**, avoir compétence pour ordonner de telles mesures ; c'est donc par la voie du référé et en suivant les formes usuelles de cette procédure, si l'on ne peut soumettre la question au tribunal non encore saisi de la demande ou si l'on veut, en cas d'urgence, obtenir une solution plus rapide. Le président peut, toutefois, statuer par une seule et même ordonnance sur le préliminaire de conciliation et sur les mesures conservatoires, s'il a été régulièrement saisi de cette dernière question (¹). Le président, d'après l'art. **242**, a la faculté, s'il juge la question trop grave, d'en référer au tribunal tout entier, avant même que le demandeur n'ait usé de la permission de citer (²).

219. Enfin ce même texte résout une dernière difficulté. L'ancien art. **270** ne parlait que de l'apposition des scellés, et des doutes s'étaient élevés sur le point de savoir si la femme pouvait avoir recours à d'autres mesures conservatoires, telles que des saisies-arrêts entre les mains des débiteurs du mari. Le nouveau texte résout la question dans un sens conforme au vœu que nous exprimions dans notre commentaire de la loi du 27 juillet 1884 sur le divorce, n. 94; il laisse au juge le soin de déterminer les mesures conservatoires à appliquer.

Il n'est pas inutile, toutefois, de fournir quelques explications sur les différentes mesures conservatoires qui peuvent être ordonnées et sur les conséquences qui en résultent.

220. A. *Scellés et inventaires.* — L'un quelconque des époux (en fait, le plus souvent, la femme) peut requérir l'apposition des scellés sur les biens demeurés en la possession de l'autre époux, lorsqu'il peut prétendre un droit sur lesdits biens, par exemple sur les biens communs, sur les propres mobiliers imparfaits et même sur les propres mobiliers parfaits (³). Dans le cas où la mesure sollicitée paraîtrait

(¹) Cpr. Cass , 15 juill. 1879, S., 80. 1. 97, D., 81. 1. 209.

(²) Carpentier, *op. cit.*, n. 416. — D'autres auteurs pensent que les mots « à charge d'en référer » veulent dire que si des difficultés s'élèvent sur l'application de l'ordonnance, il en sera référé au président, comme en matière de saisie-arrêt. Vraye et Gode, II, p. 597; Coulon, IV, p. 315; Garçonnet, IV, § 1366, p. 491.

(³) Carpentier, *op. cit.*, n. 1423; Coulon, IV, p. 319; Vraye et Gode, p. 89. — V. en sens contraire pour les propres mobiliers parfaits, Huc, II, n. 356.

abusive ou vexatoire, le mari pourrait y faire apporter des tempéraments et demander, par exemple, la substitution d'un inventaire immédiat aux lieu et place des scellés (¹). Il est toujours permis, du reste, de demander la confection d'un inventaire, de préférence à l'apposition des scellés.

Lorsque les scellés ont été apposés, l'un ou l'autre des époux peut en demander la levée, à toute époque (²), au cours de l'instance (³). La levée des scellés doit être accompagnée d'un inventaire et d'une prisée, à moins d'accord contraire entre les parties. Si le mari et la femme ne sont pas d'accord sur le choix du notaire, le président du tribunal a toute liberté pour en désigner un ou deux (⁴). L'inventaire doit comprendre uniquement, en dehors de la description des biens mobiliers, les titres et papiers utiles à la liquidation éventuelle des droits des époux, mais non les lettres missives étrangères au règlement des intérêts pécuniaires; le juge des référés qui, à bon droit, prescrit de verser à l'inventaire toutes pièces et documents ayant trait à l'établissement des forces actives ou passives de la communauté, doit prescrire en même temps la remise immédiate aux mains de l'un ou de l'autre époux de tous documents, notes, papiers, tels que lettres par eux ou à eux adressées n'ayant aucun rapport avec l'actif ou le passif de la communauté et qui sont leur propriété personnelle (⁵).

L'art. 252 confère aux époux une simple faculté dont ils

(¹) Lyon, 1er avril 1854, S., 54. 2. 587, D., 56. 2. 241. — Il importe peu que les époux soient ou non étrangers (même arrêt).

(²) Il n'y a pas lieu d'appliquer ici l'art. 928 Pr. civ.

(³) Angers, 16 avril 1853, S., 53. 2. 295, D., 53. 2. 139.

(⁴) Trib. Rambouillet, 22 fév. 1892, *La Loi*, 13 mai 1892.

(⁵) Paris, 7 avril 1897, *Gaz. Trib.*, 7-8 juin 1897; 20 juin 1895, *Gaz. Trib.*, 28 juin 1895; 3 août 1886, *Le Droit*, 18 sept. 1886; 2 mars 1886, S., 86. 2. 161. — Caen, 21 août 1884, S., 86. 2. 163; 19 déc. 1865, S., 66. 2. 234, D., 66. 2. 70. — Rouen, 23 mars 1864, S., 64. 2. 143, D., 64. 2. 70. — Il n'y a pas lieu d'examiner de tels documents en chambre du conseil et d'en tirer argument pour le débat au fond (Paris, 7 avril 1897, précité); on peut déléguer au juge de paix chargé de la levée des scellés, au notaire rédacteur de l'inventaire, la mission de prendre connaissance, de faire le choix entre les divers documents et de ne retenir que ceux utiles à la liquidation, sauf à en référer en cas de difficultés (Paris, 20 juin 1895, 2 mars 1886 et Caen, 21 août 1884, précité).

sont libres de ne pas user et à laquelle ils peuvent renoncer, même après en avoir réclamé l'exercice (¹).

221. En principe, le mari a le droit, comme chef de la communauté, de demander, après la clôture de l'inventaire, la remise entre ses mains des objets inventoriés (²); il en serait autrement si l'on pouvait se plaindre de la mauvaise administration du mari; les tribunaux auraient, dans ce cas, le pouvoir de désigner un tiers comme gardien des scellés (³) ou comme sequestre de certains objets inventoriés.

222. L'apposition des scellés et, a fortiori, la rédaction d'un inventaire, ne produisent aucun effet à l'encontre des tiers; notamment, les créanciers de l'un ou de l'autre des époux conservent, malgré ces mesures, le droit de saisir les objets mis sous scellés ou inventoriés (⁴). Quel est, au contraire, l'effet de ces mesures dans les rapports entre époux et spécialement en ce qui concerne les pouvoirs du mari? On avait soutenu, sous l'empire de l'ancien art. 270, que le mari ne pouvait aliéner les objets mobiliers placés sous scellés ou inventoriés (⁵). L'art. 242 nouveau se contente de dire que l'époux en possession des valeurs inventoriées sera constitué gardien judiciaire de ces valeurs; on peut, au point de vue pénal, en tirer cette conséquence que le détournement frauduleux des effets inventoriés ou mis sous scellés constitue le délit prévu par l'art. 400, § 3 (C. pr.) (⁶). Mais on ne saurait enlever au mari ses pouvoirs d'administrateur, c'est-à-dire la faculté d'aliéner normalement des biens inventoriés (⁷). On pourrait seulement refuser au mari le pouvoir d'aliéner tant que les objets demeurent placés sous scellés. Les frais

---

(¹) Cass., 29 juill. 1884, S., 85. 1. 154.

(²) Paris, 24 mars 1886, *La Loi*, 18 juin 1886.

(³) Paris, 13 fév. 1896, *Gaz. Pal.*, 96. 1. 497; 13 avril 1889, S., 91. 2. 27, D., 92. 2. 552. — Cpr. *infra*, n. 224.

(⁴) Rennes, 8 août 1810, S. chr. — Toullier, II, n. 776; Duranton, II, n. 613.

(⁵) Paris, 26 mars 1885, S., 86. 2. 53; 2 mars 1886, S., 86. 2. 161, D., 87. 2. 200.

(⁶) Cass., 13 août 1869, S., 70. 1. 47, D., 70. 1. 92. — Lyon, 10 mai 1865, S., 65. 2. 228.

(⁷) Carpentier, *op. cit.*, n. 1463; Coulon, IV, p. 321. — V. toutefois Huc, II, n. 357, qui distingue entre les biens communs et les biens propres.

de scellés doivent, comme les frais d'inventaire, être portés au passif de la communauté ([1]).

223. B. *Oppositions.* — On a discuté assez longtemps sur le point de savoir s'il était possible, en principe, de pratiquer des oppositions entre les mains des débiteurs du mari pour la sauvegarde des droits de la femme ([2]). Un arrêt de la cour de cassation du 14 mars 1855 ([3]) avait accordé ce droit à la femme au cours de l'instance en séparation de corps; cette solution paraît aujourd'hui difficilement contestable, étant données les intentions du législateur de 1886; sans doute, l'art. 242 ne mentionne pas cette mesure en termes exprès; mais l'on a voulu, en 1886, consacrer les errements de la jurisprudence et laisser au juge la liberté d'ordonner les mesures conservatoires qui paraîtraient nécessaires. On ne saurait donc refuser, en principe, à la femme la faculté de pratiquer des saisies-arrêts ou oppositions. Il reste seulement à apprécier, en fait, l'opportunité de la mesure sollicitée. La femme ne saurait, en effet, recourir sans autorisation du juge ([4]) à cette mesure dont le caractère prédominant est d'être conservatoire; avant de l'autoriser, le juge doit donc rechercher si elle est utile pour la conservation des droits de la femme; on comprend, dès lors, que, suivant les circonstances variables des espèces, on accorde ou on refuse à la femme le droit de pratiquer des saisies-arrêts et c'est ce qui permet d'expliquer la divergence sur ce point des décisions judiciaires, les unes permettant la saisie-arrêt ([5]), les autres

---

([1]) Il en est ainsi dans le cas même où les frais de l'instance auraient été mis à la charge de celui des époux qui n'avait pas réclamé la mesure. — Orléans, 27 déc. 1883, *Gaz. Pal.*, 84. 1. 480. — Cpr. Trib. Seine, 11 déc. 1861, D., 62. 3. 60. — L'époux constitué gardien n'a droit à aucun émolument. — Paris, 8 avril 1869, S., 69. 2. 205, D., 69. 2. 236.

([2]) V. dans le sens de la négative, Caen, 29 mai 1849, S., 49. 2. 692, D., 50. 5. 422. — Bordeaux, 6 fév. 1850, S., 50. 2. 336, D., 50. 2. 150; dans le sens de l'affirmative, Lyon, 1er avril 1854, S., 54. 2. 587, D., 56. 2. 241.

([3]) Cass., 14 mars 1855, S., 56. 1. 655, D., 55. 1. 235.

([4]) L'ordonnance doit évaluer au moins approximativement la somme pour sûreté de laquelle la saisie-arrêt est autorisée. — Si la saisie n'avait pas été régulièrement autorisée, le saisi pourrait demander des dommages-intérêts au saisissant. — Paris, 18 juill. 1893, *La Loi*, 4 janv. 1893.

([5]) Cass., 16 déc. 1889 (motif), S., 90. 1. 481. — Dijon, 12 fév. 1890, *Gaz. Pal.*, 90. 1. 422. — Paris, 13 avril 1889, S., 91. 2. 27, D., 92. 2. 552.

refusant de l'autoriser et voulant assurer le respect des pouvoirs du mari dans des hypothèses où les intérêts de la femme ne semblaient pas compromis (¹).

224. C. *Autres mesures conservatoires; — Sequestre.* — La même difficulté existe pour les autres mesures conservatoires qui pourraient être sollicitées au cours de l'instance; le juge devra toujours rechercher, en fait, si les circonstances spéciales de la cause permettent de justifier l'emploi des mesures réclamées; c'est ainsi qu'on a pu, à la demande de la femme, ordonner la vente d'un fonds de commerce dépendant de la communauté (²) ou prescrire la communication des inventaires annuels et des registres d'une société dont le mari faisait partie (³).

L'hésitation est beaucoup plus grande lorsqu'il s'agit non plus d'atteindre les pouvoirs du mari à propos d'un acte déterminé, mais d'enlever au mari, d'une manière générale, les pouvoirs d'administrateur que la loi lui confère sur les biens de la communauté et sur les propres de la femme. D'après l'opinion généralement admise en doctrine ou en jurisprudence, les tribunaux ne pourraient dépouiller le mari de ses pouvoirs d'administrateur (⁴). Cette solution pourtant ne devrait être admise que sous une réserve : la constitution d'un sequestre serait possible dans des circonstances très exceptionnelles, lorsque le mari, par négligence, incurie ou méchanceté, laisserait péricliter les valeurs dont il a l'administration, et l'on devrait, en fait, accueillir plus facilement la demande s'il s'agissait de sauvegarder les biens propres de sa femme (⁵).

D'ailleurs, la femme, en de telles circonstances, pourrait

(¹) Paris, 2 mars 1886, S., 86. 2. 161. — Trib. Seine, 14 mai 1892, *La Loi*, 3 août 1892.

(²) Paris, 4 mars 1896, *Gaz. Trib.*, 23 sept. 1896.

(³) Paris, 7 nov. 1885, *Le Droit*, 4 mai 1886.

(⁴) Cass., 26 mars 1889, S., 90. 1. 253, D., 89. 1. 444. — Paris, 30 oct. 1894, S., 96. 2. 92, D., 95. 2. 223; 13 avril 1889, D., 92. 2. 552. — Bordeaux, 11 janv. 1893, D., 93. 2. 518. — Lyon, 25 mai 1892, D., 92. 2. 535. — Riom, 21 déc. 1891, S., 92. 2. 4. — Orléans, 25 fév. 1897, *La Loi*, 11 mars 1897. — Massigli, *Rev. crit.*, 1890, n. 457.

(⁵) Montpellier, 31 janv. 1895, D., 95. 2. 355. — Trib. Seine, 14 fév. 1898, *Gaz. Trib.*, 11-12 juill. 1898.

introduire parallèlement à son action en divorce, une demande en séparation de biens (¹) et, au cours de cette procédure, demander, par application de l'art. 869 (Pr. civ.), la constitution d'un sequestre.

225. Aux termes du nouvel art. 243 : « *Toute obligation* » *contractée par le mari à la charge de la communauté, toute* » *aliénation par lui faite des immeubles qui en dépendent,* » *postérieurement à la date de l'ordonnance dont il est fait* » *mention en l'art. 235, sera déclarée nulle, s'il est prouvé* » *d'ailleurs qu'elle a été faite ou contractée en fraude des droits* » *de la femme* ». Ce texte reproduit exactement l'ancien art. 271. Il formule une application particulière du principe général qui permet à un créancier d'attaquer les actes faits par son débiteur en fraude de ses droits (art. 1167).

Le projet adopté par le conseil d'Etat en l'an X contenait une disposition beaucoup plus rigoureuse, celle de l'art. 41, ainsi conçu : « A compter du jour de la demande en di- » vorce, le mari ne pourra plus contracter de dettes à la » charge de la communauté, ni disposer des immeubles qui » en dépendent : toute aliénation qu'il en fera sera nulle de » droit ». Les obligations contractées à la charge de la communauté, et les aliénations d'immeubles communs consenties par le mari, le tout postérieurement à la demande en divorce, étaient donc présumées frauduleuses, et c'est pourquoi elles étaient déclarées nulles de droit. Sur les observations du tribunat, le conseil d'Etat renonça à cette disposition. Mais il refusa de consacrer celle que le tribunat proposait pour la remplacer, et préféra en revenir au droit commun, dont l'art. 271, tel qu'il a été définitivement voté, n'est en somme que l'expression ; on l'a formellement dit au conseil d'Etat. Il en résulte que l'art. 271 ne devait pas, sous l'empire du code civil, être considéré comme restrictif, et il en est de même du nouvel art. 243. Bien que la loi ne parle que des aliénations d'immeubles, notre disposition s'appliquerait donc également aux aliénations de meubles. Il en résulte aussi que

(¹) Trib. Albi, 12 déc. 1893, *Gaz. Trib.*, 1er fév. 1894. — Trib. Chambéry, 28 mars 1887, *Gaz. Trib.*, 8 avril 1887.

la femme ne peut réussir dans son action en nullité qu'autant
que les conditions prescrites par le droit commun se trouvent
réunies. Elle doit donc prouver la fraude du mari, et, en outre,
la complicité de celui avec qui il a traité, si l'acte dont elle
demande la nullité est à titre onéreux.

SECTION III

DES FINS DE NON-RECEVOIR CONTRE L'ACTION EN DIVORCE

226. Le nouvel art. 244, qui reproduit avec quelques améliorations la disposition des anciens art. 272 et 273, indique
deux causes d'extinction de l'action en divorce : la réconciliation des époux et la mort de l'un d'eux. Il faut ajouter la
prescription.

La chose jugée peut, en cette matière, conformément à une
règle générale, fournir une exception contre la demande en
divorce ou en séparation de corps; nous indiquerons plus loin
dans quel cas et sous quelles conditions l'exception de chose
jugée est opposable en matière de divorce ou de séparation
de corps (¹).

Il est inutile, par ailleurs, de revenir, à propos des fins de
non-recevoir, sur ce que nous avons dit précédemment de
l'abandon par la femme de la résidence à elle fixée, du désistement et de l'acquiescement, de l'irresponsabilité, couvrant
les actes de l'un des époux; la séparation de fait, volontairement convenue entre les époux, est sans valeur juridique et
ne fait pas obstacle au droit de demander le divorce et la
séparation de corps (²).

§ I. *Réconciliation des époux.*

227. « *L'action en divorce s'éteint par la réconciliation des*
» *époux, survenue soit depuis les faits allégués dans la de-*
» *mande, soit depuis cette demande. — Dans l'un et l'autre*

_____

(¹) V. *infra*, n. 354 s.
(²) Caen, 11 avril 1818, S. chr.; si la séparation de fait intervenait au cours
de l'instance en divorce ou en séparation de corps, on pourrait seulement, dans
certaines circonstances, la considérer comme un désistement tacite.

» cas, *le demandeur est déclaré non recevable dans son ac-*
» *tion* » (nouvel art. 244 al. 1 et 2).

La réconciliation éteint l'action en divorce parce qu'elle implique une convention des époux de reprendre ou de continuer la vie commune et par suite de ne plus songer au divorce.

Le fondement de toute réconciliation est le pardon accordé par l'époux outragé à l'époux coupable; la réconciliation implique donc nécessairement : 1° la connaissance chez la victime des torts et griefs de son conjoint ([1]); 2° la volonté de n'en plus tenir compte ([2]); 3° la cessation de ces torts et griefs chez l'époux coupable ([3]).

228. La réconciliation peut être antérieure ou postérieure à l'introduction de la demande en séparation de corps ([4]); elle n'est soumise, du reste, à aucune condition de fond ni de forme. Il faut, toutefois, qu'elle soit réelle et non pas feinte ou apparente ([5]); il faut aussi qu'elle n'ait rien de conditionnel : si, par exemple, une femme, en se rapprochant de son mari, avait accompagné ses démarches de protestations et de réserves, on pourrait ne voir dans ces faits qu'un essai de réconciliation, un délai d'épreuve accordé au mari ([6]); de même, une lettre écrite par un mari annonçant l'intention de reprendre sa femme sous de certaines conditions, ne vaudrait pas réconciliation, si les conditions n'avaient pas été remplies ([7]). Il importe, enfin, que la réconciliation émane d'une volonté libre et exempte de tout vice ([8]). Mais il importe peu que les actes d'où résulte la réconciliation aient eu

[1] Cass., 4 déc. 1876, S., 77. 1. 110, D., 77. 1. 313; 14 mars 1888, S., 88. 1. 373, D., 88. 1. 271. — Besançon, 20 fév. 1860, S., 60. 2. 229, D., 60. 2. 54. — Trib. Seine, 7 avril 1874, sous Cass., 3 fév. 1875, D., 76. 1. 465.

[2] Lyon, 24 déc. 1891, S., 92. 2. 288.

[3] Lyon, 24 déc. 1891, précité.

[4] Cass., 8 déc. 1832, S., 33. 1. 528, D., 33. 1. 133. — Poitiers, 30 déc. 1890, *La Loi*, 28 janv. 1891. — Carpentier, *op. cit.*, n. 1984.

[5] Grenoble, 21 janv. 1864, D., 66. 5. 425.

[6] Bourges, 14 juin 1852, P., 52. 2. 210.

[7] Caen, 14 mars 1883, S., 85. 2. 49 et la note de M. Labbé.

[8] Poitiers, 30 déc. 1890. — Besançon, 13 juin 1864, D., 64. 2. 112. — Lyon, 8 mars 1892, *Mon. jud. Lyon*, 4 août 1892. — Bruxelles, 9 août 1877, *Pasicr.*, 78. 2. 260.

une durée plus ou moins longue (¹); par ailleurs, la réconciliation n'implique pas nécessairement le concours de la
volonté des deux conjoints : dès qu'il est prouvé que le
demandeur a complètement pardonné, les juges doivent
admettre l'exception de réconciliation, sans que le défendeur
ait besoin d'établir qu'il avait accepté le pardon de son conjoint (²).

229. La réconciliation peut se manifester d'une façon
expresse, par exemple, dans une lettre ou dans un acte de
procédure (³); elle peut aussi être tacite et s'induire des faits
et circonstances de la cause; les juges du fond possèdent, à
cet égard, un pouvoir souverain d'appréciation pour admettre
ou écarter l'existence d'une réconciliation tacite (⁴). Le fait le
plus significatif entre tous, permettant de supposer la réconciliation, c'est le rétablissement de la vie commune, lorsqu'elle a été suspendue provisoirement(⁵); cette circonstance,
toutefois, n'implique pas toujours et nécessairement la preuve
d'une réconciliation; il convient donc d'examiner dans quelles
conditions la vie commune a repris entre les époux (⁶); il se
peut aussi que même des rapports intimes ne suffisent pas,
dans certaines circonstances exceptionnelles, pour constituer
une réconciliation (⁷).

Quant à la grossesse de la femme, survenue depuis la
demande et depuis les faits qui y ont donné lieu (⁸), elle ne

(¹) Cass., 6 déc. 1832, S., 32. 1. 528. — Poitiers, 30 déc. 1890, précité. — Carpentier, *op. cit.*, n. 1995.

(²) En refusant d'invoquer l'exception de réconciliation, le défendeur pourrait,
toutefois, lui enlever toute efficacité. — Caen, 14 mars 1883, précité.

(³) Caen, 25 juill. 1882, S., 85. 2. 49. — Dans l'espèce, devant le magistrat conciliateur, le demandeur s'était désisté et une convention était intervenue entre les
époux sur les conditions du rétablissement de la vie commune.

(⁴) Cass., 12 nov. 1862, S., 63. 1. 214, D., 63. 1. 244.

(⁵) Grenoble, 13 juill. 1883, *Gaz. Pal.*, 84. 1. 157; 15 fév. 1886, *Gaz. Pal.*, 86. 1.
175. — Lyon, 29 juin 1892, *Mon. jud. Lyon*, 21 déc. 1893.

(⁶) Cass., 11 déc. 1893, S., 94. 1. 120, D., 94. 1. 341. — Lyon, 24 déc. 1891, S.,
92. 2. 288.

(⁷) Cpr. Bruxelles, 8 juill. 1865, *Belg. jud.*, 66, p. 824; 28 oct. 1843, *Belg. jud.*,
3, p. 1759. — Besançon, 13 juin 1864, D., 64. 2. 112.

(⁸) L'époque de la conception doit être calculée d'après la durée de la gestation
ordinaire, sans recourir aux présomptions de l'art. 312 C. civ. — Rouen, 27 juin
1844, *Rec. arrêts Rouen*, 44, p. 419.

fait preuve de la réconciliation que si l'on peut l'attribuer au mari et en supposant, d'ailleurs, que la femme n'a pas été violentée (¹). Divers arrêts ont, avec raison, écarté la réconciliation dans des espèces où les faits ne paraissaient pas suffisamment probants (²).

Quel est, à ce point de vue, l'effet du désistement par le mari de sa plainte en adultère? Si le désistement intervient, alors que la juridiction correctionnelle est encore saisie et avant qu'une condamnation ait été prononcée, il ne constitue pas à lui seul une réconciliation; le mari, en effet, demeure maître d'arrêter l'exercice de l'action publique, sans être assujetti à l'obligation de reprendre sa femme (art. 336, C. pr.); le désistement n'implique donc pas la reprise de la vie commune, ni le pardon de l'offense (³). La question est beaucoup plus délicate, lorsque le mari veut arrêter les effets d'une condamnation déjà prononcée; pour y parvenir et user de cette sorte de droit de grâce que la loi lui confère, le mari doit reprendre sa femme (art. 337, § 2, C. pr.); par suite, le mari se soumet nécessairement à cette condition, lorsqu'il manifeste la volonté de soustraire sa femme à la condamnation prononcée; on peut donc considérer, en principe, comme constituant une réconciliation, la volonté exprimée par le mari d'arrêter les effets de la condamnation, alors même qu'il n'aurait pas indiqué d'une façon expresse l'intention de reprendre sa femme, cette condition étant nécessairement sous-entendue (⁴). Mais le mari pourrait écarter l'exception

(¹) Cpr. Nîmes, 14 mars 1842, P., 42. 1. 750. — Coulon, IV, p. 232; Demante et Colmet de Santerre, I, n. 347 bis.

(²) Ainsi, le fait par une femme de retourner auprès de son mari, afin de lui donner des soins pendant une maladie, ne suffit pas pour établir la réconciliation. — Lyon, 30 juill. 1891, Gaz. Trib., 26 sept. 1891. — De même on ne saurait voir une réconciliation dans cette circonstance que la femme se serait rendue dans une propriété commune aux deux époux, habitée par le mari (Lyon, 15 nov. 1888, Gaz. Trib., 28 janv. 1888), ni dans des relations accidentelles et de pure convenance qui auraient eu lieu entre le mari et la femme. — Paris, 31 janv. 1889, Le Droit, 1er oct. 1889. — Cpr. encore Dijon, 6 mars 1884, S., 85. 2. 55. — Trib. Seine, 11 mai 1894, Gaz. Trib., 6 juin 1894.

(³) Cass., 30 juill. 1885, S., 86. 1. 188, D., 86. 1. 428. — Nancy, 7 mai 1885, S., 85. 2. 105. — Rouen, 18 nov. 1847, S., 48. 2. 83, D., 48. 2. 50. — Paris, 30 août 1841, S., 41. 2. 487, D., 42. 2. 102.

(⁴) Paris, 4 août 1888, S., 89. 2. 13, D., 90. 2. 279.

de réconciliation en formulant des réserves expresses, en indiquant, par exemple, qu'il reprend sa femme pour obéir à la loi et jusqu'à ce que le président lui ait fixé une résidence séparée, au cours de l'instance en divorce qu'il se propose d'introduire.

230. La preuve de la réconciliation demeure soumise aux règles du droit commun. Comme il s'agit d'établir l'existence d'un pur fait, on pourra recourir à tous les modes de preuves, notamment à la preuve par témoins. Les juges pourront, à leur gré, soit ordonner une enquête spéciale et préalable sur les faits de réconciliation allégués par l'un des époux ([1]), soit ordonner tout à la fois une enquête sur les griefs articulés par le demandeur en divorce et sur les faits de réconciliation invoqués par le défendeur ([2]).

L'aveu de la partie ne pouvant pas inspirer ici la même défiance que lorsqu'il s'applique aux faits sur lesquels est fondée la demande en divorce, il en résulte que la réconciliation serait suffisamment établie par cet aveu ([3]). Nous en dirions de même du serment ([4]).

231. C'est à l'époux qui invoque l'exception de réconciliation qu'appartient la charge d'en établir les faits constitutifs ([5]). Mais, comme il s'agit, en réalité, d'un moyen de défense dirigé contre le principe même de la demande et non pas seulement d'une question de procédure, on doit admettre que la réconciliation peut être opposée pour la première fois même en appel ([6]), sans qu'il soit nécessaire de considérer cette fin de non-recevoir comme étant d'ordre public. On peut donc, sans contradiction, admettre qu'elle est opposable en tout état de cause, et même pour la première fois en appel,

---

([1]) Trib. Seine, 27 avril 1888, *Gaz. Trib.*, 1er mai 1888.

([2]) Cass., 24 juill. 1889, S., 92. 1. 388, D , 90. 1. 346; 15 nov. 1880, S., 81. 1. 176, D., 81. 1. 153. — La preuve de la réconciliation pourrait être tirée de simples présomptions ou puisée dans une information criminelle. — Trib. Lyon, 9 mai 1895, *Gaz. Trib.*, 19 sept. 1895.

([3]) Trèves, 28 mai 1813, S. chr. — Trib. Villeneuve-sur-Lot, 12 déc. 1891, *Le Droit*, 25 juin 1892. — Cpr. *Contra* Bruxelles, 15 mars 1879, *Pasicr.*, 79. 2. 275.

([4]) Trib. Villeneuve-sur-Lot, 12 déc. 1891, précité. — *Contra* Trib. Dunkerque, 8 fév. 1889, *Gaz. Pal.*, 7 mars 1889.

([5]) Aubry et Rau, V, § 492, p. 185, texte et note 13; Vraye et Gode, I, n. 128.

([6]) *Contra* Aix, 21 déc. 1831, S., 33. 2. 518.

tout en refusant au juge le droit de la suppléer d'office, alors qu'elle n'est pas proposée par les parties (¹).

232. La fin de non-recevoir résultant de la réconciliation peut être invoquée, quelle que soit la cause de la demande en divorce, et sans qu'il y ait lieu d'excepter le cas où cette demande est fondée sur une condamnation à une peine afflictive et infamante (²) ou sur l'adultère (³).

La réconciliation a pour résultat d'effacer toute la procédure antérieure et de mettre obstacle à une nouvelle demande basée sur les griefs anciens (⁴), à moins, que, par hasard, il ne s'agisse de griefs dont l'époux offensé n'avait pas connaissance au moment de la réconciliation (⁵). Si une réconciliation était venue couvrir une offense, avant qu'aucune action n'ait été introduite, la demande en divorce ou en séparation de corps devrait encore être écartée ; on ne pourrait non plus demander la conversion en divorce d'un jugement de séparation de corps qui aurait été suivi d'une réconciliation des époux (⁶.

233. Ainsi le pardon amnistie le passé ; mais il n'est pas un brevet d'impunité pour l'avenir. Aussi l'art. 244 al. 2 décide-t-il que l'époux, qui par le pardon s'est rendu non recevable dans son action en divorce, « *peut néanmoins en intenter une* » *nouvelle pour cause survenue ou découverte depuis la récon-* » *ciliation et se prévaloir des anciennes causes à l'appui de sa* » *nouvelle demande* ». Cette disposition signifie que les faits amnistiés par le pardon pourront servir d'appoint aux nouveaux qui, par eux-mêmes et à eux seuls, ne seraient peut-être pas suffisants pour faire prononcer le divorce. Seulement

---

(¹) Cass., 6 déc. 1897, *Gaz. Trib.*, 6 déc. 1897. — *Contra* Huc, II, n. 366 ; Vraye et Gode, I, n. 130 *bis*. — Lyon, 2 mars 1894, S., 94. 2. 136, D., 94. 2. 468.

(²) Toulouse, 7 juill. 1886, S., 86. 2. 209, D., 88. 2. 52. — Aubry et Rau, V, § 492, p. 184 ; Carpentier, *op. cit.*, n. 1980. — *Contra* Grenoble, 17 août 1821, S. chr.— Rouen, 8 fév. 1841, S., 41. 2. 646.

(³) Cass., 31 avril 1891, *Le Droit*, 5 sept. 1891.

(⁴) Trib. Seine, 28 janv. 1898, *Gaz. Trib.*, 18 mai 1898 ; 8 mai 1896, *Gaz. Trib.*, 24 sept. 1896.

(⁵) Cass., 3 fév. 1875, S., 75. 1. 393 ; 4 déc. 1876, S., 77. 1. 110. — On sait, en effet, que la réconciliation, pour être efficace, suppose la connaissance de l'injure. V. *supra*, n. 227.

(⁶) Paris, 8 août 1893, D., 93. 2. 576.

les juges auront à apprécier si les nouveaux faits survenus depuis la réconciliation ont assez de gravité par eux-mêmes pour faire disparaître les effets du pardon et la fin de non-recevoir qui en était la conséquence ([1]).

234. Lorsque des griefs nouveaux existent, il n'y a pas à rechercher, pour faire revivre les anciens, si la réconciliation est intervenue avant ou après une première demande ([2]), ni même si les faits antérieurs à la réconciliation avaient fait l'objet d'une première instance ([3]).

On pourrait encore, grâce aux nouveaux griefs, admettre en preuve des faits déclarés non pertinents dans une instance antérieure ([4]). Si des griefs nouveaux s'étaient produits au cours d'une instance dans laquelle on invoquait l'exception de réconciliation, il ne serait pas nécessaire d'introduire une nouvelle demande; l'on pourrait, en continuant l'instance, se prévaloir tout à la fois des faits anciens et des faits nouveaux ([5]).

235. On demande si la réciprocité des torts constitue une fin de non-recevoir contre l'action en divorce. En principe il faut répondre négativement, d'abord parce que cette fin de non-recevoir n'est pas écrite dans la loi, et puis parce que la réciprocité des torts ne fait souvent que rendre la vie commune plus intolérable, et par suite le divorce plus indispensable. Ainsi il est clair que, si le divorce est nécessaire lorsque la vie de l'un des époux est mise en péril par les excès de l'autre, il l'est deux fois pour une lorsque, les excès étant réciproques, la vie des deux époux se trouve en danger.

On prétend cependant que la règle souffre deux exceptions

([1]) Cass., 19 fév. 1895, S., 95. 1. 176, D., 95. 1. 224 ; 16 avril 1894, S., 95. 1. 309, D., 95. 1. 85 ; 11 mai 1885, S., 86. 1. 16 ; 18 janv. 1881, S., 81. 1. 209, D., 81. 1. 125. — Bruxelles, 14 déc. 1892, D., 93. 2. 317.

([2]) Cass., 5 janv. 1874, S., 74. 1. 124, D., 77. 5. 493. — Rennes, 31 août 1833, S., 34. 2. 285. — Il n'est pas nécessaire non plus que les causes antérieures et celles postérieures soient de même nature. Cass., 6 juin 1853, S., 53. 1. 708, D., 53. 1. 244. — Ainsi l'injure grave permet d'invoquer un fait d'adultère antérieur à la réconciliation. Trib. Seine, 14 août 1891, *Le Droit*, 10 août 1891.

([3]) Cass., 13 mars 1860, D., 60. 1. 400.

([4]) Cass., 29 mars 1887, S., 87. 1. 470, D., 87. 1. 453.

([5]) Cass., 21 déc. 1896, *Gaz. Trib.*, 22 déc. 1896. — Bruxelles, 17 déc. 1887, *J. Trib. jud.*, 12 janv. 1888. — *Contra* Carpentier, *op. cit.*, n. 2120. — Cpr. Lyon, 21 fév. 1893, *Mon. jud.*, 20 juill. 1893.

La première, qui est généralement admise, mais au sujet de laquelle nous n'en faisons pas moins nos réserves, a lieu quand les époux ont été condamnés l'un et l'autre à une peine afflictive et infamante. Concevrait-on, disent les auteurs, qu'en pareil cas l'un des époux vînt alléguer l'infamie de l'autre pour obtenir le divorce ([1])?

La deuxième exception est beaucoup plus contestable et beaucoup plus contestée. Elle aurait lieu au cas où, le divorce étant demandé pour cause d'adultère, l'époux défendeur prouverait que son conjoint s'est lui-même rendu coupable de ce délit. On fonde principalement cette solution sur l'art. 336 du code pénal, d'après lequel le mari perd le droit de *dénoncer l'adultère de sa femme,* quand il a lui-même commis un adultère dans les conditions requises par la loi criminelle pour que ce délit soit punissable, c'est-à-dire quand il a tenu sa concubine dans la maison conjugale. Il en résulte, dit-on, que le mari ne peut plus alors demander le divorce pour cause d'adultère de sa femme ; car, en formant une semblable demande, il dénoncerait cet adultère, ce que lui interdit l'art. 336. Puis on généralise la pensée qui justifie cette proposition, et on arrive ainsi à dire que l'un des époux ne peut plus demander le divorce contre l'autre pour cause d'adultère, lorsque, par son adultère, il s'est mis lui-même en situation de voir prononcer le divorce contre lui. — Cet argument n'est rien moins que concluant. Le code pénal ne s'occupe de l'adultère qu'au point de vue de sa sanction pénale, et non au point de vue de sa sanction civile, qui est le divorce ou la séparation de corps. Tout ce qui résulte de l'art. 336 du code pénal, c'est que le mari ne peut plus demander la répression pénale de l'adultère de sa femme, quand il a tenu sa concubine dans la maison conjugale; mais il ne s'en suit nullement qu'il ne puisse pas invoquer cet adultère comme fondement d'une demande en divorce ou en séparation de corps. La jurisprudence est en ce sens, ainsi que la majorité des auteurs ([2]).

([1]) Cpr. Demolombe, IV, n. 415.

([2]) Paris, 9 juin 1860, S., 60. 2. 449. — Trib. Seine, 16 nov. 1897, *Gaz. Trib.,* 17 nov. 1897. — Trib. Bruxelles, 7 juin 1888, *Pasicr.,* 88. 2. 115. — Carpentier, *op. cit.,* n. 2190.

236. Le principe, que la réciprocité des torts ne constitue pas une fin de non-recevoir contre la demande en divorce, ne fait pas obstacle à ce que le juge admette, s'il y a lieu, une certaine *compensation,* comme on le dit dans un langage qui n'est peut-être pas d'une exactitude rigoureuse, entre les torts réciproques des deux parties. Nous voulons dire que, lorsque la demande en divorce a pour cause des excès, sévices ou injures graves, le juge, qui est chargé d'apprécier la gravité du fait allégué, doit faire cette appréciation d'après les circonstances de la cause, au nombre desquelles il faut placer la situation qui a été faite à l'époux défendeur par son conjoint lui-même, et qui peut expliquer dans une certaine mesure, sans les justifier, ses emportements ou ses propos injurieux. En d'autres termes, si l'époux demandeur a motivé par sa conduite les excès, sévices ou injures graves dont il se fait une arme pour obtenir le divorce, s'il y a eu de sa part provocation, la gravité des faits qu'il allègue pourra s'en trouver diminuée aux yeux du juge, et le rejet de la demande en divorce pourra en être la conséquence. Pour que la provocation puisse être invoquée comme atténuation des griefs reprochés à l'un des époux, il n'est pas nécessaire qu'il y ait une connexité véritable, une concordance bien établie de temps et de lieu entre les torts réciproques; il suffit qu'il y ait un certain lien, une certaine relation de cause à effet entre les faits invoqués par le demandeur et ceux opposés par le défendeur ([1]). Les juges du fond apprécient souverainement cette relation, en examinant en fait, la gravité des griefs allégués ([2]); ils doivent nécessairement et d'eux-mêmes écarter au besoin la demande, si la provocation leur paraît établie, puisqu'ils ne doivent prononcer le divorce que dans l'hypothèse où les injures sont suffisamment graves. Toutefois l'arrêt qui prononce le divorce n'est pas tenu de s'expliquer sur l'existence et les effets d'une pro-

---

( ) Cass., 3 janv. 1893, S., 93. 1. 251 ; 2 juin 1890, S., 90. 1. 344. — V. aussi note sous Cass., 19 janv. 1892, S., 92. 1. 78.

([2]) Cass., 6 déc. 1897, *Gaz. Trib.*, 6 déc. 1897 ; 16 juil. 1895, S., 95. 1. 311 ; 18 juil. 1892, S., 95. 1. 308 ; 17 déc. 1889, *Pand. fr.*, 90. 1. 567 ; 30 mars 1859, S., 59. 1. 661 ; 4 déc. 1855, S., 56. 1. 814.

vocation dont les conclusions n'auraient pas fait état(¹). Dans leur appréciation souveraine, les tribunaux peuvent, tout en admettant l'existence d'une provocation, considérer qu'elle n'est pas suffisante pour excuser les torts de l'autre époux et prononcer, par suite, quand même, la séparation de corps ou le divorce (²). La compensation pour torts réciproques, si c'en est une, n'est pas admissible au cas d'adultère, parce que la loi ne subordonne pas le succès de la demande en divorce, fondée sur cette cause, à la gravité de l'adultère, et ne laisse par suite aucune place à l'appréciation du juge (³).

237. L'existence de torts réciproques, lorsqu'il y a provocation, exercera son influence soit dans le cas d'une demande unique, soit dans le cas où le défendeur a formé lui-même une demande reconventionnelle : pour en préciser les effets, on peut envisager plusieurs hypothèses :

1° Si l'on est en présence d'une demande unique basée sur l'adultère ou sur une condamnation à une peine afflictive et infamante, c'est-à-dire sur une cause péremptoire, la provocation est inopérante; les tribunaux sont tenus de prononcer le divorce, quels que soient les torts du demandeur ;

2° Si l'on est en présence de deux demandes réciproques basées l'une et l'autre sur une cause péremptoire, les tribunaux ne peuvent compenser les torts et ils doivent accueillir les deux demandes;

3° Si l'une était fondée sur une cause péremptoire et l'autre basée sur les sévices ou injures graves, les tribunaux devraient accueillir la première, tout en conservant par rapport à la seconde un libre pouvoir d'appréciation, qui leur permettrait de tenir compte de la compensation;

4° Enfin, dans l'hypothèse soit d'une demande unique basée sur les sévices ou injures graves, soit de deux deman-

---

(¹) Cass., 3 janv. 1893, *Gaz. Trib.*, 4 janv. 1893 — En d'autres termes, les juges peuvent invoquer la compensation pour écarter la demande, sans qu'on y ait conclu; mais en l'absence de conclusions sur ce point, ils n'ont pas à répondre sur un moyen non invoqué, dont ils n'ont pas découvert eux-mêmes la preuve.

(²) Orléans, 13 mars 1891, *Le Droit*, 25 mars 1891. — Lyon, 15 nov. 1888, *Gaz. Trib.*, 5 janv. 1889. — Trib. Marseille, 11 janv. 1891, *La Loi*, 11 août 1891.—Trib. Lyon, 13 nov. 1885, *Gaz. Pal.*, 86. 1. 111.

(³) Cpr. Cass., 16 avril 1894, S., 95. 1. 309 ; 8 et 9 juil. 1895, S., 95. 1. 311.

des réciproques fondées sur cette même cause, les tribunaux peuvent tenir compte des torts réciproques, lorsque les griefs reprochés au demandeur ont pu déterminer ceux établis à la charge du défendeur; dans leur appréciation souveraine, suivant les circonstances, les juges pourront, soit accueillir ou rejeter en même temps chacune des demandes réciproques, soit encore faire droit à l'une des deux demandes et écarter l'autre.

§ II. *Mort de l'un des époux.*

238. Il va de soi que la mort de l'un des époux, survenue pendant le cours de l'instance en divorce, met fin à cette action. Comment pourrait-il être question de dissoudre par le divorce un mariage qui est déjà dissous par la mort? D'ailleurs le but unique du divorce est de remédier à une situation personnelle devenue intolérable, et la mort y a mis fin. Le survivant des époux ou les héritiers du prédécédé peuvent bien avoir un intérêt pécuniaire à la prononciation du divorce, mais le divorce n'a pas pour but de sauvegarder de pareils intérêts (¹).

Au moment où l'un des époux vient à mourir, le divorce est définitivement prononcé ; il ne reste plus qu'à faire transcrire le jugement sur les registres de l'état civil. La transcription pourra-t-elle être utilement effectuée à la requête du survivant ou des héritiers de l'époux prédécédé ? L'art. 244 *in fine* résout la question négativement : « *L'action en divorce* » *s'éteint également par le décès de l'un des époux, survenu* » *avant que le jugement soit devenu irrévocable par la trans-* » *cription sur les registres de l'état civil* ». Le législateur a bien fait de s'expliquer pour prévenir les doutes qui auraient pu s'élever. Seulement il a eu tort de dire, pour cette hypothèse comme pour les autres, que l'action en divorce est éteinte. Elle est éteinte, en effet, mais par le jugement qui a couronné l'instance en divorce, et non par la mort. Cet événement a seulement pour résultat d'empêcher que, désormais, le jugement prononçant le divorce puisse être

(¹) Cpr. *supra*, n. 70.

utilisé, et par conséquent, ce jugement demeure sans efficacité.

Mais voici une difficulté. Au moment de la mort de l'un des époux, la transcription du jugement ou arrêt de divorce avait déjà été requise, mais n'était point encore effectuée. On sait que l'officier de l'état civil ne doit effectuer cette transcription que le cinquième jour de la réquisition (art. 252, al. 2). — La transcription pourra-t-elle être effectuée utilement? Non. En effet, l'art. 244 *in fine* dit que l'action en divorce s'éteint par le décès de l'un des époux survenu avant que le jugement soit devenu irrévocable *par la transcription*. D'ailleurs, on verra (*infra,* n. 245) que c'est au moment de la transcription que se place la dissolution du mariage par le divorce. Or, comment un mariage déjà dissous par la mort pourrait-il être de nouveau dissous par le divorce? (¹).

Si l'officier de l'état civil n'avait pas opéré la transcription à l'expiration du délai de cinq jonrs qui lui est imparti, le décès de l'un des époux survenu postérieurement n'aurait pas pour résultat de faire tenir le divorce pour non avenu. La faute commise par l'officier de l'état civil ne doit pas avoir une pareille conséquence, irréparable pour ceux qui ont fait toute diligence dans le but de profiter du jugement obtenu (²).

§ III. *Prescription.*

239. Il existe une autre cause d'extinction de l'action en divorce, qui résulte des règles du droit commun, c'est la prescription. Après trente ans de date, un fait, quel qu'il soit, n'est plus susceptible d'être invoqué comme fondement d'une demande en divorce : l'action en divorce basée sur ce fait est prescrite (arg. art. 2262), sauf les suspensions et interruptions telles que de droit (³).

(¹) On pourrait, par suite, demander la rectification de l'acte de l'état civil dans lequel l'époux décédé avant la transcription sur les registres de l'état civil, a été qualifié d'époux divorcé. — Grenoble, 10 sept. 1887, S., 88. 2. 20, D., 89. 2. 230.

(²) Carpentier, *op. cit.,* n. 3245. — Cpr. *infra,* n. 246 la formule restrictive que comporte cette solution.

(³) Zachariæ, III, p. 863; Laurent, III, n. 2153. — Il n'y a pas lieu d'appliquer ici les règles de la prescription de l'action publique, dans le cas même où la cause de

CHAPITRE III

DES EFFETS DU DIVORCE

240. Le divorce dissout le mariage : c'est là son effet principal. Il donne donc aux époux un état civil nouveau. Ce changement dans l'état civil des époux divorcés exerce son influence sur leur capacité ; il produit aussi, par voie de conséquence, certains effets accessoires soit dans les relations des époux entre eux, soit dans leurs rapports avec les tiers. Parmi ces effets accessoires, les uns concernent le patrimoine des époux, les autres sont relatifs à leur personne et à celle de leurs enfants. En outre le jugement de divorce entraîne certaines déchéances contre l'époux coupable.

241. Aux termes de l'art. 252 *in fine* : « *Le jugement* [ou » arrêt] *dûment transcrit remonte, quant à ses effets entre* » *époux, au jour de la demande* ». C'est une dérogation au droit commun ; car, si la rétroactivité est naturellement attachée aux jugements *déclaratifs*, c'est-à-dire à ceux qui ne font que constater l'existence du droit réclamé, il en est autrement des jugements *attributifs* ou *constitutifs*, c'est-à-dire de ceux qui établissent un ordre de choses nouveau, qui créent une situation nouvelle aux parties, comme il arrive pour le jugement prononçant un divorce. En l'absence d'un texte, le divorce n'aurait donc pu produire ses effets qu'à dater du jour de sa prononciation devenue irrévocable. C'était la solution admise par tout le monde sous l'empire du code civil et de la loi du 27 juillet 1884. D'ailleurs, à cette époque, le divorce n'était pas prononcé par le juge, mais par l'officier de

---

divorce aurait sa source dans une infraction à la loi pénale ; seule, l'action civile proprement dite, c'est-à-dire l'action en dommages-intérêts pour la réparation du préjudice causé par l'infraction, se trouve intimement soudée à l'action publique au point de vue de la prescription. — Mais, l'on a pu soutenir, sur le fondement de l'art. 2232, que la faculté accordée à l'un des époux de demander le divorce était imprescriptible. — Demolombe, IV, n. 409 ; Aubry et Rau, V, p. 187 ; Carpentier, *op. cit.*, n. 1899. — Trib. Abbeville, 20 mai 1884, S., 85. 2. 168. — Trib. Amiens, 28 fév. 1882, *Gaz. Pal.*, 83. 1. 222. — Trib. Rambouillet, 8 août 1894, S., 95. 2. 55, D , 95. 2. 295.

l'état civil, et si les jugements rétroagissent, il n'en est pas
de même des actes de l'état civil.

242. Malgré la généralité des termes de l'art. 252 *in fine,*
il nous paraît certain que le législateur n'a en vue que les
effets du divorce relatifs aux biens des époux, et non ceux
relatifs à leurs personnes. C'est donc à tort qu'on a voulu
induire de ce texte que le divorce dissout le mariage à
compter de la demande. « La disposition a pour objet, dit le
rapporteur de la loi au sénat, M. Labiche, d'enlever aux époux
la faculté de modifier, en ce qui les concerne, le patrimoine
de la communauté, en avançant ou en retardant suivant certaines combinaisons le moment où la décision du juge sera
définitive », notamment « de priver le mari des moyens de
modifier arbitrairement le patrimoine de la communauté
pendant la durée de l'instance » (¹).

243. D'ailleurs, c'est seulement quant à ses effets *entre
époux* que le jugement de divorce rétroagit. La rétroactivité
n'a pas lieu à l'égard des tiers (²), ce qui est très juste, les
tiers ignorant le plus souvent l'existence de la demande en
divorce, que la loi ne soumet à aucune mesure de publicité,
qu'elle semble même vouloir couvrir d'un voile, puisqu'elle
interdit la publicité des débats par la voie de la presse. Il en
résulte notamment que la communauté sera tenue de subir
et de respecter les obligations et les aliénations consenties par
le mari, comme chef de la communauté, durant la litispendance (³). Et toutefois, la femme pourrait faire annuler à l'encontre des tiers les obligations et aliénations qu'elle prouverait avoir été consenties par le mari en fraude de ses droits
(art. 243).

244. Il reste à préciser l'époque à laquelle le jugement
rétroagit. La loi dit : *au jour de la demande,* ce qui signifie,

---

(¹) Cass., 18 avril 1893, S., 94. 1. 5. — Paris, 13 déc. 1895, S., 96. 2. 80, D., 96.
2. 418. — La loi de 1886 a voulu consacrer les solutions antérieures de la jurisprudence qui faisait rétroagir au jour de la demande, dans les rapports pécuniaires
entre époux, les effets de la séparation de corps.

(²) Riom, 5 avril 1892, S., 92. 2. 112.

(³) Un gendre ne pourrait se prévaloir de l'instance en divorce pendante entre
lui et sa femme pour se refuser à servir une pension alimentaire à la mère de sa
femme. — Toulouse, 10 mars 1890, S., 91. 2. 28, D., 91. 2. 276.

à notre avis : *au jour où a été lancée la citation à comparaître devant le tribunal compétent*. Jusque-là, en effet, la demande n'est pas encore formée, elle n'est que projetée.

Cette solution n'est pas en contradiction avec celle que nous donnons au n. 82, sur le point de savoir à quel moment la compétence du tribunal est définitivement arrêtée. On comprend que la procédure du divorce ne doive pas être scindée, qu'une partie de cette procédure ne puisse pas se dérouler devant un tribunal, et l'autre devant un tribunal différent. La compétence doit être définitivement réglée d'après l'état de choses existant au jour où a été accompli le premier acte régulier de la procédure, par conséquent à une époque antérieure à la demande ([1]). Mais les effets du jugement qui prononce le divorce ne rétroagiront qu'au jour de la demande.

SECTION PREMIÈRE

DISSOLUTION DU MARIAGE

245. A dater de quel moment le mariage est-il dissous par le divorce ? Ce point est très important à préciser. Sous l'empire du code civil et de la loi du 27 juillet 1884, on décidait que le mariage était dissous à compter de la prononciation du divorce par l'officier de l'état civil. Depuis l'apparition de la loi du 18 avril 1886, la question fait difficulté. Deux opinion sont en présence.

D'après la première, la dissolution du mariage a lieu à dater du jugement ou arrêt qui prononce le divorce ou du moins à compter du jour où ce jugement ou arrêt a acquis l'autorité de la chose irrévocablement jugée. Ce jugement ou arrêt a besoin, il est vrai, d'être vivifié par la transcription sur les registres de l'état civil, mais la transcription doit être considérée comme une condition suspensive, qui, une fois accomplie, rétroagit (arg. art. 1179). En effet, c'est le juge, aujourd'hui, qui prononce le divorce (arg. art. 247 al. 2 et 249), et régulièrement le divorce doit produire son effet à dater du moment où il est prononcé. En outre, l'art. 252 al. 4 dispose qu'à défaut de

([1]) V. *supra*, n. 32.

transcription dans le délai légal le divorce est considéré comme
nul et non avenu ; elle empêche la décision judiciaire qui le
prononce de s'évanouir, et naturellement cette décision devra
produire son effet à dater du jour où elle a été rendue (¹).

D'après la seconde opinion, le mariage n'est dissous qu'à
compter de la transcription. En effet, dans la pensée du législateur de 1886, la transcription remplace la prononciation du
divorce par l'officier de l'état civil. L'effet attaché autrefois à
cette prononciation doit donc être produit aujourd'hui par la
transcription. C'est bien l'idée qui ressort de l'exposé des
motifs, où on lit notamment : que *la nature de la formalité
exigée est seule modifiée ; les effets subsistent.* Les art. **247**
al. **2** et **249** disent, il est vrai, que le divorce est *prononcé* par
le tribunal. Mais quelle autre formule le législateur aurait-il
pu employer ? Le divorce n'est plus prononcé par l'officier
de l'état civil. Il faut bien cependant qu'il soit prononcé par
quelqu'un : ce ne peut être que par le juge. Mais la décision
judiciaire prononçant le divorce ne peut être vivifiée que par
la transcription requise dans le délai légal. Il dépend des
parties de stériliser le jugement ou arrêt de divorce en négligeant d'un commun accord d'en requérir la transcription en
temps utile. En d'autres termes, il faut, pour que le mariage
soit dissous, que l'œuvre des parties vienne compléter celle
du juge ; les parties manifestent cette volonté en requérant
la transcription, et rien dans la loi ne donne à entendre que
la transcription doive produire un effet rétroactif.

La discussion à laquelle a donné lieu l'art. **252** al. **2** vient
encore nous éclairer sur la volonté du législateur. D'après le
projet du gouvernement, la transcription devait être effectuée
dans le délai de huitaine à partir de la réquisition adressée
à l'officier de l'état civil. Celui-ci pouvait d'ailleurs transcrire
au moment qu'il lui plaisait de choisir dans le délai qui lui
était imparti. On fit remarquer qu'il y avait un inconvénient
grave à permettre ainsi à l'officier de l'état civil de hâter ou
de retarder, suivant son bon plaisir, le moment de la disso-

(¹) Limoges, 26 nov. 1887, S., 89. 2. 129, D., 89. 2. 40 et les autorités citées en
note.

lution du mariage, en transcrivant au commencement ou à la fin du délai. C'est pour parer à cet inconvénient que le projet fut modifié et remplacé par la disposition qui a été définitivement votée et d'après laquelle l'officier de l'état civil doit transcrire à époque fixe, le cinquième jour à dater de celui de la réquisition. Dans la pensée des auteurs de la proposition et probablement aussi de ceux qui l'ont votée, c'était donc bien la transcription qui opérait la dissolution du mariage, autrement la modification proposée n'aurait pas eu de sens.

Cette interprétation est confirmée par l'art. 244 al. 3, qui décide que le décès de l'un des époux, survenu dans l'intervalle écoulé entre la prononciation du divorce et la transcription, rend le jugement ou arrêt de divorce stérile. C'est bien dire que le mariage n'est dissous que par la transcription du jugement ou arrêt de divorce. Autrement on ne voit pas pourquoi ce jugement ou arrêt ne pourrait pas être rendu efficace par une transcription posthume.

Enfin il y a d'autant plus lieu de le décider ainsi « qu'il ne » semble pas possible que l'indécision existe pendant un » temps plus ou moins long sur le point de savoir si deux » individus sont ou ne sont pas époux et en conséquence à » quelles lois ils sont soumis pour leurs droits, leur capacité » et surtout pour leurs devoirs ». Nous empruntons ces lignes à un arrêt de la cour de cassation, très fortement motivé, qui a résolu la question dans ce sens (¹).

Ces raisons qui ont été développées pour la première fois par M. Massigli, *Rev. crit.*, 1890, p. 453 et s., nous paraissent péremptoires. Aussi abandonnons-nous, après mûr examen, l'opinion adverse que nous avions adoptée dans la 4ᵉ édition du *Précis de droit civil* (²).

246. Lorsque, malgré la réquisition faite en temps utile, l'officier de l'état civil néglige d'opérer la transcription le

---

(¹) Cass., 18 avril 1893, S., 94. 1. 5. — V. aussi Paris, 12 janv. 1892, *Pand. fr.*, 92. 2. 353 ; 6 juill. 1892, *Gaz. Trib.*, 25 sept. 1892.

(²) V. en ce sens Carpentier, *op. cit.*, n. 3288 ; Colmet de Santerre, II, n. 378 *bis* ; Labbé, note sous Cass., 18 avril 1893, précité ; Coulon, IV, p. 480 ; Vraye et Gode, II, n. 611.

cinquième jour et lorsque la transcription est effectuée plus tard, la dissolution doit-elle se placer toujours au moment même de la transcription, ou bien au moment où elle aurait dû être opérée, c'est-à-dire à l'expiration du délai de cinq jours? Le texte n'a pas prévu cette hypothèse ; l'intérêt des époux peut se trouver en conflit avec l'intérêt des tiers ; nous proposerions volontiers la distinction suivante : toutes les fois que l'intérêt des époux sera seul en jeu, par exemple pour l'observation du devoir de fidélité, le mariage sera dissous à compter du jour où la transcription aurait dû être opérée ; on n'a rien à reprocher aux époux qui ont fait la réquisition en temps utile ; mais si l'intérêt des tiers se trouve engagé, il doit l'emporter sur celui des époux ; la dissolution du mariage, pour les tiers, ne saurait être marquée autrement que par la transcription sur les registres de l'état civil ; les époux n'auront d'autre ressource qu'une action en dommages-intérêts contre l'officier de l'état civil (¹).

247. Le principe que la dissolution du mariage a lieu à dater de la transcription seulement et non de la prononciation du divorce par le juge, entraîne toute une série de conséquences et principalement les suivantes :

1° Les époux sont tenus du devoir de fidélité jusqu'au jour de la transcription, et la femme qui violerait ce devoir dans l'intervalle écoulé entre le jugement ou arrêt de divorce et la transcription, tomberait sous le coup de l'art. 337 C. pén. (²).

2° La femme demeure incapable jusqu'au jour de la transcription. Elle pourra donc faire annuler les actes juridiques qu'elle aurait accomplis, sans l'autorisation requise par la loi, dans l'intervalle entre le jugement ou arrêt de divorce et la transcription (³).

(¹) Cpr. sur cette question Massigli, *Rev. crit.*, 1894, p. 139. — Cass., 5 août 1896, S., 97. 1. 129 et la note de M. Tissier. — Avec la solution proposée, les époux sont incités à s'assurer que l'officier de l'état civil a bien rempli la formalité de la transcription. Pour diminuer les négligences, il serait bon d'imposer à l'officier de l'état civil l'obligation d'envoyer au requérant une expédition de la transcription.

(²) Limoges, 21 mars 1895, S., 95. 2. 297 ; cette Cour a ainsi abandonné la solution contraire qu'elle avait consacrée dans l'arrêt précité du 26 mars 1887.

(³) Cass., 18 avril 1893, précité. — Alger, 6 juil. 1892, S., 93. 2. 275, D., 93. 2. 366. — Riom, 5 avril 1892, S., 92. 2. 212.

3° Le délai de dix mois, avant lequel l'art. 296 ne permet pas à la femme divorcée de contracter une nouvelle union (*infra*, n. 257) court à compter de la transcription ([1]). Il en est de même du délai de trois cents jours de l'art. 315, du délai d'un an de l'art. 8 de la loi du 23 mars 1855 et de celui imparti à la femme pour prendre parti sur l'acceptation de la communauté ([2]).

248. Si le mariage dissous par un divorce cesse de produire ses effets dans l'avenir, les effets produits dans le passé sont maintenus; bien plus, ils se perpétuent s'ils en sont susceptibles, c'est-à-dire s'ils sont indépendants du maintien du lien conjugal. Ainsi les enfants, qui seraient conçus, postérieurement au divorce, des œuvres des deux époux divorcés, naîtront illégitimes; du moins leur légitimité pourra être contestée (arg. art. 315). Au contraire, ceux nés ou même simplement conçus avant cette époque seront et demeureront légitimes, sauf le désaveu dont nous parlerons plus loin.

Le divorce ne touche donc qu'à l'avenir; il laisse le passé intact. C'est là le grand principe de la matière; nous aurons souvent à en faire l'application. A ce point de vue, le mariage dissous par un divorce diffère profondément du mariage qui a été déclaré nul. Car la déclaration judiciaire de nullité rétroagit au jour de la célébration du mariage, et par suite le mariage annulé est à considérer comme n'ayant jamais existé : non seulement il cesse de produire ses effets dans l'avenir, mais les effets produits dans le passé sont anéantis, sauf l'hypothèse du mariage putatif (art. 201 et 202).

Il convient, par ailleurs, de ne pas assimiler le divorce à la mort; ce sont là deux causes de dissolution du mariage qui produisent certains effets communs, mais qui diffèrent à plusieurs points de vue : ainsi la mort n'entraîne pas les déchéances attachées au divorce; le divorce, à la différence du décès, n'entraîne pas un changement d'état des époux de nature à nécessiter une reprise d'instance ([3]). Certaines dispositions spéciales à la femme veuve ne paraissent pas pou-

([1]) Trib. Seine, 16 mai 1895, D., 96. 2. 246.
([2]) Trib. Seine, 15 avril 1891, *La Loi*, 3 4 mai 1891.
([3]) Trib. Seine, 18 janv. 1885, *La Loi*, 19 juin 1885.

voir être étendues à la femme divorcée, par exemple, les
art. 1456 et s., 1460 C. civ., l'art. 21 de la loi du 15 juillet
1889 sur le recrutement de l'armée (¹).

Lorsque dans une convention, par exemple dans un contrat
de mariage, on a subordonné la naissance ou l'exécution d'un
droit au décès de l'un des époux, il faudra consulter et interpréter la volonté des parties pour savoir si l'on a eu en vue
la rupture du lien conjugal par une cause quelconque ou
l'hypothèse spéciale de la dissolution du mariage par la
mort (²).

249. Les conséquences de la dissolution du mariage produite par le divorce doivent être envisagées successivement
entre les époux, à l'égard de leurs parents ou alliés, enfin à
l'égard de leurs enfants.

§ I. *Conséquences de la dissolution entre les époux.*

250. Ces conséquences sont relatives à la personne des
époux ou à leurs biens.

A. *Conséquences relatives à la personne des époux.*

251. Le mariage étant brisé, les divorcés perdent le titre
d'époux. Ils ne peuvent donc plus réclamer les droits et cessent d'être tenus des devoirs attachés à ce titre ; ils recouvrent
leur liberté et deviennent indépendants l'un et l'autre.

252. 1° *Droits*. En ce qui concerne les droits, tout d'abord,
la femme ne pourra plus réclamer, à la mort du mari dont
elle a été séparée par un divorce, la pension de retraite que
la loi alloue dans certains cas à la veuve (³). De même, le

(¹) Ainsi le fils d'une veuve remariée, bien que le second mariage ait été dissous
par le divorce, ne saurait être admis au bénéfice de la dispense prévue par l'art. 21.
— Cons. d'État, 26 déc. 1891, *La Loi*, 11 fév. 1892.

(²) Douai, 8 juin 1887, *Le Droit*, 22-23 août 1887.

(³) V., en ce qui concerne les pensions de l'armée de terre et de l'armée de mer,
les lois du 11 avril 1831 et 18 avril 1831 ; ces lois privent de la pension la femme
séparée de corps sans distinguer dans leurs termes, comme les lois postérieures,
entre le cas où la séparation est prononcée au profit de la femme et celui où elle
est prononcée contre elle ; *a fortiori* convient-il de refuser la pension à la
femme divorcée. — Cpr. Legendre, *Effets du divorce*, p. 279. — En ce qui concerne les pensions civiles, l'art. 13 de la loi du 9 juin 1853 conserve à la veuve

survivant de deux époux divorcés n'a aucun droit à la succession de l'autre, et ne peut réclamer sur les œuvres du prédécédé le droit de jouissance établi par l'art. 1ᵉʳ de la loi du 14 juillet 1866, intitulée *Loi sur les droits des héritiers et ayants cause des auteurs.*

253. Le divorce exerce-t-il quelque influence sur le nom des époux? En vertu d'un usage universellement reconnu, la femme prend le nom de son mari et continue à le porter durant son veuvage. Dans certaines parties de la France, le mari ajoute à son nom celui de sa femme. Ce ne sont que des usages; car aucun texte de loi n'accorde à l'un des époux de droit sur le nom de l'autre; légalement chaque époux conserve son nom, sans avoir le droit d'emprunter celui de l'autre pour le substituer ou l'adjoindre au sien (¹). Eh bien! la question que nous agitons est celle de savoir si l'état de choses établi conformément aux usages peut survivre au divorce. La femme peut-elle, après le divorce, continuer à porter le nom de son mari, ou celui-ci adjoindre à son nom le nom de sa femme? Cette question, d'une application pratique si fréquente, n'avait été résolue ni par le législateur de 1884 ni par celui de 1886.

La jurisprudence paraissait se former en ce sens que le juge avait un pouvoir discrétionnaire pour décider si l'un des époux pouvait, après le divorce, continuer à porter le nom de l'autre. Les motifs qui pouvaient déterminer le juge à statuer soit dans un sens, soit dans l'autre, sont bien mis en relief dans un jugement du tribunal de Toulouse (²) où on lit : « Attendu qu'il serait difficile de poser à cet égard une règle absolue, que si le divorce brise définitivement pour l'avenir l'union conjugale, il ne saurait au même degré en effa-

séparée de corps le droit à la pension, lorsque la séparation a été prononcée à son profit; mais ni la femme divorcée, quelles que soient les conditions du divorce, ni la femme contre laquelle la séparation de corps a été prononcée, ne peuvent prétendre à la pension. — V. une distinction analogue dans les art. 7 et 12 du décret du 26 fév. 1877 sur la situation du personnel civil d'exploitation des établissements militaires, et dans l'art. 6 de la loi du 21 avril 1898 sur la création d'une caisse de prévoyance entre les marins français.

(¹) Poitiers, 11 juill. 1892, S., 92. 2. 284.

(²) Toulouse, 18 mars 1886, S., 86. 2. 119. — V. dans le même sens Alger, 29 déc. 1886, S., 87. 2. 148, D., 89. 2. 9.

cer la trace dans le passé : qu'il y aurait certainement injustice,
dans bien des cas, à ne pas condamner la femme divorcée à
se dépouiller d'un nom honorable que le mariage lui avait
donné et dont elle s'est montrée indigne ; mais que, par raison
inverse, il serait souvent excessif, lorsque c'est à sa requête
que le divorce est intervenu, de la priver du nom qu'elle a
toujours respecté, sous lequel elle est connue depuis de longues années et qui est celui de ses enfants ; que de plus la
femme peut avoir acquis, indépendamment du mariage lui-
même, au moyen de son art ou de son industrie, des droits à
la copropriété de ce nom ; qu'il convient donc, dans le silence
de la loi, de statuer d'après les circonstances particulières de
la cause ». Cependant quelques décisions judiciaires posaient
un principe beaucoup plus absolu. Elles admettaient que, le
divorce une fois prononcé, l'un des époux ne peut plus en
aucun cas continuer à emprunter le nom de l'autre. La communauté de nom est une conséquence de la fusion que le
mariage établit entre les deux conjoints. L'effet ne doit pas
survivre à la cause. Le mariage une fois rompu par le divorce,
l'un des époux n'aura donc plus le droit de porter le nom de
l'autre [1].

L'incertitude de la jurisprudence sur cette question a amené
l'intervention législative, dont la nécessité n'était pas à notre
avis bien démontrée. La loi du 6 février 1893, art. 2, a ajouté
à l'art. 299 un alinéa ainsi conçu : « *Par l'effet du divorce,
chacun des époux reprend l'usage de son nom* ». On a voulu
dire que la femme cesse d'avoir le droit de porter le nom de
son mari, et celui-ci de pouvoir continuer de joindre à son
nom le nom de sa femme. M. Boulanger a inutilement demandé
que l'on établît au moins une exception à cette règle pour la
femme qui a fondé sous le nom de son mari un commerce ou
une industrie prospère, qu'un changement d'enseigne pourrait compromettre. Le rapporteur a répondu à M. Boulanger
qu'il ne fallait pas laisser à la femme divorcée la possibilité
de ternir par une faillite le nom de son ancien mari, et que

[1] Poitiers, 11 juill. 1892, précité. — Lyon, 27 juill. 1887, S., 88. 2. 20, D., 89. 2. 9. — Trib. Lyon, 4 mars 1886, S., 86. 2. 119.

d'ailleurs elle pourrait bien adresser une circulaire à sa clientèle pour l'informer du changement de son nom ([1]).

Quelle est la sanction de la prohibition formulée par le nouvel alinéa final de l'art. 299 ? A défaut de texte, nous n'en voyons pas d'autre possible qu'une sanction civile. L'époux dont le nom aura été usurpé pourra faire condamner l'autre à des dommages et intérêts.

254. 2° *Devoirs*. En second lieu, les époux divorcés cessent d'être tenus l'un envers l'autre des devoirs que le mariage engendre :

Soit des devoirs particuliers indiqués par l'art. 213 ; le mari ne devra donc plus protection à la femme, ni celle-ci obéissance à son mari (art. 213), et, en conséquence, la femme cessera d'être frappée de l'incapacité édictée par les art. 215 s. ; désormais elle n'aura plus besoin d'autorisation pour les divers actes civils ; si la femme divorcée est mineure, elle a la capacité d'un mineur émancipé ([2]) ;

Soit des devoirs communs consacrés par l'art. 212 ; les époux cessent donc de se devoir réciproquement fidélité, secours, assistance (art. 212) ([3]). Voyez cependant l'art. 301, *infra*.

255. 3° *Liberté rendue aux époux ; spécialement, faculté de contracter un nouveau mariage*. — Enfin les époux recouvrent leur liberté.

La femme divorcée ne recouvre pas toutefois, par le seul effet du divorce, la nationalité que le mariage lui avait fait perdre (art. 19 C. civ.).

Le mari divorcé n'est plus tenu, à partir du jour même de la transcription du divorce, de déclarer la naissance des enfants issus de sa femme ([4]).

Le divorce fait perdre à la femme le domicile de son mari.

([1]) Cpr. Trib. Seine, 2 nov. 1895, D., 96. 2. 152. — V. sur cette question Planiol, *Du nom de l'époux divorcé*, Rev. crit., 1880, p. 152 ; Cabouat, *Explication théor. et prat. de la loi du 6 fév. 1893* ; Surville, *Aperçu critique sur la loi du 6 fév. 1893*, Rev. crit., 1893, p. 221.

([2]) Trib. Seine, 9 oct. 1891, *La Loi*, 5 nov. 1891.

([3]) Trib. Seine, 16 janv. 1888, *Gaz. Trib.*, 27 janv. 1888.

([4]) Carpentier, *op. cit.*, n. 3355.

Les époux perdent, par le fait du divorce, le droit de provoquer l'interdiction l'un de l'autre (¹) et la tutelle de la femme interdite ne peut plus légalement appartenir au mari.

Le divorce met fin à l'incapacité où se trouvent les époux de se vendre réciproquement leurs biens aux termes de l'art. 1595 (C. civ.)

L'art. 8 de la loi du 23 mars 1855 devient applicable dans le cas où le mariage est dissous par le divorce; la femme divorcée doit donc faire inscrire son hypothèque légale dans l'année pour lui conserver son rang; sinon l'hypothèque ne prendrait rang qu'à la date de l'inscription prise après l'expiration du délai d'un an (²). Il convient de signaler à ce propos que la Cour de cassation a tranché une controverse assez vive en décidant que l'hypothèque légale garantit tous les droits et créances nés du jugement qui prononce le divorce, et, notamment, les frais de l'instance; et que l'hypothèque, pour la garantie de cette créance, prend rang à dater du mariage (³).

Après le divorce, la prescription, qui avait cessé de courir entre époux, reprend son cours.

Enfin les époux peuvent, chacun de son côté, contracter un nouveau mariage.

256. Cependant cette faculté reçoit de la loi quelques entraves. Elles résultent des dispositions des art. **296, 298** et **295**, dont la rédaction actuelle est l'œuvre de la loi du **27 juillet 1884.** Nous allons les examiner successivement.

257. a. — « *La femme divorcée ne pourra se remarier que » dix mois après que le divorce sera devenu définitif* », dit le nouvel art. **296.** Cette disposition a été inspirée par la même pensée qui a dicté l'art. **228**; elle a donc pour but de prévenir la confusion de part, *turbatio sanguinis.* Le délai de

---

(¹) Cass., 24 vend. an XII, S. chr.

²) Aix, 3 mai 1898, *La Loi*, 11, 12 et 13 sept. 1898. — Trib. Seine, 13 juill. 1892, *La Loi*, 10 août 1892. — L'inscription hypothécaire peut être prise par la femme divorcée avec son nom de fille. — Trib. Seine, 31 janv. 1894, *Gaz. Trib.*, 25 août 1894.

³) Cass., 14 fév. 1894, *Gaz. Trib.*, 16 fév. 1894; 25 juin 1895, *Gaz. Trib.*, 11 août 1895.

dix mois court à compter de la transcription du jugement ou arrêt qui prononce le divorce, *supra,* n. **247**.

L'art. **296** étant conçu dans les termes les plus généraux, il faut en conclure que sa disposition doit être appliquée même au cas où le divorce est prononcé à la suite d'une séparation de corps ayant duré trois ans, conformément à l'art. 310. A notre avis, le législateur aurait dû établir une exception à la règle pour cette hypothèse.

La défense faite à la femme ne constitue qu'un empêchement prohibitif et non dirimant (¹).

258. *b.* — « *Dans le cas de divorce admis en justice pour* » *cause d'adultère, l'époux coupable ne pourra jamais se* » *marier avec son complice* » (art. **298**).

Voilà une disposition sur le mérite de laquelle on est loin d'être d'accord. Elle figurait dans le projet présenté à la Chambre des députés par M. Naquet en **1880**, et dans le projet de la commission. Malgré cela, elle n'a pas trouvé grâce devant la Chambre, qui en a voté la suppression. Le Sénat l'a rétablie. Ses partisans disent qu'elle est éminemment morale : elle empêche que la faute qui a occasionné la prononciation du divorce reçoive sa récompense. Ses adversaires, au contraire, la représentent comme souverainement immorale. « Le divorce provoqué et prononcé pour cause d'adultère, disait M. Jolibois à la Chambre des députés, c'est la volonté et le moyen de faire cesser un état scandaleux. Or si vous édictez d'une manière définitive que celui contre lequel le divorce a été prononcé pour cause d'adultère ne pourra pas épouser son complice, c'est comme si vous écriviez dans la loi que le scandale ne peut cesser, qu'il doit se perpétuer ». A quoi M. Gatineau a ajouté plaisamment que « les séducteurs, qui auront en perspective le mariage avec leur complice, se laisseront en temps utile arrêter par un esprit de sage et prudente réserve ».

Si l'époux contre lequel le divorce a été prononcé pour cause d'adultère cherchait à transgresser la disposition de l'art. **298**, l'autre époux ne pourrait former une opposition

(¹) Trib. Seine, 17 nov. 1893, *La Loi,* 30 janv. 1894.

dans les formes et dans les conditions des art. **170** et s. (C. civ.); en effet, l'art. **172** (C. civ.) n'accorde le droit de former opposition qu'au conjoint encore uni par le lien du mariage (¹); mais, bien que l'art. **298** apparaisse comme une règle de haute moralité, comme une disposition d'ordre social, et non comme une sorte de satisfaction accordée à l'époux outragé (²), ce dernier peut toutefois, au moyen d'une opposition officieuse, en signalant le fait à l'officier de l'état civil, mettre obstacle au mariage prohibé par l'art. **298**; *a fortiori* le procureur de la République pourrait-il avertir l'officier de l'état civil, lequel peut, du reste, et doit même se refuser d'office à la célébration du mariage, dès qu'il a la preuve que l'art. **298** est applicable (³).

259. Pour que l'art. **298** reçoive son application, il n'est pas nécessaire que le complice de l'époux contre lequel le divorce a été prononcé pour cause d'adultère ait été condamné ni même poursuivi. Il suffit que sa complicité résulte soit du jugement qui a prononcé une condamnation pénale contre l'époux adultère, soit du jugement même qui a prononcé le divorce (⁴), soit tout au moins de la procédure du divorce, par exemple des enquêtes rapprochées du jugement. Autrement il dépendrait du juge de faire naître ou d'étouffer l'empêchement, en nommant ou en ne nommant pas le complice (⁵).

Comme toutes les dispositions qui édictent des incapacités, l'art. **298** doit recevoir l'interprétation restrictive. Ecrit en

(¹) Paris, 25 fév. et 3 mars 1897, *Le Droit*, 13 mars 1897. — Trib. Seine, 12 avril 1894, *La Loi*, 28 mai 1894. — Trib. Lyon, 27 déc. 1888, sous Lyon, 3 juill. 1890, S., 91. 2. 246.

(²) Cpr. en ce sens Paris, 25 fév. et 3 mars 1897. — *Contra* Grevin, *Le divorce*, n. 333.

(³) V. en ce sens Carpentier, *op. cit.*, n. 3427 s.

(⁴) Paris, 2 août 1887, S., 87. 2. 160. Il importe toutefois de ne pas oublier que le prétendu complice n'ayant pas été partie à l'instance de divorce, les énonciations du jugement ou arrêt n'ont pas, en ce qui le concerne, autorité de chose jugée; son mariage avec l'époux divorcé ne pourrait être empêché s'il parvenait à démontrer qu'il a été considéré à tort comme complice de l'adultère dans la décision prononçant le divorce.

(⁵) Cpr. Trib. Seine, 20 mai 1896, S., 96. 2. 22. — Trib. Niort, 23 nov. 1893, *La Loi*, 3 janv. 1894. — Trib. Liège, 17 fév. 1894, S., 95. 4. 8.

vue du cas où le *divorce* a été prononcé *pour cause d'adultère*, il serait inapplicable soit au cas d'un divorce prononcé
pour une cause autre que l'adultère ([1]), soit au cas d'une séparation de corps prononcée même pour cause d'adultère ([2]).

On admet en général que l'art. 298 contient un empêchement simplement prohibitif et non dirimant; le mariage
célébré au mépris de l'art. 298 ne saurait donc être annulé ([3]).

260. *c.* — L'ancien art. 295 du code civil portait : « Les
» époux qui divorceront pour quelque cause que ce soit, ne
» pourront plus se réunir ». Treilhard, dans l'exposé des
motifs, explique cette disposition dans les termes suivants :
« Le divorce ne doit être prononcé que sur la preuve d'une
nécessité absolue, et lorsqu'il est bien démontré à la justice
que l'union entre les deux époux est impossible; cette impossibilité une fois constante, la réunion ne pourrait être qu'une
occasion nouvelle de scandale. Il importe que les époux
soient d'avance pénétrés de toute la gravité de l'action qu'ils
vont intenter, qu'ils n'ignorent pas que le lien sera rompu
sans retour, et qu'ils ne puissent pas regarder l'usage du
divorce comme une simple occasion de se soumettre à des
épreuves passagères pour reprendre ensuite la vie commune,
quand ils se croiraient suffisamment corrigés ». Et Portalis
ajoute que c'est par respect pour le mariage qu'il faut défendre aux époux de se réunir, afin qu'ils ne se jouent pas du
divorce comme ils se sont joué du mariage.

Ces raisons n'ont pas paru convaincantes au législateur de
1884. Il se peut que le cœur de l'époux coupable, dont la
conduite a motivé la prononciation du divorce, s'ouvre au
repentir, et que son conjoint, dont le temps a calmé l'irrita-

---

[1] Cass., 24 mai 1892, S., 92. 1. 299, D., 93. 1. 412. — Trib. Lille, 2 nov. 1894,
D., 95. 2. 293.

[2] Amiens, 16 fév. 1897, D., 97. 2. 492. Il faut supposer le décès de celui qui a
obtenu la séparation de corps. Dans le cas où l'on prononcerait le divorce par
conversion d'un jugement en séparation de corps ayant pour cause l'adultère, l'art.
298 serait applicable. Carpentier *op. cit.*, n. 3473.

[3] Paris, 3 mars 1837, S., 97. 2. 103. — Lyon, 3 juill. 1890, S., 91. 2. 240, D.,
90. 2. 365. — Trib. Seine, 12 avril 1894, D., 94. 2. 447. — Aubry et Rau, V, § 463,
p. 83, note 9; Demolombe, IX, n. 339; Laurent, III, n. 290; Coulon, V, p. 48 s.;
Carpentier, *op. cit.*, n. 3160. — *Contra* Trib. Versailles, 14 juin 1896, *Gaz. Trib.*,
29 oct. 1890.

tion, consente à lui pardonner; pourquoi donc défendre alors aux époux de se réunir? La société ne peut qu'y gagner. Quoi qu'en ait dit Portalis, les époux ne se feront pas pour cela un jeu du divorce, après s'être fait un jeu du mariage. En principe, on se marie sérieusement et on divorce sérieusement : l'intention des époux qui divorcent est de se séparer pour toujours, de même que l'intention des époux qui se marient est de s'unir pour toujours. Mais si l'on permet à deux époux, qui se sont mariés dans une pensée de perpétuité, de rompre leur lien par un divorce, pourquoi ne pas permettre à ceux qui ont divorcé, dans un esprit de perpétuité également, de renouer le lien qu'ils ont brisé, si le temps leur a inspiré de sages réflexions? Et puis ce sera souvent l'intérêt des enfants, auxquels le divorce fait une situation si déplorable, qui portera les époux divorcés à se réunir. On va contre cet intérêt en prohibant la nouvelle union des époux divorcés.

Cependant le législateur de 1884 a fait une petite part à cette idée de Portalis, qu'il ne faut pas permettre aux époux de se jouer du divorce après s'être joué du mariage. L'alinéa 1er du nouvel art. 295 dispose : « *Les époux divorcés ne pour-* » *ront plus se réunir, si l'un ou l'autre a, postérieurement au* » *divorce, contracté un nouveau mariage suivi d'un second* » *divorce* ».

Le projet présenté au Sénat par la commission portait : « Les époux ne pourront plus se réunir si l'un ou l'autre a, postérieurement au divorce, contracté un nouveau mariage ». Les mots *suivi d'un second divorce* ont été ajoutés sur la proposition de M. Naquet, à titre de transaction entre les partisans et les adversaires du projet.

La réunion des époux divorcés est donc possible lorsque le second mariage de l'un d'eux a été rompu par une autre cause que le divorce, par exemple lorsqu'il a été annulé. L'art. 295, § 1 ne contient au reste qu'un empêchement prohibitif; il n'a pas pour sanction la nullité.

261. L'article ajoute : « *Au cas de réunion des époux, une* » *nouvelle célébration du mariage sera nécessaire* ». Disposition très conforme aux principes. Le mariage étant dissous,

les époux d'autrefois sont aussi étrangers l'un à l'autre que
s'ils n'avaient jamais été mariés ensemble. Le lien du mariage
a été complètement brisé par le divorce ; il faut donc le nouer
à nouveau, et il est naturel de procéder comme s'il s'agissait
de le nouer pour la première fois.

262. C'est encore la pensée exprimée par Portalis qui a
dicté l'alinéa final du nouvel art. 295 : « *Après la réunion*
» *des époux, il ne sera reçu de leur part aucune nouvelle*
» *demande de divorce, pour quelque cause que ce soit, autre*
» *que celle d'une condamnation à une peine afflictive et*
» *infamante prononcée contre l'un d'eux depuis leur réunion* ».
Il ne resterait donc aux époux malheureux que la ressource
de la séparation de corps ; encore la séparation de corps
une fois prononcée ne pourrait-elle pas être convertie en
divorce.

263. Il reste à dire un mot de la disposition de l'art. 295
al. 2, qui a été inspirée par une pensée de protection pour
les tiers. Craignant que des époux qui, dans leurs rapports
avec les tiers, peuvent avoir un intérêt majeur à changer
leurs conventions matrimoniales, irrévocables comme le on
sait, n'eussent l'idée machiavélique de divorcer, pour se réunir
ensuite en faisant précéder leur nouvelle union d'un contrat
de mariage où ils se donneraient le régime qu'ils convoitent,
le législateur de 1884 a décrété que « *Les époux ne pourront*
» *adopter un régime matrimonial autre que celui qui réglait*
» *originairement leur union* ». C'est seulement le même
régime qui est imposé aux époux, et non le même contrat.

La disposition de l'art. 295 § 2 a été l'objet de critiques
très vives et très judicieuses (¹) ; ce texte, dont les dispositions
sont insuffisantes, apporte, pour un résultat peu sensible, un
obstacle à la libre volonté des époux. Bien que l'art. 295 ne
contienne aucune sanction formelle, il faudrait considérer
comme nul un contrat de mariage adoptant un autre régime ;
on appliquerait alors le contrat de mariage primitif ; il en
serait de même si les époux, en se remariant, n'avaient pas
signé un nouveau contrat, alors qu'il en existait un pour leur

---

(¹) Carpentier, *op. cit.*, n. 4566 s.

première union; c'est la seule façon d'interpréter utilement l'art. 295.

Les actes juridiques passés dans l'intervalle du divorce et du nouveau mariage conserveront tous leurs effets, et seront traités comme s'ils étaient intervenus entre étrangers, dans le cas où ils intéresseraient les deux conjoints; ainsi la donation faite par l'un des époux à l'autre pendant le temps indiqué est irrévocable et la vente d'un bien a pu se réaliser valablement. Il ne faudrait pas, au point de vue de l'art. 1098, considérer comme enfants d'un premier lit ceux qui seraient nés avant le divorce, dans le cas où des enfants naîtraient de la seconde union.

L'hypothèque légale de la femme ne prend rang qu'à la date du second mariage; en effet, le divorce a dû être suivi d'une liquidation et la femme a pu utiliser l'hypothèque qui garantissait les droits nés à l'occasion du premier mariage; après la réunion, la femme recouvre son hypothèque légale pour garantir les créances qui pourront prendre naissance à partir du nouveau mariage.

B. *Conséquences relatives aux biens des époux.*

264. Le mariage étant dissous, les époux ne peuvent plus continuer à être liés par leurs conventions matrimoniales. Stipulé ou accepté en vue et comme conséquence de l'association des personnes, le régime matrimonial ne saurait survivre à cette association. Il y a donc lieu de liquider et de régler les droits respectifs des époux, de la même manière à peu près que si le mariage était dissous par la mort.

Nous disons *à peu près;* car d'une part il n'est pas possible de régler dès maintenant les droits de survie qui peuvent exister au profit des époux ou de l'un d'eux, puisqu'on ne sait pas encore quel sera le survivant, et d'autre part le divorce fait subir à l'époux coupable certaines déchéances pécuniaires que n'entraîne pas la dissolution du mariage par la mort, et dont il sera parlé plus loin. Nous savons qu'en notre matière, le jugement ou arrêt qui prononce le divorce produit ses effets rétroactivement, aux termes de l'art. 252

in fine (*supra*, n. **241**). Il en résulte notamment les consé-quences suivantes :

1° La liquidation de l'association ayant existé entre les époux quant à leurs biens sera faite comme si le mariage avait été dissous au jour même où la demande en divorce a été formée.

2° Les obligations et aliénations consenties par le mari, comme chef de la communauté, durant la litispendance, seront sans effet à l'égard de la femme.

3° La pension alimentaire payée par le mari à la femme pendant l'instance en divorce sera imputée sur les fruits et intérêts de ses reprises, qui lui sont dus à dater du jour de la demande (art. **1473**) ([1]).

§ II. *Conséquences relatives aux parents et aux alliés des époux.*

265. Le divorce, qui ne porte aucune atteinte aux liens de parenté créés par le mariage, laisse subsister aussi l'al-liance dont le mariage est la source, et avec elle, nous le croyons du moins, les droits, obligations ou incapacités qui y sont légalement attachés.

La loi a prévu d'une façon formelle certaines hypothèses ; ainsi l'art. **378** (Pr. civ.) maintient le droit de récusation dérivant de l'alliance, en cas de décès ou de divorce de la femme, tantôt d'une façon générale, tantôt dans le cas seule-ment où il existe des enfants. Les art. **156** et **322** écartent les dépositions du mari ou de la femme même après le divorce. L'art. **248** (C. pén.) déclare inapplicables aux époux même divorcés les peines édictées contre ceux qui ont récélé certains malfaiteurs. Que faut-il décider dans les hypothèses qui ont échappé aux prévisions du législateur ? Il semble qu'il n'y ait qu'à étendre, par voie d'analogie, les dispositions précitées et à maintenir, ainsi qu'il a été dit, les effets de l'alliance malgré la prononciation du divorce. Il en serait ainsi, par exemple, dans l'hypothèse des art. **283** et **368** (Pr. civ.), **728**

([1]) Cass., 7 janv. 1890, D., 91. 1. 256. — V. sur cette question, *supra*, n. 201.

(C. civ.), 407 (C. civ.), 8 de la loi du 25 ventôse an XI; sur le notariat, 21 du code forestier.

De même la dissolution d'un mariage par le divorce laisse subsister l'alliance que ce mariage a engendrée entre beaux-frères et belles-sœurs et l'empêchement de mariage qui en résulte (¹).

266. Elle laisse subsister aussi l'obligation alimentaire entre chacun des époux et les père et mère de l'autre, alors du moins qu'il existe un ou plusieurs enfants issus du mariage. C'est ce qui résulte par argument de l'art. 206 du code civil, qui ne fait pas figurer le divorce parmi les causes d'extinction de l'obligation alimentaire qu'il établit. L'argument est très probant, car on sait que le code civil de 1804 consacrait le divorce. *Adde* arg. art. 378 al. 4 C. pr. Enfin l'opinion contraire conduit à cette conséquence difficile à admettre que l'époux coupable, celui contre lequel le divorce a été prononcé, pourra trouver dans ce divorce la source d'un profit, en tant qu'il sera libéré de la pension alimentaire qu'il avait été condamné à payer à son beau-père ou à sa belle-mère. La jurisprudence française est en sens contraire (²). Mais les raisons qu'elle donne à l'appui de sa thèse nous paraissent d'une faiblesse extrême (³).

§ III. *Conséquences à l'égard des enfants.*

267. En rompant le lien qui unissait les époux l'un à l'autre, le divorce ne rompt pas le lien qui les unit à leurs enfants. Les époux divorcés conservent donc par rapport à leurs enfants le titre de père et mère légitimes, et aussi en principe

---

(¹) Paris, 18 mars 1897, D., 97. 2. 200. — Trib. Seine, 26 juill. 1894, D., 95. 2. 6; 12 juin 1896, *Gaz. Trib.*, 15-16 juin 1896.

(²) Cass., 13 juill. 1891, S., 91. 1. 311, D., 93. 1. 353 et, sur renvoi, Orléans, 23 mars 1892, S., 92. 2. 133, D., 93. 2. 354. — Paris, 23 déc. 1891, S , 92. 2. 43.

(³) V., dans le sens de l'opinion émise au texte, Paris, 18 juill. 1889, S., 90. 2. 1, D., 93. 2. 353. — Trib. d'Anvers, 31 oct. 1891, S., 92. 4. 16. — Cpr. sur cette question Charmont, *L'alliance résultant d'un mariage cesse-t-elle d'exister ou de produire effet lorsque ce mariage est dissous?* *Rev. crit.*, 1895, p. 1 ; Massigli, *De l'obligation alimentaire entre alliés après divorce*, *Rev. crit.*, 1891, p. 561 ; Carpentier, *De l'obligation alimentaire entre alliés après divorce*, *Gaz. Pal.*, 1er mai 1888.

les droits et les obligations attachés à ce titre ; il en est de même des enfants à l'égard de leurs parents. Ainsi l'obligation alimentaire continue d'exister, avec son caractère de réciprocité, entre les époux divorcés et leurs enfants (¹). De même le divorce ne porte aucune atteinte aux droits de successibilité réciproque, établis par la loi entre les père et mère et leurs enfants. Enfin les époux divorcés conservent sur leurs enfants le droit de puissance paternelle que leur attribue l'art. 372.

268. Toutefois, si le divorce laisse subsister le droit de puissance paternelle des époux, il peut entraîner une modification à l'exercice de ce droit. C'est ce qui résulte des art. 302 et 303.

269. L'art. 302 dispose : « *Les enfants sont confiés à l'époux* » *qui a obtenu le divorce, à moins que le tribunal, sur la* » *demande de la famille ou du ministère public, n'ordonne,* » *pour le plus grand avantage des enfants, que tous ou quel-* » *ques-uns d'eux seront confiés aux soins soit de l'autre époux,* » *soit d'une tierce personne* ».

Pendant le mariage, l'exercice de la puissance paternelle appartient au père seul (art. 373). Il faut de l'unité dans la direction des enfants, et, pour l'obtenir, le législateur a dû nécessairement accorder la prééminence à l'un des époux sur l'autre ; il s'est décidé en faveur du mari, qui, investi déjà de la puissance maritale, en sa qualité de chef, était tout naturellement désigné au même titre pour l'exercice de la puissance paternelle. Cette prééminence du mari sur la femme n'avait plus sa raison d'être après le divorce. Cependant l'intérêt des enfants exige toujours que la puissance paternelle, dont le principal attribut est le droit ou plutôt le devoir d'éducation, soit exercée par un seul. A qui cet exercice sera-t-il confié ? La loi s'est déterminée en faveur de l'époux qui doit être présumé le plus digne, c'est-à-dire de celui qui a obtenu le divorce : l'art. 302 dit que les enfants lui seront confiés. Le tribunal a d'ailleurs qualité pour régler l'exercice du droit de garde.

(¹) Cpr. Trib. Seine, 17 mars 1897, *La Loi*, 13 juill. 1897 ; 30 juin 1897, *Le Droit*, 25 août 1897.

270. Telle est la règle. Cependant il est permis au tribunal d'y déroger dans l'intérêt des enfants, en confiant ces enfants ou quelques-uns d'entre eux soit à l'époux contre lequel le divorce a été prononcé, soit même à une tierce personne. Mais la demande tendant à obtenir cette décision ne peut être formée que par le ministère public ou par *la famille* (art. 302), c'est-à-dire par un des membres de la famille.

Avant la loi de 1886, beaucoup d'auteurs enseignaient que le mot *famille* employé dans l'ancien art. 207 (C. civ.) désignait le conseil de famille ; la rédaction nouvelle de l'art. 240 et les explications fournies au Sénat par le rapporteur démontrent que l'expression doit revêtir un autre sens et désigne les membres de la famille [1].

Les tribunaux peuvent aussi statuer d'office sur le sort des enfants [2].

Ils ont un pouvoir souverain d'appréciation, en prenant exclusivement pour guide l'intérêt et le plus grand avantage des enfants [3]. C'est ainsi qu'ils peuvent confier les enfants à la mère pendant leur bas-âge et ensuite au père [4] ou bien partager les enfants, en laissant les filles à la mère et les fils au père [5]. Le plus souvent, tout en accordant la garde des enfants à l'un des époux, le tribunal permettra à l'autre époux d'aller les visiter à des époques et dans des conditions déterminées [6] ; il faudrait des motifs très impérieux et des circonstances tout à fait exceptionnelles pour retirer le droit de voir ses enfants à l'époux contre lequel le divorce a été prononcé [7].

---

[1] Cass., 28 fév. 1893, D., 93. 1. 279. — Paris, 17 juil. 1886, S., 88. 2. 129, D., 87. 2. 211. — V. le rapport de M. Labiche, S., *Lois annotées*, 1886, p. 54, note 21.

[2] Cass., 15 déc. 1896, D., 97. 1. 120.

[3] Cass., 28 fév. 1893, S., 93. 1. 357, D., 93. 1. 206; 16 juil. 1888, S., 90. 1. 317, D., 89. 1. 456; 24 nov. 1886, S., 88. 1. 433. — Les tribunaux ne sont même pas liés par les conventions qui auraient pu intervenir entre époux, lorsque l'intérêt des enfants exige qu'il n'en soit pas tenu compte. — Cass., 4 juil. 1893, S., 93. 1. 424, D., 94. 1. 23; 3 janv. 1893, S., 93. 1. 251.

[4] Cass., 29 avril 1862, S., 62. 1. 445, D., 62. 1. 516 ; 3 janv. 1893, précité.

[5] Cass., 20 oct. 1813, D. *Rép.*, vᵒ *Séparation de corps*, n. 324.

[6] Cass., 1ᵉʳ août 1833, S., 84. 1. 116, D., 85. 1. 206.

[7] Trib. Bruxelles, 27 mars 1890, *Journ. des Trib.*, 1890, p. 714. — V. sur le Droit de visite, *Le Droit*, 9-10 déc. 1895.

Nous avons indiqué déjà, en la critiquant, la solution de la cour de Paris d'après laquelle les décisions relatives à la garde des enfants peuvent être déclarées exécutoires par provision nonobstant appel ou opposition [1].

Lorsque l'un des époux se refuse à exécuter la décision et veut conserver, malgré l'ordre de justice, les enfants issus du mariage, on peut recourir soit à l'emploi de la force publique, soit à la coërcition indirecte résultant d'une condamnation à une somme fixe de dommages-intérêts, ou d'une astreinte à tant par jour de retard [2].

271. L'art. 303 ajoute : « *Quelle que soit la personne à* » *laquelle les enfants seront confiés, les père et mère conser-* » *veront respectivement le droit de surveiller l'entretien et* » *l'éducation de leurs enfants, et seront tenus d'y contribuer* » *à proportion de leurs facultés* ».

Ainsi, le père ou la mère qui n'a pas la garde des enfants, ou chacun d'eux si les enfants ont été confiés à une tierce personne, conserve le droit de surveiller l'entretien et l'éducation desdits enfants, et, comme sanction, le droit de recourir aux tribunaux pour réprimer les abus qui seraient commis [3].

272. La mort de l'un des époux divorcés donne ouverture à la tutelle pour ceux des enfants qui sont mineurs et non émancipés. Le survivant est de droit tuteur de ces enfants (arg. art. **390**), et c'est lui aussi qui est appelé à exercer sur eux la puissance paternelle, alors même que la garde en aurait été confiée au parent décédé ou à une tierce personne, sauf aux ayants droit à provoquer sa destitution ou sa déchéance [4].

La destitution de la tutelle n'entraîne pas la déchéance de l'autorité paternelle, qui doit être provoquée dans les condi-

[1] Paris, 21 janv. 1895, S., 97. 2. 137, D., 95. 2. 168.

[2] Cass., 18 mars 1878, S., 79. 1. 193; 25 mars 1857, S., 57. 1. 267, D., 57. 1. 213. — Bordeaux, 16 mars 1894, *La Loi*, 14-15 sept. 1894.

[3] Cass., 1er août 1883, S., 84. 1. 116, D., 85. 1. 206; 24 juil. 1878, S., 79. 1. 425, D., 78. 1. 471; 29 juin 1868, S., 68. 1. 402, D., 71. 5. 352; 10 mars 1859, S., 59. 1. 661, D., 59. 1. 466; 9 juin 1857, S., 57. 1. 590, D., 57. 1. 401.

[4] Cass., 13 août 1884, S., 85. 1. 80. — Paris, 24 juin 1892, S., 93. 2. 228, D., 93. 2. 81 et la note de M. de Loynes.

tions prévues par la loi du 24 juillet 1889 ; ainsi le père bien que déchu de la tutelle pourrait exiger la remise de son enfant ([1]).

Bien que l'on ait cherché à soutenir l'opinion contraire ([2]), il paraît certain que la dissolution du mariage par le divorce ne donne pas ouverture à la tutelle ([3]).

273. Les attributs de la puissance paternelle sont : 1° le droit d'éducation, qui a pour corollaires le droit de garde et le droit de correction ; 2° le droit d'administrer les biens personnels de l'enfant ; 3° le droit de jouissance légale. Tous ces droits peuvent-ils être exercés par la personne à qui les enfants sont confiés ?

a. Nous n'y voyons pas de difficulté, si les enfants ont été confiés au père. Celui-ci continue alors d'exercer la puissance paternelle avec les mêmes pouvoirs que pendant le mariage, quoique sous la surveillance de la mère.

b. La même solution nous paraît devoir être admise, si les enfants ont été confiés à la mère ([4]).

On a cependant soutenu que le père conservait en principe toutes les prérogatives de la puissance paternelle qui n'étaient pas incompatibles avec le droit de garde ([5]). La jurisprudence consacre la solution contraire qui confère les attributs de la puissance paternelle à celui des deux époux qui a la garde des enfants ([6]). C'est ainsi qu'elle reconnaît à la mère le droit d'administration légale et le pouvoir d'agir en justice au nom des enfants ([7]).

Il faut admettre la même solution pour le droit de correction. Sous peine de ne l'accorder à personne, il faut nécessairement l'accorder à la mère, car on ne peut pas songer à

([1]) Paris, 30 nov. 1-6 et 15 déc. 1898, *Le Droit,* 1er janv. 1899. — Poitiers, 21 juill. 1890. *Gaz. Trib.,* 6-7 oct. 1890.

([2]) Delvincourt, I, p. 168. — Cpr. Trib. Seine, 12 mai 1898, *Gaz. Trib.,* 21 juill. 1898.

([3]) Carpentier, *op. cit.,* n. 4085.

([4]) Elle ne soulève aucun doute lorsque le père a été déchu de la puissance paternelle.

([5]) Demolombe, IV, n. 511 ; Demante, I, n. 287 ; Carpentier, *op. cit.,* n. 4090.

([6]) V. les arrêts cités *infra* note suivante. — Dans le même sens Labbé.

([7]) Paris, 15 déc. 1886, S., 88. 2. 217. — Caen, 17 nov. 1896, *Gaz. Trib.,* 29 janv. 1897. — Trib. Seine, 4 mai 1895, D., 97. 2. 23 ; 25 nov. 1896, D., 97. 2. 297.

l'attribuer à un autre que celui qui a la garde des enfants. Bien entendu, la mère ne pourra exercer le droit de correction que sous la restriction établie par l'art. 381.

Il y a plus de doute en ce qui concerne l'usufruit légal : l'art. 384 ne l'accorde qu'à la mère *survivante*, et il peut paraître conforme aux règles de l'interprétation applicable aux dispositions de cette nature de le refuser à la mère divorcée chargée du soin des enfants. Mais en définitive, le droit de jouissance légale n'est qu'une compensation des charges que l'exercice de la puissance paternelle impose aux parents, et il semble conforme aux vues du législateur de l'attribuer à la mère toutes les fois que, par suite d'une circonstance quelconque, elle se trouve investie de l'exercice de la puissance paternelle. D'ailleurs l'art. 384 fournit une objection absolument semblable en ce qui concerne le père divorcé auquel les enfants ont été confiés, car il n'accorde l'usufruit légal au père que *durant le mariage* ou *s'il est survivant*. Si l'objection ne paraît pas décisive en ce qui concerne le père, comment le serait-elle par rapport à la mère (¹)?

c. Reste le cas où les enfants ont été confiés à une tierce personne. On ne peut songer à attribuer à cette personne le droit de jouissance légale de l'art. 384, ce texte ne l'accordant qu'aux père et mère. Il paraît difficile aussi de lui concéder l'exercice du droit de correction. La loi ne l'accorde au tuteur qu'avec une importante restriction : la nécessité de l'autorisation du conseil de famille (art. 468). Or cette garantie si nécessaire n'existerait même pas, à raison du silence de la loi ni aucune autre à la place, si l'exercice du droit de correction appartenait à la personne tierce chargée du soin des enfants. Il reste donc que cette personne n'aura que le droit d'éducation et le droit de garde.

En résumé, l'exercice de la puissance paternelle appartient

(¹) Cpr. Trib civ. Seine, 25 nov. 1896, précité (motifs). — Il ne faut pas oublier toutefois que d'après l'art. 386 C. civ. celui contre lequel le divorce a été prononcé perd l'usufruit légal, dans le cas même où il obtient la garde des enfants. On doit admettre que le père conserve la faculté d'émanciper ses enfants, mais à la condition de ne pas chercher par ce moyen à rendre vaines les dispositions du jugement, de n'en pas faire un usage frauduleux. — Cass., 12 juin 1891, *Gaz. Trib.*, 10 juill. 1891 ; 4 avril 1865, S., 63. 1. 257, D., 65. 1. 387.

à celui des deux époux qui a obtenu la garde des enfants, ou
à la tierce personne à laquelle ils ont été confiés, mais avec
d'importantes restrictions dans cette dernière hypothèse. Dans
tous les cas, le père ou la mère qui n'a pas la garde des enfants
peut surveiller leur entretien et leur éducation.

274. Disons, pour en finir avec ce sujet, que la décision
du tribunal, en ce qui concerne la garde des enfants des
époux divorcés, a toujours un caractère essentiellement provisoire. C'est l'intérêt des enfants qui est ici le régulateur
suprême; or cet intérêt peut exiger que le juge modifie sa
sentence (¹). Ainsi, s'agissant d'enfants en très bas âge, qui ont
absolument besoin des soins maternels, le tribunal a ordonné
qu'ils seraient confiés à la mère, bien que le divorce ait été
prononcé contre elle; plus tard, le père pourra solliciter du
tribunal une nouvelle décision ordonnant que les enfants lui
soient rendus. Le tribunal compétent est toujours celui qui a
prononcé le divorce et ordonné les mesures qu'il s'agit de
modifier, alors même que les parents ou l'un d'eux seraient
actuellement domiciliés dans le ressort d'un autre tribunal;
car c'est au tribunal qui a rendu un jugement qu'il appartient de connaître de son exécution (C. pr., art. 472 et 554) (²).

Le juge des référés ne peut, à moins d'une réelle urgence,
statuer sur la garde des enfants pour modifier la décision du
tribunal, à raison de circonstances nouvelles survenues
depuis le jugement (³).

275. L'art. 304 contient une disposition qui peut être considérée comme une application des principes généraux de la
matière, et qu'une sévère critique pourrait peut-être taxer
d'inutilité : « *La dissolution du mariage par le divorce admis*
» *en justice ne privera les enfants nés de ce mariage, d'aucun*

(¹) Cass , 4 juill. 1893, S., 93. 1. 424, D., 94. 1. 23; 23 fév. 1893, D., 93. 1. 259;
1er avril 1883, S., 84. 1. 116, D., 85. 1. 206. — Paris, 15 avril 1886, S., 86. 2. 186.
(²) Cass., 28 fév. 1893, précité; 3 fév. 1875, S., 75. 1. 373. — Orléans, 8 janv.
1885, S., 85. 2. 45, D., 86. 2. 83. — En conséquence, si la cour d'appel a infirmé la
décision du tribunal sur la garde des enfants, c'est à la cour qu'il faut s'adresser
directement lorsque l'on veut obtenir une modification de l'arrêt. Paris, 5 juill.
1853, S., 53 2. 454.
(³) Paris, 4 juill. 1894, *Gaz. Trib.*, 29-30 oct. 1894 ; 17 sept. 1886, *Le Droit,*
19 sept. 1886. — Trib. Narbonne, 31 mars 1898, *La Loi,* 11 mai 1898.

» *des avantages qui leur étaient assurés par les lois, ou par*
» *les conventions matrimoniales de leurs père et mère ; mais il*
» *n'y aura d'ouverture au droit des enfants que de la même*
» *manière et dans les mêmes circonstances où ils se seraient*
» *ouverts s'il n'y avait pas eu de divorce.* » Cela revient à dire
que le divorce ne porte pas atteinte aux droits des enfants,
résultant pour eux soit de la loi, soit des conventions matrimoniales, mais qu'il ne peut pas non plus profiter à ces
mêmes enfants en anticipant l'ouverture desdits droits. Ainsi
les enfants conservent, après le divorce, le droit qui résulte
pour eux de la loi (art. 745), de succéder à leurs père et mère,
mais ce droit ne s'ouvrira qu'à la mort de chaque époux,
absolument comme si le divorce n'avait pas eu lieu. De même,
s'il est dit, dans le contrat de mariage, qu'au cas de prédécès
de la femme, les enfants auront le droit de prélever sur la
communauté un préciput de 20.000 fr., le divorce laissera
subsister à leur profit ce droit qui résulte pour eux des conventions matrimoniales ; mais il ne s'ouvrira que si la condition de prédécès à laquelle il est subordonné se réalise, et
par conséquent seulement lorsqu'elle sera réalisée.

SECTION II

DÉCHÉANCES

276. L'époux contre lequel le divorce a été prononcé est
frappé par la loi de deux déchéances.

277. La première est édictée par l'art. 386. L'époux contre
lequel le divorce a été prononcé perd la jouissance légale à
laquelle il pourrait avoir droit, d'après l'art. 384, sur les biens
de ses enfants.

278. La deuxième déchéance, qui va nous arrêter beaucoup plus longtemps, est établie par l'art. 299, dont le législateur de 1884 a ainsi modifié le texte : « *L'époux contre*
» *lequel le divorce aura été prononcé perdra tous les avantages*
» *que l'autre époux lui avait faits, soit par contrat de ma-*
» *riage, soit depuis le mariage* ». Treilhard, dans l'exposé
des motifs, a justifié cette disposition en ces termes : L'époux

coupable s'est placé au rang des ingrats, il sera traité comme eux. Il a violé la première condition du contrat, il ne sera pas reçu à en réclamer les dispositions.

L'ancien art. 299 portait : « Pour quelque cause que le » divorce ait lieu, hors le cas du consentement mutuel, l'é-» poux contre lequel le divorce aura été admis perdra » tous les avantages que l'autre époux lui avait faits, soit » par leur contrat de mariage, soit depuis le mariage con-» tracté ».

Le législateur de 1884 a supprimé avec raison la première partie de ce texte qui n'a de sens que dans une législation où le divorce par consentement mutuel est admis. De plus, par la substitution du mot *prononcé* au mot *admis*, il a tranché une controverse qui s'était élevée sous l'empire de l'ancien texte. Il s'agissait de savoir si la déchéance qui nous occupe était encourue par l'effet de la décision judiciaire admettant le divorce, ou seulement par l'effet de la prononciation du divorce par l'officier de l'état civil. Le nouveau texte résout très nettement la question dans ce dernier sens, tandis que l'ancien paraissait plutôt favorable à la solution opposée.

Sous l'empire de la loi du 18 avril 1886, nous croyons que la déchéance établie par l'art. 299 n'est encourue qu'à partir de la transcription, sur les registres de l'état civil, du jugement qui prononce le divorce. En effet, d'une part, la pensée qui se dégage manifestement de l'art. 299 est que la déchéance ne doit être encourue que lorsque le divorce est irrévocable ; or il ne le devient aujourd'hui que par la transcription (*supra,* n. 167 s. et 245). Et, d'autre part, aux termes du nouvel art. 252 al. 4, le jugement qui prononce le divorce est non avenu à défaut de transcription dans le délai légal. Il en résulte que la mort de l'un des époux, survenue avant la transcription, sauve l'époux coupable de la déchéance qui nous occupe, car désormais la transcription ne peut plus être effectuée utilement (*supra,* n. 238).

279. Les héritiers de l'époux donateur, décédé au cours de l'instance en divorce, ne pourraient, par suite, se fonder sur l'art. 299 pour demander la révocation de la donation faite par leur auteur à son conjoint ([1]), alors même que le demandeur aurait, avant son décès et au cours du procès, pris des conclusions spéciales à fin d'application de l'art. 299 ([2]). Mais la question se pose de savoir si les héritiers ne pourraient pas, de leur chef, par voie d'action principale et par voie de reprise de l'instance en divorce, faire prononcer, pour cause d'ingratitude, la révocation de la donation faite par l'époux offensé à son conjoint. Il nous suffira de renvoyer sur ce point aux explications qui ont été fournies dans le traité des *Donations entre vifs et des testaments* ([3]).

280. Précisons maintenant l'étendue de cette déchéance.

L'époux coupable perd « tous les avantages que l'autre » époux lui avait faits, soit par contrat de mariage, soit » depuis le mariage », dit l'art. 299.

281. La déchéance s'applique d'abord aux avantages que l'époux innocent a faits à l'époux coupable par le contrat de mariage. Ces avantages sont irrévocables de leur nature, et il était nécessaire que la loi intervînt pour en prononcer la révocation.

La loi dit : *les avantages,* et non pas seulement les donations proprement dites. Ainsi le préciput n'est pas considéré par la loi comme une donation ni quant au fond, ni quant à la forme (art. 1516); mais c'est un avantage; l'époux contre lequel le divorce a été prononcé perd donc son droit au préciput. L'art. 1518 est formel en ce sens.

Nous en dirions autant de la clause qui attribue toute la communauté au survivant des époux, ou à tel époux s'il survit. L'art. 1525 déclare, il est vrai, que cette clause ne constitue pas une donation, ni quant au fond, ni quant à la forme; mais c'est certainement un avantage pour celui auquel la clause doit profiter, et par suite l'époux contre lequel le divorce a été prononcé doit en perdre le bénéfice ([4]).

([1]) Cass., 5 fév. 1851, S., 51. 1. 81, D., 51. 1. 49. — Aix, 24 oct. 1891, S., 97. 2. 146, D., 96. 2. 449.

([2]) Cass., 29 déc. 1873, S., 74. 1. 289; 27 juill. 1871, S., 71. 1. 209, D., 71. 1. 81.

([3]) V. Baudry-Lacantinerie et Colin, *Des don. et test.*, I, n. 1589 s.

([4]) V. sur cette question controversée, Nancy, 25 fév. 1891, S., 92. 2. 68.

Par application du même principe, la cour de Cologne a jugé que l'époux contre lequel le divorce a été prononcé perd le bénéfice résultant de la stipulation d'une communauté universelle, alors qu'il n'a fait aucun apport à la communauté. Cette décision nous paraît bien rendue, et nous croyons que Laurent([1]) a tort de la critiquer. On peut même fort bien soutenir que, sous le régime de la communauté légale adopté par contrat, l'époux contre lequel le divorce a été prononcé perd l'avantage qui résultait pour lui de la confusion du mobilier et des dettes, et que de même, sous le régime de la communauté conventionnelle, il perdra l'avantage que lui procuraient les stipulations du contrat, par exemple le bénéfice de la clause qui lui donne le droit au partage égal de la communauté, bien que ses apports soient de beaucoup inférieurs à ceux de son conjoint. Sans cependant qu'on puisse appliquer la déchéance aux bénéfices résultant des travaux communs et des économies faites sur les revenus respectifs, quoique inégaux, des deux époux (arg. art. 1496 et 1527).

Que faut-il décider des avantages pouvant résulter du régime de la communauté légale? Si ce régime avait été stipulé formellement en vertu d'un contrat de mariage, il n'y aurait, nous venons de le voir, aucune raison pour refuser d'étendre à ces avantages l'art. 299 ; et, dès lors, on ne voit pas pourquoi l'on traiterait différemment les époux qui, à défaut de contrat, se trouvent placés sous le régime de la communauté légale ; sans doute, l'art. 299 parle des avantages faits par *contrat de mariage* ; mais la communauté légale peut être envisagée comme la conséquence de la volonté tacite des époux ; l'art. 1496 suppose, d'ailleurs, la possibilité de tels avantages ([2]).

282. La déchéance s'applique en second lieu aux avantages faits *depuis le mariage*, c'est-à-dire aux donations soit entre vifs, soit testamentaires, que l'époux innocent a pu faire au profit de l'époux coupable pendant le mariage ([3]),

---

([1]) Cologne, 26 nov. 1843, *Belg. jud.*, II, p. 1653. — Laurent, III, n. 304.

([2]) Cpr. Bruges, 26 fev. 1872, *Pasicr.*, 72. 3. 234. — Gand, 24 avril 1873, *Pasicr.*, 73. 2. 296. — *Contra* Rouen, 20 fév. 1897, *Le Droit*, 9 mai 1897.

([3]) Cass., 5 déc. 1849, S., 50. 1. 6. — Lyon, 24 janv. 1861, S., 61. 2. 553, D., 61.

aux donations déguisées aussi bien qu'à celles qui sont explicites (¹).

Mais quelle utilité y avait-il à établir cette déchéance? Les donations entre vifs faites entre époux pendant le mariage ne sont-elles pas révocables au gré du donateur (art. 1096), et n'en est-il pas de même des donations testamentaires (art. 895)? Alors pourquoi cette révocation légale, puisque le disposant a lui-même la faculté de révoquer? C'est que la loi ne se propose pas seulement ici de venir au secours du donateur; elle veut aussi et surtout châtier le donataire, et, pour atteindre plus sûrement ce résultat, elle agit elle-même, au lieu de s'en remettre au donateur qui aurait peut-être péché par excès d'indulgence ou manque d'énergie.

283. Notre disposition a donc un caractère pénal, et, s'il convient de lui donner toute l'extension qu'elle comporte à raison de la généralité de ses termes, il faut bien se garder d'en étendre arbitrairement la portée. *Pœnalia non sunt extendenda.*

De là nous concluons :

1° Que l'époux contre lequel le divorce a été prononcé conserve tout ce qui lui appartient en propre sans qu'il le doive à une libéralité de son conjoint. Ainsi il peut exercer conformément à ses conventions matrimoniales la reprise de ses biens personnels, réclamer le paiement des indemnités qui lui sont dues par son conjoint ou par la communauté, et exiger sa part dans la communauté, sauf cependant ce qui a été dit au n. 281.

2° Que la déchéance de l'art. 299 ne s'applique pas aux libéralités que l'époux coupable a reçues soit par contrat de mariage, soit depuis le mariage, de personnes autres que son conjoint, même de parents de celui-ci.

3° Que l'époux coupable ne perdra pas le bénéfice des donations que son conjoint pourra lui faire après le divorce

---

5. 440. — Nancy, 16 fév. 1850, S., 52. 2. 521, D., 51. 2. 34. — Riom, 23 fév. 1849, P., 49. 2. 86. — Rouen, 25 mars 1846, D., 46. 2. 26.

(¹) Chambéry, 4 mai 1872, S., 73. 2. 217, D., 73. 2. 129. — Il en est ainsi, par exemple, des assurances sur la vie contractées par un des conjoints au profit de l'autre dans l'opinion qui donne à ces assurances le caractère de donations.

prononcé. En effet la loi dit que l'époux contre lequel le divorce aura été prononcé perdra tous les avantages que l'autre époux lui *avait faits*... depuis le mariage, mais non ceux qu'il lui *fera* désormais. Certes la loi n'a pas entendu frapper l'époux coupable d'une incapacité de recevoir à titre gratuit de son conjoint.

284. La déchéance établie par l'art. 299 est encourue de plein droit, *ipso jure* ([1]), dès que le divorce est devenu irrévocable par la transcription ([2]). Le texte s'exprime en termes impératifs : « L'époux *perdra* ». C'est une peine qui est prononcée contre lui, et la loi, craignant la trop grande indulgence de l'époux innocent ou son manque d'énergie, n'a pas voulu, ainsi que nous l'avons déjà dit, s'en rapporter à lui pour l'application de cette peine.

Le juge ne pourrait, d'office, ni sur la sollicitation du défendeur, soustraire par une disposition spéciale du jugement l'époux coupable à la déchéance de l'art. 299; mais, l'époux qui bénéficie de cette déchéance est libre d'y renoncer soit expressément, soit même tacitement ([3]).

La réunion, par un nouveau mariage, des époux divorcés, ne fait pas revivre de plein droit les avantages que le divorce avaient anéantis; il faudrait, dans le nouveau contrat de mariage, reproduire les stipulations antérieures ([4]). Quant aux donations et aux legs qui avaient été faits en dehors du contrat de mariage primitif, il ne serait pas nécessaire de les reproduire en de nouveaux actes. Le maintien de ces dispositions, après la réunion des époux, implique évidemment la volonté formelle, chez le donateur ou le testateur, de leur laisser produire effet et ce serait un abus de formalisme que d'exiger la réfection de ces actes ([5]).

([1]) Il n'est pas nécessaire qu'une disposition spéciale du jugement prononce la déchéance. — Douai, 24 fév. 1887, *Le Droit*, 23 sept. 1887.

([2]) Le bénéfice de la déchéance une fois acquis peut être invoqué par toute personne ayant intérêt. — Lyon, 26 janv. 1861, S., 61. 2. 553, D., 61. 5. 440.

([3]) Cass., 12 fév. 1849, S., 49. 1. 414, D., 49. 1. 213. — Rouen, 20 fév. 1897, *Gaz. Trib.*, 12-13 avril 1897.

([4]) Il en serait de même dans le cas d'une réconciliation entre époux séparés de corps. — Cass., 29 déc. 1893, *Gaz. Trib.*, 28 déc. 1893.

([5]) La question est plus délicate pour les donations qui ont le caractère de contrats entre vifs que pour les legs, disposition de dernière volonté.

285. La déchéance de l'art. 299 n'est en définitive qu'une révocation pour cause d'ingratitude, qui s'opère de plein droit contrairement aux règles ordinaires (art. 957). Cette révocation produit-elle ses effets à l'égard des tiers? Ainsi l'époux coupable a vendu les biens qu'il tenait de la libéralité de son conjoint, ou encore il les a grevés de droits réels; l'aliénation ou la constitution de droits réels tiendra-t-elle?

Il faut distinguer.

La révocation atteindra les aliénations et les constitutions de droits réels consenties postérieurement au divorce devenu définitif. En effet l'époux coupable a cessé d'être propriétaire à dater de ce moment, et la règle *Nemo plus juris ad alium transferre potest quam ipse habet* reçoit ici son application sans difficulté. Cela posé, les tiers ont évidemment intérêt à connaître la révocation résultant du divorce, puisqu'elle met le donataire dans l'impossibilité de constituer des droits réels valables. Aussi le législateur a-t-il organisé des mesures de publicité, pour porter cette cause de révocation à la connaissance des tiers (*supra*, n. 166), comme il l'a fait ailleurs dans des circonstances analogues. V. art. 958.

Au contraire, la révocation demeure sans influence sur les droits consentis par l'époux coupable antérieurement à la révocation, c'est-à-dire avant que le divorce soit devenu irrévocable. En d'autres termes, la révocation ne rétroagit pas. Il faudrait un texte pour la faire rétroagir, et non seulement ce texte n'existe pas, mais il y en a un qui dit implicitement que la rétroactivité n'a pas lieu, c'est l'art. 252 *in fine* qui l'établit seulement dans une certaine mesure *entre les époux* ([1]).

286. Aux termes de l'art. 300 : « *L'époux qui aura obtenu » le divorce, conservera les avantages à lui faits par l'autre » époux, encore qu'ils aient été stipulés réciproques et que la » réciprocité n'ait pas lieu* ».

([1]) Cass., 30 août 1865, S., 66. 1. 9, D., 65. 1. 345. — *Contra* Pau, 8 avril 1853, S., 53. 2. 495, D., 53. 2. 248. — Marcadé, *Rev. crit.*, IV, p. 509 et s. — Il faut supposer des aliénations faites sans fraude ; si l'on s'était proposé de soustraire les biens à la déchéance par des aliénations consenties à des tiers de mauvaise foi, de pareils actes devraient être annulés.

En punissant l'époux coupable, il ne fallait pas punir du même coup l'époux innocent. C'est pourquoi celui-ci conserve le bénéfice des avantages qui lui ont été faits par son conjoint. Il le conserve, même quand il s'agit de donations réciproques, bien que la réciprocité n'ait pas lieu; de sorte qu'en pareil cas l'époux coupable perd ce qu'il a donné, et ne conserve pas ce qu'il a reçu, bien que les deux donations étant réciproques, fussent la condition l'une de l'autre. Cette rigueur s'explique par le caractère pénal de la disposition.

Lorsque le divorce est prononcé aux torts des deux époux et contre les deux conjoints, ils perdent l'un et l'autre le bénéfice des avantages qu'ils ont pu se faire respectivement (¹).

287. L'art. 1518 contient une application du principe posé par l'art. 300 : « Lorsque la dissolution de la communauté » s'opère par le divorce ou par la séparation de corps, il n'y » a pas lieu à la délivrance actuelle du préciput; mais l'époux » qui a obtenu soit le divorce, soit la séparation de corps, » conserve ses droits au préciput en cas de survie. Si c'est la » femme, la somme ou la chose qui constitue le préciput » reste toujours provisoirement au mari, à la charge de » donner caution ». Cpr. art. 1452 (²). En généralisant la pensée qui a dicté ce texte, on peut dire que l'époux qui a obtenu le divorce conserve les avantages à lui faits par son conjoint, mais sans que leur caractère soit aucunement modifié; il les conserve tels qu'ils lui ont été faits, avec les modalités auxquelles ils sont soumis. De là il suit que, si les avantages sont révocables par leur nature, ils demeurent tels après le divorce prononcé. La loi dit qu'ils ne sont pas révoqués, mais elle ne dit nullement qu'ils ne demeurent pas révocables. Si donc il s'agit d'une disposition testamentaire, elle pourra être révoquée par le disposant, et alors l'époux innocent, au profit duquel elle a été faite, en perdra le bénéfice. Même solution s'il s'agit d'une donation faite pendant le mariage. L'art. 1096 déclare les donations de cette espèce toujours révocables; l'époux contre lequel le divorce a été prononcé pourra donc révoquer celles qu'il a faites à son con-

(¹) Paris, 20 août 1862, S., 62. 2. 443.

joint (¹). Le contraire a été soutenu (²), mais cela nous paraît insoutenable. Pour admettre qu'une libéralité révocable se trouve ainsi transformée par la loi en une libéralité irrévocable, ce qui serait une singularité juridique, il faudrait un texte bien net et bien précis ; or il s'en faut de tout que les art. 299 et 300 présentent ce caractère. Surtout ce que nous ne comprenons pas, c'est qu'on distingue, comme l'ont fait quelques auteurs, entre les dispositions testamentaires et les donations entre vifs faites pendant le mariage, pour déclarer ces dernières seulement irrévocables après le divorce.

En un mot, la différence qui existe entre l'époux contre lequel le divorce a été prononcé et l'époux qui l'a obtenu, c'est que les avantages faits au premier par le second sont révoqués de plein droit, tandis que les avantages faits au second par le premier ne sont pas révoqués ; mais ils demeurent révocables s'ils le sont par leur nature ; la loi n'en assure pas le bénéfice à l'époux qui a obtenu le divorce.

288. L'art. 301 nous révèle une autre différence entre l'époux innocent et l'époux coupable : « *Si les époux ne s'étaient* » *fait aucun avantage, ou si ceux stipulés ne paraissent pas* » *suffisants pour assurer la subsistance de l'époux qui a* » *obtenu le divorce, le tribunal pourra lui accorder, sur les* » *biens de l'autre époux, une pension alimentaire, qui ne* » *pourra excéder le tiers des revenus de cet autre époux. Cette* » *pension sera révocable dans le cas où elle cesserait d'être* » *nécessaire* ». L'époux qui obtient le divorce peut donc, sous certaines conditions, faire condamner son conjoint au service d'une pension alimentaire ; le même droit n'appartient pas à

---

¹) Dans le cas de donation de mobilier faite par contrat de mariage à titre de gain de survie, l'époux donataire qui a obtenu le divorce conserve, en vertu de l'art. 300 C. civ., les avantages à lui faits ; mais il n'est pas fondé, aux termes de l'art. 1518, à exiger, dès le prononcé du divorce, soit la délivrance du mobilier, soit le paiement d'une somme d'argent pour en tenir lieu ; le mobilier doit rester provisoirement à l'époux donateur. Alger, 20 mars 1888, *Gaz. Trib.*, 6 juill. 1888. En conséquence l'époux donateur ne peut, en cas de divorce, s'assurer la jouissance du gain de survie par une saisie-arrêt. Lyon, 19 déc. 1893, *Gaz. Trib.*, 5 avril 1894.

(²) Trib. Fougères, 4 janv. 1893, S., 95. 2. 285, D., 94. 2. 45. — V. en ce sens Demolombe, IV, n. 530 ; Laurent, III, n. 307 ; Carpentier, *op. cit.*, n. 3793 ; Fuzier-Hermann, *Code civ. annoté*, sur l'art. 300, n. 2.

l'époux contre lequel le divorce est prononcé. Si le divorce est prononcé aux torts des deux conjoints, le droit aux aliments n'existe ni au profit de l'un ni au profit de l'autre (¹).

289. Quel est le fondement de l'obligation alimentaire que l'art. 301 crée à la charge de l'époux contre lequel le divorce est prononcé ? Ce ne peut être le devoir de secours établi par l'art. 212, car le divorce brise le mariage et met fin aux obligations qu'il engendre. La disposition de l'art. 301 a sa source dans le principe consacré par l'art. 1382. La pension alimentaire est allouée à l'époux innocent à titre de réparation du préjudice que son conjoint lui a causé en rendant par sa conduite la prononciation du divorce nécessaire. L'époux innocent se trouve privé des ressources sur lesquelles son mariage lui permettait de compter pour vivre, et, puisqu'il en est privé par la faute de son conjoint, il est juste que celui-ci soit condamné à l'indemniser.

290. Dans le silence de la loi, les règles du droit commun nous paraissent applicables à l'obligation alimentaire unilatérale établie par l'art. 301, sauf cependant la restriction édictée par la partie finale de ce texte, savoir que la pension ne pourra pas excéder le tiers des revenus de l'époux débiteur (²).

La pension ne peut être exigée que si le demandeur n'a pas de biens suffisants pour assurer sa subsistance ; on ne doit pas seulement prendre en considération, ainsi que semblerait le faire croire l'art. 301, les avantages reçus de l'autre époux, mais aussi les biens personnels de celui qui réclame la pension ; pour y avoir droit, en effet, il faut, conformément aux règles générales, être dans le besoin (³) et le juge doit constater dans son jugement l'insuffisance des ressources,

---

(¹) Toullier, II, n. 743; Proudhon, *Traité des personnes*, I, p. 517.

(²) Cass., 21 nov. 1886, S., 88. 1. 433; 27 janv. 1891, S., 91. 1. 72, D., 91. 1. 461. — Toulouse, 1ᵉʳ août 1890, D., 91. 2. 364.

(³) On pourrait indiquer une autre distinction entre l'art. 301 et l'art. 205 : l'époux coupable ne pourra se prévaloir de la présence d'autres parents pour se soustraire à l'exécution de son obligation, laquelle n'est pas subsidiaire et ne disparaît pas, même dans l'hypothèse où il existerait des enfants en état de fournir la pension. Paris, 7 pluv. an XII, P. chr.

(⁴) Trib. Seine, 15 mars 1887, *Le Droit*, 25 mars 1887.

s'il veut motiver l'allocation de la pension alimentaire ([1]). L'époux peut exiger non seulement les frais de nourriture, mais aussi ceux de logement et d'entretien ; on doit, toutefois, pour la fixation du chiffre de la pension, tenir compte de la situation pécuniaire du défendeur et la mesurer sur ses ressources ([2]) ; mais, dans les revenus de ce dernier, on doit compter les pensions qui lui sont personnelles, quand bien même elles seraient incessibles et insaisissables ; la femme, qui aurait obtenu une pension alimentaire contre son mari, pourrait pratiquer une saisie-arrêt sur l'intégralité du traitement ([3]) ou sur les pensions civiles ou militaires à lui accordées ([4]).

La pension accordée a bien le caractère d'une dette alimentaire, en ce sens que le débiteur ne pourrait s'exonérer du paiement par une compensation, notamment avec les dépens ou les frais du procès ([5]).

Par ailleurs, conformément au droit commun, la fixation du chiffre de la pension n'a qu'un caractère essentiellement provisoire ; ce chiffre pourra être levé ou abaissé suivant les diverses variations qui surviennent dans le besoin de celui qui réclame les aliments ou dans la fortune de celui qui les doit ([6]). La pension ne cessera pas de plein droit d'être due par suite du convol de l'époux auquel elle a été allouée ([7]).

---

[1] Poitiers, 17 mars 1891, La Loi, 7 mars 1891.

[2] C'est un principe général, en matière de pension alimentaire, et dont on a eu tort de contester l'application dans l'hypothèse de l'art. 301, d'autant plus que ce texte lui-même limite au tiers des revenus le maximum de la pension. Cpr. cep. Trib. Seine, 12 mai 1896, Le Droit, 1er juill. 1896.

[3] Trib Seine, 28 oct. 1891, Le Droit, 18-19 janv. 1892.

[4] Certains textes limitent la portion saisissable, même en pareil cas, des arrérages, des pensions. V. notamment art. 268 du décret du 31 mai 1862. — Trib. Seine, 18 mai 1898, Le Droit, 7-8 nov. 1898. — Trib. Tunis, 12 nov. 1894, Gaz. Trib., 27 janv. 1895.

[5] Paris, 27 janv. 1888, La Loi, 6 juill. 1884. — Trib. Seine, 10 mars 1888, Gaz. des Trib., 29 avril 1888.

[6] Trib. Seine, 24 mai 1890, Le Droit, 11 juin 1890.

[7] Les tribunaux apprécient en fait s'il convient, en pareil cas, de maintenir, de supprimer ou de réduire la pension. Trib. Perpignan, 18 janv. 1895, D., 95. 2. 333. — Trib. Avranches, 30 oct. 1896, La Loi, 7 janv. 1897. — Contra Trib. Seine, 10 mars 1888, Le Droit, 21-22-23 mai 1888.

L'obligation alimentaire établie par l'art. 301 ne passe pas aux héritiers de l'époux débiteur ([1]).

La pension alimentaire de l'art. 301 peut être accordée soit par le jugement ou arrêt de divorce, soit par un jugement postérieur.

291. La demande de cette pension alimentaire peut être formée même après la transcription du jugement de divorce, sans qu'on puisse, dans le silence de la loi, opposer à l'époux demandeur une fin de non-recevoir tirée de la tardiveté de sa demande ([2]). La cour de Paris ([3]) a jugé en outre que le tribunal doit, pour statuer, se reporter à l'état de choses existant lors de la prononciation du divorce, sans tenir aucun compte des faits qui ont pu survenir postérieurement. D'où il résulte notamment que le juge doit refuser la pension, si le besoin de l'époux qui a obtenu le divorce ne s'est manifesté qu'à une époque postérieure à la prononciation du divorce. Il nous est difficile de nous associer à cette manière de voir. C'est à titre de dommages et intérêts, nous l'avons dit, que l'art. 301 accorde à l'époux innocent la pension alimentaire. Pour que les dommages et intérêts soient dus, il suffit que le préjudice existe ; la loi n'exige pas qu'il se soit manifesté à une époque déterminée.

292. Il est de jurisprudence que l'art. 301 est applicable à la séparation de corps. Le tribunal peut donc accorder, en cette matière, une pension alimentaire, soit en vertu de l'art. 212 (C. civ.), soit en conformité de l'art. 301, et nous

---

([1]) Cette solution s'impose si l'on fait prédominer le caractère de dette alimentaire. Trib. Toulouse, 5 juill. 1886, *Gaz. Trib.*, 6 oct. 1886. — Piédelièvre, *Rev. Alger*, 1886, p. 164. — Si, au contraire, on s'attache surtout à cette idée que la pension est allouée à titre de dommages-intérêts, les héritiers en demeurent tenus.— Lyon, 4 juin 1892, S., 93. 2. 60, D., 93. 2 32. — Vraye et Gode, II, n. 710; Coulon, III, p. 445. — Cpr. sur la question Cass., 7 avril 1873. S., 73. 1. 337, D., 74. 1. 342. — Massigli, *Rev. crit.*, 1886, p. 22. — La pension pourrait certainement être supprimée sur la demande des héritiers, si elle avait cessé d'être nécessaire. Lyon, 4 juin 1892, précité.

([2]) Cass , 10 mars 1891, S., 91. 1. 148, D., 91. 1. 175. — Paris, 16 juin 1888, S., 89. 2. 103. — Trib. Alger, 18 janv. 1895, *Gaz. Trib.*, 2 juin 1895. — Trib. Anvers, 31 oct. 1891, S., 92. 4. 16. — *Contra* Riom, 27 janv. 1887, S., 88. 2. 214.

([3]) Paris, 16 juin 1888, précité.

verrons bientôt, qu'il n'est pas sans intérêt de savoir à quel titre la pension a pu être accordée ([1]).

293. Nous croyons aussi que l'art. 301 doit recevoir son application au divorce par conversion. Cela résulte de la généralité des termes de la loi. Quel sera en pareil cas celui des époux qui pourra réclamer la pension alimentaire ? Ce sera celui qui a obtenu la séparation de corps. Cela est sans difficulté quand la conversion est prononcée sur sa demande. Et la même solution s'impose au cas où la conversion est prononcée sur la demande de l'autre conjoint. En effet, par la conversion, le jugement de séparation de corps devient jugement de divorce ; le divorce est donc obtenu en réalité par l'époux au profit duquel la séparation a été prononcée, bien que la conversion ait été demandée par l'autre. D'ailleurs, on ne concevrait pas que le droit aux aliments pût appartenir à l'époux coupable et être refusé à l'époux innocent ([2]).

Dès lors si, lors de la séparation de corps, aucune pension n'avait été allouée, celui qui a obtenu le bénéfice du jugement pourra demander et obtenir une pension sur le fondement de l'art. 301, lors de la conversion, qu'il soit demandeur ou défendeur dans l'instance ([3]), sans que l'autre époux ait le même droit, dans le cas même où la conversion aurait été prononcée sur sa demande ([4]).

Au moment où la conversion a été prononcée, l'un des époux payait à l'autre une pension alimentaire, en vertu d'un jugement qui l'y avait condamné. La pension continuera-t-elle à être due ?

La négative ne fait pas de difficulté, si la pension était due à l'époux coupable, à celui contre lequel la séparation a été prononcée. En effet, il n'a plus droit à la pension alimentaire de l'art. 212, le mariage étant brisé, et il ne peut pas réclamer non plus celle de l'art. 301, le divorce étant pro-

([1]) Cass.. 4 fév. 1889, S., 89. 1. 228, D., 89. 1. 250 ; 7 avril 1873, S., 73. 1. 337, D., 74. 1. 342.
([2]) Cass., 4 fév. 1889, précité. — Bordeaux, 21 mars 1892, S., 92. 1. 270, D., 92. 2. 412.
([3]) Douai, 29 juin 1885, S., 86. 2. 277, D., 86. 2. 206. — Paris, 15 mars 1887, S., 88. 2. 213.
([4]) Cass., 4 fév. 1889, précité. — Douai, 21 janv. 1895, *Le Droit*, 14 fév. 1895.

noncé contre lui, qu'il ait ou non demandé la conversion ([1]).

Si la pension alimentaire était due à celui des époux qui a obtenu la séparation de corps, il faut distinguer. La pension avait-elle été allouée par application de l'art. 212? Elle cessera de lui être due après la conversion ; car désormais les époux ne sont plus tenus l'un envers l'autre du devoir de secours ni de l'obligation alimentaire qui en est la conséquence ([2]). L'époux qui a obtenu la séparation de corps devrait alors, dans l'instance en conversion, demander l'application de l'art. 301 et obtenir une décision nouvelle lui allouant, sur le fondement de ce texte, une autre pension alimentaire ([3]). Si, au contraire, la pension avait été allouée par application de l'art. 301, par conséquent à titre de dommages et intérêts, elle continuera à être due après la conversion ; car le divorce, succédant à la séparation de corps, n'a pu apporter aucune modification à l'obligation de dommages et intérêts dont l'époux coupable était tenu envers son conjoint ([4]). Maintenant c'est une question de fait et d'interprétation que celle de savoir à quel titre la pension alimentaire a été allouée. Le plus souvent cette question sera résolue par les termes mêmes du jugement ou arrêt qui établit la pension, et alors il n'y aura pas de difficulté. Divers arrêts, à la doctrine desquels il est difficile de souscrire ([5]), ont jugé que, dans le doute, il y a présomption que la pension alimentaire a été allouée par application de l'art. 301. Pourquoi cette présomption puisqu'il n'y a pas de loi qui l'établisse ([6]) ?

([1]) Paris, 15 mars 1887, précité. — Trib. Seine, 7 janv. 1885, S., 85. 2. 46. — Massigli, *Rev. crit.*, 1887, p. 221.

([2]) Paris, sous Cass., 10 mars 1891, D., 91. 1. 175.

([3]) Dans tous les cas, il est certain que la pension peut, après la conversion, disparaître ou se modifier avec la situation du crédi-rentier. — Paris, 10 mai 1893, S., 93. 2. 224, D., 93. 2. 393.

([4]) Cass., 4 fév. 1889, précité. — Bordeaux, 21 mars 1892, précité. — Caen, 19 mars 1889, S., 90. 2. 209.

([5]) Cass., 3 janv. 1893, S., 93. 1. 225, D., 93. 1. 126.

([6]) Riom, 27 janv. 1887, S., 88. 2. 214. — Paris, 15 mars 1887, S., 88. 2. 213 ; il en résulte que le jugement de séparation de corps peut servir de titre exécutoire. — Paris, 15 mars 1887, précité. Ces décisions sont inspirées par cette idée pratique que l'on arrive au même résultat, avec des frais inutiles (par exemple les droits d'enregistrement sur une condamnation nouvelle), en permettant à l'époux de réclamer, comme il a été dit plus haut, l'application formelle de l'art. 301 dans

Si, en vertu d'une convention intervenue après la séparation de corps, les époux avaient librement fixé la pension servie par l'un des conjoints à l'autre, la conversion de la séparation de corps en divorce serait sans effet sur l'exécution du contrat ; il faudrait seulement consulter l'intention des parties (¹).

Au cas où la séparation a été prononcée aux torts des deux époux, aucun ne peut bénéficier de l'art. 301, et par conséquent si l'un des époux a été condamné à payer une pension alimentaire à l'autre par application de l'art. 212, la pension cessera d'être due après la conversion de la séparation de corps en divorce (²).

294. Au point de vue des déchéances qu'entraîne le divorce, et à d'autres égards encore, la situation de l'époux qui obtient le divorce est bien préférable à la situation de l'époux contre lequel il est prononcé, ce qui paraît tout naturel. Maintenant il arrive souvent qu'entre deux époux qui plaident en divorce, les torts sont partagés : chacun, de son côté, s'est rendu coupable de faits qui peuvent motiver la prononciation du divorce contre lui. L'un des deux ayant pris l'initiative de la demande en divorce, que l'autre aurait pu tout aussi bien former, ce dernier subira-t-il seul les déchéances dont nous venons de parler ? Ce serait fort injuste ; mais hâtons-nous de dire qu'il ne tient qu'à l'époux défendeur d'éviter ce résultat. Qu'il forme lui-même une demande reconventionnelle en divorce ; le juge sera alors saisi de deux demandes tendant au même but, et, s'il déclare l'une et l'autre fondée, il en résultera que le divorce aura été prononcé contre l'un et l'autre époux, et que chacun subira les déchéances légales.

La demande reconventionnelle en divorce peut être formée

l'instance en conversion ; sans prononcer une nouvelle condamnation, les arrêts ont tendance à convertir le fondement de la pension et à dire que l'époux la conserve dans les conditions prescrites par l'art. 301.

(¹) Cpr. Paris, 16 mai 1893, S., 93. 2. 224, D., 93. 2. 393.

(²) Cass., 30 juill. 1889, *Gaz. Trib.*, 1ᵉʳ août 1889. — Angers, 12 juill. 1898, *La Loi*, 21 juill. 1898.

(³) Cass., 27 janv. 1891, S., 91. 1. 72, D., 91. 1. 461 ; 24 nov. 1886, S., 88. 1. 133, D., 87. 1. 335.

en tout état de cause. Nous savons qu'elle s'introduit par un
simple acte d'avoué à avoué (*supra*, n. 139).

CHAPITRE IV

DE LA SÉPARATION DE CORPS

295. Nous avons défini la séparation de corps : L'état de
deux époux dispensés par la justice de l'obligation de vivre
en commun, que le mariage leur imposait (*supra*, n.2).

Ainsi que nous l'avons vu, la séparation de corps, à la
différence du divorce, ne dissout pas le mariage ; elle en
relâche seulement le lien, en ce qu'elle délivre les époux de
l'obligation de la vie commune devenue insupportable.

De plus, comme la société de biens qui a pu se former entre
les époux par suite de leurs conventions matrimoniales n'est
qu'une conséquence de la société établie par le mariage entre
leurs personnes, et que, celle-ci étant rompue, celle-là n'a
plus de raison d'être, en vertu de ce principe que l'effet ne
doit pas survivre à la cause, la loi décide que les intérêts
pécuniaires des époux seront désormais séparés (art. 311). En
conséquence la femme reprend l'administration et la jouissance de son patrimoine, en supposant, comme il arrive le
plus souvent, que cette administration et cette jouissance
appartinssent au mari d'après les conventions matrimoniales.
En outre la femme reprend le plein exercice de sa capacité
civile (loi du 6 février 1893).

Les autres effets du mariage subsistent, notamment le
devoir de fidélité, qui, cependant, comme on le verra bientôt,
n'a plus de sanction pénale en ce qui concerne le mari, et le
devoir de secours, qui, le cas échéant, se traduira sous la
forme d'une pension alimentaire.

296. Le projet du code civil, à l'imitation de la loi du
20 septembre 1792, ne consacrait que le divorce. A la suite
de discussions assez vives, la séparation de corps fut admise,
parallèlement au divorce, pour donner satisfaction aux consciences catholiques. Mais, comme s'il eût fait cette concession
à regret, le législateur de 1803 réglementa la séparation de

corps avec une brièveté toute voisine de l'obscurité. Ce laco-
nisme ne pouvait guère s'expliquer qu'en supposant au législateur l'intention de rendre applicables à la séparation de
corps une grande partie des dispositions relatives au divorce
On voit apparaître cette intention dans les travaux préparatoires de la loi, desquels il ressort que la séparation de corps
a été considérée comme un diminutif du divorce, comme un
divorce mis en rapport avec les idées catholiques; on l'a
plusieurs fois appelée dans la discussion : le *divorce des
catholiques*. Aussi la jurisprudence, dès les premières années
qui suivirent la promulgation du code civil, fit-elle de larges
emprunts à la législation du divorce, pour combler les lacunes de la législation relative à la séparation de corps. Ce
mode de procéder reçut presque une consécration législative
de la loi du 8 mai 1816, qui, en abolissant le divorce, laissa
subsister dans le code civil tous les articles qui le régle-
mentaient. Quel pouvait être le but de ce procédé, assez peu
usité en matière législative, sinon de ne pas tarir la source à
laquelle les tribunaux puisaient pour compléter la législation
relative à la séparation de corps?

La nouvelle loi qui a rétabli le divorce ne fait que forti-
fier l'induction fournie par la loi de 1816. Le législateur de
1884 n'ignorait pas que, depuis la promulgation du code
civil, les tribunaux appliquaient journellement, en matière
de séparation de corps, de nombreuses dispositions relatives
au divorce. S'il eût entendu condamner cette pratique sécu-
laire, il l'eût fait dans un texte formel, et, en même temps,
comme la législation sur la séparation de corps ne peut pas se
suffire à elle-même, il n'eût pas manqué de lui donner le complément qui lui est indispensable. Or le législateur de 1884 a
laissé les choses en l'état, et il a ainsi sanctionné les errements
du passé. L'argument n'a rien perdu de sa force depuis la
promulgation de la loi du 18 avril 1886 relative à la procédure du divorce. Cette loi déclare en effet applicables à la
séparation de corps un grand nombre des articles relatifs à
la procédure du divorce. En réglant ainsi sur un point seulement les emprunts que la séparation de corps doit faire au

divorce, il confirme implicitement le *statu quo* pour les
emprunts à faire sur les autres points.

297. Reste à savoir quelles sont les dispositions relatives
au divorce qui doivent être appliquées à la séparation de corps.
Ce sont, disent Aubry et Rau, « toutes celles dont l'application à cette dernière matière n'est pas en opposition avec la
nature même de la séparation de corps, avec une disposition
expresse ou implicite de la loi ou avec les principes généraux du droit ». Même en adoptant ce *criterium*, qui est
en général suivi par la doctrine, on est loin d'être d'accord
sur les applications pratiques que le principe comporte.

298. Division. — Nous aurons à rechercher successivement : 1° quelles sont les causes de séparation de corps; 2°
par qui la séparation de corps peut être demandée; 3° quelles
sont les causes d'extinction de l'action en séparation de
corps; 4° quelle est la procédure à suivre sur cette action et
quelles sont les mesures provisoires qu'il peut y avoir lieu
de prendre; 5° quels sont les effets de la séparation de corps;
6° comment elle cesse.

§ I. *Causes de séparation de corps.*

299. Aux termes du nouvel art. 306 : « *Dans le cas où il y
» a lieu à demande en divorce, il sera libre aux époux de
» former une demande en séparation de corps* ».

Les causes de séparation de corps sont donc les mêmes
que les causes de divorce : adultère de l'un des époux [1];
excès, sévices ou injures graves de l'un des époux envers
l'autre; condamnation devenue définitive de l'un des époux
à une peine afflictive et infamante. Par suite, le demandeur
a le choix entre l'action en divorce et l'action en séparation
de corps.

300. Pas plus que le divorce, la séparation de corps « *ne
» peut avoir lieu par le consentement mutuel des époux* »

---

[1] C'est ainsi que, depuis la loi de 1884, l'adultère, pour le mari comme pour la
femme, consiste dans le seul fait d'avoir des relations avec une autre personne
que son conjoint, peu importe qu'il s'agisse d'une instance en séparation de corps
ou d'une instance en divorce. — Nancy, 12 nov. 1884, S., 85. 2. 83, D., 86. 2. 31.
— Trib. Seine, 19 déc. 1891, *Droit*, 13 janv. 1892.

(art. **307** al. **1** *in fine*). Cette proposition ne signifie pas qu'il est interdit aux époux de vivre séparément d'un commun accord et tant que cet accord subsiste, mais bien que le juge ne peut pas, sur le fondement du consentement mutuel exprimé par les époux, prononcer entre eux une séparation de corps. Elle signifie en outre que la convention, que les époux auraient faite de vivre séparément, et toutes les clauses accessoires de cette convention, par exemple celle aux termes de laquelle le mari s'oblige à payer à sa femme une pension alimentaire déterminée, sont nulles et de nul effet. Quand l'une des parties ne voudra plus exécuter la convention, l'autre ne pourra pas l'y forcer ([1]).

On devrait seulement maintenir les dispositions indépendantes qui ne sont pas une conséquence de la séparation volontaire, par exemple, celles relatives à la liquidation des reprises de la femme, en exécution d'un jugement de séparation de biens ([2]).

D'autre part, comme nul ne peut être contraint de demander la séparation de corps ou le divorce, il n'est pas douteux qu'une femme, qui aurait été abandonnée par son mari, aurait le droit de réclamer une pension alimentaire ([3]). Mais, en l'absence de tout grief établi contre le père dans ses rapports avec son enfant, de nature à entraîner la déchéance de la puissance paternelle, la garde de l'enfant ne saurait être, dans cette hypothèse, confiée à la mère ([4]).

Ainsi le consentement mutuel des parties ne peut servir de base à une séparation de corps prononcée par la justice. Les époux ne peuvent pas non plus faire une convention valable et obligatoire, en vertu de laquelle ils seront séparés de corps.

301. La séparation de corps ne pouvant pas être prononcée sur le fondement du consentement mutuel des époux, il en

([1]) Cass., 14 juin 1882, D., 83. 1. 248; 27 janv. 1874, S., 74. 1. 214. — Pau, 20 juin 1894, S., 94. 2. 232, D., 95. 2. 11. — Trib. Seine, 15 mai 1895, *Gaz. Trib.*, 9-10 sept. 1895.

([2]) Pau, 20 juin 1894, précité.

([3]) Paris, 20 mai 1898, *Droit*, 12 juin 1898; 24 mai 1897, *Gaz. Trib.*, 14-15 juin 1899; 31 mars 1873, P., 74. 2. 78 et la note de M. Renault.

([4]) Paris, 20 mai 1898, précité. — *Contra* Trib. Seine, 20 janv. 1898, *Gaz. Trib.*, 18 mai 1898.

résulte que le juge ne doit pas considérer les faits allégués par l'époux demandeur comme suffisamment établis par cela seul que le défendeur en reconnaît l'exactitude. L'aveu du défendeur est ici suspect, parce qu'il peut être le résultat d'un concert intéressé. Pour le même motif, la preuve par le serment doit être écartée. Cpr. *supra,* n. 116-118.

Alors comment le demandeur prouvera-t-il l'existence des causes de séparation de corps qu'il invoque? Par tous les autres moyens de preuve du droit commun, et principalement par témoins, car les écrits feront presque toujours défaut. D'ailleurs il y aurait lieu d'appliquer ici par analogie la disposition du nouvel art. 245 al. 2 aux termes duquel : « Les parents des parties, à l'exception des descendants, et » les domestiques des époux peuvent être entendus comme » témoins ». Cela résulte de l'art. 239 al. 2, qui prouve que le législateur a assimilé complètement les demandes en séparation de corps et les demandes en divorce au point de vue de la procédure à suivre dans les enquêtes. D'ailleurs, s'il en était autrement, le législateur se trouverait avoir accordé, au point de vue de la preuve, une faveur plus grande à celui qui demande le divorce qu'à celui qui demande la séparation de corps, ce qui serait inexplicable. Il faut donc admettre que c'est par pure inadvertance que l'art. 245 al. 2 n'a pas été compris parmi les textes que le nouvel art. 307 déclare applicables à la séparation de corps [1].

302. L'ancien art. 306 portait : « Dans le cas où il y a lieu » à la demande en divorce *pour cause déterminée,* il sera » libre aux époux de former demande en séparation de corps ». Les mots *pour cause déterminée,* qui ne peuvent avoir de sens que dans une législation où le divorce par consentement mutuel est admis, ont été supprimés avec raison par le législateur de 1884. Pour le même motif, il a supprimé la partie finale de l'art. 307, qui portait que la séparation de corps « ne pourra avoir lieu par le consentement mutuel des époux », et on se demande pourquoi la loi du 18 avril 1886 en a opéré le rétablissement (nouvel art. 307).

[1] Cass., 11 mars 1897, S., 97. 1. 336, D., 97. 1. 367.

Ainsi notre législation actuelle, assimilant à ce point de vue le divorce et la séparation de corps, ne permet pas qu'ils puissent avoir lieu par le consentement mutuel des époux. Au contraire, d'après le code civil, le divorce pouvait avoir lieu par le consentement mutuel des époux, mais non la séparation de corps.

Ce n'est pas qu'il fût bien facile d'expliquer cette différence. Si l'on admet le divorce par consentement mutuel, dans les cas où des motifs d'ordre supérieur peuvent fermer la bouche à l'époux demandeur et l'empêcher de révéler publiquement la cause du divorce, pourquoi ne pas admettre dans les mêmes circonstances la séparation de corps par consentement mutuel, pour ceux dont les convictions religieuses repoussent le divorce? Les explications que les auteurs du code civil ont données à ce sujet ne sont guère satisfaisantes, et celles que les jurisconsultes ont proposées ne le sont pas davantage. Pour nous, voici la vérité : Le législateur de 1803 ne voulait ni du divorce par consentement mutuel ni de la séparation de corps par consentement mutuel. Il s'est laissé arracher le divorce par consentement mutuel par Napoléon, qui avait l'arrière-pensée d'en faire bientôt un usage personnel (*supra*, n. 14). Cette influence ne s'étant pas produite au sujet de la séparation de corps, le principe qu'elle ne peut avoir lieu par le consentement mutuel a été maintenu, et il en est résulté une disparate dans notre loi.

§ II. *Par qui la séparation de corps peut être demandée.*

303. La séparation de corps peut être demandée par l'un des époux contre l'autre.

Dans notre ancien droit, la femme seule pouvait demander la séparation de corps, sans doute parce que l'on considérait cette mesure comme un secours offert au plus faible contre le plus fort. Cependant le mari pouvait arriver indirectement à une *séparation d'habitation,* en dénonçant l'adultère de sa femme. Pothier dit à ce sujet, dans son traité du contrat de mariage, n. 527 : « La peine qui est en usage dans notre droit contre la femme convaincue d'adultère est la réclusion dans un monastère, où son mari peut la venir voir et visiter, et au bout de deux ans l'en faire sortir pour la reprendre chez lui ; sinon, ledit temps passé, faute par son mari de la reprendre, elle doit être rasée, et rester dans ledit couvent le restant de ses jours. On la déclare en outre déchue de ses dot, douaire et conventions matrimoniales ».

Sous notre législation actuelle, le droit de demander le divorce ou la séparation de corps est réciproque pour les deux époux, même au cas d'excès, sévices ou injures graves, ainsi que le témoigne le mot *réciproquement* (art. 231).

Mais, en fait, les maris usent, par tous pays, beaucoup moins souvent que les femmes, du droit de demander le divorce ou la séparation de corps. La statistique judiciaire nous apprend qu'en France, sur 1.000 séparations de corps, il y en a 895 qui sont prononcées à la requête des femmes. Il ne faudrait pas attribuer ce résultat uniquement à ce que les mauvais ménages se font par la faute des maris plus souvent que par celle des femmes. Le mari malheureux par la faute de sa femme recule fréquemment devant le divorce ou la séparation de corps, parce que cette mesure a pour résultat de lui faire perdre la jouissance de la fortune de sa femme ; le plus souvent il se contente d'une séparation de fait, que la femme accepte, pour éviter le scandale d'un débat judiciaire, si son mari lui offre une pension suffisante.

304. Sur le point de savoir si l'action en séparation de corps peut être exercée par les créanciers ou par les héritiers de l'époux auquel l'action appartient, et quel est l'effet de la mort de l'un des époux survenue *pendente lite*, il y aurait lieu d'appliquer, *mutatis mutandis*, tout ce que nous avons dit au n. 70 au sujet du divorce.

Rappelons qu'aux termes de l'art. 307 al. 2 (loi du 18 avril 1886) : « *Le tuteur de la personne judiciairement interdite peut,* » *avec l'autorisation du conseil de famille, présenter la requête* » *et suivre l'instance à fin de séparation* » (supra, n. 97) [1].

---

[1] Contrairement à la solution admise *supra* (n. 100) la cour d'Angers a décidé que le mineur émancipé pourrait exercer seul une demande en séparation de corps. Angers, 14 janv. 1899, D., 99. 2. 160. — Lorsque l'instance en séparation de corps intéresse une personne aliénée, non interdite, placée dans un établissement public, cette personne doit être représentée, conformément à l'art. 33 de la loi de 1838 par un mandataire *ad litem*. Cass., 7 juin 1899, S., 99. 1. 404.

§ III. *Causes d'extinction de l'action en séparation
de corps.*

305. Elles sont les mêmes que les causes d'extinction de
l'action en divorce. En effet le nouvel art. 244, qui organise
ces dernières, est applicable à la séparation de corps (nouvel
art. 307). En conséquence, nous nous bornons à renvoyer
sur ce point à ce que nous avons dit au sujet du divorce
(*supra,* n. 226 et s.).

§ IV. *Procédure à suivre sur la demande en séparation
de corps. — Mesures provisoires.*

306. L'art. 307 al. 1, remanié par le législateur de 1886,
porte : « *Elle* [la demande en séparation de corps] *sera
» intentée, instruite et jugée de la même manière que toute
» autre action civile; néanmoins les art. 236 à 244 lui seront
» applicables* ». L'art. 245 est également applicable (*supra,*
n. **301**).

Intentée, instruite et *jugée.* La demande n'est pas *intentée*
comme les autres actions civiles ; en effet les art. 236 s. du
code civil et 875 et 878 du code de procédure civile la sou-
mettent sur ce point à des règles toutes spéciales. Elle n'est
pas non plus *jugée* comme les autres actions civiles; car le
jugement doit être précédé des conclusions du ministère
public (C. pr., art. 879). Il reste donc que la demande en
séparation de corps est seulement *instruite* dans les formes
établies pour les autres demandes, et c'est ce que dit l'art.
879 du code de procédure civile. Le législateur de 1886 a
commis sur ce point la même faute que le législateur du code
civil et celui de 1884.

Les articles 236 à 244 lui sont applicables. Donc il n'y a
pas lieu d'appliquer l'art. 249, d'après lequel : « Le juge-
» ment ou arrêt qui prononce le divorce n'est pas susceptible
» d'acquiescement ». D'autant plus que cet article déroge
aux règles du droit commun, d'après lesquelles on peut toujours acquiescer à un jugement, et que le mérite de la déro-

gation est très contestable (*supra*, n. 149). La jurisprudence est
en ce sens (¹).

307. Comme les demandes en divorce, les demandes **en**
séparation de corps sont de la compétence exclusive des **tri-**
bunaux civils. En aucun cas une demande de ce genre ne **peut**
être intentée devant un tribunal de répression, incidemment
à l'action publique dont il serait déjà saisi. Arg. art. **326 et**
ancien art. **234.**

Si quelques-uns des faits allégués par l'époux demandeur
donnent lieu à une poursuite criminelle de la part du ministère public, l'action en séparation de corps demeurera suspendue jusqu'après la décision de la justice criminelle; **car**
le *criminel tient le civil en état* (arg. art. 3 al. 2 C. I. cr.).
Lorsque la justice criminelle aura définitivement statué, **et**
quelle que soit sa décision, l'action en séparation de corps
pourra être reprise. Cpr. *supra*, n. 76.

Le tribunal compétent est celui du domicile commun des
époux (C. pr. art. 59 al. 1 et 875, et arg. de ces articles).

308. L'époux demandeur débute par une requête adressée au président du tribunal et accompagnée des pièces à
l'appui, s'il y en a (C. pr., art. 875). A la différence de ce qui
a lieu pour les demandes en divorce, il n'est pas nécessaire
que l'époux demandeur présente sa requête en personne, et,
par conséquent, si cet époux ne peut se déplacer, le président
du tribunal n'aura pas à se transporter près de lui. Cpr. C.
civ., nouveaux art. **234** et **307**, et C. pr. art. **875.**

En réponse à cette requête, le président du tribunal rend
une ordonnance portant que les époux comparaîtront devant
lui au jour fixé par ladite ordonnance (C. pr., art. 876). Cpr.
C. civ., nouveaux art. **234**, et C. pr., art. **877**). Cette mesure,
qui n'est pas prescrite à peine de nullité (arg. art. 1030 C.
pr.), a pour but de soustraire les parties à toute influence
étrangère, et de faciliter ainsi l'heureuse issue de l'essai de
conciliation que va tenter le président du tribunal.

(¹) Cass., 28 déc. 1891, S., 92. 1. 120, D., 92. 1. 114; 28 nov. 1887, S., 90. 1. 113.
— Besançon, 1ᵉʳ fév. 1893, D., 93. 2. 590. — Il est certain, par suite, que l'appel
d'un jugement prononçant la séparation de corps peut faire l'objet d'un désistement. — Cass., 23 oct. 1889, S., 90. 1. 61. — Paris, 4 juin 1892, *Loi*, 7-8 sept. 1892.

La tentative de conciliation devant le président du tribunal est d'ordre public. En conséquence, si cette tentative n'a pu avoir lieu par suite d'un fait imputable à l'époux demandeur, la procédure qui suit est nulle (¹).

309. Au sujet de cet essai de conciliation, l'art. 878 du code de procédure dispose : « Le président fera aux deux » époux [ou au demandeur seul si l'époux défendeur ne se » présente pas] les représentations qu'il croira propres à » opérer un rapprochement; s'il ne peut y parvenir, il rendra » en suite de la première ordonnance, une seconde portant » qu'attendu qu'il n'a pu concilier les parties, il les renvoie » à se pourvoir, *sans citation préalable, au bureau de conci-* » *liation* ».

Le membre de phrase que nous venons de souligner doit être entendu en ce sens que les époux sont dispensés de l'épreuve ordinaire du préliminaire de conciliation, remplacée ici par l'essai de conciliation devant le président du tribunal. Tel qu'il est ponctué, le texte signifierait qu'après l'essai de conciliation qui a été tenté sans résultat devant lui, le président doit renvoyer les parties à se pourvoir devant le juge de paix, pour y subir l'essai de conciliation du droit commun. Il faut supprimer la dernière virgule, qui, bien évidemment, fait dire au législateur le contraire de ce qu'il veut.

310. L'art. 878 C. pr. ajoute : « Il autorisera par la même » ordonnance la femme à procéder sur la demande, et à se » retirer provisoirement dans telle maison dont les parties » seront convenues ou qu'il indiquera d'office; il ordonnera que » les effets à l'usage journalier de la femme lui seront remis.

Il n'est plus nécessaire que le président du tribunal autorise expressément la femme à procéder sur sa demande, le nouvel art. 238 al. 4, déclaré applicable à la séparation de corps par le nouvel art. 307, disposant que, par le seul fait de l'ordonnance, « *la femme est autorisée à faire toutes pro-* *cédures pour la conservation de ses droits et à ester en justice* *jusqu'à la fin de l'instance et des opérations qui en sont les* *suites* ». Cpr. *supra*, n. 111.

(¹) Paris, 28 août 1879, S., 81. 2. 244, D., 81. 2. 30.

Si la femme veut changer de résidence pendant le cours de l'instance, elle devra s'y faire autoriser en référé par le président du tribunal (nouvel art. 238 al. 5). La sanction de l'obligation imposée à la femme de résider dans le lieu qui lui a été assigné est la même qu'en matière de divorce. Cpr. *supra*, n. 207.

Enfin l'art. 878 C. pr. se termine par ces mots : « Les » demandes en provision seront portées à l'audience ». Pour la femme qui plaide en séparation de corps, comme pour celle qui plaide en divorce, la provision *ad litem* ne peut être allouée que par le tribunal. Mais aujourd'hui la provision alimentaire peut aussi être allouée par le président du tribunal, dans l'ordonnance qui clôt l'essai de conciliation (nouvel art. 238 al. 2, et *supra*, n. 185).

Bien que l'art. 878 C. pr. ne parle que de la femme demanderesse en séparation de corps, il est certainement applicable aussi à la femme défenderesse.

311. Les règles relatives à la garde provisoire des enfants pendant la durée de l'instance en séparation de corps, aux mesures conservatoires et au sort des actes passés par le mari en fraude des droits de la femme, sont les mêmes qu'en matière de divorce. Arg. art. 307, cbn. 242 et 243.

312. L'instance en séparation de corps une fois engagée conformément aux règles que nous venons de tracer, la cause sera instruite dans les formes établies pour les autres demandes, le ministère public entendu (C. pr., art. 879, et C. civ., art. 239 al. 1 cbn. 307), par conséquent en audience publique, sauf au tribunal à ordonner le huis clos « si la discus- » sion publique devait entraîner ou scandale ou des inconvé- » nients graves » (C. pr., art. 87). La reproduction des débats par la voie de la presse est interdite (art. 239 al. final cbn. 307). Le tout comme au cas de divorce.

Mais lorsque le droit du demandeur est bien établi, le tribunal, ne peut pas, comme le permet le nouvel art. 246 pour le cas de divorce, suspendre le jugement pendant un délai de six mois. Arg. art. 307 (¹).

(¹) Rennes, 21 fév. 1826, S., 28. 2. 167, D., 28. 2. 30. — Duranton, II, n. 610 ; Demolombe, IV, n. 486 ; Carpentier, *op. cit.*, n. 2595.

313. Les jugements sur les demandes en séparation de corps sont toujours susceptibles d'appel. L'appel doit être jugé en audience ordinaire (ordonnance du 16 mai 1835). Le délai de l'appel n'est pas suspensif de l'exécution comme en matière de divorce (*supra*, n. 159), mais seulement l'appel interjeté, conformément aux règles du droit commun.

Les règles spéciales au divorce en matière de jugement par défaut et d'opposition ne doivent pas être étendues à la séparation de corps; l'opposition demeure ici soumise aux règles ordinaires; notamment l'opposition au jugement par défaut faute de comparaître est recevable jusqu'à l'exécution (¹).

En ce qui concerne le pourvoi en cassation, c'était autrefois une question de savoir s'il produisait un effet suspensif comme en matière de divorce. La jurisprudence s'était fixée dans le sens de la négative. La loi du 6 février 1893 résout la question en sens contraire. Le nouvel art. **248** *in fine* porte : « *Le pourvoi est suspensif en matière de divorce et en* » *matière de séparation de corps* ». Il a d'ailleurs été expliqué par le rapporteur de la loi au sénat que l'art. **248** tout entier est applicable à la séparation de corps, et non pas seulement l'alinéa final.

Autrement on ne s'expliquerait guère que le nouveau législateur eût inséré l'art. **248** tout entier dans la loi *sur la séparation de corps*. Toutefois il est regrettable que la pensée du législateur n'ait pas été exprimée plus clairement. La commission du sénat proposait de rédiger ainsi l'alinéa final de l'art. **248** : « Toutes les dispositions qui précèdent sont applicables à la séparation de corps ». C'était aussi net que possible. Alors pourquoi n'a-t-on pas donné suite à la proposition de la commission? Ecoutons le rapporteur : « Il a semblé à la commission qu'en vous faisant connaître cette interprétation [l'interprétation consistant à déclarer l'art. **248** tout entier applicable à la séparation de corps] pour laquelle elle s'était mise d'accord avec le commissaire du gouvernement, elle créait un élément suffisant pour bien dégager la

(¹) Trib. Pontoise, 8 mai 1895, *La Loi*, 29 mai 1895.

pensée du législateur... Ainsi le texte complet de l'art. **248** est, dans la pensée des rédacteurs de la chambre des députés et du sénat, applicable en matière de divorce et de séparation de corps ». Il est regrettable qu'on soit obligé d'aller chercher le sens d'un texte dans les explications données par le rapporteur de la loi, quand il était si simple de s'exprimer clairement.

314. Enfin, aux termes de l'art. 880 C. pr. : « Extrait du » jugement qui prononcera la séparation sera inséré aux » tableaux exposés tant dans l'auditoire des tribunaux que » dans les chambres d'avoués et notaires, ainsi qu'il est dit » article 872 ». Cpr. C. co., art. 66.

Le jugement de séparation de corps n'est pas soumis à la formalité de la transcription sur les registres de l'état civil.

§ V. *Effets de la séparation de corps.*

315. Le code civil était à peu près muet sur les effets de la séparation de corps. Il se bornait à dire que « La séparation de corps emportera toujours séparation de biens » (ancien art. 311). Les lois de **1884** et de **1886** laissèrent les choses en l'état. La loi du 6 février 1893, intitulée *Loi portant modification au régime de la séparation de corps,* est venue combler dans une certaine mesure ces lacunes. Sur un point elle consacre la solution admise par la jurisprudence, en disposant que « La femme séparée de corps cesse » d'avoir pour domicile légal le domicile de son mari » (art. 1er, nouvel art. 108, al. 2) (¹). En outre, elle règle l'influence de la séparation de corps sur le nom des époux (art. 3, nouvel art. 311 al. 2). Ces diverses dispositions produisent un effet rétroactif. En effet l'art. 5 de la loi porte : « La présente loi s'applique aux séparations de corps pro- » noncées ou demandées avant sa promulgation ». Ce n'est pas une exception au principe de l'art. 2. Car, ainsi que nous l'avons expliqué, en commentant ce texte, les lois relatives à

(¹) On sait que d'après le nouvel art. 10?, § 3, « toute signification faite à la femme séparée, en matière de question d'état, devra également être adressée au mari, à peine de nullité ».

la capacité des personnes saisissent les individus aussitôt qu'elles deviennent obligatoires.

Il reste encore bien des lacunes. Comme sous l'empire de la législation antérieure, il faudra les combler par des emprunts faits à la législation du divorce, d'après la méthode indiquée au n. 297.

Les effets de la séparation de corps concernent la personne des époux, leurs enfants et leurs biens ; en outre elle entraîne certaines déchéances. Nous allons parcourir ce programme.

A. *Effets de la séparation de corps en ce qui concerne la personne des époux.*

316. Ces effets, à défaut de textes, sont suffisamment indiqués par l'expression *séparation de corps*. Le mariage est l'union de deux âmes et des corps qu'elles animent. Quand l'action en séparation de corps est tentée, l'union des âmes n'existe plus, et les époux viennent demander à la justice l'autorisation de faire cesser l'union des corps. Tels sont en effet le but et le résultat de notre institution : rompre le lien des corps (*divortium a toro et mensa*), faire cesser la vie commune devenue insupportable, et par conséquent délivrer les époux des obligations respectives que leur impose l'art. 214 : obligation pour la femme d'habiter avec son mari, obligation pour celui-ci de recevoir sa femme. D'où le droit pour la femme d'avoir une résidence et même un domicile distincts de celui du mari.

Mais c'est tout ! Le lien du mariage n'est pas brisé.

Le devoir de fidélité continue donc de subsister. Et toutefois, s'il conserve sa sanction pénale à l'égard de la femme, il la perd à l'égard du mari ; car, d'après nos lois, l'adultère du mari n'est punissable qu'autant qu'il a tenu sa concubine dans la maison conjugale, condition d'une réalisation désormais impossible, puisqu'il n'y a plus de maison conjugale.

Le devoir de secours survit aussi à la séparation de corps ; l'un des époux pourra donc être condamné à payer une pension alimentaire à l'autre, si celui-ci se trouve sans ressources ; la jurisprudence qui est constante sur ce point, applique d'ailleurs pour la détermination du chiffre de la pension les

règles tracées par les art. 208 et 212, en proportionnant les
aliments à la fortune de celui qui les doit, non moins qu'aux
besoins de celui qui les réclame (¹), sans que la contribution
de l'époux débiteur soit limitée au tiers de ses revenus (²).

Le droit aux aliments existe même au profit de l'époux
contre lequel la séparation a été prononcée, puisqu'il dérive
d'une obligation inhérente au mariage (³).

L'art. 241 (civ.) n'est pas applicable à la femme qui, après
la séparation de corps prononcée, aurait obtenu une pension ;
la femme séparée a désormais toute liberté de changer son
domicile ou sa résidence.

La pension accordée à l'épouse séparée par application de
l'art. 212 s'éteint au décès de l'époux débiteur et ne passe
pas à ses héritiers (⁴).

On sait que les tribunaux peuvent, même en cas de séparation de corps, donner pour fondement à la pension alimentaire l'art. 301 C. civ. et qu'il est intéressant, dans le silence
de la décision judiciaire, de savoir si le juge a voulu faire
application de l'art. 301 ou de l'art. 212 (⁵).

Quant au devoir d'assistance, il y a quelque doute ; mais
comme en définitive l'assistance, qui consiste dans des soins
personnels, semble impliquer la cohabitation des époux, il
faut admettre que ce devoir cesse après la séparation de
corps.

317. La séparation de corps exerce-t-elle quelque influence
sur le nom des époux? On lit à ce sujet dans le nouvel art.
311 al. 1 (loi du 6 février 1893) : « *Le jugement qui prononce
» la séparation de corps ou un jugement postérieur peut inter-
» dire à la femme de porter le nom de son mari, ou l'autori-
» ser à ne pas le porter. Dans le cas où le mari aurait joint à
» son nom le nom de sa femme, celle-ci pourra également
» demander qu'il soit interdit à son mari de le porter* ».

(¹) Cass., 27 janv. 1890, S., 90. 1. 216, D., 90. 1. 447. — Toulouse, 30 déc. 1891,
La Loi, 23 juin 1892.

(²) Amiens, 9 mai 1888, *Journ. Amiens*, 1888, n. 133.

(³) Toulouse, 30 déc. 1895, précité. — Aix, 18 janv. 1841, P., 42. 1. 705. — Trib.
Seine, 19 mars 1892, *Le Droit*, 17 avril 1892.

(⁴) Paris, 4 mai 1888, *La Loi*, 10 juin 1888.

(⁵) V. *supra*, n. 293.

Trois cas sont prévus :

1° Le mari peut demander qu'il soit interdit à la femme de continuer à porter son nom. Le juge statue sur cette demande *cognita causa :* il interdira à la femme de continuer à porter le nom de son mari, si elle le déshonore par sa conduite. Et comme les faits qui compromettent l'honneur du mari peuvent survenir postérieurement à la séparation de corps, la loi dit que la demande du mari peut être formée même après la séparation de corps prononcée.

2° La femme peut demander l'autorisation de ne pas porter le nom de son mari. Ce nom peut en effet être déshonoré par le mari lui-même. Remarquons en passant que notre disposition paraît consacrer législativement l'usage, universellement suivi dans notre pays, en vertu duquel la femme porte le nom de son mari, puisqu'un jugement est nécessaire pour autoriser la femme à ne pas porter ce nom, quand elle est séparée de corps (¹).

3° Si le mari a ajouté à son nom celui de sa femme, comme cela est d'usage dans certaines parties de la France, la femme peut demander qu'il soit interdit à son mari de continuer à porter son nom. Le juge doit nécessairement faire droit à la demande de la femme ; car ce n'est qu'en vertu d'une tolérance et non en vertu d'un droit que le mari est ainsi autorisé à porter le nom de sa femme. C'est du moins ce qui résulte des explications fournies par le rapporteur de la loi lors de la discussion au sénat (²). Ce qui n'apparaît pas bien clairement, malgré les explications du rapporteur, c'est l'utilité de la disposition. Si le mari n'a pas le droit de porter le nom de sa femme, s'il n'y a là qu'une simple tolérance, alors pourquoi faut-il un jugement pour lui défendre de le porter ? Une simple sommation devrait suffire.

La sanction des interdictions que le tribunal pourra prononcer en conformité du nouvel art. 311 al. 1 sera une sanction pécuniaire.

Rappelons que, depuis la loi du 6 février 1893, la femme

(¹) Cpr. Trib. Seine, 13 juil. 1893, *La Loi,* 1, 2, 3 oct. 1893.
(²) *Journ. offic.* du 21 janv. 1887, *Déb. parl.*, p. 37, et *Journ. offic.*, du 25, *Déb. parl.*, p. 51.

séparée de corps reprend l'exercice de sa capacité civile (*infra*, n. 321).

B. *Effets de la séparation quant aux enfants.*

318. On est à peu près d'accord en doctrine et en jurisprudence, pour décider qu'il y a lieu d'appliquer, en matière de séparation de corps, la disposition finale de l'art. 302, qui permet au tribunal, sur la demande de la famille ou du ministère public, de régler le sort des enfants dans le sens le plus conforme à leur intérêt, en les confiant soit à l'autre époux, soit même à une tierce personne. On applique aussi sans difficulté l'art. 303 qui permet à l'époux auquel la garde des enfants n'a pas été confiée, ou aux époux, si les enfants ont été confiés aux soins d'une tierce personne, de surveiller l'entretien et l'éducation desdits enfants, et les oblige d'y contribuer proportionnellement à leurs facultés (¹).

Mais supposons que l'intérêt des enfants soit hors de cause, ou bien que le ministère public et la famille n'aient pas requis le tribunal de statuer dans tel sens sur le sort des enfants. Le tribunal sera-t-il lié dans cette hypothèse par la disposition de l'art. 302, 1ʳᵉ partie? devra-t-il nécessairement confier les enfants à l'époux qui a obtenu la séparation de corps, par conséquent à la femme, si elle est demanderesse et qu'elle ait triomphé? C'est notre sentiment. Il est vrai que le père va subir ainsi une atteinte très grave dans son droit de puissance paternelle. Aux termes de l'art. 373, l'exercice de cette puissance n'appartient qu'à lui seul pendant toute la durée du mariage, et nous arrivons à le lui retirer en appliquant un texte écrit en vue du divorce, étendant ainsi à un cas autre que celui pour lequel elle a été édictée une disposition exceptionnelle. Mais, nous l'avons déjà dit, il faut absolument faire des emprunts au divorce pour compléter la législation relative à la séparation de corps; tout le monde en sent la nécessité, et telle paraît d'ailleurs avoir été la volonté soit du législateur de 1803, soit de celui de 1816, de 1884 et de 1886. Toute la question est de savoir à quelle limite il faut s'arrêter

(¹) Cass., 16 juil. 1884, S., 90. 1. 317, D., 89. 1. 456.

dans les emprunts. D'ailleurs ceux qui ne veulent appliquer que la 2e partie de l'art. 302, n'échappent pas eux-mêmes au reproche qu'ils adressent à leurs adversaires. En effet, dans sa seconde partie comme dans la première, l'art. 302 déroge aux règles sur la puissance paternelle, à l'art. 373 qui en accorde l'exercice exclusif au père durant le mariage. Il y déroge pour le plus grand intérêt des enfants, c'est vrai, mais enfin il y déroge; et cependant on étend cette disposition à la séparation de corps! Alors pourquoi pas la première aussi? La jurisprudence de la cour de cassation est dans notre sens [1].

D'ailleurs les décisions que les tribunaux rendent en ce qui concerne le sort des enfants ne sont pas nécessairement définitives. Les ayant droit peuvent en demander la modification lorsque de nouveaux faits surviennent. Il faut toujours s'adresser au tribunal qui a rendu la décision à modifier [2].

319. Les décisions de la justice, relatives à la garde des enfants, ne sauraient survivre à la dissolution du mariage par la mort de l'un des époux; car ces décisions ont pour but de régler le conflit qui peut s'élever entre les deux époux sur cet objet. L'époux survivant aura donc sur ses enfants les droits résultant de la puissance paternelle et de la tutelle, alors même que la garde des enfants aurait été confiée par la justice à l'époux prédécédé ou même à un étranger, et sauf à provoquer s'il y a lieu contre l'époux survivant la déchéance de la puissance paternelle ou la destitution de la tutelle [3].

Mais les décisions de la justice relatives à la garde des enfants survivraient à la conversion du jugement de séparation de corps en jugement de divorce. En effet, par la conversion, le jugement de séparation de corps devient jugement de divorce (*infra,* n. 350). Il faut donc appliquer toutes les dispositions du jugement de séparation de corps qui ne sont pas incompatibles avec la nouvelle situation créée aux

---

[1] Cass., 6 août 1883, D., 85. 1. 206 ; 24 juil. 1878, S., 79. 1. 424, D., 85. 1. 206.

[2] Cass., 25 août 1884, S., 84. 1. 424, D., 85. 1. 206. — V. *supra,* n. 274.

[3] Cass., 13 août 1884, S., 85. 1. 80. — Poitiers, 21 juil. 1890, D., 91. 2. 73 et la note de M. de Loynes.

époux par le divorce. De ce nombre sont les décisions relatives à la garde des enfants ([1]).

C. *Effets de la séparation de corps en ce qui concerne les biens des
époux.*

320. « *La séparation de corps emporte toujours séparation
» de biens* », dit le nouvel art. 311 al. **2**. Cet effet se produit
de plein droit, *ipso jure*, comme conséquence nécessaire de
la séparation de corps. Deux époux peuvent être séparés de
biens sans être séparés de corps ; mais ils ne peuvent pas, en
sens inverse, être séparés de corps sans être séparés de biens.
En effet la société de biens, qui peut exister entre deux époux
en vertu de leurs conventions matrimoniales, est une conséquence de la société des personnes ; cette dernière cessant
par la séparation de corps, l'autre doit cesser aussi.

Par suite de la séparation de biens que produit virtuellement la séparation de corps, la femme est remise à la tête de
son patrimoine, lorsque l'administration en appartenait au
mari, comme il arrive sous la plupart des régimes nuptiaux.
La femme aura donc désormais le droit d'administrer ses
biens et par suite de toucher ses revenus.

Ce résultat se produit même lorsque la séparation de corps
a été prononcée au profit du mari : ce qui est injuste, car
dans ce cas la séparation de corps pourra avoir pour résultat d'infliger une perte pécuniaire à l'époux innocent et de
procurer un bénéfice au coupable, qui est la femme. On s'explique ainsi que la séparation de corps soit rarement demandée par les maris (*supra,* n. 303).

La séparation de biens résultant accessoirement de la séparation de corps remonte quant à ses effets entre les époux au
jour de la demande. Arg. art. 252 al. fin. ([2]).

321. Sous l'empire du code civil, la capacité de la femme
séparée de corps et de biens était la même que celle de la
femme séparée de biens seulement. La femme séparée de

([1]) Cpr. la note précitée de M. de Loynes.
([2]) V. *Traité du contrat de mariage,* Baudry-Lacantinerie, Le Courtois et Surville, II, n. 979.

corps pouvait donc faire sans autorisation tous les actes concernant l'administration de son patrimoine (art. 1449); pour
les autres actes juridiques, elle demeurait soumise au droit
commun, c'est-à-dire à la nécessité de l'autorisation dont elle
avait besoin : la femme était alors obligée de recourir à la
justice, ce qui entraînait des retards souvent très préjudicia-
bles et dans tous les cas de grands frais : la moindre autorisation judiciaire coûte une centaine de francs. Chose plus
grave! Il se trouvait des maris pour lesquels l'autorisation
devenait un instrument de spéculation : ils se faisaient payer
leur autorisation. La femme avait souvent intérêt, soit au point
de vue de la célérité, soit même au point de vue de l'économie, à en passer par les exigences de son mari.

Le législateur de 1893 a fait cesser cet état de choses, en
restituant à la femme séparée de corps le plein exercice de
sa capacité civile. On s'accorde à reconnaître aujourd'hui
que l'incapacité de la femme mariée a surtout pour fondement la nécessité d'assurer l'unité dans la direction des intérêts communs, unité indispensable à la bonne gestion de ces
intérêts comme aussi à la paix et à l'honneur du ménage.
L'incapacité de la femme ne doit donc pas survivre à la séparation de corps, qui brise la communauté d'existence et d'intérêts. A quoi bon maintenir un chef à une association
dissoute? Le nouvel art. 311 al. 3 (loi du 6 février 1893)
porte : « *Elle* [la séparation de corps] *a, en outre, pour effet*
» *de rendre à la femme le plein exercice de sa capacité civile,*
» *sans qu'elle ait besoin de recourir à l'autorisation de son*
» *mari ou de justice* ».

Notre texte ne distingue pas si la séparation de corps a été
prononcée au profit de la femme ou contre elle. La femme
recouvre donc sa capacité dans l'un et l'autre cas. Après
avoir voté, dans la séance du 25 janvier 1887, par 145 voix
contre 75, l'amendement de M. Bardoux, qui excluait du
bénéfice de la disposition nouvelle la femme contre laquelle
la séparation de corps aurait été prononcée, le sénat s'est
rallié en définitive aux vues du conseil d'Etat auquel le projet avait été soumis. Il ne s'agit pas en effet d'un prix de vertu
à décerner à la femme : il s'agit simplement de consacrer

une conséquence de la dissolution de l'association conjugale opérée par la séparation de corps ; or cette dissolution se produit aussi bien lorsque la séparation est prononcée aux torts de la femme que lorsqu'elle est prononcée à son **profit**.

La loi dit que la femme séparée de corps recouvre le *plein* exercice de sa capacité civile. Elle n'a donc pas besoin d'autorisation, même pour aliéner ses immeubles.

Mais la séparation de corps ne brise pas le contrat de mariage des époux. Ce contrat continue donc de subsister, sauf les modifications résultant de la séparation de biens, accessoire obligé de la séparation de corps, modifications profondes, à vrai dire. Il en résulte notamment que l'inaliénabilité dotale survit à la séparation de corps. Cette solution, indiscutable pour ceux qui fondent l'inaliénabilité dotale sur une idée d'indisponibilité, doit être admise aussi par ceux qui rattachent cette inaliénabilité à une incapacité particulière de la femme. Il y aurait quelque doute, si le législateur s'était borné à dire que la séparation de corps rend à la femme le plein exercice de sa capacité civile. Mais il ajoute immédiatement : « sans qu'elle ait besoin de recourir à l'au- » torisation de son mari ou de justice », donnant à entendre ainsi très clairement que l'incapacité contre laquelle la femme est restituée est seulement celle dont elle peut être relevée par une autorisation soit de son mari, soit de la justice. Telle n'est pas l'incapacité dotale (art. 1554). En somme, la nouvelle disposition signifie simplement que désormais la femme séparée de corps cesse d'être soumise à la nécessité de l'autorisation ([1]).

322. La séparation de corps peut cesser par une réconciliation (*infra*, n. 327). Quelle sera alors la situation de la femme ? La loi nouvelle dit à ce sujet : « *S'il y a cessation de* » *la séparation de corps par la réconciliation des époux, la* » *capacité de la femme est modifiée pour l'avenir, et réglée* » *par les dispositions de l'art. 1449* » (nouvel art. 311 al. 4, 1re partie). La femme redevient donc incapable. Il le faut pour assurer l'unité de direction nécessaire à la prospérité

---

[1] V. les articles cités *infra*, p. 214, note 2.

des intérêts communs qui renaissent par suite du fait de la réconciliation.

L'incapacité dont la femme se trouve frappée à la suite de sa réconciliation est seulement l'incapacité de la femme séparée de biens judiciairement. En effet la séparation de corps a entraîné de plein droit la séparation de biens (art. 311 al. 2), et celle-ci survit jusqu'à nouvel ordre à la cessation de la séparation de corps. La femme réconciliée aura donc le droit d'accomplir sans autorisation tous les actes qui concernent l'administration de son patrimoine. Pour les autres elle demeurera soumise au droit commun, c'est-à-dire le plus souvent à la nécessité de l'autorisation. Il en sera ainsi notamment pour l'aliénation des immeubles.

Dans ses rapports avec son mari, la femme est soumise de plein droit, par suite de sa réconciliation, à l'incapacité restreinte dont nous venons de parler, celle de la femme séparée de biens. Mais, pour que les tiers, qui ignorent le rétablissement de la vie commune et la nouvelle incapacité de la femme qui en est la conséquence, ne soient pas victimes de surprises, la loi décide que la femme continuera à jouir à leur égard du plein exercice de sa capacité civile, tant que la réconciliation n'aura pas été rendue publique par le mode qu'elle prescrit (¹). Le nouvel art. 311 al. 4 dit à ce sujet : « ... *Cette* » *modification* [celle résultant de la nouvelle incapacité dont » la femme est frappée]*n'est opposable aux tiers que si la re-* » *prise de la vie commune a été constatée par acte passé devant* » *notaire avec minute, dont un extrait devra être affiché en la* » *forme indiquée par l'art. 1445, et de plus par la mention en* » *marge : 1° de l'acte de mariage ; 2° du jugement ou de l'ar-* » *rêt qui a prononcé la séparation, et enfin par la publication* » *en extrait dans l'un des journaux du département recevant* » *les publications légales* ».

D'ailleurs les époux peuvent, si tel est leur bon plaisir, rétablir leur régime matrimonial primitif en se conformant aux

(¹) En conséquence le mari, jusqu'à l'accomplissement des formalités de l'art. 311 (civ.), n'est pas recevable à exercer contre les tiers les actions appartenant à la femme. Trib. Nîmes, 30 juil. 1894, S., 97. 2. 85.

prescriptions de l'art. 1451 (¹). Le texte de la loi n'y fait nul obstacle, et c'est au surplus ce qui a été formellement exprimé au sénat par M. Griffe : « Que si les époux voulaient même aller plus loin et faire revivre leur contrat de mariage, ils en auraient la faculté en usant du bénéfice de l'art. 1451 ». Sénat, séance du 25 janvier 1887, *Journ. offic.* du 26, *Déb. parlem.*, p. 50 (²).

323. Ainsi, d'après la loi nouvelle, trois situations juridiques différentes sont possibles pour la femme séparée de corps qui se réconcilie avec son mari :

a. — Elle peut conserver, au moins à l'égard des tiers, le plein exercice de sa capacité civile, en reprenant *purement et simplement* la vie commune, et sauf à examiner si elle ne pourrait pas se prévaloir de la nouvelle incapacité, dont elle se trouve frappée par suite de la cessation de la séparation de corps, à l'encontre des tiers qui, en fait, au moment où ils ont traité avec elle, auraient eu connaissance du rétablissement de la vie commune.

b. — Les époux peuvent, d'un commun accord, substituer à leur régime matrimonial primitif la séparation judiciaire pure et simple, qui donne à la femme la capacité restreinte déterminée par l'art. 1449. Il leur suffit pour cela de faire dresser un acte notarié constatant leur réconciliation et de donner à cet acte la publicité prescrite par la loi nouvelle.

c. — Enfin il est loisible aux époux de rétablir leurs conventions matrimoniales primitives, en se conformant à l'art. 1451.

C'est sans doute pour faciliter la réconciliation des époux

(¹) Le rétablissement du régime matrimonial primitif est subordonné au consentement des époux, formulé dans un acte notarié, dressé en minute et affiché ; il ne suffirait pas d'un simple acte de notoriété constatant la cohabitation des époux. Cass., 27 déc. 1893, S., 94. 1. 119, D., 94. 1. 391. — La publicité de l'art. 1451 est moins complète que celle de l'art. 311 ; il en résulte évidemment un défaut d'harmonie : mais ce n'est pas une raison suffisante pour assujettir, comme l'a décidé le tribunal de Nîmes dans le jugement précité du 30 juillet 1896, le rétablissement de l'ancien régime à l'observation de la double formalité contenue dans les art. 314 et 1451 (civ.).

(²) Trib. Nîmes, 30 juil. 1896, précité. — Surville, *Aperçu crit. sur la loi du 6 fév. 1893*, *Rev. crit.*, 1893, p. 231 ; Carpentier, *op. cit.*, n. 4611.— *Contra : Expl. théor. et prat. de la loi du 6 fév. 1893*, p. 81 s. ; Thiénot, *Expl. de la loi du 6 fév. 1893*, *Rev. crit.*, 1893, p. 392.

que la loi leur donne une liberté si grande. Nous souhaitons, sans l'espérer beaucoup, que le nombre des réconciliations en soit sensiblement augmenté : actuellement il paraît que les réconciliations ne dépassent pas, si même elles l'atteignent, la proportion de deux pour cent. Quoi qu'il en soit, on peut se demander si cet intérêt, quelque respectable qu'il soit, justifie d'une manière suffisante l'atteinte qui se trouve ainsi portée au grand principe de l'immutabilité des conventions matrimoniales. Peut-être aurait-il mieux valu décider que le rétablissement de la vie commune emporte de plein droit le rétablissement des conventions matrimoniales primitives, sauf à subordonner l'efficacité de ce rétablissement à l'égard des tiers à certaines mesures de publicité (¹).

Quoi qu'on pense de cette critique, en voici une autre dont il paraît difficile de contester la justesse. Il y a actuellement dans le code civil deux dispositions contradictoires relativement à la capacité de la femme séparée de corps : le nouvel art. 311, d'après lequel la femme jouit du plein exercice de sa capacité civile, et l'art. 1449 qui ne lui reconnaît qu'une capacité restreinte. La plus récente de ces dispositions abroge l'autre, conformément au principe de l'abrogation tacite. Il était facile de ne pas créer cette contradiction, en introduisant la réforme dans l'art. 1449.

324. La principale utilité de la loi nouvelle, et ce point de vue paraît n'avoir pas échappé à notre législateur, sera peut-être de détourner un certain nombre de femmes de la pensée du divorce. En effet la séparation de corps, telle qu'elle est organisée aujourd'hui, suffit parfaitement à la femme qui n'a pour objectif que de se soustraire à la tyrannie d'un mauvais mari, sans songer d'ailleurs à nouer un nouveau lien.

D. *Déchéances qu'entraîne la séparation de corps.*

325. La loi inflige certaines déchéances à l'époux contre lequel la séparation de corps est prononcée :

(¹) Il y a, en tous cas, une différence notable à ce point de vue, entre deux époux séparés qui se réconcilient et deux époux divorcés qui se remarient, puisque, dans cette dernière hypothèse, l'art. 295, § 2, impose à ceux qui contractent une nouvelle union leur ancien régime matrimonial.

1° Aux termes de l'art. 1 de la loi du 14 juillet 1866, intitulée *Loi sur les droits des héritiers et ayants cause des auteurs,* le conjoint survivant d'un auteur a la jouissance des droits d'auteur qui appartenaient à son conjoint prédécédé. Mais ce droit lui est retiré s'il existe une séparation de corps prononcée contre lui.

2° L'époux contre lequel la séparation de corps a été prononcée perd le droit de succéder à son conjoint, soit en propriété, soit en usufruit (nouvel art. 767, loi du 9 mars 1891).

3° La femme contre laquelle la séparation de corps a été prononcée perd, au cas de veuvage, tout droit à une pension de retraite, soit militaire, soit civile, du chef de son mari. Lois des 11 avril 1831, art. 20 ; 18 avril 1831 art. 20 (¹) ; 9 juin 1853 art. 13.

4° L'époux contre lequel la séparation de corps a été prononcée perd son droit au préciput. Arg. art. 1518 (²).

Cette déchéance doit être appliquée, car il y a même raison de décider, aux autres droits de survie sur les biens de la communauté. Ainsi, le contrat de mariage attribuant au survivant une part de la communauté plus forte que la moitié, celui des époux contre lequel la séparation de corps a été prononcée perdra le bénéfice de cette stipulation.

La déchéance doit-elle être étendue aussi à tous les avantages qui ont été faits à l'époux coupable par son conjoint soit par le contrat de mariage, soit depuis le mariage contracté? En d'autres termes, faut-il appliquer à la séparation de corps l'art. 299 dont nous connaissons la disposition (*supra,* n. 273 s.)?

La jurisprudence paraît irrévocablement fixée dans le sens de l'affirmative, depuis l'arrêt solennel du 23 mai 1845, par lequel la cour de cassation a condamné sa jurisprudence antérieure sur ce point (³). Cet arrêt fut rendu contrairement

---

(¹) Il est à noter, comme on l'a dit ci-dessus (p. 158, note 3), que les lois de 1831 enlèvent à la femme son droit à la pension de retraite, lorsqu'il y a séparation de corps, sans ajouter, comme le font les lois postérieures, que la déchéance frappe seulement la femme contre laquelle la séparation a été prononcée.

(²) Bourges, 12 mai 1891, *La Loi,* 7 août 1891.

(³) Cass., 23 mai 1845, S., 45. 1. 321, D., 45. 1. 225 ; 17 juin 1845, S., 46. 1. 52 D., 45. 1. 415 ; 28 avril 1846, S., 46. 1. 383, D., 46. 1. 210 ; 25 avril 1849, S., 49. 1.

aux conclusions du procureur général Dupin, et Troplong raconte (*Traité des donations,* n. 1357) que ce ne fut qu'après un délibéré de sept heures et demie, qu'une majorité de 18 voix contre 16 put se former pour repousser les conclusions du procureur général. Cela prouve la difficulté de la question. — La jurisprudence se fonde principalement sur ce que le législateur, n'ayant pas indiqué les effets de la séparation de corps, a dû vouloir se référer sur ce point aux règles établies en matière de divorce; la séparation de corps doit donc produire tous les effets du divorce, à l'exception bien entendu de ceux qui sont une conséquence de la dissolution du mariage opérée par le divorce; or, la déchéance établie par l'art. 299 n'est pas une conséquence de la dissolution du mariage, c'est une sorte de peine prononcée contre l'époux coupable; donc elle est applicable à la séparation de corps. La jurisprudence invoque, en outre, un argument *a fortiori* tiré de l'art. 1518, et l'autorité de notre ancien droit. — Malgré ces raisons, un parti important dans la doctrine persistait ([1]), avant la promulgation de la nouvelle loi sur le divorce, et persistera sans doute encore à soutenir que l'art. 299 n'est pas applicable à la séparation de corps. A quelque point de vue qu'on se place, dit-on, il est certain que l'art. 299 contient une déchéance; or les dispositions qui établissent des déchéances sont de droit étroit, elles ne peuvent pas être étendues d'un cas à un autre. On admet unanimement, en vertu de ce principe, que l'art. 386 ne doit pas être étendu à la séparation de corps; il y a même motif pour restreindre l'art. 299 au cas de divorce.

En négligeant de statuer sur cette question si célèbre dans les annales de la science du droit, le législateur de 1884 semble bien avoir voulu donner son adhésion à la solution consacrée par la jurisprudence et généralement adoptée par la doctrine. Dans les discussions auxquelles la loi nouvelle a

505, D., 49. 1. 107; 18 juin 1849, S., 50. 1. 125, D., 50. 5. 422; 27 déc. 1893, S., 94. 1. 119, D., 94. 1. 391. — V. en ce sens Demolombe, IV, n. 521 s.; Demante, II, p. 36, n. 29 *bis.*

([1]) Aubry et Rau, V, § 494, p. 208; Merlin, *Rép.,* v° *Séparation de corps,* § IV, n. 5; Toullier, II, n. 781; Duranton, II, n. 629.

donné lieu, et notamment au sénat, au sujet de l'art. **310**, divers orateurs ont avancé comme un point constant que l'art. **299** était applicable à la séparation de corps, et nul n'a protesté (¹).

§ VI. *Cessation de la séparation de corps.*

326. Sans parler de la mort, qui met fin à tout ici-bas, la séparation de corps peut cesser par la réconciliation des époux et par la conversion du jugement de séparation de corps en jugement de divorce.

A. *Réconciliation des époux.*

327. Le consentement mutuel des époux, qui ne peut pas fonder la séparation de corps, peut au contraire la faire cesser. Et comme la loi voit ce résultat d'un œil favorable, elle ne prescrit aucune forme solennelle pour la manifestation de la volonté des époux qui veulent l'obtenir. Le simple fait du rétablissement de la vie commune suffit : il prouve en effet d'une manière non équivoque la volonté des époux de renoncer à la séparation de corps, puisqu'ils abandonnent d'un commun accord la situation que cette séparation leur avait créée. Les juges apprécient, en fait, suivant les circonstances, s'il y a eu ou non réconciliation; mais il faut que la réconciliation se traduise par une reprise effective de la vie commune et non pas seulement par quelques rapprochements furtifs ou passagers (²).

Le consentement des deux époux est nécessaire pour faire cesser la séparation de corps; la volonté de l'époux qui l'a obtenue ne suffirait pas. Inutilement dit-on que, la séparation constituant un bénéfice pour l'époux qui l'a obtenue, celui-ci est libre d'y renoncer et de forcer son conjoint au rétablissement de la vie commune. Il faut répondre que le jugement

---

(¹) Nous avons examiné à propos du divorce une question susceptible de se poser aussi en matière de séparation de corps; dans le cas où l'instance se trouverait éteinte par le décès de l'époux donateur, les héritiers pourraient-ils obtenir la révocation des avantages faits à l'autre époux? V. *supra*, n. 279.

(²) Cass., 30 déc. 1861, S., 62. 1. 113, D., 62. 1. 57. — Paris, 5 avril 1859, S., 59. 2. 209, D., 59. 2. 68.

qui a prononcé la séparation de corps a fait naître une situation nouvelle pour les époux ; elle appartient à chacun d'eux, comme leur appartiendrait la situation qu'ils se seraient créée par un contrat. *In judiciis quasi contrahimus.* Et de même que le contrat ne peut être révoqué que d'un commun accord (art. 1134), de même un commun accord est nécessaire aussi pour faire cesser la séparation de corps. Cette idée apparaissait bien dans l'ancien art. 309, qu'on a invoqué tout à fait à tort au soutien de l'opinion adverse. Cet article, supposant que la séparation de corps avait été prononcée contre la femme pour cause d'adultère, et que celle-ci avait en outre été condamnée à la peine édictée par l'art. 308, disait : « *Le mari restera le maître d'arrêter l'effet de* » *cette condamnation, en* CONSENTANT *à reprendre sa femme* ». En CONSENTANT, ce qui suppose une proposition faite par la femme et acceptée par le mari, un accord entre les époux ; car consentir, c'est vouloir ce qu'un autre veut, *sentire cum alio.* Ce texte, aujourd'hui abrogé (nouvel art. 310 al. 6), ne disait donc pas, comme quelques-uns le prétendent, que le mari pouvait, par sa seule volonté, forcer sa femme à reprendre la vie commune ; il signifiait plutôt le contraire (¹).

Sur le point de savoir quelle est l'influence de la réconciliation sur la capacité de la femme, v. *supra,* n. 322 et s.

La réconciliation pourrait être suivie d'une nouvelle séparation judiciairement prononcée, terminée par une seconde réconciliation, et ainsi de suite, sans que le nombre de séparations accordées forme jamais obstacle à l'action introduite.

La réconciliation anéantit le jugement de séparation ; il faudra des griefs nouveaux pour obtenir une séparation nouvelle (²) et, sans qu'on puisse faire revivre l'ancien jugement, il sera nécessaire de procéder par voie d'action nouvelle en renouvelant tous les actes de procédure, depuis et y compris la requête initiale (³).

(¹) Demolombe, IV, n. 532 ; Marcadé, sur l'art. 311, n. 5, p. 358. — Angers, 19 avril 1839, S., 39. 2. 243. — *Contra* Duranton, II, n. 618 ; Carpentier, *op. cit.,* n. 3593.

(²) V. *supra,* n. 233.

(³) Agen, 17 mars 1858, S., 58. 2. 371.

B. *Conversion du jugement de séparation de corps en jugement de divorce.*

328. Par sa nature même, la séparation de corps constitue un état de choses essentiellement transitoire. Au bout d'un certain temps, si les époux ne se sont pas réconciliés et que tout espoir de réconciliation paraisse perdu, la séparation doit pouvoir être convertie en divorce.

L'art. 310 dit à ce sujet : « *Lorsque la séparation de corps* » *aura duré trois ans, le jugement pourra être converti en* » *jugement de divorce sur la demande formée par l'un des* » *époux.* — *Cette nouvelle demande sera introduite par assi-* » *gnation, à huit jours francs, en vertu d'une ordonnance* » *rendue par le président.* — *Elle sera débattue en chambre* » *du conseil. L'ordonnance nommera un juge rapporteur,* » *ordonnera la communication au ministère public et fixera* » *le jour de la comparution.* — *Le jugement sera rendu en* » *audience publique.* — *Sont abrogés les art. 223, 275 à 294,* » *297, 305, 308 et 309 du code civil* ».

A ce texte sorti des mains du législateur de 1884, le législateur de 1886 a ajouté un alinéa ainsi conçu : « *La cause en* » *appel sera débattue et jugée en chambre du conseil, sur* » *rapport, le ministère public entendu. L'arrêt sera rendu en* » *audience publique* ».

329. Une séparation de corps a été prononcée ; elle a *duré trois ans,* sans qu'il y ait eu réconciliation entre les époux. L'article dont nous venons de reproduire le texte autorise l'un des époux, celui contre lequel la séparation a été prononcée aussi bien que celui qui l'a obtenue, à demander la conversion du jugement de séparation de corps en jugement de divorce. Le point de départ du délai d'épreuve de trois années ne doit pas être fixé au jour de la prononciation du jugement, mais bien au moment où cette décision devient *définitive* ([1]) ; cette solution, conforme aux principes généraux sur l'effet des jugements, trouve un appui très sérieux dans

---

([1]) Cass , 28 nov. 1837, S., 90. 1. 113, D., 89. 1. 433. — Douai, 22 avril 1891, S., 91. 2. 245, D., 91. 2. 278 ; Carpentier, *op. cit.,* n. 4259 ; Coulon, III, p. 501. — *Contra* Bourges, 3 nov. 1890, S., 91. 2. 245, D., 91. 2. 277.

l'art. 4 de la loi du 27 juillet 1884 et dans l'art. 6 de la loi du 18 avril 1886, qui n'a fait qu'en reproduire les termes; ces textes, contenant des dispositions transitoires relatives aux séparations antérieurement prononcées, renvoient à l'art. 310 et exigent en même temps l'expiration d'un délai de trois ans, à compter du jugement devenu définitif (¹).

En conséquence, si l'on suppose un jugement rendu par défaut, le délai courra du jour où il ne sera plus susceptible ni d'opposition, ni d'appel (²); si le jugement est contradictoire, le délai court après l'expiration des délais d'appel. Si un acquiescement intervient, lorsque l'opposition ou l'appel sont encore recevables, le délai de trois ans commence à courir du jour de l'acquiescement. Si l'on est en présence d'un arrêt rendu par défaut, le délai court (³) à compter du moment où l'opposition n'est plus recevable; si l'arrêt est contradictoire, depuis la loi du 6 février 1893, il faut que le pourvoi en cassation ne soit plus possible pour que le délai de trois ans commence à courir (⁴).

Les trois années doivent être révolues au moment de la demande; il ne suffirait pas qu'elles le fussent au moment où le tribunal statue (⁵). D'ailleurs, le délai de trois ans n'est susceptible ni d'interruption, ni de suspension.

330. Point n'est besoin, pour le jugement d'une semblable cause, d'obliger les plaideurs à subir les complications et les lenteurs de la procédure du divorce. Aussi l'art. 310 établit-il une procédure simplifiée, qui réclame quelques observations.

(¹) Art. 6 de la loi de 1886 : «... Peuvent être convertis en jugement de divorce, comme il est dit en l'art. 310 du code civil, tous jugements de séparation de corps antérieurs à la promulgation de la présente loi, *devenus définitifs* depuis trois ans ».

(²) Paris, 12 août 1885, S., 87. 2. 135, D., 86. 2. 207. Il conviendra de tenir compte des difficultés que soulève l'art. 156 (Pr. civ.) dans l'hypothèse d'un jugement par défaut contre partie.

(³) Caen, 28 déc. 1891, S., 92. 1. 120, D., 92. 1. 114.

(⁴) Depuis cette loi, en effet, le pourvoi est suspensif; Carpentier, *op. cit.*, n. 4272.

(⁵) Cass., 28 nov. 1887 précité. — La demande doit être considérée, à ce point de vue, comme formée le jour où le demandeur présente la requête. — Douai, 22 avril 1891, précité.

La capacité requise pour former la demande en conversion est la même que celle exigée pour la demande en divorce (¹). L'action peut, du reste, être introduite, ainsi qu'il a été dit, par l'un quelconque des deux époux.

331. Le tribunal compétent est celui du domicile de l'époux contre lequel la demande est formée (art. **59 § 1**, pr. civ.) sans distinction entre le mari et la femme (²). Il se pourra donc que ce soit un tribunal autre que celui qui a prononcé la séparation de corps (³).

332. La procédure débute par la présentation d'une requête au président du tribunal, pour obtenir l'autorisation d'assigner ; la requête ne doit pas nécessairement être présentée par le demandeur en personne, la disposition de l'art. **234** n'ayant pas été reproduite par l'art. **310** (⁴). Il n'est pas nécessaire que la requête contienne une articulation de faits ; il suffit qu'elle fasse mention du jugement de séparation de corps (⁵).

333. Le président, en réponse à la requête, autorise l'assignation et, en même temps, nomme un juge rapporteur, ordonne la communication au ministère public et fixe le jour de la comparution (⁶).

(¹) V. *supra,* n. 95 et s.; Paris, 31 janv. 1888, *Le Droit,* 10 fév. 1888. — Trib. Seine, 1ᵉʳ et 6 janv. 1888, *Le Droit,* 7 janv. 1888. — Cpr. un arrêt de la Cour de Paris sur le rôle du Conseil judiciaire, lorsque le prodigue ou le faible d'esprit veulent engager l'instance en conversion. — Paris, 25 mars 1890, S., 90. 2. 107, D., 90. 2. 257.

(²) Depuis la loi de 1893, la femme a, en effet, un domicile distinct. — Par exception, on assignerait devant le tribunal du demandeur si le défendeur avait transporté son domicile à l'étranger ou si le défendeur était sans domicile ni résidence connus.

(³) On avait proposé, dans la rédaction des lois de 1884 et de 1886, de donner compétence au tribunal qui avait prononcé la séparation ; la proposition a été repoussée ; aussi, est-il difficile de comprendre que cette solution ait pu être consacrée par quelques décisions. — Trib. Seine, 20 mai 1885, *Le Droit,* 7 juin 1885. — Trib. Blois, 20 août 1884, *Gaz. Trib.,* 7 sept. 1884.

(⁴) Cass., 12 déc. 1887, *Gaz. Trib.,* 13 déc. 1887. — Nancy, 13 déc. 1884, S., 85. 2. 17, D., 85. 2. 17. — Carpentier, *op. cit.,* n. 4281. — Cf. Massigli, *Rev. crit.,* 1886, p. 223.

(⁵) Trib. Versailles, 17 août 1884, *Le Droit,* 30 août 1884.

(⁶) C'est là, on peut dire, l'objet le plus utile de l'ordonnance, puisque l'autorisation d'assigner ne saurait être refusée et que, d'autre part, le président n'a aucun rôle conciliateur.

334. L'assignation obéit à toutes les règles des ajournements ordinaires et la procédure se poursuit par le ministère des avoués, aussi bien pour le demandeur que pour le défendeur [1].

335. La publicité de l'audience paraissant avoir ici plus d'inconvénients que d'avantages, la loi décide que l'affaire sera débattue et jugée en la chambre du conseil, statuant comme juridiction contentieuse, après audition des avoués et des avocats dans leurs conclusions et plaidoiries, le tribunal devant nécessairement être assisté du greffier [2]. Le ministère public doit être entendu et, en outre, la demande ne peut être régulièrement jugée que sur rapport [3]. Le jugement seul doit être rendu en audience publique.

336. Les juges, pour apprécier la demande en conversion, peuvent recourir à des apurements tels qu'une enquête, lorsque, par exemple, il s'agira de rechercher s'il y a eu ou non réconciliation, ou d'établir l'existence de faits postérieurs à la séparation et intéressants à connaître pour apprécier le mérite de la demande [4].

A défaut d'un texte spécial, l'enquête doit être poursuivie dans la forme ordinaire [5].

337. Le jugement peut être contradictoire ou par défaut ; dans cette dernière hypothèse, l'opposition est soumise aux règles qui gouvernent les jugements par défaut en matière de divorce (art. 247 civ.) ; les motifs qui ont fait édicter ces règles s'appliquent à toute décision qui prononce le divorce, qu'il s'agisse d'une instance en conversion ou d'une demande principale [6].

338. Les demandes en conversion sont toujours suscepti-

[1] Carpentier, *op. cit.*, n. 4290. — Trib. Seine, 5 mai 1885, *Gaz. Pal.*, 85.1.511.
[2] Paris, 11 fév. 1886, S., 86. 2. 180. — La signature du greffier avec mention expresse de son assistance donne une preuve suffisante de sa présence à l'audience de la chambre du conseil. — Cass., 3 mai 1886, S., 86. 1. 408, D., 86. 1. 352.
[3] Cass., 17 août 1889, S., 90. 1. 70, D., 90. 1. 278.
[4] Paris, 17 janv. 1889, *Le Droit*, 7 fév. 1889, *Gaz. Trib.*, 8 mars 1889. — Dijon, 25 juin 1885, *Gaz. Pal.*, 85. 2. 285.
[5] Lyon, 21 mai 1886, *Gaz. Pal.*, 28 août 1886. — Carpentier, *op. cit*, n. 4306. — *Contra* Paris, 17 janv. 1889, précité.
[6] Carpentier, *op. cit.*, n. 4320. — *Contra* Depeiges, *De la proc. du div. et de la sépar. de corps*, n. 130.

bles d'appel ; depuis la loi du 18 avril 1886, il n'existe plus
aucun doute sur la procédure à suivre devant la cour ; elle
est la même qu'en première instance ; les débats ont lieu en
chambre du conseil, en audience ordinaire et non solennelle,
le ministère public entendu et sur rapport ([1]). La cour d'appel pourrait, comme en toute autre matière, user ici, le cas
échéant, du droit d'évocation ([2]).

339. Le recours en cassation n'offre rien de spécial, si ce
n'est que ce pourvoi produit, comme s'il s'agissait d'une instance principale en divorce, un effet suspensif.

340. Peut-on introduire, en matière de conversion, une
demande reconventionnelle par voie de simples conclusions?
Il n'y a aucune raison de ne pas appliquer ici la règle édictée
par l'art. 239 (civ.) qui ne fait aucune distinction ([3]), à la condition qu'il s'agisse d'une demande reconventionnelle en conversion opposée à une demande en conversion et non d'une
demande directe en divorce opposée à une demande en conversion ou inversement ([4]).

341. La demande en conversion, peut, comme les autres
demandes en divorce ou en séparation de corps, être repoussée par différentes fins de non-recevoir, telles que la réconciliation, la mort de l'un des époux ([5]), l'exception de la chose
jugée ([6]).

342. Le jugement ou l'arrêt qui prononce le divorce par
conversion doit être publié de la même manière qu'un jugement de divorce (arg. art. 250) et transcrit sur les registres
de l'état civil (arg. art. 251).

343. Avant de préciser le rôle du juge dans l'instance en
conversion il n'est pas inutile de rechercher quelles sont

([1]) La formalité du rapport est substantielle ; son inobservation serait une cause
de nullité. Cass., 17 août 1889, précité. — Cpr. sur le point de savoir si la preuve
de l'observation de cette formalité résulte suffisamment de l'arrêt, Cass., 21 avril
1896, *Le Droit*, 23 sept. 1896.

([2]) Nancy, 5 déc. 1884, *Gaz. Pal.*, 85. 1. 44.

([3]) Il n'y a, du reste, aucun motif pour établir une distinction, Trib. Seine, 8 mai
1889, *Le Droit*, 1er oct. 1889.

([4]) La demande reconventionnelle pourrait se produire pour la première fois en
appel. Arg. art. 248. — Aix, 22 avril 1835, S., 86. 2. 179.

([5]) V. *supra*, n. 232.

([6]) V. *infra*, n. 359.

les diverses solutions possibles en cette matière ce qui permettra mieux d'apprécier celle à laquelle le législateur s'est arrêté.

En législation, nous apercevons au moins quatre systèmes susceptibles de régir la conversion, indépendamment de celui qui a été consacré par l'article 310 actuel.

PREMIER SYSTÈME. C'est le plus simple de tous et peut-être le meilleur. Il consisterait à proscrire la conversion. Pour consacrer ce système, le législateur n'aurait eu qu'à garder le silence, car un texte paraît nécessaire pour autoriser la conversion, qui contient une dérogation à cette règle de droit commun que le juge ne peut modifier sa sentence. Dans ce système, le jugement de séparation de corps ne ferait nul obstacle à une demande en divorce, formée par l'un des époux contre l'autre ; mais cette demande demeurerait soumise de tous points aux règles qui gouvernent la matière, notamment en ce qui concerne la procédure. Au cas où la demande en divorce serait formée par l'époux qui a obtenu la séparation de corps, rien ne nous paraîtrait faire obstacle à ce que la demande eût pour base unique les faits sur le fondement desquels la séparation de corps a été prononcée. Il importe peu que la cause soit la même, puisque la demande est différente. Il y a *eadem causa,* mais il n'y a pas *eadem res,* et par conséquent la nouvelle demande ne peut pas être repoussée par l'exception *rei judicatæ.* La première fois l'époux a demandé et obtenu le relâchement du lien conjugal ; maintenant il vient en solliciter la rupture. On ne peut pas lui objecter qu'il a renoncé à demander le plus en demandant le moins ; car une renonciation ne se suppose pas ; on lui ferait subir ainsi une véritable déchéance, et un texte de loi paraîtrait nécessaire pour cela.

DEUXIÈME SYSTÈME. L'époux contre lequel la séparation a été prononcée ne peut pas demander la conversion, parce qu'il est coupable et qu'à ce titre il ne doit pas être admis à bénéficier d'une faveur. Mais la conversion peut être obtenue par l'époux innocent. En demandant la séparation de corps, il n'a pas renoncé implicitement au droit d'obtenir le divorce ; peut-être espérait-il que, pendant l'épreuve de la séparation de corps, son conjoint s'amenderait, et qu'un retour à la vie commune deviendrait alors possible. Si l'avenir déjoue cette espérance, si par exemple son conjoint persiste dans la liaison illicite qui a servi de fondement à la séparation de corps, alors il sera admis à demander la conversion du jugement de séparation en jugement de divorce.

On conçoit deux variantes dans ce système; la première qui consisterait à imposer au juge, saisi de la demande en conversion, l'obligation de l'admettre, sans autre examen que celui de savoir si elle a été formée après l'expiration du délai légal; la deuxième qui donnerait au juge le droit d'apprécier si les faits qui ont amené la prononciation de la séparation de corps sont assez graves pour autoriser le divorce.

Troisième système. L'époux contre lequel la séparation de corps a été prononcée peut seul demander la conversion. Le juge est obligé de faire droit à sa demande par cela seul qu'elle est formée après l'expiration du délai légal, sans avoir à l'examiner quant au fond. L'unique moyen pour l'époux innocent d'échapper au divorce dont le menace la demande de son conjoint est de consentir au rétablissement de la vie commune.

Ce système, qui étonne au premier abord, en ce qu'il semble accorder à l'époux coupable une faveur qui est refusée à l'époux innocent, peut se justifier par les considérations suivantes : l'époux qui a obtenu la séparation de corps avait aussi la faculté de demander le divorce; il ne peut pas revenir sur son choix; voilà pourquoi on ne lui permet pas de demander la conversion. L'autre époux au contraire est autorisé à la réclamer, parce que, quelque coupable qu'il soit, il ne doit pas être condamné indéfiniment aux douleurs du célibat par le fait de son conjoint. Au bout d'un certain temps, il a donc le droit de venir dire à celui-ci : « Reprenons la vie vie commune ou divorçons ».

Le système que nous venons d'exposer était celui du législateur de 1803. L'ancien art. 310 du code civil était ainsi conçu : « Lorsque la séparation de corps, prononcée pour » toute autre cause que l'adultère de la femme, aura duré » trois ans, l'époux qui était originairement défendeur pourra

» demander le divorce au tribunal, qui l'admettra, si le
» demandeur originaire, présent ou dûment appelé, ne con-
» sent pas immédiatement à faire cesser la séparation ». On
remarquera que le bénéfice de la conversion était refusé à la
femme contre laquelle la séparation de corps avait été prononcée *pour cause d'adultère*. Cette restriction ne se retrouve
plus dans le nouvel art. 310.

QUATRIÈME SYSTÈME. Chaque époux peut demander la conversion lorsque la séparation de corps a duré pendant un
certain temps, l'époux coupable comme l'époux innocent. Le
tribunal saisi de la demande est obligé d'y faire droit par cela
seul qu'elle est formée après l'expiration du délai légal, sans
avoir à examiner la demande quant au fond. Il s'agit donc
d'un simple enregistrement. C'était le système primitivement proposé par la commission au sénat, en deuxième
délibération (¹).

344. Le système qui a été en définitive admis par le législateur de 1884 et maintenu par celui de 1886, peut être ainsi
formulé : La conversion peut être demandée soit par l'un,
soit par l'autre époux, lorsque la séparation de corps a duré
trois ans. Le juge saisi de la demande n'est pas obligé d'y
faire droit; il doit examiner la prétention du demandeur au
fond, et il peut l'admettre ou la rejeter suivant qu'elle lui
paraît ou non justifiée.

Nous venons de dire que le projet, présenté par la commission au sénat en deuxième délibération, consacrait le système précédent qui peut se résumer ainsi : faculté pour chaque époux de demander la conversion après trois ans;
obligation pour le juge de la prononcer. Ce système fut très
vivement attaqué. L'art. 310, tel que nous le présente la
commission, dit en substance M. Lucien Brun, autorise le
divorce par la volonté d'un seul, ce qui est pire que le
divorce par consentement mutuel dont nous n'avons pas
voulu. Il donne une prime à la mauvaise foi et à l'immoralité de l'époux qui en réclame le bénéfice. Enfin il viole la

(¹) Ce système a fait l'objet d'une proposition de loi votée par la chambre des
députés le 21 juill. 1891 (*Journ. off.*, 22 juill. 1893, *Déb. parl.*, p. 2261).

liberté de conscience des catholiques, en ce sens que l'époux qui a obtenu la séparation de corps et qui ne voulait pas du divorce, parce que ses convictions religieuses le repoussaient, pourra se le voir imposer au bout de trois ans par son conjoint. Cela est monstreux, surtout à l'égard de l'époux qui avait obtenu la séparation de corps avant la loi nouvelle, à une époque où il ne pouvait pas prévoir le rétablissement du divorce, et qui n'aurait peut-être jamais demandé la séparation de corps s'il eût pensé qu'elle pût avoir de telles conséquences! Et M. Lucien Brun concluait à la suppression de l'art. 310. — Votre loi, dit à son tour M. Jules Simon, porte atteinte à un principe fondamental, celui de l'autorité de la chose jugée. Il y a un jugement de séparation de corps, qui a fait aux deux époux une certaine situation que chacun d'eux a le droit de conserver. De quel droit autorisez-vous l'un d'entre eux à demander que ce jugement soit modifié, et avec lui la situation qu'il créait? Vous dites que l'époux défendeur a tort de réclamer, parce qu'en définitive la conversion qui est demandée contre lui ne fera que lui conférer une faculté dont il est libre de ne pas user, celle de se remarier. Mais remarquez que la demande de l'époux qui réclame la conversion ne tend pas seulement à conférer à son conjoint le droit de contracter un nouveau mariage, elle tend à lui faire acquérir ce droit pour lui-même, et il se peut qu'à ce prix son conjoint n'en veuille pas. Supposez une femme qui a été forcée de demander la séparation de corps, parce que son mari entretenait une prostituée au domicile conjugal. Trois ans après elle pourra se voir imposer le divorce par son mari, qui ne le demandera que pour épouser son ancienne maîtresse; elle se verra ainsi retirer le nom de celui qu'elle avait légitimement épousé, le nom de ses enfants, et c'est la nouvelle épouse, la complice de l'attentat du mari, qui aura seule le droit désormais de porter ce nom! Et M. Jules Simon concluait à ce que le juge saisi de la demande en conversion fût investi du pouvoir d'apprécier si elle doit ou non être admise.

C'est à la suite de ces débats que la commission a proposé, à titre de transaction, le texte qui a été voté par le sénat, et qui aujourd'hui se trouve définitivement transformé en loi.

Nous l'avons reproduit tout à l'heure. La demande de conversion peut être formée après trois ans de séparation soit par l'un, soit par l'autre époux, Mais le juge n'est pas obligé d'y faire droit : il statue *cognita causa* et peut en conséquence rejeter la demande.

345. La difficulté est de savoir quel est ici l'office du juge, c'est-à-dire dans quels cas il devra faire droit à la demande de conversion, dans quels autres la rejeter. M. Batbie a eu l'indiscrétion de demander au rapporteur de la loi des explications sur ce point, et voici ce qu'il a répondu : « Dans un esprit de conciliation que j'ai le regret de ne pas voir apprécier par M. Batbie, la commission, ayant le désir de faire une loi acceptable pour tout le monde, ayant le désir de ne froisser aucune conscience, a cru devoir répondre à l'appel qui était fait à sa modération, à sa raison et tenir compte des critiques d'un système qui enlevait aux tribunaux l'appréciation des faits. D'après la nouvelle disposition, à la demande de l'autre époux, les tribunaux auront le pouvoir d'apprécier si les faits qui avaient été jugés suffisants pour faire prononcer la séparation de corps ne sont pas devenus, après une épreuve d'au moins trois ans, suffisants pour justifier le divorce ». Un peu plus loin le rapporteur ajoute : « Chacun des époux pourra invoquer la procédure de faveur de la conversion, pour demander au tribunal d'apprécier les faits qui, trois ans auparavant, n'avaient été jugés suffisants que pour justifier la séparation, et qui ne sont [peut-être] pas, après l'épreuve de trois ans, devenus suffisants pour justifier, non plus le relâchement des liens du mariage, mais leur dissolution » (*Journal officiel* du 25 juin 1884, *Déb. parlem.*, p. 1192 et 1193).

346. Malgré ces explications, le rôle du juge chargé de statuer sur la demande en conversion nous paraît très peu défini.

On pourrait, à la rigueur, le comprendre lorsque, d'une part, la demande en conversion est formée par l'époux qui a obtenu la séparation de corps, et que, d'autre part, la séparation a été prononcée pour injures graves. Le divorce, qui rompt le lien du mariage, est une mesure plus radicale que

la séparation de corps qui se borne à le relâcher. On conçoit,
au besoin, que le juge fasse droit plus difficilement à une
demande en divorce qu'à une demande en séparation. Il y a
trois ans au moins, le juge a prononcé la séparation de corps
à raison de tel fait, qu'il a considéré comme constituant une
injure d'une gravité suffisante pour entraîner cette mesure.
Aujourd'hui l'époux qui a obtenu la séparation vient demander la conversion ; il demande donc que le divorce soit admis
à raison des mêmes faits, sur le fondement desquels la séparation a été prononcée, car la demande de conversion ne
soumet pas au juge des faits nouveaux. Ici la latitude laissée
au juge ne serait pas incompréhensible. Il y a une question
de plus ou de moins à apprécier : tel fait qui a paru avoir
une gravité suffisante pour entraîner la séparation de corps,
ne paraît plus assez grave, même après une épreuve de trois
ans, pour justifier la rupture complète du lien conjugal ([1]).

Et cependant, même dans cette hypothèse, une objection
de principe se dresse : les causes du divorce et celles de la
séparation de corps sont identiques ; le juge est libre dans
son appréciation lorsqu'il s'agit d'admettre ou de rejeter
l'existence de l'injure grave ; mais, son existence une fois
admise, l'injure grave doit entraîner indifféremment le divorce
ou la séparation de corps ; si l'on a prononcé la séparation
sur le fondement d'un fait constitutif d'une injure grave, le
même fait est légalement suffisant pour entraîner le divorce ;
aussi a-t-on pu soutenir que l'on ne pourrait, sans méconnaître la sentence primitive, l'autorité et la chose jugée, sans
commettre une violation de la loi susceptible d'être réprimée
par la cour de cassation, rejeter la demande en conversion
par cet unique motif, que les faits suffisants pour justifier la
séparation de corps, ne le sont pas pour justifier le divorce.

Quoi qu'il en soit, dans tous les autres cas, il est impossible de comprendre le pouvoir d'appréciation laissé au juge
de la demande en conversion.

Supposons d'abord, comme tout à l'heure, la demande en

([1]) Cpr. cass., 11 janv. 1887, S., 88. 1. 374, D., 87. 1. 334 ; 11 févr. 1889, S., 89.
1. 225, D., 90. 1. 225. — Douai, 21 janv. 1890, D., 91. 1. 461.

conversion formée par l'époux qui a obtenu la séparation de
corps, mais cette fois la séparation a été prononcée pour une
cause *péremptoire,* c'est-à-dire pour adultère de l'autre époux
ou pour condamnation de celui-ci à une peine afflictive et
infamante. Comment concevoir que le juge ait une appréciation à faire, et par suite qu'il soit facultatif pour lui d'admettre ou de refuser la conversion? Si, au lieu de former
une demande en séparation de corps, il y a trois ans, l'époux
qui réclame aujourd'hui la conversion avait formé une
demande en divorce, il aurait nécessairement triomphé, puisque le fait de l'adultère ou de la condamnation est constant,
on le suppose. Conçoit-on que le juge de la demande en
conversion puisse refuser aujourd'hui un divorce qu'il aurait
dû nécessairement admettre il y a trois ans? Le texte de la
loi paraît cependant, à raison de sa généralité, rendre l'admission du divorce facultative pour le juge même dans ce
cas, et alors il en résulte que l'époux, en demandant la séparation de corps pour une cause péremptoire, qui lui permettrait tout aussi bien de demander le divorce, affaiblit son
droit au divorce.

Il n'est guère plus facile de concevoir le pouvoir d'appréciation laissé au juge, lorsque la demande en conversion est
formée par l'époux contre lequel la séparation a été prononcée, par l'époux coupable; à moins qu'on ne dise que le juge
devra se décider alors d'après l'inspiration du sentiment, qui
pourra bien être celle de la fantaisie. L'époux qui demande
la conversion n'a pas, on le suppose, de griefs personnels à
faire valoir; il vient simplement dire que son conjoint n'a
pas le droit de lui imposer indéfiniment les privations du
célibat, et qu'en conséquence il le met en demeure ou de
reprendre la vie commune ou de subir la transformation de
la séparation de corps en divorce. Quelle appréciation le
juge peut-il avoir à faire dans cette espèce? Le rapporteur
dit que le tribunal estimera si les faits qui avaient été jugés
suffisants pour faire prononcer la séparation ne sont pas
devenus suffisants pour justifier le divorce. Nous ne comprenons pas bien la pensée du rapporteur. Il semble supposer
que, depuis la séparation de corps, les faits, sur le fonde-

ment desquels elle a été prononcée, ont pu s'aggraver. S'agit-il d'une aggravation résultant du seul effet du temps? Elle serait difficile à concevoir. S'agit-il alors d'une aggravation résultant de la conduite de l'époux coupable? Mais d'abord le juge ne peut pas en tenir compte, car la demande qu'on lui soumet ne lui donne pas le droit d'examiner des faits nouveaux, mais seulement les anciens faits qui ont servi de base à la séparation de corps; il s'agit d'une demande de *conversion*. En tout cas, on ne concevrait pas que l'aggravation résultant du fait de l'époux coupable pût devenir pour lui un titre de faveur, en lui donnant le droit d'obtenir un divorce qui lui aurait été refusé sans cela. La pensée du rapporteur nous échappe.

On pourrait peut-être essayer de se tirer d'embarras en disant que, sur la demande en conversion formée par l'époux contre lequel la séparation a été prononcée, le juge aura la même appréciation à faire que sur la demande en conversion formée par l'autre époux, qu'il aura par suite uniquement à se préoccuper de savoir si les faits, sur le fondement desquels la séparation de corps a été prononcée, sont assez graves pour entraîner le divorce. Mais alors plus l'époux défendeur aura été coupable, et plus il sera sûr d'obtenir le divorce? Or c'est précisément pour les cas où sa conduite paraît le plus indigne que les adversaires du projet ont le plus vivement critiqué la disposition qui lui permettrait d'obtenir la conversion sans examen, et c'est surtout en vue de ces cas que la commission paraît avoir proposé, et le sénat voté, l'amendement qui rend la prononciation du divorce facultative pour le juge.

347. En somme, la loi nouvelle paraît accorder au juge un pouvoir discrétionnaire sur le point de savoir s'il fera droit à la demande en conversion. La jurisprudence est fixée dans ce sens ([1]). En fait l'examen des tribunaux porte principalement sur les deux points suivants : 1° Y a-t-il espoir de réconciliation entre les époux ? Tant que cet espoir existe, la conver-

([1]) Cass., 21 avril 1896, D., 96. 1. 551 ; 25 juil. 1892, S., 92. 1. 513, D., 93. 1. 411 ; 13 juil. 1891, S., 92. 1. 513, D., 94. 1. 66 ; 11 fév. 1889, S., 89. 1. 225, D., 90. 1. 225 ; 12 août 1885, S., 86. 1. 193 et la note de Labbé.

sion doit être refusée ([1]). 2° La demande de conversion se justifie-t-elle au point de vue moral ? Ainsi le juge refusera la conversion, si, la séparation ayant été prononcée contre la femme pour cause d'adultère, celle-ci demande la conversion pour pouvoir mener plus à l'aise une vie de désordre ([2]), ou pour épouser son complice dont le nom n'est pas révélé par les débats judiciaires, ce qui empêche l'application de l'art. 298, ou si la demande n'a pas d'autre but que de soustraire l'époux qui la forme à l'obligation de payer une pension alimentaire ([3]).

Les tribunaux pourraient encore rejeter la conversion par un motif spécial tiré de l'intérêt des enfants ([4]), sans cependant que l'existence d'enfants légitimes soit à elle seule une cause suffisante pour faire repousser la demande en conversion ([5]).

Puisque le droit de demander la conversion est ouvert aux deux époux, la demande ne saurait être écartée sous le seul prétexte qu'elle est introduite par celui contre lequel la séparation avait été prononcée, ou même par ce motif qu'il n'aurait pu obtenir la séparation à son profit s'il avait formé une demande reconventionnelle ([6]). Les juges ne pourraient non plus, pour repousser la demande, s'inspirer de la résistance opposée par celui qui aurait obtenu la séparation de corps ([7]), ni alléguer que le demandeur en conversion est dans l'impossibilité d'invoquer d'autres griefs que ceux relevés à sa charge par le jugement de séparation de corps ([8]). Toutefois

([1]) Cass., 24 mars 1886, S., 89. 1. 251. — Paris, 17 juin 1896, D., 96. 2. 408. — Angers, 13 avril 1896, S., 97. 2. 216, D., 96. 2 439. — Dijon, 3 juil. 1895, D., 96. 2. 287. — Bastia, 1er mars 1892, D., 92. 2. 417.

([2]) Paris, 14 janv. 1895, D., 95. 2. 480.

([3]) Paris, 18 mars 1886, *Gaz. Trib.*, 7 mai 1886. — Orléans, 4 nov. 1895, *Gaz. Pal.*, 95. 1. 437. — Aix, 11 juin 1885, *Gaz. Pal.*, 85. 2. 221.

([4]) Trib. Marseille, 30 avril 1898, *Gaz. Trib.*, 14 mai 1898.

([5]) Rouen, 3 fév. 1885, *Gaz. Trib.*, 19 mars 1885. — Aix, 11 juin 1885, précité. — Paris, 7 janv. 1886, *Gaz. Pal.*, 86. 1. 207.

([6]) Lyon, 8 janv. 1885, *Le Droit*, 7 fév. 1885. — Rouen, 13 août 1885, *Gaz. Pal.*, 85. 1. 7. — Poitiers, 15 déc. 1885, *Gaz. Pal.*, 86. 1. 213.

([7]) Paris, 17 janv. 1896, *La Loi*, 8 juil. 1896.

([8]) Trib. Seine, 19 nov. 1884, S., 85. 2. 65. — Il est évident, d'ailleurs, que la demande en conversion ne constitue pas une injure grave envers le conjoint. — Angers, 13 avril 1896, précité.

les juges, en fait, accueilleront plus difficilement la demande
introduite par celui contre lequel la séparation avait été prononcée, en tenant compte de sa situation, de ses tendances,
de la persévérance des griefs invoqués contre lui, de l'intention de nuire à son conjoint, du préjudice qui pourrait en
résulter, soit pour le conjoint, soit pour les enfants issus du
mariage ([1]).

348. Dans un remarquable article publié par la *Revue critique de législation et de jurisprudence* (année 1885), notre
regretté collègue Saint-Marc définit autrement le rôle du juge
saisi de la demande en conversion. D'après lui, la demande
en conversion n'est pas autre chose qu'une demande en divorce fondée sur une cause nouvelle, l'impossibilité pour
l'époux demandeur de rester plus longtemps dans la fausse
position où le place la séparation de corps. Cette situation est
contraire à l'ordre public tel que l'entend le nouveau législateur, et chaque époux a le droit, au bout de trois ans d'épreuve,
de demander qu'elle cesse. Or on ne voit, pour arriver à ce
résultat, que l'un de ces deux moyens: une réconciliation, qui
resserrera le lien relâché par la séparation, ou un divorce
qui le rompra. Cela posé, si le tribunal estime que la réconciliation est probable, tout au moins possible, il refusera la
conversion. La circonstance qui paraît avoir le plus de poids,
parmi celles qui annoncent la possibilité de la réconciliation,
est l'offre faite par le défendeur de reprendre la vie commune,
sauf à apprécier si cette offre est bien sérieuse. Si, au contraire, le tribunal estime que tout espoir de réconciliation est
perdu, il devra prononcer le divorce, sans s'inquiéter des
conséquences que cette décision pourra entraîner pour l'époux
défendeur, et sauf exception cependant pour le cas où le demandeur n'aurait qu'un faible intérêt à obtenir le divorce,
comme il arriverait par exemple s'il est d'un âge tellement
avancé, qu'il ne puisse raisonnablement songer à se remarier;
car l'équité doit avoir une large part dans les décisions de
cette nature.

---

[1] Paris, 11, 16 et 17 juin 1896, *Le Droit*, 26 juin 1896. — Cpr. Massigli, *Rev.
crit.*, 1886, p. 219.

D'après cette vue, le juge de la demande en conversion n'a pas à se préoccuper des faits qui ont servi de base à la séparation de corps. Du moins il ne doit les apprécier qu'au point de vue de la probabilité d'une réconciliation entre les époux. En d'autres termes, l'office du juge de la conversion n'est pas de rechercher si les faits, sur le fondement desquels la séparation a été prononcée, ont assez de gravité pour motiver un divorce — le premier juge a implicitement résolu cette question dans le sens de l'affirmative, puisque les causes du divorce sont les mêmes que les causes de séparation de corps, et on ne peut la poser de nouveau sans se heurter au principe de l'autorité de la chose jugée, — mais bien si ces faits ont creusé entre les époux un fossé assez profond pour que tout espoir de retour à la vie commune soit perdu. C'est une demande en *conversion* qui est soumise au juge et non une demande en *révision* ([1]).

Nous n'avons qu'une objection à formuler contre cette doctrine. Elle nous présente la conversion telle que le législateur aurait dû, peut-être, la concevoir, mais non, à coup sûr, telle qu'il l'a conçue. Qu'on se rappelle l'incident à la suite duquel la commission a modifié le texte du projet, d'après lequel le juge était obligé de prononcer la conversion lorsqu'elle était demandée par l'un ou l'autre des époux après trois ans de séparation, et les explications données par le rapporteur de la loi au sujet du sens de cette modification, et on verra que le rôle du juge de la conversion est tout à fait autre que celui que lui assigne M. Saint-Marc. La dissertation de notre collègue pourra fournir d'utiles indications au législateur de l'avenir, à l'époque, peut-être prochaine, où il voudra retoucher l'œuvre de 1884 et de 1886; elle a déjà fait son apparition dans l'enceinte législative sous les auspices de M. Naquet; mais nous ne croyons pas que le juge puisse y trouver la ligne de conduite à suivre pour l'application de la loi actuelle.

349. La juridiction saisie de la demande en conversion a-t-elle compétence pour statuer sur d'autres questions? Il est cer-

([1]) Cpr. Caen, 25 oct. 1887, S., 89. 2. 102, D., 91. 2. 40.

tain que l'on ne pourrait soumettre à la Chambre du conseil, juridiction saisie de l'instance en conversion, une demande qui n'aurait qu'un rapport assez éloigné avec la conversion de la séparation de corps en divorce; ainsi cette juridiction ne pourrait statuer sur des conclusions tendant à faire prononcer la résiliation d'une convention par laquelle, après la séparation de corps, l'un des conjoints avait abandonné à l'autre la gestion et la jouissance de ses immeubles, à charge de lui servir une pension alimentaire (¹), de même elle ne pourrait connaître d'une demande en désaveu d'enfant (²), ni d'une demande tendant à empêcher le mariage de l'épouse coupable avec son complice (³).

Il est d'autres questions qui se rattachent plus étroitement à la demande principale en conversion et qui apparaissent comme l'accessoire de cette demande, telles que la pension alimentaire ou la garde des enfants. Sans aucun doute, l'on peut soumettre ces questions à la juridiction ordinaire, en suivant la procédure habituelle (⁴); mais est-il possible d'utiliser l'instance en conversion, pour soumettre à la juridiction saisie de cette instance une demande relative soit à la garde des enfants, soit à la pension alimentaire (⁵)? Si la difficulté à résoudre touchait à l'exécution même du jugement qui a prononcé la séparation de corps, il semble que la chambre du conseil ne serait pas compétente et qu'elle devrait, conformément aux principes généraux, en renvoyer l'examen aux juges qui avaient prononcé la séparation.

En sens inverse, le juge de la conversion pourrait, par une application certaine et non sérieusement discutable du jugement de séparation, décider que la pension alimentaire ayant été allouée en vertu de l'art. **212** et non en vertu de l'art.

(¹) Nimes, 17 mars 1885, S., 86. 2. 178.

(²) Paris, 8 avril 1886, Le Droit, 16 avril 1886.

(³) Trib. Seine, 5 oct. 1884, Gaz. Pal., 85. 1. 131; 6 déc. 1884, Le Droit, 21 déc. 1884.

(⁴) Cass., 11 mars 1891, S., 91. 1. 148, D., 91. 1. 175; 7 fév. 1887 (sol impl.), S., 90. 1. 535. — Paris, 16 juin 1888, S., 89. 2. 103, D., 91. 1. 175.

(⁵) Il ne semble guère douteux que la juridiction saisie de l'instance en conversion puisse, le cas échéant, statuer sur une demande de provision *ad litem*. — Paris, 10 juill. 1885, Gaz. Pal., 85. 2. 172.

301, il n'y avait pas lieu de la maintenir sur le même fondement ([1]).

Pour les autres hypothèses, la controverse subsiste et la jurisprudence, elle-même, ne paraît pas encore très bien fixée. On a soutenu que la procédure de la conversion était très spéciale, sommaire et rapide ; qu'il fallait, par suite, la limiter à l'instance en conversion et ne pas priver les parties, pour toutes autres questions, des garanties ordinaires de la procédure ([2]). Il semble préférable d'admettre l'opinion contraire : l'accessoire peut, d'ordinaire, suivre le sort du principal ; la chambre du conseil est une véritable juridiction contentieuse, devant laquelle on discute amplement le point de savoir si la conversion sera ou non admise ; les parties ont leurs avoués et leurs avocats ; quelle utilité vraiment sensible trouverait-on à les renvoyer devant une autre juridiction ? Pourquoi les obliger à refaire une procédure, à exposer des frais qui seraient, en vérité, frustratoires ([3]) ? La cour de cassation a décidé d'ailleurs que si les parties acceptent le débat au fond, tant en première instance qu'en appel, elles ne peuvent plus ensuite critiquer la régularité de la décision intervenue ([4]).

350. Ainsi que le nom l'indique, le jugement de *conversion* transforme le jugement de séparation de corps en jugement de divorce. Le jugement de séparation de corps devient jugement de divorce. De sorte que la situation respective des époux se trouve être pour l'avenir la même que si le juge avait originairement prononcé le divorce.

Remarquez que le juge, chargé de statuer sur la demande en conversion, n'a pas le droit de modifier le jugement qui a

---

([1]) Lyon, 16 déc. 1897, *Gaz. Trib.*, 23 mars 1898. — Trib. Seine, 24 juil. 1895, *Le Droit*, 14-15 août 1895.

([2]) Paris; 17 juin 1896, *Le Droit*, 26 juin 1896. — Aix, 22 juil. 1890, *Le Droit*, 9 sept. 1890. — Bordeaux, 3 août 1887, *Gaz. Pal.*, 22 déc. 1887. — Nimes, 17 mars 1885, S., 86. 2. 178. — Orléans, 4 mars 1885, *Gaz. Pal.*, 85. 1. 437. — Massigli, *Rev. crit.*, 1890, p. 449.

([3]) Paris, 21 janv. 1886, *Gaz. Pal.*, 86. 1. 288. — Aix, 17 mars 1886, *Gaz. Pal.*, 86. 1. 629. — Cpr. Cass., 7 fév. 1887, S., 90. 1. 535.

([4]) Cass., 4 fév. 1889, *Gaz. Trib.*, 4 fév. 1889. — Il semble bien cependant qu'il s'agit d'une incompétence *ratione materiæ* et non d'une incompétence relative.

prononcé la séparation de corps. Du moins, il ne peut le modifier que sur un point, en substituant le divorce à la séparation de corps. Les questions résolues par le juge qui a prononcé la séparation de corps ne peuvent plus être débattues à nouveau devant le juge de la demande en conversion.

Les tribunaux peuvent, ainsi qu'il a été dit, rechercher si la demande en conversion est ou non fondée et se préoccuper, dans ce but, de l'importance des griefs, des conditions qui ont amené la cessation de la vie commune ; mais ils ne peuvent ni discuter, ni contester l'exactitude des faits souverainement établis dans la procédure de séparation de corps, ni modifier les résultats acquis dans le premier jugement. Notamment, la séparation de corps ayant été prononcée pour *injures graves* résultant entre autres de relations du mari avec une fille désignée par ses initiales seulement, le juge de la demande en conversion ne peut pas prononcer la conversion pour cause d'*adultère,* en rétablissant le nom de la complice, de manière à rendre son mariage impossible avec l'époux coupable [1].

De même, si la séparation de corps a été prononcée aux torts des deux époux, la conversion ne peut pas être prononcée aux torts de l'un d'eux seulement [2]. A plus forte raison, si la séparation de corps a été prononcée aux torts de l'un des époux seulement, la conversion ne peut pas être prononcée aux torts de l'autre [3]. Autrement le jugement de conversion serait un jugement de *révision.* C'est en ce sens que M. Labiche, rapporteur de la loi au sénat, a expliqué la disposition de l'art. 310.

Il en résulte que le divorce par conversion devra toujours être considéré comme prononcé contre l'époux aux torts duquel la séparation de corps a été prononcée, l'époux cou-

---

[1] Cass., 15 déc. 1896, D., 97.1. 420. — Caen, 25 oct. 1887, S., 89.2. 102, D., 91. 2. 40.

[2] Cass., 25 juill. 1892, D., 93. 1. 411 ; 11 fév. 1889, S., 89. 1. 225. — Cpr. dans une espèce toute particulière, Paris, 10 juin 1888.

[3] Cass., 11 fév. 1889 précité. — Bastia, 1er mars 1892, D., 92. 2. 417. — Alger, 2 fév. 1886, S., 86. 2. 177 et note de Labbé. — Trib. Angers, 16 mai 1898, *Gaz. des Trib.*, 7 août 1898. — V. Massigli, *Rev. crit.*, 1886, p. 222 et la note précitée de Labbé. — Cpr. Montpellier, 4 déc. 1889, D., 91. 2. 53.

pable, alors même que la demande en conversion aurait été formée par cet époux. En d'autres termes, l'époux qui a obtenu la séparation de corps, l'époux innocent, sera considéré comme ayant obtenu le divorce, alors même que la conversion aurait été prononcée à la requête de son conjoint. Il ne subira donc en aucun cas la déchéance de l'art. 299 (arg. art. 300) ; les dépens de la demande en conversion ne seront pas à sa charge (¹) ; il conservera seul le bénéfice de l'art. 301 au point de vue de la pension alimentaire (*supra*, n. 293), et le bénéfice de l'art. 302 au point de vue de la garde des enfants ; seul il aura le droit de faire transcrire le jugement de conversion pendant le premier mois (arg. art. 252) (²). Tout cela, nous le répétons, alors même que la conversion aurait été prononcée à la requête de son conjoint (³).

351. Celui des époux séparés de corps qui veut obtenir le divorce n'est pas obligé d'attendre trois ans pour le demander, s'il fonde sa demande sur des faits nouveaux, survenus depuis que la séparation de corps a été prononcée. Mais alors il faut suivre la procédure du divorce (⁴).

Lorsque l'on introduit ainsi non pas une instance en conversion, mais une demande directe de divorce et qu'on la fonde sur des griefs postérieurs au jugement de séparation de corps,

---

(¹) Caen, 13 fév. 1885, sous Cass., 12 août 1885, S., 86. 1. 193. — Angers, 13 avril 1896, S., 96. 2. 440 ; Carpentier, *op. cit.*, n. 4409 ; Coulon, t. III, p 545. — Certaines décisions, assimilant l'instance en conversion à une instance ordinaire, ont tantôt compensé les dépens, tantôt condamné celui qui succombait dans l'instance en conversion. — Paris, 17 déc. 1885, *Le Droit*, 14 janv. 1886 ; 4 fév. 1886, *Gaz. Pal.*, 86. 1. 327, 25 mars 1886, *Le Droit*, 2 avril 1886.

(²) Nancy, 14 janv. 1888, S., 88. 2. 53. — Cette application particulière du principe a cependant soulevé une critique ingénieuse fondée sur cette remarque qu'il ne s'agit plus des effets du jugement de séparation, mais d'un effet direct du jugement de conversion. — V. Carpentier, *op. cit.*, n. 4552.

(³) Il n'en est pas moins vrai que le divorce est prononcé ; le conseil d'État a pu en tirer cette conséquence que l'art. 16 de la loi du 18 avril 1831 n'accordant de pension qu'aux veuves des militaires, la femme qui aurait obtenu la séparation de corps et vu convertir, à la requête de son mari, la séparation en divorce, n'aurait plus droit de réclamer de pension à la mort de son ancien mari. — Conseil d'État, 14 et 21 déc. 1894, *Gaz. des Trib.*, 22 déc. 1894. — Ce peut être là une raison pour les tribunaux de rejeter la demande de conversion.

(⁴) Paris, 22 juil. 1886, *Le Droit*, 31 juil. 1886. — Rouen, 13 août 1885, *Gaz. Pal.*, 85. 2. 503. — Caen, 2 juil. 1885, *Gaz. Pal.*, 86. 1. 110. — Trib. Seine, 19 déc. 1891, *Gaz. Trib.*, 17 janv. 1892.

on peut évidemment se prévaloir, au cours du procès, des griefs anciens, des faits déjà établis dans la procédure de séparation de corps; l'art. 244 fournirait au besoin un argument en ce sens.

352. Il faut même décider que l'époux qui a obtenu la séparation de corps peut, avant l'expiration du délai de trois ans et sans qu'aucun fait nouveau soit survenu, demander le divorce, sur le fondement des causes pour lesquelles la séparation de corps a été prononcée, mais en suivant bien entendu la procédure du divorce. L'art. 1351 ne s'y oppose pas, l'objet des deux demandes étant différent (¹).

On pourrait donc se trouver en face de deux instances, l'un des époux ayant demandé la conversion du jugement en séparation de corps, l'autre ayant introduit une demande directe de divorce basée sur dès faits nouveaux (²). Ces deux instances étant bien distinctes, il n'y a pas lieu d'accueillir l'exception de litispendance (³). Celui qui intente la demande directe de divorce pourrait seulement, d'après certains arrêts, demander qu'il soit sursis à la conversion, afin que le divorce ne soit pas d'abord prononcé exclusivement contre lui, dans le cas où le jugement de séparation de corps lui aurait été défavorable (⁴).

(¹) Cette solution soulève toutefois de très graves objections; l'art. 310 semble bien écrit en vue d'empêcher que le divorce puisse être substitué à la séparation de corps avant un délai de trois ans; il serait facile de tourner l'art. 310, en introduisant dans la forme ordinaire des actions une demande de divorce et le juge ne pourrait guère manquer d'y faire droit; les faits sont déjà établis et l'on sait que les causes du divorce sont les mêmes que celles de la séparation de corps. La jurisprudence consacre une solution contraire à celle indiquée au texte. — Paris, 22 juil. 1886, précité. — Lyon, 21 mai 1886, *Journ. des Trib.*, 28 août 1886. — Douai, 4 déc. 1888, *Gaz. Pal.*, 17 mars 1889. — Rennes, 15 janv. 1885, *Gaz. Pal.*, 22 juin 1885. — Paris, 25 déc. 1891, *Gaz. des Trib.*, 24 fév. 1892.
(²) Trib. Seine, 13 nov. 1894, *Le Droit*, 28 nov. 1894.
(³) Aix, 21 mai 1885, *Gaz. Pal.*, 85. 1. 782.
(⁴) Caen, 2 juil. 1885, *Gaz. Pal.*, 86. 1. 110, 16 mars 1886, *Le Droit*, 1ᵉʳ avril 1886. — Cependant ce droit au sursis n'est écrit nulle part; il n'y aurait aucun inconvénient à statuer sur la conversion, sauf à en corriger les conséquences ultérieurement. — V. Trib. Seine, 22 janv. 1885, *Gaz. Pal.*, 85. 2. 88; Carpentier, *op. cit.*, n. 4224.

CHAPITRE V

DISPOSITIONS TRANSITOIRES

353. L'art. 6 de la loi du 18 avril 1886 porte : « *Les ins-* » *tances en séparation de corps pendantes au moment de la* » *promulgation de la loi du 27 juillet 1884 peuvent être con-* » *verties, par le demandeur, en instances de divorce. — Cette* » *conversion peut être demandée même en cours d'appel. —* » *La procédure spéciale de divorce sera suivie à partir du* » *dernier acte valable de la procédure de séparation de corps.* » *— Peuvent être convertis en jugements de divorce, comme* » *il est dit en l'art. 310 du code civil, tous jugements de sépa-* » *ration de corps, antérieurs à la promulgation de la présente* » *loi, devenus définitifs depuis trois ans* ».

L'art. 7 ajoute : « *La présente loi s'appliquera aux instances* » *de divorce commencées sous l'empire de la loi du 27 juillet* » *1884* ».

L'intérêt de ces textes, comme de toutes les dispositions transitoires, va toujours en diminuant.

Il suffira de renvoyer aux quelques décisions judiciaires qui ont pu intervenir à l'occasion de ces textes (¹).

CHAPITRE VI

AUTORITÉ DE LA CHOSE JUGÉE EN MATIÈRE DE DIVORCE OU DE SÉPARATION DE CORPS

354. Le jugement qui prononce le divorce ou la séparation de corps produit ses effets à l'égard de tous, même de ceux qui n'y ont pas été parties. Il appartient à cette classe de décisions judiciaires que l'on appelle *constitutives* ou *attribu-* *tives*. Il donne aux époux un état civil nouveau, une place nouvelle dans la société. Cet état doit être reconnu par tous.

(¹) Cpr. notam. Cass., 22 fév. 1888, S., 88. 1. 374 — Besançon, 25 mars 1885, S., 86. 2. 180.

La loi le laisse entendre très clairement dans diverses dispositions. C'est ainsi que s'explique notamment la publicité donnée au jugement. D'ailleurs, le législateur ayant déterminé limitativement les personnes *entre lesquelles* le débat peut être soulevé, il en résulte, suivant la règle que nous avons posée, que le jugement a autorité *erga omnes*.

355. L'époux qui a succombé dans une demande en séparation de corps, peut-il former une demande en divorce fondée sur la même cause? Non; car, en refusant d'accorder la séparation de corps, le juge a implicitement et à plus forte raison refusé d'accorder le divorce qui s'obtient pour les mêmes causes que la séparation de corps et peut-être plus difficilement.

356. En sens inverse, l'époux qui a succombé dans une demande en divorce peut-il se voir opposer l'exception de la chose jugée, s'il forme une demande en séparation de corps basée sur la même cause? Les auteurs enseignent l'affirmative ('). Mais cette solution ne nous paraît pas acceptable, au moins avec le caractère de généralité qu'on lui donne. La séparation de corps étant un diminutif du divorce, il y a telle circonstance (nous songeons au cas où la demande a pour cause des injures graves) dans laquelle le juge peut refuser le divorce et accorder la séparation. Alors, la décision négative du juge sur la demande en divorce n'implique donc pas nécessairement une réponse négative aussi sur la demande en séparation de corps; la chose demandée n'est pas la même, il n'y a pas *eadem res,* et par conséquent il nous semble que l'exception de la chose jugée ne doit pas nécessairement être admise (²).

357. A plus forte raison, un époux pourrait-il, au moins au cas où son action a pour cause des injures graves, demander le divorce et subsidiairement la séparation de

---

(¹) Coulon, IV, p. 151 et s.; Vraye et Gode, I, n. 462.
(²) Cpr. Cass., 18 janv. 1887, S., 88. 1. 374. — Mais voyez en sens contraire Amiens, 14 avril 1897, S., 98. 2. 65. — Paris, 9 fév. 1873, *Gaz. Pal.,* 93. 1. 50. — Trib. Seine, 31 mai 1892, *Le Droit,* 30 juin 1892 ; les raisons déjà indiquées, *supra,* n. 346, et rappelées à la note suivante, viennent à l'appui de cette solution contraire à celle indiquée au texte.

corps ; ce qui revient à demander le moins, pour le cas où le juge ne croirait pas pouvoir accorder le plus. *Adde* arg. du nouvel art. **239** (¹).

358. Dans tous les cas, il paraît incontestable que l'époux qui a succombé dans une demande soit en divorce, soit en séparation de corps, peut former une demande nouvelle pour faits survenus postérieurement, et qui, par conséquent, n'ont pu être soumis à l'appréciation du juge de la première demande. La seconde demande n'a pas la même cause que la première (arg. art. **1351**).

Pourrait-on renouveler la demande en la basant sur des faits antérieurs au jugement, mais non articulés dans la première demande? On a soutenu que l'action en divorce ou en séparation de corps avait pour effet de déduire en justice tous les faits connus ou non du demandeur, articulés ou non par lui, et pouvant servir de base à la demande, dont la cause générale est l'impossibilité de vie commune; l'autorité de la chose jugée couvrirait donc tous les faits antérieurs au premier jugement et ces faits ne pourraient être invoqués qu'à l'appui de griefs postérieurs au jugement. Dans une seconde opinion, l'action a pour fondement l'une ou l'autre des trois causes spécifiées par la loi : adultère, condamnation afflictive et infamante, injure grave; si la demande est basée seulement sur l'une de ces trois causes, elle pourra être renouvelée pour l'une des deux autres, alors même qu'il s'agirait de faits antérieurs au premier jugement. Il semble préférable de placer la cause d'une action en séparation de corps ou en divorce uniquement dans les faits présentés par

---

(¹) On a fait valoir contre cette solution des motifs très sérieux qui ont entraîné la jurisprudence ; les causes du divorce et de la séparation de corps étant les mêmes, le juge n'a d'autre devoir que de rechercher si les griefs invoqués sont établis ou non, et, dans le cas de l'affirmative, de prononcer, soit le divorce, soit la séparation de corps, non point suivant la gravité des faits prouvés, mais suivant les conclusions prises par le demandeur. Le législateur, en autorisant dans certains cas la conversion d'une instance eu une autre, c'est-à-dire l'absorption d'une action par une action nouvelle et la disparition de l'ancienne, prohibe le cumul de ces actions, qu'il s'exerce à titre principal ou seulement à titre subsidiaire. — Cass , 6 nov. 1893, S., 95. 1. 168, D., 94. 1. 414; 30 juin 1886, S., 86. 1. 401, D., 87. 1. 60. — Paris, 30 juil. 1885, *Gaz. Trib.*, 10 et 11 août 1885; 20 janv. 1886, *Gaz. Trib.*, 28 janv. 1886.

l'époux demandeur; ceux-là seuls, en effet, ont été l'objet de l'examen et de la décision du tribunal; le jugement qui rejette l'action n'a donc autorité de chose jugée qu'en ce qui concerne les faits mêmes que le demandeur a articulés, sauf encore le droit de les invoquer dans une nouvelle instance à l'appui de faits postérieurs; mais les autres faits, antérieurs au jugement, non articulés à l'appui de la demande, peuvent à eux seuls servir de base à une nouvelle action (¹). Le demandeur pourra-t-il, en pareil cas, invoquer à titre d'appoint, les faits qui servaient de fondement à sa première demande? Nous admettons l'affirmative, par argument de l'art. 244 et de l'ancien art. 273; les solutions qu'il convient de donner sur ce point sont, du reste, les mêmes qu'en matière de réconciliation (²).

359. Le rejet d'une demande en conversion ne fait pas obstacle à une nouvelle demande en conversion formée par l'un ou par l'autre époux. En effet, le juge de la demande en conversion doit statuer d'après l'état de choses actuel, et notamment en recherchant s'il y a espoir de réconciliation entre les époux. Or, il est clair que tout espoir de réconciliation peut ne pas être perdu aujourd'hui et être perdu demain. La seconde demande de conversion a bien lieu entre les mêmes personnes que la première *(eadem conditio personarum),* elle a aussi le même objet *(eadem res).* Mais la *causa petendi* est différente. La situation qui sert de cause à la seconde demande n'est pas la même que celle qui a servi de cause à la première ; l'une avait pour cause la situation d'hier; l'autre, celle d'aujourd'hui. L'art. 1351 n'est donc pas applicable. La demande en conversion n'est jamais définitivement jugée, pas plus qu'une demande d'aliments, d'adoption... Le système contraire con-

---

(¹) Carpentier, *op. cit.,* n. 1768; Labbé, *Notes* sous arrêts suivants. — Cass., 3 fév. 1875, S., 75. 1. 393, D., 76. 1. 465. — Paris, 1ᵉʳ août 1874, S., 74. 2. 265.— Paris, 4 août 1873, sous Cass., 5 janv. 1874, S., 74. 1. 124, D., 76. 5. 403 ; les arrêts semblent toutefois admettre une restriction, en exigeant que les faits antérieurs au premier jugement et non articulés aient été inconnus du demandeur; cette restriction qui pourrait se recommander de certaines considérations d'utilité pratique est difficile à justifier au point de vue des principes.

(²) Cass., 13 mars 1860, S., 61. 1. 74, D., 60. 1. 400; 5 janv. 1874, S., 74. 1. 124, D., 76. 5. 403. — Cpr. Amiens, 24 déc. 1885, S., 87. 2. 124.

duirait pratiquement à ce résultat que le juge prononcerait toujours la conversion sur la première demande. Quel est donc le juge, en effet, qui oserait refuser la conversion, sous prétexte qu'il existe encore quelque espoir de réconciliation, s'il savait que sa sentence rendra impossible une nouvelle demande de conversion, lorsque cet espoir sera définitivement perdu (¹)? La cour de Toulouse a jugé (²) qu'une nouvelle demande en conversion ne peut pas être utilement formée avant l'expiration d'un délai de trois ans depuis le rejet définitif de la demande précédente. Mais la fixation de ce délai paraît complètement arbitraire.

CHAPITRE VII

LÉGISLATION COMPARÉE ET DROIT INTERNATIONAL PRIVÉ

360. La matière du divorce et de la séparation de corps soulève, au point de vue pratique, d'intéressantes questions de droit international ; pour comprendre qu'elles puissent naître, il n'est pas inutile de signaler d'abord les divergences qui existent entre les différentes législations.

SECTION PREMIÈRE

LÉGISLATION COMPARÉE

361. Lorsque l'on consulte les législations étrangères sur la question du divorce et de la séparation de corps, l'on constate des différences importantes à plusieurs points de vue.

On peut classer les législations en trois groupes principaux :

1° Les unes admettent tout à la fois le divorce et la séparation de corps ; parfois, la séparation de corps n'est permise

---

(¹) V. en ce sens Paris, 3 juil. 1890, S., 91. 2. 225, D., 91. 2. 57. — *Contra* Paris, 1ᵉʳ juil. 1886, sous Paris, précité, D., 91. 2. 57. — Cpr. Maraël, *Traité de la conversion de la séparation de corps en divorce*, n. 479 s. ; Saint-Marc, *Etude sur la conversion des jugements de séparation de corps en divorce, Rev. crit.,* 1885, p. 233, 239.

(²) Toulouse, 5 août 1891, S., 92. 2. 20. — Cpr. Massigli, *Rev. crit.*, 1 94, p. 139.

que comme une mesure temporaire ou préalable au divorce considéré comme pouvant être la seule situation définitive entre époux, lorsque la vie commune est devenue impossible ;

2° Les autres, refusant l'option entre le divorce et la séparation de corps, ne permettent que le divorce ;

3° D'autres, enfin, refusant aussi toute option entre le divorce et la séparation de corps, ne permettent que la séparation de corps.

En parcourant ces divers groupes de législations, nous nous contenterons de signaler rapidement les principales règles applicables à la matière.

PREMIER GROUPE. — *Législations admettant tout à la fois le divorce et la séparation de corps.*

362. Les unes permettent d'opter librement entre le divorce et la séparation de corps, les autres ne voient dans la séparation de corps qu'une mesure temporaire ou préalable.

A. *Législations permettant d'opter librement entre le divorce et la séparation de corps.*

363. Ce sont les législations qui, au point de vue des règles de fond, tout au moins, se rapprochent le plus de la loi française.

a. Allemagne.

364. En Allemagne, le nouveau code civil a réglementé pour tout l'empire la matière du divorce et de la séparation de corps. Le chapitre consacré à cette question porte pour rubrique : *Divorce ;* mais l'époux qui aurait le droit de demander la rupture du lien conjugal peut aussi ne demander que « la suppression de la communauté conjugale », c'est-à-dire la séparation de corps (art. **1564** s.).

Toutefois, si l'autre époux conclut à ce que, si la plainte est reconnue fondée, le mariage soit définitivement rompu, le divorce doit être prononcé. Ainsi, le demandeur n'est pas complètement libre dans le choix à faire entre le divorce et la séparation. L'institution du divorce est envisagée par le législateur avec plus de faveur que la séparation de corps ; elle apparaît comme la situation normale, dans le cas où la vie commune est impossible.

Pour prononcer le divorce ou la séparation, il faut une sentence judiciaire, qui produit ses effets à partir du moment où elle est devenue définitive.

La loi reconnaît cinq causes de divorce : 1° l'adultère ou l'un des crimes qui y sont assimilés (bigamie, crimes contre nature) ; 2° l'attentat à la vie ; 3° l'abandon malicieux, continué pendant un an, du domicile conjugal ; 4° un grave manquement aux devoirs découlant du mariage (par exemple, des sévices graves) ou une conduite déshonnête ou immorale ; 5° l'aliénation mentale ayant duré pendant le mariage trois ans au moins, et arrivée à un point qui exclut à la fois toute communication intellectuelle entre les époux et toute perspective de guérison.

Dans les quatre premiers cas, le pardon éteint le droit au divorce. L'action ne peut être intentée que dans les six mois qui suivent le jour où l'époux demandeur a eu connaissance du fait et dans les dix ans à partir de la perpétration même du fait.

b. Angleterre.

365. Le bill du 28 août 1857 applicable à l'Angleterre et au pays de Galles admet parallèlement le divorce et la séparation de corps.

Le divorce ne peut être prononcé que pour une seule cause : l'adultère. Ce fait suffit s'il est commis par la femme. L'adultère du mari doit, au contraire, être entouré de certaines circonstances aggravantes : bigamie, inceste, rapt, crime contre nature, abandon sans motifs pendant deux ans, cruauté, ce qui comprend les excès et sévices, mais non les injures.

La séparation s'accorde dans quatre cas : l'adultère, l'abandon sans motifs pendant deux ans au moins, la cruauté et les crimes contre nature.

La femme séparée judiciairement recouvre sa pleine capacité juridique.

La procédure comprend deux phases : la juridiction compétente qui est, depuis 1873, la cour suprême de justice, rend un premier arrêt provisoire qui peut être attaqué dans les trois mois par toute personne intéressée à éviter une collusion frauduleuse. Si ce premier arrêt n'est pas rapporté, à l'expiration d'un délai qui ne peut être moindre de six mois, un arrêt définitif est rendu ; cet arrêt peut être déféré en appel à la chambre des lords.

c. Belgique.

366. On applique dans ce pays les dispositions primitives du code civil français ; le divorce et la séparation de corps sont possibles et le divorce est prononcé, non seulement pour cause déterminée, mais aussi par consentement mutuel.

d. Ecosse.

367. La loi écossaise admet deux causes de divorce : 1° l'adultère ; 2° la désertion malicieuse ayant obstinément persisté pendant quatre ans.

La séparation de corps présente une particularité curieuse. Non seulement elle peut être prononcée par les tribunaux dans quatre cas (danger pour la vie du demandeur ; — appréhension fondée de violences corporelles ; — existence rendue insupportable par les façons d'agir du défendeur ; — adultère), mais encore on admet que la séparation peut avoir lieu par consentement mutuel, en vertu d'une convention.

e. Etats-Unis.

368. Pendant longtemps le droit de prononcer le divorce était réservé au pouvoir législatif, comme en Angleterre avant l'Act de 1857.

Aujourd'hui, dans la plupart des Etats, les tribunaux statuent sur ce point. La jurisprudence américaine ne distingue pas bien nettement entre le divorce et l'annulation du mariage : La principale cause de divorce, la plus généralement admise, est l'adultère, à condition que le plaignant n'ait pas à s'imputer la même faute, ne l'ait pas autorisée ou encouragée chez le coupable et ne l'ait pas pardonnée. Dans beaucoup d'Etats, il existe d'autres causes de divorce, notamment les sévices, l'abandon non justifié, les crimes contre nature, l'ivrognerie habituelle, la condamnation à une réclusion perpétuelle ou pour un acte infamant.

Les tribunaux ont, d'ailleurs presque partout, le droit de prononcer, au lieu d'un divorce proprement dit, une simple séparation de corps, perpétuelle ou temporaire.

f. Hongrie.

369. La loi matrimoniale de 1894 réglemente d'une façon précise et originale, à certains égards, la matière du divorce et de la séparation de corps.

Les causes de divorce et de séparation de corps sont les mêmes, la loi en énumère neuf : 1° L'adultère ou un crime contre nature; 2° le fait de contracter sciemment un nouveau mariage; 3° l'abandon volontaire et injustifié, si l'époux qui est parti omet, après six mois d'absence, de réintégrer le domicile conjugal dans le délai que lui fixe à cet effet une sentence judiciaire, ou si l'époux dont la résidence est inconnue ne revient pas dans l'année de la sommation officielle qui lui a été adressée à cet effet; 4° l'attentat à la vie ou des sévices mettant en danger l'intégrité corporelle ou la santé; 5° une condamnation à mort ou à cinq ans au moins de réclusion ou de travaux forcés pour un crime postérieur au mariage ou inconnu du conjoint au moment du mariage; 6° un grave manquement intentionnel aux devoirs du mariage; 7° le fait d'entraîner ou de chercher à entraîner un enfant appartenant à la famille des époux à un acte immoral ou criminel; 8° l'inconduite incorrigible; 9° une condamnation postérieure au mariage à moins de cinq ans de réclusion ou de travaux forcés pour une infraction commise par amour du lucre.

Dans les quatre derniers cas, le juge doit apprécier, en fait, suivant les circonstances, si la vie commune est devenue insupportable à l'époux innocent.

Dans tous les cas, sauf celui d'abandon, l'action doit être engagée dans les six mois, à partir du jour où le demandeur a eu connaissance de la cause du divorce, sauf suspension de la prescription lorsqu'il y a empêchement d'agir; elle n'est plus recevable dix ans après le moment où le fait a été commis.

La femme au profit de laquelle le divorce a été prononcé peut obtenir une pension alimentaire, mais non le mari.

La femme divorcée coupable ne peut continuer à porter le nom de son mari ; la femme innocente le peut, si elle en a fait la demande au cours de l'instance.

A moins de convention contraire entre les époux divorcés, les enfants, jusqu'à sept ans, sont confiés à la mère, puis à l'époux non coupable : si les deux conjoints ont été déclarés coupables, les fils sont confiés au père, les filles à la mère. Le juge peut, toutefois, dans l'intérêt des enfants, prendre une autre décision, même contraire à la convention des parents, confier, par exemple, les enfants à une tierce personne.

Dans le cas d'adultère, de sévices ou de condamnation, le juge, dans l'espoir d'une réconciliation, prononce d'abord la séparation comme mesure préalable ; il n'en est autrement que s'il n'y a aucune chance de réconciliation. La séparation est ordonnée pour six mois au moins, pour un an au plus ; mais le délai peut être prorogé, même pour une assez longue durée, si les parties sont d'accord pour le demander. Lorsque, durant la période de séparation, les époux reprennent la vie commune, ou lorsque, dans les trois mois qui suivent l'expiration du délai fixé, aucun d'eux ne continue la procédure, le divorce ne peut plus être demandé pour les motifs invoqués au procès.

Au lieu de demander le divorce, les époux peuvent, pour les mêmes causes, conclure seulement à la séparation de corps.

Lorsqu'elle a duré deux ans, chacun des époux peut en demander la conversion en divorce.

g. Pays-Bas.

370. Les époux sont libres de demander, dans les mêmes cas, soit le divorce, soit la séparation de corps. Les seules causes de divorce ou de séparation admises par la loi sont : 1° l'adultère ; 2° l'abandon ou délaissement malicieux ayant persisté pendant cinq ans ; 3° la condamnation pour infraction à un emprisonnement de quatre ans au moins ; 4° des blessures graves ou sévices de nature à mettre la vie en péril.

La procédure et les effets du divorce ou de la séparation de corps sont régis par des règles sensiblement analogues à celles de la législation française.

Il est intéressant, toutefois, de noter qu'avant de demander la séparation de corps, les époux doivent arrêter, par acte authentique, toutes les conditions de cette séparation, tant en ce qui les concerne particulièrement, qu'à l'égard des enfants.

B. Législations ne permettant la séparation de corps que comme une mesure provisoire ou préalable au divorce.

a. Suède et Norvège.

371. α. *Suède.* — Les causes de divorce admises par la loi sont : 1° l'adultère, à moins que les deux époux ne soient également coupables ; 2° la désertion malicieuse ; 3° l'impuissance ou la stérilité absolue ; 4° une maladie contagieuse et incurable, à la condition, dans ces deux derniers cas, que la personne infirme ou malade ait dissimulé son état et induit frauduleusement l'autre conjoint au mariage ; 5° une condamnation à une peine privative de la liberté et perpétuelle ; 6° le fait d'avoir attenté à la vie du conjoint ; 7° la démence durant depuis trois ans et déclarée incurable.

Lorsqu'il y a désaccord entre les époux, et qu'une double tentative de conciliation est demeurée sans résultat, le tribunal prononce la séparation de corps pour un an, en interdisant, s'il y a lieu, aux époux de se voir dans l'intervalle.

Il en est de même, si le mari abandonne sa femme ou la femme son mari, tout en restant dans le pays, ou si l'un d'eux chasse l'autre de la maison conjugale et conserve l'ensemble des biens.

372. β. *Norvège.* — Le divorce peut être demandé pour cause : 1° d'adultère ; 2° d'abandon non justifié pendant trois ans au moins ; 3° d'absence, lorsqu'elle remonte à sept ans au moins et qu'il n'y a aucune présomption de mort ; 4° de condamnation aux travaux forcés à perpétuité, si le roi n'accorde pas la grâce dans les sept premières années. En outre, la législation norvégienne admet le divorce par consentement mutuel ; mais, dans ce cas, les époux doivent d'abord être pendant trois ans séparés de corps par l'autorité civile, qui s'efforce de les dissuader de leur projet. Au bout de ce temps, le divorce n'a lieu qu'avec la permission du roi, et chacun

des époux a besoin, pour se remarier, d'une autorisation
spéciale.

b. Suisse.

373. C'est la loi fédérale du 24 décembre 1874 qui régit la
matière du divorce pour l'ensemble du territoire helvétique.

Lorsque les deux époux sont demandeurs en divorce, le tribunal le prononce s'il résulte des faits « que la continuation de
la vie commune est incompatible avec la nature du mariage ».

Le divorce doit être prononcé sur la demande de l'un des
époux : 1° pour cause d'adultère s'il ne s'est pas écoulé plus
de six mois depuis que l'époux offensé en a eu connaissance ;
2° pour cause d'attentat à la vie, de sévices ou d'injures graves ; 3° pour cause de condamnation à une peine infamante ;
4° pour cause d'abandon malicieux lorsqu'il dure depuis
deux ans et qu'une sommation judiciaire fixant un délai de
six mois pour le retour est restée sans effet ; 5° pour cause
d'aliénation mentale lorsqu'elle dure depuis trois ans et qu'elle
est déclarée incurable.

« S'il n'existe aucune de ces causes de divorce, et que ce-
» pendant il résulte des circonstances que le lien conjugal est
» profondément atteint, le tribunal peut prononcer le divorce
» ou la séparation de corps. Cette séparation ne peut être
» prononcée pour plus de deux ans ; si, pendant ce laps de
» temps, il n'y a pas de réconciliation entre les époux, la de-
» mande en divorce peut être renouvelée, et le tribunal pro-
» nonce alors librement d'après sa conviction ».

Dans le cas de divorce pour cause déterminée, l'époux coupable ne peut contracter un nouveau mariage avant le délai
d'un an ; ce délai peut être porté jusqu'à trois ans.

Les effets ultérieurs du divorce ou de la séparation de corps
temporaire sont réglés par la législation du canton à laquelle
le mari est soumis.

Quant aux mariages entre étrangers, aucune action en divorce ne peut être admise par les tribunaux suisses, « s'il
» n'est établi que l'État dont les époux sont ressortissants
» reconnaîtra le jugement qui sera prononcé » ; ce qui revient,
étant donnée la rigueur avec laquelle on interprète le texte, à
interdire le divorce aux étrangers domiciliés en Suisse.

DEUXIÈME GROUPE. — *Législations refusant l'option entre le divorce et la séparation de corps et ne permettant que le divorce.*

a. Danemark.

374. La matière du divorce est régie par le code de Christian V de 1684.

Le divorce peut être demandé, tout d'abord, pour cause d'adultère, à moins que le demandeur ne se soit rendu coupable du même fait, ou pour quelque autre méfait grave, le juge devant alors se montrer plus difficile dans l'accueil de la demande.

Lorsque le divorce a été prononcé pour cause d'adultère, le conjoint innocent peut se remarier librement. La femme coupable ne peut se remarier qu'avec la permission du roi, au bout de trois ans et à charge de justifier d'une bonne conduite ; il lui est défendu de se marier et d'habiter dans la paroisse, le district ou la ville qu'habite son ci-devant mari.

Le divorce peut aussi être demandé pour cause d'abandon injustifié pendant trois ans au moins, et à charge de justifier que cet abandon n'a pas été motivé par la mauvaise conduite du demandeur.

Enfin le divorce peut être demandé à la suite d'une condamnation de l'autre époux à une peine perpétuelle.

b. Pays musulmans.

375. Le divorce peut être provoqué soit par le mari (*telok*), soit par la femme (*chul'e*).

Tantôt le *telok* est définitif ; il en est ainsi lorsqu'il est prononcé : 1° à défaut de toute cohabitation du mari avec la femme ; 2° lorsque la femme est d'un âge trop tendre ou trop avancé pour avoir des enfants ; 3° lorsque le mari, ayant deux fois renoué le mariage d'après les règles du *telok ridj'ei* dénonce une troisième fois le divorce à sa femme. Dans tous ces cas, le mariage est immédiatement dissous, et, si plus tard les ci-devant conjoints veulent reprendre la vie commune, ils sont tenus d'observer toutes les règles prescrites pour un premier mariage.

Parfois le *telock* est temporaire, provisoire (*telock ridj'ei*);

le mari conserve pendant un certain temps la faculté de renouer le mariage, sans nouvel assentiment de la femme ;
celle-ci est obligée de se soumettre au mari, sans réplique.

Le *chul'e* a lieu à la demande de la femme et moyennant
une indemnité payée au mari.

Enfin, à côté du divorce demandé par l'un des époux contre le gré de l'autre, la loi reconnaît encore le *Muborot* ou
divorce par consentement mutuel.

c. Roumanie.

376. Le code civil roumain n'admet pas la séparation de
corps; mais il permet le divorce pour causes déterminées et
le divorce par consentement mutuel.

Les causes déterminées sont : 1° l'adultère ; 2° les excès,
sévices et injures graves ; 3° une condamnation aux travaux
forcés ou à la réclusion ; 4° le fait par l'un des époux d'avoir
attenté à la vie de l'autre, ou ayant connaissance d'un attentat prémédité par un tiers, de n'y avoir pas mis immédiatement obstacle.

Le divorce par consentement mutuel ne peut avoir lieu
avant que le mari ait vingt-cinq ans révolus et la femme vingt-
et un ans, ni avant qu'il se soit écoulé au moins un an depuis
la célébration du mariage. Il ne peut être demandé après
vingt ans de mariage ou quand la femme a plus de quarante-
cinq ans.

d. Russie.

377. En ce qui concerne la Russie proprement dite, la loi
distingue d'après la religion des époux. Si les deux conjoints
ou l'un d'eux seulement appartient à l'église gréco-russe, c'est
le tribunal ecclésiastique diocésain qui prononce le divorce,
sauf à obtenir dans certains cas la confirmation du saint-
synode ou à exercer un recours devant cette juridiction. Le
divorce par consentement mutuel est prohibé, mais le divorce
pour causes déterminées est possible dans les cas suivants :
1° adultère ; 2° impuissance ou stérilité ; 3° dégradation civique ; 4° absence.

Si les deux conjoints appartiennent à une autre église que
l'église russe et autorisant le divorce, la rupture du mariage

est prononcée conformément aux règles de leur église et par l'autorité compétente d'après ces **règles**.

TROISIÈME GROUPE. — *Législations ne permettant pas l'option et imposant la séparation de corps.*

a. Autriche.

378. En Autriche, les sujets catholiques ne peuvent obtenir le divorce. Lorsque l'un des conjoints au moins est catholique, la loi ne permet que la séparation de corps, soit pour causes déterminées, soit par consentement mutuel.

Les causes pour lesquelles la séparation peut être prononcée à la demande de l'un des époux sont : 1° une condamnation pour adultère ou pour crime ; 2° l'abandon malicieux ; 3° une conduite désordonnée mettant en péril une partie importante de la fortune du demandeur ou la moralité de la famille ; 4° une maladie durable ou contagieuse.

Que la séparation soit demandée pour cause déterminée ou en vertu du mutuel consentement, elle doit être précédée d'une triple tentative de conciliation faite ou bien par le directeur de conscience ou bien par le tribunal.

Lorsqu'aucun des époux n'appartient à la religion catholique, le divorce est possible pour différentes causes, notamment en cas d'aversion réciproque insurmontable. Dans cette hypothèse, le juge doit prononcer, comme mesure préalable au divorce, une simple séparation de corps.

b. Espagne.

379. Pour les mariages canoniques, seules les autorités ecclésiastiques sont appelées à se prononcer sur leur annulation possible. Il ne s'agit pas d'une procédure de divorce, mais de demandes en nullité. L'autorité ecclésiastique peut permettre aussi la séparation de corps, qui, en Espagne, porte le nom de *divorcio*.

Pour les mariages civils, la loi n'autorise pas non plus le divorce, mais la simple séparation de corps, pour l'une ou l'autre des causes suivantes : 1° adultère de la femme, ou adultère du mari entouré de certaines circonstances aggravantes ; 2° mauvais traitements ou injures graves ; 3° violence exercée par le mari sur la femme pour l'obliger à changer de religion ; 4° la proposition du mari de prostituer sa femme ; 5° la tentative du mari ou de la femme de corrompre leurs enfants ou de prostituer leurs filles ou la connivence dans leur corruption ou prostitution ; 6° la condamnation du conjoint à la chaîne ou à la réclusion.

Dans tous les cas, qu'il s'agisse de mariages civils ou canoniques, c'est la loi civile qui réglemente les conséquences de la séparation de corps et les mesures à prendre pendant l'instance.

c. Italie.

380. Le code italien permet seulement la séparation de corps, soit pour causes déterminées, soit par consentement mutuel, à la condition que la convention soit homologuée par le tribunal.

Les causes déterminées de séparation de corps sont les suivantes : 1° l'adultère ; 2° l'abandon volontaire ; 3° les excès, sévices, menaces ou injures graves ; 4° une condamnation à une peine criminelle, postérieure au mariage, ou ignorée du conjoint demandeur à l'époque du mariage ; 5° pour la femme, le fait que le mari n'adopte pas une résidence fixe ou que, en ayant les moyens, il refuse de l'établir d'une manière qui convienne à sa situation.

d. Portugal.

381. Dans ce pays, encore, la loi n'autorise que la séparation de corps pour les causes suivantes : 1° adultère de la femme ou adultère du mari entouré de certaines circonstances aggravantes ; 2° la condamnation de l'un des époux à une peine perpétuelle ; 3° les sévices et les injures graves.

En ce qui concerne la procédure, il est intéressant de noter que le juge doit convoquer un conseil de famille, lequel est chargé de statuer sur la demande et les questions accessoires qu'elle soulève. Les décisions du conseil de famille sont soumises à l'homologation du tribunal et il n'y a de recours contre elles qu'en ce qui concerne le chiffre de la pension alimentaire.

SECTION II

DROIT INTERNATIONAL PRIVÉ

382. La diversité des législations jointe à la fréquence des actions en divorce ou en séparation de corps rend particulièrement intéressantes, au point de vue pratique, les questions de droit international privé relatives à notre matière.

§ I. *Compétence.*

383. La première, qui naturellement se pose, concerne la compétence des juridictions saisies. Les tribunaux français (¹) peuvent-ils connaître d'une action en divorce ou en séparation de corps introduite par un étranger contre son conjoint étranger (²) ? Conformément aux principes généraux sur la compétence des tribunaux français par rapport aux litiges entre étrangers, il convient tout d'abord de rappeler la règle admise par la jurisprudence et la majorité de la doctrine : la compétence de nos juridictions est purement *facultative;* d'office, un tribunal français peut se déclarer incompétent pour connaître d'une action en divorce qui intéresse deux étrangers ; mais, à l'inverse, un tribunal français peut retenir la cause, lorsque l'exception d'incompétence n'est pas soulevée par le défendeur *in limine litis* (³).

384. La règle, toutefois, comporte certaines exceptions. L'incompétence ne peut plus être proposée par le défendeur, ni prononcée d'office par le tribunal, lorsque les époux avaient été admis à établir leur domicile en France et avaient acquis ainsi la jouissance des droits civils (⁴), ou lorsque des conventions diplomatiques créent à des étrangers une situation

---

(¹) Nous n'envisageons la question qu'au regard des tribunaux français; on ne parlera qu'incidemment des solutions consacrées par les juridictions étrangères.

(²) Si l'un des époux était Français et l'autre étranger, ce qui peut se produire dans l'hypothèse d'une naturalisation postérieure au mariage, les tribunaux français seraient certainement compétents. Art. 14 et 15. — V. *infra*, n. 398.

(³) Nous avons indiqué *supra*, n. 84 s. à partir de quel acte l'instance doit être considérée comme engagée.

(⁴) Cass., 6 mars 1877, S., 79. 1. 105 ; 23 juil. 1855, S., 56. 1. 148, D., 55. 1, 353. — Paris, 13 mai 1879, S., 79. 2. 289.

privilégiée, en leur accordant le « libre et facile accès » de nos juridictions (¹).

385. Il en est de même lorsqu'il s'agit, pour les tribunaux français, de statuer non pas sur le fond de l'action en divorce ou en séparation de corps, mais seulement sur les mesures provisoires ou conservatoires que peut nécessiter l'exercice de cette action. Nos juridictions, en effet, se déclarent compétentes par application de l'art. 3 C. civ., toutes les fois qu'il s'agit de pourvoir par des mesures urgentes à ce qu'exigent la sûreté des personnes et leurs intérêts essentiels. Il n'est pas nécessaire pour cela que le demandeur ait son domicile de droit en France, il suffit qu'il y réside en fait au moment où l'action en divorce est introduite devant la juridiction étrangère (²) et il n'y a pas à rechercher si le fond même de l'action est soumis ou non aux tribunaux français, s'il peut ou non leur être soumis (³). C'est ainsi que les juridictions

(¹) Il faut, pour cela, que les deux époux étrangers habitent la France; si le défendeur était à l'étranger, la clause du libre et facile accès ne conférerait pas au demandeur, comme à un Français, le droit de se prévaloir de l'art. 14. — Parmi les étrangers qui peuvent invoquer de telles conventions diplomatiques, il faut citer : Les Espagnols (traités du 7 janv. 1862, art. 2, et du 6 fév. 1882, art. 3. — Cass., 3 juin 1885, S., 85. 1. 417, D., 85. 1. 409. — Alger, 13 janv. 1892, *Journ. de dr. int. privé*, 1893, p. 175; 7 mars 1898, *Le Droit*, 10 mars 1898); les Portugais (traité du 9 mars 1853. — Trib. Seine, 6 déc. 1887, *Gaz. Pal.*, 7 déc. 1887); les Russes (traité du 11 avril 1874. — Trib. Seine, 5 mars 1892, *Gaz. Trib.*, 26 mars 1892; 12 mai 1892, *Le Droit*, 22 juil. 1892). — En ce qui concerne les Suisses, une controverse existe sur l'interprétation que comportent les art. 1' et 2 du traité du 15 juin 1869; tandis que le tribunal fédéral suisse admet l'incompétence de nos tribunaux, — V. 10 oct. 1878, *Journ. dr. inter. priv.*, 1879, p. 96; 15 nov. 1886, *Journ. dr. int. priv.*, 1886, p. 111, la jurisprudence française se déclare, en général et sauf quelques dissidences, compétente pour connaître des actions en divorce qui intéressent les sujets suisses par application du traité précité. — Cass., 1er juil. 1877, *Journ. dr. inter. priv.*, 1876, p. 177. — Paris, 29 mars 1898, *Le Droit*, 24 avril 1898. — *Contra* Paris, 28 avril 1882, *Gaz. Trib.*, 29 mai 1882; 26 mars 1889, S., 89. 2. 116.

(²) Paris, 6 juin 1888, *Gaz. Pal.*, 25-29 juin 1888; 26 oct. 1892, *Journ. dr. int. priv.*, 1893, p. 174.

(³) Paris, 3 août 1878, *Journ. dr. int. priv.*, 1878, p. 495; 28 avril 1882, *Journ. dr. int. priv.*, 1882, p. 546. — Trib. Seine, 8 fév. 1897, *Le Droit*, 14 mars 1897. — Mais, dans le cas où l'action en divorce ou en séparation de corps n'est pas encore engagée, les tribunaux français, en statuant sur les mesures provisoires ou conservatoires, peuvent impartir un délai pour introduire cette action devant la juridiction compétente. — Paris, 31 oct. 1890, *La Loi*, 15 nov. 1890, 12, 18, 26 mars 1889, *Le Droit*, 5 avril 1889. — Trib. Seine, 4 janv. 1896, *Le Droit*, 22 avril 1896.

françaises (¹) peuvent allouer à la femme une pension alimentaire (²), lui désigner une résidence provisoire ou déterminer
les objets qui lui seront remis (³), statuer sur la garde des
enfants (⁴), réglementer, par exemple, leur placement dans
un pensionnat et le droit de visite des parents (⁵); elles
peuvent également ordonner des mesures conservatoires,
telles que l'apposition des scellés sur les biens communs (⁶),
le dépôt à la caisse des valeurs placées sous scellés (⁷), l'emploi de certaines sommes (⁸).

386. Enfin il est une autre exception que la jurisprudence
française a fini par introduire. Tenant compte de ce que dans
la plupart des pays étrangers, tels que l'Allemagne, l'Autriche,
la Belgique, la Hollande, l'Angleterre, la compétence est attachée au domicile matrimonial de fait, et de cette conséquence

---

(¹) Suivant les cas, les mesures seront prescrites soit par le tribunal, soit par le président chargé de la conciliation, si on ne met par en question sa compétence, — Paris, 27 avril 1888, S., 89. 2. 911. — Amiens, 24 avril 1880, S., 82. 2. 80; — soit par le juge des référés. — Trib. Seine, 21 fév. 1885, *Journ. dr. int. priv.*, 1885, p. 185.

(²) Paris, 31 oct. 1890, précité. — Metz, 26 juil. 1865, S., 66. 2. 237, D., 65. 2. 160. — Trib. Seine, 8 fév. 1897, précité; 14 fév. 1898, *Gaz. des Trib.*, 6 avril 1898. — En ce qui concerne la provision *ad litem*, la solution est douteuse à raison de la connexité qui existe entre cette provision et la marche de l'instance et aussi à raison de la difficulté où l'on se trouve d'évaluer le montant des frais d'une pro-cédure poursuivie à l'étranger; certaines décisions distinguent entre la provision *ad litem* proprement dite, les avances nécessaires pour frais de route et autres dépenses antérieures à l'introduction de la procédure. — Cpr. en sens divers, Paris, 31 oct. 1890, précité; 12, 18, 26 mars 1889, précité; 9 mars 1882, *Le Droit*, 16 juil. 1883. — Trib. Seine, 12 août 1861, *Journ. dr. intern. priv.*, 1882, p. 627; 18 avril 1881, *ibid.*, 1881, p. 526; 13 fév. 1883, *ibid.*, 1883, p. 295; 28 fév., 1885, *Gaz. des Trib.*, 8 avril 1885; 1ᵉʳ déc. 1877, *Journ. dr. inter. priv.*, 1878, p. 45; 21 janv. 1880, *ibid.*, 1880, p. 194; 23 janv. 1883, *ibid.*, 1883, p. 292; 5 janv. 1887, *Le Droit*, 10 janv. 1887; 11 janv. 1888, *Gaz. des Trib.*, 12 fév. 1888; 4 janv. 1896, *Le Droit*, 22 avril 1896; 23 fév. 1898, *Journ. dr. inter. priv.*, 1898, p. 927.

(³) Cass., 27 nov. 1822, S. chr. — Poitiers, 15 juin 1847, S., 48. 2. 438. — Paris, 26 juin 1853, D., 53. 5. 200. — Trib. Seine, 12 août 1881, *Journ. dr. intern. priv.*, 1882, p. 627. — Trib. Lyon, 26 juin 1885, *Gaz. Trib.*, 2 mai 1885.

(⁴) Paris, 26 fév. 1895, *Journ. dr. intern. priv.*, 1895, p. 624; 31 oct. 1890 pré-cité; 9 mars 1883, *Le Droit*, 26 juil. 1883. — Trib. Seine, 4 janv. 1896, *Gaz. Trib.*, 16-17 mars 1896.

(⁵) Paris, 12 fév. 1891, *Rev. prat. dr. int. priv.*, 1891, p. 211.

(⁶) Lyon, 1ᵉʳ avril 1854, S., 54. 2. 587, D., 56. 2. 241. — Amiens, 24 avril 1880, S., 82. 2. 80.

(⁷) Trib. Seine, 21 fév. 1885, *Journ. dr. intern. priv.*, 1885, p. 185.

(⁸) Metz, 26 juil. 1865, S., 66. 2. 237, D., 65. 2. 160.

que des étrangers domiciliés en France voyaient ainsi se fermer parfois l'accès de leurs tribunaux, sans pouvoir se présenter devant la juridiction française, la jurisprudence la plus récente admet la compétence des tribunaux français pour connaître des actions en divorce ou en séparation de corps, dans tous les cas où les étrangers ayant un domicile en France auraient perdu le droit de s'adresser utilement aux tribunaux de leur pays ([1]). C'est au défendeur, excipant de l'incompétence des tribunaux français, qu'il appartient de démontrer que l'action pouvait être portée devant la juridiction nationale ([2]).

387. Les Français domiciliés à l'étranger conservent le droit de s'adresser aux tribunaux de leur pays ; faut-il en conclure que les juridictions étrangères sont, aux yeux de la loi française, toujours incompétentes, en l'absence de conventions diplomatiques, pour statuer sur les instances en divorce ou en séparation de corps de nos nationaux? Non, semble-t-il, dans le cas où le défendeur n'aurait pas proposé l'incompétence de la juridiction étrangère ([3]) ; mais, dans le cas même où l'exception d'incompétence aurait été rejetée par application de la loi étrangère, nous croyons que les tribunaux français ne pourraient pas écarter en principe, sous prétexte d'incompétence, la décision étrangère ; ils auraient seulement le droit de refuser, dans les conditions ordinaires, l'*exequatur* ([4]).

([1]) Paris, 19 janv. 1897, *Journ. de dr. intern. priv.*, 1897, p. 362 ; 14 janv. 1896, *ibid.*, 1896, p. 149 ; 5 janv. 1893, *ibid.*, 1893, p. 373 ; 18 mai 1892, *ibid.*, 1893, p. 152 ; 16 nov. 1892, *Gaz. des Trib.*, 24 nov. 1892 ; 18 juin 1891, *Rev. prat.*, 1892, p. 10 ; 17 mars 1891, *ibid.*, 1890-91, p. 218 ; 8 août 1890, *ibid.*, 1892, p. 11. — Trib. Seine, 24 mai 1897, *Journ. de dr. int. priv.*, 1898, p. 111 ; 3 févr. 1897, *ibid.*, 1897, p. 331 ; 21 janv. 1897, *ibid.*, 1897, p. 362, 13 mars 1896 ; *ibid.*, 1896, p. 630.

([2]) Paris, 5 août 1891, *Journ. de dr. int. priv.*, 1891, p. 121 ; 5 déc. 1890, *Gaz. des Trib.*, 31 déc. 1890 ; 4 nov. 1880, *Rev. de dr. int. priv.*, 1890, p. 119 ; 31 oct. 1890, *ibid.*, 1890, p. 49 ; 8 août 1890, *ibid.*, 1890, p. 49.

([3]) Paris, 5 août 1891, précité. — Trib. Seine, 28 janv. 1891, *Le Droit*, 7 août 1891. — *Sic* Weiss, *Tr. élém. de dr. int. priv.*, 2e éd., p. 790 ; Surville et Arthuys, *Cours élém. de dr. int. priv.*, p. 165.

([4]) Cpr. Paris, 5 août 1891, précité. — Trib. Seine, 5 août 1885, *Journ. de dr. intern. priv.*, 1885, p. 458. — *Contra* Vincent, *Rev. prat.*, 1892, p. 18. — V. *infra*, n. 394 sur l'*exequatur*.

§ II. De la loi applicable.

A. Au point de vue du fond.

388. Lorsqu'un tribunal français se déclare compétent pour connaître d'une action en divorce ou en séparation de corps entre deux époux étrangers, il doit appliquer, pour la solution du procès, la loi nationale des deux époux ([1]), non seulement pour savoir si le divorce peut être prononcé, ou la séparation seulement, mais encore pour apprécier les causes du divorce ou de la séparation. Ainsi le tribunal français ne pourra prononcer le divorce, si la loi nationale des époux n'admet que la séparation de corps ([2]); et il ne pourra retenir que les causes suffisantes d'après la loi nationale des époux ([3]). C'est la loi nationale des époux au jour où la demande est introduite que l'on doit appliquer et non celle qu'ils avaient lors du mariage ou celle qu'ils peuvent avoir lors du jugement ([4]).

389. La loi nationale des époux cesse de recevoir application lorsque ses dispositions sont contraires à l'ordre public

---

([1]) C'est l'opinion très généralement admise en France par la doctrine et la jurisprudence. — V. notamment Cass., 12 fév. 1895, *Gaz. Trib.*, 13 fév. 1895. — Weiss, *loc. cit.*, p. 706; Despagnet, *Précis de dr. int. priv.*, p. 347-351; Rougelot de Lioncourt, *Conflit des lois*, p. 213; Chavegrin, *Journ. dr. int. priv.*, 1885, p. 155; Pic, *Mar. en dr. int. priv.*, p. 213 et *Journ. dr. int. priv.*, 1884, p. 308, 1885, p. 319. — C'est aussi l'opinion suivie en Belgique, en Suisse, en Italie, en Grèce. — Mais une autre opinion, qui paraît prévaloir en Allemagne, s'attache à la loi du pays où le procès se juge, lorsque, tout au moins, les griefs ont été commis dans ce pays. — Trib. empire (Allemagne), 22 avril 1884, *Journ. dr. int. priv.*, 1885, p. 816 et la jurisprudence en note, 22 juin 1886, *ibid.*, 1888, p. 530.

([2]) Alger, 27 janv. 1892, *Journ. dr. int. priv.*, 1892, p. 662; 18 fév. 1891, *ibid.*, 1891, p. 504. — Trib. Seine, 27 avril 1893, *ibid.*, 1893, p. 849; 20 fév. 1893, *ibid.*, 1893, p. 1167; 27 juil. 1891, *ibid.*, 1891, p. 1195. — Trib. Pau, 16 juin 1897, *ibid.*, 1897, p. 535. — Trib. Bayonne, 14 juin 1898, *Le Droit*, 13 déc. 1898.

([3]) Besançon, 18 déc. 1896, *Journ. dr. int. priv.*, 1898, p. 385. — Trib. Seine, 3 juil. 1896, *Le Droit*, 9 juil. 1896; 5 janv. 1891, *Rev. prat. dr. int. priv.*, 1892, p. 40; 27 fév. 1888, *Gaz. Trib.*, 28 mars 1888; 20 déc. 1886, *Journ. dr. int. priv.*, 1886, p. 720.

([4]) Laurent, *Le Droit civ. intern.*, V, p. 126-153. — Cpr. cependant Cass. Autriche, 17 janv. 1871, *Journ. dr. int. priv.*, 1877, p. 77. — Trib. sup. de Bavière, 19 mai 1892, *ibid.*, 1898, p. 176. — Il n'y a pas à se préoccuper de savoir si les époux ont été ou non autorisés à établir leur domicile en France. — Trib. Versailles, 15 déc. 1896, *La Loi*, 2 fév. 1897. — Trib. Seine, 10 mars 1891, *Le Droit*, 18 mars 1891.

interne ou international ('). C'est ainsi que l'on a jusqu'en
1884 refusé en France de prononcer le divorce entre étrangers, alors que leur loi nationale le permettait cependant (*).
L'ordre public s'oppose-t-il à ce que le juge français consacre
une cause de divorce reconnue dans un autre pays? On a
soutenu qu'il en était ainsi pour le divorce par consentement
mutuel ; les tribunaux français ne pourraient prononcer le
divorce pour cette cause (*). Nous ne voyons pas, pour notre
part, en quoi l'ordre public se trouve intéressé ('). A *fortiori,* l'ordre public ne saurait commander d'admettre une
cause de divorce que ne reconnaît pas la loi nationale des
époux (*).

390. Il se peut que par application de la loi nationale, on se
trouve ramené finalement à la *lex fori* ou à la loi du domicile
des époux, si la loi nationale renvoie à ces législations pour
les époux domiciliés hors de leur patrie (*).

On applique encore la loi du domicile ou de la résidence
de fait lorsque l'on se trouve en présence d'époux sans nationalité (⁷) ou d'une nationalité incertaine (*), ou d'époux qui

<hr>

(') V. auteurs cités à la note 1, *supra*, p. 261.

(*) Certains auteurs pensent que dans un pays où la loi ne reconnaît que le
divorce, l'ordre public s'oppose à ce que les tribunaux prononcent la séparation
de corps. — Durand, *op. cit.*, p. 366; Rougelot de Lioncourt, *op. cit.*, p. 214;
cette solution nous paraît très critiquable. On ne pourrait refuser en France de
prononcer une séparation temporaire par application d'une loi étrangère (V. sur
ce point Laurent, V, p. 116; Despagnet, *loc. cit.;* Pic, *loc. cit.*); à l'inverse,
dans un pays qui n'admet que la séparation temporaire, il semble plus difficile
d'admettre que les tribunaux puissent prononcer une séparation pour un temps
illimité. — Genève, 21 janv. 1878, S., 79. 2. 1, D., 79. 2. 145.

(*) Chambéry, 15 juin 1869, S., 70. 2. 214. — Weiss, *op. cit.*, p. 714; Laurent,
V, n. 137.

(*) Rougelot de Lioncourt, *op. cit.*, p. 214.

(*) Carpentier, *op. cit.*, n. 5308. — *Contra* Weiss, *op. cit.*, p. 716; Pic, *op. cit.*,
p. 233.

(*) C'est ainsi que, d'après la loi anglaise, on doit appliquer la loi du domicile. —
Cass. belge, 9 mars 1882, S., 82. 4. 17. — V. Labbé, *Diss. journ. de dr. intern.*,
1885, p. 4; Despagnet, *ibid.*, p. 117; Vincent et Penaud, *Dict. de dr. int. priv.*,
vº *Divorce et sépar. de corps*, n. 70.

(⁷) Trib. Tunis, 21 mars 1892, *Journ. de dr. int. priv.*, 1892, p. 933. — Trib.
Amiens, 13 janvier 1886, *ibid.*, 1886, p. 432. — Trib. Seine, 23 février 1883, *Le
Droit*, 2 mars 1883. — Weiss., *op. cit.*, p. 552; Rougelot de Lioncourt, *op. cit.*,
p. 52.

(*) Trib. Seine, 22 déc. 1887, *Le Droit*, 29 déc. 1887.

ont deux nationalités (¹) ou encore lorsque chacun des époux a une nationalité distincte (²).

391. C'est encore à la loi nationale, sauf les restrictions indiquées à la fin du paragraphe précédent, qu'il faut s'adresser pour préciser quels seront en France les effets du divorce ou de la séparation de corps prononcée entre époux étrangers, soit par une juridiction française, soit par une juridiction étrangère (³). Ainsi les époux divorcés peuvent se remarier même dans un pays qui n'admet pas le divorce (⁴); de même la capacité de la femme après la séparation de corps s'apprécie d'après les dispositions de sa loi nationale (⁵); dès lors l'extension apportée par la loi du 6 février 1893 à la capacité de la femme séparée de corps ne peut profiter à la femme étrangère, même lorsque la séparation a été prononcée par un tribunal français, si son statut personnel ne lui accorde pas la même faveur (⁶). C'est encore la loi nationale qu'il faut consulter pour savoir à quelles conditions la femme divorcée pourra recouvrer la nationalité qu'elle avait avant son mariage (⁷), comment se régleront les pensions alimentaires après divorce, quelles règles il faudra appliquer aux nouveaux rapports des époux entre eux ou des époux avec leurs enfants (⁸); la loi nationale précise également les déchéances que peuvent entraîner le divorce ou la séparation, comme la révocation des donations, la perte de l'usufruit légal (⁹); pour

---

(¹) Weiss, *op. cit.*, p. 552; Asser et Rivier, *Éléments de dr. int. priv.*, p. 55.

(²) Trib. Seine, 20 fév. 1893, *Journ. de dr. int. priv.*, 1893, p. 1167. — Lorsque l'un des époux a une nationalité, alors que l'autre n'en a pas, on doit appliquer la loi nationale du premier. — Trib. Seine, 21 mai 1897, *La Loi*, 13 juil. 1897.

(³) Weiss, *op. cit.*, p. 715; Despagnet, *op. cit.*, p. 354; Rougelot de Lioncourt, *op. cit.*, p. 234.

(⁴) Avant la loi de 1884, cette solution avait soulevé une controverse; on soutenait que le second mariage d'époux divorcés était contraire à l'ordre public; la cour de cassation avait toutefois repoussé ce système et consacré la solution indiquée au texte, laquelle ne peut plus paraître douteuse depuis la loi qui a rétabli le divorce en France. — Cf. cass., 15 juill. 1878, S., 78. 1. 320, D., 78. 1. 340.

(⁵) Trib. Nogent-le-Rotrou, 7 juin 1878, *Journ. de dr. int. priv.*, 1879, p. 277.

(⁶) Trib. Seine, 5 avril 1895, *Le Droit*, 27 avril 1895.

(⁷) Cpr. Lyon, 11 mars 1835, S., 35. 2. 191. — Trib. Seine, 28 juin 1898, *Le Droit*, 5 août 1898.

(⁸) Bruxelles, 13 nov. 1889, *Rev. prat. de dr. int.*, 1890-91, p. 267.

(⁹) Laurent, V, p. 297; Despagnet, *op. cit.*, p. 355; Pic, *op. cit.*, p. 234; Weiss,

la liquidation des droits pécuniaires des époux divorcés ou séparés, on doit suivre la loi à laquelle ils ont soumis expressément ou tacitement leur régime matrimonial ([1]).

392. Mais il est certaines règles contenues dans la loi française et touchant à l'ordre public, qui doivent être respectées par les étrangers, quelles que soient les dispositions de leur loi nationale. Ainsi la femme divorcée devra respecter le délai de dix mois avant de se remarier en France ([2]); elle ne pourrait non plus se remarier avec son complice et méconnaître la prohibition contenue à cet égard dans la loi française ([3]).

B. *Au point de vue de la procédure.*

393. Si, en ce qui concerne le fond même du procès, la loi nationale des époux est applicable, il faut, au contraire, interroger la législation du lieu où l'instance est engagée pour toutes les questions de forme et de procédure ([4]). C'est la *Lex fori* qui dira à quelle juridiction il convient de s'adresser, comment elle doit être saisie, quelles sont les voies de recours ([5]), et de quelle façon les preuves doivent être administrées ([6]). Malgré quelques doutes susceptibles de s'élever, il faut en dire autant de la formalité de la transcription, dont le principe ne se retrouve pas dans toutes les législations; cette formalité se rattache au jugement dont elle est la suite et comme l'exécution. La transcription devra donc être opérée, lorsque l'exige la loi du pays où le divorce a été prononcé; ainsi, lorsqu'un tribunal français prononce le

---

op. *cit.*, p. 715. — Chambéry, 26 juin 1869, S., 70. 2. 79, D., 69. 2. 154. — Cependant on a pu soutenir qu'il fallait s'attacher à la loi qui régit le contrat de mariage.

([1]) Ce sera le plus souvent la loi nationale. — Cf. Vincent et Penaud, *op. cit,.* n. 87. — Amsterdam, 16 déc. 1893, *Journ. de dr. int. priv.*, 1896, p. 220.

([2]) Paris, 13 fév. 1872, S., 73. 2. 112, D., 73. 2. 160; Despagnet, *loc. cit.*; Weiss, *op. cit.*, p. 636. — *Contra* Pic, *op. cit.*, p. 233; Vraye et Gode, n. 621.

([3]) Carpentier, *op. cit.*, n. 5460; Despagnet, *loc. cit.*

([4]) Lyon, 23 fév. 1887, *Le Droit*, 7 mai 1887. — Trib. Vesoul, 15 déc. 1896, *La Loi*, 2 fév. 1897.

([5]) Cf. Paris, 9 et 14 janv. 1896, *Le Droit*, 25 janv. 1896. — Orléans, 30 mai 1895, *Gaz. Trib.*, 2 juin 1895.

([6]) Trib. Bruxelles, 18 nov. 1893, *Journ. dr. int. priv.*, 1894, p. 914.

divorce entre étrangers, la transcription devra se faire, non
pas à l'étranger (¹), mais en France, sur les registres de la
mairie du lieu où résidaient les époux (²) et le divorce ainsi
transcrit produira en France tous ses effets sans qu'il soit
nécessaire de se conformer aux prescriptions de la loi nationale ou de celles du lieu de la célébration (³). De même
lorsque le divorce a été prononcé à l'étranger entre étrangers, il n'est pas besoin d'opérer la transcription en France
pour que le jugement y produise ses effets (⁴). Quant au
jugement de divorce prononcé à l'étranger entre Français,
la même règle, semble-t-il, devrait encore s'appliquer (⁵).

§ III. *De l'exequatur.*

394. Les jugements rendus à l'étranger et prononçant le
divorce ou la séparation de corps ont-ils besoin d'être soumis
à la formalité de l'*exequatur* pour produire effet en France?
Cette formalité est nécessaire lorsqu'il s'agit d'aboutir à une
exécution pécuniaire ou matérielle du jugement (⁶). Au contraire, lorsque la décision étrangère est seulement invoquée
comme entraînant une modification dans l'état et la capacité
des époux divorcés ou séparés, il n'est pas nécessaire que la
décision soit soumise à l'*exequatur,* pour que cette modifica-

---

(¹) Les tribunaux français ne pourraient pas enjoindre aux époux divorcés de
faire transcrire le jugement dans leur pays.

(²) Carpentier, *op. cit.*, n. 5358; arg. anal. 251 C. civ.

(³) Cruppi, sous Trib. Seine, 4 juin 1885, *Journ. dr. int. priv.*, 1885, p. 55.

(⁴) V. circulaire du procureur de la République aux maires de Paris, du 25 juil.
1887. — Cependant en pratique on y recourt, au moins dans le cas où l'un des
époux avait appartenu autrefois à la nationalité française ou lorsque ce mariage a
été célébré en France. — Cf. Paris, 10 mai 1889, *Journ. dr. int. priv.*, 1891,
p. 197. — Trib. Seine, 4 déc. 1886, *ibid.*, 1886, p. 712; 2 août 1887, *ibid.*, 1888,
p. 86. — Weiss, *op. cit.*, p. 34, note 5.

(⁵) Il est certain qu'en ordonnant la transcription, le législateur de 1886 n'a
pensé qu'aux jugements français; la brièveté du délai imparti en fournirait la
preuve. Rien ne s'oppose toutefois à ce que les époux divorcés à l'étranger fassent
opérer la transcription en France s'ils le jugent à propos.

(⁶) Lorsqu'il s'agit, par exemple, de faire exécuter la partie du jugement qui
concerne la garde des enfants. — Trib. Seine, 10 fév. 1893, *Le Droit*, 19 nov. 1893.
— Nous verrons bientôt si l'*exequatur* est nécessaire, lorsque l'on demande en
France la conversion en divorce d'un jugement de séparation rendu à l'étranger.

tion produise ses effets en France ([1]). Toutefois, on admet, en général, qu'il en est autrement lorsque le jugement étranger a prononcé le divorce ou la séparation entre Français ([2]).

§ IV. *De la conversion d'un jugement de séparation de corps en divorce.*

395. Lorsque l'on poursuit en France une instance en conversion, la compétence doit tout d'abord s'apprécier sans tenir compte du jugement de séparation de corps ; les tribunaux français compétents pour prononcer la séparation peuvent ne plus l'être pour statuer sur la conversion et réciproquement ([3]). On demeure par ailleurs sous l'empire des principes précédents : pour la procédure, on suit la *Lex fori* ([4]). Sur le point de savoir si la conversion est possible et dans quelles conditions ([5]), il faut, au contraire, s'adresser à la loi nationale des époux ; on en doit conclure que le tribunal français n'a plus aucun pouvoir d'appréciation, lorsque la loi étrangère dispose que la conversion est de droit.

396. Lorsque le jugement, dont on demande la conversion en France, a été rendu à l'étranger, le tribunal français a très certainement le droit et le devoir de rechercher si les époux sont bien séparés par ce jugement d'une façon définitive ; dès lors, si la décision émane d'une juridiction appartenant

---

([1]) Rouen, 6 avril 1887, sous Cass., 25 mars 1889, S., 90. 1. 145 et la note de Labbé, D., 89. 2. 17. — Paris, 10 mai 1889, *Le Droit*, 1er sept. 1889. — Trib. Seine, 5 avril 1895, *Le Droit*, 27 avril 1895.

([2]) Carpentier, *op. cit.*, n. 5478. C'est la solution contenue dans la circulaire précitée du 25 juill. 1887 : « Si le divorce a été prononcé à l'étranger entre Français, vous ne devrez accepter le jugement pour valable en France qu'autant qu'il aura été rendu exécutoire par les tribunaux français. Il importe, en effet, que deux époux français ne soient pas tenus en France pour légalement divorcés, quand la dissolution de leur mariage a pu être prononcée à l'étranger pour des motifs et dans des conditions que n'admet pas la loi française ».

([3]) V. sur ces questions Carpentier, *Rev. prat. de dr. int. priv.*, 1890, p. 145.

([4]) En France, la demande formée par des étrangers sera nécessairement portée devant la chambre du conseil, dans la forme prescrite par l'art. 310. — Trib. Seine, 29 juin 1890, *Rev. prat. de dr. int. priv.*, 1890, p. 1.

([5]) Notamment lorsqu'il s'agit de déterminer le délai entre le jugement de séparation de corps et la demande en conversion.

à la nationalité des époux étrangers, le juge français devra s'assurer que l'on est bien en présence d'un jugement ayant entraîné la séparation de corps et d'un jugement devenu définitif depuis telle époque (¹); si le jugement a été rendu à l'étranger, mais par un tribunal qui n'est pas de la nationalité des époux, le juge français doit examiner en outre si la juridiction étrangère était compétente et si elle a bien appliqué la loi régissant les époux, recherche particulièrement intéressante si le jugement étranger concerne les Français. Mais le juge français ne peut réviser ni critiquer l'appréciation souveraine du juge étranger sur le fond, pas plus que si le jugement émanait d'une juridiction française; il s'agit toujours d'une instance en conversion.

397. Si le juge français ne peut, en tant qu'il s'agit d'une instance en conversion, apprécier le fond du jugement étranger prononçant la séparation de corps, ne pourrait-il le faire tout au moins lors de la formalité de l'*exequatur?* On a soutenu que cette formalité était nécessaire, lorsque l'on voulait obtenir la conversion en divorce d'un jugement étranger, parce que la conversion n'était en réalité qu'une mesure d'exécution (²); cette solution doit être repoussée; si la conversion est une conséquence du jugement primitif, ce n'est pas, à vrai dire, l'exécution de ce jugement; bien au contraire, c'est une autre sentence qui sera substituée à la première; il s'agit simplement d'une question d'état; l'instance en conversion, comme l'instance principale en divorce, met en jeu l'état des parties. L'*exequatur* n'est donc pas nécessaire, tout au moins si le jugement intéresse des étrangers (³).

§ V. *De l'influence de la naturalisation.*

398. Quelle peut être, à notre point de vue, l'influence d'un changement de nationalité, par suite de la naturalisation des

(¹) Trib. Seine, 19 juin 1890, *Rev. prat. dr. intr. priv.*, 1890, p. 149.
(²) Cf. Trib. Seine, 3 et 7 mars 1890, Vincent et Penaud, *op. cit.*, vº *Jug. étranger*, n. 12.
(³) Carpentier, *op. cit.*, n. 5517; cf. Trib. Seine, 10 mars 1891, *Rev. prat. dr. int. priv.*, 1891, p. 330.

époux ou de l'un d'eux? Si l'un des époux se fait naturaliser après l'introduction de l'instance, ce changement de nationalité ne peut modifier ni la compétence, ni le résultat du procès ; le jugement sera rendu suivant la loi applicable au moment où l'instance s'est engagée ([1]).

Si la naturalisation est antérieure au procès, la question est plus délicate. Dans l'hypothèse où les deux époux changent ensemble de nationalité, on s'accorde à reconnaître que la loi de la nouvelle patrie devient applicable, à l'exclusion de l'ancienne ; le divorce pourra valablement être prononcé, si la loi nouvelle reconnaît ce mode de dissolution du mariage ([2]), à la condition, toutefois, d'après une restriction admise en jurisprudence, que la naturalisation ait eu lieu sans esprit de fraude ([3]).

Lorsque l'un des époux seulement se fait naturaliser, on retombe dans l'hypothèse précédente, si son changement de nationalité entraîne celui de son conjoint ([4]).

Mais que décider, lorsque la naturalisation de l'un des époux laisse à l'autre sa nationalité? Jusqu'en 1884, la jurisprudence avait toujours refusé de reconnaître l'efficacité d'une naturalisation obtenue par un Français dans un pays étranger pour se procurer le bénéfice du divorce, alors inconnu en France ([5]). Depuis la loi de 1884, la jurisprudence est incertaine : les décisions les plus récentes semblent, au contraire, admettre que la naturalisation doit produire tous ses effets ; l'étranger naturalisé français, dont la loi d'origine

---

([1]) C. d'appel mixte d'Alexandrie, 1er juin 1897, *Journ. dr. int. priv.*, 1898, p. 780.

([2]) Laurent, *op. cit.*, I, p. 327 ; Weiss, *op. cit.*, p. 188 ; Despagnet, *op. cit.*, p. 360 ; Pic, *op. cit.*, p. 329.

([3]) Cass., 19 juill. 1875, S., 76. 1. 289 et la note de Labbé. — Cette restriction, critiquée par la majorité des auteurs, se concevrait moins en France depuis la loi de 1884.

([4]) Il en est ainsi en Suisse, où la naturalisation du mari entraîne pour la femme l'obligation de se soumettre à la loi suisse, Cour Genève, 7 juil. 1890, *Journ. dr. int. priv.*, 1892, p. 305.

([5]) Cass., 18 mars 1878, S., 78. 1. 193, D., 78. 1. 201 ; 16 décembre 1845, D., 46. 1. 7. — Toulouse, 27 juillet 1874, S., 76. 2. 149. — Chambéry, 7 août 1877, *Journal de droit internat. privé*, 1878, p. 164. — Trib. Seine, 4 février 1882, *ibid.*, p. 543.

ignorait le divorce, aurait ainsi la faculté de demander le divorce en France (¹).

(¹) Alger, 13 déc. 1897, *Gaz. Trib.*, 25 mars 1898 ; 19 fév. 1896, *Le Droit*, 3 avril 1896 ; 2 déc. 1893, *Le Droit*, 8 fév. 1894. — Paris, 12 mai 1896, *Le Droit*, 18 mai 1896. — Trib. Seine, 18 juin 1896, *Gaz. Trib.*, 29-30 juin 1896, 9 nov. 1892, *Le Droit*, 10 nov. 1892. — *Contra* Alger, 27 janv. 1892, *Journ. dr. int. priv.*, 1892, p. 662. — Paris, 7, 13, 14 mars 1889, *Le Droit*, 22 mars 1889. — Trib. Seine, 10 janv. 1894, *Le Droit*, 27 janv. 1894. — Trib. Nice, 10 janv. 1894, *Journ. dr. int. priv.*, 1894, p. 120. Il est certain, en tout cas, que la simple admission à domicile de l'un des époux ne suffit pas à rendre applicable la loi française et à permettre le prononcé du divorce entre étrangers dont la loi personnelle ne connait pas ce mode de dissolution du mariage. — Trib. Seine, 30 juil. 1890, *Journ. dr. int. priv.*, 1891, p. 507.

DE

LA PATERNITÉ ET DE LA FILIATION

(Livre I, titre VII, du Code civil).

---

399. La paternité ou la filiation est le lien de parenté qui unit une personne à une autre dont elle descend immédiatement ou dont elle est censée descendre par l'effet d'une fiction légale. « Le lien de parenté qui existe entre le père ou la » mère et l'enfant, disent Aubry et Rau ([1]), se nomme pater- » nité ou maternité, quand on l'envisage dans la personne » du père ou de la mère, et filiation, quand on le considère » dans la personne de l'enfant ». Les expressions paternité et maternité, d'une part, et filiation, de l'autre, sont donc synonymes. Elles servent à qualifier le même rapport de droit vu sous deux aspects différents. On aurait pu, dès lors, se borner à intituler notre titre : de la filiation ([2]). Il est à remarquer, en outre, que le mot paternité est employé sou- vent, dans la langue du droit, pour indiquer soit la paternité proprement dite, soit la maternité.

400. On distingue trois espèces de filiation : la filiation légitime, la filiation illégitime ou naturelle et la filiation adoptive. La filiation naturelle a son fondement dans la nature seule, la filiation adoptive, dans la loi seule (c'est une filiation purement civile), et la filiation légitime, dans la nature et dans la loi (c'est une filiation mixte, naturelle et civile tout à la fois).

La nature, qui ne joue aucun rôle dans la filiation adop- tive, joue donc un rôle exclusif dans la filiation naturelle, et

([1]) Aubry et Rau, VI, § 542.
([2]) Demolombe, V, n. 1.

un rôle prédominant dans la filiation légitime. Aussi emploie-t-on quelquefois l'expression *enfants naturels,* par opposition à celle d'*enfants adoptifs*, pour désigner tous les enfants dans la filiation desquels la nature est en jeu, et cette expression comprend alors même les enfants légitimes.

401. La filiation légitime a sa source dans le mariage. Pour qu'un enfant soit légitime, il faut qu'il soit issu d'un mariage valable ou tout au moins putatif. En principe, c'est la conception en mariage qui constitue la légitimité. On ne devrait donc considérer comme légitimes que les enfants dont la conception se place au cours de l'union conjugale. Mais, par faveur pour la légitimité, la loi a apporté à cette règle un double tempérament.

En premier lieu, elle répute légitime, par une fiction dont nous aurons plus tard à déterminer la nature et les effets, l'enfant qui, conçu avant la célébration du mariage, est né après cette célébration. C'est ce qui résulte de l'art. 314. Ce texte permet de désavouer l'enfant. Or, seuls peuvent être désavoués les enfants dont la filiation est légitime.

En second lieu, s'inspirant des mêmes considérations, le législateur laisse provisoirement le bénéfice de la légitimité, à l'individu dont la conception a eu lieu postérieurement à la dissolution du mariage de sa mère. Mais l'art. 315 permet à tout intéressé de contester sa légitimité.

Un enfant naturel, à la condition qu'il ne soit pas issu de relations adultérines ou incestueuses, peut aussi être élevé à l'état d'enfant légitime par le mariage de ses deux auteurs. On dit alors qu'il est légitimé par mariage subséquent.

Il y a donc deux sortes d'enfants légitimes : les enfants légitimes proprement dits et les enfants légitimés.

402. La filiation naturelle résulte des relations qui se sont établies entre un homme et une femme qui n'étaient pas mariés ensemble au moment de la conception ou tout au moins de la naissance de l'enfant, ou dont le mariage a été annulé sans être déclaré putatif. Suivant les cas, l'enfant né de ces relations est un enfant naturel simple, un enfant adultérin ou un enfant incestueux.

L'expression : enfants naturels simples, appartient à la

doctrine et ne se trouve pas dans les textes. Pour donner des enfants naturels simples une définition exacte, il faut, croyons-nous, procéder par voie d'exclusion. Ce sont les enfants naturels autres que les enfants adultérins ou incestueux, ou, en d'autres termes, ce sont ceux dont la conception n'est pas due à un inceste ou à un adultère. Lorsque les textes disent, sans préciser autrement : les enfants naturels, ils désignent généralement les enfants naturels simples.

Les enfants adultérins sont ceux qui sont issus de relations entachées d'adultère. Tel est l'enfant né du commerce d'un homme marié avec une fille libre, ou d'une femme mariée avec un homme libre, ou enfin d'un homme marié avec une femme mariée autre que la sienne. Dans les deux premiers cas, l'enfant est le fruit d'un adultère simple dont l'un de ses deux parents a été l'auteur et l'autre le complice. Dans le troisième cas, il est le fruit d'un double adultère. Du reste, son état est le même dans les deux hypothèses. Sa filiation est également adultérine à l'égard de ses deux auteurs.

Cela est vrai, du moins théoriquement. Car en fait, la situation de l'enfant né d'un double adultère sera inférieure à celle de l'enfant issu d'un adultère simple. Le premier ne pourra jamais être reconnu par aucun de ses deux auteurs. Le second pourra l'être par celui de ses auteurs qui était libre au moment de sa conception, et cette reconnaissance, bien que s'appliquant, en réalité, à un enfant adultérin, sera valable, si l'origine adultérine de l'enfant n'est pas légalement constatée. L'enfant jouira alors des droits d'un enfant naturel simple.

Les enfants incestueux sont le fruit d'un inceste, c'est-à-dire du commerce de deux personnes entre lesquelles il existe un empêchement au mariage à raison de la parenté ou de l'alliance. Tel est l'enfant issu du commerce d'un frère avec sa sœur ou d'un oncle avec sa nièce.

403. Pour savoir si un enfant est légitime, naturel simple, adultérin ou incestueux, il faut, en principe, se reporter à l'époque de sa conception ; règle éminemment rationnelle, car la qualité d'un enfant dépend évidemment de la nature du commerce qui existait entre ses auteurs lors de sa pro-création. Mais comment déterminer l'époque de la concep-tion? La loi, nous le verrons, dans le but de permettre la preuve de la filiation légitime, a établi des présomptions relatives à la durée de la gestation. Elle a fixé une période dans laquelle doit nécessairement se placer la conception. Celle-ci, d'après la présomption légale, n'a pu avoir lieu qu'entre le 180ᵉ et le 300ᵉ jour avant la naissance. Mais à quel moment précis de cette période l'enfant doit-il être réputé conçu? La loi ne le dit pas. Il peut être cependant essentiel de déterminer ce moment. La règle à suivre est la suivante : la loi préfère la filiation légitime à la filiation naturelle et la filiation naturelle simple à la filiation adulté-rine ou incestueuse. Il faudra donc placer la conception à l'époque où elle confère à l'enfant l'état jugé préférable par le législateur. En d'autres termes, il faudra toujours choisir le moment le plus favorable aux intérêts de l'enfant.

404. Faisons quelques applications de cette règle.

Une veuve accouche 250 jours après la mort de son mari. L'enfant, d'après la présomption légale, a pu être conçu avant ou depuis la dissolution du mariage. L'intérêt de la légitimité l'emporte : l'enfant doit être réputé conçu du vivant du mari de sa mère. Il doit donc être considéré comme un enfant légitime et non comme un enfant naturel. C'est ce qui résulte de l'art. 315, par un argument *a contrario*.

Un enfant naît dans la période qui s'écoule du 180ᵉ jour au 300ᵉ après la célébration du mariage. La conception doit être placée au cours de l'union conjugale. L'enfant est donc légitime. (Arg. art. 314.)

Une femme s'est trouvée dans l'impossibilité de cohabiter avec son mari pendant la période légale de la conception, à l'exception d'un seul jour; c'est ce jour là que la conception sera présumée avoir eu lieu, ce qui attribue à l'enfant l'état d'enfant légitime. (Arg. art. 312.)

Un homme marié, qui a une concubine, devient veuf; la concubine, enceinte de ses œuvres, accouche le 180ᵉ jour après la dissolution du mariage. L'enfant sera naturel sim-

ple, car, en plaçant sa conception à la limite extrême de la
période légale, c'est-à-dire au 180ᵉ jour avant sa naissance,
on trouve qu'elle est postérieure à la dissolution du mariage
de son père. Si, au contraire, l'enfant était né la veille, il
serait nécessairement adultérin. (Arg. art. 314.)

Autre espèce. Un homme, qui a une concubine, épouse une
autre femme et continue ses relations avec sa concubine; un
enfant naît de ces relations le 300ᵉ jour après la célébration
du mariage, ou plus tôt. Cet enfant ne sera pas considéré
comme adultérin; car, en le supposant né à l'extrême limite
du terme le plus long que la loi assigne à la gestation, sa
conception remonte à une époque antérieure à la célébration
du mariage de son père. Mais si l'enfant est né plus de
300 jours après cette célébration, il sera nécessairement
adultérin. (Arg. art. 315.)

Supposons enfin qu'un oncle entretienne des relations avec
sa nièce ; il l'épouse ensuite en vertu de dispenses ; un enfant
naît le 180ᵉ jour du mariage ou plus tard. La conception de
cet enfant pouvant, d'après la présomption de la loi, se placer
dans le mariage, il naîtra légitime. Au contraire, si l'enfant
naît avant le 180ᵉ jour du mariage, sa conception se plaçant
nécessairement, d'après la présomption de la loi, en dehors
du mariage, son origine est incestueuse. Mais il y a controverse sur le point de savoir s'il naît légitime ou incestueux.

Donc, lorsqu'il sera possible de choisir entre diverses filiations, c'est toujours celle qui est la plus favorable à l'enfant
qu'il faudra lui attribuer. Pour lui reconnaître le pire état,
il faudra que l'option ne puisse pas s'exercer.

405. C'est la conception en mariage ou hors mariage qui
crée la filiation légitime et la filiation naturelle. La filiation
adoptive constitue au contraire un lien purement civil, résultant de l'adoption. L'adoption est un acte solennel, contrac-
tuel ou testamentaire, qui établit entre deux personnes un
rapport fictif de descendance. La nature n'y a aucune part.
La filiation adoptive est l'œuvre de la loi seule. C'est une
filiation légitime et les enfants adoptifs sont des enfants légitimes, dans le sens large du mot.

406. De ces trois sortes de filiation, celle qui produit les effets les plus larges est la filiation légitime. La filiation légitime est la source de la parenté légitime ; c'est par une descendance commune que se rattachent entre eux les membres de la famille légitime. Sont parents légitimes d'une personne, tous ceux qui ont avec elle un auteur commun, dont ils descendent en légitime mariage.

Les effets de la filiation adoptive sont moins étendus que ceux de la filiation légitime. La filiation adoptive n'établit de liens de parenté qu'entre les personnes qui ont été parties à l'adoption, entre l'adoptant et l'adopté.

La filiation naturelle est la moins favorable. Elle ne fait naître de parenté qu'entre l'enfant et ceux qui l'ont procréé (1). Les droits de l'enfant naturel, notamment les droits de succession, sont plus restreints que ceux de l'enfant légitime ou de l'enfant adoptif. Il n'en a pas toujours été ainsi. A Rome, le sénatusconsulte Orphitien appelait les enfants naturels à la succession de leur mère, au même titre et au même rang que les enfants nés *ex justis nuptiis*. La loi révolutionnaire du 12 brumaire de l'an II assimila les enfants naturels aux enfants légitimes au point de vue successoral. Le Code a réagi sur l'œuvre du droit intermédiaire. Il a reconnu aux enfants naturels un droit sur la succession de leurs parents, mais un droit moindre que celui qui appartient aux enfants légitimes. Depuis la publication du Code, la loi du 25 mars 1896 est venue augmenter la quotité des droits successoraux des enfants naturels. On avait demandé au Sénat et à la Chambre des députés de revenir au principe de l'assimilation complète. Nos assemblées législatives ont refusé d'entrer dans cette voie. Elles ont pensé qu'accorder aux enfants naturels les mêmes droits qu'aux enfants légitimes, ce serait risquer de porter atteinte à l'institution du mariage. Sans doute les enfants ne sont pas responsables des fautes

---

(1) Il faut, pour que les conséquences attachées à cette sorte de filiation se produisent, que la filiation soit légalement constatée. Cela est évident. Mais il n'y a là rien de spécial à la filiation naturelle. Pour que le titulaire d'un droit soit en mesure de l'exercer, il faut que l'existence de ce droit à son profit soit établie. Il en est ainsi en matière de filiation légitime. Je ne puis réclamer les droits d'enfant légitime, si ma qualité n'est pas constante ou reconnue judiciairement.

que leurs parents ont commises ; mais en les frappant, on a voulu surtout atteindre ces derniers et les détourner. des unions illicites par la perspective du sort réservé aux enfants qui pourraient naître de ces unions.

Ce sont des considérations du même genre qui ont porté le législateur à se montrer plus sévère pour les enfants adultérins ou incestueux, fruits d'un crime, que pour les enfants naturels, fruits d'une simple faiblesse. Peut-être a-t-il dépassé la mesure. On ne peut s'empêcher de remarquer que les rigueurs de la loi tombent sur des innocents. Les enfants adultérins ou incestueux sont hommes, après tout, et à ce titre ils ont le droit de vivre ; or c'est à peine si notre loi leur donne le droit de ne pas mourir de faim.

· L'état des enfants adultérins ou incestueux est inférieur à celui des enfants naturels simples aux points de vue suivants : 1° Les seconds peuvent être reconnus par leurs auteurs (art. 334) ; la reconnaissance des premiers est interdite (art. 335) ; 2° La loi, qui autorise la recherche de la maternité naturelle, et même, dans certains cas, celle de la paternité, n'admet pas une pareille recherche lorsqu'il s'agit de la filiation incestueuse ou de la filiation adultérine (art. 340, 341, 342) ; 3° Les enfants naturels simples peuvent être légitimés par le mariage subséquent de leurs père et mère ; la loi refuse cette faveur aux enfants adultérins ou incestueux (art. 331) ; 4° Les enfants naturels simples ont des droits importants dans la succession de leurs père et mère (art. 756 s.) ; les enfants adultérins ou incestueux n'ont droit qu'à des aliments (art. 762).

407. Telles sont les diverses sortes de filiation. La filiation est la base de la parenté. Celle-ci peut donc être légitime, naturelle ou adoptive, suivant qu'elle résulte de la filiation légitime, de la filiation naturelle ou de la filiation adoptive.

La filiation et la parenté constituent un des éléments les plus importants de l'état des personnes. Elles sont la source d'un grand nombre de droits et d'obligations. Elles entraînent aussi certaines incapacités.

La parenté confère des droits : par exemple le droit de succéder (art. 731 s., 757 s.) ; le droit de réclamer des aliments (art. 205 s., 349); le droit de provoquer l'interdiction (art. 490).

Elle impose des obligations : telles que l'obligation d'être tuteur ou membre d'un conseil de famille (art. 407 à 410 et 432); l'obligation de payer la dette alimentaire.

Elle entraîne des incapacités. Ces incapacités sont très nombreuses. Il suffit de citer : l'incapacité d'être témoin dans les actes notariés, qui frappe certains parents du notaire ou des parties (Loi du 25 ventôse an XI, art. 10); l'incapacité dont sont frappés certains officiers publics ou ministériels d'instrumenter pour leurs parents (loi précitée, art. 8 et 10 et C. pr., art 66); les empêchements de mariage (art. 161 s.), etc.

408. Les conséquences de l'état doivent être soigneusement distinguées de l'état lui-même. Ce qui constitue l'état, ce n'est pas la réunion des droits qui y sont attachés et dont il est la source. L'état peut se concevoir en dehors de tout avantage pécuniaire (¹). Chaque personne a sur son état un droit analogue au droit de propriété. La loi met à sa disposition, pour défendre son état, une action semblable à celle qui sanctionne la propriété. Ce qui fait l'objet de cette action, c'est l'état envisagé en lui-même et indépendamment des conséquences qu'il peut produire. Ainsi, je puis agir en justice pour faire reconnaître ma qualité d'enfant légitime, alors même que je n'aurais pas l'intention de me prévaloir des droits attachés à cette qualité.

L'état est, par essence, un droit moral; il n'est pas susceptible d'estimation pécuniaire; il ne fait point partie du patrimoine. Touchant à l'organisation même de la société, il met en jeu l'intérêt social; il est d'ordre public. De ce principe, découlent les conséquences suivantes :

1° Les créanciers ne peuvent, du chef de leur débiteur, exercer les actions relatives à son état, car ils n'ont de droit que sur son patrimoine (art. 1166).

2° L'état n'est pas héréditairement transmissible. En matière d'état, il ne peut être question, ni d'auteurs, ni

_____
(¹) Laurent, III, n. 427.

d'ayant cause. L'état d'un individu ne lui est pas conféré par une autre personne; il le tient directement de la loi elle-même. C'est un droit propre et personnel qui lui appartient en vertu des dispositions de la loi.

3° L'état est, en thèse générale tout au moins, au-dessus des volontés individuelles (art. 6). Il est hors du commerce. Il ne peut faire, en principe, l'objet d'aucune convention juridiquement obligatoire. Une personne ne peut ni transiger sur son état, ni y renoncer. La reconnaissance qu'elle aurait faite de l'état d'une autre personne ne peut lui être opposée. Telle est du moins la règle. Elle comporte d'ailleurs des exceptions. Dans certains cas, la loi attache des effets juridiques à la volonté des parties. Mais la volonté de celles-ci n'est pas libre. Elle ne produit d'effets que dans la mesure déterminée par la loi.

4° L'état est imprescriptible. Il ne peut ni s'acquérir, ni se perdre par la prescription. L'action qui le sanctionne est également imprescriptible. L'art. **328** fait, en matière de recherche de filiation, l'application de ce principe, qui a une portée générale. Ce principe est du reste écarté quelquefois. V. not. art. 316 à 318 et 329.

Il en est tout autrement des conséquences de l'état. Celles-ci peuvent généralement recevoir une estimation pécuniaire. Ce sont des droits d'ordre privé compris dans le patrimoine. Elles sont donc transmissibles héréditairement; elles tombent sous le droit de gage général des créanciers; elles sont prescriptibles et peuvent faire l'objet de conventions ou renonciations valables.

409. Les diverses contestations auxquelles peut donner lieu la filiation sont des questions d'état. On dit même souvent qu'elles constituent les questions d'état par excellence (¹). Et c'est à propos des questions d'état de filiation que l'on examine en général les problèmes délicats que soulève l'état des personnes. En réalité, les questions d'état ne se réduisent pas uniquement à des questions de filiation. Les autres éléments de l'état des personnes peuvent aussi faire l'objet de contesta-

---

(¹) V. Cass., 12 juin 1838, *J. G.*, v° *Paternité*, n. 633. — Laurent, III, n. 426.

tions qui constituent également des questions d'état. Mais il est vrai que les questions de filiation sont les plus importantes, parce que la filiation est la source de la parenté. C'est donc à propos de la filiation que nous exposerons certaines règles importantes communes à toutes les questions d'état.

. **410.** Les actions relatives à l'état des personnes sont soumises à des principes spéciaux, au point de vue de la procédure.

I. Il n'y a pas lieu au préliminaire de conciliation, en matière d'état. Aux termes de l'art. 48 C. pr., aucune demande principale introductive d'instance entre parties capables de transiger et sur des objets qui peuvent être la matière d'une transaction ne sera reçue devant les tribunaux de première instance, que le défendeur n'ait été préalablement appelé en conciliation devant le juge de paix, ou que les parties n'y aient volontairement comparu. La loi n'exige donc le préliminaire de conciliation que lorsque l'objet de la demande peut être la matière d'une transaction. Or l'état est au-dessus des conventions privées. Il n'est pas susceptible de transaction. Donc il ne peut être question du préliminaire de conciliation.

Il y a cependant une tentative de conciliation dans les procès en divorce ou en séparation de corps. Mais elle obéit à des règles toutes spéciales.

II. Dans les questions d'état, la cause est communicable au ministère public. Le ministère public doit donner ses conclusions (art. 83. C. pr.). Car l'état des personnes touche à l'ordre public.

III. D'après l'art. 22, al. 2 du décret du 30 mars 1808, les questions d'état, en appel, devaient être jugées en audience solennelle. Il n'en est plus ainsi depuis le décret du 26 novembre 1899, aux termes duquel : « L'art. 22 du règle- » ment d'administration publique du 30 mars 1808 est modi- » fié en ce qui touche les appels relatifs aux instances concer- » nant l'état civil des citoyens. Les appels de ces instances » seront à l'avenir jugés en audience ordinaire ». D'ailleurs l'ordonnance du 16 mai 1835 et le décret du 30 avril 1883 avaient déjà soustrait à la formalité de l'audience solen-

nelle les demandes en séparation de corps et les demandes
en divorce. Le principe posé par l'art. 22 du décret de 1808
comportait encore trois autres exceptions. Deux d'entre elles
résultaient de ce texte lui-même : les contestations qui doivent être décidées à bref délai devaient être portées à l'audience ordinaire, et il en était de même de celles qui doivent
être jugées avec des formes particulières ne comportant pas
une instruction solennelle. La troisième exception avait été
admise par la jurisprudence : lorsque la question d'état était
soulevée incidemment au cours d'un procès soumis à l'audience ordinaire, elle était également jugée à l'audience ordinaire, car elle ne constituait qu'un incident des débats.
Cependant, si cette question s'élevait au point de dominer
toute l'affaire et devenait ainsi l'objet principal et dominant
du procès, la règle reprenait alors son empire et l'audience
solennelle devenait de rigueur ([1]).

IV. Enfin, en principe, les questions d'état sont de la compétence exclusive des tribunaux de droit commun. Ni les tribunaux de commerce, ni les juges de paix, ni les tribunaux
administratifs ne peuvent en connaître. L'art. 326 C. civ. le
décide formellement ainsi pour les questions de réclamation
d'état de filiation. Et il ne faut pas hésiter à généraliser cette
règle. Si la question d'état est soulevée devant les tribunaux
d'exception incidemment à un procès qui leur est soumis, ils
doivent renvoyer l'examen de cette question à la juridiction
compétente (art. 426 C. pr.).

De même, les tribunaux répressifs sont incompétents pour
les questions d'état. Mais si les tribunaux répressifs ne peuvent pas connaître principalement des questions d'état, ils
sont certainement compétents pour les résoudre quand elles
sont soulevées incidemment devant eux. Ainsi le veut la
bonne administration de la justice répressive. Les procès cri-

([1]) V. notamment Cass., 16 mars 1898, D., 98. 1. 214, S., 98. 1. 453. — Cass.,
28 juil. 1896, S., 97. 1. 24, D., 97. 1. 97. — Cass., 2 déc. 1896, S., 97. 1. 24, D., 97. 1.
315. — Cass., 24 juin 1896, S., 96. 1. 500, D., 97. 1. 35. — Cass., 27 avril 1895, S.,
95. 1. 240, D., 95. 1. 318. — Cass., 19 fév. 1895, S., 95. 1. 168, D., 95. 1. 168 et les
arrêts cités dans D., *J. G.*, vº *Organisation judiciaire*, nº 412 et s. et *Supplément*,
h. v., nº 229 et s.

minels seraient interminables, la répression des infractions
ne serait pas assurée, si le tribunal devait s'arrêter devant
une contestation ou une réclamation soulevée au cours du
procès principal. Il faut qu'il puisse la trancher, au moins
provisoirement et pour les besoins de la cause.

411. Telles sont les règles de procédure applicables en général aux actions d'état. Maintenant quelle autorité faut-il
reconnaître aux jugements qui les terminent? C'est la question
de l'autorité de la chose jugée sur les questions d'état.

Il est certain, tout d'abord, que la décision judiciaire jouit
de l'autorité de la chose jugée, avec l'étendue que nous assi-
gnerons à cette autorité, même quand la question d'état n'a
été soulevée qu'incidemment. Il n'est pas nécessaire qu'elle
ait fait l'objet principal et direct du procès. La partie au profit de laquelle le jugement a été rendu pourra s'en prévaloir
à l'encontre de tous ceux auxquels elle peut l'opposer ([1]).

Il n'est pas douteux, non plus, que ce qui est jugé sur l'état
fait autorité pour ses conséquences pécuniaires. L'état des
personnes peut faire l'objet d'une action distincte, qui a pour
but de le faire constater, pour lui-même et indépendamment
des conséquences pécuniaires qui en découlent. Lorsqu'une
personne a fait constater judiciairement son état, elle pourra
invoquer le jugement rendu en sa faveur, pour réclamer,
contre ceux auxquels il est opposable, les droits et prérogatives attachés à cet état.

412. Ces deux points ne donnent lieu à aucune difficulté.
Mais les plus graves controverses s'élèvent, lorsqu'il s'agit de
savoir dans quelles limites doit être renfermée l'autorité du
jugement. Doit-il produire ses effets *erga omnes,* même à
l'égard de ceux qui n'ont été ni parties, ni représentés au procès? Au contraire, ne faut-il pas en restreindre les effets aux
seules relations des parties en cause? La chose jugée sur l'état
s'impose-t-elle à tous comme l'expression de la vérité absolue,
ou n'a-t-elle qu'une autorité simplement relative? Telle est la
question singulièrement délicate que nous allons étudier.

([1]) Paris, 1er juill. 1861, D., 61. 2. 148 et la note, S., 62. 2. 71. — Aubry et Rau,
VIII, § 769, texte et note 114; Demolombe, XXX, n. 293; Laurent, XX, n. 337.

413. En droit romain, les actions relatives à l'état portaient un nom et présentaient des caractères spéciaux. Leur formule se réduisait à l'*intentio* et ne contenait pas de *condemnatio* ([1]).

Le juge était investi, par la formule, de l'unique mission de vérifier l'état, objet du litige; mais il ne tirait de sa constation aucune conséquence immédiate. C'était ensuite aux parties qu'il appartenait d'invoquer la sentence pour réclamer les droits attachés à l'état. La sentence du juge fournissait donc un élément de solution pour les questions dérivées de l'état; elle les préjugeait. De là son nom de *præjudicium*.

Les textes nous fournissent un certain nombre d'exemples de ces sortes d'actions. Ainsi l'état de filiation faisait l'objet du *præjudicium de partu agnoscendo* ([2]); l'état de liberté ou d'esclavage, du *præjudicium de libertate* ([3]). Par le *præjudicium de ingenuitate*, le juge était chargé de rechercher si un individu était ingénu ou affranchi ([4]). Citons encore les *præjudicia* relatifs à l'état de citoyen ou de pérégrin ([5]), au mariage ([6]), à la puissance paternelle ([7]).

Le droit romain ne semble pas avoir reconnu aux jugements sur les questions d'état une autorité particulière. Il paraît, sauf une exception relative au *præjudicium de partu agnoscendo,* leur avoir appliqué, à ce point de vue, les mêmes principes qu'aux jugements ordinaires. La partie qui avait obtenu gain de cause n'en pouvait tirer conséquence qu'à l'encontre de celui avec qui elle avait plaidé, ou de ceux qui avaient été représentés par ses adversaires. Telle est du moins la règle que nous croyons établie par les textes, peu nombreux d'ailleurs, où la question est envisagée.

Ce sont d'abord les lois 9 et 30 D., *De liberali causa* (XL. 12). Deux personnes revendiquent le même individu *in servitutem,* l'une, en s'en prétendant nu-propriétaire, l'autre agis-

---

[1] Gaius, IV, 44.
[2] *Instit.* Just., L. IV, tit. VI, § 13.
[3] Inst., *loc. cit.*
[4] Inst., *loc. cit.*
[5] L. 1 à 4. Cod. Just., VII, 21.
[6] L. 3, § 4, Dig., XXV, 3.
[7] L. 1, § 2, Dig., VI, 1.

sant en qualité d'usufruitière. Ou encore elles veulent faire reconnaître sur lui un droit de propriété indivis existant à leur profit. Si ces prétentions sont portées devant des juges différents, les textes supposent que des décisions contradictoires sont intervenues et ils décident que le jugement ne nuit ou ne profite qu'à ceux qui y ont été parties.

La loi 42 au même titre est encore plus formelle. L'esclave que j'ai acheté revendique contre moi son état d'homme libre et le juge lui donne gain de cause. Puis l'ancien maître décède, me laissant pour héritier. Si je revendique *in servitutem* celui que le jugement rendu contre moi a déclaré libre, il ne pourra pas m'opposer l'exception de chose jugée. Car je n'agis pas en la même qualité. Le jugement antérieur n'a donc qu'une autorité purement relative.

Les mêmes principes sont appliqués dans la loi 42, Code, II. 16. Une femme est déclarée esclave. Il est décidé que le jugement ne produit aucun effet à l'égard des enfants *déjà nés*. Ceux qui naîtront postérieurement se verront opposer le jugement, car, dit le texte, ils doivent avoir la condition que leur mère avait au moment de leur naissance.

Ainsi les sentences rendues sur l'état de liberté ou d'esclavage ne jouissent pas d'une autorité absolue. Pour l'état d'ingénu ou d'affranchi, les textes donnent la même solution. Marcellus, dans la loi 1, D., XL. 14, décide que si, à la suite d'une instance à laquelle je ne suis pas intervenu, mon affranchi est déclaré ingénu, le jugement ne préjudiciera pas à mes droits. D'après Papinien (loi 5, *eod. tit.*), et Macer (63, D., XLII. 1), si, en ma présence, mon affranchi a été jugé l'esclave ou l'affranchi d'autrui, le jugement me sera opposable. Il ne produira pas d'effets contre moi, s'il a été rendu hors de ma présence (*patrono ignorante*).

Les textes paraissent donc clairs. Dans les cas qu'ils envisagent, l'autorité des sentences ayant l'état pour objet est purement relative. Il en est autrement en matière de désaveu (lois 1, § 16; 2 et 3 pr., D., XXV. 3). L'état de l'enfant est définitivement fixé par le jugement. Du reste, les juristes n'indiquent pas la raison pour laquelle ils donnent cette décision.

414. Tels étaient les principes qui nous semblent avoir été suivis en droit romain. Avec les premiers commentateurs du droit romain, nous voyons apparaître une doctrine nouvelle, qui a eu depuis une fortune singulière. C'est celle du légitime contradicteur. On peut la formuler ainsi : les jugements rendus sur les questions d'état jouissent d'une autorité absolue, quand les débats ont eu lieu avec un *justus contradictor*. Ce sont les glossateurs qui ont, les premiers, soutenu ce système et ils ont prétendu en trouver la confirmation dans les textes du droit romain.

Du reste, la glose ne s'occupe que des sentences rendues contre un prétendu esclave ou affranchi ou en sa faveur. Pour en déterminer les effets, elle distingue les jugements qui statuent sur la question de savoir qui est le véritable propriétaire ou patron, et ceux qui décident si un tel est ou n'est pas esclave ou affranchi. Les premiers ne résolvent pas une question d'état ; ils sont relatifs uniquement à des intérêts pécuniaires ; en vertu des règles ordinaires, ils ne font autorité qu'entre les parties en cause. Les seconds au contraire sont rendus sur l'état d'ingénuité ou de libertinité ; il convient de leur reconnaître, sous certaines conditions, une autorité absolue (¹).

Certains auteurs assignent même à leur doctrine un domaine plus restreint. Elle ne s'applique, d'après eux, que dans le cas où l'objet du litige est la liberté d'une personne. Mais s'il s'agit seulement de savoir si un tel a l'état d'ingénu ou d'affranchi, ce sont là des questions moins favorables et les principes généraux doivent être suivis en ce qui concerne les effets des jugements qui les terminent (²).

A l'appui de leur système général, les glossateurs invoquent la loi 3 Dig., XL. 16 : « *Cum non justo contradictore,* » dit Callistrate, *quis ingenuus pronuntiatus est, perinde inef-* » *ficax est decretum, atque si nulla judicata res intervenisset;* » *idque principalibus constitutionibus cavetur* ». Donc, concluent les interprètes, si le jugement était intervenu avec un

(¹) Sous les lois 1 et 5, Dig., XL. 14.
(²) Sous la loi 1, *eod. tit.*

justus contradictor, il faudrait lui reconnaître une autorité absolue. La loi 25 Dig., I. 5 dispose dans le même sens : « Ingenuum accipere debemus eum de quo sententia lata est, » quamvis fuerit libertinus, quia res judicata pro veritate » accipitur ».

Il est facile de réfuter les arguments tirés de ces deux textes. Le dernier ne parle pas de *justus contradictor*. Ulpien se borne à dire que le jugement sera tenu pour vrai, même s'il est erroné; c'est la formule banale dont on se sert pour définir l'autorité attachée aux sentences judiciaires. Elles sont tenues pour vraies. Mais quelles sont les personnes qui peuvent se voir opposer cette fiction ou qui peuvent s'en prévaloir? Le texte ne le décide pas.

La loi 3, il est vrai, suppose un jugement rendu avec un *contradictor non justus*. Mais il faut raisonner par *a contrario* pour attribuer un effet absolu à une sentence rendue avec un *contradictor justus*, hypothèse que le texte ne prévoit pas expressément. Or il n'est rien d'aussi incertain que les raisonnements de cette nature. Callistrate a peut-être voulu exprimer cette pensée que le jugement obtenu par fraude est dépourvu d'autorité et ne peut préjudicier aux droits du patron. Solution évidente et que le juriste aurait pu se dispenser d'indiquer. C'est l'application pure et simple de la maxime *res inter alios judicata aliis non nocet*.

On voit sur quelles bases fragiles les glossateurs ont édifié leur système. Sur quelques mots « *cum non justo contradictore* » trouvés par hasard dans un texte, ils ont construit une théorie qui contredit les textes très clairs, où l'effet relatif de la chose jugée est indiqué. Telle est la force d'une idée préconçue que les glossateurs torturent les textes pour les faire cadrer avec leur doctrine. Pour expliquer les textes que nous avons cités précédemment, ils se contentent de dire que dans les cas prévus par ceux-ci, les débats n'avaient pas eu lieu avec un contradicteur légitime et que dès lors l'autorité du jugement doit, en effet, être restreinte aux relations des seules parties en cause.

D'ailleurs le système de la glose est resté singulièrement vague et imprécis dans ses détails. Pour que le jugement produise ses effets *erga omnes,* deux conditions sont requises par les interprètes :

Il faut tout d'abord qu'il **ait été** obtenu sans fraude ([1]).

En second lieu, il est nécessaire qu'il ait été rendu avec un contradicteur légitime ([2]). Mais que faut-il entendre par *justus contradictor ?* Nous n'en trouvons nulle part de définition précise. Accurse se borne à dire : *Omnem dic injustum nisi dominus sit vel patronus.* En d'autres termes, pour que le jugement ayant la liberté ou l'ingénuité pour objet soit investi d'une autorité absolue, il faut que le véritable maître ou patron ait été partie en cause. Il suffirait donc à une personne de prétendre avoir cette qualité, pour que la sentence rendue antérieurement ne lui soit pas opposable. Merlin ([3]) fait justement remarquer que telle est précisément la solution à laquelle conduirait l'application du droit commun. Il en serait de même en toute autre matière, par exemple en matière de droit de propriété. Si, à la suite d'une instance entre *Primus* et *Secundus* relativement à la propriété d'une chose litigieuse, *Secundus* est déclaré propriétaire par le juge, *Tertius* ne pourra revendiquer la même chose contre *Secundus* qu'à la condition de s'en prétendre lui-même le véritable propriétaire. S'il se contentait d'affirmer que la chose n'appartenait pas à *Secundus* et que le jugement est erroné, il serait débouté de sa demande, non parce que la sentence lui est opposable, comme rendue avec un contradicteur légitime, mais simplement parce qu'il n'a pas la qualité requise pour agir en justice. Il n'est pas besoin de faire appel à des principes spéciaux pour justifier cette solution.

415. La théorie des glossateurs, malgré son imprécision, a été cependant reproduite, sans réserves, par les rares auteurs qui, dans notre ancien droit, se sont occupés de l'autorité de la chose jugée sur les questions d'état. Ils répètent que les sentences rendues sur l'état des personnes avec un légitime contradicteur produisent leurs effets *erga omnes,* mais sans ajouter de commentaire, du moins pour la plupart.

([1]) Sous la loi 27, Dig., XL. 12.

([2]) Sous les lois 3, Dig., XL. 16; 1, Dig., XL. 14, v[la] *Si libertus.*

([3]) *Rép.,* v[la] *Quest. d'état,* § 3, n. 4.

Duaren observe que la doctrine du légitime contradicteur est applicable en matière de noblesse, car la noblesse est un élément de l'état des personnes (¹).

Cujas ajoute une troisième condition aux deux que les glossateurs exigeaient. Il faut, dit-il, pour que la sentence ait une autorité absolue, qu'elle ait été rendue contradictoirement. Si elle a été prononcée par défaut, elle n'est opposable qu'aux parties en cause et ne peut être invoquée que par elles (²).

Doneau est le premier qui ait essayé de donner une définition générale du légitime contradicteur. « Legitimos contradictores, id est, eos ad quos res pertinet ». — « Legitimos contradictores vocamus, eos ad quos res de qua actum est, principaliter pertinet suo nomine, aut certe pertineret, si hi essent, quales se esse intendunt » (³).

Vinnius (⁴) et Heraldus (⁵) s'approprient cette définition.

416. D'Argentré s'est efforcé de développer et de préciser la doctrine. Dans son *avis sur les partages des nobles,* quest. 29, il se demande quelle autorité possèdent les jugements rendus sur la noblesse ou la roture et généralement sur l'état des personnes. Il leur reconnaît une autorité absolue, lorsque les conditions suivantes se trouvent réunies.

1° Il faut que l'état ait fait l'objet principal et direct du procès. Si la question d'état n'a été soulevée qu'incidemment, le jugement sur cette question ne fait même pas autorité entre les parties, qui peuvent la débattre à nouveau.

2° La sentence doit avoir été rendue contradictoirement et non par défaut.

3° Elle ne doit pas avoir été obtenue par la fraude.

4° Le Procureur du roi a dû être entendu.

5° Enfin, le jugement doit avoir été rendu avec un *légitime contradicteur.* Le légitime contradicteur est « la personne telle qu'à elle appartient le primitif et proche intérêt ». Mais à qui

---

(¹) Sous la loi *sæpe,* titre *de re judicata,* ch. 68. (*Opera omnia,* édit. 1765, II).
(²) Sous la loi 63, Dig. XLII. 1. (*Op. omnia,* édit. 1722, X, p. 1256.)
(³) *Op.,* edit. 1833, XI, p. 376 et 377, sous la loi 63, *de re judicata.*
(⁴) *Partitiones juris,* liv. III, ch. XLIX et l. IV, ch. XLVII.
(⁵) *De rer. judic. auctoritate,* l. I, ch. I, § 8, *in* Trésor d'Otto.

appartient le primitif et proche intérêt? D'Argentré essaie de le déterminer.

En matière de filiation, dit-il, le père est légitime contradicteur et ce qui aura été jugé entre l'enfant qui réclame son état et le père prétendu de celui-ci prouvera la filiation *erga omnes*.

Le père est également contradicteur légitime à l'égard de ses enfants, pour les questions concernant son propre état. Il en est ainsi lorsqu'il s'agit de sa noblesse ou de sa roture. Encore y a-t-il lieu de faire la distinction suivante. La sentence sur l'état du père sera opposable aux enfants nés postérieurement et ceux-ci pourront l'invoquer. Car leur intérêt n'était pas encore né au moment où elle a été prononcée. A cette époque, c'était le père qui avait le primitif et proche intérêt. Mais on ne peut opposer le jugement aux enfants déjà nés, car ils ont un intérêt distinct et séparé de celui de leur père. Cependant, ils pourront s'en prévaloir, s'il a été favorable à leur père. D'Argentré n'indique pas les motifs de cette dernière solution qui ne s'accorde guère avec le principe posé par lui.

La mère n'a pas, à l'égard de ses enfants, la qualité de légitime contradicteur, quand il s'agit de la nullité ou de la validité de son mariage. D'Argentré ne distingue pas ici entre les enfants nés antérieurement et ceux qui sont nés postérieurement à la sentence,

Enfin le frère est légitime contradicteur à l'égard de son frère, lorsque le jugement a pour objet une question qui leur est commune, comme par exemple, l'état du père, sa noblesse ou sa roture. Ici encore le jurisconsulte nous paraît s'être montré peu logique avec lui-même. Car les deux frères ont à la question un égal intérêt.

Telles sont les conditions requises pour que le jugement sur l'état des personnes jouisse d'une autorité absolue. Une de ces conditions faisant défaut, l'autorité du jugement est simplement relative.

417. Le système du contradicteur légitime était donc accepté sans contrôle au moment où l'on procéda à la rédaction du code. Une protestation s'éleva cependant. Merlin démontra avec vigueur dans son répertoire (¹) que jamais cette doctrine n'avait été celle du droit romain. Il fit ressortir l'impossibilité de déterminer d'une manière précise à quelles personnes doit être reconnue la qualité de légitime contradicteur. Le premier, il proposa de distinguer entre les jugements constitutifs d'état ou de capacité et les jugements purement déclaratifs. Le jugement attribue-t-il à une personne un état nouveau ou une capacité qu'elle n'avait pas auparavant ? Il doit produire ses effets *erga omnes*, car autrement le but proposé par le législateur ne serait pas atteint. La loi a confié aux tribunaux la mission de modifier l'état ou la capacité. Il est nécessaire que l'état ou la capacité conférés à la personne soient opposables à tous, comme l'état ou la capacité que cet individu possédait antérieurement. Quant aux sentences qui se bornent à constater l'état ou la capacité, Merlin propose de leur appliquer la règle de l'effet relatif de la chose jugée, écrite dans l'art. 1351 du C. civ. Une exception cependant doit être admise en matière de désaveu. Le jugement qui statue pour ou contre l'enfant, à la suite d'une action en désaveu, établit l'état de l'enfant à l'égard de tous, parce que, le droit d'intenter l'action en désaveu étant concentré entre les mains de certaines personnes, ce qui est jugé avec elles ne peut plus être remis en question.

418. A quel système les rédacteurs du code se sont-ils attachés ? Ils ne semblent même pas avoir soupçonné la question, que Pothier, leur guide habituel, n'avait du reste pas envisagée.

Les travaux préparatoires ne nous fournissent aucun élément de solution. Quant aux textes, nous en trouvons deux dans le code civil qui s'occupent des effets de la chose jugée.

C'est d'abord l'art. 1351, qui pose le principe de l'effet relatif, quant aux personnes, de la chose jugée.

C'est ensuite l'art. 100 qui décide que les jugements rendus en matière de rectification des actes de l'état civil ne peuvent, en aucun temps, être opposés aux parties intéressées qui ne les auraient pas requis ou qui n'y auraient pas été appelées.

(¹) V° *Question d'état*, § 2.

Si l'art. 100 fait, sur cette question spéciale, l'application du principe de l'art. 1351, il n'existe pas de texte qui tranche la difficulté pour les autres questions d'état. Le silence gardé par le législateur sur ce point et le rapprochement des art. 100 et 1351, ont fait naître deux systèmes diamétralement opposés entre lesquels nous aurons à rechercher s'il n'y a pas lieu de prendre une position intermédiaire.

419. PREMIER SYSTÈME : *Doctrine du contradicteur légitime.* — Les premiers commentateurs (¹) du code ont soutenu que le législateur de 1803 avait voulu maintenir la théorie traditionnelle. Et ils ont rajeuni cette doctrine, en essayant de la préciser et en lui donnant une ampleur qu'elle n'avait pas dans l'ancien droit. Un certain nombre d'arrêts ont consacré cette manière de voir (²).

L'art. 1351, dit-on, ne pose pas une règle générale qui doive en toutes matières recevoir son application. Il ne vise que les jugements rendus sur les questions d'ordre pécuniaire. Les sentences ayant l'état pour objet sont en dehors de son domaine. La preuve que l'art. 1351 ne régit pas les questions d'état résulte de l'art. 100 lui-même. De deux choses l'une en effet : ou l'art. 1351 s'applique à ces questions et alors quelle est l'utilité de l'art. 100 du code civil? Ce dernier texte constituerait une pure superfétation ! Ou, au contraire, l'art. 1351 doit être écarté en matière d'état. On aperçoit immédiatement l'utilité de notre texte. Il a proclamé, dans un cas particulier, la règle de l'effet relatif de la

(¹) Toullier, X, p. 312 s.; Duranton, I, n. 346 et III, n. 102, p. 97 et n. 161 (Cpr. cependant XIII, n 526); Marcadé, I, n. 307, p.197; Bonnier, *Des preuves*, II, p. 492; Rodière, *De la solidarité et de l'indivisibilité*, n. 400 à 407. — Proudhon, *État des personnes*, II, p. 109-110, semble admettre cette théorie, qu'il paraît repousser dans le traité de *l'Usufruit*, III, n. 1330, 1357 et 1358.

(²) Tribunal de Saint-Calais, 22 mai 1819, S., 22. 2. 177, D. J. G., vⁱˢ *Chose jugée*, n. 276. — Poitiers, 23 juil. 1806, D. J. G., vⁱˢ *Ch. jugée*, n. 272 (motifs). — Grenoble, 10 août 1831, D., 35. 1. 267. — Cass., 21 avril 1835, D., 35. 1. 267. — Bordeaux, 10 mai 1864, D., 66. 1. 419, S., 64. 2. 179, admet expressément la théorie du légitime contradicteur. La cour de cassation, dans son arrêt du 3 janv. 1866, D., 66. 1. 417, S., 66. 1. 89 a confirmé l'arrêt de la cour de Bordeaux, mais en évitant de se prononcer formellement sur ce point. — Cpr. Poitiers, 26 juin 1829, D., 3). 2. 149 (où le ministère public est qualifié de contradicteur légitime en matière de nationalité).

chose jugée, laissant pour tous les autres cas la question en suspens.

De ces deux interprétations, il faut, dit-on, adopter la deuxième. C'est la seule qui permette de trouver un sens à la disposition de l'art. 100. Il faut donc admettre que la loi a voulu ne reconnaître aux jugements de rectification qu'une autorité restreinte aux relations des seules parties en cause (art. 100). Mais, lorsqu'il s'agit de déterminer les effets des jugements rendus sur les autres questions relatives à l'état, c'est à une autre règle qu'il faut se référer. Cette règle n'est autre que celle que l'on suivait dans l'ancien droit.

Du moment, en effet, que le code ne contient pas, sur ce point, de prescription spéciale, c'est à la tradition qu'il faut demander une solution (arg. L. 30 ventôse an XII, art. 7). Les règles de l'ancien droit sont restées en vigueur, puisque le code n'a pas indiqué l'autorité qui doit être attribuée aux jugements rendus sur les questions d'état.

Toullier va même jusqu'à soutenir ([1]) que l'art. 100 aurait consacré la doctrine du légitime contradicteur. Les « parties intéressées » dont parle le texte, seraient celles qui ont à l'affaire « le proche et primitif intérêt » et non pas tout intéressé quelconque. Et le sens du texte serait le suivant : le jugement de rectification, s'il est rendu en dehors de leur présence, n'a qu'une autorité purement relative, parce que les débats n'ont pas eu lieu avec le légitime contradicteur. Et, à l'inverse, il sera investi d'une autorité absolue s'il a été prononcé en présence d'un légitime contradicteur. Dans ce cas, il sera opposable aux personnes dont l'intérêt est moins proche, personnes qui ne sont pas comprises dans l'expression « parties intéressées » employée par le texte.

Les rédacteurs du code, d'ailleurs, ont eu raison de ne pas innover en pareille matière. La théorie ancienne est éminemment rationnelle. Elle repose sur une base juridique solide et est en quelque sorte imposée par la nécessité.

L'état des personnes est un par sa nature ; il est indivisible. Il est ou il n'est pas ([2]). L'esprit se refuse à concevoir qu'une

([1]) X, n. 226.
([2]) Rodière, *op. cit.*, n. 400-401.

personne ait un certain état à l'égard de quelques-uns et un état différent à l'égard des autres. Est-il possible d'admettre qu'un même individu soit à la fois enfant légitime et enfant naturel? qu'il puisse réclamer les droits d'enfant légitime dans deux familles différentes? qu'un homme et une femme, dont le mariage a été annulé par décision judiciaire, soient, entre eux et à l'égard des personnes qui ont été parties au procès, considérés comme n'ayant jamais été mariés et qu'ils aient, dans leurs relations avec les tiers, l'état d'époux légitimes? Ce serait pourtant à ces conséquences inadmissibles qu'aboutirait le système de l'autorité relative.

Ce système est aussi contraire à l'intérêt général. L'ordre public est intéressé à la stabilité de l'état des personnes. Il faut que chacun ait une place nettement marquée dans la famille et dans la société; il faut qu'il sache exactement et que l'on sache quels sont ses droits et ses devoirs. Il est par suite nécessaire que l'état des personnes ne puisse être perpétuellement remis en question. Or, la stabilité de l'état ne serait pas assurée, si l'on ne reconnaît pas aux jugements en cette matière une autorité absolue. Celui dont l'état aurait été constaté judiciairement devrait le défendre contre tout venant. Il lui serait impossible de se prémunir contre de nouvelles contestations, en mettant en cause tous les intéressés. Car, comment les connaître? L'état étant opposable à tous, pouvant préjudicier à une infinité de personnes, comment pourrait-on convoquer aux débats tous ceux dont l'intérêt est en jeu? Bien plus : admettons que l'on puisse mettre en cause tous ceux qui ont à la question un intérêt actuel; il resterait toujours ceux dont l'intérêt n'est pas encore né. Ceux-là ne pourraient être appelés au procès et l'état devrait être encore débattu avec eux.

Enfin, il est possible d'assigner à la doctrine de nos vieux auteurs une base juridique sérieuse. Elle repose sur cette idée que certaines personnes représentent tous les autres intéressés. Les personnes ayant le plus proche intérêt représentent celles dont l'intérêt est plus éloigné ou n'est pas encore né. Elles ont, par rapport à celles-ci, la qualité de légitimes contradicteurs. Ainsi, en matière de filiation, les

parents les plus proches représentent tous les autres ([1]). Dès
lors, n'est-il pas logique de décider que ce qui est jugé avec
les représentants l'est aussi avec les représentés? N'est-ce
pas l'application des règles générales du droit?

Etant donné ce principe, il reste à déterminer à quelles
personnes appartient ce mandat. C'est là sans doute une
tâche délicate, mais non cependant impossible à accomplir ([2]).
Cette détermination, on a effectivement essayé de la faire.
Nous verrons à quels résultats on est arrivé en matière de
filiation.

Tels sont les arguments à l'aide desquels les partisans
modernes de la doctrine du contradicteur légitime ont tenté
de la justifier. Quant aux conditions par eux requises pour
que les jugements rendus sur l'état des personnes produisent
leurs effets *erga omnes,* ce sont celles qu'on exigeait dans
l'ancien droit. Il faut, comme autrefois, que les débats aient
eu lieu avec un légitime contradicteur, que le jugement n'ait
pas été prononcé par défaut, enfin qu'il n'ait pas été obtenu
par une collusion frauduleuse ([3]). Ces conditions étant réunies,
la sentence possède une autorité absolue. Si l'une d'elles fait
défaut, l'effet en est restreint aux relations des seules parties
en cause.

420. DEUXIÈME SYSTÈME : *Application de l'art. 1351.* — La
théorie que nous venons d'exposer est aujourd'hui universellement abandonnée. Les auteurs récents se sont ralliés aux
idées défendues par Merlin ([4]).

En principe, dit-on, l'état est soumis, au point de vue qui

([1]) Marcadé, I, p. 197. — D'après Rodière, *op. cit.*, p. 322, le légitime contradicteur représente la société tout entière.

([2]) Rodière, *op. cit*, p. 321, note.

([3]) Proudhon, *Des personnes,* II, p. 109; Toullier, X, p. 325.

([4]) Richefort, *Etat des familles légitimes et naturelles,* I, n. 130; Valette sur
Proudhon, II, p. 111, 113; Demolombe, V, n. 307 s.; Aubry et Rau, IV, § 544 *bis,*
texte et note 25; Laurent, III, p. 487; Griolet, *Autorité de la chose jugée,* p. 141
s.; Allard, *Autorité de la chose jugée,* p. 326; Tissier, *Théorie et pratique de la
tierce opposition,* n. 73; Vigié, I, n. 549; Planiol, I, n. 461; Arntz, I, n. 570 s.; Huc,
III, n. 60; J. G., v⁰ *Chose jugée,* n. 271 s. — Cass., 7 déc. 1808 (ou 6 janv. 1809),
J. G., *loc. cit.,* n. 272, S., 9. 1. 49. — Montpellier, 24 janv. 1822, J. G., *loc. cit.,*
n. 273. — Cass., 9 mai 1821, J. G., *loc. cit.,* n. 273. — Cpr. Chambéry, 7 août
1865, J. G., *Supplém.,* n. 130, S., 66. 2. 187.

nous occupe, aux règles qui gouvernent les droits compris dans le patrimoine. Les jugements ayant l'état pour objet n'ont, en principe, qu'une autorité relative. Pour le démontrer, on fait valoir des arguments qui constituent la réfutation directe de ceux sur lesquels s'appuie la théorie du légitime contradicteur.

D'abord, dit-on, la loi du 30 ventôse an XII, art. 7, a prononcé l'abrogation des règles anciennes concernant les matières réglementées par le code. Or, le code civil s'est occupé de l'état des personnes.

De plus, la question spéciale de l'autorité de la chose jugée sur l'état des personnes a été tranchée par le code. Nous possédons sur ce point un texte formel : c'est l'art. 1351. Il est absolument arbitraire d'en restreindre l'application aux droits pécuniaires. Sans doute, il est placé au titre « des contrats ou des obligations conventionnelles en général ». Mais il n'est pas douteux que ce titre ne contienne des règles générales applicables en toute matière. La règle de l'art. 1351 a une portée générale.

L'art. 100, d'ailleurs, fait, en matière de rectification des actes de l'état civil, l'application du principe écrit dans l'art. 1351. Rien ne prouve que l'art. 100 pose une règle exceptionnelle. Il paraît bien plutôt consacrer le droit commun. Sans doute, ainsi entendu, l'art. 100 peut être, à la rigueur, considéré comme inutile. Mais d'abord, qu'y a-t-il d'étonnant à rencontrer des répétitions dans un code fait de lois promulguées successivement? On en trouverait aisément d'autres exemples. Et puis, ne peut-on penser qu'en écrivant cette disposition, les rédacteurs du code ont saisi la première occasion qui se présentait à eux de répudier la doctrine traditionnelle dont ils avaient pu apprécier l'incertitude et mesurer les inconvénients?

Les textes ne sont donc pas favorables au système du légitime contradicteur. Les considérations que l'on a invoquées sont également impuissantes à le justifier.

L'argument tiré de l'indivisibilité de l'état repose sur une confusion entre la nature propre de l'état envisagé en lui-même et indépendamment de ses conséquences et l'effet des modes de preuve par lesquels il est établi. Autre chose est avoir un droit et autre chose le prouver. Sans doute, l'état est indivisible ; il est bien évident que je suis ou que je ne suis pas un enfant légitime. Mais là n'est pas la question dont nous nous occupons. Il s'agit de savoir, cet état étant inconnu, quelle est l'autorité qu'il faut reconnaître au jugement qui le constate. Or, si la sentence du juge est tenue pour vraie par la loi, elle n'est pas l'expression de la vérité absolue. La vérité judiciaire est toute relative. Le jugement n'a d'autorité et ne produit d'effets que dans les relations des parties au procès. Il n'existe pas à l'égard des personnes qui n'ont pas été mises en cause ; elles ne peuvent ni s'en prévaloir ni se le voir opposer. L'état reste incertain à leur égard et il faudra en faire de nouveau la preuve envers elles. Il se peut que la nouvelle sentence contredise la première. On les appliquera toutes deux dans leur domaine respectif. A l'égard de certaines personnes, je serai traité comme ayant un certain état ; à l'égard de certaines autres, je serai censé avoir un état différent. Je tirerai de chacune de ces deux fictions les conséquences qu'elle comporte dans mes relations avec ceux auxquels elle est opposable. Qu'y a-t-il là de contraire à la raison ? L'état véritable est un ; mais ses conséquences sont le plus souvent divisibles et il sera généralement possible d'exécuter en même temps deux jugements différents, dans le règlement de rapports juridiques distincts (¹).

D'ailleurs, s'il était vrai qu'il fallût reconnaître une autorité absolue aux jugements sur les questions d'état, à raison de l'indivisibilité de l'état, il faudrait appliquer la même solution à tout jugement quelconque, quel qu'en soit l'objet. Je suis ou je ne suis pas créancier de telle personne, ou propriétaire de telle chose ; je suis ou je ne suis pas héritier ; il n'y a pas de milieu. Et cependant il est incontestable que le jugement rendu en pareilles matières n'aura d'autorité que dans les limites fixées par l'art. 1351.

(¹) De ce que nous venons de dire, il résulte que la règle de l'effet relatif de la chose jugée doit être écartée, lorsque les conséquences de l'état qu'on invoque sont indivisibles. C'est ce qui se produit en matière de noms de personnes (*infra*, n. 421).

Enfin on peut reprocher aux partisans du système du légitime contradicteur de manquer de logique. Certaines conditions sont, d'après eux, nécessaires pour que le jugement sur l'état produise ses effets envers et contre tous. Une de ces conditions faisant défaut, l'autorité du jugement est simplement relative. Que devient alors le principe de l'indivisibilité de l'état?

Les considérations déduites de l'intérêt social ne doivent pas nous arrêter davantage. Sans doute, la société est intéressée à la stabilité de l'état des personnes. Mais elle a un intérêt tout aussi pressant à ce que le principe de l'autorité relative de la chose jugée soit sauvegardé. L'ordre public exige impérieusement que mes droits ne puissent être lésés par une sentence à laquelle je n'ai pas été partie.

En fait, d'ailleurs, il ne paraît pas que l'application de l'art. 1351 aux jugements rendus sur les questions d'état ait les inconvénients que l'on redoute. Les annales judiciaires offrent peu d'exemples de contestations sur l'autorité de la chose jugée en ces matières. N'est-ce pas la preuve que les débats de cette nature ont lieu le plus souvent entre toutes les personnes qui ont dès lors intérêt à la solution de la question d'état? Généralement, on aura mis en cause tous ceux dont l'intérêt est déjà né au moment du procès et le jugement leur sera naturellement opposable.

Il est, il est vrai, certaines personnes qu'on ne peut appeler aux débats. Ce sont celles dont l'intérêt n'est pas encore né au moment où la question est soulevée. Il est donc impossible de leur rendre le jugement opposable. Cette considération a vivement frappé certains auteurs, adversaires d'ailleurs de la doctrine du contradicteur légitime. Ces auteurs admettent que la chose jugée sur l'état fera autorité à l'égard de ceux qui, à l'époque où la sentence a été rendue, n'avaient pas encore d'intérêt à la question. Ils en reviennent ainsi au système combattu par eux (¹). C'est là une concession singulièrement dangereuse et qu'on peut, à bon droit, juger inutile.

(¹) Aubry et Rau, IV, § 544, note 32; Merlin, *Rép.*, ᵛⁱ° *Question d'état*, § III, art. 2, n. 3 et 4.

Le plus souvent en effet, les personnes dont on parle seront les ayant cause des parties et auront été représentées par elles. En serait-il autrement, rien ne peut justifier une pareille dérogation aux principes. On a justement fait remarquer d'ailleurs que si, théoriquement, il est possible de concevoir des débats indéfiniment renouvelés, en pratique il en sera tout autrement. Il s'attache au premier jugement une autorité morale qu'il sera en fait difficile de détruire. Il arrivera rarement que la question soit résolue en des sens différents ([1]).

Le système du légitime contradicteur ne repose, dit-on enfin, sur aucune base juridique. Ses partisans prétendent que les personnes ayant le plus proche intérêt sont censées représenter celles dont l'intérêt n'est pas encore né ou est plus éloigné. Mais où trouvent-ils ce mandat? Ce serait un mandat légal. Or, il n'y a pas de mandat légal sans texte qui l'organise, et les textes font défaut. Les adeptes modernes de l'ancienne doctrine s'évertuent à déterminer quels sont ceux qui, dans chaque question d'état, seront considérés comme investis de ce mandat. Ils font la loi, au lieu de l'interpréter, et tombent nécessairement dans l'arbitraire. Aussi n'ont-ils pu réussir à se mettre d'accord, et leurs solutions sont contradictoires. On peut d'ailleurs leur reprocher de manquer de logique. Si, comme ils le prétendent, le légitime contradicteur représente les autres intéressés, en vertu d'un mandat légal, le jugement aura autorité à l'égard de ces derniers, par application des règles mêmes de l'art. 1351. Ils en reviennent donc à ce texte en dernière analyse. Pourquoi dès lors commencer par le repousser ?

La vérité est qu'il faut s'en tenir à l'art. 1351, seul texte qui règle d'une manière générale les effets des jugements. La chose jugée en matière d'état, comme en toute autre matière, n'a d'autorité qu'entre les parties et ceux qu'elles représentent.

421. Ce principe comporte cependant des tempéraments. Dans certains cas, il convient de reconnaître une autorité absolue aux jugements rendus sur l'état ou la capacité.

([1]) Planiol, I, n. 461.

I. Ainsi, on admet unanimement que les jugements constitutifs d'état ou de capacité sont opposables à tous et que tous peuvent s'en prévaloir (¹). Tels sont les jugements qui prononcent un divorce ou une séparation de corps, qui frappent une personne d'interdiction ou la placent sous la direction d'un conseil judiciaire. L'autorité de pareilles sentences doit évidemment dépasser les relations des parties en cause. La loi a conféré aux juges le pouvoir de modifier l'état ou la capacité des parties ; il faut bien que le nouvel état créé par la décision judiciaire soit opposable à tous, comme celui qu'il remplace ; il est nécessaire que la personne déclarée désormais incapable par la justice ne puisse plus valablement s'engager envers les tiers. S'il en était autrement, le but visé par le législateur ne serait pas atteint. Il ne peut être question d'appliquer ici l'art. 1351. Les textes d'ailleurs le supposent eux-mêmes, sans le dire expressément, ce qui était inutile. Ils organisent, dans plusieurs hypothèses, des mesures de publicité destinées à porter le jugement à la connaissance des tiers. (V. les art. 250, 251, 358, 359, 501 C. civ.; 880 et 896 Pr. civ.). Quelle en serait l'utilité, si le jugement n'avait pas d'existence au regard des tiers ? Ajoutons que plusieurs textes contiennent des dispositions qu'il serait difficile de concilier avec le principe de l'effet relatif de la chose jugée. Ainsi les art. 295 à 298 du C. civ. édictent, au cas de divorce, certains empêchements de mariage. Comment la loi pourrait-elle être respectée, si le jugement ne produisait ses effets qu'entre les parties ? L'art. 311 C. civ. dispose que la femme séparée de corps recouvre, pour l'avenir, le plein exercice de sa capacité civile et sa disposition est générale ; la femme est désormais capable et ses actes sont valables, quelles que soient les personnes avec lesquelles elle traite, sans qu'il soit besoin de l'autorisation maritale. V. égal. les art. 502, 503, 504, 499 et 513, 512 et 514 C. civ.

Il n'y a du reste pas à distinguer entre les jugements qui se rattachent à la juridiction gracieuse et ceux qui dépen-

---

(¹) Merlin, *Répert.*, vᵢₛ *Quest. d'état*, § III, art. 1 ; Laurent, III, n. 487 ; Demolombe, V, n. 320.

dent de la juridiction contentieuse. Les premiers n'ont, à vrai dire, des jugements que le nom ; ils ne statuent pas sur des contestations ; ils ne *jugent* pas. Ils constituent, à proprement parler, des formalités que la loi exige pour l'existence ou la validité de certains actes juridiques ; ils n'ont donc pas d'autorité qui leur soit propre ; c'est l'acte lui-même qu'ils sanctionnent qui produit les effets déterminés par la loi. Ainsi le contrat d'adoption, régulièrement homologué, modifie pour l'avenir l'état de l'adoptant et celui de l'adopté.

· On a voulu justifier l'autorité particulière accordée aux jugements constitutifs d'état ou de capacité, rendus en matière contentieuse, en disant que ce sont des actes d'administration, des actes de l'autorité publique ([1]). Il nous paraît qu'il y a là un langage inexact. Les décisions judiciaires en matière contentieuse sont de véritables jugements ; elles statuent sur des contestations ; leur autorité est donc celle qui s'attache à la chose jugée. Seulement l'on est d'accord pour leur reconnaître une autorité plus grande que celle qui est accordée aux jugements ordinaires par l'art. 1351.

Certains auteurs expliquent cette solution de la manière suivante. Les jugements constitutifs d'état ou de capacité rendus au contentieux ne peuvent, disent-ils, être prononcés que sur la demande de certaines personnes seulement. L'exercice de l'action est concentré entre les mains de certains intéressés. Il est dès lors rationnel de décider que ce qui est jugé avec ceux-ci est jugé envers et contre tous ([2]). Nous verrons ce qu'il faut penser de cette argumentation, que nous allons du reste retrouver à propos de l'action en désaveu.

II. Le principe de l'autorité relative de la chose jugée est également écarté, d'un avis unanime, en matière de désaveu d'enfant légitime. La loi ne le dit pas expressément, mais cela découle des règles propres à cette action. Elle ne peut être intentée en effet que par le mari ou, après lui, par ses héritiers : dès lors le jugement rendu sur leur demande fixe

---

([1]) Demolombe, I, n. 103 ; V, n. 320.
([2]) Proudhon, *De l'usufruit*, III, n. 1319 ; Merlin, *Répert.*, vᵗˢ *Quest. d'état*, § III, n. 5 ; Griolet, *op. cit.*, p. 143.

à l'égard de tous l'état de l'enfant désavoué. La demande est-elle rejetée, l'enfant reste définitivement en possession de l'état d'enfant légitime, puisque personne ne peut plus désormais lui contester cet état. Le tribunal a-t-il au contraire déclaré la non-paternité du mari, l'enfant est rejeté *erga omnes* de la famille légitime. La question ayant été jugée avec ceux qui seuls peuvent la soulever, elle est également jugée pour les tiers, auxquels la loi n'accorde pas le droit de désavouer l'enfant.

III. Une troisième exception à la règle de l'art. 1351 concerne les jugements rendus sur les noms de famille [1]. Les conséquences du jugement sont en effet réellement indivisibles. Une sentence judiciaire m'a permis de porter tel ou tel nom ou m'a interdit de le faire. Est-il possible d'en restreindre l'application à mes relations avec les personnes qui ont été avec moi parties au procès ? Sous quel nom pourrai-je me présenter dans la société ? Si le jugement qui m'autorise à porter tel nom n'a qu'une autorité relative, je ne pourrai prendre ce nom sans m'exposer à une action en dommages-intérêts de la part de tiers qui prétendent que je n'y ai pas droit. Et si ces tiers réussissent dans leur prétention, comment pourrai-je exécuter à la fois les deux jugements rendus successivement ? Cela est tout à fait impossible. La force même des choses conduit donc à écarter encore ici le principe que la chose jugée n'a qu'une autorité relative. Mais il se pose alors des questions extrêmement graves, dont la solution est des plus délicates, à raison du silence gardé par notre législateur [2].

IV. Enfin, l'on s'est demandé s'il ne conviendrait pas de soustraire à l'application de l'art. 1351 les jugements qui statuent sur l'existence ou la validité du mariage. La question a été examinée à l'occasion du mariage [3]. Nous nous bornerons donc à rappeler sommairement les opinions qui ont été soutenues. Les uns, s'occupant exclusivement du cas où le mariage est atteint de nullité relative, décident que, dans

[1] Et aussi les titres de noblesse, si l'on y voit une question d'état.
[2] V. Demolombe, V, n. 310; Rodière, *De la solid. et de l'indivis.*, n. 405.
[3] Baudry-Lacantinerie et Houques-Fourcade, II, n. 1880 s.

cette hypothèse, le jugement produit ses effets *erga omnes*. Il en est en cette matière comme en matière de désaveu. Le jugement est investi d'une autorité absolue, parce qu'il appartient à certaines personnes seulement de le provoquer. De ce raisonnement il semble résulter que les jugements qui prononcent sur l'annulation d'un mariage, entaché d'un vice qui en entraîne la nullité absolue, restent soumis à l'empire de la règle générale. D'autres auteurs repoussent une pareille distinction. Il leur paraît contraire à la nature du mariage de limiter aux rapports des parties les effets du jugement. Il faut attribuer à celui-ci une autorité absolue quand il prononce l'annulation. C'est la *solution nécessaire* ('). Dans tous les cas, qu'il s'agisse de nullité absolue ou de nullité relative, le jugement s'impose à tous; tous les intéressés peuvent s'en prévaloir et tous doivent en respecter l'autorité. Pour justifier cette solution par des arguments juridiques, l'on a dit que le jugement rentre dans la catégorie déjà admise et qu'il doit être considéré comme créateur d'un état nouveau. Mais l'article 1351 reprendrait son empire si l'action en nullité de mariage avait échoué.

422. Telles sont les deux thèses entre lesquelles se sont répartis les suffrages de la doctrine et de la jurisprudence. L'une écarte, en matière d'état, l'application de l'art. 1351, et décide que les sentences ayant l'état pour objet sont investies d'une autorité absolue, sous la condition d'être rendues avec un légitime contradicteur. L'autre, prenant exactement le contrepied de la précédente, soumet les questions d'état à la règle de l'art. 1351, sauf à apporter à cette règle des exceptions dans certains cas particuliers.

Peut-être conviendrait-il de rejeter l'une et l'autre opinion et de se rattacher à un troisième système que nous allons exposer et dont nous essaierons de donner la justification.

423. TROISIÈME SYSTÈME. — L'idée fondamentale et le point de départ en ont été indiqués par M. de Loynes, dans une note sous un arrêt de la cour d'Agen du 14 juin 1890 ('). La cour

(') Planiol, I, n. 466.
(') D., 91. 2. 153.

avait été appelée à déterminer l'autorité d'un jugement qui avait prononcé la nullité d'un mariage pour cause de violence pratiquée sur la personne de l'un des deux époux. Après avoir montré quels inconvénients il y aurait à restreindre aux relations des seules parties en cause les effets d'un pareil jugement, M. de Loynes ajoute : « Ne pourrait-on pas » en conclure que l'autorité de la chose jugée en matière » d'état et de capacité générale échappe à l'art. 1351 et est » déterminée par la loi d'une façon particulière dans chacun » des titres consacrés à ces matières ? Ne serait-on pas alors » conduit à cette proposition : en matière d'état et de capa- » cité générale, l'autorité des jugements n'est régie par aucun » principe général ; on ne peut pas dire *à priori* si elle est » absolue ou relative ; elle doit être déterminée d'une ma- » nière spéciale pour chaque cas ; c'est dans les textes qui » régissent chaque matière, dans les règles qu'ils édictent et » dans les principes qu'ils consacrent qu'il faut chercher la » solution ; l'art. 1351 ne s'appliquera que si une disposition » formelle l'ordonne et l'insertion de l'art. 100 dans le code » civil se trouverait ainsi naturellement expliquée ».

Nous tenons pour exacte cette proposition et nous pensons, avec M. de Loynes, que l'art. 1351 ne s'applique pas nécessairement en matière d'état. C'est en cela, mais en cela seulement, que nous sommes d'accord avec les partisans du système du contradicteur légitime. Il ne nous paraît pas, en effet, que les adeptes du second système aient démontré d'une manière péremptoire que l'art. 1351 est un texte d'une portée générale.

L'art. 1351 est placé dans le chapitre VI du titre III, livre III, sous la rubrique « de la preuve des obligations et de celle du paiement ». La rubrique est certainement trop étroite. Nul doute qu'il ne faille appliquer les textes compris sous cette rubrique à toutes les autres questions d'ordre exclusivement pécuniaire, par exemple à la preuve du droit de propriété. Car nulle part, la preuve n'en est réglementée spécialement et il n'y a pas, pour la propriété et les droits réels qui peuvent la grever, de système particulier de preuve. D'ailleurs, il existe un lien étroit entre les matières dont il est traité dans le livre III du code civil et celles qui sont réglementées dans le livre II. L'acquisition des droits réels est, dans notre législation, un des effets des obligations (art. 711). Il n'y a plus de démarcation entre les actes juridiques créateurs d'obligations et les modes qui servent à créer, éteindre ou transférer des droits réels. Les mêmes modes de preuve servent donc aux deux catégories de droits qui composent le patrimoine.

Mais il en est tout autrement des droits non compris dans le patrimoine. Ces droits et les faits juridiques qui s'y rapportent sont soumis à des règles toutes spéciales, entièrement distinctes, à notre sens, de celles qui gouvernent le patrimoine. Nous en fournirons la preuve en étudiant la filiation. Pour l'instant, nous nous bornerons à des indications générales. En matière d'état et de capacité, la loi a organisé un système particulier de preuve, dans le premier livre du code (V. les titres II, V, ch. IV (art. 194 à 200); VII, ch. II et III). Les modes de preuve établis par ces textes diffèrent, par des caractères essentiels, de ceux qui sont réglementés dans le livre III, titre III, ch. VI. Ainsi la preuve littérale des faits d'état civil et de ceux qui influent sur la capacité est réglée d'une manière spéciale. Il en est de même des conditions d'admission de la preuve testimoniale; tantôt ce mode de preuve n'est possible que lorsque certains faits ont été préalablement prouvés (art. 46 C. civ.); tantôt, pour que l'on puisse y recourir, la loi exige qu'il y ait un commencement de preuve par écrit (art. 323, 341), ou des indices graves résultant de faits constants (art. 323). L'art. 324 définit le commencement de preuve par écrit autrement que ne le fait l'art. 1347. Il résulte de l'art. 323 que, bien que les témoignages soient admissibles pour la preuve de la filiation légitime, cette preuve ne peut se faire par présomptions, contrairement à la règle de l'art. 1353. Enfin, il existe en matière d'état un mode de preuve particulier : c'est la possession d'état, dont les effets varient suivant les éléments de l'état.

De cet exposé sommaire que nous venons de faire, il résulte que la preuve de l'état et de la capacité est soumise à des règles qui lui sont propres. Dès lors il n'y a pas lieu d'étendre à ces matières les dispositions contenues dans le chapitre VI du titre III, livre III. Il en est ainsi surtout des présomptions légales, qui sont essentiellement de droit étroit. Or l'art. 1351 édicte une présomption légale. Donc il faut en restreindre l'application aux questions en vue desquelles il a été écrit; c'est-à-dire aux seuls droits compris dans le patrimoine.

Les questions d'état sont en dehors du domaine de l'art. 1351. Si l'on admet ce point de départ, on comprend l'utilité de l'art. 100 C. civ. Le législateur a voulu que les jugements rendus sur les demandes en rectification des actes de l'état civil n'aient pas d'effet contre les tiers. Il était nécessaire de le dire expressément, puisque l'art. 1351 ne s'applique pas en matière d'état des personnes.

424. Est-ce à dire qu'il faille en revenir au système du contradicteur légitime? Nous ne le croyons pas; la réfutation qu'en ont présentée ses adversaires nous semble péremptoire et nous nous l'approprions, sous la réserve des observations qui précèdent. Si les rédacteurs du code avaient voulu l'adopter, ils n'auraient pas manqué d'indiquer, à propos de chaque question d'état, les personnes que l'on devrait considérer comme les contradicteurs légitimes.

Du silence qu'ils ont gardé que faut-il donc conclure? A notre avis, il n'y a qu'une seule conclusion à en tirer : c'est qu'il n'y a pas dans la loi de règle absolue permettant de déterminer, *a priori* et d'une manière générale, l'autorité des jugements rendus sur les questions d'état. Il est impossible de poser en principe que, dans tous les cas, l'autorité du jugement est relative ou qu'elle est absolue. La solution dépend de la nature de la question à propos de laquelle le jugement est intervenu.

En tenant compte des principes rationnels sur lesquels repose l'autorité de la chose jugée, l'on peut émettre cette proposition qui, dans bien des cas, nous permettra de résoudre le problème : lorsque, dans telle ou telle question d'état, la loi indique limitativement les personnes qui peuvent prendre part au débat *tant comme demandeurs que comme défen-*

deurs, le jugement doit produire ses effets *erga omnes,* quand il a été rendu entre toutes ces personnes, soit contradictoirement, soit par défaut. Dans toute autre hypothèse, il est équitable d'assigner à la sentence une autorité simplement relative, à moins que les principes spéciaux qui gouvernent la matière envisagée ne commandent de reconnaître à cette sentence un effet plus étendu.

Il est un principe général, un principe d'équité qui domine toute notre législation : c'est que nul ne peut se voir enlever par un jugement des droits que la loi lui garantit, sans avoir été appelé à les défendre. Ce principe n'est écrit nulle part en termes exprès. Mais il n'était pas besoin de l'édicter formellement. Le législateur s'en est d'ailleurs inspiré, en insérant dans le code la disposition de l'art. 1351.

Si la loi reconnaît à plusieurs personnes le droit de soulever un débat en qualité de demandeurs, ce qui est jugé avec l'une ne doit pas en principe préjudicier aux autres. Celles-ci ne peuvent être victimes de la négligence ou du dol de celle qui a intenté l'action. Elles pourront donc former une nouvelle demande, et courir les chances d'un nouveau procès. Leurs droits seront les mêmes, que l'action puisse être exercée contre tout intéressé, ou que la loi ait énuméré d'une manière limitative les personnes qui peuvent défendre à l'instance. De même, l'équité exige que les individus qui n'ont pas agi ne puissent se prévaloir du jugement rendu. Ils ne peuvent s'en prévaloir, ni contre des personnes qui sont restées complètement étrangères au procès antérieur, cela est évident, ni contre le défendeur originaire. Car ce dernier pourra leur dire : la loi me permettait de débattre la question avec vous. C'est là un droit pour moi. Mon droit est resté intact. J'ai été malheureux dans un premier procès; je puis être plus heureux dans un second.

Le même raisonnement conduit à décider que, quand la loi permet à plusieurs personnes de défendre à une question, la chose jugée avec l'une ne peut ni nuire ni profiter aux autres.

Supposons maintenant que la loi concentre entre les mains de certaines personnes seulement le droit d'exercer une action. Faut-il en conclure que le jugement rendu sur la demande de ces personnes produit nécessairement ses effets *erga omnes* ? On le dit généralement et c'est ainsi qu'on explique l'autorité absolue attribuée au jugement qui prononce sur le désaveu d'enfant légitime. Une pareille proposition nous paraît erronée. Si elle était exacte, il faudrait décider que le jugement qui statue sur la validité d'un contrat pécuniaire est opposable à tous, lorsque ce contrat est atteint simplement de nullité relative. Là aussi la loi réserve à certaines personnes le droit d'intenter l'action en justice et cependant tout le monde reconnaît qu'un pareil jugement est soumis, quant à ses effets, à la règle de l'art. 1351.

La vérité est que, pour déterminer l'autorité du jugement, il ne faut pas seulement se placer au point de vue actif, il faut aussi se placer au point de vue passif. Et alors, de deux choses l'une.

Ou l'action, dont l'exercice est concentré entre les mains de certaines personnes, peut être intentée contre tout intéressé. Dans ce cas, à moins de motifs particuliers, il est équitable d'assigner au jugement une autorité simplement relative. Sans doute, une seule personne a le droit d'agir, et si elle n'agit pas, nul ne peut, à sa place, mettre l'action en mouvement. Mais si elle a engagé l'instance contre un individu, pourquoi lui permettre de se prévaloir contre les autres intéressés de la sentence rendue en sa faveur ? Ceux-ci ne peuvent-ils pas lui dire : la loi nous donnait le droit de défendre au procès ; nous n'avons pas été mis en cause par vous ; notre droit est resté intact ; recommencez les débats avec nous ? Et en sens inverse, ne faut-il pas permettre au demandeur, s'il a été vaincu dans une première instance, d'en engager une autre avec de nouveaux adversaires ? De quel droit ces derniers pourraient-ils se prévaloir du jugement, puisque, le cas échéant, il n'aurait pu leur être opposé ?

Mais si la demande ne peut être intentée que contre une seule personne, si nulle autre n'a le droit de défendre au procès, si la loi a indiqué limitativement ceux qui peuvent prendre part aux débats comme demandeurs et comme défendeurs, dans ce cas il faut nécessairement reconnaître au jugement une autorité absolue. Car il serait impossible autrement de le rendre opposable aux autres intéressés. Ils ne peuvent pas se plaindre que ce jugement leur préjudicie; il a lésé leurs intérêts; mais il ne leur a pas enlevé de droit, puisque la loi ne leur en reconnaissait pas. La sentence pourra donc être invoquée contre eux et, réciproquement, ils pourront s'en prévaloir.

Lorsque la loi n'a pas dit entre quelles personnes doivent être engagés les débats, il faut donc, en principe, décider que le jugement n'a d'effets qu'entre les parties. Ce principe peut cependant être écarté, lorsque les règles spéciales à telle ou telle question d'état l'exigent.

425. De ce que nous venons de dire il résulte que, pour résoudre le problème que nous nous sommes posé, il faudra tenir compte et des principes généraux et de la nature propre à chacun des éléments de l'état des personnes.

Nous serons ainsi amené à décider que le jugement rendu sur le désaveu du mari établit à l'égard de tous la filiation de l'enfant désavoué. Car la loi indique limitativement quelles sont les personnes qui peuvent exercer l'action en désaveu et quelles sont celles contre lesquelles elle doit être intentée.

Au contraire, le jugement qui prononce sur la réclamation d'état d'enfant légitime ne jouit que d'une autorité relative.

Les jugements constitutifs d'état ou de capacité sont, comme le jugement de désaveu, investis d'une autorité absolue. Ainsi le veut la nature propre de ces sortes de jugements. Ils donnent à une personne un état nouveau ou une capacité nouvelle à l'égard de tous, et d'ailleurs, les questions qu'ils résolvent ne peuvent être débattues qu'entre certaines personnes seulement. La loi indique, d'une manière limitative, ceux qui peuvent exercer l'action et ceux contre lesquels elle doit être intentée.

De même, nous devrons, dans certains cas tout au moins et sous certaines conditions, décider que la sentence qui annule un mariage ou le déclare valable produit ses effets envers et contre tous. L'homme et la femme entre lesquels elle a été rendue seront considérés par les tiers comme ayant toujours été légitimement mariés ou comme ne l'ayant jamais été. Le jugement fixe définitivement leur état au regard des tiers. Mais il faut pour cela, comme on l'a vu au titre du mariage ([1]), qu'il ait été prononcé du vivant des deux prétendus époux et que tous deux aient été parties au procès. La question que le juge est alors appelé à trancher est celle de savoir quelle est la nature des relations qui se sont établies entre eux. Et c'est là une question qui ne peut être débattue qu'entre l'homme et la femme; ils y sont *demandeurs et défendeurs nécessaires* ([2]).

Quant au jugement qui accorde ou refuse à une personne le droit de porter tel ou tel nom de famille, il fait également foi contre les tiers ou à leur profit; mais cette solution ne peut se justifier par les mêmes considérations que les précédentes, car tout intéressé peut prendre part au procès. C'est la force même des choses qui conduit à assigner à la sentence un effet absolu. L'indivisibilité réelle du nom de famille s'oppose à ce qu'on restreigne l'autorité du jugement aux relations des parties. D'ailleurs, le respect dû aux droits des tiers exige qu'on n'admette pas sans distinction une pareille solution. Il faudra, croyons-nous, l'écarter dans les cas où il ne sera pas impossible d'appliquer en même temps deux jugements en sens contraire. Nous reviendrons sur ce point.

428. La doctrine que nous avons proposée s'écarte de celle du légitime contradicteur aux points de vue suivants :

1° L'idée de mandat n'y a aucune part. Si les tiers peuvent se voir, dans certains cas, opposer le jugement et s'ils peuvent s'en prévaloir, ce n'est point parce qu'ils sont censés avoir été représentés par les parties en cause.

2° Peu importe, à notre sens, que le jugement ait été rendu par défaut ou contradictoirement. Il sera, dans tous les cas, investi de la même autorité.

3° Dans le système traditionnel, pour que la sentence ait,

([1]) Baudry-Lacantinerie et Houques-Fourcade, *Des personnes*, II, n. 1878 s.
([2]) On voit que nous appliquons la même solution au cas où l'existence ou la validité du mariage a été reconnue, et au cas où le mariage a été déclaré nul ou jugé inexistant. Ainsi tombe l'objection dirigée contre notre théorie, objection qui consiste à dire que celle-ci a été imaginée uniquement pour l'hypothèse d'un mariage annulé (Planiol, I, n. 466).

à l'égard de tous, l'autorité de la chose jugée, il faut qu'elle ait été rendue avec les personnes « ayant le primitif et plus proche intérêt ». Prononcée avec un légitime contradicteur, elle est opposable à tous ceux dont l'intérêt est moins proche ou n'est pas encore né, alors même que la loi reconnaîtrait à ceux-ci le droit de participer à un débat sur la question d'état. Nous exigeons, en principe, pour que le jugement fasse foi contre les tiers ou à leur profit, que la loi ait réservé à certaines personnes le droit exclusif de prendre part au procès comme demandeurs et défendeurs et que le jugement ait été effectivement rendu entre elles toutes. Si cette condition fait défaut, la chose jugée n'a, d'après nous, qu'une autorité relative, à moins de raisons spéciales tirées de la nature de la question d'état.

4° Dans la théorie du légitime contradicteur, on s'attache à la qualité des plaideurs, non à celle de la question. *En toute matière,* la sentence peut nuire ou profiter aux tiers, si elle a été prononcée entre certaines personnes, investies du pouvoir de représenter les autres intéressés. Nous pensons qu'il faut considérer avant tout la nature de la question d'état. Pour que la chose jugée sur l'état soit réputée jugée *erga omnes,* il faut, ou que la question soit telle qu'elle ne puisse être soulevée qu'entre certaines personnes, ou que la nature de cette question d'état et les règles spéciales qui la gouvernent commandent d'attribuer à la sentence qui la termine une force probante absolue.

427. Entre l'opinion généralement reçue et celle que nous avons soutenue, il existe des divergences que nous croyons maintenant devoir faire ressortir. On pose ordinairement en principe que l'art. 1351 doit recevoir son application en matière d'état, comme en toute autre matière. Mais s'il en est ainsi, il semble qu'on doive l'appliquer rigoureusement, sauf les exceptions consacrées par les textes. La loi peut seule déroger en effet à la règle qu'elle a posée. Nous comprenons qu'on soustraie à l'empire de l'art. 1351 les jugements constitutifs d'état ou de capacité; car il paraît résulter des dispositions légales que le législateur a voulu leur attribuer une force probante absolue. Nous l'admettons aussi à la rigueur

pour les sentences ayant pour objet le nom de famille, à raison de l'indivisibilité réelle d'une pareille question. Mais par
quel texte est-on autorisé à décider que les jugements qui
admettent ou rejettent un désaveu ou ceux qui annulent un
mariage font autorité *erga omnes?* Dira-t-on que cette solution découle de ce que la loi a réservé à certaines personnes
le droit de désavouer l'enfant, ou d'attaquer le mariage
entaché de nullité relative? Mais alors on ne s'en tient plus
exclusivement à l'art. 1351. On en est réduit à invoquer des
considérations étrangères à ce texte, et dont le fondement
rationnel ne nous paraît pas bien démontré. Si ces considérations étaient exactes, il faudrait écarter de même l'art. 1351
dans tous les cas où elles peuvent trouver place. Il faudrait
décider que, dans le cas où un contrat est annulable pour
cause d'incapacité, de dol ou d'erreur, le jugement qui l'annule ou le déclare valable est opposable à tous! Cette conséquence nous paraît inadmissible. C'est donc que le principe
dont elle dérive est lui-même erroné. S'il est vrai qu'il faille
suivre la règle de l'art. 1351, comment peut-on admettre
encore que le mariage annulé pour cause de nullité relative
ou absolue est annulé au regard de la société tout entière?
Il faudrait dire logiquement qu'il est annulé seulement dans
les relations des parties, solution que ses résultats absurdes
et dangereux doivent nécessairement faire rejeter. On peut,
il est vrai, tenter de classer le jugement d'annulation parmi
ceux qui sont créateurs d'un état nouveau, mais cette assimilation nous semble bien délicate. L'annulation opère rétroactivement; elle n'attribue pas aux prétendus époux un état
nouveau; les prétendus époux sont censés n'avoir jamais été
mariés; ils reprennent leur état antérieur. On ne peut considérer, sans subtilité, qu'il y a là une modification de leur état.

Ces diverses solutions, si difficiles à justifier, si l'on adopte
comme point de départ le principe de l'art. 1351, sont au
contraire très solides, si l'on répudie, dans les questions d'état,
l'application de ce texte. L'interprète n'a plus à se préoccuper de l'art. 1351 et à chercher à faire cadrer ses décisions
avec la règle qui y est contenue. Nous n'avons plus qu'à étudier chaque question d'état en particulier et à rechercher

quelle doit être, d'après sa nature propre et d'après les principes d'équité qui dominent notre législation, la foi due à la sentence dont elle a fait l'objet (¹).

428. Telles sont les règles auxquelles sont soumises les questions d'état en général. Nous aurons à en faire l'application à l'élément de l'état des personnes que nous allons spécialement envisager. Nous diviserons en deux parties l'étude des textes compris dans le titre VII : la première sera consacrée à la filiation légitime ; la seconde à la filiation naturelle. Quant à la filiation adoptive, il en est question dans un titre spécial du code civil, le titre VIII du livre I.

(¹) La plupart des législations étrangères ne règlent pas d'une manière spéciale l'autorité des jugements rendus sur l'état des personnes. Quant à celles qui contiennent sur ce point des dispositions, on peut les diviser en trois groupes. Les unes admettent plus ou moins formellement le système du contradicteur légitime. (Code portugais, art. 2502; code néerlandais, art. 1597. V. surtout code chilien, art. 315, 316, 317.) D'autres décident que les jugements rendus sur les questions d'état sont investis d'une autorité absolue, sans préciser davantage. (Code espagnol, art. 1252; code de la Basse-Californie, art. 155). D'autres enfin ne s'occupent que des sentences rendues dans certains cas particuliers ; par exemple en matière de mariage.

PREMIÈRE PARTIE

DE LA FILIATION LÉGITIME (¹)

CHAPITRE PREMIER

DE LA FILIATION LÉGITIME EN GÉNÉRAL

429. Le lien de parenté qui rattache à ses auteurs un enfant légitime peut être décomposé en trois éléments : la filiation maternelle, la filiation paternelle et la légitimité.

Il se peut qu'un enfant se voie contester tous les éléments dont la réunion constitue la filiation légitime qu'il réclame; il se peut que la contestation porte sur l'un seulement ou quelques-uns d'entre eux. Dans tous les cas, c'est à l'enfant dont l'état est en question à démontrer l'existence à son profit de ces diverses conditions. L'enfant aura donc à prouver :

(¹) L'ordre suivi par les rédacteurs du code civil est assez peu logique. Il est question de la filiation légitime dans les deux premiers chapitres du titre VII. Le premier a pour rubrique : « *De la filiation des enfants légitimes ou nés dans le mariage* ». Le second est intitulé : « *Des preuves de la filiation des enfants légitimes* ». — Les rubriques de ces deux chapitres n'en indiquent pas nettement l'objet. En réalité, la loi traite dans le chapitre Ier des présomptions par lesquelles s'établissent la conception en mariage et la filiation paternelle, ainsi que des actions en désaveu et en contestation de légitimité; et dans le chapitre II, des moyens par lesquels se prouve la filiation maternelle et des actions en réclamation et en contestation d'état. — Il n'est guère rationnel de s'occuper de la filiation paternelle avant la filiation maternelle. Comme nous le verrons, la paternité n'est pas susceptible d'être prouvée directement. Elle est seulement présumée par la loi. Quand la mère est certaine, le père est indiqué par la présomption : *pater is est quem nuptiæ demonstrant.* Donc, pour établir la paternité, il est nécessaire de prouver préalablement la maternité.

Aussi nous ne nous conformerons pas au plan du code civil. Nos explications seront distribuées entre les cinq chapitres, dont suit l'intitulé. — Chap. Ier : De la filiation légitime en général. — Chap. II : Des présomptions relatives à la durée de la gestation et à l'époque de la conception. — Chap. III : De la filiation maternelle. — Chap. IV : De la filiation paternelle. — Chap. V : Des actions relatives à la filiation.

1° Que la femme qu'il prétend être sa mère est accouchée;

2° Qu'il est identiquement celui que cette femme a mis au monde;

Ces deux conditions réunies constituent sa filiation maternelle;

3° Qu'il a été conçu des œuvres de celui qu'il dit être son père (filiation paternelle);

4° Que sa mère est ou a été mariée avec le père prétendu;

Et enfin 5° qu'il a été conçu (ou que tout au moins il est né, art. 314) pendant le mariage de ses parents.

C'est la réunion de ces deux derniers faits qui imprime à la double filiation paternelle et maternelle le caractère de paternité et maternité légitimes. C'est ce que nous avons appelé la légitimité.

Comment l'enfant pourra-t-il faire ces preuves? Quels sont les moyens que le législateur a mis à sa disposition?

430. Des divers éléments de la filiation légitime, il y en a qui peuvent être prouvés directement.

C'est d'abord le mariage des prétendus auteurs. Le mariage s'annonce par une cérémonie solennelle, célébrée publiquement, et constatée par un acte inséré dans les registres de l'état civil. La preuve s'en fera par la production d'un extrait des registres, où, à défaut, par l'un des modes indiqués, soit au titre des Actes de l'état civil, ch. I; soit au titre du Mariage, ch. IV.

Dans le titre VII, la loi suppose que le mariage a été prouvé. Nous n'avons donc pas à nous en occuper.

La filiation maternelle est aussi susceptible d'être prouvée directement avec une certitude suffisante. Les faits dont la réunion constitue la filiation maternelle sont l'identité et l'accouchement. Or l'identité sera établie par un ensemble d'actes matériels de possession d'état, actes patents, publics, dont la preuve sera facile à administrer. L'accouchement est aussi un fait matériel dont la constatation est possible. La preuve de l'accouchement sera même le plus souvent facile, en matière de filiation légitime ([1]). La femme légitime dont

---

([1]) Laurent, III, n. 360.

la maternité est proche ne cherche pas à dissimuler sa grossesse. La naissance d'un enfant légitime n'est pas tenue secrète. Comblant les vœux des parents, elle est annoncée à tous. On dit que la mère est toujours certaine (¹). Cela est vrai pour la maternité en général; mais cette proposition est surtout exacte pour la maternité légitime dont la femme se glorifie.

431. Au premier rang des modes de preuve de la filiation maternelle, la loi place l'acte de naissance. L'acte de naissance mérite en effet une confiance particulière. Sans doute il est rédigé sur les déclarations de personnes qui peuvent avoir déguisé la vérité. Mais, en matière de filiation légitime, les fausses déclarations sont en fait tellement rares, que le législateur a pu, dans une certaine mesure, négliger cette éventualité. Elles sont rares, parce que, le plus souvent, les déclarants n'ont aucun intérêt à dissimuler la véritable filiation de l'enfant. De là, la force probante attachée aux énonciations de l'acte de naissance. D'ailleurs la preuve contraire est admissible. Mais jusqu'à ce que la fausseté de l'acte ait été démontrée, la loi tient pour sincères les indications qui y sont contenues.

L'acte de naissance prouve seulement le fait de la naissance; il ne prouve pas l'identité. Il ne fait donc pas preuve complète de la filiation maternelle.

Il en est autrement de la possession d'état. La possession d'état peut être invoquée à défaut d'acte de naissance. Et elle établit à la fois l'identité et le fait de l'accouchement. Voilà une personne qu'une femme traite comme son enfant légitime; qu'elle présente comme telle dans la société; que non seulement cette femme, mais encore son mari et les parents des époux, intéressés pourtant à l'écarter de la famille, ont toujours considérée comme faisant partie de celle-ci. N'est-il pas vraisemblable que l'état d'enfant légitime appartient réellement à celui qui le possède? Le législateur l'a pensé; il a présumé que l'enfant était légitime et lui a permis d'invoquer cette présomption pour établir sa filiation. Il y a là une

---

(¹) « Semper certa est mater, etiamsi vulgo conceperit », 5. D. II, 14.

fiction, une présomption; mais elle répond le plus souvent à la réalité.

D'ailleurs la loi, soucieuse de sauvegarder les intérêts des tiers, admet ceux-ci à combattre la preuve résultant de la possession d'état. La présomption qui découle de la possession d'état n'est pas irréfragable. Elle peut être renversée par la preuve contraire.

Cependant, lorsque l'enfant a un titre et une possession conformes, la preuve contraire n'est pas admise. L'enfant ne peut réclamer un autre état que celui qui lui est attribué par son titre et on ne peut lui contester celui qu'il possède.

Dans une pareille hypothèse, les deux modes de preuve de la filiation maternelle concourent. Leur vraisemblance s'accroît par leur concordance. Les chances de fraude et d'erreur sont alors tellement réduites que la loi a pu en faire complètement abstraction et mettre l'état de l'enfant au-dessus de toute contestation. Sans doute, elle peut ainsi consacrer une usurpation ou empêcher l'enfant de réclamer l'état dont il a été injustement dépouillé. Mais elle n'a pas voulu qu'on mît en question l'état de l'enfant, car les preuves qu'on aurait pu faire valoir n'auraient pas présenté la vraisemblance, disons même la certitude, de celles qu'on aurait combattues.

A défaut de titre et de possession constante, la preuve de la filiation maternelle peut se faire par témoins. La loi se défie de la preuve testimoniale. Elle craint qu'une personne ne s'introduise dans la amille grâce aux dépositions de témoins subornés. Elle veut mettre la famille légitime à l'abri de réclamations frauduleuses. Aussi n'admet-elle la preuve par témoins de la filiation que lorsque la prétention de l'enfant est rendue vraisemblable par des indices graves résultant de faits constants ou par un commencement de preuve par écrit.

Tels sont les moyens par lesquels l'enfant peut établir sa filiation maternelle. Lorsqu'il en a fait la preuve et qu'il a démontré le mariage de sa mère, il lui reste encore à prouver qu'il a été conçu des œuvres du mari de celle-ci et que sa conception a eu lieu au cours du mariage (ou qu'il est né postérieurement à la célébration du mariage de sa mère, art. 314).

432. L'enfant doit d'abord prouver sa filiation paternelle. C'est là une tâche impossible à remplir. Si la mère est certaine, le père ne l'est jamais. Le mystère de la conception échappe à nos investigations. La loi ne pouvait donc exiger une preuve directe et positive. Elle est venue au secours de l'enfant, en établissant cette présomption que « l'enfant conçu pendant le mariage a pour père le mari » (art. 312, al. 1). De la maternité de la femme la loi conclut à la paternité du mari; de ce fait connu qu'une femme mariée est devenue mère, la loi tire cette induction que son mari est le père de l'enfant. Cette présomption est basée sur l'ordre naturel des choses. La femme est tenue envers son mari du devoir de fidélité. La loi présume qu'elle a tenu son serment, et, par suite, elle présume que le mari est le père de l'enfant. Admettre une solution contraire, c'eût été présumer l'adultère de la femme; or, l'adultère est un délit et heureusement il ne constitue pas la règle générale; en le présumant, la loi aurait manifestement renversé l'ordre naturel des choses. Aussi la règle que « l'enfant conçu pendant le mariage a pour père le mari » est-elle probablement aussi ancienne que le mariage lui-même, dont elle est, à vrai dire, le complément nécessaire, parce que, sans elle, il perdrait toute sa dignité. Elle était admise en droit romain. *Pater is est quem nuptiæ demonstrant* dit la loi 5 Dig. II. 14.

La filiation paternelle ne peut donc être prouvée directement. C'est la loi qui la présume. Et cette présomption, conformément à la règle de l'art. 1352, dispense de toute preuve l'enfant en faveur duquel elle a été établie. Elle n'est du reste pas absolument irréfragable. Dans certains cas, où la paternité du mari est contredite par les faits, le mari ou ses héritiers sont admis à la combattre par l'action en désaveu. Tantôt une simple dénégation suffira pour renverser la présomption légale; tantôt elle ne cèdera que devant la preuve contraire. En cette matière, les rédacteurs du code ont montré la plus grande prudence. Ils ont entouré de restrictions nombreuses l'exercice de l'action en désaveu. Soucieux d'empêcher l'introduction dans la famille légitime d'un enfant étranger au mari, mais non moins désireux de faire respecter

la dignité du mariage, ils n'ont autorisé l'action en désaveu
que dans un certain nombre de cas strictement énumérés; ils
ont indiqué limitativement les personnes entre lesquelles un
débat de ce genre peut être soulevé et ont voulu que l'action
fût intentée dans un très bref délai.

La présomption de paternité du mari découle du devoir de
fidélité. En principe, elle ne devrait donc couvrir que l'enfant
dont la conception se place pendant le mariage. Quant à
l'enfant dont **la conception** est antérieure à la célébration du
mariage, mais qui est né **postérieurement** à cette célébration,
il ne devrait pas, d'après la règle, être **admis à** l'invoquer.
Mais ici reparaît le principe qui guide le législateur. Il **est**
possible que des relations aient existé entre les deux époux
avant le mariage; il est possible que le mari soit le père de
l'enfant. La loi présume que l'enfant est issu des œuvres du
mari (art. 314). Mais cette présomption n'a pas la force de
celle qui existe au profit de l'enfant conçu au cours de l'union
conjugale. Le mari peut repousser cette fiction de paternité
par l'action en désaveu, et le désaveu est péremptoire; il n'a
pas besoin de fournir la preuve de sa non paternité. Cependant le désaveu ne sera pas recevable, lorsque certains faits
seront venus corroborer la présomption légale et lui donner
un caractère particulier de vraisemblance. Ces faits consti-
tueront des fins de non recevoir contre l'action en désaveu.

433. La conception en mariage fait donc présumer la
paternité du mari. C'est aussi un élément de la légitimité. Est
légitime l'enfant qui a été conçu pendant le mariage, peu importe la date de sa naissance.

La loi répute également légitimes ceux qui, nés après la
célébration du mariage, ont été conçus auparavant. Ces
enfants bénéficient donc d'une double fiction. Non seulement
ils sont censés, comme nous l'avons vu, être issus des œuvres
du mari de leur mère; mais encore leur double filiation est
revêtue par la loi du caractère de la légitimité. Ce sont là
deux fictions qui ne peuvent être séparées. Nous aurons plus
tard à en déterminer le caractère.

Pour ceux qui ont été conçus après la rupture du lien conjugal, ils sont certainement illégitimes. Le législateur cepen-

dant ne les déclare pas enfants naturels. Par faveur pour la filiation légitime, il les laisse jouir provisoirement du bénéfice de la légitimité. Mais tout intéressé est admis à contester cette légitimité (art. 315).

CHAPITRE II

DES PRÉSOMPTIONS LÉGALES PAR LESQUELLES SE DÉTERMINENT LA DURÉE DE LA GESTATION ET L'ÉPOQUE DE LA CONCEPTION

434. De ce que nous venons de dire, il résulte qu'il est important de déterminer l'époque à laquelle se place la conception. Soit pour faire la preuve de sa légitimité, soit pour établir sa filiation paternelle, l'enfant doit, en principe, prouver qu'il a été conçu pendant le mariage de sa mère. Mais c'est là un fait dont la preuve directe est impossible. La nature n'a pas assigné à la gestation une durée invariable. La date de la conception est incertaine. Dans le doute, que devait faire le législateur? Devait-il abandonner la solution de cette question à l'arbitraire du juge et lui permettre de se prononcer d'après les circonstances de chaque espèce particulière; ou n'était-il pas préférable d'édicter une règle générale s'imposant au tribunal, de fixer les limites entre lesquelles la conception serait réputée avoir eu lieu? Tel était le problème qui se posait devant le législateur. Il a été résolu diversement suivant les époques.

435. Dans le droit romain primitif, au dire d'Aulu-Gelle ([1]), les XII Tables auraient fixé à 300 jours la durée maxima de la gestation.

Mais on s'accorde à rejeter le témoignage d'Aulu-Gelle. Cet auteur nous rapporte en effet, d'après Pline ([2]), que le préteur Papirius aurait déclaré légitime un enfant né dans le treizième mois après le décès du mari de sa mère. Une telle décision ne se comprendrait pas s'il avait existé une règle formelle posée

---

([1]) Noct. att., III, 16, § 12.
([2]) *Hist. natur.*, VII, 4. Aulu-Gelle, III, 16, § 23.

par les XII Tables. Le préteur ne se serait pas hasardé à la violer. Il est plus probable que les délais ont été introduits par la jurisprudence. Si les renseignements nous manquent pour le droit des premiers temps, nous en possédons pour l'époque classique. La jurisprudence, s'appuyant sur l'autorité d'Hippocrate, décida que les plus courtes gestations ne pouvaient durer moins de **180** jours et que les plus longues ne pouvaient excéder le terme de **300** jours. Telle est la règle que nous trouvons exprimée dans la loi **12.** Dig. I, 5 et dans la loi **3.** § **2,** Dig., XXXVIII, 16. Cf. 29, pr., Dig., XXVIII, 2 et 4 Code Just., VI, 29 (¹).

Ces règles ne paraissent pas avoir été absolument obligatoires pour les magistrats, qui semblent avoir été autorisés à s'en écarter. Ainsi s'expliquerait peut-être la décision du préteur Papirius rapportée par Aulu-Gelle. C'est pour la même raison que l'empereur Adrien a pu déclarer légitime un enfant né dans le onzième mois après le décès du mari, en tenant compte de la vie honorable menée par la mère depuis son veuvage et de la chasteté de ses mœurs.

436. Les règles du droit romain passèrent dans notre ancienne jurisprudence. Elles furent fréquemment invoquées par les auteurs et les décisions des Parlements (²). Mais si les juges s'en inspirèrent souvent, ils ne se considérèrent pas comme absolument liés par elles. Leur liberté d'appréciation resta entière et, suivant les circonstances, on les vit assigner à la grossesse une durée ou plus brève ou plus longue que celle qui était déterminée par les textes du droit romain.

Ainsi un arrêt du Parlement de Provence du 4 mai 1779 admit implicitement la légitimité d'un enfant né **172** jours après la célébration du mariage. Le Parlement s'appuya sur

---

(¹) Il n'y a aucune divergence entre les textes en ce qui concerne la durée maxima de la grossesse. Mais il semble résulter d'un passage des Sentences de Paul (L. IV, tit. IX, § 5) que les plus courtes gestations seraient de sept mois pleins. Ce dernier texte ne nous est parvenu que par l'intermédiaire du bréviaire d'Alaric. Il a été probablement altéré par une erreur du copiste. En lisant « *aut septimo aut pleno decimo* » au lieu de « *aut septimo pleno aut decimo* », on fait disparaître la contradiction qui existe entre le passage des Sentences de Paul et la loi 12, Dig. I, 5, qui est du même auteur. Maynz, *Cours de droit romain*, III, § 319.

(²) V. Merlin, *Rép.*, v° *Légitimité*, sect. II.

l'autorité de certains médecins (¹), d'après lesquels un enfant pouvait naître viable après avoir été porté pendant cinq mois dans le sein de la mère.

C'est surtout en ce qui concerne le calcul des plus longues gestations que la jurisprudence des Parlements s'écarta des principes du droit romain. Les cours de justice avaient du reste pour guide l'autorité des médecins. Nombre de ceux-ci (²) admettaient que la grossesse pouvait durer plus de dix mois ; certains allaient jusqu'au terme de quinze et seize mois. Les tribunaux suivirent les médecins dans cette voie.

Le Parlement de Paris, en 1475, déclara légitime un enfant né plus de onze mois après la disparition du mari. Le même Parlement, le 2 août 1649, reconnut la légitimité d'un enfant né dix mois et neuf jours après l'absence du mari, bien que la mère eût déclaré que cet enfant était le fruit de l'adultère. Le 6 septembre 1653, le Parlement de Paris, prenant en considération l'honorabilité d'une femme veuve, admit que l'enfant dont elle était accouchée onze mois après le décès du mari avait été conçu des œuvres de celui-ci. Enfin, un arrêt du Parlement de Rouen du 8 juillet 1695 décida implicitement que la grossesse peut durer quinze mois (³).

Ces diverses décisions prêtaient à la raillerie. En 1637 fut imprimé et publié un prétendu arrêt du Parlement de Grenoble, jugeant qu'une femme avait pu concevoir par la seule force de son imagination. Cette publication fut déclarée injurieuse par le Parlement de Paris le 13 juin 1637 ; et le Parlement de Grenoble condamna le factum à être brûlé par la main du bourreau le 13 juillet de la même année.

437. Il est incontestable qu'il existait en cette matière une complète anarchie. Les rédacteurs du code ne manquèrent pas d'en être frappés. L'absence de règles précises donnait lieu à de nombreux procès. La légitimité était l'objet de contestations continuelles et la jurisprudence variait à l'infini. Le législateur de 1803 voulut mettre de l'ordre dans ce chaos

---

(¹) Merlin, *loc. cit.*, § I, V.
(²) Merlin, *loc. cit.*
(³) Merlin, *loc. cit.*, § III, IV.

et résolut d'établir des règles simples auxquelles le juge serait désormais tenu de se conformer ([1]).

Le Conseil d'Etat voulut s'appuyer sur les données de la science physiologique. Fourcroy fut chargé de lui présenter un rapport sur la durée de la gestation. Son rapport fut déposé dans la séance du 14 brumaire de l'an X ([2]). Il contenait les conclusions suivantes ([3]) : la durée de la gestation ne peut être inférieure à 186 jours, ni excéder 286 jours. Voulant faire à la légitimité la part la plus large possible, les rédacteurs du code élargirent encore les limites indiquées par le rapport de Fourcroy. Ils fixèrent à six mois la durée *minima* et à dix mois la durée *maxima* de la gestation. A cette époque le calendrier républicain était encore en vigueur; les délais de six et de dix mois comprenaient donc exactement 180 et 300 jours. On revenait ainsi à la règle traditionnelle attribuée à Hippocrate.

Telles sont les données dont le code s'inspira. Il est à remarquer d'ailleurs que les textes de notre code n'indiquent pas d'une manière directe la durée de la gestation. Ils ne disent pas expressément qu'elle est au moins de 180 jours et au plus de 300 jours. Mais ils le laissent à entendre d'une façon très nette.

La loi suppose d'abord que la plus courte gestation est de 180 jours au moins. Cela résulte des art. 312, 313 et 314. Les art. 312 et 313 admettent le désaveu pour cause d'impossibilité physique ou morale de cohabitation. Pour que l'enfant soit rejeté de la famille, il faut que le mari ait été dans l'impossibilité de cohabiter avec sa femme pendant toute la période qui s'étend du 300ᵉ au 180ᵉ jour avant la naissance. Donc, l'enfant a pu être conçu le 180ᵉ jour avant sa naissance.

D'après l'art 314, l'enfant né avant le 180ᵉ jour du mariage peut être désavoué par le mari; il ne le peut pas, s'il est né le 180ᵉ jour après la célébration du mariage. Qu'est-ce à dire, sinon que l'enfant ne peut naître viable que le 180ᵉ jour

([1]) Locré, *Lég. civ.*, VI, p. 39, n. 8; p. 41, n. 15 et p. 289.
([2]) Locré, *Lég. civ.*, VI, p. 50, n. 26.
([3]) Conclusions adoptées par les art. 2 et 3 du projet.

au moins après sa conception ? En d'autres termes, un enfant né viable a été conçu au plus tard le 180° jour avant sa naissance.

Nous disons ensuite que, suivant la présomption légale, la plus longue gestation ne peut excéder le terme de 300 jours. Cela résulte d'abord des art. 312 et 313 déjà cités. C'est aussi la présomption sur laquelle repose l'art. 315 : La légitimité de l'enfant né 300 jours après la dissolution du mariage pourra être contestée, dit ce texte. Donc, l'enfant né le 300° jour est réputé légitime. Autrement dit, la gestation a pu durer 300 jours au maximum.

438. L'époque de la conception se trouve comprise entre les deux termes extrêmes de la gestation. L'enfant a été conçu, d'après la présomption de la loi, dans la période qui s'étend du 180° jour au 300° jour avant la naissance. Cette période a une durée de 120 ou 121 jours, suivant que l'on calcule les délais *de die ad diem* ou *de hora ad horam*. Elle est de 121 jours, si l'on compte *de die ad diem,* car l'enfant a pu être conçu le 300° jour, le 180° jour avant celui de la naissance et tous les jours intermédiaires. Elle comprend 120 jours seulement, si l'on admet le mode de supputation *de hora ad horam.*

439. Comment doivent se calculer les délais de 180 jours et de 300 jours, qui forment les limites extrêmes de la durée légale de la gestation ?

Le mot *jour* qu'on trouve dans la loi peut être pris dans deux acceptions différentes. Il peut désigner un intervalle de 24 heures consécutives, partant d'un moment quelconque. Il peut aussi signifier un jour plein, c'est-à-dire l'espace de temps compris entre minuit et minuit. Si l'on s'en tient à la première acception, on calculera les délais *de momento ad momentum.* La durée maxima de la gestation sera donc de 299 jours pleins et deux fractions de jour égales ensemble à 24 heures, soit 300 fois 24 heures. Et de même, la durée minima comprendra 180 fois 24 heures, calculées de la même manière.

Si l'on interprète le mot jour dans le second sens, on calculera *de die ad diem.* Le délai de la gestation comprendra donc 180 ou 300 jours pleins, comptés de minuit à minuit. Mais alors naît une difficulté : Le jour qui sert de point de départ au délai et celui où se produit l'événement qui en marque le terme doivent-ils être compris dans le délai comme équivalant à des jours pleins, ou convient-il de les négliger? Si l'on adopte la première solution, le délai minimum sera de 178 jours pleins et deux fractions de jour considérées comme deux jours pleins. Dans le cas contraire, il serait de 180 jours pleins et deux fractions de jour. On pourrait encore exclure le *dies a quo* de la computation du délai et y comprendre le *dies ad quem* ou inversement.

440. Des deux procédés, le plus simple est incontestablement celui qui consiste à calculer les délais *de momento ad momentum* ([1]). Dans ce système, on considère l'heure comme une unité indivisible et on compte les délais d'heure à heure, *de hora ad horam*. C'est en ce sens que la jurisprudence s'est d'abord prononcée ([2]). Mais elle paraît aujourd'hui adopter le système adverse, qui a été consacré par un arrêt de la cour de cassation du 8 février 1869 ([3]).

Voici l'espèce qui fut soumise à la cour suprême. Un homme était décédé le 19 mars 1866, à 2 heures du matin ; sa veuve mit une fille au monde, le 13 janvier 1867, à 8 heures et demie du matin, par conséquent, 300 fois 24 heures, plus 6 heures et demie après la mort du mari. Le tribunal de Beaugé, devant lequel l'affaire avait été portée, décida, en comptant *de die ad diem* et en excluant du calcul le jour de la dissolution du mariage, conformément à la règle *Dies a quo non computatur in termino,* que l'enfant devait être considérée comme conçue dans le mariage et, par suite, des œuvres du mari. La cour d'Angers, le 12 décembre 1867, calculant *de hora ad horam,* déclara l'enfant illégitime. Mais

([1]) Bedel, *De l'adultère,* n. 73 ; Valette, *Explic. sommaire du 1er livre du C. civ.,* p. 167 s. et *Cours de C. civ.,* p. 381 ; Laurent, III, n. 391 ; Vigié, I, n. 525 ; Huc, III, p. 14.

([2]) Trib. civ. Arras, 6 mai 1857, D., 58. 2. 138, S., 58. 2. 370. — Poitiers, 24 juill. 1865, D., 65. 2. 129, S., 65. 2. 271. — Angers, 12 déc. 1867, D., 67. 2. 201, S., 68. 2. 39.

([3]) D., 69. 1. 181, S., 69. 1. 215. — Orléans, 3 juin 1869, D., 74. 5. 269, S., 69. 2. 194.

cet arrêt fut cassé par la cour de cassation et, sur renvoi, la cour d'Orléans se prononça dans le même sens que la cour suprême.

En faveur de la solution qui compte les délais *de hora ad horam*, on peut cependant faire valoir des raisons sérieuses.

On peut dire d'abord que ce mode de computation constitue le procédé le plus rationnel. Pour fixer les délais probables de la gestation, les rédacteurs du code civil ont tenu compte de ceux que la nature a établis elle-même. Sans doute, les règles édictées par le législateur reposent sur une fiction ; mais cette fiction doit être entendue dans un sens raisonnable. En cette matière, il ne faut pas faire abstraction complète de la réalité. Or, il est bien certain que la nature ne néglige pas les fractions de jours. L'œuvre de la gestation commence dès l'instant même de la conception, elle progresse de moment en moment, pour se parachever à l'heure de la naissance. On ne peut transporter ici le mode que l'on emploie lorsqu'il s'agit de calculer un délai imparti par la loi pour l'accomplissement d'un acte juridique ou d'un acte de procédure. Dans ce dernier cas, l'on comprend qu'il faille négliger les fractions de jour, car elles peuvent ne pas être utiles pour l'accomplissement de l'acte. Mais cette règle, rationnelle en ce qui concerne cette sorte de délais, n'a pas sa raison d'être en notre matière. Il s'agit ici, non d'un acte dépendant de la volonté humaine, mais bien d'une œuvre de la nature, dont la loi, s'inspirant des données de la science, a essayé de déterminer la durée (¹).

D'autre part, n'est-il pas conforme à l'esprit de la loi que la durée maxima ou minima de la gestation ne puisse varier suivant les circonstances et que tous les enfants soient traités de la même manière ? Or, on arrive au résultat contraire, si l'on compte le délai *de die ad diem,* et non *de hora ad horam.* Suivant, par exemple, que la dissolution du mariage de la mère se sera produite à une heure plus ou moins avancée de la journée, l'enfant né de la veuve sera plus ou moins favorisé (²). Il pourra se faire que, de deux enfants, dont la nais-

(¹) Trib. d'Arras, *supra.*
(²) Valette, *Expl. somm.*, p. 167.

sance a eu lieu après qu'un même nombre d'heures s'est écoulé depuis la mort du mari de leur mère, l'un doive être considéré comme légitime et l'autre soit privé du bénéfice de la légitimité. Il est inadmissible que la même règle ne s'applique pas à tous.

On peut encore reprocher au système généralement admis d'aboutir à des résultats absurdes et manifestement contraires à la réalité. La conception devenant possible aussitôt après la célébration du mariage et cessant de l'être aussitôt après sa dissolution par la mort, logiquement, les délais de 180 jours et de 300 jours doivent courir à dater du moment précis où ces faits se sont accomplis. Pourquoi donc exclure du délai de 180 jours (art. 314) le jour de la célébration du mariage? ce qui semble signifier que la loi considère la conception comme impossible ce jour-là; et pourquoi exclure du délai de 300 jours celui de la dissolution du mariage? ce qui donne à entendre que la loi considère la conception comme possible pendant tout ce jour et, par suite, même pendant les heures de ce jour qui suivent le moment de la mort du mari, chose souverainement absurde (¹).

L'art. 312 permet de désavouer l'enfant pour impossibilité physique de cohabitation pendant la période légale de la conception. Eh bien, supposons que, pendant cette période, il y ait eu, un seul jour, possibilité de rapprochement entre les époux. L'enfant ne peut être désavoué; la loi présume donc qu'il a été conçu précisément le jour où les époux ont pu se rapprocher. Exclure ce jour du délai est contraire à la loi. Cela revient à présumer que la conception n'a pas pu avoir lieu ce jour-là (²).

Au soutien de l'opinion généralement admise, on invoque les art. 2260 et 2147 du code civil. Mais l'art. 2147 vise un cas tout spécial. Quant à l'art. 2260, il ne formule pas de règle générale, mais statue seulement en vue de la prescrip-

---

(¹) Laurent, III, n. 391.

(²) Ces arguments n'ont de valeur que si l'on exclut le *dies a quo* de la computation du délai. Pour y échapper, certains auteurs, qui calculent d'ailleurs *ae die ad diem*, ont proposé de comprendre le *dies a quo* dans le délai, contrairement à la règle *dies a quo non computatur in termino. Infra*, n. 442.

tion (¹). Or, les dispositions légales relatives aux droits compris dans le patrimoine ne doivent pas, à notre avis, être étendues à l'état des personnes. D'ailleurs, les motifs qui ont fait édicter l'art. 2260 ne se retrouvent plus, du moins avec le même degré de force, dans la matière qui nous occupe. Les faits de possession, qui servent de base à une prescription que l'on prétend accomplie, remontent à une date très éloignée, souvent trente ans. Etablir à un jour près, et presque toujours par la preuve testimoniale, le moment où ces faits se sont produits, est déjà chose difficile ; les établir à une heure près serait tout à fait impossible. De là la règle de l'art. 2260. Mais la difficulté n'existe pas, quand il s'agit de préciser la date des faits qui servent de point de départ au délai de 180 ou de 300 jours de l'art. 312. Outre que le moment précis où ces faits se sont accomplis sera souvent indiqué dans un acte authentique, comme l'heure de la naissance, par exemple, dont l'acte de naissance fera presque toujours mention (art. 57), dans les cas où ce document fera défaut, la preuve testimoniale fournira ordinairement des indications certaines, soit parce que les faits dont il s'agit de prouver la date précise ont eu de nombreux témoins, — nous songeons au mariage, — soit parce qu'ils étaient de nature à frapper vivement les quelques témoins qui les ont constatés, comme il arrive pour un décès.

On peut enfin ajouter que les textes spéciaux à la filiation sont en faveur de la solution qui compte les délais *de momento ad momentum* et non *de die ad diem*. L'art. 315 dit : « trois cents jours *après la dissolution* du mariage » et non, comme il l'aurait fallu si le législateur avait voulu que le délai se calculât *de die ad diem : après celui de la dissolution* du mariage. Même manière de parler dans l'art. 314, où on lit : « L'enfant né *avant le cent quatre-vingtième jour du mariage...* », et non l'enfant né *avant le cent quatre-vingtième jour à dater de celui du mariage* », et dans l'art. 312, qui dit : « *avant la naissance de l'enfant* » et non *avant celui de la naissance*. Or, le premier jour du mariage, ce sont les

(¹) Laurent, III, n. 391.

24 heures qui se sont écoulées depuis la célébration; le premier jour avant la naissance, ce sont les 24 heures qui précèdent immédiatement la naissance. C'est ce délai qu'il faut
multiplier par 180 ou par 300 pour obtenir les délais dont il
est question aux art. 312 et 314.

Il semble donc résulter des textes, comme des motifs de la
loi, qu'il faut compter *de momento ad momentum* et non *de
die ad diem*. Dans l'espèce soumise à la cour de cassation,
entre la dissolution du mariage et la naissance de l'enfant, il
s'était écoulé trois cents fois vingt-quatre heures, plus six heures et demie. Ne s'ensuivait-il pas que l'enfant devait être
réputé conçu hors mariage et, par suite, illégitime?

441. Cependant, le système de supputation *de die ad diem*
a rallié la majorité des suffrages (¹). A l'appui de ce système,
on invoque les arguments suivants :

L'opinion qui vient d'être développée se méprend sur la
portée de la présomption légale. Elle attribue à celle-ci la
valeur d'une loi physiologique. Or il n'en est rien. Le législateur a voulu simplement établir une règle commode, s'imposant au juge et destinée à mettre fin aux incertitudes de
l'ancien droit. Sans doute, il a tenu compte des données de
la science, mais il ne s'y est pas absolument conformé. Il a
élargi les bases indiquées dans le rapport de Fourcroy. Par
conséquent, il faut prendre pour ce qu'elle est la disposition
de la loi. C'est une pure fiction, qu'il n'y a pas à essayer de
faire cadrer avec la réalité. Ces délais que le code a fixés sont
« *des à peu près* » (²). Il ne faut pas leur demander autre chose.

Dès lors, le système qui compte *de die ad diem* échappe
au reproche d'absurdité qu'on lui a adressé. Exclure du délai
le *dies a quo* et calculer de jour à jour, cela ne revient pas à
dire que la conception doit être considérée comme impossible le jour du mariage, ou comme possible après la dissolution du mariage ou alors qu'il y a eu impossibilité de rap-

---

(¹) Duranton, III, n. 44 ; Zachariæ, I, p. 294, note 4 et p. 300, note 31 ; Marcadé,
sur l'art. 312, n. 2 ; Demolombe, V, n. 18 ; Arntz, I, n. 505 ; Aubry et Rau, VI,
§ 545, p. 28 s. ; Griolet, *Revue pratique*. 1868, XXV, p. 407 ; D., *J. G.*, vᵒ *cit.*, n. 27,
Suppl., n. 12 ; Planiol, I, n. 2105. Valette a d'abord admis ce système dans ses
notes sur Proudhon, II. p. 26, note A.

(²) Planiol, I, n. 2105.

prochement. Cela signifie simplement que la fraction de jour où la conception a été possible s'ajoute au délai sans en augmenter la durée. Autrement dit, cette fraction de jour où la conception a pu avoir lieu doit être négligée dans le calcul. La loi n'en tient pas compte. Elle pouvait bien procéder ainsi. Le législateur fixe, comme il l'entend, les délais qu'il établit. Ainsi compris, son système est tout à fait rationnel. Le délai minimum est de 180 jours ; le délai maximum de 300 jours pleins (¹), plus une fraction de jour négligée dans le calcul. Cette fraction c'est le *dies a quo*.

D'ailleurs, ajoute-t-on, le système adverse n'est pas non plus exempt de tout reproche. Pour être logiques, ses partisans devraient compter non par heures, mais par minutes (²) ou même par secondes. Dès lors qu'ils ne vont pas jusque-là, ils ne peuvent pas reprocher à leurs contradicteurs de compter par jours pleins, si c'est plus commode que de compter par heures.

A ceux qui prétendent, pour justifier le mode de computation *de hora ad horam*, qu'il est toujours possible et souvent même facile de prouver à une heure près le moment où se sont accomplis les faits qui servent de point de départ aux délais ou qui en marquent le terme, on répond que cela est vrai pour la naissance, la célébration du mariage ou sa dissolution, mais non pour d'autres faits qu'il y a lieu de prendre en considération. Il est impossible ou du moins très difficile de déterminer l'heure exacte à laquelle a commencé ou a pris fin l'impossibilité de cohabitation entre les époux (art. 312), ou d'établir, avec la même précision, la date de la réconciliation des époux (art. 313) ( ).

A tout prendre, des deux modes de calcul, il est donc préférable d'adopter celui qui offre, au point de vue pratique, le plus de commodité.

(¹) Ceci n'est vrai que si l'on exclut des délais le *dies ad quem*. Mais on est d'accord pour le comprendre dans le délai, en le comptant pour un jour plein. De telle sorte que, dans le système généralement adopté, les délais sont de 179 et 299 jours pleins, plus deux fractions de jour : l'une, négligée dans le calcul, qui est le *dies a quo*, l'autre, comptée pour un jour plein, et complétant les délais de 180 ou 300 jours; c'est le *dies ad quem*.

(²) Planiol, I, n. 2105.

(³) Arntz, I, n. 505.

D'ailleurs les textes n'y sont pas contraires. En admettant qu'il n'y ait aucun argument à tirer des art. 2147 et 2260 contre l'opinion qui compte *de hora ad horam*, les textes invoqués par cette opinion ne sont aucunement probants. Elle attache une importance exagérée aux expressions dont les rédacteurs du code se sont servis (*naissance* au lieu de JOUR *de la naissance; mariage* au lieu de JOUR *du mariage; dissolution* au lieu de JOUR *de la dissolution*). En effet les rédacteurs des divers codes se sont exprimés de la même manière dans des cas où certainement il y a lieu de compter *de die ad diem* et non *de hora ad horam*. On en peut citer de nombreux exemples dans le code de procédure civile (art. 20, 435, 486). En outre, d'après l'art. 55 C. civ., la déclaration de naissance doit être faite « *dans les trois jours de l'accouchement* » et, d'un accord unanime (¹), on considère ces expressions comme équivalant à celles-ci : « *dans les trois jours à dater de celui de l'accouchement* ». Donc la loi a pu dire, dans l'art. 315 « après la dissolution » pour « après le jour de la dissolution » et l'on peut interpréter de manière analogue les termes dont elle se sert dans les art. 312 et 314.

Les textes relatifs à la filiation ne fournissent aucun argument en faveur du système qui compte *de hora ad horam*. On peut, au contraire, les invoquer au soutien de l'opinion adverse. Les délais légaux sont de **180** ou de **300** *jours*. Le mot « *jour* » doit, tant qu'il n'est pas clairement démontré que le législateur a voulu lui donner une autre acception, s'entendre dans le sens qu'il revêt d'ordinaire. Or, dans le langage courant, il désigne le jour civil, le jour du calendrier, l'intervalle compris entre deux minuits, indiqué par son nom dans la semaine, par son quantième dans le mois (²). Il est naturel de penser que, lorsque la loi a établi un délai d'un certain nombre de jours, elle a voulu qu'on le calcule *de die ad diem*. Si elle avait voulu que l'on comptât par heures, elle n'aurait pas manqué de le dire. Cpr. l'ancien art. 59 et les art. 77, 80, 86 C. civ., **125, 209, 233, 242, 322, 436, 480** C. co., etc.

(¹) V. not. Huc, I, p. 343.
(²) Merlin, *Rép.*, vᵗᵉ *Date*, n. 2, et *Jour*, n. 1. — Cass., 8 fév. 1869, *supra*.

Enfin, il résulte de l'art. 314 du code civil que l'enfant né le 180ᵉ jour du mariage est légitime. Par conséquent, s'il fallait compter *de hora ad horam* et non *de momento ad momentum,* le délai minimum de la gestation serait de 179 fois et non de 180 fois 24 heures. Ce procédé de calcul va donc à l'encontre de l'art. 314, tandis que la disposition de ce texte s'explique aisément, si l'on adopte l'autre manière de voir.

442. Tels sont les arguments que l'on a fait valoir en faveur du système admis généralement. Les partisans de ce mode de calcul, d'accord sur le principe, se partagent lorsqu'il s'agit de résoudre la question de savoir si le *dies a quo* et le *dies ad quem* doivent être compris dans le délai ou s'il faut les en exclure. Trois solutions ont été proposées.

I. Les uns (¹) guidés par le souci des intérêts de l'enfant, appliquent des règles différentes pour le délai minimum et le délai maximum.

En ce qui concerne le calcul du délai minimum, ils y comprennent et le *dies a quo* et le *dies ad quem*. Ce délai serait donc, pour eux, de 178 jours pleins, plus le jour civil de la célébration du mariage et le jour civil de la naissance. Le jour de la naissance doit être compté dans le délai. L'art. 314 dit en effet que : « *L'enfant né avant le 180ᵉ jour du mariage* » peut être désavoué ; donc l'enfant né le 180ᵉ jour ne peut pas être désavoué. Le 180ᵉ jour du délai minimum est celui où la naissance a eu lieu. De même le jour de la célébration fait partie du délai, car on lit dans l'art. 314 : « *le 180ᵉ jour* DU MARIAGE ». Le premier jour du mariage est le jour où le mariage a été célébré. C'est le premier jour du délai.

Pour le calcul du délai maximum, les mêmes auteurs proposent de compter le jour de la naissance et d'exclure le jour de la dissolution du mariage. Il faut compter le jour de la naissance, car il résulte de l'art. 315 que l'enfant est légitime s'il est né le 300ᵉ jour après la dissolution ; donc le dernier jour du délai est celui de la naissance. Le jour de la dissolution doit être exclu ; car l'art. 315 dit : « *300 jours* APRÈS LA DISSOLUTION ». Or, le premier jour après la dissolution, c'est le

---

(¹) Duranton, III, n. 44 ; Marcadé, sur l'art. 312, n. 2 ; Massé et Vergé sur Zachariæ, I, p. 294 et 296, notes 4 et 19.

lendemain du jour où le mariage a été dissous. Dès lors, il convient de généraliser et de dire que le *dies a quo* doit être exclu du délai et que le *dies ad quem* doit y être compris.

II. Dans une autre opinion ([1]), il faut toujours compter et le *dies a quo* et le *dies ad quem*, soit pour le calcul du délai minimum, soit pour la computation du délai maximum.

III. Généralement ([2]) l'on décide qu'il y a lieu, dans tous les cas, d'exclure le *dies a quo* et de compter le *dies ad quem*.

C'est, dit-on, de cette manière, que les délais se calculent d'ordinaire (arg. art. **2260** et **2261**).

De plus, c'est le mode de calcul indiqué par les textes relatifs à la filiation. Il résulte des art. **314** et **315** que le dernier jour du délai est celui où l'enfant est né; donc le *dies ad quem* est compris dans le délai. L'art. **315** nous indique que le premier jour du délai maximum est le lendemain de celui où la dissolution a eu lieu. Le texte dit : « *Trois cents jours après la dissolution* ». S'il avait dit : un jour après la dissolution, pourrait-on raisonnablement soutenir que le délai expire le jour même de la dissolution? Evidemment non. Par conséquent, ce mode de calcul, inadmissible pour un délai d'un seul jour, doit être rejeté pour un délai de trois cents jours. L'art. **315** commandant d'exclure le *dies a quo,* quand il s'agit de calculer le délai maximum, il faut appliquer la même règle pour le délai minimum. L'art. **312** embrasse en effet les deux délais dans la même disposition. On ne comprendrait pas qu'on suivît pour chacun une règle différente.

Maintenant que signifient les mots : « *180ᵉ jour* DU MARIAGE » de l'art. **314**? On peut interpréter le texte comme s'il avait dit : « A PARTIR *du mariage* » ([3]). Le premier jour à partir du mariage est le lendemain de celui où a eu lieu la célébration. Du reste, puisqu'il faut compter par jours pleins, le premier jour du mariage n'est pas celui de la célébration ; ce jour en effet n'est pas un jour complet.

([1]) Toullier, II, n. 792.

([2]) Demante, *Cours anal.*, II, n. 38 *bis,* I et II; Duvergier sur Toullier, II, n. 792, note *a ;* Ducaurroy, Bonnier et Roustain, I, n. 430; Demolombe, V, n. 19; Aubry et Rau, VI, § 545, p. 29, note 7 et p. 40; Arntz, I, n. 505; Planiol, I, n. 2105; *J. G.,* vᵒ *cit.,* n. 28, *Suppl.,* n. 12.

([3]) Demante, *Cours anal.*, II, n. 38 *bis*, II.

En définitive, dans l'opinion générale, la durée minima de la grossesse est de **179** jours pleins, plus une fraction de jour, qui est le jour de la naissance et qui est comptée pour un jour plein. De même la durée maxima est de **299** jours pleins, plus le jour de la naissance, qui est le **300ᵉ** du délai. Le **180ᵉ** jour du délai minimum et le **300ᵉ** du délai maximum appartiennent tout entiers à l'enfant. Celui-ci est légitime, qu'il naisse à la première minute du 180ᵉ jour ou à la dernière du 300ᵉ jour (¹).

443. Nous avons vu quelles sont les présomptions légales relatives à la durée de la gestation et à l'époque probable de la conception. Il nous reste à en déterminer la nature et la portée.

En fixant le délai minimum et le délai maximum de la grossesse et en indiquant la période dans laquelle doit se placer la conception, les rédacteurs du code civil ont marqué nettement leur volonté d'assurer la stabilité de l'état et d'enlever aux juges le pouvoir arbitraire d'appréciation que leur reconnaissait l'ancien droit. S'inspirant des intérêts supérieurs de la société et des intérêts de l'enfant, ils ont voulu faciliter la preuve de la filiation légitime. Ils ont voulu que l'enfant soit réputé conçu au jour de la période légale où sa conception doit lui assurer le bénéfice de la légitimité. Il suffit que la conception puisse, d'après les règles de la loi, se placer au cours du mariage, pour que l'enfant soit considéré comme conçu en mariage. Cela résulte à l'évidence des art. **312** et s. L'enfant est légitime, dès que sa mère s'est trouvée mariée à un moment quelconque de la période légale de la conception. Et par une conséquence nécessaire, le mari de sa

---

(¹) Les législations étrangères ont, pour la plupart, fixé à 180 et 300 jours la durée minima et la durée maxima de la gestation. Codes portugais, art. 101 s. ; italien, 160; néerlandais, 305 s.; espagnol, 108. D'après l'art. 138 du code civil autrichien, sont présumés légitimes les enfants nés dans le septième mois après la célébration du mariage, ou dans le dixième après la dissolution ou l'annulation du mariage. Le code civil allemand s'écarte assez notablement de la règle admise par notre législation. Il dispose, dans son § 1592 : « est réputée époque de la conception la période qui s'étend du 181ᵉ jour au 302ᵉ jour avant celui de la naissance, y compris le 181ᵉ et le 302ᵉ jour. Mais si l'on peut prouver que l'enfant a été conçu pendant une période qui va au-delà du 302ᵉ jour avant celui de la naissance, cette période est réputée époque de la conception en faveur de la légitimité de l'enfant. »

mère est présumé être son père. Cette double présomption a fait l'objet principal des préoccupations du législateur. Il suffit, pour s'en convaincre, de lire les dispositions contenues dans nos textes. L'art. 312, 1ᵉʳ al. pose le principe : l'enfant conçu en mariage a pour père le mari. Puis, l'al. 2 de cet article et les articles suivants nous indiquent dans quels cas l'enfant doit être présumé conçu en mariage. Il est remarquable, nous l'avons déjà noté, que la loi ne fixe pas directement la durée de la gestation. Cette détermination résulte indirectement de l'ensemble de ses prescriptions.

Les règles édictées par le code ont le caractère de règles d'ordre public. Elles s'imposent impérieusement aux juges, qui ne peuvent s'en écarter. Elles s'imposent également aux particuliers, conformément à l'art. 6 C. civ.

Nul ne sera donc admis à prétendre que la gestation a duré plus de 300 jours, ou moins de 180 jours, soit pour exclure un enfant de la famille légitime, soit même pour lui faire reconnaître l'état d'enfant légitime ([1]). Ainsi, les époux ayant été dans l'impossibilité d'avoir entre eux des rapprochements dans la période qui s'étend du 300ᵉ au 180ᵉ jour avant la naissance de l'enfant, celui-ci ne pourra demander à démontrer qu'il a été conçu en réalité avant le commencement ou après la fin de cette période. Inversement, si, à la même époque, les époux ont pu se rapprocher, on ne pourra soutenir que l'enfant n'est pas légitime, comme ayant été conçu à un autre moment (art. 312, 313). De même, dans le cas prévu par l'art. 314, il ne sera pas permis de prouver que la gestation a duré moins de 180 jours, ou que l'enfant né le 180ᵉ jour du mariage ou plus tard a été conçu avant la célébration. Enfin, si la naissance de l'enfant est postérieure à la dissolution du mariage (art. 315), il sera nécessairement réputé conçu au cours de l'union conjugale, s'il est né dans les 300 jours qui suivent le divorce ou la mort du mari.

Tel est le principe. Ne comporte-t-il pas de tempéraments?

444. Il est certain, tout d'abord, qu'il ne faut pas pousser jusqu'à l'absurde le respect des présomptions légales. Ce

([1]) Cpr. Code civ. allemand, § 1592.

serait méconnaître l'intention évidente du législateur. Une femme mariée accouche peu de jours après la dissolution de son mariage. Puis elle met au monde un nouvel enfant dans les 300 jours depuis son divorce ou son veuvage. L'enfant ne peut être présumé conçu en mariage, ni des œuvres du mari. La présomption de l'art. 315 doit être rejetée comme conduisant à une énormité.

445. Il est des hypothèses qui donnent lieu à plus de difficultés. Que faut-il décider dans les cas où, par application même des règles de la loi, deux filiations également légitimes peuvent être réclamées par l'enfant? Faut-il alors restituer au juge sa liberté d'appréciation? Doit-on imposer à l'enfant telle ou telle des deux filiations entre lesquelles il est possible d'opter? Convient-il de permettre à cet enfant de choisir la filiation qu'il juge la plus avantageuse? La question peut se présenter dans plusieurs hypothèses que nous allons examiner successivement.

446. PREMIÈRE HYPOTHÈSE. — Une femme veuve ou divorcée se remarie avant l'expiration du délai de 10 mois dont l'observation lui est imposée par les art. 228 et 296. Elle met au monde un enfant dans les 300 jours qui suivent la dissolution de son premier mariage et le 180ᵉ jour au plus tôt après la célébration du second. D'après les présomptions légales, l'enfant a pu être conçu au cours de la première ou de la seconde union; il peut appartenir au premier ou au second mari. Il y a confusion de part, *turbatio sanguinis*. Quelle est sa filiation (¹).

La question qui nous occupe a exercé la sagacité de nos anciens juristes. Les commentateurs du droit romain ont proposé jusqu'à cinq systèmes, qui nous sont rapportés par

(¹) Remarquons que la question peut se poser, quelqu'opinion que l'on adopte sur la validité du deuxième mariage. Le considère-t-on comme valable, le choix est possible entre deux filiations légitimes. Le tient-on pour nul, il en est de même si le mariage a été déclaré putatif. C'est dans le cas seulement où les deux époux ont été de mauvaise foi que l'hésitation n'est pas permise. Dans cette dernière hypothèse, en effet, si l'enfant est rattaché au premier mariage, il est légitime; sa filiation est naturelle, si on l'attribue au second. Il faut faire pencher la balance en faveur de la légitimité et le réputer conçu pendant le mariage valable et des œuvres du premier mari (art. 312).

Voët ([1]). Les jurisconsultes coutumiers ont moins discuté sur ce point, étant donné le pouvoir reconnu aux tribunaux pour déterminer l'époque de la conception. Il paraît cependant qu'en fait, l'enfant était généralement attribué au second mariage ([2]).

Les interprètes du code civil décident en général que les présomptions légales doivent être écartées, parce qu'elles se neutralisent. D'après les règles de la loi, l'enfant peut appartenir au premier mari aussi bien qu'au second. Il ne faut donc en tenir aucun compte. Les tribunaux prononceront d'après les circonstances et les faits de la cause. Par exemple, l'état physique de l'enfant au moment de sa naissance leur fournira des indications qui leur permettront de déterminer la durée de la grossesse et l'époque probable de la conception. Au cas de doute invincible, c'est la solution la plus avantageuse à l'enfant qui devra l'emporter ([3]).

Ce système se heurte à de très graves objections. Il a le défaut de ressusciter l'arbitraire du juge, dont les décisions, en cette matière, ne présentent le plus souvent aucun caractère de certitude. Il est contraire aux intentions formelles des rédacteurs du code civil, qui ont entendu enlever aux tribunaux toute liberté d'appréciation. Nous devons donc le rejeter et nous en tenir à une règle invariable ([4]) dont l'application peut, sans doute, dans certains cas, choquer l'équité, mais qu'il est nécessaire de proclamer pour éviter les inconvénients dont l'ancien droit nous offrait le spectacle. Mais quelle règle convient-il d'adopter ?

Demolombe ([5]) a proposé la doctrine suivante : l'enfant

([1]) *Comment. ad Pandect. tit. de his qui sui vel alieni juris sunt*, § 9.

([2]) Parlement de Paris, 10 juin 1664, arrêt rapporté par Ferrière, *Dictionn.*, vᵛ *Secondes noces*. — V. aussi Guy du Rousseaud de Lacombe, *Répert.*, vᵒ *Enfant*, n. 8 ; Bouvot, *Quest. not.*, 2ᵉ partie, vᵒ *Enfant*, I, p. 69.

([3]) Delvincourt, I, p. 127 ; Marcadé, sur l'art. 228, n. 2 ; Proudhon, *Traité des personnes*, et Valette sur Proudhon, II, p. 49-51 ; Duranton, III, n. 63 ; Duvergier sur Toullier, II, n. 666 ; Zachariæ, I, p. 214, note 9 et p. 297, note 21 ; Aubry et Rau, VI, § 545, note 74 ; Demante, I, n. 442.

([4]) D'après le § 1600 du code civil allemand, l'enfant est réputé du premier mari s'il est né moins de 270 jours après la dissolution du premier mariage et enfant du second dans le cas contraire.

([5]) Demolombe, V, n. 93-94. En ce sens, D., *J. G.*, vᵒ *Paternité*, n. 91.

doit être réputé conçu dans le second mariage et des œuvres du deuxième mari. Cette solution est conforme à la morale. Comment supposer que la femme, étant enceinte, ait consenti à se remarier? Elle a pour elle les probabilités. L'enfant est né dans le deuxième mariage. Cette circonstance donne plus de poids à la présomption légale qui milite en faveur de cette union. Alors même que l'enfant aurait vu le jour après le décès du second mari de sa mère, il reste toujours qu'il est né après la célébration du deuxième mariage et de la veuve du deuxième mari. En fait, d'ailleurs, il est bien probable que la femme ne se serait pas remariée si elle avait été enceinte de son premier mari. Enfin, le plus souvent, l'enfant aura été déclaré comme issu de la nouvelle union ; sa possession d'état sera en ce sens; il aura un titre et une possession conformes.

Cela ne revient pas, ajoute le savant auteur, à détruire la présomption légale qui rattache l'enfant au premier mariage. Mais cette présomption est tenue en échec par une autre présomption en sens contraire. Entre les deux, il faut choisir celle qui est la plus forte.

Il y a un cas cependant où, d'après Demolombe, l'enfant devrait être présumé conçu dans le premier mariage. C'est celui où il est né moins de 180 jours après la célébration du deuxième. Sans doute, d'après l'art. 314, l'enfant est censé conçu au jour de la célébration de ce mariage (¹). Mais cette fiction est bien moins vraisemblable que l'autre et elle doit être écartée (²).

Nous ne croyons pas que ce système puisse être accepté. Sans doute il ne mérite pas les mêmes critiques que le système précédent, mais il n'est pas non plus entièrement satisfaisant. Il nous paraît contraire au système de la loi de considérer une des deux présomptions en conflit comme plus vraisemblable que l'autre. C'est faire intervenir des considérations de fait que le législateur a voulu rejeter. Les deux présomptions, aux yeux de la loi, ont exactement la même

---

(¹) C'est ainsi, comme nous le verrons, que Demolombe interprète l'art. 314.
(²) Dans le même sens, Demante, II, n. 442, p. 301.

force. D'autre part, on peut faire remarquer que les considérations mêmes sur lesquelles on s'appuie ne sont pas absolument décisives. La femme, dit Demolombe, ne se serait pas
remariée étant enceinte! Mais elle a pu ignorer son état de
grossesse. Bien plus, elle a pu en avoir connaissance et avoir
néanmoins contracté un nouveau mariage. Si l'enfant est né
après le décès du deuxième mari, qu'importe que sa mère soit
veuve de son deuxième époux? Ne l'est-elle pas aussi du premier? La qualité la plus récente n'efface pas la plus ancienne.
Si la naissance a eu lieu du vivant du second mari, cette circonstance nous paraît indifférente. Le fait de la naissance en
mariage n'a d'importance au point de vue de la légitimité que
dans une seule hypothèse : celle qui est prévue par l'art. 314.
Or c'est précisément dans ce cas que Demolombe n'en tient
pas compte. L'enfant peut avoir été déclaré sous le nom du
deuxième mari? Mais c'est la loi qui désigne le père, ce ne
sont pas les comparants. S'il avait été inscrit sur les registres
de l'état civil comme enfant du premier époux, faudrait-il
donc en tenir compte? Il peut y avoir concours du titre et de
la possession d'état, en faveur du premier mariage aussi bien
qu'en faveur du second. Enfin les considérations morales
invoquées par l'auteur pourraient influencer un législateur;
mais l'interprète n'a pas à s'en inspirer.

Nous croyons que la solution la plus conforme au système
de la loi est la suivante. L'enfant est certainement légitime.
On ne peut le déclarer illégitime. La seule difficulté est de
savoir quel est celui des deux époux qui doit être réputé son
père. Il faut abandonner le choix à l'enfant, qui se détermi-
nera d'après son intérêt. Il placera sa conception au jour de
la période légale qui lui confère la filiation la plus avantageuse. Du reste, il sera seul juge de son intérêt. Personne
ne pourra critiquer le choix qu'il aura fait.

Les présomptions légales ont été, en effet, nous l'avons vu,
écrites dans l'intérêt de la légitimité. L'enfant a le droit de
se dire légitime, du moment qu'il a pu être conçu en mariage.
C'est un droit que la loi lui reconnaît et dont il ne peut être
privé. Dans l'hypothèse que nous envisageons, si l'enfant se
prétend conçu au cours du premier ou du second mariage,

s'il opte pour une des deux filiations, quelle objection péremptoire peut lui être adressée? Le tribunal ne peut repousser sa demande, car l'enfant se prévaut d'un droit reconnu par la loi. Les adversaires de l'enfant ne peuvent combattre la prétention de celui-ci. L'enfant a prouvé sa filiation en invoquant la présomption légale. Ses adversaires ne pourraient avoir gain de cause contre lui qu'en démontrant que cette présomption ne répond pas à la réalité. Il ne leur suffirait pas de dire que l'enfant a pu être conçu au cours de l'autre mariage dont il ne se réclame pas. Cela ne détruirait aucunement la preuve faite par l'enfant.

On nous objecte que nous permettons à l'enfant de « faire lui-même son père ». Il n'en est rien. L'enfant ne fait pas son père. C'est la loi qui le fait. Elle a établi une présomption qui indique quel est le père. L'enfant n'a fait qu'invoquer la présomption légale. Ce n'est pas sa volonté qui crée sa filiation. C'est la volonté du législateur ([1]).

L'espèce que nous venons de discuter ne s'est pas présentée devant les tribunaux. Mais ceux-ci ont été appelés à trancher la question dans une hypothèse voisine, que nous allons maintenant examiner.

447. DEUXIÈME HYPOTHÈSE. — Un enfant naît du 181° au 300° jour après la dissolution du mariage de sa mère. Puis celle-ci et un homme le reconnaissent pour leur enfant naturel. Il nous paraît certain, bien que cela ait été discuté, que la reconnaissance dont il a été l'objet n'enlève pas à l'enfant le droit de se dire légitime et issu du mari de sa mère. Mais supposons que les auteurs de la reconnaissance se marient. Quel est alors l'état véritable de l'enfant? La cour de Paris, par un arrêt du 16 juillet 1839 ([2]), a jugé que l'enfant n'avait à être légitimé par le mariage subséquent de ceux qui l'avaient reconnu. La présomption de l'art. 315 est d'ordre public, dit la cour. Or, d'après cette présomption, l'enfant a été conçu pendant le mariage de sa mère et des œuvres du mari de celle-ci. L'état de l'enfant était définitivement fixé

---

[1] En ce sens, Laurent, III, n. 388; Arntz, I, n. 527 *in fine*.
[2] J. G., v° *Paternité*, n. 94, S., 39. 2. 274.

au moment de sa naissance. La reconnaissance qu'un tiers a faite de cet enfant était donc nulle, car, en la supposant vraie, elle révélait une filiation adultérine. L'enfant n'a pu être légitimé. La seule filiation qui lui appartienne légalement, c'est l'état d'enfant légitime de sa mère et du premier mari de celle-ci. Il ne peut en réclamer une autre (¹).

L'arrêt de la cour de Paris fut cassé (²) pour les motifs suivants. L'art. 315 dispose manifestement en faveur de l'enfant, puisqu'il lui permet de conserver (provisoirement il est vrai) le bénéfice de la légitimité quand il est né 300 jours après la dissolution du mariage. On ne peut retourner contre l'enfant une règle établie dans l'intérêt de sa légitimité. L'enfant peut donc, la loi l'y autorise, se dire conçu après la dissolution, lorsqu'il s'agit pour lui de réclamer une autre filiation légitime. Dans l'espèce, l'enfant étant mort en possession de l'état d'enfant légitime du second mari de sa mère, on pouvait dire qu'il avait consommé son choix.

Sur renvoi, la cour d'Orléans (³) s'est prononcée dans le même sens (⁴).

Comme on le voit, c'est la solution proposée par nous que la jurisprudence a consacrée, dans une hypothèse beaucoup moins favorable que celle à propos de laquelle nous l'avons présentée. La même solution doit logiquement être donnée dans deux autres espèces où il s'agit également de légitimation.

1° Un enfant est né du 181ᵉ au 300ᵉ jour après la dissolution du mariage de sa mère, qui s'est remariée avant l'expiration du délai de viduité. Sa naissance a eu lieu moins de 180 jours après la célébration du deuxième mariage. Exerçant son droit d'option, il pourra revendiquer la paternité du deuxième mari, invoquant ainsi la fiction de l'art. 314. Bien entendu, si le second mari le désavoue, il est nécessairement considéré comme l'enfant du premier.

2° Un enfant est né après le 179ᵉ et, au plus tard, le 300ᵉ jour

(¹) En ce sens. D., *J. G.*, v° *cit.*, n. 94.
(²) Cass., 23 nov. 1842, *J. G.*, *loc. cit.*, S., 43. 1. 405.
(³) *J. G.*, *loc. cit.*, S., 43. 3. 399.
(⁴) En ce sens Laurent, III, n. 389 ; Aubry et Rau, VI, § 545, p. 41 et notes 42 à 44.

depuis la célébration du mariage de sa mère. Il est reconnu par un homme qui ensuite se marie avec la mère divorcée ou devenue veuve. L'enfant pourra choisir une des deux filiations légitimes que lui offre la loi. Il lui sera permis de se dire conçu avant la célébration du premier mariage ou au cours de cette union (¹).

Demolombe, approuvant la jurisprudence dont nous venons de déduire les conséquences, va même beaucoup plus loin que la cour de cassation (²). Il reconnaît non seulement à l'enfant, mais aussi aux tiers, le droit de soutenir que la conception n'a pas eu lieu en mariage, à la condition de fournir la preuve légale que cet enfant a une autre filiation, même naturelle. En effet, la reconnaissance d'un enfant naturel fait présumer la filiation naturelle. Cette présomption se heurte à celle des art. 312 s. De ces deux présomptions contraires, il faut choisir celle que les faits permettent de considérer comme la plus vraisemblable. Maintenant quand la présomption opposée à celle des art. 312 et s. sera-t-elle la plus forte ? Demolombe n'a pas sur ce point une doctrine bien nette. D'après lui, la présomption de légitimité est ébranlée, si l'enfant est reconnu par sa mère et son prétendu père et surtout s'ils l'ont légitimé. Mais il n'en est pas de même, s'il est reconnu par sa mère seule, ou par un tiers sans l'indication et l'aveu de la mère. Ce système paraît assez arbitraire. Il est plus sûr de s'en tenir au principe que nous avons posé : l'enfant peut, dans la période légale, choisir lui-même le jour de sa conception, dans le but de réclamer une filiation légitime. Ce principe trouve son application dans une troisième hypothèse.

448. TROISIÈME HYPOTHÈSE. — Une femme mariée contracte un nouveau mariage, du vivant de son mari. Un enfant naît après le 179ᵉ et, au plus tard, le 300ᵉ jour de ce mariage. Il a pu être conçu avant ou après la célébration. D'après Demolombe, qui reproduit ici le système, exposé plus haut, l'enfant doit toujours être attribué au second mari, même si le mariage

---

(¹) Aubry et Rau, *loc. cit.*
(²) Demolombe, V, n. 96.

bigamique n'a pas été déclaré putatif et sa filiation est adultérine ([1]). Nous croyons qu'il faut distinguer. Si le mariage
est jugé putatif, l'enfant pourra opter. Dans le cas contraire,
il ne le pourra pas. Il sera présumé issu des œuvres du premier mari; on ne pourra placer sa conception au cours du.
mariage annulé, car ce serait réclamer une filiation adultérine. Du reste, dans les deux cas, il faut tenir compte du
droit de désaveu qui appartient au mari.

CHAPITRE III

DE LA FILIATION MATERNELLE

449. Le code indique, dans les art. 319 et s., trois modes
de preuve de la filiation maternelle et il en fait le classement
par ordre de préférence. Ces modes sont l'acte de naissance,
la possession d'état et la preuve testimoniale ([2]).

De ces trois modes, le premier et le troisième sont certainement relatifs à la maternité seule. Ils servent à constater
un fait personnel à la mère, le fait de l'accouchement. Quant
à la paternité, ils ne la prouvent pas. Elle est établie par la
loi elle-même.

Au contraire la possession d'état semble prouver à la fois
la filiation maternelle et la filiation paternelle. Les faits dont
la réunion constitue la possession d'état d'enfant légitime sont
communs au père et à la mère prétendus. Ils impliquent un
aveu de maternité et un aveu de paternité. Si l'aveu, se produisant dans les conditions indiquées par la loi, est une preuve
de la maternité, il doit en être de même de la paternité. —
Nous croyons cependant que cela n'est pas rigoureusement
exact. La maternité, étant seule certaine, est seule susceptible d'être avouée. Le mari ne peut avouer un fait qu'il ignore :
sa paternité. Il nous paraît plus juridique de dire que la possession d'état ne prouve directement que la maternité ([3]). La

---

([1]) Demolombe, V, n. 95.
([2]) Mêmes dispositions dans les codes italien (art. 170 s.) et néerlandais (art.
316 s.).
([3]) Laurent, III, n. 392 (cpr. cependant n. 404); Planiol, I, n. 2116, 2119.

paternité est seulement présumée par le législateur. Cette conception semble bien avoir été celle des rédacteurs du code. Il est remarquable en effet qu'ils ne parlent de la possession d'état que dans le chapitre II consacré à la preuve de la filiation maternelle. Seulement nous devons observer que, pour que la maternité soit prouvée par la possession d'état, il faut que la possession existe à la fois à l'égard des deux époux. La femme ne peut, par sa seule volonté, introduire un enfant dans la famille légitime. Il faut que son aveu soit corroboré par la conduite du mari et de la famille légitime à l'égard de l'enfant.

Les règles édictées par le code dans les art. 319 et s. s'appliquent à tous les enfants dont la légitimité est constante. Peu importe d'ailleurs que la loi leur ait reconnu cette qualité à raison de leur conception en mariage ou qu'ils bénéficient simplement de la fiction établie par l'art. 314. Quant aux enfants conçus après la dissolution du mariage (art. 315), ils ne peuvent se servir de leur acte de naissance ni de leur possession d'état pour prouver leur filiation maternelle, lorsque leur légitimité a été contestée par leurs adversaires [1].

SECTION PREMIÈRE

DE LA PREUVE DE LA FILIATION MATERNELLE PAR L'ACTE DE NAISSANCE

450. L'enfant qui veut établir sa filiation maternelle doit prouver l'accouchement de la femme qu'il réclame comme sa mère et son identité avec l'enfant dont celle-ci est accouchée. Or l'acte de naissance prouve seulement que telle femme a mis tel enfant au monde, qu'il existe un lien de filiation entre telle femme et tel enfant. Mais on ne peut s'en servir pour démontrer que cet enfant est bien celui qui réclame sa filiation. Nous aurons donc à rechercher par quels moyens l'identité pourra être établie.

---

[1] Aubry et Rau, VI, § 544, note 2; Laurent, III, n. 394, 395.

§ I. *De la preuve de l'accouchement par l'acte de naissance.*

451. L'acte de naissance est le mode régulier et normal de prouver la filiation. C'est celui auquel le législateur a accordé ses préférences. L'art. 319 nous dit : « *La filiation des enfants légitimes se prouve par les actes de naissance inscrits sur le registre de l'état civil* ». Les autres modes de preuve ne sont admissibles qu'à défaut de titre de naissance (art. 320 et 323).

L'acte de naissance est donc le titre de la filiation légitime ([1]). Pour qu'il ait une force probante complète, il faut qu'il ait été régulièrement établi.

452. I. Il doit d'abord être inscrit sur les registres de l'état civil (art. 319). S'il l'avait été sur une simple feuille volante, il ne prouverait pas la filiation ([2]).

453. II. Il faut, en second lieu, que l'acte ait été rédigé sur la déclaration des personnes que la loi a désignées à cet effet (art. 56). Sinon, il est, à notre avis, dépourvu de toute force probante en ce qui concerne la filiation. Les déclarations des personnes autres que celles qui sont visées par l'art. 56 ne peuvent avoir aucune valeur, car elles ne constituent pas, aux yeux du législateur, des témoignages directs ([3]). Ce sera d'ailleurs à ceux qui combattent l'acte de naissance qu'il appartiendra de prouver que les déclarants n'ont pas la qualité requise par la loi. L'acte de naissance fera foi jusqu'à ce que cette preuve soit fournie, car l'officier de l'état civil est tenu de recevoir les déclarations des comparants, sans que ceux-ci aient besoin de justifier de leur qualité ([4]).

454. III. Pour faire preuve complète, l'acte de naissance

([1]) Les codes portugais (art. 114) et espagnol (art. 115) permettent de prouver la filiation maternelle, à défaut d'acte de naissance, par des documents authentiques.

([2]) Demante, II, n. 46 *bis*, V; Demolombe, V, n. 190; Aubry et Rau, VI, § 544, note 3; Laurent, III, n. 393.

([3]) Laurent, III, n. 396.

([4]) Toullier, II, n. 863; Allemand, II, n. 779; Aubry et Rau, VI, § 544, p. 8; Laurent, *loc. cit.* — Cpr. Demolombe, V, n. 191; Duranton, III, n. 119. s; D., *J. G.*, vᵒ *cit.*, n. 211. Si cette solution, admise aujourd'hui sans difficulté, a été contestée autrefois, cela tient aux motifs par lesquels Toullier avait essayé de la justifier. V. Duvergier sur Toullier, *loc. cit.*

doit avoir été dressé dans les délais légaux (art. 55 C. civ.).
Si la déclaration est faite après leur expiration, l'officier de
l'état civil ne doit pas l'enregistrer. Aux termes d'un avis du
conseil d'État du 12 brumaire an XI, c'est par voie de rectification qu'il est nécessaire de procéder. L'acte sera inscrit sur
les registres en vertu d'un jugement.

Mais supposons que l'officier de l'état civil ait rédigé l'acte
sur les déclarations faites après l'expiration des délais. Quelle
en est la force probante? Il nous paraît certain que l'acte
n'est pas nul. Car nulle part la loi n'a prononcé la nullité des
actes de l'état civil, comme sanction de l'inobservation des
règles qu'elle a posées. D'ailleurs, la prescription de l'art. 55,
ayant été édictée dans un but de police, n'a qu'un rapport
indirect avec la force probante de l'acte. La déclaration,
quoique tardive et irrégulièrement enregistrée, n'en constitue pas moins un témoignage. Les tribunaux auront à en
apprécier la valeur. Ils tiendront compte des circonstances.
Si le retard n'est pas tel qu'il rende la déclaration suspecte,
les juges pourront la prendre en considération. Sinon ils devront la rejeter (¹).

Contre cette solution on a présenté, il est vrai, une très
grave objection. L'avis du conseil d'État du 12 brumaire
an XI veut que l'acte ne soit inscrit que sur le vu d'un jugement de rectification. Or, d'après l'art. 100 C. civ., le jugement rectificatif n'a d'autorité qu'entre les parties et ne peut,
en aucun temps, être opposé aux tiers. Si l'on admet que
l'acte dressé sur une déclaration tardive fait foi *erga omnes,*
on donne plus de valeur à une inscription irrégulière qu'à
une rectification régulière (²). On peut répondre que, les tribunaux étant nécessairement appelés à apprécier la valeur
de l'acte, à raison des conditions dans lesquelles il a été inscrit, il sera rendu un jugement dont l'autorité sera également
restreinte aux relations des parties : on arrive donc en fait aux

(¹) Demante, II, n. 46 *bis,* VI; Aubry et Rau, VI, § 544, note 4; Demolombe, V,
n. 192, 193. — Caen, 3 mars 1836, *J. G.,* v° *Paternité,* n. 64, S., 38. 2. 486. — Aix,
9 mars 1892, S., 93. 2. 129 et la note.
(²) Merlin, *Rép.,* v° *Naissance,* § 4; Laurent, III, n. 397. — Cpr. Paris, 9 août
1813, *J. G.,* v° *cit.,* n. 135, S., 13. 2. 310.

mêmes résultats que si on avait employé le procédé régulier de la rectification.

455. IV. L'art. 57 C. civ. énumère les énonciations que l'acte doit contenir. Il faut notamment que les noms des père et mère y soient indiqués. Dans quelle mesure la force probante de l'acte est-elle atteinte par les erreurs ou les omissions relatives à ces mentions? Le principe auquel nous devons nous rattacher est le suivant : l'acte de naissance n'a pas pour but de prouver la filiation paternelle. Celle-ci est présumée par la loi. Il n'est pas non plus destiné à fournir la preuve du mariage (¹). Il ne tend à prouver qu'une seule chose : la filiation maternelle.

En conséquence, il importerait peu que l'acte de naissance contînt des indications inexactes relativement à la mère, pourvu que l'identité de celle-ci ne fût pas douteuse (²).

De même, les omissions ou les énonciations contraires à la présomption de l'art. 312, que l'acte contiendrait au sujet de la filiation paternelle, ne tireraient pas à conséquence. Du moment que la mère est désignée de telle sorte qu'il n'y a pas de doute sur son identité et que d'ailleurs il est constant que l'enfant a été conçu en mariage, la filiation maternelle est prouvée. Ainsi peu importe que le nom du père ne soit pas mentionné dans l'acte de naissance ou même que, la mère étant déclarée sous son nom de femme ou de fille, l'acte de naissance assigne à l'enfant un père autre que le mari de sa mère.

On a prétendu cependant que, dans ces derniers cas, l'acte de naissance ne fournit pas la preuve de la filiation maternelle. L'art. 57 veut que les noms des *père et mère* soient indiqués dans l'acte. L'acte est donc irrégulier quand le nom du père n'est pas mentionné. Cette omission dépose d'ailleurs contre la légitimité de l'enfant. Si l'on n'a pas déclaré le nom

---

(¹) Paris, 20 juill. 1892, D., 94. 2. 267. — Cass., 8 mai 1894, D., 94. 1. 400, S., 98. 1. 454.

(²) Demolombe, V, n. 195; Aubry et Rau, VI, § 544, texte et note 11; Laurent, III, n. 398. — Paris, 9 août 1813, *J. G.*, v° *cit.*, n. 135, S., 13. 2. 310. — Cass., 19 mai 1840, D., 40. 1. 222, S., 40. 1. 524. — Bordeaux, 31 mai 1893, D., 94. 2, 551.

du père, c'est probablement parce que l'enfant est étranger au mari. Cela est surtout vrai lorsque la mère est désignée sous son nom de fille ou comme étant veuve. A plus forte raison, l'acte de naissance ne peut-il être invoqué pour prouver la filiation maternelle, lorsque l'enfant est déclaré comme issu des œuvres d'un autre que le mari de sa mère, quel que soit le nom sous lequel la mère est désignée. L'acte est, dit-on, indivisible. Il faut l'accepter dans son entier ou n'ajouter foi à aucune des énonciations qu'il contient. Or, tel qu'il a été rédigé, il attribue à l'enfant une filiation maternelle adultérine. Il faut donc le rejeter pour le tout ([1]).

Ce système est, avec raison, presque unanimement repoussé. L'acte de naissance n'a pas pour but de prouver la filiation paternelle. Le père est connu dès lors que la mère est certaine. Il n'est donc pas nécessaire de le déclarer dans l'acte, et le refus de déclaration ou l'omission de cette déclaration ne peut avoir aucun effet sur la filiation de l'enfant. Quant à la théorie de l'indivisibilité de l'acte de naissance, elle n'a aucune valeur. Elle a été, il est vrai, soutenue par certains auteurs dans l'ancien droit, mais elle n'était pas universellement admise ([2]). Cambacérès l'a défendue sans succès au cours des travaux préparatoires ([3]). Du reste, elle ne repose sur aucune base juridique. « Un titre, dit justement Demolombe ([4]), n'est juridiquement indivisible qu'autant que toutes ses énonciations sont également juridiques et probantes ». Or, l'indication d'un père autre que le mari de la mère est contraire à la présomption légale de l'art. 312. Elle n'est pas probante ; la présomption légale a plus d'autorité que les dires des comparants et, d'ailleurs, ceux-ci ne peuvent être les arbitres du sort de l'enfant. Une pareille déclaration n'aurait pas dû être enregistrée par l'officier de l'état civil. S'il l'a mentionnée, elle est sans valeur et ne peut nuire à

([1]) Demante, II, n. 46 *bis*, VII ; Delvincourt, I, p. 213. — Cpr. Cass., 22 janv. 1811, *J. G.*, v° *cit.*, n. 221, S., 11. 1. 200.

([2]) V. Rousseaud de Lacombe, *Jurisp. civ.*, v° *Enfant*, n. 10 ; Despeisses, II, p. 439. — Nouveau Denisart, VIII, v° *Question d'état*, § 7, n. 4 et 11.

([3]) Locré, VI, p. 33.

([4]) V, n. 197.

l'enfant. Cette indication étant non avenue, que reste-t-il? La mention du nom de la mère, la seule qui soit légale et qui puisse être tenue pour exacte, jusqu'à preuve du contraire.

Du reste, notre solution résulte de l'art. **323**. Ce texte ne considère le titre (acte de naissance) comme insuffisant pour établir la filiation de l'enfant et n'oblige celui-ci à avoir recours à la preuve testimoniale que lorsqu'il a été inscrit sous de *faux noms* (ce pluriel exclut le cas où le nom du père étant faussement indiqué, celui de la mère le serait d'une manière exacte) ou comme né « de *père et mère* inconnus », ce qui exclut le cas où l'acte de naissance déclare seulement l'enfant né d'un père inconnu (¹).

456. Lorsque l'acte satisfait aux conditions que nous venons d'indiquer, il fait foi de la filiation jusqu'à preuve du contraire. Il n'est pas nécessaire de s'inscrire en faux contre l'acte de naissance pour détruire la preuve qui en résulte, car la filiation est un fait que l'officier de l'état civil n'a pu vérifier par lui-même et qu'il a simplement constaté sur les déclarations des comparants.

§ II. *Preuve de l'identité.*

457. Pour prouver ma filiation, il ne suffit pas que je produise l'expédition d'un acte de naissance. Il doit, en outre, être constant que cet acte de naissance est le mien, c'est-à-dire que je suis la personne même en vue de laquelle cet acte a été dressé ; autrement, je pourrais facilement usurper la filiation qui vous appartient, en me faisant délivrer une expédition de votre acte de naissance. En cas de contestation, il me faudra donc prouver mon *identité ;* je devrai démon-

---

(¹) En ce sens, Merlin, *Rép.*, v° *Légitimité*, sect. II, § 2, n. 7; Toullier, II, n. 861; Duranton, III, n. 115 s.; Valette sur Proudhon, II, p. 81, n. 3; Marcadé, sur l'art. 319, n. 2; Ducaurroy, Bonnier et Roustain, I, n. 450 s.; Richefort, *État des fam. lég. et nat.*, I, p. 122 s.; Demolombe, V, n. 197; Aubry et Rau, VI, § 544, note 12; Laurent, III, n. 398. — Paris, 6 janv. 1834, *J. G.*, v° *Paternité*, n. 65, S., 34. 2. 131. — Cass., 31 déc. 1834, *J. G.*, v° *cit.*, n. 145, S., 35. 1. 5. — Cass., 19 mai 1840, D., 40. 1. 222, S., 40. 1. 524. — Paris, 11 janv. 1864, D., 64. 2. 18, S., 64. 2. 5. — Cass., 13 juin 1865, D., 65. 1. 409, S., 65. 1. 308. — Cass., 1er fév. 1876, D., 76. 1. 323, S., 76. 1. 373. — Bordeaux, 31 mai 1893, D., 94. 2. 551. — Bastia, 28 avril 1897, D., 98. 2. 494, S., 98. 2. 102.

trer que je suis identiquement la personne à laquelle s'applique l'acte de naissance dont je me prévaux.

La loi ne dit pas comment l'identité pourra être prouvée. Du silence qu'elle a gardé, il faut conclure que cette preuve pourra se faire par tous moyens propres à apporter la conviction dans l'esprit du juge. Aucun mode spécial n'est imposé à l'enfant. La force même des choses commande qu'il en soit ainsi. On ne comprendrait pas que le législateur eût exigé une preuve par titre de l'identité, car, comme on le faisait déjà remarquer dans l'ancien droit (¹), un enfant ne va pas se représenter de temps en temps devant des officiers publics pour faire attester qu'il est toujours le même; il ne songe pas aux contestations dont son identité peut être l'objet et ne se préoccupe pas d'en constituer une preuve opposable à ses futurs adversaires. Les juges pourront donc prendre en considération les écrits plus ou moins imparfaits invoqués par l'enfant; ils tiendront compte des faits de possession d'état allégués par celui-ci; enfin, ils devront admettre l'enfant à fournir par témoins la preuve de son identité, sans qu'il soit pour cela nécessaire qu'il satisfasse aux conditions exigées par l'art. 323 (²).

458. La jurisprudence n'admet toutefois l'enfant à faire par témoins la preuve de son identité qu'autant qu'il possède un commencement de preuve par écrit ou que sa prétention est rendue vraisemblable par des présomptions ou indices résultant de faits dès lors constants. Elle fonde cette exigence sur l'art. 323. Les dispositions de ce texte sont, dit-elle, générales; la loi ne distingue pas suivant qu'il s'agit de prouver la maternité de la femme ou l'identité de l'enfant. Dans tous les cas, l'admission de la preuve testimoniale est soumise aux mêmes règles restrictives (³).

(¹) Cochin, *107ᵉ plaidoyer*, *Œuvres*, IV, p. 486.
(²) Merlin, *Rép.*, vᵒ *Légitimité*, sect. III, n. 3; Toullier, II, n. 883; Duranton, III, n. 123, 124; Demante, II, n. 46 *bis*, IV; Ducaurroy, Bonnier et Roustain, I, n. 449; Richefort, *Etat des fam.*, I, n. 115; Zachariæ, I, p. 305, note 4; Demolombe, V, n. 208; Laurent, III, n. 399, 400. — Caen, 8 mars 1866, *J. G.*, *Suppl.*, vᵒ *Paternité*, n. 108, S., 66. 2. 348.
(³) Cass., 27 janv. 1818, *J. G.*, vᵒ *Paternité*, n. 229, S., 18. 1. 149. — Toulouse, 7 juil. 1818, *J. G.*, vᵒ *cit.*, n. 230. — Bordeaux, 25 août 1825, *J. G.*, vᵒ *cit.*, n. 230,

On a dit quelquefois (¹) que, même en supposant que l'art. 323 est applicable à notre hypothèse, l'enfant doit pouvoir prouver par témoins son identité. Les conditions requises par le **texte** sont en effet remplies. L'acte de naissance peut être considéré comme **un** commencement de preuve par écrit. L'on peut dire aussi que l'accouchement qu'il constate est un de ces faits dès lors constants d'où résulte une présomption assez grave pour livrer passage à la preuve testimoniale. Une pareille argumentation nous semble inadmissible. Le commencement de preuve par écrit, les présomptions ou indices résultant de faits constants doivent, aux termes de l'art. 323, rendre vraisemblable la prétention de l'enfant. Or l'enfant veut établir son identité. Et il est bien certain que l'acte de naissance et le fait de l'accouchement ne peuvent fournir ni commencement de preuve de l'identité, ni une présomption en faveur de celle-ci (²).

Il vaut mieux, à notre avis, repousser purement et simplement l'application de l'art. 323. Ce texte vise le cas où il n'y a pas de titre. Or, dans notre hypothèse, il y a un titre qui prouve l'accouchement de la femme. Dans le cas de l'art. 323, tout est en question : l'accouchement de la mère prétendue et l'identité du réclamant avec l'enfant dont on prétend qu'elle est accouchée. Dans notre hypothèse, la maternité de la femme est certaine ; elle est établie par un acte de naissance ; la seule chose qui soit contestée, c'est l'identité de l'enfant avec celui auquel le titre s'applique. L'art. 323 suppose que l'enfant veut prouver par témoins la *filiation*, c'est-à-dire la *maternité* de la femme qu'il dit être sa mère. Nous supposons que la *maternité* n'est pas en cause et qu'il s'agit simplement de démontrer que cette femme, dont la maternité est constante, est bien la mère du réclamant. Les deux situations sont donc absolument différentes. On ne peut leur appliquer les mêmes règles.

La loi devait d'ailleurs se montrer moins sévère, au point

S., 26. 2. 163. — Bordeaux, 27 août 1828, *J. G.*, v° *cit.*, n. 230. — Delvincourt, I, p. 213 et 214.

(¹) Demolombe, V, n. 203; D., *J. G.*, v° *Paternité*, n. 231.

(²) Bordeaux, 25 août 1825, *supra*.

de vue de l'admission de la preuve testimoniale, dans le cas envisagé par nous que dans l'hypothèse visée par l'art. 323 ([1]). Il n'y a pas à redouter, en effet, les dangers que le législateur a prévus en édictant ce texte. L'acte de naissance constate que telle femme a mis au monde un enfant légitime. Si le réclamant n'est pas, comme il le prétend, l'enfant auquel cet acte se réfère, et s'il fait entendre de faux témoins à l'appui de sa prétention, sera-t-il bien difficile à ses adversaires de démasquer son imposture? Il y a eu un enfant légitime, c'est un fait constant. Qu'est-il devenu? Les parents doivent le savoir. S'il est vivant, ils le désigneront et prouveront que c'est à lui que s'applique l'acte de naissance. S'il est mort, ils présenteront son acte de décès. La production de l'acte de décès fera tomber la preuve résultant de l'acte de naissance. Le réclamant n'aura plus de titre. Il ne sera plus dans l'hypothèse de l'art. 319. Il devra prouver l'accouchement de la mère réclamée. C'est alors l'art. 323 qui deviendra applicable ([2]).

Si l'enfant s'inscrit en faux contre l'acte de décès qu'on lui oppose, il sera recevable dans son action. Car il y a incontestablement intérêt ([3]). S'il réussit à prouver la fausseté de l'acte de décès invoqué contre lui, l'acte de naissance recouvre toute sa force. L'enfant aura un titre prouvant la filiation qu'il réclame; il ne lui restera plus qu'à prouver son identité et cette preuve il pourra la faire par témoins, en dehors des conditions exigées par l'art. 323 ([4]).

459. L'enfant qui a produit un acte de naissance attestant la maternité de la femme qu'il prétend être sa mère peut donc recourir à la preuve testimoniale toute nue pour établir

---

([1]) Demante, *Cours*, II, n. 46 *bis*, IV; Aubry et Rau, VI, § 544, p. 8 et note 7; Laurent, III, n. 400; Demolombe, V, n. 203.

([2]) Cass., 17 mai 1827, *J. G.*, v° *cit.*, n. 234. — Cpr. Caen, 8 mars 1866, *J. G.*, *Suppl.*, v° *cit.*, n. 108, S., 66. 2. 348; Demolombe, V, n. 203; Laurent, III, n. 401.

([3]) La cour de Toulouse (arrêt précité du 7 juil. 1818) a, il est vrai, repoussé l'inscription en faux pour défaut d'intérêt. Mais cette décision s'explique étant donné le système admis par la cour et les circonstances de la cause. Dans l'espèce, il n'existait pas de commencement de preuve par écrit de l'identité. L'inscription en faux, en la supposant admise, n'aurait donc été d'aucune utilité à l'enfant.

([4]) Laurent, III, n. 401.

son identité. Les témoins dont il demandera l'audition viendront le plus souvent certifier des faits de possession d'état. On dit généralement que l'enfant prouve alors son identité par la possession d'état. Il y a là une manière de parler qui n'est pas à l'abri de toute critique (¹), car elle peut faire naître une confusion. La possession d'état, dont l'art. 321 définit les caractères, fournit une preuve complète de la filiation et non pas seulement de l'identité. L'enfant qui a la possession d'état n'a pas besoin de produire son acte de naissance. S'agit-il seulement de démontrer son identité avec celui auquel s'applique l'acte de naissance qu'il représente, il n'est pas nécessaire pour cela qu'il ait une possession d'état complète et continue. Il lui suffit d'alléguer une possession incomplète, imparfaite, qui serait impuissante à prouver la filiation à défaut d'un acte de naissance, mais qui est suffisante pour convaincre les juges de son identité (²).

460. Bien plus, l'enfant qui se prévaut d'un titre de naissance peut établir son identité, alors même qu'il aurait une possession contraire à ce titre. La preuve est évidemment des plus difficiles dans de pareilles conjonctures. Mais aucun obstacle légal ne s'oppose à ce qu'elle soit tentée. Dans le conflit entre le titre et la possession d'état, c'est le titre qui l'emporte. La loi le considère comme une preuve plus sûre de la filiation (arg. art. 320). Contre l'enfant qui invoque un titre de naissance, on ne peut donc invoquer sa possession d'état (³).

SECTION II

PREUVE DE LA FILIATION PAR LA POSSESSION D'ÉTAT

461. L'état des personnes, bien que n'étant pas susceptible d'estimation pécuniaire, peut être possédé. La possession d'état d'enfant légitime consiste dans la jouissance de l'état, de la qualité d'enfant légitime et des prérogatives attachées à ce titre. A la possession d'état d'enfant légitime celui qui,

---

(¹) Laurent, III, n. 399.
(²) Demolombe, V, n. 201 ; Laurent, III, n. 399.
(³) Demolombe, III, n. 202 ; Laurent, V, n. 402 ; Aubry et Rau, VI, § 544, p. 8 et note 5.

en fait, se comporte comme enfant légitime et est considéré comme tel dans la famille et dans le public. Mais comment cela peut il prouver la filiation de l'enfant? Le droit est ordinairement d'accord avec le fait, et c'est pourquoi la loi conclut volontiers du fait au droit. Quand un enfant a été traité par un homme et une femme comme leur enfant légitime, quand il a été accepté comme tel par la famille intéressée à méconnaître sa filiation, quand le public enfin, se faisant l'écho de la voix des père et mère et de celle de la famille, lui a toujours reconnu cette qualité, toutes les apparences sont pour lui et, comme il y a toutes chances que ces apparences soient conformes à la réalité, la loi, s'associant à l'opinion de la famille et à celle du public, proclame à son tour la filiation de l'enfant.

La possession d'état, qui peut suppléer l'acte de naissance pour prouver la filiation légitime, ne peut pas en principe suppléer l'acte de mariage pour prouver le mariage. Il y a plusieurs raisons de cette différence. D'abord un enfant n'a pu surveiller ni la rédaction de son acte de naissance, ni l'inscription de cet acte sur les registres de l'état civil, et on ne saurait par suite le rendre responsable de la négligence ou de la fraude par suite de laquelle cet acte n'a pas été dressé ou inscrit. On peut au contraire sans injustice rendre les époux responsables de l'absence de leur acte de mariage, parce qu'ils ont pu veiller à ce que cet acte fût régulièrement rédigé et inscrit sur les registres de l'état civil. D'autre part, les époux ne peuvent ignorer la commune dans laquelle leur mariage a été célébré; il leur sera donc facile de rapporter l'acte de célébration, s'il a été dressé. Au contraire un enfant peut fort bien, surtout après la mort de ses père et mère, ignorer la commune dans laquelle il est né, et se trouver par suite dans l'impossibilité de représenter son acte de naissance. Enfin la possession d'état d'époux légitimes est l'œuvre des époux prétendus : c'est parce qu'ils se sont comportés et traités comme époux que la famille d'abord et le public ensuite leur ont reconnu cette qualité; accepter la possession d'état comme preuve du mariage, ce serait donc admettre une preuve fabriquée de toutes pièces par les intéressés. Au contraire la possession d'état d'enfant légitime n'est pas l'œuvre de l'enfant; c'est l'œuvre de la famille, c'est-à-dire de ceux qui seraient intéressés à contester son état; il n'y avait donc pas de motif pour lui interdire ce genre de preuve; bien au contraire (¹).

La présomption que la loi fait découler de la possession d'état d'enfant légitime n'a pas toujours la même force. Tantôt, la preuve contraire est admise contre cette présomption. Tantôt, elle ne peut être renversée par la preuve contraire. La présomption légale est irréfragable, lorsque les circonstances lui prêtent un caractère particulier de vraisemblance. Il en est ainsi lorsqu'il y a concours du titre et de la possession d'état.

462. Le législateur, avons-nous dit, met la possession d'état au deuxième rang des modes par lesquels se prouve la filiation légitime. Il lui préfère la preuve qui résulte de l'acte de naissance. Quand il y a conflit entre le titre de l'enfant et sa possession d'état, c'est le titre qui l'emporte. L'enfant peut donc invoquer son titre contre sa possession. Et lorsqu'il se prévaut de sa possession d'état, ses adversaires peuvent lui opposer son titre. Pour faire tomber la présomption attachée à la possession d'état, il suffit donc de produire un titre qui la contredise. C'est ce qui résulte de l'art. 320 C. civ. « A DÉFAUT DE CE TITRE, *la possession constante de l'état d'enfant légitime* SUFFIT ». Donc elle ne suffit pas s'il existe un titre qui attribue à l'enfant une autre filiation. Elle est écartée, si le titre le présente comme l'enfant légitime d'un autre père et d'une autre mère; ou s'il est inscrit sur les registres de l'état civil comme né de parents inconnus. Quels sont alors les droits de l'enfant? Il peut, dans la première hypothèse, prétendre qu'il a été inscrit sous de faux noms, et il sera alors admis à prouver par témoins sa filiation, s'il satisfait aux conditions exigées par l'art. 323. S'il a été déclaré comme né de père et mère inconnus, il ne peut pas, sans doute, invoquer sa possession d'état

---

(¹) La possession d'état est également admise, comme mode de preuve de la filiation légitime, par les législations étrangères. — V. Codes portugais (art. 114, 115), espagnol (art. 116), italien (art. 172), néerlandais (art. 316).

pour établir sa filiation, mais il pourra, dans les mêmes conditions, en faire la preuve par témoins (art. 323).

Le système de la loi est éminemment rationnel. Si l'enfant avait réellement la filiation qu'il réclame, pourquoi aurait-il été inscrit sous de faux noms ou comme né de parents inconnus? Sa possession d'état est donc suspecte à juste titre. Il est possible, il est même probable, qu'elle ne répond pas à la réalité. Aussi ne faut-il pas en tenir compte. C'est par d'autres voies que la filiation devra être prouvée.

Pour que la possession d'état fasse preuve de la filiation, il faut donc qu'il n'y ait pas de titre de naissance. Peu importe la cause pour laquelle le titre ne peut être représenté. L'enfant n'a pas besoin de démontrer l'existence de cette cause, ni même de l'indiquer. Il lui suffit de dire : Je n'ai pas de titre. Mais ses adversaires peuvent prouver qu'il existe un titre et que ce titre est contraire à la prétention de l'enfant; cette preuve rend inutile celle que l'enfant voudrait tirer de sa possession d'état (1).

Cette solution résulte des termes généraux de l'art. 320. La première rédaction de ce texte était plus restrictive. Le projet soumis au conseil d'Etat par la section de législation portait en effet : « *Si les registres sont perdus ou s'il n'en a point été tenu*, la possession constante de l'état d'enfant légitime suffit » (2). C'était dire, en d'autres termes, que l'enfant n'était autorisé à faire la preuve de sa filiation par la possession d'état que lorsqu'il se trouvait dans un des cas prévus par l'art. 46. Mais on fit remarquer qu'il y a d'autres cas encore dans lesquels il est impossible à l'enfant de rapporter son titre, par exemple celui où, les registres de l'état civil ayant été régulièrement tenus, sa naissance n'aurait pas été déclarée à l'officier de l'état civil qui, par suite, n'en aurait pas dressé acte. Aussi remplaça-t-on les mots : « Si les registres sont perdus ou s'il n'en a point été tenu », par

(1) Delvincourt, I, p. 213; Toullier, II, n. 871, 872, 880; Duranton, III, n. 127; Demolombe, V, n. 206; Aubry et Rau, VI, § 544, texte et note 13; Laurent, III, n. 407. — Cass., 2 fév. 1870, D., 71. 1. 247, S., 71. 1. 243. — *Contra* Zachariæ, § 162, texte et note 8.
(2) Locré, VI, p. 27.

ceux-ci qui sont beaucoup plus compréhensifs : « A défaut
de ce titre » (¹).

463. En quoi consiste la possession d'état? « *La possession*
» *d'état*, dit l'art. **321**, *s'établit par une réunion suffisante de*
» *faits qui indiquent le rapport de filiation et de parenté*
» *entre un individu et la famille à laquelle il prétend appar-*
» *tenir* ». Après avoir donné en ces termes une définition
générale de la possession d'état, le législateur indique les
principaux faits qui la constituent. Ces faits peuvent être
divisés en trois groupes que la doctrine a depuis longtemps
distingués par les expressions : *nomen, tractatus, fama*.

NOMEN : « *Que l'individu a toujours porté le nom du père*
auquel il prétend appartenir ».

TRACTATUS : « *Que le père l'a traité comme son enfant et a*
pourvu, en cette qualité, à son éducation, à son entretien et
à son établissement ».

FAMA : « *Qu'il a été reconnu constamment pour tel dans*
la société; — Qu'il a été reconnu pour tel par la famille ».
C'est la *commune renommée*.

Pour que la filiation soit prouvée par la possession d'état,
il n'est du reste pas nécessaire que tous ces faits soient
réunis. La formule générale dont les rédacteurs du code se
sont servis dans la première partie de l'art. **321** le prouve :
« La possession d'état, dit le texte, s'établit par une réunion
suffisante de faits qui indiquent... » Le législateur a donc
voulu laisser au juge un certain pouvoir d'appréciation (²).

D'autre part, l'énumération donnée par le texte n'est pas
limitative, et le réclamant peut invoquer d'autres faits pour
établir sa possession d'état. L'art. **321** dit en effet : « *Les*
PRINCIPAUX *de ces faits sont* ». Les travaux préparatoires sont
formels en ce sens. La rédaction primitive (³) qui pouvait
laisser quelque doute sur ce point fut modifiée sur la proposition du tribunat. Celui-ci demanda que l'article fût rédigé
de manière à bien marquer que le juge ne serait pas lié par

(¹) Locré, VI, p. 77 s. Cpr. codes portugais (art. 114); espagnol (art. 116); italien
(art. 171); néerlandais (art. 316).

(²) Cass., 23 juin 1869, D., 71. 1. 3:7, S., 69. 1. 445.

(³) Locré, VI, p. 175.

l'énumération de la loi. Les divers orateurs ont exprimé cette idée que l'on avait entendu laisser au juge une certaine latitude ([1]). C'est donc aux tribunaux qu'il appartient de décider si les faits invoqués par l'enfant constituent une possession d'état suffisante. Dans l'exercice du pouvoir que la loi leur a conféré, ils échappent au contrôle de la cour de cassation ([2]).

464. Ce pouvoir n'est pas cependant absolument arbitraire. Le législateur, par les exemples qu'il a cités comme par la définition générale qu'il a donnée de la possession d'état, a, d'une façon très claire, laissé à entendre que, pour être admis comme preuve de la filiation, les faits allégués par le demandeur doivent présenter certains caractères.

I. Il faut d'abord qu'ils soient publics. La loi ne l'indique pas formellement : mais cela résulte des exemples qu'elle fournit. Les faits qu'elle énumère sont des faits publics. De faits clandestins on ne pourrait tirer aucune présomption en faveur de la filiation réclamée par l'enfant ([3]).

II. La possession d'état doit, en outre, être constante. L'art. 320 l'exige expressément et l'art. 321 le suppose. Ce dernier texte cite, parmi les faits constitutifs de la possession d'état, le fait que l'enfant a *toujours* porté le nom du père auquel il prétend se rattacher; le fait que celui-ci a pourvu à son entretien, à son éducation et à son établissement, ce qui embrasse toute la vie de l'enfant depuis le moment de sa naissance jusqu'à celui où il acquiert son indépendance. Enfin la possession d'état, telle que l'entend la loi, résulte encore de ce que le réclamant a été *constamment* reconnu dans la société comme enfant légitime.

Pour que la possession d'état puisse être considérée comme constante, il faut qu'elle ait commencé dès la naissance de

---

([1]) Bigot-Préameneu, *Exp. des motifs* (Locré, VI, p. 200); Lahary, *Rapp. au tribunat* (Locré, VI, p. 252); Duveyrier, *Discours* (Locré, VI, p. 303).

([2]) Demolombe, V, n. 208; Aubry et Rau, VI, § 544, p. 12; Laurent, III, n. 403. — Nîmes, 18 juin 1860, D., 61. 2. 182, S., 61. 2. 326. — Poitiers, 1er déc. 1869, D., 71. 2. 17, S., 71. 2. 161. — Cass., 7 mai 1873, D., 73. 1. 313, S., 73. 1. 309. — Cpr. Toulouse, 26 avril 1893, D , 94. 2. 556, S., 96. 2. 252. — Cass., 8 mai 1894, D., 94. 1. 400, S., 98. 1. 454.

([3]) Cass., 8 janv. 1806, *J. G.*, v° *Paternité*, n. 331, S., 6. 1. 307.

l'enfant. Sinon elle serait justement suspecte. Admettre comme preuve de la filiation une possession dont les premiers actes se sont produits longtemps après la naissance, ce serait consacrer une adoption en dehors des conditions légales (¹).

Il ne suffit pas que l'enfant ait commencé à posséder son état dès le moment de sa naissance; il faut encore que cette possession se soit poursuivie d'une manière continue. Sa possession ne serait pas constante, si, pendant quelque temps, l'enfant avait eu une possession contraire. Mais, si l'enfant n'a point possédé un autre état, le fait que la possession qu'il invoque a présenté des lacunes ne suffirait pas, croyons-nous, à faire rejeter celle-ci. La possession d'état, une fois acquise, se conserve, a-t-on dit, *animo tantum*. Il vaut mieux dire que, la loi ayant laissé aux juges une certaine latitude, ceux-ci pourront considérer en fait comme suffisante une pareille possession et la déclarer constante. Les faits ont, en cette matière, une importance prépondérante (¹).

III. Pour faire preuve de la filiation, la possession d'état doit exister à l'égard des deux époux à la fois. L'art. 321 nous paraît l'exiger très nettement, dans sa partie générale. La possession d'état, nous dit-il, résulte de faits qui indiquent un rapport de filiation entre un individu et la *famille* à laquelle il prétend appartenir. Or la famille comprend le père et la mère. L'enfant doit avoir la possession d'état d'enfant légitime. La légitimité suppose que l'enfant se rattache aux deux époux en même temps. Il ne peut pas avoir à l'égard de l'un la possession d'état d'enfant légitime, sans l'avoir en même temps à l'égard de l'autre. La possession d'état est indivisible.

On a dit cependant que la possession d'état peut être divisée et qu'il faut l'envisager séparément à l'égard de la prétendue mère et du mari de celle-ci.

La possession d'état pourrait donc exister à l'égard de la mère seule. Dans ce cas, a-t-on dit, la maternité seule serait prouvée et la paternité ne le serait pas. La présomption *pater is est...* devrait être écartée, car la maternité seule a été

(¹) Demante, II, n. 47 *bis*, IV; Demolombe, V, n. 209; Laurent, III, n. 405.
(¹) Demolombe, V, n. 210. — Cpr. Laurent, *loc. cit.*

avouée et l'aveu est personnel (¹). — Cette deuxième proposition nous paraît absolument inadmissible. La présomption de paternité du mari a une portée générale, et, du moment que la mère est certaine, le père est également connu (²), et, par suite, s'il suffisait à l'enfant, pour prouver sa filiation maternelle, d'établir sa possession d'état à l'égard de sa mère seule, sa filiation paternelle se trouverait nécessairement établie par voie de conséquence. La question se réduit donc à savoir si la possession à l'égard de la mère seule suffit à prouver la filiation maternelle. A notre avis, cette question comporte une solution négative. On dit bien que la femme a fait un aveu de maternité, en se comportant envers l'enfant comme sa mère légitime. Mais, en raisonnant ainsi, l'on oublie qu'en principe la volonté n'a pas d'effet sur la filiation. L'aveu n'est pas, en règle générale, une preuve de la filiation. Il ne dépend pas de la femme de se créer, par sa seule volonté, un enfant légitime. Pour que la filiation soit établie, il faut une possession constante, c'est-à-dire des actes nombreux et répétés de possession d'état et il faut que ces actes émanent de *la famille,* c'est-à-dire des deux époux. C'est alors seulement que la reconnaissance de maternité contenue implicitement dans la possession d'état n'est pas suspecte et est susceptible d'être prise en considération.

Il est même très remarquable que la loi, dans les exemples que donne l'art. 321, ne parle pas de la conduite de la mère à l'égard de l'enfant. Et cela se comprend. Le nom que porte l'enfant, c'est celui de son père prétendu. C'est le père qui, normalement, pourvoit à l'entretien et à l'éducation de l'enfant. Si le législateur paraît viser uniquement le mari, c'est parce qu'à ses yeux il est le représentant de la famille. Il ne faut pas en conclure, comme l'ont fait certains auteurs, que la possession d'état à l'égard du mari seul prouve la double filiation maternelle et paternelle (³), ni décider qu'elle

---

(¹) Ducaurroy, Bonnier et Roustain, I, n. 456. — Bonnier, qui avait d'abord admis cette opinion, l'a ensuite rejetée (*Traité des preuves,* n. 208).

(²) Admis implicitement par la cour de Toulouse, arrêt du 4 juin 1842, D., 43. 2. 49, S., 43. 2. 507. — Bonnier, *op. et loc. cit.*

(³) Merlin, *Rép.,* vᵒ *Légitimité,* sect. II, § 4, n. 3; Bonnier, *op. et loc. cit.*

prouve seulement la filiation paternelle (¹). Une pareille possession d'état ne peut faire aucune preuve.

La possession doit donc exister à l'égard des deux époux
pour faire preuve de la filiation (²). Mais il ne faut pas exiger
l'impossible. Des actes de possession émanés d'un seul des
deux époux suffiront, si l'autre est mort ou dans l'impossibilité de manifester sa volonté. Par exemple, le mari est décédé
avant la naissance de l'enfant, ou la femme est morte en cou-
ches. Le survivant des deux époux représente celui qui a
disparu. Il peut y avoir possession d'état suffisante (³).

465. Tels sont les caractères que doit présenter la possession d'état. Si les adversaires de l'enfant contestent les faits
mêmes que celui-ci allègue pour établir sa possession, c'est
au demandeur qu'il appartient d'en administrer la preuve.
Cette preuve peut être faite par tous modes quelconques,
puisque la loi ne contient sur ce point aucune règle spéciale.
La preuve par témoins est donc admissible, de même que les
présomptions simples. Il n'est pas nécessaire qu'il existe un
commencement de preuve par écrit, ni que des faits dès lors
constants rendent vraisemblable la prétention du demandeur. (⁴). La preuve testimoniale n'offre d'ailleurs pas ici de
dangers, car il s'agit de faits extrêmement notoires et le
témoin qui viendrait mentir à la justice trouverait à l'instant
même cent contradicteurs (⁵). Les adversaires de l'enfant ont
en effet le droit de faire entendre eux aussi des témoins pour
contredire les assertions de ceux qui viennent déposer en
faveur de l'enfant. L'enquête appelle la contre-enquête (C.
pr., art. 256).

(¹) Ducaurroy, Bonnier et Roustain, *loc. cit.*

(²) Nougarède, *Lois de famille*, 1, p. 215; Marcadé, sur l'art. 321, n. 1; Richefort, *Etat des familles*, I, n. 92; Demante, II, n. 47 *bis*, III; Demolombe, V,
n. 211; Arntz, I, n. 550; Aubry et Rau, VI, § 544, p. 11 s., notes 14 et 15; Laurent,
III, n. 404; Planiol, I, n. 2119. — Cass., 25 août 1812, S., 12. 1. 406. — Paris,
25 mai 1852, S., 52. 2. 289.

(³) Valette, *Explic. somm.*, p. 177; Laurent, III, n. 404; Arntz, I, n.550.

(⁴) Duranton, III, n. 130; Bonnier, *Des preuves*, n. 209; Demolombe, V, n. 212;
Aubry et Rau, VI, § 544, texte et note 18; Laurent, III, n. 405. — Toulouse, 4 juin
1842, *supra.* — Cass., 7 mai 1873, D., 73. 1. 303, S., 73. 1. 309. — Cpr. Code portugais, art. 114.

(⁵) Demante, II, n. 47 *bis*, IV.

Les tribunaux ont, du reste, à ce point de vue, un pouvoir discrétionnaire. L'admission de la preuve testimoniale est pour eux facultative. Ils peuvent ne pas ordonner l'enquête si les faits allégués ne leur paraissent point pertinents ou s'ils ont par ailleurs des éléments suffisants de conviction (art. 253 C. pr.) ([1]).

466. La preuve qui résulte de la possession d'état n'est pas toujours irrécusable. En principe, elle est susceptible d'être combattue par la preuve du contraire. Ainsi l'on pourra démontrer, contre la prétention du réclamant, que la possession d'état dont il jouit est usurpée et mensongère, qu'il n'y a pas eu d'enfant né du mariage, ou que l'enfant qui en est issu est décédé. Les tribunaux apprécieront ([2]).

Au contraire, l'état de l'enfant est irrévocablement fixé, quand il est prouvé à la fois par le titre et par la possession d'état. C'est ce qui résulte de l'art. 322 ainsi conçu : « *Nul ne » peut réclamer un état contraire à celui que lui donnent son » titre de naissance et la possession conforme à ce titre. — Et » réciproquement nul ne peut contester l'état de celui qui a » une possession conforme à son titre de naissance* » ([3]). — Dans le cas où l'état de l'enfant est assis sur la double base de l'acte de naissance et de la possession d'état, toutes les probabilités sont en faveur de l'enfant. La loi érige en certitude cette probabilité et elle n'admet la preuve contraire ni au profit de l'enfant ni contre lui. L'enfant ne peut pas réclamer un autre état que celui qui lui est attribué par son titre et par sa possession. On ne peut pas non plus lui contester cet état. Cette règle était déjà admise dans notre ancienne jurisprudence, du moins en principe ([4]).

Pour que l'art. 322 reçoive son application, il faut qu'il y ait identité entre la personne à laquelle s'applique le titre et

---

([1]) Cass., 19 mai 1830, *J. G.*, v° *cit.*, n. 252. — Cass., 27 nov. 1833, *J. G., ibid.*

([2]) Proudhon, II, p. 84, 85; Marcadé, sur les art. 320, 321, n. 2; Arntz, I, n. 551; Demolombe, V, n. 216; Aubry et Rau, VI, § 544, p. 13. — Cass., 2 mars 1809, S., 9. 2. 300. — Paris, 10 avril 1874, D., 75. 2. 10. — Cass., 26 fév. 1900, D., 1900. 1. 219.

([3]) Codes portugais (art. 117); italien (art. 173); néerlandais (art. 319).

([4]) Cochin, *Œuvres*, IV, p. 345 s.; Denisart, v° *Question d'état*, n. 4; Merlin, *Rép.*, v° *Légitimité*, sect. III, n. 4.

celle qui a la possession d'état. Quand cette identité existe-t-elle? Deux hypothèses doivent être distinguées :

PREMIÈRE HYPOTHÈSE. L'enfant ou ses adversaires prétendent que, depuis la rédaction de l'acte de naissance, il y a eu substitution d'enfant. Leur action est, croyons-nous, recevable. Ce que l'on demande à prouver, c'est que précisément celui qui possède l'état en question n'est pas celui qui a été présenté à l'officier de l'état civil. La substitution une fois établie, il sera certain que l'acte de naissance ne s'applique pas à celui qui a la possession d'état et que, par suite, il n'a pas un titre et une possession conforme. L'identité n'existe pas. Donc l'art. 322 doit être écarté ([1]).

Cette solution, admise généralement, a été vivement combattue. La question est justement de savoir, a-t-on dit ([2]), si l'on peut être admis à prouver la non conformité du titre et de la possession, quand la conformité existe en apparence. Or le législateur a voulu empêcher cette preuve qui ne pourrait se faire qu'à l'aide de témoignages. Il suffit qu'il y ait possession d'état appuyée sur un titre, pour que l'état soit inattaquable. Un enfant a été présenté à l'officier de l'état civil; un acte de naissance a été dressé qui constate sa filiation. Un individu passe généralement pour être cet enfant; il y a conformité apparente entre le titre et la possession; la loi s'en contente; l'apparence lui suffit; elle ne veut pas qu'on aille au fond des choses. Après tout, l'induction tirée de cette conformité n'est-elle pas plus sûre que la preuve résultant des témoignages? Sans doute ce système peut favoriser des fraudes. Mais des fraudes de cette sorte sont tellement rares que le législateur a pu les négliger. Et d'ailleurs le système généralement reçu a aussi ses dangers. Ne peut on craindre ici la subornation des témoins?

A cette argumentation, on peut répondre en invoquant le

([1]) Toullier, II, n. 881; Demante, II, n. 48 bis, I; Valette sur Proud'hon, II, p. 85, note b; Bonnier, op. cit., n. 406; Demolombe, V, n. 222, 223; Aubry et Rau, VI, § 544, texte et note 21. — Orléans, 8 juill. 1875, D., 91. 2. 129, S., 75. 2. 268. — Paris, 31 juill. 1890 (sol. impl.), D., 91. 2. 129 et la note de M. de Loynes, S., 92. 2. 302. — Cpr. Colmar 12 fructidor an XI, J. G., v° Paternité, n. 260.

([2]) Massé et Vergé sur Zacharie, I, p. 307, note 15; Laurent, III, n. 412. — Cpr. Planiol, I, n. 2124.

texte de l'art. 322. La loi ne dit pas « *le titre* », mais « *son titre* ». La conformité qu'elle exige doit exister entre la possession de l'enfant et son titre, c'est-à-dire l'acte qui a été dressé pour constater sa naissance. La loi suppose que l'identité est constante. Or elle est contestée dans notre hypothèse.

DEUXIÈME HYPOTHÈSE. On prétend qu'il y a eu substitution d'enfant avant la rédaction de l'acte. La preuve de cette substitution ne sera pas admise (¹). L'art. 322 trouve ici certainement son application. Il y a conformité réelle et non pas seulement apparente entre le titre et la possession d'état. C'est bien la même personne qui possède l'état et qui a été présentée à l'officier de l'état civil. La possession de cet individu est conforme à *son titre* de naissance. — On peut reprocher au système du législateur de couvrir des fraudes. Il peut arriver que deux époux qui n'ont jamais eu d'enfant s'en procurent un et le présentent à l'officier de l'état civil, qui l'inscrira sous leurs noms ; puis, cette fraude une fois commise, qu'ils élèvent l'enfant comme leur appartenant : auquel cas l'enfant, ayant un titre et une possession conforme, se trouvera avoir un état mensonger que ni lui ni personne ne pourra contester. Mais ce sera là un fait infiniment rare et, dans l'intérêt du repos des familles, la loi a cru devoir accorder à la preuve résultant du titre et de la possession conforme une autorité irréfragable. D'ailleurs, si le législateur avait admis ici la preuve contraire, elle aurait dû nécessairement être faite par témoins, et c'eût été, comme le dit fort bien Laurent, préférer à deux preuves sûres (le titre et la possession) une troisième preuve très chanceuse (²).

Les mêmes principes doivent être suivis, si, au lieu de contester l'identité, on s'inscrit en faux contre l'acte de naissance (³). Si l'on prétend que l'acte a été falsifié après coup,

---

(¹) *Contra* code civ. italien, art. 174.

(²) Demante, II, n. 48 *bis*, II; Demolombe, V. n. 224; Aubry et Rau, VI, § 544 *bis*, p. 22; Laurent, III, n. 412. — Bordeaux, 4 août 1857, S., 58. 2. 202. — Poitiers, 1ᵉʳ déc. 1869, D., 71. 2. 17, S., 71. 2. 161. — Paris, 31 juill. 1890 (motifs), *supra*.

(³) Valette sur Proud'hon, II, p. 85, note *b;* Duranton, III, n. 133; Demante, II, n. 48 *bis*, III ; Demolombe, V, n. 226; Aubry et Rau, *loc. cit.* — Cpr. Paris, 26 juin 1883, *J. G., Suppl.*, vᵒ *Paternité*, n. 120.

l'inscription en faux sera recevable ; car, eu supposant l'altération prouvée, il n'y a plus conformité entre la possession et le titre du possesseur ([1]). Mais, au contraire, l'acte ne pourra être argué de faux, si l'on se borne à soutenir que le faux a été commis au moment même de la rédaction.

467. Au surplus, l'art. 322 ne signifie pas que la légitimité de celui qui a un titre et une possession d'état conforme ne puisse jamais être contestée ; il faut simplement l'interpréter en ce sens qu'elle ne peut pas l'être sur ce fondement que la filiation est mensongère. Il est certain que la légitimité de celui qui a un titre et une possession d'état conforme pourrait être contestée pour la raison que ses père et mère n'ont jamais été mariés, ou qu'il est né trois cents jours après la dissolution du mariage (art. 315) ([2]) ou que sa naissance est antérieure à la célébration de celui-ci.

468. Nous irons même plus loin. La possession d'état, même appuyée sur un titre conforme, ne dispense pas l'enfant de prouver le mariage de ses auteurs prétendus et sa conception en mariage, c'est-à-dire sa légitimité. La solution contraire paraît cependant avoir été admise dans notre ancienne jurisprudence ([3]) et certains auteurs décidaient même que la possession d'état, non confirmée par un titre, suffisait à prouver non seulement la filiation, mais encore la légitimité ([4]). Elle a été consacrée par quelques arrêts rendus depuis la promulgation du code civil ([5]). Mais elle est aujourd'hui très généralement rejetée. Les art. 319 et suiv., nous l'avons déjà fait remarquer, s'occupent exclusivement des modes par lesquels se prouve la filiation des enfants légitimes. Ils sont étrangers à la preuve de la légitimité. La loi, dans ces arti-

---

([1]) *Contra* Laurent, III, n. 411. — Cpr. Demante, *Programme*, I, n. 304.

([2]) Demolombe, V, n. 217; Laurent, III, n. 413.

([3]) *Nouveau Denisart*, v° *Etat (Question d')*, § 2, n. 3; Cochin, *Œuvres*, I, p. 578 s. ; d'Aguesseau, II, p. 256. — Cass., 8 janv. 1806, *J. G.*, v° *cit.*, n. 331, S., 6. 1. 307. — Bourges, 4 juin 1823, *J. G.*, v° *cit*, n. 339. — Cpr. cep. Merlin, *Rép.*, v° *Légitimité*, sect. I, § II, n. 8, quest. 1.

([4]) Bourjon, *Droit commun de la France*, liv. I, tit. III, ch. IV, sect. I, n. II (t. 1, p. 20).

([5]) Grenoble, 5 fév. 1807, *J. G.*, v° *cit.*, n. 253, S., 7. 2. 84. — Cpr. Montpellier, 4 fév. 1824, *J. G.*, v° *cit.*, n. 334. — Toulouse, 24 juin 1820, *J. G.*, v° *cit.*, n. 333.

cles, sous-entend que le mariage et la conception en mariage
sont prouvés ou reconnus. De même que l'acte de naissance,
la possession d'état d'enfant légitime prouve uniquement la
filiation maternelle et elle ne peut être invoquée que par ceux
dont la filiation, en la supposant établie, serait une filiation
légitime. Cela résulte d'ailleurs, d'une manière non douteuse,
de l'art. 197, relatif à la preuve du mariage. L'enfant qui a
la possession d'état d'enfant légitime peut, d'après ce texte,
prouver le mariage de ses auteurs prétendus, en invoquant la
possession d'état d'époux légitimes dont ils ont joui de leur
vivant et cela, sous la double condition que les père et mère
soient tous deux décédés et que la possession d'état de l'enfant ne soit pas contredite par son titre de naissance. Comme
on le voit, dans ces circonstances extrêmement favorables, la
loi ne dispense pas l'enfant de prouver le mariage de ses
parents; elle lui en facilite seulement la preuve. A plus forte
raison, l'enfant est-il tenu, en cas de contestation, de prouver
sa légitimité lorsque ses parents sont encore vivants, et il ne
lui suffira pas d'invoquer sa propre possession d'état, même
confirmée par son acte de naissance ([1]).

SECTION III

PREUVE PAR TÉMOINS DE LA FILIATION MATERNELLE

469. La loi se défie partout de la preuve testimoniale, mais
surtout en matière de filiation, à raison, soit de la gravité des
intérêts engagés, soit des facilités particulières que rencontre
ici le faux témoignage, vu la difficulté de convaincre les témoins d'imposture. Il fallait garantir les familles contre les
entreprises d'audacieux intrigants qui n'auraient pas craint
de suborner des témoins pour se faire attribuer une filiation
mensongère. Aussi le législateur a-t-il soumis en cette matière

---

([1]) Merlin, *Rép.*, v° *Légitimité*, sect. I, § II, quest. 4, n. 1 *in fine*; Toullier, II,
n. 880, 882; Demolombe, V, n. 214; Laurent, III, n. 408, 409 et 413. — Paris,
1er juill. 1861, D., 61. 2. 137, S., 62. 2. 71. — Agen, 19 janv. 1864, D., 65. 2. 17.
— Cass. (motifs), 19 juin 1867, D , 67. 1. 343, S., 67. 1. 345. — Lyon, 28 mai 1869,
D., 70. 2. 71, S., 70. 2. 14. — Cass., 7 mai 1873, D., 73. 1. 303, S., 73. 1. 309. —
Bordeaux, 28 mai 1889, S., 90 2. 230.

l'admission de la preuve testimoniale à de sévères restrictions. L'enfant ne sera reçu à prouver sa filiation par témoins que dans un certain nombre de cas, et sous certaines conditions.

470. I. Dans quels cas ce mode de preuve est admis. Aux termes de l'art. 323, al. 1er : « *À défaut de titre et de posses-* » *sion constante, ou si l'enfant a été inscrit, soit sous de faux* » *noms, soit comme né de père et mère inconnus, la preuve de* » *la filiation peut se faire par témoins* ». — De cet article, combiné avec le précédent, il résulte que la preuve testimoniale est admissible pour établir la filiation légitime dans les quatre cas suivants.

1° *Quand l'enfant a une possession d'état sans titre* (arg. art. 322, al. 1). L'enfant peut alors soutenir que la filiation qui lui est attribuée par sa possession d'état est mensongère et prouver par témoins sa véritable filiation ([1]).

2° *Quand il a un titre sans possession d'état.* En supposant que l'enfant est bien celui auquel le titre s'applique, c'est-à-dire que son identité est constante, l'enfant peut prouver par témoins la filiation qu'il réclame, s'il « a été inscrit, soit *sous de faux noms*, soit *comme né de père et mère inconnus* ».

Sous de faux noms. Ce qui s'appliquerait, soit à l'inscription sous des noms imaginaires, soit à l'inscription sous le nom de personnes déterminées que l'enfant prétendrait n'être pas ses père et mère véritables.

Comme né de père et mère inconnus. Dans ce cas l'acte de naissance de l'enfant n'indique à vrai dire aucune filiation.

Certains auteurs enseignent que, dans le cas où l'enfant a un titre sans possession d'état, il doit renverser la preuve résultant du titre avant d'être admis à prouver par témoins sa véritable filiation. L'enfant aurait donc deux preuves successives à administrer. Tant que subsiste le titre, en effet, la preuve testimoniale n'est pas admissible. Elle ne peut être administrée, d'après notre texte, que si l'enfant a été inscrit sous de faux noms, ou comme né de père et mère inconnus, et c'est à lui qu'il appartient de démontrer qu'il se trouve dans le cas

---

([1]) Demolombe, V, n. 241; Aubry et Rau, VI, § 544, texte et note 23; Laurent, III, n. 416.

prévu par la loi. Cette preuve préalable ne peut se faire que par le moyen de l'inscription en faux, au moins quand l'enfant soutient qu'il a été inscrit sous de faux noms (¹). Quelques-uns prétendent même que l'inscription en faux est nécessaire si l'enfant a été inscrit comme né de père et de mère inconnus (²).

Cette opinion est généralement rejetée.

Il est certain tout d'abord qu'il n'y a pas lieu de recourir à l'incription en faux lorsque l'enfant a été inscrit comme né de père et mère inconnus. Il n'est même pas nécessaire de combattre le titre de naissance, puisque celui-ci, n'indiquant aucune filiation, n'est aucunement contraire à la prétention du demandeur. L'art. **323** dispose d'ailleurs que la preuve testimoniale est admissible dans le cas où l'enfant a été inscrit comme né de père et mère inconnus. Cette condition est vérifiée par la simple reproduction du titre. Le code n'exige pas autre chose.

Il en doit être de même au cas où les père et mère ont été désignés dans l'acte de naissance. En supposant qu'il faille au préalable démontrer que l'enfant a été inscrit sous de faux noms, l'inscription en faux n'est pas nécessaire pour atteindre ce but (³). L'officier public s'est borné à enregistrer les déclarations des comparants, déclarations qui ont pu être mensongères et qu'il n'a pu vérifier. Il suffit donc de prouver que ces déclarations sont contraires à la vérité. Et cette preuve peut se faire par un mode quelconque. Il n'est même pas nécessaire de l'administrer séparément. Elle résultera de la preuve de la véritable filiation du demandeur. Obliger celui-ci à faire préalablement la démonstration de la fausseté de l'acte, ce serait allonger les débats bien inutilement. C'est en ce sens que les auteurs se prononcent en général (⁴).

3° La preuve par témoins est également admissible *quand*

(¹) Merlin, *Répert.*, v° *Maternité*, n. 6; *Quest. de droit*, v° *Question d'état*, § 3; Duranton, III, n. 139, 140.

(²) Proudhon, II, p. 88.

(³) Aubry et Rau, VI, § 544, texte et note 24.

(⁴) Cass., 12 juin 1823, *J. G.*, v° *Paternité*, n. 621. — Toullier, II, n. 905; Valette sur Proudhon, II, p. 89; Demolombe, V, n. 239; Arntz, I, n. 558; Laurent, III, n. 415.

l'enfant a un titre et une possession contradictoires (arg. art.
323, cbn. **322**, al. **1ᵉʳ**). L'enfant a la possession d'état d'enfant légitime de tel homme et de telle femme. Mais son titre
lui attribue d'autres parents. Ou bien encore il est inscrit
comme né de père et mère inconnus. En pareil cas, l'enfant
a, jusqu'à preuve du contraire, la filiation que lui donne son
titre, si celui-ci en indique une ; car, en cas de collision, le
titre l'emporte sur la possession d'état. La possession est
inopérante. L'enfant est dans la même situation que s'il
avait un titre sans possession d'état. Nous revenons donc à
l'hypothèse précédente.

4° Enfin l'enfant peut prouver sa filiation par témoins
quand il n'a ni titre ni possession d'état... La loi dit : « A
défaut de titre et de possession constante... » (art. **323**).

Peu importe, d'ailleurs, la cause pour laquelle l'enfant se
trouve privé de son titre, soit qu'il ignore le lieu de sa naissance et qu'il ne sache, par suite, où trouver son acte de
naissance, soit que cet acte n'ait jamais été dressé, soit enfin
que les registres sur lesquels était inscrit son acte de naissance aient été perdus ou détruits, cas prévus par l'art. **46**.
Seulement, dans cette dernière hypothèse, l'enfant n'a pas
besoin, comme nous le verrons, de commencement de preuve
par écrit. C'est ainsi que nous concilierons l'art. **323** avec
l'art. **46**. L'enfant qui demande à prouver sa filiation par
témoins à défaut de titre n'est pas même obligé d'indiquer
la cause pour laquelle il ne peut rapporter son titre.

**471. II. Conditions requises pour l'admission de la preuve
testimoniale dans les quatre cas ci-dessus.** « *Néanmoins
cette preuve ne peut être admise que lorsqu'il y a commencement de preuve par écrit ou lorsque les présomptions ou
indices résultant de faits dès lors constants sont assez graves
pour déterminer l'admission* » (art. **323**, al. **2**). Il faut donc
que la prétention du demandeur soit déjà rendue vraisemblable, soit par un commencement de preuve par écrit, soit
par des présomptions ou indices graves résultant de faits
dès lors constants.

Un commencement de preuve par écrit résulte d'un écrit
qui, sans prouver complètement le droit du réclamant, rend.

cependant vraisemblable l'existence de ce droit. L'art. 324 indique quels écrits peuvent fournir ici ce commencement de preuve : « *Le commencement de preuve par écrit résulte* » *des titres de famille, des registres et papiers domestiques du* » *père ou de la mère, des actes publics ou même privés émanés* » *d'une partie engagée dans la contestation ou qui y aurait* » *intérêt si elle était vivante* ».

Des titres de famille, des registres et papiers domestiques DU PÈRE OU DE LA MÈRE. La loi ne distingue pas s'ils sont vivants ou décédés, parties ou non au procès.

Des ACTES *publics et* MÊME *privés*. Des lettres missives émanées de l'une des personnes dont parle l'article, par exemple de la mère, pourraient être invoquées comme commencement de preuve par écrit, bien qu'une lettre-missive ne soit pas un *acte* à proprement parler ([1]). Le mot *acte* dont se sert la loi ne doit pas être entendu dans son acception juridique rigoureuse ([2]). Il désigne ici un écrit qui rend vraisemblable la réclamation de l'enfant. Or, une simple lettre-missive peut avoir ce caractère. On est d'accord sur ce point en doctrine et en jurisprudence. Toutefois, les lettres-missives ne peuvent, en aucun cas, être produites en justice sans le consentement du destinataire, car elles sont sa propriété et il peut tenir à ce qu'elles ne soient pas divulguées.

Emanés d'une partie engagée dans la contestation OU QUI Y AURAIT INTÉRÊT SI ELLE ÉTAIT VIVANTE. Il s'agit d'un intérêt contraire à celui du réclamant. Car, si l'auteur de l'acte avait à la question d'état un intérêt identique à celui de l'enfant, l'acte serait évidemment suspect. Il ne l'est pas dans le cas contraire. L'acte étant antérieur à l'époque où le procès a été engagé, on ne peut guère supposer qu'il a été fait pour les besoins de la cause ([3]).

Tels sont les écrits d'où peut, d'après l'art. 324, résulter un commencement de preuve. L'énumération de l'art. 324 est évidemment limitative, en ce sens que l'enfant ne peut

---

([1]) Demolombe, V, n. 246; Aubry et Rau, VI, § 544, note 28. — Cpr. Marcadé, sur l'art. 324, n. 2.

([2]) Demante, II, n. 51 *bis*, III.

([3]) Demante, II, n. 51 *bis*, I; Demolombe, V, n. 245.

invoquer d'autres écrits pour se faire autoriser à prouver sa
filiation par témoins. Les tribunaux sont d'ailleurs investis
d'un large pouvoir d'appréciation pour déterminer en fait si
les écrits produits par le demandeur rendent vraisemblable
sa prétention (¹).

Le commencement de preuve par écrit peut être remplacé,
à l'effet de donner passage à la preuve testimoniale, par des
présomptions ou indices graves résultant de faits *dès lors
constants*, c'est-à-dire établis autrement que par la preuve
testimoniale, par exemple par l'aveu des adversaires de l'enfant ou par des actes publics. On ne peut demander à les
prouver par témoins (²). On a dit cependant que si les faits
allégués par l'enfant sont des faits de possession d'état, la
preuve par témoins en devra être admise (³). Nous ne pensons pas que cela soit exact. L'art. 323 pose une règle précise qui ne comporte pas d'exception.

Les faits sur lesquels s'appuie le demandeur, pour être
autorisé à prouver par témoins la filiation qu'il réclame,
doivent être des faits constants. Tels seraient, par exemple,
les soins que la prétendue mère aurait donnés à l'enfant ; les
circonstances particulières dans lesquelles l'enfant aurait été
abandonné ou retrouvé ; les marques distinctives qu'auraient
portées ses vêtements ; les signes particuliers relevés sur son
corps ; sa ressemblance physique avec ceux qu'il prétend
être ses auteurs (⁴). Les juges apprécieront souverainement
si ces faits peuvent être considérés comme constants et si les
présomptions ou indices qui en résultent sont assez graves
pour déterminer l'admission de la preuve testimoniale.

Le projet exigeait dans tous les cas un commencement de
preuve par écrit. Considérée comme trop rigoureuse, cette

(¹) Cass., 11 avril 1826, *J. G.*, vᵒ *cit.*, n. 275, S., 26. 1. 336. — Cass., 6 août 1839,
J. G., loc. cit., S., 39. 1. 562. — Cpr. Cass., 22 août 1861, D., 62. 1. 115, S., 61. 1.
930. — Cass., 13 juin 1865, D., 65. 1. 409, S., 61. 1. 308. — Paris, 21 juin 1883,
J. G., Suppl., vᵒ *cit.*, n. 120.

(²) Demolombe, V, n. 251 ; Laurent, III, n. 418.

(³) Valette sur Proudhon, II, p. 91, note *a* ; Demolombe, V, n. 252.

(⁴) Demante, II, n. 50 *bis*, propose de considérer le fait de la perte ou de la non-
existence des registres, *s'il est constant*, comme constituant un indice suffisant
pour déterminer l'admission de la preuve testimoniale.

disposition fut tempérée par l'admission, à titre d'équivalent, des présomptions ou indices dont nous venons de parler (¹). Du reste, le système admis par les rédacteurs du Code avait déjà été proposé par d'Aguesseau (²) dans l'ancien droit (³).

472. Il est intéressant de rapprocher de notre texte l'art. 1347, qui définit le commencement de preuve par écrit requis pour l'admission de la preuve testimoniale *dans les questions d'ordre pécuniaire,* lorsque l'intérêt du procès excède 150 fr. Par cette comparaison, l'on verra combien le système de preuve organisé par la loi pour l'état des personnes diffère de celui qu'elle réglemente pour les droits compris dans le patrimoine. D'après l'art. 1347, le commencement de preuve par écrit ne peut résulter que d'un acte écrit émané du défendeur ou de celui qu'il représente, tandis qu'en matière de filiation légitime il peut résulter aussi d'actes émanés d'une personne, appelée ici improprement *partie,* qui n'est point engagée dans la contestation, mais qui y aurait intérêt si elle était vivante (⁴). D'autre part, les présomptions jouent en notre matière un tout autre rôle que dans les questions d'ordre pécuniaire. Dans ces dernières, les présomptions constituent un mode de preuve admissible sous les mêmes conditions que la preuve testimoniale (art. 1353). En matière de filiation, il en est autrement. La filiation ne peut être prouvée par de simples présomptions (⁵). Celles-ci ne peuvent servir qu'à faire admettre la preuve par témoins, si elles sont jugées assez graves par le tribunal. La loi leur fait jouer le même rôle que le commencement de preuve par écrit. Elles

(¹) Locré, VI, p. 79.
(²) 2ᵉ *Plaidoyer* (*Œuvres*, I, p. 330 s.). — Cpr. Denisart, vᵒ *État* (*Quest. d'*), n. 9 s.
(³) Sur ce point, l'on trouve, dans les codes néerlandais (art. 320) et italien (art. 175), des dispositions identiques à celles de notre code civil. Les codes portugais (art. 116) et espagnol (art. 117) exigent, dans tous les cas, un commencement de preuve par écrit et n'admettent pas comme équivalant au commencement de preuve par écrit les indices résultant de faits dès lors constants.
(⁴) Les codes portugais (art. 116) et espagnol (art. 117) veulent que le commencement de preuve par écrit résulte d'écrits émanant du père ou de la mère.
(⁵) *Contra* codes portugais (art. 116) et espagnol (art. 117) qui permettent de prouver la filiation *par tous moyens.*

constituent simplement à ses yeux une garantie de la sincérité des témoignages (¹).

473. Lorsque les conditions exigées par les textes se trouvent réunies, la preuve testimoniale est admissible. Mais les
juges ne sont pas tenus de l'autoriser. Leur liberté est entière.
Ils peuvent ne pas ordonner l'enquête, si les faits allégués
par le demandeur pour établir sa filiation ne leur semblent
pas probants ou leur paraissent invraisemblables (²), ou s'ils
ont par ailleurs des éléments suffisants de conviction (³). Ce
sont les règles générales édictées par le code de procédure
civile en ce qui concerne les enquêtes qui doivent être suivies.

Lorsque l'enquête est ordonnée, le témoignage des parents
est admissible. C'était la solution admise dans l'ancien
droit (⁴). Ce sont d'ailleurs, le plus souvent, les seuls ou du
moins les principaux témoins des faits à établir. On peut
tirer un argument d'analogie en ce sens de l'art. 245 C. civ. (⁵).

474. L'enfant qui, satisfaisant aux conditions requises par
l'art. 323 al. 2, est reçu à prouver par témoins sa filiation
maternelle, doit prouver les deux éléments dont celle-ci se
compose, c'est-à-dire l'accouchement de la femme qu'il prétend être sa mère et son identité avec l'enfant dont elle est
accouchée (⁶). Cette double preuve une fois faite, la filiation
maternelle sera établie et l'enfant pourra invoquer la présomption *Pater is est quem nuptiæ demonstrant*, de sorte
qu'il aura ainsi établi du même coup sa filiation maternelle
et sa filiation paternelle. Que cette présomption puisse être
invoquée ici, cela résulte de l'art. 312, qui contient une disposition générale et qui ne distingue pas suivant les modes
par lesquels a été établie la filiation maternelle. C'est aussi
ce qu'indique l'art. 325, qui met à la charge des adversaires
de l'enfant la preuve que le mari n'est pas le père de l'en-

(¹) Aubry et Rau, VI, § 544, texte et note 28; Laurent, III, n. 417; Planiol, I,
n. 2131.

(²) Cass., 20 mars 1838, *J. G.*, v° *Actes de l'état civil*, n. 131.

(³) Rouen, 14 mars 1877, D., 77. 2. 193, S., 80. 1. 241.

(⁴) Jousse, *Comm. sur l'ordonn. de 1667*, litre 22, art. 11.

(⁵) Toulouse, 17 août 1809, *J. G.*, v° *Paternité*, n. 251.

(⁶) Cass., 1er fév. 1876, D., 76. 1. 323, S., 76. 1. 373.

fant. La paternité du mari de la mère est donc présumée jusqu'à preuve du contraire.

Pour que cette présomption soit opposable au mari, faut-il qu'il ait été mis en cause en même temps que la mère ou les représentants de celle-ci, ou suffit-il que l'action ait été dirigée contre la femme (¹)? Cette question est celle de l'autorité du jugement rendu sur une action en réclamation d'état; il serait prématuré de la discuter ici. Nous la supposerons résolue dans le sens de l'autorité simplement relative. Pour que la présomption puisse être opposée au mari, il est donc nécessaire qu'il ait été partie au procès.

475. L'action ayant été intentée à la fois contre la mère prétendue et le mari de celle-ci, les adversaires de l'enfant peuvent combattre sa prétention de la manière indiquée par l'art. 325 : « *La preuve contraire pourra se faire par tous les* » *moyens propres à établir que le réclamant n'est pas l'enfant* » *de la mère qu'il prétend avoir, ou même, la maternité prou-* » *vée, qu'il n'est pas l'enfant du mari de sa mère* ». La preuve contraire étant de droit, les défendeurs pourront employer les mêmes armes que le demandeur, c'est-à-dire la preuve testimoniale, pour démontrer qu'il n'est pas l'enfant de la femme qu'il prétend être sa mère (C. pr., art. 256) (²). Le mari pourra s'associer à sa femme pour établir que l'enfant n'a pas droit à la filiation maternelle qu'il réclame ; il y a intérêt pour échapper à la présomption de paternité, conséquence légale de la maternité prouvée. S'il reconnaît l'impossibilité de faire échec sur ce point à la réclamation de l'enfant, le mari aura le droit de se séparer de sa femme et de lutter uniquement sur le terrain de la filiation paternelle. Il sera admis à démontrer que le réclamant, en supposant qu'il soit le fils de sa femme, n'est pas issu de ses œuvres. En effet l'enfant,

(¹) L'action en réclamation d'état peut, nous le verrons, être intentée contre tous intéressés. Dans les développements qui vont suivre, nous supposerons toujours qu'elle a été exercée contre la femme ou ses héritiers et contre le mari ou ses héritiers. Les solutions que nous donnerons en ce qui les concerne devront être étendues, *mutatis mutandis*, à toutes les autres personnes intéressées à contester l'état réclamé par l'enfant.

(²) Demolombe, V, n. 255 ; Aubry et Rau, VI, § 544, texte et note 30 ; Laurent, III, n. 420.

tout en réclamant en apparence une seule chose, sa filiation maternelle, en réclame deux en réalité, puisque la preuve de la filiation maternelle conduira par voie d'induction à celle de la filiation paternelle. Eh bien! dans l'impossibilité où ils se trouvent de combattre la prétention de l'enfant pour le tout, ses adversaires la combattent pour moitié; ils lui concèdent sa filiation maternelle, mais ils nient sa filiation paternelle. Comment pourront-ils prouver la non paternité du mari?

D'après Maleville (¹), ils ne le pourraient que par les moyens autorisés par la loi en matière de désaveu. Il s'agit en effet, a-t-on dit, de renverser la présomption légale qui fait du mari le père de l'enfant dont sa femme est accouchée. Or la loi a organisé dans ce but l'action en désaveu. Ce sont donc les règles du désaveu qu'il conviendra de suivre (art. 312). On tire des travaux préparatoires un argument en faveur de cette solution. L'art. 325, cela résulte des observations du tribunat, n'aurait eu pour objet que de régler la question de l'autorité de la chose jugée sur une réclamation d'état. Le législateur, en édictant ce texte, n'aurait pas eu l'intention de porter atteinte aux règles du désaveu (²). Le texte lui-même de l'art. 325 peut être interprété ainsi. Il nous dit : « par tous moyens propres à établir... qu'il n'est pas l'enfant du mari de la mère ». Or les seuls moyens propres à faire cette justification, ce sont les moyens légaux. Le mari ou ses héritiers devront donc établir l'impossibilité physique de cohabitation entre les époux, ou l'impossibilité morale de cohabitation dans les cas seulement où elle est admise par la loi comme moyen de désaveu.

Cette opinion est très généralement repoussée et, croyons-nous, à juste titre. Les travaux préparatoires sont loin d'être aussi décisifs qu'on le dit. En consultant, en effet, la rédaction primitive de l'art. 325, on s'aperçoit que le législateur a bien eu en vue l'hypothèse où le mari (ou, d'une manière générale, les représentants de la famille paternelle) a été

(¹) Maleville, sur l'art. 325. — Cpr. Proudhon, II, p. 74, 75.
(²) Locré, VI, p. 177.

mis en cause avec la prétendue mère, et que dès lors il n'a pas voulu simplement faire l'application à la réclamation d'état du principe de l'art.. 1351 ([1]). L'argument qu'on en tire étant écarté, nous nous -trouvons en présence d'un texte bien clair. Les expressions « tous moyens propres » s'appliquent non seulement à la preuve de la non paternité, mais aussi à celle de la non maternité. Or, il est bien certain que l'on peut recourir à tous moyens quelconques pour contester la prétention de l'enfant relativement à sa filiation maternelle. Il en doit être de même en ce qui concerne la filiation paternelle, puisque le texte vise les deux filiations par une seule disposition. Les adversaires de l'enfant peuvent donc prouver la non paternité du mari, même en dehors des cas où l'action en désaveu est admise. Cela est, du reste, rationnel. La loi attache moins d'énergie à la présomption *pater is est...* quand elle est la conséquence d'une maternité prouvée par témoins, que lorsqu'elle découle d'une maternité prouvée par le moyen normal, c'est-à-dire par l'acte de naissance, et c'est pourquoi elle se montre plus facile pour permettre au mari d'attaquer cette présomption. Les circonstances ne se présentent pas, en effet, sous un jour favorable pour l'enfant : « Lorsque l'enfant n'a ni possession constante ni titre, dit Bigot-Préameneu dans l'exposé des motifs ([2]), ou lorsqu'il a été inscrit, soit sous de faux noms, soit comme né de père et mère inconnus, il en résulte une *présomption très forte* qu'il n'appartient point au mariage ». Cette présomption doit, sinon neutraliser, du moins affaiblir la présomption *pater is est...* Il était donc tout naturel que la loi permit au mari de l'attaquer plus facilement que dans les cas ordinaires : il lui suffira, pour y échapper, de prouver une simple impossibilité morale de cohabitation, sans qu'il soit nécessaire que les autres conditions requises par l'art. 313 se trouvent réunies ([3]).

([1]) Bonnier, *Des preuves*, n. 211 ; Demolombe, V, n. 258.

([2]) Locré, VI, p. 201.

([3]) Merlin, *Répert.*, vᵒ *Légitimité*, sect. IV, § 4, n. 7 ; Toullier, II, n. 894 et 895 ; Duranton, III, n. 137 ; Marcadé, sur l'art. 325 ; Richefort, I, n. 348, 349 ; Valette sur Proudhon, II, p. 75 à 77, note *a* ; Ducaurroy, Bonnier et Roustain, I, n. 462,

Du principe que nous venons de poser découlent les trois conséquences suivantes :

1° La preuve de la non paternité peut être faite non seulement par le mari, mais aussi par tous défendeurs à la réclamation d'état ('). L'action peut, en effet, être intentée contre d'autres intéressés que le mari ou ses héritiers et tous peuvent se prévaloir de l'art. 325. Il faudrait reconnaître ce droit à la femme elle-même. Elle pourrait, à notre avis, tout en reconnaissant sa maternité, dénier la paternité de son mari. Cette solution, quelque choquante qu'elle paraisse, est commandée par la généralité des termes de l'art. 325 (²).

2° Le jugement sur la non paternité du mari n'est pas investi d'une autorité absolue comme le jugement qui statue sur l'action en désaveu d'enfant légitime.

3° Enfin, il n'y a pas lieu d'observer les délais impartis pour l'exercice du désaveu. Les défendeurs à la réclamation d'état pourront contester la filiation paternelle même après l'expiration des délais fixés par les art. 316 et 317 (³).

Est-ce à dire que les défendeurs soient admis à prouver la non paternité du mari à toute époque? Ne sont-ils pas astreints, par la force même des choses, à l'observation de certains délais? Pour la solution de cette délicate question, nous examinerons plusieurs hypothèses.

I. Supposons d'abord que les défendeurs se soient bornés à contester la filiation maternelle réclamée par l'enfant et que le jugement ait été rendu en faveur de celui-ci. La filiation maternelle est constatée par la sentence. La filiation paternelle l'est aussi par voie de conséquence. Elle ne pourra plus être contestée, du moins entre les mêmes parties.

463; Demante, II, n. 52 *bis*, I; Demolombe, V, n. 259; Aubry et Rau, VI, § 544, texte et note 32; Laurent, III, n. 421; Huc, III, n. 47 à 50; Planiol, I, n. 2200. — Bordeaux, 28 avril 1841, *J. G.*, v° *Paternité*, n. 291. — Cass., 13 juin 1865, D., 65. 1. 409, S., 65. 1. 308. — Caen, 8 mars 1866, S., 66. 2. 348. — Aix, 14 juin 1866, S., 67. 2. 141.

(¹) Demolombe, V, n. 260; Aubry et Rau, VI, § 544, texte et note 35; Laurent, III, n. 421. — Cpr. Rouen, 4 mars 1877, D., 77. 2. 193, S., 80. 1. 241.

(²) V. cep. Caen, 24 fév. 1869, D., 71. 1. 174.

(³) Aubry et Rau, Demolombe, *loc. cit.* — Caen, 17 mars 1847, D., 48. 2. 57, S., 48. 2. 93. — Cass., 11 avril 1854, D., 54. 1. 93, S., 54. 1. 289. — Cpr. Bordeaux, 5 juill. 1843, D., 44. 2. 102, S., 44. 2. 185.

On a prétendu, il est vrai, qu'il n'y a pas, en pareille hypothèse, chose jugée sur la paternité, puisque seule la filiation maternelle a fait l'objet du débat. Rien n'est moins exact. En réclamant sa filiation maternelle, l'enfant a, nous l'avons fait remarquer, réclamé en même temps sa filiation paternelle, qui en est la conséquence. L'action qu'il a intentée est une réclamation d'état d'*enfant légitime ;* la maternité légitime de la femme implique nécessairement la paternité du mari. Le tribunal, en déclarant l'enfant légitime, a reconnu la paternité du mari. Il y a chose jugée sur la filiation paternelle et ceux auxquels le jugement est opposable ne peuvent plus la contester ([1]).

II. Dans le même procès où se pose la question de maternité, les adversaires de l'enfant ont contesté la paternité du mari. Nous pensons qu'en principe du moins cette contestation doit être formulée dans la même enquête.

C'est qu'en effet la dénégation de paternité contredit directement la prétention du demandeur. Celui-ci réclame une filiation *légitime*. Or le mari qui conteste sa paternité veut démontrer que la filiation maternelle, en la supposant établie, n'est pas une filiation légitime. L'enquête demandée par le mari tend à fournir la preuve contraire de celle que le demandeur prétend administrer. L'art. 325 nous l'indique en termes suffisamment clairs. *La preuve contraire* dont il parle, c'est celle qui a pour objet la maternité de la femme et subsidiairement la paternité du mari. Conformément aux règles du code de procédure civile (art. 256), cette preuve doit être faite dans le délai fixé pour l'enquête du demandeur.

Si donc le mari (ou, d'une manière générale, les adversaires quelconques de l'enfant), attend, pour contester sa paternité, les résultats de l'enquête ouverte sur la filiation maternelle, il sera forclos. C'est ce qu'a décidé un arrêt de la cour de Caen du 24 juin 1846 ([2]).

Cette règle ne doit-elle pas recevoir quelques tempéraments ? Il est bien certain que la situation faite au mari est extrême-

[1] Demante, II, n. 52 *bis*, III.
[2] Cité par Demolombe, I, n. 261.

ment dure. Le forcer à fournir immédiatement la preuve de sa
non paternité, alors que peut-être la maternité de sa femme
ne sera jamais démontrée, c'est l'obliger à accuser sa femme
d'adultère ; c'est lui imposer une très grande gène pour sa
défense sur la question principale : la maternité de sa femme.
Une pareille obligation imposée au mari est de nature à
nuire à la bonne harmonie du ménage. D'un procès soutenu
dans ces conditions il restera évidemment des souvenirs
fâcheux. Aussi a-t-on dit qu'il fallait permettre au mari de
demander la disjonction des deux preuves (¹). Il pourrait,
d'après cette opinion, faire réserver ses droits par le tribunal
et, la disjonction prononcée, se borner à défendre sur la question de maternité. Ce tempérament nous paraît admissible.
Mais alors il faudrait que le tribunal ordonnât deux enquêtes
successives dans la *même instance*. Il ne pourrait, en statuant
sur la filiation maternelle par un jugement séparé, réserver
les droits du mari. Car en décidant sur la filiation maternelle,
il juge en même temps la question de paternité.

Lorsque, la maternité de la femme étant prouvée, il a été
établi que le mari n'est pas le père de l'enfant, que doit faire
le tribunal ? Les juges doivent statuer sur la question qui leur
a été soumise. Or, la question dont ils ont été saisis est une
question de filiation légitime. Le demandeur a réclamé l'état
d'enfant légitime de telle femme et du mari de celle-ci. Il a
échoué dans sa demande, puisqu'il a été prouvé qu'il n'est pas
issu des œuvres du mari. Le tribunal doit donc l'en débou-
ter (²). Il peut décider, dans son jugement, que la filiation
maternelle a été établie, mais que le mari de la mère n'est
pas le père de l'enfant (³). Sans doute, il constatera ainsi une
filiation maternelle adultérine. Mais il n'y a là rien de contraire à la prohibition édictée par l'art. 342 C. civ. Ce que
l'art. 342 défend, c'est l'action qui tend directement à faire
la preuve d'une filiation adultérine. Or, tel n'est pas le caractère de l'action exercée par l'enfant. Celui-ci a réclamé l'état

(¹) Demolombe, *loc. cit.*
(²) Aix, 14 juin 1866, S., 67. 2. 141.
(³) Cass., 13 fév. 1839, D., 40. 1. 84, S., 40. 1. 117. — Cass., 11 avril 1854, D.,
54. 1. 93, S., 54. 1. 289. — Cpr. Caen, 17 mars 1847, D., 48. 2. 57, S., 48. 2. 93.

d'enfant légitime (¹) et c'est indirectement, et par application des dispositions de l'art. 325, que l'instance a abouti à la constatation d'une filiation adultérine.

476. Pour en terminer avec l'étude de la preuve par témoins de la filiation maternelle, il nous reste une question délicate à examiner. C'est la conciliation des art. 46 et 323. Quel en est le domaine respectif? Le législateur a-t-il visé, dans ces textes, deux hypothèses différentes et quelles sont ces hypothèses? S'appliquent-ils au contraire au même cas et alors comment concilier leurs dispositions divergentes en apparence?

Il est un point certain : c'est que l'art. 323 vise expressément certaines hypothèses, dont le législateur ne s'est pas occupé dans l'art. 46. Ce dernier texte ne prévoit aucunement le cas où l'enfant a été inscrit soit sous de faux noms, soit comme né de père et mère inconnus. C'est donc uniquement l'art. 323 qui doit recevoir alors son application. Il n'y a de difficulté possible qu'en ce qui concerne l'hypothèse que l'art. 323 prévoit par ces expressions : *à défaut de titre.* L'on s'est demandé quel en est le sens.

Dans un premier système (²), on a soutenu que l'art. 323 est venu simplement préciser et compléter l'art. 46; que ces deux textes sont relatifs à la même question et doivent être interprétés l'un par l'autre. Ainsi l'art. 46 permet aux juges d'admettre la preuve par témoins de la filiation. Mais ils ne peuvent l'autoriser que si les conditions requises par la loi se trouvent réunies. Or, c'est précisément dans l'art. 323 que ces conditions se trouvent indiquées. L'art. 46 est ainsi complété par l'art. 323. De même, l'art. 323 doit être interprété

(¹) S'il résulte des faits mêmes articulés par le demandeur que, en supposant qu'il ait pour mère la femme mariée qu'il désigne, il ne serait pas issu des œuvres du mari de celle-ci, la demande doit être rejetée *de plano* et sans aucun examen du fond. La réclamation ainsi formulée ne tend en effet à rien moins qu'à faire directement la preuve d'une filiation adultérine. Elle tombe dès lors sous le coup de la prohibition de l'art. 342. — Cass., 22 janv. 1840, D., 40. 1. 86, S., 40. 1. 118. — Cass., 22 fév. 1843, D., 43. 1. 680, S., 43. 1. 180. — Cass., 1ᵉʳ mai 1849, D., 50. 1. 697, S., 49. 1. 618. — Cpr. Cass., 18 nov. 1862, D., 63. 1. 174, S., 63. 1. 469.

(²) Delvincourt, I. p. 35, note 3; Richefort, *État des familles*, n. 107 à 109; Toullier, II, n. 884-886.

par l'art. 46. La preuve testimoniale de la filiation légitime
est permise « à défaut de titre ». Mais il faut justifier cette
absence de titre ; il ne suffit pas de l'alléguer. Il faut prouver,
conformément à l'art. 46, que les registres n'ont pas été
tenus ou ont été perdus. En définitive, des deux textes combinés il résulterait que, pour que la filiation pût se prouver
par témoins, il faudrait établir d'abord la perte ou la destruction des registres et il faudrait en outre qu'il existât un
commencement de preuve par écrit ou des présomptions
graves résultant de faits constants.

Ce système d'interprétation nous paraît absolument inadmissible. Comme nous l'avons fait remarquer et comme cela
résulte des travaux préparatoires, l'art. 323 est plus compré-
hensif que l'art. 46. Les expressions « à défaut de titre »,
dont il se sert, comprennent non seulement les cas de perte
ou de destruction des registres, mais aussi celui où la naissance n'a pas été déclarée et celui où l'enfant ignore le lieu
de sa naissance. Dans cette dernière hypothèse, il est évidemment impossible de demander à l'enfant la preuve préliminaire de l'art. 46. Et si l'on admet que les deux textes se réfèrent aux mêmes cas, il faut, croyons-nous, renoncer à les
concilier. L'art. 323 n'autorise comme mode de preuve que la
preuve testimoniale ; l'art. 46 y ajoute celle qui résulte des
registres et papiers émanés des père et mère décédés. D'après
l'art. 46, les registres et papiers des père et mère *décédés*
peuvent fournir une preuve complète de la naissance. Aux
termes de l'art. 323, les registres et papiers des père et mère
ne peuvent fournir qu'un commencement de preuve par écrit,
et cela sans distinguer suivant que les père et mère sont
vivants ou décédés ([1]).

Les deux textes ne peuvent donc se combiner. Il faut
nécessairement admettre qu'ils s'occupent de questions différentes. C'est ce qu'on pense généralement.

Certains auteurs ([2]) ont voulu distinguer entre la preuve
de la naissance et celle de la filiation ; la première serait

([1]) Demante, II, 51 *bis*, II.

([2]) Marcadé, art. 46, n. 4 et art. 324, n. 2 ; Dalloz, *J. G.*, v° *Paternité*, n. 266. —
Cpr. Duranton, I, n. 295, 296 et III, n. 141.

régie par l'art. 46 et la seconde par l'art. 323. Mais on peut faire observer contre cette distinction que la preuve de la filiation comprend celle de la naissance.

Il vaut mieux décider que les art. 46 et 323 s'appliquent tous les deux à la preuve de la filiation, mais qu'ils prévoient des hypothèses différentes.

Lorsque l'enfant a établi, par une preuve distincte et préalable, que les registres de l'état civil n'ont pas été tenus ou ont été détruits, l'absence de titre de naissance s'explique. La loi doit donc admettre plus facilement la preuve de la filiation. C'est pourquoi l'art. 46 n'exige pas de commencement de preuve par écrit et assimile aux témoignages les preuves résultant des registres et papiers domestiques des père et mère décédés.

Mais si l'enfant se borne à alléguer qu'il n'a pas de titre, sans fournir aucune justification, alors sa prétention devient singulièrement suspecte. Le législateur l'autorise cependant à faire la preuve de la filiation qu'il réclame. Mais il prend des mesures destinées à déjouer les fraudes qui pourraient être tentées. L'on comprend dès lors la rigueur des prescriptions de l'art. 323 [1].

CHAPITRE IV

DE LA FILIATION PATERNELLE

477. L'enfant a prouvé sa légitimité et sa filiation maternelle. Il lui reste à établir sa filiation paternelle. La paternité n'est pas, nous le savons, susceptible d'être prouvée directement. Elle est seulement présumée par la loi (art. 312). De ce que la légitimité et la maternité sont constantes, la loi tire cette conséquence que l'enfant a pour père le mari de sa mère.

Les indications contraires à la présomption légale qui

---

[1] Cass., 10 juin 1833, *J. G.*, v° *Acte de l'état civil*, n. 132. — Valette sur Proudhon, II, p. 102, *note;* Duvergier sur Toullier, I, n. 887, note *a;* Ducaurroy, Bonnier et Roustain, I, n. 460; Demante, II, n. 50 *bis;* Demolombe, V, n. 233, 234; Aubry et Rau, VI, § 544, texte et note 22; Arntz, I, n. 561; Laurent, III, n. 425.

seraient contenues dans l'acte de naissance ne peuvent être opposées à l'enfant. De pareilles indications n'ont aucune valeur, l'acte de naissance ayant pour but de fournir la preuve de la maternité et non pas celle de la paternité. Peu importe donc que le nom du père n'ait pas été indiqué, ou même qu'on ait déclaré comme étant le père un autre que le mari de la mère. Il suffit que la mère soit certaine, pour que l'on sache qui doit être réputé le père de l'enfant ([1]). De même les aveux de la mère relativement à l'origine adultérine de son enfant ne doivent pas être pris en considération.

La présomption légale de paternité n'a pas toujours la même force. Quand la maternité n'est établie que par la preuve testimoniale, cette présomption peut être combattue par tous moyens quelconques (art. 325). Mais lorsque la preuve de la filiation maternelle résulte de l'acte de naissance, on ne peut attaquer la présomption de la loi que par l'action en désaveu. Cette action peut être définie : une dénégation judiciaire de la paternité du mari. Elle n'est admise qu'à titre exceptionnel et dans certains cas seulement. Les textes qui l'organisent sont de droit étroit et comportent par conséquent une interprétation restrictive. La loi admet certaines causes de désaveu, dont elle donne une énumération limitative. Pour les exposer, nous passerons successivement en revue les trois hypothèses suivantes :

1° Il s'agit d'un enfant conçu et né pendant le mariage ;

2° L'enfant, conçu avant la célébration du mariage, est né au cours de l'union conjugale ;

3° L'enfant naît après la dissolution du mariage.

SECTION PREMIÈRE

ENFANT CONÇU ET NÉ PENDANT LE MARIAGE

478. C'est le cas normal. Les art. 312 et 313, qui s'y réfèrent, organisent deux causes de désaveu : 1° l'impossibilité

([1]) Cf. les arrêts cités *supra*, n. 455. — *Adde* Cass., 22 juill. 1823, *J. G.*, v° *Paternité*, n. 222. — Paris, 6 janv. 1834, *J. G.*, v° *cit.*, n. 66. — Montpellier, 20 mars 1838, *J. G.*, v° *cit.*, n. 66. — Bordeaux, 29 juill. 1891, D., 93. 2. 199.

physique de cohabitation entre les époux pendant toute la durée de la période dans laquelle peut se placer la conception de l'enfant ; 2° l'impossibilité morale de cohabitation durant cette même période.

§ I. *Impossibilité physique de cohabitation.*

479. Lorsque le mari démontre qu'il lui a été physiquement impossible d'avoir des relations avec sa femme pendant toute la période légale de la conception, il a prouvé, par cela même et d'une façon certaine, qu'il n'est pas le père de l'enfant que sa femme a mis au monde. Cette impossibilité physique de cohabitation doit avoir existé pendant toute la durée de la période où peut se placer, d'après la présomption de la loi, la conception de l'enfant ; car celui-ci est autorisé, dans l'intérêt de sa légitimité, à placer sa conception à un moment quelconque de cette période, et il suffit par conséquent que, fût-ce pendant un seul instant de la dite période, il ait été physiquement possible au mari de cohabiter avec sa femme, pour qu'il ne puisse échapper à l'application de la présomption *Pater is est* ([1]).

Cette cause de désaveu existait en droit romain ([2]). Admise par notre ancienne jurisprudence, elle est consacrée par l'art. 312 C. civ. : « *L'enfant conçu pendant le mariage a pour* » *père le mari. Néanmoins celui-ci pourra désavouer l'enfant,* » *s'il prouve que, pendant le temps qui a couru depuis le trois* » *centième jusqu'au cent quatre-vingtième jour avant la nais-* » *sance de cet enfant, il était, soit par cause d'éloignement,* » *soit par l'effet de quelque accident, dans l'impossibilité phy-* » *sique de cohabiter avec sa femme* ».

L'impossibilité physique de cohabitation peut résulter, dit la loi, de l'éloignement ou de quelque accident.

([1]) Cpr. codes civils portugais, art. 103 ; espagnol, art. 108 ; italien, art. 109 ; néerlandais, art. 307. — Aux termes du § 1591 du code civil allemand : « L'enfant né après la conclusion du mariage est légitime, lorsque la femme l'a conçu avant ou pendant le mariage et que le mari a cohabité avec la femme à l'époque de la conception. L'enfant n'est pas légitime, lorsque, d'après les circonstances, il est évidemment impossible que la femme l'ait conçu des œuvres du mari. Il y a présomption que le mari a cohabité avec sa femme à l'époque de la conception ».

([2]) 6, D., I, VI.

480. I. *L'éloignement.* Il faut et il suffit que cet éloignement soit tel, qu'il soit *absolument certain* qu'il n'a pu y
avoir de rapprochement entre les deux époux. La loi veut
qu'il y ait à cet égard une véritable certitude (¹). L'impossibilité physique résultant de l'éloignement doit être de même
nature que celle qui résulte d'un accident, car le texte
embrasse ces deux causes dans une seule et même disposition.
La question de savoir si l'éloignement a eu ce caractère est
une question de fait que les juges résoudront souverainement
suivant les circonstances (²). S'il subsiste un doute sur la possibilité des rapports entre époux, ce doute doit profiter à la
légitimité et le désaveu doit être rejeté.

Il faut, en cette matière, se garder de deux exagérations
opposées.

A. Duveyrier a dit, dans son discours au corps législatif ( ) :
« Il faut que l'absence soit constante, continue et de telle
» nature que, dans l'intervalle de temps donné à la possibi-
» lité de la conception, l'esprit humain ne puisse concevoir
» la possibilité d'un seul instant de réunion entre les deux
» époux ». S'il fallait admettre une telle opinion comme
étant celle du législateur, le désaveu, de nos jours, ne serait
presque jamais admissible. Avec les moyens de locomotion
dont nous disposons actuellement, il est difficile de concevoir un éloignement tel que la distance qui sépare les deux
époux ne puisse être franchie en 121 jours, ou plutôt que la
moitié de cette distance ne puisse être parcourue pendant le
même temps, car l'on peut admettre que les époux aient fait
chacun la moitié du chemin. Il suffit qu'il soit démontré que
l'espace qui sépare les époux n'a pas été franchi et que les

(¹) Bigot-Préameneu, *Exposé des motifs* (Locré, VI, p. 192, n. 3).
(²) Merlin, *Rép.*, vᵒ *Légitimité*, sect. II, § 2, n. 2; Toullier, II, n. 808; Duranton,
III, n. 40; Zachariæ, § 546, texte et note 25; Demante, II, n. 39 *bis*, I; Arntz, I,
n. 507; Aubry et Rau, VI, § 545, note 47; Demolombe, V, n. 29; Laurent, III,
n. 365; Planiol, I, n. 2170. — Cass., 25 janv. 1831, *J. G.*, vᵒ *cit.*, n. 45 (4ᵉ espèce),
S., 31. 1. 81. — Grenoble, 21 déc. 1830, S., 32. 2. 607. — Cass., 2 juin 1840, S., 40.
1. 717. — Alger, 12 nov. 1866, D., 67. 2. 126, S., 67. 2. 152. — Bourges, 6 juill.
1868, D., 68. 2. 180, S., 69. 2. 44. — Cass. Florence, 9 déc. 1881, *J. G. Suppl*,
vᵒ *Paternité*, n. 15, S., 82. 4. 26.
(³) Locré, VI, p. 289, n. 13.

époux sont demeurés constamment séparés l'un de l'autre pendant toute la période légale de la conception, auquel cas il y a eu évidemment impossibilité physique de cohabitation. Peu importe donc la distance, pourvu que les circonstances démontrent l'impossibilité de la cohabitation. Ainsi la cour d'Alger a admis le désaveu formé par un mari qui avait résidé à Alger, alors que sa femme habitait Paris, pendant tout le temps légal de la conception. Et cependant il est facile de faire, et bien des fois, le voyage de Paris à Alger dans un délai de 121 jours, mais il était démontré que, pendant tout ce temps, le mari n'avait pas quitté Alger, ni sa femme Paris (¹).

B. La cour de Montpellier (²) a décidé que des circonstances morales peuvent confirmer l'impossibilité physique de cohabitation, lorsque celle-ci n'est pas absolument démontrée. C'est aller beaucoup trop loin. De simples probabilités ne suffisent pas. Il faut que l'absence de rapprochements entre les époux soit certaine, parce que l'éloignement maintenu en fait les a rendus impossibles. Ainsi deux époux habitent la même ville, mais dans des maisons séparées. On ne peut pas admettre le mari à prouver, par témoins ou présomptions, qu'en fait il ne s'est pas rapproché de sa femme. Cette preuve ne pourrait se faire avec la certitude que le législateur exige. La jurisprudence est en ce sens (³).

481. Il y aura encore impossibilité physique de cohabitation causée par l'éloignement, si les deux époux ou l'un d'eux ont été incarcérés pendant tout le temps légal de la conception (⁴). La prison, comme l'a dit Duveyrier au corps législatif, c'est l'absence même, en supposant bien entendu la réclusion exacte et continuelle. Le mari, exerçant l'action en désaveu,

(¹) Alger, 12 nov. 1866, *supra.* — Cpr. Paris, 9 avril 1813, *J. G.,* vᵒ *Paternité,* n. 135, S., 13. 2. 310.
(²) 9 déc. 1856, D., 71. 5. 194 ; 24 déc. 1857, S., 59. 2. 524.
(³) Cass. Florence, 9 déc. 1881, *J. G., Suppl.,* vᵒ *cit.,* n. 15, S., 82. 4. 26. — Lyon, 21 janv. 1881, D., 81.2.152, S., 81. 2. 183. — Bourges, 6 juill. 1868, D., 68. 2. 180, S., 69. 2. 44.
(⁴) Merlin, *Rép.,* vᵒ *Légitimité,* sect. II, § 2, n. 2; Duvergier sur Toullier, I, n. 809, note *a ;* Duranton, III, n. 41; Richefort, I, n. 14; Demante, *loc. cit.;* Demolombe, V, n. 30; Aubry et Rau, *loc. cit.;* Laurent, III, n. 366. — *Contra* Toullier, II, n. 809; Ducaurroy, Bonnier et Roustain, I, n. 431.

devra prouver que les conditions dans lesquelles l'emprisonnement a eu lieu rendaient matériellement impossible toute communication avec sa femme. Si celle-ci établit qu'en fait elle a revu son mari, il faudra démontrer que les entrevues des deux époux ont eu lieu dans des conditions qui ne leur permettaient absolument pas d'avoir entre eux un rapprochement (¹).

Il faut donner la même solution pour le cas d'internement continu dans une maison de santé, si, à raison des circonstances et de la surveillance dont l'époux aliéné a été l'objet, il a été impossible que des relations se soient établies entre les deux époux (²).

Deux arrêts ont refusé d'admettre le désaveu pour le cas où le mari avait été captif chez l'ennemi pendant la période de la conception (³). Cela nous paraît bien jugé. La captivité de guerre ne peut être assimilée à la prison, du moins en général. Elle est le plus souvent compatible avec une certaine liberté, qui rend, à la rigueur, la cohabitation possible. Mais si, par elle-même, elle n'est pas une cause de désaveu, le mari peut toujours démontrer qu'en fait il a été maintenu éloigné de sa femme et que par suite il y a eu impossibilité physique de cohabitation (⁴).

482. II. *Accident.* L'impossibilité physique de cohabitation peut aussi servir de base à la demande en désaveu du mari, quand elle résulte « *de quelque accident* ». La loi ne précise pas davantage et elle ne le pouvait guère. On peut citer à titre d'exemples des mutilations, une blessure, une opération chirurgicale, ayant produit chez le mari une *impuissance accidentelle,* soit temporaire, soit perpétuelle. Duveyrier, l'orateur du tribunat, a dit : « Il serait déraisonnable de vouloir détailler les espèces, les cas, les accidents qui peuvent la produire (l'impuissance accidentelle), soit qu'il s'agisse d'une

---

(¹) Toulouse, 26 juillet 1808, *J. G.,* vᵒ *Paternité,* n. 34, S., 8. 2. 317. — Paris, 3 mars 1853, D., 53. 2. 165, S., 54. 2. 122. — Cpr. Cass., 8 nov. 1859, D., 59. 1. 506, S., 60. 1. 437.

(²) Grenoble, 23 fév. 1887, D., 90. 1. 377, et (même affaire) Lyon, 5 juin 1891, D., 95. 1. 535.

(³) Paris, 19 juin 1826, *J. G.,* vᵒ *cit.,* n. 34. — Rouen, 6 juin 1820, *ibid:,* n. 104.

(⁴) Laurent, III, n. 366 ; Demolombe, V, n. 30.

blessure, d'une mutilation, d'une maladie grave et longue » ([1]):

Considérant ces dernières paroles comme une interprétation officielle de la loi, plusieurs auteurs décident que l'impuissance accidentelle du mari due à la prostration résultant d'une maladie pourrait servir de fondement à une demande en désaveu. Ils ajoutent qu'on peut supposer telles circonstances où il serait injuste et immoral que le mari ne pût désavouer l'enfant conçu par sa femme pendant sa maladie ([2]). — Sans doute, cela peut être odieux. Mais, si la loi l'a voulu ainsi, il faut s'incliner devant elle. Or le texte parle de l'impuissance causée par quelque *accident*. Une maladie est-elle un accident? Ce mot ne désigne-t-il pas un événement dont la cause est externe plutôt qu'un événement dont la cause est interne, comme la maladie ([3]). Quant à l'induction tirée contre notre solution des paroles du tribun Duveyrier, elle est plus que contrebalancée par la discussion qui s'est produite au conseil d'Etat. Le projet primitif portait : « L'enfant conçu pendant le mariage a pour père le mari. La loi n'admet contre cette paternité ni l'exception d'adultère de la part de la femme, ni l'allégation d'impuissance naturelle ou accidentelle de la part du mari ». Maleville fit observer que, si l'on doit rejeter l'impuissance causée par la maladie, parce qu'elle ne peut être constatée d'une façon certaine, on doit au contraire permettre le désaveu pour cause d'impuissance, lorsque cette impuissance résulte d'un accident postérieur au mariage. Le premier consul appuya les observations de Maleville et la nouvelle rédaction admit l'*impuissance accidentelle* parmi les causes du désaveu ([4]). Au cours de la deuxième discussion, on critiqua, comme n'étant pas suffisamment claire, l'expression impuissance accidentelle. Elle pourrait, dit-on, s'appli-

---

([1]) Locré, VI, p. 290, n. 14.

([2]) Toullier, II, n. 810; Richefort, I, n. 16; Proudhon, II, p. 28; Massé et Vergé sur Zachariæ, I, § 161, note 29; Demante, II, n. 39 *bis*, III; Arntz, I, n. 507; Valette, *Cours*, p. 385; Demolombe, V, n. 32; Planiol, I, n. 2171.

([3]) Aubry et Rau, VI, § 545, note 48; Laurent, III, n. 368; Huc, III, n. 9-2°. — Cpr. Duranton, III, n. 42.

([4]) Locré, VI, p. 36, 37, n. 5.

quer à une maladie (¹). Le projet fut de nouveau modifié dans
le but d'éviter l'équivoque qu'on avait signalée.

483. L'impuissance résultant d'un accident survenu antérieurement au mariage ne pourrait pas servir de fondement
à une action en désaveu de paternité (²). La question est toutefois controversée. Au soutien de l'opinion contraire, on
invoque la généralité des termes de l'art. 312. Ce texte parle
de l'impuissance résultant « de quelque accident » sans aucune
distinction. D'autre part, l'art. 313 n'exclut que l'impuissance
naturelle. Or, l'impuissance résultant d'un accident antérieur
au mariage n'est pas une impuissance naturelle. Enfin, dit-on,
il ne faut pas se montrer trop rigoureux envers le mari (³).
Cette opinion nous paraît contraire au texte et à l'esprit de
la loi. Celle-ci n'admet pas facilement le désaveu. Les textes
relatifs à la matière doivent être interprétés dans le sens
le plus rigoureux. Or, en mettant l'accident sur la même
ligne que l'éloignement, l'art. 312 nous donne à entendre
qu'il a en vue un accident survenu postérieurement au mariage, et c'est ce qui paraît découler également de la discussion
au conseil d'Etat. On ajoute aussi souvent cette considération
que le mari, atteint lors du mariage d'impuissance accidentelle, a trompé sa femme tout aussi bien que celui qui était
atteint d'impuissance naturelle : il ne mérite donc pas plus
de faveur. La loi ne doit pas lui permettre de se prévaloir de
sa fraude (⁴). Ce dernier argument perd une grande partie
de sa force, lorsque l'impuissance accidentelle dont le mari
était atteint au moment du mariage était de nature à pouvoir
se guérir, ou lorsqu'il la croyait telle. Aussi certains auteurs (⁵)
ont-ils proposé de distinguer entre l'impuissance temporaire

(¹) Observations de Berlier, Bérenger et Tronchet (Locré, VI, p. 149, n. 3). —
V. dans le même sens l'Exposé des motifs de Bigot-Préameneu (Locré, VI, p. 193,
n. 4).

(²) Delvincourt, I, p. 88, note 10; Marcadé, sur l'art. 312, n. 3; Allemand, II,
n. 698 ; Laurent, III, n. 369.

(³) Dalloz, *J. G.*, vº *Paternité*, n. 40 ; Valette, *Cours*, p. 336 et *Explic. somm.*,
p. 421, 422; Demolombe, V, n. 35, 36 ; Huc, III, n. 9; Planiol, I, n. 2271. — Cpr.
Demante, II, n. 39 *bis*, III.

(⁴) Laurent, *loc. cit.*

(⁵) Aubry et Rau, VI, § 545, note 49. — Cpr. Demolombe, V, n. 36.

et l'impuissance permanente. Ils admettent le désaveu dans le premier cas, et le rejettent dans le second, lorsque l'accident dont le mari a été victime s'est produit antérieurement à la célébration du mariage.

484. Telles sont les deux causes qui peuvent produire l'impossibilité physique de cohabitation. Elles peuvent être invoquées séparément ou concurremment. Ainsi le mari est resté éloigné de sa femme pendant la première partie de la période légale de la conception, puis il revient victime d'un accident qui rend la cohabitation impossible pendant tout le reste de cette période. Le désaveu sera recevable. Ces deux causes de désaveu peuvent également concourir avec l'absence de lien conjugal. Ainsi le mari s'absente, puis meurt au bout de 100 jours. La femme accouche 280 jours après la dissolution du mariage. L'enfant pourra être désavoué. Car, à quelque moment que l'on place sa conception dans la période légale, il est certain qu'il ne peut être issu des œuvres du mari (¹).

485. C'est naturellement à ceux qui exercent l'action en désaveu à prouver le fait qui sert de fondement à leur demande. Cette preuve peut se faire par tous modes quelconques.

486. L'impossibilité physique de cohabitation peut aussi résulter pour le mari de son impuissance naturelle; mais alors la loi ne lui permet pas de l'invoquer à l'appui d'une demande en désaveu. « *Le mari,* dit l'art. 313, al. 1, *ne pourra, en alléguant son impuissance naturelle, désavouer l'enfant* ». Il y en a deux raisons. D'une part, la constatation de l'impuissance naturelle est le plus souvent fort difficile ; en tous cas elle serait pleine de scandale. D'autre part, la situation du mari ne mérite guère d'intérêt : devait-il s'engager dans un contrat dont il se savait incapable de remplir les obligations, et faut-il maintenant lui permettre de venir, par un désaveu d'enfant, déshonorer la femme qu'il a odieusement trompée (²)?

(¹) Duranton, III, n. 43; Demolombe, V, n. 37, 38; Aubry et Rau, VI, § 545, texte et note 51. — Cass., 23 nov. 1842, D., 43. 1. 465, S., 43. 1. 5.

(²) Duveyrier, Discours au tribunat (Locré, VI, p. 292, n. 14).

§ II. *Impossibilité morale de cohabitation.*

487. A côté de l'impossibilité physique, la loi admet encore comme cause de désaveu l'impossibilité morale de cohabitation. L'impossibilité morale de cohabitation résulte de certains faits qui donnent au juge la conviction que les relations, possibles en fait, n'ont pas eu lieu réellement entre les époux. Tantôt le mari doit prouver lui-même cette impossibilité. Tantôt la loi la présume, lorsque certaines conditions se trouvent réunies. En somme, l'impossibilité morale est établie par une induction du juge ou de la loi, induction tirée de certains faits positifs. Cette induction peut être fautive. Aussi la non-paternité du mari est-elle prouvée d'une façon moins sûre par l'impossibilité morale que par l'impossibilité physique de cohabitation. C'est le défaut de toutes les présomptions, qui sont le plus souvent conformes à la réalité, mais qui peuvent aussi s'en écarter.

La question de savoir si le mari peut désavouer l'enfant pour cause d'impossibilité morale de cohabitation était controversée dans l'ancien droit (¹). Le code ne reconnaît pas en principe ce droit au mari (²). Il ne le lui accorde que dans deux cas prévus l'un et l'autre par l'art. 313. Ce texte, étant exceptionnel, doit être interprété restrictivement et les conditions requises par lui doivent être rigoureusement exigées.

488. PREMIER CAS. — Après avoir dit que « le mari ne pourra, en alléguant son impuissance naturelle, désavouer l'enfant », l'art. 313 ajoute : « *Il ne pourra le désavouer même pour cause d'adultère, à moins que la naissance ne lui ait été cachée, auquel cas il sera admis à proposer tous les faits propres à justifier qu'il n'en est pas le père* ». Ainsi l'impossibilité morale de cohabitation (c'est à elle que l'article fait allusion quand il parle des faits propres à justifier que le mari n'est pas le père), devient une cause de désaveu,

_____

(¹) V. d'Aguesseau, 23ᵉ plaid. (*Œuvres*, III, p. 357 et s.).

(²) Les rédacteurs du code ne se sont du reste pas servis de l'expression « impossibilité morale de cohabitation ». Mais elle a été employée au cours de la discussion et nous la reproduisons, parce qu'elle indique bien le caractère des faits que le mari peut invoquer pour justifier de sa non-paternité.

lorsque l'induction qu'elle fournit à l'appui de la non-paternité du mari est corroborée par cette double circonstance : que la mère a commis un adultère, et qu'elle a caché à son mari la naissance de l'enfant. Le mari doit donc, pour réussir dans son action en désaveu, faire une triple preuve ; il doit prouver : 1° l'adultère de la mère ; 2° le recèlement de la naissance de l'enfant ; 3° l'impossibilité morale de cohabitation pendant le temps légal de la conception (¹).

489. 1° *Adultère de la mère.* L'adultère dont le mari fait la preuve doit coïncider ou à peu près avec la conception de l'enfant. La loi permet en effet le désaveu *pour cause d'adultère*. On ne comprendrait pas que l'adultère fût une cause de désaveu s'il avait été commis à une époque éloignée de celle à laquelle se place la conception de l'enfant. En sens contraire (²), on a dit que la loi n'exige pas expressément que l'époque de l'adultère coïncide avec celle de la conception. A quelque moment qu'il ait été commis, il révèle l'immoralité de la mère et affaiblit par conséquent la présomption de paternité. Nous répondrons que la loi, n'admettant pas facilement le désaveu de paternité, ne se contente pas d'une induction aussi faible. Il faut que de l'adultère de la mère on puisse tirer une présomption grave contre la paternité du mari. Or, de ce que la femme a été coupable une fois, il ne résulte pas qu'elle l'ait toujours été. Au contraire, la preuve d'un adultère commis à l'époque probable de la conception ébranle singulièrement la présomption que le mari est le père de l'enfant (³).

Tous modes quelconques peuvent du reste être employés pour prouver l'adultère et l'époque à laquelle il a été commis. L'aveu de la mère ne doit pas cependant être accepté comme une preuve certaine, car l'état de l'enfant ne peut dépendre de la volonté de sa mère. Les tribunaux apprécieront.

(¹) Cpr. codes civils néerlandais, art. 308 ; italien, art. 165.

(²) Demante, II, n. 39 *bis.*

(³) Aix, 11 janv. 1859, D., 59. 2. 85. — Amiens, 20 avril 1882, *J. G. Suppl.*, v° *Paternité*, n. 32, S., 83. 2. 93. — Valette sur Proudhon, II, p. 32 ; Marcadé, sur l'art. 313, n. 3 ; Laurent, III, n. 371 ; Demolombe, V, n. 47. — Cpr. Cass., 31 juill. 1866, D., 67. 1. 297, S., 66. 1. 417.

La preuve d'un adultère de la femme, même coïncidant avec l'époque de la conception, ébranle fortement la présomption de paternité du mari ; mais elle ne suffit pas à la détruire. La loi romaine nous en donne la raison : *quum possit mater adultera esse et impubes maritum patrem habuisse.* L'induction que fournit l'adultère de la mère doit être corroborée par la preuve des deux autres faits dont il nous reste à parler.

490. 2° *Recel de la naissance de l'enfant.* — La femme qui cache à son mari sa grossesse d'abord, son accouchement ensuite, dresse un acte d'accusation contre elle-même. Pourquoi agirait-elle de la sorte, si elle pensait que son mari est le père de l'enfant, ou même si elle croyait seulement pouvoir le lui persuader ?

La conduite de la mère est donc considérée par la loi comme un aveu de l'illégitimité de l'enfant. Sans doute l'aveu exprès de la femme n'aurait aucune influence sur l'état de l'enfant [1]. Car il pourrait être déterminé par le dépit, la colère ou la haine. Mais il en est tout autrement de cet aveu tacite qui résulte d'une longue dissimulation.

La loi veut qu'il y ait eu une longue dissimulation de la part de la mère. Elle exige le recèlement de la naissance, ce qui implique le recèlement de la grossesse. Le recèlement de la grossesse pendant un temps plus ou moins long ne suffirait pas, si la naissance de l'enfant n'avait pas été cachée au mari ; tout est de droit étroit en cette matière [2]. Plusieurs arrêts [3] et la plupart des auteurs [4] admettent cependant l'opinion contraire ; ils se contentent du recel de la grossesse. Les tribunaux paraissent surtout avoir subi l'influence des faits. On a vu parfois la femme, après avoir dissimulé sa gros-

---

[1] Aix, 11 janv. 1859, D., 59. 2. 85. — Caen, 24 fév. 1869, D., 71. 1. 174. — Cass., 7 fév. 1870, D., 71. 1. 174.

[2] Richefort, *Etat des fam.*, I, n. 20 ; Laurent, III, n. 372. — Alger, 18 nov. 1858, S., 59. 2. 303. — Bourges, 6 juill. 1868, D., 68. 2. 180, S., 69. 2. 44.

[3] Cass., 7 janv. 1850, D., 50. 1. 5, S., 50. 1. 113. — Aix (motifs), 11 janv. 1859, *supra.* — Amiens, 20 avril 1882, *J. G. Suppl.,* v° *Paternité,* n. 32, S., 83. 2. 93. — Cass., 29 juin 1892, D., 92. 1. 477, S., 95. 1. 213.

[4] Aubry et Rau, VI, § 545, p. 44 ; Massé et Vergé sur Zachariæ, I, p. 300 ; Demolombe, V, n. 48 ; Demante, II, n. 39 *bis,* VIII ; Planiol, I, n. 2175.

sesse pendant plusieurs mois, l'annoncer ensuite par bravade
et défi au moment où la discorde éclate entre elle et son
mari. D'après les arrêts, la loi admet le désaveu parce que
la conduite de la femme adultère, qui dissimule à son mari
les marques ou les preuves de sa maternité, est un témoignage des plus graves contre la légitimité de l'enfant. Or, le
mystère dont la femme s'entoure à certains moments de la
grossesse peut être aussi significatif qu'au moment même de
l'accouchement. Le texte, il est vrai, ne parle que du recel de
la naissance ; mais c'est parce qu'il a statué *de eo quod ple-*
rumque fit. Enfin, ajoute-t-on, quoi de plus immoral que de
dénier au mari le droit de désavouer sa paternité? La femme
qui pousse l'impudeur à ses dernières limites serait par cela
même assurée d'un traitement plus favorable! Il dépendrait
d'elle d'empêcher le désaveu, en aggravant sa faute par le
scandale! — Quelque rigoureux qu'il puisse être de refuser au
mari le droit d'exercer l'action en désaveu dans de pareilles
conjonctures, nous ne saurions cependant approuver cette jurisprudence. La loi exige positivement « que la naissance de
l'enfant ait été cachée » et se contenter du recel de la grossesse, c'est faire la loi, au lieu de l'interpréter. De plus,
quand pourra-t-on dire que la grossesse a été cachée ? A quel
moment la femme devra-t-elle l'annoncer ? D'ailleurs le recel
de la grossesse n'est pas aussi significatif que le recel de la
naissance et ne fait pas naître une présomption aussi grave
contre la paternité du mari. La femme, même enceinte des
œuvres de son mari, peut être amenée par bien des circonstances à dissimuler son état (¹). Enfin le système de la jurisprudence prête le flanc aux critiques mêmes qu'elle dirige contre notre opinion. La femme qui se livre ouvertement à l'adultère et qui se vante cyniquement de sa grossesse évitera, par
sa conduite scandaleuse, l'action en désaveu. Dès lors, pourquoi ne pas s'en tenir simplement au texte de la loi ?

Pour que le désaveu soit possible, il faut donc que la
femme ait dissimulé la naissance de son enfant. Quant à
savoir quelles sont les circonstances d'où peut résulter le

(¹) Cpr. Cass., 18 déc. 1894, D., 95. 1. 223, S., 95.1. 215.

recèlement de la naissance, ce n'est plus là qu'une question de fait à résoudre par le juge en cas de contestation. Son appréciation sur ce point échappera au contrôle de la cour de cassation ([1]).

Pour qu'il y ait recel de la naissance, il faudra qu'il résulte des circonstances que la femme a eu l'intention de cacher à son mari la naissance de l'enfant. Car c'est alors seulement qu'on peut voir dans sa conduite un aveu tacite de la non-paternité du mari ([2]). La cour de cassation nous paraît être allée un peu loin, en décidant ([3]) que le recel de la grossesse et de l'accouchement peut résulter du seul silence gardé par la femme à l'égard de son mari. On ne peut poser cela en règle générale, car ne pas annoncer la naissance ce n'est pas nécessairement la cacher. Mais il peut se produire telle circonstance où le silence gardé par la femme équivaudra au recel. C'est une question de fait.

Les arrêts offrent un grand nombre d'exemples des faits qui constituent le recel de la naissance. Un des plus significatifs est l'inscription de l'enfant sur les registres de l'état civil, soit comme né de père et mère inconnus, soit sous des noms supposés, soit encore comme enfant naturel ou comme appartenant à un père autre que le mari ([4]). Il faut, pour qu'on puisse considérer qu'il y a là recel de la naissance, que ces diverses déclarations aient été faites au vu et au su de la mère ([5]). Car autrement où serait l'aveu tacite exigé par la loi?

Du moment qu'il y a eu recel de la naissance, peu importe

([1]) Cass., 5 août 1891, D., 92. 1. 567. — Cass., 29 juin 1892, D., 92. 1. 477, S., 95. 1. 213. — Cass., 9 mai 1838, J. G., v° Paternité, n. 175, S., 38. 1. 854.

([2]) Laurent, III, n. 372; Demolombe, V, n. 50. — Rouen, 2 avril 1840, J. G., v° cit., n. 52. — Cass. Florence, 9 déc. 1881, J. G. Suppl., v° cit., n. 15, S., 82. 4. 26.

([3]) Cass., 5 août 1891, D., 92. 1. 567.

([4]) Bordeaux, 5 juil. 1843, J. G., v° cit., n. 45 (5e espèce), S., 44. 2. 185. — Paris, 26 déc. 1864, D., 67. 1. 297. — Cass., 31 juil. 1866, D., 67. 1. 297, S., 66. 1. 417. — Dijon, 17 mai 1870, D., 73. 2. 195, S., 71. 2. 243. — Paris, 23 janv. 1872, D., 74. 5. 268. — Lorsque l'enfant est inscrit sous de faux noms ou comme né de père et mère inconnus, y a-t-il lieu à désaveu? L'affirmative est admise par la jurisprudence. La question de savoir si cette hypothèse est du domaine du désaveu sera étudiée plus loin (infra, n. 534 s.).

([5]) Laurent, III, n. 372.

que le mari ait eu ou non connaissance de celle-ci. La loi n'exige pas qu'il ignore l'accouchement de sa femme et que les manœuvres accomplies par la femme pour le lui dissimuler aient réussi ([1]). On ne pourrait objecter au mari que la notoriété publique, car alors on ne pourrait pas dire que la naissance a été cachée. Le mari n'a donc pas à prouver qu'il a ignoré la naissance ([2]).

C'est d'ailleurs au désavouant qu'il appartient de prouver le recel de la naissance, puisque c'est une des conditions exigées par la loi pour la recevabilité du désaveu ([3]).

491. 3° *Impossibilité morale de cohabitation.* C'est à la preuve de cette impossibilité que la loi fait allusion, lorsqu'elle dit : « auquel cas le mari sera admis à proposer tous les faits propres à justifier qu'il n'en est pas le père ». Quels sont ces faits? La loi ne le dit pas et elle ne pouvait pas le dire, car ils varieront suivant les cas. Le mari n'est pas tenu de prouver la paternité d'un autre; une pareille preuve ne serait pas admise, car ce serait une recherche de paternité adultérine. Il lui suffira d'établir des faits de nature à faire entrer dans l'esprit des juges la conviction que l'enfant n'est pas issu de ses œuvres. Ces faits seront appréciés souverainement par le tribunal ([4]). On peut indiquer à titre d'exemples : le grand âge du mari, son état valétudinaire, ses mésintelligences avec sa femme, sa résidence dans une habitation séparée, la ressemblance de l'enfant avec le complice de l'adultère de la femme. La couleur de la peau de l'enfant peut encore être un indice grave, au cas où la femme serait convaincue d'adultère avec un homme de couleur ([5]).

([1]) Cass., 5 août 1891, D., 92. 1. 567.

([2]) Duranton, III, n. 50; Marcadé, sur l'art. 313, n. 2; Aubry et Rau, VI, § 545, note 55; Demolombe, VI, n. 41. — La cour de cassation semble avoir décidé le contraire dans son arrêt du 9 mai 1838, *J. G.*, v° *Paternité*, n. 175, S., 38. 1. 854. — Cpr. Delvincourt, I, p. 207 et 208, note 11.

([3]) *Contra* Delvincourt, *loc. cit.*

([4]) Laurent, III, n. 373; Aubry et Rau, VI, § 545, texte et note 60; Demolombe, V, n. 51 et 52.

([5]) Paris, 4 déc. 1820, *J. G.*, v° *cit.*, n. 59. — Paris, 29 juil. 1826, *J. G.*, v° *cit.*, n. 45 (3ᵉ espèce), S., 27. 2. 185. — Rennes, 8 juin 1843, *J. G.*, v° *cit.*, n. 51, S., 44. 2. 249. — Cass., 31 juil. 1866, D., 67. 1. 297 et la note, S., 66. 1. 417. — Cass., 29 juin 1892, D., 92. 1. 477, S., 95. 1. 213.

Mais le mari ne peut alléguer son impuissance naturelle. La formule dont se sert l'art. 313, al. 1er est absolument générale et les motifs de la loi conservent ici toute leur valeur. Cela résulte aussi des travaux préparatoires. L'art. 2 du projet contenait la disposition suivante : « Le mari ne pourra désavouer l'enfant, soit en excipant d'adultère de la part de sa femme, soit en alléguant son impuissance naturelle, à moins que la naissance de l'enfant ne lui ait été cachée » ([1]). La mention de l'impuissance naturelle fut supprimée sur la demande du tribunat.

492. C'est au demandeur en désaveu, nous l'avons déjà dit, qu'incombe la preuve des différentes conditions requises par la loi pour le succès de la demande en désaveu, savoir l'adultère de la mère, le recèlement de la naissance de l'enfant et l'impossibilité morale de cohabitation. De très graves controverses se sont élevées sur la question de savoir de quelle manière et dans quel ordre ces diverses preuves doivent être faites.

493. Tout d'abord est-il nécessaire que l'adultère soit prouvé préalablement? Les premiers commentateurs du code civil ([2]) l'ont soutenu. Ils invoquent en ce sens les paroles prononcées par Bigot-Préameneu, Lahary et Duveyrier ([3]). Mais cette opinion est aujourd'hui unanimement repoussée.

Ainsi il n'est pas nécessaire que l'adultère ait été établi par un jugement spécial, rendu avant l'introduction de l'instance en désaveu. Une pareille exigence rendrait impossible dans bien des cas l'exercice du désaveu. L'action en désaveu doit en effet être intentée dans des délais très brefs, qui pourraient expirer avant la fin de l'instance ayant pour objet la preuve de l'adultère. En outre, on priverait ainsi les héritiers du mari du droit de désavouer l'enfant, si le mari était mort sans avoir dénoncé l'adultère, car c'est au mari seul qu'appartient la faculté de former la plainte en adultère.

([1]) Locré, VI, p. 156, 170.

([2]) Maleville, I, p. 309 s. ; Locré, *Esp. du Code civ.*, V, p. 45 ; Toullier, II, n. 812 et 815 (Cpr. cep. n. 816); Merlin, *Rép.*, v° *Légitimité*, sect. II, § 2, n 5. — Cpr. Huc, III, n. 12.

([3]) Locré, VI, p. 193, n. 5; p. 240, n. 11; p. 295, n. 15.

Or la loi permet aux héritiers de désavouer pour cause d'adultère, bien que le contraire ait été parfois soutenu. De même on rendrait le désaveu impossible après la mort de la femme, puisque l'instance sur l'adultère ne pourrait plus s'ouvrir. Il doit en être du désaveu pour cause d'adultère de même que pour le divorce ou la séparation de corps fondés sur l'adultère de la femme. Or en matière de divorce et de séparation de corps, il n'est pas nécessaire que l'adultère soit prouvé dans une instance distincte et préalable (¹).

Il n'est pas non plus nécessaire que l'existence de l'adultère soit constatée, sinon dans une instance spéciale précédant l'instance en désaveu, du moins par un jugement distinct de celui qui statue sur le fond, c'est-à-dire sur le désaveu lui-même, et rendu avant que le demandeur soit admis à prouver la non-paternité. La loi n'exige rien de semblable. D'ailleurs, il n'y avait aucun motif de l'exiger. Il y a une connexité évidente entre l'adultère et la non-paternité du mari et souvent les mêmes moyens serviront à établir directement l'un et l'autre fait. L'adultère est un des moyens du désaveu (« *pour cause d'adultère* », dit l'art. 313). Or les tribunaux ne statuent pas sur les moyens par des jugements séparés. Faire statuer à part sur l'adultère, ce serait occasionner des frais et des retards absolument inutiles. Le vœu de la loi paraît rempli du moment que le jugement rendu sur le fond constate la preuve de l'adultère, ainsi que des autres faits dont parle l'art. 313. L'adultère pourrait donc être prouvé dans la même enquête que celle dans laquelle le mari établit les faits attestant qu'il n'est pas le père de l'enfant (²).

494. Mais la jurisprudence paraît être allée trop loin en décidant qu'il n'est pas nécessaire que l'adultère soit l'objet

____

(¹) Metz, 29 déc. 1825, *J. G.*, vº *cit.*, n. 45, S., 27. 2. 186. — Bordeaux, 5 juill. 1843, *J. G. loc. cit.*, S., 44. 2.186.

(²) Marcadé sur l'art. 313, n. 3; Duvergier sur Toullier, I, n. 815, note; Duranton, III, n. 51; Allemand, *Du mariage*, II, n. 700; Massé et Vergé sur Zachariæ, I, § 160, note 33; Aubry et Rau, VI, § 545, texte et notes 56, 57 et 58; Laurent, III, n. 374, 372; Demolombe, V, n. 43 à 46. — Cpr. code civil italien, art. 165 : « Le mari est admis à prouver, par toute espèce de moyens, même dans l'instance en désaveu, tant les faits de l'adultère et du recel de la naissance que les autres faits tendant à exclure la paternité ».

d'une preuve spéciale et distincte, d'une preuve directe, cet adultère se trouvant suffisamment établi par la preuve des faits qui démontrent la non-paternité du mari (¹). A quoi bon, dit la jurisprudence, exiger que le mari prouve *directement* l'adultère de sa femme ? Quand il aura prouvé qu'il n'est pas le **père** de l'enfant, n'aura-t-il pas prouvé par cela même que la paternité appartient à un autre et, par suite, que sa femme a commis un adultère ?

Les arrêts invoquent en ce sens le texte même de l'art. 313. La loi parle du mari « *alléguant* son impuissance naturelle ». Puis elle autorise le désaveu pour cause d'adultère. De ce rapprochement, il résulte qu'il s'agit d'un adultère simplement allégué. Les mots « *auquel cas* » de la suite du texte, étant au singulier et non pas au pluriel, visent uniquement le recel de la naissance. Le recèlement de la naissance est la seule condition dont il faille établir directement l'existence.

Sur ce point, la doctrine en général se sépare de la jurisprudence. Elle veut que l'adultère soit prouvé d'une manière directe et spéciale. Le système des arrêts est en effet contraire à la fois au texte et à l'esprit de la loi. Il est contraire au texte : l'art. 313 semble considérer l'adultère de la mère comme la base fondamentale de l'action du mari, puisqu'il le présente comme la *cause* du désaveu. Or, dans l'opinion qui vient d'être exposée, on tient l'adultère pour un élément tout à fait secondaire du débat. Ce système est également contraire à l'esprit de la loi. Les faits que le mari prouvera pour établir sa non-paternité ne fourniront jamais à cet égard qu'une induction. La loi parle de « faits propres *à justifier* qu'il n'en est pas le père » ; elle n'a pas osé dire : *à prouver* (²). Or l'induction résultant des faits que le mari propose à l'appui de sa non-paternité n'est considérée par la loi comme ayant une puissance suffisante qu'autant qu'elle est corroborée par l'induction, très puissante

---

(¹) Cass., 8 juil. 1812, *J. G.*, vᵒ *cit.*, n. 45 (1ʳᵉ espèce), S., 12. 1. 377. — Paris, 29 juil. 1826, *J. G.*, *loc. cit.* (3ᵉ espèce), S., 27. 2. 185. — Cass., 25 janv. 1831, *J. G.*, *loc. cit.* (4ᵉ espèce), S., 31. 1. 81. — Cass., 14 fév. 1854, D., 54. 1. 89, S., 54. 1. 225. — Cass., 31 juil. 1866, D., 67. 1. 297, S., 66. 1. 417.

(²) L'art. 308 du code civil néerlandais dispose qu'au cas d'adultère et de recel de la naissance, « le mari sera admis à *compléter* la preuve qu'il n'est pas le père de l'enfant ».

aussi, que fournissent l'adultère de la mère et le recel de la naissance de l'enfant. Donc le mari doit prouver ces faits et il doit les prouver directement, l'adultère aussi bien que le recel de la naissauce. Sans doute, la preuve de la non-paternité entraîne la preuve de l'adultère. **Mais encore faut-il que la non-paternité puisse être prouvée.** Or l'impossibilité morale de cohabitation ne suffit pas à elle seule à établir que l'enfant n'est pas issu des œuvres du mari. Il faut qu'à la preuve de cette impossibilité viennent s'ajouter celle de l'adultère et celle du recel de la naissance. Ces trois preuves réunies sont assez puissantes pour renverser la présomption légale de paternité du mari. Isolées, elles n'auraient pas cette force. Elles tendent toutes les trois au même but et sont toutes les trois nécessaires, au même titre. La jurisprudence, en décidant « que la preuve juridique de l'adultère serait absolument sans objet, la preuve que le mari n'est pas le père de l'enfant désavoué ne pouvant être faite sans emporter nécessairement celle de l'adultère », est allée contre les intentions du législateur. Elle a supprimé une des garanties établies par celui-ci pour diminuer, dans la plus large mesure possible, l'incertitude des preuves en pareille matière (¹).

L'adultère doit donc être prouvé directement (²). Il convient toutefois de ne pas exagérer. La preuve de l'adultère pourra être faite par tous modes quelconques, la loi n'ayant établi sur ce point aucune restriction. Dès lors, il se pourra que, dans certains cas, *les mêmes moyens* qui sont employés pour justifier la non-paternité servent en même temps à prouver directement l'adultère. C'est une question de circonstances (³).

(¹) Cpr. *Exposé des motifs*, par Bigot-Préameneu ; *Rapport au tribunal*, par Lahary ; *Discours au corps législatif*, par Duveyrier (Locré, VI. p. 193, n. 5 ; p. 240, n. 11 ; p. 295, n. 15).

(²) Marcadé, Duvergier, Duranton, Allemand, Massé et Vergé, *loc. cit.* ; Arntz, I, n. 510. — V. cependant, dans le sens de la jurisprudence, Richefort, I, n. 23 ; Ducaurroy, Bonnier et Roustain, I, n. 433 ; Demante, II, n. 39 *bis*, IV ; Valette, *Explic. somm.*, p. 170 et 171, n. 9 ; Zachariæ, I, § 160, note 33 ; Planiol, I, n. 2174.

(³) Aubry et Rau, VI, § 545, note 56 ; Demolombe, V, n. 46 ; Laurent, III, n. 374. — Ce système paraît avoir été admis par la cour de cassation, dans son arrêt du 31 juill. 1866, D., 67. 1. 297, S., 66. 1. 417. La cour dit, en effet, que la loi veut seulement « que l'adultère soit établi *d'une manière positive, en même temps que les autres faits* de l'ensemble desquels résulte la non-paternité du mari ». V. aussi

Le fait de la non-paternité et le fait de l'adultère sont distincts et doivent tous deux être prouvés directement; mais les mêmes circonstances peuvent fournir la preuve de l'un et de l'autre. Ces deux faits distincts peuvent être établis par des moyens connexes.

495. Les mêmes principes sont applicables à la preuve du recel. Il doit être aussi prouvé directement et dans la même instance que la non-paternité du mari. Et la preuve en pourra également être faite par tous les moyens possibles. L'accord existe ici entre la doctrine et la jurisprudence ([1]). Laurent ([2]) paraît cependant exiger une preuve préalable, dans la même instance. Si, dit-il en substance, il n'est pas nécessaire que l'adultère soit établi préalablement, c'est parce que la preuve de l'adultère est connexe à celle de la non-paternité. Il n'y a aucune connexité au contraire entre la preuve de la non-paternité et celle du recel. Dès lors, le recel de la naissance étant une condition de recevabilité de l'action en désaveu, il convient qu'il en soit administré préalablement la preuve. Une pareille exigence nous semble de nature à compliquer bien inutilement la procédure. Si le tribunal estime que la preuve du recel n'a pas été faite suffisamment, il donnera purement et simplement tort au désavouant.

496. Quant à la justification de la non-paternité, elle doit aussi être faite d'une manière spéciale. Mais il n'est pas cependant nécessaire de faire valoir des moyens entièrement distincts de ceux qui ont servi à prouver l'adultère et le recel de la naissance. Le juge peut même, s'il se trouve suffisamment éclairé, ne pas ordonner sur ce point une enquête séparée. La non-paternité du mari peut en effet résulter des faits dont le tribunal a déjà connaissance ([3]).

497. DEUXIÈME CAS. — Un deuxième cas de désaveu pour

Metz, 29 déc. 1825, *supra.* — Cpr. Cass., 8 déc. 1851, D., 52. 1. 5, S., 52. 1. 161. — Paris, 23 janv. 1872, D., 74. 5. 263. — Amiens, 20 avril 1882, J. G. Suppl., vᵒ *cit.*, n. 32, S., 83. 2. 93.

([1]) Demolombe, V, n. 49. — Cass., 9 mai 1838, J. G., vᵒ *Paternité*, n. 175, S., 38. 1. 854. — Metz, 29 déc. 1825, J. G., vᵒ *cit.*, n. 45, S., 27. 2. 186.

([2]) III, n. 374, 375.

([3]) Cass., 4 avril 1837, J. G., vᵒ *cit.*, n. 157, S., 37. 1. 439. — Cass., 14 fév. 1854, D., 54. 1. 89, S., 54. 1. 225. — Dijon, 17 mai 1870, D., 73. 2. 195, S., 71. 2. 243.

cause d'impossibilité morale de cohabitation a été introduit dans le code par la loi du 6 décembre 1850, qui a ajouté un nouvel alinéa à l'art. 313.

· Le projet primitif du code portait que la présomption de paternité cessait par la séparation de corps. Cette disposition fut rejetée après discussion au conseil d'Etat ([1]). Le code ne contenait donc aucune règle spéciale pour le cas de séparation de corps prononcée entre les époux. C'était, par suite, le droit commun qui devait recevoir son application. Le mari ne pouvait désavouer l'enfant conçu par sa femme après la séparation de corps que pour cause d'impossibilité physique de cohabitation, ou pour cause d'impossibilité morale de cohabitation, sous les conditions fixées par l'art. 313. Il fallait également suivre les règles ordinaires du désaveu, au cas où l'enfant était conçu au cours d'une instance en divorce ou en séparation de corps. Telle était du moins l'opinion généralement reçue ([2]).

Certains auteurs ([3]) admettaient cependant le mari à désavouer pour cause d'impossibilité morale de cohabitation l'enfant conçu après la séparation de corps. Ils faisaient remarquer que la situation faite au mari était extrêmement périlleuse, car, les conditions requises par les art. 312 et 313 se trouvant rarement réunies, la femme pouvait presque impunément lui infliger une paternité qu'il ne pouvait désavouer. Quelques arrêts ([4]) furent rendus dans le même sens. Mais ce système était évidemment contraire à la loi.

La controverse fut tranchée par la loi du 6 décembre 1850, rendue sur la proposition de Demante. La rédaction de l'art. 313, al. 2, a été depuis modifiée successivement par l'art. 2 de la loi du 27 juillet 1884 sur le divorce et par l'art. 3 de

---

([1]) Locré, *Législ. civ.*, VI, p. 26 et *Esprit du code civil*, V, p. 17 à 19.

([2]) Merlin, *Rép*, v° *Eégitimité*, sect. II, § 2, n. 3; Proudhon et Valette sur Proudhon, II, p. 24; Toullier et Duvergier sur Toullier, n. 811; Duranton, II, n. 632, III, n. 54 et 55 : Zachariæ, I, p. 280, note 5: Allemand, *Traité du mariage*, II, n. 696; Ducaurroy, Bonnier et Roustain, I, n. 431. — Caen, 3 mars 1836, *J. G.*, v° *Paternité*, n. 64-3°.

([3]) Delvincourt, I, p. 89, note 1 ; Richefort, I, n. 17.

([4]) Rouen, 28 déc 1814, *J. G., loc. cit.* 1°, S., 15. 2. 85.

la loi du 18 avril 1886, art. 3 ([1]). Ce dernier texte est ainsi conçu : « *Le paragraphe ajouté à l'art. 313 du code civil par la loi du 6 décembre 1850 est modifié ainsi qu'il suit : En cas de jugement, ou même de demande soit de divorce, soit de séparation de corps, le mari peut désavouer l'enfant né trois cents jours après la décision qui a autorisé la femme à avoir un domicile séparé et moins de cent quatre vingts jours depuis le rejet définitif de la demande ou depuis la réconciliation.* — *L'action en désaveu n'est pas admise s'il y a eu réunion de fait entre les époux* » ([2]).

498. Aux yeux de la loi, il existe entre deux époux qui plaident en divorce ou en séparation de corps une impossibilité morale de cohabitation. Quel que soit le résultat de la demande, le mari peut désavouer l'enfant conçu dans une certaine période, dont la loi indique, d'une façon incomplète d'ailleurs, le point de départ et le terme. D'après le texte que nous venons de transcrire, le point de départ de la période suspecte est la décision qui autorise la femme, ou, pour mieux dire, l'époux demandeur, à avoir un domicile séparé ([3]). Suivant que l'on compte les délais *de die ad diem* ou *de hora ad horam,* le jour où l'ordonnance a été rendue est exclu du délai (*dies a quo non computatur in termino*) ou y est compris pour le nombre d'heures qui se sont écoulées après que l'autorisation a été accordée. L'impossibilité morale de cohabitation dure, d'après l'art. 313, jusqu'au rejet définitif de la demande ou jusqu'à la réconciliation, l'un ou l'autre de ces événements marquant ainsi le terme de la période suspecte.

L'impossibilité morale de cohabitation, qui sert de base au désaveu, ne cesse, d'après notre texte, que par le rejet définitif de la demande ou par la réconciliation. Il semble en résulter qu'elle se perpétue indéfiniment, et avec elle la

---

([1]) La loi du 27 juillet 1884 n'a fait qu'adapter au divorce la disposition de la loi du 6 décembre 1850 et la loi du 18 avril 1886 s'est à peu près bornée à rectifier une erreur matérielle échappée au législateur de 1884, qui avait ordonné que l'addition fût faite à l'art. 312, tandis que son intention était de la faire à l'art. 313.

([2]) Cpr. codes civils néerlandais, art. 309; portugais, art. 101 ; espagnol, art. 111 ; italien, art. 463.

([3]) Cpr. Cass., 8 nov. 1859, D., 59. 1. 506, S., 60. 1. 137.

faculté de désaveu qui en est la conséquence, si la séparation de corps ou le divorce est prononcé par le tribunal.

Cette conclusion est de tous points exacte au cas où c'est la séparation de corps qui est prononcée. La séparation de corps ne dissout pas le mariage ; la femme reste tenue du devoir de fidélité ; on comprend donc que les enfants mis au monde par une femme séparée de corps naissent sous la protection de la règle *pater is est quem nuptiæ demonstrant,* sauf au mari à les désavouer [1].

Mais il en est autrement au cas de divorce. Le jugement de divorce clôt définitivement la période suspecte. La présomption de paternité du mari cesse nécessairement du jour où le mariage est dissous par le divorce (arg. art. 312, al. 1er) ; elle ne couvrira donc plus les enfants que la femme pourra désormais concevoir. Le mari n'aura pas besoin de les désavouer, le désaveu ne s'appliquant, par définition même, qu'aux enfants qui peuvent invoquer la présomption *pater is est,* puisqu'il a précisément pour objet de faire tomber cette présomption. C'est par l'action en contestation de légitimité qu'il y aura lieu de procéder contre eux, en tant que de besoin (arg. art. 313, *infra,* n. 523).

Il faut prévoir le cas où les époux auraient laissé passer le délai de deux mois fixé par l'art. 252, sans requérir la transcription, sur les registres de l'état civil, du jugement de divorce, ce qui a pour effet de rendre le divorce nul et non avenu. Ce cas nous paraît devoir être assimilé à celui où il y a eu réconciliation, si les époux, comme il arrivera le plus souvent, ont agi en connaissance de cause. En effet, ils sont alors censés avoir renoncé l'un et l'autre au bénéfice du jugement qui a prononcé le divorce et par conséquent s'être pardonné leurs torts. La réconciliation sera considérée comme s'étant produite le jour où a expiré le délai de deux mois. L'impossibilité morale de cohabitation cessera donc à dater de ce moment, mais elle aura duré jusque là, et par suite le mari pourra désavouer les enfants dont la conception remon-

_____

[1] La jurisprudence admet cependant, comme nous le verrons, que le mari séparé de corps n'est pas présumé être le père de l'enfant. *Infra,* n. 500.

terait nécessairement, d'après la présomption de la loi, à une
époque antérieure à l'expiration du délai. On ne peut plus
dire qu'il y a réconciliation, si c'est par ignorance ou même
par oubli ou indifférence que les époux ont négligé de faire
opérer la transcription dans le délai. Mais le divorce n'en est
pas moins non avenu, et cette situation doit être assimilée à
celle où il y a eu *rejet de la demande*. La demande est censée rejetée le jour de l'expiration du délai et l'impossibilité
morale de cohabitation cesse à dater de ce moment.

Telles sont les limites assignées à la période pendant laquelle
la loi présume qu'il y a eu entre les époux impossibilité
morale de cohabitation. Sont réputés conçus pendant la
période suspecte, et par suite, susceptibles d'être désavoués,
les enfants nés trois cents jours après le point de départ de
la période et moins de cent quatre-vingts jours après sa clôture.

Lorsque l'enfant a été conçu dans cette période, le mari a,
disons-nous, la faculté de le désavouer. Mais sous quelles
conditions le désaveu sera-t-il admis ? Cette question a soulevé
de graves controverses qui aujourd'hui sont éteintes.

499. On avait d'abord soutenu que le mari était tenu de
fournir la preuve de sa non-paternité, preuve qu'il pouvait
d'ailleurs administrer par tous les moyens propres à apporter la conviction dans l'esprit des juges. L'al. 2 de l'art. 313
ne doit pas, disait-on, être séparé de l'al. 1. C'est intention-
nellement que le législateur de 1850 a placé dans l'art. 313
la règle nouvelle qu'il a édictée. Or, lorsque le mari exerce
le désaveu dans les conditions prévues à l'al. 1, la loi l'oblige
à faire la preuve de trois faits distincts : 1° l'adultère de sa
femme ; 2° le recel de la naissance de l'enfant ; 3° sa non-paternité. La loi de 1850, dans le but de faciliter le désaveu au
mari séparé de corps, est venue simplement le dispenser des
deux premières preuves. Mais la troisième demeure toujours
à sa charge. On invoquait en ce sens le rapport de Demante
à l'Assemblée nationale. La présomption de paternité du
mari, a dit en substance le rapporteur, ne doit pas tomber
devant une simple dénégation du mari, mais le commerce
des époux étant alors moins probable, il convient d'autoriser

le mari à fournir la preuve de sa non-paternité par tous les
moyens possibles (¹). L'on faisait remarquer enfin que la
séparation de corps prononcée, et, à plus forte raison, demandée, ne fait pas cesser la présomption *pater is est;* elle l'affaiblit seulement (²).

Cette opinion est aujourd'hui complètement abandonnée.
Le désaveu du mari est considéré comme *péremptoire,* en ce
sens que le tribunal doit admettre le désaveu par cela seul
qu'il est constant que la conception de l'enfant se place pendant la période suspecte et sans que le mari ait aucune autre
preuve à faire. Il suffit au mari de déclarer, dans les formes
légales, qu'il désavoue l'enfant. Par cela même et par cela
seul le tribunal devra prononcer l'illégitimité de l'enfant. La
présomption de paternité tombe devant la simple dénégation
du mari. Que telle ait été la pensée des auteurs de la loi,
cela résulte à l'évidence des travaux préparatoires. La proposition présentée par Demante et exposée par lui dans le rapport cité plus haut ne fut pas en effet adoptée dans sa teneur
primitive. A la troisième lecture, un amendement, proposé
par MM. Valette et Vatimesnil et accepté par Demante, fut
voté sans discussion. La portée de cet amendement a été
expliquée par Demante et Valette. La commission considéra
qu'il était plus conforme à la morale et à l'équité de présumer
qu'il n'y avait pas eu de rapports entre les époux pendant
la période suspecte. Le système de la loi est en résumé celui-
ci : la présomption légale de paternité du mari continue d'exister. Mais contre elle s'élève une autre présomption légale que
peuvent seuls invoquer ceux auxquels appartient l'action en
désaveu; c'est la présomption que, pendant la période suspecte, il a existé une impossibilité morale de cohabitation entre
les époux. Cette présomption dispense ceux au profit desquels
elle a été établie de prouver la non-paternité du mari (³).

(¹) *Revue de droit français et étranger*, 1850, VII, p. 776.
(²) En ce sens, Marcadé, 5ᵉ et 6ᵉ édit., sur l'art. 313, n. 4; Massé et Vergé, sur
Zachariæ, I, § 156, note 5; P. Gilbert, *note* dans S., 54. 2. 81, et *note* dans S., 58.
2. 690. — Amiens, 30 juin 1853, D., 55. 2. 311, S., 54. 2. 81. — Cour de Parme,
25 janv. 1884, *J. G., Suppl.*, vᵒ *Paternité*, n. 35, S., 84. 4. 16.
(³) Valette, *Explic. somm.*, I, p. 172; *Cours*, I, p. 387; *Le Droit*, 30 mars 1854;
Lettre à M. Arbey, dans S., 58. 2. 690, note; Demante, II, n. 40 *bis*, I; Coin-

500. La jurisprudence considère, comme la doctrine, que le désaveu est péremptoire. Mais elle va trop loin en déclarant que le mari n'est pas présumé père de l'enfant ([1]). L'art. 312, al. 1er, pose en effet une règle générale qui s'applique tant que dure le mariage. D'autre part, l'art. 313 nous dit que le mari pourra *désavouer.* Le mot même de *désaveu,* employé par la loi, implique la persistance de la présomption de paternité, puisque, par définition, le désaveu a pour objet de faire tomber cette présomption.

Ce sont donc les règles du désaveu qui sont applicables à notre espèce et non pas celles qui gouvernent l'action en contestation de légitimité. Ainsi il faudra observer les délais prescrits pour l'exercice de l'action par les art. 316 à 318.

501. Au mari qui dénie sa paternité, conformément à l'art. 313 al. 2, une fin de non-recevoir peut être opposée ; c'est celle résultant d'un rapprochement qui aurait eu lieu entre lui et sa femme pendant la période légale de la conception. Il s'agit d'un rapprochement qui s'est opéré dans des conditions telles que des rapports intimes ont pu s'établir entre les deux époux et à une époque qui se rapporte à celle de la conception ([2]). Du reste la loi n'exige pas qu'il y ait eu entre eux une réconciliation véritable, qui suppose l'estime réciproque et le pardon mutuel des fautes. Elle se contente d'une réunion de fait ([3]).

Delisle, *Rev. crit.,* 1855, VI, p. 212 s ; Quénault, *Rev. crit.,* 1857, XI, p. 308 s. ; Demolombe, V, n. 55 *bis;* Aubry et Rau, VI, § 545, texte et note 12. — Paris, 18 fév. 1854, S., 54. 2. 81. — Cass., 9 déc. 1857 (sol. impl.), D., 58. 1. 132, S., 58. 1. 97. — Bordeaux, 16 juin 1858, D., 59. 2. 14, S., 58. 2. 690. — Nancy, 12 janv. 1861, D., 61. 5. 236, S., 61. 2. 307. — Dijon, 24 janv. 1872, D., 73. 2. 13. — Cass., 19 août 1872, D., 73 1. 479, S., 73. 1. 75. — Toulouse, 18 juin 1874, D., 75. 2. 25, S., 74. 2. 173. — Aix, 6 déc. 1876, D., 77. 2. 183. — Caen, 22 déc. 1880, D., 82. 2. 53, S., 81. 2. 161. — Pau, 11 janv. 1887, S., 87. 2. 226. — Lyon, 3 juill. 1890, D., 91. 2. 93. — Riom, 4 mars 1891, *J. G., Suppl.,* vo *cit.,* n. 36. — Cpr. codes civils néerlandais, art. 309; espagnol, art. 111; italien, art. 163.

([1]) Bordeaux, 16 juin 1858. — Nancy, 12 janv. 1861. — Dijon, 24 janv. 1872. — Cass., 19 août 1872. — Toulouse, 18 juin 1875. — Lyon, 3 juill. 1890. — Caen, 22 déc. 1880, *supra.* — Montpellier, 21 juill. 1886, S., 88. 2. 100. — Cpr. code civil portugais, art. 101.

([2]) Demante, II, n. 40 *bis,* II ; Valette, *Explic. somm.,* p. 173 ; Demolombe, V, n. 55 *bis,* VI et VII.

([3]) Cpr. Cass., 29 juin 1892, D., 92. 1. 477, S., 95. 1. 213.

La preuve de cette réunion de fait est à la charge du défendeur, puisque celui-ci tend à renverser la présomption légale qu'invoque le demandeur [1]. Elle peut du reste être faite par un mode quelconque. La fin de non-recevoir est *péremptoire* comme le désaveu lui-même. Les juges sont contraints de repousser le désaveu formé par le demandeur. La loi leur enlève tout pouvoir d'appréciation. Ils ne peuvent donc admettre le désaveu sous prétexte qu'en fait la conception a eu lieu avant ou depuis la réunion [2]. Le texte de l'art. 313 le leur défend. D'ailleurs la loi est favorable à la légitimité ; l'enfant peut placer sa conception à l'époque où a eu lieu le rapprochement, sans que personne puisse contester sa prétention [3].

502. Les deux causes de désaveu que nous venons d'examiner (impossibilité morale de cohabitation) peuvent concourir ensemble et peuvent également concourir avec l'impossibilité physique de cohabitation. Dans ce dernier cas il faudra suivre les règles des art. 312 et 313 combinés [4].

503. Dans le cas de désaveu pour impossibilité physique ou morale de cohabitation, l'enfant peut-il être désavoué s'il est non viable? La non viabilité de l'enfant constitue une fin de non recevoir, lorsque le désaveu est fondé sur l'art. 314. En est-il de même dans les hypothèses prévues par les art. 312 et 313? Malgré le silence gardé par ces deux textes, il faut, croyons-nous, décider que le désaveu n'est pas recevable, si l'enfant n'est pas né viable. La gestation peut en effet avoir duré moins de 180 jours et la date de la naissance de l'enfant ne fournit aucune induction sur l'époque de sa conception. D'autre part, l'enfant qui n'est pas né viable n'a pas de personnalité. Or, comme nous le verrons, l'enfant est défendeur nécessaire, par lui ou par ses représentants, à l'action en désaveu. Enfin le mari n'a pas d'intérêt à désavouer

[1] Lyon, 3 juil. 1890, *supra.*
[2] Demolombe, V, n. 55 *bis,* VIII; Demante, II, n. 40 *bis.* III.
[3] Dans le même sens, code civil italien, art. 163. — Les codes civils néerlandais (art. 309), portugais (art. 101), espagnol (art. 111) permettent de prouver par tous modes quelconques la paternité du mari.
[4] Cass., 8 nov. 1859, D., 59. 1. 506, S., 60. 1. 437.

un enfant qui n'a pas eu d'existence juridique et qui n'a pu être investi d'aucun droit. On dit bien que le mari y a un intérêt moral et même un certain intérêt pécuniaire au point de vue de la séparation de corps ou du divorce. Mais cet intérêt ne suffit pas. Autre chose est avoir intérêt à demander le divorce ou la séparation de corps, et autre chose à désavouer l'enfant ([1]).

504. La renonciation du mari à l'action en désaveu donnet-elle naissance contre lui à une fin de non-recevoir? On l'admet généralement pour la renonciation expresse. Dès lors il semble qu'il faille en dire autant de la renonciation tacite. La question sera examinée sous l'art. 314.

SECTION II
ENFANT CONÇU AVANT ET NÉ APRÈS LA CÉLÉBRATION DU MARIAGE

505. La durée *minima* de la gestation étant de 179 jours pleins (arg. art. 312, al. 2), il en résulte que la conception de l'enfant qui naît avant le 180e jour du mariage remonte à une époque antérieure à la célébration. Cet enfant ne devrait donc pas être protégé par la présomption *pater is est*. La loi ne devrait pas le réputer issu des œuvres du mari; elle ne devrait pas non plus le considérer comme légitime; car ce sont deux choses corrélatives. Cependant, par faveur pour la légitimité, elle en a décidé autrement. D'une part, elle présume que le mari est le père de l'enfant et, d'autre part, elle fait naître celui-ci légitime, malgré le vice de sa conception.

§ I. *Présomption de paternité du mari.*

506. La loi présume que l'enfant conçu avant le mariage est issu des œuvres de celui qui a épousé sa mère. Cela est en effet possible et même probable. Cette présomption ne

---

([1]) Duranton, III, n. 34 ; Duvergier sur Toullier, I, n. 822, note; Massé et Vergé sur Zachariæ, I, § 161, note 36; Valette sur Proudhon, II, p. 35, note *a;* Marcadé, sur l'art. 314, n. 15; Demante, II, n. 41 *bis*, VI; Demolombe, V, n. 39; Aubry et Rau, VI, § 545, texte et note 64; Laurent, III, n. 378; Planiol, I, n. 2164. — *Contra* Delvincourt, I, p. 88, note 8; Toullier, II, n. 822; Proudhon, II, p 33-35; Zachariæ, I, § 161, p. 302.

peut être combattue que par l'action en désaveu, comme celle qui couvre l'enfant dont la conception a eu lieu au cours du mariage. Mais elle est ici particulièrement faible. Aussi une simple dénégation du mari suffira à la renverser. C'est au mari de juger s'il est réellement le père de l'enfant; la loi s'en rapporte à lui sur ce point. S'il se considère comme l'auteur de l'enfant, il gardera le silence et l'enfant jouira en paix du bénéfice de la légitimité. Dans le cas contraire, il le désavouera (art. 314) et l'enfant sera regardé comme illégitime. Le désaveu du mari est ici *péremptoire;* le désavouant n'a pas besoin de justifier de sa non-paternité ([1]).

507. Il est certains cas cependant dans lesquels l'enfant ne peut être désavoué. Les fins de non-recevoir contre l'action en désaveu pour cause de naissance précoce sont au nombre de trois. Elles sont indiquées par l'art. **314**, ainsi conçu : « *L'enfant né avant le cent quatre-vingtième jour du mariage ne pourra être désavoué par le mari dans les cas suivants : 1° s'il a eu connaissance de la grossesse avant le mariage; 2° s'il a assisté à l'acte de naissance, et si cet acte est signé de lui, ou contient sa déclaration qu'il ne sait signer; 3° si l'enfant n'est pas déclaré viable* ».

Etudions ces trois fins de non-recevoir.

508. *Première fin de non-recevoir.* — « *Si le mari a eu connaissance de la grossesse avant le mariage* ». Il y a alors de la part du mari un aveu tacite de paternité (ou mieux, une renonciation au désaveu). On n'épouse pas une femme qu'on sait être enceinte, quand on a la conviction qu'on n'est pas le père de son enfant; si on a assez peu d'honneur pour le faire, la loi ne permet pas qu'on vienne le dire à la justice. *Nemo auditur propriam turpitudinem allegans.*

509. Le mari ne peut pas revenir sur sa renonciation. La fin de non-recevoir qui résulte de celle-ci est absolue. Ainsi, il ne peut prétendre qu'il a été trompé sur la date à laquelle la femme est devenue enceinte. Il ne sera pas même admis à prouver qu'à l'époque probable de la conception, il y avait

---

([1]) Cpr. codes civils allemand, § 1591; néerlandais, art. 305; portugais, art. 102; espagnol, art. 110; italien, art. 159.

impossibilité physique de cohabitation entre lui et la femme qu'il a ensuite épousée. L'impossibilité physique de cohabitation n'est une cause de désaveu que dans le cas prévu par l'art. 312. Nous nous trouvons ici en présence d'une tout autre hypothèse (¹).

Pour permettre au mari de revenir sur sa renonciation, on fait observer que la fin de non-recevoir qu'on lui oppose est fondée sur un aveu (²). Or l'aveu est révocable quand il a été déterminé par une erreur de fait (art. 1356). On ajoute que la reconnaissance d'enfant naturel peut être attaquée quand elle est contraire à la vérité. Or il s'agit ici d'une reconnaissance tacite, puisque, nous le verrons, l'enfant bénéficie d'une fiction de légitimation.

L'argument tiré de l'art. 1356 n'est pas décisif, à notre avis. Ce texte est relatif aux droits pécuniaires. Or les règles qui gouvernent la preuve des droits compris dans le patrimoine ne doivent pas être étendues à l'état des personnes. Il faut nous en tenir à l'art. 314, qui ne permet pas au mari de revenir sur ce qu'il a fait. D'autre part, il n'y a pas d'assimilation à faire entre notre hypothèse et la reconnaissance d'un enfant naturel. La reconnaissance d'un enfant naturel peut être attaquée par tout intéressé quelconque (arg. art. 339). Dans le cas de l'art. 314, il ne peut être question d'accorder le droit d'attaquer la renonciation qu'au mari ou à ses héritiers, puisqu'il s'agit de repousser une fin de non-recevoir opposée à l'action en désaveu, que seuls ils peuvent exercer. Enfin la reconnaissance d'enfant naturel peut être attaquée, non seulement lorsqu'elle a été déterminée par une erreur, mais aussi quand elle a été faite sciemment d'une façon mensongère. Or il est bien certain que la renonciation du mari au désaveu, sur laquelle est fondée la fin de non-recevoir de l'art. 314, ne pourrait être attaquée sous prétexte de mensonge. Les deux cas sont donc entièrement dissemblables et régis par des

---

(¹) Toullier, II, n. 823; Duranton, III, n. 28; Demolombe, V, n. 80 et 80 *bis*; Aubry et Rau, VI, § 545, texte et note 26; Laurent, III, n. 383. — Chambéry, 3 mars 1869, D., 69. 2. 112, S., 70. 1. 253. — Cass., 28 déc. 1869, D., 70. 1. 145, S., 70. 1. 253.

(², Demante, II, n. 42 *bis*, IV; Beudant, note D., 70. 1. 145.

principes différents ; il n'y a pas lieu d'argumenter de l'un à l'autre.

510. Le mari n'a pas besoin de prouver qu'il a ignoré la grossesse de sa femme. C'est aux défendeurs à prouver qu'il en a eu connaissance. La preuve peut se faire par tous modes quelconques ([1]). Les juges pourront voir, dans les relations que le mari a eues avec sa femme avant le mariage, un indice qu'il n'a pas ignoré l'état de celle-ci. Ce ne sera pas là, comme l'ont dit certains auteurs, se livrer à une recherche de paternité ([2]). Car on recherchera, non pas si le mari est l'auteur de la grossesse, mais simplement s'il en a eu connaissance. Il ne faut pas dire non plus, comme l'ont fait d'autres auteurs ([3]), qu'il suffira de prouver ces relations pour repousser le désaveu. Les tribunaux statueront d'après les circonstances ([4]).

511. *Deuxième fin de non-recevoir.* — « *Si le mari a assisté à l'acte de naissance et si cet acte est signé de lui, ou contient sa déclaration qu'il ne sait signer* ». Ici encore, la loi voit dans la conduite du mari une renonciation au désaveu. Pour que cette fin de non-recevoir puisse être invoquée, les conditions suivantes doivent être réunies :

1° Il faut, en premier lieu, que le mari ait *assisté* à l'acte de naissance, c'est-à-dire qu'il y ait concouru, participé. Peu importe à quel titre, en qualité de déclarant ou en qualité de témoin.

2° Il faut, en outre, que l'acte ne contienne aucune protestation ni réserve en ce qui concerne l'exercice de l'action en désaveu. Le mari a pu se croire obligé de déclarer la naissance de l'enfant pour obéir à la prescription de l'art. 56 ; s'il prend soin d'expliquer que c'est là le motif qui le fait agir et qu'il entend se réserver le droit de désavouer l'enfant, on ne

---

([1]) Merlin, *Répert.*, v° *Légitimi'é*, sect. II, § 1, n. 6 ; Delvincourt, I. p. 88, note 6 ; Zachariæ, I. § 161, note 9 ; Demolombe, V, n 66 ; Laurent, III. n. 382.

([2]) Proudhon, II, p. 19, 20 ; Nougarède, *Lois de famille*, p. 186.

([3]) Toullier, II, n. 826 ; Richefort, I, n. 29.

([4]) Duranton, III, n. 30 ; Zachariæ, *loc. cit.;* Valette sur Proudhon, II, p. 20, note *a ;* Duvergier sur Toullier, n. 826, note ; Allemand, *Du mariage*, II, n. 712 ; Demolombe, V, n. 67 ; Aubry et Rau, VI, § 545, texte et note 25 ; Laurent, *loc. cit.*

peut certes pas voir dans sa conduite une renonciation à l'action en désaveu (¹).

Des protestations expresses ne sont du reste pas nécessaires. Des réserves tacites suffiront pour conserver les droits du mari. Mais ces réserves ne peuvent résulter que d'un acte bien significatif de la part du mari. Ainsi le père est déclaré inconnu et la mère est désignée *sous son nom de fille ;* sans doute le père se trouve révélé indirectement par l'acte, mais le soin que le mari a pris d'indiquer la mère sous son nom de fille constitue une protestation suffisamment claire contre la présomption de paternité établie par l'art. 314. Mais il ne suffirait pas de ne pas déclarer le père, si la mère est désignée dans l'acte sous son nom de femme mariée (²). Le défaut d'indication du père pouvant être dû à une erreur ou à un oubli du rédacteur de l'acte, on ne peut y voir une réserve du droit de désavouer (³).

512. La renonciation à l'action en désaveu pourrait-elle s'induire d'autres circonstances que de celles qui viennent d'être relatées et qui sont indiquées par l'art. 314, 1° et 2°. La négative est enseignée par quelques auteurs (⁴). L'art. 314, disent-ils, paraît bien conçu en termes restrictifs. Il ne refuse au mari la faculté d'exercer le désaveu que dans certains cas seulement (arg. des mots : l'enfant ne pourra être désavoué dans les cas suivants); donc le mari conserve cette faculté dans les cas non prévus par le texte et l'on ne peut lui opposer une fin de non-recevoir fondée sur sa renonciation tacite. D'ailleurs la renonciation tacite s'induit de circonstances dont le caractère est toujours délicat à apprécier et l'on comprend que le législateur ait voulu enlever aux juges tout pouvoir d'appréciation en une pareille matière.

Cette opinion est généralement rejetée. La plupart des auteurs décident que les juges pourront induire d'autres faits que de ceux indiqués au texte que le mari a renoncé

(¹) Aubry et Rau, VI, § 545, texte et note 17; Demolombe, V, n. 70, 71; Laurent, III, n. 380. — Cpr. Locré, VI, p. 46.

(²) Ou même sous son nom de fille, bien que la question soit alors plus douteuse.

(³) Demolombe, V, n. 70; Aubry et Rau, VI, § 545, texte et note 16.

(⁴) Zachariæ, I, § 161, texte et note 13; Laurent, III, n. 381 *in fine*.

tacitement à l'action en désaveu (¹). Il en serait ainsi notamment si le mari, n'ayant pu assister à l'acte de naissance de l'enfant, écrit une lettre de félicitations à sa femme, assiste à la fête du baptême de l'enfant ou fait part aux personnes qu'il connaît de la naissance de celui-ci. C'est qu'en effet on ne peut considérer l'énumération contenue dans l'art. 314 comme étant limitative. Il résulte simplement du texte que l'action en désaveu pour cause de naissance précoce n'est pas admise dans certains cas; mais rien, dans les termes de la loi, n'indique que ce soient les seuls où l'on puisse voir une renonciation tacite de la part du mari (²).

513. Même en admettant que l'art. 314 doive, en ce qui concerne la renonciation tacite, être interprété restrictivement, il n'est pas douteux que la renonciation expresse au droit de désavouer n'élève une fin de non-recevoir contre l'action en désaveu. Sur ce point, tout le monde est d'accord (³). La loi, qui admet la renonciation tacite, admet à plus forte raison la renonciation expresse. D'une manière générale d'ailleurs, elle est favorable à la légitimité. Il est donc probable que, si elle n'a pas parlé spécialement de la renonciation expresse, c'est qu'il lui a paru qu'elle devait être admise sans difficulté. L'action en désaveu est établie dans l'intérêt du mari et de ses héritiers. C'est d'eux seuls que dépend la légitimité de l'enfant. S'ils laissent s'écouler sans agir le délai très bref qui leur est imparti pour l'exercice de l'action, l'état de l'enfant est rendu inattaquable. A *fortiori*, leur renonciation expresse au droit de désavouer doit produire le même effet. On a dérogé ici à la règle d'après laquelle l'état des personnes est au-dessus des volontés particulières. Elle est écartée dans l'intérêt de la légitimité et pour sauvegarder la dignité du mariage.

La renonciation expresse pourra être faite dans une forme

(¹) Toullier, II, n. 824 ; Demante, II, n. 41 *bis*, II ; Marcadé, sur l'art. 314, n. II ; Massé et Vergé sur Zachariæ, *loc. cit.* ; Aubry et Rau, VI, § 545, texte et note 19 ; Demolombe, V, n. 76 ; Arntz, I, n. 522 ; Planiol, I, n. 2180.

(²) Cpr. Duveyrier, *Discours*, Locré, VI, p. 296, 297.

(³) Toullier, Marcadé, Zachariæ, Aubry et Rau, Laurent, *loc. cit.* ; Demolombe, V, n. 74.

quelconque. Elle pourra se produire verbalement ou être
constatée par un écrit, lequel ne sera soumis, pour sa
validité, à aucune condition spéciale de forme. Une simple
lettre devra donc être considérée comme suffisante. Sans
doute, la reconnaissance d'un enfant naturel doit être faite
par acte authentique (art. 334) ; mais, nous l'avons déjà fait
remarquer, on ne peut pas établir d'assimilation entre la
reconnaissance d'un enfant naturel et la renonciation au
désaveu (¹).

514. Le principe que l'on peut renoncer à l'action en
désaveu doit être appliqué dans tous les cas où le désaveu
est possible. La renonciation au désaveu donnera donc
naissance à une fin de non-recevoir, non seulement dans
l'hypothèse prévue par l'art. 314, mais aussi dans celles qui
font l'objet des art. 312 et 313 (²).

Ce principe est reconnu par ceux-là mêmes qui, interprétant restrictivement l'art. 314, al. 1 et 2, admettent que ce
texte a énuméré d'une manière limitative les faits desquels
on peut induire une renonciation tacite. Poussant jusqu'à ses
extrèmes conséquences logiques l'application de ce principe,
ils donnent les deux solutions suivantes :

1° L'art. 314 ne parlant pas des *héritiers du mari,* ceux-ci
peuvent renoncer tacitement à l'action en désaveu (³).

2° Pour les mêmes motifs, le mari lui-même et, à plus forte
raison, ses héritiers peuvent renoncer tacitement à l'action en
désaveu pour cause d'impossibilité physique ou morale de
cohabitation. Car, dans les art. 312 et 313, nous ne trouvons
aucune énumération semblable à celle que contient l'art. 314.
Il faut donc revenir au principe (⁴).

515. La renonciation, expresse ou tacite, doit, pour qu'il
en résulte une fin de non-recevoir contre l'action en désaveu,

(¹) Delvincourt, I, p 88, note 7; Toullier, II, n. 824; Proudhon et Valette sur
Proudhon, II, p. 14-18; Duranton, III, n. 32; Marcadé, sur l'art. 314, n. 11; Demolombe, V, n. 75; Aubry et Rau, VI, § 545, note 20; Laurent, III, n. 381.

(²) D'après le code civil allemand (§ 1598 , la reconnaissance faite par le mari de
sa paternité n'élève une fin de non-recevoir contre la contestation de légitimité,
que si elle est intervenue après la naissance de l'enfant.

(³) Zachariæ, I, § 161, p. 302.

(⁴) Laurent, III, n. 377.

être faite en connaissance de cause. Elle sera donc inopérante si elle a été déterminée par une erreur, surprise par dol ou arrachée par violence. Ainsi le mari a reconnu l'enfant pendant le mariage, le croyant conçu après la célébration ; il a été, par exemple, trompé sur la date de la naissance. En réalité, il n'y a pas de renonciation à l'action en désaveu, car le mari ne croyait pas avoir le droit de désavouer l'enfant. Si, *après la célébration du mariage,* il apprend que la femme était antérieurement enceinte et s'il reconnaît sa **paternité**, il pourra soutenir qu'il a été induit en erreur sur la date de la conception ([1]). Il en est autrement, nous le savons, dans le cas où il avait, avant le mariage, connaissance de la grossesse de la femme.

516. *Troisième fin de non-recevoir.* — « *Si l'enfant n'est pas déclaré viable* ». La viabilité, c'est l'aptitude à vivre : question de fait à résoudre, en cas de difficulté, par les juges, qui s'aideront au besoin des secours de la science. Aux termes du projet primitif, l'enfant était réputé non-viable s'il avait vécu moins de dix jours ([2]). Cette disposition a disparu de la rédaction définitive.

Pourquoi le mari ne peut-il pas désavouer l'enfant qui n'est pas né viable? Il y en a deux raisons. D'abord la non-viabilité de l'enfant provient souvent de sa naissance avant terme et alors l'induction que l'on prétendrait tirer de la date de sa naissance, pour soutenir que sa conception remonte à une époque antérieure au mariage, perd toute sa force. En second lieu, l'enfant qui naît non-viable, de même que celui qui est mort-né, est considéré comme n'ayant jamais été *in rerum natura ;* aucun droit n'a pu se fixer sur sa tête, notamment un droit de succession (art. 725) ; la naissance d'un pareil enfant ne peut donc nuire à personne et le mari par suite n'a pas d'intérêt à le désavouer. L'action en désaveu ne pourrait avoir pour but comme pour résultat que de déshonorer la mère et le législateur ne devait pas l'admettre. Cette deuxième raison a une telle force, qu'elle nous a conduits à

([1]) Demolombe, V, n. 74; Laurent, III, n. 383.
([2]) Locré, VI, p. 40, 46, 157, 171, 297, 298.

considérer la non-viabilité de l'enfant comme constituant une
fin de non-recevoir contre l'action en désaveu pour cause
d'impossibilité physique ou morale de cohabitation (art. 312
et 313) (¹). C'est, il est vrai, étendre en dehors de ses termes
une disposition exceptionnelle de sa nature; mais il y a des
exceptions qui s'étendent; ce sont celles qui ne sont que l'application d'un principe de droit commun et qui dérogent à
une règle exceptionnelle elle-même. Or telle est précisément
la fin de non-recevoir qui nous occupe; elle est fondée sur
cette règle de droit commun : pas d'action sans intérêt.

517. Supposons que le défendeur ne puisse opposer à
l'action du désavouant aucune des fins de non-recevoir
admises par la loi. Ne peut-il pas combattre au fond la dénégation de paternité, en soutenant que l'enfant conçu avant
le mariage est issu des œuvres du mari? Doit-on l'autoriser
à en faire la preuve? Certains auteurs l'admettent (²). En
effet, disent-ils, à quoi tend la prétention du défendeur? A
faire une recherche de paternité. Or l'art. 340, qui prohibe
une pareille recherche, ne vise que la paternité naturelle.
La paternité qu'on veut ici établir est une paternité légitime.
Car si le désaveu est repoussé, l'enfant naît légitime conformément à l'art. 314.

Nous pensons au contraire qu'il y a lieu de faire en cette
matière l'application de l'art. 340. Remarquons qu'en réalité
l'enfant est illégitime par la date de sa conception. Sans
doute il naît sous le couvert de la présomption *pater is est...*
Mais, le désaveu autorisé par l'art. 314 étant un désaveu
péremptoire, la simple dénégation de paternité a fait tomber
cette présomption. Il résulte d'ailleurs de l'art. 314 que l'action en désaveu peut être combattue seulement par des fins
de non-recevoir et non par des moyens de fond. Enfin, pourquoi l'art. 340 prohibe-t-il la recherche de la paternité? C'est
parce qu'il est impossible de prouver directement la filiation
paternelle. Ces motifs ont ici toute leur force (³).

(¹) *Supra*, n. 503.
(²) Dalloz, *J. G.*, v° *cit.*, n. 79. — Demante, II n. 41 *bis*, III.
(³) Demolombe, V, n. 78; Aubry et Rau, VI, § 545, texte et note 30; Laurent,
III, n. 384.

Cependant, nous permettrions de faire la preuve de la paternité du mari dans les cas mêmes où l'art. 340 admet la recherche de la paternité naturelle (¹). Nous sommes bien dans le domaine de l'art. 340, puisque l'enfant est illégitime par la date de sa conception. Maintenant, quel sera l'état de l'enfant si la paternité du mari de sa mère est prouvée? La question est singulièrement délicate. Nous croyons que l'enfant sera légitime, bien que cela puisse paraître contradictoire. Il est en effet deux choses corrélatives que le législateur, dans l'art. 314, considère comme inséparables : la paternité du mari et la légitimité de l'enfant. L'enfant est légitime, s'il a pour père le mari de sa mère, bien que sa conception ait eu lieu en dehors du mariage. Qu'importe dès lors de quelle manière sa filiation paternelle a été établie, du moment que l'on a eu recours aux moyens organisés par la loi? Que la paternité du mari résulte de la présomption édictée par l'art. 314 ou qu'elle soit prouvée directement conformément à l'art. 340, dans tous les cas, l'enfant bénéficiera de la fiction de légitimation établie à son profit par le premier de ces deux textes (²).

518. Si le désaveu est admis, l'enfant aura l'état d'enfant naturel. Ce n'est pas un enfant légitime, puisqu'il n'est pas issu des œuvres du mari de sa mère. Sa filiation maternelle sera seule établie et ce sera une filiation naturelle simple, puisque la conception de l'enfant ne peut pas se placer en mariage.

Si le mari n'a pas exercé l'action en désaveu ou si le désaveu n'a pas été admis, quel sera l'état de l'enfant? La présomption de paternité du mari le protège. C'est la première faveur que lui accorde la loi. Elle lui en accorde encore une autre, qui est, du reste, étroitement liée à la première. Nous arrivons ainsi à la deuxième règle que nous avons à étudier.

(¹) Proudhon, II, p. 21; Demolombe, V, n. 79; Aubry et Rau, VI, § 545, texte et note 31; Laurent, *loc. cit.* — *Contra* Zachariæ et Massé et Vergé sur Zachariæ, I, § 161, note 17.
(²) Aubry et Rau, Demolombe, Laurent, *loc. cit.*

§ II. *Fiction de légitimité de l'enfant.*

519. Bien que la conception de l'enfant soit illégitime, puisqu'elle est, en fait, antérieure à la célébration du mariage, l'enfant *naît légitime*. La loi le répute enfant légitime de sa mère et du mari de celle-ci.

Nous disons que la loi le *répute* enfant légitime. Car il y a là évidemment une fiction. Reste à savoir quelle est cette fiction et quelle en est la portée. Ce point est l'objet de très graves difficultés.

Cette fiction ne peut être, à notre avis, qu'une fiction de *légitimation*. Sans doute, le texte ne le dit pas expressément. Mais c'était inutile à dire, car cela résulte de l'ensemble des dispositions légales relatives à notre matière. L'enfant dont il s'agit est illégitime par son origine. S'il était né avant le mariage de ses parents, ceux-ci auraient pu le légitimer par leur mariage subséquent (art. **331**). La mère s'est mariée pendant sa grossesse avec un homme que le législateur répute être le père de l'enfant. La loi dit qu'il naît légitime. La qualité d'enfant légitime lui est conférée, non par sa conception en mariage, mais bien par le mariage postérieur de ses parents. C'est donc un effet du mariage. Autrement dit, cet enfant est légitimé par le mariage (¹).

(¹) Duranton, III, n. 20 s.; Zachariæ, I, § 161, texte et note 6; Massé et Vergé sur Zachariæ, *loc. cit.*; Marcadé, sur l'art. 314; Valette sur Proudhon, II, p. 23 (v. cep. *Explic. somm.*, p. 156); Demante, II, n. 37 *bis*, I; P. Collet, *Rev. crit.*, 1870, XXVI, p. 1 s.; Planiol, I, n. 2313. — Trib. Seine, 13 déc. 1866; Paris, 22 nov. 1867, et Cass. (deux arrêts), 28 juin 1869, D., 69. 1. 335, S., 69. 1. 446. — Dijon, 31 mars 1870, *J. G., Suppl.*, vº *Paternité*, n. 181, S., 70. 2. 148. — Cpr. Aubry et Rau, VI, § 545, texte et note 9. Ces auteurs interprètent autrement l'art. 314, mais le système qu'ils proposent conduit aux mêmes conséquences que la doctrine généralement admise. Il n'est pas exact, disent-ils en substance, de placer l'enfant dont il s'agit sur la même ligne qu'un enfant simplement légitimé par le mariage subséquent de ses père et mère. Mais, d'un autre côté, il ne peut pas non plus être placé sur la même ligne que l'enfant qui a été conçu en mariage. La légitimité de ce dernier, étant le résultat de l'existence réelle du mariage lors de la conception, n'est subordonnée à aucune condition. Au contraire, dans le cas de l'art. 314, la légitimité de l'enfant, étant le résultat d'une fiction, est subordonnée à la possibilité de cette fiction. L'enfant ne peut donc être réputé légitime que si, au moment de sa conception, il n'existait pas un obstacle absolu au mariage de ses auteurs. Dans le même sens, Lyon, 6 avril 1870, D., 70. 2. 227, S., 70. 2. 109.

Cette légitimation, réglée par l'art. 314, diffère de celle dont il est question à l'art. 331, en ce qu'il n'est pas nécessaire que l'enfant soit reconnu par ses auteurs antérieurement au mariage ou dans l'acte de célébration. La loi a dispensé les parents de cette condition; elle ne pouvait pas l'exiger. La femme peut, en effet, au moment de son mariage, ignorer son état ou ne pas en instruire son conjoint. Il suffira donc que l'enfant ne soit pas désavoué pour que, sa filiation paternelle se trouvant établie par la présomption légale dont nous avons parlé, l'enfant soit considéré comme un enfant légitime.

Pour que l'enfant naisse légitime, il faut que les autres conditions requises pour la légitimation se trouvent réunies. Il faut que le vice de la conception de l'enfant ne soit pas tel qu'il constitue un obstacle à la légitimation. Cette proposition nous conduit aux conséquences suivantes :

1° L'enfant venu au monde avant le 180ᵉ jour du mariage naît illégitime, si, *pendant toute la durée* de la période où peut se placer sa conception, le mari de sa mère était engagé dans les liens d'un autre mariage. Exemple : Un homme veuf depuis quatre mois se remarie : un mois après, sa nouvelle femme accouche. L'enfant naîtra illégitime, car on ne pourrait le supposer conçu des œuvres du mari de sa mère sans lui donner une origine adultérine, et d'après l'art. 331 les enfants issus d'*un commerce adultérin* ne peuvent pas être légitimés (¹). L'état de l'enfant est aisé à déterminer. Rappelons que l'enfant ne bénéficie alors d'aucune des deux faveurs corrélatives accordées par l'art. 314. La paternité du mari n'est pas présumée, précisément parce que l'enfant ne peut pas être considéré comme un enfant légitime. Dès lors la filiation maternelle seule est certaine. C'est une filiation naturelle si la mère était libre lors de la conception. Si la mère s'est trouvée mariée *pendant toute la période de la conception*, le premier mari sera réputé être le père et l'enfant aura la qualité d'en-

(¹) Valette sur Proudhon, Marcadé, *loc. cit.*; Duranton, III, n. 24, 25; Zachariæ et Massé et Vergé sur Zachariæ, I, § 161, texte et note 7; Paul Collet, *op. et loc. cit.*; Demante, II, n. 37 *bis*, II; Aubry et Rau, VI, § 545, texte et notes 9 et 12; Planiol, I, n. 2314, et les arrêts cités à la note précédente.

fant légitime de sa mère et du premier mari de celle-ci ([1]).

2° L'enfant qu'une femme met au monde avant le 180° jour de son mariage naît illégitime, si la mère n'a pu se marier qu'en vertu de dispenses, à raison du lien de parenté ou d'alliance qui l'unissait à l'homme qu'elle a choisi comme époux. Ainsi un oncle épouse sa nièce après avoir obtenu une dispense du chef de l'Etat; un enfant naît avant le 180° jour du mariage. Il est illégitime; en effet, sa conception remontant à une époque antérieure au mariage, on ne peut l'attribuer au mari de sa mère sans donner à l'enfant une origine incestueuse et, d'après l'art. 331, les enfants issus *d'un commerce incestueux* ne peuvent pas être légitimés ([2]). Dès lors, pour les mêmes raisons qui ont été déduites plus haut, l'enfant aura l'état d'enfant naturel simple de sa mère.

3° L'enfant qui vient au monde avant le 180° jour du mariage naissant illégitime, quand sa conception, en la supposant l'œuvre du mari, est entachée d'inceste ou d'adultère, il en résulte que la légitimité de cet enfant pourra être contestée par tous les intéressés, et non pas seulement par le mari, et que leur action ne sera pas soumise aux exceptions et prescriptions particulières à l'action en désaveu ([3]). Il ne s'agit pas en effet de combattre la présomption de paternité du mari, puisque celle-ci est écartée. La question est seulement de savoir si l'enfant est né légitime, étant donné la date de sa conception. On ne peut objecter que cette action tend à rechercher une filiation incestueuse ou adultérine, puisque, nous l'avons vu, le mari ne peut être réputé père de l'enfant.

La cour de cassation, qui admet notre principe, en admet la première et la troisième conséquences ([4]); mais elle en rejetterait probablement la seconde, si elle était appelée à se prononcer sur ce point. En effet, la Cour suprême, ainsi

([1]) Si le premier mariage de la mère n'a coïncidé qu'avec *une partie seulement* de la période dans laquelle se place, d'après la présomption de la loi, la conception de l'enfant, il faut alors suivre les règles que nous avons exposées en traitant de la *Confusion de part* (supra, n. 447).

([2]) Marcadé, sur les art. 314 et 331, III; Valette sur Proudhon, II, p. 23; Demante, Massé et Vergé, Planiol, *loc. cit.*

([3]) Aubry et Rau, VI, § 545, texte et note 13.

([4]) V. les arrêts cités plus haut.

qu'on le verra plus loin, considère les enfants nés d'un commerce incestueux comme pouvant être légitimés par le mariage subséquent de leurs père et mère contracté en vertu de dispenses.

Certains auteurs, qui ne partagent pas sur ce dernier point l'avis de la cour de cassation, arrivent cependant par une autre voie au même résultat. Mais il leur est difficile d'échapper au reproche de contradiction. Ces auteurs (¹) font, en ce qui concerne les enfants nés pendant le mariage, remonter l'effet des dispenses au jour de la conception. On peut se demander pourquoi il n'en serait pas de même des enfants déjà nés au moment de la célébration.

D'autres auteurs (²), tout en admettant également notre principe, rejettent les conséquences que nous en avons tirées relativement aux enfants dont la conception est entachée d'inceste. Ils distinguent entre les enfants déjà nés (art. 331) et ceux qui sont simplement conçus (art. 314), au moment du mariage de leurs auteurs. Le mariage ne peut certainement conférer aux premiers le bénéfice de la légitimation; l'art. 331 est formel. Mais l'art. 314 ne reproduisant pas expressément cette règle si dure, il convient de l'écarter en ce qui concerne les enfants simplement conçus. Sans doute il s'agit pour eux de légitimation. Mais la loi, ayant dispensé leurs auteurs de les reconnaître expressément, a voulu apparemment qu'on ne recherchât pas leur origine. Les parents n'ont qu'à garder le silence. Il n'y a donc aucun scandale à déclarer que ces enfants sont légitimés par le mariage. D'autre part, les dispenses peuvent être accordées pour causes graves, au cas de parenté ou d'alliance au degré prohibé. La cause la plus grave pour laquelle ces dispenses puissent être sollicitées n'est-elle pas la grossesse de la femme? Il faut bien que ces dispenses puissent produire leurs effets. Cette distinction que l'on propose entre les enfants déjà nés et ceux qui sont conçus au moment du mariage ne nous paraît pas justifiable. La différence des situations que l'on

(¹) Aubry et Rau, VI, § 545, texte et note 14.
(²) Duranton, III, n. 26.

signale peut conduire à édicter des règles différentes au
point de vue des *formes* dans lesquelles la filiation de ces
enfants doit être établie. Le législateur en a certainement
tenu compte, lorsqu'il a dispensé les parents de reconnaître,
expressément et avant le mariage, les enfants simplement
conçus. Mais on ne conçoit pas qu'il y ait lieu de régler de
manière différente *l'aptitude* de ces enfants à être légitimés.
Or, dans les deux cas, nous le supposons, la conception de
ces enfants est entachée du même vice d'inceste. Il en résulte
le même obstacle à la légitimation.

Notre interprétation de l'art. 314 est donc la suivante : la
fiction sur laquelle repose l'art. 314 est une fiction de légitimation. Par suite, les enfants naissent légitimes, pourvu que
leur conception ne soit pas entachée d'un vice qui mette
obstacle à la légitimation, et, en même temps, le mari de
leur mère est présumé être leur père.

520. La jurisprudence la plus récente des cours d'appel
paraît se dessiner en sens contraire ([1]). Et un certain nombre
d'auteurs approuvent cette jurisprudence ([2]). Voici le système
qu'ils proposent, système qui prend tout-à-fait le contre-pied
de celui que nous avons présenté. Il est incontestable que
l'enfant né avant le 180e jour du mariage est illégitime par sa
conception ; il est non moins incontestable qu'il naît légitime ;
il est certain enfin qu'il ne naît légitime qu'en vertu d'une
fiction. Mais cette fiction n'est pas celle de la légitimation ;
la loi ne parle pas de légitimation et il est tout-à-fait arbitraire d'en parler. Il faut s'en tenir uniquement à l'art. 314.
Or, qu'en résulte-t-il? Simplement que l'enfant est légitime,
puisqu'il faut le désavouer pour l'exclure de la famille légitime. Cela signifie que la loi ne tient pas compte du vice
de sa conception. Si l'on veut, il y a là une fiction particulière qui n'a pas de nom spécial, une fiction *innommée* qui
a pour résultat de reporter la conception de l'enfant au jour

([1]) Poitiers, 19 juil. 1875, D., 76. 2. 28, S., 76. 2. 161. — Grenoble, 19 fév. 1868,
D., 68. 2. 128, S., 68. 2. 97. — Trib. de Bar-le-Duc, 28 fév. 1862, D., 62. 3. 57
et la note, S., 68. 2. 97 (en note). — Chambéry, 15 juin 1869, S., 70. 2. 214.

([2]) Laurent, III, n. 385; Demolombe, V, n. 60 à 64; Valette, *Explic. somm.*,
p. 156; Arntz, I, n. 516; Huc, III, n. 16.

de la célébration du mariage. De là, toute une série de conséquences diamétralement opposées à celles qui découlent de l'interprétation précédente. Notamment, l'enfant venu au monde avant le 180e jour du mariage naîtrait légitime, alors même qu'en se reportant à l'époque de sa conception, on trouverait que le commerce de sa mère avec l'homme qu'elle a plus tard épousé était entaché d'adultère ou d'inceste.

Cette opinion s'appuie sur les arguments suivants, que nous allons passer en revue et dont la réfutation fournira la justification de notre théorie.

I. On ne peut, dit-on, songer à faire ici l'application de l'art. 331. Ce texte prévoit la légitimation d'enfants nés antérieurement au mariage. Or, l'art. 314 prévoit le cas d'enfants qui naissent après la célébration. Ce sont deux hypothèses entièrement distinctes et l'on ne peut transporter à la seconde les règles qui gouvernent la première (¹).

Nous répondrons que, si l'art. 331 vise un cas de légitimation, l'art. 314 en réglemente un autre. Ce sont deux cas de légitimation. Il s'agit toujours d'un enfant qui est illégitime par sa conception et que le mariage de ses auteurs rend légitime. Nous reconnaissons d'ailleurs qu'il existe une différence entre les deux cas. Mais cette différence consiste seulement en ce que, dans l'un, l'enfant doit être reconnu expressément avant le mariage ou dans l'acte même de célébration, tandis que, dans l'autre, cela n'est pas nécessaire, la maternité étant certaine et la filiation paternelle étant établie par une présomption légale.

II. On dit encore : la loi devait distinguer entre l'enfant déjà né et l'enfant simplement conçu. Le premier est une personne. Le second n'est réputé avoir une personnalité que en tant que cette fiction est conforme à son intérêt. Or, la théorie de la cour suprême renverse ce principe traditionnel.

La réponse est aisée. La maxime *puer conceptus pro jam nato habetur quoties de commodis ejus agitur* n'est pas en cause ici. Il ne s'agit pas de savoir si l'enfant conçu est une personne et quand il a une personnalité. La question est de

_____

(¹) Demolombe, V, n. 60; Laurent, *loc. cit.*

déterminer l'état que doit avoir l'enfant, *quand il est né*. Or, il est incontestable que la loi tient compte de la conception de l'enfant pour régler sa filiation. Elle ne le déclare légitime, en principe, que lorsqu'il est conçu en mariage. Elle ne permet pas de reconnaître un enfant naturel, quand la conception de celui-ci est entachée d'inceste ou d'adultère. Donc, l'objection qu'on nous adresse repose sur une confusion. Elle méconnaît la véritable portée de la maxime traditionnelle.

III. Les partisans du système adverse insistent. Lorsque l'enfant est né avant le mariage de ses parents, il faut bien s'occuper de lui et l'on comprend que la loi n'en autorise pas la reconnaissance, si elle doit être la cause d'un scandale. Mais dans le cas prévu par l'art. 314, aucun scandale n'est à redouter. Si le mari se croit le père de l'enfant, il n'a qu'à garder le silence. L'origine de l'enfant n'est révélée par aucun acte positif (¹).

Il est inexact, croyons-nous, que la loi ne tienne pas compte de l'origine de l'enfant. En veut-on la preuve ? Une femme mariée se remarie, contrairement à l'art. 228, un mois après le décès de son mari. Elle accouche un mois après son nouveau mariage. Il est certain que l'enfant a été conçu au cours de la première union. Il paraît impossible d'appliquer ici l'art. 314 et d'attribuer l'enfant au deuxième mari. Le choix est impossible. Pourquoi en est-il ainsi ? C'est évidemment qu'en réputant l'enfant conçu des œuvres du deuxième mari, on lui attribuerait une origine adultérine. Si l'on admet cette solution, qu'il nous semble bien difficile de rejeter (²), il faut raisonner de la même manière au cas où c'est le mari qui lui-même était engagé dans les liens d'un autre mariage au moment de la conception de l'enfant. On doit donc rechercher l'origine de l'enfant.

IV. Contre notre opinion, on invoque encore l'intitulé du chapitre Iᵉʳ « *De la filiation des enfants légitimes ou nés dans le mariage* ». *Ou* est ici synonyme de *c'est-à-dire,* et par conséquent cette rubrique donne à entendre que la légitimité est

(¹) Demolombe, *loc. cit.*
(²) V. cep. Chambéry, 15 juin 1869, *supra.*

attachée par la loi au fait de la naissance pendant le mariage (¹). Les travaux préparatoires confirment pleinement
cette solution. Portalis a dit, dans la séance du 14 brumaire
de l'an X : « Le caractère de la légitimité est propre à
l'enfant qui naît pendant le mariage, soit que cet enfant ait
été conçu avant ou après ; la loi doit donc d'abord lui impri-
mer ce caractère ». Régnier ayant demandé que l'on fît une
distinction, au point de vue du désaveu, entre l'enfant conçu
dans le mariage et celui qui y est né, mais a été conçu auparavant, Portalis fit remarquer qu' « il ne faut pas commencer
par flétrir comme illégitime l'enfant né depuis le mariage.
C'est cependant ce qui arriverait si l'on s'arrêtait au fait de
la conception ; car la proposition étant alors que l'enfant
conçu pendant le mariage est légitime, la proposition contradictoire serait que l'enfant conçu avant le mariage n'est
pas légitime ». Regnaud conclut en ces termes : « C'est la
naissance de l'enfant et non sa conception qui fait son titre.
L'enfant conçu avant le mariage et né après est légitime, si le
père ne réclame pas » (²).

Ces divers arguments ne portent pas. L'intitulé est plutôt
favorable à notre opinion. Par cette rubrique « *les enfants
légitimes* ou *nés dans le mariage* », les rédacteurs du code
ont laissé à entendre qu'il existe deux sortes d'enfants légitimes : les enfants légitimes proprement dits, c'est-à-dire
ceux qui sont conçus en mariage, quelle que soit, d'ailleurs,
la date de leur naissance, et les enfants simplement nés dans
le mariage que la loi assimile aux enfants légitimes en vertu
d'une fiction. Telle qu'on l'entend dans l'opinion adverse, la
rubrique du chapitre serait incomplète ; elle omettrait toute
une classe d'enfants légitimes, ceux qui sont conçus pendant
le mariage et qui naissent après sa dissolution. Nous préten-
dons qu'elle signifie : « *de la filiation des enfants légitimes
ou (des enfants) nés dans le mariage* ». Les enfants qui
appartiennent à cette deuxième catégorie naissent légitimes,
bien que par leur naissance ils ne le soient pas. C'est tout

(¹) Demolombe, Laurent, Arntz, *loc. cit.*
(²) Locré, VI, p. 44 et 45.

ce qu'ont voulu dire les orateurs, dont, par conséquent, les paroles ne peuvent nous être opposées. Mais pour que ces enfants naissent légitimes, encore faut-il que le mariage ait pu leur conférer cette qualité.

V. On invoque encore des considérations d'ordre moral. On dit qu'il est conforme à la morale que les parents puissent réparer leur faute en conférant par leur mariage le bénéfice de la légitimité à l'enfant né de leurs relations incestueuses ou adultérines. Mais, outre que ces considérations n'ont pas arrêté le législateur lorsqu'il a proscrit la légitimation des enfants adultérins ou incestueux, on peut dire en sens contraire qu'il serait immoral de voir élever à la qualité d'enfant légitime un enfant dont la conception est due à un inceste ou à un adultère.

VI. Reste un dernier argument. L'art. 314, dit-on, s'exprime en termes généraux et absolus. Il ne prévoit qu'une seule action contre l'enfant : c'est l'action en désaveu. Or, par cette action, on ne peut combattre que la présomption qui fait du mari le père de l'enfant. Le code n'admet donc pas qu'on puisse contester la légitimité de l'enfant en se fondant sur le vice de sa conception (¹).

De plus, ajoute-t-on, si on admet que l'art. 314 repose sur une fiction de légitimation, il faudra permettre à tout intéressé quelconque de prétendre que le mari de la mère n'est pas le père de l'enfant. En effet, tout intéressé le peut au cas de légitimation ordinaire (art. 339). Or cette conséquence est inadmissible. Alors que le mari, déniant sa paternité, serait tenu d'agir suivant les formes et dans les délais du désaveu, les tiers n'y seraient pas astreints! Le mari pourrait se voir opposer les fins de non-recevoir de l'art. 314 et l'enfant ou ses représentants ne pouraient les invoquer contre les tiers (²).

La réponse a déjà été indiquée par avance. L'argument que nous venons de développer repose sur une équivoque. Il confond deux actions absolument distinctes; c'est ce que nous allons démontrer.

(¹) Demolombe, V, n. 60 ; Laurent, III, n. 385 ; Huc, III, n. 16.
(²) Demolombe, V, n. 61 ; Arntz, *loc. cit.*

En supposant le mariage constant et la maternité certaine, deux actions sont possibles contre l'enfant.

1° On peut prétendre que l'enfant n'est pas issu des œuvres du mari de sa mère. C'est l'hypothèse prévue par l'art. 314. Cette contestation ne peut se faire que par le moyen du désaveu. L'action en désaveu n'appartient qu'au mari ou à ses héritiers. La loi ne confère pas aux autres intéressés la faculté de l'exercer. Il est vrai qu'au cas de légitimation précédée d'une reconnaissance expresse, toute personne y ayant intérêt peut attaquer la reconnaissance et la légitimation et prouver que la reconnaissance est erronée ou mensongère. Cela ne contredit pas la proposition que nous venons d'émettre. Lorsqu'un enfant naturel est reconnu par un homme qui se dit son père, la preuve de sa filiation paternelle résulte d'un *acte de volonté* qui peut être vicié. Ce qui est établi par la reconnaissance, c'est un lien de *filiation naturelle* et non de filiation légitime. Contester cette filiation, ce n'est pas s'en prendre à une présomption légale. L'action qui a cet objet n'est donc pas une action en désaveu. Au contraire, dans le cas de l'art. 314, il s'agit d'une paternité établie par la loi elle-même et c'est une paternité légitime. La loi étend à l'enfant né avant le 180° jour du mariage le bénéfice de la présomption *pater is est quem nuptiæ demonstrant*. Cette présomption, quand l'enfant est en mesure de l'invoquer, ne peut être combattue que par un seul moyen : l'action en désaveu.

2° Mais les tiers ont à leur disposition une autre action, ayant un objet différent. Ils peuvent soutenir que l'enfant ne peut pas invoquer la présomption *pater is est,* parce qu'en supposant précisément qu'il ait pour père le mari de sa mère, son origine serait incestueuse ou adultérine et que dès lors cette présomption doit être écartée. Il ne s'agit donc pas de démontrer que la présomption légale est fausse; par suite, cette action n'est pas l'action en désaveu. C'est l'action en contestation de légitimité. L'art. 314 n'en parle pas; mais il n'avait pas à s'en occuper ([1]).

([1]) Aubry et Rau, VI, § 545, note 9.

521. Quelle que soit d'ailleurs la solution qu'on adopte sur la question qui précède, on doit décider que l'enfant conçu avant et né pendant le mariage ne pourrait pas, en invoquant la maxime *infans conceptus pro jam nato habetur quoties de commodis ejus agitur,* se prévaloir de sa légitimité pour recueillir une succession ouverte avant la célébration du mariage de ses parents, par exemple la succession d'un de ses frères utérins mort peut-être la veille du mariage. En effet, jusqu'à la célébration du mariage, l'enfant a été naturel, et pour que sa légitimité pût rétroagir au jour de sa conception, il faudrait dans la loi une disposition expresse qui n'existe pas [1].

SECTION III

ENFANT NÉ APRÈS LA DISSOLUTION DU MARIAGE

522. Deux hypothèses doivent être distinguées.

523. PREMIÈRE HYPOTHÈSE. — L'enfant est né 300 jours après la dissolution du mariage. L'art. 315 dispose : « *La légitimité de l'enfant né 300 jours après la dissolution du mariage pourra être contestée* ». La durée la plus longue de la gestation étant, d'après la présomption de la loi, de 300 jours (arg. art. 312), la conception de l'enfant qui naît après le 300e jour depuis la dissolution du mariage se place en dehors du mariage. Il semble alors que l'enfant aurait dû de plein droit être déclaré illégitime et que, par suite, on aurait dû écarter la présomption de paternité du mari de sa mère. Telle était en effet la pensée du tribunat qui proposait cette rédaction : « La loi ne reconnaît pas la légitimité de l'enfant né 301 jours après la dissolution du mariage » [2]. Mais cette proposition ne fut pas admise par le conseil d'État. Pourquoi déclarer de plein droit l'enfant illégitime, quand sa légitimité ne fait ombre à personne, nul ne la contestant ? « Tout intérêt par-

---

[1] Merlin, *Rép.*, vº *Succession*, sect. I, § 2, art. 5, n. 1 ; Valette sur Proudhon, II, p. 22 et 23 ; Marcadé. sur l'art. 314, n. 1 ; Massé et Vergé sur Zachariæ, I, § 161, note 7; Aubry et Rau, VI, § 545, texte et notes 10 et 11 ; Demolombe, V, n. 64 et s. ; Laurent, III, n. 385.

[2] Locré, VI, p. 172 et 298.

ticulier, dit le tribun Duveyrier, ne peut être combattu que par un intérêt contraire… ; si l'état de l'enfant n'est point attaqué, il reste à l'abri du silence que personne n'est intéressé à rompre ». En conséquence, la loi laisse provisoirement à l'enfant le bénéfice de la légitimité et le répute par suite issu des œuvres du mari de sa mère. Mais elle permet en même temps à tout intéressé d'intenter contre lui l'action en contestation de légitimité, dont le résultat sera d'exclure l'enfant de la famille légitime et de le faire déclarer étranger au mari (¹).

Lorsque la légitimité d'un enfant né après le 300ᵉ jour depuis la dissolution du mariage est contestée par ses adversaires, que doit faire le tribunal ? Il faut, croyons-nous et tel est le sentiment général, décider que l'enfant doit nécessairement être déclaré illégitime (²). Certains auteurs enseignent cependant que le jugement peut, si des circonstances extraordinaires paraissent expliquer la tardiveté de la naissance de l'enfant, considérer celui-ci comme conçu avant la dissolution du mariage et, par suite, le déclarer légitime. Ils invoquent à l'appui de ce système l'expression « *pourra être contestée* » dont se sert l'art. 315, expression d'où il paraît résulter que le législateur a voulu armer les juges d'un pouvoir arbitraire d'appréciation. Ils tirent aussi un argument des travaux préparatoires, au cours desquels cette opinion a été exposée, notamment par Lahary (³), dans son rapport au

_____

(¹) Duranton, III, n. 58; Richefort, I, n. 43; Allemand, II, n. 704; Proudhon et Valette sur Proudhon, II, p. 38, note *a*; Aubry et Rau, VI, § 545, texte et note 37; Demolombe, V, n. 82 à 84; Laurent, III, n. 386. — *Contra :* Toullier, II, n. 828; Delvincourt, I, p. 88, note 2; Zachariæ, I, § 161, texte et notes 22 et 23. — Quelques législations étrangères ont adopté le même système. V. notamment : codes civils italien, art. 169; espagnol, art. 111. Mais la plupart déclarent l'enfant illégitime, lorsque sa conception a lieu après la dissolution du mariage. Cpr. C. civ. allemand, § 1591; néerlandais, art. 310; portugais, art. 101; autrichien, art. 138 et 155; code du Bas-Canada, art. 227.

(²) Richefort, I, n. 43; Proudhon et Valette sur Proudhon, II, p. 39 à 46; Marcadé, sur l'art. 315, n. 2; Duranton, III, n. 56, 59; Massé et Vergé sur Zachariæ, I, § 161, note 24; Ducaurroy, Bonnier et Roustain, I, n. 440; Aubry et Rau, VI, § 545, note 39; Demolombe, V, n. 85, 86; Laurent, III, n. 387; Arntz, I, n. 520; Huc, III, n. 18; Planiol, I, n. 2109. — Cpr. Grenoble, 12 avril 1809, S., 9. 2. 288. — Aix, 8 janv. 1812, S., 12. 2. 214.

(³) Locré, VI, p. 244.

tribunat, et par Bigot-Préameneu (¹) dans son *Exposé des motifs* (²). Mais outre que Lahary commet une erreur évidente en décidant que l'enfant, issu de deux époux divorcés et conçu postérieurement à la dissolution du mariage, est légitime, l'interprétation que ces orateurs ont donnée de notre texte est contraire au système général admis par le code en matière de filiation. Il résulte très nettement des travaux préparatoires que le législateur, en déterminant les **limites extrêmes** de la gestation, s'est principalement proposé de supprimer en cette matière l'arbitraire du juge, qui avait donné lieu, dans notre ancien **droit**, à tant de décisions scandaleuses (³). Or, on le fait renaître avec **tous** ses inconvénients, si on admet que le juge n'est pas obligé, sur la demande des intéressés, de déclarer illégitime l'enfant né plus de 300 jours après la dissolution du mariage; car alors où sera la limite? Quand l'art. **315** dit que la légitimité de l'enfant dont il s'agit *pourra être contestée,* le mot *contestée* est synonyme de *déniée,* et le mot *pourra* indique une faculté pour les adversaires de l'enfant de dénier sa légitimité, mais non une faculté pour le juge de faire droit à leur demande ou de la repousser. On rencontre des expressions analogues dans les art. 312 et 313 : « le mari... *pourra* désavouer l'enfant » et, de l'avis à peu près unanime des auteurs, le mot *pourra* indique ici une faculté pour le mari d'intenter l'action en désaveu, mais non une faculté pour le juge de la rejeter, sous prétexte que la conception de l'enfant pourrait remonter à une époque antérieure au 300ᵉ jour avant sa naissance (⁴).

524. Deuxième hypothèse. — L'enfant est né moins de trois cents jours après la dissolution du mariage. Il résulte par argument *a contrario* de l'art. 315 que la légitimité de l'enfant né le 300ᵉ jour au plus tard après la dissolution du ma-

(¹) Locré, VI, p. 197.

(²) Merlin, *Rép.,* vᵒ *Légitimité,* sect. II, § 3, n. 4 et 5; Maleville, sur l'art. 315; Allemand, *Du mariage,* II, n. 704 et 705; Zachariæ, I, § 161, texte et note 24; Troplong, *Des donations,* II, n. 606; Demante, II, n. 42 *bis,* I. — Limoges, 18 juin 1840, *J. G.,* vᵒ *cit.,* n. 86, S., 40. 2. 509. — Cpr. Aix, 6 avril 1807, S., 7. 2. 643.

(³) C'était précisément, comme nous l'avons vu, au sujet des naissances tardives que l'ancienne jurisprudence française s'était le plus divisée.

(⁴) Cpr. Demante, II, n. 41 *bis,* II.

riage ne peut pas être utilement contestée pour cause de naissance tardive (¹).

525. Les principes que nous venons d'exposer doivent recevoir leur application, quelle que soit la cause qui entraîne la dissolution du mariage. Peu importe donc que le mariage ait été dissous par le divorce ou par la mort du mari. L'art. 315 s'exprime en termes absolument généraux. Par conséquent un enfant né plus de 300 jours après le divorce ne sera pas de plein droit considéré comme illégitime. Mais tout intéressé quelconque pourra contester sa légitimité, sans avoir à prouver autre chose que le fait de la naissance tardive de l'enfant.

526. Que faut-il décider au sujet de la légitimité d'un enfant né 300 jours après la disparition du mari, ou après les dernières nouvelles données de celui-ci? La question a été examinée au titre *De l'absence*. V. Baudry-Lacantinerie et Houques-Fourcade, I, n. 1286.

CHAPITRE V

DES ACTIONS RELATIVES A LA FILIATION LÉGITIME

527. Nous avons vu quels sont les éléments dont la réunion constitue la filiation légitime. Supposons maintenant que cette filiation fasse l'objet d'une contestation. Quelles sont les règles applicables aux diverses actions qui peuvent être exercées?

L'action relative à l'état de filiation peut être soit une *action en réclamation d'état*, soit une *action en contestation d'état, lato sensu.*

L'action en réclamation d'état est celle par laquelle un enfant demande à faire constater un état qu'il ne possède ni en droit, ni en fait. On donne le nom d'action en contestation d'état à celle par laquelle les adversaires d'un enfant lui dénient son état d'enfant légitime dont il est en possession. Ainsi l'action en réclamation d'état suppose un enfant qui n'est pas en possession de son état; s'il possède, il n'a pas à le réclamer, car on ne réclame pas ce que l'on a. Pour l'enfant qui

---

(¹) Sauf l'exception indiquée *supra*, n. 414.

possède son état d'enfant légitime, il ne peut être question que d'une action en contestation d'état, dirigée contre lui par ses adversaires.

La contestation d'état peut avoir pour objet un des trois éléments de l'état d'enfant légitime. De là trois sortes d'actions en contestation d'état : l'*action en contestation de légitimité* ([1]), l'*action en désaveu* et l'*action en contestation d'état, stricto sensu* ([2]).

Les deux premières supposent que la filiation maternelle est constante. Elles diffèrent entre elles par leur but et ne sont pas soumises aux mêmes règles. L'action en contestation de légitimité tend à démontrer que l'enfant ne peut pas invoquer la présomption *pater is est...* parce qu'il a été conçu ou est né en dehors du mariage ou parce que sa mère n'a jamais été mariée. L'action en désaveu suppose réunies les deux conditions de la légitimité : le mariage et la conception (ou la naissance) en mariage. Elle suppose par conséquent que l'enfant est né sous le couvert de la présomption *pater is est quem nuptiæ demonstrant.* Mais elle s'en prend directement à cette présomption, dont elle a pour but de démontrer la fausseté. C'est là une tâche singulièrement délicate, une preuve particulièrement malaisée à fournir. Aussi la loi a-t-elle soumis l'exercice de l'action en désaveu à des règles extrêmement rigoureuses.

Quant à l'action en contestation d'état, *stricto sensu,* elle a directement pour objet la filiation maternelle. Elle tend à établir que le défendeur n'est pas l'enfant de la femme qu'il prétend être sa mère. La filiation paternelle et la légitimité ne sont en cause qu'indirectement.

L'action en réclamation d'état a aussi pour objet direct et principal la filiation maternelle. Il y a donc un point de contact entre cette action et la précédente. Elles sont soumises,

---

([1]) L'expression « contestation de légitimité » est parfois employée dans un sens large et s'applique alors même à l'action en désaveu. V. art. 317.

([2]) Il est cependant certains cas dans lesquels la contestation élevée sur l'état de l'enfant n'a pas reçu de nom spécial. Il en est ainsi dans le cas, prévu par l'art. 325 (*supra*, n. 475), où les adversaires de l'enfant dans une action en réclamation d'état lui contestent sa filiation paternelle. V. aussi *infra*, n. 534 à 537.

à divers points de vue, à des règles communes. Aussi convient-il de les examiner ensemble.

Sous le bénéfice de ces observations, nous répartirons l'étude de ces diverses actions en deux sections : la première consacrée à l'action en désaveu et à l'action en contestation de légitimité, qui supposent toutes deux que la filiation maternelle est constante ; la seconde, relative à l'action en réclamation et à l'action en contestation d'état, *stricto sensu*.

SECTION PREMIÈRE

DES ACTIONS EN DÉSAVEU ET EN CONTESTATION DE LÉGITIMITÉ

§ I. *De l'action en désaveu.*

528. Lorsqu'il est constant qu'une femme mariée a conçu ou tout au moins est accouchée pendant son mariage, la loi, nous l'avons vu, présume que son mari est le père de l'enfant qu'elle a mis au monde. Si, en principe, cette présomption est irréfragable, il est cependant certains cas dans lesquels la loi permet de la combattre. A raison du scandale que soulève l'action en désaveu, le législateur en a soumis l'exercice à des règles très étroites. Non seulement il a précisé avec un soin minutieux les causes du désaveu et les fins de non-recevoir dont cette action est susceptible, mais encore il a voulu qu'elle fût intentée dans un bref délai et il a indiqué limitativement les personnes entre lesquelles un semblable débat peut être engagé.

Puisqu'il en est ainsi, il est essentiel de déterminer exactement le *domaine* de l'action en désaveu. Voici le sens de la question. Le désaveu a pour objet de renverser la présomption légale de paternité. Il n'y a donc lieu de l'intenter que contre un enfant que cette présomption protège ; voilà un point certain. Mais cette présomption de la loi n'a pas toujours la même force. Il est des cas dans lesquels elle ne peut être combattue que par le désaveu ; ces cas constituent le domaine propre du désaveu. Il en est d'autres dans lesquels on peut faire tomber la présomption de paternité sans avoir besoin de recourir au désaveu. La loi accorde, pour atteindre ce but, une autre action qui est affranchie des règles restrictives auxquelles est soumise l'action en désaveu. Cette action, par laquelle on veut démontrer que, la maternité et la légitimité étant établies, le mari de la mère n'est pas le père de l'enfant, appartient à toute personne y ayant intérêt et peut être exercée contre tout intéressé quelconque. Il n'est pas nécessaire, pour qu'elle réussisse, que les conditions du désaveu se trouvent réunies ; elle ne se heurte pas aux fins de non recevoir qu'on peut opposer à l'action en désaveu. Le demandeur n'est pas tenu d'observer les délais impartis par la loi pour intenter l'action en désaveu. Enfin le jugement qui termine cette action n'a pas la même autorité que celui qui statue sur le désaveu proprement dit. On voit donc l'intérêt que notre question présente.

Nº 1. Domaine de l'action en désaveu.

529. La filiation maternelle peut être prouvée par un titre, ou par la possession d'état, ou par la preuve testimoniale. Lorsqu'elle est établie par l'un de ces modes, la filiation paternelle est prouvée par voie de conséquence.

530. I. Le cas où la filiation maternelle est prouvée par l'acte de naissance est incontestablement du domaine de l'action en désaveu. L'enfant est rattaché au mari par son titre de naissance. Le mari ne peut faire tomber la présomption de paternité établie au profit de l'enfant que par le moyen du désaveu. Il n'y a sur ce point aucune difficulté.

Peu importent du reste les inexactitudes que l'acte peut contenir relativement à la filiation paternelle. L'acte de naissance n'a pas pour objet de prouver cette filiation. Il ne prouve directement que la maternité. C'est la loi qui dit quel est le père, quand la mère est connue. Par conséquent, l'enfant ne pourra être exclu de la famille légitime que par le moyen du désaveu, alors même qu'il aurait été inscrit comme né d'un père inconnu, ou que l'acte indiquerait comme étant son père un homme autre que le mari.

531. II. Lorsque la preuve de la filiation maternelle résulte de la possession d'état, la question n'est pas susceptible de se poser. La possession d'état doit exister à l'égard des deux

époux. Elle implique donc nécessairement une reconnaissance
de paternité de la part du mari, ou, pour mieux dire, une
renonciation du mari au droit de désavouer, car le mari ne
peut pas reconnaître un fait qu'il ignore. Or, la renonciation
donne naissance à une fin de non-recevoir contre l'action en
désaveu. D'ailleurs la possession doit avoir une certaine
durée pour qu'elle puisse constituer une preuve de la filiation.
Les délais du désaveu, qui sont très brefs, seront nécessairement expirés lorsque l'enfant sera en mesure de l'invoquer.

532. III. Reste le troisième mode par lequel la filiation
peut être établie : la preuve testimoniale. L'enfant, nous le
supposons, n'a ni titre, ni possession d'état. Sommes-nous
dans le domaine du désaveu? Nous ne le croyons pas ; c'est
ce que nous allons démontrer en examinant les deux hypothèses qui peuvent se présenter.

533. PREMIÈRE HYPOTHÈSE. L'enfant lui-même a exercé une
action en réclamation d'état. Il a prouvé sa filiation maternelle, en se conformant aux conditions des art. 323 et 324.
L'art. 325 permet, nous le savons, à ses adversaires de contester la filiation paternelle *par tous moyens* propres à justifier la non paternité du mari et les règles du désaveu ne leur
sont pas applicables.

534. DEUXIÈME HYPOTHÈSE. L'enfant garde le silence ; il ne
réclame pas son état. Le mari ou ses héritiers peuvent-ils
prendre les devants et agir contre lui dans la vue de dénier
par avance la paternité dont il voudrait peut-être se prévaloir
plus tard ? Le problème qui se pose alors est double. On peut
se demander, en premier lieu, si une pareille action est recevable. Puis, en la supposant recevable, il resterait à en déterminer le caractère. Est-ce l'action en désaveu, ouverte
seulement au profit du mari ou de ses héritiers? Est-ce une
autre action, appartenant à tout intéressé et échappant aux
règles restrictives qui gouvernent l'action en désaveu ? Sommes-nous dans le domaine de cette dernière action ?

La question de savoir si l'action est recevable ne peut être
résolue que si l'on a déterminé son caractère juridique. Si on
y voit l'action en désaveu, il faut décider qu'elle peut être

intentée. Sinon, il faut admettre qu'elle n'est pas recevable, du moins à notre avis. Aussi rechercherons-nous, en premier lieu, à quelle catégorie elle appartient.

535. En réalité, l'action dont nous nous occupons fait partie de la classe des actions en contestation d'état, *lato sensu*. Les demandeurs veulent établir la filiation maternelle de l'enfant dans le but de prouver qu'il n'est pas issu des œuvres du mari de sa mère (¹). Il y a là quelque chose d'analogue à la situation prévue par l'art. 325. Seulement ceux qui contestent la paternité du mari, au lieu d'être défendeurs à une réclamation d'état, jouent au contraire le rôle de demandeurs. Il faut en conclure qu'une pareille action, en supposant qu'elle puisse être intentée, n'est aucunement soumise aux règles du désaveu, et que notamment elle appartient à toute personne intéressée et peut être introduite après l'expiration des délais fixés par les art. 316 à 318.

Plusieurs auteurs (²) et un grand nombre d'arrêts (³) la qualifient cependant d'action en désaveu. Mais on ajoute parfois que le désaveu est ici *facultatif*. Nous verrons bientôt le sens de cette expression. Indiquons d'abord les arguments sur lesquels on s'appuie.

On invoque les art. 312 et suiv. Ces textes permettent au mari de dénier sa paternité, sans exiger, comme condition de recevabilité de sa demande, que l'enfant soit rattaché à lui par son titre de naissance. Du moment que l'enfant est couvert par la présomption *pater is est*, cela suffit pour que

---

(¹) Demolombe, V, n. 146 *bis*; Laurent, III, n. 434; Flürer, *Note* dans D., 87. 2. 1; Valabrègue, note dans S., 93. 2. 130; Planiol, I, n. 2202-2205. — Dijon, 13 août 1840, *J. G.*, vᵒ *cit.*, n. 134.

(²) Devilleneuve, *Notes* dans S., 54. 1. 289 et 293; Ancelot, *Rev. de lég.*, 1852, I, p. 384 s. ; Massé et Vergé sur Zachariæ, I, § 162, note 28; Aubry et Rau, VI, § 545, texte et note 72.

(³) Cass , 25 août 1806, *J. G.*, vᵒ *cit.*, n. 151. — Bordeaux (et non Paris), 5 juill. 1843, *J. G.*, vᵒ *cit.*, n. 45 (5ᵉ espèce), S., 44. 2. 185. — Riom, 7 juin 1844, *J. G.*, vᵒ *cit.*, n. 177, S., 45. 2. 21. — Paris, 6 janv. 1849, D., 49. 2. 206, S., 49. 2. 657. — Cass., 4 fév. 1851, D., 51. 1. 117, S., 51. 1. 208. — Paris, 4 juill. 1853, D., 53. 2. 201, S., 53. 2. 372. — Cass., 14 fév. 1854, D., 54. 1. 89 et la note, S., 54. 1. 225. — Cass., 5 avril 1854, D., 54. 1. 93, S., 54. 1. 293. — Paris, 21 fév. 1863, D., 63. 2. 37, S., 63. 2. 36. — Cass., 9 mai 1864, D., 64. 1. 409, S., 64. 1. 305. — Lyon, 21 janv. 1886, D., 87. 2. 1, S., 88. 2. 77.

le désaveu soit possible. Or, cette présomption protège tous les enfants conçus ou même nés en mariage, quelle que soit la manière dont leur filiation maternelle est établie. Les erreurs ou les irrégularités qui ont pu être commises lors de la déclaration de la naissance ne peuvent altérer cette présomption, ni écarter le désaveu. — Sans doute la loi ne dit pas expressément, dans les art. 312 et s., que l'enfant doit avoir un titre pour qu'il puisse être désavoué. Mais elle le suppose. Cela ressort de la rubrique du chapitre Iᵉʳ : « De la filiation des enfants légitimes ou nés dans le mariage ». Cette rubrique laisse entendre très clairement que le fait de la conception ou de la naissance en mariage n'est pas contesté et que par suite la maternité est constante. Cette induction se fortifie par le rapprochement des chapitres I et II. Le chapitre I s'occupe seulement de la filiation paternelle ; la maternité est censée établie. Dans le chapitre II sont réglés les modes de preuve de la filiation maternelle ; la loi vise les cas où celle-ci est contestée. Or l'article 325 dit, en termes généraux, que, lorsque la filiation maternelle est prouvée par témoins, les adversaires de l'enfant peuvent se servir de tous moyens propres à justifier la non paternité du mari. Donc en admettant que l'on puisse rechercher contre l'enfant si telle femme est sa mère, l'on devrait être autorisé à prouver par tous modes quelconques que le mari de cette femme n'est pas le père de l'enfant. Donc il ne s'agirait pas du désaveu. Le système que nous croyons avoir été adopté par le législateur nous paraît d'ailleurs extrêmement logique. L'expression « désaveu » n'implique-t-elle pas que l'enfant se rattache au mari par son titre ? Comment peut-il être question pour le mari de désavouer un enfant qui ne lui est pas attribué ?

La vérité est que l'hypothèse qui nous occupe n'est pas celle du désaveu. Les arrêts eux-mêmes reconnaissent que le mari veut établir en réalité la filiation maternelle de l'enfant (¹). Ils qualifient l'action de *désaveu facultatif,* marquant

(¹) Paris, 6 janv. 1849, D., 49. 2. 206, S., 49. 2. 657. — Cass., 4 fév. 1851, D., 51. 1. 117, S., 51. 1. 208. — Cpr. Cass., 22 août 1861, D., 62. 1. 115, S., 61. 1. 929. — Paris, 12 juill. 1856, D., 57. 2. 4, et sur pourvoi Cass., 27 janv. 1857, D., 57. 1. 196.

ainsi qu'il ne s'agit pas du désaveu ordinaire. S'ils lui conservent le nom d'action en désaveu, c'est surtout, comme nous allons le voir, afin d'échapper aux objections dirigées contre sa recevabilité.

538. L'action dont nous nous occupons est, disent-ils, recevable, parce qu'il s'agit *d'une action en désaveu* et parce que la loi n'exige pas que l'enfant ait un titre pour qu'il puisse être désavoué. Tel est le langage que nous trouvons dans tous les arrêts. La cour de Paris a décidé (¹) et l'on ne peut lui reprocher de manquer de logique, que l'action serait recevable si l'enfant avait été reconnu par une femme autre que celle du désavouant, ou par un tiers sans désignation de la mère. Il faudrait admettre également le mari à agir si l'enfant a été reconnu par un autre homme et une autre femme qui l'ont ensuite légitimé par leur mariage.

Nous refusons de voir dans cette action l'action en désaveu. Dès lors, nous ne la croyons pas recevable, pour les motifs suivants (²) :

1° Pour qu'une action puisse être exercée, il faut que le demandeur y ait un intérêt *né et actuel*. Or le mari n'a pas d'intérêt à agir ;

2' L'action tend à faire déclarer l'enfant adultérin (si la conception de l'enfant se place pendant le mariage de sa prétendue mère). Or l'art. 342 s'oppose à ce qu'une pareille action puisse être intentée ;

3° On admet généralement que la réclamation d'état ne peut être faite contre l'enfant (³). Or l'action dont il s'agit a pour objet de faire constater la filiation maternelle de l'enfant pour faire ensuite tomber la présomption de paternité du mari. Elle implique donc nécessairement une réclamation

---

(¹) 4 juill. 1853, D., 53. 2. 201, S., 53. 2. 372 ; 21 fév. 1863, D., 63. 2. 39, S., 63. 2. 36. — Cf. Cass., 9 mai 1864, D., 64. 1. 409, S., 64. 1. 305.

(²) Dijon, 13 août 1840, *J. G.*, vº *cit.*, n. 134. — Laurent, III, n. 434 ; Planiol, I, n. 2203. — Cpr. Demolombe, V, n. 146 *bis*, II.

(³) Dijon, 13 août 1840, *supra*. — Cpr. *Note* dans D., 51. 1. 117. Le même jour où la chambre des requêtes rendait l'arrêt qui y est rapporté, elle décidait que la filiation maternelle illégitime ne peut être recherchée contre l'enfant. L'annotateur fait remarquer que l'arrêt qu'il commente apporte une restriction notable à cette doctrine.

d'état dirigée contre l'enfant. Le système de la jurisprudence repose dès lors sur une contradiction.

A notre argumentation, un certain nombre d'objections ont été faites. Plusieurs auteurs, tout en admettant qu'il s'agit ici, non point de l'action en désaveu, mais d'une action en contestation d'état, *lato sensu,* combattent notre manière de voir touchant la recevabilité d'une pareille demande, par les considérations suivantes :

I. Tout d'abord le mari (ou ses héritiers) ont intérêt à agir. On ne peut les contraindre à rester indéfiniment sur la menace d'une action en réclamation de la part de l'enfant. Il faut leur permettre de prendre les devants. — Mais, si cette raison était valable, on pourrait l'invoquer en toutes matières. Elle conduirait à ressusciter les anciennes *enquêtes d'examen à futur,* lesquelles sont proscrites par la législation actuelle [1]. Notre loi veut, pour qu'une action soit possible, que le demandeur ait à l'intenter un intérêt né et actuel. La simple éventualité d'une réclamation ne suffit pas à faire naître cet intérêt.

On dit, il est vrai, que le mari a un intérêt actuel à éviter le dépérissement de ses preuves. Il se peut qu'il ait à ce moment les moyens de justifier qu'il n'est pas le père de l'enfant et que ces preuves soient de nature à disparaître ou à s'affaiblir par la suite. La loi tient compte d'un pareil intérêt, puisqu'elle permet de demander, avant l'échéance, la vérification d'écriture (L. 3 sept. 1807) et autorise le créancier à réclamer un titre nouvel (art. 2263 C. c.). — Mais ces deux règles s'expliquent par des motifs spéciaux. Il s'agit de preuves *préconstituées* et il est conforme à la volonté des parties qu'elles conservent la force que celles-ci ont voulu leur donner. Dans notre hypothèse les mêmes motifs ne se rencontrent pas. D'ailleurs la crainte du dépérissement des preuves est-elle bien sérieuse? Si l'enfant tarde trop à formuler sa réclamation, ses propres calculs seront déjoués. Car les preuves qu'il peut avoir dépériront également. A mesure que le temps s'écoule, le succès de son action devient de plus en plus improbable. Enfin la loi a fait au mari ou à ses héritiers une

---

[1] Cpr. Demolombe, V, n. 146 *bis*, II.

situation très favorable, puisque, aux termes de l'art. 325, ils peuvent proposer tous les moyens propres à convaincre le juge de la non-paternité. N'a-t-elle pas voulu par là les mettre à l'abri des conséquences que pourrait entraîner pour eux le retard mis par l'enfant à réclamer son état?

II. A l'argument que nous avons tiré de l'art. 342, on répond que ce texte n'est pas en cause ici. L'action en désaveu peut avoir pour résultat également de faire déclarer l'enfant adultérin. Et cependant le législateur l'a autorisée ([1]). — Mais l'action en désaveu a pour objet une dénégation de paternité et non la recherche d'une filiation adultérine. Il n'y a pas à rechercher la filiation de l'enfant désavoué. Celui-ci est en possession de sa légitimité et le mari veut l'en déposséder. La constatation de la filiation adultérine est seulement la conséquence indirecte de l'admission du désaveu. Elle n'en est pas le but. Dans notre hypothèse, au contraire, on veut rechercher la filiation maternelle de l'enfant, pour démontrer que cette filiation est adultérine. C'est donc bien une recherche de filiation adultérine à laquelle on prétend se livrer. Par suite, il y a lieu d'appliquer l'art. 342.

III. Nous avons reproché au système de la jurisprudence d'impliquer une contradiction. On nous dit bien que la contradiction n'existe pas, puisqu'il s'agit d'une action en désaveu et non point d'une action en réclamation d'état. Mais nous avons vu qu'il ne s'agit pas en réalité d'une action en désaveu. Dès lors qu'on doit établir préalablement la filiation maternelle de l'enfant, il semble qu'il faille décider, sous peine de se contredire, que l'action n'est pas recevable.

Pour écarter le reproche de contradiction, on a fait le raisonnement suivant ([2]). Sans doute, l'action dont nous nous occupons est mal qualifiée d'action en désaveu. Mais ce n'est pas non plus une action en réclamation d'état. Le but de l'action est de démontrer la non-paternité du mari. Pour atteindre le but qu'ils se proposent, les adversaires de l'enfant doivent, il est vrai, établir sa filiation maternelle. Mais la

---

([1]) Cass., 4 fév. 1851, D., 51. 1. 117, S., 51. 1. 208.
([2]) Flürer, *Note* dans D., 87. 2. 1.

recherche de la maternité n'est qu'un *moyen*; elle n'est pas l'*objet* de la demande. De même, lorsque je veux demander à quelqu'un des dommages-intérêts à raison du tort qui m'a été causé par un animal que je prétends lui appartenir, je suis tenu, si ce point est contesté, de prouver que le défendeur est propriétaire de cet animal. En faisant cette preuve, je me borne à démontrer une des conditions de recevabilité de ma demande. On ne peut pas dire que j'exerce l'action en revendication du propriétaire. L'art. 325, il est vrai, suppose que le mari est défendeur; mais il a statué *de eo quod plerumque fit*. Il faut permettre au mari de se porter demandeur, en vertu de ce principe général que quiconque a un droit peut le faire valoir tant par voie d'action que par voie d'exception.

Cette argumentation ne nous convainc pas. En matière de filiation légitime, il existe un lien de solidarité étroite entre la paternité et la maternité. On ne peut rechercher l'une sans rechercher l'autre. Toute action en matière de filiation légitime a nécessairement pour objet l'un et l'autre éléments. Les deux filiations maternelle et paternelle sont également en cause. Si le juge, dans l'hypothèse que nous envisageons, rejette la demande, il dira ou que le mari et la femme sont les père et mère légitimes de l'enfant, ou que ni la maternité ni la paternité n'ont été prouvées. Le jugement fera également autorité sur la filiation maternelle et la filiation paternelle. C'est précisément pour cette raison que nous avons dit que l'action doit être écartée comme constituant une recherche de filiation adultérine. Car, pour donner au demandeur pleine satisfaction, le jugement devrait dire que la *maternité a été prouvée* et *qu'il a été établi que le mari de la mère n'est pas le père de l'enfant*. Ce serait constater directement une filiation adultérine et, par suite, violer la prohibition de l'art. 342. L'exemple qu'on nous oppose n'est pas concluant. Les questions de propriété et de responsabilité sont en elles-mêmes entièrement distinctes et il n'existe pas entre elles de *connexité nécessaire*. La question de propriété sera tranchée dans les motifs; la question de responsabilité dans le dispositif du jugement.

537. En supposant l'action recevable, quelles sont les règles qui la gouvernent ?

Si l'on y voit une action en contestation d'état *lato sensu*, il faut reconnaître à tout intéressé le droit de l'exercer. Le demandeur devra être autorisé à se servir de tous moyens propres à justifier que le mari n'est pas le père de l'enfant (arg. art. 325). Mais il ne pourra établir la filiation maternelle de cet enfant qu'en se conformant aux conditions prescrites par l'art. 323. Et enfin, il ne pourra pas se voir opposer les fins de non-recevoir établies contre l'action en désaveu et il pourra agir même après l'expiration des délais des art. 316 et 317 ([1]).

Si au contraire l'on qualifie notre action d'action en désaveu, il faudrait la soumettre à l'ensemble de règles restrictives qui caractérisent le désaveu. La jurisprudence paraît bien se prononcer en ce sens, du moins en général. C'est ainsi que, dans les diverses espèces qui lui ont été soumises, elle a pris soin de rechercher si les conditions prescrites par les art. 312 et 313 se trouvaient réunies. Des divergences se sont élevées sur le point de savoir à quelles personnes l'action appartient et dans quel délai elle doit être intentée. On décide souvent qu'elle peut être exercée soit par le mari, soit par ses héritiers après son décès, car ils ont également intérêt à éviter le dépérissement de leurs preuves ([2]). La cour de cassation reconnaît au mari le droit d'agir, mais le refuse à ses héritiers. Voici ce qu'on lit dans les considérants d'un arrêt de la chambre civile du 5 avril 1854 (D., 54. 1. 93, S., 54. 1. 293) : « Attendu qu'aux termes de l'art. 317, si le mari est mort étant encore dans le délai utile pour exercer l'action en désaveu, les héritiers auront deux mois pour contester la légitimité de l'enfant, à compter de l'époque où cet enfant se serait mis en possession des biens du mari, ou de l'époque où les héritiers seraient troublés par l'enfant dans cette possession ; qu'il suit de là que le droit de contrôler la légitimité de l'enfant suppose nécessairement que l'enfant est en possession de cette légitimité ou qu'il la réclame... ; qu'en

[1] Demolombe, V, n. 146 *bis*, IV.
[2] Aubry et Rau, VI, § 545, texte et note 73.

principe général, les héritiers ne peuvent agir qu'en vue d'un intérêt né et actuel; qu'ils ne peuvent avoir un intérêt né et actuel à contester la légitimité d'un enfant qui ne se rattache à leur famille, ni par son acte de naissance, ni par son état ». Cette solution de la Cour suprême, basée sur l'art. 317, a été vivement critiquée ('). On a fait remarquer, qu'étant donné le point de départ admis par la cour de cassation, il n'y a aucune raison de distinguer entre le mari et ses héritiers. Entre les mains du mari, sans doute, l'action en désaveu a un caractère moral ('), tandis qu'elle n'est accordée aux héritiers que pour la défense de leurs intérêts pécuniaires. Mais, du moment que l'on admet le mari à agir, sur le fondement d'un intérêt moral éventuel, contre un enfant qui n'a pas de titre et qui d'ailleurs ne réclame pas, pourquoi ne recevrait-on pas ses héritiers à agir, dans la même hypothèse, sur le fondement d'un intérêt pécuniaire également éventuel ? (').

Si l'on admet que l'action intentée, pour dénier la paternité du mari, contre l'enfant qui ne se rattache pas à celui-ci par son titre de naissance, constitue le désaveu de paternité, il faudrait, semble-t-il, décider logiquement que cette action doit être introduite dans les délais fixés pour le désaveu. Ainsi le mari devrait agir dans les deux mois à partir du moment où il a eu une connaissance positive de l'accouchement de sa femme (art. 316). Cette conséquence a été répudiée par certains arrêts. Ils ont reconnu au mari le droit d'exercer son action même après l'expiration des délais légaux. « La déchéance de l'art. 316, dit la cour de Lyon ('), ne s'applique

---

(') Laurent, III, n. 439; Demolombe, V, n. 146 *bis*, III; Aubry et Rau, *loc. cit.*

(') Cpr. Cass., 18 mai 1897, D., 98. 1. 97.

(') Dans le cas où l'enfant a un titre de naissance, seule hypothèse où, d'après nous, il y ait lieu au désaveu, on pourrait distinguer au contraire entre le mari et ses héritiers (v. *infra*, n. 561). Or, précisément, la jurisprudence met, dans ce cas, les héritiers sur la même ligne que le mari. Elle considère que le fait que l'enfant a un titre de naissance le rattachant à la famille constitue un trouble suffisant pour permettre aux héritiers d'agir. La cour de cassation, comme cela ressort des considérants rapportés au texte, nous paraît avoir mal interprété l'art. 317. Celui-ci prévoit, non pas le cas où l'enfant est en possession de sa légitimité, mais bien, ce qui est tout différent, celui où il est en possession des biens du mari ou trouble les héritiers du mari dans cette possession.

(') Lyon, 21 janv. 1886, D., 87. 2. 1, S., 88. 2. 77. — *Adde* Bordeaux, 5 juill. 1843, *J. G.*, v° *cit.*, n. 45 (5° espèce), S., 44. 2. 185.

qu'au cas où il a été dressé un acte de l'état civil régulier
constatant la naissance de l'enfant... au cas contraire le mari,
tout en restant libre de le faire, ne saurait être tenu d'agir ;
en l'absence de titre, l'action du mari, dont les délais sont
impartis par l'art. 316, n'est pas, il est vrai, obligatoire,
mais... elle reste facultative ». Il y aurait donc, dans notre
espèce, une action en désaveu *facultative*. Elle serait facultative, en ce sens que le mari ne serait pas tenu d'observer
les délais fixés par les art. 316 à 318.

Il semble résulter d'autres arrêts, et certains auteurs qui
se rattachent au même système décident formellement que
le mari doit agir avant l'expiration du délai du désaveu. Mais
le désaveu est encore qualifié de *facultatif*, car, même après
l'expiration du délai, il reste encore au mari la ressource d'attendre la réclamation de l'enfant, pour démontrer sa non-
paternité, conformément à l'art. 325 ([1]). Il nous paraît qu'il
y a là une contradiction. Si nous sommes dans le domaine
du désaveu, le seul moyen pour le mari de combattre la présomption *pater is est*... consiste dans l'exercice de l'action en
désaveu. Il doit donc rester désarmé contre l'enfant, s'il a
laissé passer, sans l'intenter, les délais fixés par les textes ([2]).
Cela résulte du système général adopté par le législateur.
Comment peut-on concilier les règles édictées en matière de
désaveu et celles qui sont écrites dans l'art. 325 ? Comment
admettre que la loi ait organisé en même temps deux moyens
si différents de combattre la présomption de paternité ? A quoi
servirait d'avoir enfermé dans des limites si étroites le droit
de désavouer l'enfant, si ensuite le mari, sur la réclamation
de celui-ci, pouvait contester sa paternité par tous modes
quelconques ?

538. Que faut-il décider pour le cas où c'est le mari lui-
même qui, en menaçant sa femme de désavouer l'enfant

([1]) Cass , 11 avril 1854, D., 54. 1. 92, S., 54. 1. 289. — Cpr. Cass., 14 fév. 1854
(motifs), D., 54. 1. 89, S., 54. 1. 225. — Dalloz, *J. G.*, v° *cit.*, n. 136 et 137.

([2]) Cette conséquence logique du système admis par la jurisprudence a été consacrée par Riom, 7 juin 1844, *J. G.*, v° *cit.*, n. 177, S., 45. 2. 21. — Cpr. Cass.,
23 janv. 1831, *J. G.*, v° *cit.*, n. 45 (1° espèce), S., 31. 1. 81. — Rouen, 5 mars 1828,
J. G., v° et *loc. cit.*, S., 28. 2. 145. — Massé et Vergé sur Zachariæ, I, § 162,
note 28 ; Devilleneuve, *Note* dans S., 54. 1. 289.

qu'elle a mis au monde, l'a forcée à faire inscrire cet enfant
sous de faux noms ou comme né de père et mère inconnus,
ou qui a empêché la déclaration de la naissance? Certains
auteurs enseignent que, dans une pareille hypothèse, le
mari n'a qu'un seul droit : c'est celui de désavouer l'enfant,
suivant les formes et dans les conditions fixées par la loi
pour l'action en désaveu. Le désaveu serait alors *obligatoire*,
pour employer la terminologie adoptée par la jurisprudence.
Par conséquent, les délais des art. 316 à 318 une fois expirés,
le mari ne pourrait même pas, si l'enfant réclamait son état,
user de la faculté que lui reconnaît l'art. 325. En effet, dit-
on, c'est le mari lui-même qui a privé l'enfant de son titre
de naissance. Il a commis un acte délictueux. Il n'est pas
admissible qu'il en tire parti au détriment de celui qui en a
été victime. Or, si l'enfant avait été régulièrement déclaré,
le mari, s'il avait voulu répudier sa paternité, n'aurait pu
recourir qu'au désaveu. Il ne peut avoir acquis par son fait
une situation meilleure ([1]). Ces considérations, quelque puissantes qu'elles soient, ne peuvent prévaloir contre un texte.
L'art. 325 permet au défendeur à l'action en réclamation
d'état de contester la filiation paternelle par tous moyens
quelconques et cela sans distinguer quelle est la cause pour
laquelle l'enfant a été privé de son titre. Là où la loi ne
distingue pas, l'interprète n'a pas le droit d'établir de distinction ([2]).

539. L'enfant prouve, conformément à l'art. 46, que les
registres de l'état civil n'ont pas été tenus, ou qu'ils ont été
détruits ou perdus. Cette preuve préalable une fois faite, il
établit sa filiation soit par témoins, soit à l'aide des registres
et papiers domestiques des père et mère décédés. Quels sont
les droits du défendeur? Nous croyons que nous nous trouvons ici dans le domaine du désaveu, dont par conséquent
les règles doivent être suivies. L'enfant a eu un titre; mais
ce titre a été détruit ou a été perdu. Ou bien encore les
registres n'ont pas été tenus; l'enfant justifie l'absence de

---

([1]) Dalloz, *J. G.*, vº *cit.*, n. 140; Devilleneuve, *Note* dans S., 54. 1. 289. — Cpr.
Bordeaux, 12 fév. 1838, S., 38. 2. 406, D., 38. 2. 238.
([2]) Demolombe, V, n. 146.

son titre de naissance. Dans la première hypothèse, l'enfant est entré dans la famille du mari sous le couvert de la présomption *pater is est*. La disparition postérieure du titre ne peut avoir eu pour effet de rendre sa condition pire au point de vue du désaveu. Or, la loi assimile le second cas au premier et lui applique les mêmes principes. Il faut donc décider que, bien que l'enfant n'ait pas de titre, il ne pourra être exclu de la famille légitime que par le désaveu. L'absence de titre n'est pas en effet de nature à rendre suspecte la conception de l'enfant et il semble que la présomption *pater is est* conserve ici toute sa force et ne puisse être combattue que par l'action en **désaveu**. La loi fait, il est vrai, au mari une situation meilleure dans le cas de **l'art. 325**. Mais nous avons montré que les hypothèses prévues par ce **texte** diffèrent essentiellement de celles que le législateur a visées dans l'art. 46 (*supra,* n. 476).

N° 2. Des personnes auxquelles appartient l'action en désaveu.

540. La commission du gouvernement, dans le projet présenté par elle le **24** thermidor an VIII, avait proposé le système suivant : le droit de désavouer l'enfant n'appartiendra qu'au mari, tant qu'il vivra ; s'il meurt sans avoir exercé l'action en désaveu, mais ayant encore le droit de l'intenter, le désaveu pourra être formé par toute personne intéressée ([1]). Ce projet souleva des réclamations. La section de législation proposa alors de réserver le droit d'agir au mari seul, durant la vie de celui-ci ; quant aux héritiers du mari, ils ne devaient y être admis que si leur auteur avait intenté l'action avant son décès ([2]).

A l'appui de ce système, on fit observer qu'il convient de laisser le mari seul juge de la question. S'il meurt sans avoir désavoué l'enfant, son silence peut être interprété comme une reconnaissance de sa paternité ou comme une adoption de l'enfant mis au monde par sa femme. D'ailleurs la mort du mari enlève à la femme le bénéfice des aveux qu'il aurait pu

[1] Fenet, II, p. 63.
[2] Locré, VI, p. 26.

faire (¹). Sur les critiques formulées par Cambacérès, par le premier consul et par Tronchet, le projet fut remanié une fois de plus. Les art. 317 et 318 énumèrent limitativement les personnes auxquelles l'action appartient : ce sont le mari et, dans certains cas, ses héritiers.

541. Tant que le mari est vivant, lui seul a la faculté de désavouer l'enfant. Entre ses mains, l'action est fondée surtout sur un intérêt moral. Aussi faut-il la considérer, quant à son exercice, comme exclusivement attachée à la personne du mari. Elle ne pourrait pas être exercée de son chef par ses créanciers (arg. art. 1166 *in fine*) (²).

542. Si le mari est interdit, l'action en désaveu peut-elle être exercée en son nom par le tuteur? La jurisprudence admet généralement l'affirmative (³). La doctrine est divisée (⁴). La question sera examinée à propos de l'interdiction.

543. Si le mari est absent, qui peut exercer l'action en désaveu? L'enfant est, par hypothèse, né moins de 300 jours après la disparition du mari. Il est donc né, sans contestation possible, sous le couvert de la présomption *pater is est quem nuptiæ demonstrant*.

Les envoyés en possession provisoire ne peuvent exercer l'action en désaveu. Ils ne peuvent pas agir en qualité d'héritiers, car la mort du mari n'est pas démontrée et sa succession n'est pas ouverte (arg. art. 317). Ils ne peuvent pas non plus exercer l'action au nom du mari absent et en vertu de l'envoi en possession provisoire; car cela excèderait les

(¹) Locré, VI, p. 47 s.
(²) Laurent, III, n. 436; Demolombe, V, n. 114; Aubry et Rau, VI, § 545 *bis*, p. 53. — Les législations étrangères réservent également au mari seul, tant qu'il vit, le droit de désavouer l'enfant. V. codes civils : italien, art. 161 à 167; portugais, art. 106; espagnol, art. 111; néerlandais, art. 306 et s.; Bas Canada, art. 219 et s.; allemand, § 1593 et s.
(³) Cass., 24 juill. 1844, S., 44. 1. 626. — Caen, 14 déc. 1876, D., 77. 2. 146, S., 77. 2. 5. — Grenoble, 5 déc. 1883, *J. G.*, vᵒ *cit.*, n. 87, S., 84. 2. 73. — Lyon, 5 juin 1891, *J. G.*, *Suppl.*, vᵒ *cit.*, n. 17. — Chambéry, 28 janv. 1862, S., 62. 2. 481 (pour l'interdit légal). — *Contra :* Colmar, 21 janv. 1841, *J. G.*, vᵒ *cit.*, n. 115.
(⁴) Pour l'affirmative : Pont, *Rev. de dr. fr. et étr.*, 1845, II, p. 347; Demante, II, n. 43 *bis*, II; Demolombe, V, n. 116. — *Contra :* Dupret, *Rev. de dr. fr. et étr.*, 1844, I, p. 739; Aubry et Rau, VI, § 545 *bis*, texte et notes 6 et 7; Laurent, III, n. 436.

limites de leur mandat ([1]). Il y a là une question dont le mari
doit rester seul juge. Il est vrai que la loi permet aux héritiers du mari d'exercer l'action en désaveu, lorsque leur
auteur est mort ayant encore le droit de l'intenter. Mais la
situation est toute différente. Aucune contradiction n'est à
redouter entre la volonté des héritiers et celle de leur auteur.
Il en est autrement dans le cas d'absence ([2]).

Quant aux envoyés en possession définitive, la question est
plus douteuse. Il semble qu'il faille leur reconnaître le droit
d'exercer l'action ([3]). Contre cette solution, on a dit qu'il est
singulier de permettre de désavouer un enfant qui est resté
pendant trente ans en possession des biens du mari ; que,
d'autre part, le droit des envoyés en possession définitive
a la même nature que celui des envoyés en possession
provisoire. L'envoi en possession définitive, comme l'envoi en possession provisoire, ne concerne que le patrimoine
de l'absent. Or le désaveu n'est pas compris dans le patrimoine du mari ([4]). Mais on peut faire observer, en sens contraire, que le droit des envoyés en possession est transformé
par l'envoi en possession définitive. Ils sont désormais, au
regard des tiers, assimilés à des héritiers ([5]). Peu importe,
au point de vue du désaveu, que l'enfant, contre lequel il est
dirigé, ait joui des biens du mari pendant trente ans et
davantage. Si le mari reparaissait, il est bien certain qu'il
pourrait désavouer cet enfant. Dès lors, l'argument ne porte
pas.

544. Après le décès du mari, l'action en désaveu passe à
ses héritiers, s'il est mort maître de son action, c'est-à-dire
étant encore dans le délai utile pour l'intenter et sans y avoir
renoncé. A plus forte raison, les héritiers du mari pourraient-

---

([1]) Cpr. Baudry-Lacantinerie et Houques Fourcade, *Des personnes*, I, n. 1124 s.
([2]) Dupret, *op. cit.*, p. 729. — Cpr. Toulouse, 29 déc. 1828, D., 29. 2. 221, S.,
29. 2. 157. — *Contra* : Massé et Vergé sur Zachariæ, I, § 161, note 46 ; Demante,
II, n. 43 *bis*, VI ; Demolombe, II, n. 268. — D'après Aubry et Rau, VI, § 545 *bis*,
texte et note 10, les envoyés en possession provisoire peuvent désavouer l'enfant ;
mais le retour du mari fera de droit tomber le jugement qu'ils auront obtenu.
([3]) Massé et Vergé, Demante, Aubry et Rau, Demolombe, *loc. cit.*
([4]) Dupret, *op. cit.*
([5]) Baudry-Lacantinerie et Houques-Fourcade, *op. et loc. cit.*

ils continuer l'action en désaveu intentée par le mari, si celui-ci était mort *pendente lite*.

En passant aux héritiers, l'action en désaveu se transforme. Dans les mains du mari, elle constituait un droit moral ; des intérêts pécuniaires, il est vrai, pouvaient s'y trouver mêlés aux intérêts moraux, mais ceux-ci dominaient et absorbaient ceux-là. Entre les mains des héritiers du mari, au contraire, l'action en désaveu devient un droit exclusivement pécuniaire ; on n'en peut douter en lisant l'art. 317, qui nous représente les héritiers du mari comme exerçant l'action en désaveu pour sauvegarder un intérêt pécuniaire menacé par la prétention de l'enfant qui se dit légitime. De ce principe, il résulte que l'action en désaveu peut être exercée, s'il y a lieu, par les créanciers des héritiers du mari, agissant du chef de ceux-ci en vertu de l'art. 1166 [1]. Si les héritiers du mari sont mineurs ou interdits, il n'est pas douteux que leur tuteur ne puisse agir en leur nom.

545. L'action en désaveu passe, aux termes des art. 317 et 318, aux *héritiers* du mari [2]. Il faut entendre par là tous ceux qui succèdent au mari *in universum jus*, tous ceux qui sont appelés à titre universel à recueillir sa succession. Les successeurs universels du mari trouvent, dans le patrimoine de leur auteur, le droit de désavouer devenu désormais un droit pécuniaire. L'action en désaveu appartient donc :

1° Aux héritiers légitimes du mari, c'est-à-dire aux personnes auxquelles leur qualité de parents légitimes donne vocation à la succession. La règle ne souffre même pas d'exception en ce qui regarde les enfants issus du mariage. Leur qualité de fils de la femme dont l'honneur sera compromis par l'action en désaveu et de frères, au moins utérins, de l'enfant qu'il s'agit de désavouer, pourra, dans bien des cas, élever, en ce qui les concerne, un obstacle moral, mais non un obstacle légal à l'action en désaveu ; car, la loi ne distinguant pas, sa

[1] Aubry et Rau, VI, § 545 *bis*, texte et note 8 ; Demolombe, V, n. 137 ; Laurent, IV, n. 437.

[2] Mêmes principes dans les législations citées *supra*, p. 447, note 2. Cependant le code civil allemand permet en termes généraux de contester la légitimité de l'enfant après la mort du mari (§ 1593).

disposition comprend nécessairement tous les héritiers du mari ([1]).

2° Aux héritiers naturels et aux successeurs irréguliers du mari ([2]).

3° Aux donataires ou légataires universels ou à titre universel du mari. Ils sont ordinairement compris sous la dénomination d'*héritiers,* et les travaux préparatoires prouvent, à n'en pas douter, que telle a bien été ici l'intention du législateur ([3]).

546. D'ailleurs les héritiers ou autres successeurs universels du mari peuvent exercer l'action en désaveu pour les mêmes causes que lui ; car c'est son action qui leur est transmise, par conséquent l'action telle qu'elle lui appartenait ([4]). Cette proposition n'est pas cependant unanimement admise.

Certains auteurs ([5]) décident que les héritiers du mari ne peuvent désavouer l'enfant pour la cause prévue par l'art. 313, al. 1, que si la femme a été condamnée pour adultère sur la plainte du mari ; car le mari seul a le droit de dénoncer l'adultère de sa femme, d'après l'art. 336 du code pénal. Cela serait vrai, si la condamnation préalable de la femme pour cause d'adultère était la condition de l'exercice de l'action en désaveu ; mais nous savons qu'il n'en est rien. La disposition de l'art. 336 C. pén. signifie seulement que la dénonciation du mari est nécessaire pour que l'adultère de la femme puisse être l'objet d'une répression pénale. D'ailleurs, à ce compte, les héritiers du mari ne pourraient presqu'en aucun cas exercer l'action en désaveu, puisque cette action,

---

([1]) Proudhon et Valette sur Proudhon, II, p. 62 et 63 ; Duranton, III, n. 70 ; Aubry et Rau, VI, § 545 *bis*, texte et note 1 ; Demolombe, V, n. 125.

([2]) Aubry et Rau, *loc. cit. ;* Demolombe, V, n. 127 et 128 ; Laurent, III, n. 433.

([3]) Proudhon et Valette sur Proudhon, II, p. 66 ; Toullier, II, n. 834 ; Duranton, III, n. 80 ; Allemand, II, n. 728 et s. ; Marcadé, sur l'art. 317 ; Zachariæ et Massé et Vergé sur Zachariæ, I, § 561, texte et note 37 ; Demolombe, V, n. 129 ; Aubry et Rau, VI, § 545 *bis*, p. 53 s. ; Laurent, III, n. 433. — Bourges, 15 fév. 1873, D., 73. 2. 174. — Cass., 3 mars 1874, D., 74. 1. 317, S., 74. 1. 201.

([4]) Aubry et Rau, VI, § 545 *bis*, texte et notes 12 à 14 ; Demolombe, V, n. 121 ; Laurent, III, n. 441. — D'après l'art. 313 du code civil néerlandais, si le mari est mort sans avoir intenté l'action en désaveu, mais étant encore dans le délai utile pour le faire, les héritiers ne seront admis à désavouer l'enfant que dans le seul cas de l'art. 307, c'est à-dire pour cause d'impossibilité physique de cohabitation.

([5]) Proudhon, II, p. 55, 56 ; Richefort, I, n. 61.

sauf dans l'hypothèse de l'art. **314**, implique toujours un adultère de la mère. Enfin le tribunat avait proposé de refuser aux héritiers le droit de désavouer l'enfant pour cause d'adultère et cette proposition fut rejetée ([1]).

On a soutenu que les héritiers ne peuvent pas exercer l'action en désaveu pour cause d'impuissance accidentelle du mari, si celui-ci est mort sans avoir fait constater son état ([2]). On invoque en ce sens l'autorité de Merlin ([3]). Mais Merlin s'est borné à exposer les règles admises dans l'ancien droit en ce qui concerne l'impuissance *naturelle* du mari. Or le code a répudié cette cause de désaveu et il n'exige pas que l'impuissance accidentelle dont le mari est atteint soit constatée par une visite corporelle. Cette impuissance peut être prouvée d'une manière quelconque ; les héritiers peuvent donc en faire la preuve après la mort du mari ([4]).

Les héritiers auront également la faculté de désavouer l'enfant, alors même que le mari serait mort après la conception, mais avant la naissance de celui-ci. On objecte que l'enfant simplement conçu ne peut être l'objet d'une action en désaveu ; que le mari, étant mort avant la naissance de l'enfant, n'a jamais eu le droit de le désavouer ; et que, par suite, ses héritiers ne peuvent exercer une action qu'ils n'ont pas trouvée dans le patrimoine de leur auteur. Cela n'est pas exact. L'action en désaveu existait en germe dès le moment de la conception de l'enfant ; le mari avait le droit de désavouer celui-ci, sous la condition qu'il naquît viable. Ce droit passe à ses héritiers sous la même condition ([5]).

Les héritiers, dans l'hypothèse que nous venons d'exposer, pourront désavouer l'enfant même pour la cause prévue à l'art. **313**, al. 1. Sans doute, la loi veut que la naissance de

([1]) Locré, VI, p. 173. — En notre sens : Valette sur Proudhon, II, p. 56, note *a ;* Duranton, III, n. 73 ; Toullier, II, n. 840 ; Massé et Vergé sur Zachariæ, I, § 161, notes 37 et 50 ; Marcadé, sur l'art. 317, n. 1 ; Demolombe, V, n. 121 ; Aubry et Rau, VI, § 545 *bis*, texte et note 13 ; Laurent, III, n. 441 ; Demante, II, n. 43 *bis*, IV. — Cass., 8 déc. 1851, D., 52. 1. 5, S., 52. 1. 161.

([2]) Richefort, I, n. 61.

([3]) *Rép.*, v° *Légitimité*, sect. II, § 2, n. 4.

([4]) Demolombe, V, n. 122 ; Aubry et Rau, VI, § 545 *bis*, texte et note 12.

([5]) Cass., 8 déc. 1851, D., 52. 1. 5, S., 52. 1. 161. — Aubry et Rau, VI, § 545 *bis*, texte et note 14. — Cpr. code civil espagnol, art. 112.

l'enfant ait été cachée au mari et il semble que cette condition n'ait pas été remplie, puisque le mari est mort avant
l'accouchement. Mais l'art. 313, en exigeant que la naissance
ait été cachée au mari, suppose que le désaveu est formé
par le mari lui-même; il ne s'occupe pas de l'action exercée
par les héritiers. Pour déterminer les conditions auxquelles
ceux-ci doivent satisfaire, il faut rechercher quel est le sens
du texte. Or, il ne nous paraît pas douteux que la loi a
voulu dire que, pour que l'action soit recevable, il faut que
la naissance ait été cachée à ceux qui, au moment de la naissance, avaient le droit de désavouer l'enfant. Car c'est précisément ce fait qui implique l'aveu tacite de la mère dont
nous avons parlé .   . n. 490 . Dès lors, il suffira que la
naissance de l'enfant ait été cachée aux héritiers du mari, si
l'accouchement a eu lieu après la mort de celui-ci [1].

547. Les héritiers ont d'ailleurs chacun le droit individuel
d'exercer l'action en désaveu et ne se représentent pas les
uns les autres à cet égard. Par conséquent, la renonciation
que l'un d'eux aurait faite, ou la déchéance qu'il aurait
encourue, ne serait pas opposable aux autres.

548. Telles sont les seules personnes qui peuvent intenter
l'action en désaveu : le mari, et après lui ses héritiers quand
il est encore maître de son action. Les dispositions de la loi
sont . . . . sur ce point comme en ce qui concerne la
détermination des causes de désaveu.

L'action en désaveu n'appartient donc à ne pas :

1° Aux parents du mari qui ne sont pas ses héritiers, soit
parce qu'ils sont relatifs à sa succession   art. art. 785 ,
soit parce qu'ils sont primés par des parents plus proches
qui les excluent de la succession, soit parce qu'ils sont écartés
par l'ex. . . . . du défunt comme il arriverait si un frère du
mari . . peut par la . . à la succession à défaut de l'enfant
dont la . . . . . . est contestée, se trouvait écarté par l'insti-
tu . . d'un héritier universel ?

[1] . . . .
. . . .
. . . . — Bourges, 15 fév. 1853,
. . . . . .

2° Aux légataires ou donataires à titre particulier du mari ([1]). Vainement a-t-on objecté ([2]) que l'état de l'enfant ne peut dépendre de la qualité des successeurs que laisse le mari et que d'ailleurs l'art. 317 désigne sous le nom d'héritiers tous ceux qui sont appelés à la succession du mari et auxquels la présence de l'enfant porte préjudice. Cette double assertion est contredite par les travaux préparatoires, d'où il résulte nettement que la loi a voulu désigner sous la dénomination d'héritiers ceux-là seuls qui succèdent au mari *in universum jus.*

3° A la mère. Comment écouter en justice celle qui, ne respectant ni sa qualité d'épouse, ni sa qualité de mère, viendrait proclamer son crime et demander qu'on en fît subir les conséquences à son enfant en le déclarant adultérin? La mère est dans son rôle en combattant les prétentions de ceux qui intentent l'action en désaveu et en cherchant ainsi à sauver son honneur, elle n'y est pas en mettant elle-même l'action en mouvement ([3]). Cependant il faudrait l'admettre à agir si elle se présentait comme héritière de son mari.

4° Aux héritiers de la mère, bien que le contraire ait été soutenu ([4]). Ils ne peuvent avoir plus de droits que leur auteur.

5° A l'enfant dont l'état est en question. Il ne peut se désavouer lui-même ([5]).

6° A plus forte raison, aux autres intéressés.

N° 3. **Des personnes contre lesquelles l'action en désaveu peut être exercée.**

549. L'action sera « *dirigée contre un tuteur* AD HOC *donné à l'enfant, et en présence de sa mère* », dit l'art. 318 *in fine* ([6]).

([1]) Proudhon et Valette sur Proudhon, II, p. 65, 66; Duranton, III, n. 82; Toullier, II, n. 834; Marcadé, sur l'art. 317, n. 1; Allemand, II, n. 729; Massé et Vergé sur Zachariæ, I, § 161, note 37; Demolombe, V, n. 115, 130; Aubry et Rau, VI, § 545 *bis,* texte et note 1; Laurent, III, n. 438.

([2]) Delvincourt, I, p. 89, note 6; Richefort, *loc. cit.*

([3]) Demolombe, V, n. 134; Laurent, III, n. 442.

([4]) Delvincourt et Richefort, *loc. cit.*

([5]) Rouen, 6 juin 1820, *J. G.,* v° *cit.,* n. 104.

([6]) Cpr. code civil néerlandais, art. 315; portugais, art. 113; italien, art. 168.

Le tuteur *ad hoc* est nommé pour représenter l'enfant. C'est donc contre l'enfant que l'action est intentée. C'est l'enfant désavoué qui est défendeur à l'action en désaveu. Quant à sa mère, elle est simplement présente au procès.

Si l'enfant est majeur et non interdit, il soutiendra lui-même la lutte. Il est capable. A quoi servirait de lui nommer un représentant ([1]). Presque toujours il sera mineur et même en très bas âge : c'est ce que suppose évidemment la loi qui, ici, comme ailleurs, a statué *de eo quod plerumque fit,* et c'est pourquoi elle ordonne de nommer à l'enfant un tuteur *ad hoc* qui le représentera à l'instance. Cette règle se comprend lorsque l'enfant est soumis à l'administration légale du mari; car celui-ci ne peut pas agir contre lui-même. Elle se justifie lorsque, le mariage étant dissout, l'enfant est placé sous la tutelle du mari; ou même sous celle de sa mère, car celle-ci joue au procès un rôle distinct de celui de l'enfant. Elle s'explique aussi, dans le cas où la tutelle a été confiée à un parent, lequel a ou peut avoir un intérêt opposé à celui de son pupille. La nomination d'un tuteur *ad hoc* paraît moins utile, quand le tuteur ordinaire est une personne qu'aucun lien de parenté ne rattache à l'enfant. Mais, la loi ne faisant aucune exception, même dans cette hypothèse un tuteur *ad hoc* doit être nommé à l'enfant, sinon l'action en désaveu ne serait pas recevable ([2]).

De même, si l'enfant est majeur, mais interdit, un tuteur *ad hoc* devra lui être nommé ([3]).

550. Par qui sera nommé ce tuteur *ad hoc?* Les travaux préparatoires ne nous fournissent pas sur ce point de renseignements précis. Au cours de la séance du Conseil d'Etat du 29 fructidor an X, Regnaud ayant fait remarquer qu'il convenait de fournir au mari et à ses héritiers un moyen de faire donner un tuteur à l'enfant, Tronchet répondit que cette

---

([1]) Aubry et Rau, VI, § 545 *bis*, p. 60; Demolombe, V, n. 164; Laurent, III, n. 454; code civil italien, art. 168. — *Contra* Richefort, I, n. 66.

([2]) Colmar, 16 juin 1831, *J. G.,* v° *cit.*, n. 172; Demante, II, n. 44 *bis*, IV; Demolombe, V, n. 165; Aubry et Rau, VI, § 545 *bis*, texte et note 37; Laurent, III, n. 454.

([3]) Aubry et Rau, *loc. cit.* — Cpr. code civil italien, art. 168.

faculté leur appartenait de droit commun (Locré, VI, p. 161).
La question est donc restée entière. Aussi est-elle très vivement controversée.

Premier système. — Une jurisprudence constante (¹), approuvée par la majorité des auteurs (²), décide que cette nomination doit être faite par un conseil de famille. En effet, dans le silence de la loi, on doit se référer aux règles du droit commun, qui placent les nominations de tuteurs dans les attributions des conseils de famille (art. 405).

Si l'on admet ce système, il faut logiquement décider que le conseil de famille chargé de désigner le tuteur *ad hoc* doit être composé suivant les règles ordinaires (art. 406 s.). C'est ce qu'on admet généralement (³). Certains auteurs veulent cependant qu'on s'écarte de ces règles : ils proposent de composer le conseil uniquement de parents du côté maternel; car la parenté paternelle est en question et les parents du mari sont les adversaires naturels de l'enfant désavoué (⁴). Cette dernière

(¹) Montpellier, 12 mars 1833, J. G., v° *Minorité*, n. 724, S., 34. 2. 42. — Liège, 3 mai 1853, D., 53. 2. 200. — Cass., 14 fév. 1854, D., 54. 1. 89, S., 54. 1. 225. — Paris, 21 fév. 1863, D., 63. 2. 200, S., 63. 2. 36. — Cass., 9 mai 1864, D., 64. 1. 409, S., 64. 1. 305. — Cass. Belg., 29 fév. 1872, D., 72. 2. 9. — Trib. Tours, 13 mai 1875 (sous Cass., 18 août 1879), D., 80. 1. 271, S., 80. 1. 342. — Douai, 5 mai 1880, J. G., *Suppl.*, v° *Paternité*, n. 87, S., 82. 2. 183. — Cass., 24 nov. 1880, D., 82. 1. 52, S., 81. 1. 65 et la note. — Douai, 30 mars 1882, D., 82. 2. 148, S., 82. 2. 108. — Grenoble, 14 fév. 1883, J. G., *Suppl.*, *loc. cit.*, S., 84. 2. 73. — Grenoble, 5 déc. 1883, J. G., *Suppl.*, *loc. cit.*, S., 84. 2. 73.

(²) Toullier, II, n. 842; Proudhon, II, p. 59; Zachariæ, et Massé et Vergé sur Zachariæ, I, § 161, texte et note 60; Allemand, II, n. 761; Aubry et Rau, VI, § 545 *bis*, texte et note 38; Vigié, I, n. 531; Planiol, I, n. 2194. — Cpr. Duranton, III, n. 96.

(³) Plusieurs des arrêts cités à la note 1 *supra* donnent cette solution même pour le cas où la maternité est incertaine. L'action intentée contre l'enfant est, disent-ils, une action en désaveu, bien que la filiation maternelle ne soit pas établie par un acte de naissance. Dès lors il faut suivre les règles du désaveu.

(⁴) Marcadé, sur l'art. 318; Richefort, I, n. 71. — Cpr. Caen, 22 déc. 1880, D., 82. 2. 53, S., 81. 2. 161, et 29 déc. 1880, D., 82. 2. 54, S., 81. 2. 161. Ces deux arrêts n'ont pas tranché la question d'une manière générale, mais ils ont envisagé uniquement l'hypothèse où les deux époux étaient séparés de corps au moment de la conception de l'enfant. Depuis la loi de 1850, disent-ils, la séparation de corps fait *cesser la présomption* de paternité; donc le père est incertain, et les parents du mari ne doivent pas figurer au conseil de famille. — Le code civ. portugais, art. 113, dispose que le tuteur doit être choisi parmi les parents de la mère, s'il en existe, et qu'il sera nommé par un conseil de famille composé de parents de la mère, ou, à leur défaut, d'amis de celle-ci.

opinion peut être à bon droit critiquée. Jusqu'à ce que le désaveu soit admis, le mari est réputé être le père de l'enfant. Si d'ailleurs on écarte les parents du mari, parce qu'ils ont un intérêt opposé à celui de l'enfant, il faudrait exclure de même du conseil de famille les parents de la mère, qui sont également intéressés à ce que la filiation maternelle soit déclarée adultérine. Du reste ces divergences de vues n'ont pas une très grande importance. Les règles édictées par la loi en ce qui concerne la composition du conseil de famille n'ont pas pour sanction la nullité. Du moment que les intérêts du mineur n'ont pas été frauduleusement lésés et que les personnes appelées à composer le conseil sont aptes à en faire partie, la nomination du tuteur ne peut être attaquée (¹).

On décide généralement que le conseil de famille doit être réuni au domicile de la mère. C'est, dit-on, le domicile de l'enfant, puisque la maternité est certaine, tandis que la filiation paternelle est contestée (²). Il serait peut-être plus logique de convoquer le conseil au domicile du mari, celui-ci étant réputé être le père de l'enfant tant que le désaveu n'a pas été admis (³).

Deuxième système. — La solution que nous venons d'exposer est vivement combattue par quelques auteurs qui pensent que la nomination du tuteur *ad hoc* doit être faite par le tribunal. Le conseil de famille est sans doute compétent pour la désignation du tuteur ordinaire ; mais il en est autrement lorsqu'il s'agit d'un tuteur *ad hoc*. Lorsque la loi entend lui conférer le pouvoir de nommer un tuteur de cette nature, elle le dit expressément (Cpr. 968 C. pr.). N'est-il pas d'ailleurs étrange de confier le droit de choisir à l'enfant un pro-

(¹) Cass., 25 août 1806, J. G., v° *Paternité*, n. 151, S., 6. 2. 952. — Caen, 29 déc. 1880, D., 82. 2. 54, S., 81. 2. 161.

(²) Dijon, 24 janv. 1872, D., 73. 2. 13, S., 72. 2. 4. — Cass., 19 août 1872, D., 73. 1. 479, S., 73. 1. 75. — La question ne se pose évidemment que dans le cas où les époux sont séparés de corps, car c'est alors seulement que la femme peut avoir un domicile séparé de celui de son mari. C'est à cette hypothèse que se réfèrent les deux arrêts ci-dessus. Cette doctrine se trouvait déjà exprimée, mais d'une manière moins nette, dans l'arrêt de cass. du 14 fév. 1854, D., 54. 1. 89, S., 54. 1. 225, qui avait statué sur le cas où l'acte de naissance de l'enfant n'indiquait pas la femme du désavouant comme étant la mère de l'enfant.

(³) Toulouse, 11 juin 1874, D., 75. 2. 25, S., 74. 2. 173.

tecteur à un conseil de famille qui, s'il est régulièrement constitué, se composera peut-être uniquement de personnes intéressées au succès du désaveu (¹) ? (Cpr. Baudry-Lacantinerie et Houques-Fourcade, *Des personnes,* II, n. 1481).

Il a été jugé que la nomination du tuteur *ad hoc par le conseil de famille* est requise à peine de nullité de la procédure (²). La nullité de la nomination constitue une fin de non-recevoir fondée sur l'ordre public, qui peut être invoquée en tout état de cause (³) et par le tuteur lui-même (⁴). La mère a également le droit de se prévaloir de cette nullité en tout état de cause (⁵).

551. L'enfant peut-il être désavoué avant sa naissance? On est d'accord pour admettre la négative (⁶). Tant que l'enfant n'est pas né, il ne constitue pas encore une personne et ne peut, par suite, être désavoué. La loi considère bien quelquefois l'enfant simplement conçu comme étant déjà né, mais seulement lorsqu'il s'agit de ses intérêts. *Infans conceptus pro nato habetur* QUOTIES DE COMMODIS EJUS AGITUR. L'enfant peut d'ailleurs ne pas naître viable, auquel cas l'action intentée prématurément se trouverait avoir causé un scandale inutile.

(¹) Delvincourt, I, p. 89, note 12; Valette sur Proudhon, II, p. 59, note *a ;* Ducaurroy, Bonnier et Roustain, I, n. 447; Demolombe, V, n. 166; Laurent, III, n. 453; Demante, II, n. 44 *bis,* V; Arntz, I, n. 540; Huc, III, n. 27. — Cpr. Paris, 4 juill. 1853, D., 53. 2. 201. Cet arrêt a décidé que, lorsque la maternité de la femme du désavouant est incertaine, la nomination du tuteur doit être faite par le tribunal. — L'art. 168 du C. civ. italien confère au tribunal la mission de déléguer le curateur spécial qui, au cas de minorité ou d'interdiction de l'enfant, sera chargé de représenter celui-ci.

(²) Cass., 24 nov. 1880, D., 82. 1. 52, S., 81. 1. 65, et la note de M. Demante. — Douai, 30 mars 1882, D., 82. 2. 148, S., 82. 2. 108. — En effet, dit M. Demante, si la loi n'a pas prononcé la nullité des délibérations du conseil de famille, à raison des irrégularités commises dans la composition de celui-ci, encore faut-il qu'une délibération ait été prise. — Cpr. Cass., 10 mai 1887, D., 87. 1. 412, S., 88. 1. 97.

(³) Trib. Tours, 13 mai 1875, et Cass., 18 août 1879, D., 80. 1. 271, S., 80. 1. 342· — Cass., 24 nov. 1880, *supra.* — Grenoble, 14 févr. 1883, *J. G. Suppl.,* vᵒ *cit.,* n. 87, S., 84. 2. 73.

(⁴) Cass., 24 nov. 1880, *supra.*

(⁵) Cass. Belg., 29 fév. 1872, D., 72. 2. 9.

(⁶) Massé et Vergé sur Zachariæ, I, § 161, note 52; Demolombe, V, n. 161; Aubry et Rau, VI, § 545 *bis,* texte et note 31; Laurent, III, n. 447. — *Contra* Zachariæ, I, § 161, p. 303. — Liège, 12 fructidor an XIII, *J. G.,* vᵒ *Paternité,* n. 151, S., 6. 2. 24.

Enfin, il y a des cas où il est nécessaire de connaître le jour de la naissance pour savoir si le désaveu est possible ; il en est ainsi notamment dans l'hypothèse prévue par l'art. 314.

552. Il se peut que l'enfant décède au cours de l'instance en désaveu. Nous croyons que l'instance ne sera pas éteinte par la mort de l'enfant. La solution contraire a été cependant adoptée par certaines décisions de jurisprudence qui se fondent sur les considérations suivantes : dans les mains du mari, a-t-on dit, l'action en désaveu a surtout pour but de sauvegarder les intérêts moraux de celui-ci. Or, quel intérêt le mari peut-il avoir à désavouer un enfant actuellement décédé ? Il ne peut pas alléguer qu'il importe pour son honneur de faire disparaître les mentions portées sur les registres de l'état civil, d'où résulte l'indication d'une paternité qu'il répudie. L'art. 314 prouve que la loi n'a pas considéré cet intérêt comme suffisant, puisqu'elle n'a pas permis de désavouer l'enfant qui n'est pas né viable. Le mari ne peut non plus invoquer un intérêt pécuniaire. Donc le décès de l'enfant survenu au cours de l'instance entraîne l'extinction de l'action [1]. — Cette argumentation ne nous paraît pas décisive. Sans doute, l'art. 314 ne permet pas de désavouer un enfant qui n'est pas né viable ; mais cela tient à ce que cet enfant n'a jamais constitué une personne, qu'il n'a jamais pu acquérir ni transmettre aucun droit. Ici la situation est toute différente. L'enfant a vécu ; il a acquis des droits ; il laisse peut-être des représentants qui viendront les réclamer. L'intérêt que les héritiers du mari ont à continuer l'instance, engagée par eux ou par le mari, est évident. Mais le mari lui-même y a intérêt. Il est le gardien de l'honneur de la famille ; si l'enfant a laissé des descendants, le mari ne peut-il pas demander qu'ils soient exclus de la famille ? Ne peut-on pas supposer même telles hypothèses où il aurait un intérêt pécuniaire direct à poursuivre l'exercice du désaveu ? Enfin et surtout la loi a énuméré

_____

[1] Rouen, 15 mai 1895, D., 98. 1. 98. — Dans l'espèce de cet arrêt, l'action en désaveu avait été intentée par le mari. — Dans le même sens, trib. Pont-l'Evêque, 17 janv. 1878, D., 78. 3. 87, S., 97. 1. 433, d'où il semblerait résulter cependant que l'instance pourrait être poursuivie si le demandeur était en mesure de justifier d'un intérêt pécuniaire.

soigneusement les fins de non-recevoir qui peuvent être opposées à l'action en désaveu. Or le décès de l'enfant ne figure pas dans cette énumération ([1]).

Pour les mêmes motifs, il faut, à notre avis, décider que l'action en désaveu pourra être intentée si l'enfant, né d'ailleurs viable, est décédé avant l'ouverture du procès ([2]). Cet enfant a eu une personnalité juridique; il a pu être investi de droits.

Contre qui l'action sera-t-elle introduite ou l'instance continuée? Si l'enfant a laissé des héritiers, ceux-ci seront défendeurs à l'action en désaveu, pourvu qu'ils soient majeurs et capables. Si l'enfant n'a pas laissé de représentants, un tuteur *ad hoc* devra être nommé, ou, si l'action est déjà introduite au moment du décès de l'enfant, le tuteur *ad hoc* déjà nommé continuera à remplir sa mission ([3]).

553. L'enfant ou ses représentants sont les seules personnes contre lesquelles l'action en désaveu puisse être exercée. L'art. 318 dit que l'action sera dirigée « contre un tuteur *ad hoc* donné à l'enfant, *et en présence de sa mère* ». La mère doit être entendue, parce que son honneur est en jeu : elle figure donc à l'instance pour son propre compte, et c'est peut-être bien pour ce motif que la loi n'a pas voulu lui confier le soin d'y figurer en même temps pour le compte de son enfant. Cela suppose bien entendu que la mère est vivante. Si elle est décédée, il n'y a pas lieu de mettre en cause ses héritiers; ceux-ci n'ont à la question qu'un intérêt pécuniaire et cet intérêt est précisément opposé à celui de l'enfant.

La mère joue au procès un rôle distinct de celui de l'enfant: elle y est *présente;* mais elle n'y est point *partie* ([4]). En conséquence, il suffit qu'elle ait été mise en cause avant l'instruction de l'affaire. Il n'est pas nécessaire qu'elle ait été assignée dans les délais impartis par les art. 316 à 318. La loi veut

---

([1]) Demolombe, V, n. 111. — Nîmes, 20 oct. 1894, D., 95. 2. 259, S., 97. 1. 434. — Cass., 18 mai 1897, D., 98. 1. 97, et la note de M. Guénée, S., 97. 1. 433, et la note de M. Lyon-Caen.

([2]) Trib. Seine, 22 mars 1887, D., 95. 2. 259 (en note).

([3]) Trib. Nîmes, 20 oct. 1894. — Cass., 18 mai 1897, *supra.* — Cpr. Trib. Seine, 22 mars 1887, précité.

([4]) *Contra :* Demolombe, V, n. 168 s.; Vigié, I, n. 531.

que le désaveu soit formulé dans les délais qu'elle fixe. Or c'est contre le tuteur *ad hoc* (ou contre l'enfant ou ses représentants) qu'est faite la réclamation du mari; ce n'est pas contre la mère. Celle-ci est seulement présente aux débats, ce qui suppose l'instance déjà engagée. Ajoutons que le domicile de la mère peut être inconnu ou éloigné; s'il fallait la mettre en cause dans les délais légaux, ceux-ci pourraient s'écouler avant que l'action pût être introduite, car ils ne sont pas susceptibles d'être augmentés à raison de la distance [1].

Mais, pour que la procédure soit régulière, il faut que la mère assiste à l'instruction du procès. Sinon celle-ci devrait être annulée [2].

N° 4. Du délai et de la forme dans lesquels le désaveu doit être formulé.

554. Dans notre ancien droit, le désavouant n'était astreint à l'observation d'aucun délai spécial [3]. Il n'en est pas de même sous l'empire du code. La loi a fixé un délai dans lequel l'action en désaveu doit être exercée sous peine de déchéance. Ce délai devait être très bref, pour que l'état de l'enfant ne fût pas tenu trop longtemps en suspens. Sa durée varie, suivant que l'action est intentée par le mari ou par ses héritiers après sa mort [4].

555. I. *L'action est intentée par le mari.* — Le projet de la commission du Gouvernement lui assignait un délai de six mois à dater de la naissance, s'il s'était trouvé sur les lieux au moment de l'accouchement, et de huit mois après son retour dans le cas contraire [5]. Sur les observations qui furent présentées, notamment par les cours de Nancy et de Toulouse, ces délais furent considérablement réduits.

---

[1] Allemand, II, n. 763; Massé et Vergé sur Zachariæ, I, § 161, note 61; Aubry et Rau, VI, § 545 *bis*, p. 60); Laurent, III, n. 455; Huc, III, n. 30. — Caen, 31 janv. 1836, *J. G.*, v° *Paternité*, n. 169, S., 38. 2. 482. — Caen, 14 déc. 1876, D., 77. 2. 146, S., 77. 2. 54. — *Contra :* Demante, II. n. 44 *bis*, III; Vigié, *loc. cit.*

[2] Caen, 31 janv. 1836, *supra*. — Cpr. Cass., 24 déc. 1839, S., 40. 1. 167.

[3] Toulouse, 28 juill. 1808, *J. G.*, v° *cit.*, n. 34.

[4] Cpr. codes civ. néerlandais. art. 311 à 314; portugais, art. 107 et 109; italien, art. 166, 167. — Les codes civ. allemand (§ 1594), et espagnol (art. 113) fixent le délai d'une manière uniforme pour le mari et pour ses héritiers.

[5] Fenet, II, p. 63.

Aux termes de l'art. 316 : « *Dans les divers cas où le mari est autorisé à réclamer, il devra le faire, dans le mois, s'il se trouve sur les lieux de la naissance de l'enfant; dans les deux mois après son retour, si, à la même époque, il est absent; dans les deux mois après la découverte de la fraude, si on lui avait caché la naissance de l'enfant* ». La loi donne au mari un délai plus long au cas d'absence ou au cas de recel de la naissance, parce que, dans ces deux hypothèses, il sera pris au dépourvu, le jour où il apprendra la naissance de l'enfant, et aura besoin d'un certain temps pour réunir ses preuves. Au contraire, quand le mari est sur les lieux au moment de la naissance de l'enfant et que d'ailleurs rien n'a été fait pour lui cacher cette naissance, la loi suppose que, non seulement il la connaîtra immédiatement, mais qu'il a eu auparavant connaissance de la grossesse et qu'il a pu prendre ses mesures en conséquence.

Le cas où le mari est *absent* est opposé par le texte à celui où il se trouve sur les lieux de la naissance de l'enfant. Cela indique le sens du mot *absent*. Cette expression signifie : non présent sur les lieux ([1]). C'est une question de fait, à résoudre en cas de contestation par le juge, que celle de savoir dans quel cas il se sera assez rapproché pour qu'il puisse être dit *de retour*. Le mari ne sera pas nécessairement tenu pour absent, parce qu'il réside dans une autre commune ([2]). S'il était à l'étranger au moment de l'accouchement, le fait qu'il a mis le pied sur le sol de la France ne suffira pas pour qu'on puisse dire qu'il est de retour. Mais il ne faut pas non plus qu'il s'arrête à la ville voisine de celle où la femme est accouchée, dans le but de prolonger le délai; il y aurait là une fraude que les tribunaux déjoueraient ([3]). D'ailleurs, le délai ne commence à courir qu'à partir du moment où le mari est de retour, alors même qu'avant son retour il aurait appris l'accouchement de sa femme. La loi ne distingue pas.

La question de savoir si la naissance de l'enfant a été

([1]) Demolombe, V, n. 141; Aubry et Rau, VI, § 545 *bis*, texte et note 16; Laurent, III, n. 444.
([2]) Cpr. Caen, 29 déc. 1880, D., 82. 2. 54, S., 81. 2. 161.
([3]) Demolombe, V, n. 142.

cachée au mari, et à quel moment celui-ci a découvert la
fraude est aussi une question de 'fait. Il ne suffirait pas, pour
que le délai commence à courir, que le mari ait conçu de
simples soupçons sur l'accouchement de sa femme. Il faut
qu'il en ait une connaissance positive. La jurisprudence est
constante en ce sens ([1]).

556. L'idée qui ressort de l'art. 316. en ce qui concerne
le point de départ du délai accordé pour l'exercice de l'action
en désaveu, c'est que ce délai court à compter du jour où le
mari a connu ou a dû connaître l'événement qui donne ouverture à cette action, c'est-à-dire la naissance de l'enfant. Jusque
là le mari peut ne pas songer à exercer son action, et il ne
peut être question de faire courir le délai à l'expiration duquel
il sera considéré comme ayant tacitement renoncé au droit
d'agir et par suite comme forclos. Cela posé, le législateur
fait courir immédiatement le délai d'un mois contre le mari
présent sur les lieux, parce qu'il suppose que, faisant ménage
commun avec sa femme, il sera immédiatement avisé de la
naissance de l'enfant. Mais cette supposition n'a plus de raison d'être au cas de séparation de corps. Aussi est-il conforme
à l'esprit de la loi d'admettre qu'au cas de séparation de
corps le délai pour intenter l'action en désaveu conférée au
mari par l'al. 2 de l'art. 313 est de deux mois et ne court
qu'à compter du jour où le mari a connu en fait la naissance
de l'enfant, alors même qu'elle ne lui aurait pas été cachée.
Au cas de séparation de corps, en effet, le mari présent sur
les lieux peut parfaitement ignorer, surtout dans une grande
ville, l'accouchement de sa femme, alors même que celle-ci
n'aurait rien fait pour le dissimuler; et si le délai, très bref
d'ailleurs, de l'action en désaveu commençait à courir immédiatement, il pourrait arriver que le mari fût forclos avant
même d'avoir su qu'il y avait lieu d'agir. La jurisprudence

([1]) Cass., 14 fév. 1854, D., 54. 1. 89, S., 54. 1. 225. — Paris, 7 mai 1855, D., 57.
2. 45, S., 55. 2. 770. — Cass., 9 déc. 1857, D., 58. 1. 132, S., 58. 1. 97. — Nancy,
12 janv. 1861, D., 61. 5. 236, S., 61. 2. 307. — Dijon, 6 janv. 1863, D., 63. 2. 32,
S., 63. 2. 12. — Dijon, 17 mai 1870, D., 73. 2. 193, S., 71. 2. 213. — Paris, 4 fév.
1876, D., 76. 2. 193. — Caen, 29 déc. 1880, D., 82. 2. 54, S , 81. 2. 161. — Greno-
b'e, 8 déc. 1881, D., 82. 2. 153 — Cass., 12 fév. 1884, *J. G., Suppl.,* v° *Paternité,*
n. 66, S., 84. 1. 228. — Lyon, 21 janv. 1886, D., 87. 2. 1, S., 88. 2. 77.

s'était formée en ce sens sous l'empire de la loi du 6 décembre 1850, qui a introduit, comme on sait, l'action en désaveu spéciale au cas de séparation de corps, en ajoutant un alinéa à l'art. 313, et il n'y a pas de motifs pour que les tribunaux ne persévèrent pas aujourd'hui dans cette voie, car les modifications que les lois des 27 juillet 1884 et 18 avril 1886 ont fait subir à l'alinéa 2 de l'art. 313 ne concernent pas la séparation de corps (¹). Il faut admettre la même solution au cas de divorce, lorsque, bien entendu, il y a lieu au désaveu.

557. Il semble qu'il faille, pour des motifs semblables, fixer à deux mois le délai du désaveu dans le cas où le mari, présent sur les lieux, n'a pu, à raison de son état mental, avoir connaissance de l'accouchement de sa femme ou du moins en apprécier les conséquences. Le délai courrait alors du jour où le mari a recouvré l'usage de ses facultés intellectuelles. L'hypothèse où le mari est en état de démence ou d'imbécillité doit donc être assimilée à celle où il se trouve absent au moment de la naissance (²).

558. L'expiration du délai fixé par la loi constitue une fin de non-recevoir absolue contre l'action en désaveu. Le mari alléguerait vainement qu'il a ignoré la naissance de l'enfant (³), si celle-ci ne lui a pas été cachée. Ainsi le mari était absent à l'époque de l'accouchement; il revient, mais il n'apprend la naissance de l'enfant que lorsque deux mois se sont écoulés depuis son retour. L'art. 316 ne faisant aucune distinction, le désaveu n'est plus possible. A cette solution rigoureuse, il convient cependant d'admettre un tempérament : si on a caché au mari, après son retour, l'existence de l'enfant, il semble qu'il faille suivre la même règle que dans le cas du recel de la naissance et permettre au mari d'exercer l'action en désaveu dans les deux mois après la découverte de la fraude (⁴).

(¹) Aubry et Rau, VI, § 545 *bis*, texte et note 21. — Cass., 9 déc. 1857, D., 58. 1. 132, S., 58. 1. 97. — Nancy, 12 janv. 1861, D., 61. 5. 236, S., 61. 2. 307. — Caen, 29 déc. 1880, D., 82. 2. 51, S., 81. 2. 161. — Grenoble, 8 déc. 1881, D., 82. 2. 153. — Pau, 11 janv. 1887, D., 87. 2. 77, S., 87. 2. 226. — Riom, 4 mars 1891, *J. G.*, *Suppl.*, vᵒ *Paternité*, n. 36.

(²) Aubry et Rau, VI, § 545 *bis*, texte et note 20; Planiol, I, n. 2193. — Caen, 14 déc. 1876, D., 77. 2. 146, S., 77. 2. 51.

(³) Sous la réserve de ce que nous venons de dire *supra*, n. 557.

(⁴) Laurent, III, n. 446.

559. Comme on l'a vu, la loi assigne au mari, pour désavouer l'enfant, un délai qui varie suivant les hypothèses. On dit souvent que le délai d'un mois constitue la règle, et celui de deux mois l'exception. Il en résulte que le mari doit, en principe, agir dans le mois à dater du jour de la naissance. Si, au moment où l'instance est introduite, il s'est écoulé plus d'un mois, le mari doit justifier le retard qu'il a mis à exercer l'action. Il doit prouver par conséquent qu'il était absent lors de l'accouchement, ou que la naissance lui a été cachée et qu'il est de retour ou qu'il a découvert la fraude depuis moins de deux mois. Cette double preuve peut d'ailleurs se faire par tous moyens quelconques (¹).

La jurisprudence est en sens contraire (²). Elle décide que le mari n'a aucune preuve à administrer et que c'est aux défendeurs à justifier la fin de non-recevoir qu'ils opposent à la demande. Cette solution nous paraît la meilleure. Rien, dans les termes de la loi, n'indique qu'elle a voulu édicter une règle et y apporter une exception. La vérité est qu'elle a fixé plusieurs délais distincts, chacun en vue d'une hypothèse différente. L'expiration de chacun d'eux constitue une fin de non-recevoir. Or, si le demandeur est tenu de démontrer la recevabilité et le bien fondé de sa demande, il appartient au défendeur de prouver l'existence des fins de non-recevoir dont il se prévaut (³).

560. II. *L'action en désaveu est exercée par les héritiers du mari.* — Le délai dans lequel elle doit être intentée est fixé de la manière suivante par l'art. 317 : « *Si le mari est mort avant d'avoir fait sa réclamation, mais étant encore dans le délai utile pour la faire, les héritiers auront deux mois pour contester la légitimité de l'enfant, à compter de l'époque où*

(¹) Duranton, III, n. 86; Zachariæ, et Massé et Vergé sur Zachariæ, I, § 161, note 45; Demante, II, n. 43 *bis*, XI; Demolombe, V, n. 143, 144; Aubry et Rau, VI, § 515 *bis*, texte et note 19.

(²) Cass., 14 fév. 1854, D., 54. 1. 89, S., 54. 1. 225. — Dijon, 6 janv. 1865, D., 65. 2. 32, S., 65. 2. 12. — Alger, 12 nov. 1866, D., 67. 2. 127, S., 67. 2. 152. — Aix, 6 déc. 1876, D., 77. 2. 183. — Pau, 11 janv. 1887, D., 87. 2. 77, S., 87. 2. 226. — Riom, 30 déc. 1896, D., 97. 2. 295, S., 97. 2. 64. — Paris, 3 mars 1897, D., 97. 2. 440, S., 97. 2. 112.

(³) Laurent, III, n. 445; Huc, III, n. 22.

cet enfant se serait mis en possession des biens du mari, ou de l'époque où les héritiers seraient troublés par l'enfant dans cette possession ».

Pour contester la légitimité de l'enfant. Pourquoi la loi n'a-t-elle pas dit : *pour exercer l'action en désaveu?* Peut-être, disent Aubry et Rau ([1]), a-t-on évité l'emploi du mot *désaveu* « parce que les héritiers du mari ne peuvent précisément avouer ou désavouer un fait de paternité qui leur est complètement étranger ».

Si le mari avait déjà engagé l'instance, ses héritiers n'auront plus à se préoccuper des délais fixés par l'art. 317. Il en résulte cette conséquence : si les héritiers sont assignés en reprise d'instance, ils pourront invoquer l'exception dilatoire de trois mois et quarante jours ([2]).

L'art. 317 ne s'applique que dans le cas où le mari est mort sans avoir fait sa réclamation, mais étant encore dans le délai utile pour la faire. Le délai accordé aux héritiers pour intenter l'action en désaveu est alors de deux mois, sans distinction. La loi impartit un délai plus court (un mois) au mari, quand il est présent sur les lieux et que la naissance de l'enfant ne lui a pas été cachée, parce que, ayant eu vraisemblablement connaissance de la grossesse de sa femme, il a pu réunir ses preuves à l'avance.

Le délai de deux mois court, d'après notre article, *à compter de l'époque où l'enfant se serait mis en possession des biens du mari ou de l'époque où les héritiers seraient troublés par lui dans cette possession*. Il ne suffit pas pour que le délai, dont l'expiration privera les héritiers du droit de désavouer, commence à courir, que l'enfant ait fait de simples démarches pour s'enquérir de l'étendue de ses droits, ni que les héritiers aient connaissance de ses intentions. Il faut qu'il y ait eu de sa part un acte positif dirigé contre les héritiers. Ce peut être d'ailleurs un acte judiciaire ou extra-judi-

---

([1]) VI, § 543, note 3.

([2]) Duranton, III, n. 90; Zachariæ, I, § 161, note 62. — Le code civil néerlandais dispose, dans son art. 313, que l'action en désaveu intentée par le mari sera éteinte, si les héritiers ne la poursuivent pas dans les deux mois à dater du décès du mari.

ciaire (¹). Les héritiers peuvent être troublés dans la possession d'autres biens que ceux du mari. Ainsi l'enfant réclame contre eux la succession d'un frère du mari, à laquelle ils sont appelés à défaut de l'enfant ou en concours avec lui. Il y aurait là, à notre avis, un trouble suffisant pour faire courir le délai de l'art. 317. Ce texte a statué *de eo quod plerumque fit* (²). C'est naturellement aux défendeurs qu'il appartient de prouver que le délai est expiré, puisqu'il s'agit d'une fin de non-recevoir qu'ils opposent à la demande (³).

Comme on le voit, le délai imparti aux héritiers pour agir a un point de départ tout différent de celui que la loi a établi en ce qui concerne le mari. Lorsque le mari est vivant, le délai dans lequel il doit former le désaveu commence à courir du jour où il a appris ou dû apprendre la naissance de l'enfant. L'action en désaveu lui est accordée principalement pour la défense de ses intérêts moraux et de ceux de la famille. Le mari a son honneur à venger. Aussi n'a-t-il pas besoin d'attendre une réclamation de la part de l'enfant. Dès lors que celui-ci se rattache à lui par son titre de naissance, le mari a un intérêt moral actuel à le désavouer. Il peut donc exercer immédiatement l'action en désaveu.

La situation des héritiers n'est pas la même et l'action en désaveu a, entre leurs mains, un tout autre caractère. Nous l'avons déjà fait remarquer et l'art. 317 en fournit la preuve. C'est seulement lorsque l'enfant les menace dans leurs intérêts pécuniaires que la loi leur impose l'obligation de dénier la paternité du mari, sous peine de déchéance. C'est donc qu'ils ne sont pas les gardiens de l'honneur de la famille, et que l'action en désaveu ne leur appartient que pour la défense de leurs intérêts pécuniaires.

(¹) Duranton, III, n. 88; Valette sur Proudhon, II, p. 61, note *a*; Allemand, II, n. 748; Aubry et Rau, VI, § 545 *bis*, texte et note 22; Demolombe, V, n. 149; Laurent, III, n. 440. — Cpr. Cass., 21 mai 1817, *J. G.*, v° *Paternité*, n. 145 (1ʳᵉ esp.), S., 17. 1. 251. — Orléans, 6 fév. 1818, *ibid.* — Cass., 31 déc. 1834, *J. G.*, v° *cit.*, n. 145 (2ᵉ esp.), S., 35. 1. 545. — Grenoble, 5 fév. 1836, *J. G.*, v° *cit.*, n. 145 (3ᵉ esp.), S., 36. 2. 299. — Cass., 10 mai 1887, D., 87. 1. 412, S., 88. 1. 97, et la note de M. Labbé.

(²) Labbé, Note précitée. — Cpr. Demolombe, V, n. 150.

(³) Cpr. Lyon, 3 juill. 1890, D., 91. 2. 99.

561. De là il semble bien résulter que les héritiers du mari ne peuvent pas prendre les devants et intenter l'action en désaveu, tant que l'enfant ne manifeste aucune prétention à la succession du mari. Jusque là, en effet, ils n'ont pas d'intérêt pécuniaire à désavouer l'enfant; du moins ils n'y ont qu'un intérêt futur et éventuel et il est de principe que, lorsqu'une action ne peut être intentée que sur le fondement d'un intérêt pécuniaire, cet intérêt doit être né et actuel (¹). Malgré ces raisons, la jurisprudence et la grande majorité des auteurs décident que les héritiers du mari peuvent prendre l'offensive et intenter l'action en désaveu contre l'enfant qui garde le silence, lorsque (et c'est précisément l'hypothèse que nous supposons) sa filiation est prouvée par son titre de naissance (²). Pour le décider ainsi, on invoque des motifs qui ne sont pas tous parfaitement concordants. L'art. 317, a-t-on dit, veut, pour que l'action des héritiers soit recevable, que l'enfant soit en possession de sa légitimité. Or, l'enfant qui a un titre de naissance possède en droit l'état d'enfant légitime. Mais l'art. 317 ne dit rien de semblable. Il fait courir le délai du jour où l'enfant est en possession des biens du mari ou trouble les héritiers du mari dans la possession de ces biens. Si on peut tirer de ce texte un argument, il serait donc favorable à notre manière de voir. Aussi, le plus souvent, raisonne-t-on autrement. L'art. 317, lisons-nous dans les auteurs, n'a pas eu pour but de déterminer les conditions de recevabilité de l'action en désaveu de la part des héritiers. Il se borne à indiquer le délai dans lequel ceux-ci doivent agir et le point de départ de ce délai. De ce que les héritiers ne peuvent plus désavouer l'enfant, lorsqu'ils ne l'ont pas fait dans les deux mois à partir du jour où celui-ci les a troublés dans leur possession, il ne résulte nullement qu'ils ne soient pas recevables à agir avant que l'enfant ait réclamé. De même, de ce que l'art. 316 ne fait courir le délai

---

(¹) Laurent, III, n. 439; Vigié, I, n. 529; Huc, III, n. 24. — Cpr. Delvincourt, I, p. 89, note 6.

(²) Lorsque l'enfant n'a pas de titre, il n'y a pas lieu au désaveu, à notre avis. D'après la jurisprudence, le désaveu serait possible, mais de la part du mari seulement. Nous avons fait la critique de cette jurisprudence (*supra*, n. 537).

contre le mari que du jour de son retour, lorsqu'il n'était pas présent sur les lieux au moment de la naissance de l'enfant, il ne faut certainement pas conclure qu'il ne peut pas agir avant son retour, s'il est instruit de l'accouchement de sa femme. Il y a de sérieuses raisons pour permettre aux héritiers de prendre l'offensive. On ne peut les obliger à demeurer indéfiniment sous la menace d'une demande en délaissement de la part de l'enfant, lequel attend peut-être, pour manifester ses prétentions, que les preuves dont pourraient se servir les héritiers du mari aient disparu. Ce serait faire la part trop belle à l'enfant. Remarquons en effet que celui-ci a un titre qu'il lui suffira d'invoquer pour prouver sa filiation et que la justification de la non-paternité du mari incombera à ses adversaires (¹). Nous répondrons que, sans doute, l'enfant qui a un titre est sujet à désaveu. Mais encore faut-il qu'il se trouve quelqu'un ayant le droit de le désavouer et y ayant intérêt. Or les héritiers ont-ils un intérêt actuel à désavouer l'enfant? La négative n'est pas douteuse. Donc ils ne peuvent pas agir, tandis qu'au contraire l'action peut être exercée immédiatement par le mari, qui y a un intérêt moral né et actuel.

562. En ce qui concerne le délai fixé pour l'exercice de l'action, il existe un certain nombre de règles communes au mari et à ses héritiers.

1° Le délai de un ou deux *mois* se compte de quantième à quantième (²).

2° Il est calculé *de die ad diem;* le premier jour ne comptant pas, car il peut n'être pas utile pour agir. Le désaveu peut être formulé jusqu'à la fin du dernier jour.

3° L'expiration du délai constitue une fin de non-recevoir absolue et d'ordre public, qui peut être invoquée même en cause d'appel.

(¹) Richefort, I, n. 58; Zachariæ et Massé et Vergé sur Zachariæ, I, § 161, texte et note 51; Demante, II, n. 43 *bis*, XIII; Demolombe, V, n. 146 *bis*, III et 160; Aubry et Rau, VI, § 545 *bis*, p. 59; Dalloz, *J. G., Suppl.*, v° *cit.*, n. 61; Labbé, note dans S., 88. 1. 97. — Cass , 25 août 1806, *J. G.*, v° *cit.*, n. 151, S., 6. 2. 953.

(²) Demolombe, V, n. 152; Aubry et Rau, VI, § 545 *bis*, p. 58; Laurent, III, n. 449.

4° Le délai fixé par les art. 316 et 317 est généralement considéré, non comme un délai de prescription, mais comme un délai préfix, à l'expiration duquel il y a déchéance du droit d'agir. Il ne comporte, par conséquent, ni causes d'interruption (la loi offre seulement, dans l'art. 318, un moyen d'allonger le délai), ni causes de suspension. Ce délai courrait donc contre le mari et les héritiers mineurs ou interdits (¹).

5° Le délai n'est pas susceptible d'être augmenté à raison des distances (²). Il a été jugé cependant que cette règle doit être écartée en cas d'impossibilité, résultant d'une force majeure, de réunir le conseil de famille chargé de procéder à la nomination du tuteur *ad hoc* (³). Ce tempérament nous paraît équitable et conforme à l'esprit de la loi, qui, évidemment, n'a pas voulu que le droit de désavouer qu'elle reconnaît au mari fût à la merci d'événements de ce genre. Dans une pareille hypothèse, le délai du désaveu devra être augmenté de tout le temps qui s'est écoulé entre la réquisition que le mari a adressée au juge de paix et la réunion du conseil de famille. Mais il ne faudrait pas généraliser et décider que, dans tous les cas, le délai devra être augmenté du temps qui s'écoule entre la réquisition et la réunion du conseil de famille. Il y aurait là une exagération évidente ; car le législateur n'ignorait pas qu'un certain temps était nécessaire pour la réunion du conseil de famille et il en a tenu compte pour fixer le délai du désaveu.

6° L'art. 318 fournit, soit au mari, soit à ses héritiers, un moyen d'allonger d'un mois le délai de l'action en désaveu : « *Tout acte extrajudiciaire contenant le désaveu de la part du mari ou de ses héritiers sera comme non avenu, s'il n'est suivi, dans le délai d'un mois, d'une action en justice, dirigée contre un tuteur* ad hoc *donné à l'enfant, et en présence de sa mère* ». L'acte dont il s'agit est purement facultatif ; le mari

(¹) Chambéry, 28 janv. 1862, S., 62. 2. 481. — Duranton, III, n. 89 ; Demolombe, V, n. 159 ; Aubry et Rau, VI, § 545 *bis*, texte et note 28. — Rapprocher de la solution donnée au texte celle qui est indiquée *supra*, n. 557, pour le cas où le mari est en état de démence *au moment de la naissance*.
(²) Cpr. Caen, 2 avril 1890, D., 93. 2. 64, S., 92. 2. 295.
(³) Alger, 26 avril 1893, D., 94. 2. 147, et la note.

ou ses héritiers peuvent directement intenter l'action en désaveu. Quelle en est donc l'utilité? C'est de prolonger d'un mois le délai imparti pour l'exercice de l'action. En désavouant l'enfant par acte extrajudiciaire pendant le délai accordé pour exercer l'action, fût-ce le dernier jour, le mari ou ses héritiers peuvent utilement intenter l'action en désaveu dans le délai d'un mois à dater de l'acte. — Si l'action n'est pas introduite dans le mois à partir de la date de l'acte, mais que les délais des art. 316 et 317 ne soient pas encore expirés, le désaveu est encore possible. L'acte est *comme non avenu,* dit la loi. Tout doit donc se passer comme s'il n'était pas intervenu. Le désavouant pourra faire un nouvel acte qui aura pour effet d'allonger le délai [1].

La loi ne prescrivant aucune forme spéciale, le désaveu extrajudiciaire pourra être fait par un acte sous seing privé. Mais il faudra que cet acte acquière date certaine avant l'expiration du délai. La loi n'exige pas d'ailleurs qu'il soit signifié au défendeur [2].

563. Etant donné le délai très bref assigné par la loi pour désavouer l'enfant, il est essentiel de déterminer de quelle manière le désaveu doit être formulé, pour que la déchéance du droit d'agir ne soit pas encourue. Ou l'acte intervenu dans le délai légal constitue le désaveu, tel que le veut la loi, et la déchéance n'est plus à redouter; ou, au contraire, il ne satisfait pas au vœu du législateur; il vaudra alors comme acte extrajudiciaire de désaveu et n'aura d'autre effet que d'allonger le délai.

Les textes parlent simplement d'une action en justice; la loi est donc satisfaite, si le mari ou ses héritiers dirigent une action contre le défendeur désigné par elle. Mais il n'est pas absolument nécessaire d'exercer une action principale et introductive d'instance. Le désaveu peut se produire régulièrement sous forme de défense à une autre action. Il y aura

---

[1] Cass., 4 avril 1837, *J. G.,* v° *cit.,* n. 157, S., 37. 1. 439. — Demante, II, n. 44 *bis,* I; Demolombe, V, n. 158; Aubry et Rau, VI, § 545 *bis,* texte et note 34; Laurent, III, n. 451. — Cpr. C. civ. néerlandais, art. 311, al. 3 et 4.

[2] Duranton, III, n. 94 et 95; Zachariæ, I, § 161, note 53; Demolombe, V, n. 154; Laurent, *loc. cit.*

désaveu, si l'on élève devant la justice une contradiction formelle de l'état de l'enfant (¹). Les juges du fait apprécieront du reste souverainement si l'acte du mari ou de ses héritiers constitue un désaveu suffisant (²).

564. Devant quel tribunal l'affaire devra-t-elle être portée? Il a été jugé que le tribunal compétent est celui du domicile du tuteur *ad hoc* (³). L'action, dit-on, est, aux termes de l'art. 318, dirigée contre le tuteur *ad hoc;* c'est donc lui qui est le véritable défendeur. On argue en outre de la nécessité de donner à l'enfant, au point de vue du désaveu, un domicile séparé de celui du mari.

Cette opinion est, avec raison, généralement repoussée. L'action en désaveu fait partie de la classe des actions personnelles. Or, d'après l'art. 59 C. pr., les actions personnelles sont portées devant le tribunal du domicile du défendeur. Le tuteur *ad hoc* n'est que le représentant de l'enfant; le défendeur à l'action en désaveu est l'enfant et non pas son tuteur. C'est donc le tribunal du domicile de l'enfant désavoué qui est compétent. Si l'enfant est majeur, il a un domicile personnel. S'il est mineur, il n'est pas domicilié de droit chez son tuteur *ad hoc ;* l'art. 108 ne vise que le tuteur ordinaire. Tant que vit le mari de sa mère, il a chez celui-ci son domicile légal, alors même que les époux seraient séparés de corps. Car la présomption de paternité du mari subsiste tant que l'enfant n'a pas été déclaré illégitime par la justice. Après la mort du mari, l'enfant est domicilié chez son tuteur ordinaire (⁴).

565. L'action en désaveu ne donne pas lieu au préliminaire de conciliation. Si, par erreur, une citation en conciliation a

(¹) Zachariæ, I, § 161, note 54; Laurent, III, n. 456. — Cpr. Cass., 19 nov. 1822, *J. G.*, vᵒ *cit.*, n. 153. — Lyon, 23 déc. 1835, *J. G*, vᵒ *cit.*, n. 174. — Grenoble, 5 fév. 1836, *J. G.*, vᵒ *cit.*), n. 145 (3ᵉ esp.), S., 36. 2. 299. — Montpellier, 20 mars 1838, *J. G.*, vᵒ *cit.*, n. 66, S., 39. 2. 279.

(²) Cass., 9 mai 1838, *J. G.*, vᵒ *cit.*, n. 175, S., 38. 1. 854.

(³) Caen, 18 mars 1857, D , 57. 2. 94 et la note, S., 57. 2. 529 et la note. — Dans le même sens, Aubry et Rau, VI, § 545 *bis*, p. 60.

(⁴) Demolombe, V, n. 172 *bis;* Laurent, III, n. 443; Huc, III, n. 30. — Cass. Belg., 1ᵉʳ fév. 1883, *J. G.*, *Suppl.*, vᵒ *Paternité*, n. 95, S , 83. 4 38. — Paris, 18 juin 1884, *J. G.*. vᵒ et *loc. cit.*, S., 84. 2. 160. (Dans l'espèce de cet arrêt, les époux étaient séparés de corps.)

été signifiée, cet acte n'est susceptible de produire aucun effet. Par conséquent, alors même que, conformément à l'art. 57 C. pr., l'essai de conciliation aurait été suivi dans le mois d'un exploit d'ajournement, le désaveu ne sera pas recevable, si à ce moment le délai des art. 316 et 317 est expiré. La citation en conciliation ne vaudra même pas comme acte extrajudiciaire, produisant l'effet déterminé par l'art. 318, car elle est considérée comme non avenue (¹). (*Non obstant* art. 57 C. pr. et 2245 C. civ.). Cette solution doit être maintenue même au cas où l'action en désaveu est exercée par les héritiers du mari. On a dit (²), il est vrai, qu'elle a, entre leurs mains, un caractère pécuniaire et que, dès lors, la citation en conciliation doit produire les effets que lui attribue l'art. 57 du code de procédure civile. Mais, bien qu'ayant un caractère pécuniaire, en ce sens qu'elle est accordée aux héritiers sur le fondement de leur intérêt pécuniaire, l'action en désaveu n'en a pas moins pour objet l'état de l'enfant et, par conséquent, elle n'est pas soumise à la formalité du préliminaire de conciliation.

566. Lorsque l'action en désaveu est intentée par les héritiers du mari, l'enfant pourra réclamer la possession intérimaire des biens de celui-ci. Car, jusqu'à ce que le désaveu soit admis par la justice, cet enfant est réputé issu des œuvres du mari. Si c'est le mari lui-même qui désavoue l'enfant mis au monde par sa femme, le tuteur *ad hoc* aura le droit, pour le même motif, de demander au désavouant une provision *ad litem* (³).

N° 5. Effets du jugement rendu sur l'action en désaveu.

567. Ces effets sont les mêmes, que la question ait été jugée sur une action principale ou incidemment à une autre

(¹) Delvincourt, I, p. 89, note 11 ; Massé et Vergé sur Zachariæ, I, § 161, note 58 ; Demante, II, n. 44 *bis*, II ; Duranton, III, n. 93 ; Demolombe, V, n. 157. — Cpr. Richefort, I, n. 68 et 70 ; Merlin, *Quest. de dr.*, vᵒ *Légitimité*, § 2 ; Aubry et Rau, VI, § 545 *bis*, texte et note 35.

(²) Troplong, *De la prescription*, II, n. 592.

(³) Zachariæ, I, § 161, p. 305. — Trib. Seine, 18 janv. 1854, D., 54. 3. 32, S., 54. 2. 367. — Paris, 21 mars 1854, D., 55. 2. 133, S., 54. 2. 367.

question. Dans tous les cas, le jugement fixera définitivement l'état de l'enfant (¹).

568. Si le désaveu est rejeté, l'enfant restera en possession de la légitimité. Si le demandeur en désaveu triomphe, l'enfant est exclu de la famille légitime de sa mère et du mari de celle-ci. En effet sa filiation se trouve établie à l'égard de sa mère, et il est démontré qu'il n'est pas l'enfant du mari; donc sa filiation maternelle est une filiation adultérine. Cependant lorsque l'enfant a été désavoué pour cause de naissance précoce (art. 314·, il est seulement regardé comme enfant naturel simple.

L'état de l'enfant sera ainsi réglé dans les relations des parties, cela est évident. Mais le jugement fera-t-il autorité à l'égard des tiers, c'est-à-dire des personnes qui n'ont pas été parties au procès et qui n'y ont pas été représentées? Ces personnes pourront-elles se prévaloir du jugement et aura-t-on le droit de le leur opposer? L'application des principes généraux que nous avons exposés, en traitant de l'autorité de la chose jugée sur les questions d'état, nous conduit aux solutions suivantes :

I. Le jugement a été rendu entre tous ceux qui pouvaient prendre part aux débats, tant comme demandeurs que comme défendeurs. La décision judiciaire intervenue a autorité, quelle qu'elle soit, *erga omnes*. Lorsque l'action a été intentée par le mari ou tous ses héritiers contre l'enfant ou tous ses héritiers, l'état de l'enfant est établi à l'égard de tous d'une manière définitive. Cette solution est unanimement admise, mais on la justifie par des arguments de valeur différente.

On a voulu faire appel en cette matière à la théorie traditionnelle du légitime contradicteur (²). Mais nous avons montré que cette doctrine a été répudiée par les rédacteurs du code civil.

(¹) Cass., 31 déc. 1834, *J. G.*, vº *cit.*, n. 145, S., 35. 1. 545. — Sur l'autorité du jugement rendu en cette matière, v. les dispositions générales des codes civ. espagnol, art. 1252, al. 2, néerlandais, art. 1957, portugais, art. 2503.

(²) Duranton, III, n. 99 et 160; Proudhon, II, p. 109 et 110. — Cpr. Cass., 31 déc. 1834, *J. G.*, vº *cit.*, n. 145, S., 35. 1. 545, et Grenoble, 5 fév. 1836, *J. G.*, vº *cit.*, n. 145, S., 36. 2. 299.

On dit généralement que, si le jugement est investi d'une autorité absolue, c'est parce que le droit d'agir a été concentré entre les mains de certaines personnes seulement ([1]). Cette argumentation nous paraît impuissante à justifier notre solution. Nous avons déjà fait remarquer que, si elle était exacte, il faudrait décider de même que le jugement qui annule un contrat pécuniaire est opposable aux tiers, lorsque la cause qui a entraîné l'annulation de cet acte était de nature à ne pouvoir être invoquée que par certains intéressés. Or une pareille proposition est évidemment inadmissible.

Il faut donc chercher une autre justification. Pour nous, la sentence rendue sur l'état de l'enfant fait foi *erga omnes,* parce que les débats ont eu lieu entre toutes les personnes que la loi a désignées pour y jouer le rôle de demandeurs et celui de défendeurs. Si le désavouant a échoué dans sa demande, il ne peut recommencer le procès, ni contre l'enfant ou ses représentants, qui lui opposeraient victorieusement l'exception *rei judicatæ,* ni contre d'autres personnes, car ces dernières ne peuvent pas défendre à l'action en désaveu. Dans la même hypothèse, il est clair que l'action ne peut être intentée contre l'enfant ou ses héritiers par d'autres que ceux qui ont déjà agi contre lui, car le droit de désavouer est réservé par la loi au mari et à ses héritiers et ceux-ci, par hypothèse, ont épuisé leur droit. Pour les mêmes motifs, si l'enfant a été déclaré illégitime, il ne peut demander à renouveler les débats avec d'autres intéressés. Il faut donc, pour que le désaveu puisse produire ses effets, permettre aux tiers de se prévaloir du jugement et décider que celui-ci fera autorité contre eux. Autrement, en supposant que le désaveu ait été admis, l'enfant resterait à leur égard dans la famille légitime, ce qui serait évidemment contraire au but visé par le législateur.

Peu importe du reste que le jugement ait été rendu par défaut ou contradictoirement. Dans tous les cas, la sentence sera revêtue de la même autorité.

([1]) Merlin, *Rép*, vº *Quest. d'État,* § 3, art. 1, n. 5; Valette sur Proudhon, II, p. 66, note *a*, II, III et IV; p. 112, II; Allemand, II, n. 766; Aubry et Rau, VI, § 545 *bis,* texte et note 44; Demolombe, V, n. 173 (V. cep. n. 174 et 175); Laurent, III, n. 458; Huc, III, n. 32.

II. Le jugement n'a pas été rendu entre tous ceux qui ont qualité pour soutenir le procès, soit en demandant, soit en défendant. Par exemple, la demande n'a été formée que par quelques-uns seulement des héritiers du mari ou contre quelques-uns seulement des héritiers de l'enfant. Dans ce cas, le jugement n'aura pas d'autorité à l'égard des autres (¹). Ceux-ci en effet tiennent de la loi des droits qui ne peuvent être lésés par un jugement auquel ils sont demeurés étrangers. Ils n'auront pas besoin d'attaquer cette sentence par la voie de la tierce-opposition. Il leur suffira d'opposer l'exception *rei judicatæ inter alios*. Quant à ceux auxquels la loi ne permettait pas de prendre part aux débats, il faut décider de même qu'ils ne peuvent ni invoquer, ni se voir opposer la décision judiciaire qui a admis le désaveu. L'enfant est né, en effet, sous le couvert de la présomption *pater is est quem nuptiæ demonstrant*. Cette présomption n'est pas détruite, puisque le procès peut être renouvelé (²).

De ce que nous venons de dire, il résulte que, si des jugements en sens divers ont été rendus sur l'état de l'enfant, à la suite d'actions en désaveu intentées successivement, cet état sera fixé de la manière suivante. L'enfant sera réputé enfant adultérin ou naturel simple de sa mère, suivant les cas, à l'égard de ceux de ses adversaires qui ont triomphé dans leur demande. Il conservera la qualité d'enfant légitime de la femme et du mari, dans ses relations avec ceux dont le désaveu a été rejeté. C'est cette même qualité qu'il aura également à l'égard des autres intéressés. N'ayant pas été complètement exclu de la famille légitime, il est censé y être demeuré dans ses rapports avec ceux-ci. Il pourra donc se prévaloir contre eux des droits attachés à l'état d'enfant légitime.

Une pareille situation présente des inconvénients qu'il est superflu de faire ressortir. Aussi le tribunal devra-t-il appe-

---

(¹) Valette sur Proudhon, II, p. 60, note; Demante, II, n. 43 *bis*, IX; Aubry et Rau, VI, § 545 *bis*, text; et note 43; Demolombe, V, n. 177; Laurent, III, n. 458; Huc, III, n. 32.

(²) Valette sur Proudhon, *loc. cit.*; Demante, *loc. cit*; Demolombe, V, n. 178: Laurent, III, n 458. — Cpr. Aubry et Rau, VI, § 545 *bis*, texte et notes 45 et 46.

ler en cause, autant que possible, tous ceux qui, aux termes de la loi, ont qualité pour prendre part aux débats.

569. Il nous paraît certain, bien que le contraire ait été jugé ([1]), que le mari ne peut rendre à l'enfant le bénéfice de la légitimité, en renonçant au jugement qui a admis le désaveu. Cette sentence, produisant ses effets *erga omnes*, a créé pour les tiers des droits acquis, dont ils ne peuvent être désormais privés par la volonté du mari. D'ailleurs, elle a fixé définitivement l'état de l'enfant, et l'état est au-dessus des volontés particulières ([2]). Le mari ou ses héritiers peuvent seulement renoncer aux avantages pécuniaires que le jugement leur procure.

§ II. *De l'action en contestation de légitimité.*

570. L'action en désaveu, dont nous venons de nous occuper, ne s'applique qu'à un enfant qui peut invoquer la présomption *pater is est*, puisqu'elle a pour but de faire tomber l'autorité de cette présomption. L'action en contestation de légitimité, au contraire, est dirigée contre un enfant qui n'est pas né sous la protection de la règle *pater is est*. C'est celle par laquelle on soutient qu'un enfant n'est pas légitime, parce que sa naissance ou sa conception se place en dehors du mariage, ou parce que, en supposant qu'il s'agisse d'un enfant né dans les 179 jours de la célébration du mariage, la conception de cet enfant est entachée d'un vice qui l'empêche de bénéficier de la fiction établie par l'art. 314 (*supra*, n. 519). L'action en contestation de légitimité suppose d'ailleurs, comme l'action en désaveu, la filiation de l'enfant établie par rapport à sa mère.

571. A qui appartient-elle? La loi garde le silence sur ce point; c'est donc le droit commun qui doit être appliqué. Or il conduit à décider que l'action appartient à toute personne intéressée ([3]). L'intérêt qui sert de fondement à l'action peut

---

([1]) Lyon, 7 fév. 1839, *J. G.*, v° *cit.*, n. 201.

([2]) Demolombe, V, n. 181; Laurent, III, n. 459; Huc, III, n. 32.

([3]) Duranton, III, n. 75; Toullier, II, n. 833; Allemand, *Du mariage*, II, n. 752; Ducaurroy, Bonnier et Roustain, I, n. 440; Zachariæ, I, § 161, p. 298; Aubry et

être d'ailleurs soit un intérêt pécuniaire né et actuel, soit même un simple intérêt moral ([1]). Ainsi l'action pourrait être exercée :

1° Par le mari lui-même, au cas de divorce. Il peut, le cas échéant, contester la légitimité de l'enfant né de sa femme trois cents jours après le divorce légalement prononcé.

2° Par les héritiers du mari, au cas où l'enfant élèverait des prétentions à la succession du mari, ou par ceux de la mère, en vue de réduire l'enfant, dans la succession maternelle, aux droits d'un enfant naturel.

3° Par la mère elle-même, si elle a un intérêt pécuniaire né et actuel. C'est ce qui arriverait notamment dans l'espèce suivante : un mari meurt sans enfants, laissant un testament par lequel il institue sa femme légataire universelle ; plus de trois cents jours après son décès, sa veuve devient mère ; un jour l'enfant se prétend légitime et réclame à ce titre ses droits dans la succession paternelle. La mère pourra repousser cette demande en opposant l'illégitimité du réclamant.

4° Par les parents, soit du mari, soit de la mère, agissant, non comme héritiers de ceux-ci, mais en vertu de leurs droits propres de membres d'une famille déterminée ; comme s'il s'agit d'écarter l'enfant de la succession d'un parent du mari ou de la mère. Les parents du mari seraient même recevables à contester la légitimité de l'enfant né 300 jours après le décès du mari, dans l'unique vue d'empêcher cet enfant de prendre le nom de leur famille. Leur action serait alors fondée sur un intérêt exclusivement moral.

5° Enfin l'enfant lui-même aurait le droit d'opposer son illégitimité, par exemple pour faire déclarer non recevable une demande d'aliments formée contre lui par les ascendants de sa mère. Il le pourrait même en dehors de tout intérêt pécuniaire. Il peut arriver, dit très justement Duranton (III, n. 79), que la condition d'enfant naturel simple soit préféra-

Rau, VI, § 545 *bis*, texte et note 47 ; Laurent, III, n. 400 ; Huc, III, n. 18. — Cpr. code civ. italien, art. 169.

([1]) Il en est de l'action en contestation de légitimité comme de l'action en contestation d'état (*infra*, n. 608).

ble à la qualité d'enfant légitime de tel homme, même décédé.

572. L'action en contestation de légitimité est-elle susceptible de s'éteindre par la prescription? La loi est muette sur ce point. C'est donc aux principes généraux que nous devons nous référer. Or, en matière d'état des personnes, il importe de **distinguer deux** choses : d'une part, l'état envisagé en lui-même et indépendamment de ses conséquences, et, d'autre part, les droits pécuniaires qui y sont attachés *(supra,* n. 408). En tenant compte de cette distinction, nous sommes amenés aux conclusions suivantes :

1° Dans le cas où l'action en contestation de légitimité ne peut être intentée que sur le fondement d'un intérêt pécuniaire né et actuel, cette action doit **être envisagée** comme l'auxiliaire de cet intérêt pécuniaire et par suite **sa durée** se mesurera exactement sur celle de l'intérêt pécuniaire auquel elle se rattache. L'extinction de ce dernier, notamment par la prescription, entraînerait donc par voie de conséquence l'extinction de l'action en contestation de légitimité, qui devra désormais être déclarée irrecevable pour défaut d'intérêt [1].

2° Mais, en admettant que la prescription n'ait pas fait disparaître l'intérêt qui sert de base à l'action en contestation de légitimité, celle-ci sera-t-elle susceptible de se prescrire directement? Certains auteurs [2] décident que, dans certains cas tout au moins, notre action peut se prescrire par trente ans, conformément à l'art. 2262 C. civ. Cette opinion nous paraît inadmissible, et la question, dans les termes dans lesquels nous l'avons posée, doit, à notre avis, être résolue par la négative. La prescription ne peut être opposée aux adversaires de l'enfant, ni lorsqu'ils excipent de l'illégitimité de celui-ci sur une réclamation d'état formée par lui, ni lorsqu'ils exercent contre lui, en qualité de demandeurs, une action en contestation de légitimité. D'une part, en effet, l'action en réclamation d'état est imprescriptible à l'égard de

---

[1] Cpr. Aubry et Rau, VI, § 545 *bis*, texte et note 51.
[2] Aubry et Rau, VI, § 545 *bis*, texte et notes 49, 50 et 51.

l'enfant (art. 328). L'enfant pourrait donc, même après trente ans, exercer une action tendant à faire reconnaître sa filiation légitime, et alors bien évidemment ceux contre lesquels il intenterait l'action seraient reçus à contester sa légitimité ; car tant qu'une action peut être exercée, il faut que celui contre qui elle est dirigée puisse contredire la prétention du demandeur. D'autre part, alors même que l'enfant aurait joui, en fait, pendant trente ans, d'une légitimité usurpée par lui, il faudrait reconnaître aux parties intéressées le droit de contester sa légitimité par voie d'action. Décider le contraire serait admettre que l'enfant peut acquérir par la prescription un état qui ne lui appartient pas. Or l'état ne peut pas plus s'acquérir que se perdre par la prescription (¹).

573. De même que l'exercice de l'action appartient à tous les intéressés, de même l'enfant n'est pas le seul qui puisse y défendre. Tous ceux qui ont intérêt à ce que la légitimité de l'enfant soit reconnue peuvent jouer dans une instance de ce genre le rôle de défendeurs.

574. Les mots *réclamer, réclamation, contester la légitimité,* qu'on trouve dans les art. 316 et 317 pourraient faire croire au premier abord que ces textes sont applicables à l'action en contestation de légitimité ; mais l'art. 318 prouve d'une manière péremptoire qu'ils sont exclusivement écrits en vue de l'action en désaveu. Du reste, les autres règles exceptionnelles qui gouvernent cette dernière action ne sont pas applicables à l'action en contestation de légitimité. Nous venons de constater que, tandis que l'action en désaveu n'appartient qu'à certaines personnes limitativement désignées par la loi et ne peut être dirigée que contre certaines personnes, l'action en contestation de légitimité appartient à tout intéressé activement et passivement. Nos deux actions diffèrent encore aux points de vue suivants :

1° L'action en désaveu doit être intentée dans les délais très brefs déterminés par les art. 316 à 318; tandis que l'action en contestation de légitimité reste soumise au droit

---

(¹) Huc, III, n. 18. — Agen, 19 janv. 1864, D., 65. 2. 16. L'arrêt a été rendu sur une action en contestation de légitimité, bien qu'il la qualifie d'action en contestation d'état.

commun en ce qui concerne le délai dans lequel elle doit être intentée (¹).

2° Lorsque l'action en contestation de légitimité est exercée contre l'enfant, il n'est pas nécessaire, s'il est mineur, de lui faire donner un tuteur *ad hoc*.

3° Le jugement qui est rendu à la suite d'une action en désaveu jouit d'une autorité absolue. Rien au contraire ne nous permet de reconnaître une pareille autorité à la sentence qui intervient sur une action en contestation de légitimité (²).

4° Nous avons vu que les personnes auxquelles la loi donne la faculté de désavouer l'enfant peuvent renoncer à ce droit expressément ou même tacitement. Il n'en est pas de même en ce qui concerne l'action en contestation de légitimité. Les textes faisant défaut, il faut en revenir au principe général qui place l'état des personnes au-dessus des volontés particulières (³). D'ailleurs, les raisons pour lesquelles le législateur a dérogé à cette règle, en matière de désaveu, ne se retrouvent pas ici. Dans les différents cas où il y a lieu au désaveu, l'enfant est déjà entré dans la famille légitime par l'autorité de la loi; la renonciation au désaveu n'a pour but et pour résultat que de l'y maintenir, de ratifier par conséquent le bénéfice que le législateur lui a conféré. Au contraire, l'action en contestation de légitimité tend à interdire

---

(¹) Toullier, II, n. 833; Duvergier sur Toullier, I, n. 834, note 1; Duranton, III, n. 91; Ducaurroy, Bonnier et Roustain, I, n. 440; Demolombe, V, n. 88; Aubry et Rau, VI, § 545 *bis*, note 49; Laurent, III, n. 461; Huc, III, n. 18. — *Contra* : Allemand, *op. cit.*, n. 730 et 753. — Agen, 28 mai 1821, *J. G.*, v° *Paternité*, n. 153, S., 22. 2. 318. — Cass., 19 nov. 1822, *J. G., ibid.*

(²) Duranton, III, n. 101, 102, justifie cette solution en disant qu'en cette matière il n'existe pas de légitime contradicteur. On invoque généralement la règle de l'art. 1351. Demolombe, V, n. 184; Aubry et Rau, VI, § 545 *bis*, texte et note 52; Laurent, III, n. 463. — Angers, 11 avril 1821, *J. G.*, v° *cit*, n. 153, S., 22. 2. 177. — Cass., 28 juin 1824, *J. G.*, v° *Chose jugée*, n. 276.

(³) Toullier, II, n. 835; Laurent, III, n. 462. — Bourges, 15 mars 1800, *J. G.*, v° *cit.*, n. 461. — Orléans, 6 mars 1841, *J. G.*, v° *cit.*, n. 387. — *Contra* : Angers, 11 avril 1821, *J. G.*, v° *cit.*, n. 153, S., 22. 2. 177. — Montpellier, 4 fév. 1824. *J. G.*, v° *cit.*, n. 334. — Limoges, 5 janv. 1842, S., 42. 2. 484. — Cass., 28 nov. 1849, D., 50. 1. 113 et la note, S., 50. 1. 81 et la note. — Douai, 19 janv. 1858, D., 58. 2. 138. — Allemand, *op. cit.*, n. 752, 753; Aubry et Rau, VI, § 545, p. 39 et § 545 *bis*, p. 62. (Cpr. cependant § 545 *bis*, p. 63; Arntz, I, n. 529. — Cpr. Duranton, III, n. 75 et 102.

l'entrée de la famille à un enfant qui veut s'y introduire, car elle s'applique à un enfant qui ne peut pas invoquer la présomption *pater is est...* La renonciation à cette action aurait donc pour conséquence, si elle était possible, de modifier la composition de la famille légitime, de donner à l'enfant un père qui n'est pas le sien d'après la présomption légale. On ne peut donc renoncer au droit de contester la légitimité de l'enfant, mais, bien entendu, il est toujours permis de faire une convention ayant pour objet les droits pécuniaires attachés à l'état et, par suite, l'action en contestation de légitimité pourra être éteinte elle-même par voie de conséquence, si la convention ou renonciation dont il s'agit a fait disparaître l'intérêt pécuniaire auquel elle se rattache (¹).

SECTION II

DE L'ACTION EN RÉCLAMATION D'ÉTAT ET DE L'ACTION EN CONTESTATION D'ÉTAT

§ I. *De l'action en réclamation d'état.*

575. On donne le nom d'action en réclamation d'état à l'action par laquelle un enfant légitime, qui n'est pas en possession de son *état*, c'est-à-dire de sa qualité d'enfant légitime, réclame cet état. Cette action est soumise à des règles toutes spéciales aux points de vue de la compétence, des délais dans lesquels elle doit être intentée, et des personnes auxquelles elle appartient. Aussi est-il important de déterminer le *domaine* de notre action, c'est-à-dire de préciser les cas dans lesquels l'action exercée par l'enfant est une action en réclamation d'état.

Nº 1. Caractère et domaine de l'action en réclamation d'état.

576. Nous avons vu que l'enfant doit prouver, en cas de contestation, l'existence des éléments dont la réunion constitue son état d'enfant légitime. Il joue donc nécessairement

(¹) Cass., 13 avril 1820, *J. G.*, v° *cit*, n. 183, S., 21. 1. 8. — Orléans, 6 mars 1841, *supra*. — Cass., 29 mars 1852, S., 52. 1. 385, D., 54. 1. 392.

PERS., III.   31

le rôle de demandeur dans l'action en réclamation d'état.
L'enfant est demandeur, alors même qu'il ne ferait que
répondre à une action dirigée contre lui. Il est demandeur,
par cela seul qu'il réclame son état contre des adversaires
qui le lui contestent. *Reus in excipiendo fit actor* (¹).

577. Pour que la prétention de l'enfant présente les caractères d'une réclamation d'état, il faut qu'il ne soit pas en
possession de son état. On réclame ce qu'on ne possède pas,
mais non pas ce que l'on possède. Lorsque l'enfant possède
son état, il peut sans doute y avoir une contestation relative
à cet état, mais la prétention qu'il peut élever n'est pas une
réclamation d'état et il n'y a pas lieu d'appliquer les règles
qui gouvernent celle-ci. Or l'enfant peut posséder son état
en *droit* ou en *fait*.

I. L'enfant possède son état en *droit,* s'il a un acte de
naissance régulier inscrit sur les registres de l'état civil, qui
constate sa filiation maternelle. Dans ce cas, la seule question
qui puisse se poser est relative à son identité ; les adversaires
de l'enfant peuvent nier que le titre invoqué par lui lui appartienne ; l'enfant devra alors prouver que ce titre est le sien.
Il fera d'ailleurs cette preuve par tout mode quelconque et sa
prétention ne constituera pas une action en réclamation d'état.
L'action exercée par lui tendra bien à réclamer les avantages
attachés à la qualité d'enfant légitime, mais on ne peut pas
dire qu'il *réclame son état,* puisque cet état est prouvé par
un titre.

Cette manière de voir est cependant contestée. On a dit
qu'il fallait voir une réclamation d'état dans la demande de
l'enfant (²). Mais, en dehors de toute autre considération, les
conséquences d'une pareille doctrine suffiraient à en démontrer l'inexactitude. L'action en réclamation d'état, nous le
verrons, ne peut être exercée par les héritiers de l'enfant,
lorsque celui-ci est mort après l'âge de vingt-six ans sans
l'avoir intentée. Si l'opinion que nous combattons devait être
admise, il faudrait décider que les héritiers de l'enfant, mort

---

(¹) Laurent, III, n. 478.
(²) Aubry et Rau, VI, § 543, texte et note 10. — Cpr. *supra*, n. 458.

sans avoir agi après l'âge de vingt-six ans, ne pourraient même pas prouver par le titre la filiation de celui-ci, pour peu que l'identité fût contestée. Il suffirait donc à leurs adversaires de nier l'identité pour réduire à néant l'acte de naissance. A quoi servirait celui-ci (¹) ?

Si l'enfant a un titre, mais que celui-ci contienne des irrégularités, l'action par laquelle cet enfant en demande la rectification est elle une réclamation d'état ? Il faut distinguer. Il y a une réclamation d'état de la part de l'enfant si les irrégularités sont telles qu'elles rendent la maternité incertaine. Il en est autrement dans le cas contraire. Le titre, tout irrégulier qu'il soit, n'en prouve pas moins la filiation de l'enfant. L'enfant possède en droit son état. Il ne peut être pour lui question de le réclamer (²).

II. Il n'y a pas lieu non plus à la réclamation d'état, si l'enfant possède en *fait* son état, c'est-à-dire si, à défaut de titre, il a la possession d'état. L'enfant *possède* l'état qu'on lui conteste ; il n'a donc pas à le *réclamer* (³).

Nous supposons, bien entendu, que cette possession d'état n'est pas contredite par un titre, car autrement elle serait inopérante et l'enfant serait réduit à faire la preuve par témoins de sa filiation maternelle ; il devrait intenter une action en réclamation d'état (⁴).

La prétention de l'enfant ne constitue pas davantage une réclamation d'état, lorsqu'il s'agit seulement pour lui de démontrer sa légitimité, à savoir le mariage de sa mère et sa conception ou sa naissance en mariage.

578. L'action en réclamation d'état a, en résumé, pour but de prouver la filiation maternelle, les autres éléments de l'état d'enfant légitime étant supposés constants. Son domaine

---

(¹) Cpr. Duranton, III, n. 152; Allemand, II, n. 820; Demolombe, V, n. 237; Laurent, III, n. 481.

(²) Allemand, *loc. cit.;* Toullier, II, n. 912; Aubry et Rau, VI, § 543, note 9; Demolombe, V, n. 236 et 238; Laurent, III, n. 480. — Paris, 10 déc. 1852, D., 54. 1. 185. — Cass., 23 juin 1869, D., 71. 1. 327, S., 69. 1. 445. — Cpr. Cass., 9 janv. 1854, D., 54. 1. 185, S., 54. 1. 689. — Cass., 30 déc. 1868, S., 69. 1. 249.

(³) Laurent, III, n. 479. — Pau, 9 mai 1829, *J. G.*, vᵒ *cit.*, n. 252, S., 30. 1. 217.

(⁴) Laurent, III, n. 478. — Cass., 10 messidor an XII, *J. G.*, vᵒ *cit.*, n. 365, S., 4. 1. 366.

comprend tous les cas dans lesquels l'enfant doit recourir à la preuve testimoniale pour établir sa filiation maternelle. La prétention de l'enfant présente donc les caractères d'une réclamation d'état, dans les hypothèses suivantes :

1° Quand l'enfant n'a ni titre, ni possession d'état ;

2° Quand son titre le désigne comme né de père et mère inconnus, peu importe qu'il ait ou non la possession de l'état qu'il réclame ;

3° Quand son titre lui attribue un état autre que celui qu'il réclame et que d'ailleurs il n'a pas une possession conforme à ce titre ;

4° Lorsque, n'ayant pas de titre, il possède un état autre que celui qu'il prétend avoir ([1]).

Mais, s'il a tout à la fois la possession de droit et la possession de fait, son état est irrévocablement fixé ; il n'y a lieu ni à la contestation de cet état de la part de ses adversaires, ni à la réclamation d'un autre état de sa part (art. 322).

N° 2. Par qui et contre qui l'action en réclamation d'état peut-elle être intentée ?

579. En ce qui concerne les personnes qui peuvent jouer au procès le rôle de défendeurs, nous ne trouvons dans la loi aucune indication. C'est donc le droit commun qui doit recevoir son application. L'action peut être dirigée contre tous ceux qui ont intérêt à contester les droits de l'enfant ([2]).

580. Il semble au contraire, si nous nous plaçons au point de vue actif, que le législateur ait réservé à certains intéressés seulement le droit d'exercer l'action en réclamation d'état.

581. L'action appartient d'abord à l'enfant ([3]).

([1]) Laurent, III, n. 464.

([2]) Proudhon, II, p. 108, 109 ; Zachariæ, I, § 160, note 7.

([3]) Il n'est pas douteux, bien que la loi soit restée muette sur ce point, que l'homme ou la femme qui se prétend le père ou la mère légitime d'un enfant peut intenter, soit contre celui-ci, soit contre toute autre personne intéressée à contester la prétention du demandeur, une action tendant à établir sa paternité ou sa maternité. Il y a là une sorte d'action en réclamation d'état de filiation (*lato sensu*). La cour de Bordeaux (arrêt du 26 juin 1860, D., 62. 1. 115, S., 61. 1. 929), et, sur pourvoi, la cour de cassation (arrêt du 22 août 1861, D., 62. 1. 115, S., 61. 1. 929), ont décidé que la preuve de la paternité réclamée doit se faire sous les conditions prescrites par l'art. 323 C. civ. — Cpr. Paris, 12 juil. 1856, D., 57. 2. 4, et Cass.,

Dans les mains de l'enfant, quels que soient les intérêts qui le déterminent à agir, l'action en réclamation d'état a un caractère essentiellement moral. Elle a en effet pour objet direct la qualité d'enfant légitime. Le demandeur a le droit de revendiquer sa place dans la famille légitime, alors même qu'il n'aurait pas l'intention de se prévaloir des avantages pécuniaires qui y sont attachés. De ce principe et de la règle que l'état des personnes, étant d'ordre public, est au-dessus des conventions privées, résultent les conséquences suivantes.

1° L'enfant ne peut valablement ni compromettre, ni transiger sur sa réclamation (¹).

2° Il ne peut renoncer à son état. Il sera donc admis à le réclamer, alors même qu'il se serait reconnu enfant naturel (²).

3° S'il a acquiescé au jugement rendu contre lui, cet acquiescement est frappé de nullité, et ne peut avoir pour effet de le priver des voies de recours que la loi met à sa disposition. Il est vrai qu'il peut acquiescer tacitement à la sentence, en laissant s'écouler les délais légaux. Mais alors le jugement tire sa force, non pas directement de la volonté de l'enfant, mais bien de l'expiration des délais (³).

Ce que nous disons de l'état lui-même ne s'applique pas aux conséquences pécuniaires qu'il produit. Ces dernières sont dans le commerce et l'enfant a le droit d'en disposer (⁴).

Les créanciers de l'enfant peuvent-ils intenter l'action en

27 janv. 1857, D., 57. 1. 196. — Cette solution paraît logique, car, en définitive, l'action intentée par le prétendu père ou la prétendue mère aboutira à la preuve de la filiation de l'enfant. Y aurait-il lieu cependant d'appliquer à cette action les règles qui gouvernent l'action en réclamation d'état exercée par l'enfant ou par ses héritiers? La question nous paraît très douteuse. Les règles posées par la loi, en ce qui concerne l'exercice de l'action en réclamation d'état, ont été édictées dans le but de protéger les familles légitimes contre les réclamations d'individus sans scrupules. Ces motifs ne peuvent guère s'appliquer dans l'hypothèse que nous avons supposée. Dès lors, les art. 329 et 330 devraient peut-être être écartés. — Cpr. Vigié, I, n. 541.

(¹) Proudhon, II, p. 116; Duranton, III, n. 144; Massé et Vergé sur Zachariæ, I, § 161, note 8; Demante, II, n. 54 bis, II; Planiol, I, n. 2135.

(²) Valette sur Proudhon, II, p. 117, note a; Massé et Vergé, loc. cit.; Demante, loc. cit.; Arntz, I, n. 564. — Montpellier, 20 mars 1838, J. G., vº cit., n. 66, S., 39. 2. 279. — Cpr. Richefort, I, n. 161.

(³) Duranton. loc. cit.

(⁴) Allemand, II, n. 819; Demolombe, V, n. 279-281; Aubry et Rau, VI, § 544 bis, p. 21; Laurent, III, n. 464; Arntz, loc. cit.; Planiol, loc. cit.

réclamation d'état du chef de celui-ci ? La question ne peut évidemment se poser que s'il s'agit pour eux de faire bénéficier le patrimoine de leur débiteur d'avantages pécuniaires immédiats. Car l'état en lui-même n'est pas susceptible d'être estimé en argent et n'est point par suite compris dans leur gage général (art. 2092). Lorsque les créanciers ont un intérêt pécuniaire à faire constater l'état de l'enfant, la loi leur donne-t-elle le droit d'agir ? L'affirmative est généralement admise. L'art. 1166, dit-on, réserve bien au seul débiteur les droits et actions exclusivement attachés à la personne. Mais, par droits exclusivement attachés à la personne il faut entendre ceux qui sont héréditairement intransmissibles. Or l'action en réclamation d'état n'est pas comprise dans cette catégorie, puisqu'elle passe aux héritiers de l'enfant (¹). Alors même que l'on devrait se rattacher à un autre critérium pour déterminer les droits qui sont exclusivement attachés à la personne, on devrait, ajoutent certains auteurs, admettre la même solution. Car, si les créanciers demandent à prouver l'état de leur débiteur, c'est uniquement dans le but de faire bénéficier d'un avantage pécuniaire le patrimoine de celui-ci, qui est leur gage commun ; de telle sorte que l'on peut dire que leur action n'est pas en réalité une réclamation d'état. L'état de l'enfant n'est pas l'objet de cette action ; la preuve de la filiation en est seulement le moyen (²).

Nous pensons au contraire que le droit d'agir doit être refusé aux créanciers de l'enfant. Bien que ceux-ci n'exercent l'action qu'en vue d'un intérêt pécuniaire, la preuve de l'état de l'enfant n'en est pas moins l'objet de leur action. C'est l'état de l'enfant qu'ils réclament. Leur action est bien une action en réclamation d'état, de même que l'action que les héritiers de l'enfant sont, sous certaines conditions, autorisés à intenter après le décès de celui-ci. Or la réclamation d'état nous paraît être un de ces droits qui sont exclusivement attachés à la personne. Cette action, dans les mains de l'enfant,

(¹) Richefort, I, n. 173 ; Merlin, *Quest. de droit*, v° *Hypothèque*, § 4, n. 4 ; Toullier, VI, n. 372 ; Valette sur Proudhon, II, p. 122, note *a*.
(²) Aubry et Rau, VI, § 544 *bis*, p. 20 ; Laurent, III, n. 470 ; Arntz, I, n. 567. — Cpr. Amiens, 10 avril 1839, *J. G.*, v° *Etat des pers.*, n. 8.

comme l'action en désaveu, dans celles du mari, a pour base un intérêt moral bien plus qu'un intérêt pécuniaire. A ce titre, comme on le montrera sous l'art. 1166, elle échappe aux créanciers de l'enfant, qui n'ont pu la considérer comme comprise dans leur gage général. Il est vrai qu'après la mort de l'enfant, elle se transmet aux héritiers de celui-ci. Mais alors elle change de caractère. Tout en ayant le même objet, c'est-à-dire l'état de l'enfant, elle a désormais pour unique fondement l'intérêt pécuniaire des héritiers. Et il en résulte cette conséquence : les créanciers des héritiers peuvent se prévaloir de l'art. 1166 pour l'exercer aux lieu et place de leurs débiteurs (¹).

Ainsi, tant que vit l'enfant, l'action en réclamation d'état n'appartient qu'à lui seul. Il l'exercera par lui-même ou par l'intermédiaire de son représentant légal. Il n'est pas du reste nécessaire, s'il est mineur, de lui faire nommer un tuteur *ad hoc*. L'art. 318 est spécial au désaveu (²).

582. Après la mort de l'enfant, l'action en réclamation d'état passe à ses *héritiers*, dont les droits sont réglés par les art. 329 et 330. Sous la dénomination d'héritiers, il faut comprendre ici tous les successeurs universels du réclamant, non seulement, par suite, ses héritiers légitimes ou naturels, mais aussi ses successeurs irréguliers et ses donataires ou légataires universels ou à titre universel (³). L'action n'appartient pas :

1° aux héritiers qui ont renoncé à la succession ou qui en ont été écartés comme indignes (⁴);

2° aux successeurs à titre particulier. Ainsi les légataires à titre particulier ne peuvent *en cette qualité de légataires* exercer l'action en réclamation d'état du chef du *de cujus* (⁵).

_____

(¹) Duranton, III, n. 160; Massé et Vergé sur Zachariæ, I, § 161, note 8; Demolombe, V, n. 282 s.; Demante, II, n. 55 *bis*, VII; Vigié, I, n. 543.

(²) Rouen (motifs), 14 mars 1877, D., 77. 2. 193, S., 80. 1. 241.

(³) Toullier, II, n. 914; Marcadé, sur l'art. 330, n. 2; Proudhon, II, p. 119-121; Duranton, III, n. 158-159; Massé et Vergé sur Zachariæ, I, § 160, note 9; Demolombe, V, n. 297; Demante, II, n. 55 *bis*, IV et VI; Aubry et Rau, VI, § 544 *bis*, texte et note 3; Laurent, III, n. 468. — Cpr. codes civ. portugais, art. 112; espagnol, art. 118; néerlandais, art. 325; italien, art. 178.

(⁴) Marcadé, *loc. cit.*; Demolombe, V, n. 296.

(⁵) Marcadé, *loc. cit.*; Duranton, III, n. 160; Massé et Vergé sur Zachariæ, *loc. cit.* — *Contra* : Valette sur Proudhon, II, p. 122, note *a*. — Cpr. Demolombe, V, n. 302.

Mais ils peuvent agir en une autre qualité. Si la succession a été acceptée purement et simplement, ils sont devenus les créanciers personnels des héritiers et ils ont par suite le droit de se prévaloir de la faculté accordée par l'art. 1166 (¹).

3° aux créanciers de la succession, qui ne sont pas devenus les créanciers personnels des héritiers, ce qui arrive au cas de vacance ou d'acceptation bénéficiaire de la succession. Ils ne sont pas héritiers. S'ils ne pouvaient pas agir du vivant de leur débiteur, ils ne le peuvent pas non plus après la mort de celui-ci. La question cependant est très controversée (²).

583. Que faut-il décider en ce qui concerne les descendants de l'enfant qui ne sont pas ses héritiers ou qui ne se gèrent pas comme tels? (³).

Il est évident qu'il ne peut s'agir pour eux d'exercer l'ac-

(¹) Allemand, II, n. 825, 826; Laurent, III, n. 468.

(²) En ce sens Massé et Vergé sur Zachariæ, I, § 160, note 9. — *Contra* : Richefort, I, n. 173; Toullier, II, n. 914; Valette sur Proudhon, II, p. 122, note *a*; Demante, II, n. 55 *bis*, VII. — Cpr. Demolombe, V, n. 302.

(³) La question présente de l'intérêt à divers points de vue que la plupart des auteurs ne paraissent pas avoir nettement aperçus et qu'il importe de mettre immédiatement en lumière. Si l'on admet que la loi n'accorde l'action en réclamation d'état qu'à l'enfant et à ses héritiers, et que cette action n'appartient aux descendants de l'enfant qu'en tant qu'ils agissent comme héritiers de celui-ci, on est logiquement conduit aux conséquences suivantes : 1° Les descendants de l'enfant ne peuvent pas agir de leur propre chef pour réclamer leur propre état; ce qu'ils peuvent réclamer, c'est l'état de l'enfant lui-même; 2° Donc ils ne peuvent agir du vivant de celui-ci; 3° Après le décès de l'enfant, l'action ne leur appartient que s'ils ont accepté sa succession, au moins bénéficiairement; 4° Elle ne leur est transmise que sous les conditions établies par les art. 329 et 330; 5° Leur action a un caractère exclusivement pécuniaire, car ils ne l'exercent qu'en qualité d'héritiers, et les héritiers ne succèdent qu'aux droits pécuniaires de leur auteur; ils ne peuvent donc agir sur le fondement d'un simple intérêt moral (Cpr. Vigié, I, n. 546); 6° Il faut aller plus loin et dire qu'ils ne peuvent réclamer que des droits pécuniaires ayant appartenu à l'enfant, car l'héritier n'a pas plus de droits que son auteur. Cette conséquence logique du système est cependant repoussée par certains auteurs (V. Demante, II, n. 55 *bis*, V; Vigié, *loc. cit.*); 7° La chose jugée avec l'enfant a autorité à leur égard; 8° Les conventions et renonciations faites par l'enfant relativement à son état leur sont opposables, puisqu'ils ne peuvent exercer que les droits pécuniaires de leur auteur, droits qui ont pu faire l'objet de conventions valables; 9° Entre leurs mains, l'action en réclamation d'état est prescriptible; l'art. 328 ne leur est pas applicable; 10° Enfin ils peuvent valablement renoncer à cette action. — On doit donner les solutions directement opposées, si l'on admet au contraire que les descendants ne sont pas visés par les art. 329 et 330 et qu'ils peuvent exercer de leur propre chef l'action en réclamation d'état.

tion en réclamation d'état du chef de l'enfant. Car ils ne sont pas ses héritiers, ou ne prennent pas cette qualité. Mais ont-ils le droit d'agir *de leur propre chef,* dans la vue de faire constater l'état de l'enfant afin de réclamer la place qui leur appartient personnellement dans la famille? Seront-ils admis à faire valoir des droits moraux ou même pécuniaires, qui sont la conséquence de leur propre état, que la loi leur a accordés à raison de leur naissance dans la famille, et que leur ascendant ne leur a pas transmis? La négative est généralement admise (¹). Cette solution est, dit-on, conforme à l'intention du législateur. Les rédacteurs du code civil paraissent s'être surtout préoccupés d'assurer le repos des familles contre des réclamations incessantes. Si, disent Aubry et Rau, on accorde l'action aux descendants de l'enfant au premier degré, pour quelles raisons la refuserait-on à ceux qui en descendent à un degré plus éloigné? On verrait alors se produire, après plusieurs générations, des réclamations, dont nul ne saurait prévoir la fin et qui viendraient apporter un trouble profond dans les familles légitimes. Or c'est précisément ce que la loi a voulu empêcher. A qui donne-t-elle l'action en réclamation d'état? A l'enfant qui réclame son propre état, et, sous certaines conditions rigoureuses, à ses héritiers du chef de leur auteur. *A l'enfant.* Cette expression désigne seulement le descendant au premier degré, ainsi que cela résulte des art. 323, 325, 328, 329 et 330 et des rubriques des chapitres I et II du titre VII. Ce que la loi permet de réclamer, c'est la *filiation.* Et elle entend par là, prenant ce mot dans son acception la plus étroite, le lien de parenté qui existe entre le père ou la mère et son descendant au premier degré. Dès lors les descendants de l'enfant ne peuvent pas agir de leur chef; ils ne peuvent réclamer que l'état de leur auteur, pour faire valoir des droits qu'ils ont recueillis

(¹) Toullier, II, n. 910 et 914; Proudhon, II, p. 119; Duranton, III, n. 151; Allemand, II, n. 820; Massé et Vergé sur Zachariæ, I, § 160, notes 9 et 17; Demolombe, V, n. 304, 305; Demante, II, n. 55 *bis*, VI; Aubry et Rau, VI, § 514 *bis*, texte et notes 10 et 14; Laurent, III, n. 468; Vigié, I, n. 547; Planiol, I, n 2143. — Cass., 9 janv. 1854, D., 54. 1. 185, S., 54. 1. 689. — Rouen, 16 nov. 1867, *J. G.,* *Suppl.,* vº *Paternité*, n. 155, S., 68. 2. 346. — Cass., 30 déc. 1868, D., 69. 1. 185, S., 69. 1. 249. — Cass., 23 juin 1869, D., 71. 1. 327, S., 69. 1. 415.

dans la succession de celui-ci ; il faut donc qu'ils aient le titre d'héritiers de l'enfant et qu'ils agissent en cette qualité. Cette solution est confirmée par les travaux préparatoires. La cour de Metz avait demandé que l'on établît une distinction entre les héritiers en ligne directe et les héritiers collatéraux. Cette proposition ne fut pas admise.

Une pareille interprétation est des plus rigoureuses. Aussi plusieurs auteurs l'ont-ils repoussée ([1]). Sans doute, disent-ils, les textes supposent que l'action est exercée par l'enfant lui-même ou par ses héritiers agissant en cette qualité. Mais supposer n'est pas disposer. La loi a probablement statué *de eo quod plerumque fit*. Il est bien douteux qu'elle ait eu l'intention de réserver à l'enfant seul le droit d'agir. Après tout, les descendants, lorsqu'ils n'ont pas ou ne prennent pas la qualité d'héritiers, réclament leur propre état et non pas celui de l'enfant. Il serait étrange qu'ils n'eussent pas la faculté d'en faire la preuve, alors qu'il s'agit d'un droit que la loi leur a conféré personnellement à raison de leur naissance ([2]). — Si l'on admet ce système, il faudrait décider que les descendants de l'enfant peuvent agir du vivant de celui-ci, même s'il ne réclame pas son état. Car leur droit serait tout à fait distinct de celui que la loi reconnaît à l'enfant.

584. L'action en réclamation d'état, avons-nous dit, ne passe aux héritiers de l'enfant, après la mort de celui-ci, que sous certaines conditions. Ces conditions sont déterminées par les art. 329 et 330. Deux hypothèses doivent être distinguées : ou bien l'enfant est mort sans avoir réclamé ; ou bien son décès est survenu après que l'action a été intentée.

585. PREMIÈRE HYPOTHÈSE. — L'enfant est mort sans avoir réclamé. Aux termes de l'art. 329 : « *L'action ne peut être intentée par les héritiers de l'enfant qui n'a pas réclamé, qu'autant qu'il est décédé mineur ou dans les cinq années après sa majorité.* ». Aux yeux de la loi, l'enfant qui n'a pas agi dans les cinq ans à compter de sa majorité a tacitement

---

([1]) Ducaurroy, Bonnier et Roustain, I, n. 470; Marcadé, sur l'art. 330, n. 3.

([2]) Aussi, dans son *Avant projet de révision* du code civil belge, Laurent a-t-il proposé de leur accorder l'action et de la rendre imprescriptible à leur égard (art. 302).

renoncé au droit de réclamer, non point son état, la loi n'autorisant pas une pareille renonciation (arg. art. 6), mais les droits pécuniaires attachés à cet état. Cette renonciation est donc opposable à ses héritiers, car ceux-ci, en cette qualité, ne succèdent qu'au patrimoine de leur auteur (¹).

Les héritiers sont privés du droit d'agir, alors même qu'en fait l'enfant aurait ignoré l'existence de ses droits. La loi n'établit pas de distinction entre les causes pour lesquelles l'enfant n'a pas réclamé son état. La présomption sur laquelle se fonde la disposition de l'art. 329 n'admet pas la preuve contraire (²). Il y aurait cependant peut-être lieu de faire une exception à cette règle, pour le cas où, par dol ou par violence, les adversaires de l'enfant l'auraient empêché d'exercer son action (³).

Lorsque l'enfant est mort après l'âge de vingt six ans sans avoir réclamé, les héritiers ne peuvent formuler de réclamation, ni par voie d'action, ni par voie d'exception. La maxime *quæ temporalia sunt ad agendum, perpetua sunt ad excipiendum* ne peut être invoquée (⁴).

La disposition de l'art. 329 est fondée sur une présomption de renonciation de l'enfant à ses droits. La loi, qui admet la renonciation tacite, valide à plus forte raison la renonciation expresse. Si l'enfant décédé avant l'âge de vingt six ans a renoncé expressément à sa réclamation, cette renonciation, nulle en ce qui concerne son état, sera opposable à ses héritiers. Tous les auteurs sont en ce sens.

(¹) L'art. 178 du code civ. italien reproduit identiquement notre art. 329. — L'art. 325 du code civil néerlandais ne donne l'action aux héritiers de l'enfant que si celui-ci est mort mineur ou dans les trois ans de sa majorité ; le code civil portugais, art. 112, ne leur permet d'agir que si l'enfant qui n'a pas réclamé est mort dans les quatre ans qui ont suivi sa majorité ou son émancipation, ou s'il est tombé en démence dans le même délai et est mort en cet état. — D'après l'art. 118 du c. civ. espagnol, l'action ne passe aux héritiers que si l'enfant est mort en état de minorité ou de démence.

(²) Marcadé, sur l'art. 330, n. 1, 2 et 3 ; Toullier, II, n. 910 ; Duranton, III, n. 151 ; Zachariæ, I, § 160, note 17 ; Allemand, II, n. 820 ; Demolombe, V, n. 294 ; Aubry et Rau, VI, § 544 *bis*, texte et note 5 ; Laurent, III, n. 465. — Cpr. codes civ. espagnol, art. 118, et portugais, art. 112.

(³) Angers, 29 mai 1852, S., 52. 2. 641.

(⁴) Cpr. cass., 9 janv. 1854, D., 54. 1. 185, S., 54. 1. 699.

586. Deuxième hypothèse : « *Les héritiers peuvent suivre* » *cette action lorsqu'elle a été commencée par l'enfant, à* » *moins qu'il ne s'en fût désisté formellement, ou qu'il n'eût* » *laissé passer trois années sans poursuites, à compter du der-* » *nier acte de la procédure* » (art. 330) [1]. Ce texte suppose que l'enfant meurt pendant le cours d'une instance qu'il avait engagée en vue de réclamer son état; il meurt *pendente lite*. La loi, appliquant la règle romaine : *Actiones quæ morte aut tempore pereunt semel inclusæ judicio salvæ permanent,* décide que les héritiers pourront suivre l'action alors même que l'enfant serait mort après sa vingt-sixième année. Toutefois, pour qu'ils aient ce droit, il faut : 1° que l'enfant ne se soit pas désisté formellement; 2° qu'il n'ait pas laissé passer trois années sans poursuites à compter du dernier acte de la procédure.

L'interprétation de l'art. 330 a donné lieu à de sérieuses controverses.

I. D'après certains auteurs, la déchéance édictée par le texte contre les héritiers de l'enfant est fondée sur la renonciation expresse ou présumée de celui-ci au droit de réclamer son état. Une pareille renonciation, nulle en ce qui concerne l'enfant, est au contraire opposable à ses héritiers. Le désistement formel dont parle l'art. 330, c'est le désistement du droit lui-même et non pas simplement le désistement de l'instance introduite par l'enfant. De même, la discontinuation des poursuites pendant trois ans n'a pas pour unique conséquence d'entraîner la péremption d'instance dont il est question au code de procédure civile. La loi présume, dans l'art. 330, que l'enfant, lorsqu'il a laissé passer trois années sans poursuites à compter du dernier acte de la procédure, a voulu renoncer à son action. C'est un désistement tacite, produisant les mêmes effets que le désistement formel dont il vient d'être parlé. Dès lors, pour l'interprétation de notre article, il n'y a pas à se référer aux règles posées par le code de procédure civile, en ce qui concerne le désistement et la péremption

---

[1] Cpr. codes civils italien, art. 178; néerlandais, art. 326; espagnol, art. 118; portugais, art. 112, dont les dispositions sont assez explicites pour qu'elles ne puissent donner lieu aux controverses qu'a soulevées notre art. 330.

d'instance. L'art. 330 doit se suffire à lui-même. Or il nous dit que les héritiers ne peuvent suivre l'action commencée par l'enfant, lorsque celui-ci a laissé passer trois années sans poursuites à compter du dernier acte de la procédure ; la discontinuation des poursuites pendant ce délai agit donc de plein droit et sans qu'il soit besoin d'acceptation de la part des adversaires de l'enfant. Elle suffit à elle seule à faire présumer la renonciation du demandeur et entraîne l'extinction de l'action elle-même du moins à l'égard des héritiers ([1]).

Cette manière de voir est généralement rejetée. La plupart des auteurs décident, avec raison, que le désistement formel, dont il est question à l'art. 330, n'est autre chose que le désistement de l'instance engagée par l'enfant ([2]). Conformément aux règles du droit commun, le désistement exprès ne constitue donc une fin de non-recevoir pour les héritiers qu'autant qu'il a été accepté par l'adversaire (C. pr., art. 402). Quant à la discontinuation des poursuites pendant trois ans, elle a simplement pour effet d'entraîner la péremption de l'instance dans les termes du droit commun. Par suite, les héritiers ne sont, pour cette cause, déchus du droit de continuer l'instance, qu'autant que la péremption a été demandée et prononcée (C. pr., art. 399). Il est plus sûr en effet de considérer l'art. 330 comme consacrant les principes du droit commun en matière de procédure que d'y voir un texte exceptionnel. Cette règle d'interprétation est méconnue par les partisans du système adverse. Il donnent à l'art. 330 le sens le plus rigoureux qu'il est susceptible de recevoir, alors que rien n'indique que telle ait été l'intention du législateur. Ils fondent la fin de non-recevoir édictée par la loi sur un désistement du droit exprès ou présumé. Pour le décider ainsi, il faudrait, nous semble-t-il, que le texte fût bien formel. Or il

([1]) Ducaurroy, Bonnier et Roustain, I, n. 469; Allemand, II, n. 822 et 823; Laurent, III, n. 465 et 466; Arntz, I, n. 566. — Cpr. Zachariæ et Massé et Vergé sur Zachariæ, I, § 160, texte et notes 14 et 16; Vigié, I, n. 514.

([2]) Il est clair, les auteurs sont unanimes sur ce point, que, si l'enfant s'était désisté *de son droit*, ce désistement, sans valeur quant à l'enfant lui-même, serait opposable à ses héritiers. Mais est-ce à ce désistement que fait allusion l'art. 329? N'est-il pas plus probable que ce texte vise simplement le désistement *de l'instance*?

se prête au contraire fort bien à l'explication que nous en avons donnée (¹). D'ailleurs, on peut faire remarquer que s'il était vrai que le désistement tacite résultant de la discontinuation des **poursuites** pendant trois ans n'eût pas besoin d'être accepté pour produire l'extinction du droit de l'enfant, il faudrait, pour les mêmes motifs, en dire autant du désistement exprès; l'art. 330 n'exige pas en effet qu'il soit **accepté** par l'adversaire de l'enfant. Or c'est là une opinion difficilement soutenable.

II. Lorsque l'enfant est décédé après sa vingt-sixième année, ses héritiers ne peuvent pas continuer l'instance, si leur auteur s'est désisté formellement ou s'il a laissé passer trois années sans poursuites à compter du dernier acte de la procédure. Mais en sera-t-il de même dans le cas où l'enfant serait décédé avant l'âge de vingt-six ans, et où l'un des deux événements visés par l'art. 330 se serait produit? La solution de cette question dépend du parti que l'on prend dans la controverse que nous venons d'exposer.

a. Si l'on admet, comme nous l'avons proposé, que l'art. 330 n'a fait que consacrer les principes du droit commun relativement au désistement et à la péremption d'instance, il faut décider, sans hésitation, que les art. **329** et **330** doivent être combinés. Si donc l'enfant est mort avant d'avoir accompli sa vingt-sixième année, son désistement ou la péremption de l'instance n'empêchera pas ses héritiers d'exercer l'action en réclamation d'état; car c'est seulement l'instance qui disparaît par l'effet du désistement ou de la péremption et, par suite, la situation est la même après le désistement ou la péremption que si l'instance n'avait jamais été engagée. Nous revenons donc purement et simplement à l'hypothèse réglée par l'art. **329** et ce sont les dispositions de ce texte qui doivent recevoir leur application (²). — Il est d'ailleurs bien

---

(¹) Duranton, III, n. 157; Marcadé, sur l'art. 330, n. 5; Demolombe, V, n. 292; Demante, II, n. 55 *bis*, 1; Aubry et Rau, VI, § 544 *bis*, texte et note 8; Planiol, I, n. 2145. D'après Zachariæ et Massé et Vergé, *loc. cit.*, la péremption n'aurait lieu que conformément aux règles du C. pr. civ. (art. 399 et 400), mais elle éteindrait le droit lui-même.

(²) Duranton, *loc. cit.*; Marcadé, sur l'art. 330, n. 6; Demolombe, V, n. 291; Demante, II, n. 55 *bis*, II; Aubry et Rau, VI, § 544 *bis*, texte et note 9.

entendu que si l'enfant s'est formellement désisté de *son droit,* et non pas seulement de l'instance, ses héritiers ne peuvent exercer l'action en réclamation d'état. La renonciation faite par l'enfant était sans doute nulle à son égard, du moins en ce qui touche son état lui-même, envisagé indépendamment de ses conséquences pécuniaires. Mais elle est opposable aux héritiers de l'enfant, qui sont appelés seulement à recueillir les droits pécuniaires de celui-ci et entre les mains desquels l'action en réclamation d'état a un caractère exclusivement pécuniaire. L'enfant a pu se désister valablement des droits pécuniaires attachés à son état; la renonciation qu'il a faite est donc valable quant à ses héritiers [1].

b. Si l'on assigne pour fondement à la fin de non-recevoir organisée par l'art. 330 une renonciation de la part de l'enfant au droit lui-même de réclamer son état, il faut décider que les héritiers de l'enfant ne peuvent pas exercer l'action en réclamation d'état, alors même que celui-ci serait mort avant l'âge de vingt-six ans. Les art. 329 et 330, disent les partisans de ce système, prévoient deux hypothèses entièrement distinctes et ne peuvent en aucun cas être combinés. Ou l'enfant n'a jamais réclamé son état; c'est alors la disposition de l'art. 329 qui est applicable. Ou l'enfant est décédé, à quelqu'âge que ce soit, après avoir engagé l'instance; il faut alors s'en tenir uniquement à l'art. 330 qui dispose, en termes généraux et sans distinction, que les héritiers ne pourront suivre l'action intentée par leur auteur, si celui-ci s'est désisté formellement ou a laissé passer trois années sans poursuites à compter du dernier acte de la procédure [2].

587. Il va de soi que, dans l'opinion qui permet aux descendants de l'enfant d'exercer, de leur propre chef, l'action en réclamation d'état, pour faire valoir les droits que la loi leur a conférés personnellement, à raison de leur naissance, il ne saurait être question de leur appliquer les art. 329 et

[1] Cpr. Laurent, III, n. 467.
[2] Dalloz, *J. G.,* v° *cit.,* n. 356, et *Suppl.,* n. 161; Delvincourt, I, p. 90, note 13; Ducaurroy, Bonnier et Roustain, I, n. 469; Allemand, II, n. 823; Zachariæ et Massé et Vergé sur Zachariæ, 1, § 160, note 16; Laurent, III, n. 466; Arntz, I, n. 565 et 566; Vigié, I, n. 544.

330. Car c'est leur propre état qu'ils réclament et non pas celui de l'enfant. Peu importerait du reste qu'ils fûssent ou non les héritiers de l'enfant, du moment qu'ils n'agissent pas en cette dernière qualité et qu'ils ne se prévalent pas de droits ayant appartenu à leur auteur ([1]).

588. Voilà dans quels cas les héritiers peuvent exercer l'action en réclamation d'état. Entre leurs mains, avons-nous dit, l'action change de caractère ; fondée sur un intérêt exclusivement pécuniaire, elle ne peut être intentée qu'autant qu'ils ont des droits pécuniaires à réclamer. Il en résulte des conséquences inverses de celles que nous avons exposées en parlant de l'enfant. La renonciation faite par les héritiers à leurs droits pécuniaires fera disparaître l'intérêt qu'ils avaient à agir et entraînera par voie de conséquence l'extinction de l'action elle-même. Ils peuvent valablement transiger et compromettre. L'action n'étant pas exclusivement attachée à leur personne, dans le sens de l'art. 1166, leurs créanciers personnels peuvent l'exercer du chef de leurs débiteurs ([2]). — Mais ces solutions devraient être écartées, en tant qu'il s'agirait d'une action en réclamation d'état intentée par les descendants de l'enfant en leur nom personnel, si l'on admet qu'ils puissent l'exercer. A ces divers points de vue, il faudrait les traiter comme l'enfant lui-même ([3]).

N° 3. Du délai imparti par la loi pour l'exercice de l'action en réclamation d'état.

589. Ce délai varie suivant que l'action appartient à l'enfant ou à ses héritiers.

590. « *L'action en réclamation d'état est imprescriptible à l'égard de l'enfant* », dit l'art. 328. L'état des personnes n'est pas chose dans le commerce ; par conséquent il n'est pas susceptible de s'acquérir ou de se perdre par la prescription (art. 2226) ([4]).

([1]) Marcadé, sur l'art. 330, n. 3.
([2]) Duranton, III, n. 154 ; Demolombe, V, n. 300, 301 (cpr. cep. n. 306) ; Laurent, III, n. 469, 470 ; Vigié, I, n. 545.
([3]) Marcadé, sur l'art. 330, n. 3 ; Ducaurroy, Bonnier et Rouslain, I, n. 470.
([4]) Codes civils portugais, art. 111 ; espagnol, art. 118 ; néerlandais, art. 314 ; italien, art. 177.

Mais, si l'action en réclamation d'état est imprescriptible à l'égard de l'enfant, il n'en est pas de même des intérêts pécuniaires qui peuvent s'y rattacher. Ainsi un homme meurt, et son fils recueille sa succession ; trente-cinq ans après se présente un individu, qui prétend être fils légitime du défunt, frère par conséquent de l'enfant qui a recueilli sa succession, et qui réclame à ce titre la moitié de cette succession par l'action en pétition d'hérédité. La prétention du réclamant sera admise, si elle est fondée, en tant qu'elle a pour objet d'établir sa filiation et, par suite, son état d'enfant légitime ; mais elle sera repoussée en ce qui concerne les biens de la succession. Car si l'action en réclamation d'état est imprescriptible, il n'en est pas de même de l'action en pétition d'hérédité et des autres droits pécuniaires qui sont la conséquence de l'état. Arg. art. 2262. Mais l'enfant pourra se prévaloir de la filiation qu'il a fait constater, pour réclamer les droits non encore atteints par la prescription, par exemple pour se faire attribuer en tout ou en partie la succession laissée par un frère de son père ([1]).

Il faut appliquer les mêmes principes à la réclamation d'état formée par les descendants de l'enfant, en leur nom personnel et de leur propre chef et non comme héritiers de leur ascendant, si, du moins, l'on admet que cette action leur appartient. L'action sera également imprescriptible à leur égard et ils pourront l'intenter à quelqu'époque que ce soit, sans avoir besoin de justifier d'un intérêt pécuniaire né et actuel ([2]).

591. Au contraire, lorsque l'action appartient aux héritiers de l'enfant, agissant en cette qualité, elle est soumise à la prescription. Entre leurs mains, elle revêt, en effet, un caractère pécuniaire. Les héritiers ne peuvent l'exercer que quand ils y sont intéressés pécuniairement et à raison de leur intérêt pécuniaire. Ils ne peuvent réclamer l'état pour lui-même.

([1]) Toullier, II, n. 909 ; Duranton, III, n. 149, 150 ; Marcadé sur l'art. 330, n. 1 ; Allemand, II, n. 819 ; Zachariæ, I, § 160, note 21 ; Demolombe, V, n. 281 ; Demante, II, n. 54 *bis*, I ; Aubry et Rau, VI, § 544 *bis*, texte et note 13 ; Planiol, I, n. 2134. — Cpr. Richefort, I, n. 155 s.

([2]) Marcadé, Ducaurroy, Bonnier et Roustain, *loc. cit.*

Par conséquent, la distinction que nous avons établie plus haut entre l'état et ses conséquences pécuniaires n'a pas de raison d'être en ce qui les concerne. La prescription s'accomplira dans les termes du droit commun. Elle se fera par trente ans. Et le délai commencera à courir du jour où a pris naissance le droit qui fait l'objet de l'action, c'est-à-dire en général du jour du décès de l'enfant (¹).

N° 4. Règles de compétence.

592. L'action dont nous nous occupons est soumise à des règles toutes spéciales au point de vue de la compétence. L'interprétation des textes est, en cette matière, extrêmement délicate et elle a donné lieu à de très graves controverses. Voici les dispositions contenues dans les art. 326 et 327.

Art. 326. *Les tribunaux civils seront seuls compétents pour statuer sur les réclamations d'état.*

Art. 327. *L'action criminelle contre un délit de suppression d'état ne pourra commencer qu'après le jugement définitif sur la question d'état.*

On dit généralement que ces deux textes sont venus apporter aux règles du droit commun une double dérogation. A quelles solutions conduirait en effet l'application du droit commun, tel qu'on l'entend en général? Souvent un enfant légitime est mis dans la nécessité d'avoir recours à la preuve testimoniale, pour établir sa filiation maternelle, à la suite d'un crime ou d'un délit qui a eu pour résultat de supprimer la preuve de son état et qu'on désigne dans la doctrine sous la dénomination générique de crime ou délit de *suppression d'état*. Ainsi l'officier de l'état civil a commis un faux en rédigeant l'acte de naissance d'un enfant : par exemple, il a inscrit cet enfant sous d'autres noms que ceux qui lui ont été

(¹) Richefort, I, n. 166; Proudhon, II, p. 123, 124; Toullier, II, n. 910, 913; Marcadé, sur l'art. 330, n. 2; Duranton, III, n. 154; Allemand, II, n. 280; Ducaurroy, Bonnier et Roustain, I, n. 470; Zachariæ et Massé et Vergé sur Zachariæ, I, § 160, note 21; Demolombe, V, n. 299; Demante, II, n. 55 *bis*, III; Aubry et Rau, VI, § 544 *bis*, texte et note 14; Laurent, III, n. 469; Vigié, I, n. 545; Planiol, I, n. 2146. — Les héritiers doivent agir dans les quatre ans à compter de la mort de l'enfant, d'après l'art. 112 du code civil portugais, et dans les cinq ans, d'après l'art. 118 du code civil espagnol.

déclarés par les comparants (C. pén., art. 146); ou bien encore les comparants ont donné de fausses indications à l'officier de l'état civil qui, en relatant exactement leurs déclarations, a ainsi donné à l'enfant, dans son acte de naissance, une filiation mensongère (C. pén., art. 345); ou enfin l'officier de l'état civil a inscrit l'acte de naissance sur une feuille volante (C. pén., art. 192), ce qui lui enlève son autorité au point de vue de la preuve de la filiation. Dans tous ces cas et dans d'autres encore, il y a un crime ou un délit dont le résultat est de mettre l'enfant dans l'impossibilité d'établir sa véritable filiation par le mode de preuve normal, la représentation de son titre de naissance; et si la possession d'état lui fait défaut, il sera forcé d'exercer une action en réclamation d'état. Le crime ou le délit dont l'enfant a été victime donne donc naissance à deux actions : l'action publique, intentée au nom de la société, et ayant pour objet d'assurer la répression de l'infraction par l'application d'une peine; et l'action civile, intentée par l'enfant, victime de l'infraction, et tendant à faire la preuve de son état supprimé. Cela posé, si la loi n'avait établi ici aucune règle particulière, il aurait fallu décider, par application des principes du droit commun :

1° Que l'action civile née du crime ou du délit de suppression d'état, c'est-à-dire l'action en réclamation d'état, peut être intentée, soit *principalement* devant les tribunaux civils, soit *incidemment à l'action publique,* devant le tribunal criminel déjà saisi de cette action (C. I. cr., art. 3) ou même par voie principale devant le tribunal de police correctionnelle, au cas où la preuve de l'état a été supprimée par suite d'un simple délit (C. I. cr., art. 182);

2° Que dans le cas où le tribunal civil, d'une part, et un tribunal criminel, d'autre part, se trouveraient saisis, l'un de l'action civile, l'autre de l'action publique résultant d'un crime de suppression d'état, il devrait être sursis au jugement de l'action civile jusqu'après la décision des tribunaux criminels, d'après la règle : *le criminel tient le civil en état ;* EN ÉTAT, c'est-à-dire en suspens, *in statu quo* (C. l. cr., art. 3).

Or l'art. 326 serait venu déroger à la première règle, en

décidant que l'action en réclamation d'état ne peut être portée devant les tribunaux répressifs, ni principalement, ni incidemment à l'action publique. La deuxième serait renversée
par l'art. 327 ; en matière d'état de filiation, le civil tient le
criminel en état ([1]).

593. Nous avons des doutes sérieux en ce qui concerne
l'exactitude de cette manière de voir. La doctrine que nous
venons d'exposer repose sur cette idée fondamentale que,
dans le cas où l'enfant a été privé de la preuve de son état
par un crime ou par un délit, l'action en réclamation d'état
constitue l'action civile dont il est question au code d'instruction criminelle. Or il n'en est rien à notre avis. L'action civile
est ainsi définie par le code d'instruction criminelle : « L'action en réparation du dommage causé par un crime, par un
délit ou par une contravention » (art. 1). En quoi consiste la
réparation du dommage causé par l'infraction ? L'art. 2 l'indique en nous disant que l'action civile est exercée contre le
prévenu et contre ses représentants. L'art. 182 nous parle de
la « citation donnée directement au prévenu et aux personnes
civilement responsables du délit par la partie civile ». L'action est donc dirigée contre l'auteur du délit, ses héritiers ou
les personnes civilement responsables de ses actes ; elle a
pour but de leur demander l'exécution d'une obligation personnelle née du délit ; l'accomplissement d'une prestation
destinée à faire disparaître les conséquences dommageables
du fait qui a été commis ([2]). Aucun de ces caractères ne convient à l'action en réclamation d'état. Elle n'est pas nécessairement intentée contre l'auteur du délit ; elle est dirigée contre ceux qui contestent l'état de l'enfant. Elle ne tend pas à faire
valoir une créance née du délit ; le droit qui en fait l'objet ne
constitue pas un droit de créance et l'on ne peut pas dire non

---

([1]) Richefort, I, n. 148 ; Toullier, II, n. 901 ; Duranton, III, n. 163 ; Marcadé, sur
les art. 326 et 327, n. 1 ; Ducaurroy, Bonnier et Roustain, I, n. 464 s. ; Allemand,
II, n. 839 s. ; Massé et Vergé sur Zachariæ, I, § 160, note 23 ; Demolombe, V,
n. 267 s. ; Demante, II, n. 53 s. ; Laurent, III, n. 471 s. ; Vigié, I, n. 547 s. ; Planiol, I, n. 2141.

([2]) Cpr. Mangin, *Traité de l'act. publ. et de l'act. civile*, I, n. 123 ; Le Sellyer,
Traité de la criminalité, II, n. 346 ; *Traité de l'exercice et de l'extinct. des act.
publ. et priv.*, I, n. 262 s.

plus qu'il ait sa source dans l'infraction. Il s'agit de faire constater l'état véritable de l'enfant, qui est antérieur à celle-ci. L'action en réclamation d'état est, si l'on veut, une action en réparation du dommage résultant de la suppression d'état. Mais cette prétendue réparation, c'est la société, représentée par les juges, qui l'accordera à l'enfant, en faisant droit à sa demande. Elle ne dépend pas de l'auteur du délit ([1]).

Si d'ailleurs il fallait voir, dans notre action, l'action civile du code d'instruction criminelle, on devrait aller jusqu'au bout et lui appliquer les règles qui gouvernent la prescription de l'action civile. Sans doute ces règles devraient être écartées en ce qui concerne l'enfant (art. 328). Mais, puisque la loi ne dit pas par quel délai l'action en réclamation d'état se prescrit, lorsqu'elle appartient aux héritiers, nous devrions décider que les héritiers n'ont pas le droit de l'exercer, quand l'action publique est éteinte par la prescription. Personne n'admet cette conséquence. N'est-ce pas la preuve que le principe est faux ([2])?

L'action civile du code d'instruction criminelle serait l'action en dommages-intérêts que l'enfant ou ses représentants pourraient exercer contre l'auteur de l'infraction ou ses représentants, pour leur demander la compensation pécuniaire du préjudice par eux souffert.

La discussion à laquelle nous nous sommes livrés n'est pas sans intérêt au point de vue de l'interprétation des textes. Si l'on considère les art. 326 et 327 comme contenant une dérogation aux règles du droit commun, ces textes doivent être interprétés restrictivement. Si l'on admet notre manière de voir, il n'y a pas à se préoccuper des règles édictées par le code d'instruction criminelle, et, pour saisir le sens de nos articles, l'on doit s'en tenir uniquement à leurs termes et rechercher leur esprit; les art. 326 et 327 se suffisent à eux-mèmes. C'est cette idée générale qui dominera l'étude que nous allons en faire.

[1] Dans le même sens, Huc, III, n. 51.
[2] Cpr. Mangin, *op. cit.*, II, n. 367, 368; Garraud, *Traité théor. et prat. de dr. pénal*, II, n. 69.

594. I. *Disposition de l'art. 326* ([1]). Il résulte de ce texte qu'en dehors des tribunaux civils (tribunaux d'arrondissement, au premier degré, et cours d'appel, au deuxième degré), nulle juridiction n'est compétente pour connaître des réclamations d'état, même incidemment. En aucun cas donc les tribunaux criminels ne peuvent être appelés à statuer sur ces questions. L'art. 326 est complété par l'art. 327 qui décide qu'en notre matière, le civil tient le criminel en état.

La règle de l'art. 326 et son corollaire édicté par l'art. 327 paraissent avoir été établis, les travaux préparatoires en font foi ([2]), pour remédier aux inconvénients d'une pratique fréquente dans notre ancienne jurisprudence. Une personne réclamait un état dont elle n'avait pas la possession. Elle n'avait pas, par hypothèse, de commencement de preuve par écrit à l'appui de sa prétention. Au lieu de porter sa réclamation devant les tribunaux civils, qui n'auraient pas ordonné l'enquête, elle saisissait d'une plainte les tribunaux répressifs, soutenant qu'elle avait été dépouillée par un crime de la preuve de son état. C'était alors une règle unanimement admise que, devant les tribunaux criminels, tous les modes de preuve étaient autorisés. Et sous prétexte de prouver le délit dont elle se disait victime, la partie, par ce détour, arrivait à établir son état par la preuve testimoniale toute nue. Les rédacteurs du code voulurent réagir contre cette pratique. Ils avaient édicté, dans l'art. 323, des règles protectrices du repos des familles, objet de leurs constantes préoccupations. Ils n'avaient autorisé l'admission de la preuve testimoniale, pour établir la filiation maternelle, que moyennant un commencement de preuve par écrit ou moyennant des présomptions ou indices graves résultant de faits dès lors constants. Ils craignirent que la possibilité d'agir en réclamation d'état devant les tribunaux criminels ne fournît un moyen d'éluder cette règle salutaire. La preuve testimoniale toute nue, a-t-on dit, étant toujours admise devant les tribunaux criminels, si on les autorise à statuer sur les actions

([1]) Cpr. code civil néerlandais, art. 322.
([2]) Bigot-Préameneu, *Exposé des motifs* (Locré, VI, p. 203); Duveyrier, *Discours* (Locré, VI, p. 309).

en réclamation d'état, le réclamant pourra prouver sa filiation par témoins, sans avoir fourni les garanties préalables exigées par l'art. 323. Ces craintes étaient chimériques. Elles supposent en effet que les règles édictées par le code civil relativement à la preuve ne sont pas applicables devant les tribunaux criminels, qu'un même fait pourrait être prouvé par un mode différent, suivant qu'on aurait à en faire la preuve devant un tribunal civil ou devant un tribunal criminel. Or il n'en est rien. Aucune loi n'établit de règles spéciales pour la preuve à faire devant les tribunaux criminels : ils restent donc soumis à cet égard aux règles du droit commun et si la preuve testimoniale est d'un usage si fréquent devant les tribunaux criminels, cela tient, non pas au prétendu principe, dont notre loi ne contient aucune trace, que la preuve testimoniale est toujours admise *de plano* devant les tribunaux criminels, mais à cet autre principe, écrit celui-là dans l'art. 1348, qu'à l'impossible nul n'est tenu, et que par suite la preuve testimoniale est autorisée sans aucune restriction, quand il a été impossible au réclamant de se procurer une preuve écrite des faits qu'il doit prouver : ce qui arrive presque toujours, mais non toujours cependant, pour les faits dont la preuve est à faire devant les tribunaux criminels.

Ainsi la preuve testimoniale n'est admise devant les tribunaux criminels que dans les cas et sous les conditions où elle pourrait l'être devant les tribunaux civils. La preuve à faire varie suivant la nature des faits à prouver et non suivant la juridiction devant laquelle la preuve doit être faite.

Quelques applications mettront ce principe dans tout son jour. Ainsi le fait d'un vol peut être prouvé par témoins sans commencement de preuve par écrit, soit par le ministère public exerçant au nom de la société l'action publique, soit par la partie lésée intentant son action civile en réparation du préjudice causé par l'infraction, parce qu'il a été impossible à l'un comme à l'autre de se procurer une preuve écrite du vol. Et la situation de la partie lésée sera la même, à ce point de vue de la preuve, soit qu'elle intente, comme elle en a le droit, son action civile devant un tribunal criminel, saisi ou non de l'action publique, soit qu'elle l'intente devant un tribunal civil. Mais supposons qu'il s'agisse d'une violation de dépôt, délit qui est compris dans le code pénal sous la dénomination générique d'abus de confiance (C. pén., art. 408). L'existence du contrat de dépôt, base du délit qui nous occupe, pourra-t-elle être prouvée par témoins sans commencement de preuve par écrit, soit par le ministère public, sur l'action publique, soit par la partie lésée, le déposant, sur son action civile? Non, tout au moins quand il s'agira d'un dépôt volontaire et que la valeur de la chose déposée excèdera 150 francs. Le droit commun en effet n'autorise ici la preuve par témoins que moyennant un commencement de preuve par écrit (art. 1341 et 1347), et cette règle doit s'appliquer, qu'il s'agisse de prouver l'existence du contrat de dépôt devant un tribunal criminel ou devant un tribunal civil (¹).

Conformément à ces principes, si le législateur avait admis que les tribunaux criminels peuvent être saisis de l'action en réclamation d'état, le réclamant n'aurait pas été plus favorisé, pour la preuve à faire de son état, devant les tribunaux criminels que devant les tribunaux civils. Dans un cas comme dans l'autre, il n'aurait pu prouver sa filiation maternelle par témoins que moyennant les adminicules exigés par l'art. 323 (²).

Mais de ce que l'on a donné, lors de la confection de la loi, une mauvaise raison pour justifier les règles des art. 326 et 327, ce n'est pas à dire qu'il n'en existe pas de bonnes.

D'abord, à la différence de ce qui a lieu dans les autres infractions, la question civile née à l'occasion du délit de suppression d'état a pu paraître à bon droit plus importante que la question pénale, en ce sens que la société est plus intéressée au rétablissement de l'état supprimé qu'à la punition du coupable, auteur de la suppression (³). La conservation de l'état des citoyens est en effet l'une des bases de l'ordre

(¹) Cass., 3 juin 1892, D., 92. 1. 431, S., 92. 1. 431. — Cpr. Cass., 3 janv. 1890, D., 93. 1. 300, S., 90. 1. 144.

(²) Note de la cour de cassation du 12 nov. 1813, rédigée par M. le président Barris, et approuvée par Merlin, 2°. — Mangin, *op. cit.*, I, n. 171, 240; Bonnier, *Des preuves*, I, n. 224 s.; Demolombe, V, n. 271; Demante, II, n. 53 *bis*, I; Laurent, III, n. 471.

(³) Lahary, *Rapport* (Locré, VI, p. 257).

social et la loi a considéré que le rétablissement de cet état, quand il a été supprimé, offre un intérêt de premier ordre. A ce point de vue, l'on comprend fort bien que la loi ait voulu que la question la plus importante ne fût pas préjugée par celle qui l'est le moins ; elle l'eût été, si l'action publique avait pu être jugée la première, car les juges civils auraient subi l'influence de la décision rendue par les juges criminels. Ils auraient même été liés par cette décision, si l'on admet, conformément à l'opinion générale et à une jurisprudence constante, que la sentence des tribunaux criminels a l'autorité de la chose jugée par rapport aux tribunaux civils (¹). De là cette règle qu'en matière de réclamation d'état *le civil tient le criminel en état :* ce qui permet à la question civile, celle du rétablissement de l'état supprimé, d'arriver vierge de tout préjugé devant le tribunal qui doit en connaître.

D'un autre côté les questions d'état sont souvent difficiles et compliquées ; le juge chargé de les résoudre a besoin de calme non moins que de science. Or, à ce point de vue, la justice civile offrait plus de garanties que la justice criminelle ; en effet le juge civil siège dans une atmosphère moins tourmentée que le juge de répression, il n'a pas à lutter contre toutes les passions qui s'agitent autour des procès criminels (²).

(¹) Ce principe doit être entendu en ce sens seulement « qu'il n'est jamais permis au juge civil de méconnaître ce qui a été nécessairement et certainement décidé par le juge criminel » (Cass., 31 mai 1892, D., 92. 1. 381, S., 92. 1. 292). Il ne fait donc pas obstacle à ce que le juge civil prononce une condamnation à des dommages-intérêts à raison d'un fait pour lequel le défendeur a été acquitté par une juridiction criminelle, si sa décision respecte de tous points celle du juge criminel. Ainsi l'auteur d'un fait dommageable ayant été traduit à raison de ce fait devant une juridiction répressive et acquitté, parce que le fait ne présentait pas les éléments d'un délit, rien ne s'oppose à ce que le tribunal civil prononce une condamnation à des dommages et intérêts à raison de ce même fait envisagé comme quasi-délit. Cass., arrêt précité, et 10 janvier 1893, D., 93. 1. 84, S., 93. 1. 200, et 24 mars 1891, D., 93. 1. 585, S., 93. 1. 198.

(²) On a fait remarquer cependant (Planiol, I, n. 2139, note) que, si les cours d'assises présentent moins de garanties que les tribunaux civils au point de vue de la connaissance du droit, il n'en est pas de même des tribunaux correctionnels qui sont composés des mêmes juges que les tribunaux civils ; et que, d'autre part, le législateur n'a pas hésité à confier aux juridictions répressives la mission de statuer sur certaines questions d'état (V. l'art. 198 en ce qui concerne le rétablissement de la preuve du mariage. Sur ce dernier point, v. Laurent, III, n. 472 et Proudhon, II, p. 97 s.).

Quelque opinion que l'on puisse avoir sur la valeur des motifs que nous venons de donner, les textes étant formels, il faut s'incliner devant les dispositions qu'ils contiennent. L'art. 326 est même rédigé en termes si absolus que sa portée dépasse celle de ces motifs. Il attribue compétence exclusive aux tribunaux civils en matière de réclamation d'état de filiation. Donc tous les tribunaux d'exception et non pas seulement les tribunaux répressifs sont incompétents pour en connaître, alors même qu'ils en seraient saisis incidemment à une autre question pour la solution de laquelle la loi leur attribue compétence (¹).

595. II. L'art. 327 constitue, avons-nous dit, le complément et le corollaire de l'art. 326. Il résulte de cet article que les tribunaux criminels ne peuvent être saisis de l'action publique, à raison d'un crime ou d'un délit de suppression d'état, que lorsque les tribunaux civils auront définitivement statué sur la question d'état, de sorte que la justice criminelle est paralysée jusqu'à ce que la justice civile se soit prononcée.

D'après une jurisprudence constante, la disposition de l'art. 327 ne signifie pas seulement que l'action publique résultant d'un délit de suppression d'état doit être suspendue jusqu'à ce qu'il ait été prononcé définitivement sur la question d'état par le tribunal civil *qui en est actuellement saisi ;* elle signifierait en outre que le ministère public a les mains liées, tant qu'il plaît à l'enfant de ne pas saisir les tribunaux civils de son action en réclamation d'état ; de sorte que si, par négligence ou par collusion, les intéressés ne soulèvent pas la question d'état, l'action du ministère public sera paralysée. Un simple particulier pourrait donc ainsi tenir en échec l'action publique. Les décisions judiciaires invoquent en ce sens le texte même de l'art. 327 et les motifs sur lesquels il est fondé.

L'art. 327 nous dit : « L'action criminelle... ne pourra commencer ». *L'action criminelle.* Par ces mots, la loi désigne l'action née directement du délit, c'est-à-dire l'action publique ; l'art. 326 avait déjà parlé de l'action en réclamation d'état —

(¹) Demolombe, V, n. 265 et 266 ; Aubry et Rau, VI, § 544 *bis*, texte et note 23 ; Laurent, III, n. 471.

ne pourra commencer. Donc le texte ne veut pas dire seulement que le cours de l'action publique sera *suspendu* par suite de l'exercice de l'action en réclamation d'état. Il laisse entendre très clairement que l'action publique ne pourra même pas être *mise en mouvement,* tant que la réclamation d'état n'aura pas été faite et jugée définitivement.

Les motifs pour lesquels l'art. 327 a été édicté confirment cette interprétation littérale du texte. Que se serait-il produit en effet si l'action publique avait pu être intentée avant le jugement de l'action en réclamation d'état? C'est que, en supposant que cette dernière fût ensuite exercée, la question d'état ne serait pas arrivée vierge de préjugé devant le tribunal civil? Et celui-ci serait même lié par la décision rendue par le tribunal répressif, de sorte que la juridiction répressive aurait en définitive décidé du sort de la réclamation d'état. Une pareille solution serait évidemment contraire au vœu de la loi (¹).

La grande majorité des auteurs approuve l'interprétation extensive que la jurisprudence donne à l'art. 327 (²). Ce n'est pas cependant que les objections manquent. Il est vrai que, parmi ces objections, il en est qui peuvent être assez aisément réfutées.

On invoque d'abord contre la solution généralement admise un argument d'analogie tiré de l'art. 3 du code d'instruction criminelle. D'après ce texte, l'action civile n'est suspendue jus-

---

(¹) Cass., 10 messidor an XII, *J. G.,* vᵒ *Paternité,* n. 369, S., 4. 1. 366. — Cass., 2 mars 1809, *J. G.,* vᵒ et *loc. cit.,* S., 9. 1. 300. — Cass., 9 fév. 1810, *J. G., ibid.,* S., 11. 1. 57. — Cass., 21 août 1812, *J. G., ibid.,* S., 17. 1. 60. — Cass., 30 mars 1813, *J. G., ibid.,* S., 13. 1. 239. — Cass., 24 juill. 1823, *J. G., ibid.,* S., 24. 1. 135. — Cass., 9 juin 1838, *J. G., ibid.,* S., 38. 1. 1008. — Paris, 20 janv. 1851, D., 51. 2. 97. — Cass., 30 nov. 1876, D., 77. 1. 459. — Paris, 26 juin 1883, *J. G., Suppl.,* vᵒ *cit.,* n. 120, S., 84. 2. 13. — Cass., 5 déc. 1885, D., 87. 1. 93. — Paris, 25 mars 1891, D., 93. 2. 63.

(²) Toullier, II, n. 903; Proudhon et Valette sur Proudhon, II, p. 93-96; Mangin, *Traité de l'act. publ.,* I, n. 188 s.; Duranton, III, n. 165 (cpr. cep. n. 166 *in fine*); Zachariæ et Massé et Vergé sur Zachariæ, I, § 160, note 25; Berlauld, *Quest. et except. préjud.,* n. 7, note; Allemand, II, n. 841; Demante, II, n. 53 *bis,* II; Demolombe, V, n. 270; Aubry et Rau, VI, § 544 *bis,* texte et note 25; Bonnier, *Des preuves,* I, n. 230; Huc, III, n. 53, 54; Planiol, I, n. 2142. — *Contra :* Merlin, *Quest. de Droit,* vᵘ *Quest. d'état,* § 2; Marcadé, sur l'art. 327, n. 2; Richefort, I, n. 24; Laurent, III, n. 473.

qu'au jugement de l'action publique que lorsque l'action publique est « intentée avant ou pendant la poursuite de l'action civile ». Par conséquent la maxime : *le criminel tient le civil en état* signifie que l'action publique *intentée* suspend le cours de l'action civile qui n'a pas encore reçu une solution définitive. La maxime retournée, qui résulte de l'art. 327 C. civ. : le civil tient le criminel en état, doit donc signifier que l'action en réclamation d'état *intentée* avant ou pendant le cours de l'action publique suspend l'exercice de celle-ci. En d'autres termes, de même que l'exercice de l'action civile, dans les cas ordinaires, n'est pas suspendu par la simple éventualité de l'exercice de l'action publique, de même, dans le cas qui nous occupe, l'exercice de l'action publique ne doit pas être suspendu par la simple éventualité de l'exercice de l'action civile.

Nous ne croyons pas que cette objection soit fondée. La règle de l'art. 327 n'a en effet rien de commun avec celle de l'art. 3 C. I. crim.; elle statue en vue d'une action qui n'est pas du tout l'action civile du code d'instruction criminelle. On ne peut donc argumenter de l'art. 3 du C. I. crim., pour interpréter l'art. 327. Celui-ci n'est pas, à notre avis, un texte exceptionnel qu'il faille interpréter restrictivement. Il se suffit à lui-même. D'ailleurs, même en admettant, comme on le dit généralement, que l'art. 327 déroge à l'art. 3 C. I. crim., on pourrait faire remarquer (et ceci viendrait à l'appui du système de la jurisprudence) qu'il y a entre les deux textes une différence de rédaction. L'art. 3 C. I. crim. dit que l'exercice de l'action civile « est suspendu tant qu'il n'a pas été prononcé définitivement sur l'action publique intentée *avant* ou *pendant* la poursuite de l'action civile ». Il est donc certain que l'action civile peut, en vertu de ce texte, être intentée avant l'action publique, sauf à être suspendue si l'action publique est intentée avant qu'elle soit définitivement jugée. L'art. 327 dit au contraire : « L'action criminelle ne pourra COMMENCER qu'après le jugement définitif sur la question d'état » : ce qui semble bien signifier que l'action publique ne peut même pas être intentée tant que l'action civile n'a pas été définitivement jugée.

On tire aussi, contre le système général, un argument des travaux préparatoires, mais il ne nous paraît pas avoir une bien grande portée. Le législateur, dit-on, lorsqu'il a édicté la règle de l'art. 327, a voulu prévenir les fraudes consistant à saisir la justice criminelle de la question d'état, dans le but d'échapper à l'application des règles sur la preuve. Or de telles fraudes ne sont pas à craindre de la part du ministère public ; il n'y a donc pas de raison pour paralyser son action (¹). Il est vrai que ces motifs ont été invoqués au cours de la discussion, pour justifier les dispositions de l'art. 326 et de l'art. 327. Nous savons d'ailleurs que les craintes des rédacteurs du code étaient absolument vaines. Mais il paraît bien difficile de ne pas admettre que, par action criminelle, l'art. 327 désigne l'action du ministère public et dès lors l'argument perd toute sa valeur. D'ailleurs l'art. 18 du projet primitif décidait que l'action publique pourrait être intentée, nonobstant le silence gardé par la partie, et soumettait le ministère public, en ce qui concerne la preuve, à l'observation des conditions posées par l'art. 323. On écarta cette proposition, pour ce motif, inexact d'ailleurs, que la preuve par témoins est toujours admissible devant les tribunaux criminels, et l'on fit remarquer qu'il valait mieux refuser au ministère public le droit d'agir, tant que la question d'état ne serait pas jugée au civil (²).

On dit enfin, et c'est là l'objection qui nous paraît la plus grave, que les termes de l'art. 327 ne sont pas aussi absolus que le prétend l'opinion dominante. « L'action criminelle », dit cet article, « ne pourra commencer qu'après le jugement définitif sur la question d'état ». Cette disposition ne donne-t-elle pas à entendre qu'il y a une *question d'état* engagée ? La loi, qu'on le remarque bien, ne dit pas : après le jugement définitif *sur l'état,* mais bien sur la *question* d'état. Il faut

---

(¹) Locré, VI, p. 162, 203, 309.

(²) D'après l'art. 323 du code civil néerlandais, qui consacre d'ailleurs, en principe, la règle de notre art. 327, le ministère public pourra, dans le silence des parties intéressées, intenter l'action pénale pour suppression d'état, pourvu qu'il y ait un commencement de preuve par écrit, sur lequel il sera préalablement statué. Dans ce dernier cas, l'action publique ne sera pas suspendue par l'action civile.

donc qu'il y ait une question d'état ; or la question d'état ne
naît que quand elle est posée au juge, c'est-à-dire quand il
y a une action intentée ([1]). — A cette objection, l'on répond que
la loi parle bien de question d'état, et suppose par conséquent un débat sur l'état, mais qu'elle est conçue en termes
généraux qui peuvent tout aussi bien faire allusion à l'instance non encore engagée sur la filiation, qu'à l'action qui
est déjà intentée.

Quoi qu'il en soit, si la loi doit être interprétée dans le sens
que lui donne la jurisprudence, elle mérite, nous semble-t-
il, d'être critiquée. Doit-il dépendre d'un particulier d'arrêter
le cours de la justice criminelle ? Peut on admettre surtout
que l'impunité soit assurée au coupable, lorsque l'action
civile ne peut plus être exercée, soit par suite de la mort de
l'enfant à qui cette action appartient, soit pour toute autre
cause ? A moins qu'on ne dise que l'intérêt de l'enfant, dont
l'état a été supprimé ou compromis, domine et absorbe l'intérêt social, et que la loi a cru devoir, en se plaçant à ce point
de vue, rendre la victime de l'infraction maîtresse de la
poursuite criminelle, en ce sens que, tant qu'elle ne réclamera pas, la société n'aura pas le droit d'élever la voix ([2]).

596. Quelle que soit la portée que l'on attribue à la disposition de l'art. 327, il est un point sur lequel tout le monde est
d'accord : c'est que, le législateur ayant voulu, en l'édictant,
empêcher que la question d'état soit préjugée par la décision
rendue au criminel, il convient de restreindre l'application de
l'art. 327 aux seuls cas où cela pourrait se produire. On est
ainsi conduit aux conséquences suivantes :

L'art. 327 s'applique à la supposition de part, de même
qu'à tout crime ou délit ayant eu pour effet de supprimer la
preuve de la filiation, car la question de filiation se poserait
nécessairement devant les juridictions répressives. L'impu-

([1]) Marcadé, sur l'art. 327, n. 2 ; Laurent, III, n. 473. — Cpr. discussion au Conseil d'Etat, séance du 29 fructidor an X (Locré ; VI, p. 162).

([2]) Cpr. Demolombe, V, n. 271. La cour de cassation a décidé le 2 juillet 1819
(*J. G.*, v° *Paternité*, n. 372) que l'art. 327 cesse d'être applicable lorsque le décès
de l'enfant a rendu impossible l'exercice de l'action en réclamation d'état. Dans
le même sens, Mangin, *op. cit.*, I, n. 190.

nité sera assurée au coupable, non seulement pour le délit de suppression d'état, mais même pour ceux qui se rattacheraient à celui-ci par un lien de connexité (¹).

Mais l'art. 327 ne s'appliquerait pas, et la poursuite criminelle pourrait commencer sans attendre le jugement des tribunaux civils, si la décision des tribunaux criminels ne doit pas préjuger la question de filiation. Il en est ainsi dans les cas de recel, enlèvement ou exposition d'enfant (²).

597. Il a été jugé que l'art. 327 doit être appliqué à l'action en dommages-intérêts et que l'enfant ne peut demander de dommages-intérêts à raison du crime ou du délit dont il se prétend victime, tant qu'il n'a pas fait constater son état par les tribunaux civils. Les motifs, non moins que le texte de l'art. 327, peuvent être invoqués en faveur de cette solution. L'action en dommages-intérêts, c'est-à-dire l'action civile du code d'instruction criminelle, paraît bien être une *action criminelle* dans le sens de l'art. 327. D'ailleurs, si l'enfant était admis à l'intenter avant d'avoir fait trancher par les tribunaux compétents la question d'état qu'elle soulève nécessairement, les inconvénients que le législateur a voulu écarter ne se produiraient-ils pas ? (³).

598. D'ailleurs l'art. 327 vise seulement la question d'état de filiation. Il suppose une réclamation d'état qui a été rendue nécessaire par un crime ou par un délit de suppression d'état. Nous en tirons les deux conséquences suivantes :

(¹) V. les arrêts cités *supra*, p. 507, note 1. — *Adde* : Richefort, I, n. 149, 150; Mangin, *op. cit.*, I, n. 184 s.; Demolombe, V, n. 273, 274; Laurent, III, n. 476; Aubry et Rau, VI, § 544 *bis*, texte et note 24. — Cpr. Allemand, II, n. 844; Bertauld, *op. cit.*, n. 15, 18, 20, 23, 24, 26, 34; Demante, II, n. 53 *bis*, V.

(²) Cass. Belg., 5 janv. 1822, *J. G.*, vᵒ *Paternité*, n. 371. — Cass., 26 sept. 1823, *J. G.*, *ibid.*, S., 24. 1. 107. — Cass., 12 déc. 1823, *J. G.*, *ibid.*, S., 24. 1. 181. — Cass., 8 juill. 1824, *J. G.*, *ibid.* — Cass., 8 avril, 1826, *J. G.*, *ibid.*, S., 27. 1. 10. — Cass., 7 avril 1831, *J. G.*, vⁱˢ *Acte de l'état civil*, n. 505. — Cass., 1ᵉʳ oct. 1842, *J. G.*, vᵒ *Paternité*, n. 371, S., 42. 1. 417. — Cass., 20 mars 1862, D., 67. 5. 162, S., 62. 1. 847. — Cass., 3 juill. 1862, S., 63. 1. 53. — V. les observations de Jollivet et de Treilhard, à la séance du Conseil d'Etat du 29 fructidor an X (Locré, VI, p. 162 *in fine*); Toullier, II, n. 906 ; Allemand, II, n. 841, 842; Bonnier, *op. cit.*, n. 231; Mangin, *op. cit.*, I, n. 190; Demolombe, V, n. 275; Aubry et Rau, VI, § 544 *bis*, texte et note 24; Laurent, III, n. 477; Vigié, III, n. 548; Huc, III, n. 55. — Cpr. Demante, II, n. 53 *bis*, IV et V. — *Contra* : Richefort, I, n. 152.

(³) Paris, 20 fév. 1810, *J. G.*, vᵒ *cit.*, n. 366; Laurent, III, n. 475; Huc, III, n. 56.

1° L'art. 327 ne s'applique pas, bien qu'il s'agisse de filiation, lorsque le crime ou le délit qui a été commis n'a pas mis l'enfant dans la nécessité d'exercer une action en réclamation d'état. Ainsi le titre de naissance de l'enfant a été détruit. Mais l'enfant a la possession de son état. L'auteur du délit peut être poursuivi devant les tribunaux répressifs. Il en serait autrement, si l'acte de naissance avait été seulement altéré de manière à rendre inopérante la possession de l'enfant (arg. art. 320) [1].

2° L'art. 327 est sans application possible aux autres questions d'état. Ainsi la preuve de la célébration du mariage peut être faite devant les tribunaux répressifs, avant que cette question ait été tranchée par la juridiction civile [2]. Cette solution résulte de l'art. 198, d'après lequel la preuve de la célébration du mariage peut être acquise à la suite d'une poursuite criminelle. Par exemple la cour d'assises, appelée à statuer sur une accusation de bigamie, peut se prononcer sur l'existence et la validité des deux mariages contractés successivement. La cour de cassation fait cependant une distinction : La cour d'assises peut incontestablement résoudre la question de l'existence du second mariage, car c'est là le corps même du délit dont la connaissance lui est déférée. Mais elle serait incompétente, lorsqu'il s'agit de décider sur l'existence et la validité de la première union. Cette question doit être réservée à l'examen des seuls tribunaux civils [3].

La solution que nous venons de donner doit être maintenue même dans le cas où des enfants sont issus du mariage dont l'examen est soumis à la juridiction répressive. Il a cepen-

---

[1] Toullier, II, n. 907; Proudhon, II, p. 96; Allemand, II, n. 841; Demante, II, n. 53 *bis*, IV (au cas cité par nous cet auteur ajoute celui où l'enfant serait porteur d'un extrait délivré avant la destruction des registres); Bertauld, *op. cit.*, n. 13 et 20. — Cpr. Duranton, III, n. 166.

[2] Allemand, II, n. 841; Duvergier sur Toullier, IX, n. 152, note *a*; Demolombe, V, n. 276; Bonnier, *Des preuves*, I, n. 233; Demante, II, n. 53 *bis*, VI; Laurent, III, n. 477 *in fine*; Vigié, I, n. 548; Huc, III, n. 56.

[3] Note de la cour de cassation rédigée par M. le président Barris et approuvée par Merlin, le 12 novembre 1813, n. 8; Mangin, *op. cit.*, I, n. 194; Merlin, *Rép.*, v° *Bigamie*, n. 2 (cpr. v° *Légitimité*, sect. IV, § 4, n. 5).

dant été jugé, en sens contraire, que les art. 326 et 327 doivent recevoir leur application. En effet, a-t-on dit, l'état des enfants est en question ; le jugement qui sera rendu sur l'état d'époux aura une influence sur la légitimité des enfants (¹). Mais les art. 326 et 327 sont relatifs à l'action en réclamation d'état ; ils supposent donc que l'instance engagée a directement pour objet la filiation même de l'enfant. Or, dans l'hypothèse que nous envisageons, la filiation de l'enfant n'est aucunemen en question ; il ne s'agit pas de savoir quelle est la mère de l'enfant. Le jugement qui interviendra influera sans doute sur la légitimité de l'enfant ; mais non sur sa filiation elle-même. Ajoutons que l'on peut tirer en notre sens un puissant argument de l'art. 198. Ce texte dispose que, lorsque la preuve de la célébration du mariage est acquise par le résultat d'une procédure criminelle, l'inscription du jugement sur les registres de l'état civil assure au mariage, à compter du jour de sa célébration, tous les effets civils, tant à l'égard des époux qu'à *l'égard des enfants issus de ce mariage*. C'est donc que la loi reconnaît la compétence des tribunaux criminels en matière de preuve du mariage, alors même que des enfants seraient issus du mariage (²).

599. Ne faut-il pas aller plus loin et permettre aux juridictions de répression de connaître, dans certains cas et sous certaines conditions tout au moins, des questions d'état de filiation soulevées incidemment devant elles? On l'admet généralement dans les deux hypothèses suivantes :

1° Lorsque la question de filiation n'a pas de rapport direct avec la question principale soumise au tribunal répressif, mais qu'il est néanmoins nécessaire de la trancher pour arriver à la solution de cette question principale. Il en est ainsi par exemple dans le cas où un témoin est reproché à raison de sa parenté avec l'accusé ;

2° Lorsque la filiation est un élément même du crime ou

(¹) Grenoble, 9 déc. 1822, *J. G.*, vº *Paternité*, n. 374. — Cass., 13 avril 1867, D., 67. 1. 355 et la note, S., 67. 1. 341.

(²) Allemand, *loc. cit.;* Mangin, *op. cit.*, I, n. 192; Bonnier, *op. et loc. cit.;* Demolombe, V, n. 276 *bis;* Laurent, *loc. cit.*

du délit. Par exemple il s'agit d'une accusation de parricide et l'accusé prétend qu'il n'est pas l'enfant de la victime.

Dans ces diverses hypothèses, on enseigne que les règles suivantes doivent être appliquées.

1° Le tribunal répressif est compétent pour trancher la question de filiation. Il n'est pas besoin qu'il surseoie à statuer sur la question principale (¹) ;

2° Mais la décision rendue à cet égard par la juridiction criminelle n'a pas l'autorité de la chose jugée. La question d'état est considérée comme résolue seulement d'une manière provisoire et pour les besoins de la cause (²) ;

3° Enfin, certains auteurs admettent qu'en ce qui concerne la preuve, les tribunaux criminels ne sont pas astreints à l'observation des règles posées par la loi civile. La filiation peut être établie par un mode quelconque (³).

C'est la force même des choses qui a imposé ces solutions. Le fonctionnement de la justice répressive aurait été autrement rendu impossible. Il suffirait, par exemple, de contester l'état d'un témoin pour faire suspendre le procès. Et le procès ne pourrait pas reprendre son cours, si ce témoin se refusait à faire juger la question d'état par les tribunaux civils. Il faut donc, pour que l'exercice de l'action publique ne soit pas indéfiniment entravé, que le tribunal répressif puisse examiner lui-même la question soulevée incidemment devant lui. — Les mêmes motifs conduisent à reconnaître la compétence des tribunaux criminels, lorsque la filiation constitue un des éléments de l'inculpation. Le tribunal saisi d'un crime ou d'un délit doit pouvoir en apprécier tous les éléments. — En réalité, dit-on, la juridiction de répression est alors appelée à

(¹) Dans ces deux cas en effet, il n'y a ni suppression d'état, ni réclamation d'état et l'art. 327 n'est pas applicable. Dès lors, la règle que le juge du principal est juge de l'incident reprend son empire. — Dalloz, *J. G.*, v° *cit.*, n. 375 et 376; Mangin, *op. cit.*, I, n. 190, 193; Massé et Vergé sur Zachariæ, I, § 160, note 23; Berlauld, *Quest. et except. préj.*, n. 85 s.; Demolombe, V, n. 276 *ter;* Bonnier, *Des preuves*, I, n. 232; Vigié, I, n. 548; Planiol, I, n. 2140. — Cass., 6 mars 1879, D., 79. 1. 316 et la note, S., 79. 1. 334.

(²) Mangin, *op. cit.*, I, n. 190 *in fine;* Bonnier, *op. et loc. cit.;* Demolombe, *loc. cit.* — Cpr. Berlauld, *op. cit.*, n. 115.

(³) Demolombe, *loc. cit.* — Cpr. note de la cour de cass. du 12 nov. 1813, n. 9 (Mangin, I, p. 390).

résoudre une simple question de fait. Elle ne se prononce pas à proprement parler sur une question d'état, puisqu'elle se borne à envisager l'état dans ses relations avec la question principale. Les art. 326 et 327 ne sont donc pas applicables, car ils supposent qu'une véritable réclamation d'état a été intentée. Pour ces raisons, il faut décider que la sentence rendue par la justice criminelle n'a pas l'autorité de la chose jugée sur la question d'état.

600. Quelle est la sanction de l'art. 327? Que faut-il décider si la poursuite criminelle a été exercée avant le jugement définitif de la question d'état? La jurisprudence n'a eu à se prononcer sur ce point qu'en ce qui concerne le *crime* de suppression d'état. Conformément à son système général, elle a décidé que la chambre des mises en accusation doit annuler les poursuites et ordonner la mise en liberté immédiate de l'accusé ([1]). Il faudrait décider aussi, si l'on admet l'interprétation donnée généralement de l'art. 327, que, si les poursuites n'ont pas été annulées par la chambre des mises en accusation, la cour d'assises doit ordonner la mise en liberté ([2]).

N° 5. De l'autorité de la chose jugée sur l'action en réclamation d'état.

601. Un point est certain. Nous l'avons, du reste, déjà mis en lumière. Ce qui est jugé sur l'état fait autorité sur les conséquences pécuniaires de l'état. S'il en était autrement, la question d'état pourrait être soulevée indéfiniment entre les mêmes parties à l'occasion des intérêts multiples dont l'état est la source ([3]).

602. Il est non moins certain que la chose jugée sur l'état a autorité à l'égard non seulement des parties en cause, mais encore de leurs héritiers ou ayant-cause à titre universel ([4]).

([1]) Paris, 10 janv. 1851, D., 51. 2. 27, S., 52. 2. 265.
([2]) Cour d'assises de la Haute-Garonne, 12 mai 1823, *J. G.*, v° *Paternité*, n. 369. — *Contra :* Mangin, *op. cit.*, I, n. 189. — Cpr. cour d'assises du Maine-et-Loire, 27 nov. 1829, *J. G.*, v° *cit.*, n. 378.
([3]) Laurent, III, n. 487. — Cass., 15 juin 1818, *J. G.*, v° *cit.*, n. 390. — Paris, 1er juill. 1861, D., 61. 2. 148, S., 62. 2. 271.
([4]) Laurent, III, n. 490; Griolet, *De l'autorité de la chose jugée*, p. 144. — Cpr. Cass., 9 mai 1821, *J. G.*, v° *Chose jugée*, n. 273, S., 21. 1. 249.

603. Mais le jugement peut-il être invoqué par ceux qui n'ont pas été parties au procès et qui n'y ont pas été représentés; et ceux-ci peuvent-ils se le voir opposer? Cette question est l'objet de très graves controverses. Les uns font appel, en cette matière, à la doctrine du légitime contradicteur[1]. L'on admet généralement aujourd'hui que le jugement n'est revêtu que d'une autorité relative, par application de la règle de l'art. 1351, laquelle, dit-on, gouverne les questions d'état comme les questions qui concernent les droits patrimoniaux.

C'est cette dernière solution que nous admettons, mais en nous appuyant sur des motifs différents. Le jugement rendu à la suite d'une action en réclamation d'état ne produit pas d'effets contre les tiers, parce qu'il n'existe aucun principe général de droit, et aucune règle particulière à notre matière qui commande d'attribuer à la sentence une autorité dépassant les relations des parties en cause. Sans doute, l'action n'appartient qu'à certaines personnes seulement; mais nous avons admis qu'il ne suffit pas, pour que la sentence ait effet *erga omnes,* que l'exercice actif de l'action soit concentré entre les mains de certaines personnes. Du moment que l'action peut être intentée contre toute personne intéressée, cela suffit, en principe, pour que le jugement qui termine les débats soit investi d'une autorité relative. Il n'y a pas de raison pour déroger à cette règle en matière de réclamation d'état. Il se pourra, dès lors, que la question d'état soit résolue en des sens divers; mais ces différentes sentences seront exécutées en même temps, chacune dans les rapports des parties au procès. Car les conséquences de l'état, sur lesquelles elles exerceront leur influence, sont parfaitement divisibles. Il n'y a d'exception à faire qu'en ce qui concerne le nom de famille, auquel nous consacrerons une étude particulière.

Tels sont les principes auxquels nous nous rattacherons. Pour en faire l'application, nous distinguerons trois hypothèses que nous envisagerons successivement.

---

[1] Duranton, III, n. 161; Proudhon, II, p. 109, 110; Bonnier, *op. cit.,* II, n. 889. — Cpr. Rodière, *Solidarité et indivisibilité,* n. 401.

604. Première hypothèse. — L'enfant a réclamé son état à la fois contre ses deux prétendus auteurs.

Il est évident que les deux époux pourront opposer le jugement à l'enfant et que celui-ci pourra l'invoquer contre eux, pour le règlement des intérêts de tout ordre qui se rattachent à la filiation.

La question d'état ne pourra pas non plus être soulevée à nouveau, à propos du partage de la succession des époux, entre l'enfant ou ses représentants et les personnes qui réclament cette succession. Les héritiers ont en effet les mêmes droits que leurs auteurs.

Mais l'état de l'enfant peut-il faire l'objet d'une nouvelle contestation de la part de tiers, parents ou autres, qui ne se présentent pas comme héritiers des époux?

La question peut se poser d'abord à l'égard des *enfants,* légitimes, naturels ou adoptifs, de ceux contre lesquels la réclamation d'état a été intentée. Nous supposons bien entendu que les enfants ne prennent pas la qualité d'héritiers des parties; qu'ils invoquent non des droits qu'ils ont trouvés dans la succession des époux, mais des droits qui leur appartiennent en propre, en raison de leur état, et qu'ils tiennent directement de la loi; par exemple il s'agit de partager la succession laissée par un frère du père ou de la mère. Par application des principes exposés plus haut, nous déciderons que les enfants ne pourront se voir opposer le jugement, s'il a admis la réclamation et qu'ils ne pourront s'en prévaloir s'il a donné tort au réclamant. De nouveaux débats pourront donc avoir lieu sur la question de filiation [1].

Il n'y a du reste pas à distinguer entre les enfants déjà nés lors du premier procès et ceux dont la naissance est survenue postérieurement. Sans doute on n'a pu appeler ces derniers en cause; mais il n'y a pas dans cette circonstance une raison suffisante pour les priver du droit que la loi leur reconnaît de contester l'état du réclamant [2]. Cette solution est cepen-

---

[1] Laurent, III, n. 490. — Cpr. Cass., 9 mai 1821, *J. G.*, v° *Chose jugée*, n. 273, S., 21. 1. 249. — Montpellier, 24 janv. 1822, *J. G., ibid.*, S., 23, 2. 53.

[2] Valette sur Proudhon, II, p. 112, 113; Demolombe, V, n. 321; Laurent, *loc. cit.*

dant rejetée par certains auteurs ([1]), adversaires d'ailleurs du système du légitime contradicteur : ils déclarent le jugement opposable aux enfants qui n'étaient pas encore nés au moment où il a été rendu. Mais ils font là, nous l'avons déjà noté (*supra*, n. 420), aux partisans de la doctrine traditionnelle, une concession dangereuse que rien ne peut justifier.

Il n'y a pas lieu non plus de distinguer suivant les générations. Les descendants des époux, au deuxième degré ou à un degré subséquent, s'ils agissent de leur chef et non en qualité d'héritiers des époux, sont, à l'égard du jugement, dans la même situation que ceux du premier. Il y a, en effet, les mêmes motifs de décider.

Les partisans de la théorie du légitime contradicteur considèrent les enfants, à quelque génération qu'ils appartiennent et quelle que soit l'époque de leur naissance, comme ayant été représentés par les époux et déclarent en conséquence que le jugement fait autorité pour eux ([2]). Cependant Toullier, comme l'avait fait d'Argentré, distingue entre les enfants nés avant et ceux qui sont nés après la sentence rendue sur l'état ([3]). Les premiers, ayant un intérêt propre et personnel au moment du procès, n'ont pas été représentés par leurs parents ; c'est à l'égard des seconds seulement que les époux ont la qualité de contradicteurs légitimes.

En ce qui concerne les relations du réclamant avec les parents des époux autres que les enfants, nous donnerons la même solution qu'en ce qui touche ces derniers ([4]). Les adeptes du système du contradicteur légitime décident que le jugement fera autorité à leur égard, parce que n'ayant à la question d'état qu'un intérêt de second ordre, ils ont été représentés à l'instance par les père et mère, auxquels appartient le plus proche intérêt ([5]).

S'agit-il de déterminer les effets du jugement dans les

([1]) Merlin, *Rép.*, v° *Quest. d'état*, § 3, art. 2, n. 3; Aubry et Rau, VI, § 544 *bis*, texte et note 32.

([2]) Duranton, I, n. 346; Allemand, II, n. 827. — Cpr. Proudhon, II, p. 109, 110 et les observations de Valette.

([3]) Toullier, X, n. 253.

([4]) Aubry et Rau, VI, § 544 *bis*, texte et note 30; Laurent, III, n. 492.

([5]) Allemand, II, n. 827 s.

rapports du réclamant avec des tiers non parents des époux, le problème se complique singulièrement. Un individu a exercé contre *Primus* et *Prima* une action en réclamation d'état d'enfant légitime. Il agit ensuite contre *Secundus* et *Secunda* qu'il prétend être ses père et mère légitimes. Il n'y a pas de difficultés, si le réclamant a échoué dans la première instance ; il est bien certain que *Secundus* et *Secunda* ne peuvent tirer aucun parti du jugement qui a repoussé la réclamation dirigée contre *Primus* et *Prima*. Mais que faut-il décider si l'enfant a réussi dans sa première action ; la seconde sera-t-elle recevable ?

Dans le système du contradicteur légitime, on admet la négative. *Primus* et *Prima*, père et mère du réclamant, ont joué, dans le premier procès, le rôle de légitimes contradicteurs. La chose jugée avec eux est jugée envers et contre tous. *Secundus* et *Secunda* peuvent donc invoquer l'exception *rei judicatæ* ([1]).

Nous déciderons, d'accord en cela avec la plupart des auteurs qui font aux jugements rendus sur les questions d'état l'application de l'art. 1351, que la sentence obtenue par l'enfant contre *Primus* et *Prima* ne fait pas obstacle à ce qu'il élève une nouvelle réclamation contre *Secundus* et *Secunda* ([2]). Il faut reconnaître d'ailleurs que, dans une telle hypothèse, l'enfant courra le plus souvent, en fait, au devant d'un échec. Les juges chargés de statuer sur la seconde action seront influencés par l'autorité morale attachée à la première sentence et aussi par la crainte des conséquences que pourrait produire une contrariété de décisions. Poussons en effet les choses à l'extrême et supposons que le réclamant arrive à se faire reconnaître pour l'enfant légitime de *Secundus* et *Secunda*. Voilà un enfant qui, légalement, aura deux pères et deux mères. Il en résultera des complications inextricables en apparence. Cet enfant aura des droits de successibilité dans deux familles différentes et inversement deux pères et deux mères viendront, à sa mort, se disputer son patrimoine.

([1]) Cpr. Cass., 8 prairial an VII, *J. G.*, v° *Chose jugée*, n. 277, S., 1. 1. 213.

([2]) Merlin, *Rép.*, v° *Quest. d'état*, § 3, art. 1, n. 10; Griolet, *op. cit.*, n. 141; Demolombe, V, n. 322.

Quand il voudra se marier, qui fournira l'autorisation nécessaire? S'il est mineur, qui pourra l'émanciper? Pour résoudre ces difficultés, Demolombe (¹) propose d'admettre *Primus* et *Prima* à attaquer le second jugement par la tierce opposition, et de même *Secundus* et *Secunda* à former tierce opposition contre le premier. Ceux qui auront réussi dans leur tierce opposition feront tomber, en ce qui les concerne, l'autorité du jugement qui préjudicie à leurs droits. Nous admettrions volontiers le remède proposé par Demolombe, lorsqu'il s'agit, pour les tiers opposants, de sauvegarder des droits qui leur appartiennent en propre, en leur qualité d'ascendants, comme le droit de jouissance légale ou celui de réclamer des aliments. Dans ces cas, les conditions requises pour l'ouverture de la tierce opposition par l'art. 474 C. pr., nous paraissent bien réunies. *Primus* et *Prima,* par exemple, sont des tiers par rapport au jugement rendu avec *Secundus* et *Secunda,* car ils n'ont été représentés à l'instance ni par ceux-ci, ni par l'enfant; d'autre part, le jugement préjudicie à leurs droits. — Mais la tierce opposition ne serait pas possible, s'il s'agissait, pour *Primus* et *Prima, Secundus* et *Secunda,* d'exercer des droits qui ne leur appartiennent qu'en qualité d'héritiers de l'enfant. Agissant comme héritiers de l'enfant, ils ont été représentés par lui au procès où ils n'ont pas été parties personnellement et sont tenus par conséquent de reconnaître l'autorité du jugement qui en a donné la solution. La succession de l'enfant sera donc partagée entre ses deux pères et ses deux mères.

605. DEUXIÈME HYPOTHÈSE.— L'enfant a exercé sa réclamation contre un seul de ses deux auteurs prétendus (²). Quelle est l'autorité de la sentence, soit à l'égard de l'autre époux, soit à l'égard des autres intéressés qui n'ont pas été parties au procès?

I. *Autorité du jugement à l'égard de l'autre époux.* Si l'en-

---

(¹) V, n. 323.

(²) Régulièrement le tribunal devra ordonner la mise en cause des deux époux, afin d'éviter les inconvénients que nous allons signaler (Cpr. cep. Huc, III, n. 60). Mais il se peut qu'il ne l'ait pas fait. Il est possible aussi qu'un seul des deux époux soit vivant au moment où l'action est intentée.

fant a réussi dans sa réclamation, tout le monde admet que la preuve qu'il a faite de son état n'est pas opposable à l'époux qui n'a pas été mis en cause [1]. Cette solution est acceptée même par ceux qui considèrent la théorie du *justus contradictor* comme ayant été consacrée par le code, car, à leurs yeux, les époux ne se représentent pas l'un l'autre en matière de filiation [2]. L'enfant devra donc intenter une nouvelle action contre l'époux qu'il a omis d'appeler à la première instance. Supposons qu'il échoue dans ce second procès. Par exemple, il a prouvé contre la femme qu'il était son enfant légitime et par conséquent celui de son mari. Puis, il ne réussit même pas à prouver sa filiation maternelle, quand il agit contre le mari. Quel est alors son état? On a dit que cet enfant devra être désormais regardé comme un enfant adultérin [3]; cela nous paraît inexact. Les deux sentences qui ont été successivement rendues sont entièrement distinctes et sans effet l'une sur l'autre. La première a décidé que le réclamant a la qualité d'enfant légitime *des deux époux;* cet état appartient à l'enfant *dans ses relations avec celle qui a été jugée être sa mère.* C'est là une question définitivement tranchée au point de vue des rapports juridiques qu'ils pourront avoir ensemble. La femme ne peut pas se prévaloir du second jugement auquel elle est restée étrangère. Bien plus, alors même qu'elle serait intervenue ou aurait été appelée à la seconde instance, elle n'aurait pas davantage le droit de l'invoquer contre l'enfant; car un jugement postérieur ne peut, en dehors des voies de recours admises par la loi, modifier les effets produits par un jugement antérieur, et détruire les droits acquis résultant de celui-ci.

Dans le cas où l'enfant a échoué dans sa première réclamation, il semble bien qu'il faille suivre les principes dont nous venons de faire l'application et décider que l'autre époux

---

[1] Merlin, *Rép.,* vº *Quest. d'état,* § 3, art. 1, n. 8; Demolombe, V, n. 314; Aubry et Rau, VI, § 544, texte et note 28; Laurent, III, n. 489; Arntz, I, n. 570; Huc, *loc. cit.*

[2] Cass., 7 déc. 1808 (ou 6 janv. 1809), *J. G.,* vº *Chose jugée,* n. 272. S., 9. 1. 49. — Toullier, X, n. 255; Bonnier, *Des preuves,* II, n. 889. — Cpr. Proudhon, II, p. 73 à 75.

[3] Arntz, *loc. cit.*

ne peut pas invoquer l'autorité de la sentence rendue avec
son conjoint. L'enfant aura donc le droit de tenter avec lui
les chances d'un nouveau combat judiciaire (¹). La jurisprudence et les auteurs sont en général en sens contraire. Ils
permettent à l'époux, défendeur à la seconde instance, d'opposer l'exception *rei judicatæ* (²). Pour justifier la distinction que l'on établit ainsi entre le cas où l'enfant a réussi et
celui où il a succombé dans l'exercice de sa première action,
on fait valoir les deux arguments suivants :

Le premier consiste à dire : autoriser une nouvelle réclamation, c'est autoriser une recherche de filiation adultérine.
Du moment que le réclamant n'a pas pu démontrer qu'il
est l'enfant de la femme, il ne peut plus prétendre qu'il est
issu des œuvres du mari, sans rechercher une paternité adultérine. — Cet argument repose en réalité sur une confusion.
Dans le premier procès, l'enfant n'a pu établir, *à l'égard de
la femme*, ni sa filiation paternelle, ni sa filiation maternelle.
Mais le jugement qui a repoussé sa prétention n'a pas d'existence légale à l'égard du mari. Tout doit se passer, en ce qui
concerne celui-ci, comme s'il n'avait pas été rendu. L'action
dirigée contre le mari ne tend pas à la recherche d'une filiation
adultérine; l'enfant demande à prouver, au point de vue du
règlement de ses rapports avec lui, qu'il est *l'enfant légitime
de sa femme et par conséquent le sien*. Si sa réclamation est
accueillie par le tribunal, que résultera-t-il de la nouvelle
sentence? La preuve d'une filiation adultérine par rapport au
mari? Nullement; le jugement constatera la double filiation
légitime réclamée par l'enfant, filiation paternelle et filiation
maternelle, mais l'autorité en sera restreinte aux relations de
l'enfant ou de ses héritiers avec le mari ou ses représentants (³).

Le deuxième argument est le suivant (⁴) : en mettant en

(¹) Laurent, III, n. 489; Huc, *loc. cit.*

(²) Arntz, *loc. cit.* — Cpr. Cass., 22 fév. 1843, D., 43. 1. 176, S., 43 1. 180. —
Bordeaux, 10 mai 1864, D., 66. 1. 417, S., 64. 2. 179. — Cass., 3 janv. 1866, D.,
66. 1. 417, S., 66. 1. 89.

(³) Cpr. Laurent, *loc. cit.*

(⁴) Cass., 3 janv. 1866, *supra.*

cause un seul des deux époux, l'enfant a accepté d'avance, comme définitive et absolue, la solution à intervenir; il a considéré le défendeur comme le représentant de l'autre époux. S'il n'a pas eu cette pensée, il a fait un calcul coupable que la loi ne peut pas encourager. En divisant les actions, il a voulu augmenter ses chances de succès. — Mais cela revient à dire que la volonté de l'enfant peut influer sur son état ; que par un fait volontaire de sa part il peut se trouver privé du droit de réclamer son état. Or nous savons que l'enfant ne peut pas renoncer à son état.

II. *Autorité du jugement à l'égard des tiers autres que le conjoint du défendeur.* — Dans la doctrine du légitime contradicteur, on décide que le mari est censé représenter ses parents et que les parents de la femme sont censés représentés par elle. Dès lors, la sentence rendue avec un seul des deux époux est opposable aux parents de cet époux et non pas aux parents de l'autre (¹).

Nous devrons décider, adoptant la solution généralement admise aujourd'hui, mais en nous appuyant sur des motifs différents, que le jugement n'a aucun effet au regard des tiers dont nous nous occupons, et cela, sans distinguer suivant que la réclamation a été admise ou qu'elle a été rejetée (²).

606. TROISIÈME HYPOTHÈSE. — Le réclamant a agi contre d'autres personnes que ses père et mère prétendus.

Nos anciens auteurs et ceux qui, depuis la promulgation du code, ont reproduit leur doctrine, considèrent que, dans chaque ligne, le plus proche parent représente tous les autres. Ainsi le jugement rendu avec le plus proche parent de la ligne paternelle fait autorité à l'égard des parents plus éloignés appartenant à cette ligne (³). Nous avons repoussé cette fiction de représentation. Aussi déciderons-nous que la sentence produit ses effets uniquement dans les relations de

---

(¹) Toullier, X, p. 253.

(²) V. cependant les arrêts de 1861 et 1866, cités plus haut. Dans l'espèce soumise à la cour de Bordeaux et à la cour de cassation, l'enfant avait agi contre un seul des époux et avait échoué dans sa réclamation; puis il l'avait renouvelée contre le même époux, mais pris en qualité d'héritier d'un de ses enfants.

(³) Toullier, X, n. 221. — Cpr. Rodière, *op. cit.*, n. 400-401.

ceux qui ont été parties au procès. Cette solution est également admise par ceux qui appliquent aux questions d'état la règle de l'art. 1351 ([1]). Si plusieurs jugements sont rendus successivement en des sens opposés, il y aura donc lieu de les exécuter concurremment, du moins en ce qui concerne les conséquences divisibles de la filiation. Par exemple, un individu laisse deux enfants à son décès : *Primus* et *Secundus* ; *Tertius,* se disant enfant légitime du défunt, revendique la succession de celui-ci contre *Primus* seulement et réussit dans sa réclamation. La sentence ne sera pas opposable à *Secundus* ; *Tertius* devra donc agir de nouveau contre lui. S'il échoue, les deux sentences vont être exécutées de la manière suivante, au point de vue du partage de la succession du *de cujus.* A l'égard de *Primus,* il existe trois enfants ; donc *Primus* aura droit à un tiers seulement du patrimoine de son père. Aux yeux de *Secundus,* il n'y a que deux enfants, lui et *Primus* ; *Secundus* aura donc la moitié de la succession. De telle sorte que *Tertius* ne pourra prendre que le sixième de celle-ci, soit la moitié de ce qu'il aurait eu s'il avait réussi à prouver sa filiation à l'égard des deux autres héritiers ([2]).

§ II. *De l'action en contestation d'état* stricto sensu.

607. L'action en contestation d'état *stricto sensu* est celle par laquelle on dénie à l'enfant la filiation maternelle qu'il réclame. Elle a donc le même objet que l'action en réclamation d'état, à savoir la filiation maternelle. Seulement, l'enfant, demandeur à la réclamation d'état, est défendeur à la contestation d'état.

La loi ne parle pas de notre action. Mais les règles qu'elle a posées en ce qui concerne l'action en réclamation d'état permettent d'en déterminer le caractère. L'action en contestation d'état suppose que l'enfant contre lequel elle est intentée possède en droit ou en fait l'état qu'on lui dénie.

L'enfant possède *en droit* son état ; il a un titre établissant

---

([1]) Laurent, III, n. 491, 492; Arntz, I, n. 570. — Cpr. Angers, 11 avril 1821, *J. G.,* v° *Chose jugée,* n. 276. — Cass., 28 juin 1824, *J. G., ibid.*

([2]) Demolombe, V; n. 309.

sa filiation. Mais ses adversaires critiquent son titre de naissance.

Ou bien il le possède *en fait*. Mais ses adversaires prétendent lui enlever le bénéfice de la possession d'état, en démontrant qu'elle est inopérante.

Si l'enfant possède son état à la fois en droit et en fait, la contestation d'état est impossible. Arg. art. **322**.

Il est aisé de voir que notre action implique nécessairement une réclamation d'état de la part de l'enfant. Elle a, par suite, le même domaine que l'action en réclamation d'état. Pour qu'il y ait contestation d'état *stricto sensu*, il faut que le débat porte sur la filiation maternelle et que l'enfant soit, en conséquence, mis dans l'obligation d'en faire la preuve. Ainsi, l'enfant invoque son titre de naissance; mais ceux contre lesquels il plaide excipent de l'irrégularité de l'acte de naissance. De même, l'enfant ayant la possession de son état, les demandeurs reproduisent un titre qui lui attribue une filiation différente ou qui le désigne comme né de père et mère inconnus. Dans les deux cas, l'enfant est obligé de prouver par témoins sa filiation maternelle.

Mais il n'y aurait ni contestation, ni réclamation d'état à proprement parler, si, l'enfant ayant un titre, on se borne à nier son identité, ou si le conflit s'élève exclusivement sur les caractères de la possession d'état invoquée par lui (Cpr. *supra,* n. 465).

608. De ce que nous venons de dire résulte cette conséquence que ce sont les règles de l'action en réclamation d'état qui doivent être appliquées à l'action en contestation d'état, en tenant compte toutefois de ce que c'est l'enfant qui, dans cette dernière action, joue le rôle de défendeur. Nous devrons donc donner les solutions suivantes :

1° L'action en contestation d'état peut être intentée par toute personne y ayant intérêt, car tout intéressé peut défendre à la réclamation d'état. L'intérêt qui sert de fondement à la demande peut être, soit un intérêt pécuniaire né et actuel, soit même un simple intérêt moral. Ainsi je puis contester l'état d'une personne qui se prétend membre de ma famille, dans le simple but de lui faire défendre par la justice de prendre à l'avenir le nom et les titres qui sont les marques distinctives de ma famille. *L'intérêt du nom* est considéré comme un intérêt suffisant ([1]).

Il est d'ailleurs de jurisprudence que le ministère public ne peut pas exercer l'action en contestation d'état, alors même qu'elle serait préjudicielle à une poursuite criminelle qu'il se proposerait d'exercer ([2]).

2° Inversement, l'action sera intentée contre ceux qui ont intérêt à maintenir l'enfant dans la filiation qu'il possède.

3° L'art. 328 est applicable à notre action. L'enfant ou ses représentants ne peuvent donc opposer la prescription à ceux qui exercent l'action en contestation d'état. L'état n'est pas plus susceptible de s'acquérir que de se perdre par la prescription. Quelque longue qu'ait été la possession de l'enfant, son état pourra donc toujours être contesté par ceux qui y auront intérêt ([3]). L'état étant hors du commerce, il faut également décider que les conventions et renonciations dont il ferait l'objet seraient frappées de nullité. Ainsi je serai admis à contester l'état d'une personne, alors même que j'aurais reconnu sa filiation tacitement ou expressément. De

---

([1]) Merlin, *Rép.*, v° *Quest. d'état*, § 3, art. 2, n 6; Zachariæ et Massé et Vergé sur Zachariæ, I, § 160, texte et notes 19 et 20; Allemand, II, n. 830 s.; Aubry et Rau, VI, § 544 *bis*, p. 20; Demolombe, V, n. 324, 325; Laurent, III, n. 483; Vigié, I, n. 550. — Bruxelles, 5 août 1854, D., 53. 2. 247. — Bordeaux, 4 juin 1862, S., 63. 2. 6. — Paris, 9 juill. 1885, D., 86. 2. 261. — Cpr. Proudhon, II, p. 109, 110 et les observations de Valette.

([2]) Paris, 25 mars 1891, D., 93. 2. 63. — L'état des personnes, dit cet arrêt, constitue une propriété inviolable, confiée à la garde et à la protection exclusives des familles, et les actions qui en dérivent, soit pour le revendiquer, soit pour le contester, sont d'ordre essentiellement privé et ne peuvent appartenir qu'aux seules parties intéressées. La preuve en résulte, soit de l'ensemble des dispositions comprises dans le chapitre II de notre titre, soit spécialement des prescriptions contenues dans les art. 322, 328, 329 et 330. Sans doute l'art. 46 de la loi du 20 avril 1810 donne au ministère public la mission de poursuivre l'exécution des lois dans les dispositions qui intéressent l'ordre public. Mais le texte doit s'entendre en ce sens « que c'est l'action même portée par le ministère public devant la juridiction civile qui doit intéresser l'ordre public, abstraction faite de toute poursuite ultérieure devant la juridiction criminelle ».

([3]) Le décès de l'enfant ne rendra donc pas l'action prescriptible. Les art. 329 et 330 sont inapplicables à la matière. — Toullier, II, n. 913; Duranton, III, n. 145 et 146; Massé et Vergé sur Zachariæ, I, § 160, note 22; Demolombe, V, n. 328 et 329; Laurent, III, n. 485; Huc, III, n. 57. — V. cep. Zachariæ, I, § 160, p. 291 et Proudhon, II, p. 118, 125, 126.

même la transaction par laquelle j'aurais renoncé à intenter l'action en contestation d'état doit être déclarée nulle. Les auteurs sont d'accord sur ce point (¹); mais la jurisprudence est incertaine (²).

Si l'état est hors du commerce et ne peut faire l'objet de conventions particulières, il en est tout autrement des droits pécuniaires qui s'y rattachent. Les renonciations ou transactions qui y sont relatives sont parfaitement valables et font la loi des parties. Ces droits pécuniaires, découlant de l'état, sont également **susceptibles de prescription**, à la différence **de l'état lui-même** (³). La prescription de ces droits ou la renonciation dont ils ont été l'objet peut avoir d'ailleurs pour conséquence indirecte d'entraver l'exercice de l'action en contestation d'état, en faisant disparaître l'intérêt qui sert de fondement à cette action.

4° Au point de vue de la compétence, on doit suivre les règles des art. 326 et 327. Sans doute, l'art. 326 ne parle que de l'action en réclamation d'état; mais, comme nous l'avons vu, la contestation d'état implique nécessairement une réclamation contraire (⁴).

5° L'autorité du jugement rendu sur la contestation d'état se détermine d'après les mêmes principes que les effets de la sentence obtenue sur une action en réclamation d'état. La décision du tribunal ne peut être invoquée que par les parties en cause et leurs représentants; elle n'a pas d'existence au regard des tiers (⁵).

(¹) Merlin, *Rép.*, v° *Transaction*, § 5; Aubry et Rau, VI, § 544 *bis*, p. 21; Demolombe, V, n. 331 s.; Laurent, III, n. 485. — V. cep. Troplong, *De la transaction*, sur l'art. 2045, n. 67 s.

(²) La jurisprudence a eu surtout à se prononcer sur la contestation de légitimité (v. *supra*, n. 574). On peut consulter Paris, 3 janv. 1825, *J. G.*, v° *Paternité*, n. 388. — Paris, 10 mars 1844, *J. G.*, *ibid.* — Cass., 24 juill. 1835, *J. G.*, *ibid.* — Bruxelles, 5 août 1854, D., 55. 2. 247.

(³) Duranton, III, n. 148; Demolombe, V, n. 330; Aubry et Rau, VI, § 544 *bis*, note 15; Laurent, *loc. cit.*

(⁴) Paris, 25 mars 1891, D., 93. 2. 61. — Aubry et Rau, VI, § 544 *bis*, p. 22; D molombe, V, n. 327; Laurent, III, n. 486.

(⁵) Cpr. Proudhon, II, p. 109, 110; Allemand, II, n. 835.

APPENDICE

DE L'AUTORITÉ DE LA CHOSE JUGÉE EN MATIÈRE DE NOMS DE FAMILLE

609. Les enfants légitimes prennent le nom de leur père ([1]). L'attribution du nom de famille, signe de la parenté, est un des effets de la filiation. D'ailleurs, le nom de famille, comme l'état lui-même, est conféré directement à l'enfant par la loi. Ce n'est pas un droit qui fasse partie du patrimoine et se transmette héréditairement. Il en résulte cette conséquence, que nous notons immédiatement : le père ne représente pas ses enfants dans les contestations qui ont directement ou indirectement pour objet le nom de famille. Dès lors, la sentence rendue sur le nom de famille n'est pas nécessairement opposable aux enfants de celui au profit duquel ou contre lequel elle a été prononcée, alors même que ceux-ci auraient accepté la succession de leur père.

On dit très généralement que les principes ordinaires doivent être écartés lorsqu'il s'agit de déterminer l'autorité du jugement rendu en matière de noms de famille. Le nom est indivisible. Il faut donc nécessairement reconnaître au jugement une autorité absolue et lui faire produire ses effets même à l'égard des membres de la famille qui n'ont pas été parties au procès, sauf le droit pour ceux-ci d'attaquer le jugement, lorsqu'il est obtenu par dol ou par fraude ([2]). Cette solution nous paraît ne devoir être admise que sous certaines réserves. Il est en effet essentiel de définir ce que l'on entend par l'indivisibilité du nom de famille.

Rien ne s'oppose à ce que plusieurs personnes entre lesquelles existent des liens de famille soient désignées sous des noms différents. Par exemple, il se peut très bien que je sois autorisé à porter tel ou tel nom, tandis qu'il est fait à mon frère légitime, issu du même père que moi, défense de

---

([1]) Il en est de même des enfants naturels dont la filiation paternelle est légalement établie. Quant à ceux dont le père est inconnu, ils prennent le nom de leur mère, si celle-ci les a reconnus. Les règles que nous allons indiquer relativement aux enfants légitimes doivent être appliquées aux enfants naturels.

([2]) Demolombe, V, n. 310; Rodière, *De la solid. et de l'indiv.*, n. 405.

s'en servir. L'indivisibilité du nom de famille ne met donc
pas obstacle à ce que l'on reconnaisse au jugement une autorité simplement relative au regard des membres de la famille
à laquelle appartient la partie. Ainsi mon frère pourra continuer à porter le nom qu'il m'a été interdit de prendre et, à
l'inverse, il ne pourra pas se prévaloir de la sentence qui
m'a reconnu le droit de prendre tel ou tel nom. Celui qui a
plaidé contre moi sans succès pourra tenter, sur la même
question, les chances d'un nouveau procès avec lui et inversement mon frère devra agir de nouveau contre mon adversaire ou toute autre partie intéressée, s'il veut être autorisé à
porter le même nom que moi. Dans l'un et l'autre cas, le
jugement antérieur, rendu contre moi ou en ma faveur, ne
pourra être invoqué dans la nouvelle instance. Ce que nous
disons du frère (ou de tout autre parent) de la personne qui
a été partie au jugement doit également s'appliquer aux
enfants de celle-ci ; car ils n'ont pas été représentés par elle.
Il n'y a pas à distinguer entre ceux qui étaient déjà nés ou
conçus au moment où la sentence est intervenue et ceux qui
sont nés postérieurement.

   Le nom de famille est indivisible; en ce sens qu'il est absolument impossible qu'une même personne ait à l'égard de
quelques-uns le droit de porter un certain nom et qu'en
même temps d'autres personnes aient la faculté de lui interdire de le prendre. Il faut, de toute nécessité, reconnaître au
jugement où j'ai été partie une autorité absolue, dans mes
relations avec toutes les personnes intéressées, sous peine de
destituer ce jugement de toute efficacité. Il n'y a pas de milieu. La question est donc simplement de savoir sous quelles
conditions la sentence qui a pour objet le nom de famille produit ses effets *erga omnes*. Si ces conditions ne sont pas remplies, il faut dire que le jugement ne produit aucun effet. La
loi ne nous fournit pas à cet égard d'indications précises. Il
faut donc en revenir aux principes généraux du droit. Pour
résoudre la question, deux hypothèses, à notre avis, doivent
être distinguées.

   610. PREMIÈRE HYPOTHÈSE. — La question du nom de famille se pose accessoirement à une question principale ayant pour objet l'état de la personne.

A. Si, d'après les principes posés précédemment, le jugement qui a statué sur la question d'état doit être considéré comme investi d'une autorité absolue, nul doute que ce jugement ne fasse également autorité *erga omnes* sur le nom de famille. Ainsi la sentence qui admet ou rejette l'action en désaveu intentée par le mari ou tous ses héritiers interdit à l'enfant de prendre le nom du mari de sa mère ou lui en reconnaît définitivement le droit. L'enfant exclu de la famille par le désaveu ne peut plus prétendre à porter ce nom et, à l'inverse, si l'action en désaveu n'a pas abouti, les parents du mari ne peuvent plus lui contester le nom de celui-ci.

B. Si la décision judiciaire qui a l'état pour objet direct et principal ne jouit, quant à l'état, que d'une autorité simplement relative, la question se complique, à raison de l'indivisibilité du nom de famille. Peut-être conviendrait-il de faire la distinction suivante :

a. Le réclamant est, par hypothèse, rejeté de la famille à l'égard de certains parents. Il ne pourra jamais prendre le nom de cette famille, alors même qu'une sentence rendue postérieurement avec d'autres aurait admis sa réclamation. Car porter le nom de la famille, c'est se dire membre de cette famille. Or c'est là une prétention qui, dans l'espèce, n'est pas complètement justifiée (¹).

b. Supposons au contraire que l'action en réclamation d'état ait abouti à l'égard de certains parents. Nous savons que le jugement n'est pas opposable aux autres membres de la famille, en ce qui concerne les conséquences divisibles de l'état. Mais il en est autrement en ce qui touche le nom. Le réclamant pourra le porter tant que la sentence n'aura pas été réformée. Les personnes qui n'ont pas été parties au procès pourront attaquer le jugement. Mais il ne leur suffira pas d'invoquer l'exception *rei judicatæ inter alios*. Il faudra qu'ils recourent à la tierce opposition, conformément à l'art. 474 P. c. Cette voie de recours est alors obligatoire pour eux.

(¹) Cpr. Duranton, XIII, n. 527.

S'ils réussissent à faire tomber le jugement, nous revenons à l'hypothèse précédente.

811. Deuxième hypothèse. — Le nom de famille a fait l'objet principal et direct du procès. Le tribunal n'a pas eu à statuer sur l'état de la personne. Il a simplement décidé, étant donné l'état de cette personne, qui n'est pas contesté, qu'elle pouvait porter tel nom ou qu'elle n'en avait pas le droit. Quelle est alors l'autorité du jugement (¹)? Deux solutions sont seules possibles : Ou la décision judiciaire produit ses effets envers et contre tous, ou bien elle n'en produit pas du tout; il n'y a pas de milieu. De ces deux solutions, c'est la première que nous croyons préférable. Il faut bien faire respecter la chose jugée; or on ne peut atteindre ce but qu'en lui attribuant une autorité absolue. Le jugement qui reconnaît à une personne le droit de porter le nom qui appartient à une famille, ou qui lui fait défense de s'en servir, peut donc être opposé à tous les membres de cette famille et ils peuvent s'en prévaloir. Le seul droit qui puisse être concédé aux tiers, c'est celui d'attaquer la sentence, lorsqu'elle aura été obtenue par le dol ou par la fraude. La tierce opposition

---

(¹) C'est une question très discutée, et dans l'examen de laquelle nous n'avons pas l'intention d'entrer ici, que celle de savoir quels sont les caractères juridiques du nom de famille. D'après l'opinion dominante, le nom, étant la marque distinctive de la famille, est étroitement lié à l'état des personnes, et fait l'objet, comme l'état lui-même, d'un droit analogue au droit de propriété. Il peut donc être défendu par des actions qui, par leur nature et leur but, se rapprochent de celles qui sanctionnent le droit de propriété. Les membres d'une famille peuvent donc, en se fondant sur un simple intérêt moral, intenter contre un tiers une action tendant à lui faire interdire par la justice de porter à l'avenir le nom qui appartient à leur famille et auquel ils prétendent que ce tiers n'a aucun droit. Cette manière de voir est très vivement critiquée. Le nom, a-t-on dit, n'est pas un objet de propriété. C'est une « institution de police civile »; c'est « la forme obligatoire de la désignation des personnes ». Il constitue, pour ceux qui le portent, moins un droit qu'une obligation (Planiol, I, n. 380 et s.). Dès lors, le fait qu'une personne porte le même nom que moi ne suffit pas pour m'autoriser à agir contre cette personne; il est nécessaire que je justifie que ce fait a été pour moi la source d'un dommage.

Quoi qu'il en soit de cette controverse, il est certain que les tribunaux judiciaires sont compétents pour statuer sur les contestations relatives au nom de famille. Toutes personnes légalement intéressées peuvent prendre part aux débats tant en demandant qu'en défendant. Le nom est en effet le signe distinctif de tous ceux qui font partie de la même famille; ils y ont tous un droit égal qu'ils tiennent directement de la loi à raison de leur état.

qui leur est ouverte dans ce but joue alors un rôle analogue à celui de l'action paulienne. Si le jugement est réformé, il sera anéanti au regard de tous.

Les solutions que nous avons admises, sont, croyons-nous, conformes aux principes généraux, mais il faut bien reconnaître qu'elles ne sont pas sans présenter de très sérieux inconvénients pratiques. On peut regretter que la matière n'ait pas attiré l'attention du législateur et que celui-ci n'ait pas établi de règles spéciales pour obvier à ces inconvénients. Par exemple, il aurait pu prescrire des mesures de publicité et exiger de mettre en cause, dans la mesure du possible, toutes les personnes actuellement intéressées à la question. De la sorte, l'autorité absolue attribuée au jugement sur le nom de famille ne pourrait guère être critiquée ni au point de vue pratique, ni au point de vue de l'équité (¹).

(¹) Les solutions que nous avons proposées devront être appliquées aux titres de noblesse et aux armoiries. La question est cependant des plus délicates.

DEUXIÈME PARTIE

DE LA FILIATION NATURELLE

612. La filiation naturelle est l'œuvre de la nature seule. Les enfants naturels sont ceux qui n'ont pas été conçus ou tout au moins ne sont pas nés en mariage. Leur filiation, comme celle des enfants légitimes, est dite paternelle ou maternelle, suivant qu'on l'envisage à l'égard de l'un ou de l'autre de leurs auteurs. Mais il existe entre les enfants légitimes et les enfants naturels une différence notable. Tandis que, ainsi que nous l'avons vu, la preuve de la maternité légitime entraîne nécessairement celle de la paternité légitime, la paternité et la maternité naturelles sont au contraire entièrement indépendantes l'une de l'autre au point de vue de leur preuve. La maternité illégitime peut être établie alors que la paternité demeure ignorée et inversement. La différence que nous venons de signaler tient à la nature même des choses. De la maternité d'une femme mariée, la loi devait conclure à la paternité du mari de celle-ci. En matière de filiation naturelle, elle ne pouvait édicter une présomption de ce genre.

La filiation naturelle n'est pas soumise aux mêmes principes que la filiation légitime. Très favorable à la seconde, dont elle facilite la preuve, la loi ne traite pas avec la même faveur la filiation illégitime. Les modes par lesquels se prouve la filiation légitime ne sont pas tous applicables à la filiation naturelle.

Tout d'abord, nous l'avons vu, l'acte de naissance de l'enfant légitime lui sert à prouver sa filiation maternelle. Nous en avons dit la raison. Il en est autrement en matière de filiation naturelle. C'est que la mère naturelle est portée à déguiser sa honte. Lorsque l'enfant n'est pas inscrit sur les registres de l'état civil comme né de parents inconnus, il est à craindre qu'il n'ait été déclaré sous un nom supposé. Aussi la loi n'attache-t-elle aucune force probante aux indications de l'acte de naissance, en ce qui concerne la filiation. Cet acte prouve seulement le fait de la naissance; il ne peut être invoqué pour établir la filiation maternelle.

Pour des raisons de même ordre, la loi n'admet pas la possession d'état parmi les modes de preuve de la maternité naturelle. Elle a considéré, à tort ou à raison, que de la possession d'état d'enfant naturel ne découle pas une présomption assez forte que l'enfant a véritablement l'état qu'il possède. Ce point est cependant contesté et l'on a soutenu que la possession d'état prouve la filiation naturelle aussi bien que la filiation légitime.

Le seul mode de preuve commun à la maternité légitime et à la maternité naturelle est donc la preuve testimoniale. Mais les enfants naturels ne peuvent y recourir que dans le cas seulement où la filiation qu'il s'agit de constater n'est ni une filiation adultérine, ni une filiation incestueuse. D'ailleurs la crainte de la subornation des témoins et le désir d'empêcher les fraudes dont la famille légitime pourrait être victime ont conduit le législateur à n'admettre cette preuve que sous certaines conditions. L'art. 341 exige, pour l'admissibilité de la preuve testimoniale, que la prétention de l'enfant soit rendue vraisemblable par un commencement de preuve par écrit.

Quant à la paternité, la loi en prohibe en principe la preuve par témoins. C'est ce que l'art. 340 exprime en ces termes : « *La recherche de la paternité est interdite* ». La différence que le législateur a ainsi établie entre la maternité et la paternité naturelles tient à la force même des choses. La mère est certaine, tandis que le père ne l'est pas. On peut prouver le fait de l'accouchement; celui de la conception échappe à nos investigations. La recherche de la paternité ne peut aboutir qu'à des résultats incertains; elle sera le plus souvent scandaleuse. C'est pourquoi le législateur l'a prohibée.

Cette prohibition cesse cependant dans certaines hypothèses où les chances d'erreur sont moindres (art. 340). La recherche de la paternité est alors permise. Peut-être les rédacteurs du code sont-ils entrés trop timidement dans cette voie. Ils auraient dû, à notre avis, comme d'autres législateurs l'ont fait, admettre plus largement la recherche de la paternité.

Lorsque, à la suite d'une action en justice, l'enfant a fait, par témoins, la preuve de la paternité ou de la maternité naturelle, on dit que sa filiation est établie par une *reconnaissance forcée*.

A côté de ce mode de preuve, il en existe un autre, spécial, celui-là, à la filiation naturelle : c'est la *reconnaissance volontaire*.

La reconnaissance volontaire consiste en un aveu de maternité ou de paternité naturelle. En admettant ce mode de preuve de la filiation naturelle, la loi s'est écartée des principes qu'elle suit d'ordinaire en ce qui concerne la filiation. D'une part, en permettant à une personne d'établir, par une simple déclaration, sa paternité ou sa maternité, elle a dérogé à cette règle que la volonté n'a pas d'effets sur l'état des citoyens. D'autre part, en attribuant une valeur juridique à la reconnaissance de la paternité, elle n'a pas tenu compte de cet autre principe, que l'aveu est inopérant, quand il a pour objet un fait que l'auteur de cet aveu ne peut pas connaître. La paternité est un fait nécessairement ignoré. Comment peut-elle être reconnue ? Le législateur n'a pas été arrêté par ces considérations. Il a voulu permettre à ceux qui sont ou se croient les auteurs d'un enfant de donner satisfaction à leur conscience et de réparer leur faute. D'ailleurs, il a pris des mesures destinées à défendre la famille légitime contre des reconnaissances mensongères et aussi à protéger les auteurs eux-mêmes de la reconnaissance contre les entraînements irréfléchis de la passion. Il a ordonné que la reconnaissance fût faite en la forme authentique et il a permis à tout intéressé d'en contester la sincérité.

Tels sont les deux seuls modes par lesquels la filiation naturelle est susceptible d'être établie. Il y a une certaine catégorie d'enfants naturels, dont l'état ne peut pas être légalement constaté, du moins d'une manière directe. Ce sont les enfants adultérins et les enfants incestueux. Pour eux, notre loi n'admet ni reconnaissance volontaire, ni reconnaissance forcée. A leur égard, elle s'est montrée d'une sévérité extrême. Elle a considéré que la reconnaissance n'en devait pas être admise, parce qu'elle constituerait l'aveu d'un crime ; et que, d'autre part, on ne pourrait, sans soulever de très graves scandales, appeler les tribunaux à constater une pareille filiation. Peut-être est-il permis de penser qu'elle a dépassé la mesure. D'ailleurs ce que la loi prohibe, c'est la constatation directe d'une maternité ou d'une paternité adultérine ou incestueuse. Mais il y a des cas où la preuve peut en être faite d'une manière indirecte. La loi suppose elle-même que cela est possible, puisque, dans l'art. 762, elle accorde aux enfants adultérins ou incestueux des droits, extrêmement réduits, il est vrai, sur la succession de leurs auteurs.

La situation juridique des enfants naturels est inférieure, nous le savons, à celle des enfants légitimes. Mais les père et mère peuvent les légitimer par leur mariage. La légitimation peut se produire dans deux hypothèses distinctes. Si le père et la mère se marient après la conception, mais avant la naissance de l'enfant, la loi elle-même, nous l'avons vu, confère à cet enfant, par une fiction, le bénéfice de la légitimité (art. 314). Si le mariage n'a lieu qu'après la naissance de l'enfant, il faut, pour que celui-ci soit légitimé, qu'il ait été l'objet d'une reconnaissance antérieure ou tout au moins concomitante à la célébration du mariage (art. 331). Du reste, dans l'un et l'autre cas, la légitimation ne peut avoir lieu au profit des enfants nés d'un commerce incestueux ou adultérin (art. 331).

613. Il est question des enfants naturels dans le chapitre III du titre De la paternité et de la filiation. Ce chapitre est divisé en deux sections. Dans la première, le code s'occupe de la légitimation des enfants naturels. La section II est consacrée aux modes de preuve de la filiation naturelle (reconnaissance volontaire ou forcée). L'ordre naturel des idées semblait conduire à parler d'abord de la reconnaissance des enfants naturels et ensuite de leur légitimation, car la reconnaissance est un préliminaire obligé de la légitimation. Le législateur a suivi un ordre inverse : il traite d'abord de la légitimation, sans doute parce que, venant de s'occuper des enfants légitimes, il tenait à parler immédiatement des enfants naturels qui leur sont assimilés par le bénéfice de la légitimation.

Pour des raisons de méthode, nous ne suivrons pas le plan qu'ont adopté les rédacteurs du code civil; nous répartirons entre les quatre chapitres, dont suit l'intitulé, les explications que nous fournirons pour l'interprétation des textes compris dans le chapitre III, titre VII, livre I. Dans un appendice, placé à la suite du chapitre II, nous rechercherons si les modes de preuve de la filiation légitime ne peuvent pas, dans certains cas, être appliqués à la filiation naturelle.

Chap. I. — De la reconnaissance volontaire des enfants naturels.

Chap. II. — De la reconnaissance forcée.

Chap. III. — Des effets généraux de la filiation naturelle.

Chap. IV. — De la légitimation des enfants naturels.

CHAPITRE PREMIER

DE LA RECONNAISSANCE VOLONTAIRE DES ENFANTS NATURELS

614. La reconnaissance volontaire est une déclaration de paternité ou de maternité, faite par le père ou par la mère d'un enfant naturel dans les formes prescrites par la loi. L'acte authentique (art. 334) qui constate cette reconnaissance forme le titre de l'enfant naturel. Il constitue le mode de preuve régulier et normal de la filiation naturelle, de même que l'acte de naissance constitue le mode de preuve régulier et normal de la filiation légitime (art. 319). Au point de vue de la preuve de la filiation, l'acte de reconnaissance est donc pour l'enfant naturel ce qu'est l'acte de naissance pour l'enfant légitime. Il se peut d'ailleurs que l'enfant soit reconnu par un seul de ses deux auteurs, auquel cas c'est sa filiation à l'égard de celui-ci seulement qui est légalement constatée, ou qu'il ait été reconnu par ses deux auteurs, soit dans un même acte, soit dans deux actes distincts.

La reconnaissance des enfants naturels était absolument

inconnue èn droit romain. L'aveu de paternité ou de maternité était dépourvu de toute valeur juridique propre. Les
Romains ne concevaient pas que l'on pût, en quelque sorte,
se créer un enfant par une simple déclaration de volonté.
Sans doute la filiation maternelle était toujours certaine, mais
cela signifie simplement que, cette filiation se révélant par
un fait matériel, l'accouchement, la preuve directe, par les
modes du droit commun, pouvait en être faite avec une précision suffisante. L'aveu de la mère ne constituait pas une
manière distincte de l'établir. Quant à la filiation paternelle.
en dehors des cas où la loi la présumait elle-même, elle restait nécessairement incertaine et l'aveu de l'homme qui se
croyait le père de l'enfant était inopérant [1].

C'est dans notre ancien droit que nous voyons apparaître
la reconnaissance des bâtards. L'aveu de paternité ou de
maternité est alors considéré comme un mode de preuve *sui
generis,* pouvant servir à établir la filiation paternelle comme
la filiation maternelle. D'ailleurs, si le principe était admis
sans difficulté, on n'en avait aucunement réglementé l'application. La reconnaissance pouvait être faite d'une manière
quelconque. Elle pouvait intervenir devant la justice ou par
un acte extrajudiciaire. Dans ce dernier cas, aucune condition
de forme n'était prescrite; la reconnaissance pouvait être
constatée, soit par un acte authentique, comme un acte de
baptême ou de mariage, soit par un acte sous seing privé. Il
n'était pas même nécessaire qu'un écrit fût dressé pour en
conserver la preuve. L'aveu purement verbal avait la même
valeur qu'une reconnaissance écrite, sauf, bien entendu, la
difficulté de la preuve. La preuve de la maternité résultait souvent d'une déclaration de grossesse. L'ordonnance de février
1556, moins dans le but d'assurer l'état des enfants naturels
que dans un but de police, avait ordonné aux femmes qui
concevaient hors mariage de déclarer leur grossesse ou leur
enfantement devant le magistrat compétent. La déclaration
ainsi imposée à la mère équivalait à une reconnaissance [2].

[1] Accarias, I, n. 101.
[2] Fournel, *Traité de la séduction,* p. 131; Barel, *Histoire et critique des
règles sur la preuve de la filiation naturelle,* p. 4.

Les rédacteurs du code ont soigneusement réglementé la matière. La reconnaissance ne peut valablement être faite que dans certaines formes solennelles qu'ils déterminent. Elle ne peut pas s'appliquer à tout enfant naturel quelconque. Enfin elle peut être attaquée par toute personne intéressée. Telles sont les règles que nous trouvons édictées par les art. **334** et s., dont nous allons maintenant aborder l'étude.

SECTION PREMIÈRE

EN QUELLE FORME LA RECONNAISSANCE DOIT ÊTRE FAITE

615. La reconnaissance d'enfant naturel doit être faite dans la forme authentique. C'est ce qui résulte de l'art. **334**, ainsi conçu : « *La reconnaissance d'un enfant naturel sera faite par un acte authentique, lorsqu'elle ne l'aura pas été dans son acte de naissance* ». L'authenticité est ici nécessaire : 1° pour assurer l'irrévocabilité de la reconnaissance. Il restera en effet une minute de l'acte, qui ne sera pas à la disposition des parties et qu'elles ne pourront pas faire disparaître ; 2° pour garantir la liberté et la sincérité de la reconnaissance. La présence de l'officier public qui recevra la reconnaissance et des témoins instrumentaires protègera dans une certaine mesure l'auteur de la reconnaissance contre les surprises ou la violence. C'est là le motif principal qui a guidé le législateur ([1]). Il a surtout de la force en ce qui concerne les reconnaissances de paternité. S'il n'y a guère à craindre de surprises, lorsqu'il s'agit d'une femme qui reconnaît sa maternité, l'on conçoit fort bien au contraire qu'un homme, aveuglé par la passion et subissant l'ascendant qu'exerce sur lui une femme sans scrupules, reconnaisse, comme étant né de ses œuvres, un enfant à la conception duquel il est resté étranger. La reconnaissance de paternité, à raison du mystère qui enveloppe la conception, réclame un jugement sûr et réfléchi, une froide appréciation des choses ([2]). Les rédac-

---

([1]) Lahary, *Rapport* (Locré, VI, p. 264) ; Bigot-Préameneu, *Exp. des motifs* (Locré, VI, p. 214).

([2]) Laurent, IV, n. 44.

teurs du code civil ont eu en vue les dangers que nous
venons de signaler lorsqu'ils ont édicté la règle de l'authenticité. Ils ont voulu que l'aveu de paternité ou de maternité
fût exprimé dans une forme solennelle (¹).

Ces motifs nous permettent de déterminer le caractère
juridique de la reconnaissance d'enfant naturel. C'est un
acte *solennel,* c'est-à-dire un acte dans lequel, suivant l'expression des anciens auteurs, *forma dat esse rei.* L'authenticité
est requise, non pas seulement *ad probationem,* mais bien *ad
solemnitatem,* c'est-à-dire comme une condition essentielle à
la validité, disons mieux, à l'existence même de la reconnaissance. La loi ne le dit pas, mais elle le sous-entend.

La reconnaissance est, dans notre droit, un acte juridique
unilatéral ; c'est l'œuvre de la volonté du père seul ou de la
mère seule, qui avoue sa paternité ou sa maternité. Le consentement de l'enfant qui en est l'objet n'est donc pas nécessaire (²). La loi lui accorde seulement le droit de contester la
reconnaissance, à charge d'en démontrer la fausseté (³).

616. L'acte authentique est celui qui a été reçu par un officier public compétent et avec les solennités requises (art.
1317). Quels sont les officiers publics compétents pour recevoir une reconnaissance d'enfant naturel et en dresser acte?
Régulièrement ce sont les officiers de l'état civil et les notaires.

617. *Les officiers de l'état civil.* Leur compétence est naturellement indiquée, puisqu'il s'agit d'un acte relatif à l'état
civil. Elle résulte d'ailleurs des textes. Si la reconnaissance
est faite devant l'officier de l'état civil en même temps que
la déclaration de naissance de l'enfant, l'officier de l'état
civil dresse un acte unique pour constater tout à la fois la
naissance et la reconnaissance (art. 334). Si la reconnaissance

---

(¹) Cpr. codes portugais, art. 123 ; espagnol, art. 131 ; italien, art. 181 ; néerlandais, art. 336 ; allemand, § 1718 (ce texte ne parle d'ailleurs que de la reconnaissance de la paternité).

(²) Richefort, II, n. 238 ; Toullier, II, n. 965 ; Proudhon, II, p. 182 à 184 ; Demolombe, V, n. 412 ; Aubry et Rau, VI, § 568, p. 162.

(³) Le code portugais dispose, dans ses art. 126 et 127, que l'enfant majeur ne
peut être reconnu sans son consentement et que si un enfant a été reconnu pendant
sa minorité, il peut contester la reconnaissance dans les quatre ans qui suivent son
émancipation ou sa majorité. V. aussi code espagnol, art. 133.

est faite postérieurement à la déclaration de naissance, alors l'officier de l'état civil en dresse un acte distinct qu'il inscrit sur les registres à sa date et dont il doit faire mention en marge de l'acte de naissance, s'il en existe un (art. 62). Dans le cas particulier où la reconnaissance est faite en vue de la légitimation de l'enfant, au moment de la célébration du mariage de ses père et mère, l'officier de l'état civil la constate dans l'acte de mariage (art. 331).

L'acte de reconnaissance peut avoir été dressé au cours d'un voyage en mer; il devra être déposé conformément aux art. 60 et 61. L'art. 62 dispose que l'expédition adressée au ministre de la marine sera transmise par celui-ci, de préférence, à l'officier de l'état civil du lieu où l'acte de naissance a été dressé ou transcrit, si ce lieu est connu.

Dans l'hypothèse où la reconnaissance d'enfant naturel est constatée dans un acte distinct de l'acte de naissance et de l'acte de célébration du mariage, quel est l'officier de l'état civil compétent pour la recevoir? L'art. 62 suppose que la reconnaissance est faite devant l'officier de l'état civil qui a reçu la déclaration de naissance, puisqu'il veut que l'officier de l'état civil mentionne la reconnaissance en marge de l'acte de naissance. Mais c'est là une simple supposition du législateur. Tout officier de l'état civil est compétent pour constater les faits d'état civil qui se passent sur le territoire de sa commune. On pourra donc reconnaître un enfant naturel devant un officier de l'état civil quelconque, peu importent le lieu de la naissance de l'enfant et le domicile de l'auteur de la reconnaissance (¹).

Mais il faut que le maire, l'adjoint ou le conseiller municipal qui le remplace, agisse en tant qu'officier de l'état civil. C'est ainsi que la reconnaissance ne pourrait être constatée dans un acte d'engagement militaire passé devant le maire, en qualité de fonctionnaire de l'ordre administratif (²).

(¹) Loiseau, *Traité des enf. nat.*, p. 451; Demolombe, V, n. 393; Aubry et Rau, VI, § 568 *bis*, note 4 *in fine;* Laurent, IV, n. 45; Baret, *op. cit.*, p. 75; Planiol, I, n. 2213. — Cpr. Zachariæ, I, § 167, note 19.

(²) Huc, III, n. 88. — Limoges, 6 déc. 1886, D., 88. 2. 93, S., 87. 2. 29. — Cpr. Nancy, 17 nov. 1877, D., 79. 1. 15, S., 78. 2. 315.

618. *Les notaires.* — Ils ont en effet qualité, d'après l'art. 1er de la loi du 25 ventôse an XI, pour recevoir tous les actes auxquels les particuliers veulent ou doivent faire donner le caractère de l'authenticité.

D'après l'art. 2 de la loi du 21 juin 1843, la reconnaissance d'enfant naturel figure parmi les actes pour lesquels la présence réelle du notaire en second ou des témoins instrumentaires est exigée à peine de nullité, au moins au moment de la lecture de l'acte par le notaire rédacteur et de sa signature par les parties.

L'art. 334 n'exige pas que l'acte soit rédigé en minute. Il ne faut pas en conclure qu'il peut être dressé en brevet. Le code civil, dans l'art. 334, se borne à édicter la règle de l'authenticité. Quant aux conditions de forme auxquelles les actes authentiques doivent satisfaire pour être réguliers, elles sont déterminées par des lois spéciales. Or, d'après les art. 20 et 68 de la loi du 25 ventôse an XI, les notaires doivent, à peine de nullité, garder minute de tous leurs actes, à l'exception des actes simples que les lois leur permettent de délivrer en brevet. Aucun texte ne permettant de délivrer en brevet les actes de reconnaissance, ceux-ci doivent donc être rédigés en minute à peine de nullité [1].

D'après le projet [2], les officiers de l'état civil devaient avoir une compétence exclusive pour recevoir les reconnaissances des enfants naturels et en dresser acte. Ce système présentait un inconvénient grave : il ne permettait pas à l'auteur de la reconnaissance de la tenir secrète. En effet, la reconnaissance reçue par un officier de l'état civil sera nécessairement inscrite sur les registres de l'état civil, qui sont publics. On pouvait craindre qu'un grand nombre de reconnaissances ne fussent ainsi entravées. C'est pourquoi le législateur a admis, parallèlement à la compétence de l'officier de l'état civil, celle du notaire. La reconnaissance faite devant

---

[1] Valette sur Proudhon, II, p. 148; Massé et Vergé sur Zachariæ, I, § 167, note 22; Aubry et Rau, VI, § 568 *bis*, texte et note 11; Demolombe, V, n. 396; Baret, *op. cit.*, p. 77; Massonié, *De la reconn. des enf. illég.*, thèse, Aix, 1890, p. 63; Huc, III, n. 74; Vigié, I, n. 557; Planiol, I, n. 2213.

[2] Fenet, X, p. 53.

notaire pourra être tenue dans l'ombre jusqu'au moment où il conviendra de la faire apparaître. En effet, les minutes des notaires ne sont pas à la disposition du public : il n'en est dû communication qu'aux parties intéressées (loi du 25 ventôse an XI, art. 23). Ces considérations prouvent que la reconnaissance faite devant notaire ne doit pas nécessairement être transcrite sur les registres de l'état civil ni même mentionnée en marge de l'acte de naissance. L'art. 62 ne contredit pas cette solution. D'abord sa place, dans le titre *Des actes de l'état civil,* semble bien indiquer qu'il n'est applicable qu'aux reconnaissances faites devant l'officier de l'état civil. Son texte d'ailleurs confirme cette induction : l'acte de reconnaissance, dit la loi, doit être *inscrit* sur les registres; or, pour un acte notarié de reconnaissance, il ne pourrait être question que d'une *transcription* ou copie et non d'une *inscription* sur les registres. Enfin l'article ajoute que l'acte doit être inscrit à sa date, ce qui serait souvent impossible pour un acte notarié de reconnaissance ([1]).

619. Sur la compétence des notaires et des officiers de l'état civil, l'accord est unanime. Mais on se divise lorsqu'il s'agit de savoir si la reconnaissance peut être faite devant d'autres officiers publics.

Certains auteurs enseignent la négative. L'art 334, disent-ils, emploie les mots « *acte authentique* » dans le sens d'*acte notarié*. Les seuls officiers publics auxquels les rédacteurs du code civil aient songé, ce sont les notaires, qui, d'après la loi du 25 ventôse an XI, sont qualifiés d'une manière générale pour conférer l'authenticité aux actes. Il faut interpréter le texte dans ce sens restrictif, car, si l'on prend les mots « acte authentique » dans leur acception la plus large, il faudrait déclarer tous les officiers publics compétents sans aucune distinction. En effet, les actes dressés par un officier public quelconque, dans l'exercice de ses fonctions, ont tous

---

([1]) Duvergier sur Toullier, I, n. 955, note *a;* Zachariæ, I, § 167, note 20; Demante, II, n. 62 *bis,* III; Demolombe, V, n. 397; Aubry et Rau, VI, § 568 *bis,* note 8; Laurent, IV, n. 53; Arntz, I, n. 594; Baret, *op. et loc. cit.;* Massonié, *op. cit.,* p. 64; Planiol, I, n. 2213, note. — *Contra :* Richefort, II, n. 238; Toullier, II, n. 955; Marcadé, II, art. 334, I.

le caractère de l'authenticité. On verrait alors des reconnaissances reçues par des officiers publics qui, à raison de leurs fonctions, paraissent les moins qualifiés pour cela, tels que des agents des douanes ou des agents des forêts ([1]).

Cette solution est généralement repoussée en doctrine et en jurisprudence. On interprète plus largement la disposition de l'art. 334, avec raison, il nous semble. Rien ne prouve, en effet, que les rédacteurs du code aient songé exclusivement aux notaires. Ils se sont servis, dans l'art. 334, d'une expression très compréhensive : acte authentique. Or, pour savoir ce qu'est un acte authentique, il faut se reporter à la définition qui en est donnée par l'art. 1317. De cette définition il résulte que la loi sera satisfaite, alors même que la reconnaissance serait constatée par un officier public autre qu'un notaire, pourvu que cet officier public n'ait pas excédé les bornes de ses pouvoirs, et qu'il ait qualité pour enregistrer la déclaration qui a été faite devant lui.

620. Ainsi l'on admet que la reconnaissance d'enfant naturel peut accidentellement être reçue et constatée par un tribunal, lorsque, dans le cours d'une instance pendante devant lui, l'une des parties a reconnu un enfant naturel et qu'il a été demandé acte de cette reconnaissance au tribunal. L'autorité judiciaire a en effet le pouvoir de constater authentiquement les aveux qui se produisent devant elle, relativement aux questions qui lui sont soumises. Il résulte de ce que nous venons de dire qu'il faut que la reconnaissance se rattache au débat, sinon le tribunal ne pourrait la recevoir. On peut citer comme exemple la reconnaissance intervenue pendant le cours d'une instance en dommages et intérêts intentée par une fille séduite contre son séducteur. La reconnaissance peut encore être reçue par un juge commissaire dans un procès-verbal d'enquête ou par un magistrat instructeur pendant une information criminelle. Un arrêt de la cour de cassation du 13 juillet 1886, S., 87. 1. 65, D., 87. 1. 119, a fait l'application de ce principe dans l'espèce suivante : une jeune fille abandonnée par son séducteur avait tenté de le

---

([1]) Laurent, IV, n. 46. — Cpr. Ducaurroy, Bonnier et Roustain, I, n. 483.

tuer; celui-ci, entendu comme témoin, déclara qu'il avait eu avec l'accusée des relations à la suite desquelles elle était devenue enceinte. Cette déclaration, constatée dans le procès-verbal d'enquête, qui est un acte authentique, équivaut, dit la cour de cassation, à une reconnaissance au profit de l'enfant à naître. Le fait que cette reconnaissance a été provoquée par les questions du magistrat instructeur et a eu lieu après la prestation de serment n'implique pas qu'elle ait été le résultat d'une violence morale ([1]).

Contre cette solution, on fait observer ([2]) que les juges ont été établis pour trancher des différends, non pour recevoir des actes de l'état civil. Ils ont la juridiction contentieuse; la juridiction gracieuse ne leur appartient qu'à titre exceptionnel. Ils ne peuvent certainement pas recevoir un contrat de mariage, ni un acte de donation. Ils doivent être de même incompétents en ce qui concerne les reconnaissances d'enfant naturel. On dit bien qu'ils peuvent recevoir des aveux et les constater authentiquement. Cela est vrai; mais cette considération n'est pas décisive, car elle repose sur une confusion entre la force probante des actes instrumentaires et la solennité requise pour l'existence de certains actes juridiques. L'aveu judiciaire fait pleine foi contre celui qui l'a fait (art. 1356); mais ce n'est pas l'aveu solennel dont parle l'art. 334. Une reconnaissance de donation, même constatée authentiquement, ne constitue pas une donation. Il lui manque la solennité exigée par l'art. 931; solennité que peut seul donner le concours d'un notaire. De même, le tribunal peut bien constater authentiquement l'aveu de paternité ou de maternité qui a été fait devant lui; mais ce qu'il constate ainsi, c'est un aveu inexistant, un aveu sans valeur juridique, attendu que la solennité prescrite par l'art. 334 fait défaut, cette solennité

([1]) Merlin, *Rép.*, v° *Filiation*, n. 6; Richefort, II, n. 250; Loiseau, p. 459-461; Valette sur Proudhon, II, p. 149; Zachariæ, I, § 167, texte et note 27; Demante, II, n. 62 *bis*, II; Demolombe, V, n. 398 s.; Aubry et Rau, VI, § 568 *bis*, p. 165, 168; Baret, *op. cit.*, p. 76; Massonié, *op. cit.*, p. 66 s.; Arntz, I, n. 594; Huc, III, n. 74; Vigié, I, n. 558; Planiol, I, n. 2215. — Colmar, 24 mars 1813, *J. G.*, v° *Paternité*, n. 545, S., 14. 2. 2. — Cpr. Ducaurroy, Bonnier et Roustain, *loc. cit.*

([2]) Laurent, IV, n. 47 s.

ne pouvant consister que dans le concours d'un notaire ou d'un officier de l'état civil.

Cette objection ne doit pas nous arrêter. La loi n'exige pas, comme elle le fait pour les donations dans l'art. 931, que la reconnaissance soit reçue par un notaire. Elle veut simplement qu'elle soit faite dans un acte authentique. Donc la solennité nécessaire pour l'existence de la reconnaissance consiste dans l'authenticité de l'acte qui la constate. Et l'acte est authentique dès lors qu'il satisfait aux conditions de l'art. 1317.

621. En vertu du même principe, il faut également décider que la reconnaissance d'enfant naturel peut être reçue et constatée par le juge de paix, siégeant comme magistrat conciliateur, dans le procès-verbal qu'il dresse pour constater les dires et déclarations des parties et les conventions intervenues entre elles ([1]). En sens contraire ([2]), on dit que, d'après l'art. 54 C. pr. civ., ce procès-verbal a simplement force d'obligation privée ; et que, d'autre part, la reconnaissance faite devant le juge de paix, siégeant au bureau de conciliation, ne peut produire aucun effet, la tentative de conciliation ayant pour but d'amener une transaction et l'état ne pouvant faire l'objet d'une transaction. — Mais la disposition de l'art. 54 C. pr. civ. n'a pas la portée qu'on lui prête ; elle signifie seulement que le procès-verbal dressé par le magistrat conciliateur ne peut emporter ni hypothèque, ni exécution parée. Ce procès-verbal n'en est pas moins un acte authentique. D'autre part, il ne s'agit pas d'une transaction ayant pour objet l'état de l'enfant. Le procès-verbal constate un aveu, ce qui est tout différent.

622. Certains auteurs ([3]) décident que le juge de paix,

([1]) Merlin, *op.* et *loc. cit.;* Loiseau, p. 458; Duranton, III, n. 221; Valette sur Proudhon, II, p. 149; Marcadé, art. 334, n. 1; Zachariæ, I, § 167, p. 325; Demante, II, n. 62 *bis*, I; Demolombe, V, n. 399; Aubry et Rau, VI, § 568 *bis*, texte et note 12; Baret, *op. cit.*, p. 76; Massonié, *op. cit.*, p. 65; Arntz, I, n. 594; Huc, III, n. 74; Vigié, I, n. 558; Planiol, *loc. cit.* — Grenoble, 15 thermidor an XIII, *J. G.*, v° *cit.*, n. 529, S., 7. 2. 932. — Cass., 6 janv. 1808, S., 8. 1. 86. — Colmar, 25 janv. 1859, D., 59. 2. 61, S., 59. 2. 279.

([2]) Ducaurroy, Bonnier et Roustain, *loc. cit.*

([3]) Loiseau, p. 458; Richefort, II, n. 244; Duranton, III, n. 212.

assisté de son greffier, peut recevoir une reconnaissance d'enfant naturel, même en dehors de ses fonctions de juge ou de magistrat conciliateur. Ils le considèrent donc comme ayant la même compétence qu'un notaire. A l'appui de cette solution, ils invoquent les paroles prononcées par Tronchet au conseil d'État [1]. Ils font remarquer en outre que, du moment que le juge de paix reçoit les actes d'adoption, il serait étrange qu'il n'eût pas qualité pour recevoir les reconnaissances d'enfant naturel, qui ont la même nature. — Nous ne croyons pas qu'il faille aller aussi loin. En dehors de l'hypothèse que nous venons d'examiner et de celle où il est appelé, comme juge, à statuer sur une contestation, en dehors peut-être aussi de celle où il préside un conseil de famille [2], le juge de paix ne peut, à notre avis, recevoir une reconnaissance d'enfant naturel et en dresser acte. Car il n'a qualité pour constater authentiquement les déclarations faites par les particuliers, que lorsqu'il exerce les fonctions qui lui sont conférées par la loi et que ces déclarations se rapportent à l'objet de ses attributions [3].

623. Conformément à cette règle, nous devrons déclarer incompétents tous autres fonctionnaires ou officiers publics, à quelque ordre qu'ils appartiennent, tels que les huissiers, les greffiers, les commissaires de police, les agents et fonctionnaires de l'ordre administratif [4]. Cette solution a été cependant contestée pour les greffiers [5] et les huissiers [6].

624. La reconnaissance d'enfant naturel doit être constatée

---

[1] Séance du 29 fructidor an X (Locré, VI, p. 165).

[2] Demolombe, V, n. 400; Aubry et Rau, VI, § 568 *bis*, p. 167; Baret, *op. et loc. cit.*; Massonié, *op. et loc. cit.*; Vigié, *loc. cit.* — Cpr. Planiol, *loc. cit.* — Douai, 22 juill. 1856, S., 57. 2. 33.

[3] Massé et Vergé sur Zachariæ, I, § 167, note 26; Demolombe, V, n. 400; Aubry et Rau, VI, § 568 *bis*, texte et note 14; Arntz, *loc. cit.*

[4] Demolombe, V, n. 401 s.; Aubry et Rau, VI, § 568 *bis*, texte et notes 2 et 3; Baret, *op. cit.*, p. 76; Arntz, *loc. cit.*; Massonié, *op. cit.*, p. 71; Huc, III, n. 74; Planiol, I, n. 2214. — Dijon, 24 mai 1817, *J. G.*, v° *cit.*, n. 532, S., 17. 2. 278. — Paris, 22 avril 1833, *J. G.*, v° *Actes de l'état civil*, n. 28, S., 33. 2. 226. — Nancy, 17 nov. 1877, D., 79. 1. 15, S., 78. 2. 315. — Limoges, 6 déc. 1886, D., 88. 2. 93, S., 87. 2. 29. — Cpr. Loiseau, p. 452 à 456.

[5] Richefort, II, n. 245. — Amiens, 2 août 1821, S., 22. 2. 213. — Cass., 15 juin 1824, *J. G.*, v° *Paternité*, n. 531, S., 24. 1. 338.

[6] Marcadé, art. 334, n. 1; Baret, *op. et loc. cit.*

dans la forme authentique. Donc, bien qu'un auteur ait enseigné le contraire (¹), l'aveu de paternité ou de maternité consigné dans un écrit sous signature privée ne constitue pas une reconnaissance. Cela serait vrai, alors même que l'écriture serait ensuite vérifiée ou reconnue en justice; l'acte n'en reste pas moins sans valeur juridique, la volonté de son auteur n'ayant pas été exprimée dans les formes solennelles prescrites par la loi (²). La reconnaissance faite par un acte sous seing privé ne deviendrait pas valable par le dépôt qui serait fait de cet acte dans les minutes d'un notaire. L'acte de dépôt est sans doute un acte authentique; mais l'acte sous seing privé dont il constate le dépôt n'est pas devenu un acte authentique (³).

A plus forte raison, la reconnaissance d'enfant naturel ne saurait résulter d'une simple lettre missive, même annexée à un acte authentique ayant un autre objet (⁴).

Elle ne pourrait non plus être faite dans un testament olographe (⁵). On a objecté que le testament, même en la forme

(¹) Toullier, II, n. 950, 951. — Cpr. Proudhon, II, p. 173; Duranton, III, n. 226, 227.

(²) Richefort, II, n. 248; Loiseau, p. 469 s.; Duvergier sur Toullier, I, n. 950, note *a;* Valette sur Proudhon, II, p. 174; Zachariæ, I, § 167, texte et note 14; Aubry et Rau, VI, § 568 *ter,* texte et notes 7, 8 et 17; Demolombe, V, n. 420; Demante, II, n. 62 *bis,* V; Laurent, IV, n. 49; Baret, *op. cit.,* p. 79-80; Massonié, *op. cit.,* p. 73 s.; Arntz, I, n. 599; Planiol, I, n. 2217. — *Contra :* Toullier, *loc. cit.* — Cpr. Proudhon et Duranton, *loc. cit.*

(³) Loiseau, p. 466, 472; Zachariæ, I, § 167, texte et note 15; Aubry et Rau, VI, § 568 *bis,* texte et note 21; Demolombe, V, n. 406; Laurent, IV, n. 50; Massonié, *op. cit.,* p. 75 s.; Planiol, *loc. cit.* — *Contra :* Proudhon, II, p. 172; Duranton, III, n. 218; Toullier, II, n. 951; Richefort, II, n. 252. — Cpr. Cass., 3 sept. 1806, *J. G.,* v° *Paternité,* n. 588, S., 6.1.409. — L'acte de dépôt, étant un acte authentique, peut contenir une reconnaissance valable. L'enfant naturel devra être considéré comme reconnu, si l'acte de dépôt relate la substance de l'acte déposé, ou si ce dernier y est transcrit littéralement. Massé et Vergé sur Zachariæ, I, § 167, note 15; Demolombe, Laurent, *loc. cit.;* Baret, *op. cit.,* p. 74; Planiol, *loc. cit.*

(⁴) Cpr. Bruxelles, 11 juill. 1808, *J. G.,* v° *cit.,* n. 550, S., 9. 2. 199.

(⁵) Loiseau, p. 464 et 465; Richefort, II, n. 255, 256; Valette sur Proudhon, II, p. 149; Duvergier sur Toullier, I, n. 953, note *a;* Duranton, III, n. 215 (cpr. cep. n. 218); Zachariæ, et Massé et Vergé sur Zachariæ, I, § 167, texte et note 16; Demolombe, V, n. 404; Aubry et Rau, VI, § 568, texte et note 19; Laurent, IV, n. 52; Baret, *op. cit.,* p. 74; Massonié, *op. cit.,* p. 77; Arntz, I, n. 594. — Paris, 27 floréal an XIII, *J. G.,* v° *cit.,* n. 539, S., 7. 2. 764. — Rouen, 30 juin 1817, *J. G.,* v° et *loc. cit.,* S., 17. 2. 423. — Limoges, 6 juill. 1832, S., 32. 2. 497. — Cass.,

olographe, est un acte solennel ([1]). Cette objection se heurte
à la disposition de l'art. 334, qui veut que la reconnaissance
soit faite par un acte authentique. Le testament olographe est
sans doute un acte solennel, mais l'écrit qui constate les volontés du testateur n'est pas un acte authentique. L'art. 999 le
qualifie d'ailleurs d'acte sous signature privée. La reconnaissance contenue dans un testament olographe, étant dépourvue
d'existence légale, ne peut par suite être invoquée ni au profit de l'enfant ni contre lui ([2]). On s'est demandé si elle ne
peut être tout au moins interprétée comme constituant un
legs en faveur de l'enfant. Cette question excédant le cadre
de notre étude, nous nous bornons à la signaler ici ([3]).

Un testament mystique ne peut non plus contenir une
reconnaissance valable d'enfant naturel. Il n'y a d'authentique dans le testament mystique que l'acte de suscription ;
cet acte de suscription ne communique pas l'authenticité
au testament dont il signale seulement l'existence sous l'enveloppe ([4]). La reconnaissance pourrait, il est vrai, être faite
valablement dans l'acte de suscription ([5]) ; mais on ne comprendrait guère que le testateur qui, en employant la forme
mystique, paraît rechercher le secret, usât de ce moyen, qui
fera passer la reconnaissance sous les yeux de six témoins
au moins (arg. art. 976).

7 mai 1833, *J. G.*, *ibid.*, S., 33. 1. 355. — Nîmes, 2 mai 1837, *J. G.*. *ibid.*, S., 37.
2. 317. — Nîmes, 1er févr. 1843, *J. G.*, *ibid.* — Alger, 4 juin 1857, D., 57. 2. 172,
S., 57. 2. 409. — Aix, 7 juin 1860, D., 62. 2. 61, S., 60. 2. 402. — Bordeaux,
30 avril 1861, D., 61. 2. 215, S., 61. 2. 359. — Cass., 18 mars 1862, D., 62. 1. 284,
S., 62. 1. 622. — Paris, 11 août 1866, D., 66. 2. 168, S., 67. 2. 137. — Agen,
27 nov. 1866, D., 66. 2. 235, S., 67. 2. 138.

([1]) Toullier, II, n. 953 (cpr. n. 954) ; Troplong, *Des donat.*, III, n. 1498. — Cpr.
Cass., 3 sept. 1806, *J. G.*, v° *cit.*, n. 538, S., 6. 1. 409.

([2]) Laurent, IV, n. 52. — Nîmes, 1er févr. 1843, *supra.*

([3]) V. Aix, 7 juin 1860, et Alger, 4 juin 1857, *supra.*

([4]) Duvergier sur Toullier, I, n. 953, note *a* ; Valette sur Proudhon, II, p. 149 ;
Massé et Vergé sur Zachariæ, I, § 167, note 16 ; Demolombe, V, n. 405 ; Aubry et
Rau, VI, § 568 *bis*, texte et note 20 ; Laurent, IV, n. 52 ; Arntz, *loc. cit.* ; Baret,
op. et *loc. cit.* ; Massonié, *op. cit.*, p. 78. — Cpr. Bruxelles, 4 mars 1831, *J. G.*,
v° *Dispos. entre vifs et testam.*, n. 3289. — *Contra* : Loiseau, p. 466 ; Richefort,
II, n. 254 ; Duranton, III, n. 217 ; Zachariæ, I, § 167, note 21. — Cpr. Bruxelles,
23 mars 1811, *J. G.*, v° *cit.*, n. 3288. — Besançon, 22 mai 1845, *J. G.*, *ibid.*, S., 46.
2. 388.

([5]) Aubry et Rau, VI, § 568 *bis*, p. 170 ; Baret, Massonié, *op.* et *loc. cit.*

625. Si la loi veut que la reconnaissance soit faite par un acte authentique, elle n'exige pas que cet acte ait uniquement pour but de constater la reconnaissance, ni même que celle-ci en soit l'objet direct et principal. L'enfant peut donc être reconnu dans un acte authentique ayant un autre objet. Cela résulte des textes : l'art. 334 permet de faire la reconnaissance dans l'acte même de naissance et l'art. 331 dans l'acte de célébration du mariage. La solution donnée par ces textes doit être généralisée, car on n'aperçoit pas les motifs d'une distinction.

Ainsi l'aveu de paternité peut être contenu dans un contrat de mariage, dans un testament par acte public, dans une procuration donnée par devant notaires, ou dans tout autre acte quelconque, pourvu qu'il soit dans la forme authentique (¹).

626. Bien entendu, la loi ne prescrit pas de termes sacramentels. Mais il faut que la déclaration contenue dans l'acte authentique ne laisse aucun doute sur la volonté de son auteur. Est-il nécessaire que la volonté de reconnaître soit exprimée en termes formels, et dans le dispositif même de l'acte ? Certains auteurs l'enseignent (²). Ils invoquent en ce sens les art. 62, 331 et 334, d'où il résulterait que la reconnaissance doit être faite dans un acte dont elle constitue sinon l'objet unique ou même principal, du moins un des objets. Ils s'appuient également sur l'esprit de la loi. En exigeant le concours à l'acte d'un officier public, le législateur a voulu

---

(¹) Richefort, II, n. 249 ; Valette sur Proudhon, II, p. 149 ; Duranton, III, n. 213 ; Marcadé, art. 334, n. 1 ; Demante, II, n. 62 *bis*, I ; Aubry et Rau, VI, § 568 *bis*, p. 170, 171 ; Demolombe, V, n. 409 ; Laurent, IV, n. 52 ; Arntz, I, n. 595 ; Huc, III, n. 74 ; Vigié, I, n. 558 ; Massonié, *op. cit.*, p. 76 s. ; Planiol, I, n. 2216. — Jurisprudence constante. V. notamment : Grenoble, 6 août 1861, D., 61. 2. 207, S., 62. 2. 132. — Montpellier, 13 juill. 1870, D., 72. 1. 113. — Paris, 22 juin 1872, D., 73. 2. 64, S., 72. 2. 171. — Paris, 23 mai 1873, D., 74. 2. 87, S., 75. 2. 324. — Cass. (motifs), 25 juin 1877, D., 78. 1. 262, S., 78. 1. 217. — Pau, 2 juill. 1885, D., 86. 2. 165. — Cass., 24 janv. 1888, D., 88. 1. 302, S., 89. 1. 53. — Amiens, 26 nov. 1891, D., 92. 2. 425. — Cass., 2 janv. 1895, D., 95. 1. 367, S., 95. 1. 115. — Ce que nous disons au texte de la reconnaissance contenue dans une procuration authentique doit s'entendre d'une procuration ayant un objet autre que la reconnaissance elle-même. La procuration donnée à l'effet de reconnaître un enfant naturel ne constitue pas par elle-même une reconnaissance (*infra*, n. 627). V. cep. Paris, 1ᵉʳ févr. 1812, *J. G.*, vᵒ *Paternité*, n. 520, S., 12. 2. 161.

(²) Laurent, IV, n. 54 s.

garantir la liberté et la sincérité de la reconnaissance ; dès lors il faut que l'attention de la partie et aussi de l'officier public, rédacteur de l'acte, soit attirée sur la portée de la déclaration qui y est contenue et d'où résulte l'aveu de paternité ou de maternité. Or, il n'en est ainsi que lorsque cette déclaration est insérée dans le dispositif, peu importent du reste les termes dans lesquels elle est conçue. — Nous ne croyons pas, d'accord en cela avec la jurisprudence et la majorité des auteurs, que le législateur ait émis une pareille exigence. L'art. 334 prescrit simplement de faire la reconnaissance d'enfant naturel dans la forme authentique. Il n'ordonne pas autre chose. Il suffit donc, pour que le vœu de la loi soit rempli, que la volonté de reconnaître l'enfant résulte clairement d'un acte authentique. Et il importerait peu que la reconnaissance fût faite en termes énonciatifs, si ceux-ci ne peuvent pas être interprétés autrement qu'en supposant chez l'auteur de l'enfant la ferme volonté d'avouer sa paternité. C'est donc une question d'interprétation, que les juges du fait résoudront souverainement (¹). Les arrêts offrent un grand nombre d'exemples de reconnaissances de ce genre (²). Ainsi une femme fait une donation à une autre qu'elle nomme sa petite-fille. Les père et mère de la donataire sont désignés dans l'acte de donation. Il a été jugé que la donatrice avait voulu reconnaître comme sa fille naturelle la mère de la donataire (³). Ou bien encore, un homme déclare la naissance d'un enfant naturel et signe l'acte de naissance de son nom qu'il fait suivre du qualificatif de *père* (⁴). La cour de Metz a jugé que l'enfant dont la naissance est déclarée par un homme est reconnu par le déclarant, lorsque celui-ci a désigné faussement la mère de l'enfant comme son épouse légitime (⁵).

(¹) Duranton, III, n. 214 ; Zachariæ, et Massé et Vergé sur Zachariæ, I, § 167, texte et notes 29 à 31 ; Aubry et Rau, VI, § 568 *bis*, p. 171 ; Demolombe, V, n. 410 ; Baret, *op. cit.*, p. 74, 75 ; Massonié, *op. cit.*, p. 79 s. ; Huc, Vigié, Planiol, *loc. cit.*

(²) V. les arrêts cités dans *J. G.*, vᵒ *Paternité*, n. 543-547. — *Adde* : Paris, 22 juin 1872 ; Cass., 24 janv. 1888 et 2 janv. 1895 ; Amiens, 26 nov. 1891, *supra*. — Trib. de Gand, 21 juin 1893, D., 94. 2. 387.

(³) Cass., 24 janv. 1888, *supra*.

(⁴) Colmar, 24 mars 1813, *J. G.*, vᵒ *Paternité*, n. 543. S., 14. 2. 2.

(⁵) Metz, 8 août 1855, D., 57. 2. 34, S., 57. 2. 35.

Cette solution nous paraît contestable, car l'officier public, ayant été trompé sur la nature des relations du déclarant avec la mère de l'enfant, n'a pas pu remplir la mission que la loi lui a confiée et éclairer le comparant sur la portée de son acte.

627. La reconnaissance peut être faite par mandataire. La procuration doit satisfaire à certaines conditions de fond et de forme.

A. Le mandat doit être *spécial*. La reconnaissance d'enfant naturel est un acte d'état civil. Donc il faut appliquer la disposition de l'art. 36 C. civ. Cela est du reste conforme à l'esprit de la loi. La loi veut que l'auteur de l'enfant manifeste personnellement sa volonté de le reconnaître. Un mandat général ne suffirait donc pas, car la volonté du mandataire ne peut se substituer à celle de son mandant.

Pour le même motif il faut que l'enfant dont il s'agit de constater la filiation soit désigné clairement dans la procuration donnée au mandataire, autrement le mandat ne serait pas spécial. La cour d'Aix avait déclaré valable la reconnaissance faite dans les circonstances suivantes : un homme avait, par acte authentique, donné le mandat de reconnaître, devant tous officiers de l'état civil, l'enfant à naître d'une femme, dont le nom n'était pas indiqué dans la procuration, mais avait été révélé confidentiellement au mandataire (¹). L'arrêt fut cassé, avec raison, par la cour de cassation. Il était évident, en effet, qu'une pareille procuration ne pouvait être considérée comme étant spéciale, le mandant s'étant mis à la discrétion du mandataire (²).

B. La procuration doit être donnée par un acte authentique. La question était discutée autrefois. On était cependant d'accord pour la résoudre dans le sens que nous avons indiqué, lorsqu'il s'agissait de reconnaître un enfant devant l'officier

---

(¹) Aix, 30 mars 1866, D., 66. 2. 201, S., 67. 2. 73. — Mourlon, Dissert. sur cet arrêt, D., *loc. cit.*

(²) Cass., 12 fév. 1868, D., 68. 1. 60 et la note, S., 68. 1. 165 et, sur renvoi, Grenoble, 24 juin 1869, D., 69. 2. 207, S., 69. 2. 240. — Aubry et Rau, VI, § 568 *bis*, p. 169; Demolombe, V, n. 411 *bis*; Laurent, IV, n. 57; Baret, *op. cit.*, p. 67; Massonié, *op. cit.*, p. 84 s.; Vigié, I, n. 555.

de l'état civil (arg. art. 36). Mais on avait prétendu qu'il suffisait d'une procuration par acte sous seing privé, ou même d'un mandat purement verbal, dans le cas où la reconnaissance devait être faite en la forme notariée (¹). La controverse est éteinte depuis la loi du 21 juin 1843, dont l'art. 2 semble bien exiger que la procuration soit donnée par un acte authentique. Cette solution se conçoit d'ailleurs parfaitement : la reconnaissance d'enfant naturel, même reçue par devant notaires, est un acte de l'état civil et dès lors l'art. 36 doit être appliqué. Et d'autre part, les garanties que la loi a voulu établir pour assurer la liberté et la sincérité de la reconnaissance n'existeraient pas, si la volonté du mandant, c'est-à-dire de l'auteur de l'enfant, pouvait être exprimée dans une procuration donnée autrement qu'en la forme authentique (²).

La procuration peut d'ailleurs être délivrée en brevet et il n'est pas nécessaire qu'il en soit gardé minute par le notaire qui l'a rédigée (arg. art. 20 L. 25 ventôse an XI) (³).

La procuration donnée à l'effet de reconnaître un enfant naturel est essentiellement révocable comme le mandat ordinaire (art. 2003 et 2004) (⁴). Suivant les règles du droit commun, la révocation peut intervenir tant que le mandat n'a pas été exécuté. Pour qu'il y ait exécution du mandat, il faut que l'acte de reconnaissance ait été dressé par l'officier public compétent. Les pouvoirs du mandataire peuvent donc être révoqués, s'il a simplement déposé sa procuration entre les

(¹) Duranton, III, n. 222. — Paris, 10 mai 1851 (motifs), D.. 53. 2. 114. — *Contra* : Richefort, II, n. 253; Zachariæ, I, § 167, texte et note 24. — Riom, 26 fév. 1817, *J. G.*, vᵒ *cit.*, n. 551, S., 18. 2. 25.

(²) Massé et Vergé sur Zachariæ, *loc. cit.*; Demolombe, V, n. 407 ; Demante, II, n. 62 *bis*, VIII ; Aubry et Rau, VI, § 568 *bis*, texte et note 17 ; Laurent, IV, n. 51 ; Arntz, I, n. 588; Baret, *op. et loc. cit.*; Massonié, *op. cit.*, p. 82 s.; Vigié, *loc. cit.*; Planiol, I, n. 2222. — Aix, 30 mai 1866; Cass., 12 fév. 1868; Grenoble, 24 juin 1869, *supra*.

(³) Massé et Vergé sur Zachariæ, *loc. cit.*; Aubry et Rau, VI, § 568 *bis*, note 17; Demolombe, V, n. 408; Laurent, IV, n. 51; Baret, *op. cit.*, p. 67, note 1; Trouiller, *Rev. prat.*, 1860, IX, p. 352. — Paris, 1ᵉʳ fév. 1812, *J. G.*, vᵒ *cit.*, n. 520, S., 12. 2. 161. — *Contra* : Girerd, *Rev. prat.*, 1860, IX, p. 133.

(⁴) Laurent, IV, n. 51; Planiol, I, n. 2222. — *Contra* : Massonié, *op. cit.*, p. 89.

mains de l'officier de l'état civil (¹), ou même s'il a requis
celui-ci d'inscrire l'acte sur les registres (²).

SECTION II

AU PROFIT DE QUELS ENFANTS ET A QUEL MOMENT LA RECONNAISSANCE PEUT AVOIR LIEU

§ I. *Quels enfants peuvent être reconnus.*

628. La reconnaissance ne peut avoir lieu qu'au profit des
enfants naturels simples. « *Cette reconnaissance ne pourra
avoir lieu au profit des enfants nés d'un commerce incestueux
ou adultérin* », dit l'art. 335. Dans un intérêt de moralité publique, on n'a pas voulu que la paternité ou la maternité adultérine ou incestueuse pût être révélée (³). La reconnaissance des
enfants adultérins ou incestueux étant prohibée, il en résulte
que l'officier public qui serait requis de constater une semblable reconnaissance devrait refuser de la recevoir; ministre de la loi, son premier devoir est de ne pas prêter la main
à sa violation. La pratique offre cependant d'assez nombreux
exemples de reconnaissances d'enfants adultérins ou incestueux. C'est que, le plus souvent, les auteurs de la reconnaissance ne révèlent pas à l'officier public, dont ils empruntent
le ministère, le vice d'adultère ou d'inceste dont la filiation
de l'enfant est entachée. Ainsi un homme marié qui veut reconnaître son enfant adultérin évitera soigneusement de faire
savoir à l'officier public qu'il était marié lors de la conception de l'enfant et l'officier public, qui, on le suppose, ne connaît pas personnellement le déclarant, dressera acte de la
reconnaissance. Ou bien encore, si les auteurs d'un enfant
incestueux veulent reconnaître leur enfant dans un seul et
même acte, ils se garderont bien d'indiquer à l'officier public
le lien de parenté qui les unit; de sorte que l'officier public,

---

(¹) Bourges. 6 juin 1860, D., 61. 2. 9, S., 61. 2. 81.

(²) Les motifs de l'arrêt de Bourges, précité, semblent en sens contraire. — Cpr.
Laurent, *loc. cit.*

(³) Cpr. codes portugais, art. 122; espagnol, art. 119, 129, 139 s.; italien, art.
180; néerlandais, art. 338.

qui ignore ce lien de parenté, dressera de bonne foi acte d'une reconnaissance illégale.

L'interprétation de l'art. 335 soulève d'assez graves difficultés. Pour les résoudre, nous examinerons successivement les deux questions suivantes : 1° dans quels cas peut-on dire que la reconnaissance s'applique à un enfant adultérin ou incestueux? 2° quels effets produit la reconnaissance d'un enfant adultérin ou incestueux?

N° 1. Dans quel cas la reconnaissance s'applique-t-elle à un enfant incestueux ou adultérin?

629. D'après l'art. 335, l'enfant incestueux ou adultérin est celui qui est né d'un *commerce incestueux ou adultérin.* C'est donc, nous l'avons déjà vu, au moment de la conception de l'enfant qu'il faut se reporter pour déterminer sa qualité. Mais comment pourra-t-on savoir à quelle époque se place cette conception? Quelques auteurs refusent de recourir, en cette matière, aux présomptions écrites dans les art. 312 à 315. Les présomptions légales sont, disent-ils, de droit essentiellement étroit. Or les dispositions des art. 312 et suiv. ont été édictées exclusivement en faveur des enfants légitimes et dans la vue de faciliter la preuve de la filiation légitime. Ces textes, devant être interprétés restrictivement, ne peuvent être étendus à la filiation naturelle. C'est donc aux juges qu'il appartiendra de décider, d'après les faits de la cause, à quel moment se place la conception de l'enfant. La loi leur laisse, sur ce point, un libre pouvoir d'appréciation. Ainsi supposons qu'un homme, devenu veuf, reconnaisse l'enfant qu'une femme libre a mis au monde le 180ᵉ jour depuis la dissolution du mariage. Si l'on suit la présomption qui résulte de l'art. 314, il faut dire que l'enfant a pu être conçu après la rupture du lien conjugal et que, dès lors, il *doit* être considéré comme enfant naturel simple. Si, au contraire, on écarte ici la présomption de la loi, il sera permis à tout intéressé de prétendre que la conception a eu lieu pendant le mariage et que, par suite, l'enfant est adultérin; seulement il faudra en fournir la preuve (¹).

(¹) Laurent, IV, n. 4 et 136. — Dijon, 29 août 1818, *J. G.,* vᵒ *Paternité,* n. 719, S., 19. 2. 153. — Cpr. Cass., 11 nov. 1819, *J. G., ibid.,* S., 20. 1. 222.

Les arguments que nous venons de développer ont évidemment une très grande force. Nous croyons cependant qu'il faut appliquer à notre matière les présomptions relatives à l'époque probable de la conception, que la loi a établies pour la filiation légitime. Sans doute, les textes qui édictent des présomptions légales doivent être interprétés restrictivement. Mais, à notre avis, la loi, en fixant l'époque à laquelle l'enfant doit être réputé conçu, n'a pas songé exclusivement aux enfants légitimes. Ceux-ci ont fait, il est vrai, l'objet principal de ses préoccupations; mais il résulte de l'esprit de la loi et de l'ensemble de ses dispositions que la filiation naturelle est soumise à ce point de vue aux mêmes règles générales. Nous avons déjà énoncé cette proposition au début de notre étude [1]. Le moment est venu de la justifier.

Il nous paraît certain, tout d'abord, que la conception de l'enfant doit se placer *nécessairement* dans la période qui s'étend du 180e au 300e jour avant sa naissance. Les textes le prouvent. Prenons en effet les art. 312 et 313. Un enfant est désavoué parce qu'il y a eu impossibilité morale ou physique de cohabitation entre sa mère et le mari de celle-ci pendant toute la période dans laquelle il est réputé conçu, d'après la présomption de la loi. Quel sera l'état de cet enfant? La loi en fait un enfant *adultérin* et elle lui interdit de chercher à prouver qu'il a été conçu à une autre époque, dans le but de revendiquer soit la qualité d'enfant légitime, soit même celle d'enfant naturel simple. Nous devons en dire autant des cas prévus par les art. 314 et 315. Un enfant naît avant le 180e jour du mariage. Il est désavoué (art. 314). On ne dira pas simplement que la légitimité de cet enfant n'a pas été établie; il faudra dire que cet enfant est un enfant naturel. Ou bien encore, un enfant naît 300 jours après la dissolution du mariage de sa mère; sur une action en contestation de légitimité, il sera exclu de la famille légitime et devra être considéré comme un enfant naturel (art. 315).

Voilà donc un point certain. L'on ne peut soutenir que l'enfant a été conçu plus tôt que le 300e, ni plus tard que le

_____

[1] *Supra*, n. 403.

180ᵉ jour qui précède celui de sa naissance. Si donc, pendant toute cette période, l'un des auteurs de l'enfant n'était pas libre, l'enfant sera *nécessairement* un enfant adultérin.

Cela étant, supposons maintenant que, suivant que l'on place la conception à tel ou tel moment de la période légale, l'enfant puisse être, soit un enfant naturel simple, soit un enfant adultérin ou incestueux. Par exemple, l'homme qui l'a reconnu s'est trouvé marié, pendant les cent premiers jours de cette période et libre pendant les vingt et un derniers. Que faudra-t-il décider? Faudra-t-il, comme on le propose, permettre aux juges de déterminer en fait le moment de la conception? Cela nous paraît tout à fait contraire aux intentions du législateur. Celui-ci, par le soin qu'il a apporté à régler les modes de preuve de la filiation, et à proscrire ceux dont les résultats lui ont paru incertains, a montré qu'il voulait, dans la plus large mesure possible, soustraire l'état des personnes à l'appréciation arbitraire des juges. D'autre part, nous l'avons remarqué, il a établi une gradation entre les divers ordres de filiation, préférant la filiation légitime à la filiation naturelle simple, et celle-ci à la filiation adultérine ou incestueuse dont il va jusqu'à interdire la preuve. Dès lors, ne doit-on pas décider que, dans le cas où, à raison de l'époque à laquelle se place la conception de l'enfant, d'après la présomption légale, il est possible de lui assigner soit l'état d'enfant naturel simple, soit celui d'enfant incestueux ou adultérin, la présomption légale doit être interprétée dans le sens le plus favorable à l'enfant, ou si on l'aime mieux, dans le sens des préférences manifestées par le législateur (¹)?

630. Tel est le principe auquel il faut se rattacher pour déterminer l'époque à laquelle l'enfant doit être réputé conçu. Si, à ce moment, un des auteurs de l'enfant est engagé dans les liens d'un mariage non dissout, ou si tous deux sont mariés, la conception est entachée d'adultère; et si, à cette époque, il existait entre les deux auteurs de l'enfant un lien de parenté ou d'alliance au degré prohibé, la filiation est incestueuse.

Peu importe du reste que les père et mère de l'enfant aient

(¹) Duranton, III, n. 194; Massonié, *op. cit.*, p. 194, 195; Vigié, I, n. 592.

été de bonne foi, au moment où les relations se sont établies entre eux et où l'enfant a été conçu. L'enfant sera néanmoins considéré comme incestueux, si les père et mère ignoraient le lien de parenté qui les unissait ; et comme adultérin, alors que l'auteur libre n'aurait pas su que l'autre fût marié (¹). Ces solutions devraient être maintenues dans le cas même où l'erreur commise par les père et mère, en ce qui touche l'existence d'un empêchement de mariage pour les causes ci-dessus indiquées, aurait été pour ainsi dire provoquée par un acte de l'autorité publique. Ainsi une femme, après que le décès de son mari a été faussement constaté, entretient des relations avec un homme et il lui naît un enfant. Bien que, à raison de la bonne foi de la femme, elle ne puisse, telle est du moins l'opinion générale, être condamnée pour adultère, l'enfant sera cependant adultérin (²). Nous irons même plus loin. Une femme mariée a été enlevée par violence ; elle devient mère et l'enfant qu'elle met au monde est désavoué par son mari. La filiation de cet enfant est une filiation adultérine. On a cependant proposé de considérer l'enfant comme étant légitime à l'égard de sa mère (³). Mais les arguments sur lesquels on s'est fondé tombent devant cette considération décisive que, si cela était vrai, il faudrait également décider que la filiation paternelle est une filiation légitime. Or il n'en est rien (arg. art. 340) et même, dans l'hypothèse que nous envisageons, cette filiation paternelle ne peut pas être l'objet d'une constatation légale (⁴).

631. La loi, dans l'art. 335, proscrit la reconnaissance des enfants nés d'un commerce incestueux ou adultérin. Pour que la reconnaissance soit nulle, il faut bien évidemment qu'il soit certain qu'elle s'applique à un enfant incestueux ou adultérin. Mais quand cette condition sera-t-elle remplie ? C'est ce que nous allons rechercher successivement pour les enfants adultérins et pour les enfants incestueux.

(¹) Valette sur Proudhon, II, p. 158: Massé et Vergé sur Zachariæ, I, § 172, note 1 ; Ducaurroy, Bonnier et Roustain, I, n. 485 ; Demolombe, V, n. 349 ; Massonié, *op. cit.*, p. 193.

(²) Demolombe, V, n. 350 ; Barel, *op. cit.*, p. 117.

(³) Bedel, *De l'adultère*, n. 68.

(⁴) Demolombe, V, n. 560.

632. I. *Dans quels cas est-il légalement constant que la reconnaissance s'applique à un enfant adultérin?*

A. Si l'enfant a été reconnu, dans le même acte ou dans deux actes distincts, peu importe, par un homme et par une femme qui, lors de la conception, se trouvaient mariés, chacun de son côté, il n'y a pas de doute. Les deux reconnaissances révèlent une double filiation adultérine; elles tombent toutes deux sous le coup de l'art. 335.

B. L'enfant est reconnu par un seul de ses auteurs et celui-ci, par hypothèse, se trouvait libre au moment de la conception, alors que l'autre était marié. La reconnaissance est valable en principe. Car, bien que l'enfant ait en réalité une origine adultérine, cette origine est ignorée, ou du moins elle n'est pas légalement connue. L'enfant sera en fait traité comme un enfant naturel simple.

Il est des cas, rares d'ailleurs, où la filiation adultérine de l'enfant sera légalement établie à l'égard d'un de ses auteurs. Dans de semblables hypothèses, l'autre auteur ne pourra pas le reconnaître valablement. Ainsi un enfant conçu en mariage est désavoué par le mari de sa mère, pour cause d'impossibilité physique ou morale de cohabitation. Cet enfant ne pourra pas être reconnu par celui qui se croit son père, car il est constant qu'il a une origine adultérine.

Il en sera de même si l'auteur libre qui a fait la reconnaissance désigne, dans l'acte, comme étant l'autre auteur de l'enfant, un homme ou une femme qui était marié à l'époque de la conception. La reconnaissance est alors sans valeur. Sans doute celui qui l'a faite ne devait pas indiquer comme étant l'autre auteur de l'enfant une personne qui était mariée lors de la conception. Une pareille déclaration n'aurait pas dû être reçue. Mais, ayant été à tort insérée dans l'acte de reconnaissance, elle donne à cet acte un caractère particulier. C'est un des éléments de l'aveu qui a été fait par l'auteur de la reconnaissance. Celui-ci a voulu avouer une paternité ou une maternité adultérine. Or l'aveu est indivisible. Cette solution est généralement admise, pour le cas où un homme non marié, en reconnaissant un enfant naturel, lui assigne comme mère une femme mariée (¹). Elle est contestée, au contraire, lorsqu'il s'agit d'une reconnaissance faite par une femme libre de tout lien, avec attribution de la paternité de l'enfant à un homme marié. On a dit que l'indication du père est entièrement sans valeur et que dès lors elle ne peut avoir pour effet de vicier la reconnaissance faite par la mère, et pour justifier la distinction que l'on établit ainsi entre les deux hypothèses, on fait observer que, dans la première, l'indication de la mère, étant indispensable pour individualiser l'enfant, ne peut être séparée de l'aveu de la paternité, tandis que, dans la seconde, la désignation du père est absolument inutile et que dès lors il ne faut en tenir aucun compte. On ajoute qu'en désignant la mère dans l'acte de reconnaissance, le père a usé d'un droit, lequel lui est conféré par l'art. 336 (²). Cette distinction est généralement repoussée (³). Dans les deux cas il y a en effet les mêmes motifs de décider. La reconnaissance de la mère doit être tenue pour nulle, comme la reconnaissance du père. Par suite, l'une et l'autre pourront être renouvelées et l'on n'en pourra tirer aucun argument contre l'enfant qui voudrait ensuite rechercher son état (⁴).

C. Supposons enfin que l'enfant soit reconnu par ses deux auteurs, dont un seul était libre à l'époque de sa conception. Deux hypothèses doivent être examinées : 1° les deux reconnaissances sont faites par un seul et même acte; 2° le père et la mère de l'enfant le reconnaissent par deux actes distincts.

(¹) Aubry et Rau, VI, § 572, texte et note 4; Demante, II, n. 63 *bis*, II et IV; Demolombe, V, n. 575; Laurent, IV, n. 143; Baret, *op. cit.*, p. 120; Planiol, I, n. 1228. — Bordeaux (motifs), 17 nov. 1859, D., 60. 2. 48, S., 60. 2. 5. — Cass. (motifs), 1er mai 1861, D., 61. 1. 241, S., 61. 1. 486. — Limoges (motifs), 19 mars 1862, D., 62. 2. 72, S., 62. 2. 255. — *Adde* Bastia, 18 août 1845, D., 45. 2. 135 (dans l'espèce, la mère avait confirmé par son aveu l'indication donnée par le père). — *Contra* : Massonié, *op. cit.*, p. 204 à 206. — Bourges (motifs), 12 juill. 1859, D., 59. 2. 209, S., 60. 2. 1.

(²) Aubry et Rau, VI, § 572, texte et note 6; Note dans D., 83. 1. 319; Massonié, *op. cit.*, p. 207. — Cpr. les motifs de Bastia, 18 août 1845, *supra*.

(³) Demolombe, V, n. 575; Demante, *loc. cit.*; Planiol, *loc. cit.* — Cass., 29 janv. 1883, D., 83. 1. 319, S., 84. 1. 73 et la note.

(⁴) Demolombe, V, n. 575 et 576.

a. Si l'enfant est reconnu dans deux actes séparés, chacune des deux reconnaissances doit être envisagée isolément. La reconnaissance qui émane de l'auteur non marié est valable, pourvu, conformément à ce qui a été dit ci-dessus, que le nom de l'autre ne soit pas indiqué. La reconnaissance faite par celui qui n'était pas libre au moment de la conception est nulle et ne peut avoir pour effet de vicier la première (¹).

b. Dans la première hypothèse, il faut adopter la solution opposée : les deux reconnaissances sont nulles. Elles marquent, en effet, par leur réunion dans le même acte, l'intention d'avouer une paternité et une maternité adultérines. La doctrine (²) en général et la jurisprudence (³) sont en ce sens.

633. II. *Dans quels cas est-il légalement constant que l'enfant reconnu est un enfant incestueux ?* — L'enfant est-il reconnu par son père seulement ou par sa mère seulement, la reconnaissance est valable, car rien ne révèle l'origine incestueuse de l'enfant.

La reconnaissance devrait cependant être tenue pour nulle, si l'auteur de la reconnaissance indiquait, comme étant le père ou la mère de l'enfant, une autre personne à laquelle il est lui-même rattaché par un lien de parenté ou d'alliance produisant un empêchement de mariage (⁴).

Il faudrait aussi décider que l'enfant n'est pas valablement

(¹) Duranton, III, n. 206; Zachariæ, I, § 172, texte et note 23; Demolombe, V, n. 577; Aubry et Rau, VI, § 572, p. 218; Demante, II, n. 63 *bis*, III; Arntz, I, n. 621; Planiol, I, n. 2228. — *Contra :* Laurent, IV, n. 146. — D'après cet auteur, en effet, la reconnaissance qui émane de l'auteur marié vaut tout au moins comme aveu de paternité ou de maternité adultérine et vicie par conséquent la reconnaissance faite par l'autre. Dans le même sens, Massonié, *op. cit.*, p. 197.

(²) Demolombe, V, n. 574; Aubry et Rau, VI, § 572, texte et note 7; Baret, *op. cit.*, p. 121; Massonié, *op. cit.*, p. 201; Laurent, IV, n. 115; Arntz, *loc. cit.*; Planiol, *loc. cit.* — *Contra :* Duranton, III, n. 202, 206 cbn.; Taulier, I, p. 415.

(³) Paris, 7 avril 1825, J. G., vº *Paternité*, n. 718. — Cass., 1ᵉʳ août 1827, *J. G.*, *loc. cit.*, S., 28. 1. 49. — Bourges, 4 janv. 1839, *J. G., ibid.*, S., 39. 2. 289. — Chambéry, 8 nov. 1876, D., 78. 1. 262. — Cass., 25 juin 1877, D., 78. 1. 262, S., 78. 1. 117. — Trib. Arcis-sur-Aube, 23 fév. 1893, D., 93. 2. 564.

(⁴) Demante, II, n. 63 *bis*, IV; Laurent, IV, n. 148; Baret, *op. cit.*, p. 120 — Bordeaux, 17 nov. 1859, D., 60. 2. 48, S., 60. 2. 5. — Cass., 1ᵉʳ mai 1861, D., 61. 1. 241, S., 61. 1. 486. — Limoges, 19 mars 1862, D., 62. 2. 72, S., 62. 2. 255. — *Contra :* Massonié, *op. cit.*, p. 204-206. — Bourges, 12 juill. 1859, D., 59. 2. 209, S., 60. 2. 1. — Cpr. Aubry et Rau, VI, § 572, texte et notes 4 et 6.

reconnu, si ses père et mère ont avoué leur paternité et leur
maternité dans un seul et même acte. Cette solution se fonde
sur les mêmes motifs qui nous ont servi à justifier celle que
nous avons donnée au sujet de l'enfant né d'un commerce
adultérin. Ces motifs ont ici plus de force encore, car on ne
voit pas laquelle des deux reconnaissances pourrait être pré-
férée à l'autre (¹).

La question devient singulièrement délicate, si nous supposons que l'enfant a été reconnu par ses père et mère dans
deux actes distincts. Considéré isolément, aucun des deux
actes ne révèle, par hypothèse, l'origine incestueuse de l'enfant et semble dès lors valable. Mais, de leur concours il
résulte nécessairement que l'enfant est incestueux. Donc on
ne peut valider les deux reconnaissances. Faut-il les annuler
toutes les deux? Faut-il n'en maintenir qu'une et laquelle?
Les systèmes les plus variés ont été proposés pour résoudre
cette difficulté.

A. Un de ceux qui ont été présentés nous paraît, de prime
abord, devoir être écarté, parce que ceux qui l'ont soutenu
n'ont pas, à notre avis, posé la question sur son véritable terrain et que, par suite, la solution qu'ils préconisent ne répond
pas au problème. C'est, a-t-on dit, la reconnaissance émanée
de la mère qui, en principe, doit être maintenue (²). L'aveu de
la maternité a en effet un caractère de certitude qui manque
à l'aveu de la paternité. La femme qui reconnaît sa maternité avoue un fait dont elle peut avoir une connaissance
positive; il n'en est pas de même de l'homme, qui ne peut
jamais être sûr de sa paternité. Et du moment qu'il est impossible de maintenir les deux reconnaissances, c'est, en
principe, celle du prétendu père qu'il faudra annuler de préférence. Ce principe n'a d'ailleurs rien d'absolu. L'on peut
démontrer que la reconnaissance faite par la femme est men-

(¹) Demolombe, V, n. 579; Aubry et Rau, VI, § 572, p. 218, d; Demante, II,
n. 63 bis, IV; Laurent, IV, n. 149; Baret, op. cit., p. 121; Massonić, op. cit.,
p. 201, 202; Arntz, loc. cit. — Cpr. Duranton, III, n. 202. Cet auteur décide que
l'enfant peut toujours combattre la reconnaissance de paternité, comme incompatible avec celle de la mère.

(²) Duranton, III, n. 196 à 201; Dalloz, J. G., vᵒ cit., n. 722.

songère, qu'elle a été inspirée par une pensée de fraude ou par la haine que cette femme porte au père de l'enfant et, cette reconnaissance étant écartée, rien ne révélera l'origine incestueuse de l'enfant, qui aura pu dès lors être l'objet d'une reconnaissance valable de la part de son père.

A ce système une première objection peut être faite. Il se fonde sur cette présomption que l'aveu de maternité est sincère et que l'aveu de paternité est suspect. Pour établir une pareille présomption, il faudrait un texte. Or ce texte fait défaut. Bien plus, la loi repousse cette présomption. Elle tient pour également sincères et exactes la reconnaissance du père et celle de la mère. Il ne suffit pas en effet, pour faire tomber la preuve de la filiation qui en résulte, d'alléguer que la reconnaissance de paternité a été déterminée par l'erreur ou par la fraude. Il faut le prouver, aussi bien que lorsqu'il s'agit de la reconnaissance émanée de la mère (arg. art. 339).

Demolombe (¹) a bien saisi la portée de cette critique. Aussi, tout en arrivant au même résultat pratique que les auteurs précédents, a-t-il proposé de corriger leur doctrine de la manière suivante : Aucune des deux reconnaissances ne doit être présumée inexacte. Seulement le juge sera tenu de faire un choix entre elles; il devra annuler celle qui lui paraîtra la moins vraisemblable. Ce sera le plus souvent la reconnaissance du père qui sera ainsi écartée; mais il se pourra aussi que le juge annule la reconnaissance de la mère.

Même ainsi amendée, cette théorie se heurte encore à une objection capitale : elle ne donne pas la solution du problème que nous avons à résoudre. Il est évident en effet que la question qui nous occupe ne peut pas se poser, s'il est possible d'annuler une des deux reconnaissances pour cause d'erreur ou de fraude. Car alors il ne subsiste plus qu'une seule reconnaissance, laquelle est valable en elle-même. Remarquons que, dans ce cas, la reconnaissance annulée est déclarée nulle, non pas parce qu'elle s'applique à un enfant

(¹) V, n. 580; cpr. n. 442 à 446.

incestueux, mais parce qu'elle est contraire à la vérité. Pour que notre question se pose, il faut nécessairement supposer qu'il est impossible de démontrer la fausseté de l'une ou l'autre reconnaissance. Nous nous trouvons alors en présence de deux reconnaissances, également tenues pour sincères, mais dont le concours révèle l'origine incestueuse de l'enfant qui en est l'objet. Quel en est le sort? C'est ce que le système ci-dessus ne permet pas de déterminer.

B. On a proposé de laisser le choix à l'enfant ([1]). Celui-ci optera pour celle des deux reconnaissances qui présente le plus d'intérêt pour lui. — Une pareille solution est inadmissible; l'état de l'enfant ne peut pas dépendre de sa volonté. Nous avons bien, en matière de filiation légitime, accordé, dans certains cas, à l'enfant un droit d'option. Mais ce droit d'option est donné à l'enfant par les textes. Ici nous ne trouvons rien de semblable. La loi ne préfère pas l'une des deux reconnaissances à l'autre. Le seul droit qu'elle attribue aux parties intéressées, c'est de contester la reconnaissance, à charge d'en démontrer la fausseté. Or, nous supposons précisément que cette démonstration ne peut pas être faite.

C. Dans un autre système, qui nous paraît le plus conforme aux principes, on annule les deux reconnaissances à la fois ([2]). La première en date, tant qu'elle est seule, est sans doute tenue provisoirement pour valable, parce que le vice de la conception de l'enfant est ignoré. La seconde révèle ce vice et la nullité dont elle est affectée rejaillit sur la première. Laurent, qui propose cette solution, l'applique également au cas où l'enfant est reconnu dans deux actes distincts par ses deux auteurs, dont l'un était libre et l'autre ne l'était pas à l'époque où doit se placer la conception. Nous avons, sur ce dernier point, rejeté sa doctrine. C'est qu'en effet les situations ne sont pas les mêmes : la reconnaissance faite par celui des père et mère qui était marié lors de la concep-

---

([1]) Taulier, I, p. 415.

([2]) Laurent, IV, n. 149; Massonié, op. cit., p. 200. La solution admise par ces deux auteurs cadre parfaitement avec le système adopté par eux pour déterminer les effets de la reconnaissance. Nous nous y rallions, mais pour d'autres motifs qui sont indiqués au texte.

tion est nulle par elle-même, sans qu'il soit besoin de la rapprocher de l'autre. Elle peut donc être écartée seule. Au contraire, dans l'hypothèse que nous envisageons actuellement, c'est le concours des deux actes de reconnaissance qui fait apparaître le vice d'inceste qui les affecte tous les deux. Pour annuler l'une des deux reconnaissances, il faut nécessairement la rapprocher de l'autre, et de ce rapprochement il résulte que celle-ci est nulle comme la première.

D. La solution à laquelle nous nous sommes arrêté est généralement trouvée trop sévère. On décide le plus souvent que la première reconnaissance doit être validée et la seconde annulée ([1]). La première en date était valable au moment où elle a été faite ; elle prouvait la filiation de l'enfant à l'égard de celui qui l'a reconnu par cet acte. Dès lors, l'enfant ne peut plus être valablement reconnu par une autre personne. rattachée à la première par un lien de parenté ou d'alliance produisant un empêchement de mariage. — A ces considérations, nous pouvons répondre d'abord qu'il est inadmissible de faire dépendre d'une question de date la validité d'une reconnaissance et surtout que, la deuxième reconnaissance ne révélant pas par elle-même l'origine incestueuse de l'enfant, on ne peut l'annuler qu'en la rapprochant de celle qui est intervenue la première et que, dès lors, il n'y a aucun motif de préférer celle-ci.

N° 2. Quels effets produit la reconnaissance d'un enfant adultérin ou incestueux.

634. En supposant qu'il soit légalement établi que la reconnaissance a pour objet un enfant adultérin ou incestueux, quels effets peut-elle produire? Cette question doit être résolue, à notre avis, dans le sens le plus radical. La loi nous

---

([1]) Baret, *op. cit.*, p. 120, 121 ; Arntz, I, n. 621 ; Planiol, I, n. 2228. — A cette doctrine Aubry et Rau (VI, § 572, texte et note 10) apportent cependant un tempérament qui paraît difficilement acceptable. L'enfant, disent ces auteurs, peut faire abstraction des deux reconnaissances et rechercher sa filiation maternelle, conformément à l'art. 341. Mais ce droit lui appartient dans le cas seulement où la reconnaissance du père est la première en date, non dans celui où la reconnaissance de la mère a précédé celle du père. Dans cette dernière hypothèse, c'est la solution indiquée au texte qui doit être appliquée.

dit que la reconnaissance *ne pourra avoir lieu* au profit des enfants nés d'un commerce incestueux ou adultérin (art. **335**). Il résulte clairement de ces termes qu'une pareille reconnaissance est *légalement impossible*. L'officier public ne devait pas la recevoir. S'il l'a constatée contrairement à la prohibition légale, il faut la tenir pour non avenue. Elle ne peut produire aucun effet, ni contre l'enfant, ni à son profit. L'enfant ne peut pas s'en prévaloir et on ne peut l'invoquer contre lui.

Les travaux préparatoires sont en ce sens ([1]). Notre solution est aussi conforme à l'esprit de la loi. C'est dans un intérêt de moralité publique, afin d'empêcher le scandale que soulèverait la révélation d'une filiation adultérine ou incestueuse, que le législateur a édicté la disposition de l'art. **335**. Le but visé par lui ne serait pas atteint, si la reconnaissance qu'il prohibe pouvait produire quelque effet. S'il était permis d'invoquer de pareilles reconnaissances, on verrait s'engager ces débats scandaleux que la loi a voulu éviter.

Nous disons donc d'abord que la reconnaissance dont un enfant adultérin ou incestueux est l'objet ne peut produire aucun effet *en sa faveur*. Il en résulte qu'il ne peut s'appuyer sur cette reconnaissance pour réclamer des aliments à ses auteurs prétendus.

Nous disons, d'autre part, que la reconnaissance ne peut produire aucun effet *contre l'enfant reconnu*. Ainsi on ne peut invoquer la reconnaissance qu'un homme marié a faite d'un enfant, pour empêcher cet enfant de rechercher contre une femme libre sa filiation maternelle. De même, on ne pourra opposer à une personne la reconnaissance dont elle a été l'objet en tant qu'enfant adultérin ou incestueux, pour faire réduire les libéralités qui lui auraient été faites par l'auteur de la reconnaissance en violation de l'art. 908.

635. Ce système est généralement admis en doctrine ([2]) et

([1]) Bigot-Préameneu, *Exposé des motifs* (Locré, VI, p. 215); Lahary, *Rapp.* (Locré, VI, p. 264); Duveyrier, *Discours* (Locré, VI, p. 323).

([2]) Chabot, *Des successions*, art. 762, n. 3 et 4; Loiseau, *op. cit.*, p. 732 à 740, 766; Duvergier sur Toullier, I, n. 967, note 1; Duranton, III, n. 195; Marcadé, art. 335, n. 2; Ducaurroy, Bonnier et Rouslain, I, n. 487; Zachariæ, et Massé et

en jurisprudence (¹). On a proposé d'autres interprétations de l'art. 335. Il nous suffira de les indiquer brièvement.

A. On a dit d'abord que la disposition de l'art. 335 signifie que l'enfant adultérin ou incestueux ne peut pas invoquer la reconnaissance comme *titre de filiation*. La loi a voulu priver l'enfant de son état de famille. Mais la reconnaissance n'en constitue pas moins un aveu de paternité ou de maternité, et cet aveu, sans valeur juridique au point de vue de l'état envisagé en lui-même, doit produire des effets en ce qui concerne les conséquences pécuniaires de l'état. Elle est nulle sous certains rapports, mais non point d'une façon absolue. L'enfant sera sans filiation; mais il ne sera pas sans droits. Cela résulte, dit-on, du rapprochement des art. 335, d'une part, 762 et 908, d'autre part. Ces derniers textes seront lettre morte, si l'on n'admet pas que la reconnaissance faite au profit d'un enfant adultérin ou incestueux peut être invoquée contre lui à l'effet de lui faire appliquer l'art. 908, et que cette même reconnaissance peut être invoquée par lui pour exercer le droit que lui confère l'art. 762. Les art. 762 et 908 ne recevront jamais leur application, puisqu'il ne sera jamais possible aux adversaires d'un enfant d'établir sa filiation adultérine ou incestueuse, ni à l'enfant lui-même de prouver cette filiation. On tire encore argument des travaux préparatoires (²)

Vergé sur Zachariæ, I, § 172, texte et notes 15, 19 à 23; Demolombe, V, n. 581 et 587; Demante, II, n. 63 *bis*, I; Aubry et Rau, VI, § 572, texte et notes 11 s.; Baret, *op. cit.*, p. 118; Arntz, I, n. 622 s.; Planiol, I, n 2227. — Cpr. Richefort, II, n. 318 et 324.

(¹) Cass., 28 juin 1815, *J. G.*, v° *Paternité*, n. 725, S., 15. 1. 329. — Cass., 11 nov. 1819, *J. G.*, v° *cit.*, n. 719, S., 20. 1. 222. — Rouen, 6 juill. 1820, *J. G*, v° *cit*, n. 725, S., 20. 2. 261. — Cass., 9 mars 1824, *J. G.*, *ibid.*, S., 24. 1. 114. — Poitiers, 11 déc. 1824, *J. G.*, *ibid.* — Cass., 1ᵉʳ août 1827, *J. G.*, v° *cit.*, n. 719, S., 28. 1. 49. — Cass., 18 mars 1828, *J. G.*, v° *cit.*, n. 725, S., 28. 1. 313. — Montpellier, 19 janv. 1832, *J. G.*, v° *cit.*, n. 715, S., 32. 2. 38. — Bordeaux, 21 déc. 1835, *J. G.*, v° *cit.*, n. 725, S., 37. 2. 71. — Cass.. 8 fév. 1836, *J. G.*, *ibid.*, S., 36. 1. 241. — Cass., 4 déc. 1837, *J. G.*, v° *cit.*, n. 728, S., 38. 1. 29. — Cass., 3 fév. 1841, *J. G.*, v° *cit.*, n. 725, S., 41. 1. 117. — Cass., 18 mars 1846, D., 46. 1. 344, S., 47. 1. 20. — Cass., 19 avril 1847, D., 47. 1. 128, S., 47. 1. 562. — Cass., 7 janv. 1852, D., 52. 1. 75. — Bourges, 12 juill. 1859, D., 59. 2. 209. — Plusieurs des arrêts ci·és relèvent cette circonstance que la paternité ou la maternité adultérine n'a pas été la cause du legs ou de la donation qu'ils déclarent valable. Ce n'est pas ici le lieu d'étudier cette question.

(²) V. Locré, X, p. 294.

et l'on objecte enfin qu'il serait immoral d'annuler la reconnaissance à tous les points de vue. Sans doute, l'officier public qui
a été requis de la constater ne devait pas la recevoir. Mais il
l'a reçue. Dès lors le scandale existe ; il faut accepter les conséquences de la révélation qui a été faite. Il serait inique de
refuser à l'enfant ainsi reconnu le droit minime que lui accorde l'art. 762 et, d'autre part, il serait étrange qu'il échap-
pât à l'incapacité édictée contre lui par l'art. 908. On ne peut
traiter un enfant adultérin ou incestueux plus favorablement
qu'un enfant naturel simple ; or c'est ce qui arriverait, si l'on
accepte le système généralement admis. Enfin on a fait observer que la reconnaissance d'un enfant adultérin ou incestueux constitue un aveu définitif et irrévocable auquel
certains effets doivent être attachés. Ces effets, ce sont ceux
des art. 762 et 908 (¹).

A ces divers arguments, nous répondrons en invoquant le
texte de la loi, d'où il résulte que la reconnaissance est légalement impossible, partant, complètement dépourvue d'effets.
Il serait étrange que les rédacteurs du code civil eussent fait
une distinction entre l'état considéré en lui-même et les conséquences pécuniaires qui s'y rattachent. S'ils ont décrété,
dans l'art. 335, que la reconnaissance ne prouve pas la filiation, ils n'ont pu se contredire au point de décider, dans les
art. 762 et 908, qu'elle peut cependant servir de titre en faveur de l'enfant et contre lui, pour les effets pécuniaires de
la filiation. On prétend que, dans notre système, nous leur
imputons une contradiction plus forte. L'objection serait
fondée, si la filiation adultérine ou incestueuse ne pouvait
être prouvée que par une reconnaissance. Mais nous verrons
qu'il est possible de trouver des cas, rares il est vrai, dans
lesquels une pareille filiation est légalement constatée en

(¹) Merlin, *Rép.*, vº *Filiation*, n. 20 à 22; Rolland de Villargues, *Enf. nat.*,
n. 250; Toullier, II, n. 967 à 969; IV, n. 246; Duranton, III, n. 299; Valette sur
Proudhon, II, p. 155 à 158; Laurent, IV, n. 141; Massonié, *op. cit.*, p. 229 s. —
Cpr. Richefort, *loc. cit.* — Bruxelles, 29 juill. 1811, *J. G.*, vº *cit.*, n. 724, S., 11.
2. 484. — Toulouse, 5 mars 1827, *J. G.*, *ibid.*, S., 27. 2. 162. — Grenoble, 20 janv.
1831, *J. G.*, *ibid.* — Lyon, 25 mars 1835, *J. G.*, vº *Dispos. entre vifs et test.*,
n. 272. — Paris, 14 déc. 1835, *J. G.*, vº *Paternité*, n. 724. — Paris, 22 juin 1839,
J. G., *ibid.*

l'absence de toute reconnaissance. Alors s'appliqueront les art. 762 et 908, qui se concilient ainsi aisément avec l'art. 335.

B. On a soutenu (¹) que la reconnaissance est nulle seulement en ce sens qu'elle ne peut pas faire titre en faveur de l'enfant, mais qu'elle produit des effets contre lui. Ainsi l'enfant ne pourrait s'armer de la reconnaissance qui révèle son origine incestueuse ou adultérine, pour réclamer des aliments (art. 762), mais la même reconnaissance servirait à ses adversaires à établir l'incapacité dont il est frappé par l'art. 908. On argumente en ce sens des termes de l'art. 335 d'où il résulte que la reconnaissance ne pourra avoir lieu *au profit de l'enfant,* mais non qu'elle ne pourra pas avoir lieu *contre lui.* Par cette interprétation judaïque de l'art. 335, on croit faire disparaître l'antinomie que l'on prétend exister autrement entre ce texte et l'art. 908. Nous nous contenterons de faire remarquer que, si cette solution est exacte, elle ne permettrait pas de concilier les art. 335 et 762; et que, d'autre part, elle prête aux rédacteurs du code civil un système tout à fait illogique. Si la reconnaissance est nulle, il semble qu'il n'en doive résulter aucune preuve de la filiation, ni pour l'enfant, ni contre lui (²).

C. Une autre doctrine développée devant la cour de Bordeaux (³) et justement condamnée par elle prend précisément le contrepied de la précédente. Elle valide la reconnaissance en faveur de l'enfant et la déclare nulle en tant qu'elle lui porte préjudice. Elle se heurte aux mêmes objections que celle que nous venons de combattre et de plus elle n'a, dans les textes, aucune base, même apparente.

D. Enfin on est allé jusqu'à soutenir qu'il fallait distinguer entre la reconnaissance faite par acte sous seing privé et la reconnaissance constatée par acte authentique. Celle-ci serait seule visée par l'art. 335. Celle-là serait valable et fournirait par suite un titre pour l'application des art. 762 et 908.

(¹) Bedel, *De l'adult.*, n. 70 s.

(²) Poitiers, 7 avril 1824, *J. G.*, vº *Paternité*, n. 718. — Cass., 1ᵉʳ août 1827, *supra.*

(³) Bordeaux, 21 déc. 1835, *J. G.*, vº *cit*, n. 725, S., 37. 2. 71.

Certains arrêts (¹) ont admis ce système, dont il n'est pas besoin de démontrer l'inexactitude.

636. Bien entendu, l'adhésion que l'enfant aurait donnée à la reconnaissance dont il a été l'objet ne pourrait avoir pour effet de valider celle-ci. Car l'état ne peut dépendre des volontés privées (arg. art. 6 et art. 1131) (²). Pour les mêmes motifs il faut déclarer sans valeur juridique les conventions, renonciations ou transactions conclues par l'enfant sur sa filiation. Mais l'enfant pourrait valablement transiger sur les droits pécuniaires qui découlent de son état.

§ II. *A quel moment peut intervenir la reconnaissance.*

637. Les enfants naturels simples sont donc les seuls qui puissent être l'objet d'une reconnaissance valable et susceptible de produire des effets. La reconnaissance peut d'ailleurs intervenir quels que soient l'âge et la condition sociale de l'enfant. Rien ne s'oppose à ce qu'un enfant naturel soit reconnu pendant qu'il est encore dans le sein de sa mère. Le père peut songer à faire une semblable reconnaissance en prévision du cas où il viendrait à mourir avant la naissance de l'enfant, et la mère en prévision du cas où elle succomberait dans les douleurs de l'enfantement. L'intérêt de l'enfant à cette reconnaissance anticipée est manifeste, et par suite elle doit être autorisée en vertu de la maxime : *infans conceptus pro nato habetur quoties de commodis ejus agitur* (³). On

(¹) Nancy (motifs), 20 mai 1816, *J. G.*, v° *cit.*, n. 733, S., 17. 2. 149. — Rennes, 31 déc. 1834, *J. G.*, v° *cit.*, n. 727, S., 36. 2. 506. — *Contra :* Cass., 1ᵉʳ avril 1818, *J. G.*, v° *cit.*, n. 728, S., 18. 1. 244. — Cass., 4 déc. 1837, *J. G.*, *ibid.*, S., 38. 1. 29. — Angers, 16 fév. 1843, *J. G.*, *ibid.*

(²) Aubry et Rau, VI, § 572, texte et note 14; Demolombe, V, n. 586. — Cass., 18 mars 1846, D., 46. 1. 344, S., 47. 1. 30. — V. cep. les considérants de l'arrêt de Bordeaux, 21 déc. 1835, cité *supra*.

(³) Loiseau, *op. cit.*, p. 421 s.; Toullier, II, n. 955; Richefort, II, n. 261; Valette sur Proudhon, II, p. 149; Duranton, III, n. 211; Marcadé, art. 334, n. 2; Zachariæ, et Massé et Vergé sur Zachariæ, I, § 167, texte et note 10; Demante, II, n. 62 *bis*, X; Demolombe, V, n. 414; Aubry et Rau, VI, § 568, p. 163; Laurent, IV, n. 42; Arntz, I, n. 592; Baret, *op. cit.*, p. 72; Massonié, *op. cit.*, p. 41; Huc, III, n. 76; Vigié, I, n. 560; Planiol, I, n. 2222. — Cass., 16 déc. 1811, *J. G.*, v° *Paternité*, n. 505, S., 12. 1. 81. — Paris, 1ᵉʳ fév. 1812, *J. G.*, v° *cit.*, n. 520, S., 12. 2. 161. — Colmar, 11 mars 1819, S., 20. 2. 153. — Metz, 19 août 1824, *J. G.*, v° *cit.*,

objecterait vainement les termes de l'art. 334, d'où il semble résulter que la reconnaissance ne peut être faite que dans l'acte de naissance ou un acte authentique postérieur. La loi a statué *de eo quod plerumque fit*. Il est évidemment nécessaire, pour l'efficacité d'une reconnaissance de ce genre, que l'enfant soit assez clairement désigné, pour qu'aucun doute ne soit possible sur son identité. C'est une question de fait à résoudre par les juges, en cas de contestation ([1]).

638. Il est également admis sans difficulté que la reconnaissance d'un enfant naturel peut être faite après la mort de celui-ci, s'il a laissé des descendants. La loi, permettant de légitimer cet enfant (art. 332), en autorise par cela même la reconnaissance. Les auteurs sont unanimes sur ce point ([2]).

La question de savoir si un enfant naturel peut être reconnu après sa mort, quand il n'a pas laissé de descendants, est plus délicate. En faveur de la négative, on a fait valoir les considérations suivantes. En principe, la reconnaissance ne peut s'appliquer au néant. Or la mort met fin à la personnalité. Un individu décédé n'est plus une personne ; en règle, il ne devrait pas être possible de le reconnaître. La loi a, il est vrai, dérogé à ce principe, mais l'exception admise par elle ne doit pas être étendue. Or, il résulte de l'art. 332 que la légitimation d'un enfant naturel décédé n'est possible que quand il a laissé des descendants. Il en doit être de même de la reconnaissance, car, au point de vue des droits qu'elle peut conférer aux parents, la reconnaissance équivaut à une

n. 517, S., 25. 2. 296. — Grenoble, 13 janv. 1840, *J. G.*, v° *cit.*, n. 545, S., 40. 2. 216. — Orléans, 16 janv. 1847, D., 47. 2. 17. — Colmar, 25 janv. 1859, D., 59. 2. 61, S., 59. 2. 279. — Cass., 13 juill. 1886, D., 87. 1. 119, S., 87. 1. 65. — Cass., 2 janv. 1895, D., 95. 1. 367, S., 95. 1. 115. — Cpr. Aix, 30 mai 1866, D., 66. 2. 201. — Cass., 12 fév. 1869, D., 68. 1. 60, S., 68. 1. 165. — Grenoble, 24 juin 1869, D., 69. 2. 207. — Cpr. code civ. italien, art. 181.

([1]) Demolombe, V, n. 415; Aubry et Rau, VI, § 568, p. 163; Baret, *op. cit.*, p. 73; Massonié, *op. cit.*, p. 42; Vigié, *loc. cit.* — Douai, 23 mars 1841, *J. G.*, v° *cit.*, n. 507, S., 41. 2. 536. — Cass., 1er août 1843, *J. G., ibid.*, S., 43. 1. 926.

([2]) Loiseau, *op. cit.*, p. 444 et 445; Richefort, II, n. 263; Valette sur Proudhon, II, p. 150; Duranton, III, n. 264; Marcadé, art. 334, n. 2; Zachariæ, et Massé et Vergé sur Zachariæ, I, § 167, texte et note 11; Duvergier sur Toullier, I, n. 955, note *b*; Demolombe, V, n. 416; Demante, II, n. 62 *bis*, XI; Aubry et Rau, VI, § 568, p. 163; Laurent, IV, n. 43; Arntz, I, n. 593; Baret, *op. cit.*, p. 73; Massonié, *op. cit.*, p. 43; Huc, Vigié, Planiol, *loc. cit.*

légitimation, lorsque l'enfant n'a pas laissé de descendants. Une pareille reconnaissance se présente d'ailleurs sous un jour défavorable, car elle est faite uniquement en vue de recueillir la succession de l'enfant décédé. Comprend-on que la loi accueille la prétention d'un homme ou d'une femme, qui, après avoir dissimulé sa paternité ou sa maternité pendant toute la vie de son enfant, sans doute pour échapper aux charges qu'elle lui aurait imposées, vient la révéler quand elle peut être pour lui la source d'un profit? Enfin, ajoute-t-on encore, la succession de l'enfant est déjà déférée, ne fût-ce qu'à l'Etat ; il n'est pas admissible que ceux qui ont recueilli cette succession se voient dépouillés de leurs droits par l'effet d'une reconnaissance tardive ([1]).

Sans doute la loi aurait pu consacrer un pareil système, mais, dans son silence, il est fort douteux qu'on puisse l'admettre. L'art. 332 n'est rien moins que décisif. L'argument *a contrario* qu'on en tire prouverait jusqu'à un certain point qu'on ne peut pas légitimer un enfant naturel décédé qui n'a pas laissé de descendants; mais il ne prouve nullement que cet enfant ne puisse pas être reconnu; car autre chose est la légitimation, autre chose la reconnaissance. La vérité est qu'il n'y a pas de loi qui interdise la reconnaissance; donc elle doit être permise. La reconnaissance ne fait que révéler une filiation préexistante, et on ne voit pas comment la mort de l'enfant pourrait faire obstacle à cette révélation ([2]). Si l'on ne conçoit pas qu'un enfant, non encore conçu, puisse être reconnu, l'on comprend très bien au contraire que la reconnaissance intervienne après le décès de l'enfant auquel elle s'applique. C'est un droit pour le père et la mère d'avouer leur paternité et leur maternité et de réclamer les droits que la loi y attache, et aucun texte ne les oblige à le faire avant la mort de l'enfant. Il se peut que la succession de celui-ci

---

([1]) Delvincourt, I, p. 91, note 6 et p. 94, note 3; Marcadé, sur l'art. 334, n. 2; Vazeille, *Successions*, I, sur l'art. 765, n. 2; Zachariæ, *loc. cit.*; Demante, II, n. 62 *bis*, XI. — Nancy, 26 juill. 1830, S., 52. 1. 11, en note. — Paris, 26 avril 1852, D., 53. 2. 181, S., 52. 2. 525. — Cass. Florence, 6 juill. 1886, S., 86. 4. 22. — Cpr. Paris, 25 mai 1835, *J. G.*, vᵒ *Paternité*, n. 509, S., 35. 2. 292. — Pau, 9 juill. 1844, D., 45. 2. 37, S., 45. 2. 10.

([2]) Douai, 20 juill. 1852, D., 53. 2. 50, S., 52. 2. 678.

ait déjà été déférée à d'autres personnes ; cela importe peu ; ces personnes n'ont recueilli la succession que parce que les véritables héritiers étaient inconnus ; ceux-ci, dont l'existence est révélée par la reconnaissance, ne font qu'exercer des droits antérieurs à cette reconnaissance et non pas créés par elle. Le système que nous combattons semble admettre que la reconnaissance est permise par la loi dans l'intérêt exclusif de l'enfant ; ce serait une erreur, la loi faisant produire également à la filiation naturelle des effets en faveur des père et mère de l'enfant. N'y a-t-il pas des cas d'ailleurs où aucune faute, aucune spéculation honteuse ne peut être reprochée à l'auteur de la reconnaissance posthume? Qu'on suppose une mère qui a toujours prodigué à son enfant les soins les plus empressés ; elle n'a pas reconnu cet enfant pendant qu'il vivait, parce qu'elle croyait la reconnaissance inutile, sa maternité étant hautement avouée ; et puis, lorsqu'après la mort de l'enfant le fisc se présentera pour recueillir la maigre succession laissée par lui, on ne permettra pas à la mère de l'exclure, sous prétexte qu'elle n'a pas reconnu l'enfant pendant la vie de celui-ci, et que la reconnaissance faite après sa mort est nulle !

Cette solution est très généralement acceptée. La doctrine [1] et la jurisprudence [2] décident que la reconnaissance est valable et produit tous ses effets ordinaires. Il y a cependant certaines dissidences. Ainsi l'on a dit que la reconnaissance peut sans doute intervenir après la mort de l'enfant, mais que l'auteur de cette reconnaissance ne peut s'en prévaloir pour réclamer la succession de l'enfant ; de la sorte on ne pourra pas dire qu'elle couvre une spéculation intéressée [3]. Cette solution

[1] Loiseau, *op. cit.*, p. 444 ; Richefort, II, n. 263 ; Duvergier sur Toullier, I, n. 955, note *b* ; Valette sur Proudhon, II, p. 150 ; Massé et Vergé sur Zachariæ, I, § 167, note 11 ; Demolombe, V, n. 416 ; Laurent, IV, n. 43 ; Baret, *op. cit.*, p. 73 ; Arntz, I, n. 593 ; Vigié, I, n. 560 ; Huc, III, n. 76 ; Planiol, I, n. 2224.

[2] Douai, 20 juillet 1852, D , 53. 2. 50, S., 52. 2. 678. — Caen, 24 mai 1858, S., 58. 2. 535. — Lyon, 25 ou 26 fév. 1875, *J. G., Suppl.*, v° cit., n. 209, S., 77. 2. 18. — Paris, 6 mai 1876, *J. G., Suppl., ibid.*, S., 77. 2. 19. — Poitiers, 27 déc. 1882, D., 83. 2. 120, S., 83. 2. 188. — Cpr. Cass., 7 janv. 1852, D., 52. 1. 75, S., 52. 1. 12.

[3] D'après Duranton, III, n. 265, le juge devra tenir compte des circonstances, surtout si la reconnaissance émane de la mère. — Cpr. Aubry et Rau, VI, § 568,

nous paraît tout à fait illogique. La reconnaissance, par elle-même, **ne** confère aucun droit. Elle sert seulement à prouver la filiation, à laquelle certains droits sont attachés par la loi. Du moment que l'on admet que la filiation est prouvée par la reconnaissance posthume, elle doit produire tous ses effets légaux.

A fortiori, devons-nous décider que la reconnaissance sera possible et prouvera la filiation, lorsque l'enfant qui en est l'objet est en état d'absence déclarée ou simplement présumée (¹).

SECTION III

PAR QUI LA RECONNAISSANCE D'UN ENFANT NATUREL PEUT ÊTRE FAITE

639. Deux questions différentes doivent être examinées : qui a le *pouvoir* de reconnaître l'enfant naturel et quelle est la *capacité* requise pour faire la reconnaissance.

§ I. *A qui appartient le pouvoir de reconnaître.*

640. La reconnaissance d'un enfant naturel, constituant un aveu de paternité ou de maternité, ne peut émaner que des père et mère de l'enfant ou de l'un d'eux, car il s'agit d'un fait essentiellement personnel. Il en résulte notamment qu'elle ne peut être faite par un ascendant de l'auteur de l'enfant, alors même que cet auteur serait décédé et que son ascendant prétendrait accomplir ses dernières volontés, ni par les héritiers du père ou de la mère (²).

Notre principe ne fait d'ailleurs pas obstacle, nous l'avons vu, à ce que la reconnaissance soit effectuée par le ministère

---

texte et notes 31 et 32; Massonié, *op. cit.*, p. 44 s. Aubry et Rau enseignent que la reconnaissance profitera aux frères et aux sœurs de l'enfant reconnu.

(¹) Duvergier sur Toullier, I, n. 955, note *b;* Zachariæ, I, § 167, note 11; Aubry et Rau, VI, § 568, note 30; Demolombe, V, n. 417; Baret, *op. cit.*, p. 74. — Cpr. Nîmes, 11 juillet 1827, *J. G.*, vᵒ *Absence,* n. 245, S., 28. 2. 56.

(¹) Loiseau, *op. cit.*, p. 446; Zachariæ, *loc. cit.:* Demolombe, V, n. 381; Aubry et Rau, VI, § 568, p. 156, 157; Baret, *op. cit.*, p. 67; Laurent, IV, n. 26; Massonié, *op. cit.*, p. 20. — Sol. adm. de l'Enreg , 26 juil. 1873, D., 74. 3. 47. — Cass., 11 juil. 1826, *J. G.*, vᵒ *Adoption,* n. 42. — Paris, 11 juin ou août 1891, D., 92. 2. 533, S., 92 2. 213. — *Contra* Bordeaux, 19 fév. 1846 ,motifs`, D., 48. 2. 84, S., 46. 2. 294. — Metz, 21 juin 1853, D., 56. 2. 193, S., 56. 2. 449.

d'un mandataire. Mais il faut que celui-ci tienne ses pouvoirs de la volonté spécialement manifestée par l'auteur de l'enfant. L'enfant naturel ne pourrait donc être reconnu par un représentant légal du père ou de la mère, tel qu'un tuteur. Le tuteur ne peut avouer un fait personnel à son pupille.

La mère ne peut pas reconnaître la paternité et la déclaration qu'elle aurait faite, dans un acte authentique, que l'enfant est issu des œuvres de tel homme ne fournirait ni preuve ni commencement de preuve de la filiation paternelle. Une pareille déclaration, étant illégale, ne doit pas être reçue par l'officier public qui constate la reconnaissance de la mère. S'il l'a reçue, il s'expose, ainsi que la mère, à une poursuite en diffamation.

De même, en principe, le père ne peut pas reconnaître la maternité. Mais, à ce principe, une jurisprudence constante admet que l'art. 336 apporte une notable dérogation.

641. Ce texte est ainsi conçu : « *La reconnaissance du père, sans l'indication et l'aveu de la mère, n'a d'effet qu'à l'égard du père* ». On induit de cet article, par argument *a contrario*, que la reconnaissance du père, *avec l'indication et l'aveu de la mère*, produit effet à l'égard de celle-ci, ou, pour parler un langage plus précis, prouve la filiation maternelle. C'est-à-dire que si le père d'un enfant naturel, en le reconnaissant, a indiqué le nom de la mère, il suffira que la mère confirme par son aveu la déclaration de maternité faite par le père, pour que la filiation maternelle de l'enfant soit légalement établie. Et comme la loi n'exige pas que l'aveu de la mère soit fait dans une forme déterminée, on en conclut qu'un aveu quelconque suffit, soit un aveu exprès, contenu dans un écrit émané de la mère, soit même un aveu tacite, résultant des circonstances. La loi aurait donc établi une différence remarquable entre la preuve de la paternité et celle de la maternité. La paternité ne pourrait être prouvée que par la reconnaissance du père, effectuée par lui-même ou par le ministère d'un mandataire investi par lui d'un pouvoir spécial, tandis que, pour que la maternité fût démontrée, il suffirait que la mère corroborât par son aveu la déclaration faite par le père dans l'acte de reconnaissance.

Cette interprétation trouve une base solide dans les travaux préparatoires. L'art. **336** a eu quatre rédactions successives. La première était conçue dans les termes suivants : « Toute reconnaissance du père seul, non avouée par la mère, sera de nul effet tant à l'égard du père qu'à l'égard de la mère, sans préjudice néanmoins de la preuve de la maternité et de ses effets contre la mère seulement » (¹). La reconnaissance du père devait donc être confirmée par l'aveu de la mère pour faire preuve de la paternité. Ce système présentait des inconvénients que l'on fit ressortir au cours de la discussion (²). Sans parler de la haine dont la mère peut être animée à l'égard du père, bien d'autres causes peuvent l'empêcher de donner son aveu à la reconnaissance de paternité, de sorte que celle-ci pourrait très souvent être rendue impossible au grand préjudice de l'enfant. On proposa alors la disposition suivante : « La reconnaissance du père, si elle est désavouée par la mère, sera de nul effet ». L'on fit remarquer que la mère pouvait désavouer la reconnaissance de paternité par haine pour le père (³). Aussi, dans la troisième rédaction, se borna-t-on à proclamer purement et simplement le principe que : « La reconnaissance d'un enfant naturel n'aura d'effet qu'à l'égard de celui qui l'a reconnu » (⁴). Cette rédaction fut elle-même abandonnée pour faire place au texte actuel de l'art. 336, sans qu'on en trouve de motifs dans les travaux préparatoires. De ces divers incidents qui ont marqué l'élaboration de cet article, il résulte d'abord que l'aveu ou le désaveu de la mère ne peut exercer aucune influence sur la preuve de la paternité résultant de la reconnaissance du père. Il paraît certain aussi qu'on n'a pas voulu admettre, dans toute sa rigueur, le principe consacré par la troisième rédaction. Pourquoi, en effet, aurait-on abandonné celle-ci ? Or la rédaction actuelle ne vise que la maternité. C'est donc qu'on a voulu atténuer la rigueur du principe en ce qui concerne seulement la preuve de la filiation maternelle. L'indication de la mère,

(¹) Locré, VI, p. 30.
(²) Locré, VI, p. 126 s.
(³) Locré, VI, p. 163 s.
(⁴) Locré, VI, p. 166.

faite par le père dans l'acte de reconnaissance, ne vaut sans doute pas comme reconnaissance de maternité. Elle a cependant une valeur que lui communique la reconnaissance dans laquelle elle se trouve contenue. Elle a pour effet de dispenser la mère de reconnaître expressément son enfant dans un acte authentique. Il lui suffira de confirmer par son aveu la déclaration du père (¹).

Cette solution toutefois est vivement contestée par un assez grand nombre d'auteurs. Ils soutiennent d'abord qu'elle ne peut trouver un appui dans les travaux préparatoires. Au cours de la discussion, disent-ils, on ne s'est occupé de l'aveu de la mère qu'en tant qu'il pouvait influer sur la reconnaissance de la paternité. Les rédacteurs du code n'ont pas songé aux effets que peut produire, en ce qui concerne la preuve de la maternité, l'indication de la mère faite par l'homme qui reconnaît un enfant naturel. Par la rédaction actuelle, on a voulu simplement mettre en lumière le résultat essentiel de la discussion, à savoir que le père peut faire la reconnaissance sans avoir besoin que sa déclaration de paternité soit confirmée par un aveu de la mère. Ainsi entendu, l'art. 336 ne fait que consacrer ce principe rationnel que la reconnaissance du père prouve uniquement la paternité. Il est vrai que cette inter-

(¹) Richefort, II, n. 278; Toullier, II, n. 927; Duvergier sur Toullier, I, n. 956, note b; Duranton, III, n. 245; Ancelot, *Rev. de législ.*, 1852, II, p. 156 s.; Demante, II, n. 64 *bis*, I; Aubry et Rau, VI, § 568 *bis*, texte et note 27; Massonié, *op. cit.*, p. 94 s. — Cass., 22 juin 1813, *J. G.*, v° *Paternité*, n. 492, S., 13. 1. 28. — Douai, 23 janv. 1819, *J. G.*, v° *cit.*, n. 555, S., 20. 2. 102. — Cass., 26 avril 1824, *J. G.*, v° *cit.*, n. 555, S., 24. 1. 317. — Bordeaux, 19 janv. 1830, *J. G.*, v° *cit.*, n. 628, S., 31. 2. 231. — Paris, 15 déc. 1834, *J. G.*, v° *cit.*, n. 439, sous Cass., 5 mai 1836, S., 35. 2. 5. — Cass., 22 janv. 1839, S., 39. 1. 5. — Paris, 20 avril 1839, *J. G.*, v° *cit.*, n. 555, S., 39. 2. 249. — Paris, 27 avril 1839, *J. G.*, v° et *l°r. cit.* — Cass., 7 janv. 1852, D., 52. 1. 75, S., 52. 1. 12. — Bordeaux, 11 mars 1853, D., 54. 2. 260, S., 53. 2. 322. — Paris, 21 nov. 1853, S., 56. 2. 719. — Cass., 13 avril 1864, D., 64. 1. 249, S., 64. 1. 209. — Trib. Seine, 18 mai 1865, D., 66. 3. 24. — Cass., 26 mars 1866, *J. G.*, *Suppl.*, v° *cit.*, n. 190, S., 66. 1. 43. — Cass., 30 nov. 1868, D., 69. 1. 21, S., 69. 1. 66. — Dijon, 28 fév. 1873, *J. G.*, *Suppl.*, v° *cit.*, n. 230, S., 74. 2. 45. — Cass., 25 juin 1877, D., 78. 1. 262, S., 78. 1. 217. — Bordeaux, 27 août 1877, D., 78. 2. 193, S., 79. 2. 103. — Nîmes, 15 fév. 1887, S., 87. 2. 172. — Cass. Belg., 6 juill. 1888, D., 89. 2. 236. — Liège, 7 janv. 1893, D., 94. 2. 493. — Cpr. Paris, 17 ou 24 fév. 1868, D., 71. 1. 143, sous Cass., 21 août 1871, S., 68. 2. 314.

prétation ne rend pas un compte bien satisfaisant des termes de l'art. 336 « sans l'indication et l'aveu de la mère ». Mais d'abord la rédaction de cet article n'est pas assez précise pour qu'on puisse le considérer comme établissant une dérogation au principe, essentiel en cette matière, que la reconnaissance d'un enfant naturel ne peut être faite que par un acte authentique (art. 334). Puis, à la rigueur, on pourrait en proposer la traduction suivante : les mots « sans l'indication et l'aveu de la mère » signifieraient : « *sans l'indication de la mère, faite de son aveu ;* DE SON AVEU, c'est-à-dire avec son consentement et ce consentement ne pourrait être donné que par acte authentique, conformément à l'art. 334. L'art. 336 voudrait donc dire : quand un père, en reconnaissant son enfant naturel, a indiqué la mère sans que celle-ci lui en ait donné pouvoir par une procuration spéciale et authentique, cette indication ne produit aucun effet quant à la preuve de la maternité. Il est inadmissible, ajoute-t-on, que le premier venu puisse déclarer, dans un acte authentique, la maternité d'une femme, qui n'a rien avoué, qui n'est peut-être pas la véritable mère de l'enfant. Sans doute, cette femme pourra poursuivre son diffamateur, mais cette poursuite même soulèvera un scandale de plus.

Il est d'ailleurs anti-juridique qu'une déclaration du père, qui est *res inter alios acta* à l'égard de la mère, puisse produire pour celle-ci des conséquences juridiques et avoir pour effet de la priver des garanties de l'art. 334. A ces arguments on en ajoute d'autres que nous retrouverons dans un instant, et l'on conclut en disant que, non seulement l'indication de la mère faite par le père ne prouve pas la maternité, si la mère n'a pas donné à l'auteur de la reconnaissance, dans la forme légale, le pouvoir de reconnaître en son nom, mais encore qu'une pareille indication, étant diffamatoire, ne doit pas être reçue par l'officier public (¹).

(¹) Marcadé, sur l'art. 336, n. 2; Valette sur Proudhon, II, p. 142, note *a*; Ducaurroy, Bonnier et Roustain, I, n, 488; Demolombe, V, n. 382 à 385; Baret, *op. cit.*, p. 68 à 70; Arntz, I, n. 589; Laurent, IV, n. 27 s.; Huc, III, n. 81; Planiol, I, n. 2218 et 2220. — Cpr. Vigié, I, n. 568. — Cpr. Colmar, 30 déc. 1856, S., 57. 2. 465. — Paris, 17 ou 24 fév. 1868, D., 71. 1. 213 (sous Cass., 21 août 1871), S., 68.

Cette argumentation ne nous paraît pas de nature à ruiner le système admis par la jurisprudence. Tel qu'on le comprend dans l'opinion opposée, l'art. 336 ne contiendrait rien de particulier à la reconnaissance faite par le père ; car il en serait exactement de même de la reconnaissance faite par la mère : nul doute en effet que l'indication du père, faite par la mère dans l'acte par lequel elle reconnaît son enfant, sans une procuration spéciale et authentique du père, ne produirait aucun effet à l'égard de celui-ci. Et alors on se demande pourquoi le législateur n'a pas conservé la troisième rédaction donnée à l'art. 336 et pourquoi ce texte parle seulement de la reconnaissance faite par le père. La rédaction actuelle ne peut s'expliquer qu'en admettant que le législateur a voulu établir une différence entre la preuve de la paternité et celle de la maternité. Cette différence peut du reste se justifier, étant donné le système général du code. Celui-ci admet plus facilement la preuve de la maternité que celle de la paternité. L'on comprend dès lors que, la reconnaissance du père étant tenue pour sincère jusqu'à démonstration du contraire (arg. art. 339), l'indication qu'il a faite de la mère puisse produire un certain effet, puisqu'il a pu connaître avec certitude la filiation maternelle de l'enfant, tandis que, la paternité étant incertaine, la déclaration du nom du père faite par la mère reconnaissant son enfant ne peut tout au plus avoir que la valeur d'une hypothèse.

642. Si notre interprétation est exacte, il en résulte cette conséquence que l'officier public devra recevoir et constater dans l'acte de reconnaissance l'indication de la mère que le père lui a fournie ([1]). Cette désignation de la mère est même

---

2. 314. — Les législations étrangères qui ont pris notre code comme modèle admettent généralement le système développé au texte. L'art. 182 du code civil italien décide que la reconnaissance n'a d'effets qu'à l'égard de celui des auteurs qui l'a faite et ne donne à l'enfant aucun droit envers l'autre. D'après les codes espagnol (art. 132) et portugais (art. 124), il est interdit à celui qui reconnaît un enfant naturel de révéler le nom de la personne avec laquelle il l'a eu et aux officiers publics de recevoir aucun acte manquant à cette prescription. Le code civil néerlandais dispose, dans son art. 339, que la reconnaissance d'un enfant naturel sans le consentement de la mère ne sera pas admise du vivant de celle-ci et que la reconnaissance faite après la mort de la mère n'aura d'effets qu'à l'égard du père.

([1]) Aubry et Rau, VI, § 568, texte et note 24.

indispensable dans certains cas, et le législateur a peut-être pensé à ces hypothèses en édictant la disposition de l'art. **336**. Supposons qu'un homme veuille reconnaître un enfant simplement conçu dont il se croit le père. Il faut bien qu'il lui soit permis d'indiquer la mère de cet enfant, car autrement il serait impossible de savoir à qui la reconnaissance s'applique. Dans le système opposé, un enfant ne pourrait être reconnu par son père avant sa naissance, si la femme qui le porte dans son sein n'y donne pas son consentement par un acte authentique.

643. Pour que la maternité soit prouvée, il faut, avons-nous dit, que l'indication de la mère faite par le père, auteur de la reconnaissance, soit corroborée par l'aveu de la mère. Cet aveu peut se produire dans une forme quelconque. Il peut résulter de faits qui rendent certaine l'intention de la mère d'avouer sa maternité, et notamment des soins qu'elle a donnés à l'enfant ([1]). Cela ne revient pas, comme on l'a objecté, à faire preuve de la filiation maternelle par la possession d'état. Car il s'agit, non pas d'établir directement cette filiation, mais bien, ce qui est tout différent, de prouver l'aveu de la mère ([2]).

La question de savoir si la femme désignée dans l'acte de reconnaissance comme la mère de l'enfant a avoué sa maternité est donc une question de fait dont la solution dépend des circonstances. Les faits d'où l'on veut faire résulter cet aveu peuvent être d'ailleurs prouvés par un mode quelconque ([3]).

([1]) Demante, II, n. 64 *bis*, I; Aubry et Rau, VI, § 568 *bis*, texte et note 27; Massonié, *op. cit.*, p. 102 s. — Cass., 26 avril 1824, *J. G.*, v° *cit.*, n. 555, S., 24. 1. 317. — Bordeaux, 19 janv. 1831, *J. G.*, v° *cit.*, n. 628, S., 31. 2. 231. — Cass., 22 janv. 1839, S., 39. 1. 5. — Paris, 20 avril 1839, *J. G.*, v° *cit.*, n. 555, S., 39. 2. 249. — Cass., 7 janv. 1852, D., 52. 1. 75, S , 52. 1. 12. — Bordeaux, 11 mars 1853, D., 54. 2. 260, S., 53. 2. 322. — Trib. Seine, 18 mai 1865, D., 66. 3. 24. — Cass., 26 mars 1866, *J. G.*, *Suppl.*, v° *cit.*, n. 190, S., 66. 1. 143. — Cass., 30 nov. 1868, D., 69. 1. 21, S., 69. 1. 66. — Dijon, 28 fév. 1873, *J. G.*, *Suppl* , v° *cit.*, n. 230, S., 74. 2. 45. — Bordeaux, 27 août 1877, D., 78. 2. 193, S., 79. 2. 105. — Nîmes, 15 fév. 1887, S., 87. 2. 172. — Cass. Belg., 6 juil. 1888, D., 89. 2. 236. — Liège, 7 janv. 1893, D., 94. 2. 493.

([2]) Cass., 25 juin 1877, D., 78. 1. 262, S., 78. 1. 217, et Cass. Belg., 6 juil. 1888, *supra.* — Cpr. cependant Paris (sol. impl.), 3 août 1893, D., 97. 1. 97 (sous Cass., 28 juil. 1896).

([3]) Jurisprudence constante. — V. les arrêts cités note 1 *supra.*

644. L'aveu de la mère tire sa force de l'indication faite par le père dans l'acte de reconnaissance. Pour que l'art. 336 s'applique, il faut que la reconnaissance soit faite valablement. Si elle était nulle, la déclaration qui y est contenue relativement à la filiation maternelle et l'aveu de la mère seraient eux-mêmes dépourvus de valeur juridique. Il en serait ainsi dans le cas où la reconnaissance de paternité serait nulle, comme émanant d'un homme marié à l'époque de la conception de l'enfant. L'aveu de la mère serait inopérant, même si celle-ci était libre à ce moment ([1]). Le contraire a été cependant décidé par un arrêt de la cour de cassation, en date du 7 janvier 1852 ([2]) et l'on a prétendu que c'était la conséquence nécessaire de l'interprétation par nous donnée de l'art. 336 ([3]). Or, dit-on, cette conséquence est inadmissible et ce serait là une nouvelle preuve de la fausseté de notre système. L'objection est, à notre avis, sans portée, car la solution admise par l'arrêt de 1852 ne découle pas nécessairement de notre interprétation. L'on ne peut, en effet, séparer l'aveu de la mère de la reconnaissance émanant du père. Si cette dernière est inefficace, l'indication qu'elle contient est également non avenue. Car seul le père, aux termes de l'art. 336, peut désigner la mère et, par hypothèse, le père n'est pas légalement connu.

645. Dès lors que la reconnaissance est valable, l'indication qu'elle contient du nom de la mère fournira une preuve complète de la maternité, si elle est corroborée par l'aveu de la mère. Peu importe la date à laquelle cet aveu est intervenu. La mère peut notamment confirmer, après le décès de l'enfant, la déclaration faite par le père dans l'acte de reconnaissance, et il n'y a pas à distinguer suivant que la reconnaissance a été faite pendant la vie de l'enfant, ou que l'enfant n'a été reconnu qu'après son décès ([4]) (Cpr. *supra*, n. 638).

([1]) Colmar, 30 déc. 1856, S., 56. 2. 463, et la note. — Paris, 17 ou 24 fév. 1868, D., 71. 1. 243 (sous Cass., 21 août 1871), S., 68. 2. 314. — Cass., 25 juin 1877, *supra*.

([2]) D., 52. 1. 75, S., 52. 1. 12. — Aubry et Rau, VI, § 568 *bis*, texte et note 28. — Cpr. Massonié, *op. cit.*, p. 103, 104.

([3]) Demolombe, V, n. 383, p. 389.

([4]) V. cependant Cayenne, 5 janv. 1820, *J. G.*, vᵒ *Paternité*, n. 555, S., 24. 1. 317 (sous Cass., 26 avril 1824).

646. On a parfois décidé qu'il fallait accorder à l'indication de la mère, faite par ceux qui sont chargés de déclarer la naissance de l'enfant (art. 56) et constatée dans l'acte de naissance de cet enfant, la même vertu qu'à l'indication faite par le père et consignée dans l'acte constatant sa reconnaissance, c'est-à-dire la vertu de prouver légalement la filiation maternelle, sous la condition d'être confirmée par l'aveu exprès ou tacite de la mère, ou faite de son consentement (¹). Et l'on a prétendu que cette solution était seule compatible avec le système que nous avons admis (²). Il n'en est rien à notre avis. L'art. 336, entendu dans le sens que nous avons indiqué, déroge incontestablement aux principes généraux qui dominent la matière (arg. art. 334). Il faut donc l'interpréter restrictivement. Or il suppose que la mère est désignée par le père qui reconnaît son enfant. Donc on ne peut l'étendre au cas dont il s'agit (³).

§ II. De la capacité requise pour faire une reconnaissance d'enfant naturel.

647. La loi ne s'explique pas sur la capacité requise pour reconnaître un enfant naturel. Concluons-en qu'il suffit d'être capable de faire une déclaration digne de foi. On ne peut songer à appliquer ici les règles relatives à la capacité de contracter ; car la reconnaissance d'un enfant naturel n'est pas un contrat : c'est une déclaration, un aveu (⁴). Nous ferons l'application de ce principe aux diverses catégories d'incapables que nous allons passer en revue.

648. La reconnaissance d'enfant naturel peut être faite valablement par un interdit, pendant un intervalle lucide bien entendu (⁵). *Non obstat* art. 502 qui dispose que « *Tous*

(¹) Demante, II, n. 64 *bis*, II. — Bordeaux, 19 janv. 1831, S., 31. 2. 231. — Alger, 26 mars 1860, sous Cass., 10 août 1864, D., 64. 1. 355. S., 64. 1. 505. — Cpr. Orléans, 18 fév. 1858, D., 58. 2. 113. — Dijon, 28 fév. 1873, *J. G.*, Suppl., v° cit., n. 230, S., 74. 2. 45.

(²) Demolombe, V, n. 383, p. 386.

(³) Cass., 13 avril 1864, D., 64. 1. 249 et la note, S., 64. 1. 209.

(⁴) V. cep. Laurent, IV, n. 36 s.; Arntz, I, n. 590. — Cpr. Loiseau, *op. cit.*, p. 476 s.; Zachariæ, I, § 167, p. 318.

(⁵) Loiseau, *op. cit.*, p. 487 ; Demante, II, n. 62 *bis*, XIV ; Demolombe, V, n. 388 ;

actes passés par l'interdit... sont nuls de droit » ; car l'interdiction n'a pour but que la protection des intérêts pécuniaires de l'interdit ; ses effets ne doivent donc se produire que
relativement aux actes qui ont un caractère pécuniaire ; or la
reconnaissance d'enfant naturel a un caractère *essentiellement* sinon *exclusivement* moral. Pour des raisons du même
ordre, les art. 503 et 504 ne doivent pas être appliqués.
Même si la cause de l'interdiction existait notoirement à l'époque où la reconnaissance est intervenue, les juges devront
maintenir celle-ci si elle a été faite dans un moment de luci-
dité (art. 503) (¹). Après la mort de l'auteur de la reconnaissance, on pourra attaquer cette reconnaissance pour cause
de folie, alors même que l'interdiction n'aurait pas été provoquée ou prononcée avant le décès et que la preuve de la
démence ne résulterait pas de l'acte lui-même (art. 504).
A fortiori, un individu frappé d'interdiction légale peut-il
valablement reconnaître un enfant naturel (²).

649. En ce qui concerne la personne soumise à l'autorité
d'un conseil judiciaire, il est certain qu'elle peut faire une
reconnaissance d'enfant naturel sans l'assistance de son conseil (arg. art. 499 et 513). Il suffit qu'en fait elle soit capable
d'apprécier la portée de son acte (³).

650. Quant à la femme mariée, il est très généralement
admis qu'elle peut reconnaître, sans l'autorisation de son
mari ou de la justice, un enfant conçu avant la célébration
de son mariage (⁴).

651. Il faut suivre les mêmes principes en ce qui touche
le mineur, émancipé ou non. Il peut faire valablement, sans
aucune assistance, une reconnaissance d'enfant naturel (⁵).

Aubry et Rau, VI, § 568, texte et note 6 ; Laurent, IV, n. 36 ; Barel, *op. cit.*, p. 71 ;
Massonié, *op. cit.*, p. 34 ; Huc, III, n. 77 ; Planiol, I, n. 2221. — *Contra :* Arntz,
loc. cit. — Cpr. Massé et Vergé sur Zachariæ, I, § 167, note 4.

(¹) V. cep. les motifs de Caen, 29 janv. 1843, *J. G.*, vº *Mariage*, n. 207.

(²) Massé et Vergé sur Zachariæ, *loc. cit.;* Aubry et Rau, VI, § 568, p. 159 ; Demolombe, *loc. cit.;* Massonié, *op. cit.*, p. 35 ; Huc, *loc. cit.*

(³) Tous les auteurs sont en ce sens. — Douai, 23 janv. 1819, *J. G.*, vº *Paternité*,
n. 555, S., 20. 2. 102. — Caen, 26 avril 1887, S., 87. 2. 125.

(⁴) V. Baudry-Lacantinerie et Houques-Fourcade, *Des personnes*, II, n. 2218 ;
Huc, *loc. cit.;* Planiol, *loc. cit.*

(⁵) Loiseau, *op. cit.*, p. 477 s. ; Toullier, II, n. 962 ; Richefort, II, n. 259 ; Prou-

La reconnaissance suppose, en effet, une manifestation personnelle de volonté. Si un mineur non émancipé ne pouvait pas lui-même reconnaître son enfant naturel, la reconnaissance serait impossible jusqu'à sa majorité, car le tuteur n'a pas le pouvoir de faire un pareil acte. Or, ce résultat serait doublement regrettable. D'abord il empêcherait la légitimation de l'enfant par le mariage de ses parents jusqu'à leur majorité (¹). Et puis l'enfant serait nécessairement privé de son état par suite de la mort de ses auteurs avant leur majorité.

A ces arguments, l'on a fait les réponses suivantes (²) : Le mineur est frappé, par la loi, d'une incapacité générale ; cela entraîne, par une conséquence nécessaire, la perte de la jouissance de ses droits, en ce qui concerne les actes qui ne peuvent être accomplis par le ministère d'un représentant légal. Ce principe si rigoureux comporte d'ailleurs des exceptions. La loi permet au mineur de faire certains de ces actes : le mariage et le testament. Mais alors elle prend des précautions spéciales, dans la vue de protéger le mineur contre lui-même. Elle n'a pas dérogé au principe relativement à la reconnaissance d'enfant naturel ; la règle générale conserve donc son empire et l'interprète, dans le silence des

dhon, II, p. 181 ; Duranton, III, n. 258 ; Marcadé, art. 337, n. 1 ; Zachariæ, I, § 167, texte et note 5 ; Allemand, *Du mariage*, II, n. 858 ; Demante, II, n. 62 *bis*, XIII et XIV ; Demolombe, V, n. 387-388 ; Aubry et Rau, VI, § 568, texte et notes 5 et 7 ; Baret, *op. cit.*, p. 71 ; Massonié, *op. cit.*, p. 37 ; Huc, Planiol, *loc. cit.* — Toulouse, 19 janv. 1813, *J. G.*, vº *cit.*, n. 492. — Cass., 22 juin 1813, *J. G.*, *ibid.*, S., 13. 1. 281. — Cass., 4 nov. 1835, *J. G.*, *ibid.*, S., 35. 1. 785. — Douai, 17 mars 1840, *J. G.*, *ibid.*, S., 40. 2. 255. — Orléans, 16 janv. 1847, D., 47. 2. 17. — Rennes, 8 mars 1882, D., 84. 1. 386. — Bruxelles, 25 fév. 1888, S., 89. 4. 3. — *Contra :* Laurent, IV, n. 39 40 ; Arntz, *loc. cit.* — Cpr. Malpel, *Rev. de législ.*, IV, p. 43. Cet auteur propose de distinguer suivant le sexe de l'auteur de la reconnaissance. La femme mineure serait capable de reconnaître son enfant naturel ; l'homme mineur ne pourrait reconnaître sa paternité. Une pareille distinction est inadmissible ; la loi frappant tous les mineurs d'incapacité, quel que soit leur sexe, deux solutions sont seules possibles : ou tous les mineurs peuvent faire une reconnaissance, ou ils en sont tous incapables. — Cpr. également Massé et Vergé sur Zachariæ, I, § 167, note 5. — Le code civil néerlandais dispose, dans son art. 337, que la reconnaissance faite par un homme mineur ne sera valable que s'il a dix-neuf ans accomplis, mais que la fille mineure peut, avant cet âge, reconnaître son enfant naturel.

(¹) Douai, 17 mars 1840, *supra.*

(²) Laurent, IV, n. 40.

textes, ne peut pas l'écarter. Il ne lui appartient pas de combler la lacune de la loi. — Nous ne pensons pas que l'incapacité du mineur doive être entendue dans un sens aussi large. A notre avis, cette incapacité ne s'étend pas aux actes qui supposent une manifestation personnelle de volonté. De tels actes sont permis au mineur, car la loi n'a pas voulu lui enlever la jouissance de ses droits. On craint que le mineur ne soit victime de son inexpérience et ne cède aux entraînements de la passion. A ce danger l'art. **339** permet de parer, en permettant aux juges d'annuler la reconnaissance comme contraire à la vérité et l'annulation peut en être demandée par l'auteur de la reconnaissance lui-même (V. *infra*, n. 660). Les tribunaux sont donc chargés de fournir au mineur la protection dont il a besoin ([1]).

Les motifs que nous avons allégués s'appliquent au mineur

([1]) **Les considérations** que nous avons présentées à l'appui de notre solution nous paraissent décisives. Il n'en est pas de même, à notre avis, des autres arguments par lesquels on a encore voulu la justifier. Ainsi l'on a parfois invoqué l'art. 1125, d'où il résulterait que le mineur, même non émancipé, n'est incapable que relativement à certains actes. C'est là une erreur; le mineur est frappé d'une incapacité générale pour tous les actes qui peuvent être faits par un représentant légal. On a dit encore que le mineur, ayant agi seul, ne peut attaquer ses actes que quand ils sont pour lui la source d'une lésion; or, la reconnaissance, acte essentiellement moral, n'entraîne pas de lésion par elle même. Sans doute, la reconnaissance est un acte essentiellement moral; mais enfin elle produit des effets pécuniaires, ou, pour mieux dire, ces effets sont attachés à la filiation qu'elle constate. D'autre part, la règle que nous venons d'indiquer ne s'applique qu'aux actes pour lesquels le mineur est incapable. Or, nous avons admis que le mineur est capable d'avouer sa paternité ou sa maternité. L'art. 1310, qu'on fait souvent intervenir, doit être mis hors de cause. On conclut de ce texte que le mineur, ayant commis une faute dont l'enfant a été victime, en doit réparation. Mais d'abord il est douteux que l'enfant puisse être considéré comme une victime, car la vie est un bienfait. Puis l'art. 1310 suppose que le délit commis par le mineur est prouvé et oblige celui-ci à en subir les conséquences. Or, la question est de savoir si la reconnaissance faite par le mineur prouve qu'il est le père ou la mère de l'enfant. Il faudrait que cette question fût résolue pour que l'on pût songer à appliquer l'art. 1310. Mais, dit-on, le mineur qui reconnaît son enfant naturel accomplit un devoir de conscience. En admettant cette proposition, il resterait à démontrer que le mineur peut s'obliger par un acte de sa volonté, même en exécution d'un devoir de conscience. Enfin, on tire argument des termes généraux de l'art. 334 qui ne distingue pas entre les personnes majeures et les personnes mineures. Il est facile de voir que l'art. 334 est étranger à la question, car il a pour but de régler les formes de l'acte et non pas la capacité requise pour le aire. — Cpr. Aubry et Rau, VI, § 568, note 5; Laurent, IV, n. 39.

émancipé comme au mineur non émancipé. Le mineur émancipé peut donc reconnaître son enfant naturel sans l'assistance de son curateur (¹).

Il n'est pas nécessaire pour la validité de la reconnaissance que le mineur, au moment où il la fait ait atteint l'âge de la puberté légale, c'est-à-dire qu'il ait l'âge requis pour contracter mariage (²). Si la reconnaissance est attaquée, les juges, saisis de la contestation, se prononceront, d'après les circonstances, sur la question de savoir si l'auteur de la reconnaissance est véritablement le père ou la mère de l'enfant qu'il a reconnu. Notamment ils auront à rechercher si, en fait, au moment de la conception de l'enfant, l'homme ou la femme qui l'a reconnu avait l'aptitude physique à concevoir ou à engendrer.

652. Un étranger peut-il reconnaître en France un enfant naturel ? L'affirmative n'est pas douteuse au point de vue de notre droit positif, car, en admettant la distinction traditionnelle du *jus civile* et du *jus gentium,* la reconnaissance doit être rangée parmi les actes qui relèvent du *jus gentium.* Mais l'étranger étant soumis aux dispositions de sa loi nationale en ce qui concerne son état et sa capacité, il faut se référer à cette loi pour résoudre la question de capacité (³).

SECTION IV

DES EFFETS DE LA RECONNAISSANCE VOLONTAIRE

653. La reconnaissance est un mode de preuve de la filiation naturelle. Elle est donc non pas *attributive* mais simplement *déclarative* de la filiation de l'enfant auquel elle s'applique. Il est clair, en effet, qu'avant la reconnaissance l'enfant avait une filiation, seulement cette filiation était légalement

---

(¹) En ce sens les auteurs cités *supra*, p. 583, note 5. — *Contra* Laurent, IV, n. 41 ; Arntz, *loc. cit.*

(²) Rennes, 8 mars 1882, D., 84. 1. 386. — Bruxelles, 25 fév. 1888, S., 89. 4. 3. — V. cep. Massé et Vergé sur Zachariæ, I, § 167, note 5.

(³) Demolombe, V, n. 390 ; Massonié, *op. cit.*, p. 38. — Signalons, en passant, la question de savoir si un prêtre catholique peut reconnaître un enfant naturel. L'affirmative ne fait aujourd'hui aucun doute. Demolombe, V, n. 390 *bis* ; Massonié, *op. cit.*, p. 37. — Grenoble, 14 ventôse an XII, *J. G.*, vº *cit.*, n. 500.

inconnue; la reconnaissance vient la révéler et la constater. Nous avons eu déjà l'occasion de mettre ce principe en lumière. Il en résulte que les effets de la filiation prouvée par la reconnaissance remontent au jour de la naissance et même, s'il y a lieu, de la conception de l'enfant. La jurisprudence est, sur ce point, d'accord avec la doctrine. Il a été jugé, notamment, que la donation faite par un père naturel à son enfant tombe sous le coup de l'art. 908, même quand elle a été faite avant la reconnaissance (¹).

654. L'acte de reconnaissance forme le titre de l'enfant naturel, de même que l'acte de naissance forme le titre de l'enfant légitime. L'un comme l'autre prouve la filiation de l'enfant *erga omnes*. L'enfant naturel reconnu peut donc invoquer son titre à l'égard de tous, à l'effet d'exercer les droits que lui donne sa qualité d'enfant naturel; de même que tous intéressés peuvent lui opposer ce titre, à l'effet de lui faire subir les charges ou de lui faire appliquer les incapacités qu'entraîne cette qualité. Ainsi un enfant naturel pourra invoquer la reconnaissance dont il a été l'objet de la part de son père, à l'égard des héritiers de celui-ci, afin de se faire attribuer, dans a succession paternelle, la part que lui allouent les art. 758 s. En sens inverse, les héritiers du père, quand ils ont qualité pour le faire, pourront opposer à cet enfant sa reconnaissance, pour faire réduire aux limites déterminées par l'art. 908 les donations que son père lui a faites.

655. Pour qu'un enfant naturel puisse ainsi se prévaloir ou pour qu'on puisse se servir contre lui de la reconnaissance qui constate sa filiation, il faut, bien entendu, qu'il soit constant que cet enfant est bien celui auquel la reconnaissance s'applique. Si l'identité est contestée, elle devra être prouvée. Cette preuve pourra d'ailleurs être faite d'une manière quelconque. Par conséquent, au cas où la reconnaissance a été faite par la mère, l'enfant pourra prouver

---

(¹) Dijon, 18 déc. 1891, D., 92. 2. 217 et la note de M. de Loynes, S., 92. 2. 44. — Cpr. Cass., 30 janv. 1883, D., 83. 1. 201, S., 83. 1. 193 et la note de M. Labbé. — Dijon, 20 déc. 1883, S., 84. 2. 163. — Cass., 22 janv. 1884, D., 84. 1. 117, S., 84. 1. 227. — Orléans, 5 fév. 1885, D., 86. 2. 166, S., 85. 2. 152.

son identité par témoins sans qu'il soit besoin d'un commencement de preuve par écrit. L'art. 341 est hors de cause ici; il s'applique, en effet, à la recherche de la maternité. Or, il ne s'agit pas, pour l'enfant, de rechercher sa filiation maternelle; celle-ci est établie par l'acte de reconnaissance. Il s'agit seulement de démontrer que la filiation constatée par cet acte est la sienne (¹). A plus forte raison, l'art. 340 doit-il être écarté. Au cas où la reconnaissance est faite par le père, l'enfant devra être admis à prouver, par un mode quelconque, soit son identité avec l'enfant reconnu (²), soit l'identité de celui qu'il dit être son père avec l'auteur de la reconnaissance (³). Car il ne s'agit pas d'une recherche de paternité, la paternité étant prouvée par la reconnaissance.

Certains auteurs admettent la solution que nous avons donnée, en ce qui concerne la reconnaissance émanant de la mère, mais ils la rejettent en ce qui touche la reconnaissance du père. En effet, disent-ils, la reconnaissance met l'enfant, à l'égard du père qui l'a reconnu, dans la situation où la nature l'a placé à l'égard de sa mère. Elle rend la paternité certaine. Dès lors, il faut appliquer à la preuve de l'identité, en ce qui concerne la reconnaissance de la paternité, la règle édictée par l'art. 341 relativement à la preuve de la filiation maternelle. Dans les deux cas, il faudra que l'identité de l'enfant soit rendue vraisemblable par un commencement de preuve par écrit (⁴). — Cette opinion doit être rejetée pour les deux motifs suivants : d'abord elle méconnaît la preuve qui résulte de la reconnaissance de la paternité; d'autre part,

---

(¹) Demante, II, n. 70 bis, II; Demolombe, V, n. 484; Aubry et Rau, VI, § 571, texte et note 27; Baret, op. cit., p. 88; Laurent, IV, n. 86. — Contra Richefort, II, n. 266. — Cpr. Aix, 22 déc. 1852, D., 54. 2. 121, S., 54. 2. 321.

(²) Aubry et Rau, VI, § 569, texte et note 3; Demante, Demolombe, Baret, Laurent, loc. cit. — Bordeaux, 18 fév. 1846, D., 48. 2. 81, S., 46. 2. 289. — Riom (motifs), 14 juillet 1853, D., 55. 1. 462, S., 56. 1. 151 (sous Cass., 7 nov. 1855). — Cass., 26 juin 1889, D., 91. 1. 129, S., 93. 1. 525. — Trib. Gand, 21 juin 1893, D., 94. 2. 387.

(³) Baret, op. cit., p. 89; Laurent, IV, n. 87. — Lyon, 30 août 1848, D., 49. 2. 192, S., 49. 2. 361. — Contra Aubry et Rau, VI, § 569, texte et note 4; Demolombe, V, n. 484 bis. — Cass., 18 juin 1851, D., 51. 1. 177 et la note, S., 51. 1. 391.

(⁴) Devilleneuve, note, S., 46. 2. 289; Dalloz, J. G., vᵒ Paternité, n. 557 et 611. — Cpr. Richefort, loc. cit.

elle assimile deux situations entièrement dissemblables. Sans doute, la nature rend la maternité certaine, mais cela ne signifie pas qu'il est inutile de la prouver quand elle n'a pas été avouée par la prétendue mère. Dans ce cas, l'enfant doit prouver à la fois l'accouchement de la femme qu'il dit être sa mère et son identité avec l'enfant qu'elle a mis au monde. Dans l'hypothèse qui nous occupe, l'enfant n'a pas à prouver qu'il est issu des œuvres de l'homme qui a fait la reconnaissance ; il est seulement tenu de démontrer que c'est à lui que s'applique cette reconnaissance.

Enfin, il n'y a pas lieu de distinguer, comme on l'a proposé (¹), entre le cas où la reconnaissance a été faite dans l'acte même de naissance et celui où l'enfant a été reconnu par un acte postérieur. L'enfant, a-t-on dit, a, dans cette dernière hypothèse, une personnalité plus distincte, et son identité est moins douteuse, de sorte qu'on peut l'admettre à se servir de la preuve testimoniale toute nue, tandis qu'un commencement de preuve par écrit lui serait nécessaire pour prouver son identité par témoins dans la première hypothèse. Une pareille distinction est sans aucune base légale. Ou l'art. 341 est applicable ou il ne l'est pas ; il n'y a pas de milieu. S'il l'est, il faudra, dans tous les cas, à l'enfant un commencement de preuve par écrit de son identité.

656. La reconnaissance d'enfant naturel est irrévocable de sa nature, car elle constitue un aveu sur lequel il n'est pas permis de revenir (²). Conserve-t-elle ce caractère quand elle est déposée dans un acte susceptible d'être révoqué, comme un testament ou une procuration, ou soumis à une condition tacite, comme le contrat de mariage ?

Le contrat de mariage est fait sous la condition : *si nuptiæ sequantur*. Il est caduc si le mariage n'a pas lieu. Mais ce qui tombe ainsi, ce sont les conventions qui règlent l'association conjugale quant aux biens. Il en est autrement de la reconnaissance contenue dans le contrat de mariage. Cette recon-

---

(¹) Dalloz, *op. et vº cit.*, n. 557.

(²) Zachariæ, I, § 167, p. 327 ; Aubry et Rau, VI, § 568 *quater*, p. 182 ; Demolombe, V, n. 454 ; Baret, *op. cit.*, p 84 ; Laurent, IV, n. 85 ; Arntz, I, n. 596 ; Massonié, *op. cit.*, p. 167 s. ; Vigié, I, n. 564 ; Huc, III, n. 78 ; Planiol, I, n. 2237.

naissance constitue une clause entièrement distincte de celles qui ont pour objet le règlement des intérêts pécuniaires des futurs époux. Elle n'est pas l'accessoire de celles-ci ; elle n'est pas subordonnée à la condition dont elles dépendent ; celui qui l'a faite a eu l'intention d'avouer un fait, sa paternité ou sa maternité. L'on ne comprend pas qu'un aveu puisse être considéré comme conditionnel (¹).

En ce qui concerne la reconnaissance contenue dans un testament par acte public, la question est beaucoup plus délicate. Beaucoup d'auteurs pensent que la révocation du testament entraîne nécessairement celle de la reconnaissance. Le testament, en effet, est essentiellement révocable. « Celui qui ne consigne un aveu, une reconnaissance quelconque que dans un testament, dit Demolombe (²), celui-là n'a pas l'intention de se dessaisir de cet aveu ; sa reconnaissance n'a pas encore, dans sa pensée même, un caractère définitif ; donc vous ne pouvez pas lui attribuer ce caractère, sans la créer vous-même. Mon testament, c'est ma pensée intime ! ma pensée écrite, il est vrai, mais pour rester secrète, et m'appartenir toujours à moi-même et à moi seul. Et tout ce que je dépose là est empreint de ce caractère ; rien n'est donc achevé, rien n'est donc acquis à personne ; le testament n'est qu'un projet. N'objectez pas que la reconnaissance d'un enfant naturel est irrévocable dès qu'elle est faite ; — oui, dès qu'elle est faite ; mais je nie qu'elle le soit, je nie que la volonté de reconnaître existe comme elle doit exister, définitive, arrêtée, sûre d'elle-même ! »

Cette solution serait peut-être la meilleure au point de vue pratique. Mais les textes paraissent bien la condamner. L'art. 895, qui pose le principe de la révocabilité des dispositions testamentaires, nous dit en même temps que : « Le testament est un acte par lequel le testateur dispose, pour le

---

(¹) Massonié, *op. cit.*, p. 170 ; Baret, Laurent, Planiol, *loc. cit.* — Paris, 22 janv. 1855, D., 55. 2. 144, S., 55. 2. 1 et la note de M. Gilbert. — Grenoble, 6 août 1861, D., 61. 2. 207, S., 62. 2. 13

(²) V, n. 455, p. 459. — *Adde :* Merlin, *Rép.*, vº *Filiation*, n. 7 ; Loiseau, *op. cit.*, p. 468 ; Richefort, II, n. 258 ; Zachariæ et Massé et Vergé sur Zachariæ, I, § 167, texte et notes 34 et 35 ; Dalloz, *J. G.*, vº *Paternité*, n. 597 ; Arntz, I, n. 596 ; Laurent, Massonié, Planiol, *loc. cit.* — Cpr. Huc, *loc. cit.*

temps où il n'existera plus, de tout ou partie de ses biens ».
C'est le testament ainsi défini que la loi déclare révocable,
donc le testament en tant qu'il est un acte de disposition des
biens. S'il est révocable, c'est à raison des dispositions de
dernière volonté des biens, non à cause de la qualification
qui lui est donnée par son auteur. Par suite, s'il renferme
accidentellement des clauses étrangères aux biens et que
celles-ci soient irrévocables de leur nature, cette circonstance
qu'elles sont contenues dans un testament ne les rendra pas
révocables. Or tel est le caractère de la reconnaissance; elle
est un aveu et un aveu est irrévocable de sa nature. Pourquoi
serait-il autrement de la reconnaissance contenue dans un
testament que de celle qui est déposée dans un contrat de
mariage ? La raison de décider est la même. Cette solution a
été admise par plusieurs arrêts (¹).

Et toutefois la jurisprudence a reculé devant une conséquence nécessaire de son système. Si la reconnaissance renfermée dans un testament est irrévocable, il n'y a pas de
motifs pour qu'elle ne puisse pas produire ses effets immédiatement; on devra donc permettre à l'enfant de s'en prévaloir, même du vivant de son auteur, par exemple pour
obtenir une pension alimentaire; de même qu'on devrait lui
permettre d'invoquer la reconnaissance contenue dans un
contrat de mariage, même avant que le contrat ait été vivifié
par la célébration du mariage. En refusant d'admettre la
conséquence qui vient d'être signalée (²), la jurisprudence a
fourni une arme puissante à ses adversaires, qui ont dit : si
la conséquence n'est pas admissible, le principe d'où elle
découle ne l'est pas non plus; un prétendu principe qui
engendre des conséquences inacceptables est un faux principe.
— La critique paraît fondée : si l'on admet le principe, il
faut admettre la conséquence. — C'est impossible, dit-on, car
on arriverait ainsi à exécuter un testament du vivant du

(¹) Duranton, III, n. 219; Aubry et Rau, VI, § 568 *quater*, texte et note 2; Baret, Massonié, *op. et loc. cit.;* Vigié, I, n. 564. — Aix, 10 fév. 1806, *J. G.*, v° *cit.*,
n. 505, S., 7. 2. 1 (sol. impl.). — Cour de Corse, 5 juillet 1826, et 17 août 1829, *J.
G.*, v° *cit.*, n. 596, S., 27. 2. 106, et 29. 2. 279.

(²) Amiens, 9 fév. 1826, *J. G.*, v° *cit.*, n. 397, S., 29. 2. 151; Duranton, *loc. cit.*

testateur, ce qui est contraire à toutes les règles. — Ne peut-
on pas répondre que, donner un effet immédiat à la reconnaissance, ce n'est pas exécuter le testament, par cette raison
toute simple que la disposition qui contient la reconnaissance
n'est pas une disposition testamentaire ; il n'y a de telles que
celles relatives aux biens (art. 895). Ce n'est pas plus une
disposition testamentaire que la reconnaissance faite dans un
contrat de mariage n'est une convention matrimoniale ; et, de
même qu'une telle reconnaissance peut produire son effet
avant que le contrat de mariage ait force obligatoire, de
même rien ne s'oppose à ce que la reconnaissance contenue
dans un testament produise ses effets du vivant du testateur.
Encore une fois, ce n'est pas une disposition testamentaire ([1]).

Ce que nous venons de dire peut être répété pour la reconnaissance déposée dans une procuration notariée ayant un
autre objet. Cet acte n'a pas le caractère d'une procuration
en ce qui concerne l'aveu de paternité ou de maternité ([2]).

SECTION V

DANS QUELS CAS UNE RECONNAISSANCE D'ENFANT NATUREL EST INEXISTANTE OU NULLE

657. I. La reconnaissance d'enfant naturel est inexistante,
ou nulle de nullité radicale et absolue, suivant le langage de
quelques-uns :

1° Lorsqu'elle émane d'un individu privé de raison ;

2° Lorsqu'elle n'a pas été faite dans les formes prescrites
par la loi, car la reconnaissance est un acte solennel. Telle
serait la reconnaissance faite par acte sous-seing privé ou
verbalement. Toutefois la reconnaissance faite *par la mère*
en la forme sous-seing privé pourrait servir à l'enfant de
commencement de preuve par écrit, à l'effet de prouver par
témoins sa filiation maternelle (arg. art. 341) ([3]);

([1]) Baret, *op. cit.*, p. 85. — En ce sens, cour de Corse, 5 juillet 1826, *supra*.
([2]) Aubry et Rau, VI, § 568 *quater*, p. 183 ; Massonié, *op. cit.*, p. 170 ; Vigié, I,
n. 564.
([3]) Demolombe, V, n. 423.

3° Lorsqu'elle a été reçue par un officier public qui n'a aucune compétence, à raison de ses fonctions, pour dresser acte de la reconnaissance, tel qu'un greffier ou un commissaire de police (¹);

4° Lorsqu'elle a été faite par une personne qui n'avait pas le *pouvoir* de reconnaître un enfant naturel (*supra*, n. 640).

L'inexistence d'une reconnaissance peut être invoquée en tout temps et par tout intéressé, soit en demandant, soit en défendant. Elle ne peut être couverte par la ratification, car on ne confirme pas le néant.

658. II. La reconnaissance d'enfant naturel est simplement nulle ou annulable : 1° lorsqu'elle est entachée de violence, d'erreur ou de dol, ou lorsque, l'acte ayant été dressé par un officier public que ses fonctions désignent pour le recevoir, les conditions prescrites par la loi n'ont pas été observées; 2° lorsqu'elle est contraire à la vérité. Ces deux catégories de causes de nullité ne doivent pas être confondues, car les preuves à fournir à l'appui de la demande qui tend à l'annulation de la reconnaissance sont absolument différentes. (V. *infra,* n. 659 et 660).

659. A. La reconnaissance est annulable quand elle a été déterminée par le dol, l'erreur ou la violence. Pour être valable, elle doit être l'expression d'une volonté libre et consciente.

En ce qui concerne le dol, il ne peut évidemment être question d'appliquer en cette matière l'art. 1116 du C. civ. La reconnaissance est en effet un acte unilatéral, œuvre d'une volonté unique. Les tribunaux apprécieront en fait si les manœuvres dont l'auteur de la reconnaissance a été l'objet ont eu pour résultat de vicier sa volonté.

Les juges jouiront également d'un large pouvoir d'appréciation lorsqu'il s'agira de rechercher si les violences dont se plaint l'homme ou la femme qui a reconnu un enfant naturel ont eu pour effet de lui enlever son libre arbitre. Les faits ont à cet égard une importance prépondérante. La sim-

(¹) Aubry et Rau, VI, § 568 *ter,* texte et note 4; Demolombe, V, n. 419; Laurent, IV, n. 61.

ple menace de poursuites doit-elle être considérée comme un acte de violence de nature à vicier la reconnaissance? La négative est admise presque unanimement ([1]). La question ne peut d'ailleurs se poser qu'en ce qui concerne la reconnaissance de paternité, car, la loi permettant la recherche de la maternité, on ne peut dire que l'enfant a usé de violence, lorsque c'est sur la menace d'un procès que sa mère a été amenée à le reconnaître. Certains auteurs ont bien dit que la reconnaissance arrachée au prétendu père par la menace de poursuites n'a pas le caractère de liberté et de spontanéité voulu par la loi ([2]). Mais il est évident qu'une pareille menace ne peut faire une impression sérieuse sur l'esprit de celui auquel elle est adressée, puisqu'il suffisait à celui-ci d'invoquer une fin de non-recevoir fondée sur l'art. 340.

On peut concevoir deux sortes d'erreur de nature à vicier la reconnaissance d'enfant naturel. L'erreur peut porter sur la personne même de l'enfant reconnu ; ainsi j'ai voulu reconnaître telle personne déterminée et j'ai donné à cette personne, dans l'acte de reconnaissance, une dénomination qui se rapporte à une autre ([3]). L'erreur peut porter seulement sur la filiation de l'individu objet de la reconnaissance. J'ai bien reconnu la personne que j'avais en vue, mais ma reconnaissance a été déterminée par la croyance erronée que j'avais qu'elle était issue de moi. Il est aisé de voir que cette dernière hypothèse se confond avec celle qui est prévue par l'art. 339 ; pour démontrer l'erreur que j'invoque pour faire annuler la reconnaissance, il faudra en effet que je prouve que l'enfant reconnu m'est étranger, en d'autres termes, que la reconnaissance est contraire à la vérité. Ce sont donc les règles de l'art. 339 qu'il conviendra d'appliquer ([4]). Quant à

([1]) Merlin, *Rép.*, v° *Filiation*, n. 11, 14, 15; Duranton, III, n. 220; Toullier et Duvergier sur Toullier, II, n. 963; Demolombe, V, n. 432; Aubry et Rau, VI, § 568, note 13; Laurent, IV, n. 65; Massonié, *op. cit.*, p. 23 et les arrêts cités dans la *J. G.*, v° *cit.*, n. 569, 570.

([2]) Ducaurroy, Bonnier et Roustain, I, n. 483; Loiseau, *op. cit.*, p. 506; Richefort, II, n. 251.

([3]) V. un exemple dans l'arrêt de la cour d'Aix, 22 déc. 1852, D., 54. 2. 121, S., 54. 2. 321.

([4]) V. cependant Massonié, *op. cit.*, p. 22 et 124.

l'erreur sur la personne même, on a voulu y voir une cause d'inexistence de la reconnaissance, par analogie de ce qui est admis en matière de convention ([1]). Mais cette assimilation est inadmissible. Si l'erreur *in corpore* entraîne l'inexistence du contrat, cela tient à ce qu'il ne s'est pas produit l'accord de volontés nécessaire pour la formation de celui-ci. Dans notre hypothèse, il y a eu une volonté émise ; cette volonté unique suffit pour l'existence de la reconnaissance ; mais elle est viciée par l'erreur ([2]).

La reconnaissance est encore simplement annulable lorsqu'elle a été reçue par un officier public compétent pour cette sorte d'acte, mais en violation des conditions légales. Par exemple, le notaire rédacteur de l'acte n'a pas observé les règles de forme prescrites par la loi du 25 ventôse an XI, ou bien encore il a reçu la reconnaissance en dehors de son ressort. On admet généralement que, dans ce cas, l'acte n'est pas inexistant, mais qu'il est seulement susceptible d'être annulé ([3]).

A ces diverses causes de nullité certains auteurs en ajoutent une autre qui est fondée sur l'incapacité de l'auteur de la reconnaissance. Il en est ainsi lorsque celle-ci émane soit d'un mineur, soit d'une femme mariée non autorisée par son mari ([4]). La solution opposée est, nous l'avons vu, généralement admise.

Qui peut se prévaloir, soit en demandant, soit en défendant, de la nullité de la reconnaissance ?

Si l'on admet que la reconnaissance est nulle lorsqu'elle émane d'une personne frappée d'une incapacité légale, la solution n'est pas douteuse. La nullité n'ayant été établie que dans l'intérêt de l'incapable, celui-ci sera seul admis à l'invoquer. La reconnaissance est entachée d'une nullité simplement relative ([5]).

La question est plus délicate, lorsqu'il s'agit d'une recon-

([1]) Massonié, *op. cit.*, p. 123 ; Huc, III, n. 101.
([2]) Cpr. Laurent, IV, n. 63.
([3]) Aubry et Rau, VI, § 568 *ter*, note 4 et p. 178 ; Demolombe, V, n. 433 ; Laurent, IV, n. 66 ; Massonié, *op. cit.*, p. 128.
([4]) Laurent, IV, n. 67.
([5]) Laurent, *loc. cit.*

naissance obtenue par dol, entachée d'erreur, ou arrachée par la violence. Il semble qu'il faille également décider que, seul, l'auteur de la reconnaissance ou ses héritiers peuvent en faire prononcer l'annulation par la justice (arg. art. 1117) [1]. Il paraît, en effet, naturel de considérer la nullité comme existant en faveur seulement de celui dont la volonté a été viciée. Par suite, la nullité serait susceptible de se couvrir par la confirmation ou la ratification. Elle se couvrirait également par la prescription. Mais la prescription de dix ans ne serait pas ici applicable [2]. Car l'art. 1304 qui l'édicte ne vise que les actions en nullité des conventions. Or, la reconnaissance d'enfant naturel n'est pas une convention. La prescription ne pourrait donc s'accomplir que par le délai de trente ans (art. 2262). — La solution dont nous venons de déduire les conséquences est généralement repoussée. Beaucoup d'auteurs et la jurisprudence décident, en sens contraire, que la nullité résultant du dol ou de la violence peut être invoquée par toute personne y ayant intérêt [3]. Il n'y a pas lieu, dit-on, de faire intervenir ici les règles qui régissent les conventions. Il faut se référer uniquement à l'art. 339. Or ce texte est conçu en termes absolument généraux. Il permet à tout intéressé quelconque... d'attaquer la reconnaissance, sans distinguer entre les causes qui en entraînent la nullité. On en conclut que l'annulation pourra être provoquée par l'enfant qui a été reconnu ou par un ascendant de l'auteur de la reconnaissance. D'ailleurs, les partisans de ce système s'accordent avec ceux du premier pour décider que la nullité fondée sur les vices du consentement est susceptible de se couvrir par la prescription, qui s'accomplira ici par trente ans, conformément au droit commun. Il nous semble qu'en raisonnant comme ils le font, ceux qui combattent notre manière de voir commettent la confusion que nous avons signalée (*supra*,

[1] Aubry et Rau, VI, § 568 *ter*, texte et note 23; Laurent, IV, n. 67 s.; Arntz, I, n. 598; Vigié, I, n. 573; Huc, III, n. 100 (sauf pour l'erreur).

[2] *Contra* Loiseau, p. 523; Huc, *loc. cit.*

[3] Loiseau, *op. cit.*, p. 514 s.; Duranton, III, n. 258 s.; Massé et Vergé sur Zachariæ, I, § 167, note 8; Demolombe, V, n. 439; Massonié, p. 132 s.; Baret, *op. cit.*, p. 80-81. — Lyon, 13 mars 1856, D., 56. 2. 232, S., 56. 2. 586 (motifs). — Paris, 19 juil. 1864, *J. G.*, *Suppl*, v° *cit.*, n. 239, S., 65. 2. 14.

n. 658). Lorsque la reconnaissance est entachée de dol, d'erreur ou de violence, c'est le vice du consentement qui sert de fondement à l'action en nullité. Pour réussir dans cette action, il suffit de démontrer que la volonté de l'auteur de la reconnaissance a été viciée. Le demandeur n'a pas à prouver que la filiation attribuée à l'enfant reconnu est contraire à la vérité. L'art. 339 prévoit une tout autre hypothèse. Il permet de *contester* la reconnaissance, c'est-à-dire de faire la preuve que la reconnaissance a donné à l'enfant une filiation qui ne lui appartient pas en réalité; cette preuve est plus difficile à fournir que celle qui est relative au vice du consentement. L'action en nullité pour dol, erreur ou violence est régie par les principes généraux du droit, la loi ne s'en étant pas occupée. L'art. 339 ne s'applique qu'à la contestation de la reconnaissance, c'est-à-dire à l'action en nullité fondée sur ce que la reconnaissance est mensongère ou erronée. C'est cette action qui appartient à tout intéressé, aux termes de l'art. 339. Sans doute, il est permis au demandeur d'invoquer le dol, l'erreur ou la violence dont l'auteur de la reconnaissance a été victime. Mais qu'on ne s'y trompe pas, ces faits sont invoqués, non comme vices du consentement, mais comme indices graves de nature à corroborer la prétention du demandeur [1].

En ce qui concerne les vices de forme qui entraînent simplement la nullité de la reconnaissance, il est généralement admis qu'ils peuvent être invoqués par tout intéressé [2], car les règles posées par la loi à cet égard n'ont pas uniquement pour but de protéger la personne qui avoue sa paternité ou sa maternité. D'après certains auteurs, l'action serait imprescriptible [3]. D'autres décident qu'elle se prescrit par le délai de trente ans [4].

660. B. La reconnaissance est encore annulable quand elle a été faite contrairement à la vérité. C'est à cette hypothèse

---

[1] Cpr. Aubry et Rau, VI, § 568 *ter*, note 23; Laurent, IV, n. 67 *in fine*.

[2] Demolombe, V, n. 439; Aubry et Rau, VI, § 568 *ter*, p. 179; Laurent, IV, n. 69; Massonié, *op. cit.*, p. 131.

[3] Aubry et Rau, VI, § 568 *ter*, texte et note 36.

[4] Massonié, *op. cit.*, p. 165.

que se réfère, à notre avis ([1]), l'art. 339 ainsi conçu : « *Toute reconnaissance de la part du père ou de la mère, de même que toute réclamation de la part de l'enfant pourra être contestée par tous ceux qui y auront intérêt* ». Ainsi l'on pourra soutenir que l'homme qui a reconnu l'enfant n'en est pas le père, parce qu'il était physiquement impubère ou parce qu'il n'a pu, à raison de la distance, avoir des relations avec la mère de cet enfant, à l'époque où se place la conception de celui-ci. S'agit-il d'une reconnaissance de maternité, on sera admis à démontrer que la prétendue mère n'est pas accouchée ou qu'elle est accouchée à une époque qui ne se rapporte pas à celle de la naissance de l'enfant. Les monuments de jurisprudence offrent de nombreux exemples de contestations de ce genre ([2]).

Aux termes de l'art. 339, la reconnaissance peut être contestée par tous ceux qui y ont intérêt. L'intérêt sur le fondement duquel on peut être admis à contester une reconnaissance comme n'étant pas l'expression de la vérité peut être moral ou pécuniaire. La loi se sert en effet d'une formule absolument générale.

a) On peut citer comme ayant un intérêt moral :

1° L'enfant objet de la reconnaissance. Il ne lui suffirait pas de déclarer qu'il répudie la reconnaissance dont il a été l'objet, car sa volonté ne saurait exercer aucune influence sur son état. Il doit prouver que cette reconnaissance est contraire à la vérité, et il peut faire cette preuve par tous les moyens possibles ([3]).

([1]) D'après Laurent, IV, n. 67 *in fine*, l'art. 339 viserait uniquement le cas où l'auteur de la reconnaissance savait que celle-ci était contraire à la vérité. Il nous semble que l'art. 339 est d'une application plus générale (Cpr. Massonié, *op. cit.*, p. 35). Il nous paraît aussi que Laurent commet une erreur en disant (IV, n. 72) que l'action autorisée par notre texte tend à faire déclarer la reconnaissance inexistante pour défaut de pouvoir. Ce n'est pas en effet une question de pouvoir qui se pose, puisque l'auteur de la reconnaissance l'a faite pour son compte.

([2]) V. notamment Douai, 6 juin 1852, D., 52. 2. 221. — Paris, 22 janv. 1855, D., 55. 2. 144, S., 55. 2. 1. — Lyon, 13 mars 1856, D., 56. 2. 232, S., 56. 2. 586. — Cass., 17 mai 1870, D., 70. 1. 241, S., 70. 1. 385. — Nimes, 7 mai 1879, D., 79. 2. 133. — Rennes, 8 mars 1882, D., 84. 1. 385. — Paris, 14 mars 1895, D., 95. 2. 231, S., 99. 1. 177, sous Cass., 17 janv. 1899. — Cpr. codes civils : italien, art. 188; espagnol, art. 138; portugais, art. 128; néerlandais, art. 341.

([3]) Rouen, 15 mars 1826, S., 28. 2. 43.

2° Toute personne qui a déjà reconnu l'enfant naturel, et cela, non seulement lorsque la deuxième reconnaissance est contradictoire avec la première, mais aussi lorsqu'elle est susceptible de se concilier avec elle. Deux reconnaissances sont contradictoires, quand elles émanent de deux personnes de même sexe, nul ne pouvant avoir deux pères ni deux mères (¹). Deux reconnaissances sont susceptibles de se concilier entre elles, quand elles sont faites par des personnes de sexe différent. Même dans ce dernier cas, comme nous venons de le dire, l'auteur de l'une des reconnaissances peut contester l'autre ; car un homme a un intérêt moral incontestable à ce qu'une femme quelconque n'usurpe pas la maternité de l'enfant dont il s'est reconnu le père, et une femme a un intérêt plus palpable encore à ce que sa maternité ne soit pas rattachée à la paternité du premier venu (²). De même, le père ou la mère légitime d'un enfant peut contester la reconnaissance dont celui-ci a été l'objet de la part d'un tiers (³). Alors même que l'une des deux reconnaissances aurait été suivie d'une légitimation, elle pourrait néanmoins être contestée par l'auteur de l'autre. Cette circonstance ne la rend pas inattaquable.

3° L'auteur lui-même de la reconnaissance contraire à la vérité peut l'attaquer. Cette solution, qui est admise sans difficulté dans l'hypothèse où la reconnaissance est le résultat d'une violence, d'un dol ou d'une erreur sur la personne de l'enfant, est, au contraire, contestée pour le cas où la reconnaissance mensongère a été faite sciemment et en dehors de toute influence étrangère. On invoque, pour la rejeter (⁴), la maxime *Nemo auditur propriam turpitudinem allegans.* On dit encore que la reconnaissance est un aveu et que, d'après l'article 1356, il n'est pas permis de revenir sur un aveu librement exprimé. Enfin l'article 339, dit-on, fait une

---

(¹) Cass., 10 fév. 1847, D., 47. 1. 49, S., 47. 1. 82.
(²) Douai, 7 juin 1842, *J. G.*, vᵒ *cit.*, n. 584.
(³) Paris, 12 juil. 1856, D., 57. 2. 4, S., 56. 2. 588.
(⁴) Paris, 22 janv. 1855, D., 55. 2. 144, S., 55. 2. 1 et la note de M. Gilbert; Demolombe, V, n. 437; Massé et Vergé sur Zachariæ, I, § 168, note 1; Demante, II, n. 67 *bis*, I; Massonié, *op. cit.*, p. 143 s.; Huc, III, n. 103.

opposition bien marquée entre le père ou la mère, d'une part et les personnes ayant intérêt à contester la reconnaissance, d'autre part. Il semble en résulter que le droit de soulever une pareille contestation n'appartient pas au père ou à la mère qui a fait la reconnaissance. *Contester* signifie *contredire* ([1]). Si l'on peut permettre aux tiers de contredire l'affirmation de ceux qui se sont reconnus les auteurs de l'enfant, on ne peut raisonnablement supposer que la loi a voulu permettre à ces derniers de se contredire eux-mêmes. — Mais la maxime *Nemo auditur...*, que l'on oppose comme fin de non-recevoir à l'auteur de la reconnaissance qui veut la contester, ne paraît pas suffisante pour neutraliser l'argument tiré de la généralité des termes de l'article 339, qui permet à *tout intéressé*, sans exception, d'attaquer la reconnaissance. L'article 339 n'établit pas, comme on le prétend, d'opposition entre le père ou la mère et les autres personnes intéressées à contester la reconnaissance. La partie finale du texte « *tous ceux qui y auront intérêt* », qui désigne les personnes qui ont le droit d'attaquer la reconnaissance, embrasse, dans sa généralité, même le père ou la mère qui a reconnu l'enfant naturel. Si, d'ailleurs, il était vrai que le père et la mère ne sont pas compris dans les personnes intéressées dont parle le texte, il faudrait décider que ceux-ci ne pourraient pas contester la réclamation faite par l'enfant, ce qui est évidemment inadmissible. L'article 1356, qu'on invoque contre notre solution, n'a rien à faire en notre matière; il règle les effets de l'aveu en ce qui concerne les droits patrimoniaux. L'aveu de paternité ou de maternité est soumis à des règles qui lui sont propres. Enfin, il s'agit ici de l'état de l'enfant, c'est-à-dire d'une matière d'ordre public, et il est désirable que la vérité se fasse jour par tous les moyens possibles. Il ne peut être permis à une personne de se créer par sa seule volonté une paternité fictive ([2]). L'auteur de la reconnaissance sera donc admis à la

---

([1]) Demolombe, *loc. cit.*

([2]) Aubry et Rau, VI, § 568 *ter*, texte et note 31; Laurent, IV, n. 78; Arntz, I, n. 608; Baret, *op. cit.*, p. 81; Vigié, I, n. 572; Planiol, I, n. 2234. — Paris, 14 ou 28 déc. 1833, *J. G.*, v° *cit.*, n. 581, S , 34. 2. 6. — Aix (motifs), 22 déc. 1852, D., 54. 2. 121, S., 54. 2. 321. — Paris, 23 juil. 1853, D., 54. 2. 269, S., 54. 2. 329. —

contester, et il en sera ainsi, alors même que la reconnaissance aurait été suivie d'un mariage produisant la légitimation de l'enfant.

4° Il a été jugé à plusieurs reprises que les parents légitimes, en ligne ascendante ou collatérale, peuvent, indépendamment de tout intérêt pécuniaire, être admis, comme
représentant la famille légitime d'une personne décédée, à
contester la reconnaissance que cette personne a faite d'un
enfant naturel. Leur action est alors fondée exclusivement
sur un intérêt moral, l'intérêt du nom, ou même simplement
l'intérêt de la famille (¹). Il a même été décidé que le père de
l'auteur de la reconnaissance peut, en se fondant sur un
simple intérêt moral, attaquer la reconnaissance, même du
vivant de celui qui l'a faite (²).

b) Pourraient contester la reconnaissance sur le fondement
d'un intérêt pécuniaire :

1° Les héritiers de l'auteur de la reconnaissance, après le
décès de celui-ci. Ils ont intérêt à la faire tomber, pour
empêcher l'enfant naturel de venir réclamer dans la succession de son auteur les droits que lui accordent les art. 756
et s. (³).

2° Les donataires ou légataires, même à titre particulier,
de l'auteur de la reconnaissance (⁴). L'annulation de la reconnaissance leur permettra d'échapper à l'action en réduction
que l'enfant naturel exercerait contre eux en vue d'obtenir la
réserve à laquelle il a droit.

Lyon, 13 mars 1856, D., 56. 2. 232, S., 56. 2. 586. — Nîmes, 7 mai 1879, D., 79.
2. 133. — Cpr. Paris, 23 janv. 1877, D., 77. 2. 147.

(¹) Lyon, 22 mai 1862, *J. G.*, *Suppl.*, vᵒ *cit.*, n. 238, S., 62. 2. 39. — Trib. Seine,
28 août 1868, D., 68. 5. 230. — Paris, 9 juil. 1885, D., 86. 2. 261.

(²) Paris, 23 juil. 1853. — Lyon, 13 mars 1856, *supra*. — Cass., 17 mai 1870, D.,
70. 1. 241 et la note de M. Beudant, S., 70. 1. 385. — Nîmes, 7 mai 1879, *supra*.
— Paris, 14 mars 1895, D., 95. 2. 231, S., 99. 1. 177 (sous Cass., 17 janv. 1899). —
Dans le même sens, Aubry et Rau, VI, § 568 *ler*, texte et note 28; Laurent, IV,
n. 79; Massonié, *op. cit.*, p. 139, 147; Huc, III, n. 103. — Ces auteurs approuvent
la décision de la jurisprudence, mais ils estiment que, si le droit d'agir doit être
reconnu au père du vivant de son fils, il faut le refuser aux autres ascendants et
aux collatéraux.

(³) Bastia, 10 déc. 1864, D., 65 2. 37, S., 65. 2. 75. — Paris, 9 juil. 1885, D., 86.
2 261. — Pau, 10 fév. 1890, *J. G.*, *Suppl.*, vᵒ *cit.*, n. 238.

(⁴) Cpr. Bordeaux, 10 avril 1843, *J. G.*, vᵒ *cit.*, n. 473, S., 43. 2. 481.

3° Les autres enfants naturels reconnus de l'auteur de la reconnaissance. En contestant la reconnaissance, ils cherchent à écarter un concurrent dont la présence diminue leurs droits.

4° Les membres de la famille légitime, même lorsqu'ils n'agissent pas en qualité d'héritiers de l'auteur de la reconnaissance, dans le cas où la présence de l'enfant nuit à leurs intérêts pécuniaires. Il a été décidé, en ce sens, que si l'enfant a été légitimé par le mariage de ceux qui l'ont reconnu, le père de l'un de ceux-ci peut contester la reconnaissance, pour se soustraire à l'obligation de fournir à l'enfant des aliments (¹).

Celui qui attaque une reconnaissance d'enfant naturel, conformément à l'art. 339, doit prouver qu'elle est contraire à la vérité. Une simple dénégation ne suffirait donc pas à la faire tomber. La loi fait en effet de la reconnaissance le mode de preuve normal de la filiation naturelle. Elle la tient par suite pour exacte, jusqu'à la preuve du contraire (²). D'ailleurs, cette preuve peut se faire par tous les moyens propres à convaincre le juge, par conséquent même par témoins et par présomptions (³).

L'action en nullité fondée sur la fausseté de la reconnaissance est-elle susceptible de s'éteindre par la prescription? Nous ne le pensons pas. L'état des personnes ne peut pas s'acquérir par la prescription. L'expiration d'un laps de temps, aussi long qu'on le suppose, ne peut avoir pour effet de conférer à l'enfant une filiation à laquelle il n'a aucun droit. Il doit toujours être permis de contester la reconnaissance, sans que l'on puisse opposer à la contestation une fin

---

(¹) Lyon, 22 mai 1862, *J. G., Suppl.*, v° *cit.*, n. 238, S., 63. 2. 39.

(²) Aubry et Rau, VI, § 568, p. 160; Demolombe, V, n. 440; Laurent, IV, n. 73, 81 ; Massonié, *op. cit.*, p. 55, 159; Huc, III, n. 104.

(³) Aubry et Rau, VI, § 568, p. 161, § 568 *ter*, p. 181; Demolombe, V, n. 434, 441 ; Laurent, IV, n. 74; Massonié, *op. cit*, p. 56. — Dans le cas où un enfant naturel a été reconnu par deux hommes, ce n'est pas nécessairement à la plus ancienne des deux reconnaissances qu'il faut accorder la préférence. On ne peut non plus laisser le choix à l'enfant, car sa volonté n'a pas d'influence sur son état. Les juges prononceront d'après les circonstances. La possession d'état et le témoignage de la mère peuvent être pris en considération par eux, mais ce ne sont pas néanmoins des circonstances entièrement décisives (Demolombe, V, n. 444 s.).

de non-recevoir tirée de la prescription (¹). Ce que nous disons doit d'ailleurs s'entendre seulement de l'état envisagé en lui-même et indépendamment de ses conséquences. Car les droits pécuniaires qui en découlent peuvent incontestablement être consolidés par la prescription. De même, lorsque la contestation ne peut être faite que sur le fondement d'un intérêt pécuniaire, l'action ne sera pas recevable si cet intérêt est lui-même prescrit.

De ce que nous venons de dire résulte cette conséquence que, lorsque la reconnaissance est viciée par le dol, l'erreur ou la violence, il ne sera plus permis, après l'expiration du délai de la prescription, de la critiquer pour cette cause, mais l'on pourra toujours la contester, en soutenant qu'elle est contraire à la vérité. Seulement, comme nous l'avons fait remarquer, le demandeur, pour réussir dans sa prétention, sera tenu de prouver que l'enfant n'a pas en réalité la filiation que lui attribue la reconnaissance.

661. Le jugement rendu sur l'action qui tend à faire annuler la reconnaissance n'aura d'autorité que dans les relations des parties au procès. Dès lors, il faudra mettre en cause toutes les personnes auxquelles on veut que le jugement soit opposable. L'action doit donc être dirigée contre l'auteur de la reconnaissance et contre l'enfant ou ses représentants. Si l'enfant est mineur, on lui nomme, dans la pratique, un tuteur *ad hoc*. Mais, la loi n'exigeant pas cette nomination, elle n'est aucunement nécessaire pour la régularité de la procédure. L'enfant serait valablement représenté par son tuteur ordinaire. Les arrêts sont toutefois divisés sur ce point (²).

(¹) Demolombe, V, n. 452; Aubry et Rau, VI, § 568 *ter*, texte et note 35; Laurent, IV, n. 70, 83; Massonié, *op. cit.*, p. 163; Vigié, I, n. 572; Planiol, I, n. 2235 *bis*. — Paris, 9 juil. 1885, D., 86. 2. 261.

(²) En notre sens, Cass., 27 janv. 1857, D., 57. 1. 196, S., 57. 1. 177. — Laurent, IV, n. 82; Massonié, *op. cit.*, p. 161 s. — D'après Demolombe, V, n. 449, un tuteur *ad hoc* devrait être nommé; il argumente par analogie de l'art. 318. Mais ce texte ne nous paraît pas devoir être appliqué. Dans le silence de la loi, ce sont les règles du droit commun qui doivent être suivies. — Cpr. en sens divers : Cass., 10 fév. 1847, D., 47. 1. 49, S., 47. 1. 81. — Nîmes, 7 mai 1879, D., 79. 2. 133. — Cass., 10 mai 1882, D., 83. 1. 79, S., 82. 1. 313. — Paris, 28 juil. 1892, D., 92. 2. 544, S., 93. 2. 24.

CHAPITRE II

DE LA RECONNAISSANCE FORCÉE OU JUDICIAIRE

662. Dans certains cas, la loi admet l'enfant naturel qui n'a pas été l'objet d'une reconnaissance volontaire à établir judiciairement sa filiation. C'est ce que l'on appelle la *recherche de la maternité* ou *de la paternité*. Si l'enfant réussit dans cette recherche, c'est-à-dire s'il obtient une décision judiciaire déclarant que tel homme est son père naturel ou telle femme sa mère naturelle, sa filiation se trouve établie par une reconnaissance *judiciaire* ou *forcée*. Ces expressions peuvent paraître singulières, le mot *reconnaissance* semblant impliquer un fait volontaire de la part de celui qui reconnaît ; mais la loi en autorise l'emploi, car les articles dans lesquels elle admet exceptionnellement la recherche de la paternité ou de la maternité sont placés dans la section II, chap. III, tit. VII, liv. I, intitulée : *De la reconnaissance des enfants naturels.* La loi considère donc aussi comme une reconnaissance la constatation judiciaire de la paternité ou de la maternité, et, pour la distinguer de la reconnaissance volontaire, on l'a appelée reconnaissance forcée ou judiciaire. L'observation a de l'importance. La constatation judiciaire de la paternité ou de la maternité constituant aux yeux de la loi une reconnaissance, il en résulte que les textes qui parlent des enfants naturels « légalement reconnus » sont applicables aux enfants dont la filiation est constatée judiciairement, aussi bien qu'à ceux dont la filiation est établie par une reconnaissance volontaire. Voyez notamment l'art. 756.

La loi a consacré à cette matière un petit nombre d'articles (art. 340, 341 et 342. *Adde* art. 339). Aussi présente-t-elle des lacunes nombreuses. Pour combler celles-ci, doit-on suivre par analogie les règles applicables à la filiation légitime ? Faut-il, au contraire, recourir à celles qui gouvernent la preuve des droits d'ordre pécuniaire ? Nous pensons, conformément au principe général que nous avons posé, que ces dernières doivent être, en principe, écartées. Nous devrons donc appliquer, dans la mesure du possible et à moins de motifs contraires tirés de la nature propre de la filiation naturelle, les textes relatifs à la filiation légitime.

SECTION PREMIÈRE

DE LA RECHERCHE DE LA MATERNITÉ

663. Dans notre ancien droit et dans le droit romain, on partait du principe *mater semper certa est,* et, sous l'empire de cette idée, on permettait. dans tous les cas et sans aucune restriction, la recherche de la maternité naturelle. Il n'y avait pas de principes spéciaux en ce qui concerne les preuves à fournir. L'enfant était autorisé à se servir de tous les moyens propres à justifier sa prétention. Ainsi s'explique le silence que les anciens auteurs gardent généralement sur ce point [1]. Le législateur de l'époque intermédiaire laissa subsister les règles jusqu'alors suivies en France. Il faut arriver à la promulgation du code civil pour trouver sur la matière une réglementation précise.

664. Tandis que l'art. 340 interdit la recherche de la paternité, l'art. 341 établit, au contraire, en principe, que « *La recherche de la maternité est admise* ». Cette différence résulte de la nature même des choses. En effet, alors que la paternité échappe à nos investigations, la maternité se trahit par des faits extérieurs et positifs (grossesse, accouchement), susceptibles d'être prouvés avec le même degré de précision que les faits en général. Nous pouvons avoir la preuve de la maternité, tandis qu'en ce qui concerne la paternité, nous n'avons jamais que des présomptions.

La preuve à faire par l'enfant qui recherche judiciairement sa filiation à l'égard de sa mère est double : il doit établir, d'une part, le fait de l'accouchement de la femme qu'il réclame comme sa mère, et, d'autre part, son identité avec l'enfant dont cette femme est accouchée. La démonstration du premier fait n'implique pas celle du second. De ce qu'il est constant que telle femme a mis un enfant au monde à telle

---

[1] Baret, *op. cit.*, p. 6.

époque, il ne résulte pas que le réclamant soit cet enfant ; s'il le prétend, il doit le prouver, il doit établir son identité. Au contraire, la preuve de l'identité entraîne nécessairement celle de l'accouchement : si je prouve que je suis l'enfant dont telle femme est accouchée à telle époque, je prouve par cela même le fait de l'accouchement. On s'explique ainsi que l'art. 341 ne mentionne que la preuve de l'identité. « *L'enfant qui réclamera sa mère* », dit l'alinéa 2 de cet article, « *sera tenu de prouver qu'il est identiquement le même que l'enfant dont elle est accouchée* ». Cette disposition ne suppose nullement que l'enfant soit dispensé de faire la preuve de l'accouchement. Il en résulte seulement qu'il peut faire une preuve unique s'appliquant à l'accouchement et à l'identité tout à la fois.

665. Comment l'enfant fera-t-il cette preuve? L'obliger à fournir une preuve écrite, c'eût été lui demander, en fait, à peu près l'impossible. En l'absence d'un aveu de la mère, l'enfant n'aura, la plupart du temps, qu'un seul moyen d'établir sa filiation maternelle, savoir la preuve par témoins. Mais cette preuve est dangereuse ; en l'admettant sans réserves, on aurait permis à d'audacieux intrigants de se procurer, à l'aide de faux témoignages, une filiation qui ne leur appartient pas. Aussi le législateur n'en autorise-t-il ici l'emploi que lorsque l'enfant a un commencement de preuve par écrit. C'est ce qui résulte de l'alinéa 3 de l'art. 341, ainsi conçu : « *Il ne sera reçu à faire cette preuve par témoins que lorsqu'il aura déjà un commencement de preuve par écrit* » ([1]).

Si on compare ce texte avec l'article 323, qui détermine les conditions moyennant lesquelles la preuve testimoniale est admise pour prouver la filiation maternelle légitime, on remarque une différence qui ne peut guère être mise sur le compte d'une inadvertance de la part du législateur. L'article 323 considère comme équivalant au commencement de preuve par écrit, à l'effet de donner passage à la preuve testimoniale,

---

([1]) Le C. civ. néerlandais, dans son art. 343, reproduit celle disposition en termes identiques. — Cpr. C. civ. italien, art. 190. — Au contraire, l'action en recherche de maternité n'est pas soumise à ces restrictions dans les législations espagnole (C. civ., art. 136) et portugaise (C. civ., art. 131). ·

les « présomptions ou indices résultant de faits dès lors constants », lorsque le juge leur trouve une gravité suffisante. L'article 341 ne nous parle plus de ces présomptions ou indices, et de là nous concluons qu'ils ne pourraient pas suppléer le commencement de preuve par écrit pour autoriser l'admission de la preuve par témoins de la maternité naturelle. A ce point de vue, comme à bien d'autres, le législateur fait un accueil moins favorable à la prétention de l'enfant naturel qu'à celle de l'enfant légitime (¹).

666. En quoi doit consister le commencement de preuve par écrit requis par l'article 341 ? Les auteurs décident généralement qu'il faut se référer à la définition qui en est donnée par l'article 1347 et non à celle qu'en donne l'article 324. Si cette solution était fondée, il en découlerait que le commencement de preuve par écrit, exigé pour donner passage à la preuve par témoins de la maternité naturelle, devrait nécessairement consister dans un écrit émané du défendeur (ordinairement la mère prétendue) ou de celui qu'il représente (art. 1347); il ne pourrait donc pas résulter, conformément à l'article 324, des titres de famille, des registres et papiers domestiques de la mère, ni des actes publics ou privés émanés d'une partie engagée dans la contestation ou qui y aurait intérêt si elle était vivante. Pour justifier cette solution, on dit d'abord que l'article 1347 contient la règle générale qu'il convient de suivre dans le silence de la loi; l'article 324 est un texte exceptionnel, dont la disposition doit être interprétée restrictivement. On invoque, en outre, l'esprit de la loi qui se montre beaucoup plus sévère pour la preuve de la filiation

(¹) Toullier, II, n. 944, 945; Duranton, III, n. 237; Massé et Vergé sur Zachariæ, I, § 170, note 2 *in fine;* Demante, II, n. 70; Demolombe, V, n. 502; Aubry et Rau, VI, § 570, texte et note 17; Laurent, IV, n. 109; Baret, *op. cit.,* p. 93; Huc, III, n. 89; Planiol, I, n. 2260. — Cass., 28 mai 1810, *J. G.,* v° *Paternité,* n. 624, S., 10. 1. 193. — Cass., 28 juil. 1825, *J. G.,* v° *cit.,* n. 619. — Grenoble, 24 janv. 1844, D., 45. 2. 105, S., 45. 2. 341. — Toulouse, 13 juil. 1846, D., 48. 2. 63, S., 48. 2. 116. — Caen, 1er mars 1860, D., 61. 2. 12, S., 61. 2. 185. — Paris, 13 juil. 1863, D., 64. 1. 249 et la note, S., 64. 1. 209 (sous Cass., 13 avril 1864). — Toulouse, 2 mai 1866 (motifs), D., 66. 2. 83. — *Contra* Zachariæ, I, § 170, note 2 *in fine.* Le C. civ. italien (art. 190) décide que la preuve par témoins sera admise si l'enfant a déjà un commencement de preuve par écrit, ou si les indices résultant de faits déjà certains sont assez graves pour en déterminer l'admission.

naturelle que pour celle de la filiation légitime. Le code, comme nous venons de le voir, n'admet pas que les présomptions ou indices résultant de faits dès lors constants, quelle que soit leur gravité, puissent suppléer le commencement de preuve par écrit pour l'admission de la preuve testimoniale. Il n'est donc pas vraisemblable qu'il ait pu considérer des écrits émanant de tiers comme constituant un commencement de preuve par écrit suffisant pour autoriser l'admission de la preuve testimoniale (¹).

Il nous semble qu'en interprétant ainsi la loi on en exagère la rigueur. On aboutit, en effet, à mettre le plus souvent l'enfant dans l'impossibilité de prouver par témoins sa filiation maternelle. La plupart des mères naturelles ne savent pas écrire (elles appartiennent en général à la classe inférieure de la société, où l'instruction est peu répandue), et celles qui le savent se gardent bien, quand elles veulent que leur maternité demeure ignorée, de fournir à l'enfant des armes contre elles-mêmes. D'ailleurs le législateur, en exigeant dans l'art. 341 un *commencement de preuve par écrit*, sans définir cette expression, n'a guère pu que se référer à la définition qu'il en avait déjà donnée en matière de filiation légitime. Comment admettre qu'il se soit reporté par la pensée à l'art. 1347 qui n'existait pas encore? On dit, il est vrai, dans le sens de l'opinion adverse, que l'art. 1347 contient le droit commun en matière de commencement de preuve par écrit, et que, dans le silence de la loi, c'est le droit commun qui doit être appliqué. Nous répondons que l'art. 1347 renferme le droit commun en matière pécuniaire, mais non en ce qui concerne les questions d'état. Il faut s'en tenir aux textes relatifs à la filiation. Sans doute l'art. 324 ne statue qu'en vue de la filiation légitime. Mais n'est-il pas rationnel de s'en servir pour interpréter l'art. 341? Cette solution nous paraît conforme à la volonté du législateur (²).

_____

(¹) Ducaurroy, Bonnier et Roustain, I, n. 500; Zachariæ, I, § 170, p. 332; Demolombe, V, n. 503; Aubry et Rau, VI, § 570, texte et notes 18, 19; Laurent, IV, n. 110, 111; Baret, *op. cit.*, p. 92. — Paris, 13 juil. 1863 et Toulouse, 2 mai 1866, *supra*.

(²) Richefort, II, n. 335; Marcadé, sur l'art. 341, n. 3; Demante, II, n. 70 *bis*,

667. Le commencement de preuve par écrit doit rendre vraisemblable la prétention du réclamant. Or, que prétend-il? Que la femme qu'il affirme être sa mère est accouchée, et qu'il est l'enfant dont elle est accouchée. Sa prétention implique l'existence de ces deux faits : accouchement, d'une part; identité, d'autre part (art. 341). Donc, le commencement de preuve par écrit doit les rendre vraisemblables l'un et l'autre.

Il ne suffirait pas, par conséquent, que le commencement de preuve par écrit fourni par l'enfant rendît vraisemblable le fait de l'accouchement; il doit rendre, en outre, vraisemblable le fait de l'identité. L'art. 341 l'exige formellement. L'exigence de la loi se comprend d'ailleurs. Autrement, comme le dit Demante, « il suffirait à un aventurier de s'être procuré des indices écrits de la faute commise par une femme, pour arriver, à l'aide de témoignages achetés, à se faire passer pour son fils ».

Mais la loi serait satisfaite si le commencement de preuve par écrit rendait vraisemblable le fait de l'identité; car il rendrait par cela même vraisemblable le fait de l'accouchement. On s'explique ainsi que l'art 341 semble n'exiger le commencement de preuve par écrit que pour l'identité seulement ([1]).

Certains auteurs ont présenté une autre interprétation de l'art. 341. Ce texte, disent-ils, ne vise que la preuve de l'iden-

III; Bonnier, *Des preuves*, 4ᵉ édit., I, n. 219; Arntz, I, n. 611; Vigié, I, n. 585; Huc, III, n. 89; Planiol, I, n. 2258. — Cass., 2 fév. 1814, *J. G.*, vᵒ *cit.*, n. 619, S., 69. 1. 5, en note. — Paris, 7 juil. 1838, D.. 45. 2. 105, S., 45. 2. 194, en note. — Paris, 30 avril 1859, D., 60. 2. 178, S., 60. 2. 625. — Trib. de Bayonne, 2 fév. 1864, D., 64. 2. 159. — Caen, 19 janv. 1867, S., 68. 2. 86. — Paris, 4 fév. 1867, S., 67. 2. 97. — Cass., 23 nov. 1868, D., 69. 1. 26 et la note, S., 69. 1. 5 et la note de M. Pont. — Douai, 29 janv. 1879, D., 80. 2. 213, S., 79. 2. 195. — Poitiers, 8 juin 1880 (sol. impl.), D., 81. 2. 78. — Pau, 2 juil. 1885 (motifs), D., 86. 2. 165. — Cpr. Toulouse, 2 fév. 1884, D., 85. 2. 227, S., 85. 2. 56.

([1]) Richefort, II, n. 328 s.; Duvergier sur Toullier, I, n. 942, note 1; Duranton, III, n. 240; Marcadé, II, sur l'art. 341, n. 3; Ducaurroy, Bonnier et Roustain, I, n. 500; Zachariæ, I, § 170, note 2; Demante, II, n. 70 *bis*, II; Demolombe, V, n. 500; Aubry et Rau, VI, § 570, texte et notes 11 et 15; Bonnier, *op. cit.*, I, n. 220; Laurent, IV, n. 112; Arntz, I, n. 611; Baret, *op. cit.*, p. 9.; Huc, III, n. 89. — Cpr. Planiol, I, n. 2256, 2257.

tité et a exclusivement pour objet de déterminer les conditions sous lesquelles cette preuve pourra être faite par témoins. Il suppose que le fait de l'accouchement est légalement établi ([1]). Dès lors, avant d'être admis à prouver par témoins son identité, l'enfant sera tenu de faire au préalable la preuve de l'accouchement de sa prétendue mère. En l'absence d'un aveu émanant de celle-ci, comment cette preuve devra-t-elle être faite? C'est ce que l'art. 341 n'a pas indiqué. D'après les uns, l'accouchement ne serait susceptible d'être prouvé qu'à l'aide d'un acte écrit, l'acte de naissance. La règle en matière d'état est en effet que la preuve doit se faire par titre, et cette règle doit recevoir son application du moment que la loi n'y a pas dérogé. Il en résulte que, si l'enfant a été inscrit sous de faux noms ou comme né d'une mère inconnue, il ne lui sera pas permis de prouver par témoins l'accouchement de la femme qu'il réclame comme sa mère, alors même que sa prétention serait rendue vraisemblable par un commencement de preuve par écrit ([2]). — Pour d'autres auteurs, le fait de l'accouchement pourrait toujours se prouver par témoins, sans qu'il fût même besoin d'un commencement de preuve par écrit. Dans le silence de la loi, il faut suivre le droit commun : or le droit commun est que les faits matériels sont susceptibles d'être établis par le moyen de la preuve testimoniale ([3]). — Enfin, dans une troisième opinion, l'accouchement ne pourrait être prouvé par témoins que moyennant un commencement de preuve par écrit. Sans doute l'art. 341 n'en parle pas. Mais, l'accouchement étant le fait principal et l'identité le fait secondaire, il est évident que la loi n'a pas pu vouloir admettre plus facilement la preuve du premier que celle du second ([4]). Comme on le voit, cette opinion

([1]) Merlin, *Quest. de droit*, v° *Maternité;* Loiseau, *op. cit.*, p. 412; Delvincourt, I, p. 93, note 10; Toullier, II, n. 942 s. — Cpr. Planiol, *loc. cit.* — La jurisprudence paraît avoir adopté cette manière de voir. (Cf. les arrêts cités *infra*, n. 669, note 1, p. 616). Quelques arrêts se l'approprient formellement. V. notamm. Cass., 12 juin 1823, *J. G.*, v° *cit.*, n. 621. — Cass., 1er juin 1853, D., 53. 1. 177, S., 53. 1. 481. — Cass., 23 nov. 1868, D., 69. 1. 26, S., 69. 1. 5.

([2]) Toullier, *loc. cit.*

([3]) Delvincourt, I, p. 93, note 10.

([4]) Merlin, *Quest. de droit*, v° *Maternité*, p. 421.

aboutit en fait, quoique par une voie différente, aux solutions pratiques que nous avons proposées.

668. Il faut donc que le réclamant produise un commencement de preuve par écrit et que celui-ci rende vraisemblables et le fait de l'accouchement et celui de l'identité. Indiquons quelques applications de ce principe. Des lettres émanées de la femme que l'enfant réclame comme étant sa mère suffiront à faire admettre la preuve testimoniale, si elles rendent vraisemblables l'identité du réclamant avec l'enfant dont elles révèlent la naissance; mais il en sera autrement dans le cas contraire. C'est une question de fait, à résoudre par le tribunal. De même, une reconnaissance par acte sous-seing privé, émanée de la mère, ne serait pas toujours suffisante à elle seule pour faire admettre à la preuve testimoniale l'enfant qui s'en prévaudrait. Car, si cette reconnaissance rend vraisemblable l'accouchement de la femme qui en est l'auteur, elle ne rend pas nécessairement vraisemblable l'identité du réclamant avec l'enfant dont elle est accouchée ([1]). On a cependant prétendu que, dans tous les cas, l'enfant pourrait s'en servir pour se faire autoriser à l'emploi de la preuve testimoniale. En effet, a-t-on dit, la reconnaissance par acte sous-seing privé rend nécessairement vraisemblables les deux faits suivants : 1° que la femme de laquelle elle émane est accouchée; 2° que l'enfant mis au monde par elle est celui qui est visé par l'acte. Dès lors, il suffira à l'enfant de prouver par témoins, en invoquant la possession d'état qu'il avait au moment de l'acte, qu'il est précisément celui auquel s'applique la reconnaissance. L'art. 341, dit-on, ne s'y oppose pas. Car il ne s'agit pas, pour l'enfant, de prouver sa filiation maternelle. Le réclamant demande seulement à prouver qu'il est visé par l'acte de reconnaissance. Cette démonstration une fois faite, il est évident que l'acte dont il s'agit rendra vraisemblable son identité avec l'enfant dont la femme est accouchée. Dès lors, il faudra admettre le réclamant à prouver par témoins, conformément à l'art. 341, non seulement que sa prétendue mère est accouchée, mais encore

([1]) Laurent, IV, n. 113.

qu'il est précisément l'enfant qu'elle a mis au monde ([1]). Ce raisonnement nous paraît inadmissible. Il aboutit à éluder la règle protectrice de l'art. 341. Du moment que l'acte de reconnaissance sous seing privé ne rend pas vraisemblables, par hypothèse, l'identité en même temps que l'accouchement, la preuve par témoins de la filiation ne peut être autorisée. Il en serait tout autrement si l'enfant avait été reconnu par un acte authentique. La reconnaissance ainsi faite prouvant complètement la filiation maternelle, il ne pourrait être alors question de rechercher la maternité, et l'art. 341 ne saurait être appliqué. L'enfant serait donc admis à prouver par témoins son identité avec celui qui a fait l'objet de la reconnaissance, sans qu'il lui soit besoin d'un commencement de preuve par écrit rendant vraisemblable cette identité.

L'enfant peut-il tirer, au point de vue qui nous occupe, quelque parti de son acte de naissance, en supposant que le nom de la femme qu'il réclame comme sa mère y soit indiqué ? Nous rechercherons plus loin si cet acte peut lui servir à prouver directement, soit sa filiation, soit simplement le fait de l'accouchement de sa mère prétendue. Admettant pour le moment que cette question doive être résolue par la négative, nous avons à nous demander si l'acte de naissance ne peut pas tout au moins fournir à l'enfant un commencement de preuve suffisant pour livrer passage à la preuve testimoniale.

Que l'acte de naissance ne constitue pas un commencement de preuve de l'identité, cela n'est pas douteux et n'a pas besoin d'être démontré... Tout le monde est d'accord sur ce point ([2]).

([1]) Demolombe, V, n. 507 et 509; Dalloz, *J. G.*, v° cit., n. 629; Aubry et Rau, VI, § 570, texte et note 25.

([2]) V. notamment Demolombe, V, n. 508; Aubry et Rau, VI, § 570, texte et note 24; Laurent, IV, n. 117, 118; Huc, III, n. 89; Planiol, I, n. 2259. — Cass., 28 mai 1810, *J. G.*, v° *Paternité*, n. 624, S., 10. 1. 193. — Paris, 7 juil. 1838, D., 45. 2. 105, S., 45. 2. 194, en note. — Bordeaux, 19 fév. 1846, D., 48. 2. 84, S., 46. 2. 294. — Toulouse, 13 juil. 1846, D., 48. 2. 83, S., 48. 2. 116. — Poitiers, 7 mars 1855, D., 56. 1. 412, S., 57. 1. 97, sous Cass., 19 nov. 1856. — Cass., 19 nov. 1856, D., 56. 1. 412, S., 57. 1. 97. — Paris, 30 avril 1859, D., 60. 2. 178, S., 60. 2. 625. — Cass., 13 avril 1864, D., 64. 1. 249, S., 64. 1. 209. — Toulouse, 2 mai 1866, D., 66. 2. 83. — Rouen, 7 juil. 1871, D., 73. 5. 269, S., 73. 2. 142. — Douai, 29 janv.

Mais l'acte de naissance peut certainement servir de commencement de preuve par écrit, pour le fait de l'accouchement, s'il a été dressé avec le concours de la mère, par exemple sur la déclaration d'un mandataire de celle-ci, muni d'une procuration sous signature privée. Dans cette hypothèse, en effet, il satisfait tout à la fois aux conditions prescrites par l'art. 1347 et à celles qui sont indiquées par l'art. 324. Ceux qui admettent la définition que nous avons donnée du commencement de preuve par écrit doivent même, semble-t-il, décider logiquement que l'acte de naissance, contenant l'indication du nom de la mère, pourra fournir à l'enfant un commencement de preuve par écrit de l'accouchement, s'il satisfait aux conditions de l'art. 324. Il est d'ailleurs bien entendu, conformément à ce que nous avons dit plus haut, que l'enfant devra produire en outre un commencement de preuve par écrit de son identité (¹). Mais, dans toute autre hypothèse, et alors même que l'acte aurait été dressé sur la déclaration de l'une des personnes indiquées en l'art. 56, il ne pourrait valoir comme commencement de preuve par écrit du fait de l'accouchement (²). (Cpr. *infra*, n. 669).

On voit, en somme, que l'enfant sera rarement en mesure

1879, D., 80. 2. 213, S., 79. 2. 195. — Toulouse, 2 fév. 1884, D., 85. 2. 227, S., 85. 2. 56. — Grenoble, 14 janv. 1889, D., 90. 2. 193. — Cass., 17 juil. 1900, D., 1900, 1. 558.

(¹) Richefort, II, n. 335, p. 393; Marcadé, art. 341, n. 3. — Cpr. Caen, 19 janv. 1867, S., 68. 2. 86. — *Contra* : Duvergier sur Toullier, I, n. 865, note *a;* Ducaurroy, Bonnier et Roustain, I, n. 500; Massé et Vergé sur Zachariæ, I, § 170, note 3; Demante, II, n. 70 *bis;* Laurent, IV, n. 117.

(²) Richefort, II, n. 330; Duranton, III, n. 237; Marcadé, Ducaurroy, Bonnier et Roustain, Massé et Vergé sur Zachariæ, Demante et Laurent, *loc. cit.;* Duvergier sur Toullier, I, n. 865, note *a,* et n. 946, note *b;* Demolombe, V, n. 504; Aubry et Rau, VI, § 570, texte et notes 21 et 22; Arntz, I, n. 611. — Cpr. Grenoble, 5 avril 1843 et 24 janv. 1841, D., 45. 2. 104, S., 45. 2. 340. — Paris, 29 avril 1844, *J. G.,* vᵉ *cit.,* n. 627. — Pau, 29 juil. 1844, D., 45. 2. 104, S., 45. 2. 193. — Nancy, 9 fév. 1850, S., 51. 1. 225 (sous Cass., 3 fév. 1851). — Metz, 21 juin 1853, D., 56. 2. 193, S., 56. 2. 449. — Pau, 28 juin 1855, D., 56. 2. 258, S., 55. 2. 673. — Paris, 17 juil. 1858, S., 58. 2. 534. — Caen, 1ᵉʳ mars 1860, D., 61. 2. 12 S., 61. 2. 185. — Paris, 13 juil. 1863, sous Cass., 13 avril 1864, D., 64. 1. 249, S., 64. 1. 209. — Douai, 14 déc. 1864, S., 65. 2. 167. — Grenoble, 26 déc. 1867, D., 68. 2. 112, S., 68. 2. 313. — Poitiers, 8 juin 1880, D., 81. 2. 78. — V. cep. Bordeaux, 19 fév. 1846, D., 48. 2. 84, S., 46. 2. 494.

de satisfaire aux exigences de la loi relativement au commencement de preuve par écrit, et que rarement, par suite, il devra être admis à la preuve testimoniale de sa filiation maternelle. A force de vouloir protéger le droit de la mère, le législateur n'a-t-il pas sacrifié celui de l'enfant ?

669. Lorsque l'enfant produit un commencement de preuve rendant vraisemblable sa prétention, il est admis à prouver la filiation qu'il réclame. Or, la filiation comprend deux éléments : l'accouchement de la mère prétendue et l'identité de l'enfant. Le réclamant doit fournir la preuve de ces deux faits. Il peut les prouver en même temps et dans la même enquête. Mais il semble, puisque la loi ne le lui interdit pas, qu'il ait la faculté de démontrer d'abord l'accouchement et d'établir ensuite son identité. Quand il sera admis à prouver l'accouchement, il est raisonnable d'exiger de lui qu'il indique au juge les moyens dont il se servira pour établir son identité. L'article 341 paraît, en effet, comme nous l'avons noté, mettre en première ligne la preuve de l'identité. D'ailleurs, il ne faut pas admettre l'enfant à prouver le déshonneur d'une femme, si cela ne doit lui être d'aucune utilité ([1]).

Comment le réclamant fera-t-il la preuve que la loi met à sa charge? Les textes laissent aux juges un pouvoir souverain d'appréciation ([2]). Les faits que l'enfant doit prouver par témoins doivent être assez significatifs pour emporter la conviction du tribunal. On pourra consulter à cet égard un arrêt de la cour de Grenoble du **26 juin 1895**, D., 96. 2. 139. Dans l'espèce, le réclamant démontrait que la femme par lui désignée comme étant sa mère l'avait fait déposer dans un hospice, aussitôt après sa naissance, qu'ensuite elle l'avait repris

---

([1]) Devilleneuve, *Note*, S., 50. 1. 705; Dalloz, *J. G., Suppl.*, v° *Paternité*, n. 263; Demolombe, V, n. 501; Aubry et Rau, VI, § 570, p. 203 et note 16; Laurent, IV. n. 112; Huc, III, n. 89.

([2]) L'enfant peut-il déférer à sa prétendue mère le serment décisoire? Il nous paraît que la solution négative doit être admise; il s'agit d'une question d'état sur laquelle il n'est pas permis de transiger. Or la délation de serment équivaut à une transaction. — Pau, 24 juin 1857, D., 57. 2. 154. — Richefort, II, n. 338; Bonnier, *Des preuves*, I, n. 410; Laurent, IV, n. 6. — Cpr. Demolombe, V, n. 512. — *Contra* Rennes, 16 déc. 1836, *J. G.*, v° *cit.*, n. 631, S., 37. 2. 96.

à l'instigation du directeur de cet hospice qui savait qu'elle
était sa mère, qu'elle l'avait, à dater de ce moment, traité
comme son enfant, et le père de cette femme comme son petit-
fils, qu'elle avait hautement avoué sa maternité, qu'elle avait
voulu, à une certaine époque, la reconnaître par acte authentique, et qu'une circonstance fortuite l'en avait seule empê-
chée, enfin que, dans le public, on considérait le réclamant
comme étant l'enfant de cette femme. Comme on le voit par
cet exemple, la possession d'état, qui n'est point par elle-
même un mode de preuve de la maternité naturelle, peut
cependant servir à l'enfant à démontrer sa filiation maternelle, lorsque sa prétention s'appuie sur un commencement
de preuve par écrit.

En est-il de même de l'acte de naissance? Il est très généralement admis, que, en dehors de certains cas exceptionnels
que nous indiquerons, il ne constitue pas une preuve de la
filiation (V. *infra,* n. 708). Mais ne peut-il pas, comme la
possession d'état, fournir une preuve de l'accouchement? Si
l'enfant a de ce fait un commencement de preuve par écrit,
nous pensons que les juges peuvent tenir tel compte que de
raison des indications contenues dans l'acte de naissance.
L'enfant, ayant un commencement de preuve par écrit de
l'accouchement de sa mère prétendue et aussi de son identité
avec l'enfant qu'elle a mis au monde, est autorisé à prouver
sa filiation par témoins. Il doit être également admis à tirer
parti de son acte de naissance où le tribunal peut puiser des
renseignements tels quels, de nature à déterminer sa conviction ([1]). Mais nous ne pensons pas qu'il faille aller plus loin
et nous croyons qu'il convient de repousser la solution consacrée par une jurisprudence que l'on peut aujourd'hui considérer comme constante. La jurisprudence décide que l'acte
de naissance, impuissant à prouver la filiation naturelle, fait
au contraire preuve complète de l'accouchement, lorsque, du
moins, l'acte a été dressé sur la déclaration des personnes
désignées par l'article 56 C. civ. Les art. 56 et 57 C. civ., dit-

---

([1]) Valette sur Proudhon, II, p. 139, note *a,* I; Massé et Vergé sur Zachariæ, I,
§ 170, note 3; Demolombe, V, n. 505.

elle, ne font aucune différence entre les enfants légitimes et les enfants naturels. Les actes de l'état civil, régulièrement dressés, fournissent une preuve légale des faits qui y sont relatés. Si donc la mère a été déclarée par les personnes désignées en l'art. 56, la maternité de la femme dont l'accouchement est constaté dans l'acte doit être tenue pour démontrée. Au surplus, ajoutent certains arrêts, cette solution résulte encore de l'art. 341, qui impose seulement à l'enfant l'obligation de prouver son identité, et renvoie, par conséquent, pour la preuve de l'accouchement, aux règles posées dans le titre des actes de l'état civil. Il suffira donc à l'enfant qui réclame sa filiation maternelle de prouver son identité avec celui dont la femme qu'il prétend être sa mère est accouchée. Mais il ne sera reçu à faire cette preuve que si sa prétention est rendue vraisemblable par un commencement de preuve par écrit (arg. art. 341) (¹).

(¹) Toullier, II, n. 948. — **A.** Jurisprudence aujourd'hui constante. — V. Paris, 7 juillet 1838, D., 45. 2. 105, S., 45. 2. 193, en note. — Paris, 30 avril 1859, D., 60. 2. 178, S., 60. 2. 625. — Paris, 23 juil. 1863, sous Cass., 13 avril 1864, D., 64. 1. 249, S., 64. 1. 209. — Metz, 10 août 1864, D., 64. 2. 225, S., 64. 2. 246. — Toulouse (motifs), 2 mai 1866, D., 66. 2. 83. — Paris, 4 fév. 1867, S., 67. 2. 97. — Cass., 23 nov. 1868, D., 69. 1. 26, S., 69. 1. 5. — Cass., 1er déc. 1869, D., 70. 1. 97, S., 70. 1. 101. — Rouen, 7 juil. 1871, S., 73. 2. 142. — Douai, 29 janv. 1879, D., 80. 2. 213, S., 79. 2. 195. — Dijon, 7 mai 1879, D., 80. 2. 213, S., 79. 2. 195. — Toulouse, 2 fév. 1884, D., 85. 2. 227, S., 85. 2. 56. — Limoges (motifs), 6 déc. 1886, D., 88. 2. 93, S., 87. 2. 29. — Grenoble, 14 janv. 1889, D., 90. 2. 193. — Cpr. Limoges, 23 nov. 1892, D., 94. 2. 318. — **B.** La solution consacrée par les arrêts ci-dessus est indiquée à titre subsidiaire dans un arrêt de la cour de cassation du 1er juin 1853, D., 53. 1. 177, S., 53. 1. 481. Dans le même arrêt, on trouve un système plus radical encore, qui a été autrefois en faveur dans la jurisprudence et qui a même été adopté par certaines décisions assez récentes La cour de cassation et les cours d'appel ont jugé pendant longtemps que, la *maternité* étant prouvée par l'acte de naissance, la filiation est complètement établie, si les indications de l'acte de naissance sont confirmées par un aveu tacite ou exprès de la mère, ou si l'identité de l'enfant est démontrée par une possession conforme à l'acte de naissance. Cela revenait à mettre les enfants naturels à peu près sur la même ligne que les enfants légitimes au point de vue de la preuve de leur filiation. L'acte de naissance équivalait, dans ce système très favorable aux enfants naturels, à un acte de reconnaissance, lorsque l'identité était constante. Cette solution était évidemment contraire à l'art. 334. Elle donnait, dans une très large mesure, satisfaction aux partisans du système d'après lequel la possession d'état est un mode de preuve de la maternité illégitime. Cela explique qu'elle ait été acceptée subsidiairement par certains auteurs qui refusent d'ailleurs à l'acte de naissance la valeur d'un mode de preuve de la filiation naturelle. — V. Proudhon,

Le système de la jurisprudence a été critiqué au titre des actes de l'état civil (Baudry-Lacantinerie et Houques-Fourcade, I, n. 846). Le nom de la mère naturelle ne doit pas être déclaré par les comparants, sans l'aveu de celle-ci ; s'il l'a été, et si cette déclaration a été reçue par l'officier de l'état civil, une pareille déclaration ne peut être considérée comme une preuve légale du fait auquel elle se rapporte. Ajoutons que la solution combattue par nous méconnaît la différence que la loi a voulu établir, à notre avis, entre la preuve de la filiation légitime et celle de la filiation naturelle. L'art. 319 nous dit que la filiation des enfants légitimes se prouve par les

II, p. 139, 143, 144; Duranton, III, n. 239; Bonnier, *Des preuves*, II, n. 566; Demante, II, n. 70 *bis*, I. — Cpr. *supra*, p. 615 et *infra*, n. 706. — Paris, 27 juin 1812, *J. G.*, v° *Paternité*, n. 648, S., 12. 2. 418. — Bordeaux, 19 janv. 1831, *J. G.*, v° *cit.*, n. 628, S., 31. 2. 231. — Grenoble, 13 janv. 1840, D., 40. 2. 206. — Rouen, 19 déc. 1844, D., 45. 2. 97, S., 45. 2. 133. — Limoges, 4 avril 1848, D., 49. 2. 38, S., 48. 2. 375. — Paris, 26 juil. 1849, D., 49. 2. 220, S., 49. 2. 490. — Paris, 18 mars 1850, D., 51. 2. 30, S., 50. 2. 593. — Grenoble, 12 déc. 1850, D., 51. 2. 245, S., 51. 2. 391. — Paris, 10 mai 1851, D., 53. 2. 114, S., 51. 1. 225, en note. — Cass., 1er juin 1853, *supra*. — Cass., 19 nov. 1856, D., 56. 1. 412, S., 57. 1. 97. — Caen, 24 mai 1858, S., 58. 2. 535. — Alger, 26 mars 1860, D., 64. 1. 354, sous Cass., 10 août 1864. — Grenoble (motifs), 26 déc. 1867, D., 68. 2. 112. — Montpellier, 13 juil. 1870, D , 72. 1. 113, sous Cass., 3 avril 1872. — Paris, 16 nov. 1871, D., 72. 2. 62. — Trib. Grenoble, 19 nov. 1888, D., 90. 2. 193, en note. — Besançon, 6 juil. 1892, D., 93. 2. 499. — Cpr. Colmar, 8 mars 1864, D., 64. 2. 85. — Lyon, 25 ou 26 fév. 1875, *J. G. Suppl.*, v° *cit.*, n. 209, S., 77. 2. 18. — **C.** Cette jurisprudence a été formellement condamnée par un arrêt de la cour de cassation du 3 avril 1872 (D., 72. 1. 113, S., 72. 1. 126), cassant l'arrêt de la cour de Montpellier du 13 juil. 1870, cité *supra*. La cour suprême a décidé que l'acte de reconnaissance ne peut être suppléé, comme mode de preuve de la filiation, par la possession d'état conforme à l'acte de naissance. C'était, du reste, ce qui avait déjà été jugé par plusieurs cours d'appel. Depuis 1872, les cours d'appel ont, en général, accepté la jurisprudence nouvelle de la cour de cassation. Il y a cependant des divergences, comme on l'a vu à la lettre *B* de la note. — V. en ce sens Bourges, 2 mai 1837, D., 38. 2. 41, S., 38. 2. 5. — Nancy, 9 fév. 1850, S., 51. 1. 225, sous Cass., 3 fév. 1851. — Paris, 26 avril 1852, D., 53. 2. 181, S., 52. 2. 525. — Lyon, 20 avril 1853, D., 54. 2. 186, S., 53. 2. 497. — Metz, 21 juin 1853, D., 56. 2. 193, S., 56. 2. 449. — Poitiers, 7 mars 1855, sous Cass., 19 nov. 1856, D., 56. 1. 412, S., 57. 1. 97. — Pau, 28 juin 1855, D., 56. 2. 258, S., 55. 2. 673. — Paris, 17 juil. 1858, S., 58. 2. 534. — Caen, 1er mars 1860, D., 61. 2. 12, S., 61. 2. 185. — Rouen, 23 juil. 1862, *J. G. Suppl.*, v° *cit.*, n. 277, S., 63. 2. 64. — Poitiers (motifs), 26 nov. 1879, D., 81. 2. 78. — Poitiers, 8 juin 1880, D., 81. 2. 78. — Toulouse, 2 fév. 1881, *supra*. — Trib. Tulle, 8 janv. 1886, S., 87. 2. 29. — Grenoble, 14 janv. 1889, *supra*. — Paris, 11 juin ou août 1891, D., 92. 2. 533, S., 92. 2. 213. — Limoges, 23 nov. 1892, *supra*. — Loiseau, *op. cit.*, p. 416; Aubry et Rau, VI, § 570, texte et note 10; Laurent, IV, n. 14 et 117.

actes de naissance. Il en résulte que l'accouchement de la mère légitime est pleinement démontré lorsque l'on produit un extrait des registres où ce fait est constaté. La loi ne dit rien de pareil pour les enfants naturels. C'est donc qu'elle n'a pas voulu admettre la preuve de la maternité naturelle par l'acte de naissance. L'acte de naissance de l'enfant naturel prouve seulement sa *naissance* (arg. art. 46); mais il ne prouve pas la maternité de la femme qui est déclarée être sa mère (¹).

SECTION II

DE LA RECHERCHE DE LA PATERNITÉ

670. L'art. 340 pose, dans son al. 1er, une règle à laquelle une exception est apportée dans le 2e alinéa.

§ I. *Principe.*

671. Le principe est énoncé en ces termes par l'art. 340, 1er al., « *La recherche de la paternité est interdite* ». En édictant cette règle, les rédacteurs du code civil, suivant sur ce point l'exemple de la législation intermédiaire, ont répudié la tradition de l'ancien droit, qui admettait au contraire la libre recherche de la paternité, comme celle de la maternité naturelles. La demande en déclaration de paternité pouvait être intentée, soit par l'enfant lui-même, soit par la mère de celui-ci, agissant tant en son nom propre qu'au nom et pour le compte de son enfant né ou à naître. Quelles étaient les preuves que le demandeur était admis à faire valoir à l'appui de

---

(¹) Loiseau, *op. cit.*, p. 416; Marcadé, art. 341, n. 3; Duvergier sur Toullier, I, n. 865, note *a*; Richefort, II, n. 335; Duranton, III, n. 236; Massé et Vergé sur Zachariæ, I, § 170, note 3; Ducaurroy, Bonnier et Roustain, I, n. 500; Demante, II, n. 70 *bis*; Aubry et Rau, VI, § 570, texte et notes 21 s.; Demolombe, V, n. 504; Laurent, IV, n. 7 s.; Arntz, I, n. 611; Huc, III, n. 89. — Grenoble, 5 avril 1813, D , 45. 2. 105, S., 45. 2. 340. — Bourges, 2 mai 1837, D., 38. 2. 41, S., 38. 2. 5. — Grenoble, 24 janv. 1844, D., 45. 2. 105, S., 45. 2. 340. — Pau, 29 juil. 1844, D., 45. 2. 104, S., 45. 2. 193. — Metz, 21 juin 1853, D., 56. 2. 193, S., 56. 2. 449. — Poitiers, 7 mars 1853, D., 56. 1. 412, S., 57. 1. 97, sous Cass., 19 nov. 1856. — Pau, 28 juin 1855, D., 56. 2. 258, S., 55. 2. 673. — Besançon, 12 juil. 1855, D., 57. 2. 18. — Caen, 1er mars 1860, D., 61. 2. 12, S., 61. 2. 185. — Rouen, 23 juil. 1862, *J. G., Suppl.*, v° *cit.*, n. 277, S., 63. 2. 64.

sa réclamation? Il est assez difficile de se rendre un compte
exact du système suivi à cet égard dans notre ancienne jurisprudence. La plupart des auteurs gardent en effet le silence
le plus complet sur ce point et traitent uniquement de la
condition juridique des bâtards. Les juristes, très rares
d'ailleurs, qui se sont occupés de la preuve de la paternité
illégitime, sont loin de s'accorder entre eux et leurs écrits
relatifs à cette question présentent bien des obscurités et des
contradictions. Aussi les jurisconsultes modernes ont-ils en
général interprété inexactement la maxime traditionnelle
« *creditur virgini dicenti* » et lui ont-ils attribué une portée
plus absolue qu'elle ne le comportait en réalité. On a dit souvent que la mère naturelle était crue sur sa simple affirmation, lorsqu'elle désignait l'auteur de sa grossesse dans les
douleurs de l'enfantement ([1]). Cette opinion erronée s'appuyait
principalement sur certains passages assez obscurs du *codex
definitionum* du président Favre et surtout sur une affirmation de Denizart reproduite dans le *Répertoire* de Guyot et
dans les *Principes du droit français* de Poullain-Duparc ([2]).
M. Baret (*Histoire et critique des règles sur la preuve de la
filiation naturelle en droit français et étranger*) a démêlé le
véritable sens de la maxime et a exposé le système qui était
généralement suivi dans notre ancienne jurisprudence, au
moins aux xviiᵉ et xviiiᵉ siècles. Il s'est surtout servi de l'ouvrage publié en 1781 par Fournel, avocat au Parlement de
Paris, sous le titre de *Traité de la séduction considérée dans
l'ordre judiciaire*. C'est, en effet, le seul de nos anciens auteurs qui ait consacré de sérieux développements à la question qui nous occupe. Dans tout procès en déclaration de

---

([1]) Les auteurs sont d'ailleurs loin de s'entendre sur le sens de l'adage : *creditur virgini...* Cpr. Richefort, II, n. 301; Toullier, II, n. 937; Ducaurroy, Bonnier
et Roustain, I, n. 495, note 1; Bonnier, *Des preuves*, I, n. 223; Demolombe, V,
n. 376 A; Arntz, I, n. 582.

([2]) Faber, *Codex definitionum forensium*, l. IV, tit. XIV, défin., 18, *in initio*;
Ancien Denizart, vᵒ *Grossesse*. § 15; Guyot, *Rép. de jurispr.*, vᵒ *Fornication*,
p. 513; Poullain-Duparc, *Principes du droit français suivant les maximes de Bretagne*, VIII, p. 113, n. 22 *in fine*. — V. aussi Papon, *Rec. d'arrêts notables*, éd.
1568, L. XXII, tit. IX, 13, et discours de l'avocat général Servan, rapporté dans
Loiseau, *op. cit.*, *Appendice*, p. 113 s.

paternité, deux choses devaient être distinguées : le fond et la provision. C'était seulement en ce qui concerne la provision que les juges ajoutaient foi aux déclarations de la femme ([1]), déclarations qu'il n'était même pas nécessaire de confirmer par serment ([2]). Le défendeur était condamné à payer à la femme qui le désignait comme l'auteur de sa grossesse, les frais de gésine, c'est-à-dire les frais « employés au soulagement de l'accouchée et aux premiers secours de l'enfant ». Il était, en outre, tenu de pourvoir, pendant l'instance, à la nourriture de l'enfant ([3]). Mais cette condamnation n'était prononcée que par provision et en attendant le jugement sur le fond. Si le demandeur ne réussissait pas à prouver la paternité du défendeur, il était tenu de restituer à celui-ci la somme qu'il avait versée ([4]). Tel était le sens de la maxime : *Creditur virgini dicenti se ab aliquo cognitam et ex eo prægnantem esse.* Au reste, cette maxime, comme on a pu le voir, traduisait assez mal la vérité. En réalité, les juges n'accordaient aucune créance à la déclaration de la femme. Ils condamnaient, en effet, le défendeur au paiement de la provision, alors même que les circonstances rendaient suspecte la déclaration de la femme, par exemple même lorsque la conduite déréglée de celle-ci permettait de douter de sa véracité ([5]). Au fond, le véritable motif de la jurisprudence qui s'était établie en France, c'est celui que nous indique Fournel ([6]) : « Les frais de gésine sont de nature à ne souffrir aucun retardement ». Et, d'autre part, l'intérêt de la paroisse exigeait qu'elle fût déchargée le plus tôt

___

([1]) Fournel, *op. cit.*, p. 87 et 88 ; Papon, *Rec. d'arrêts*, édit. de 1568, L. XVIII, tit. I, p. 556 : Denizart, v° *Grossesse*, § 15, *in initio* ; Poullain-Duparc, *op. cit.*, VIII, p. 166. — V. cep. la note de Desessarts, au *Répert.* de Guyot, v° *cit.*, p. 512 *in fine*.

([2]) Denizart, *loc. cit.* ; Fournel, *loc. cit.* — Cpr. cep. Favre, *loc. cit.*, qui exprime l'adage traditionnel sous la forme suivante : « *Virgini creditur juranti...* » Mais il ne paraît pas que, même du temps de Favre, le serment fût nécessaire. V. la suite du texte. — *Adde* Papon, *op. cit.*, L. XXII, tit. IX, 13.

([3]) Fournel, *op. cit.*, p. 98.

([4]) Fournel, *op. cit.*, p. 105. — Il fallait cependant que cela fût expressément décidé par la sentence.

([5]) Fournel, *op. cit.*, p. 99 et 102.

([6]) Fournel, *op. cit.*, p. 98.

possible de l'entretien de l'enfant. La déclaration de la mère servait simplement de prétexte (¹).

Si, pour la provision, on se contentait de l'indication de la mère, il en était tout autrement en ce qui concernait le fond même du procès. Les dires de la mère n'avaient plus aucune valeur (²). Elle devait, pour réussir dans sa réclamation, sinon prouver absolument la paternité du défendeur, du moins rapporter une preuve suffisante de ses fréquentations avec elle au temps de la conception. La jurisprudence et les auteurs n'avaient d'ailleurs en cette matière aucune exigence spéciale. La preuve pouvait se faire par tous les moyens propres à convaincre le juge (³). Il n'était besoin, notamment, d'aucun commencement de preuve par écrit. Une fois la preuve faite, le juge tenait la paternité pour dûment établie et condamnait le défendeur à se charger définitivement de l'entretien de l'enfant. Il paraît cependant avoir été admis que le défendeur pouvait éviter la condamnation, en prouvant que la femme avait eu avec d'autres des relations illicites au temps de la conception (*exceptio plurium*). Cette preuve, en effet, rendait douteuse sa paternité et dès lors la prétention du demandeur devait être repoussée (⁴).

Le système dont nous venons d'indiquer les grandes lignes paraît avoir été très généralement adopté, du moins dans les derniers temps de la monarchie. On peut cependant signaler certaines divergences, soit dans la jurisprudence, soit dans la doctrine. Certaines juridictions inférieures, dont la décision est du reste demeurée tout à fait exceptionnelle, ont décidé que la déclaration de la fille faisait foi, non seulement quant à la provision, mais même sur le fond. Denizart a

(¹) Cela est si vrai que, dans le cas où plusieurs hommes se trouvaient en cause, ils pouvaient être condamnés solidairement au paiement de la provision. Fournel, *op. cit.*, p. 100 et 101.

(²) Fournel, *op. cit.*, p. 87, 88, 104, 105; Poullain-Duparc, *op. cit.*, p. 113. — Arrêt du Parlement de Rouen, du 15 avril 1723 (coutume de Normandie, éd. 1747, p. 366). — Cpr. Denizart, vᵒ *Grossesse*, § 15 et 17.

(³) Fournel, *op. cit.*, p. 130 s.; Poullain-Duparc, *op. cit.*, p. 110 s.

(⁴) Guyot, *Rép.*, vᵒ *Fornication;* Poullain-Duparc, *op. cit.*, p. 112; Denizart, vᵒ *Grossesse*, § 17 et 18. — Cpr. Papon, *op. cit.*, liv. XXII, tit. IX, 13, *in fine*. — V. cep. Fournel, *op. cit.*, p. 119 s.; arrêt du 25 fév. 1661, cité par Guyot, *Rép. de jurisp.*, vᵒ *Aliments*, p. 139.

soutenu une opinion qui se rapproche assez sensiblement de la précédente; d'après cet auteur, la désignation faite par la mère n'a sans doute pas la valeur d'une preuve complète de paternité, mais elle produit une présomption qui, si elle est confirmée par d'autres présomptions insuffisantes à elles seules à entraîner la conviction du tribunal, peut être prise par celui-ci en considération ([1]). Fournel lui-même enseigne que, dans le cas où l'*exceptio plurium* a été invoquée par le défendeur, il fallait s'en rapporter à la déclaration de la mère ([2]); cela revenait à attribuer à cette déclaration d'autant plus de valeur que la conduite de la femme était plus déréglée. Certains arrêts sont allés jusqu'à admettre que, dans le cas où la femme serait convaincue d'avoir eu des relations avec plusieurs hommes au temps de la conception, ceux-ci pourraient tous être condamnés solidairement à se charger de l'enfant ([3]). Signalons enfin certaines règles, dont les unes paraissent être tombées complètement en désuétude et les autres n'étaient plus observées que dans certaines parties de la France. C'est ainsi que dans l'ancienne jurisprudence on paraît avoir admis que la servante devenue enceinte dans la maison de son maître devait être réputée enceinte des œuvres de celui-ci, à moins qu'il ne fût démontré qu'elle avait eu commerce avec d'autres hommes au temps de la conception ([4]); mais cette jurisprudence, qui était en vigueur au temps de Papon ([5]), n'était plus suivie au XVIII° siècle, d'après Fournel, sauf peut-être dans le ressort du Parlement de Bretagne ([6]). Dans le ressort de ce même Parlement, on accordait des facilités particulières aux paroisses lorsqu'elles intentaient l'action en déclaration de paternité, au lieu et place de la

([1]) Denizart, v° *Grossesse*, § 15 et 17; note de Desessarts, dans Guyot, v° *Fornication*, p. 513. (Cette note, déjà signalée, parait d'ailleurs pleine d'erreurs. — V. Baret, *op. cit.*, p. 28 et p. 186 et les notes). — Cpr. Poullain-Duparc, *op. cit.*, p. 113, n. 22 *in fine*.

([2]) Fournel, *op. cit.*, p. 119 s.

([3]) Fournel, *op. cit.*, p. 121; Guyot, *Rép.*, v° *Aliments*, p. 319.

([4]) Guyot, *loc. cit.*; Fournel, *op. cit.*, p. 131 s.; Denizart, v° *Grossesse*, § 16.

([5]) Papon, *op. cit.*, liv. XXII, tit. IX, 13.

([6]) Poullain-Duparc, *op. cit.*, p. 113, n. 23, 114 et 166.

mère; on se contentait de preuves moins fortes que celles qui étaient exigées de la mère elle-même ([1]).

Au fond, tous les systèmes que nous avons passés en revue peuvent s'expliquer par les mêmes motifs. En facilitant la recherche de la paternité, on avait surtout pris en considération l'intérêt de l'ordre public, et l'intérêt des paroisses. L'ordre public commandait que le désordre fût puni; l'intérêt particulier des paroisses voulait que l'on trouvât quelqu'un qui prît à sa charge l'entretien de l'enfant et en déchargeât la paroisse ([2]). Les règles sur la condition des bâtards se prêtaient parfaitement à cette manière de voir et palliaient ce que pouvait avoir d'injuste le système de la jurisprudence. Les enfants naturels n'avaient pas droit à la succession de leur père; ils ne pouvaient lui réclamer que des aliments. Comme le fait remarquer Poullain-Duparc, on pouvait se montrer facile quant à la preuve, parce qu'il s'agissait d'une question purement pécuniaire, mais non d'une question de famille. C'est du reste un fait que l'on peut facilement vérifier par l'étude des législations étrangères. Celles qui admettent le plus facilement la recherche de la paternité sont précisément celles qui accordent le moins de droits aux enfants naturels à l'égard de leur père.

672. Le législateur de l'époque intermédiaire s'est montré extrêmement favorable aux enfants naturels, dont il a singulièrement relevé la condition. Aussi n'est-il pas étonnant qu'il ait été plus circonspect que notre ancien droit en ce qui concerne la recherche de la paternité. Les dispositions du décret du 12 brumaire an II relatives à la matière (art. 1, 8, 10, 11, 12), sont d'ailleurs assez obscures et leur interprétation a donné lieu à de sérieuses difficultés ([3]) dans l'examen desquelles nous n'entrerons pas. Un point est certain cependant; la loi avait proscrit la recherche de la paternité, non seulement lorsque celle-ci avait pour but de faire attri-

([1]) Poullain-Duparc, *op. cit.*, p. 166.
([2]) Baret, *op. cit.*, p. 34 s.
([3]) V. loi du 14 floréal an XI, postérieure à la publication du titre de la paternité et de la filiation. — Chabot, *Questions transitoires*, II, p. 114 s.; Baret, *op. cit.*, p. 56 s.

buer à l'enfant la succession de son père prétendu, mais même aussi lorsqu'elle tendait simplement à lui faire fournir des aliments par celui-ci.

673. Œuvre de transaction et de conciliation, le code civil a réagi à la fois contre les rigueurs exagérées de l'ancien droit à l'égard des enfants naturels et la bienveillance excessive que leur avait témoignée le droit intermédiaire. Mais, par cela même qu'il accordait aux enfants naturels des droits plus étendus que ceux qui leur étaient reconnus dans l'ancien droit, il n'a pas cru devoir admettre la libre recherche de la paternité. Les rédacteurs du code ont peut-être, pour justifier leur manière de voir, exagéré les inconvénients et les dangers de la règle en vigueur avant la loi de brumaire. Les divers orateurs qui ont pris la parole au cours de la discussion se sont très vivement élevés contre elle. D'après Tronchet, les filles poursuivaient toujours les plus riches de ceux qui les avaient fréquentées. Bigot-Préameneu s'écrie, dans l'*Exposé des motifs,* que les recherches de paternité étaient regardées comme le fléau de la société [1].

Quels sont les motifs qui ont guidé les rédacteurs du code civil ? On en a indiqué plusieurs.

On a dit tout d'abord qu'en prohibant la recherche de la paternité illégitime, notre législateur a voulu éviter le scandale que de pareils procès n'auraient pas manqué de soulever, empêcher des tentatives de chantage auxquelles des femmes éhontées auraient pu se livrer, protéger l'honneur d'hommes irréprochables contre des attaques calomnieuses [2]. Ces raisons ne sont peut-être pas suffisantes pour justifier la règle établie par l'art. 340. Sans doute les débats auxquels donnerait lieu la recherche de la paternité naturelle soulèveraient nécessairement un certain scandale et des abus seraient à craindre. Mais ces scandales et ces abus ne sont-ils pas également à redouter lorsqu'il s'agit de la filiation maternelle ? Et cependant la loi a autorisé la recherche de la

---

[1] Locré, VI, p. 120, 212 et 213, 267, 318 à 321.

[2] Bigot-Préameneu, *Exposé des motifs* (Locré, VI, p. 212, 213); Lahary, *Rapport* (Locré, VI, p. 267,; Duveyrier, *Discours* (Locré, VI, p. 320, 321). — V. Colmar, 1er avril 1892, D., 93. 2. 578.

maternité naturelle. D'autre part, en des matières différentes, le législateur n'a pas reculé devant la crainte du scandale. Il a en effet permis certains débats qui peuvent être plus scandaleux encore que les procès en recherche de paternité. Les questions d'adultère, de viol, de séduction sont tous les jours portées devant les tribunaux. En ce qui concerne le divorce et la séparation de corps, la justice est appelée à examiner des faits autrement répugnants et scandaleux que ceux desquels résulte la filiation naturelle.

On invoque encore l'intérêt des familles légitimes, qu'il importe de protéger contre les réclamations des enfants nés hors mariage. Mais la raison n'est pas décisive. L'intérêt des familles légitimes exige, peut-être, que l'on restreigne les droits des enfants naturels ; mais, du moment que la loi reconnaît à ceux-ci des droits contre la famille légitime, il serait illogique et injuste de leur enlever les moyens de faire valoir ces droits. On doit donc leur accorder une action, mais en prenant des mesures pour empêcher les abus et pour rendre la preuve de la paternité aussi peu incertaine que possible.

C'est en se plaçant sur ce terrain de la certitude des preuves à fournir par le réclamant que l'on peut trouver le plus sérieux motif de la prohibition légale. Si la loi avait autorisé l'enfant naturel à faire la preuve de sa filiation paternelle, celui-ci aurait dû établir : 1° que telle femme a conçu des œuvres de l'homme qu'il soutient être son père ; 2° que lui-même est identiquement l'enfant dont cette femme est accouchée. — La filiation paternelle se compose donc de deux éléments : la conception des œuvres du père, et l'identité de l'enfant. Le second élément est susceptible d'une preuve directe ; mais il en est tout autrement du premier. La nature, dit Bigot-Préameneu, a couvert d'un voile impénétrable la transmission de notre existence. Aussi la difficulté de percer ce voile a-t-elle été la principale raison pour laquelle notre législateur, rompant sur ce point avec les traditions de l'ancien droit, a cru devoir prohiber la recherche de la paternité naturelle.

Ainsi l'incertitude de la preuve, voilà le vrai motif de l'interdiction prononcée par la loi. Voilà l'obstacle auquel viendront toujours se heurter les tentatives de réforme ([1]).

Il faut cependant reconnaître que ce principe est singulièrement rigoureux. Aussi a-t-il été vivement attaqué, soit dans les assemblées législatives, soit dans les congrès scientifiques, soit dans la presse, soit même au théâtre et dans les romans. « A force de protéger les honnêtes gens, dit Laurent, on finit par donner une prime d'encouragement à ceux qui sont sans foi ni loi ». Au nom de l'humanité, au nom des intérêts de la femme séduite et abandonnée par son séducteur, de l'enfant que la rigueur de la loi prive de son père et des secours qu'il pourrait exiger de celui-ci, au nom de la société tout entière intéressée à la conservation de tous ses membres, l'on a demandé que le principe de la recherche de la paternité fût inscrit dans nos lois, sauf à entourer cette recherche de garanties sérieuses, ou tout au moins que l'on apportât des exceptions plus nombreuses au principe admis par l'art. 340, tout en conservant celui-ci ([2]). On a fait remar-

([1]) Huc, III, n. 87; Planiol, I, n. 2270.

([2]) Plusieurs propositions en ce sens ont été soumises à l'approbation du Parlement. La proposition présentée au Sénat en 1878 par MM. Bérenger, de Belcastel, Foucher de Careil et Schœlcher maintenait le principe posé par l'art. 340, mais en y apportant des exceptions assez nombreuses. Elle admettait la recherche de la paternité dans le cas de viol, d'enlèvement, de séduction et dans celui où l'enfant posséderait son état. D'ailleurs, l'exercice de l'action, dans les hypothèses où elle était admise, était subordonné à certaines conditions relatives, soit aux preuves dont le demandeur serait autorisé à se servir, soit au délai dans lequel l'action pourrait être intentée, soit enfin aux personnes au profit desquelles cette action serait ouverte. Cette proposition, n'ayant pas reçu un accueil favorable, fut retirée le 10 décembre 1883. Le 26 mai 1883, la chambre des députés avait été saisie par M. Rivet d'une proposition analogue. Reprise par son auteur le 10 mai 1890, puis le 9 juillet 1895, cette proposition fit l'objet d'un rapport, déposé le 28 nov. 1895, dont l'auteur, M O. Barrot, concluait à la prise en considération ; elle fut renvoyée à l'examen d'une commission spéciale, en même temps qu'une autre proposition qu'avait présentée M. Groussier, le 28 juin 1895. La commission, par l'organe de son rapporteur, M. Julien Goujon, proposa un texte nouveau, moins large et plus précis que celui de M. Rivet. — V. Journal officiel, docum. parlem., Ch. des députés, 1897, p. 1407. Tandis que M. Rivet demandait que l'on autorisât la recherche de paternité, toutes les fois qu'il y aurait des preuves écrites, des faits constants ou des témoignages suffisants, en entourant d'ailleurs de certaines

quer que, sans doute, la preuve de la paternité est pleine d'incertitude et de dangers, mais qu'elle n'est pas absolument impossible ; que la loi l'entend bien ainsi, puisqu'elle autorise cette preuve dans un cas particulier. Dès lors, pourquoi ne pas aller plus loin et pourquoi ne pas entrer à notre tour dans une voie où tant d'autres législations ont précédé la nôtre ([1])?

Si le principe de l'art. 340 a été directement battu en brè-

garanties l'exercice de l'action, la commission proposait de conserver le principe de l'art. 340, mais en y apportant des exceptions nombreuses (rapt; enlèvement; viol; séduction obtenue à l'aide de manœuvres dolosives, abus d'autorité, promesses de mariage ou fiançailles; aveu non équivoque de paternité résultant de lettres ou d'écrits privés émanés du père prétendu; cohabitation notoire pendant la période légale de la conception; possession d'état de l'enfant). D'ailleurs l'exercice de l'action, dans les diverses hypothèses que nous venons d'énumérer, n'était permis que sous certaines conditions. Aucune de ces diverses propositions n'a été discutée.

([1]) La recherche de la paternité est admise aujourd'hui, plus ou moins largement, dans la plupart des législations étrangères. On peut, à ce point de vue, distinguer quatre groupes de législations. — **A.** Les unes proscrivent absolument la recherche de la paternité (C. civ. de Neufchâtel, art. 246), ou reproduisent purement et simplement la disposition de notre art. 340 (C. civ. de Belgique, art. 340; de Genève, art. 340; d'Haïti, art. 311; loi de Pologne du 23 juin 1825). — **B.** D'autres prohibent en principe la recherche de la paternité, mais apportent à ce principe un assez grand nombre d'exceptions (C. civ. d'Italie, art. 189; du Portugal, art. 130; des Pays-Bas, art. 342, mod. par la loi du 26 avril 1884; des cantons de Vaud, art. 190 et du Tessin, art. 133. — V. aussi R. de La Grasserie, *Résumé anal. du C. civ. péruvien*, p. 15, et *Résumé anal. du C. civ. mexicain*, p. 45). — **C.** Les législations du troisième groupe arrivent à peu près aux mêmes résultats que les précédentes, mais par un procédé différent. Elles ne prohibent pas en principe la recherche de la paternité, mais elles ne l'autorisent que dans un certain nombre de cas limitativement déterminés (C. civ. d'Espagne, art. 135, dont les dispositions doivent être rapprochées de celles du C. civ. portugais; du Valais, art. 142 s.; de la Louisiane, art. 208 s.). — **D.** Dans d'autres enfin, la recherche de la paternité est libre. Certaines édictent même une présomption de paternité à la charge de celui qui a cohabité avec la mère au temps de la conception ou permettent de déférer le serment à la mère. — V. notamment les législations des pays suivants : Allemagne, C. civ., § 1717 s.; Autriche, C. civ., art. 163 s.; Finlande, loi du 27 juin 1878, *Ann. de législ. étrang.*, IX, p. 753; provinces baltiques, C. civ., art. 165; Norwège, loi du 6 juil. 1892, *Ann. de législ. étrang.*, XXII, p. 675 s.); cantons de Zurich, C. civ., art. 698 s.; Soleure, C. civ., art. 281 s.; Fribourg, C. civ., art. 216 s.; Zug, C. civ., art. 58 s.; Bas-Canada, C. civ., art. 241; République Argentine, C. civ., art. 325; Chili, C. civ., art. 280 s.; Etats de Nevada, loi du 1er mars 1883, *Ann. de législ. étrang.*, XIII, p. 843; de l'Illinois, actes du 1er juil. 1872 et du 29 mai 1879, *Ann. de législ. étrang.*, IX, p. 815. — Sur le droit anglais, v. Lehr, *Élém. de dr. civ. anglais*, p. 123 s.

che sur le terrain législatif, la jurisprudence, de son côté, s'est efforcée d'en restreindre l'application dans la plus large mesure possible. Obéissant à des considérations d'équité pressantes, subissant, d'une manière en quelque sorte invincible, l'influence des faits en présence desquels elle s'est trouvée placée, elle a accompli, en notre matière, une œuvre extrêmement remarquable qu'on a pu comparer, peut-être avec exagération, à l'œuvre du préteur romain. Les limitations que les tribunaux ont apportées à la règle de l'art. 340 seront indiquées en examinant l'étendue et la portée d'application du principe de prohibition.

674. L'art. 340 prohibe la *recherche de la paternité,* c'est-à-dire l'action par laquelle on tend à démontrer, en dehors d'un acte régulier de reconnaissance, que telle femme est devenue enceinte des œuvres de tel homme. Donc, la prohibition de la loi ne sera pas applicable au cas où il s'agit simplement d'une question d'identité. Un enfant a été reconnu par un homme dans un acte authentique. Un individu veut prouver son identité avec l'enfant qui a été l'objet de cette reconnaissance : il devra être admis à faire cette preuve. En effet, il ne s'agit pas de prouver le fait même de la conception ; ce fait est établi par la reconnaissance. L'objet du débat est un fait susceptible d'être prouvé directement et par des témoignages positifs. Le juge peut donc arriver à se former une conviction sur ce point. Les débats ne présentent pas les inconvénients qui ont motivé la prohibition de l'art. 340. Les motifs de la loi font défaut comme son texte. La demande de l'enfant ne constitue pas plus une recherche de paternité naturelle que la prétention de l'enfant légitime, qui, porteur d'un acte de naissance, demande à prouver son identité, ne constitue une action en réclamation d'état. Pour les mêmes raisons, nous devrons décider que, l'identité de l'enfant avec celui qui a été reconnu étant constante et bien démontrée, cet enfant sera reçu à prouver l'identité de celui qu'il réclame comme son père avec l'auteur de la reconnaissance. L'art. 340 n'est pas en cause ici. Il ne s'agit pas de prouver que le défendeu est celui des œuvres duquel l'enfant a été conçu. La seule question qui se pose est celle de savoir s'il y a identité entre le défendeur et l'auteur de l'acte de reconnaissance ([1]).

675. La règle de l'art. 340 ne concerne donc que la preuve de la conception. Elle est d'ailleurs formulée par la loi en termes absolus. Nous en déduisons les conclusions suivantes :

676. 1° La recherche de la paternité est interdite contre l'enfant aussi bien qu'à son profit. Ainsi les héritiers d'un homme décédé ne pourront pas, pour faire restreindre aux proportions déterminées par l'art. 908 un don ou un legs fait par leur auteur, être admis à prouver que le donateur est le père naturel du donataire. Si des motifs d'ordre public ont pu porter le législateur à interdire à l'enfant la recherche de la paternité malgré l'intérêt moral si puissant qu'il peut avoir à connaître son père, il a dû vouloir, à plus forte raison, interdire cette recherche aux héritiers, qui n'agissent qu'en vue d'un intérêt pécuniaire ([2]). Cette solution est admise par tous les auteurs, sauf le dissentiment de Delvincourt (I, p. 93, note 6).

677. 2° De la généralité des termes de l'art. 340 il faut encore tirer cette conséquence que la recherche de la paternité ne devrait pas être admise, alors même qu'elle aurait un but autre que celui d'établir la filiation de l'enfant. Ainsi une fille devenue mère intente contre l'homme qu'elle désigne comme le père de son enfant une action, en vue d'obtenir que son séducteur soit condamné à payer une pension alimentaire pour

---

([1]) V. sur ces divers points les auteurs et les arrêts cités *supra*, p. 588, notes 2, 3 et 4.

([2]) Merlin, *Quest. de droit*, v° *Paternité*, § 1. — Toullier, II, n. 939; Richefort, II, n. 310; Duranton, III, n. 233; Marcadé, art. 340; Zachariæ, et Massé et Vergé sur Zachariæ, I, § 169, texte et note 3; Valette sur Proudhon, II, p. 136, note *a;* Demolombe, V, n. 485 *bis;* Ducaurroy, Bonnier et Roustain, I, n. 496; Aubry et Rau, VI, § 569, p. 190; Laurent, IV, n. 89; Arntz, I, n. 605; Viglé, I, n. 576. — Paris, 6 juin 1809, *J. G.*, v° *Paternité*, n. 599, S., 9. 2. 310. — Cass., 14 mai 1810, *J. G., ibid.*, S., 10. 1. 272. — Cass., 4 mai 1811, *J. G., ibid.*, S., 14. 1. 111. — Cass., 17 déc. 1816, *J. G., ibid.*, S., 17. 1. 191. — Cass., 1er avril 1818, S., 18. 1. 244. — Cass., 1er nov. 1819, S., 20. 1. 222. — Toulouse, 15 avril 1834, D., 34. 2. 228, S., 35. 2. 313. — La question ne se pose évidemment que pour ceux qui pensent que, d'une manière générale, l'action en recherche de la filiation naturelle, autorisée par l'art. 341 et par l'art. 340, al. 2, peut être exercée contre l'enfant comme au profit de celui-ci.

l'entretien de l'enfant ; la demande de la mère doit être rejetée, parce que, pour la justifier, il faudrait prouver le fait de
la paternité, et l'art. 340 interdit cette preuve (¹).

678. Tel est le principe qui est édicté par l'art. 340. La
jurisprudence en a d'abord fait rigoureusement l'application.
Au début, elle n'admettait pas la femme séduite à réclamer
des dommages-intérêts à son séducteur à raison du préjudice
résultant de sa grossesse (²). Mais, depuis un grand nombre
d'années, une évolution des plus remarquables s'est produite
dans la jurisprudence. Tout en paraissant respecter la prohibition édictée par la loi, les tribunaux se sont efforcés d'en
tempérer la rigueur en faisant appel à d'autres principes de
droit. Les limitations qu'ils ont apportées à la règle de prohibition peuvent être ramenées aux deux correctifs suivants.
En premier lieu, droit pour la fille séduite de demander à
son séducteur des dommages-intérêts en se fondant sur l'art.
1382 ; en deuxième lieu, validation des promesses d'aliments
faites par le séducteur. Ce sont ces deux limitations du principe que nous allons maintenant examiner.

679. I. Les tribunaux admettent que la fille séduite peut,
en dehors de toute recherche de paternité, intenter contre son
séducteur une action en dommages-intérêts. Cette action est
fondée sur l'art. 1382. A raison des circonstances dans lesquelles elle a été opérée, la séduction peut être considérée
comme un fait délictueux, d'où résulte à la charge du séducteur l'obligation civile de réparer le dommage dont la victime
a souffert.

(¹) Richefort, II, n. 309 ; Marcadé, *Rev. crit.*, 1853, p. 197 s. ; Zachariæ, I, § 169,
p. 331 ; Ducaurroy, Bonnier et Roustain, I, n. 496 ; Demolombe, V, n. 485 *bis;*
Aubry et Rau, VI, § 569, p. 191 ; Laurent, IV, n. 91 ; Vigié, I, n. 576. Dans le
même sens, V. : Caen, 24 avril 1850, D., 55. 2. 177. — Rennes, 11 avril 1866, D.,
66. 2. 184. — Paris, 19 janv. 1865, D., 65. 2. 21, S., 65. 2. 5. — Gand, 25 nov. 1882,
D., 84. 2. 136. — Paris, 14 fév. 1890, D., 91. 2. 309. — Paris, 16 mars 1892, D.,
93. 2. 541, S., 94. 2. 30. — *Contra* Cass., 24 mars 1845, D., 45. 1. 177, S., 45. 1.
539. — Caen, 6 juin 1850, D., 55. 2. 177. — Montpellier, 10 mai 1851, D., 55. 2.
177 et les arrêts cités *infra*, p. 635, note 1.

(²) V. les arrêts cités dans *J. G.*, vᵒ *Paternité*, n. 598, et dans Merlin, *Rép.*,
vᵒ *Aliments*, § 2, art. 2, n. 9. — Bastia, 3 fév. 1834, *J. G.*, vᵒ *Mariage*, n. 32, S.,
34. 2. 355. — Caen, 19 juin 1854, D., 55. 5. 230. — Cpr. les arrêts cités au début
de la note 1, *supra*.

Ce point de départ nous paraît parfaitement acceptable([1]). Il n'y a là rien de contraire à la règle édictée par l'art. 340. La paternité n'est pas en effet en cause. La femme séduite ne recherche pas qui est le père de l'enfant qu'elle a mis au monde. Le juge est simplement appelé à apprécier le dommage que la faute du défendeur a pu causer à sa victime. L'action ne tend pas à faire la preuve de la paternité, preuve que la loi a proscrite, en raison de l'incertitude qu'elle présente. Elle a pour objet la preuve de la séduction, qui peut très bien être établie directement avec une précision suffisante.

Tel est le principe qui a été consacré par de nombreux arrêts, dont plusieurs sont déjà relativement anciens ([2]). On peut considérer la jurisprudence comme constante depuis l'arrêt de Caen du 10 juin 1862, D., 62. 2. 129, rendu contrairement à l'avis de jurisconsultes autorisés, tels que MM. Bertauld, Berryer, Sénard, Dufaure et Demolombe.

Puisque l'action en indemnité dont il s'agit a son fondement dans l'art. 1382, il faut naturellement, pour que la femme obtienne gain de cause, que les conditions exigées par ce texte se trouvent réunies. Or, trois conditions sont requises par l'art. 1382 pour que l'obligation civile de dommages et intérêts prenne naissance. Il faut qu'un fait illicite ait été

([1]) Aubry et Rau, VI, § 569, p. 191; Laurent, IV, n. 90 s.; Vigié, I, n. 576; Planiol, I, n. 2274. — Cpr. Zachariæ, I, § 169, p. 331; Baret, *op. cit.*, p. 101.

([2]) V. notamment Toulouse, 5 juillet 1843 et Cass., 24 mars 1845, D., 45. 1. 177, S., 45. 1. 539. — Caen, 24 avril 1850, D., 55. 2. 177. — Caen, 6 juin 1850, D., *ibid.* — Montpellier, 10 mai 1851, D., *ibid.* — Douai, 3 déc. 1853, D., 55. 2. 132, S., 54. 2. 193. — Dijon, 16 avril 1861, D., 61. 5. 423. — Colmar, 31 déc. 1863, D., 65. 2. 21, S., 65. 2. 169.—Grenoble, 18 mars 1864, D., 65. 2. 21, S., 65. 2. 169.—Cass., 26 juil. 1864, D., 64. 1. 317, S., 65. 1. 33. — Dijon, 20 déc. 1867, D., 68. 2. 48. — Dijon, 1er déc. 1868, D., 68. 2. 248, S., 69. 2. 15. — Angers, 2 déc. 1868, D., 69. 2. 241. — Cass., 17 mai 1870, D., 71. 1. 52. — Aix, 21 mai 1874, D., 76. 2. 85. — Nîmes, 21 déc. 1875, D., 76. 2. 206. — Paris, 14 fév. 1877, D., 77. 2. 96. — Bourges, 28 mai 1879, D., 80. 2. 111, S., 80. 2. 166. — Orléans, 2 mars 1881, D., 82. 2. 244. — Bourges, 6 juin 1881, D., 82. 2. 117, S., 82. 2. 149. — Gand, 25 nov. 1882, D., 84. 2. 136. — Paris, 14 fév. 1890, D., 91. 2. 309. — Cass., 25 fév. 1890, D., 90. 1. 412, S., 93. 1. 423. — Paris, 16 mars 1892, D., 93. 2. 541, S., 94. 2. 30. — Dijon, 27 mai 1892, D., 93. 2. 183, S., 92. 2. 197. — Paris, 4 juin 1892, D., 92. 2. 558. — Orléans, 12 janv. 1893, D., 93. 2. 487, S., 93. 2. 267. — Douai, 1er mai 1894, D., 95. 2. 47. — Douai, 18 mars 1895, D., 95. 2. 351. — Lyon, 30 mai 1895, D., 96. 2. 278. — Nancy, 12 nov. 1896, D., 96. 2. 520. — Grenoble, 2 fév. 1897, D., 98. 2. 57.

commis; que ce fait soit imputable à faute à son auteur; et enfin qu'il ait été la source d'un dommage.

La première condition existe nécessairement. Mais il n'en est pas de même de la seconde. Il ne suffit pas que des relations illicites se soient établies entre un homme et une femme, pour que l'on soit fondé à imputer une faute au premier. Si la femme a consenti librement à l'établissement de ces relations, la faute est commune aux deux parties. Elle ne peut pas se dire victime d'un délit dont elle-même est l'auteur. Elle ne sera donc pas admise à réclamer des dommages-intérêts. Permettre à la femme qui s'est librement donnée de réclamer à son complice des dommages-intérêts, ce serait l'autoriser à réclamer le prix de son libertinage, ce serait en quelque sorte donner une prime et un encouragement au désordre. La loi ne peut prêter son aide à la femme qui veut se faire payer par un homme le prix des faveurs qu'elle lui a accordées (¹). Pour que des dommages-intérêts soient dus, il faut que la séduction ait été obtenue par des moyens déloyaux et déshonnêtes, qui ont fait de la femme une véritable victime. Alors, il y a une faute imputable à l'auteur de la séduction. Cette faute fait naître à la charge de celui-ci une obligation civile, fondée sur l'art. 1382.

Par exemple, un homme a déterminé une femme, jusque-là de mœurs pures, à nouer avec lui des relations, en lui faisant une promesse de mariage (²). Ou bien encore le séduc-

---

(¹) Bastia, 28 août 1834, D., 56. 2. 16, S., 54. 2. 657. — Dijon (motifs), 16 avril 1861, *supra*. — Dijon (motifs), 20 déc. 1867, *supra*. — Angers, 2 déc. 1868, *supra*. — Amiens, 1ᵉʳ déc. 1881, D., 82. 2 117, S., 82. 2. 149. — Gand, 25 nov. 1882, *supra*. — Dijon, 27 mai 1892, *supra*. — Paris, 4 juin 1892, *supra*. — Douai, 18 mars 1895, *supra*.

(²) Montpellier, 10 mai 1851, *supra*. — Caen, 6 juin 1850, D., 55. 2. 177. — Caen (motifs), 24 avril 1850, *supra*. — Colmar, 31 déc. 1863, *supra* — Grenoble (motifs), 18 mars 1864, *supra*. — Dijon (motifs), 20 déc. 1867, *supra*. — Angers (motifs), 2 déc. 1868, *supra*. — Cass. (motifs), 17 mai 1870, *supra*. — Aix, 21 mai 1874, *supra*. — Paris, 14 fév. 1877, *supra*. — Orléans (motifs), 2 mars 1881, *supra*. — Bourges (motifs), 6 juin 1881, *supra*. — Gand, 25 nov. 1882, *supra*. — Nîmes, 29 juin 1887, S., 87. 2. 216. — Cass., 25 fév. 1890, *supra*. — Orléans, 5 nov. 1890, D., 93. 2. 487. — Dijon, 10 fév. 1892, S., 92. 2. 197. — Colmar, 1ᵉʳ avril 1892, D., 93. 2. 578. — Dijon (motifs), 27 mai 1892, *supra*. — Orléans, 12 janv. 1893, *supra*. — Douai (motifs), 1ᵉʳ mai 1894, *supra*. — Douai (motifs), 18 mars 1895, *supra*. — Lyon (motifs), 30 mai 1895, *supra*. — Bordeaux, 11 mars 1896, S., 98. 2. 141. — Grenoble (motifs), 2 fév. 1897, *supra*.

teur, pour arriver à ses fins, a usé de manœuvres dolosives ([1])
de menaces ou de violences ([2]). Un abus d'autorité, comme par
exemple celui qui est commis par un maître sur sa domestique, est considéré comme constituant une violence suffisante
pour motiver une condamnation à des dommages-intérêts ([3]).
Enfin il a été jugé qu'il y avait une faute engageant la responsabilité du séducteur, lorsque celui-ci avait abusé de l'inexpérience de la femme pour la déterminer à nouer des relations
avec lui, sans avoir pour cela usé de manœuvres dolosives nettement caractérisées. C'est ce qui a été décidé par l'arrêt précité de la cour de Caen du 10 juin 1862, dans l'espèce suivante :
la fille séduite avait moins de 18 ans au moment où elle avait
cédé à son séducteur. Celui-ci, qui était d'âge mûr et marié,
l'avait enlevée à ses parents, installée à Paris et l'avait empê-
chée de revenir à la vie régulière, alors que plusieurs fois elle
en avait manifesté le désir ([4]).

Pour que des dommages-intérêts soient dus par le séducteur, il faut, bien entendu, qu'un tort ait été causé à la femme
qui a cédé à la séduction. C'est la gravité de ce dommage qui
servira à mesurer l'étendue de la réparation. Mais en quoi
doit consister le dommage dont les juges tiendront compte
pour évaluer l'indemnité à payer par l'auteur de la faute?
Quel est le fait dommageable qui sert à la fois de cause et
de mesure à l'obligation mise à la charge du séducteur? On
trouve, sur ce point, dans les arrêts, deux systèmes distincts.

A. Parmi les décisions judiciaires rendues sur la matière,
il en est qui posent très nettement en principe que le seul
fait à raison duquel des dommages-intérêts puissent être
réclamés, c'est le fait de la séduction dolosive, considéré en
lui-même. La fille séduite a droit à des dommages-intérêts,
parce qu'elle a été séduite et alors même qu'elle ne serait pas

---

[1] Orléans (motifs), 2 mars 1881, *supra*. — Grenoble (motifs), 2 fév. 1897, *supra*.

[2] Cass., 25 fév. 1890, *supra*. — Douai (motifs), 18 mars 1895, *supra*.

[3] Dijon, 16 avril 1861, *supra*. — Dijon, 1er déc. 1868, *supra*. — Aix, 21 mai 1874, *supra*. — Nîmes, 21 déc. 1875, *supra*. — Bourges, 28 mai 1879, *supra*. — Bourges (motifs), 6 juin 1881, *supra*. — Paris, 14 fév. 1890, *supra*. — Paris, 16 mars 1892, D., 93. 2. 541, S., 94. 2. 30. — Paris (motifs), 4 juin 1892, *supra*. — Lyon, 30 mai 1895, *supra*.

[4] Cpr. Bourges. 28 mai 1879 et Lyon, 30 mai 1895, *supra*.

devenue mère. Elle y a droit à raison du préjudice que la séduction en elle-même lui a causé. Elle a en effet perdu son honneur, sa réputation; elle a peut-être été mise dans l'impossibilité de gagner honnêtement sa vie. A raison de ces faits,
une indemnité lui est due. Et cette indemnité peut être fournie, soit par le paiement d'un capital, soit par le paiement
d'une pension alimentaire. Dans l'évaluation de cette indemnité pécuniaire, les juges n'ont pas à faire entrer en ligne de
compte les charges résultant de la maternité. Les dommages-
intérêts dus pour la séduction doivent être calculés de la même
manière, soit que la femme séduite soit devenue mère, soit
qu'elle n'ait pas eu d'enfant. Ce système est admis très nettement par plusieurs arrêts ([1]). Nous lisons notamment dans un
arrêt de la cour de Paris du 16 mars 1892 les attendus suivants : « Attendu que la demande de D... a un double objet :
qu'elle tend d'une part à la réparation du préjudice causé à
la jeune fille par des relations qui l'auraient déshonorée et,
d'autre part, à l'obtention d'une pension pour l'enfant qui en
serait issu; que si cette deuxième partie de la demande touche à une question de paternité et tombe dès lors sous la prohibition de l'art. 340, la première vise simplement des faits
de séduction par abus d'autorité qui auraient engagé la responsabilité de A..., aux termes de l'art. 1382...; que cette
séduction, à supposer qu'elle fût établie, n'implique pas
nécessairement cette conséquence qu'A... soit le père de l'enfant dont la fille séduite est plus tard accouchée. En conséquence, repousse la demande de pension faite au nom de
l'enfant; admet celle qui est faite par la mère ».

B. La plupart des arrêts vont beaucoup plus loin que ceux
que nous venons de citer. Ils admettent que les dommages-
intérêts doivent être calculés en tenant compte de toutes les
conséquences de la séduction, y compris la grossesse et la
charge des enfants que la fille séduite prétend avoir eus de
son séducteur. Les juges peuvent et doivent donc spécifier,
dans le dispositif de leur sentence, que des dommages-inté-

[1] Caen, 24 avril 1850, *supra.* — Nîmes, 21 déc. 1875, *supra.* — Paris, 14 fév.
1890, *supra.* — Paris, 16 mars 1892, *supra.* — Cpr. Orléans, 5 nov. 1890, D., 93.
2. 487.

rêts sont alloués pour les frais de grossesse et pour l'entretien des enfants (¹).

De ces deux systèmes, le premier seul nous paraît conforme aux principes. En accordant des dommages-intérêts à raison des frais de la grossesse et des charges qu'entraînent l'éducation et l'entretien des enfants, on viole en effet l'art. 340. Pour que l'on pût faire supporter ces frais par le séducteur, il faudrait prouver que la grossesse est le fait de celui-ci, que les enfants sont issus de ses œuvres ; ce serait se livrer à une recherche de paternité, qui est interdite par l'art. 340. En se plaçant sur le terrain de l'art. 1382, comme le fait la jurisprudence, on ne peut allouer de dommages-intérêts que pour ce qui constitue la conséquence directe et certaine du fait dommageable que la femme est admise à prouver, c'est-à-dire du fait de la séduction lui-même. Théoriquement du moins, toutes choses étant égales d'ailleurs, on ne devrait donc pas allouer des dommages-intérêts plus élevés à la femme qui est devenue mère, qu'à celle qui n'a pas eu d'enfants. Mais en fait il faut bien reconnaître que les juges pourront satisfaire à l'équité sans violer ouvertement la loi. Ils sont armés d'un pouvoir souverain d'appréciation pour faire l'évaluation des dommages-intérêts. Dès lors, dans les cas où les circonstances leur paraîtront rendre vraisemblable la paternité du séducteur, ils pourront élever le quantum des dommages-intérêts accordés à la femme. Mais ils devront se garder d'indiquer dans leur sentence la grossesse et la maternité comme base de leur

(¹) Toulouse, 5 juillet 1843, *supra*. — Montpellier, 10 mai 1851, *supra*. — Caen, 6 juin 1850, *supra*. — Dijon, 16 avril 1861, *supra*. — Caen, 10 juin 1862, *supra*. — Cass., 26 juillet 1864, *supra*. — Nancy, 12 nov. 1896, *supra*. — Plusieurs de ces arrêts font remarquer qu'il ne faut pas confondre l'action en recherche de la paternité, qui tend à faire la preuve de l'état de l'enfant, et qui est intentée par lui ou par son représentant, et l'action en dommages-intérêts exercée par la femme en son nom personnel pour obtenir la réparation du préjudice qui lui a été causé. La première seule est interdite par l'art. 340. Il en est autrement de la seconde. Lorsque la femme réclame des dommages-intérêts du chef de la séduction, les juges doivent apprécier tous les éléments du préjudice dont elle a souffert. C'est ainsi qu'ils doivent rechercher si la grossesse n'est pas l'œuvre du séducteur. C'est une simple constatation de fait à laquelle ils se livrent, qui ne peut exercer aucune influence sur l'état de l'enfant. Dès lors il importera peu que le séducteur soit marié. V. note D., 62. 2. 129.

évaluation. Sinon ils violeraient la prohibition de l'art. **340** et ils seraient exposés à la censure de la cour de cassation (¹).

680. II. Au principe posé par l'art..340 la jurisprudence apporte encore une autre limitation, dont le fondement juridique est plus contestable. Un individu, qui reconnaît avoir eu des relations avec une femme, s'engage envers cette femme, par un acte sous-seing privé, à réparer sa faute et à subvenir aux besoins de la mère et de l'enfant. Un pareil écrit ne constitue pas une reconnaissance d'enfant naturel, puisqu'il n'est pas rédigé dans les formes voulues par la loi. Il ne vaut pas non plus comme acte de donation, puisqu'il ne satisfait pas aux conditions de solennité exigées pour les donations. A quel titre donc un pareil engagement pourrait-il être validé ?

La promesse faite par le séducteur pourrait être considérée comme valable, en se plaçant exclusivement sur le terrain de l'art. **1382**, pourvu, bien entendu, que les conditions requises par ce texte se trouvassent réunies. Le fait lui-même de la séduction, lorsque du moins il est accompli dans certaines circonstances, donne naissance à une obligation de réparer le dommage qui en est la conséquence directe et certaine. L'obligation qui pèse sur le séducteur a une cause civile : un fait délictueux. L'engagement pris par celui-ci constitue donc la reconnaissance d'une dette antérieure. C'est un règlement à l'amiable des dommages-intérêts dont il est débiteur. Envisagé sous cet aspect, l'engagement souscrit par l'homme est parfaitement régulier. Mais il faut qu'il soit pris uniquement au profit de la femme, seule créancière des dommages-intérêts, et qu'il ait une cause réelle, c'est-à-dire que la séduction ait été opérée dans des conditions telles, qu'elle ait donné naissance à une obligation fondée sur l'art. **1382**. La promesse n'aurait aucune valeur si elle était faite aux enfants de la femme séduite. Le séducteur n'est tenu d'aucun devoir envers ceux-ci, puisqu'il n'est pas prouvé qu'ils sont issus de ses œuvres. Dès lors, l'obligation que l'homme contracterait en leur faveur serait nulle pour défaut de cause, ou, si on la

---

(¹) Marcadé, *Rev. crit.*, 1853, p. 197 s.; Laurent, IV, n. 91.

considérait comme une donation, elle serait inexistante pour vice de forme ([1]).

La jurisprudence va plus loin en général. Considérant que le séducteur est tenu de réparer toutes les conséquences de ses actes, même de pourvoir à l'entretien des enfants nés de la femme séduite, elle valide les engagements pris par lui, même en ce qui concerne les enfants. Pour elle, la vraie cause de l'obligation qu'il a contractée, c'est la paternité. Sans doute, celle-ci n'est pas prouvée. Mais il suffit que le séducteur croie à sa paternité, pour qu'il soit tenu d'un devoir de conscience. Ce devoir de conscience se transforme en une obligation civile par une sorte de novation. Il n'y a pas là une donation ; dès lors, un écrit sous-seing privé est suffisant pour constater l'engagement ([2]).

Cette théorie nous paraît absolument inadmissible. On comprend très bien que l'exécution d'une obligation naturelle ne constitue pas une donation. Mais il n'y a pas ici d'obligation naturelle. Si la paternité était prouvée, il y aurait une véritable obligation civile pesant sur le père au profit des enfants. Mais elle n'est pas prouvée, puisque le séducteur n'a pas fait

([1]) Laurent, IV, n. 93. — Nîmes, 21 déc. 1875, *supra*. — Paris, 14 fév. 1890, *supra*.

([2]) Décidé en ce sens, dans des hypothèses où la mère, n'ayant été victime d'aucun abus ni d'aucune manœuvre dolosive engageant envers elle la responsabilité de son séducteur, celui-ci avait pris, soit directement au profit des enfants, soit envers elle, l'engagement de subvenir aux besoins des enfants. — Montpellier, 7 déc. 1843, D., 44. 2. 122. — Bordeaux, 5 août 1847, D., 48. 2. 97, S., 48. 2. 231. — Bordeaux, 5 janv. 1848, D., 48. 2. 97, S., 48. 2. 308. — Cass., 27 mai 1862, D., 62. 1. 208, S., 62. 1. 566. — Limoges, 22 janv. 1864, D., 64. 2. 197. — Angers, 30 avril 1873, D., 73. 2. 139. — Angers, 11 août 1871, et Cass., 15 janv. 1873, D., 73. 1. 180. — Aix, 8 avril 1873, D., 74. 2. 55, S., 73. 2. 281. — Nîmes, 22 déc. 1875, D., 76. 2. 206. — Paris, 14 fév. 1877, *supra*. — Orléans, 2 mars 1881, *supra*. — Cass., 3 avril 1882, D., 82. 1. 250, S., 82. 1. 404. — Lyon, 30 déc. 1890, D., 91. 2. 309. — Dijon, 27 mai 1892, *supra*. — Lyon, 30 mai 1895, *supra*. — *A fortiori*, la jurisprudence tient-elle l'engagement pour valable, lorsque la mère est autorisée à réclamer des dommages-intérêts. L'engagement pris par le séducteur de subvenir à l'entretien des enfants a pour cause, dans ce cas, non seulement la satisfaction d'un devoir de conscience et d'honneur, mais encore le quasi délit commis par celui qui se reconnaît débiteur. — Montpellier, 10 mai 1851, *supra*. — Caen, 10 juin 1862, *supra*. — Cass., 26 juillet 1864, *supra*. — Nancy, 12 nov. 1896, *supra*. — Dans le même sens, Duranton, III, n. 229 ; Richefort, II, n. 270 ; Zachariæ, I, § 167, texte et note 18. — Cpr. Laurent, *loc. cit.*

d'acte de reconnaissance. Dès lors, le séducteur n'est aucunement engagé. S'il a des scrupules de conscience, cela ne suffit pas à valider l'engagement qu'il a pris, ces scrupules, après tout, pouvant ne pas être fondés. La loi ne les connaît, ni ne les sanctionne. L'acte par lequel une personne, obéissant à un scrupule de cette nature, fait un avantage pécuniaire à une autre, constitue une donation ordinaire. C'est une pure libéralité. Admettre le système de la jurisprudence, ce serait réduire singulièrement le domaine de la donation. En conséquence, il faut décider que l'engagement pris est sans valeur, pour n'avoir pas été revêtu des formes solennelles prescrites par l'art. 931 (¹).

En réalité, les tribunaux ont été entraînés par des considérations d'équité, fort respectables, peut-être même invincibles, mais qui ne peuvent prévaloir contre la disposition formelle de la loi. Ils ont apporté à celle-ci une limitation qu'elle ne comporte pas.

§ II. *Exception au principe de prohibition.*

681. Le principe que la recherche de la paternité est interdite comporte une exception que l'art. 340 formule ainsi : « *Dans le cas d'enlèvement, lorsque l'époque de cet enlève-* » *ment se rapportera à celle de la conception, le ravisseur* » *pourra être, sur la demande des parties intéressées, déclaré* » *père de l'enfant* ». La rédaction de ce texte a été des plus laborieuses. On avait d'abord admis que, même au cas de viol ou d'enlèvement, la recherche de la paternité ne serait pas admise, mais qu'il y aurait lieu simplement de condamner le ravisseur à payer des dommages-intérêts, soit à la mère, soit à l'enfant. Tel fut le système qui fut consacré, avec des variantes, par les trois premières rédactions de l'art. 340 (²). Puis l'on se rallia à l'idée d'autoriser les juges à prononcer la paternité du ravisseur et à proclamer l'existence

(¹) Merlin, *Rép.*, vº *Aliments*, § 1, art. 2, n. 9; Valette sur Proudhon, II, p. 179; Massé et Vergé sur Zachariæ, I, § 167, note 18; Demolombe, V, n. 426; Arntz, I, n. 601.

(²) Locré, VI, p. 31, 119 s., 149, 179.

d'un lien de paternité et de filiation naturelle entre lui et l'enfant issu de la femme victime de l'enlèvement ([1]). Dans sa rédaction définitive, le texte ne prévoit plus que le cas d'enlèvement. Quel est le sens de cette expression?

682. Il est bien certain que la recherche de la paternité sera possible au cas où l'enlèvement a eu lieu avec violence. Mais en est-il de même si la femme a volontairement suivi son séducteur (rapt de séduction)? Beaucoup d'auteurs admettent l'affirmative, et cette solution a été consacrée par la jurisprudence dans les espèces, rares d'ailleurs, à propos desquelles elle a été appelée à trancher la question ([2]).

La jurisprudence et les auteurs qui partagent sa manière de voir insistent principalement sur cette idée que le législateur paraît avoir surtout pris en considération la séquestration plus ou moins volontaire à laquelle la femme a été soumise, la possession exclusive dont elle a fait l'objet et qui rend la paternité du ravisseur, sinon certaine, du moins très vraisemblable. Il s'est beaucoup moins préoccupé des conditions dans lesquelles l'enlèvement lui-même a eu lieu; il n'a pas voulu distinguer, suivant que cet enlèvement a été opéré avec violence ou que la femme a suivi volontairement son ravisseur, à la suite de promesses ou de manœuvres plus ou moins frauduleuses. On peut donc prendre le mot enlèvement dans son acception la plus large et l'entendre même du rapt de séduction. L'expression « enlèvement » que nous trouvons dans l'art. 340 correspond au mot « rapt » dont on se servait dans l'ancien droit. Or, le rapt ne supposait pas nécessairement la violence ([3]). Il est infiniment probable que les rédacteurs du code civil ont entendu prendre le synonyme

---

([1]) Locré, VI, p. 183 s.

([2]) Valette sur Proudhon, II, p. 137, note *a*, I; Duvergier sur Toullier, II, n. 940, note *a*; Marcadé, II, a. 340, n. 2; Richefort, II, n. 304 et 306; Zachariæ, et Massé et Vergé sur Zachariæ, I, § 169, texte et note 4; Ducaurroy, Bonnier et Roustain, I, n. 497; Demante, II, n. 69 *bis*, V; Huc, III, n. 88; Vigié, I, n. 577; Planiol, I, n. 2278. — Paris, 28 juil. ou 29 mars 1821, *J. G.*, v° *cit.*, n. 603, S., 21. 2. 235. — Cpr. Demolombe, V, n. 490; Baret, *op. cit.*, p. 97 s. — Bordeaux, 30 juin 1885, D., 86. 2. 151, S., 87. 2. 57 et la note.

([3]) Pothier, *Du contrat de mariage*, part. III, ch. III, art. 6, § 1 et 2; Denizart, v° *Rapt*, n. 2; Merlin, *Rép.*, v° *Rapt*. V. aussi Duguit, *Étude historique sur le rapt de séduction*, *Nouvelle Revue historique*, 1886, p. 587 s.

enlèvement avec la même acception. Le mot enlèvement peut comprendre même l'enlèvement accompli sans violence.

Cette argumentation ne nous paraît pas absolument décisive. L'art. 340, al. 2, prévoit formellement le cas d'enlèvement. Le texte étant exceptionnel, puisqu'il déroge au principe édicté par l'al. 1, il faut l'interpréter restrictivement. Dès lors, des diverses acceptions que peut avoir l'expression dont se sont servis les rédacteurs du code civil, c'est la moins compréhensive qui doit être adoptée. Or, le mot enlèvement implique une idée de violence, comme on peut le voir en consultant le dictionnaire de l'Académie. Cette induction est confirmée par les travaux préparatoires. Au cours de la discussion, les différents orateurs paraissent s'être attachés seulement au cas où la femme est enlevée par la violence (¹). Ils ont supposé que la femme est enlevée contre sa volonté, séquestrée et tenue en chartre privée par son ravisseur. Telle est l'interprétation que Duveyrier, notamment, dans son discours au corps législatif, semble donner de l'art. 340 (²). D'un autre côté, la loi pénale en vigueur au moment de la confection du code civil (L. 25 sept.-6 oct. 1791, tit. II, sect. I, art. 32) ne prévoyait que l'enlèvement par violence, et il devient ainsi probable que notre législateur n'a songé qu'à cet enlèvement. Ainsi entendu, le système du code est absolument rationnel. Si la loi permet exceptionnellement la recherche de la paternité, c'est lorsque les circonstances sont telles qu'elles rendent, sinon certaine, du moins très vraisemblable la paternité du ravisseur. Or, la présomption de paternité attachée au rapt de séduction est beaucoup moins forte que celle qui découle du rapt de violence; car, dans le premier cas, la fille ravie conserve sa liberté, qu'elle perd dans le second où elle se trouve soumise à la puissance exclusive du ravisseur (³).

683. Le mot enlèvement implique aussi une idée de dépla-

(¹) Locré, VI, p. 119 s., 183 s.
(²) Locré, VI, p. 322.
(³) Consultation rapportée dans S., 21. 2. 236. — Aubry et Rau, V, § 569, texte et note 15; Arntz, I, n. 606; Laurent, IV, n. 96. — Cpr. l'arrêt de Bordeaux du 30 juin 1885, cité *supra*.

cement, et on est autorisé à en conclure qu'il ne faudrait pas appliquer l'art. 340 au cas de viol. Le texte doit en effet être interprété restrictivement. L'intention du législateur de soustraire le cas de viol à l'application de l'art. 340 paraît d'autant moins douteuse, que, dans les divers remaniements successifs qu'a subis l'art. 340, remaniements qui ont eu pour résultat de le dénaturer complètement, le mot *enlèvement* a été en définitive substitué aux mots *rapt ou viol* qui figuraient dans les rédactions précédentes. D'ailleurs, la raison de décider n'est pas la même. Le viol n'implique qu'une possession momentanée ; il n'en résulte pas une probabilité de paternité assez puissante pour que la loi ait cru devoir déroger à la règle qui prohibe la recherche de la paternité naturelle [1].

La jurisprudence n'a pas eu à se prononcer sur ce point. Quant à la doctrine, elle est divisée.

Un assez grand nombre d'auteurs assimilent le viol à l'enlèvement. Le viol a été, il est vrai, exclu de la rédaction définitive, disent ces auteurs. Mais ce retranchement n'a pas la signification que nous lui attribuons. On l'a peut-être opéré, tout simplement pour cette raison que le viol a été considéré par les rédacteurs du code comme une espèce d'enlèvement. Le viol est un enlèvement momentané. Comme l'enlèvement, il met la femme en la possession de l'homme. Si l'on admet la recherche de la paternité au cas d'enlèvement, on doit *a fortiori* l'autoriser lorsque la femme a été victime d'un viol. Le viol implique nécessairement une violence opérée sur la femme et un rapprochement effectif, tandis que l'enlèvement, même par la violence, fait seulement présumer le rapprochement, mais sans que celui-ci soit certain. Il résulte donc du viol une probabilité de paternité pour le moins aussi forte qu'au cas d'enlèvement. Enfin on invoque des raisons morales pour le décider ainsi. Voilà une femme qui a été victime d'un délit. Si elle est sans reproche, pourquoi ne pas lui permettre de donner un père à son enfant [2]?

[1] Ducaurroy, Bonnier et Roustain, I, n. 498 ; Aubry et Rau, VI, § 569, texte et note 16 ; Huc, III, n. 88 ; Planiol, I, n. 2278.

[2] Loiseau, *op. cit.*, p. 418, 419 ; Richefort, II, n. 306 ; Toullier, II, n. 941 ; Valette sur Proudhon, II, p. 137, note *a*, II ; Marcadé, sur l'art. 340, n. 2 ; Zacha-

684. En désaccord sur les questions qui précèdent, les auteurs s'accordent à peu près pour reconnaître que la disposition de l'art. 340 est complètement indépendante des dispositions de la loi pénale relatives à l'enlèvement. Le code pénal en vigueur au moment de la promulgation du code civil (L. 25 sept.-6 oct. 1791) ne punissait spécialement que l'enlèvement avec violence des filles mineures de 14 ans. Il serait déraisonnable de penser que l'art. 340 autorise dans ce cas seulement la recherche de la paternité. Les rédacteurs du code n'ont pu évidemment penser exclusivement à l'enlèvement d'une femme impubère qui serait devenue mère à la suite du rapt. De ce que nous venons de dire, il résulte deux conséquences :

1° Lorsque l'enlèvement constitue un crime prévu et puni par la loi pénale, il n'est pas nécessaire que la justice criminelle ait statué, pour que les intéressés puissent réclamer l'application de l'art. 340 [1]. Cette solution est cependant contredite par Loiseau et Toullier [2], qui ne donnent d'ailleurs aucun argument pour justifier leur opinion.

2° Peu importe l'âge de la femme enlevée. L'art. 340 n'établit aucune distinction entre le cas où elle est majeure et celui où elle est mineure. Il est vrai que l'enlèvement par fraude ou violence n'est puni comme tel par l'art. 354 du code pénal qu'autant qu'il a été pratiqué sur une personne mineure. Mais autre est la question de savoir dans quelles conditions l'enlèvement constitue un fait délictueux; autre la question de savoir dans quels cas la loi autorise la recherche de la paternité. Ce n'est point parce que l'enlèvement tombe sous le coup de la loi pénale que la recherche de la paternité est permise. C'est parce que les circonstances rendent vraisemblable la paternité du ravisseur [3]. Cette solution est

---

riæ, et Massé et Vergé sur Zachariæ, I, § 169, texte et note 6; Demante, II, n. 69 *bis*, II et III; Bonnier, *Des preuves*, I, n. 221; Demolombe, V, n. 491; Baret, *op. cit.*, p. 99-100; Arntz, I, n. 606.

[1] Duvergier sur Toullier, I, n. 941, note *a;* Demolombe, V, n. 492; Aubry et Rau, VI, § 569, texte et note 14; Laurent, IV, n. 95; Arntz, I, n. 607; Baret, *op. cit.*, p. 100; Planiol, I, n. 2282.

[2] Loiseau, *op. cit.*, p. 418; Toullier, II, n. 941.

[3] Duvergier sur Toullier, I, n. 940, note *a;* Marcadé, sur l'art. 340, n. 2; Massé

admise sans difficulté pour l'enlèvement pratiqué avec violence. L'accord est moins complet, au cas d'enlèvement par
séduction, entre les auteurs qui admettent, dans cette hypothèse, la recherche de la paternité. Si la séduction a été obtenue
par des manœuvres dolosives, ils ne distinguent pas suivant
l'âge de la femme. Mais, d'après quelques-uns, la recherche
de la paternité ne serait pas admise, si l'enlèvement a eu lieu
sans fraude et que la femme soit majeure. La femme majeure
est libre de demeurer où elle le juge convenable. Si donc elle
a volontairement suivi son ravisseur, on ne peut pas dire
qu'elle a été *enlevée*, et, dès lors, l'art. 340 est sans application
possible (¹).

685. Pour que le ravisseur puisse être déclaré le père de
l'enfant, il faut, nous dit l'art. 340, que l'époque de l'enlèvement se rapporte à celle de la conception. Quelles règles
faut-il suivre pour faire cette détermination ? Certains auteurs
enseignent que les juges ne sont pas liés par les règles écrites dans les art. 312 s. Ils seront libres d'apprécier en fait
l'époque à laquelle a eu lieu la conception de l'enfant (²).
Nous pensons, au contraire, avec la doctrine en général, que
les présomptions établies par les art. 312 s., en ce qui concerne l'époque probable de la conception, devront être appliquées. Mais il faut bien comprendre le sens de cette proposition. Les art. 312 s. se sont bornés à déterminer, d'une
manière indirecte d'ailleurs (v. *supra,* n. 437), les limites
entre lesquelles la conception sera réputée avoir eu lieu.
Mais ils n'ont pas dit à quel moment précis de cette période
l'enfant sera présumé avoir été conçu. Donc le tribunal ne
pourra pas, à notre avis, déclarer la paternité du ravisseur,
si l'époque de l'enlèvement ne coïncide à aucun moment
avec la période légale de la conception. Mais nous ne voulons pas dire que les juges soient tenus de déclarer le ravis-

et Vergé sur Zachariæ, I, § 169, note 4; Ducuurroy, Bonnier et Roustain, I, n. 497;
Bonnier, *op. cit.*, I, n. 221; Aubry et Rau, VI, § 569, texte et note 11; Laurent,
IV, n. 97; Arntz, I, n. 606; Vigié, I, n. 377; Planiol, I, n. 2278.
    (¹) Richefort, II, n. 308; Valette sur Proudhon, II, p. 137, note *a;* Demante, II,
n. 69 *bis,* V; Demolombe, V, n. 490; Huc, III, n. 88. — Cpr. Baret, *op. cit.*, p. 97 s
    (²) Laurent, IV, n. 98; Huc, III, n. 88; Planiol, I, n. 2279.

seur père de l'enfant dans le cas où la période pendant laquelle la femme a été sous le pouvoir de son ravisseur se place entre les deux limites extrêmes de la période légale de la conception. Notre proposition n'est évidemment en rien contraire à la règle des art. 312 s., dans le cas où la séquestration n'a pas duré pendant tout l'intervalle qui sépare le 180ᵉ du 300ᵉ jour avant la naissance. Car, en vertu même de cette règle, l'enfant a pu être conçu à un moment où sa mère n'était pas encore ou n'était plus en la possession de celui qui l'a enlevée. Il faut décider de même au cas où la séquestration aurait duré pendant toute la période légale de la conception. Car l'art. 340 laisse toute liberté au tribunal. Il ne lui fait pas l'obligation de déclarer la paternité du ravisseur. Le juge doit donc tenir compte des circonstances (¹).

Il n'est pas d'ailleurs nécessaire que le fait même du rapt ait eu lieu pendant la période légale de la conception. Il faut et il suffit qu'il y ait coïncidence entre cette période et le temps pendant lequel la femme a été au pouvoir de son ravisseur (²).

686. De ce que nous venons de dire il résulte évidemment que la recherche de la paternité ne peut pas avoir lieu avant l'accouchement de la femme. Car c'est à ce moment-là seulement qu'il est possible de savoir si les conditions requises par l'art. 340 se trouvent réunies (³).

687. La preuve des faits dont nous venons de parler peut être faite par tous modes quelconques, puisque la loi ne contient à cet égard aucune disposition spéciale. La preuve par témoins sera donc admissible, sans qu'il soit besoin d'un commencement de preuve par écrit. L'art. 340 ne l'exige pas et il aurait été d'ailleurs déraisonnable et injuste de subor-

---

(¹) Loiseau, *op. cit.*, p. 418; Richefort, II, n. 305; Toullier, II, n. 941; Marcadé, sur l'art. 340, n. 2; Zachariæ, et Massé et Vergé sur Zachariæ, I, § 169, texte et note 5; Ducaurroy, Bonnier et Roustain, I, n. 497; Demante, II, n. 69 *bis*, VIII; Aubry et Rau, VI, § 569, p. 193 et note 13; Demolombe, V, n. 493; Arntz, I, n. 606 et 608; Vigié, 1, n. 577. — Cpr. Duranton, III, n. 234.

(²) Demante, *loc. cit.*; Aubry et Rau, VI, § 569, texte et note 13. — Paris, 29 mars ou 28 juillet 1821, *J. G.*, vº *cit.*, n. 603, S , 21. 2. 235. — Cpr. cep. Loiseau, *op.* et *loc. cit.*

(³) Demolombe, *loc. cit.*

donner à une pareille condition l'admission de la preuve testimoniale (¹).

SECTION III

RÈGLES COMMUNES A LA RECHERCHE DE LA PATERNITÉ ET A CELLE DE LA MATERNITÉ NATURELLES

§ 1. *Prohibition de la recherche de la filiation adultérine ou incestueuse.*

688. Aux termes de l'art. 342 : « *Un enfant ne sera jamais
» admis à la recherche soit de la paternité, soit de la mater-
» nité, dans les cas où, suivant l'art. 335, la reconnaissance
» n'est pas admise* » (²). L'art. 342 vient donc compléter l'art.
335 et s'explique de la même manière. Il soumet la reconnaissance forcée à la même règle que la reconnaissance
volontaire. La filiation adultérine ou incestueuse ne peut être
ni recherchée en justice, ni reconnue volontairement.

689. La loi interdit formellement à l'enfant de rechercher
sa filiation, lorsque celle-ci est adultérine ou incestueuse.
Mais la prohibition qu'elle édicte s'étend également à l'action
que les adversaires de l'enfant voudraient intenter contre
celui-ci. En d'autres termes, la recherche de la filiation adultérine ou incestueuse est interdite contre l'enfant comme à
son profit. Cette solution ne peut faire aucun doute pour ceux
qui pensent que l'enfant seul a le droit de rechercher sa
filiation dans les cas où cette recherche est autorisée. Mais,
même si l'on admet qu'en principe la filiation naturelle peut
être recherchée contre l'enfant, la solution que nous avons
indiquée nous semble incontestable. L'esprit de la loi est, en
effet, très clair (³).

_____

(¹) Demolombe, V, n. 495 ; Demante, II, n. 69 *bis*, VII ; Arntz, I, n. 608 ; Vigié,
loc. cit.

(²) Cpr. Codes civ. portugais, art. 132 et 136 ; espagnol, art. 139 à 141 ; italien,
art. 193 ; néerlandais, art. 338.

(³) Loiseau, *op. cit.*, p. 801 ; Duranton, III, n. 197 et 207 ; Aubry et Rau, VI,
§ 572, p. 216 ; Demolombe, V, n. 570 ; Demante, II, n. 73 ; Laurent, IV, n. 154. —
Cass., 14 mai 1810, *J. G.*, v° *cit.*, n. 599, S., 10. 1. 272. — Cass., 14 mai 1811, *J.
G.*, v° et *loc. cit.*, S., 14. 1. 111. — Cass., 17 déc. 1816, *J. G.*, *ibid.*, S., 17. 1. 191.
— Cass., 1er avril 1818, S., 18. 1. 244. — Cass., 11 nov. 1819, S., 20. 1. 222. —

690. Il est bien évident, en ce qui concerne spécialement la filiation paternelle, que l'action en recherche de paternité incestueuse ou adultérine est interdite même au cas d'enlèvement. L'art. 342 ne peut recevoir d'application que dans cette hypothèse. Le contraire a été cependant enseigné par quelques auteurs (¹).

691. Ce que la loi prohibe, c'est la recherche de la maternité ou de la paternité adultérine ou incestueuse. Ainsi un enfant naturel est reconnu par un homme libre sans indication de la mère. On ne peut soutenir, pour faire tomber la reconnaissance, qu'il a pour mère une femme qui était mariée, lors de la conception, avec un autre que l'auteur de la reconnaissance. Une pareille prétention tendrait, en effet, directement à faire constater par la justice une filiation adultérine (²). Mais il ne faudrait pas voir une recherche de filiation inces-

Toulouse, 15 avril 1834, D., 34. 2. 228, S., 35. 2. 348. — Besançon, 20 fév. 1844, D., 45. 4. 277. — Grenoble, 7 mars 1849, S., 50. 2. 209. — Angers, 21 mai 1852, D., 53. 2. 23, S., 52. 2. 295. — Lyon, 22 janv. 1856, D., 56. 2. 256. — Aix, 5 janv. 1882, D., 82. 2. 132, S., 82. 2. 178.

(¹) Loiseau, *op. cit.*, p. 735 ; Grenier, *Des donations*, I, n. 130 *bis* (4ᵉ éd., p. 559).

(²) Pau, 7 juill. 1822, *J. G.*, vᵒ *cit.*, n. 711. — Aix, 30 mai 1866, D., 66. 2. 201, S., 67. 2. 73. — Paris, 8 mai 1879, D., 82. 1. 203, S., 83. 1. 309, sous Cass., 16 fév. 1881. — Cass., 13 juin 1882, D., 82. 1. 306, S., 84. 1. 219. — Nous supposons, bien entendu, qu'on ne prétend pas que l'enfant dont il s'agit est l'enfant légitime de cette femme, mais que l'action a pour but de démontrer qu'il est né d'elle et de celui qui l'a reconnu. — Une autre hypothèse peut être envisagée : l'enfant (ou ceux auxquels appartient le droit de réclamer son état) revendique la qualité d'*enfant légitime* d'une femme mariée et du mari de celle-ci. Le fait qu'il a été reconnu par un homme autre que le mari ne rend pas son action irrecevable. L'enfant, à notre avis, n'aura même pas besoin de contester préalablement la sincérité de la reconnaissance dont il a été l'objet. La reconnaissance joue, en matière de filiation naturelle, le rôle que l'acte de naissance joue en matière de filiation légitime. Or nous avons vu (*supra*, n. 470-2ᵒ) que l'enfant inscrit sous de faux noms n'est pas tenu, lorsqu'il réclame sa filiation, de démontrer préalablement la fausseté des indications contenues dans son acte de naissance. De même l'enfant qu'un tiers a reconnu n'est pas obligé de renverser au préalable la preuve qui résulte de la reconnaissance, pour être admis à rechercher sa filiation légitime. S'il réussit dans sa réclamation, la reconnaissance tombera par cela même. Les tribunaux pourraient cependant rejeter sa demande, s'il ressort des faits mêmes sur lesquels il s'appuie qu'en le supposant né de la femme qu'il dit être sa mère, il ne serait pas issu des œuvres du mari de celle-ci. — V. *supra*, p. 379, note 1. — Bordeaux, 12 fév. 1838, D., 38. 2. 238, S., 38. 2. 406. — Cass., 13 fév. 1839, D., 40. 1. 49, S., 40. 1. 117. — Cpr. Demolombe, V, n. 567 ; Aubry et Rau, VI, § 544, texte et notes 33 et 34. — Cass., 22 janv. 1840, D., 40. 1. 50, S., 40. 1. 120. — Paris, 8 mai 1879, *supra*.

tueuse, tombant sous le coup de la prohibition édictée par
l'art. 342, dans l'action par laquelle on tendrait seulement
à prouver que l'homme et la femme qui ont reconnu l'enfant
sont unis par un lien de parenté ou d'alliance produisant un
empêchement de mariage. Les tribunaux, dans une pareille
hypothèse, seraient simplement appelés à trancher une question d'identité ([1]).

Il n'y a guère de difficultés pour l'application du principe
en ce qui concerne la filiation adultérine. La question est
beaucoup plus délicate lorsqu'il s'agit de la filiation incestueuse. Il est bien certain qu'un individu ne peut pas agir à
la fois contre un homme et une femme, parents au degré
prohibé, dans le but de prouver qu'il est leur enfant. Son
action constituerait évidemment une recherche de filiation
incestueuse. Mais supposons qu'il agisse contre un seul de
ses deux prétendus auteurs. Pourra-t-on lui opposer, pour
repousser sa demande, une reconnaissance antérieure faite par
l'autre? Nous pensons que l'action ne sera pas recevable. Un
des auteurs en effet est légalement connu et, par hypothèse, la
reconnaissance qu'il a faite n'est pas contestée. Dès lors, la
demande formée contre une autre personne, unie à celui-ci
par un lien de parenté ou d'alliance produisant un empêchement de mariage, tend à la constatation d'une filiation incestueuse ([2]). — Certains auteurs distinguent suivant que la reconnaissance émane du père ou de la mère. Si elle émane du
père, l'enfant pourrait rechercher néanmoins sa filiation
maternelle et, s'il réussissait à en faire la preuve, la reconnaissance du père tomberait par cela même. Mais au contraire
la reconnaissance faite par la mère empêcherait l'enfant de
rechercher la paternité d'un homme parent de la mère au
degré prohibé ([3]). Cette opinion est fondée sur l'idée que la

---

([1]) Laurent, IV, n. 148. — Bordeaux, 17 nov. 1859, D., 60. 2. 48. — Cass.
(2 arrêts), 1er mai 1861, D., 61. 1. 241. — Limoges, 19 mars 1862, S., 62. 2. 255. —
Contra : Bourges, 12 juil. 1859, D., 59. 2. 209.

([2]) Ducaurroy, Bonnier et Roustain, I, n. 503 — Cpr. Limoges, 23 nov. 1892,
D., 94. 2. 318.

([3]) Duranton, III, n. 198, 199, 201. — Cpr. Demolombe, V, n. 569; Demante, II,
n. 71 *bis*, I. (Ces derniers auteurs décident que les tribunaux apprécieront d'après
les circonstances de la cause).

reconnaissance du père est suspecte, tandis que celle de la mère ne l'est pas, et que, dès lors, on ne peut arguer de la première pour repousser l'action en recherche de maternité intentée par l'enfant. Nous avons eu déjà l'occasion de réfuter cette idée en présentant l'interprétation de l'art. 335.

692. Si la loi interdit d'exercer une action dont le but direct est de faire constater judiciairement une filiation adultérine ou incestueuse, ce n'est pas à dire cependant que la preuve d'une pareille filiation ne puisse jamais être obtenue. Elle peut résulter d'un jugement *dont tel n'est pas l'objet principal et direct.* C'est ce qui peut arriver dans les hypothèses suivantes :

1° Un mari désavoue l'enfant de sa femme, en vertu des art. 312 et 313. Le jugement qui admet le désaveu constate la filiation adultérine de l'enfant, puisqu'il est légalement constant qu'il appartient à la femme et que le mari n'en est pas le père (¹).

2° Il en est de même dans le cas prévu par l'art. 325. Un enfant réclame sa filiation légitime *à la fois* contre une femme et le mari de celle-ci. Il réussit à prouver sa filiation maternelle, qui est constatée par la justice. Mais le jugement déclare qu'il n'est pas issu des œuvres du mari. La sentence constate une filiation adultérine. Il en serait autrement, nous l'avons déjà vu, si l'enfant, après avoir exercé avec succès sa réclamation d'état contre un seul des deux époux, échouait ensuite dans l'instance engagée avec l'autre (²).

3° Un mariage est annulé comme ayant été contracté au mépris de l'existence d'un premier lien, ou comme ayant été célébré entre deux personnes parentes au degré où le mariage est prohibé. Les enfants issus de ce mariage seront légalement des enfants incestueux ou adultérins, à l'égard de leurs deux auteurs (³). V. *infra*, n. 708.

(¹) Duvergier sur Toullier, I, n. 967, note; Loiseau, *op. cit.*, p. 733 s.; Duranton, III, n. 204; Marcadé, sur l'art. 335, n. 2; Zachariæ, I, § 172, p. 338; Ducaurroy, Bonnier et Roustain, I, n. 486; Demolombe, V, n. 587; Demante, II, n. 71 *bis*, II; Aubry et Rau, VI, § 572, texte et note 20; Laurent, IV, n. 139; Planiol, I, n. 2286.

(²) Marcadé; Ducaurroy, Bonnier et Roustain; Demolombe; Aubry et Rau; Laurent; Planiol, *loc. cit.*

(³) Il faut supposer que le mariage n'a pas été déclaré putatif. — Loiseau, Du-

4° Enfin, on peut encore citer le cas où un jugement, qui a acquis l'autorité définitive de la chose jugée, a admis, à tort, la preuve d'une filiation incestueuse ou adultérine. Toutes voies de recours étant fermées, et le jugement n'étant plus susceptible d'être réformé, il sera légalement établi, à l'égard du moins de ceux auxquels il est opposable, que l'enfant est adultérin ou incestueux (¹).

§ II. *Des personnes qui peuvent et contre lesquelles on peut exercer l'action en recherche de filiation naturelle.*

693. Contre qui l'action peut-elle être formée? La loi ne contenant sur ce point aucune règle, il faut décider que tous ceux qui ont intérêt à contester la demande peuvent jouer au procès le rôle de défendeurs. On peut donc agir, non seulement contre le père ou la mère prétendus, mais aussi contre toutes personnes à l'égard desquelles on a un intérêt juridique à faire la preuve de l'état de l'enfant (Arg. art. 339). Il est d'ailleurs bien entendu que celui ou celle dont la paternité ou la maternité est en question doit, autant que possible, être mis en cause dans l'instance, afin que le jugement puisse lui être opposé.

A la règle que nous venons de poser une restriction importante est apportée par la jurisprudence et un grand nombre d'auteurs. On admet que l'enfant ne peut jouer, dans une pareille question, un autre rôle que celui de demandeur. L'action ne peut, dit-on, être intentée que par lui; elle ne peut donc jamais être formée contre lui. Cela nous amène à rechercher quelles sont les personnes au profit desquelles l'action est ouverte.

694. L'enfant lui-même a incontestablement le droit de

vergier sur Toullier, Zachariæ, Demolombe, Laurent, Planiol, *loc. cit.*; Duranton, III, n. 195 et 208; Marcadé, sur l'art. 335, n. 3; Aubry et Rau, VI, § 572, p. 222. — *Contra* Valette sur Proudhon, II, p. 157. — Cpr. Ducaurroy, Bonnier et Roustain, *loc. cit.*; Demante, II, n. 71 *bis*, IV.

(¹) Aubry et Rau, VI, § 572, texte et note 21; Demolombe, *loc. cit.*; Laurent, IV, n. 139 et 155; Planiol, *loc. cit.* — Cpr. Cass., 12 déc. 1854, D., 55. 1. 53, S., 55. 1. 593.

rechercher sa filiation. La loi est formelle sur ce point. L'art. 341 nous parle de l'enfant qui réclame sa mère. L'art. 342 vise expressément la recherche de paternité ou de maternité faite par l'enfant lui-même. Si l'enfant est mineur ou incapable, l'action sera exercée en son nom par son représentant légal et il ne sera pas nécessaire de lui faire nommer un tuteur *ad hoc* (¹).

L'action en recherche de paternité ou de maternité naturelles a, entre les mains de l'enfant, un caractère moral bien plus que pécuniaire. Il faut en conclure qu'elle ne peut être exercée en son nom par ses créanciers, agissant en vertu de l'art. 1166. La question se pose dans les mêmes termes qu'en ce qui concerne la réclamation d'état d'enfant légitime et elle comporte une solution identique (²).

695. Après la mort de l'enfant, l'action passe-t-elle à ses héritiers? Ceux-ci ont-ils le droit, agissant non de leur chef mais du chef de leur auteur, de rechercher la filiation de celui-ci, dans le but de se prévaloir des avantages attachés à cet état? Par exemple, seront-ils admis à intenter l'action, pour se faire attribuer une succession ouverte avant le décès de l'enfant, et à laquelle celui-ci aurait été appelé à raison de son état? Une jurisprudence qui paraît bien établie leur refuse le droit d'agir; elle invoque deux ordres d'arguments, d'abord le texte de la loi, ensuite les principes de la matière(³).

En ce qui concerne le texte, l'art. 341, nous en convenons, suppose que l'action en recherche de la maternité est exercée par l'enfant. Mais d'abord les termes employés n'ont rien d'exclusif. La loi ne dit pas que l'action ne pourra être exercée que par l'enfant; elle la suppose exercée par lui, parce qu'ici comme ailleurs elle statue *de eo quod plerumque fit*. D'autre part, voici une considération qui enlève à cet argu-

(¹) Aubry et Rau, VI, § 570, note 1; Laurent, IV, n. 104. — Cpr. Colmar, 5 avril 1838, D., 39. 2. 255. — Riom, 26 juillet 1854, D., 55 2. 81, S., 55. 2. 13. — Limoges, 4 déc. 1861, D., 62. 2. 22, S., 62. 2. 252.

(²) *Supra*, p. 486 et 487. — Cpr. Aubry et Rau, VI, § 570, note 1; Laurent, IV, n. 102.

(³) Ancelot, *Rev. de législ.*, 1852, II, p. 150 s. — Paris, 16 déc. 1835, D., 37. 2. 139. — Cass. (motifs), 3 fév. 1851, D., 51. 1. 116, S., 51. 1. 225. — Cass., 29 juil. 1861, D., 61. 1. 297, S., 61. 1. 700. — Grenoble, 26 déc. 1867, D., 68. 2. 112, S., 68. 2. 313.

ment presque toute sa valeur : les deux derniers alinéas de l'art. 341, où la loi suppose l'action intentée par l'enfant, n'ont nullement pour but de déterminer les personnes à qui l'action appartient, mais bien les conditions auxquelles est subordonné son exercice. C'est donc sur ce dernier point que le législateur a dû concentrer son attention en écrivant la disposition dont il s'agit, et on comprend à merveille qu'il n'ait pas pesé avec une précision rigoureuse les expressions relatives au premier, dont il ne parlait qu'incidemment. C'est bien plutôt dans l'alinéa 1 de l'article que le législateur a dû se préoccuper des personnes auxquelles appartient l'action en recherche de la maternité; or, ici, il s'exprime dans des termes assez larges pour comprendre tous les intéressés; il dit : « La recherche de la maternité est admise ». Cette induction acquiert une très grande force, si on rapproche la disposition qui vient d'être rapportée de celle qui la précède immédiatement. Dans le cas exceptionnel où le législateur admet la recherche de la paternité, il accorde l'action aux « parties intéressées » (art. 340); or, comprendrait-on que, si l'action en recherche de la paternité, qui est interdite en règle générale, appartient à tout intéressé, dans le cas exceptionnel où la loi l'admet, l'action en recherche de la maternité, qui est admise en principe, ne fût accordée qu'à un seul intéressé, c'est-à-dire à l'enfant? On a soutenu, il est vrai, que les expressions « parties intéressées » dont se sert l'art. 340, ne doivent pas être prises dans une acception aussi compréhensive, et qu'elles doivent s'entendre seulement de l'enfant et de la mère, seules parties qui soient légalement intéressées à la recherche de la paternité [1]. Mais une pareille interprétation nous paraît inadmissible. Les mots « parties intéressées » désignent toutes les personnes qui ont intérêt à faire la preuve de la paternité. C'est là leur signification ordinaire; c'est celle qu'ils présentent notamment dans l'art. 339. Pour les interpréter autrement, il faudrait prouver que la loi a voulu réserver à l'enfant seul le droit d'agir. Or c'est précisément ce qui n'est pas démontré.

[1] Planiol, I, n. 2280. — Cpr. Demolombe, V, n. 527; Huc, III, n. 88.

La jurisprudence invoque encore les principes de la matière. Quels sont ces principes ? Les arrêts ne les indiquent pas et il serait en effet difficile de les préciser. Nous pourrions, à plus juste titre, les revendiquer en notre faveur. En l'absence de dispositions spéciales, c'est le droit commun qui doit s'appliquer. Or, de droit commun, une action appartient à tout intéressé. On a essayé de justifier par les considérations suivantes le système de la jurisprudence (¹). Sans doute, en matière de filiation légitime, la loi, dans les art. 329 et 330, fait passer l'action en réclamation d'état aux héritiers de l'enfant. Mais ces textes ne doivent pas être étendus à la filiation naturelle et l'application en doit être restreinte à la filiation légitime. La filiation naturelle est envisagée par le législateur d'un œil moins favorable que la filiation légitime. On comprend donc qu'il ait accordé l'action aux héritiers de l'enfant légitime, tandis qu'il la refuse aux héritiers de l'enfant naturel. Les art. 329 et 330 sont d'ailleurs des textes exceptionnels, car ils dérogent au droit commun en matière de filiation. L'action en recherche de paternité ou de maternité a pour objet direct l'état de l'enfant, qui ne fait point partie du patrimoine de celui-ci. Cette action, de sa nature, est donc intransmissible aux héritiers. Si la loi a cru devoir déroger à ce principe en ce qui concerne la filiation légitime, elle avait d'excellentes raisons pour ne pas accorder la même faveur aux héritiers de l'enfant naturel. La recherche de la filiation naturelle cause toujours un certain scandale. Le législateur l'a permise à l'enfant à cause de l'intérêt moral qu'il a à faire la preuve de son état. Mais les héritiers de l'enfant ne peuvent avoir que des intérêts pécuniaires à sauvegarder, et ces intérêts doivent céder le pas à l'intérêt supérieur de la société. Pour leur refuser le droit d'agir, le législateur n'a eu qu'à garder le silence. — Cette argumentation n'est pas irréfutable. Sans doute l'état n'est pas un élément du patrimoine et ne se transmet pas aux héritiers. Mais il en est tout autrement des conséquences pécu-

---

(¹) Dalloz, *J. G.*, v° *Paternité*, n. 636. — Paris, 6 déc. 1835, D., 37. 2. 139. — Caen (motifs), 1er mars 1860, D., 61. 2. 12, S., 61. 2. 185. — Grenoble (motifs), 26 déc. 1867, D., 68. 2. 112, S., 68. 2. 313.

niaires qui y sont attachées. L'enfant avait été, par exemple, appelé à une succession ouverte au moment de son décès. Il était né à son profit des droits pécuniaires qui se sont transmis à ses héritiers dans sa propre succession. On ne peut empêcher les héritiers de se prévaloir de ces droits, et dès lors on doit les admettre à prouver la qualité de leur auteur. Seulement, l'action, entre leurs mains, aura un caractère exclusivement pécuniaire, tandis qu'elle constituait un droit moral entre les mains de l'enfant. Les héritiers ne pourront l'intenter que lorsqu'ils y ont un intérêt pécuniaire, et parce qu'ils y sont intéressés pécuniairement.

Nous conclurons donc, avec la majorité des auteurs (¹), que l'action pourra être exercée par les héritiers, c'est-à-dire par les ayant-cause à titre universel de l'enfant décédé. Mais alors une question délicate se pose : Sous quelles conditions les héritiers peuvent-ils agir? Les art. 329 et 330 doivent-ils recevoir leur application? Ce point sera examiné sous notre § 3.

696. La jurisprudence décide encore, par les motifs que nous avons signalés au numéro précédent, que la filiation d'un enfant ne peut être recherchée par une personne qui réclame la succession laissée par celui-ci, en s'en prétendant le frère ou la sœur naturel, ou qui veut exercer dans la succession d'un enfant naturel non reconnu le droit de retour que l'art. 766 accorde aux frères et sœurs légitimes (²). Nous

---

(¹) Richefort, II, n. 337; Marcadé, sur l'art. 340, n. 4; Zachariæ, I, § 170, texte et note 5; Ducaurroy, Bonnier et Roustain, I, n. 502; Demolombe, V, n. 520 s.; Demante, II, n. 70 *bis*, IV; Aubry et Rau, VI, § 570, texte et note 2 s.; Baret, *op. cit.*, p. 94; Laurent, IV, n. 101, 103; Arntz, I, n. 610; Huc, III, n. 91; Vigié, I, n. 582. — Angers (motifs), 29 mai 1852, D., 55. 2. 264, S., 52. 2. 641. — Paris, 30 avril 1859, D., 60. 2. 178, S., 60. 2. 625. — Cpr. Planiol, I, n. 2261.

(²) Cass., 2 nov. 1843, D., 44. 1. 9, S., 43. 1. 849. — Cass. (motifs), 3 fév. 1851, D., 51. 1. 116, S., 51. 1. 225. — Besançon, 12 juil. 1855, D., 57. 2. 18, S., 56. 2. 449. — Rouen, 23 juil. 1862, *J. G., Suppl.*, v° *cit.*, n. 277, S., 63. 2. 64. — Cass., 10 août 1864, D., 64. 1. 354, S., 64. 1. 505. — Rouen, 7 juil. 1871, D., 73. 5. 269, S., 73. 2. 142. — Cass., 3 avril 1872, D., 72. 1. 113, S., 72. 1. 126. — Paris, 3 août 1893, D., 97. 1. 97, sous Cass., 28 juil. 1896. La jurisprudence, et plusieurs des auteurs cités à la note 1 *supra*, paraissent confondre cette hypothèse avec celle que nous avons examinée au n. 695 et, dans les deux cas, ils raisonnent de la même manière. Bien que, à notre avis, les deux hypothèses comportent la même solution (car l'action en recherche appartient à toute personne intéressée), il convient cependant de les distinguer l'une de l'autre. Dans celle qui est prévue au

pensons, au contraire, que l'action doit être déclarée recevable, du moment que la loi a gardé le silence sur ce point (¹).

En ce qui concerne les descendants de l'enfant qui ne sont pas ses héritiers ou ne se gèrent pas comme tels, on peut se demander s'ils ont le droit de rechercher la filiation de leur ascendant, dans le but de faire valoir des droits qu'ils n'ont pas trouvés dans la succession de celui-ci, mais qui leur appartiennent en propre à raison de leur état. Le problème a déjà été examiné pour la filiation légitime (*supra*, n. 583). Il comporte ici la même solution (²). Les raisons de décider sont en effet identiques.

697. La règle que l'action en recherche de la maternité (et aussi de la paternité, dans le cas exceptionnel où la loi l'admet) peut être intentée par tout intéressé, nous semble devoir être appliquée même au cas où ce sont les adversaires de l'enfant qui veulent prouver sa filiation, à l'effet de faire réduire aux limites déterminées par l'art. 908 une donation qui lui a été faite par son auteur. En d'autres termes, la recherche de la maternité ou de la paternité dans le cas exceptionnel où la loi l'autorise, est admise contre l'enfant aussi bien qu'à son profit. La jurisprudence est cependant fixée en sens contraire (³). D'ailleurs, c'est à peine si elle

n. 695, le demandeur, se fondant sur sa qualité d'héritier du *de cujus*, qualité qui ne lui est aucunement contestée, prétend exercer un droit qu'il dit avoir appartenu à son auteur à raison de son état. Dans l'hypothèse du n. 696, au contraire, la qualité d'héritier du demandeur est précisément en question, et celui-ci veut exercer des droits qu'il soutient lui appartenir en propre et qui ne lui ont pas été transmis héréditairement.

(¹) Les auteurs cités à la note 1 *supra* se prononcent en ce sens, expressément ou d'une manière implicite. — V. cependant Zachariæ, I, § 170, texte et note 6; Baret, *op. cit.*, p. 95. — Cpr. Paris, 10 mai 1851, D., 53. 2. 114, S., 51. 1. 225. — Cass. Turin, 26 juil. 1883, *J. G.*, Suppl., vᵒ *cit.*, n. 277, S., 85. 4. 7.

(²) V. en sens divers Baret, *op. cit.*, p. 95. — Baudot, *Rev. prat.*, 1857, III, p. 346. — Cass. Turin, 26 juil. 1883, *supra*.

(³) Paris, 29 avril 1844, *J. G.*, vᵒ *cit.*, n. 627. — Colmar, 4 mai 1844, *J. G.*, vᵒ *cit.*, n. 640, S., 44. 2. 203. — Cass., 3 fév. 1851, D., 51. 1. 116, S., 51. 1. 225. — Orléans, 8 fév. 1855, D., 55. 2. 100, S., 55. 2. 138. — Caen, 1ᵉʳ mars 1860, D., 61. 1. 12, S., 61. 2. 185. — Nancy, 17 nov. 1877, S., 78. 2. 315. — Cass., 23 juil. 1878, D., 79. 1. 15, S., 79. 1. 155. — Paris, 16 fév. 1889, S., 89. 2. 201. — Cour sup. de just. de Luxembourg, 13 mai 1892, D., 94. 2. 483, S., 92. 4. 37. Cette jurisprudence est approuvée par un assez grand nombre d'auteurs : Duranton, III, n. 242;

motive ses décisions. Il résulte, dit-on, des textes (art. 335, 337, 339, 341 et 342) que le code a eu en vue seulement les intérêts de l'enfant. L'art. 339 accorde bien, en termes généraux, aux *parties intéressées* le droit d'agir, mais seulement pour contester la reconnaissance dont l'enfant a été l'objet ou la réclamation qu'il a formée. L'expression « parties intéressées » dont se sert l'art. 340 doit être entendue dans un sens restrictif, comme le prouve la discussion au conseil d'État (Locré, VI, p. 31, 148 et 183). Enfin, si le législateur, prenant en considération l'intérêt moral de l'enfant, a passé sur les inconvénients que présente la recherche de la filiation naturelle, il devait, au contraire, refuser l'action aux tiers, qui n'ont qu'un intérêt pécuniaire. — En somme, ces arguments sont identiques à ceux que nous avons vu présenter pour interdire aux héritiers de l'enfant de rechercher la filiation de celui-ci, et ils doivent être réfutés de la même manière. Aux considérations que nous avons fait valoir, nous pouvons en ajouter une autre, tirée de la nécessité de sanctionner la disposition de l'art. 908. L'incapacité édictée par ce texte dans l'intérêt de l'ordre public est établie contre les enfants naturels en général. Sans doute cette incapacité n'atteint que l'enfant dont la filiation est légalement établie. Le nouvel art. 908 précise sur ce point, par l'addition des mots *légalement reconnus,* ce que l'ancien sous-entendait. Mais on ne concevrait guère que l'application de l'art. 908 pût être paralysée par suite d'une entente entre les parties intéressées, c'est-à-dire entre l'enfant naturel donataire et son père ou sa mère auteur de la donation. Or c'est ce qui arriverait, si la preuve de la filiation de l'enfant ne pouvait résulter que d'une reconnaissance volontaire faite par son auteur, ou d'une action en recherche de paternité ou de maternité intentée par l'enfant. Car alors, l'enfant et ses auteurs pouvant seuls fournir la preuve de la filiation, il leur suffirait de se concerter pour rendre cette preuve impossible ([1]).

Marcadé, sur l'art. 340, n. 8; Demolombe, V, n. 527; Valette, *Explic. somm.,* p. 185; Massé et Vergé, sur Zachariæ, I, § 170, note 1; Baret, *op. cit.,* p. 94, 95; Arntz, I, n. 614; Huc, III, n. 90. — Cpr. Planiol, I, n. 2280.

([1]) Merlin, *Rép.,* v° *Maternité,* n. 5; Chardon, *Traité du dol et de la fraude,*

La loi du **25 mars 1896**, *relative aux droits des enfants naturels dans la succession de leurs père et mère*, a diminué l'intérêt que présente la question, mais elle ne l'a pas fait disparaître. Il faut du reste convenir que les travaux préparatoires de cette loi fournissent un point d'appui assez solide au système admis par la jurisprudence. Tous les orateurs qui, au sénat, ont pris la parole dans la discussion relative au nouvel art. 908 paraissent avoir considéré comme exacte la solution consacrée par cette jurisprudence.

D'ailleurs, les adversaires de l'enfant, qui voudraient faire preuve contre lui de sa filiation maternelle, seraient soumis, pour cette preuve, aux mêmes restrictions que l'enfant : ils ne seraient donc admis à faire entendre des témoins qu'à la condition d'être pourvus d'un commencement de preuve par écrit. Cpr. Paris, 16 fév. 1889, précité.

698. Nous ne pensons pas que le ministère public puisse, agissant dans l'intérêt de l'ordre social, intenter l'action en recherche de filiation. Les motifs que nous avons développés en traitant de la réclamation d'état d'enfant légitime s'y opposent. Le contraire a cependant été décidé dans une espèce où il s'agissait de former opposition à un mariage projeté entre deux personnes que le ministère public soutenait être unies par un lien de filiation naturelle [1].

699. Voilà donc quelles sont les personnes qui peuvent prendre part aux débats, soit activement, soit passivement. A quelles règles de compétence l'action est-elle soumise ? Dans quel délai doit-elle être intentée, comment se prescrit-elle ? Telles sont les questions que nous avons maintenant à examiner.

III, n. 392; Valette sur Proudhon, II, p. 140; Richefort, II, n. 336; Zachariæ, I, § 170, p. 331 ; Demante, II, n. 73 *bis;* Aubry et Rau, VI, § 570, texte et note 6; Laurent, IV, n. 107; Vigié, I, n. 582; Planiol, I, n. 2262 (pour la recherche de la maternité); Pont, *Rev. de lég.*, 1844, XIX, p. 255 s.; *Rev. crit.*, 1851, p. 578 s.; Baudot, *Rev. prat*, 1857, III, p. 337 s.

[1] Grenoble, 14 janv. 1889, D., 90. 2. 193, et la note de M. Flurer. — L'arrêt décide d'ailleurs que le ministère public est soumis au droit commun quant à la preuve qu'il prétend faire de la filiation.

§ III. *Règles de compétence, délai et prescription.*

700. Les textes sont absolument muets sur ces divers points. Dès lors, que doit-on décider ? Nous pensons qu'il convient d'appliquer par analogie les principes relatifs à la filiation légitime. Nous sommes ainsi amenés aux solutions suivantes :

701. 1. Les art. 326 et 327 sont applicables aux actions en recherche de filiation naturelle. On l'admet sans difficulté en ce qui concerne la maternité illégitime. Ces textes ne font en effet aucune distinction entre les enfants légitimes et les enfants naturels. Les raisons sur lesquelles ils sont fondés peuvent être également invoquées pour écarter la compétence des tribunaux criminels en matière de filiation naturelle. D'ailleurs on peut invoquer en ce sens l'*Exposé des motifs* de Bigot Préameneu [1]. La question est plus délicate en ce qui touche la recherche de la paternité. La raison de douter vient de ce que l'art. 340 n'exige pas, comme l'art. 341, que le demandeur produise un commencement de preuve par écrit. Or, il résulte, comme nous l'avons déjà vu, des travaux préparatoires que l'art. 326 et l'art. 327, qui en est le corollaire, ont été édictés dans le but d'empêcher que l'on ne fasse devant les tribunaux criminels la preuve de la filiation par des témoignages non appuyés sur un commencement de preuve par écrit. Mais nous avons montré que les craintes manifestées à cet égard par les rédacteurs du code étaient absolument vaines et qu'il faut se placer à un point de vue tout différent pour justifier les dispositions des art. 326 et 327. Si les tribunaux criminels ont été déclarés incompétents pour connaître des actions en réclamation d'état d'enfant légitime, c'est parce que, à raison soit de leur composition, soit des conditions particulières dans lesquelles ils sont appelés à

---

[1] Locré, VI, p. 216, 217. — En ce sens, Marcadé, sur l'art. 340, n. 4; Demolombe, V, n. 531; Demante, II, n. 70 *bis*, IV; Mangin, *Traité de l'act. publ. et de l'act. civ.*, I, n. 187; Laurent, IV, n. 25; Vigié, I, n. 583; Planiol, I, n. 2251. — V. les arrêts cités dans *J. G.*, v° *cit.*, n. 369. — *Contra* : Le Sellyer, *Tr. de la compét. et de l'organis.*, II, n. 670; Bertauld, *Quest. et excep. préjud.*, n. 35 s.; Rauter, *Dr. crim.*, II, n. 670.

juger, ils ne présentent pas des garanties suffisantes. Dès lors, les mêmes considérations conduisent à décider que l'art. 326 doit être appliqué à la recherche de la paternité. Par voie de conséquence, il semblerait que l'art. 327 dût être également appliqué, car la règle qu'il établit n'est que le corollaire de celle qui est contenue dans l'art. 326 (¹). Cette dernière proposition est cependant contestée, avec raison, par plusieurs auteurs qui, tout en admettant que les tribunaux criminels sont, conformément à l'art. 326, incompétents pour connaître (au moins d'une manière principale) (²) de la question d'état de paternité naturelle, repoussent l'application de l'art. 327. Le fait de l'enlèvement et celui de la paternité, disent-ils, ne sont pas intimement liés et ils peuvent être envisagés séparément. L'art. 327 suppose une réclamation d'état qui a été rendue nécessaire par un crime ou un délit de *suppression d'état*. Or, il n'y a pas eu ici de suppression d'état. Par suite, la juridiction répressive pourrait très bien être appelée à statuer sur l'enlèvement de la femme, avant que les tribunaux civils se soient prononcés sur la question de filiation. Et il n'y aurait aucun inconvénient à admettre que ces derniers peuvent puiser des éléments de conviction dans la procédure criminelle qui a eu l'enlèvement pour objet (³).

702. II. L'action en recherche de paternité ou de maternité est-elle susceptible de s'éteindre par la prescription, pendant la vie de l'enfant? L'état de l'enfant peut-il faire l'objet de conventions et de renonciations valables? En faveur de l'affirmative, on a présenté les considérations suivantes : L'art. 328, a-t-on dit, ne doit pas être étendu à la filiation naturelle, car il n'y a pas d'assimilation possible entre l'enfant légitime et l'enfant naturel. Le premier tient son état à la fois de la loi et de la nature. C'est la loi elle-même qui règle son état et lui assigne sa place dans la famille. Au contraire, l'enfant naturel n'a pas d'état au moment de sa

---

(¹) Marcadé, Planiol, *loc. cit.*

(²) Cpr. *supra*, n. 599. — Cass., 15 janv. 1818, *J. G.*, vᵒ *cit.*, n. 643.

(³) Dalloz, *J. G.*, vᵒ *cit.*, n. 642. — Demante, II, n. 69 *bis*, VI; Demolombe, V, n. 532; Laurent, IV, n. 25 et 100.

naissance. Il ne peut acquérir un état que par un acte de volonté. Il faut qu'il soit reconnu volontairement par son père ou par sa mère. A défaut de reconnaissance, il est nécessaire qu'il exerce une action en justice, c'est-à-dire qu'il accomplisse un acte volontaire. Dès lors, l'état de l'enfant dépend de sa volonté et de celle de ses auteurs. S'il en est ainsi, pourquoi frapper de nullité les conventions relatives à cet état? Pourquoi ne pas admettre, notamment, que l'enfant peut s'engager à garder le silence et à ne pas rechercher sa filiation? Et si l'enfant peut renoncer à son action, il faut logiquement décider que cette action est prescriptible (¹).

Ces solutions sont très généralement repoussées, avec raison, à notre avis. Etant donné la nature de l'action qui nous occupe, il ne nous paraît pas douteux qu'elle ne peut pas être atteinte par la prescription, du moins tant que dure la vie de l'enfant. Il s'agit, en effet, de l'état de celui-ci, et l'état des personnes n'est pas susceptible de se perdre par la prescription. Loin d'être un texte exceptionnel, l'art. 328 se borne à consacrer un principe de droit commun. Il n'y a donc pas de motifs pour en écarter l'application en matière de filiation naturelle (²). Il faut de même décider, conformément à l'art. 6 du C. civ., que l'état de l'enfant, qui est d'ordre public, est au-dessus des conventions privées. L'enfant naturel a, comme l'enfant légitime, un état que lui donnent la loi et la nature et d'où résultent pour lui des droits et des devoirs. Seulement, cet état peut être inconnu et l'enfant devra exercer une action en justice pour le faire constater. A ce point de vue, il n'y a aucune différence entre l'enfant naturel et l'enfant légitime. Et si ce dernier ne peut pas faire de conventions valables sur son état, pourquoi en serait-il autrement du premier? Nous conclurons donc que l'enfant ne pourrait valablement renoncer à rechercher sa filiation;

(¹) Paris, 3 juil. 1812, *J. G.*, v° *Paternité*, n. 632, S., 12. 2. 42. — Cpr. Aix, 16 juin 1836, *J. G.*, *ibid*. — D'après les C. civ. espagnol, art. 137, et portugais, art. 133, l'enfant doit, en principe, exercer son action pendant la vie de ses auteurs prétendus; après le décès de ceux-ci, l'action n'est recevable que dans un certain délai, ou si certaines conditions spéciales se trouvent réunies.

(²) Marcadé, art. 340, n. 4; Aubry et Rau, VI, § 570, texte et note 29; Demolombe, V, n. 514 et 515; Demante, II, n. 70 *bis*, IV; Laurent, IV, n. 24; Arntz, I, n. 610.

que la reconnaissance, émanant des tiers en dehors des formes et conditions légales, serait frappée de nullité et ne leur serait pas opposable; enfin, qu'en cette matière, on ne peut ni transiger, ni compromettre. Les solutions que nous venons de donner ne sont d'ailleurs exactes qu'en ce qui concerne l'état envisagé en lui-même. Mais les droits pécuniaires qui découlent de la filiation sont susceptibles de se prescrire et peuvent faire l'objet de conventions valables (¹).

703. III. En admettant que l'action en recherche de filiation naturelle soit transmissible aux héritiers de l'enfant, cette action est-elle soumise aux règles restrictives édictées par les art. 329 et 330? Nous le pensons ainsi, avec la doctrine en général (²). Il serait, en effet, étrange que les héritiers de l'enfant naturel fussent mieux traités que ceux de l'enfant légitime, étant donné que le législateur traite la filiation naturelle moins favorablement que la filiation légitime. Si donc les rédacteurs du code civil avaient voulu accorder l'action sans restriction aux héritiers de l'enfant naturel, ils n'auraient pas manqué de s'expliquer sur ce point. Le silence qu'ils ont gardé doit être interprété en ce sens que les art. 329 et 330 doivent recevoir leur application en notre matière.

§ IV. *Effets de la reconnaissance forcée ou judiciaire.*

704. La loi n'ayant pas indiqué les effets de la reconnaissance judiciaire ou forcée, on doit admettre qu'ils sont les mê-

(¹) Marcadé, Aubry et Rau, Demolombe, *loc. cit.;* Laurent, IV, n. 22 et 23. — Limoges, 6 juil. 1832, *J. G.,* vᵒ *cit.,* n. 633. — Cass., 12 juin 1838, *J. G., ibid.,* S., 38. 1. 695. — Grenoble, 18 janv. 1839, *J. G., ibid.* — Cass., 21 ou 22 avril 1840, *J. G., ibid.,* S., 40. 1. 873. — Cass., 9 mai 1855, D., 55. 1. 228, S., 56. 1. 743.

(²) Valette sur Proudhon, II, p. 153; Marcadé, sur l'art. 340, n. 4; Ducaurroy, Bonnier et Roustain, I, n. 502; Demante, II, n. 70 *bis,* IV; Demolombe, V, n. 524; Baudot, *Rev. prat.,* 1857, III, p. 341 s.; Hérold, *Rev. prat.,* 1860, X, p. 128. — Angers, 29 mai 1852, D., 55. 2. 264, S., 52. 2. 641. — Cpr. Planiol, I, n. 2261, note. — Grenoble, 16 déc. 1867, D., 68. 2. 112, S., 68. 2. 313. — En sens contraire: Aubry et Rau, VI, § 570, texte et note 4; Baret, *op. cit.,* p. 94, note 4; Laurent, IV, n. 103; Huc, III, n. 91; Vigié, I, n. 578, 581. — Cpr. Bordeaux, 27 août 1877, D., 78. 2. 193, S., 79. 2. 105. — Il va de soi d'ailleurs que les restrictions résultant des art. 329 et 330 ne sauraient être appliquées à ceux qui exercent l'action en recherche de filiation, sans être héritiers de l'enfant.

mes que ceux de la reconnaissance volontaire (¹). Toute autre
solution serait plus ou moins arbitraire. Il y a cependant une
différence notable à signaler entre les deux modes de preuve
de la filiation naturelle. La reconnaissance volontaire prouve
à l'égard de tous la filiation qu'elle constate. Au contraire,
le jugement rendu sur l'action en recherche de paternité ou
de maternité naturelle ne prouve la filiation que dans les
relations seulement des parties en cause et de leurs représentants. Il ne peut être opposé aux tiers, qui ne peuvent
non plus s'en prévaloir. En admettant même, avec la jurisprudence, que l'enfant seul ait le droit de rechercher sa
filiation, il est bien certain que la loi ne détermine pas limitativement les personnes contre lesquelles l'action peut être
intentée. Dès lors, par application des principes que nous
avons posés (*supra*, n. 424), nous devons décider que la sentence rendue par le juge n'a qu'une autorité relative (²). Il en
est autrement, nous l'avons vu, en matière de désaveu (art.
312 s.). Le jugement qui admet le désaveu sur une action
intentée par le mari ou tous ses héritiers contre l'enfant
ou tous les représentants de celui-ci prouve *erga omnes* la
filiation maternelle de l'enfant. La raison en est que les
débats ont eu lieu entre les personnes qui sont seules qua-
lifiées pour y prendre part, soit activement, soit passivement (³).

Du principe que nous avons posé découlent notamment les
conséquences suivantes :

1° L'enfant a réussi à prouver contre une femme que
celle-ci est sa mère. Il peut former contre une autre femme,
qu'il dit être sa mère, une nouvelle action en recherche de
maternité. La défenderesse ne peut se couvrir de l'autorité du

<hr />

(¹) Cpr. C. civ. italien, art. 192.
(²) La question qui nous occupe ne paraît pas avoir été envisagée d'une manière
spéciale par les partisans du système du contradicteur légitime.
(³) En général, on justifie autrement l'autorité absolue attachée au jugement de
désaveu; on dit que ce jugement produit ses effets *erga omnes*, parce que la loi a
réservé à certaines personnes seulement le droit de le provoquer. Si cette explication était fondée, il faudrait alors décider, en admettant que l'enfant seul ait
qualité pour rechercher sa filiation, que la reconnaissance forcée est opposable aux
tiers.

premier jugement, qui a assigné à l'enfant une autre filiation. Car elle est un tiers par rapport à cette sentence (¹) ;

2° Le jugement rendu, même avec le père ou la mère prétendus de l'enfant, n'est pas opposable aux donataires ou légataires à titre particulier de ceux-ci et ne peut être invoqué par eux. L'enfant ne peut donc se prévaloir du jugement rendu en sa faveur pour faire réduire à la portion disponible le don ou le legs, et inversement, s'il a échoué dans le procès intenté contre le prétendu père ou la prétendue mère, il sera recevable à engager une nouvelle instance relative à son état avec les donataires ou légataires.

Mais il en serait autrement dans les relations de l'enfant avec les héritiers de ceux contre lesquels il a plaidé ; ces derniers ont les droits qui appartenaient à leurs auteurs. Le jugement rendu avec ceux-ci leur sera opposable et ils pourront en invoquer l'autorité.

APPENDICE

COMPARAISON ENTRE LES MODES DE PREUVE DE LA FILIATION LÉGITIME ET LES MODES DE PREUVE DE LA FILIATION NATURELLE

705. Si l'on compare les textes relatifs à la preuve de la filiation naturelle (art. 334 à 342) avec ceux qui organisent la preuve de la filiation légitime (art. 319 s.), on voit que, tandis que le législateur admet trois modes de preuve de la filiation légitime, savoir : 1° la preuve par l'acte de naissance (art. 319) ; 2° la preuve par la possession d'état (art. 320 s.) et 3° la preuve par témoins (art. 323 s.), il ne nous en indique plus que deux en ce qui concerne la filiation naturelle : la preuve par l'acte de reconnaissance (art. 334) et la preuve par témoins (art. 341). Il n'est plus question ni de l'acte de naissance, ni de la possession d'état. L'enfant naturel peut-il en tirer parti pour établir sa filiation ?

(¹) Cpr. Cass., 8 prairial an VII, S., 1. 1. 213.

I. *Du rôle que joue la possession d'état en matière de filiation naturelle.*

706. La possession d'état joue incontestablement un certain rôle en matière de filiation illégitime. D'abord elle pourra servir à l'enfant au profit duquel existe une reconnaissance régulière, pour établir son identité. Ensuite, si l'on admet l'interprétation que nous avons proposée de l'art. 336, l'enfant pourra invoquer sa possession d'état à l'égard de la femme que l'acte de reconnaissance émané du père indique comme étant sa mère, pour prouver l'aveu de celle-ci. Enfin l'enfant qui a un commencement de preuve par écrit, étant autorisé à prouver sa filiation maternelle par témoins et par présomptions, trouvera dans sa possession d'état une présomption d'une très grande énergie, qui ne s'imposera pas aux juges, il est vrai, mais forcera presque toujours leur conviction. Mais, qu'on le remarque bien, dans ces différentes hypothèses, la possession d'état n'est pas envisagée comme un mode de preuve distinct de la filiation naturelle. Ce n'est point par la possession d'état que l'enfant prouve alors sa filiation ; c'est à l'aide de la présomption qui en résulte, et seulement dans les cas où la preuve par présomptions est admissible. Dès lors, il ne sera pas nécessaire que la possession d'état invoquée par l'enfant présente les caractères que la loi exige pour qu'elle puisse faire preuve de la filiation légitime.

Mais ne faut-il pas aller plus loin, et permettre à l'enfant naturel de prouver sa filiation par sa possession d'état, ainsi qu'un enfant légitime peut le faire ? Un enfant naturel, qui n'a pas été l'objet d'une reconnaissance volontaire, peut-il, en l'absence d'un commencement de preuve par écrit, être admis à prouver sa filiation maternelle par sa possession constante de l'état d'enfant naturel ? Peut-il de même démontrer sa filiation paternelle par le même mode, en dehors des conditions fixées par l'art. 340 ? Ce qui revient à se demander si la possession constante de l'état d'enfant naturel est, par elle-même, un mode de preuve de la filiation naturelle, susceptible d'être invoqué alors que font défaut les conditions exigées par les art. 340 et 341 pour la recherche soit de la paternité, soit de la maternité illégitimes.

Dans l'ancien droit, la filiation illégitime, tant paternelle que maternelle, pouvait être prouvée par la possession d'état (¹). La loi révolutionnaire du 12 brumaire an II, dans son art. 8, consacra les mêmes principes. D'après ce texte, les enfants nés hors mariage étaient tenus de prouver leur possession d'état pour être admis à faire valoir les droits que la loi nouvelle leur reconnaissait dans la succession de leur père ou de leur mère. Et cette preuve, ajoute la loi, « ne pourra résulter que de la représentation d'écrits publics ou privés du père (ou de la mère) ou de la suite des soins donnés, à titre de paternité (ou de maternité) et sans interruption tant à leur entretien qu'à leur éducation ». La loi de brumaire, qui d'ailleurs avait, en ce qui touche la preuve de la filiation, les caractères d'une loi provisoire, définissait donc ce qu'il fallait entendre par la possession d'état.

Le code civil ne mentionne pas la possession d'état parmi les modes de preuve de la filiation naturelle. Le silence gardé sur ce point par les rédacteurs du code civil fut interprété par la jurisprudence et les premiers commentateurs en deux sens opposés. Les uns décidèrent que la maternité naturelle ne peut être établie par la possession d'état en l'absence d'un commencement de preuve par écrit, et que la paternité, non avouée dans un acte de reconnaissance authentique, ne peut être prouvée que sous les conditions édictées par l'art. 340, al. 2. Les autres admirent que la possession d'état peut bien servir à prouver la filiation maternelle, mais non à faire la preuve de la paternité. En 1835, Demolombe soutint un troisième système : il essaya de démontrer que la possession d'état doit être considérée comme un mode distinct de preuve non seulement de la maternité, mais même de la paternité illégitimes. En définitive, trois opinions se sont produites; nous allons les passer successivement en revue.

A. Dans une première opinion, on soutient que la paternité

(¹) Cpr. Bacquet, *Traité du droit de bâtardise*, 1ᵗᵉ partie, ch. I, n. 2; Guyot, *Rép. de jurisp.*, vᵒ *Aliments*, p. 318; Arrêt du Parlement de Paris du 21 août 1626.

comme la maternité naturelles sont prouvées complètement par la possession d'état ([1]). A l'appui de cette manière de voir, on fait valoir les considérations suivantes :

Tout d'abord, aucun texte ne proscrit la preuve par la possession d'état en matière de filiation naturelle. Il est vrai qu'aux termes de l'art. 340 la recherche de la paternité est interdite et que, d'après l'art. 341, l'enfant qui n'a pas été l'objet d'une reconnaissance volontaire ne peut être admis à prouver par témoins sa filiation maternelle que si sa prétention est rendue vraisemblable par un commencement de preuve par écrit. Mais ces deux textes ne visent que la *recherche* de la paternité ou de la maternité. Or, celui qui a une possession constante de l'état d'enfant naturel ne recherche pas sa filiation. On ne recherche pas ce que l'on possède. L'hypothèse dont nous nous occupons est donc absolument différente de celle qui est réglée par les art. 340 et 341 ([2]). Les motifs sur lesquels sont fondées les prescriptions de ces deux textes prouvent d'ailleurs que celles-ci ne sont pas applicables à notre matière. Pourquoi la loi proscrit-elle la recherche en justice de la paternité naturelle? C'est à raison de l'incertitude de la preuve. Ce danger n'est pas à redouter, puisque le père est avoué d'une manière incontestable. Pourquoi l'art. 341 n'admet-il qu'avec certaines restrictions la recherche de la maternité? C'est pour des motifs du même ordre que ceux qui justifient la disposition de l'art. 323 en

---

([1]) Demolombe, *Revue de législ.*, 1835, I, p. 417 et *Cours de Code Nap.*, V, n. 480; Merville, *Revue de dr. fr. et étr.*, 1845, II, p. 809; Ballot, *Rev. de dr. fr. et étr.*, 1849, VI, p. 812 s.; Lafontaine, *Revue crit.*, 1860, XVII, p. 97 s; Valette sur Proudhon, II, p. 150 s.; Valette, *Expl. somm.*, p. 185; Hérold, *Revue prat.*, 1856, I, p. 193 s.

([2]) La conséquence logique de ce raisonnement est que la possession d'état doit être considérée comme une preuve, non seulement de la filiation naturelle simple, mais même aussi de la filiation adultérine ou incestueuse. Du moment qu'il ne peut pas y avoir lieu à recherche de la paternité ou de la maternité, lorsque l'enfant est en possession de son état, l'art. 342 est inapplicable, puisqu'il interdit seulement *la recherche* de la filiation incestueuse ou adultérine. Certains auteurs sont, en effet, allés jusque-là. V. Valette sur Proudhon, II; p. 158; Hérold, *Rev. prat.*, 1856, I, p. 193 s. — *Contra* : Demolombe, V, n. 564; Bonnier, *Rev. prat.*, 1856, I, p. 347 s. — La possession d'état, dit Demolombe, équivaut à la reconnaissance; or, l'art. 335 prohibe la reconnaissance des enfants incestueux ou adultérins.

matière de filiation légitime. Ces motifs ne s'appliquent plus
lorsque l'enfant a la possession constante de son état (Cpr.
art. 320).

Ainsi les textes ne contredisent pas l'opinion que nous
exposons. Faut-il conclure du silence gardé par la loi qu'elle
a voulu prohiber la preuve par la possession d'état de la
filiation naturelle? Une pareille induction, dit Demolombe,
serait tout à fait hasardée. Dans le projet primitif du code
(art. 7, sect. II, ch. III) (¹), on avait assimilé la possession
constante de la filiation maternelle à un commencement de
preuve par écrit pour l'admission de la preuve testimoniale.
Portalis fit observer (²) que cette assimilation était inexacte;
car la possession d'état ne forme pas seulement un commencement de preuve de la maternité; elle en fournit une preuve
complète. La même observation fut présentée au sujet de la
preuve de la filiation paternelle (³). Et ce fut à la suite de ces
critiques que la mention de la possession d'état fut effacée.
Il résulte donc bien nettement des travaux préparatoires que,
dans la pensée des rédacteurs du code, la possession d'état
a la même force en matière de filiation naturelle qu'en matière
de filiation légitime.

D'ailleurs, les règles de la filiation légitime doivent être
appliquées à la filiation naturelle, lorsqu'elles ne contredisent pas les principes qui gouvernent spécialement celle-ci.
Rien ne s'oppose à ce que les dispositions de l'art. 320 soient
étendues à la filiation illégitime. Bien au contraire. La loi
admet l'enfant naturel à prouver son état par la reconnaissance volontaire émanée de son père ou de sa mère. Or, la
possession d'état fournit une preuve bien plus sûre encore
que la reconnaissance par acte authentique. Cette dernière
est l'œuvre d'un moment; elle peut avoir été arrachée par
surprise; son auteur peut avoir cédé à un entraînement irré-

(¹) Locré, VI, p. 30.

(²) Locré, VI, p. 125.

(³) Il est douteux cependant qu'il faille interpréter en ce sens les paroles prononcées par certains orateurs au cours des séances du 29 fructidor et du 26 brumaire an X (Fenet, X, p. 113 et 77; Locré, VI, p. 123). — V. Baret, *op. cit.*,
p. 111 s.

fléchi qu'il regrettera ensuite ; il peut avoir obéi à un scrupule de conscience mal fondé. Au contraire, la possession
d'état implique une volonté persévérante et réfléchie de reconnaître la paternité ou la maternité. La loi, qui admet la
preuve par titre, ne peut, sans se contredire, répudier la
preuve par la possession d'état.

Enfin, qu'on suppose un enfant dont les parents passent
pour époux légitimes. S'ils l'étaient réellement, l'enfant serait
un enfant légitime. On découvre que le père et la mère ne
sont pas mariés. La conséquence logique devrait en être que
l'enfant n'est pas légitime, mais non pas que ses père et mère
sont inconnus.

B. La solution proposée par Demolombe serait peut-être la
meilleure en législation (¹). Mais il semble bien difficile de
s'y rallier sous l'empire de la loi qui nous régit actuellement.
Sans doute, il est permis de considérer la possession d'état
comme une preuve très sûre. Mais la question est précisément
de savoir si tel a été l'avis des rédacteurs du code civil. Sans
doute aussi, les règles qui gouvernent la filiation légitime
sont en principe applicables à la filiation naturelle. Mais encore faut-il que le législateur n'ait pas voulu les écarter. Or
les précédents historiques et les travaux préparatoires eux-
mêmes semblent bien démontrer que les auteurs du code ont
voulu répudier la possession d'état en tant que mode de
preuve de la filiation naturelle. Rappelons-nous en effet
qu'aux termes de la loi transitoire du 12 brumaire an II, les
enfants naturels dont les père et mère étaient décédés lors de
la promulgation de cette loi pouvaient prouver leur filiation
par la possession d'état. Quant à ceux dont les père et mère
vivraient *lors de la promulgation du code*, ils devaient être
soumis, pour la preuve de leur état, aux règles édictées par
celui-ci. La loi disposait encore que ceux dont le père seul
existerait à ce moment devraient être reconnus par un acte
authentique. Donc elle proscrivait pour l'avenir la preuve par
la possession d'état. Le code parle de la reconnaissance par

(¹) Cpr. C. civ. portugais, art. 130; espagnol, art. 135, 136; *Avant-projet de*
révis. du C. civ. belge, art. 309.

un acte authentique et de la reconnaissance forcée. Il garde
le silence le plus complet sur la possession d'état. Et ce silence
nous paraît bien significatif. Bigot-Préameneu, dans son
exposé des motifs, ne parle pas non plus de la possession
d'état. Il l'aurait citée parmi les modes de preuve de la filiation naturelle, si elle avait été admise. Quant aux remarques
faites par Portalis au cours de la discussion, elles n'ont pas
le sens qu'on leur attribue. Il s'est borné à dire qu'il n'était
pas rationnel de traiter la possession d'état comme un simple
commencement de preuve, car en elle-même c'est une preuve
complète. Mais il n'a jamais été dit que cette preuve, si complète qu'elle soit, dût être admise en notre matière. Enfin,
quoi qu'en disent les partisans du système que nous combattons, admettre la preuve de la filiation naturelle par la possession d'état, c'est renverser la disposition de l'art. 340, qui
interdit en principe la recherche de la paternité, et celle de
l'art. 341, qui ne permet la preuve par témoins de la maternité naturelle que moyennant un commencement de preuve
par écrit. Il y a en effet recherche de la paternité ou de la
maternité, toutes les fois qu'un enfant veut prouver sa filiation autrement que par la production d'un acte authentique
de reconnaissance. On nous dit bien qu'il n'y a pas lieu de
rechercher la filiation lorsque celle-ci est possédée par l'enfant. Mais cette argumentation repose sur l'idée que la possession d'état rend la filiation constante. C'est justement ce qu'il
faudrait démontrer. En définitive, qu'arrivera-t-il si l'on admet la preuve par possession d'état de la paternité ou de
la maternité naturelles? c'est que l'enfant qui prétendra
avoir cette possession d'état sera admis à la prouver, et par
suite à prouver sa filiation paternelle ou maternelle par la
preuve testimoniale toute nue : ce que prohibe l'art. 340 pour
la paternité, et l'art. 341 pour la maternité, puisqu'il n'admet
la preuve par témoins de la maternité que moyennant la garantie préalable d'un commencement de preuve par écrit (¹).

(¹) Toullier, II, n. 970, 971 ; Zachariæ, I, § 170, note 2 ; Marcadé, art. 340, n. 6
et *Rev. crit.*, I, p. 150-165 ; Ancelot, *Rev. de législ.*, 1852, II, p. 130 s.; Aubry e
Rau, VI, § 569, texte et note 2; § 570, texte et note 9; Laurent, IV, n. 13 et 16;
Arntz, I, n. 617; Baret, *op. cit.*, p. 107 s. ; Huc, III, n. 63 à 86; Vigié, I, n. 588;

C. Quelques auteurs (¹) admettent que la possession d'état fait preuve de la maternité, mais non de la paternité naturelle. Cette opinion bâtarde doit être rejetée sans hésitation. On ne comprendrait pas que le législateur eût pu admettre la possession d'état comme moyen de preuve dans un cas, et non dans l'autre ; d'ailleurs les textes ne contiennent aucune trace de la distinction proposée.

707. Si la possession d'état ne constitue pas un mode de preuve de la filiation, il semble bien qu'il faille décider que l'art. 322 est inapplicable à notre matière. Donc, alors même que l'enfant aurait une possession constante conforme à son acte de naissance ou à tout autre acte contenant reconnaissance, il pourrait réclamer une autre filiation et l'on pourrait contester la reconnaissance dont il a été l'objet. D'ailleurs, l'art. 339 permet, en termes généraux, de contester la reconnaissance, sans distinguer suivant qu'il y a ou non possession d'état conforme. Enfin il est rationnel que la loi ait fait une distinction entre les enfants légitimes et les enfants

Planiol, I, n. 2290. — Cpr. Loiseau, *op. cil.*, p. 474, 528 et 629 ; Demante, II, n. 67 *bis*, IV et V. — Cass., 13 mars 1827, *J. G.*, v° *Paternité*, n. 558, S., 27. 1. 444. — Cass., 25 juil. 1834, *J. G.*, v° *cit.*, n. 645. — Lyon *(sol. impl.)*, 31 déc. 1835, *J. G.*, v° *cil.*, n. 693, S., 36. 2. 194. — Bourges, 2 mai 1837, D., 38. 2. 41, S., 38. 2. 5. — Cass., 10 fév. 1847, D., 47. 1. 49, S., 47. 1. 81. — Cass., 17 fév. 1851, D., 51. 1. 113, S., 51. 1. 161. — Paris, 26 avril 1852, D., 53. 2. 181, S., 52. 2. 525. — Lyon, 20 avril 1853, D., 54. 2. 186, S., 53. 2. 497. — Metz, 21 juin 1853, D., 56. 2. 193, S., 56. 2. 449. — Pau, 28 juin 1855, D., 56. 2. 258, S., 55. 2. 673. — Pau, 24 juin 1857, D., 57. 2. 154. — Paris, 17 juil. 1858, S., 58. 2. 534. — Caen, 1er mars 1860, D., 61. 2. 12, S., 61. 2. 185. — Orléans, 10 mai 1860, D., 60. 2. 144, S., 61. 2. 89. — Cass., 16 déc. 1861, D., 62. 1. 29, S., 62. 1. 253. — Rouen, 23 juill. 1862, *J. G.*, *Suppl.*, v° *cit.*, n. 277, S., 63. 2. 64. — Nimes, 27 nov. 1864, S., 65. 2. 15. — Douai, 14 déc. 1864, *J. G.*, *Suppl.*, v° *cit.*, n. 300, S., 65. 2. 167. — Agen, 27 nov. 1866, D., 66. 2. 235, S., 67. 2. 138. — Cass., 3 avril 1872, D., 72. 1. 113, S., 72. 1. 126. — Paris, 2 août 1876, S., 79. 2. 250. — Poitiers, 8 juin 1880, D., 81. 2. 78. — Toulouse, 2 fév. 1884, D., 85. 2. 227, S., 85. 2. 56. — Paris, 16 fév. 1889, S., 89. 2. 201. — Paris, 11 juin ou août 1891, D., 92. 2. 533, S., 92. 2. 213. — Paris, 3 août 1893, sous Cass., 28 juil. 1896, D., 97. 1. 97.

(¹) Delvincourt, I, p. 93, note 10 ; Richefort, II, n. 337 *bis* ; Proudhon, II, p. 143, 144 ; Duranton, III, n. 238 ; Bonnier, *Des preuves*, I, n. 216 et 222 ; Ducaurroy, Bonnier et Roustain, I, n. 499 et 501. — Cpr. Allemand, *Du mariage*, II, p. 168 ; Neyremand, *Rev. crit.*, 1857, XI, p. 298 s. — Bastia, 1er déc. 1834, *J. G.*, v° *cit.*, n. 648, S., 35. 2. 525. — Bourges (motifs), 4 janv. 1839, *J. G.*, v° *cit.*, n. 718, S., 39. 2. 289. — Bordeaux, 19 fév. 1846 (motifs), D., 48. 2. 84, S., 46. 2. 291. — Cpr. les arrêts cités *supra*, p. 616, note 1, *B*.

naturels. Si les fraudes ne sont guère à craindre en ce qui concerne ceux-là, il en est tout autrement de ceux-ci. La règle de l'art. 322, si on l'appliquait aux enfants naturels, fournirait trop souvent le moyen de leur enlever leur état. La doctrine (¹) et la jurisprudence (²) sont en ce sens.

Le système généralement admis a cependant rencontré des contradicteurs. Ceux ci se fondent sur la généralité des termes de l'art. 322, qui, disent-ils, ne fait aucune distinction entre les enfants légitimes et les enfants naturels et régit par conséquent la filiation naturelle comme la filiation légitime. Mais, d'accord sur le point de départ, ils cessent de s'entendre, lorsqu'il s'agit de déterminer les conditions sous lesquelles l'art. 322 doit recevoir son application à la filiation naturelle. D'après les uns, l'acte de reconnaissance étant pour l'enfant naturel ce qu'est l'acte de naissance pour l'enfant légitime, il suffit que la filiation constatée par la reconnaissance soit possédée par l'enfant pour que cette filiation soit mise au-dessus de toute contestation, soit de la part de l'enfant, soit de la part des tiers ; peu importe d'ailleurs que la reconnaissance soit contenue dans l'acte même de naissance ou dans un acte authentique postérieur (³). Dans une autre opinion, prenant plus à la lettre la disposition de l'art. 322, on décide que ce texte sera applicable si l'enfant a été reconnu dans son acte même de naissance, car

---

(¹) Dalloz, *J. G.*, vᵒ *cit.*, n. 653 ; Duranton, III, n. 134 ; Ancelot, *Rev. de législ.*, 1852, II, p. 145 s. ; Massé et Vergé sur Zachariæ, I, § 170, note 2 ; Bonnier, *op. cit.*, n. 218 ; Demante, II, n. 67 *bis*, III et IV ; Demolombe, V, n. 481 ; Aubry et Rau, VI, § 568 *ter*, texte et note 33 ; Baret, *op. cit.*, p. 115 ; Laurent, IV, n. 18 ; Vigié, I, n. 572 *in fine* ; Massonié, *op. cit.*, p. 159 ; Planiol, I, n. 2236. — Cpr. Loiseau, *op. cit.*, p. 528. — Il est remarquable que l'opinion exposée au texte a été adoptée par des auteurs qui font jouer d'ailleurs à la possession d'état le même rôle en matière de filiation naturelle qu'en matière de filiation légitime. Ils ont été surtout déterminés par la généralité des termes de l'art. 339.

(²) Cass., 13 fév. 1839, *J. G.*, vᵒ *cit.*, n. 653, S., 40. 1. 117. — Cass., 22 janv. 1840, *J. G.*, vᵒ *cit.*, n. 655, S., 40. 1. 117. — Bordeaux (motifs), 25 mai 1848, D., 48. 2. 169, S., 48. 2. 561. — Douai, 6 juin 1851, D., 52. 2. 221, S., 51. 2. 753. — Caen, 8 mars 1866, S., 66. 2. 348. — Cass., 12 fév. 1868, D., 68. 1. 60, S., 68. 1. 165. — Grenoble, 24 juin 1869, D., 69. 2. 207, S., 69. 2. 240. — Dijon, 31 mars 1870, *J. G.*, *Suppl.*, vᵒ *cit.*, n. 168. — Lyon (sol. impl.), 6 avril 1870, D., 70. 2. 227. — Toulouse, 2 fév. 1884, D., 85. 2. 227, S., 85. 2. 56. — Paris, 9 juil. 1885, D., 86. 2. 261.

(³) Delprat, *Rev. prat. de dr. franç.*, 1856, II, p. 285 s. — Paris, 10 mai 1851, D., 53. 2. 114, S., 51. 1. 225, en note. — Aix, 30 mai 1866, D., 66. 2. 201, S., 67. 2. 73.

alors il y a conformité entre le titre de naissance et la possession d'état; mais non si la reconnaissance est faite par un acte
authentique postérieur, même dressé par un officier de l'état
civil (¹). Enfin Aubry et Rau, dans leur première édition de
Zachariæ (III, p. 665, note 16), semblaient être allés encore
plus loin dans cette voie; ils concluaient des termes de l'art.
322 que la filiation de l'enfant ne peut plus être contestée, du
moment que cet enfant est inscrit, dans son acte de naissance,
sous le nom d'une femme à l'égard de laquelle il a la possession d'état d'enfant naturel, quand même il n'aurait pas été
reconnu par elle (²).

II. *Du rôle de l'acte de naissance.*

708. L'acte de naissance ne peut pas non plus servir à
l'enfant naturel pour prouver sa filiation, tandis qu'au contraire c'est le mode normal par lequel s'établit la filiation
légitime. La loi, par cela même qu'elle a gardé le silence à
cet égard, a marqué son intention d'exclure ce mode de
preuve en matière de filiation naturelle. Il y avait, du reste,
de bonnes raisons de le décider ainsi. On peut, en ce qui concerne les enfants légitimes, ajouter foi aux énonciations de
leur acte de naissance, car les déclarants ont rarement intérêt à déguiser la vérité. Il en est autrement lorsqu'il s'agit
d'un enfant naturel (³).

Ainsi, les modes de preuve organisés par la loi pour la
filiation légitime ne peuvent être employés pour faire la
preuve de la filiation naturelle. La doctrine enseigne cependant — et la solution qu'elle donne a été admise implicitement par un certain nombre d'arrêts — que l'acte de naissance prouve la filiation naturelle dans quelques cas exceptionnels. Il en est ainsi d'abord dans le cas où un enfant
conçu ou né en mariage a été désavoué par le mari de sa
mère. L'acte de naissance de cet enfant prouve sa filiation

(¹) Note dans S., 38. 2. 401, sous Bordeaux, 12 fév. 1838.
(²) Dans le même sens Caen (motifs), 24 mai 1858, S., 58. 2. 535. — Proudhon,
II, p. 143. — Cpr. Valette sur Proudhon, II, p. 153, n. 6, et les arrêts cités *supra*,
p. 616, note 1, *B.*
(³) V. cependant les auteurs et les arrêts cités, *supra*, n. 669, p. 616, note 1, *B.*

maternelle. De même, lorsqu'un mariage a été annulé par décision judiciaire (¹), la filiation des enfants qui en sont issus peut, dans l'opinion générale, être prouvée par l'acte de naissance comme la filiation légitime (²). Il faut supposer, bien entendu, que le mariage n'a pas été déclaré putatif à raison de la bonne foi des époux ou de l'un d'eux. Car s'il avait été déclaré putatif, il aurait conféré aux enfants les avantages de la légitimité. Dans l'hypothèse que nous envisageons, la filiation de l'enfant, alors même qu'elle serait adultérine ou incestueuse, sera prouvée par l'acte de naissance à l'égard de sa mère, et *il en résultera la preuve de sa filiation paternelle* (³). On justifie ces solutions par les considérations suivantes. Le mariage, malgré la nullité dont il est frappé, a existé et a produit ses effets jusqu'au jugement qui en a prononcé l'annulation. L'annulation prononcée par la justice efface rétroactivement les effets juridiques que ce mariage a produits; mais elle ne peut porter atteinte aux faits accomplis. Il y a eu cohabitation de l'homme et de la femme; la femme a été tenue envers l'homme du devoir de fidélité; elle a été tenue de résider avec lui, tant que le mariage n'a pas été annulé. Or, c'est précisément sur ces faits, qu'il est impossible d'effacer, que la loi base la force probante de l'acte de naissance et aussi la présomption de paternité de celui qui a vécu avec la mère en état de mariage.

La solution que nous venons d'indiquer repose en définitive sur cette idée que lorsque l'enfant est né en état de légitimité, ne fût-il considéré comme légitime que provisoirement, l'acte de naissance conserve, quoi qu'il arrive, la force probante que la loi lui attribue et sert par conséquent à

(¹) Sauf peut-être si le mariage est annulé à raison de l'impuberté du mari. — Demolombe, III, n. 346; Baret, *op. cit.*, p. 103.

(²) Demolombe, III, n. 345; Aubry et Rau, V, § 459, texte et note 5; VI, § 567, p. 155; Baret, *op. cit.*, p. 107; de Loynes, note D., 91. 2. 153, p. 156 et 157; Planiol, I, n. 2295.

(³) Duranton, III, n. 195 *in fine*, 208; Duvergier sur Toullier, I, n. 967, note; Marcadé, art. 335, n. 3; Ducaurroy, Bonnier et Roustain, I, n. 486; Demante, II, n. 71 *bis*, IV; Aubry et Rau, Demolombe, *loc. cit.*; Baret, *op. cit.*, p. 103; Planiol, *loc. cit.* — *Contra :* Valette sur Proudhon, II, p. 157. — Cpr. C. civ. italien, art. 193.

établir la filiation maternelle. Cette idée, quelqu'hasardée qu'elle paraisse à première vue, peut être justifiée à l'aide des textes. Supposons en effet un enfant qui est né sous le couvert de la présomption *pater is est...* Il est désavoué par le mari de sa mère et le tribunal accueille la réclamation du mari. L'enfant n'est plus légitime et cependant l'acte de naissance continuera à prouver sa filiation maternelle. Et, si l'on rapproche cet acte du jugement de désaveu, il en résultera que l'enfant est un enfant naturel simple ou même adultérin. Cette solution, que nous avons déjà indiquée à plusieurs reprises, s'impose nécessairement. L'inscription de l'enfant sous le nom de sa mère est, avons-nous dit, la condition essentielle de recevabilité de l'action en désaveu. C'est parce qu'il est prouvé par l'acte de naissance que cet enfant a pour mère telle femme mariée qu'il a pu être désavoué par le mari de celle-ci. Dès lors, il serait inadmissible que l'acte de naissance perdît sa force probante par l'effet du jugement de désaveu.

CHAPITRE III

DES EFFETS DE LA FILIATION NATURELLE [1]

709. La parenté naturelle ne crée de lien qu'entre l'enfant d'une part, son père et sa mère d'autre part. Elle n'en crée pas entre l'enfant et les parents de ses auteurs. La filiation naturelle produit donc des effets moins étendus que ceux qui sont attachés à la filiation légitime. L'enfant naturel, à la différence de l'enfant légitime, n'entre pas dans la famille de son père ou de sa mère (arg. art. 757). De là il résulte que la famille d'un enfant naturel est toujours fort restreinte :

[1] L'on confond souvent les effets de la filiation avec ceux de la reconnaissance. Il importe cependant de les distinguer. La filiation est un des éléments de l'état des personnes. La reconnaissance est un mode de preuve de cet état. La confusion que nous signalons a été notamment commise par Laurent, IV, n. 20. Il nous dit que si la filiation naturelle ne crée de liens de parenté qu'entre l'enfant et l'auteur qui l'a reconnu, cela tient à ce que la reconnaissance est un aveu et que l'aveu est personnel. Ce raisonnement est vicieux. — V. également Vigié, 1, n. 564, 566.

elle ne peut comprendre que ses descendants légitimes ou ses enfants naturels, et, en ligne ascendante, seulement son père et sa mère. L'enfant naturel n'a pas de parents collatéraux. Et toutefois la loi semble reconnaître l'existence d'un lien de parenté entre les enfants naturels qui ont le même père ou la même mère; elle les désigne sous le nom de frères naturels et établit entre eux, à ce titre, un droit réciproque de successibilité (art. 766) (¹).

710. La filiation naturelle fait naître au profit de l'enfant certains droits, engendre à sa charge certaines obligations et le frappe de certaines incapacités (²). Voici quelques-uns de ces effets de la filiation :

1° L'enfant naturel a le droit de porter le nom de son père ou de sa mère, qui l'a reconnu. Si sa filiation est constatée à l'égard des deux, il portera le nom de son père (³).

2° Les père et mère d'un enfant naturel ont sur sa personne et sur ses biens quelques-uns des droits, et sont soumis à la plupart des obligations résultant de la puissance paternelle (art. 383).

3° L'enfant naturel ne peut se marier ou se donner en adoption, sans obtenir le consentement ou sans requérir le conseil de ses père et mère, suivant les distinctions établies par la loi quand il s'agit d'un enfant légitime (art. 158 et 346).

4° La filiation naturelle engendre une obligation alimentaire réciproque entre l'enfant et ses auteurs.

5° Elle fait naître entre l'enfant et ses parents un droit réciproque de successibilité (art. 758 s., 765).

L'art. 338 nous indique par anticipation que les droits de succession de l'enfant naturel sont moins étendus que ceux de l'enfant légitime. « *L'enfant naturel reconnu ne pourra* » *réclamer les droits d'enfant légitime. Les droits des enfants* » *naturels seront réglés au titre* des Successions ». Ce n'est

---

(¹) Le C. civ. allemand dispose dans son § 1705 : « L'enfant naturel, dans ses rapports avec la mère et les parents de la mère, a la position juridique d'enfant légitime ». A l'égard du père, l'enfant naturel n'a, au contraire, que des droits extrêmement restreints (§ 1708 s.).

(²) Cpr. C. civ. portugais, art. 129; espagnol, art. 134; néerlandais, art. 335.

(³) V. cependant Laurent, IV, n. 124. — Cpr. C. civ. italien, art. 185; allemand, § 1706.

là qu'un article de renvoi. Le législateur a saisi la première
occasion qui s'est offerte à lui pour annoncer qu'il ne voulait
pas maintenir l'assimilation établie par les lois révolution-
naires entre les enfants naturels et les enfants légitimes.

6° L'enfant naturel est frappé de l'incapacité de recevoir à
titre gratuit de ses père et mère, au delà de ce qui est permis
par l'art. 908.

711. Il est bien évident que, pour qu'un enfant naturel
puisse exercer les droits attachés à son état, ou pour qu'on
puisse se prévaloir contre lui des obligations résultant de sa
filiation, il faut que cette filiation soit légalement constatée,
c'est-à-dire que l'enfant naturel soit *reconnu.* Il n'y a là rien
de spécial à la filiation naturelle. Il en est de même en toute
matière quelconque : Nul ne peut se prévaloir des droits qui
lui appartiennent, s'il n'en a pas préalablement établi l'existence. C'est cette vérité élémentaire qu'expriment les divers
textes qui, déterminant les droits et les obligations des enfants
naturels, spécifient que ces droits n'appartiennent et que ces
obligations ne sont imposées qu'aux enfants naturels légalement reconnus. V. art. 158, 338, 383, 756. La loi n'a point
voulu dire par là que c'est la reconnaissance qui fait naître
ces droits ou engendre ces obligations. C'est la filiation elle-
même qui en est la source. Mais encore faut-il qu'elle soit
démontrée.

Peu importe d'ailleurs le mode par lequel la filiation naturelle a été constatée. Elle produit toujours les mêmes effets
à l'encontre et au profit de ceux à l'égard desquels elle a été
établie.

712. Il est un cas cependant où les effets de la filiation
naturelle sont modifiés à raison des circonstances dans lesquelles a eu lieu la reconnaissance. C'est celui qui est visé
par l'art. 337 ainsi conçu : « *La reconnaissance faite pendant*
» *le mariage, par l'un des époux, au profit d'un enfant natu-*
» *rel qu'il aurait eu, avant son mariage, d'un autre que de son*
» *époux, ne pourra nuire ni à celui-ci, ni aux enfants nés de*
» *ce mariage. — Néanmoins elle produira son effet après la*
» *dissolution de ce mariage, s'il n'en reste pas d'enfants* ».

Un homme a un enfant naturel; il épouse une femme autre

que la mère de cet enfant; puis il reconnaît celui-ci pendant
le cours du mariage. Ou bien une femme, qui a un enfant
naturel, épouse un homme autre que le père et reconnaît l'enfant pendant le mariage. La loi considère la reconnaissance
faite dans ces conditions comme une violation de la foi promise. Elle ne l'interdit pas cependant, car l'enfant a le droit
d'être reconnu, et c'est après tout pour son père ou sa mère
un devoir de le reconnaître. Mais elle décide que la présence
de l'enfant ainsi reconnu ne pourra nuire aux intérêts pécuniaires du conjoint ; et, pour que celui-ci ne soit pas indirectement lésé dans la personne de ses enfants, elle ajoute que
les enfants du mariage ne pourront pas non plus se voir opposer les droits de l'enfant naturel [1].

A prendre à la lettre les termes de l'art. 337, il semblerait
que c'est la reconnaissance elle-même qui est, sinon frappée
de nullité, du moins déclarée inefficace, à l'égard des personnes désignées par le texte. Mais remarquons qu'il s'agit
en définitive des droits de l'enfant naturel. Or ces droits n'ont
pas leur source dans la reconnaissance; ils découlent de la
filiation elle-même, dont la reconnaissance constitue simplement la preuve. En réalité, la reconnaissance, faite dans les
conditions prévues par l'art. 337, produit ses effets ordinaires, qui sont de prouver la filiation, et de la prouver *erga
omnes*. Seulement l'enfant ne pourra invoquer sa filiation, en
tant qu'elle pourrait porter un préjudice pécuniaire à l'époux
ou aux enfants nés du mariage. A tous autres égards, la filiation entraînera les conséquences que la loi y attache. — Au
fond, la loi n'a pas voulu dire autre chose.

La précision que nous venons de faire a son importance.
Elle nous permettra de résoudre certaines difficultés auxquelles a donné lieu l'interprétation de notre texte. D'ailleurs,
ce point étant établi, et à la condition de faire les réserves

---

[1] Bigot-Préameneu, *Exposé des motifs* (Locré, VI, p. 216); Duveyrier, *Discours* (Locré, VI, p. 325); Laurent, IV, n. 128. — Cpr. Marcadé, sur l'art. 337, n. 4;
Demolombe, V, n. 460. — Dans le même sens, C. civ. néerlandais, art. 340. Aux
termes de l'art. 183 du C. civ. italien : « L'enfant naturel de l'un des époux, né
» avant le mariage et reconnu pendant le mariage, ne peut être introduit dans la
» maison commune sans le consentement de l'autre époux, à moins que ce dernier
» n'ait déjà donné son adhésion à la reconnaissance ».

que nous avons indiquées, il n'y a aucun inconvénient à se servir du langage que les rédacteurs du code ont employé et qui constitue la manière courante de s'exprimer.

La disposition de l'art. 337 est exceptionnelle, puisqu'elle déroge au droit commun, en restreignant les effets ordinaires de la filiation. Elle doit donc être interprétée restrictivement, conformément à la règle : *Exceptio est strictissimæ interpretationis.*

Pour expliquer l'art. 337, nous supposerons d'abord qu'il s'agit d'une reconnaissance volontaire, hypothèse qui est visée expressément par le texte. Puis, nous nous demanderons si la reconnaissance forcée tombe sous le coup de l'art. 337.

SECTION PREMIÈRE

RECONNAISSANCE VOLONTAIRE

§ I. *Des conditions requises pour l'application de l'art. 337.*

713. Ces conditions sont au nombre de deux.

714. PREMIÈRE CONDITION. — Il faut que la reconnaissance ait été faite pendant le mariage.

Donc l'art. 337 serait inapplicable à la reconnaissance faite *avant le mariage,* eût-elle été tenue secrète par son auteur et ignorée du conjoint de celui-ci. En pareil cas, l'état de l'enfant ayant été fixé avant le mariage, la filiation a produit ses effets ordinaires, et les droits acquis à l'enfant ne peuvent être modifiés par le fait postérieur de la célébration du mariage.

L'art. 337 ne serait pas non plus applicable à la reconnaissance faite après la dissolution du mariage. On a cependant soutenu le contraire, en invoquant les motifs de la loi. La loi n'a pas voulu que la reconnaissance pût nuire au conjoint et aux enfants nés du mariage. Or elle leur nuirait, puisqu'elle produit des effets rétroactifs [1]. Mais ces considérations ne

---

[1] Delvincourt, I, p. 94, note 10 ; Richefort, II, n. 232 ; Magnin, *Des minor.*, I, n. 222 ; Labbé, observ. dans *Journ. du Pal.*, 1860, p. 791 ; Mersier, *Rev. prat.*, 1867, XXIII, p. 313. — Lyon, 17 mars 1863, *J. G., Suppl.*, v° *Paternité*, n. 199, S., 63. 2. 205. — Cpr. Metz (motifs), 10 août 1864, D., 64. 2. 225, S., 64. 2. 246.

peuvent prévaloir contre le texte, qui est formel. Il parle d'une reconnaissance faite pendant le mariage ; or il est exceptionnel et doit être interprété restrictivement. L'historique de la confection de la loi lève d'ailleurs tous les doutes. Le projet contenait une disposition qui ne donnait plein et entier effet à la reconnaissance faite après la dissolution du mariage qu'autant qu'il n'en restait pas d'enfants (¹) ; cette disposition n'a pas passé dans la rédaction définitive de la loi (²).

De ce que nous venons de dire, il ne faut pas tirer cette conséquence que la filiation de l'enfant reconnu pendant le mariage produirait tous ses effets, même à l'encontre de l'époux et des enfants nés du mariage, si l'enfant était l'objet d'une seconde reconnaissance après la dissolution du mariage. Cette deuxième reconnaissance est juridiquement impossible. Car, quel serait son but? Prouver la filiation de l'enfant? Mais cette filiation est déjà prouvée par la première reconnaissance. Améliorer la situation de l'enfant? Mais les droits de cet enfant sont déjà fixés par l'art. 337, et il ne peut dépendre de l'auteur de l'enfant de les modifier (³). Sans

(¹) Locré, VI, p. 31 (art. 12).

(²) Loiseau, p. 440 s. ; Toullier, II, n. 959 ; Proudhon, II, p. 147 ; Duranton, III, n. 254 ; Marcadé, sur l'art. 337, n. 4 ; Zachariæ, et Massé et Vergé sur Zachariæ, I, § 167, texte et note 42 ; Ducaurroy, Bonnier et Roustain, I, n. 491 ; Demante, II, n. 65 *bis*, I ; Aubry et Rau, VI, § 568 *quater*, texte et note 15 ; Demolombe, V, n. 461 ; Laurent, IV, n. 129 ; Huc, III, n. 94 ; Massonié, *op. cit.*, p. 175 ; Planiol, I, n. 2246. — Cass., 6 janv. 1808, *J. G.*, vᵒ *Paternité*, n. 570, S., 8. 1. 86. — Paris, 23 janv. 1860, S., 60. 2. 118. — Caen, 19 janv. 1867 (motifs), S., 68. 2. 86. — Douai, 29 janv. 1879, D., 80. 2. 113. — Dijon, 7 mai 1879, D., *ibid.* — Cpr. Pau, 17 janv. 1872, D., 75. 2. 193. On donne souvent, pour justifier la solution indiquée au texte, des arguments qui, à notre avis, ne sont pas absolument péremptoires. Ainsi on invoque en ce sens les motifs sur lesquels est fondée la disposition de l'art. 337. La loi, a-t-on dit, a voulu maintenir la bonne intelligence dans le ménage. Si telle était la vraie raison de notre texte, la loi aurait dû interdire la reconnaissance elle-même ; car c'est la reconnaissance qui trouble la paix du ménage. En réalité le législateur s'est borné à restreindre les effets de la filiation prouvée par la reconnaissance, ne voulant pas qu'elle pût nuire, directement ou en la personne de ses enfants, au conjoint, qui était fondé à croire, en se mariant, que son époux n'avait pas eu antérieurement d'enfant naturel. Or ce motif peut s'appliquer même à la reconnaissance faite après la dissolution du mariage. On ajoute aussi que l'époux pourrait légitimer ses enfants après la dissolution de son mariage et que dès lors il faut bien qu'il puisse les reconnaître. Mais l'argument, comme on le verra plus loin, n'est pas décisif.

(³) Marcadé, sur l'art. 337, n. 5 ; Demolombe, V, n. 462 ; Massonié, *op. cit.*, p. 176. — Bordeaux, 25 mai 1892, D., 94. 2. 50.

doute, l'enfant pourrait être légitimé (¹). Mais cela ne contredit aucunement la solution que nous avons donnée. D'une part, en effet, la reconnaissance qui a eu lieu pendant le mariage, n'étant pas déclarée nulle par la loi, suffit pour servir de base à la légitimation. D'autre part, la légitimation confère à l'enfant une filiation nouvelle, dont les effets sont différents de ceux que produit la filiation naturelle. Or, ce sont ces derniers seulement qui sont restreints par l'art. 337.

L'art. 337, supposant une reconnaissance faite pendant le mariage, ne doit pas être appliqué à la ratification ou à la confirmation d'une reconnaissance faite antérieurement au mariage. La ratification produit un effet rétroactif (²). Il faudrait en dire autant des simples rectifications ayant pour but de faire disparaître les doutes qui ont pu s'élever sur l'identité d'un enfant reconnu avant la célébration du mariage (³).

De même encore, l'art. 337 ne s'appliquerait pas, si, l'enfant ayant été reconnu par son père, qui a indiqué la mère dans l'acte de reconnaissance, celle-ci a ratifié cette désignation par son aveu, exprès ou tacite, antérieurement à la célébration de son mariage; et il importerait peu que l'existence de cet aveu n'eût été constatée judiciairement qu'au cours du mariage. Dans l'interprétation que nous avons proposée de l'art. 336, l'aveu de la mère équivaut à une reconnaissance. Mais au contraire l'enfant n'aurait que les droits déterminés par l'art. 336, si l'aveu avait été donné seulement après le mariage contracté (⁴).

715. DEUXIÈME CONDITION. — Il faut que l'enfant reconnu par l'un des conjoints pendant le cours du mariage soit « d'un autre que de son époux ». L'art. 337 ne s'appliquera donc plus, toutes les fois qu'il sera *légalement constant* que l'enfant reconnu par l'un des époux appartient aussi à l'autre, car il n'y a plus alors violation de la foi promise. Nous disons :

(¹) V. cependant Lyon (motifs), 17 mars 1863, *J. G., Suppl.*, vᵒ *cit.*, n. 199, S., 63. 2. 205.

(²) Aubry et Rau, VI, § 568 *quater*, p. 186; Demolombe, V, n. 464; Massonié, *op. cit.*, p. 177.

(³) Cass., 24 nov. 1830, *J. G.*, vᵒ *Paternité*, n. 547, S., 31. 1. 131.

(⁴) Aubry et Rau, VI, § 568 *quater*, p. 187; Massonié, *op. cit.*, p. 173.

légalement constant ; peu importe d'ailleurs que ce soit par une reconnaissance faite avant, pendant ou après le mariage ; et peu importe aussi que cette reconnaissance soit volontaire ou forcée ([1]).

§ II. *Effets de la filiation prouvée dans les conditions prévues par l'art. 337.*

716. Lorsque les deux conditions indiquées par le texte se trouvent réunies, la reconnaissance produit bien son effet ordinaire, qui est de prouver la filiation à l'égard de tous ([2]). Seulement les *effets de la filiation* sont modifiés par la loi. Ces effets varient suivant qu'il s'agit des relations de l'enfant avec le conjoint de son père ou de sa mère et les enfants nés du mariage, ou de ses relations avec d'autres intéressés.

N° 1. Des effets de la filiation dans les rapports de l'enfant reconnu avec le conjoint de son père ou de sa mère et les enfants nés du mariage.

717. Le mot « enfants » dont se sert l'art. 337 ne désigne pas seulement les descendants au premier degré des deux époux. Il doit également être entendu des descendants à un degré plus éloigné. Cette expression comprend de même les enfants légitimés par le mariage (arg. art. 333) ([3]).

718. La reconnaissance ne peut *nuire* à ces personnes, nous dit l'art. 337. Cela revient à dire que l'enfant ne peut se prévaloir *contre elles* des droits attachés à son état. Mais, à tous autres égards, la filiation produit ses effets ordinaires.

719. I. Nous disons d'abord que l'enfant ne peut exercer les droits qui découlent de sa filiation lorsque l'exercice de ces droits peut porter préjudice au conjoint de l'auteur de la

---

([1]) Loiseau, *op. cit.*, p. 435, 436 ; Toullier, II, n. 960 ; Duranton, III, n. 248, 249 ; Marcadé, sur l'art. 337, n. 6 ; Demolombe, V, n. 468 ; Zachariæ, et Massé et Vergé sur Zachariæ, I, § 168, texte et note 41 ; Aubry et Rau, VI, § 568 *quater*, p. 186 ; Laurent, IV, n. 131 ; Huc, III, n. 96 ; Massonié, *op. cit.*, p. 177.

([2]) Demolombe, V, n. 469 ; Laurent, IV, n. 134 ; Huc, III, n. 99 ; Massonié, *op. cit.*, p. 178.

([3]) Duranton, III, n. 250 ; Loiseau, *op. cit.*, p. 438 ; Demolombe, V, n. 474 ; Aubry et Rau, VI, § 568 *quater*, note 4 ; Massonié, *op. cit.*, p. 178.

reconnaissance et aux enfants nés du mariage. La loi n'a d'ailleurs voulu sauvegarder que les intérêts pécuniaires appartenant à ceux-ci, qui pourraient être lésés par la présence de l'enfant naturel. Mais, dans cette limite, l'art. 337 doit être appliqué sans aucune restriction, car il est conçu en termes absolument généraux. — Voici quelques applications de ce principe.

a. Si, au décès de l'époux auteur de la reconnaissance, il existe des enfants légitimes issus du mariage, ils excluront complètement l'enfant naturel de la succession de son auteur. Autrement la présence de l'enfant naturel nuirait aux enfants issus du mariage.

b. Si l'époux dont émane la reconnaissance ne laisse, lors de son décès, aucun parent au degré successible, son conjoint aura droit à toute sa succession, à l'exclusion de l'enfant naturel. Si l'enfant naturel pouvait, conformément au droit commun (art. 767), recueillir la succession par préférence au conjoint, sa reconnaissance nuirait à ce conjoint : ce que ne permet pas l'art. 337. Et toutefois un doute naît à cet égard de la partie finale de l'art. 337, qui déclare que la reconnaissance « produira son effet après la dissolution de ce mariage, » s'il n'en reste pas d'enfants ». Donc, pourrait-on dire, comme il n'y a, dans l'espèce proposée, aucun enfant du mariage, le droit commun reprend son empire, et par suite l'enfant naturel succède par préférence au conjoint. — Mais on reconnaît généralement que la disposition finale de l'art. 337 n'est qu'une déduction du principe posé par l'alinéa 1er, à savoir que la reconnaissance ne peut pas nuire au conjoint ni aux enfants issus du mariage, et qu'elle ne saurait par conséquent avoir pour résultat de paralyser, dans un cas particulier, l'application de ce principe. On s'explique d'ailleurs à merveille que le législateur n'ait pas songé au cas où un concours s'engagerait directement entre l'enfant naturel et le conjoint relativement à la succession de l'époux décédé, cette hypothèse étant de nature à se présenter très rarement; parce que sa réalisation suppose l'absence de tout parent du défunt au degré successible (arg. art. 767). Ici comme ailleurs, *lex statuit de eo quod plerumque fit.*

Peut-être aussi la rédaction incorrecte de notre texte s'explique-t-elle par les modifications successives qu'elle a subies au cours des travaux préparatoires (¹).

c. L'enfant naturel reconnu dans les conditions déterminées par l'art 337 ne pourra pas, en invoquant son droit de réserve sur les biens de son auteur décédé, faire réduire les donations que celui-ci a faites à son conjoint par le contrat de mariage. C'est, en effet, l'*époux* que la loi a voulu protéger. Or la libéralité a été faite au conjoint, à titre d'époux.

Que décider en ce qui concerne les donations entre vifs ou testamentaires faites par l'auteur de la reconnaissance à son conjoint pendant le mariage? L'enfant naturel, dont la reconnaissance tombe sous le coup de l'art. 337, peut-il faire réduire ces donations pour obtenir sa réserve? La négative paraît résulter, au premier abord, de la généralité des termes de l'art. 337, d'après lequel la reconnaissance ne peut pas nuire au conjoint; elle lui nuirait, si les donations qui lui ont été faites par l'auteur de l'enfant pouvaient être réduites, sur la demande de l'enfant, en vertu du droit de réserve résultant de sa filiation (²). Mais cette solution, conforme au texte de l'art. 337, serait contraire à son esprit. Vraisemblablement, la loi entend sauvegarder ici seulement les droits qui appartiennent au conjoint *en cette qualité*, et non ceux qui peuvent lui appartenir à un autre titre. Or, le droit de succession que l'art. 767 confère au conjoint survivant lui est bien attribué en sa qualité de conjoint; il en est de même des avantages résultant du contrat de mariage : c'est sur la foi de ces avantages que le mariage a été contracté. La reconnaissance faite dans les conditions déterminées par l'art. 337 ne pourra donc porter atteinte à ces

---

(¹) Locré, VI, p. 30 et 31. — En notre sens : Marcadé, sur l'art. 3 .7, n. 2; Demolombe, V, n. 475; Aubry et Rau, VI, § 568 *quater*, texte et notes 6 et 7; Allemand, *Du mariage*, II, n. 851; Laurent, IV, n. 132; Massonié, *op. cit.*, p. 184; Huc, III, n. 99; Vigié, I, n. 570; Planiol, I, n. 2241, texte et note 1. — Cpr. Cass., 26 mai 1878, D., 78. 1. 401, S., 79. 1. 337.

(²) Trib. Seine, 21 fév. 1846, D., 46. 3. 63. — Duranton, III, n. 253; Zachariæ, I, p. 328, note 39; Demante, II, n. 65 *bis*, III; Laurent, IV, n. 132; Vigié, I, n. 579; Huc, III, n. 99; Planiol, I, n. 2241.

droits. Tout autre est la situation du conjoint en ce qui concerne les donations ou legs à lui faits *constante matrimonio*. Ce n'est pas en qualité de conjoint qu'il vient en réclamer le bénéfice, et l'enfant naturel qui demande à les faire réduire est dans le vrai en disant que ce ne sont pas les droits du conjoint auxquels il porte atteinte, mais ceux du *donataire* ou du *légataire*. Comme le dit fort bien Marcadé, il est raisonnable de penser que les droits de l'époux, auxquels la reconnaissance ne peut pas nuire, sont ceux « qui découlent de cette qualité même, soit d'après les dispositions de la loi, soit d'après les clauses arrêtées dans le contrat de mariage comme condition de ce mariage » (¹).

d. L'enfant naturel reconnu dans les conditions déterminées par l'art. 337 peut-il invoquer sa reconnaissance à l'effet d'obtenir des aliments de son auteur ? Plusieurs jurisconsultes lui accordent ce droit sans aucune distinction (²). La dette alimentaire, disent-ils, a un caractère sacré. Le législateur n'a pas pu vouloir pousser la rigueur au point de condamner l'enfant à mourir de faim. Ce droit d'aliments, elle l'accorde aux enfants qu'elle voit avec le moins de faveur : les enfants adultérins ou incestueux. Il est inadmissible qu'elle l'ait refusé aux enfants naturels simples dont la filiation a été établie dans les circonstances visées par l'art. 337.

Ces considérations ne nous paraissent pas décisives. Il y a quelque chose de plus sacré encore que la dette alimentaire ; c'est le texte de la loi. Or le texte nous dit que la reconnaissance ne peut pas nuire au conjoint ni aux enfants issus du mariage. Donc la question que nous avons posée doit être résolue par la distinction suivante : la demande d'aliments formée par l'enfant doit être rejetée en tant qu'elle nuirait à ces personnes ; elle doit être accueillie dans la mesure seulement où elle ne leur porterait aucun préjudice pécuniaire. Il est dès lors incontestable que l'enfant ne peut pas réclamer

---

(¹) Marcadé, sur l'art. 337, n. 3 ; Demolombe, V, n. 476 ; Aubry et Rau, VI, § 568 *quater*, texte et note 8 ; Massonié, *op. cit.*, p. 185.

(²) Marcadé, art. 337, n. 2 ; Duranton, III, n. 252. — Agen, 17 mars 1817, *J. G.*, vº *cit.*, n. 700. — Paris, 9 mars 1860, D., 60. 2. 148. — Cass., 13 juil. 1886, D., 87. 1. 119, S., 87. 1. 65.

des aliments sur la succession de son auteur. Il ne pourrait
le faire qu'à titre héréditaire; et il est exclu de la succession
par l'art. 337 ([1]). Maintenant, peut-il demander des aliments
du vivant de son auteur? La question est plus délicate. La
demande nuira presque toujours au conjoint et aux enfants
nés du mariage, en présence desquels il se trouve par hypothèse, à tel point qu'on éprouve quelque embarras pour citer
un cas dans lequel la demande devrait être accueillie comme
ne leur causant aucun préjudice. En voici un cependant :
Les deux époux sont séparés de corps; ils vivent l'un et
l'autre avec les ressources que leur fournit leur fortune personnelle; il n'y a pas d'ailleurs d'enfant du mariage. Dans
ces conditions, la demande d'aliments formée par l'enfant
naturel reconnu pendant le mariage devra être accueillie,
si d'ailleurs elle est fondée. En quoi peut-elle préjudicier
aux droits du conjoint? De même encore, s'il y a séparation de biens, l'enfant pourrait recevoir des aliments sur
la portion des revenus de son auteur qui n'est pas affectée
aux besoins du ménage. Si les époux sont mariés sous le
régime dotal, la même solution devrait être donnée en ce
qui concerne les biens paraphernaux de la femme. S'il y a
communauté entre les époux, il nous paraît impossible d'admettre la réclamation de l'enfant, soit qu'il ait été reconnu
par le mari, soit que ce soit la femme qui soit l'auteur de la
reconnaissance; ces divers points sont cependant vivement
controversés ([2]).

720. II. Les solutions que nous venons de donner découlent
toutes de ce principe que l'enfant ne peut invoquer sa filiation
prouvée dans les conditions de l'art. 337, pour élever contre
l'époux de son auteur et les enfants nés du mariage des
prétentions de nature à porter atteinte aux droits pécuniaires

---

([1]) Loiseau, *op. cit.*, p. 435; Demolombe, V, n. 473; Massonié, *op. cit.*, p. 183.
— *Contra* Aubry et Rau, VI, § 568 *quater*, texte et note 13.

([2]) Sur ces divers points, v. Loiseau, *op. et loc. cit.*; Zachariæ, I, § 168, note
39; Aubry et Rau, VI, § 568 *quater*, p. 185; Demolombe, V, n. 472, 473; Laurent,
IV, n. 133; Massonié, *op. cit.*, p. 180 s.; Huc, III, n. 99; Chavegrin, *Note* dans S.,
87. 1. 65. — Rennes, 22 mars 1810, *J. G.*, vᵒ *cit.*, n. 700, S., 10. 2. 255. — Cass.,
27 août 1811, *J. G.*, vᵒ *cit.*, n. 565. — Cass., 2 mai 1822, *J. G.*, vᵒ *cit.*, n. 701. —
Cass., 16 déc. 1861, D., 62. 1. 39, S., 62. 1. 420.

qu'ils tiennent, en cette qualité, de la loi ou du contrat de mariage. Mais, à tous autres égards, la reconnaissance, ou mieux la filiation prouvée par elle, produit ses effets ordinaires. Il en résulte les conséquences suivantes :

1° L'enfant naturel est placé sous la puissance de son auteur ([1]);

2° Il a le droit de porter le nom de celui-ci, sans que les enfants issus du mariage puissent s'y opposer ([2]);

3° Enfin, mais ceci est plus délicat, si l'auteur de l'enfant naturel lui a fait une donation entre vifs, les enfants nés du mariage ([3]) pourront la faire réduire dans les limites fixées par les art. 758 et 759 (arg. art. 908); ils pourront également se prévaloir contre l'enfant légataire de son auteur, de la disposition contenue dans l'al. 2 de l'art. 908. En d'autres termes, nous décidons : 1° que l'enfant pourra recevoir une donation ou un legs de son auteur, et 2° que cette libéralité vaudra comme si elle avait été faite à un enfant naturel reconnu avant la célébration ou après la dissolution du mariage. Ces deux points font cependant l'objet de très graves controverses que nous allons exposer. Deux autres systèmes ont été proposés.

A. Dans une première opinion, soutenue par la presqu'unanimité des auteurs, on admet, comme nous l'avons fait, que l'art. 908 doit recevoir son application à l'espèce. Mais, en combinant ce texte avec les art. 337, 338, 758 et 759 ([4]), on aboutit à des conclusions tout à fait différentes de celle que nous avons présentée. L'art. 338, dit-on, renvoie, pour la détermination des droits des enfants naturels, aux règles édictées dans le titre *Des successions*. Or, aux termes de l'art. 908, les enfants naturels légalement reconnus ne peuvent rien recevoir (par donation entre vifs tout au moins) au delà de ce qui leur est accordé à titre héréditaire. Leur

---

([1]) Cpr. Laurent, IV, n. 134.

([2]) Demolombe, V, n. 471; Laurent, IV, n. 134; Huc, III, n. 99; Massonié, *op. cit.*, p. 179; Planiol, I, n. 2242.

([3]) Le conjoint du donateur ne le pourrait pas (art. 908, modifié par la loi du 25 mars 1896). — Mais ce droit appartiendrait aux autres personnes indiquées en l'art. 908.

([4]) *Nota.* — Les art. 758 et 759 actuels correspondent à l'ancien art. 767.

capacité, en ce qui concerne les donations qui leur sont faites par leurs auteurs, se mesure donc d'après l'étendue de leurs droits héréditaires. Cette règle est applicable à l'enfant reconnu dans les conditions de l'art. 337 (arg. art. 338). Cet enfant ne peut rien réclamer dans la succession de son auteur, quand il se trouve en présence du conjoint de celui-ci ou des enfants issus de son mariage. Par suite, il ne peut rien recevoir de son auteur à titre gratuit, et la libéralité dont il aurait été gratifié par son auteur ne pourrait recevoir son exécution au détriment du conjoint et des enfants issus du mariage (1). On ajoute encore une autre considération (2) : si l'on permet à l'enfant de réclamer, au préjudice des personnes désignées en l'art. 337, l'exécution de la libéralité qui lui a été faite, on accorde à l'auteur de la reconnaissance un moyen indirect et bien simple d'éluder l'art. 337, qui alors deviendra lettre morte. A quoi bon priver l'enfant du droit de succéder à son père ou à sa mère, si celui-ci conserve la faculté de lui donner la part que la loi lui enlève (3) ?

Nous pouvons faire à cette argumentation les réponses suivantes : Tout d'abord, l'art. 908 ne dit pas, comme on le lui fait dire, que l'enfant naturel ne peut rien recevoir au delà de ce qui lui est accordé *à titre de succession,* mais bien « au titre *Des successions* ». Or l'art. 337 est placé dans le titre *De la paternité et de la filiation ;* il ne peut donc être

---

(1) Aubry et Rau, VI, § 568 *quater,* texte et note 3; Demolombe, V, n. 475 *in fine;* Beudant, note, D., 78. 1. 401 ; Labbé, note, S., 79. 1. 337. — Toulouse, 6 mai 1826, *J. G.,* v° *Paternité,* n. 689. — Poitiers, 4 ou 5 mai 1858, D., 59. 2. 122, S., 58. 2. 420. Nous ferons remarquer, dès à présent, que cette argumentation n'est plus absolument exacte depuis la loi du 25 mars 1896. La loi règle bien encore aujourd'hui la capacité des enfants naturels, en ce qui touche les donations qui leur sont faites par leurs auteurs, en tenant compte de la part qui leur est accordée au titre *des Successions.* Mais leur capacité de recevoir par testament est réglée par des principes tout à fait différents. Nous reproduisons néanmoins cette argumentation, telle que nous la trouvons dans les auteurs.

(2) Celle-ci peut être invoquée même depuis la loi du 25 mars 1896, qui lui a cependant, il faut bien le reconnaître, enlevé la plus grande partie de sa force. La loi permet actuellement de donner à l'enfant naturel, par testament, plus que sa part héréditaire (V. l'art. 908, al. 2).

(3) Poitiers, 4 ou 5 mai 1858, *supra.* — Aubry et Rau, *loc. cit.;* Beudant et Labbé, notes citées *supra.*

combiné avec les art. 758 et 759 pour l'application de l'art. 908. Ce dernier texte se réfère uniquement aux art. 758 et 759, qui déterminent, d'une manière générale, les droits héréditaires des enfants naturels. On nous dit bien que l'art. 338 établit la liaison entre les dispositions du titre *De la paternité* et celles du titre *Des successions,* qui doivent, dès lors, être considérées comme constituant un seul système, dont toutes les parties sont solidaires entre elles. Mais est-il vraisemblable qu'en écrivant l'art. 337 les rédacteurs du code civil ont songé à la règle qui devait être établie dans l'art. 908, et qu'en édictant cette dernière règle, ils ont pensé à la combinaison qu'on pourrait en faire avec celle de l'art. 337 ? Cela nous paraît bien peu probable. Dans le doute, il vaut mieux adopter, des diverses solutions possibles, celle qui, tout en respectant les principes généraux de la matière, compromet le moins gravement la situation de l'enfant naturel. Rien ne s'oppose à ce que l'on maintienne, dans la mesure que nous avons indiquée, la donation ou le legs fait à l'enfant naturel reconnu dans les conditions de l'art. 337. Ce texte décide simplement que la reconnaissance ne peut nuire au conjoint ni aux enfants nés du mariage ; en d'autres termes, l'enfant ne peut se prévaloir contre eux des droits attachés à sa filiation. Or, dans l'hypothèse que nous envisageons, l'enfant n'invoque pas un droit dérivant de son état ; il fait valoir un droit qu'il tient de la volonté de son auteur ; il agit, non pas en qualité d'enfant naturel reconnu, mais bien en qualité de donataire ou de légataire ; il se fonde sur une libéralité qui aurait tout aussi bien pu être faite à un étranger, ou que son auteur aurait pu lui faire valablement s'il ne l'avait pas reconnu. Donc l'art. 337 ne s'oppose aucunement à ce que la donation ou le legs reçoive son exécution. C'est ce qui a été décidé formellement par la cour de Nîmes et par la cour de cassation, dont les décisions ont, sur ce point, bouleversé complètement le système admis par la doctrine (¹).

B. Mais dans quelle mesure la donation ou le legs devra-t-

(¹) Nîmes, 6 juin 1877, D., 78. 1. 401. — Cass., 28 mai 1878, D., 78. 1. 401, S., 79. 1. 337. — Allemand, *Du mariage*, II, n. 851 *in fine;* Duranton, III, n. 253, note 1.

il être maintenu ? On a dit que l'enfant naturel doit être considéré comme un étranger. Dès lors, il pourra conserver le
bénéfice de la libéralité à lui faite, non pas seulement dans
les limites tracées par l'art. 908, mais jusqu'à concurrence de
la quotité disponible ordinaire. Ce qui revient à dire que
l'art. 908 doit être complètement écarté. L'enfant naturel ne
peut-il pas dire en effet à ses adversaires : « La reconnaissance dont j'ai été l'objet, ayant été faite dans les conditions
déterminées par l'art. 337, doit être, à votre égard, considérée comme non avenue ; ma situation, dans mes rapports avec
vous, est donc la même que si je n'avais pas été reconnu ; or,
dans cette hypothèse, je pourrais conserver le don ou réclamer le legs qui m'a été fait, dans les limites de la quotité
disponible » ? Il ne paraît pas juste que les adversaires de
l'enfant puissent invoquer contre lui une reconnaissance qu'ils
ne lui permettent pas d'invoquer en sa faveur (¹).

Cette solution, qu'on a prétendu (²) être la conséquence
logique et nécessaire du point de départ admis par nous
(validation de la libéralité faite à l'enfant), nous paraît inadmissible. Puisque la reconnaissance, dans la théorie que
nous avons présentée, prouve pleinement la filiation, il sera
impossible de rechercher judiciairement la filiation de l'enfant,
à l'effet de lui faire appliquer la règle de l'art. 908. La filiation déjà prouvée ne peut être recherchée. Et alors l'enfant
serait mieux traité que s'il n'avait pas été reconnu, ou que s'il
avait été reconnu avant le mariage. Ce résultat est des plus
choquants. Aussi a-t-on proposé le correctif suivant. L'art.
337 contient une règle de faveur pour le conjoint et les enfants issus du mariage. Ils peuvent y renoncer pour s'en
tenir au droit commun. Donc les enfants, tout au moins, dans
l'hypothèse que nous envisageons, peuvent tenir la reconnaissance pour valable et demander qu'on fasse à l'enfant l'application de l'art. 908.

Même ainsi amendé, le système que nous venons d'exposer
nous semble contraire aux principes. Il n'est pas exact, à

_____

(¹) V. en ce sens le rapport de M. le conseiller Connelly, dans S., 79. 1. 340 s.
(²) V. les notes de MM. Beudant et Labbé, citées *supra*.

notre avis, de dire que l'art. 337 frappe la reconnaissancé d'inefficacité. La reconnaissance produit ses effets ordinaires, qui sont de prouver complètement la filiation. La filiation de l'enfant reconnu dans les conditions de l'art. 337 est légalement établie *erga omnes*. Par suite il faut lui faire l'application de l'art. 908, entendu dans le sens que nous avons indiqué. Il en résulte que le conjoint (depuis la loi du 25 mars 1896) ne pourra pas critiquer la libéralité faite à l'enfant. Les enfants issus du mariage pourront se prévaloir de l'incapacité édictée par l'art. 908 (et ce droit appartiendra également aux autres personnes désignées par ce texte).

Nº 2. Des effets de la filiation prouvée dans les conditions déterminées par l'art. 337 à l'égard des personnes autres que celles qui sont indiquées au texte.

721. A l'égard de toutes personnes autres que le conjoint et les enfants issus du mariage, la filiation prouvée dans les conditions de l'art. 337 produit ses pleins et entiers effets. C'est ce qu'indique la partie finale de cet article. Ainsi l'enfant pourrait se prévaloir des droits attachés à sa filiation à l'égard des ascendants ou des collatéraux de son auteur, des enfants nés d'un mariage précédent, de la personne avec laquelle son auteur a contracté mariage postérieurement à la reconnaissance et des enfants issus de cette nouvelle union (¹).

SECTION II

LA RECONNAISSANCE FORCÉE TOMBE-T-ELLE SOUS LE COUP DE L'ART. 337 ?

722. La question doit être envisagée séparément en ce qui concerne la recherche de la paternité et celle de la maternité.

§ I. *De la recherche de la maternité.*

723. D'après une jurisprudence constante, approuvée par la plupart des auteurs, l'art. 337 doit recevoir son application

---

(¹) Loiseau, *op. cit.*, p. 436; Duranton, III, n. 251; Demolombe, V, n. 470; Aubry et Rau, VI, § 568 *quater*, texte et note 5; Laurent, IV, n. 134; Huc, III, n. 99; Vigié, I, n. 570.

à la reconnaissance forcée de la maternité. Mais sous quelles conditions les effets de la filiation judiciairement constatée seront-ils déterminés conformément à l'art. 337? Pour résoudre cette question, faut-il s'en tenir à la date à laquelle le jugement a été rendu? Faut-il, au contraire, s'attacher à la date à laquelle a été rédigé l'écrit qui fournit à l'enfant un commencement de preuve, sans se préoccuper de celle de la sentence? Les deux systèmes ont été consacrés par la jurisprudence, et certains arrêts les ont même admis cumulativement.

724. PREMIER SYSTÈME. Pour que l'art. 337 reçoive son application, il suffit que le jugement qui constate la filiation ait été rendu pendant le mariage, peu importe que le commencement de preuve allégué par l'enfant résulte d'un.écrit antérieur ou postérieur à la célébration (¹).

La jurisprudence et les auteurs qui admettent le principe posé par elle invoquent, pour justifier leur manière de voir, les considérations suivantes :

1° Les effets de la reconnaissance forcée sont les mêmes que ceux de la reconnaissance volontaire. Donc l'art. 337, qui régit les effets de la reconnaissance, doit s'appliquer au cas où la filiation est constatée par un jugement rendu à la suite d'une action en recherche de maternité.

2° Sans doute, l'art. 337 ne vise expressément que la reconnaissance volontaire. Mais, en dehors de l'observation qui vient d'être faite, on peut faire remarquer que ses motifs cadrent parfaitement avec la solution proposée. La loi a craint que la paix du ménage ne fût troublée par la révélation de l'existence d'un enfant naturel, que le conjoint ignorait au moment du mariage. Qu'importe de quelle manière la filiation est prouvée?

(¹) Loiseau, *op. cit.*, p. 437; Delvincourt, I, p. 94, note 10, *in fine ;* Marcadé, sur l'art. 337, n. 7; Valette, *Expl. somm.*, p. 185; Dalloz, *J. G.*, vᵒ *cit.*, n. 693; Massé et Vergé sur Zachariæ, I, § 167, note 43; Aubry et Rau, VI, § 568 *quater*, texte et notes 17 et 18; Demolombe, V, n. 466; Vigié, I, n. 590. — Poitiers, 7 mars 1855, sous Cass., 19 nov. 1856, S., 57. 1. 97. — Cass., 19 nov. 1856, D., 56. 1. 412, S., 57. 1. 97. — Cass., 16 déc. 1861, D., 62. 1. 39, S., 62. 1. 420. — Lyon, 17 mars 1863, *J. G., Suppl.*, vᵒ *cit.*, n. 199, S., 63. 2. 205. — Bordeaux (motifs), 25 mai 1892, D., 94. 2. 50. — Cpr. Dijon, 7 mai 1879, D., 80. 2. 213, S., 79. 2. 195.

3° Enfin, si l'on écartait ici l'application de l'art. 337, on favoriserait des fraudes dont la famille légitime souffrirait. Une femme, qui se marie après avoir eu un enfant d'un autre que de son conjoint, n'aurait qu'à ne pas reconnaître cet enfant, soit avant, soit pendant le mariage. L'enfant, d'accord avec elle, intenterait ensuite contre sa mère une action en recherche de maternité. De cette manière, la foi promise serait violée, et les droits du conjoint et des enfants nés du mariage se trouveraient lésés. On arrive donc à des résultats injustes en écartant l'application de l'art. 337.

Il se peut même qu'on aboutisse, dans ce système, à des conséquences absurdes. Qu'on suppose une femme mariée, contre laquelle un enfant forme une recherche de maternité, qui, par hypothèse, est fondée. Si elle laisse l'action suivre son cours, l'art. 337 ne serait pas applicable. Pour restreindre les droits de son enfant, la femme n'aurait qu'à le reconnaître volontairement avant la sentence. Est-ce conforme à l'intention du législateur ? (¹).

Les arguments que nous venons de développer ont certainement beaucoup de poids. Nous ne croyons pas cependant qu'ils suffisent à justifier le système de la jurisprudence. Même en admettant, ce qui en effet est exact, que les effets de la reconnaissance forcée sont les mêmes que ceux de la reconnaissance volontaire, il n'en résulterait pas que l'art. 337 fût applicable à la filiation constatée judiciairement. En effet l'art. 337, comme nous l'avons montré, établit en réalité une limitation *aux effets ordinaires de la filiation*, et il s'agit de savoir si cette limitation doit être appliquée au cas où la filiation a fait l'objet d'une reconnaissance forcée comme à celui où elle a été reconnue volontairement par un acte authentique. Cet argument écarté, on ne peut se dissimuler que les termes de l'art. 337 ne sont pas favorables à la solution pro-

(¹) L'enfant serait-il admis, dans une pareille hypothèse, à répudier la reconnaissance dont il a été l'objet? Nous ne le pensons pas. L'enfant ne peut prétendre que cette reconnaissance n'a pas été sincère. Il ne peut se plaindre d'avoir été lésé, la femme qui s'est reconnue sa mère n'ayant fait qu'user d'un droit que la loi lui confère. — Cf. sur ce point : Massigli, *Revue crit.*, 1888, p. 644; Huc, III, n. 98; Massonié, *op. cit.*, p. 178. — Pau, 2 juill. 1885, D., 86. 2. 165. — Bordeaux, 25 mai 1892, D., 94. 2. 50.

posée. Ce texte parle d'une reconnaissance « *faite* pendant le mariage *par* l'un des époux », expressions qui semblent bien faire allusion à une reconnaissance volontaire. En appliquant l'art. 337 au cas d'une reconnaissance forcée, on l'étend donc en dehors de ses termes : ce que ne permettent pas les règles ordinaires de l'interprétation, puisqu'il s'agit d'une disposition exceptionnelle. *Exceptio est strictissimæ interpretationis.* L'extension est d'autant moins admissible que le motif de la loi n'existe plus. Peut-on dire qu'il y a ici violation de la foi promise, que l'un des époux a voulu, comme le dit l'exposé des motifs, changer le sort de la famille en y *appelant* des enfants naturels? (¹).

725. DEUXIÈME SYSTÈME. Les décisions de jurisprudence qui appliquent à la reconnaissance forcée la règle de l'art. 337 adoptent en général, soit d'une manière principale, soit à titre subsidiaire, un autre système, qui échappe en partie aux objections que nous avons dirigées contre le premier. On peut en donner la formule suivante : la reconnaissance forcée survenue au profit d'un enfant qu'une femme a eu, avant son mariage, d'un autre que de son conjoint, ne peut nuire, ni à celui-ci, ni aux enfants nés du mariage, lorsque la demande de l'enfant s'appuie sur un commencement de preuve résultant d'écrits postérieurs à la célébration, ou lorsque l'enfant invoque, pour justifier sa prétention, des faits qui se sont passés pendant le mariage. La date du jugement qui constate la filiation n'a donc qu'une importance secondaire. L'art. 337 sera applicable, si la condition ci-dessus indiquée existe, soit que le jugement ait été rendu pendant le mariage (²), soit même qu'il soit intervenu après la dissolution

(¹) Toullier, II, n. 958; Chabot, *Des success.*, sur l'art. 756, n. 7; Duranton, III, n. 255 et 256; Valette sur Proudhon, II, p. 146, note *a;* Ducaurroy, Bonnier et Roustain, I, n. 492; Allemand, *Du mariage*, II, n. 852 et 854; Zachariæ, I, § 167, *in fine;* Demante, II, n. 72 *bis*, IV; Laurent, IV, n. 130; Arntz, I, n. 597; Huc, III, n. 97 s. — Rouen, 20 mai 1829, *J. G.*, v° *cit.*, n. 619. — Trib. Seine, 26 avril 1859, S., 60. 2. 119 (sous Paris, 23 janv. 1860). — Paris, 9 mars 1860, D., 60. 2. 148, S., 60. 2. 237. — Cpr. Dijon, 7 mai 1879, D., 80. 2. 213, S., 79. 2. 195.

(²) Cass., 16 déc. 1861 (motifs), D., 62. 1. 39, S., 62. 1. 420. — Metz, 10 août 1864 (motifs), D , 64. 2. 225, S., 64. 2. 246. — Douai (motifs), 14 déc. 1864, *J. G., Suppl.*, v° *cit.*, n. 299, S., 65. 2. 167. — Caen, 29 janv. 1867 (motifs), S., 68. 2. 86. —

de celui-ci (¹). A l'appui de cette manière de voir, on invoque des considérations dont la gravité ne saurait être méconnue. Il est bien certain, quoique le contraire ait été soutenu parfois, que l'enfant peut alléguer, pour justifier sa
réclamation, un commencement de preuve par écrit ou des
faits datant du mariage. L'art. 337 ne s'y oppose pas (²). Mais
alors ne peut-on pas faire le raisonnement suivant : en écartant ici l'application de l'art. 337, on fournit à la mère, qui a
celé sa maternité à son mari, un moyen bien simple de rendre illusoires les mesures de protection prises par le législateur dans l'intérêt du conjoint et des enfants issus du mariage? Cette femme se gardera bien de reconnaître son enfant,
par un acte authentique, pendant le mariage. Mais elle lui
remettra un écrit, dont l'enfant se servira, soit pendant le mariage, soit après la dissolution de celui-ci, pour établir sa
filiation à l'aide de la preuve testimoniale, ou bien encore,
elle se comportera, pendant son mariage, à l'égard de l'enfant, de telle sorte que les tribunaux, si les conditions de
l'art. 341 se trouvent réunies, ne pourront se dispenser d'accueillir la réclamation de l'enfant. Il y aurait là, en somme,
une reconnaissance déguisée. Or il ne peut être permis de
faire, par un moyen indirect, ce que la loi défend de faire
directement. Cette reconnaissance détournée doit, comme la
reconnaissance expresse, tomber sous le coup de l'art. 337 ;
peu importe du reste la date à laquelle aura été rendue la
décision judiciaire qui constate la filiation de l'enfant (³).

Ces considérations sont certainement très sérieuses. Mais
elles ne nous convainquent pas entièrement. L'art. 337, qui
restreint les effets ordinaires de la filiation, est un texte

Dijon (motifs), 7 mai 1879, D., 80. 2. 213, S., 79. 2. 195. — Grenoble (motifs),
20 nov. 1894, D., 95. 2. 345.

(¹) Lyon, 31 déc. 1835, J. G., vᵒ cit., n. 693, S., 36. 2. 194. — Cass., 17 fév.
1851, D., 51. 1. 113, S., 51. 1. 161. — Lyon, 20 avril 1853, D., 54. 2. 186. — Pau,
28 juin 1864, D., 64. 2. 159, S., 64. 2. 246. — Metz, 10 août 1864, supra. — Douai,
14 déc. 1864, supra. — Grenoble, 20 nov. 1894, supra. — Grenoble, 26 juin 1895,
D., 96. 2. 139. — Cpr. Dijon, 7 mai 1879, supra.

(²) Grenoble, 20 nov. 1894, D., 95. 2. 345 et la note.

(³) Cpr. Allemand, op. cit., n. 854 in fine; Demolombe, V, n. 466, p. 474; Planiol, I, n. 2248.

exceptionnel. Il faut l'interpréter restrictivement et l'on ne
peut étendre sa disposition à un cas autre que celui qu'il
prévoit. Or, l'art. 337 ne vise que l'hypothèse où l'enfant a
été *reconnu* pendant le mariage. Un commencement de
preuve par écrit ou des faits de possession d'état ne constituent pas une reconnaissance. Donc, il est permis d'hésiter
à faire l'application de l'art. 337 au cas où la mère fournit à
l'enfant, pendant le mariage, un écrit qui permettra plus tard
à celui-ci de faire entendre des témoins pour prouver sa
filiation, comme à celui où les faits de possession d'état dont
l'enfant, muni d'un commencement de preuve par écrit, se
prévaut pour justifier sa réclamation, se sont passés pendant
le mariage. Sans doute, nous rendons ainsi la fraude possible, mais la crainte de la fraude est-elle une raison suffisante
pour étendre la disposition d'un texte exceptionnel? (¹).

726. D'ailleurs, quelque opinion que l'on adopte sur les
questions que nous venons de discuter, il paraît certain que
l'art. 337 ne doit pas être appliqué au cas prévu par l'art. 336,
si la mère a confirmé par son aveu, *antérieurement à la célébration de son mariage,* l'indication de sa maternité faite
dans l'acte de reconnaissance par un homme, autre que son
mari, qui s'est reconnu le père de l'enfant. Il importerait peu
que l'existence de cet aveu n'eût été judiciairement constatée
que pendant le mariage. L'aveu de la mère, dans les conditions de l'art. 336, équivaut à une reconnaissance, dans l'interprétation que nous avons présentée. L'art. 337 ne sera
donc applicable que si l'aveu a été donné par la mère au
cours de son mariage (²).

§ II. *Recherche de la paternité.*

727. En matière de recherche de la paternité, nous ne
rencontrons pas les mêmes difficultés, l'art. 340 n'exigeant
pas que la prétention de l'enfant soit rendue vraisemblable
par un commencement de preuve écrite. Aussi nous décide-

(¹) Laurent, IV, n. 135. — Paris, 17 juil. 1841, *J. G.,* v° *cit.,* n. 620. — Cpr.
Limoges, 4 avril 1848, D., 49. 2. 39, S., 48. 2. 375.
(²) Aubry et Rau, VI, § 568 *quater,* p. 187.

rons, sans aucune hésitation, que l'enfant pourra toujours invoquer les effets de la filiation à l'encontre de toute personne, quelle que soit l'époque à laquelle cette filiation a été constatée (¹). Cette solution est admise même par certains auteurs qui ne partagent pas notre manière de voir en ce qui touche la recherche de la maternité (²). Pour justifier la distinction qu'ils proposent, ils argumentent soit de ce que l'art. 337 précède l'art. 340, dans la série des articles du code, soit surtout de ce que ce dernier texte organise la réparation d'un délit ou d'un quasi-délit et qu'il faut que la fortune du mari soit atteinte par la recherche de la paternité, comme elle répondrait des délits ou des quasi-délits commis par celui-ci. Mais ces arguments sont d'une faiblesse extrême et ne justifient en aucune manière les différences que l'on prétend exister, au point de vue de l'application de l'art. 337, entre la recherche de la maternité et celle de la paternité.

CHAPITRE IV

DE LA LÉGITIMATION DES ENFANTS NATURELS

728. La légitimation est un bienfait de la loi en vertu duquel un enfant conçu en dehors du mariage est élevé de plein droit et sans qu'il soit besoin d'une manifestation spéciale de volonté, au rang des enfants légitimes, par le mariage que ses père et mère contractent ensemble, soit avant, soit après sa naissance. Pour que le mariage procure à un enfant naturel le bénéfice de la légitimation, certaines conditions sont exigées par la loi. Ces conditions varient suivant que le mariage est célébré alors que l'enfant est simplement conçu ou qu'il a lieu postérieurement à la naissance de celui-ci. Il y a donc (si l'on admet du moins l'interprétation que nous avons proposée de l'art. 314) deux sortes de légitimation, qui ne

(¹) Duranton, III, n. 256; Valette sur Proudhon, II, p. 146, note *a*; Allémand, *op. cit.*, n. 852 s.; Dalloz, *J. G.*, v° cit., n. 694; Arntz, I, n. 597, *in fine.* — *Contra :* Marcadé, sur l'art. 337, n. 7; Massé et Vergé sur Zachariæ, I, § 167, note 43; Demolombe, V, n. 466; Baret, *op. cit.*, p. 86; Vigié, I, n. 590.

(²) Dalloz, *op. et loc. cit.*

sont pas, à tous égards, soumises aux mêmes règles : 1° la légitimation des enfants simplement conçus et 2° celle qui s'applique à des enfants déjà nés au moment où leurs parents contractent mariage ensemble.

729. La légitimation des enfants naturels par le mariage subséquent n'est pas une création du code civil. Il l'a empruntée au droit romain et à la législation canonique. C'est ce qui reste aujourd'hui d'un ensemble d'institutions qui avaient pour but de relever la condition juridique des enfants conçus hors mariage.

Ce qui caractérise la famille romaine, c'est que les membres d'un même groupe familial sont unis entre eux, moins par la communauté de sang et d'origine, que par le lien d'une puissance commune. Les divers modes de légitimation admis en droit romain dérivent de cette idée fondamentale. Ils tendent à faire passer un enfant conçu en dehors des *justæ nuptiæ* sous la *patria potestas* de son père ou du *pater familias* de celui-ci. Ils s'appliquent tantôt à des enfants issus d'un simple mariage du droit des gens, tantôt à des enfants qui sont nés d'un concubinat.

Les premiers modes de légitimation que nous rencontrons dans l'histoire du droit romain présentent ce caractère commun d'être des institutions de droit public et de droit privé tout ensemble. Ils ont été institués pour des enfants qui ne sont pas tombés, au moment de leur naissance, sous la puissance de leur père, parce que celui-ci ou eux-mêmes ne jouissent pas du droit de cité romaine. La *patria potestas* et l'*agnatio* sont des institutions du *jus civile*. Elles supposent que le père et l'enfant sont tous deux investis du *jus civitatis*. Par l'acquisition de la *civitas romana*, postérieurement à sa naissance, l'enfant tombe ou du moins peut tomber sous la puissance de son père; il devient le parent de celui-ci aux yeux de la loi civile et acquiert l'aptitude à lui succéder en qualité d'héritier sien. Il y a là une sorte de légitimation dans le sens large du mot. Mais cette légitimation est la conséquence directe ou indirecte de l'acquisition du *jus civitatis*. Elle se produit dans le cas où un pérégrin obtient la concession du droit de cité, dans celui où la cité romaine est conférée à un Latin à raison des fonctions qu'il a gérées et dans les deux hypothèses désignées sous les noms de *causæ probatio* et d'*erroris causæ probatio*.

Ces divers procédés de légitimation, qui d'ailleurs ont, pour la plupart, disparu au Bas Empire, par suite des changements apportés dans la classification des personnes, ne ressemblaient guère à la légitimation, telle que nous sommes habitués aujourd'hui à la concevoir. La légitimation, sous son aspect actuel, n'apparaît que dans le droit du Bas Empire. Elle se présente sous trois formes qui ont été organisées, non plus pour des enfants issus d'un mariage du droit des gens, mais pour les *liberi naturales* proprement dits, c'est-à-dire pour les enfants issus du concubinat. Ce sont : la légitimation par oblation à la curie, la légitimation par le mariage subséquent et la légitimation par rescrit.

En attachant au mariage contracté par les père et mère d'un enfant naturel l'effet de légitimer celui-ci, les empereurs chrétiens agirent sous l'influence des doctrines propagées par le christianisme. Le concubinat était vu par l'Église avec défaveur; les enfants qui en naissaient étaient considérés comme entachés d'une souillure morale. Aussi, pour encourager l'homme et la femme qui vivaient en concubinat à régulariser leur union, le législateur leur offrit, en quelque sorte en prime, le relèvement de la condition morale et juridique de leurs enfants. Une considération très grave le fit cependant hésiter. Il redouta que la perspective de cette espèce d'amnistie, effaçant la tache dont les enfants étaient souillés, n'allât précisément contre le but qu'il se proposait, et ne constituât un encouragement aux unions irrégulières. Il a fallu une expérience de deux siècles pour que la légitimation des enfants nés du concubinat s'introduisît à titre définitif dans la législation romaine. Admise d'abord par Constantin, puis, cent cinquante ans plus tard, par Zénon, en faveur seulement des enfants déjà nés au moment de la promulgation de leur édit, offerte par Anastase, en 517, aux concubins comme un moyen de relever la condition de leurs enfants nés et à naître, supprimée en 519 par Justin, qui, en même temps, et par les mêmes motifs, prohibait l'adoption par leur père des enfants nés *ex concubinatu,* elle fut enfin établie, non plus comme un procédé de liquidation, mais comme une mesure perpétuelle et définitive, par Justinien dans l'année 529. Cet empereur réglementa l'institution d'une manière plus complète que ne l'avaient fait ses prédécesseurs (¹).

Justinien organisa également un autre mode de légitimation applicable aux *liberi naturales* : c'est la légitimation par rescrit du prince (²). Il se pouvait que le mariage fût impossible entre les deux concubins, à raison d'un obstacle naturel (mort de la mère), moral (indignité personnelle de celle-ci), ou juridique (survenance d'un empêchement de mariage après la conception de l'enfant). Dans ces divers cas, Justinien permit au père de solliciter de l'empereur un rescrit concédant à ses enfants le bénéfice de la légitimité. La légitimation par rescrit, venant suppléer la légitimation par mariage, était soumise à des conditions plus rigoureuses que celle-ci. Mais elle produisait les mêmes effets : l'enfant était assimilé, sans rétroactivité, aux enfants nés *ex justis nuptiis.* La requête pouvait être adressée à l'empereur, soit par le père lui-même, soit par l'enfant, après le décès du père; dans cette dernière hypothèse, il fallait que le père en eût exprimé le vœu dans son testament. La légitimation par testament n'est donc au fond qu'une variante de la légitimation par rescrit.

Quant à la légitimation par oblation à la curie, produit de l'état de misère et d'oppression qui marque le Bas Empire, elle fut introduite en 448 pour aider au recrutement des curies, dont la source avait été tarie par les charges exorbitantes qui pesaient sur les curions (³). Elle dut disparaître avec les causes qui en avaient amené la création. Elle figure dans la loi romaine des Wisigoths (⁴). Une des formules de l'*appendice de Marculf* la signale encore (⁵). Mais, au viii° siècle, il n'en est plus question.

Les trois procédés de légitimation dont nous venons de

(¹) L. 5, 6, 10, 11, C. Just., V, 27. — Inst., I, X, § 13. — Nov. 89, c. 8.
(²) Nov. 74, c. 1, 2; Nov. 89, c. 9, 10.
(³) L. 3, C. Just., V, 27.
(⁴) Hænel, *Lex rom. Wisig.*, p. 270.
(⁵) Rozière, *Rec. génér.*, 1ʳᵉ partie, p. 317, n. 261.

parler étaient applicables seulement aux enfants nés *ex concubinatu*. Ils ne s'étendaient pas aux *spurii* ou *vulgo concepti*. La raison en est que, seuls, les premiers avaient une filiation paternelle certaine, le père étant désigné par une présomption légale analogue à celle qui était admise en matière de légitimité. Les enfants *vulgo quæsiti*, au contraire, fruits d'une union passagère, d'un rapprochement momentané, n'avaient pas de père légalement connu. Le droit romain, comme nous l'avons vu, n'admettait, ni la reconnaissance, ni la recherche de la paternité illégitime.

Du droit romain, la légitimation a passé dans le droit canonique. Son domaine, dans cette dernière législation, s'est singulièrement agrandi. Nous voyons apparaître un principe nouveau : celui de la reconnaissance des enfants illégitimes. Dès lors, la légitimation est susceptible de s'appliquer, non seulement à ceux dont les parents ont eu ensemble des relations habituelles, mais aussi aux *vulgo concepti*, dont la filiation paternelle put désormais être légalement établie. Notre ancien droit civil a consacré les institutions canoniques, non pas, dit Pothier, en parlant spécialement de la légitimation par mariage (¹), par l'autorité des décrétales en elles-mêmes, mais pour des raisons d'équité.

La légitimation, dans le droit canonique et dans notre ancienne jurisprudence, peut se faire par rescrit du pape ou du prince, ou par le mariage subséquent des père et mère de l'enfant.

L'histoire de la légitimation par rescrit du pape est fort intéressante. Le premier exemple nous en est fourni par le pape Innocent III, qui conféra la légitimation aux bâtards adultérins de Philippe-Auguste (²). Peu après, le pape fut sollicité par Guillaume, comte de Montpellier, d'accorder le même bénéfice à ses enfants adultérins. Innocent III refusa d'accéder à la requête, alléguant que, sur les terres dont il n'était pas le souverain temporel, il ne lui appartenait, en sa qualité de chef de l'Église, que le pouvoir de relever de la

(¹) *Contrat de mariage*, n. 412.
(²) Viollet, *Précis de l'hist. du dr. franç.*, II, p. 399; Merlin, *Rép.*, v° *Légitimation*, sect. III, § 1. — Décrétales de Grégoire IX, IV, XVII, 13.

bâtardise *ad spiritualia*, et que le requérant, vassal et subordonné du roi, était soumis à l'autorité de celui-ci et ne pouvait s'adresser à une puissance étrangère. C'est mû par un scrupule de conscience, ajoute le pape, que le roi Philippe-Auguste avait sollicité du Saint-Siège la légitimation de ses enfants; mais sa qualité de souverain lui permettait de leur conférer lui-même ce bénéfice. La prudente réserve d'Innocent III ne fut pas toujours imitée par ses successeurs. Aux xv° et xvi° siècles, on voit la chancellerie romaine délivrer des rescrits de légitimation *ad temporalia* ou déléguer aux légats le pouvoir de légitimer les bâtards. Les Parlements réagirent contre ces empiètements de la papauté. En vérifiant les bulles d'investiture des légats, ils ne manquaient pas de spécifier que le pouvoir de légitimer qui leur était conféré devait être restreint seulement aux effets spirituels (¹). Telle est la doctrine que formule l'art. 21 des *libertés de l'église gallicane* de Pierre Pithou : « Le pape ne peut légi-
» timer bâtards et illégitimes pour les rendre capables de
» succéder et leur être succédé, ni pour obtenir offices et
» états séculiers en ce royaume; mais bien les dispenser
» pour être pourvus aux ordres sacrés et bénéfices ».

C'est donc au souverain temporel seul qu'appartient le pouvoir de délivrer des lettres de légitimation. Investi du pouvoir législatif, il peut modifier les effets produits par la loi et relever les bâtards des incapacités dont elle les frappe. Dès lors, il peut légitimer même les bâtards incestueux ou adultérins. L'existence d'enfants légitimes n'est pas un obstacle à cette légitimation; elle peut être accordée même lorsqu'il n'existe aucun obstacle, moral, juridique ou matériel, au mariage entre les père et mère de l'enfant. Enfin, il arrivait souvent que le rescrit de légitimation ne nommât qu'un seul des deux auteurs, généralement le père. C'est ainsi que Louis XIV procéda, lorsque, faisant à ses propres enfants l'application du droit commun, il légitima les bâtards qu'il avait eus de Mme de Montespan. Les lettres pouvaient du reste être sollicitées soit par le père, soit par l'aïeul, soit

_____

(¹) V. un arrêt de Toulouse du 25 mai 1462, cité par Papon, liv. V, tit. V, art. 1.

même par les parents collatéraux de l'enfant (¹). Pour que la
légitimation accordée par rescrit produisît ses effets, il fallait
que les lettres fussent entérinées en justice. Quels étaient ces
effets ? Il paraît certain que le bâtard était relevé des diverses incapacités dont il était frappé par le droit public et par
le droit privé (²). Mais, par elle-même, la légitimation ne
conférait pas au bâtard le droit de succéder à ses parents,
ni à ceux-ci le droit de recueillir sa succession. Il n'en était
autrement que si les parents avaient consenti à la légitimation (³). Certains auteurs exigeaient même, pour que l'enfant
eût le droit de succéder à celui qui avait adhéré à sa légitimation, que les héritiers eux-mêmes du *de cujus* y eussent
consenti. En résumé, par elle-même, la légitimation par
lettres produisait des effets très restreints. C'est la raison
pour laquelle les rédacteurs du code n'ont pas cru devoir la
maintenir. (⁴). On peut le regretter. La légitimation par
décret, à la condition d'en réglementer les conditions, pourrait fonctionner avantageusement, dans les cas où la légitimation par le mariage subséquent est rendue impossible par
la mort de la mère (⁵).

La légitimation par le mariage subséquent des auteurs de
l'enfant, seule conservée par le code, était justifiée par les
canonistes de la manière suivante : il faut supposer que
lorsque deux personnes entre lesquelles le mariage était permis, ou qui pouvaient se marier en vertu d'une dispense
facile à obtenir, ont eu ensemble un commerce charnel,
elles avaient dès lors l'intention de contracter mariage ensemble ; leurs relations doivent être considérées comme une
anticipation du mariage qu'elles projetaient et que, depuis,
elles ont contracté ; et, par suite, il faut traiter les enfants
nés de leur commerce comme des fruits anticipés de ce ma-

(¹) Merlin, *Rép.*, v° *Légitimation,* sect. III.
(²) Merlin, *loc. cit.*
(³) Merlin, *loc. cit.*
(⁴) Bigot-Préameneu, *Exp. des motifs* (Locré, VI, p. 211); Duveyrier, *Discours* (Locré, VI, p. 312).
(⁵) Certaines législations ont conservé ce mode de légitimation : codes civils
allemand, §§ 1723-1740; italien, art. 198 s.; espagnol, art. 120, 125 à 128 ; néerlandais, art. 329 s.

riage (¹). « Tanta est vis matrimonii, dit le décret d'Alexan-
» dre III (ch. VI, *ext. qui filii sint legitimi*), ut qui antea
» sunt geniti, post contractum matrimonium legitimi habean-
» tur ». Des considérations puissantes d'équité firent adopter
l'institution dans toute la France, où elle devint de droit
commun (²). Elles justifient le maintien dans nos lois de la
légitimation par le mariage (³). En offrant aux parents comme
présent de noces la légitimation de leur enfant, le législateur
a voulu les inviter à transformer leur concubinage en un mariage légitime. Système assurément préférable à celui de la
législation anglaise, qui, dans la crainte apparemment de favoriser le concubinage en permettant aux concubins d'en réparer
les conséquences, interdit la légitimation des enfants naturels.
La passion ne calcule pas, et l'expérience a prouvé qu'il ne
suffit pas de déclarer une faute irréparable pour empêcher
qu'elle ne soit commise. Bien plus sage est le législateur qui,
comptant avec la faiblesse humaine, autorise la réparation
de fautes que les prohibitions les plus sévères seront toujours
impuissantes à prévenir.

SECTION PREMIÈRE

QUELS ENFANTS PEUVENT ÊTRE LÉGITIMÉS

730. « *Les enfants nés hors mariage, autres que ceux nés*
» *d'un commerce incestueux ou adultérin, pourront être légi-*
» *timés par le mariage subséquent de leurs père et mère,*
» *lorsque ceux-ci les auront légalement reconnus avant leur*
» *mariage, ou qu'ils les reconnaîtront dans l'acte même de*
» *célébration* ». De l'al. 1 de l'art. 331, dont nous venons de
transcrire la disposition, il résulte que seuls les enfants naturels simples peuvent être légitimés, mais que tous les enfants
appartenant à cette catégorie peuvent, sans aucune distinction,
jouir du bénéfice de la légitimation. Il ne faut donc pas dire,
comme le font certains auteurs, qui reproduisent trop fidèle-

---

(¹) Pothier, *op. cit.*, n. 409.
(²) Pothier, *op. et loc. cit.*
(³) Bigot-Préameneu, *Exposé des motifs* (Locré, VI, p. 206); Lahary, *Rapport*
(Locré, VI, p. 259 s.); Duveyrier, *Discours* (Locré, VI, p. 312).

ment une formule empruntée au droit romain et à notre ancien droit ([1]), que la légitimation est possible en faveur des seuls enfants dont les père et mère pouvaient contracter mariage lors de la conception ([2]), car il résulterait notamment de cette formule que l'enfant conçu par une jeune fille mineure de quinze ans ne pourrait pas être légitimé par le mariage subséquent de sa mère, conséquence évidemment contraire au texte de la loi. L'art. 331 n'exclut du bénéfice de la légitimation que les enfants adultérins ou incestueux. Donc tous les autres enfants naturels peuvent être légitimés ([3]).

La règle posée par l'art. 331 est générale; elle s'applique à toutes les hypothèses de légitimation. Dès lors, il faut l'appliquer non seulement aux enfants dont la naissance est antérieure à la célébration du mariage de leurs parents, mais aussi à ceux qui étaient simplement conçus lors du mariage de leurs auteurs (*supra,* n. 519 et 520).

Pour savoir si un enfant est adultérin ou incestueux, il faut se reporter à l'époque de sa conception. Donc, l'enfant sera légitimé par le mariage, contracté en vertu de dispenses, alors même que, *postérieurement à sa conception,* il serait survenu entre ses deux auteurs un empêchement de mariage, fondé sur l'alliance; et inversement, l'enfant ne sera pas légitimé, si l'un de ses père et mère, marié au temps de la conception, s'est trouvé libre au moment de la naissance, par suite de la dissolution de son mariage. Cette dernière solution était controversée dans l'ancien droit; certains auteurs soutenaient qu'il suffisait que les père et mère fussent libres au temps de la naissance ([4]). Leur opinion, bien que très favorable à l'enfant, était combattue par Pothier ([5]) et

([1]) *Instit. Just.*, I, X, 13; Pothier, *Contrat de mariage*, n. 411, 414 s.

([2]) Duranton, III, n. 170. — Cpr. Duveyrier, *Discours* (Locré, VI, p. 313). — C. civ. espagnol, art. 119.

([3]) V. Loiseau, *op. cit.*, p. 285; Aubry et Rau, VI, § 546, p. 69; Demolombe, V, n. 345; Laurent, IV, n. 179; Huc, III, n. 64. — Cpr. Douai, 6 juin 1851, D., 52. 2. 221, S., 51. 2. 753. — Rennes, 8 mars 1882, D., 84. 1. 385. — C. civ. portugais, art. 119, 122, 133 cbn.; italien, art. 195; néerlandais, art. 327.

([4]) V. les auteurs cités par Fachinaeus, *Controv.*, liv. III, ch. L. — *Adde* : Bretonnier sur Henrys, III, liv.VI, ch. V, p. 782; Lebrun, *Tr. des succ.*, liv. I, ch. II, sect. I, dist. 1, n. 8.

([5]) *Contr. de mar.*, n. 417; *Succ.*, ch. I, sect. II, art. 3, § 5, quest. 1.

il est certain qu'elle a été répudiée par les rédacteurs du code ([1]). Cela résulte très formellement de notre article, qui déclare la légitimation impossible pour les enfants « *nés d'un* COMMERCE *adultérin ou incestueux* » ([2]).

Il ne nous paraît pas douteux que, pour déterminer l'époque de la conception, il faille appliquer la présomption établie par les art. 312 et s., relatifs à la filiation légitime, en calculant les délais de la manière la plus favorable à l'enfant. Ce dernier pourra donc réclamer le bénéfice de la légitimation, pourvu qu'à un moment quelconque de la période pendant laquelle sa conception a pu avoir lieu, d'après la présomption légale, ses père et mère se soient trouvés libres de tout lien produisant entre eux un empêchement de mariage ([3]).

Peu importe que l'un des deux auteurs, ou même tous les deux, aient été de bonne foi lors de la conception de l'enfant. Leur bonne foi n'empêche pas que le commerce dont l'enfant est issu n'ait été entaché d'inceste ou d'adultère. Or le texte est formel et ne comporte aucune réserve. La solution contraire, bien qu'elle ait été enseignée dans l'ancien droit ([4]), ne doit donc pas être admise sous l'empire de notre code ([5]).

Ce n'est point d'ailleurs à l'enfant, qui se prétend légitimé, à prouver qu'il n'est pas né d'un commerce incestueux ou adultérin. Il lui suffit de reproduire, pour démontrer sa légitimité, l'acte de célébration du mariage de ses parents, appuyé, s'il y a lieu, d'un acte de reconnaissance; c'est à ses adversaires qu'incombe la charge de la preuve ([6]).

---

[1] V. cependant Duveyrier, *Discours* (Locré, VI, p. 313).

[2] Loiseau, *op. cit.*, p. 278 s.; Toullier, II, n. 916-917; Richefort, II, n. 216; Marcadé, sur l'art. 331, n. 3; Demolombe, V, n. 346; Aubry et Rau, VI, § 546, texte et note 17; Laurent, IV, n. 174; Huc, III, n. 63. — Trib. du Hâvre, 23 mai 1838, *J. G.*, v° *Paternité*, n. 453, S., 40. 2. 463. — Cass., 25 juin 1877, D., 78. 1. 262.

[3] Aubry et Rau, VI, § 546, texte et note 18; Demolombe, V, n. 351; Vigié, I, n. 592. — Trib. du Hâvre, 23 mai 1838, *supra*. — *Contra* Laurent, IV, n. 174, *in fine*. — Cpr. Dijon, 29 août 1818, *J. G.*, v° *cit.*, n. 719 (sous Cass., 10 nov. 1819), S., 19. 2. 153.

[4] V. sur ce point Pothier, *des Succes.*, ch. I, sect. 2. art. 3, § 5, quest. 1. — *Contrat de mariage*, n. 416; d'Aguesseau, *47° plaid.*

[5] Demolombe, V, n. 349 et 350. — Cpr. Dalloz, *J. G.*, v° *cit.*, n. 458 et 459.

[6] Bruxelles, 19 janv. 1813, *J. G.*, v° *cit.*, n. 457. — Cass., 18 mai 1820, *J. G.*, *ibid.*

731. L'art. **331** prohibe en termes formels, nous venons de le voir, la légitimation des enfants nés d'un commerce incestueux. Le texte est bien clair, et cependant une controverse très vive s'est élevée sur le point de savoir si les enfants issus du commerce de deux personnes parentes ou alliées au degré où le mariage est prohibé sont légitimés par le mariage subséquent que leurs auteurs contractent avec dispenses [1]. Pour soutenir que ces enfants jouissent du bénéfice de la légitimation, on fait valoir les considérations suivantes.

On invoque tout d'abord la tradition historique. La légitimation s'est introduite dans notre droit civil sous l'influence de la législation de l'Eglise; d'autre part, c'est également au droit canonique que la théorie des dispenses a été empruntée. L'autorité de la législation canonique est donc prépondérante en cette matière. Or elle admettait que la légitimation avait lieu dans l'hypothèse qui nous occupe. C'était la conséquence de l'effet rétroactif attaché aux dispenses, qui mettaient les époux et l'enfant dans la même situation que s'il n'avait jamais existé d'empêchement de mariage. Le mariage lui-même était censé contracté avec rétroactivité; les canonistes considéraient qu'il avait été dans le vœu des deux parties au jour où elles avaient noué ensemble leurs relations illicites. Telle était du moins la doctrine qui était généralement admise [2]. Rien, dans les travaux préparatoires du code civil, n'autorise à penser que notre législateur ait entendu la répudier. Le texte de l'art. 331, il est vrai, semble contraire à cette manière de voir. Mais, il est au moins douteux que la rédaction qui a été définitivement adoptée corresponde exactement à la pensée des auteurs du code civil. Le projet de l'art. 331 était ainsi conçu : « Les enfants nés hors mariage *d'un père et d'une mère libres* pourront être légitimés » [3]. Cette rédaction, qui n'ex-

---

[1] Une question semblable se pose au sujet des enfants qui, conçus avant, sont nés depuis la célébration du mariage de leurs parents et qui sont déclarés légitimes par l'art. 314. Nous l'avons examinée *supra*, n. 519.

[2] Voët, XXV, tit. VII, n. 9; Furgole, *Des testaments*, ch. VI, sect. II, n. 178; Lebrun, *op. cit.*, liv. I, ch. II, sect. I, dist. 1, n. 10 à 12; Bourjon, *Dr. comm. de la France*, liv. I, tit. III, ch. VI, sect. II, n. 19. — V. cep. la note de M. Beudant, D., 67. 1. 5.

[3] Fenet, X, p. 45.

cluait pas la légitimation des enfants incestueux, fut adoptée
après une discussion sérieuse. Un autre article du projet, relatif à la reconnaissance des enfants naturels, contenait une formule analogue ; il permettait de même la reconnaissance des
enfants nés d'*un commerce libre*. La section de législation du
Tribunat ne fit aucune observation sur la disposition qui
concernait la légitimation, mais, sur l'article relatif à la
reconnaissance, elle demanda que le projet fût remanié de
manière à interdire la reconnaissance des enfants incestueux,
comme celle des enfants adultérins. Bigot-Préameneu modifia
en ce sens le texte correspondant à l'art. 335 et il prit sur lui
d'introduire le même changement dans celui qui est devenu
l'art. 331. Les articles ainsi corrigés furent adoptés sans
aucune discussion. Il résulte de cet historique que la rédaction actuelle de l'art. 331 est due en quelque sorte à une
surprise, et que dès lors il ne faut pas attacher une trop
grande importance à la disposition qu'il contient. Ce n'est
pas, d'ailleurs, le seul exemple qu'on puisse signaler dans
le code de texte incorrect ou inutile. L'art. 331 en fournit
lui-même une preuve certaine. Il nous dit que les enfants
nés d'un commerce adultérin ne peuvent être légitimés ;
prescription bien inutile, puisque la légitimation suppose
une reconnaissance préalable et que, d'après l'art. 335, les
enfants adultérins ne peuvent pas être reconnus. On ajoute
que, même en le prenant à la lettre, l'art. 331 ne contredit
pas la solution que nous exposons. Il dispose que les enfants
incestueux ne peuvent pas être légitimés ; mais nulle part la
loi n'a défini l'inceste ; il est possible que les rédacteurs du
code n'aient considéré comme incestueux que les enfants nés
de deux personnes entre lesquelles il existe un lien de parenté ou d'alliance produisant un empêchement de mariage
non susceptible d'être levé par une dispense. Au point de
vue de l'art. 331, tout au moins, le commerce établi entre un
homme et une femme parents au degré prohibé n'est pas un
commerce incestueux, lorsqu'une dispense en vue du mariage a été accordée. La dispense produit un effet rétroactif
qui fait disparaître le vice qui affectait ces relations. D'ailleurs, l'existence d'un enfant que les parents désirent légiti-

mer n'est-elle pas la cause la plus grave qui puisse être invoquée pour motiver une dispense? L'humanité, les intérêts de la société et ceux de l'enfant, ne commandent-ils pas que l'on fasse jouir l'enfant du bénéfice de la légitimation? Si l'on autorise le mariage des parents, si la loi sanctionne leur union, est-il admissible que l'enfant qui en est issu reste à jamais flétri? Qu'on suppose, disait M. Dupin à la chambre des députés (¹), que des enfants naissent ensuite du mariage. « On verrait ces enfants, nés du même père et de la même mère, dans la même maison, à la même table, et en présence des premiers qui n'auraient ni état, ni droit, ni partage. Et à moins que les père et mère ne voulussent punir ces derniers d'un crime qui ne serait pas le leur, en les chassant du toit paternel, il faudrait que le même foyer recueillît des enfants légitimes et des enfants incestueux! » Ces considérations ont convaincu un certain nombre d'auteurs et entraîné la jurisprudence. La cour de cassation juge, d'une manière constante, que les enfants dont il s'agit sont légitimés par le mariage subséquent de leurs auteurs (²). Dans son dernier arrêt sur la question, on lit : « Attendu qu'il résulte des » termes et de l'esprit de l'art. 331 que la prohibition de » légitimer par mariage subséquent les enfants incestueux ne » s'applique qu'aux enfants *nés de personnes entre lesquelles* » *le mariage est absolument interdit,* ou qui n'ont pas obtenu » du gouvernement l'autorisation de le contracter ».

La simple lecture de cet attendu fait ressortir avec évidence la faiblesse du système consacré par la cour de cassa-

---

(¹) Séance du 29 janvier 1832, *Moniteur* du 30 janvier et S., 33. 2. 82.

(²) En ce sens, Toullier, II, n. 932 et 933; Magnin, *Des minorités*, I, n. 255; Loiseau, *op. cit.*, p. 262; Richefort, II, n. 225; Allemand, *Du Mariage*, II, n. 651-654; Pont, *Revue de législ*, 1838, VIII, p. 150; Moreau, *Note* dans S., 67. 1. 49; Pinard, *Conclusions* sous l'arrêt contraire de Douai, 1ᵉʳ juillet 1864, D., 64. 2. 123. — Cpr. Vigié, I, n. 592. — Grenoble, 8 mars 1838, *J. G.*, vᵒ *Paternité*, n. 460, S., 38. 2. 145. — Trib. de Prades, 5 mai 1847, D., 47. 3. 190. — Paris, 14 juin 1858, D., 58. 2. 151, S., 59. 2. 213. — Amiens, 14 janv. 1864, D., 64, 2. 121, S., 64. 2. 11. — Cass., 22 janv. 1867 (3 arrêts), D., 67. 1. 5, S., 67. 1. 49 s. — Paris, 20 juill. 1867, D., 67. 2. 105, S., 67. 2. 312. — Aix, 22 août 1867, S., 68. 2. 278. — Douai, 29 mars 1873, D., 73. 2. 173. — Cass., 27 janv. 1875, D., 74. 1. 216, S., 74. 1. 108. — Rennes, 17 juin 1879, D., 80. 2. 5. — Cpr. C. civ. espagnol, art. 119; néerlandais, art. 328.

tion. L'art. 331 signifierait que les enfants issus du commerce
d'un père avec sa fille ou d'un frère avec sa sœur ne pourront pas être légitimés par le mariage subséquent de leurs
auteurs ! Mais, en interprétant ainsi l'art. 331, on prête au
législateur une naïveté, pour ne pas dire une niaiserie. Comprend-on que le législateur soit venu nous dire que deux
personnes, *qui ne peuvent en aucun cas se marier ensemble*,
ne pourront pas légitimer leurs enfants par leur mariage ?
Sous peine de reconnaître que l'art. 331, en tant qu'il parle
des enfants incestueux, n'a pas de sens, il faut donc nécessairement interpréter ce texte comme signifiant que les enfants issus d'un commerce incestueux ne seront pas légitimés
par le mariage que leurs auteurs pourront contracter plus
tard avec dispenses. On essaie bien, dans le système adverse,
d'expliquer la naïveté qu'on prête au législateur en invoquant
l'historique de la rédaction. Mais une pareille explication est
inadmissible. Si, comme on le prétend, Bigot-Préameneu a
complètement changé la solution qui avait été adoptée, en
introduisant, de sa propre initiative et en quelque sorte furti-
vement, dans l'art. 331, une modification qui avait été votée
uniquement pour l'art. 335, comment peut-on supposer que
personne ne s'en soit aperçu ? Si encore la question était
absolument nouvelle, une inadvertance aussi forte se comprendrait à la rigueur. Mais la question n'était pas neuve.
Elle avait été discutée dans l'ancien droit, et les rédacteurs
du code n'ignoraient certainement pas les discussions auxquelles elle avait donné lieu. Il est donc bien plus vraisemblable que Bigot Préameneu s'est borné, en modifiant la rédaction de l'art. 331, à mettre celle-ci d'accord avec celle qui
avait été en définitive arrêtée pour l'art. 335. On avait décidé
que les enfants incestueux ne pourraient pas être reconnus ;
la conséquence logique était qu'ils ne pourraient pas non plus
être légitimés. A cette explication bien simple, on objecte
que, dans notre système, si l'art. 331 ne contient pas une
naïveté, il est tout au moins inutile. Étant donné que l'art.
335 proscrit la reconnaissance des enfants incestueux, pourquoi dire expressément qu'ils ne pourront être légitimés ? La
réponse est aisée. Les rédacteurs du code ont voulu qu'aucun

doute ne subsistât sur la possibilité de légitimer les enfants nés d'un commerce adultérin ou incestueux et ils ont insisté sur ce point. Ce que la rédaction primitive de l'art. 331 disait des enfants issus d'un commerce adultérin, le texte définitif le dit aussi pour les enfants incestueux. D'ailleurs, la disposition de l'art. 331 n'est peut-être pas aussi inutile qu'on veut bien le dire. Si elle n'a guère d'intérêt en ce qui concerne les enfants déjà nés au moment du mariage qui les légitime, elle est au contraire très utile lorsqu'il s'agit des enfants qui, à ce moment, sont simplement conçus. Si l'on accepte en effet l'interprétation que nous avons donnée de l'art. 314, ces enfants n'ont pas besoin d'être reconnus pour bénéficier de la légitimation et, par suite, l'art. 335 ne leur est pas applicable; c'est en vertu de l'art. 331 que nous leur avons refusé le bénéfice de la fiction établie par l'art. 314 (*supra*, n. 519).

Les partisans du système que nous combattons vont jusqu'à prétendre qu'au point de vue de l'art. 331, les enfants nés hors mariage de parents ou alliés au degré prohibé ne sont pas incestueux, lorsqu'ensuite leurs auteurs se marient en vertu de dispenses. Cela est insoutenable. Le mot « inceste », bien que la loi ne contienne aucune définition, a un sens bien net, celui que lui attribue le langage courant. Il désigne les relations qui s'établissent entre deux personnes qui ne peuvent se marier ensemble à raison de leurs liens de parenté ou d'alliance. C'est le sens qu'il a certainement dans l'art. 335. Tout le monde admet que les enfants nés hors mariage d'un oncle et de sa nièce, ou d'un beau-frère et d'une belle-sœur, ne peuvent pas être reconnus. Donc, ils ne peuvent être légitimés.

Quant à l'argument tiré de la tradition, il est loin d'avoir une portée décisive. Le droit canonique était d'une extrême sévérité en ce qui concerne le mariage entre parents ou alliés. Aussi l'on comprend que les jurisconsultes se soient efforcés d'en atténuer les rigueurs dans l'intérêt des enfants nés hors mariage. De là l'effet rétroactif attaché aux dispenses et au mariage lui-même. D'ailleurs, tous les auteurs n'admettaient pas sans distinction que les enfants nés de relations incestueuses fussent légitimés par le mariage subséquent de leurs auteurs. Certains civilistes, dont l'opinion fut peut-être consacrée sur ce point par la jurisprudence des Parlements, paraissent avoir distingué, à tort ou à raison (¹), entre le cas où les dispenses étaient aisément accordées et celui où elles l'étaient difficilement. Dans la première hypothèse, on décidait que les enfants étaient légitimés par le mariage ; dans la seconde, on leur refusait le bénéfice de la légitimation (²). Or, le code a réduit considérablement les empêchements de mariage fondés sur la parenté ou l'alliance. L'on conçoit dès lors qu'il ait adopté la solution la plus rigoureuse.

On ne peut se dissimuler cependant que la prohibition de légitimer les enfants incestueux présente de grands inconvénients pratiques, qui ont été justement dénoncés. Mais ces inconvénients sont également de nature à se produire pour les enfants adultérins. Lorsque deux personnes, dont l'une était mariée, ont eu ensemble un commerce adultérin, l'enfant qui en est issu ne sera certainement pas légitimé par le mariage subséquent, et s'il naît de nouveaux enfants du mariage, on verra, sous le même toit, des frères dont la condition devrait être égale, et qui seront cependant séparés par un abîme. Ces considérations n'ont pas arrêté le législateur (³). Et l'on conçoit qu'il se soit montré aussi sévère pour les enfants incestueux que pour les enfants adultérins. Cette

---

(¹) V. la critique de cette jurisprudence dans une dissertation de M. Pont, *Revue de législ.*, VIII, p. 150 s. — *Adde* : Note de M. Moreau, S., 67. 1. 49; note de M. Beudant, D., 67. 1. 5.

(²) Pothier, *Contr. de mar.*, n. 414; Denizart, v° *Légitimation*, n. 10 et 11; Merlin, *Rép.*, v° *Légitimation*, sect. II, § 2, n. 9. — Cpr. *Code matrimonial*, I, p. 429; II, p. 686.

(³) Il est juste néanmoins de reconnaître qu'il y a peut-être une différence à faire entre l'inceste, qui peut, dans certains cas, être amnistié en quelque sorte par une dispense, et l'adultère qui ne comporte pas la même indulgence. C'est ce qui explique, sans la justifier, la solution à laquelle s'est arrêtée la jurisprudence et c'est également cette raison qui a motivé le dépôt, fait le 11 mai 1872, d'une proposition de loi modifiant l'art. 331 « pour le mettre d'accord avec la jurisprudence ». La loi se mettant d'accord avec la jurisprudence ! C'est assez plaisant. Quoi qu'il en soit, les auteurs de cette proposition avaient un but très louable ; ils voulaient mettre fin à un conflit qu'ils considéraient, avec raison, comme fatal pour l'autorité de la loi. Ceux qui l'ont fait échouer, sur ce fondement qu'elle était inutile « parce que la question était définitivement tranchée par la jurisprudence », semblent n'avoir pas compris combien il est périlleux d'encourager le juge à se faire législateur, en réformant la loi quand il la trouve mauvaise !

sévérité, d'ailleurs, peut recevoir une explication telle quelle. Le législateur a peut-être pensé qu'il diminuerait le nombre des liaisons incestueuses, en interdisant dans tous les cas la légitimation des enfants qui en sont le fruit (¹).

Il n'y a du reste pas lieu de distinguer entre les enfants conçus avant et ceux qui ont été conçus depuis l'obtention des dispenses. Les relations hors mariage entre l'oncle et la nièce, la tante et le neveu, le beau-frère et la belle-sœur, ne cessent pas d'être incestueuses par ce seul fait que des dispenses ont été accordées en vue du mariage (²).

732. La mort de l'enfant naturel met-elle obstacle à sa légitimation par le mariage de ses auteurs ? Deux hypothèses doivent être examinées.

Première hypothèse. L'enfant a laissé des descendants. La question est résolue expressément par l'art. 332, ainsi conçu : « *La légitimation peut avoir lieu, même en faveur des enfants* » *décédés qui ont laissé des descendants ; et, dans ce cas, elle* » *profite à ces descendants* ». C'était un point controversé dans l'ancien droit (³). Les rédacteurs du code se sont approprié l'opinion de Pothier, leur guide habituel. Bigot-Préameneu nous dit, dans son *Exposé des motifs* (⁴) : « L'équité a pres- » crit cette mesure. La légitimation du père aurait eu sur le » sort et sur la fortune de ses enfants une telle influence, » qu'elle ne saurait être regardée comme un bienfait qui lui

---

(¹) Delvincourt, I, p. 91, note 4 ; Merlin, *Rép.*, vº *Légitimation*, sect. 2, § 2, n. 9 ; Proudhon et Valette sur Proudhon, II, p. 165 et 168 ; Duvergier sur Toul-lier, I, n. 933, note *a* ; Marcadé, sur l'art. 331, n. 2 ; Zachariæ, I, § 163, p. 312 ; Valette, *Rev. de législ.*, 1838, VIII, p. 37 ; Thieriet, *Rev. de législ.*, 1838, VIII, p. 465 ; Cabantous, note S., 38. 2. 149 ; Ducaurroy, Bonnier et Roustain, I, n. 474 et 475 ; Demante, II, n. 57 *bis*, IV à VI ; Demolombe, V, n. 354 ; Aubry et Rau, VI, § 546, texte et note 15 ; Bressolles, *Rev. crit.*, 1867, XXX, p. 193 et XXXI, p. 208 ; Laurent, IV, n. 175 s. ; Beudant, note D., 67. 1. 5 ; Huc, III, n. 66 ; Vigié, I, n. 592 ; Planiol, I, n. 2302 s. — Orléans, 25 avril 1833, *J. G.*, vº *Paternité*, n. 460, S., 33. 2. 322. — Douai, 1ᵉʳ juil. 1864, D., 64. 2. 123, S., 64. 2. 182. — Colmar, 13 mars 1866, D., 66. 2. 60, S., 66. 2. 199. — Conclusions de M. l'av. gén. Oscar de Vallée, sous l'arrêt contraire de Paris, 20 juil. 1867, D., 67. 2. 105.

(²) Demolombe, *loc. cit.* ; Aubry et Rau, VI, § 546, texte et note 16. — *Contra* : Demante, II, n. 57 *bis*, IV. — Grenoble, 8 mars 1838, *J. G.*, vº *cit.*, n. 460, S., 38. 2. 145.

(³) V. Pothier, *Contrat de mariage*, n. 413.

(⁴) Locré, VI, p. 208.

» soit personnel. C'est un chef de famille que la loi a voulu
» créer ; si ce chef n'existe plus, ses descendants doivent être
» admis à le représenter ». On trouve à peu près les mêmes
considérations dans le *Rapport* de Labary (¹) et dans le *Discours* de Duveyrier (²).

Le mariage des père et mère légitimera donc l'enfant naturel décédé, et, dans ce cas, cette légitimation profitera aux descendants de celui-ci. L'expression « descendants » s'applique sans difficulté aux descendants légitimes et aux descendants légitimés (arg. art. 333), à quelque degré que ce soit, de l'enfant naturel décédé. La légitimation les fera devenir petits-fils ou arrière petits-fils légitimes des auteurs de leur père aujourd'hui décédé ; elle les mettra dans la même situation, à l'égard des parents de leur père, que si celui-ci avait été légitimé de son vivant. Quant aux enfants naturels et aux enfants adoptifs de l'enfant naturel, ils seraient restés étrangers à la famille légitime de leur père, si celui-ci avait été légitimé de son vivant ; à plus forte raison ne pourront-ils pas y entrer par une légitimation obtenue après son décès (³).

DEUXIÈME HYPOTHÈSE. — L'enfant naturel est décédé sans laisser de descendants légitimes ou légitimés. Sera-t-il légitimé par le mariage de ses auteurs contracté après son décès ? Si l'on admet que l'enfant ne peut être reconnu, la question ne se pose pas. Mais nous avons décidé (*supra,* n. 638) que la reconnaissance est possible et qu'elle produit ses effets ordinaires. Faut-il en conclure, comme le font certains auteurs (⁴), que le bénéfice de la légitimation sera, par une conséquence nécessaire, attaché au mariage ? Cela nous paraît au moins douteux. Pour qu'il en fût ainsi, il faudrait que la reconnaissance et la légitimation fussent deux institutions soumises aux mêmes principes, et c'est précisément ce qui n'est pas démontré. Il se peut très bien que la loi ait soumis la légitimation

(¹) Locré, VI, p. 263.
(²) Locré, VI, p. 314, 315.
(³) Loiseau, *op. cit.*, p. 327 ; Demolombe, V, n. 356 ; Aubry et Rau, VI, § 546, texte et note 25 ; Laurent, IV, n. 173 ; Huc, III, n. 69 ; Planiol, I, n. 2306. — La disposition de l'art. 332 est reproduite par les C. civ. portugais, art. 120 ; espagnol, art. 124 ; italien, art. 196 ; néerlandais, art. 334 ; allemand, § 1722.
(⁴) Dalloz, *J. G., Suppl.*, vᵒ *cit.*, n. 187.

à des conditions plus rigoureuses que la reconnaissance. La légitimation attribue à l'enfant un état nouveau; malgré le vice de sa conception, la loi consent à placer l'enfant au rang des enfants légitimes. La reconnaissance ne donne pas à l'enfant un état qu'il n'avait pas antérieurement; elle vient seulement révéler une filiation préexistante; c'est un simple mode de preuve. On conçoit parfaitement qu'elle puisse avoir lieu après le décès de l'enfant; car le fait auquel elle s'applique n'en a pas moins existé. Mais on comprend aussi, en sens contraire, que la légitimation ne puisse pas avoir lieu quand l'enfant est décédé. L'on peut donc soutenir, mais nous reconnaissons que la question est délicate, que le mariage, célébré après le décès de l'enfant qui n'a pas laissé de descendants, ne produit pas la légitimation de cet enfant et ne donne pas à ses père et mère le titre et les droits de parents légitimes (¹).

On peut en ce sens tirer argument de l'art. 332. La loi nous dit que la légitimation peut avoir lieu MÊME en faveur des enfants décédés qui ont laissé des descendants. Il en résulte que la légitimation n'a pas lieu, si l'enfant est mort sans postérité. L'on se sert, il est vrai, pour conclure ainsi, d'un argument *a contrario*, et les arguments de cette nature sont dangereux et incertains. Mais n'est-il pas légitime de raisonner de la sorte en notre matière? L'art. 332 paraît bien être un texte exceptionnel. Pourquoi aurait-il précisé que, *même* quand l'enfant naturel qui a des descendants est décédé, il pourra être légitimé, si, de droit commun, la mort de l'enfant ne mettait pas obstacle à sa légitimation? Les arguments *a contrario* ne donnent que des résultats hasardés, quand on les emploie pour faire accepter une dérogation au droit commun; ils sont au contraire très sûrs quand il s'agit de revenir à un principe général, auquel la loi a dérogé en vue d'une hypothèse particulière. Quel est donc le droit commun en la matière? Tout nous prouve que la légitimation est, non pas un effet naturel du mariage, mais bien une faveur particulière.

(¹) La question ne présente pas d'ailleurs un grand intérêt pratique, étant donné que la légitimation se produit sans rétroactivité. Elle peut cependant se poser dans plusieurs cas : notamment au point de vue de la révocation d'une donation faite par le père ou la mère avant la naissance de l'enfant (art. 960 et 964 cbn).

Elle a été introduite comme un remède exceptionnel ; même de nos jours, elle n'est pas consacrée par toutes les législations. Tel paraît avoir été le point de vue sous lequel les rédacteurs du code civil l'ont envisagée. Dans la séance du conseil d'Etat du 24 brumaire an X, Portalis a dit : « La légi-
» timation par mariage subséquent n'est pas l'effet naturel du
» mariage, mais un bénéfice de la loi » (¹). Enfin on peut ajouter que Pothier n'envisage même pas la question de savoir si la légitimation est possible quand l'enfant est mort sans descendants (²). Il n'est pas douteux qu'il l'aurait résolue négativement. Et la même impression se dégage de la lecture de l'*exposé des motifs* de Bigot-Préameneu, du *Rapport* de Lahary et du *Discours* de Duveyrier.

SECTION II

DES CONDITIONS REQUISES POUR LA LÉGITIMATION

733. Deux conditions sont requises pour la légitimation (art. 331).

734. PREMIÈRE CONDITION. — L'enfant ou les enfants qu'ils s'agit de légitimer doivent avoir été reconnus par leurs deux auteurs avant le mariage, ou, au plus tard, dans l'acte de célébration.

Rappelons tout d'abord que cette condition n'est pas toujours exigée pour que la légitimation ait lieu. Les enfants conçus avant et nés après la célébration du mariage de leurs parents n'ont pas besoin d'être reconnus pour bénéficier de la faveur qui leur est faite dans l'art. 314. La règle posée par l'art. 331 ne s'applique qu'aux enfants déjà nés au moment où leurs auteurs contractent mariage ensemble.

Cette règle est de droit nouveau. Dans l'ancien droit, l'usage s'était, il est vrai, introduit de placer les enfants « sous le poêle » lors de la célébration du mariage (³). Par cette cérémonie symbolique, on voulait, d'une part, marquer

---

(¹) Locré, VI, p. 89. — V. cep. en sens contraire les observations du ministre de la justice (Locré, VI, p. 87). Mais l'opinion soutenue par celui-ci n'a pas triomphé.
(²) *Contr. de mar.*, n. 413.
(³) Loysel, *Inst. cout.*, liv. I, tit. I, n. 60.

que les enfants devaient bénéficier des effets moraux et religieux du sacrement, et, d'autre part, placer leur état au-dessus de toute contestation, en attestant publiquement le lien de filiation qui les rattachait aux époux. Mais il n'y avait là rien d'obligatoire. Nos anciens auteurs l'attestent, notamment Furgole, Pothier et d'Aguesseau ([1]). Il suffisait, pour que la légitimation eût lieu, que la filiation des enfants fût légalement prouvée par un mode quelconque et à un moment quelconque.

La question de savoir s'il fallait s'en tenir aux errements de l'ancien droit ou se montrer plus rigoureux fut vivement discutée lors de la rédaction du code civil, dans la séance du conseil d'Etat du 24 brumaire an X. Les observations présentées par Thibaudeau, Defermon et Réal, et par le Ministre de la justice ([2]) ne réussirent pas à convaincre les membres du conseil. Celui-ci paraît s'être surtout préoccupé d'empêcher une fraude, en effet facile à commettre, et dont on citait plusieurs exemples. Deux époux, dit Régnier ([3]), pourraient s'entendre pour reconnaître un enfant pendant leur mariage, soit dans le but de s'assurer une succession, soit par tout autre motif. Boulay ([4]) ajouta que, si les parents n'ont pas reconnu leur enfant avant leur mariage, il leur restera la ressource de l'adopter; mais qu'admettre la reconnaissance pendant le mariage, ce serait ouvrir la porte à des abus, que le premier consul caractérisa dans les termes suivants : « Attribuer des effets à la reconnaissance postérieure » au mariage, ce serait laisser les familles dans l'incertitude » et donner la faculté de se créer des enfants par consente- » ment mutuel » ([5]).

Il est permis de se demander si l'innovation réalisée par le code a été heureuse. Tout le monde ne connaît pas la loi.

([1]) Furgole, *Tr. des testam.*, chap. VI, sect. II, n. 190; d'Aguesseau, *47ᵉ plaidoyer*, IV, p. 420; Pothier, *Contr. de mar.*, n. 422.

([2]) Locré, VI, p. 89.

([3]) Locré, *loc. cit.*

([4]) Locré, *ibid.*

([5]) Locré, VI, p. 96. — *Adde* Bigot-Préameneu, *Exp. des motifs* (Locré, VI, p. 208); Lahary, *Rapp.* (Locré, VI, p. 260 s.); Duveyrier, *Discours* (Locré, VI, p. 313-314).

Beaucoup de mères, considérant leur maternité comme certaine par cela seul que l'acte de naissance de leur enfant la constate, ne songent pas à reconnaître cet enfant en vue de la légitimation duquel, la plupart du temps, elles contractent mariage; leur erreur est irréparable, le mariage une fois célébré. — Il n'y aurait pas eu, croyons-nous, un bien grand inconvénient à maintenir les principes traditionnels. Après tout, les fraudes que les orateurs ont signalées auraient été rarement commises, et on aurait pu assez facilement les déjouer. L'art. 339 permet à tout intéressé de contester la reconnaissance. Si donc une reconnaissance avait été faite frauduleusement, dans la vue de réaliser une adoption en dehors des conditions légales, les personnes lésées par la légitimation auraient pu, en démontrant la fausseté de la reconnaissance, faire annuler la légitimation, et si la reconnaissance avait été sincère, en quoi la société aurait-elle été intéressée à ne pas laisser l'enfant jouir de la légitimité [1]?

Même en conservant la règle du code, il y aurait peut-être des moyens pratiques d'en pallier les défauts. On a proposé d'obliger les officiers de l'état civil à prévenir les futurs époux que, s'ils ont un ou plusieurs enfants à légitimer, ils doivent, au cas où ils ne les auraient pas déjà reconnus, les reconnaître dans l'acte de célébration. Une pareille admonition serait souvent trouvée de mauvais goût par les contractants. Il vaudrait mieux avertir les futurs par le moyen d'imprimés qui leur seraient remis lors des formalités préliminaires du mariage.

Quoi qu'il en soit, l'art. 331 est formel. Il veut que l'enfant ait été légalement reconnu avant le mariage ou tout au moins dans l'acte de célébration. Si donc la reconnaissance n'intervenait qu'une fois le mariage contracté, elle ne serait sans doute pas nulle, et l'enfant aurait désormais une filiation certaine, mais il n'aurait que l'état d'enfant naturel simple [2].

---

[1] C'est l'observation présentée par le ministre de la justice, dans la séance du 24 brumaire an X (Locré, VI, p. 87).

[2] Aubry et Rau, VI, § 546, texte et note 9. — Douai, 15 mai 1816, *J. G.*, v° *Paternité*, n. 466, S., 16. 2. 337. — Metz, 19 janv. 1826, *J. G., ibid.* — Metz, 11 janv. 1870, D., 73. 1. 124, S., 70. 2. 140. — Cass., 8 nov. 1870, D., 73. 1. 124. — Dans le

735. Du reste, il suffit que la filiation de l'enfant soit légalement certaine à l'égard de ses deux auteurs lorsque ceux-ci contractent mariage. Peu importe le mode par lequel elle a été constatée. L'expression « légalement reconnus », que nous trouvons dans l'art. 331, doit être entendue dans son acception la plus large. Nous tirons de cette proposition les conséquences suivantes :

1° L'enfant bénéficiera de la légitimation, alors même que la reconnaissance dont il a été l'objet antérieurement au mariage aurait été tenue secrète par ses père et mère. Les travaux préparatoires sont formels en ce sens ([1]).

2° En ce qui concerne la mère, il suffit, pour que la loi soit satisfaite, qu'ayant été désignée par le père dans l'acte de reconnaissance émané de celui-ci, elle ait confirmé cette déclaration par son aveu, exprès ou tacite, antérieurement à la célébration de son mariage. Dans l'interprétation qu'avec la jurisprudence nous avons donnée de l'art. 336, l'aveu de la mère, même non exprimé dans la forme authentique, équivaut à une reconnaissance. Et il importerait peu que l'aveu de la mère, si l'existence en est contestée, n'eût été constaté que par une décision judiciaire rendue au cours du mariage. Il ne s'agirait pas en effet d'une reconnaissance forcée faite pendant le mariage. Le jugement ne serait pas directement relatif à la filiation ; il viendrait seulement déclarer que la reconnaissance de l'enfant a eu lieu avant la célébration du mariage ([2]). Nous déciderons de même que, si l'identité de l'enfant avec celui qui a fait l'objet d'une reconnaissance volontaire antérieure à la célébration du mariage est, à la suite d'une contestation, prouvée judiciairement alors que les

même sens, C. civ. espagnol, art. 121 ; néerlandais, art. 328. Les C civ. portugais, 119 ; italien, art. 197, n'exigent pas que l'enfant ait été reconnu avant le mariage. — V. aussi C. civ. allemand, § 1720.

([1]) Locré, VI, p. 93 s.

([2]) Aubry et Rau, VI, § 546, texte et note 12. — Cass., 22 janv. 1839, S., 39. 1. 5. — Douai, 19 nov. 1845, D., 45. 4. 199, n. 34. — Bordeaux, 11 mars 1853, D., 54. 2. 260, S., 53. 2. 322. — Paris, 21 nov. 1853, S., 56. 2. 719. — Trib. Seine, 18 mai 1865, D., 66. 3. 24. — Cass., 26 mars 1866, J. G., Suppl., v° cit., n. 190, S., 66. 1. 143. — Cass., 30 nov. 1868, D., 69. 1. 21, S., 69. 1. 66. — Bordeaux, 27 août 1877, D., 78. 2. 193, S., 79. 2. 103. — Cass. Belg., 6 juill. 1888, D., 89. 2. 236.

auteurs de la reconnaissance sont déjà mariés ensemble, l'enfant pourra réclamer le bénéfice de la légitimation. Car la preuve de l'identité, quand la filiation est déjà établie par un acte de reconnaissance, ne constitue pas une recherche de paternité ou de maternité.

3° Dans les cas exceptionnels indiqués *supra*, n. 708, où la filiation de l'enfant se trouve établie par les modes de preuve organisés pour la filiation légitime, la loi sera satisfaite, et le mariage contracté postérieurement pourra produire la légitimation de l'enfant.

4° Pourvu que la reconnaissance précède le mariage, il importe peu qu'elle soit volontaire ou forcée. Les termes de la loi paraissent, il est vrai, faire allusion à une reconnaissance volontaire ; mais ici comme ailleurs *lex statuit de eo quod plerumque fit.* En raison, d'ailleurs, il n'y a pas de motifs pour distinguer entre la reconnaissance volontaire et la reconnaissance forcée. Enfin la reconnaissance forcée produit, comme on l'a vu, les mêmes effets que la reconnaissance volontaire ('). Nous disons *les mêmes effets,* pas davantage. On ne saurait donc admettre l'opinion, erronée en sens inverse, de quelques auteurs qui pensent que la reconnaissance forcée, survenue pendant le mariage, pourrait être utile au point de vue de la légitimation. Ces auteurs (') font valoir les considérations suivantes à l'appui de leur système. Les fraudes que le législateur a voulu prévenir sont, disent-ils, impossibles à commettre. Et, d'autre part, dès le moment de sa naissance, l'enfant a un droit acquis à faire constater sa filiation, conformément aux art. 340 et 341. S'il avait intenté son action avec succès, avant le mariage de ses auteurs, il aurait certainement été légitimé. Dès lors, il ne peut être privé de ce bénéfice, à raison de ce fait accidentel qu'il n'a recherché sa filiation que postérieurement à la célébration du mariage.

(') Il y a cependant un point singulièrement délicat : on admet unanimement aujourd'hui que le jugement rendu sur une action en recherche de paternité ou de maternité n'est investi que d'une autorité simplement relative. Faut-il en conclure que, si les deux auteurs contractent ensuite mariage, l'enfant n'est légitimé que dans ses rapports avec les parties au procès ?

(') Duranton, III, n. 130 ; Demante, II, n. 57 *bis*, VII. — Cpr. Planiol, I, n. 2316, texte et note 1.

Enfin, le jugement qui constate la paternité ou la maternité est purement déclaratif et, par suite, la filiation de l'enfant doit être tenue pour constante dès avant la célébration du mariage. Une pareille argumentation est sans aucune base légale, et l'on peut la réfuter d'un mot. Tout d'abord, la collusion est parfaitement possible (Cpr. *supra,* n. 726). D'autre part, l'enfant reconnu, même judiciairement, n'a d'autre état que celui que la loi lui attribue; il ne peut donc se plaindre qu'on lui fasse l'application de l'art. 331. Enfin, comme la reconnaissance forcée, la reconnaissance volontaire est purement déclarative d'une filiation préexistante ([1]).

736. Deuxième condition. — Il faut que le père et la mère de l'enfant contractent mariage ensemble. Bien entendu, le mariage doit être valable ou tout au moins putatif. Cpr. Baudry-Lacantinerie et Houques-Fourcade, *Des personnes,* II, n. 1914 et 1915.

Dans l'ancien droit, les effets civils étaient refusés aux mariages *in extremis* ([2]). Il en résultait que de semblables unions ne pouvaient produire la légitimation des enfants nés antérieurement. Le projet du code civil maintenait ce principe ([3]). On craignait sans doute que l'espoir de légitimer au dernier moment de la vie des enfants issus du concubinage ne favorisât le dérèglement des mœurs. Sur les observations de Berlier ([4]), cette mesure fut reconnue impuissante et l'article du projet qui la reproduisait fut supprimé. La légitimation résultera donc même d'un mariage contracté à l'extrémité de la vie ([5]).

737. Aucune autre condition n'est requise pour la légitimation. Ainsi il n'y a pas de délai fixé pour la conclusion du

([1]) Loiseau, *op. cit.,* p. 303 s. ; Delvincourt, I, p. 91, note 2 ; Zachariæ, et Massé et Vergé sur Zachariæ, I, § 163, texte et note 7; Marcadé, sur l'art. 331, n. 1; Demolombe, V, n. 362 et 363; Aubry et Rau, VI, § 546, texte et note 14 ; Laurent, IV, n. 171 et 172 ; Huc, III, n. 67.

([2]) Pothier, *Contr. de mar.,* n. 429 s.

([3]) Locré, VI, p. 29.

([4]) V. la discussion au conseil d'Etat, séance du 24 brumaire an X, dans Locré, VI, p. 98 s.

([5]) Demolombe, V, n. 358; Aubry et Rau, VI, § 546, texte et note 5; Laurent, IV, n. 166; Planiol, I, n. 2308.

mariage qui doit opérer la légitimation, sans doute parce qu'il n'est jamais trop tard pour réparer une faute. Il n'est pas non plus nécessaire, nous l'avons vu, que le mariage ait été possible entre les auteurs de l'enfant lors de sa conception : ce qui permet de légitimer l'enfant né d'une fille âgée de moins de quinze ans (art. 144) et celui conçu par une veuve dans les dix mois qui suivent la dissolution de son mariage (art. 228). Enfin l'existence d'un mariage intermédiaire contracté par l'un des auteurs de l'enfant ne ferait pas obstacle à la légitimation ([1]). « Personne ne doute, dit Pothier, que le mariage a la force de légitimer les enfants nés du commerce charnel que les parties ont eu auparavant ensemble, quoique l'une d'elles, depuis ce commerce, en ait contracté un avec une autre personne, après la dissolution duquel elles se sont mariées ensemble » ([2]).

738. Quand les deux conditions prescrites par la loi se trouvent remplies, la légitimation se produit de plein droit, *ipso jure, vi et potestate legis*, sans qu'il soit nécessaire que les parents aient manifesté la volonté de l'opérer, et, bien plus, alors même qu'ils auraient manifesté une volonté contraire. Le mot *pourront* (art. 331) fait allusion, non à la faculté qu'auraient les parents, lorsqu'ils se marient, de légitimer ou de ne pas légitimer les enfants par eux reconnus, mais bien à la faculté qui leur appartient de se marier ou de ne pas se marier, ce qui les rend, il est vrai, indirectement les arbitres du sort de leurs enfants ([3]).

739. Le consentement de l'enfant légitimé n'est pas non plus nécessaire. Bien plus, l'enfant ne pourrait pas, en exprimant une volonté contraire, empêcher sa légitimation de se

---

([1]) Pothier, *Contr. de mar.*, n. 421. — Lyon (motifs), 17 mars 1863, *J. G., Suppl.*, v° *cit.*, n. 199, S., 63. 2. 205.

([2]) Malgré l'affirmation de Pothier, la question a été cependant discutée dans l'ancien droit et la raison de douter nous est indiquée par Pothier lui-même, *loc. cit.* V. Furgole, *Testam.*, ch. VI, sect. II, n. 183; Merlin, *Rép.*, v° *Légitimation*, sect. II, § 2, n. 11.

([3]) Telle était la règle admise dans l'ancien droit. Pothier, *op. cit.*, n. 422. En ce sens tous les auteurs, à l'exception de Richefort, II, n. 195, 195 *bis* et 196. — *Adde :* Bordeaux, 11 mars 1853, D., 54. 2. 260, S., 53. 2. 322. — Trib. Seine, 18 mai 1865, D., 66. 3. 24. — Bordeaux, 27 août 1877, D., 78. 2. 193, S., 79. 2. 103. — Cass. Belg., 6 juil. 1888, D., 89. 2. 236.

produire ; l'état des personnes ne saurait dépendre de leur volonté (¹).

SECTION III

DE LA CONTESTATION ET DE L'ANNULATION DE LA LÉGITIMATION

740. La légitimation dont l'enfant a été l'objet peut être contestée, pour des motifs divers. On peut prétendre que l'enfant n'a pas pu être légitimé, parce que les conditions de fond et de forme prescrites par la loi n'ont pas été remplies. On peut demander à démontrer que l'enfant est issu d'un commerce incestueux ou adultérin, ou qu'il n'a pas été reconnu avant la célébration du mariage, ou que la reconnaissance faite antérieurement au mariage est nulle ou mensongère, ou enfin que le mariage lui-même, étant entaché de nullité, n'a pu procurer à l'enfant le bénéfice de la légitimation. Dans ces diverses hypothèses, c'est à ceux qui critiquent l'état de l'enfant, à fournir la preuve de leur prétention (²).

741. Qui peut contester la légitimation ou en demander l'annulation ? La loi ayant gardé le silence, il faut se référer sur ce point aux règles du droit commun. Ce qui nous conduit aux conclusions suivantes :

1° Si la demande est fondée exclusivement sur la nullité du mariage, seront seuls recevables à agir ceux auxquels appartient le droit de provoquer l'annulation du mariage.

2° Les règles posées par l'art. 331 ayant le caractère de règles d'ordre public, toute personne intéressée sera admise à demander l'annulation de la légitimation, en démontrant que la filiation révélée par la reconnaissance dont l'enfant a été l'objet antérieurement au mariage est une filiation

(¹) Si, dans la législation romaine, le consentement de l'enfant était nécessaire, cela tenait à ce que, l'enfant tombant sous la puissance de son père par l'effet de la légitimation, il perdait l'état de *sui juris* pour devenir *alieni juris*. D'ailleurs le consentement de l'enfant était présumé par cela seul qu'il ne manifestait pas une volonté contraire : ce qui permettait de légitimer les *infantes*, les fous et les absents. La règle aujourd'hui suivie était adoptée sans difficulté dans les pays de coutumes, mais la question était controversée pour ceux de droit écrit, où la puissance paternelle était organisée d'après les principes du droit romain. — V. Pothier, *op. cit.*, n. 423, et Merlin, *Rép.*, vᵒ *Légitimation*, sect. II, § 2, n. 14.

(²) Cpr. C. civ. portugais, art. 119, § 1.

incestueuse ou adultérine ([1]), ou que l'enfant n'a pas été, comme le veut la loi, reconnu avant la célébration du mariage de ses père et mère, ou dans l'acte de célébration ([2]).

3° Il faut de même décider, par arg. de l'art. 339, que toute personne peut, sur le fondement d'un intérêt pécuniaire ou même simplement moral (*supra*, n. 660), attaquer la sincérité de la reconnaissance et contester par suite la légitimation. A cette dernière solution l'on a fait parfois l'objection suivante, en ce qui concerne la reconnaissance faite par le mari : Aux termes de l'art. 333, les enfants légitimés par le mariage ont les mêmes droits que s'ils étaient nés de ce mariage; ils sont donc soumis aux mêmes règles que les enfants légitimes au point de vue de leur filiation. Or, la filiation paternelle légitime ne peut être attaquée que par l'action en désaveu. Il faut appliquer la même règle aux enfants légitimés et décider que la reconnaissance du père, en la supposant valable en la forme, ne pourra être contestée pour défaut de sincérité que par ceux auxquels la loi a confié l'exercice du désaveu. Cette argumentation spécieuse a été repoussée par la jurisprudence. Elle attribue à la disposition de l'art. 333 une portée qu'elle ne saurait avoir. Sans doute, la légitimation place l'enfant qui en bénéficie au rang des enfants légitimes, mais pour l'avenir seulement. L'enfant n'a que la qualité d'enfant naturel jusqu'à la célébration du mariage. Il n'est pas couvert par la présomption : *pater is est,* et il ne peut être question de le désavouer. Sa filiation est simplement prouvée par un acte de reconnaissance, que tout intéressé est admis à critiquer en vertu de l'art. 339. Si la reconnaissance est déclarée mensongère, il sera démontré par là que l'enfant est étranger au mari et qu'il n'a pu être légitimé ([3]). Nous admettrons, en conséquence, que la reconnaissance et la légitimation pourront être contestées par l'enfant lui-même, par les époux qui

([1]) Cpr. solution donnée, *supra*, n. 519, au sujet des enfants simplement conçus au moment où le mariage est contracté.

([2]) V. sur ce point Metz, 11 janv. 1870, D., 73. 1. 124, S., 70. 2. 140. — Cass., 20 avril 1885, D., 86. 1. 23, S., 86. 1. 313 et Orléans, 14 avril 1886, D., 87. 2. 95, S., 86. 2. 191.

([3]) Laurent, IV, n. 180.

l'ont reconnu avant leur mariage, par celui ou celle qui se prétend le véritable père ou la véritable mère de l'enfant, par des parents collatéraux des époux agissant sur le fondement d'un intérêt pécuniaire ou simplement moral (¹), par un donataire, dans le but d'échapper à la révocation pour cause de survenance d'enfant, etc. (²).

4° Si, sans contester la sincérité de la reconnaissance, on prétend seulement qu'elle est le résultat du dol, de l'erreur ou de la violence, il faut suivre les principes que nous avons indiqués *supra,* n. 659.

742. Faut-il donner à l'enfant un tuteur *ad hoc* pour le représenter dans l'instance engagée contre lui? Nous ne le pensons pas. Dans le silence du code, ce sont les règles du droit commun qui doivent être suivies (³). L'art. 318 n'est pas ici applicable. Le droit commun, d'ailleurs, peut exiger, dans certains cas, la nomination d'un tuteur spécial. Mais il ne faudrait pas en faire une règle générale (⁴).

743. L'art. 322 ne permet pas à un enfant de réclamer un état contraire à celui que lui donnent son titre de naissance et la possession conforme à ce titre. Et réciproquement il défend que l'on conteste l'état de celui qui a une possession conforme à son acte de naissance. On a souvent voulu tirer de

---

(¹) Peu importe que ces parents n'eussent pas le droit d'attaquer le mariage.

(²) Cf. sur ces divers points, Aubry et Rau, VI, § 546, texte et notes 8, 21 s. ; Laurent, IV, n. 182 s. ; Huc, III, n. 71 ; Vigié, I, n. 596 ; Planiol, I, n. 2325. — Paris, 28 déc. 1811, *J. G.,* vᵒ *Paternité,* n. 473, S., 12. 2. 67. — Bordeaux, 10 avr. 1843, *J. G., ibid.,* S., 43. 2. 481. — Toulouse, 13 mars 1845, D., 45. 2. 144, S. 45. 2. 415. — Cass., 10 fév. 1847, D., 47. 1. 49, S., 47. 1. 81. — Douai, 6 juin 1851, D., 52. 2. 221, S., 51. 2. 753. — Paris, 23 juill. 1853, D., 54. 2. 269, S., 54. 2. 329. — Lyon, 22 mai 1862, S., 63. 2. 39. — Bastia, 10 déc. 1864, D., 65. 2. 37, S., 65. 2. 75. — Agen, 29 juin 1864, S., 69. 2. 203. — Trib. Seine, 28 août 1868, D., 68. 5. 230. — Cass., 17 mai 1870, D., 70. 1. 241 et la note de M. Beudant, S., 70. 1. 385. — Nîmes, 7 mai 1879, D., 79. 2. 133. — Cass., 10 mai 1882, D., 83. 1. 79. — Paris, 14 mars 1895, D , 95. 2. 231. — Rappelons que, lorsqu'il s'agit d'un enfant né pendant le mariage, mais conçu avant la célébration, la paternité du mari, étant établie par la présomption *pater is est* (art. 314), ne peut être combattue que par le moyen du désaveu (*supra,* n. 520, p. 427).

(³) Laurent, IV, n. 186.

(⁴) Cpr. sur ce point, Massonié, *op. cit.,* p. 161. — Cass., 10 fév. 1847, *supra.* — Colmar, 27 fév. 1852, D., 52. 2. 260. — Nîmes, 7 mai 1879, *supra.* — Cass., 10 mai 1882, *supra.*

ce texte une fin de non-recevoir, soit pour repousser l'action de l'enfant qui conteste la reconnaissance et la légitimation dont il a été l'objet, soit pour écarter la contestation dirigée contre l'enfant. Nous pensons que cette fin de non-recevoir pourrait être invoquée, s'il s'agissait de l'enfant conçu avant et né depuis la célébration du mariage, dont la condition est réglée par l'art. 314. Cet enfant naît légitime ; son titre de naissance est l'acte de naissance inscrit sur les registres de l'état civil ; dès sa naissance, il a eu la possession d'état d'enfant légitime. L'art. 322 lui est applicable ('). Mais il en est tout autrement de l'enfant déjà né lorsqu'est contracté le mariage d'où résulte pour lui le bénéfice de la légitimation. Jusqu'au mariage, c'est un enfant naturel. C'est la qualité que lui attribue son *titre,* qu'on entende par cette expression son acte de naissance ou l'acte de reconnaissance. D'autre part, il n'a pas, comme le veut l'art. 322, une possession conforme à son titre. Il a commencé par posséder l'état d'enfant naturel ; puis il a eu la possession d'état d'enfant légitime. Il a donc deux possessions successives et contraires, ce qui écarte l'application de l'art. 322 (*).

744. Peut-on tirer une fin de non-recevoir des conventions ou transactions intervenues entre l'enfant et ses adversaires ? La négative nous paraît certaine. L'état est au-dessus des conventions privées. On ne peut donc objecter, à ceux qui attaquent la légitimation de l'enfant, la reconnaissance qu'ils auraient faite de sa filiation (*). Mais les conséquences pécuniaires de l'état peuvent faire l'objet de conventions et renonciations valables (*).

(') Planiol, I, n. 2325, note 2.

(*) Aubry et Rau, VI, § 546, texte et note 22 ; Laurent, IV, n. 182 et 184 ; Massonié, *op. cit.,* p. 160 ; Vigié, I, n. 572, *in fine;* Planiol, I, n. 2325. — Paris, 28 déc. 1811, *J. G.,* v° *cit.,* n. 473, S., 12. 2. 67. — Douai, 6 juin 1851, D., 52. 2. 221, S., 51. 2. 753 et la note.

(3) Laurent, IV, n. 185 et 189. — *Contra* Aubry et Rau, VI, § 546, texte et notes 22 et 24. — Cass., 28 nov. 1849, D., 50. 1. 113. — Bruxelles, 5 août 1854, D., 55. 2. 247. — Cpr. Metz, 11 janv. 1870, D., 73. 1. 124, S., 70. 2. 140. — Cass., 8 nov. 1870, D., 73. 1. 124.

(*) Laurent, *loc. cit.* — Cpr. Douai, 6 juin 1851, D., 52. 2. 221, S., 51. 2. 753. — Cass., 29 mars 1852, D., 54. 1. 392.

SECTION IV

EFFETS DE LA LÉGITIMATION

745. « *Les enfants légitimés par le mariage subséquent* » *auront les mêmes droits que s'ils étaient nés de ce mariage* », dit l'art. 333. Le code a emprunté ce principe au droit romain et à notre ancien droit ([1]). Les enfants légitimés sont assimilés aux enfants nés du mariage (cpr. cepend. art. 960); ils ont les mêmes droits, les mêmes devoirs, les mêmes relations de parenté, et leurs descendants légitimes bénéficient également de ces effets de la légitimation.

Pour rendre public, dans la mesure du possible, le changement si profond apporté à l'état de l'enfant légitimé, la loi du 17 août 1897 prescrit de mentionner la légitimation en marge de l'acte de naissance de l'enfant légitimé. Cette mention ne constitue pas une des conditions de la légitimation; si cette formalité n'était pas remplie, l'enfant n'en aurait pas moins *erga omnes* l'état d'enfant légitimé.

746. Il résulte de la formule employée par le législateur (*les mêmes droits que s'ils étaient nés* DE CE MARIAGE) que la légitimation ne rétroagit pas au jour de la naissance de l'enfant. C'est une règle traditionnelle ([2]).

Nous tirerons de là plusieurs conséquences.

1° L'enfant légitimé n'a aucun droit aux successions ouvertes avant la célébration du mariage, fût-ce après sa conception. Exemple : Un homme a un fils naturel; il se marie avec une femme autre que la mère de cet enfant, et de ce mariage naissent deux autres enfants, *Primus* et *Secundus :* l'un d'eux, *Secundus,* meurt; puis le père devenu veuf épouse sa concubine, et légitime son enfant naturel. Celui-ci ne pourra réclamer aucun droit dans la succession de son frère consanguin *Secundus,* mort avant le mariage qui a produit sa légitimation.

2° Un enfant naturel légitimé peut être légalement le puîné

([1]) Pothier, *Contr. de mar.*, n. 424.

([2]) Pothier, *op. cit.*, n. 425. — V. codes civ. portugais, art. 119; espagnol, art. 123; italien, art. 197; néerlandais, art. 332.

par rapport à des enfants légitimes issus d'un mariage antérieur à celui qui a produit sa légitimation et qui, en fait, sont
moins âgés que lui. Ainsi, dans l'espèce qui vient d'être citée
tout à l'heure, l'enfant naturel légitimé, bien que plus âgé,
en fait, serait légalement le puîné par rapport à son frère
consanguin *Primus*. Celui-ci jouirait donc, à l'exclusion de
celui-là, des avantages attachés au droit d'aînesse : ce qui
avait autrefois beaucoup plus d'importance qu'aujourd'hui,
principalement en ce qui concerne les majorats. — Toutefois
il est douteux qu'il y ait lieu d'appliquer cette déduction au
cas prévu par l'art. 21 de la loi du 15 juillet 1889, ainsi
conçu : « En temps de paix, après un an de service sous les
» drapeaux, sont envoyés en congé... 1° L'*aîné* d'orphelins
» de père et de mère... 2° Le fils unique ou l'*aîné* des fils...
» d'une femme actuellement veuve... 3° Le fils unique ou
» l'*aîné* des fils d'une famille de sept enfants au moins ».
Dans la pensée du législateur, le mot *aîné* désigne ici très
probablement l'aîné d'âge, qui est le plus apte à remplir
le rôle de soutien de famille, à raison duquel l'exemption est
accordée [1]. Cpr. Cass., 5 déc. 1885, D., 87. 1. 93.

Si plusieurs enfants naturels ont été légitimés par un
même mariage, l'aîné sera le plus âgé.

[1] *Contra* Huc, III, n. 70.

FIN DU TOME TROISIÈME

TABLE DES MATIÈRES

CONTENUES DANS LE TOME III

DU DIVORCE

(Livre I, titre VI du Code civil)

PROLÉGOMÈNES

(N⁰˙)   Pages
1.   Objet du chapitre V du Code civil   1

§ I. *Définitions du divorce et de la séparation de corps.*
Différences qui les séparent.

A. Définitions.
2.   Définitions   1

B. Différences entre le divorce et la séparation de corps.
3.   Différences   2

§ II. *Historique.*

A. Droit romain.
3 *bis.*   Droit romain   3

B. Ancien droit.
4.   Ancien droit   4

C. Droit intermédiaire.
5.   Droit intermédiaire   4

D. Code civil.
6.   Législation de 1804   5

E. Loi du 8 mai 1816.
7.   Loi du 8 mai 1816   6

F. Lois du 27 juillet 1884, du 18 avril 1886 et du 6 février 1893.
8.   Lois postérieures à 1816   8

§ III. *Appréciation du divorce.*

9.   Opinions contradictoires   8
10.   Objections soulevées contre le divorce   9

(N^{os})   Pages.
11. Objection tirée des considérations religieuses   9
12. Objection puisée dans des considérations d'intérêt social 11
13. Objection tirée de l'intérêt des enfants 12
14. Différence entre la législation actuelle et celle de 1804 13

CHAPITRE PREMIER

DES CAUSES DU DIVORCE

15. Division 14

SECTION PREMIÈRE

QUELLES SONT LES CAUSES DU DIVORCE

16. Enumération des causes du divorce. Leurs caractères communs. 14

§ I. *Adultère de l'un des époux.*

17. Législation de 1804 16
18. Le législateur de 1884 a supprimé toute différence entre le mari
     et la femme 16
19. Critique de la législation nouvelle 17
20. Disposition formelle de la loi actuelle ; différence entre la loi civile
     et la loi pénale 18
21. L'adultère est une cause péremptoire 19
22. Nécessité de l'élément moral ou intentionnel 20
23. L'adultère peut n'être invoqué que comme injure grave ; consé-
     quences 20
24. Preuve de l'adultère tirée d'un procès-verbal de constat 21
25. Appréciation du juge 21
26. Preuve tirée d'une condamnation correctionnelle 22
27. Preuve tirée de l'aveu 22
28. Preuve puisée dans des lettres missives 22
29. Preuve testimoniale 23
30. Preuve par présomptions 23
31. Liberté d'appréciation des tribunaux 23
32. Désaveu d'un enfant 23
33. Rétroactivité de la loi de 1884 en tant qu'elle permet à la femme
     d'invoquer l'adultère simple du mari 23
34. Les dispositions anciennes sur la condamnation de la femme
     adultère n'ont pas été reproduites en 1884, leur place étant
     dans le Code pénal 25

§ II. *Excès, sévices ou injures graves.*

35. Définition des excès, sévices et injures graves 25
36. Les excès, sévices ou injures sont soumis à certaines règles géné-
     rales, il faut l'élément intentionnel 26
37. Ils doivent avoir pour auteur l'un des époux et pour victime
     l'autre époux 26
38. Ils doivent atteindre en principe la personne et non les biens . . 26

(N°°)   Pages.

39.   L'exercice normal d'un droit légitime ne peut servir de base à
       une action en divorce   27

40.   Les imputations injurieuses ou diffamatoires formulées à l'appui
       de la demande ne pourraient être invoquées par l'autre époux
       que si elles avaient été émises de mauvaise foi   28

41. . . Les excès, sévices ou injures graves n'ont pas nécessairement un
       caractère délictueux   29

42.   Différences entre les excès, sévices et injures graves   29

43.   Les divers cas d'injures sont très nombreux   29

A. Abandon du domicile conjugal ; refus de le réintégrer ; refus par le mari
de recevoir sa femme au domicile conjugal.

44.   Le juge doit apprécier les motifs d'abandon ou de refus   29

45.   Il y a des cas où ces faits ne sont pas injurieux   30

46.   Il en est d'autres au contraire où ils sont injurieux . . . . . . :   30

47.   Comment on constate l'abandon ou le refus   31

B. Abstention du devoir conjugal.

48. . Dans quels cas l'abstention du devoir conjugal est une injure . .   32

C. Excès injurieux dans les rapports entre époux.

49.   Dans quels cas c'est une injure   33

D. Naissance d'enfant adultérin.

50.   Dans quel cas c'est une injure   34

E. Existence ou communication d'une maladie vénérienne.

51.   Dans quels cas c'est une injure   34

F. Inconduite.

52.   Dans quels cas c'est une injure   35

G. Refus d'assistance, de secours, de protection et d'obéissance.

53.   Dans quels cas c'est une injure   35

H. Propos blessants, dédain.

54.   Dans quels cas c'est une injure   36

I. Jalousie.

55.   Dans quels cas c'est une injure   36

J. Refus de procéder à la célébration du mariage religieux ; atteinte aux
sentiments religieux.

56.   Dans quels cas c'est une injure . . . , ...   36

K. Ivresse.

57.   Dans quels cas c'est une injure   37

(Nᵒˢ)   Pages

L. Condamnation correctionnelle.

58. Dans quels cas c'est une injure 37
59. Les injures peuvent se trouver contenues dans des actes de procédure ou dans des lettres missives 38
60. La preuve peut être administrée par témoins ou par présomptions. 38
61. Les faits antérieurs au mariage ne peuvent être invoqués. 38

§ III. *Condamnation de l'un des époux à une peine afflictive et infamante.*

62. C'est une cause péremptoire de divorce. 38
63. La condamnation à une peine simplement infamante n'est plus une cause péremptoire de divorce 39
64. Mais elle peut constituer une injure grave 40
65. Il faut que la condamnation soit définitive. *Quid* si elle a été prononcée par contumace? 41
66. L'extinction de la peine ne constitue pas une fin de non-recevoir; il en est autrement si la condamnation elle-même disparaît. . 41
67. Il suffit que la condamnation soit prononcée pendant le mariage. 42
68. L'énumération des causes du divorce est limitative 42

SECTION II

PAR QUI LE DIVORCE PEUT ÊTRE DEMANDÉ

69. Il ne peut être demandé que par l'un des époux contre l'autre . . 43
70. C'est un droit exclusivement attaché à la personne. 43

CHAPITRE II

DE LA PROCÉDURE DU DIVORCE

Généralités.

71. Pourquoi la procédure du divorce est-elle réglementée dans le code civil? 44
72. Pourquoi la loi de 1886 est venue modifier la procédure 45
73. Innovations de la loi de 1886 46
74. La loi de 1886 n'a-t-elle pas trop simplifié la procédure? 47

SECTION PREMIÈRE

COMPÉTENCE ET PROCÉDURE

§ I. *Tribunal compétent.*

A. Compétence *ratione materiæ.*

75. La demande en divorce est de la compétence des tribunaux civils. 47
76. Le tribunal civil doit surseoir si la demande est basée sur un fait incriminé par la loi pénale. Influence de la chose jugée au criminel sur le civil. 48

B. Compétence *ratione personæ vel loci.*

77. Le tribunal compétent est celui du domicile du défendeur 50

(Nᵒˢ) Pages

78. Le domicile conjugal est celui du mari, même si la femme est interdite. 50

79. On doit considérer le domicile véritable et non la résidence . . . 50

80. Peu importe que la fixation du domicile soit récente. 50

81. *Quid* si le mari dissimule son domicile? 51

82. L'instance une fois liée, le changement de domicile est sans intérêt. 51

83. A quel moment l'instance est-elle liée ?. 52

84. Pour la détermination de la compétence l'instance est liée dès que le défendeur a été cité en conciliation devant le président. . . 52

85. Les exceptions des art. 168 et 169 (Pr. civ.) doivent être proposées lors de la conciliation 53

86. C'est le président qui doit statuer sur l'exception d'incompétence. 53

87. En ce qui concerne la péremption d'instance, le premier acte de procédure remonte à l'ordonnance rendue après la tentative de conciliation. 56

88. Le désistement ne doit être régularisé qu'après l'ajournement . . 56

89. Jusqu'à quel moment remontent les effets rétroactifs? Renvoi. 56

90. Quel est le point de départ de la pension alimentaire? Renvoi. 56

91. Pour l'application des dispositions transitoires l'instance est intentée à partir de la première requête 56

§ II. *Mesures préliminaires.*

92. Division. 56

A. Formation de la demande.

93. La demande s'introduit par une requête. 57

94. La requête est présentée par le demandeur en personne 58

95. *Quid* dans le cas où la demande est formée par la femme ?. . . . 59

96. *Quid* dans le cas où le demandeur est frappé d'interdiction légale ? 59

97. *Quid* pour l'interdit judiciaire ? 60

98. *Quid* si l'un des époux est placé dans un établissement d'aliénés? 60

99. *Quid* si l'époux est pourvu d'un conseil judiciaire? 61

100. *Quid* si l'époux est mineur ?. 61

101. *Quid* en cas d'absence ? 61

B. Essai de conciliation.

102. L'essai de conciliation se fait devant le président 62

103. Dans le cabinet du président à moins d'impossibilité 63

104. Après la tentative de conciliation le président rend une seconde ordonnance. 63

105. La nullité de la procédure devrait être prononcée si une formalité substantielle avait été omise. 64

106. Le permis de citer doit être utilisé dans les vingt jours. . . . 65

107. L'assignation tardive n'est pas nulle. 65

108. Quelle est la juridiction qui doit statuer sur le retrait des mesures provisoires? 65

109. Dans quels cas l'appel influe sur le délai 66

(N°s) Pages

110. La femme est autorisée par le seul fait du permis de citer. . . . 66
111. Dispositions des art. 235, 237 et 238 66

§ III. *Procédure sur le fond et jugement définitif.*

A. Application de la procédure ordinaire. Transformation d'une demande en divorce en demande de séparation de corps.

112. La cause est instruite et jugée dans la forme ordinaire 68
113. La demande en divorce peut être transformée en demande de séparation. La réciproque n'est pas vraie. 69
114. Le demandeur en séparation pourrait abandonner sa procédure et introduire par une requête nouvelle une demande en divorce 69

B. Incidents relatifs à la preuve.

115. La preuve est soumise au droit commun. 70
116. L'aveu toutefois n'est pas admis. 70
117. Sauf dans certains cas 70
118. *Quid* du serment ? 71
119. La preuve par témoins est admissible 72
120. L'enquête est soumise au droit commun. 73
121. Les faits ont dû au préalable être admis en preuve 73
122. Les prorogations d'enquête sont soumises aux règles habituelles. 74
123. Les fins de non recevoir contre l'exécution de l'enquête sont limitativement déterminées. 74
124. Il n'y a pas lieu de surseoir à statuer dans le cas où une plainte formée contre un témoin est sans intérêt. 74
125. De même si une pièce arguée de faux n'est pas nécessaire au jugement 74
126. Les juges apprécient souverainement l'enquête 75
127. La nullité de l'enquête doit être proposée avant toute défense au fond. 75
128. Les incapacités de témoigner et les reproches ne sont pas tous applicables 75
129. Nouvelle rédaction de l'art. 245 § 2 76
130. L'art. 245 § 2 s'applique aussi en matière de séparation de corps. 77
131. Certains témoins ne peuvent être entendus 78
132. Lettres missives 78
133. Lettres écrites par l'un des conjoints à l'autre 78
134. Lettre écrite par l'un des conjoints à un tiers 79
135. Lettre écrite par un tiers à l'un des conjoints 81
136. *Quid* des copies de lettres ? 81

C. Demandes reconventionnelles.

137. Le défendeur en divorce peut répondre par une demande reconventionnelle en divorce formée par un simple acte 82
138. Mais non le défendeur en séparation 82
139. Le défendeur en divorce peut former par un simple acte une demande reconventionnelle en séparation 82

(N°)   Pages

140.   Comment le tribunal statue quand il est saisi de deux demandes.   83
141.   Les demandes reconventionnelles peuvent se produire en appel .   84
142.   La règle s'applique même au divorce par conversion   85

D. Huis-clos.

143.   Le tribunal peut ordonner le huis-clos   85

E. Interdiction de publier les débats par la voie de la presse.

144.   La reproduction des débats par la voie de la presse est interdite.   86

F. Jugement. Sursis.

145.   Le tribunal peut surseoir à prononcer le divorce   86
146.   Le tribunal est saisi ensuite par assignation   87
147.   Le sursis ne peut être ordonné qu'en première instance   87
148.   Disposition de l'art. 246   87
149.   L'acquiescement à la décision prononçant le divorce n'est pas pos-
          sible   88
150.   *Quid* du désistement de l'appel?   89
151.   Il en est autrement si la décision rejette la demande   90
152.   L'art. 249 n'est pas applicable à la séparation de corps   90

§ IV. *Voies de recours contre les jugements ou arrêts en matière de divorce.*

153.   Division   90

A. Opposition.

154.   Il y a deux sortes de défaut   91
155.   Règle spéciale au jugement par défaut faute de comparaître . . .   91
156.   Disposition de l'art. 247 § 2   92
157.   Disposition de l'art. 247 *in fine*   92
158.   L'opposition est recevable même contre les jugements   94

B. Appel.

159.   Le délai d'appel est suspensif   94

C. Pourvoi en cassation.

160.   Le pourvoi est suspensif   95
161.   Conséquence   95
162.   La règle est applicable à tous les arrêts   96
163.   *Quid* à l'égard des mesures ordonnées?   96
164.   Le délai du pourvoi est-il suspensif?   97

D. Requête civile.

165.   La requête civile est possible   97

§ V. *Exécution du jugement qui prononce le divorce.*

166.   Mesures de publicité prescrites   98
167.   Art. 251 et 252   99

(N°°)   Pages
168. Double innovation. 100
169. Première innovation. 100
170. Deuxième innovation.   101
171. L'avoué n'a pas mandat de faire transcrire. 102
172. A quelle époque s'effectue la transcription. 103
173. Point de départ du délai de deux mois.   103
174. **Déchéance encourue.** 104
175. Sur quels motifs repose la **déchéance**? 104
176. L'action peut-elle être renouvelée? 106
177. La déchéance est attachée au défaut de réquisition 107
178. Comment se répare la négligence de l'officier de l'état civil?. . . 107
179. Les irrégularités de la réquisition n'entraînent pas déchéance . . 108
180. La transcription sans réquisition est inopérante 108
181. *Quid* des divorces prononcés avant la loi de 1886? 109

SECTION II

MESURES PROVISOIRES ET CONSERVATOIRES

§ I. *Mesures provisoires.*

A. Diverses catégories de mesures provisoires.

182. Division. 110

1° Mesures provisoires de la première catégorie.

183. Le président peut, dès le début, autoriser la résidence séparée. . 110
184. Il peut aussi statuer sur la garde des enfants et la remise des
        effets personnels 112

2° Mesures provisoires de la deuxième catégorie.

185. Disposition de l'art. 238 § 2 112
186. Le président a un pouvoir souverain 113
187. De la remise des effets personnels. 114
188. *Quid* si le mari refuse d'exécuter l'ordonnance?. 114
189. Le président peut aussi statuer sur la garde des enfants. . . . 114
190. Sur la pension alimentaire. 115
191. *Quid* de la provision *ad litem*? 115

3° Mesures provisoires de la troisième catégorie.

192. Disposition de l'art. 238 § 5 115
193. Pouvoirs du tribunal. 115
194. *Quid* suivant que les circonstances demeurent les mêmes ou se
        modifient? 116
195. Application à toutes les mesures provisoires. 117
196. Disposition de l'art. 240 118
197. Mesures concernant la garde des enfants. 119
198. Moyens de coercition 120
199. Pension alimentaire. 120
200. Comment elle doit être payée. 121
201. C'est une avance. 121

(N°°)   Pages
202.   Comment le jugement s'exécute.   122
203.   Les fournisseurs n'ont pas d'action contre le mari. . . . . ,   123
204.   Provision *ad litem*.   123
205.   La provision *ad litem* et la pension alimentaire sont insaisissa-
           bles   124
206.   Le mari peut réclamer la provision.   125

4° Mesures provisoires de la quatrième catégorie.

207.   Le président peut statuer comme juge des référés.   125
208.   Disposition de l'art. 241   126
209.   Cette disposition est exceptionnelle.   126
210.   Elle n'est pas impérative.   126
211.   La preuve incombe tantôt à la femme, tantôt au mari.   127

B. Voies de recours contre les décisions ordonnant des mesures provisoires.

212.   Aucune voie de recours n'est ouverte contre les mesures de la
           première catégorie.   127
213.   Il en est autrement de celles de la deuxième catégorie   128
214.   *Quid* si un appel est interjeté ?.   128
215.   Les voies de recours ordinaires sont ouvertes contre les mesures
           de la troisième et de la quatrième catégories.   130
216.   Ces mesures sont-elles exécutoires par provision ?   131

§ II. *Mesures conservatoires.*

17.   Disposition de l'art. 242   132
218.   L'autorisation de justice est nécessaire   132
219.   Les scellés ne sont pas la seule mesure possible.   133
220.   Scellés et inventaires.   133
221.   Le mari, sauf en des circonstances exceptionnelles, se fait remettre
           les objets inventoriés.   135
222.   Ces mesures ne produisent aucun effet vis-à-vis des tiers.   135
223.   Oppositions.   136
224.   Autres mesures conservatoires   137
225.   Disposition de l'art. 243.   138

SECTION III
DES FINS DE NON-RECEVOIR CONTRE L'ACTION EN DIVORCE

226.   Division.   139

§ I. *Réconciliation des époux.*

227.   Ce qu'implique la réconciliation   139
228.   Ce que doit être la réconciliation.   140
229.   Expresse ou tacite   141
230.   Preuve de la réconciliation   143
231.   La réconciliation est opposable même en appel   143
232.   Quelle que soit la cause de la demande en divorce   144
233.   Les faits postérieurs à la réconciliation peuvent servir de base à
           une demande en divorce.   144

(N°°)   Pages
234.   Les anciens griefs peuvent alors revivre.   145
235.   La réciprocité des torts est-elle une fin de non-recevoir?   145
236.   La provocation doit être prise en considération.   147
237.   Dans quelle mesure?   148

§ II. *Mort de l'un des époux.*

238.   La mort éteint l'action en divorce.   149

§ III. *Prescription.*

239.   La prescription de trente ans s'applique   150

CHAPITRE III

DES EFFETS DU DIVORCE

240.   Division.   151
241.   Rétroactivité des effets du divorce   151
242.   Quant aux biens   152
243.   Dans les rapports entre époux.   152
244.   Le jugement rétroagit au jour de la demande   152

SECTION PREMIÈRE

DISSOLUTION DU MARIAGE

245.   A quel moment précis le mariage est-il dissous?   153
246.   *Quid* si la transcription a été faite tardivement?   155
247.   Conséquences se rattachant à la date de la dissolution.   156
248.   Les effets du mariage dans le passé subsistent.   157
249.   Division   158

§ I. *Conséquences de la dissolution entre les époux.*

250.   Division.   158

A. Conséquences relatives à la personne des époux.

251.   Les droits et devoirs attachés au titre d'époux cessent.   158
252.   Pensions de retraite   158
253.   Influence sur le nom.   159
254.   Cessation des devoirs   161
255.   Les époux peuvent se remarier.   161
256.   Restrictions diverses.   162
257.   Celle de l'art. 296   162
258.   Celle de l'art. 298   163
259.   A quelles conditions est-elle applicable?   164
260.   Celle de l'art. 295   165
261.   Une nouvelle célébration du mariage est nécessaire.   166
262.   Le divorce n'est plus possible.   167
263.   Disposition de l'art 295, § 2.   167

B. Conséquences relatives aux biens des époux.

264.   La liquidation des intérêts pécuniaires doit se faire 168

§ II. *Conséquences relatives aux parents et aux alliés des époux.*

265.   Le divorce laisse subsister l'alliance 169
266.   Et l'obligation alimentaire 170

§ III. *Conséquences à l'égard des enfants.*

267.   Les liens entre parents et enfants subsistent 170
268.   Modification possible à la puissance paternelle. 171
269.   Règle de l'art. 302 sur la garde des enfants 171
270.   Le tribunal peut y déroger 172
271.   Disposition de l'art. 303 173
272.   *Quid* si la tutelle s'ouvre ?. 173
273.   *Quid* des autres attributs de la puissance paternelle ? 174
274.   La décision du tribunal a toujours un caractère provisoire 176
275.   Disposition de l'art. 304 176

SECTION II

DÉCHÉANCES

276.   Division 177
277.   Première déchéance. Art. 386. Perte de la jouissance légale. . . 177
278.   Deuxième déchéance. Art. 299 177
279.   Les héritiers peuvent-ils s'en prévaloir ? 178
280.   Nécessité de préciser l'étendue de la déchéance 179
281.   Avantages faits par contrat de mariage. 179
282.   Avantages faits depuis le mariage. 180
283.   Elle ne doit pas être étendue arbitrairement. 181
284.   Elle est encourue de plein droit. 182
285.   Produit-elle effet contre les tiers ? 183
286.   L'époux non coupable conserve les avantages à lui faits. 183
287.   Application dans l'art. 1518 184
288.   Pension alimentaire due par l'époux coupable. 185
289.   Quel est son fondement ? 186
290.   Les règles ordinaires sont applicables 186
291.   La demande de pension peut être formée après la transcription. . 188
292.   L'art. 301 est applicable à la séparation de corps 188
293.   Au divorce par conversion 189
294.   *Quid* en cas de torts réciproques ? 191

CHAPITRE IV

DE LA SÉPARATION DE CORPS

295.   Définition. 192
296.   Réglementation insuffisante. Emprunts au divorce 192
297.   Criterium à suivre pour ces emprunts. 194
298.   Division. 194

§ I. *Causes de séparation de corps.*

(Nᵒˢ)   Pages
299.   Les causes sont les mêmes que pour le divorce   194
300.   Le consentement mutuel est inopérant.   194
301.   Conséquences relatives à la preuve.   195
302.   Pourquoi le législateur de 1804, qui admettait le divorce par con-
         sentement mutuel, avait-il prohibé la séparation par consente-
         ment mutuel ?   196

§ II. *Par qui la séparation de corps peut être demandée.*

303.   Elle peut être demandée par l'un des époux   197
304.   *Quid* des créanciers et des héritiers?   198

§ III. *Causes d'extinction de l'action en séparation de corps.*

305.   Les mêmes que pour le divorce.   199

§ IV. *Procédure à suivre sur la demande en séparation de corps.*
Mesures provisoires.

306.   Dispositions de l'art. 307, § 1   199
307.   Compétence du tribunal civil.   200
308.   La procédure débute par une requête.   200
309.   Disposition de l'art. 878 Pr. civ..   201
310.   Résidence de la femme. Pension alimentaire. Provision *ad litem*.   201
311.   Garde des enfants et autres mesures   202
312.   L'affaire est instruite suivant les formes ordinaires   202
313.   Voies de recours   203
314.   Publicité de la décision prononçant la séparation de corps   204

§ V. *Effets de la séparation de corps.*

315.   Innovations de la loi de 1893.   204

A. Effets de la séparation de corps en ce qui concerne la personne des époux.

316.   Le lien du mariage n'est pas brisé.   205
317.   Influence sur le nom   206

B. Effets de la séparation quant aux enfants.

318.   La disposition finale de l'art. 302 est applicable.   208
319.   *Quid* en cas de mort de l'un des époux ?   209

C. Effets de la séparation de corps en ce qui concerne les biens des époux.

320.   La séparation de corps entraîne la séparation de biens   210
321.   La séparation rend à la femme le plein exercice de sa capacité
         civile   210
322.   *Quid* en cas de réconciliation ?   212
323.   Trois situations sont à distinguer.   214
324.   Utilité de l'innovation.   215

(N°ˢ)   Pages

D. Déchéance qu'entraîne la séparation de corps.

325.   Quelles sont les déchéances attachées à la séparation de corps. .   215

§ VI. *Cessation de la séparation de corps.*

326.   Division.   218

A. Réconciliation des époux.

327.   Il faut la volonté commune   218

B. Conversion du jugement de séparation de corps en jugement de divorce.

328.   Dispositions de l'art. 310   220
329.   Du délai de trois ans   220
330.   La procédure est simplifiée   221
331.   Quel est le tribunal compétent ?   222
332.   Procédure à suivre   222
333.   Suite   223
334.   Suite   223
335.   Suite   223
336.   Suite   223
337.   Voies de recours   223
338.   Suite   224
339.   Suite   224
340.   Demande reconventionnelle   224
341.   Fin de non recevoir   224
342.   Publicité ; transcription   224
343.   Quel rôle pourrait-on donner au juge ?   224
344.   Quel est celui que la loi française lui attribue ?   227
345.   Explications fournies par le rapporteur sur l'office du juge . . .   229
346.   Malgré ces explications le rôle du juge paraît très peu défini . . .   229
347.   La loi lui donne un pouvoir discrétionnaire   232
348.   Système proposé par M. Saint-Marc   234
349.   Le juge peut-il statuer sur d'autres questions ?   235
350.   Effets de la conversion   237
351.   *Quid* si des griefs nouveaux sont survenus depuis la séparation ?   239
352.   On pourrait demander le divorce après avoir obtenu la séparation
            sans attendre l'expiration du délai de trois ans   240

CHAPITRE V

DISPOSITION TRANSITOIRE

353.   Dispositions des art. 6 et 7 de la loi de 1886   241

CHAPITRE VI

AUTORITÉ DE LA CHOSE JUGÉE EN MATIÈRE DE DIVORCE OU DE SÉPARATION DE CORPS

354.   Le jugement a autorité *erga omnes*   241

(N°°)   Pages

355.   L'époux qui a succombé dans une demande en séparation peut-il
            former une demande en divorce fondée sur la même cause? 242
356.   Et réciproquement ? 242
357.   On peut demander le divorce et subsidiairement la séparation . . 242
358.   On peut former une demande nouvelle pour faits postérieurs. *Quid*
            pour faits antérieurs non articulés ? 243
359.   La demande en conversion peut être renouvelée 244

CHAPITRE VII

LÉGISLATION COMPARÉE ET DROIT INTERNATIONAL PRIVÉ

360.   Division. 245

SECTION PREMIÈRE

LÉGISLATION COMPARÉE

361.   Il y a trois groupes de législations 245

Premier groupe : Législations admettant tout à la fois le divorce et la séparation de corps.

362.   Division. 246

A. Législations permettant d'opter librement entre le divorce et la séparation de corps.

363.   Ce sont celles qui se rapprochent le plus de la loi française . . . 246
364.   Allemagne 246
365.   Angleterre 247
366.   Belgique 248
367.   Ecosse. 248
368.   Etats-Unis. 248
869.   Hongrie. 249
370.   Pays-Bas 250

B. Législations ne permettant la séparation de corps que comme une mesure provisoire ou préalable au divorce.

371.   Suède. 251
372.   Norvège 251
373.   Suisse 252

Deuxième groupe : Législations refusant l'option entre le divorce et la séparation de corps et ne permettant que le divorce.

374.   Danemark. 253
375.   Pays musulmans 253
376.   Roumanie. 254
377.   Russie. 254

Troisième groupe : Législations ne permettant pas l'option et imposant la séparation de corps.

378.   Autriche 255

(N°)   Pages

379.   Espagne. 255

380.   Italie 256

381.   Portugal 256

SECTION II

DROIT INTERNATIONAL PRIVÉ

382.   Intérêt de la question 257

§ I. *Compétence.*

383.   Rappel de la règle générale. 257

384.   Exceptions à la règle. 257

385.   Suite 258

386.   Suite 259

387.   Les Français domiciliés à l'étranger peuvent s'adresser aux tribunaux de leur pays. *Quid* des tribunaux étrangers? 260

§ II. *De la loi applicable.*

A. Au point de vue du fond.

388.   C'est la loi nationale qui s'applique. 261

389.   Exceptions 261

390.   La loi nationale peut ramener à la *lex fori* ou à la loi du domicile 262

391.   La loi nationale détermine aussi les effets 263

392.   Sauf la question d'ordre public 264

B. Au point de vue de la procédure.

393.   La *lex fori* est applicable 264

§ III. *De l'exequatur.*

394.   La formalité de l'exequatur est-elle nécessaire? 265

§ IV. *De la conversion d'un jugement de séparation de corps en divorce.*

395.   Il faut examiner à nouveau la compétence et suivre les règles précédentes. 266

396.   Pouvoirs du juge français. 266

397.   *Quid* si l'on demande au juge l'exequatur? 267

§ V. *De l'influence de la naturalisation.*

398.   Quelle est l'influence d'un changement de nationalité? 267

DE LA PATERNITÉ ET DE LA FILIATION

(Livre I, titre VII du Code civil)

(Nᵒˢ)		Pages.
399.	Définition de la filiation, de la paternité et de la maternité. . . .	271
400.	Distinction de la filiation légitime, de la filiation naturelle et de la filiation adoptive. . . .	271
401.	De la filiation légitime : enfants légitimes et enfants légitimés. . .	272
402.	De la filiation illégitime : enfants naturels simples, enfants adultérins et enfants incestueux . . .	272
403.	Comment savoir si un enfant est légitime, naturel simple, adultérin ou incestueux ? Principe. . .	273
404.	Application du principe . . .	274
405.	De la filiation adoptive. . .	275
406.	Comparaison entre les diverses sortes de filiation . . .	275
407.	De la parenté. . .	277
408.	De l'état des personnes. Ses caractères généraux . . .	278
409.	Des questions d'état . . .	279
410.	Règles spéciales de procédure qui leur sont applicables. . .	280
411.	Le jugement rendu sur l'état a l'autorité de la chose jugée, même si la question d'état n'a été soulevée qu'incidemment. Il fait autorité sur les conséquences pécuniaires de l'état . . .	282
412.	L'autorité de la sentence est-elle relative ou absolue ?. . .	282
413.	Solution donnée par le droit romain . . .	283
414.	Les glossateurs et la doctrine du *justus contradictor* . . .	285
415.	Adoption de cette doctrine dans notre ancien droit . . .	287
416.	D'Argentré essaie de la préciser. . .	288
417.	Réfutation proposée par Merlin . . .	289
418.	Le code civil. Art. 100 et 1351. Divers systèmes présentés . . .	290
419.	1ᵉʳ Système : *Doctrine du contradicteur légitime* . . .	291
420.	2ᵉ Système : *Application de l'art. 1351* . . .	294
421.	Tempéraments apportés, dans ce système, à la règle de l'autorité relative de la chose jugée sur les questions d'état. . .	298
422.	Résumé. . .	302
423.	3ᵉ Système : *Il faut écarter, en matière d'état, l'art. 1351* . . .	302
424.	Principe auquel il faut se rattacher. . .	305
425.	Applications du principe. . .	308
426.	En quoi cette doctrine s'écarte de celle du légitime contradicteur.	309
427.	Divergences entre ce système et le système généralement admis.	310
428.	Division générale. . .	312

PREMIÈRE PARTIE

DE LA FILIATION LÉGITIME

CHAPITRE PREMIER

DE LA FILIATION LÉGITIME EN GÉNÉRAL

| 429. | Eléments dont se compose la filiation légitime. . . | 313 |

(N°°)   Pages

430.   Le mariage et la filiation maternelle peuvent être prouvés directement 314

431.   Des modes de preuve de la filiation maternelle. 315

432.   Preuve de la paternité. Présomption *pater is est quem nuptiæ demonstrant* 317

433.   De la légitimité 318

CHAPITRE II

DES PRÉSOMPTIONS LÉGALES PAR LESQUELLES SE DÉTERMINENT LA DURÉE DE LA GESTATION ET L'ÉPOQUE DE LA CONCEPTION

434.   Impossibilité de prouver directement l'époque de la conception . 319

435.   Règles suivies à cet égard en droit romain. 319

436.   Liberté laissée aux juges dans notre ancienne jurisprudence. . . 320

437.   Présomptions établies par le code civil sur la durée de la gestation 321

438.   La conception se place entre les deux termes extrêmes de la période légale. 323

439.   Comment calculer les délais? Sens divers du mot « jour » 323

440.   Procédé de computation *de hora ad horam* 324

441.   Opinion générale : il faut calculer *de die ad diem*. Démonstration 328

442.   Dans ce système, faut-il comprendre dans le délai le *dies a quo* et le *dies ad quem* ? 331

443.   Nature et portée des présomptions légales sur la durée de la gestation et l'époque de la conception. Principe : ce sont des règles d'ordre public n'admettant pas la preuve contraire. . . 333

444.   *Quid* au cas où une femme accouchée après la dissolution de son mariage met au monde un nouvel enfant dans les 300 jours qui suivent la dissolution du mariage? 334

445.   Règles à suivre au cas où, par application des règles légales, deux filiations également légitimes peuvent être réclamées par l'enfant. Plusieurs hypothèses doivent être envisagées 335

446.   *1re Hypothèse.* 335

447.   *2e Hypothèse.* 339

448.   *3e Hypothèse.* 341

CHAPITRE III

DE LA FILIATION MATERNELLE

449.   Enumération et classement des modes de preuve admis par la loi. 342

SECTION PREMIÈRE

DE LA PREUVE DE LA FILIATION MATERNELLE PAR L'ACTE DE NAISSANCE

450.   L'acte de naissance prouve le fait de l'accouchement, mais non l'identité 343

§ I. *De la preuve de l'accouchement par l'acte de naissance.*

(N°˙)   Pag˙ᵃ

451. L'acte de naissance est le mode normal de preuve. Conditions auxquelles il doit satisfaire. 344
452. I. Il faut qu'il ait été inscrit sur les registres. 344
453. II. Il doit avoir été dressé sur la déclaration des personnes désignées dans l'art. 56. 344
454. III. Il faut qu'il ait été rédigé dans les délais légaux. 344
455. IV. Le nom de la mère doit être indiqué. *Quid* des irrégularités concernant l'indication du père?. 346
456. Force probante de l'acte de naissance quant à l'accouchement . . 348

§ II. *Preuve de l'identité.*

457. Elle peut être faite par un mode quelconque. 348
458. La preuve par témoins est admissible, même si les conditions de l'art. 323 font défaut. 349
459. L'enfant peut invoquer sa possession d'état, même incomplète . . 351
460. Il peut prouver son identité, même s'il a une possession d'état contraire 352

SECTION II
PREUVE DE LA FILIATION PAR LA POSSESSION D'ÉTAT

461. Notions générales sur la possession d'état d'enfant légitime et ses effets. 352
462. La possession d'état ne peut être invoquée qu'à défaut de titre de naissance 354
463. En quoi consiste la possession d'état. Pouvoir d'appréciation des tribunaux. 356
464. Caractères qu'elle doit présenter 357
465. Preuve de la possession d'état. 360
466. Concours du titre et de la possession d'état, art. 322. 361
467. Malgré le concours du titre et de la possession d'état, la *légitimité* de l'enfant peut être contestée. 364
468. La possession d'état, même appuyée sur un titre conforme, ne dispense pas l'enfant de prouver sa *légitimité*. Elle prouve seulement la *filiation*. 364

SECTION III
PREUVE PAR TÉMOINS DE LA FILIATION MATERNELLE

469. La preuve testimoniale n'est admise que dans certains cas et sous certaines conditions 365
470. I. Dans quels cas ce mode de preuve est admis. Quatre cas. . . . 366
471. II. Conditions requises pour l'admission de la preuve testimoniale dans les quatre cas ci-dessus. 368
472. Comparaison entre l'art. 324 et l'art. 1347 371
473. Liberté des juges pour l'admission de la preuve par témoins . . . 372
474. Faits qui doivent être prouvés par l'enfant. 372

(Nᵒˢ)   Pages.

475.   Les adversaires de l'enfant peuvent faire la preuve contraire.
        Art. 325.   373
476.   Conciliation des art. 46 et 323.   379

CHAPITRE IV

DE LA FILIATION PATERNELLE

477.   Généralités. Division du chapitre.   381

SECTION PREMIÈRE

ENFANT CONÇU ET NÉ PENDANT LE MARIAGE

478.   Deux causes de désaveu sont indiquées par les art. 312 et 313. . .   382

§ I. Impossibilité physique de cohabitation.

479.   A quelle époque elle doit avoir existé. Faits d'où elle résulte. . .   383
480.   I. Eloignement.   384
481.   Quid de la captivité de guerre, de l'internement dans une prison
        ou dans une maison de santé ?   385
482.   II. Accident.   386
483.   L'accident antérieur au mariage est il une cause de désaveu ?. . .   388
484.   Concours des deux causes de désaveu.   389
485.   A qui incombe la preuve et comment elle doit être faite.   389
486.   L'impuissance naturelle n'est pas une cause de désaveu.   389

§ II. Impossibilité morale de cohabitation.

487.   En quoi elle consiste. Elle peut être invoquée dans deux cas
        (art. 313).   390
488.   PREMIER CAS : Adultère et recel de la naissance. Preuves à four-
        nir par le désavouant.   390
489.   1° Adultère de la mère   391
490.   2° Recel de la naissance de l'enfant.   392
491.   3° Impossibilité morale de cohabitation.   395
492.   Comment et dans quel ordre ces faits doivent être prouvés. . . .   396
493.   Il n'est pas nécessaire que l'adultère soit prouvé préalablement.   396
494.   Faut-il qu'il soit prouvé directement ?.   397
495.   Preuve du recel   400
496.   Justification de la non-paternité du mari   400
497.   DEUXIÈME CAS : Demande ou jugement de divorce ou de sépara-
        tion de corps. Historique. Lois du 6 déc. 1850, du 27 juillet
        1884 et du 18 avril 1886   400
498.   Période suspecte établie par la loi. Son point de départ et son
        terme.   402
499.   Le désaveu est péremptoire et se fait par simple dénégation. . .   404
500.   Cependant, jusqu'au désaveu, le mari est réputé père de l'enfant.   406
501.   Fin de non-recevoir qui peut être opposée à l'action en désaveu.   406
502.   Concours de ces deux causes de désaveu entre elles et avec l'im-
        possibilité physique de cohabitation.   407

(N⁰ˢ)   Pages

503.   Si l'enfant n'est pas viable, peut-il être désavoué pour cause d'impossibilité physique ou morale de cohabitation ? 407

504.   Renonciation à l'action en désaveu. 408

SECTION II

ENFANT CONÇU AVANT ET NÉ APRÈS LA CÉLÉBRATION DU MARIAGE

505.   Double présomption établie en faveur de l'enfant (art. 314). . . . 408

§ I. *Présomption de paternité du mari.*

506.   Elle peut être renversée par une simple dénégation. Le désaveu est *péremptoire*. 408

507.   Fins de non-recevoir contre l'action en désaveu. 409

508.   PREMIÈRE FIN DE NON-RECEVOIR : « *Si le mari a eu connaissance de la grossesse avant le mariage* ». 409

509.   Le mari ne peut revenir sur sa renonciation 409

510.   Le mari n'a pas à prouver qu'il a ignoré la grossesse. 411

511.   DEUXIÈME FIN DE NON-RECEVOIR : « *Si le mari a assisté à l'acte de naissance et si cet acte est signé de lui, ou contient sa déclaration qu'il ne sait signer* ». 411

512.   La renonciation à l'action en désaveu pourrait-elle s'induire de circonstances autres que celles qui sont indiquées par l'art. 314, 1⁰ et 2⁰ ? 412

513.   *Quid* de la renonciation expresse ? 413

514.   Conséquences du principe que l'on peut renoncer au droit de désavouer l'enfant 414

515.   La reconnaissance, expresse ou tacite, doit être faite en connaissance de cause 415

516.   TROISIÈME FIN DE NON-RECEVOIR : « *Si l'enfant n'est pas déclaré viable* ». Il faut généraliser 415

517.   Le défendeur peut-il combattre au fond la dénégation de paternité ? 416

518.   Etat de l'enfant, au cas où le désaveu est admis et à celui où il est rejeté. 417

§ II. *Fiction de légitimité de l'enfant.*

519.   L'art. 314 repose sur une fiction de *légitimation*. Conséquences. 418

520.   Autre interprétation de l'art. 314. Arguments sur lesquels elle se fonde. Réfutation 422

521.   La fiction de légitimité de l'art. 314 ne rétroagit pas à la période antérieure au mariage. 428

SECTION III

ENFANT NÉ APRÈS LA DISSOLUTION DU MARIAGE

522.   Deux hypothèses à distinguer 428

523.   *1ʳᵉ Hypothèse : L'enfant est né 300 jours après la dissolution du mariage.* 428

(N°°)   Pages

524.   *2° Hypothèse : L'enfant est né moins de 300 jours après la disso-
            lution du mariage* 430

525. .   L'art. 315 s'applique quelle que soit la cause de dissolution du
            mariage. 431

526. . . Enfant né 300 jours après la disparition ou les dernières nouvelles
            du mari. Renvoi 431

CHAPITRE V

DES ACTIONS RELATIVES A LA FILIATION LÉGITIME

527.   Enumération et définition de ces actions. Division du chapitre. . 431

SECTION PREMIÈRE

DES ACTIONS EN DÉSAVEU ET EN CONTESTATION DE LÉGITIMITÉ

§ I. *De l'action en désaveu.*

528.   Généralités. Intérêt qu'il y a à déterminer le *domaine* de l'action. 433

N° 1. Domaine de l'action en désaveu.

529. *   Distinction entre les divers modes de preuve de la filiation ma-
            ternelle. 434

530.   I. Cas où la filiation maternelle est prouvée par l'acte de nais-
            sance 434

531.   II. Cas où la preuve de la filiation maternelle résulte de la pos-
            session d'état. 434

532.   III. Preuve par témoins de la filiation maternelle. Deux hypo-
            thèses à examiner 435

533.   *1re Hypothèse : L'enfant a exercé une action en réclamation
            d'état* 435

534.   *2° Hypothèse : L'enfant n'ayant pas réclamé, peut-on agir con-
            tre lui dans le but de démontrer qu'il est étranger au mari de
            la femme qu'on dit être sa mère?* Deux questions à résoudre. 435

535.   Nature de cette action : désaveu (*facultatif*) ou action en contes-
            tation d'état *lato sensu?* 436

536.   L'action est-elle recevable? 438

537.   En la supposant recevable, quelles sont les règles qui la gouver-
            nent? 442

538.   Cas où le mari, en menaçant sa femme de désavouer l'enfant dont
            elle est accouchée, a empêché la déclaration de naissance,
            ou a fait inscrire l'enfant sous de faux noms ou comme né de
            père et mère inconnus. 444

539.   Si l'enfant prouve, conformément à l'art. 46, que les registres de
            l'état civil ont été détruits ou perdus, ou qu'ils n'ont pas été
            tenus, et établit ensuite sa filiation par les modes indiqués
            par ce texte, se trouve-t-on dans le domaine du désaveu? . . 445

N° 2. Des personnes auxquelles appartient l'action en désaveu.

540. .   Ce sont le mari et, dans certains cas, ses héritiers. 446

(N°*)   Pages
541. Le mari seul, tant qu'il vit. 447
542. *Quid* si le mari est *interdit?* 447
543. Ou absent? 447
544. Après le décès du mari, l'action passe à ses héritiers. Elle devient un droit exclusivement pécuniaire. 448
545. Par héritiers, il faut entendre les successeurs à titre universel. . 449
546. Étendue des droits qui leur appartiennent 450
547. Le droit de désaveu appartient individuellement à chacun des héritiers. 452
548. Les autres intéressés ne peuvent désavouer l'enfant. 452

N° 3. Des personnes contre lesquelles l'action en désaveu peut être exercée.

549. L'enfant est défendeur à l'action. Il doit lui être nommé un tuteur *ad hoc.* 453
550. Par qui est nommé ce tuteur? 454
551. L'enfant simplement conçu ne peut être désavoué. 457
552. Décès de l'enfant avant ou pendant l'instance 458
553. Rôle de la mère dans le procès en désaveu. 459

N° 4. Du délai et de la forme dans lesquels le désaveu doit être formulé.

554. Le délai varie. 460
555. I. *L'action est intentée par le mari.* 460
556. Le délai est de deux mois au cas de divorce ou de séparation de corps. 462
557. *Quid* si le mari est en état de démence ou d'imbécillité au moment de la naissance? 463
558. L'expiration du délai constitue une fin de non-recevoir absolue. 463
559. C'est aux défendeurs à prouver que le délai est expiré. 464
560. II. *L'action en désaveu est exercée par les héritiers du mari.* Durée et point de départ du délai 464
561. Les héritiers peuvent-ils agir contre l'enfant, alors que celui-ci ne réclame pas la succession du mari? 467
562. Règles communes au mari et à ses héritiers 468
563. Le désaveu est formé par voie d'action en justice 470
564. Tribunal compétent pour en connaître. 471
565. Il n'y a pas lieu au préliminaire de conciliation 471
566. Règlement de la possession intérimaire des biens du mari, au cas où les héritiers de celui-ci désavouent l'enfant. Provision *ad litem* 472

N° 5. Effets du jugement rendu sur l'action en désaveu.

567. Ces effets sont les mêmes, que la question ait été jugée sur une action principale ou incidemment à une autre question. . . . 472
568. Autorité attachée au jugement. Distinction 473
569. Le mari ne peut, en renonçant au bénéfice du jugement qui a admis le désaveu, restituer à l'enfant sa légitimité. 476

§ II. *De l'action en contestation de légitimité.*

570. Définition 476

(N°⁵)   Pages

571.   A qui appartient l'action.   476
572.   Durée de l'action.   478
573.   Personnes qui peuvent y défendre   479
574.   En quoi cette action diffère de l'action en désaveu. 479

SECTION II

DE L'ACTION EN RÉCLAMATION D'ÉTAT ET DE L'ACTION EN CONTESTATION D'ÉTAT

§ I. *De l'action en réclamation d'état.*

575.   Définition. Notion générale.   481

N° 1. Caractère et domaine de l'action en réclamation d'état.

576.   L'enfant joue dans l'action le rôle de demandeur   481
577.   Pour que la prétention de l'enfant constitue une réclamation
        d'état, il faut qu'il ne possède son état, ni en droit, ni en fait.   482
578.   Le domaine de cette action comprend donc tous les cas dans les-
        quels l'enfant doit recourir à la preuve par témoins pour éta-
        blir sa filiation maternelle.   483

N° 2. Par qui et contre qui l'action en réclamation d'état peut-elle être intentée?

579.   Tout intéressé peut être défendeur au procès   484
580.   La loi semble au contraire n'accorder qu'à certaines personnes
        seulement l'exercice actif de l'action   484
581.   L'action peut être exercée par l'enfant. Elle a alors un caractère
        essentiellement moral. Conséquences.   484
582.   Après la mort de l'enfant, l'action appartient à ses héritiers . . .   487
583.   *Quid* des descendants de l'enfant qui ne sont pas ses héritiers ou
        ne se gèrent pas comme tels?.   488
584.   Conditions sous lesquelles l'action est transmise aux héritiers de
        l'enfant   490
585.   Deux hypothèses à distinguer :
585.   *1re Hypothèse : L'enfant est mort sans avoir réclamé* (art. 329).   490
586.   *2e Hypothèse : L'enfant est mort après avoir engagé l'instance*
        (art. 330).   492
587.   Les art. 329 et 330 seraient inapplicables aux descendants de l'en-
        fant, s'ils agissaient de leur chef et non comme héritiers de
        celui-ci   495
588.   Caractère de l'action entre les mains des héritiers. Conséquen-
        ces   496

N° 3. Du délai imparti par la loi pour l'exercice de l'action en réclamation d'état.

589.   Il varie suivant que l'action est exercée par l'enfant ou par ses
        héritiers   496
590.   L'action est imprescriptible à l'égard de l'enfant. Art. 328   496
591.   A l'égard des héritiers, elle se prescrit dans les termes du droit
        commun   497

N° 4. Règles de compétence.

592.   Art. 326 et 327. Interprétation qu'on en donne généralement. . .   498

(Nos)   Pages

593. Critique de cette interprétation. L'action en réclamation d'état n'est pas l'action civile du code d'instruction criminelle. . . . 500

594. I. Disposition de l'art. 326. Comment on peut la justifier. Sa portée. 502

595. II. L'art. 327 est le corollaire de l'art. 326. Comment on doit l'interpréter 506

596. A quels cas s'applique l'art. 327. 510

597. Faut-il en faire l'application à l'action en dommages-intérêts naissant de l'infraction? 511

598. L'art. 327 ne s'applique pas si l'action relative à la filiation ne constitue pas une réclamation d'état. Il est également sans application aux autres questions d'état. 511

599. Cas dans lesquels les juridictions répressives peuvent connaître des questions d'état de filiation soulevées incidemment devant elles 513

600. Sanction de la disposition de l'art. 327. 515

No 5. De l'autorité de la chose jugée sur l'action en réclamation d'état.

601. Ce qui est jugé sur l'état fait autorité sur les conséquences pécuniaires de l'état. 515

602. La chose jugée a autorité à l'égard des ayants-cause universels des parties 515

603. Autorité du jugement à l'égard des tiers. Principe. Pour en faire l'application, nous distinguerons trois hypothèses 516

604. *1re Hypothèse : L'enfant a réclamé son état à la fois contre ses deux auteurs prétendus.* 517

605. *2e Hypothèse : L'enfant a exercé sa réclamation contre un seul de ses deux auteurs prétendus.* 520

606. *3e Hypothèse : Le réclamant a agi contre d'autres personnes que ses père et mère prétendus.* 523

§ II. *De l'action en contestation d'état* stricto sensu.

607. Notions générales. Elle implique une réclamation d'état de la part de l'enfant. 524

608. Donc les règles de la réclamation d'état sont applicables. . . . 525

APPENDICE

DE L'AUTORITÉ DE LA CHOSE JUGÉE EN MATIÈRE DE NOMS
DE FAMILLE

609. Généralités. Indivisibilité du nom de famille. Deux hypothèses à distinguer. 528

610. *1re Hypothèse : La question du nom de famille se pose accessoirement à une question principale ayant pour objet l'état de la personne* 529

611. *2e Hypothèse : Le nom de famille fait l'objet direct et principal du procès* 531

DEUXIÈME PARTIE

DE LA FILIATION NATURELLE

(Nᵒˢ)   Pages.
612.   Notions générales.   533
613.   Division.   536

CHAPITRE PREMIER

DE LA RECONNAISSANCE VOLONTAIRE DES ENFANTS NATURELS

614.   Généralités. Historique   537

SECTION PREMIÈRE

EN QUELLE FORME LA RECONNAISSANCE DOIT ÊTRE FAITE

615.   Art. 334. La reconnaissance doit se faire en la forme authentique. Motifs de la règle   539
616.   Quels officiers publics sont compétents pour recevoir la reconnaissance   540
617.   Officiers de l'état civil.   540
618.   Notaires.   542
619.   La reconnaissance peut-elle être reçue par d'autres officiers publics? Solution affirmative.   543
620.   Compétence des tribunaux.   544
621.   Le juge de paix, siégeant au bureau de conciliation, peut recevoir une reconnaissance d'enfant naturel   546
622.   Mais il est incompétent en dehors de ses fonctions de juge ou de magistrat conciliateur   546
623.   Tous autres officiers publics sont incompétents   547
624.   La reconnaissance ne peut être faite par acte sous seing privé. Un testament olographe ou mystique peut-il contenir une reconnaissance valable?.   547
625.   Il n'est pas nécessaire que la reconnaissance soit l'objet principal et direct de l'acte qui la constate   550
626.   Ni même que la volonté de reconnaître soit exprimée en termes formels et dans le dispositif de l'acte.   550
627.   La reconnaissance peut être faite par mandataire. Conditions auxquelles le mandat doit satisfaire. Révocabilité du mandat   552

SECTION II

AU PROFIT DE QUELS ENFANTS ET A QUEL MOMENT LA RECONNAISSANCE PEUT AVOIR LIEU

§ I. *Quels enfants peuvent être reconnus.*

628.   La reconnaissance ne peut avoir lieu au profit des enfants adultérins ou incestueux. Art. 335.   554

(N°°)   P. g°«

N° 1. Dans quels cas la reconnaissance s'applique-t-elle à un enfant adultérin ou incestueux ?

629.   Il faut se reporter à l'époque de la conception de l'enfant pour déterminer la qualité de celui-ci. Les présomptions légales sur la durée de la gestation et l'époque probable de la conception en matière de filiation légitime doivent être appliquées. . . . 555

630.   L'enfant est adultérin ou incestueux nonobstant la bonne foi de ses auteurs. 557

631.   Pour que la reconnaissance soit nulle, il faut qu'il soit certain qu'elle s'applique à un enfant incestueux ou adultérin. . . . 558

632.   I. Dans quels cas est-il légalement constant que la reconnaissance s'applique à un enfant adultérin ?. 559

633.   II. Dans quels cas est-il légalement constant que l'enfant reconnu est un enfant incestueux ? 561

N° 2. Quels effets produit la reconnaissance d'un enfant adultérin ou incestueux.

634.   Elle ne produit aucun effet ni en faveur de l'enfant, ni contre lui. 566

635.   Autres interprétations de l'art. 335 567

636.   L'adhésion que l'enfant aurait donnée à la reconnaissance ne validerait pas celle-ci 570

§ II. *A quel moment peut intervenir la reconnaissance.*

637.   L'enfant simplement conçu peut être reconnu. 570

638.   En est-il de même de l'enfant décédé ou absent? 571

SECTION III

PAR QUI LA RECONNAISSANCE D'UN ENFANT NATUREL PEUT ÊTRE FAITE

639.   Deux questions à résoudre. 574

§ I. *A qui appartient le pouvoir de reconnaître.*

640.   Principe 574

641.   Exception apportée au principe par l'art. 336. Interprétations divergentes du texte. 575

642.   L'officier public qui reçoit la reconnaissance faite par le père doit insérer dans l'acte l'indication du nom de la mère, si elle lui est fournie par le père 579

643.   Dans quelle forme doit se produire l'aveu de la mère et comment il se prouve. 580

644.   L'aveu de la mère est inopérant, si la reconnaissance émanant du père est nulle. 581

645.   L'aveu de la mère peut intervenir à une époque quelconque . . . 581

646.   La déclaration du nom de la mère faite dans l'acte de naissance par une personne autre que le père est sans valeur 582

§ II. *De la capacité requise pour faire une reconnaissance d'enfant naturel.*

(N°°)   Pages
647.   Principe 582
648.   Application du principe à la personne interdite. 582
649.   A la personne pourvue d'un conseil judiciaire. 583
650.   A la femme mariée. 583
651.   Au mineur 583
652.   Un étranger peut reconnaître en France un enfant naturel. . . 586

SECTION IV

DES EFFETS DE LA RECONNAISSANCE VOLONTAIRE

653.   Elle est *déclarative* et non *attributive* de filiation. 586
654.   Elle prouve la filiation *erga omnes*. 587
655.   Preuve de l'identité de l'enfant reconnu 587
656.   Irrévocabilité de la reconnaissance. 589

SECTION V

DANS QUELS CAS UNE RECONNAISSANCE D'ENFANT NATUREL EST INEXISTANTE OU NULLE

657.   I. Dans quels cas elle est inexistante 592
658.   II. Dans quels cas elle est annulable. Deux hypothèses à distin-
        guer 593
659.   A. *Nullité pour cause de dol, erreur ou violence* 593
660.   B. *Reconnaissance contraire à la vérité.* Art. 339 597
661.   Effets du jugement rendu sur l'action en annulation 603

CHAPITRE II

DE LA RECONNAISSANCE FORCÉE OU JUDICIAIRE

662.   Généralités 604

SECTION PREMIÈRE

DE LA RECHERCHE DE LA MATERNITÉ

663.   Historique 605
664.   L'art. 341 du C. civ. Double preuve à faire 605
665.   L'enfant n'est admis à faire cette preuve par témoins que si sa
        prétention est rendue vraisemblable par un commencement
        de preuve par écrit. 606
666.   En quoi doit consister ce commencement de preuve 607
667.   Il doit s'appliquer à l'accouchement et à l'identité. 609
668.   Applications de ce principe 611
669.   Comment doivent être prouvés l'identité et l'accouchement. Rôle
        de l'acte de naissance. 614

SECTION II

DE LA RECHERCHE DE LA PATERNITÉ

(N°°)   Pages

670. Principe posé par l'art. 340. Exception qu'il comporte 618

§ I. *Principe.*

671. Enoncé du principe. Art. 340, 1er al. La recherche de la paternité
naturelle dans l'ancien droit 618
672. Dans le droit intermédiaire 623
673. Motifs de la règle posée par le code 624
674. Ce qui est prohibé par l'art. 340. Preuve de l'identité 628
675. La règle est d'ailleurs formulée en termes absolus. Conséquences. 629
676. 1° La recherche de la paternité est interdite contre l'enfant aussi
bien qu'à son profit 629
677. 2° Elle est interdite même si elle a un but autre que celui d'établir la filiation de l'enfant 629
678. Limitation que la jurisprudence a apportée au principe 630
679. I. *Action en dommages-intérêts ouverte au profit de la fille
séduite.* — Conditions requises pour que les dommages-intérêts soient dus. Calcul des dommages-intérêts 633
680. II. *Validation des promesses d'aliments faites par le séducteur.* 636

§ II. *Exception au principe de prohibition.*

681. Art. 340, al. final. Historique de la rédaction . .•. 638
682. Sens du mot « enlèvement » 639
683. La recherche de paternité est-elle permise au cas de viol ? 640
684. La disposition de l'art. 340 est complètement indépendante des
dispositions de la loi pénale 642
685. Il faut que l'époque de l'enlèvement se rapporte à celle de la conception 643
686. La recherche de la paternité ne peut avoir lieu avant la naissance
de l'enfant 644
687. La preuve des faits indiqués par l'art. 340 peut se faire par tous
modes quelconques 644

SECTION III

RÈGLES COMMUNES A LA RECHERCHE DE LA PATERNITÉ ET A CELLE DE LA MATERNITÉ NATURELLES

§ I. *Prohibition de la recherche de la filiation adultérine ou incestueuse.*

688. Principe. Art. 342 645
689. La recherche est interdite contre l'enfant comme à son profit . . 645
690. Combinaison des art. 340 et 342 646
691. Dans quels cas l'action tend-elle à la preuve d'une filiation incestueuse ou adultérine? 646
692. Des cas exceptionnels dans lesquels la filiation adultérine ou
incestueuse est légalement établie 648

§ II. *Des personnes qui peuvent et contre lesquelles on peut exercer l'action en recherche de filiation naturelle.*

(N°°)   Pages

693.   L'action peut être intentée contre tout intéressé.   649
694.   L'enfant peut rechercher sa filiation. Caractère de l'action entre
        ses mains.   649
695.   L'action passe-t-elle à ses héritiers après son décès?   650
696.   Peut-elle être intentée par celui qui, se prétendant le frère légi-
        time ou naturel d'un enfant naturel, réclame la succession de
        celui-ci ou veut exercer dans cette succession le droit de
        retour de l'art. 766? Les descendants de l'enfant naturel peu-
        vent-ils agir de leur propre chef?   653
697.   La recherche de la filiation peut-elle être faite contre l'enfant? .   654
698.   Le ministère public peut-il rechercher la filiation?   656
699.   Sommaire du § III   656

§ III. *Règles de compétence, délai et prescription.*

700.   Il faut appliquer par analogie les principes relatifs à la filiation
        légitime.   657
701.   I. Les art. 326 et 327 sont ils applicables?   657
702.   II. L'action en recherche de filiation naturelle est-elle susceptible
        de s'éteindre par la prescription pendant la vie de l'enfant?
        L'état de l'enfant peut-il faire l'objet de conventions et de
        renonciations valables?   658
703.   III. Faut-il appliquer les art. 329 et 330 au cas où l'action est
        intentée par les héritiers de l'enfant?.   660

§ IV. *Effets de la reconnaissance forcée ou judiciaire.*

704.   Les mêmes en principe que ceux de la reconnaissance volontaire.
        Une différence cependant : le jugement n'a qu'une autorité
        relative. Conséquences.   660

APPENDICE

COMPARAISON ENTRE LES MODES DE PREUVE DE LA FILIATION LÉGITIME ET
LES MODES DE PREUVE DE LA FILIATION NATURELLE

705.   La loi ne parle pas de l'acte de naissance et de la possession
        d'état en matière de filiation naturelle   662

I. Du rôle que joue la possession d'état en matière de filiation naturelle.

706.   Peut-elle être invoquée à l'effet de prouver la filiation?   668
707.   L'art. 322 est-il applicable à la matière?   669

II. Du rôle de l'acte de naissance.

708.   Cas exceptionnels où il prouve la filiation maternelle et hypothè-
        ses dans lesquelles la preuve de la filiation paternelle en ré-
        sulte par voie de conséquence.   671

CHAPITRE III

DES EFFETS DE LA FILIATION NATURELLE

(N°°)   Page

709.   La filiation naturelle n'établit de liens qu'entre l'enfant et ses
       auteurs 673
710.   Indication des principaux effets attachés à la filiation naturelle. . 674
711.   Ces effets sont les mêmes, quel que soit le mode par lequel la
       filiation a été constatée................................. 675
712.   Cas prévu par l'art. 337. Ce texte modifie les effets de la filiation
       constatée dans les conditions visées par lui. Division de la
       matière... 675

SECTION PREMIÈRE

RECONNAISSANCE VOLONTAIRE

§ I. *Des conditions requises pour l'application de l'art. 337.*

713.   Deux conditions sont requises.............................. 677
714.   PREMIÈRE CONDITION. — *Il faut que la reconnaissance ait été
       faite pendant le mariage*................................ 677
715.   DEUXIÈME CONDITION. — *Il faut que l'enfant reconnu par l'un
       des époux soit d'un autre que de son conjoint.*............ 679

§ II. *Effets de la filiation prouvée dans les conditions prévues par l'art. 337.*

716.   Principe. Distinction à établir............................. 680

N° 1. Des effets de la filiation dans les rapports de l'enfant reconnu avec le conjoint
      de son père ou de sa mère et les enfants nés du mariage.

717.   Sens du mot « enfants »................................... 680
718.   La reconnaissance ne peut nuire aux personnes désignées par
       l'art. 337. Mais à tous autres égards, la filiation produit ses
       effets ordinaires.. 680
719.   I. L'enfant ne peut se prévaloir des droits attachés à sa filiation,
       en tant qu'ils peuvent nuire au conjoint et aux enfants nés du
       mariage. Applications de ce principe....................... 680
720.   II. A tous autres égards sa filiation produit ses effets ordinaires.
       Applications 684

N° 2. Des effets de la filiation prouvée dans les conditions déterminées par l'art.
      337 à l'égard des personnes autres que celles qui sont indiquées au texte.

721.   La filiation produit tous ses effets........................ 689

SECTION II

LA RECONNAISSANCE FORCÉE TOMBE-T-ELLE SOUS LE COUP DE L'ART. 337?

722.   La question doit être envisagée séparément pour la recherche de
       la maternité et celle de la paternité....................... 689

§ I. *De la recherche de la maternité.*

(N°⁵)   Page·

723.   Deux systèmes admis par la jurisprudence.   689
724.   *1ᵉʳ Système : L'art. 337 est applicable du moment que le juge-ment est rendu au cours du mariage.* Réfutation.   690
725.   *2ᵉ Système : L'art. 337 est applicable à la reconnaissance judi-ciaire, même faite après la dissolution du mariage, si la demande de l'enfant s'appuie sur un commencement de preuve résultant d'écrits postérieurs à la célébration, ou si l'enfant a invoqué des faits qui se sont produits au cours du mariage.*   692
726.   Combinaison des art. 336 et 337.   694

§ II. *Recherche de la paternité.*

727.   L'art. 337 n'est pas applicable.   694

CHAPITRE IV
DE LA LÉGITIMATION DES ENFANTS NATURELS

728.   Généralités   695
729.   Notions historiques.   696

SECTION PREMIÈRE
QUELS ENFANTS PEUVENT ÊTRE LÉGITIMÉS

730.   Sont seuls exclus du bénéfice de la légitimation les enfants inces-tueux ou adultérins.   702
731.   L'enfant issu d'un commerce incestueux est-il légitimé par le mariage que ses auteurs ont contracté en vertu de dispen-ses ?.   705
732.   Peut-on légitimer un enfant décédé ?.   711

SECTION II
DES CONDITIONS REQUISES POUR LA LÉGITIMATION

733.   Deux conditions sont requises.   714
734.   PREMIÈRE CONDITION. — *L'enfant doit avoir été reconnu par ses deux auteurs avant le mariage ou, au plus tard, dans l'acte de célébration*   714
735.   Peu importe d'ailleurs par quel mode la filiation de l'enfant a été établie.   717
736.   DEUXIÈME CONDITION. — *Mariage contracté ensemble par les deux auteurs de l'enfant*   19
737.   Aucune autre condition n'est exigée   719
738.   La légitimation a lieu de plein droit, sans que les parents aient besoin de manifester leur volonté.   720
739.   Le consentement de l'enfant n'est pas nécessaire   720

SECTION III

DE LA CONTESTATION ET DE L'ANNULATION DE LA LÉGITIMATION

(Nᵒˢ)   Pages.
740. Motifs pour lesquels on peut attaquer la légitimation. 721
741. Qui peut contester la légitimation ou en demander l'annulation? 721
742. L'enfant doit-il être représenté par un tuteur *ad hoc* ? 723
743. L'art. 322 est-il applicable? 723
744. L'état de l'enfant ne peut faire l'objet de conventions. 724

SECTION IV

EFFETS DE LA LÉGITIMATION

745. L'enfant légitimé est assimilé à un enfant légitime. Art. 333. . . 725
Mais la légitimation a lieu sans rétroactivité. Conséquences . . . 726

TABLE

DES TEXTES DE LOIS

EXPLIQUÉS DANS LE TOME III

I. CODE CIVIL

Articles	Numéros	Articles	Numéros
6	408, 585, 636, 702, 744.	253-274	abrogés.
36	627.	275-294	abrogés.
46	476, 539.	295	260-263.
55	454.	296	257.
56	453, 646, 669.	297	abrogé.
57	455, 669.	298	258-259.
60	617.	299	253, 278-283.
61	617.	300	286 287.
62	617, 618, 626.	301	288-293.
100	418 à 420, 423, 454.	302-303	269-270.
108	564.	304	275.
197	468.	305	abrogé.
198	598.	306	299.
229-230	17-34.	307	300-304-306.
231	35-61.	308	abrogé.
232	62-68.	309	abrogé.
233	14.	310	328-382.
234	93-101.	311	317-320-325.
235	101-111.	312	437, 440 à 443, 478 à 485, 502, 503, 514, 528 à 539, 629, 685, 692, 708, 730.
236	183.		
237	101-111.		
238	101-111, 185-196, 207.	313	437, 443, 486 à 504, 514, 528 à 539, 546, 556, 629, 685, 692, 708, 730.
239	112-115, 137-145.		
240	196.		
241	208.	314	437, 440 à 443, 446, 447, 505 à 521, 528 à 539, 629, 685, 708, 730, 743.
242	217-224.		
243	225.		
244	226 238.	315	437, 440 à 444, 446, 447, 522 à 525, 570 à 575, 629, 685, 708, 730.
245	119, 129-131.		
246	145 148.		
247	135-158.	316	475, 535, 537, 538, 540 à 549, 555 à 559, 562, 563, 565, 574.
248	159-164.		
249	149.		
250	166.	317	475, 535, 537, 538, 540 à 549, 560 à 563, 565, 574.
251-252	167-181, 241, 498.		

Articles	Numéros	Articles	Numéros
318	535, 537, 538, 540 à 550, 552, 553, 562 à 565, 574, 581.	341	655, 657, 661 à 669, 695, 697, 698, 701, 706, 707, 723 à 726, 735.
319	451 à 460, 708.	342	475, 536, 688 à 692.
320	462, 464, 465, 466, 706.	499	649.
321	463 à 465, 705.	502	648.
322	466 à 468, 707, 743.	503	648.
3 3	455, 457, 458, 462, 470, 471, 473, 474, 476, 665.	504	648.
		513	649.
324	471, 472, 666.	762	635.
325	475, 533, 535, 537, 538, 692.	895	656.
326	592 à 595, 599, 608, 701.	908	634, 635, 653, 654, 676, 697, 720.
327	592 à 600, 608, 701.		
328	590, 593, 608, 702.	1116	659.
329	582 à 587, 695, 703.	1117	659.
330	582 à 584, 586, 587, 695, 703.	1166	408, 541, 581, 582, 588, 694.
331	519, 520, 626, 730, 731, 733 à 735, 741.	1304	659.
		1347	472, 666.
332	638, 732.	1351	418 à 420, 423, 424, 427, 475, 567, 568, 601 à 606, 608 à 611, 661, 704.
333	741, 745, 746.		
334	614 à 627, 637, 641, 707.		
335	628 à 636, 644.	1353	472.
336	632, 640 à 646, 706, 714, 726, 735.	1356	509, 660.
		1382	678 à 680.
337	712 à 727.	2003	627.
338	710.	2004	627.
339	659, 660, 707, 741.	2147	440.
340	517, 630, 655, 661, 670 à 687, 690, 695, 697, 698, 701, 706, 707, 727, 735.	2260	440, 442.
		2261	442.
		2262	590, 591, 659.

II. CODE DE PROCÉDURE CIVILE

Articles	Numéros	Articles	Numéros
48	410, 565.	399	586.
57	565.	402	586.
83	410.	474	604, 610, 611.
256	475.		

III. CODE D'INSTRUCTION CRIMINELLE

Articles	Numéros	Articles	Numéros
1	593.	3	592, 593, 595.
2	593.	182	592, 593.

IV. **LOIS SPÉCIALE**

	Numéros
Décret du 12 brumaire an II.	672, 706
Loi du 25 ventôse an XI (art. 1, 20, 23, 68)	618, 627
Décret du 30 mars 1808, art. 22.	410
Ordonnance du 16 mai 1835.	410
Loi du 6 décembre 1850	497 à 503
Décret du 30 avril 1885	410
Loi du 15 juillet 1889, art. 21	746
Loi du 17 août 1897	745
Décret du 26 novembre 1899	410

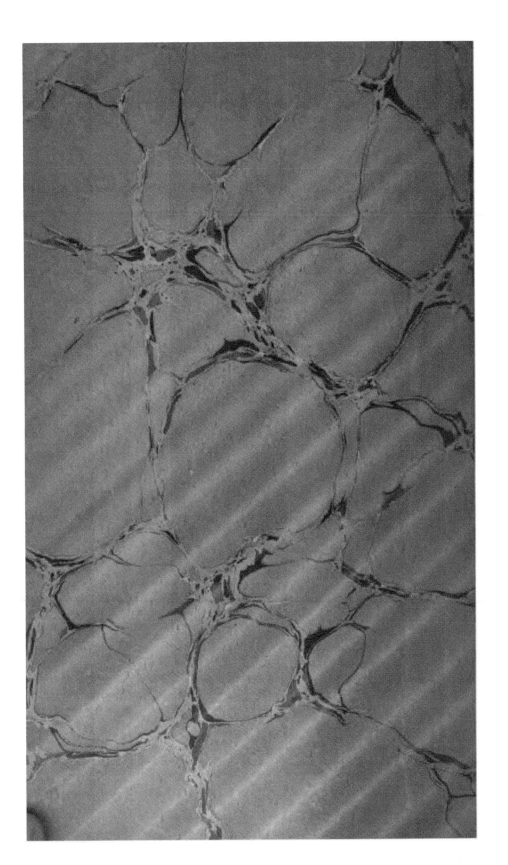

Lightning Source UK Ltd.
Milton Keynes UK
UKHW030103220421
382415UK00006B/270